U0907127

2017

中国烟草年鉴

CHINA TOBACCO YEARBOOK

国家烟草专卖局　编

2016年12月30日，工业和信息化部党组成员，国家烟草专卖局党组书记、局长，中国烟草总公司总经理凌成兴（右二）参加河南中烟党组2016年民主生活会期间到黄金叶生产制造中心考察调研。图为凌局长在制丝车间党员活动室，仔细查看党员学习记录本

河南中烟黄金叶生产制造中心 郭大玺 摄

2016年9月20日，国家烟草专卖局党组成员、副局长杨培森（左二）在四川中烟成都卷烟厂调研

四川中烟 供稿

2016年11月16日，国家烟草专卖局党组成员、副局长赵洪顺（前排左三）在河北烟草调研

河南中烟　李　翀　摄

2016年7月20日，国家烟草专卖局党组成员、直属机关党委书记高林（左二）在哈尔滨市走访零售客户

黑龙江哈尔滨市局　张子文　摄

2016年1月26日，国家烟草专卖局党组成员、副局长徐瓅（前排左二）一行到吉林烟草工业有限责任公司长白山科技大厦调研

中烟实业 供稿

2016年11月17—18日，全国烟草行业企业管理现场会在福建厦门召开。其间，国家烟草专卖局党组成员、副局长段铁力（前排右）参观福建省烟草商业企业管理建设展厅

福建省局 林麦梓 摄

1 2016年1月15日，全国烟草工作会议在北京召开

2 2016年2月18日，全国烟草行业落实全面从严治党主体责任会议在北京召开

3 2016年2月24日，全国烟草行业规范管理工作会议暨“三个保障机制”专题培训在北京举行

《中国烟草》杂志社 陈兴杰 摄

1 2016年3月1日，全国烟草专卖管理工作会在北京召开

《中国烟草》杂志社 张 帅 摄

2 2016年3月3日，全国烟草行业人事工作会议在北京召开

《中国烟草》杂志社 颉虎平 摄

3 2016年3月4日，全国烟草行业财务审计工作会议在北京召开

《中国烟草》杂志社 邢忠敏 摄

2016年全国烟草科技工作会议

4

5

6

4 2016年3月25日，全国烟草科技工作会议在北京召开

《中国烟草》杂志社 杨悦 摄

5 2016年4月25日，全国烟草行业多元化投资管理工作会议在北京召开

《中国烟草》杂志社 郑旭南 摄

6 2016年5月19日，全国卷烟销售工作会议在北京召开

《中国烟草》杂志社 沙鑫 摄

1 2016年11月29日，全国烟叶工作电视电话会议在北京召开

《中国烟草》杂志社 陈兴杰 摄

2 2016年12月2日，全国烟草行业思想政治工作会暨中烟政研会秘书长会议在北京召开

《中国烟草》杂志社 王 鹏 摄

3 2016年11月17日，全国烟草行业企业管理现场会在福建厦门召开

福建省局 林麦梓 摄

1 2016年3月16日，国家局党校举行2016年春季学期开学典礼

《东方烟草报》社 逯延津 摄

2 2016年6月16日，天津市局（公司）举办纪念“建党95周年”党史知识竞赛初赛

天津市局 王新建 摄

3 2016年6月29日，江苏中烟举办“学党史、听党话、跟党走”知识竞赛

江苏中烟 凌绍清 摄

4 2016年7月21日，浙江中烟举行“我为党旗添光彩”演讲比赛

浙江中烟 沈益 摄

5 2016年3月31日，安徽六安市局（公司）机关党员到皖西烈士陵园扫墓

安徽六安市局 供稿

1 2016年6月22日，山东中烟青州卷烟厂组织党员接受党性教育
山东中烟青州卷烟厂 刁立鹏 摄

2 2016年10月26日，河南省局（公司）组织机关党员赴红25军长征出发点——信阳罗山县何家冲接受红色教育
河南省局 供稿

3 2016年11月，广西中烟柳州卷烟厂制丝车间党支部第二党小组以现场宣传看板教学的形式，学习党的十八届六中全会精神
广西中烟 周珂全 摄

4 2016年4月24日，海南海口市局（公司）举行庆祝建党95周年朗诵比赛
海南海口市局 陈少阳 摄

5 2016年6月30日，贵州中烟贵阳卷烟厂召开加强党的建设暨庆祝建党95周年大会

贵州中烟 毕 克 摄

6 2016年10月12日，甘肃省局（公司）组织开展党性教育活动

甘肃省局 供稿

7 2016年6月30日，青海省烟草系统纪念建党95周年暨先进基层党组织、优秀共产党员、优秀党务工作者表彰大会在西宁举行

青海省局 戴福海 摄

8 2016年3月24日，新疆区局（公司）在井冈山举办新疆烟草第一期副处级以上干部党性修养培训班

新疆区局 供稿

“2016年，全国烟草行业加快构建科学有效的人才管理体制，科学谋划改革思路和政策措施，促进人才规模、质量和结构与行业发展相适应、相协调。创新人才培养支持机制，突出行业改革发展需求导向，注重人才创新意识和创新能力培养，注重“人才+项目”的培养模式，坚持在创新实践中发现人才、在创新活动中培育人才、在创新事业中凝聚人才。健全完善人才评价机制，进一步完善评价标准，注重凭能力、实绩和贡献评价人才，促进评价与培养、使用相结合。”

1

2

3

4

1 2016年10月19日，《中国烟草》杂志社有限公司通讯员培训班学员参观上海中共一大会址纪念馆

《中国烟草》杂志社　陈兴杰　摄

2 2016年8月，中国技能大赛——第十四届全国烟草行业职业技能竞赛“合和杯”第五届烟机设备修理职业技能竞赛在云南玉溪和曲靖举行

《中国烟草》杂志社　邢忠敏　摄

3 2016年12月13日，河北白沙制丝车间维电班、卷接包车间甲班获得“2016年度全国质量信得过班组”称号

河北中烟河北白沙　东新鲁　摄

4 2016年8月25日，内蒙古赤峰市局（公司）开展消防应急疏散实战演练

内蒙古赤峰市局　刘　朋　摄

5 2016年12月13—16日，江苏中烟举办2016年度企业文化内训师“卓越”文化培训班

江苏中烟　凌绍清　摄

6 2016年11月3日，浙江中烟“利群大讲堂”巡回报告会在杭州举行

浙江中烟　李　媛　摄

7 2016年5月，安徽中烟滁州卷烟厂物流分中心开展叉车技能操作竞赛，提升员工精益技能水平

安徽中烟滁州卷烟厂　张　磊　摄

2016年“中国梦·劳动美”福建烟草商业企业烟草制品购销职业技能竞赛
荣誉证书
周士蓬
裁判席
1

2

第一届“泰山杯”会计知识竞赛
3 腾龙队
1 泰山队
2 启航队
3

4

1 2016年12月7—9日，福建省局（公司）举行“中国梦•劳动美”福建烟草商业烟草制品购销职业技能竞赛

福建省局　林麦梓　摄

2 2016年5月12日，江西中烟赣州卷烟厂召开“致青春、筑梦想、共发展”青年员工座谈会

江西中烟　供稿

3 2016年11月29日，山东中烟举办第一届“泰山杯”会计知识竞赛

山东中烟　贾　霏　摄

4 2016年6月22日，天昌国际烟草有限公司开展“我要安全”签名活动

河南省局　供稿

5 2016年2月26日，河南中烟优秀年轻科级干部“春蕾班”在许昌开班

河南中烟　李　翀　摄

6 2016年6月27日，湖北中烟襄阳卷烟厂举办员工大讲堂——烟叶采购篇

湖北中烟襄阳卷烟厂　骆　毅　摄

7 2016年12月13日，湖南省烟草商业系统2016年“身边的榜样”情景报告会在衡阳举行

湖南省局　供稿

1 2016年3月9日，贵州中烟遵义卷烟厂召开2016年安全生产工作暨先进表彰会，对2015年度安全生产先进部门和个人进行表彰

贵州中烟 张静元 摄

2 2016年9月2日，陕西咸阳市烟草公司与杨凌职业技术学院校企合作签约仪式在杨凌示范区举行

陕西省局 供稿

3 2016年7月11日，陕西省职工技能大赛（陕西中烟赛区）“好猫杯”岗位练兵技术比武开幕

陕西中烟 供稿

1 2016年9月29日，国家烟草专卖局、中国烟草总公司机关第十三届职工运动会在北京丰台体育中心举行

《中国烟草》杂志社　供稿

2 2016年8月14日，北京市局（公司）黎马敦足球队第七次蝉联“工体杯”首都职工足球联赛冠军

北京市局　供稿

3 2016年5月19日，邯郸市局（公司）建设的“雁巢”图书馆正式向社会公众开放

河北邯郸市局　王旭东　摄

4 2016年6月23日，张家口卷烟厂有限责任公司举办“欢乐张烟人”文艺演出

河北中烟张家口卷烟厂　高　毅　摄

1

2

3

4

5

6

7

8

1 2016年10月23日，浙江中烟举办职工拓展活动

浙江中烟 陈开拓 摄

2 2016年5月18日，江苏中烟组织开展“火伴——时代先锋，砥砺前行”主题素质拓展活动

江苏中烟 凌绍清 摄

3 2016年9月2日，福建省烟草商业系统举办职工羽毛球赛

福建省局 林麦梓 摄

4 2016年3月7日，江西中烟赣州卷烟厂举行庆“三八”女职工趣味健身活动

江西中烟 供稿

5 2016年9月20日，山东烟草举行第八届老年文化体育节门球决赛

山东省局 郭瑞臻 摄

6 2016年9月12日，河南中烟洛阳卷烟厂举行建厂35周年文艺汇演

河南中烟洛阳卷烟厂 赵修强 摄

7 2016年6月17日，湖南省烟草商业系统第五届“636”杯男子篮球赛决赛在湘西州举行

湖南湘西州局 熊晓玲 摄

8 2016年2月2日，海南海口市局（公司）举行迎新晚会

海南海口市局 陈少阳 摄

1 2016年12月1日，四川省局（公司）举办"诚至诚"第二届职工趣味运动会

四川省局 供稿

2 2016年12月10日，红云红河集团全程支持的2016年"云南好人"颁奖晚会在云南广播电视台举行

红云红河集团 供稿

3 2016年5月28日，陕西中烟汉中卷烟厂举办"心随好猫 情系延安"品牌故事演讲比赛

陕西中烟 供稿

4 2016年7月31日，甘肃兰州市局（公司）组织开展职工运动会暨广播操比赛

甘肃兰州市局 供稿

编写说明

一、《中国烟草年鉴》是由国家烟草专卖局组织编纂，全面反映中国烟草行业改革和发展情况以及所属各企业发展概貌的专业性、权威性行业综合年鉴。《中国烟草年鉴》自1996年创刊以来，已先后编纂出版了1991—1995年、1981—1990年、1996—1997年、1998—1999年、2000年、2001年、2002年、2003年、2004年、2005年、2006年、2007年、2008年、2009年、2010年、2011—2012年、2013年、2014年、2015年、2016年卷等20期。从《中国烟草年鉴》2004年卷起，由《中国烟草》杂志社有限公司《中国烟草年鉴》编辑部具体负责编辑工作。

二、《中国烟草年鉴(2017)》设有特载，行业概览，国家烟草专卖局、中国烟草总公司组织结构，"两学一做"学习教育，专卖管理与"两烟"经营，烟草工业，科研和教育培训，新闻舆论和文化建设，公益活动，控烟履约，大事记，重要政策法规与文件选登，经济统计，附录共计14个栏目。本年鉴"栏目"下设"分目""条目"。

三、本年鉴主要收录了2016年全国烟草行业发展的主要工作情况。各栏目内容充实，信息量大，反映了行业改革发展的历程，具有很强的权威性、延续性。以彩图配合相关栏目，生动、直观、全面地反映了行业各方面发展情况，彩图涉及面广，内容丰富。为更直接展示行业各单位的工作与成就，《中国烟草年鉴(2017)》首次在正文中配图，并首次采用四色印刷，表现形式更加丰富。

四、总体结构上，本年鉴积极适应烟草行业发展"新常态"和行业类年鉴编撰要求，编辑过程中，加强了对行业总体情况的把握，力求全面呈现烟草产业各发展环节的情况，精简了常规性内容。

五、新增《"两学一做"学习教育》栏目，介绍2016年国家局机关及全国烟草行业开展"两学一做"学习教育的情况。《新闻宣传》栏目更名为《新闻舆论和文化建设》，主要介绍国家局关于新闻宣传工作的方针政策、对外新闻宣传、舆情监测引导工作，主要报刊及网络媒体，行业各单位史志、年鉴编纂情况，中国烟草博物馆与各省级公司展馆建设情况，部分报刊名录和烟草行业新书目。

六、本年鉴中，"国家烟草专卖局"简称"国家局"，"中国烟草总公司"简称"总公司”;“××烟草专卖局(公司)”简称“××局(公司)”,“××中烟工业有限责任公司”简称“公司”或“××中烟”。

计量单位标准为:卷烟计量单位1万箱=5亿支,1万件=1亿支;烟叶计量单位1万吨=20万担。专用名词“高端卷烟”特指含税调拨价171元/条[统一批发价247.8元/条(含)]以上价位卷烟,“高价位卷烟”特指含税调拨价414元/条[统一批发价600元/条(含)]以上价位卷烟。“低焦油卷烟”在未特别说明的情况下,特指焦油量8毫克/支及以下卷烟。“‘双十五’品牌”特指三类以上卷烟销量排名前15位的品牌和销售收入(含税)排名前15位的品牌。“重点卷烟品牌”,2016年共有31个全国重点卷烟品牌,含“双十五”品牌和鼓励培育品牌,其中“双十五”品牌为:“双喜·红双喜”“云烟”“利群”“红塔山”“南京”“黄鹤楼”“黄金叶”“芙蓉王”“泰山”“白沙”“玉溪”“中华”“七匹狼”“黄山”“娇子”“贵烟”“苏烟”;鼓励培育品牌为“红河”“红金龙”“钻石”“兰州”“长白山”“真龙”“龙凤呈祥”“金圣”“好猫”“中南海”“延安”“都宝”“天子”“金桥”。

七、本年鉴的各种资料、数据主要由国家烟草专卖局机关各部门、各单位和行业各直属单位提供,条目内容、数据均由各撰稿单位审阅,并由国家烟草专卖局办公室最后审定确认,资料可靠。

八、本年鉴中的各种资料、数据,除先进人物和先进集体名单外,截至2016年12月31日。

九、本年鉴终审人员为张修连、王献生、关宏梅、赵百东、任静、汪为民、姜泓海、郑素平;三审人员为王献生、赵百东、任静、丁勇;外审人员为王力;二审人员为余莉;一审编辑为谢争艳、周佳、王东旭;校订人员为余莉、丁勇;校对人员为周佳、王东旭、张建丽、邢忠敏;编务人员为李跃、刘峥、樊璟祎。

编　者

2017年12月

国家局、总公司机关、行业各直属单位审稿人员

徐　丹　办公室（外事司）副主任、副司长

王志江　发展计划司司长

王劲栋　专卖监督管理司司长

徐维华　经济运行司司长

王玉麟　政策法规与体制改革司司长

韩敬文　财务管理与监督司（审计司）巡视员

张　虹　科技司司长

张天峰　人事司司长

李　安　直属机关党委副书记、纪委书记

刘　忠　国家局党组党风廉政建设领导小组办公室主任

薛建平　规范管理办公室主任

张本甫　董事会工作办公室主任

闫亚明　国家局职工培训中心主任、中共国家烟草专卖局党校副校长

汪世贵　烟草经济研究所所长

付久海　离退休干部办公室主任

綦振平　机关服务中心（机关服务局）主任（局长）

陈　彤　烟草经济信息中心主任

王建雪　中国烟草学会办事机构秘书长

陈江华　中国烟叶公司总经理

崔　萍　中国卷烟销售公司副总经理

于明芳　中国烟草投资管理公司总经理

王建法　中国烟草机械集团有限责任公司党组书记、董事长、总经理

邵　岩　中国烟草国际有限公司党组书记、总经理

张　文　中烟商务物流有限责任公司总经理

李东梅　中国烟草实业发展中心党组成员、副总经理

郝和国　中国双维投资有限公司党组书记、总经理

王献生　《中国烟草》杂志社有限公司董事长、总经理

江　涛　北京市烟草专卖局(公司)党组成员、副总经理

孙晓莹　天津市烟草专卖局(公司)党组书记、局长、总经理

王　辉　河北省烟草专卖局(公司)党组成员、副总经理

张国宾　山西省烟草专卖局(公司)党组成员、纪检组长

刘　永　内蒙古自治区烟草专卖局(公司)党组成员、副总经理

刘　涛　辽宁省烟草专卖局(公司)党组成员、副局长

杨　俊　吉林省烟草专卖局(公司)党组书记、局长、总经理

耿金波　黑龙江省烟草专卖局(公司)党组成员、副总经理

唐　煦　中国烟草博物馆常务副馆长,上海烟草集团有限责任公司党组成员、副总经理

朱亚涛　江苏省烟草专卖局(公司)党组成员、纪检组长

关　军　浙江省烟草专卖局(公司)党组成员、纪检组长

董建江　安徽省烟草专卖局(公司)党组成员、副总经理

尤清河　福建省烟草专卖局(公司)党组成员、副总经理

胡义强　江西省烟草专卖局(公司)党组成员、副局长

曹红祥　山东省烟草专卖局(公司)党组成员、副总经理

武卫东　河南省烟草专卖局(公司)党组书记、局长、总经理

杨　树　湖北省烟草专卖局(公司)党组成员、副总经理

徐文军　湖南省烟草专卖局(公司)党组成员、副总经理

周伟兵　广东省烟草专卖局(公司)党组成员、纪检组长

陈可忠　广西壮族自治区烟草专卖局(公司)党组成员、副总经理

王斌斌　海南省烟草专卖局(公司)党组成员、副总经理

冉幕寿　重庆市烟草专卖局(公司)党组成员、副总经理

麻世强　四川省烟草专卖局(公司)党组成员、副总经理

高体仁　贵州省烟草专卖局(公司)党组书记、局长、总经理

邓小刚　云南省烟草专卖局(公司)党组成员、副总经理

旺　啦　西藏自治区烟草专卖局(公司)党委委员、副局长

赵启斌　陕西省烟草专卖局(公司)党组成员、纪检组长

何绍青　甘肃省烟草专卖局(公司)党组成员、副总经理

秦　刚　青海省烟草专卖局(公司)党组成员、副总经理

罗增平　宁夏回族自治区烟草专卖局(公司)党组成员、副总经理

邱永春　新疆维吾尔自治区烟草专卖局(公司)党组书记、局长、总经理

刘　宁　大连市烟草专卖局(公司)党组书记、局长、总经理

吴镇丰　深圳市烟草专卖局(公司)党组成员、副局长

杨　军　河北中烟工业有限责任公司巡视员

朱卫星　江苏中烟工业有限责任公司党组成员、副总经理

杨柳军　浙江中烟工业有限责任公司党组成员、副总经理

程华良　安徽中烟工业有限责任公司党组成员、副总经理

伍达明　福建中烟工业有限责任公司党组成员、副总经理

王迪汗　江西中烟工业有限责任公司党组成员、副总经理

王众声　山东中烟工业有限责任公司党组成员、副总经理

李彦伟　河南中烟工业有限责任公司党组成员、副总经理

姚　萌　湖北中烟工业有限责任公司党组成员、副总经理

李　立　湖南中烟工业有限责任公司党组成员、副总经理

区广安　广东中烟工业有限责任公司党组成员、副总经理

王　全　广西中烟工业有限责任公司党组成员、巡视员、副总经理、纪检组长

张建华　重庆中烟工业有限责任公司党组成员、副总经理

薛　飞　四川中烟工业有限责任公司党组成员、副总经理

白云峰　贵州中烟工业有限责任公司党组书记、总经理

朱绍明　云南中烟工业有限责任公司党组书记、总经理

曹兴浪　陕西中烟工业有限责任公司党组成员、副总经理

胡清源　中国烟草总公司郑州烟草研究院党组成员

葛　波　中国烟草总公司合肥设计院党委委员、副院长

杨保吉　中国烟草总公司职工进修学院党组成员、副院长

茅　俊　南通醋酸纤维有限公司党委委员、副总经理

温　明　昆明醋酸纤维有限公司党委书记、副总经理

赵树春　珠海醋酸纤维有限公司党委委员、行政副总经理

国家局、总公司机关、行业各直属单位主要撰稿人员

包自超　国家局科技司
马钰淏　中国烟草机械集团有限责任公司
曹建平　中国烟草实业发展中心
王智誉　北京市烟草专卖局(公司)
高栓龙　天津市烟草专卖局(公司)
苏维民　河北省烟草专卖局(公司)
李　静　河北省烟草专卖局(公司)
朱永胜　山西省烟草专卖局(公司)
关晓勇　内蒙古自治区烟草专卖局(公司)
董春亮　辽宁省烟草专卖局(公司)
王兴谦　吉林省烟草专卖局(公司)
吴　畏　黑龙江省烟草专卖局(公司)
胡剑平　上海烟草集团有限责任公司
张　华　江苏省烟草专卖局(公司)
张庆娜　浙江省烟草专卖局(公司)
李　胜　安徽省烟草专卖局(公司)
傅积恩　福建省烟草专卖局(公司)
邱劲之　江西省烟草专卖局(公司)
蔡世龙　山东省烟草专卖局(公司)
范素娟　河南省烟草专卖局(公司)
许名臣　湖北省烟草专卖局(公司)
李菲菲　湖北省烟草专卖局(公司)
朱冬辉　湖南省烟草专卖局(公司)
张　慧　广东省烟草专卖局(公司)
黄祥进　广西壮族自治区烟草专卖局(公司)
孙　云　海南省烟草专卖局(公司)
王凌容　重庆市烟草专卖局(公司)
张羽翔　四川省烟草专卖局(公司)
李　聪　贵州省烟草专卖局(公司)
杨海林　云南省烟草专卖局(公司)
曹玉娟　西藏自治区烟草专卖局(公司)
王　玉　陕西省烟草专卖局(公司)
毕耜栋　甘肃省烟草专卖局(公司)
戴福海　青海省烟草专卖局(公司)
潘　亮　宁夏回族自治区烟草专卖局(公司)
韩　敏　新疆维吾尔自治区烟草专卖局(公司)
王荣达　大连市烟草专卖局(公司)
陈　兰　深圳市烟草专卖局(公司)
张　彬　河北中烟工业有限责任公司
徐　璐　江苏中烟工业有限责任公司
孙　琦　浙江中烟工业有限责任公司
苏　畅　安徽中烟工业有限责任公司
卢金德　福建中烟工业有限责任公司
李前进　江西中烟工业有限责任公司
郭　勇　山东中烟工业有限责任公司
王绍习　山东中烟工业有限责任公司
张菁惠　河南中烟工业有限责任公司
谢志勇　湖北中烟工业有限责任公司

何小凡　湖南中烟工业有限责任公司

周腾浪　湖南中烟工业有限责任公司

郑泽敏　广东中烟工业有限责任公司

周丽霞　广西中烟工业有限责任公司

张　凡　重庆中烟工业有限责任公司

吴智攀　四川中烟工业有限责任公司

高　雕　贵州中烟工业有限责任公司

王宏先　云南中烟工业有限责任公司

曹晓军　云南中烟工业有限责任公司

朱　懿　云南中烟工业有限责任公司

张建华　陕西中烟工业有限责任公司

张敬一　中国烟草总公司郑州烟草研究院

何　为　中国烟草总公司合肥设计院

靳　珂　中国烟草总公司职工进修学院

刘静静　南通醋酸纤维有限公司

李如音　昆明醋酸纤维有限公司

杨曼莉　珠海醋酸纤维有限公司

国家局、总公司机关各部门、各单位提供资料人员

郑素平　办公室(外事司)

姜泓海　办公室(外事司)

朱　槿　办公室(外事司)

肖博学　办公室(外事司)

谭前鹏　发展计划司

宋启航　专卖监督管理司

李沁怡　经济运行司

汪　洋　政策法规与体制改革司

童冠华　财务管理与监督司(审计司)

沈启超　人事司

马　超　直属机关党委

王光明　国家局党组党风廉政建设领导小组办公室

崔　萌　规范管理办公室

高雨竹　董事会工作办公室

杨飞飞　国家局职工培训中心、中共国家烟草专卖局党校

耿春磊　烟草经济研究所

杨丹妍　离退休干部办公室

邓永红　机关服务中心(机关服务局)

桑运良　烟草经济信息中心

黄　慧　烟草经济信息中心

王文静　中国烟草学会办事机构

张　楠　中国烟叶公司

张　溦　中国卷烟销售公司

张红宇　中国烟草投资管理公司

朱爽爽　中国烟草国际有限公司

陈园媛　中烟商务物流有限责任公司

徐　瑾　中国双维投资有限公司

唐　敏　《中国烟草》杂志社有限公司

目 录

特 载

行业概览

国家烟草专卖局、中国烟草总公司组织结构

“两学一做”学习教育

专卖管理与“两烟”经营

烟草工业

卷烟生产

雪茄烟生产

烟草机械工业

卷烟辅助材料生产

烟叶加工

科研和教育培训

科研院所

教育培训

授权专利

新闻舆论和文化建设

公益活动

控烟履约

大事记

重要政策法规与文件选登

综　合

发展计划

专卖管理

烟草科技

法治建设

整顿规范

经济统计

总表部分

工业部分

其　他

附　录

香港烟草

澳门烟草

台湾烟草

国际烟草

先进人物名单

先进人物简介

先进集体名单

品牌名录

索　引

Contents

Feature

Industry Overview

STMA and CNTC Organization

Theme Education of Learning Party Constitution, Learning General Secretary Xi Jinping's Series of Speeches and Being a Qualified Party Member

Monopoly Administration and Economic Operation of Leaf Tobacco and Cigarette

Tobacco Industry

Scientific Research, Education and Training

News, Reports and Enterprise Culture

Public Welfare Activities

Tobacco Control and FCTC Implementation

Memorabilia

Selection of Significant Polices, Regulation and Documents

Economic Statistics

Appendixes

Index

特　载

工业和信息化部部长苗圩 在2017年全国烟草工作会议上的讲话

（2017年1月16日）[①]

一年一次的全国烟草工作会议召开了。这次会议很重要，总结去年的成绩，部署今年任务。会前，成兴同志和烟草局党组班子，就烟草行业2016年重点工作和2017年工作思路，向部里作了专题汇报。对烟草局明年工作部署安排，部党组完全赞同，昨天又认真看了成兴同志代表局里作的工作报告，希望全行业认真学习领会，扎实抓好贯彻落实。

刚刚过去的一年，国内外经济形势严峻复杂，工业和信息化系统坚决贯彻落实党中央、国务院决策部署，坚定推进供给侧结构性改革，突出抓好工业稳增长调结构增效益惠民生促改革、“中国制造2025”、制造业与互联网融合发展、网络强国建设等一批事关全局、影响长远的重点工作，都取得了新的进展，完成了全年主要目标任务，实现了“十三五”良好开局。

具体到烟草行业，过去一年是近年来尤为艰难的一年。受经济下行、卷烟提税顺价、一些地方控烟过激等多重压力的影响，卷烟销售大幅下滑、重点品牌产销大幅下滑、税利总额大幅下滑，卷烟库存居高不下、烟叶库存达到3年使用量。面对“四大难题”凸显、“三大压力”叠加的严峻形势，全行业立足提质增效，坚持问题导向，攻坚克难，奋力作为，在经济运行调控、现代烟草农业建设、降本增效、科技创新、两化融合等方面都取得了新进展、迈上了新台阶。尤为可喜的是，积极推进供给侧结构性改革，严控烟叶生产规模，主动调减卷烟产销计划，超额完成库存压减目标。在产销下滑的不利形势下，仍然保持了工商税利总额、上缴财政总额“两个超万亿”，完成了876亿元专项税后利润上缴任务，为国家财政作出了巨大贡献，体现了高度的社会责任感。特别是全行业认真贯彻全面从严治党要求，把党的政治纪律和政治规矩挺在前面，压紧压实主体责任，深入开展“两学一做”学习教育，全力抓好中央专项巡视发现问题的整改。如期完成了集中清理烟草驻京办等整改任务，全行业业务接待费同比下降69.6%，会议费同比下降34.1%。全行业党风政风明显转变，党员干部“四个意识”进一步强化，干事创业积极性、主动性明显提高。成绩来之不易，这是国家烟草专卖局党组正确领导的结果，是全行业干部职工艰苦奋斗的结果。

2017年我们党将召开第十九次代表大会，这是全党全国各族人民政治生活的一件大事。2017年也是实施“十三五”规划的关键一年，是供给侧结构性改革的深化之年。中央经济工作会议对做好今年经济工作作出了全面部署，强调坚持以提高质量和核心竞争力为中心，着力振兴实体经济。去年年底，部里召开了全国工业和信息化工作会议，提出全系统要坚持以推进供给侧结构性改革为主线，立足制造强国、网络强国战略全局，全面实施“中国制造2025”，深化创新驱动，做好稳增长、促改革、调结构、深融合、惠民生、保安全各项工作，加快新动能培育和传统动能修复，努力实现工业通信业平稳增长和提质增效。烟草行业是实体经济的重要组成部分，在稳定经济增长中具有重要位置，任务繁重、使命光荣，要更加积极主动作为，进一步把思想、行动、工作重点统一到中央和部党组的要求上来，增强定力、巩固成果、乘势而上，力争取得新的更大成绩。

借此机会，我讲三点意见。

一、全力以赴应对挑战，确保行业平稳运行

去年烟草行业出现“三个持续下滑”“两个居高不下”的局面，对行业发展带来了很大压力。这种局面可能还会延续一段时间，产销总量年年上涨的形势一去不复返了。我们要进一步增强忧患意识和使命担当，更加注重供给端发力，着力减少无效供给、扩大有效供给，不断提升供给质量和效率，努力实现烟草供求关系新的动态均衡。

一是坚定不移压库存、降成本、调结构。库存过大是有百害而无一利的事情。压库存方面，重点是加强存销比调控，把握好卷烟投放节奏，帮助零售客户消化库存，有效降低工商库存和社会库存。降成本方面，重点是严格落实烟草行业提质增效措施，推进精益管理和细化成本管理，进一步降低配方成本、辅料采购成本、包装成本、物流成本以及财务成本。调结构方面，重点是以需求为导向，在拓展中端、培育高端、保障低端上下工夫，加大对畅销卷

① 本年鉴国家烟草专卖局简称国家局，中国烟草总公司简称总公司。

烟品牌的有效供给和稳定供应，不断调整优化卷烟结构，增加卷烟出口。

二是深入实施“三品”战略，即增品种、提品质、创品牌。围绕增品种，要加大对细支烟、短支烟、爆珠烟等产品的研究开发力度，增强中式卷烟的竞争能力，寻求行业发展新的增长点。围绕提品质，要推进两化深度融合，不断提升烟草行业数字化、信息化、智能化水平，狠抓质量管理、降焦减害。围绕创品牌，要突出重点品牌培育，不断优化内在质量，大力弘扬工匠精神，巩固中国烟草品牌优势。总体上，我国卷烟品牌太多，不利于形成议价能力。

三是持续深化改革创新。在坚持专卖体制基础上，充分发挥市场机制作用，持续加大竞争机制的导入，实现专卖体制与市场机制的有机结合。鼓励在计划管理体制、企业组织结构、内部考核评价机制等方面进行改革的有益探索和尝试，进一步释放改革红利，增强行业发展内生动力与活力。要结合“中国制造2025”“互联网＋”“双创”，以企业为主体，搭建创新平台，整合创新资源，打造发展新优势。

二、继续做好控烟履约，强化行业责任担当

控烟履约事关国家信誉、行业形象，也关系到可持续发展。《烟草控制框架公约》在我国生效以来，在《烟草控制框架公约》履约工作部际协调领导小组各成员单位的努力下，我国控烟履约工作取得了积极进展，新修订的《广告法》正式实施、卷烟提税顺价等措施发挥了积极成效。新形势下，烟草行业要继续从党和国家的工作大局出发，积极履行《公约》的责任和义务，向社会展现负责任的行业形象。一是要落实《境内卷烟包装标识的规定》，不断强化卷烟包装标识警示，通过科技创新持续推进降焦减害，重视并推动电子烟等新型烟草制品的监管，继续严厉打击烟草制品非法贸易。二是要严格执行《广告法》《慈善法》《互联网广告管理暂行办法》等法律法规，认真履行劝阻青少年吸烟、禁止中小学生吸烟的法定义务，积极防止未成年人接触烟草。三是针对社会上出现的一些片面化、绝对化、扩大化的过激和负面声音，要积极稳妥应对，进一步创新方法手段，加强正面宣传引导，使公众正确认识和理性看待烟草行业的改革发展，争取社会各界的理解和支持。此外，按照《公约》要求，部里将启动编制烟草控制中长期规划，初步考虑结束期暂定为2030年，这与《“健康中国2030”规划纲要》《2030年可持续发展议程》等文件有较好的契合，一些重点难点问题在编制过程中达成统一认识，也可以通过设置较长过渡期以促成共识。国家烟草局要充分发挥履约工作部际协调领导小组成员作用，与部里一道做好规划的编制工作。

三、落实全面从严治党要求，不断提高党的建设水平

全面从严治党是“四个全面”战略布局的统帅和灵魂，是各项事业健康发展的根本保证。当前和今后一个时期，烟草行业要把全面从严治党摆在更加突出重要位置，把责任压实、要求提实、考核抓实，推动见效。

一是坚决维护以习近平同志为核心的党中央权威。深入学习贯彻落实党的十八届六中全会精神和习近平总书记系列重要讲话精神，牢固树立“四个意识”，严守党的政治纪律和政治规矩，更加坚定地维护以习近平同志为核心的党中央的权威，更加坚定地维护党的团结和集中统一领导，自觉地在思想上政治上行动上同以习近平同志为核心的党中央保持高度一致。要自觉做到党中央提倡的坚决响应、党中央决定的坚决执行、党中央禁止的坚决不做，贯彻落实中央决策部署要不讲条件、不打折扣、不搞变通。

二是严格落实全面从严治党主体责任。各级党组织领导要严格落实全面从严治党主体责任，履行好“一岗双责”，并层层落实责任，逐级传导压力。结合“两学一做”学习教育，巩固和扩展中央专项巡视整改成果，积极营造风清气正的政治生态。要加强对党员干部的监督管理，从严落实《中国共产党党内监督条例》《关于新形势下党内政治生活的若干准则》等党内法规，进一步完善考核机制，强化执纪问责，切实做到真管真严、敢管敢严、长管长严。今天参会的大都是各个单位的“一把手”，要在加强和规范党内政治生活、加强党内监督上走在前、作表率，引领和带动广大党员严守党纪党规。

三是抓好领导班子和干部队伍建设。要切实抓好党委党组班子建设，持之以恒加强理论学习，严格执行民主集中制。要广泛深入开展调查研究，加强分析、加强学习，不断提高领导能力和水平。要坚持德才兼备、以德为先的用人导向，突出任人唯贤、人岗相适，着力建设一支政治坚定、业务精良、作风过硬的高素质干部队伍。

今年烟草行业发展改革任务艰巨繁重。让我们更加紧密地团结在以习近平同志为核心的党中央周围，振奋精神、开拓进取、勇于担当、真抓实干，扎实推进各项工作，努力开创事业发展的新局面，以优异成绩迎接党的十九大胜利召开！

◇ 据《国烟办通报》2017年第2期

坚持稳中求进总基调 争创稳中向好新作为 以“两个超万亿”优异成绩迎接党的十九大胜利召开

凌成兴

（2017 年 1 月 16 日）

这次全国烟草工作会议的主要任务是，深入学习贯彻党的十八大和十八届三中、四中、五中、六中全会精神，深入学习贯彻习近平总书记系列重要讲话精神，认真传达贯彻中央经济工作会议以及全国工业和信息化工作会议精神，总结 2016 年烟草工作，部署 2017 年工作任务。下面，我讲三个问题。

一、认真贯彻中央经济工作会议重大部署

中央经济工作会议是党的十八届六中全会之后召开的又一次非常重要的会议，习近平总书记和李克强总理发表了重要讲话，精辟分析了国内国际经济形势，精辟总结了 2016 年经济工作，精心部署了 2017 年经济工作，明确了指导思想、目标任务、宏观政策、原则要求和关键举措，思想性、战略性、指导性都很强，为做好今年经济工作指明了奋斗方向、提供了根本遵循。我们要紧密结合烟草行业实际，认真学习、深刻领会、抓好落实。重点是做到“四个着重把握”：

（一）着重把握中央关于 2016 年经济形势的科学判断

2016 年，在世界经济持续低迷和国内“三期叠加”的大环境下，我国经济形势总的特点是缓中趋稳、稳中向好，主要取得了“五大成效”：经济运行保持在合理区间，质量和效益提高；经济结构继续优化，创新对发展的支撑作用增强；改革开放取得新突破，主要领域“四梁八柱”性改革基本出台，对外开放布局进一步完善；人民生活持续改善，贫困人口预计减少 1000 万以上；生态环境有所好转，绿色发展初见成效。这些成绩的取得，充分证明党中央对经济工作的决策部署是完全正确的，经受了实践的检验。

党的十八大以来，以习近平同志为核心的党中央，聚焦经济发展怎么看、怎么干，突出抓了“三件大事”：一是作出经济发展进入新常态的重大判断，把认识、把握、引领新常态作为当前和今后一个时期做好经济工作的大逻辑；二是形成以新发展理念为指导、以供给侧结构性改革为主线的政策体系，引导经济朝着更高质量、更有效率、更加公平、更可持续的方向发展，提出引领我国经济持续健康发展的一套政策框架；三是贯彻稳中求进工作总基调，强调要保持战略定力，坚持问题导向、底线思维，发扬钉钉子精神，一步一个脚印向前迈进。这“三件大事”蕴含的重大判断、重大决策、重大调整，集中体现了以习近平同志为核心的党中央关于经济工作的新理念、新思想、新战略，必将引领我国经济继续保持中高速增长、迈向中高端水平。

（二）着重把握中央关于今年经济工作的目标任务

对做好今年经济工作，总的要求是：全面贯彻党的十八大和十八届三中、四中、五中、六中全会精神，统筹推进“五位一体”总体布局和协调推进“四个全面”战略布局，坚持稳中求进工作总基调，牢固树立和贯彻落实新发展理念，适应把握引领经济发展新常态，坚持以提高发展质量和效益为中心，坚持宏观政策要稳、产业政策要准、微观政策要活、改革政策要实、社会政策要托底的政策思路，坚持以推进供给侧结构性改革为主线，适度扩大总需求，加强预期引导，深化创新驱动，全面做好稳增长、促改革、调结构、惠民生、防风险各项工作，促进经济平稳健康发展和社会和谐稳定，以优异成绩迎接党的十九大胜利召开。

按照上述要求，中央提出了今年经济社会发展的主要预期目标，强调“坚持稳中求进工作总基调是我们治国理政的重要原则，也是做好经济工作的方法论，今年贯彻好这个总基调具有特别重要的意义”。在宏观政策上，要保持连续性稳定性，特别是财政政策要更加积极有效，货币政策要保持稳健中性，要把防控金融风险放到更加重要的位置。习近平总书记强调，宏观调控本质上是一种预期管理，预期稳，市场才能稳，大局才能稳。李克强总理指出，在宏观政策取向上，要坚持在区间调控的基础上完善定向调控、相机调控，着力稳宏观、稳环境、稳预期；要推进政策配套协同，提高政策的精准性和有效性，促进经济运行保持在合理区间。

（三）着重把握中央关于今年经济工作的重大举措

实现上述目标任务，中央提出在稳的前提下要在关键领域有所进取，在把握好度的前提下奋发有为。重点是要落实以下重大举措：

一是深化供给侧结构性改革。认清经济运行面临的突出矛盾和问题，主要是实体经济结构性供需失衡、金融和实体经济失衡、房地产和实体经济失衡；认清供给侧结构性改革的科学内涵：最终目的是满足需求，主攻方向是提高供给质量，根本途径是深化改革；认清供给侧结构性改革的重点工作，主要是深入推进“三去一降一补”、深入推进农业供给侧结构性改革、着力振兴实体经济、促进房地产市场平稳健康发展。

二是加快推进关键性改革。重点是深化国企国资改革、加强产权保护制度建设、稳妥推进财税和金融体制改革、推动养老保险制度改革、有重点地推动对外开放。

三是进一步释放国内需求潜力。重点是推动消费加快升级、精准加力有效投资、优化区域发展格局、扎实推进新型城镇化，实现供给结构和需求结构有效匹配、消费升级和有效投资良性互动、城乡区域协调发展，持续释放内需潜力。

四是依靠创新促进新旧发展动能加快接续转换。重点是全面提高创新供给能力、推动新兴产业持续健康发展、促进传统产业加快改造提升，通过创新驱动发展，促进新动能发展壮大、传统动能焕发生机。

同时，中央还就促进农业提质增效和农民持续增收、推进更深层次更高水平的双向开放、持续加强节能环保和生态建设、进一步织密扎牢民生保障网进行了统筹部署，做出了精心安排。

（四）着重把握中央关于加强和改善党对经济工作领导的政治责任

习近平总书记指出，做好经济工作，要把全面从严治党要求体现在党领导经济工作之中，各级领导干部特别是高级干部要把落实党中央经济决策部署作为政治责任，党中央制定的方针政策必须执行，党中央确定的改革方案必须落实。

烟草行业实行“统一领导、垂直管理、专卖专营”体制，履行着政府部门的职责，履行着行业管理的职责，履行着国企改革发展稳定的职责。在这种特殊的体制下，特别需要我们牢固树立“四个意识”，坚决维护中央权威，切实把党对经济工作的领导落到实处；特别需要我们自觉贯彻中央大政方针政策，主动融入国家经济工作大局，主动服从中央宏观调控，尽职尽责把行业经济工作做细做好；特别需要我们牢记总书记关于“空谈误国，实干兴邦”的教导，真正出实招、办实事、求实效，更加努力地为人民健康服务、为财政增收服务、为社会需求服务。

二、认真总结2016年烟草工作基本情况

2016年，烟草行业认真贯彻落实党中央、国务院重大决策部署，在工信部的直接领导下，以中央专项巡视为强大动力，坚持稳中求进工作总基调，深入贯彻新发展理念，积极应对“四大难题”凸显、“三大压力”叠加的严峻形势，重点抓了“六个扎实推进”。

（一）扎实推进经济运行调控

积极推进供给侧结构性改革，认真落实“三去一降一补”重点任务，制订行动方案，完善配套措施，从紧安排卷烟生产，从紧安排新（扩）产能，从紧安排烟叶生产，着力解决行业经济运行中去库存、降成本与稳销量、增税利的突出矛盾，正确处理稳增长与调状态、稳增长与压库存、稳增长与优结构的关系，着力抓好“控产量、稳销量、压库存、调状态、守红线、增税利”，行业经济运行调控取得明显成效。

出色完成烟叶生产调控任务。按照“稳定规模、优化结构、降本增效、完善体系”的要求，坚决落实烟叶规模调控年度目标和各项生产措施，实现烟叶生产平稳发展。2016年全国共签订烟叶种植收购合同134.3万份，同比减少13.6万份；种植烟叶1619.5万亩，较计划指导面积减少28.6万亩；收购烟叶4216万担，同比减少165万担，较计划减少173万担。通过3年调控，全国烟叶种植面积逐步调减500余万亩，收购量渐进调减1200余万担，出色完成规模调控目标任务。

出色完成卷烟社会库存调控任务。坚持“总量控制、产销协调、稍紧平衡”调控方针，采取非常措施，调减卷烟销量计划200万箱，调减卷烟产量计划220万箱以上，着力改善供求关系，调整市场状态。社会库存由3月末的588万箱减少到408万箱，压缩了180万箱，完成压缩社会库存超过100万箱目标任务，为稳定卷烟零售毛利水平、恢复零售户经营信心、维护卷烟品牌市场形象付出了艰苦努力。

出色完成上缴财政特殊任务。紧扣税利总额核心指标，抓住关键环节，突出重点发力，全年实现工商税利总额10795亿元。特别是在卷烟产销、税利总额持续下降的严峻形势下，行业上下以高度自觉的大局意识，克服重重困难，顶住重重压力，在缴纳各项税收之外，完成876亿元专项税后利润上缴任务，全年上缴财政总额10006亿元，着力巩固了工商税利总额、上缴财政总额“两个超万亿”的重大成果，为国家财政增收作出了重要贡献。

在行业经济运行调控中，重点品牌、重点企业、重点地区发挥了关键的支撑作用，几个“千亿级”格局总体保持稳定，其中“中华”“利群”“云烟”“芙蓉王”4个品牌商业销售额继续超过1000亿元，广东、浙江两省卷烟销

售额继续超过1000亿元，云南、上海、湖南三省（市）工商税利继续超过或接近1000亿元。特别是浙江中烟、湖北中烟税利总额逆势上扬；西藏、上海、贵州、湖北、海南、重庆、湖南、江苏、广东、云南、福建、浙江、甘肃、深圳、四川、河南、内蒙古、江西、广西、陕西等20家省级公司税利总额保持增长势头；西藏、广东、贵州、海南等4家省级公司卷烟销量保持增长势头；“南京”“利群”“龙凤呈祥”“延安”“钻石”品牌销售额保持大幅增长；细支卷烟产销保持大幅增长；“金圣”“黄金叶”高价位卷烟销量保持大幅增长。“走出去”取得积极进展，全年境外卷烟销量956.6万件，增长6.0%；出口烟叶16.8万吨，增长20.9%。

（二）扎实推进现代烟草农业建设

全行业始终坚持把烟叶生产作为烟草行业持续健康发展的根基，把中央“三农”工作要求作为现代烟草农业的发展方针，不断巩固提升现代烟草农业建设水平。加快转变烟叶生产方式。以土地流转为切入点，推进种植布局调整，优化烟农队伍结构，加大职业烟农培育，推动规模化种植水平、专业化服务水平、机械化作业水平稳步提升。稳定基础设施建设投入。安排烟田基础设施建设和水源工程援建资金各50亿元，明确行业“十三五”期间烟叶生产基础设施建设补贴政策和管理要求，进一步增强烟叶生产可持续发展能力。加强烟叶收购管理。加大收购站（点）整合改造力度，深化烟叶基地单元建设，完善专业化分级散收业务模式，探索开展均质化复烤加工，积极发展订单生产、原收原调。科学组织抗灾救灾。针对多个省份特别是南方烟区持续遭受暴雨、洪涝、冰雹等重大自然灾害，及时启动灾损理赔与灾害救助，最大限度减少烟农损失。服务支持脱贫攻坚。发挥产业优势，用好烟叶政策，有效带动老少边穷地区烟农脱贫致富和烟区经济社会发展。在烟叶种植收购数量减少的情况下，2016年全国实现烟农总收入660亿元（含生产投入补贴），实现烟叶税128亿元，烟农户均收入4.92万元，同比增加0.43万元，明显高于当地农民平均收入水平。

（三）扎实推进企业降本增效

认真贯彻落实国务院重大决策部署，坚持深化“放管服”改革，坚持把降本增效摆在精益管理的重要位置。烟草工商企业按照国家局上半年下达的70亿元考核任务和落实巡视整改方案新增10亿元的预期目标，不断深化全员、全过程、全方位的精益管理。特别是注重源头治理。严格项目投资预算与审批，严控投资项目的产能规模与设计成本，有效加强配方、调香、工艺、辅材和包装等的系统化设计。注重降低成本。认真落实烟草行业提质增效工作九条措施，着力降低制度性交易成本、降低内部运行成本、降低包装成本、降低物流成本、降低财务成本。注重课题带动。把“精益十佳”作为推进精益管理的有效抓手，积极开展课题研究，消除瓶颈制约，攻克难点问题，促进管理提升。注重管控费用。认真执行巡视整改出台的各项新规，严格控制会议费、业务接待费、宣传促销费、涉外费、车辆运行费等重点费用，坚决防止重点费用反弹。全年烟草工商企业累计降本增效79.3亿元，其中通过“源头”治理节约节省资金超过20亿元。全行业会议费、业务接待费同比分别下降34.1%和69.6%。全年实现货币资金净收益198.36亿元，超额完成年初下达目标。

（四）扎实推进烟草科技创新

贯彻落实全国科技创新大会精神和《国家创新驱动发展战略纲要》，召开全国烟草科技创新大会，坚持以科技创新引领烟草行业全面创新。产品创新取得新成效。细支卷烟依然势头强劲，全年销量136.8万箱，同比增长93%，南京卷烟厂打造细支卷烟示范基地取得重大成效；爆珠卷烟开发培育成效明显，绝大部分爆珠实现由依赖外部向自主设计、由小批量试制向规模化生产转变；短支卷烟、异型卷烟势头良好，逐步成为企业增长的新亮点；新型烟草制品研发进展顺利，30款中式特色新型产品在美国上市销售。烟叶技术取得新跨越。烟草功能基因研究和分子育种应用有序推进，基因定向改良的抗黑胫病“红花大金元”品种、抗黄瓜花叶病和普通花叶病“K326”品种成功通过专家田间鉴评，以蚜茧蜂防治蚜虫为代表的生物防治实现里程碑意义的突破，“寄生性天敌烟蚜茧蜂防治蚜虫关键技术与应用”“烟草介质花粉的创制与应用”参评国家科学技术奖励，得到国家奖励办的认可和支持。降焦减害取得新进展。基于原料配方、辅材设计、加工工艺、功能材料等的降焦减害关键技术实现突破，构建系统化的中式卷烟降焦减害技术体系，卷烟焦油量和其他有害成分释放量持续降低。烟机制造取得新突破。认真落实“中国制造2025”，加速推进“日产三班200箱、300箱”卷接包产品研制工作，开展不同规格、不同速度的细支卷烟卷接包产品研发，推出异型卷烟、标准烟自动分拣共线合单系统，开发各种新型包装设备，探索开展智能烟机建设，有效满足细支卷烟、异型卷烟等个性化、多样化装备需求。“两化融合”取得新进步。推进现代信息技术在烟草产业集成融合，完成行业统一平台和数据中心建设，深化信息资源服务，推进专卖、财务、烟叶等重点信息系统建设，研究探索“互联网+”创新应用并推动试点示范，行业信息化支撑水平、服务水平、融合水平进一步提升。

（五）扎实推进专卖管理监督

坚持把打假打私摆在专卖管理的重要位置，围绕持续提高全国卷烟市场净化率目标任务，强化专卖管理关键举措，在卷烟打假打私中要市场、要销量、要效益，夺回了近30万箱卷烟市场空间。狠抓精准打击。在广东、广西、福建、河南等省（自治区）精心组织“百日行动”，协调海关、公安、边防、海警等部门重拳打击东兴北仑河区域卷烟走私，有效扩大和巩固重点地区源头治理成果。狠抓规范经营。持续加大真烟非法流通整治力度和违规经营问题惩治力度，完善内管机制，严肃考核问责，严格检查督办，全力遏制真烟非法流通蔓延势头。狠抓市场监管。全面推行“双随机、一公开”监管改革，制定《免税卷烟和雪茄烟经营监管办法》，深化烟草、公安部门情报信息合作，加大互联网涉烟监管工作力度，着力提升市场监管法治化、信息化、现代化水平。2016年，全国共查处案值5万元以上假烟案件3884起，破获国标网络案件987起，收缴制假烟机346台，查获烟丝、烟叶1.37万吨、假烟17.87万件、走私烟11.28万件，依法拘留8299人、追究刑事责任4323人。同时，查处案值5万元以上真烟案件7288起，查扣非法流通真烟35.6万件。

（六）扎实推进全面从严治党

全面部署学习贯彻党的十八届六中全会精神工作，牢固树立政治意识、大局意识、核心意识、看齐意识，坚决维护以习近平同志为核心的党中央权威，坚决落实全面从严治党主体责任，确保政令畅通、令行禁止。

着力抓好专项巡视整改工作。坚持把接受中央专项巡视作为国家局党组的重大政治任务，作为各级党组织的重大政治任务，作为广大党员干部特别是领导干部的重大政治任务。国家局党组把中央巡视组反馈的问题和要求，细化为33个具体问题、89项具体任务，单列12项专项治理和专项整治任务，逐项明确分管领导、牵头部门和整改时限，建立台账制度、周报制度、销号制度、公开制度，除需长期执行的外，计划年内完成的整改任务均已全部完成。特别是坚决打好全部撤销烟草驻京办、坚决打好业务接待费超高专项整治、坚决打好清理超规乘坐交通工具、坚决打好严格样品卷烟管理“四个硬仗”，全面带动巡视整改工作。撤销53家烟草驻京办，成为中央第九轮巡视整改“七大亮点”之一，组织了重点报道，给我们巨大的鼓舞和鞭策。注重由解决面上问题向解决深层次问题延伸，制定65份整改文件，其中规章制度36项，做到整改一个问题，完善一套制度，堵塞一批漏洞，固化巡视整改成果。

着力抓好“两学一做”学习教育。按照中央要求，在行业全体党员中开展“两学一做”学习教育，推动全面从严治党向基层延伸。认真落实《党组中心组学习规则（试行）》，创新学习方式，注重形成成果，保证学习质量。认真落实基层联系点制度，指导基层党组织扎实开展“两学一做”学习教育，充分发挥基层联系点的示范带动作用。认真落实基层党组织“三会一课”制度，切实解决学习教育随意化、平淡化、娱乐化问题，进一步严肃党内政治生活，严格党员管理，加强党员教育，提高党员素质。从严整改基层党组织建设存在的问题，纠正基层党组织长期不换届问题，组织行业全体党员对2008年4月以来交纳党费问题进行自查，按时完成补交党费工作。

着力抓好领导班子建设。坚持好干部五条标准，严把选人用人关，规范干部选拔任用工作程序，健全考察机制和办法，强化干部选拔任用工作监督，坚决整治选人用人上的不正之风。强化对领导干部尤其是“一把手”日常管理监督，科学配置领导班子及其成员的权力，形成“副职分管、正职监管、集体领导、民主决策”的权力制衡机制。抓好行业巡视工作全覆盖，加强巡视力量、加大巡视力度、加快巡视节奏；抓好行业审计工作全覆盖，重视经济责任审计、重视领导干部离任审计、重视重大工程项目和重大资金审计；抓好规范管理全覆盖，推动“三个保障机制”文件落地生根。深刻汲取郑建民、周昌贡、谈天江、王志富严重违法违纪案件的惨痛教训，切实用好提醒、函询和诫勉的组织措施。强化对领导班子党建工作考核，制定考核办法，认真落实述职述党建、评议评党建、考核考党建要求。

同时，全行业按照烟草产业链一体化运作思路，继续协调推进其他关键环节的改革发展稳定工作。烟草物流运行效率进一步提高，多元化企业发展格局进一步优化，控烟履约、法治建设、安全维稳工作进一步加强，“双维”投资转型发展成果令人兴奋，红塔银行组建后的营运成果令人兴奋，董事会工作、新闻宣传、教育培训、经济研究、学术交流、后勤保障、老干部工作等都取得了新的成绩。

上述成绩的取得，行业上下确实用尽“洪荒之力”，借此机会，我代表国家局、总公司，向全行业干部职工表示衷心的感谢！向所有关心支持烟草行业改革发展稳定的同志们表示衷心的感谢！

我们务必清醒地看到，“三个持续下滑、两个居高不下”的严峻形势没有根本扭转。卷烟销量持续下滑，全国销量4701万箱，下降5.6%；重点品牌产销持续下滑，31个重点品牌产量3918万箱、下降9.2%，销量3932万箱、下降5.8%；税利总额持续下滑，全行业实现税利下降5.6%，其中工业税利下降9.5%，商业税利增长2.0%。卷烟库存居高不下，工商库存687万箱，社会库存尽管减少了180万箱，仍比合理零售周期多10天左右；烟叶库存居高不下，农业年度末库存总量9191万担，占压资金4126亿元，可用时间超过37个月。

出现这种严峻形势，从客观上讲，有全球经济下行的巨大压力，有卷烟提税顺价的巨大压力，有控烟过激的巨大压力。但我们必须多从思想认识上找主观原因，多从工作措施上找主观原因，多从营销策略上找主观原因。面对严峻形势，我们要牢记毛主席的教导：“我们的同志在困难的时候，要看到成绩，要看到光明，要提高我们的勇气。”我们要牢记习近平总书记的教导：“什么时候都不要想象可以敲锣打鼓、顺顺当当实现我们的奋斗目标，我们要把责任扛在肩上，时刻准备应对重大挑战、抵御重大风险、克服重大阻力、解决重大矛盾。”从而，牢固树立和认真践行“国家利益至上、消费者利益至上”行业共同价值观，以不畏艰险、攻坚克难的勇气，以昂扬向上、奋发有为的锐气，以空谈误国、实干兴邦的豪气，坚持“只吹冲锋号，不打退堂鼓”，努力实现烟草行业持续健康发展。

三、认真落实2017年烟草工作主要任务

2017年将要召开党的十九大，也是实施“十三五”规划的重要一年和推进供给侧结构性改革的深化之年，做好今年烟草工作意义重大，总体要求是：认真贯彻落实党的十八大和十八届三中、四中、五中、六中全会精神以及中央经济工作会议精神，坚持稳中求进工作总基调，牢固树立和贯彻落实新发展理念，适应把握引领经济发展新常态，坚持以提高发展质量和效益为中心，坚持以推进供给侧结构性改革为主线，紧紧围绕“贯彻发展新理念，再上卷烟新水平”，牢牢把握“一个发展目标，五个基本定位”，坚定实施大品牌、大市场、大企业发展战略，全面做好稳产销、提结构、降库存、增税利各项工作，争创稳中向好新作为，以“两个超万亿”的优异成绩迎接党的十九大胜利召开。

主要预期目标：全国烤烟收购计划4100万担（种植面积控制在1522万亩以内）；卷烟生产计划4730万箱；卷烟批发销售计划4730万箱；实现税利总额11000亿元。确定4730万箱卷烟产销目标，既体现稳中求进工作总基调，也为压缩社会库存预留空间，为提高零售毛利水平预留空间，为优化卷烟结构预留空间。对此，行业上下要保持定力、充满信心。

做好今年烟草工作，主要任务是“争创六个新作为”：

（一）争创经济运行调控的新作为

以供给侧结构性改革为主线，深入研究烟草市场变化趋势，认真总结行业经济运行调控经验，紧紧抓住品牌培育这个根本，始终坚持“总量控制、产销协调、稍紧平衡”调控方针，切实围绕“减少无效供给、扩大有效供给、提高供给质量”想办法、定政策，努力实现供求关系新的动态均衡。重点是要做到“三个坚定不移”“一个千方百计”。

坚定不移稳产销。一是稳定卷烟产量。在争取基本稳定卷烟生产计划基数的前提下，今年安排卷烟产量4730万箱，在具体安排中，逐步做到“一调控、三倾斜”：在计划基数内统一调控年度产量，向工业税利增长倾斜、向畅销重点品牌倾斜、向老少边穷地区烟厂倾斜。加大计划指标调剂使用力度，优化生产码段调控模式，支持工业企业在一定范围内自主调节生产节奏，发挥重点品牌带动作用，促进要素资源合理流动和优化配置，最大限度地用足用好计划资源。二是稳定合作生产。组织卷烟合作生产，是在国家财税政策支持下，行业优化资源配置、实现共同发展的一条宝贵经验，规模之大、税利之大、影响之大，成为左右品牌加工双方的重要支撑。面对新的市场供求关系，我们必须在稳定合作关系的基础上，稳定规模、稳定结构、稳定税利，不断完善合作生产计划分配、落地销售、利益共享、税利考核方式，加大合作生产激励约束力度。三是稳定卷烟销量。今年安排卷烟销量4730万箱，既保持当年产销平衡，又为压缩社会库存预留空间。大家要向上海、浙江、福建、广东、云南、广西等省级公司学习，把稳信心、稳预期、稳价格作为卷烟营销的关键举措去抓。要加快转变卷烟经营理念和方式，切实巩固全国统一大市场、大网络建设成果，坚决遏制地方保护、地区封锁反弹，着力提升零售终端服务质量和水平，稳妥推进零售客户自律互助小组建设，积极开展卷烟消费环境建设，探索推进面向消费者的卷烟营销活动，深度挖掘市场需求潜力。

坚定不移提结构。提结构的基本着力点是稳高端、扩中端、调低端，从品牌、品类、产品各个层面系统谋划、精准施策，推动卷烟结构水平稳步提升。一是努力实现卷烟品牌结构稳定提升。紧盯全行业卷烟单箱结构提高1000元左右的目标，按照提高800元以上、提高1000元以上、提高1200元以上的不同要求，对工商企业进行分类指导，

推动中、高结构规格比重不断提升，促进品牌结构只向上走、不往下移。二是努力实现卷烟品类结构稳定提升。顺势而为发展和规范细支卷烟、爆珠烟、短支烟等，在继续严格执行品牌管理进退政策的前提下，积极研发有效满足个性化、多样化消费需求的特色产品，加快培育细分市场，持续提升溢价能力，引导其稳步向一类卷烟、向高端高价位卷烟转移和拓展。三是努力实现卷烟产品结构稳定提升。加强卷烟消费市场调查研究，理性把握高档消费合理回归、自主消费更趋主导的市场潮流，稳定高端规模，着眼中端扩容，促进低端提升，发挥三类烟“销量稳压器”“结构助推器”作用，推动三类烟以下结构梯次上移，增强供给结构对需求结构的适应性。

坚定不移降库存。一是坚决削减库存存量。把压缩卷烟库存特别是社会库存作为调整市场状态、提振客户信心、保证零售利益的重要抓手，对现有库存进行全面清理，力争在去年底408万箱基础上，再压缩社会库存80万箱左右。二是坚决遏制库存增量。健全完善社会库存和卷烟价格监测预警机制，坚持以销定产、以需定销精准调控思路，科学把握卷烟货源投放节奏，对存销比偏高、价格倒挂、动销不畅的品牌规格，果断实行限产限调限供、停产停调停供等调控措施。三是合理调整库存布局。坚持以市场真实需求为导向，完善工商零共同面向消费者的营销体系，探索推进供应商管理库存模式，及时掌握库存动态，科学确定各环节、各类别库存比重，不断优化库存结构。

千方百计增税利。全面分析税利增长的拉动因素，抓住主要矛盾，克服瓶颈制约，补齐明显短板，挖掘增收潜力。一是坚持以做大做强卷烟品牌拉动税利增长。重点卷烟品牌是行业税利增长的重要支柱，其中“双十五”品牌①实现税利已占行业税利总额的85%左右，全行业必须更加聚焦品牌培育，坚决扭转重点品牌，特别是“双十五”品牌产销规模下降、市场占比下降的结构劣化趋势，真正形成靠品牌优化资源配置、靠品牌促进效益提升、靠品牌带动行业发展的良好格局，不断涵养税利增长的活水源头。二是坚持以产业链条协调发展拉动税利增长。行业税利总额是烟草产业链条各环节共同创造的成果，在以品牌培育为根本抓好卷烟生产经营的同时，必须着眼于产业链条的系统集成、协调发展，努力挖掘烟叶生产的税利潜力，努力挖掘烟机、丝束、辅料等配套产业的税利潜力，努力挖掘多元化产业的税利潜力。三是坚持以深化精益管理拉动税利增长。从投入产出角度不断扩大分子、缩小分母，是促进行业税利增长的重要途径。持续推进信息化与烟草产业深度融合，推动行业云和大数据平台等重点工程建设，增强数据资源开发利用和分析服务能力，强化网络安全管理，落实国家“互联网+”行动计划各项要求，全面提升烟草产业与新技术融合发展水平；持续深化精益管理做除法各项工作，强化目标引领，狠抓过程管理，推动管理创新，在研发、生产、销售、仓储、物流、服务等各环节精打细算、锱铢必较，最大限度地降低各项成本费用支出，最大限度地提高要素资源配置使用效率。

（二）争创烟叶提质增效的新作为

烟叶始终是行业持续健康发展的根基，“烟叶稳则行业稳”是我们从多年发展实践中得出的基本经验。做好今年烟叶工作，要紧紧围绕促进烟叶提质增效，注意保持政策措施的稳定性、连续性，努力掌握发展的主动权。重点是坚持“四个不动摇”“一个优结构”。坚持烟叶生产基础地位不动摇。防止大起大落，建好“第一车间”，稳定基地单元，切实保护烟区党委政府的积极性、保护广大烟农的积极性、保护行业干部职工的积极性。控制烟叶规模收购红线不动摇。严格执行烟叶总量调控政策，严格执行烟叶调拨计划，切实加强配方使用创新，在严控规模过程中努力提升工商合作水平、提升烟叶内在质量、提升烟叶使用价值。引导烟农增收工作举措不动摇。始终服从和服务于国家脱贫攻坚的大局，进一步发挥资源优势、发挥产业优势、发挥资金优势，促进烟区经济社会发展和烟农持续增收；继续做好对口扶贫和援藏援疆工作。稳定烟叶政策基本导向不动摇。保持烟叶价格政策、烟叶税收政策和投入补贴政策基本稳定，努力促进烟叶生产可持续发展。同时，要用足用好烟叶专项清产核资重大政策，抓紧解决历史遗留的无使用价值、等级质量下降较大、不符合品牌发展需要的不适用烟叶资产问题。努力优化烟叶库存结构。降低烟叶成本，减轻潜亏包袱；扩大烟叶出口数量，优化烟叶进口质量。

（三）争创专卖管理监督的新作为

全面推进法治烟草建设，坚持依法行政、依法管理、依法组织生产经营，持续提高打假打私和专卖内管科学化、法治化、常态化水平。一是始终保持高压态势。在制假重点地区精心开展专项打击行动，加大重大案件侦破力度，重点打击跨地区、集团化、网络化犯罪团伙，落实每个地市级局都要打掉1~2个较大规模制售假烟网络的考核任务。二是持续开展源头治理。对假烟生产仓储、手工包装、原辅材料加工等违法活动进行全链条打击，坚决遏制

---

① “双十五”品牌即三类以上卷烟销量排名前十五位的品牌及销售收入（含税）前十五位的品牌。

制假售假和走私贩私反弹势头；完善与公安、海关、边防、海警等部门协作机制，争取“进出对等”政策，打击“蚂蚁搬家”行为，突破沿海及边境走私大案要案；加强与邮政通信、电子商务、物流快递等部门的协调联系，探索运用大数据分析和情报导侦办案，开展互联网及物流寄递环节打假打私专项行动。三是坚决治理出口回流。严格落实《加强免税出口和境外生产卷烟监管的规定（试行）》，加强免税出口卷烟供货渠道管理，有效遏制出口卷烟和境外生产卷烟回流。四是切实加强规范管理。全面落实“双随机、一公开”监管要求，全面应用市场监管信息化工作平台，着力提高监管效率和水平；不断强化内部专卖管理监督，严格责任传导和痕迹化管理，下更大力气治理真烟非法流通，坚决查处违规经营突出问题，努力实现生产经营秩序的根本好转；高度重视规范大户卖烟行为，科学把握对大户的货源供应频次和数量，密切跟踪大户货源流向，依法严管“二次批发、左右价格、扰乱市场”的卖烟大户。

（四）争创创新驱动发展的新作为

坚持把创新作为引领烟草行业发展的第一动力，围绕全面建成创新型行业目标，精心组织实施《烟草行业“十三五”科技创新规划》，着力“打造三个新优势、调动两个积极性”。打造中式卷烟品牌发展新优势。坚定实施大品牌发展战略，着力减少烟草吸入量、减少焦油含量、减少其他有害成分含量，深入推进全产业链一体化运作，从消费认同、科技减害、配套保障等方面不断巩固提升中式卷烟品牌发展优势。打造现代烟草农业发展新优势。坚持用现代科学技术改造烟叶生产，着力推进烟草农业生物技术革命、推进烟草农业绿色发展变革、推进烟草农业生产方式革新，全面提升现代烟草农业发展水平。打造新型烟草制品国际竞争新优势。密切跟踪新型烟草制品政策、技术和市场发展动态，深入实施新型烟草制品研制重大专项，超前研发储备一批战略性产品，稳步提升新型烟草制品产业化能力。在实施创新驱动发展过程中，要调动科技人才担当创新驱动重任的积极性，坚持在创新实践中发现人才、在创新活动中培育人才、在创新事业中凝聚人才，有效激励广大科技人才争当创新的推动者、实践者和引领者；要调动广大员工担当“大国工匠”重任的积极性，把“大国工匠”追求卓越的创造精神、精益求精的品质精神、用户至上的服务精神体现到每个员工身上，让创新在全行业蔚然成风。

在具体工作层面，要持之以恒抓好三件事：一是持之以恒抓好技术改造。技术改造是企业发展的永恒主题，要抓好上海浦东烟草科技园、武汉卷烟厂、常德卷烟厂、红河卷烟厂、玉溪卷烟厂、徐州卷烟厂、蚌埠卷烟厂、太原卷烟厂（山昆公司）、遵义卷烟厂、梅州卷烟厂、保定卷烟厂、澄城卷烟厂、广丰卷烟厂和长株潭物流中心、湘西打叶复烤公司、曲靖打叶复烤公司、珠海醋纤等一批重大项目建设，确保质量、安全、工期、概算和廉洁，努力把每一个项目建成提质增效的标杆、建成精益管理的标杆、建成创新发展的标杆。同时，坚持从紧安排新（扩）产能，避免成为增加财务成本的包袱、成为增加运行成本的包袱、成为增加人工成本的包袱。二是持之以恒抓好产品创新。扎实推进工信部开展的“增品种、提品质、创品牌”活动，学习茅台集团的应对本领，增强中式卷烟的竞争能力，进一步改善和加强品牌管理，按照“品牌要做大、规格要做精、价格要上扬”的要求，一手抓既有卷烟品规的维护、改造和提升，一手抓卷烟新品的研发、投放和培育，持续提高主导规格集中度，持续提高新品培育成功率。三是持之以恒抓好烟机创新。奋力追赶全球烟机制造公司的排头兵，稳定提高超高速卷接包生产线运行水平，全力主攻12000支/分钟生产线，改造完善8000支/分钟生产线，改造提升7000支/分钟生产线，研发制造11000支/分钟细支卷烟生产线、“互联网+智能烟机”，推进标准卷烟与异型卷烟共线分拣设备的统筹发展。同时，大力推进国产醋纤丝束“区域化、基地化、市场化”工作，不断提升国产醋纤丝束发展质量和水平。

（五）争创全面深化改革的新作为

继续扎实推进“两坚持、八加大”的行业深化改革工作任务，对照中央“四梁八柱”的总体方案，今年的重点：一是深化资源配置方式改革。改善和加强宏观调控，协调发挥计划机制、竞争机制、价格机制的作用，推进全国统一市场体系建设，加快形成以品牌为根本的资源配置模式，促进中式卷烟品牌持续做大做强。二是深化行政审批改革。认真落实国务院关于“简政放权、放管结合、优化服务”的改革要求，更加注重以清单管理推动减权放权，改进完善事中事后监管制度，大力推行“互联网+政务服务”，突出抓好专卖行政许可信息化、电子化、网络化管理，持续优化烟草行业营商环境；认真落实国务院关于加快剥离国有企业办社会职能有关工作部署，积极稳妥推进烟草企业职工家属区“三供一业”分离移交改革工作。三是深化公司制改革。按照中央关于深化国企国资改革的要求，研究探索企业集团层面公司制改革方案，明确党组织在公司治理中的法定地位，坚持和完善双向进入、交叉任职的领导体制，加快形成有效制衡的公司法人治理结构，不断提高烟草企业市场营销的竞争力、不断提高烟草行业专卖管理的执行力。四是深化卷烟营销市场化取向改革。适度扩大改革试点范围，因地制宜地推进省级卷烟营销平台的实际应用，优化再造业务流程，升级创新营销模式，加快构建现代卷烟营销体系，努力做到需求预测准确、客户分类客观、货源组织有效、投放策略公平、品牌培育得力、经营规范有序、监督检查到位，全面提升服务客户、满足消费的能力和水平。五是深化“走出去”发展配套体系改革。加快推进境外资本运作平台建设，积极探索中烟国际实现经营在外、管理在外、人员在外的转型方案。六是深化激励约束机制改革。抓住想干事、敢干事这两个关键点，完善业绩考核评价体系，建立容错纠错机制，健全正向激励机制，真正形成能者上、庸者下、劣者汰的选人用人导向和从政从业环境。

（六）争创全面从严治党的新作为

坚持党的领导，加强党的建设，履行全面从严治党主体责任，是烟草行业必须长抓不懈的重大政治任务。一是在深入学习贯彻党的十八届六中全会精神上下工夫。按照国家局党组提出的“三个认真学习、一个衷心拥护”的要求，认真学习领会习近平总书记关于中央政治局工作的报告，认真学习贯彻《关于新形势下党内政治生活的若干准则》《中国共产党党内监督条例》和习近平总书记所作的说明，认真学习贯彻习近平总书记在六中全会上的重要讲话；衷心拥护六中全会正式确立习近平同志在党中央的核心地位、在全党的核心地位，这是关系党和人民根本利益的大事，这是关系党中央权威、关系全党团结和集中统一的大事，这是关系党和国家事业长远发展的大事。行业各级党组织和全体党员干部要牢固树立政治意识、大局意识、核心意识、看齐意识，绝对信赖这个核心、绝对忠诚这个核心、绝对维护这个核心、绝对服从这个核心。二是在着力巩固扩大中央专项巡视整改成果上下工夫。坚定政治方向、坚持问题导向、坚守价值取向，扎实开展专项巡视整改“回头看”，巩固扩大中央专项巡视整改成果，紧盯33个具体问题、89项具体任务不放，紧盯12项专项治理和专项整治任务不放，紧盯中央巡视组交办的问题线索不放，“不贰过”、不反弹、不搞“宽松软”。深化“两学一做”学习教育，把学习教育与强化党建工作、巩固巡视成果、助力改革发展、加强干部培训紧密结合起来，始终做到“心中有党、心中有民、心中有责、心中有戒”，始终做到“对党忠诚、永不叛党”，对党忠诚必须体现到对党的信仰的忠诚上，体现到对党组织的忠诚上，体现到对党的理论和路线方针政策的忠诚上。深入学习贯彻全国国有企业党建工作会议精神，精心筹备召开全国烟草行业党的建设工作会议，专题部署行业党建工作，充分发挥党组织的领导核心和政治核心作用，把方向、管大局、保落实，全面提升行业党建工作水平。三是在坚持选人用人和严格管理相统一上下工夫。认真执行党中央、中央组织部有关干部工作的文件规定，把“选种育苗”和“田间管理”结合起来，既把德才兼备的好干部选出来、用起来，又加强管理监督。坚持党管干部原则，充分发挥党组（党委）的领导和把关作用，按照信念坚定、为民服务、勤政务实、敢于担当、清正廉洁的标准培养和选拔干部，改进完善干部选拔任用和考评方式，选好配强各级领导班子尤其是“一把手”，提升领导班子整体水平；加强干部从严管理和监督，突出领导干部这个“关键少数”，在驻部纪检组的综合派驻体制下，加大监督执纪问责力度，加大警示教育力度，加大提醒、函询和诫勉力度，加大巡视、审计和规范管理全覆盖力度，及时发现问题、纠正问题、查处问题，做到政令畅通、令行禁止；认真执行巡视整改中国家局党组有关干部人事工作的几个文件规定，坚决防止和从严查处“买官卖官”的行为，坚决防止和从严查处“带病提拔”的行为，坚决防止和从严查处“近亲繁殖”的行为，锻造忠诚干净担当的干部队伍，营造干事创业、风清气正、廉洁从政的良好政治生态。

同志们，习近平总书记在新年贺词中号召大家“撸起袖子加油干”。我们要更加紧密地团结在以习近平同志为核心的党中央周围，坚定“四个自信”，增强“四个意识”，坚持稳中求进总基调，争创稳中向好新作为，以“两个超万亿”的优异成绩迎接党的十九大胜利召开！

◇ 据《国烟办通报》2017年第2期

中央专项巡视和巡视整改工作情况

根据中央统一部署，2016年2月29日至4月30日，中央第二巡视组对国家局党组进行了专项巡视；6月3日反馈了专项巡视意见，提出了整改要求。通过两个月的集中整改，国家局党组及行业各级党组织“四个意识”进一步增强，管党治党意识进一步增强，全面从严治党主体责任进一步增强，较好地完成了巡视整改各项任务。

国家烟草专卖局党组接受中央专项巡视驻点阶段工作情况

根据中央的统一部署，从2月28日进驻至5月4日撤离，中央第二巡视组（以下简称巡视组）驻点对国家局党组开展专项巡视。驻点巡视期间，国家局党组以高度负责的精神和严肃认真的态度，积极稳妥地配合巡视组开展工作，实现了“三个平稳有序”，顺利完成了各项巡视配合任务。

一、驻点阶段主要工作情况

国家局党组高度重视巡视工作，认真落实中央巡视工作要求，成立了以国家局党组书记、局长，国家烟草专卖局党组书记、局长凌成兴同志为组长的国家局党组巡视工作联络组（以下简称联络组）。围绕巡视工作，国家局党组先后召开17次党组会、1次全系统电视电话会、2次党建工作领导小组会，部署重点任务、明确具体要求、听取工作汇报、检查工作进度、研究处理意见、制定整改措施。凌成兴同志，国家烟草专卖局党组成员、副局长杨培森同志，国家局党组成员、直属机关党委书记高林同志先后9次到巡视组驻地、驻全国人大纪检组和财政部向张立军组长、戴柏华副组长进行专题汇报，并检查驻点工作，看望驻点同志。驻点巡视期间，国家局党组高度重视巡视“即知即改、立行立改”工作，凌成兴同志主抓部署和督办，各位党组成员负责分管领域的工作。国家局编印烟草行业《巡视工作学习手册》1万余册，要求国家局机关全体党员和行业直属单位处级以上党员领导干部认真学习。

联络组下设驻点联络、机关协调、信访维稳、舆情监控等4个小组，明确各个小组的人员分工和工作职责，制定《国家局党组巡视工作联络组工作流程》以及各小组之间协调、联络、对接的工作机制。各小组充分发扬担当精神和奉献精神，以高度的责任感和使命感开展工作，积极高效完成自身职责范围内工作。驻点联络小组认真做好任务传递、协调配合与后勤服务保障工作，确保了驻地和机关协调工作平稳有序，得到了巡视组的充分肯定；机关协调小组及时准确分解任务，按联络组领导批示，及时将任务传达到机关有关部门，并协调督办、核对汇总、按时报送；信访维稳小组和舆情监控小组认真做好维稳劝退、互联网舆情监控等工作，驻点巡视期间未发生不良社会影响事件。驻点巡视期间，机关各部门、各单位和行业直属单位接到任务后，立即行动，克服各种困难，确保按时完成任务，为配合巡视工作提供了有力保障。

二、驻点阶段完成的主要工作任务

（一）重要会议情况

驻点巡视期间，国家局党组及时传达部署巡视组的重要指示和要求，研究部署巡视相关工作，组织配合召开各类会议。主要包括：巡视组与国家局党组主要负责同志工作沟通会、巡视组专项巡视国家局党组工作动员会、国家局党组汇报会等重要会议；行业发展改革情况、干部人事工作、纪检监察工作等专项汇报会；国家局领导多次与巡视组领导的汇报沟通会；以及直属机关党委、规范管理办公室、财务司、销售公司、计划司、办公室、研究所等部门参加巡视组组织召开的6次专项座谈会。巡视组派员赴国家局机关参加党组会4次、经济运行会1次。其间，国家局党组还组织召开了行业“两学一做”学习教育动员部署会，以及党组中心组学习习近平总书记系列重要讲话、落实“十三五”规划专题扩大会、郭伯雄案通报大会等会议。

（二）文件资料起草和报送情况

为配合巡视组全面深入了解烟草行业工作情况，根据巡视组工作要求，驻点巡视期间主要起草了四类152项文件资料：一是讲话汇报类材料5项，主要包括国家局党组主要负责同志在巡视动员会上的表态讲话，国家局党组落实全面从严治党主体责任工作情况汇报，行业发展改革情况、纪检监察工作情况、干部人事工作情况等专题汇报材料；二是分析说明类材料69项，包括近3年贯彻落实中央经济工作会议精神的具体措施，本单位检查“小金库”问题总体情况材料，资金管理、国内市场营销费、项目投资管理、项目招标、党建等专题分析报告，相关司局专项座谈会书面材料、国家局贯彻执行中央八项规定精神情况报告等；三是行业有关数据统计36项，包括2013—2015年国家局机关及二级单位副司级以上干部因公出国情况，烟草行业各单位驻各地办事机构、疗养培训机构、宾馆酒店情况统计，国家局本级和各省级局2013—2015年度宣传促销费预算及支出情况，国家局本级和各省级局银行存款情况等；四是请示报备类材料42项，包括请假函4件、报备函15件、舆情监测报告9件、会议通知13件、维稳情况报告1件。另外，将拟订的《中共国家烟草专卖局党组关于印发中央第二巡视组组长张立军 中央巡视工作领导小组办公室负责同志 国家烟草专卖局党组书记、局长凌成兴在专项巡视国家烟草专卖局党组工作动员会上的讲话的通知》（国烟党〔2016〕56号）报巡视组和中央巡视办，并下发全行业，要求全行业认真组织学习，抓好贯彻落实。

驻点巡视期间，向巡视组报送专题分析报告、统计数据、情况说明、文件资料等308件次，会计凭证303本。主要包括以下五类：一是纪检监察相关材料，包括《烟草行业省市局（公司）两级单位“一把手”廉政风险防控专题报告》《关于对综合派驻后加强行业党风廉政建设的有关建议》，以及案卷材料、处分统计、案情报告等50件次；二是干部人事和党建方面的材料，包括关于变相拉票、隐性拉票问题的情况报告，国家局有关“带病提拔”领导干部情况报告，干部培训计划及执行情况，党的群众路线教育实践活动材料，“三严三实”专题教育材料，党员干部党费缴纳情况等66件次；三是财务审计、投资项目方面的材料，主要包括会计报表、经济责任审计报告、财务数据统计、招投标项目管理资料、因公出差乘坐飞机舱位情况等74件次，会计凭证303本；四是文件制度，包括近3年中央领导同志重要批示抄清、外事管理制度、干部人事管理制度、财务审计制度等77件次；五是转交行业直属单位和个人按照巡视组要求提交的相关材料41件次。

（三）配合巡视组开展谈话和调研情况

根据巡视组工作要求，妥善协调个别谈话时间安排，及时发放谈话通知和谈话提纲，提醒被谈话人注意保密纪律。共配合安排巡视个别谈话96人次，其他形式谈话20人次，并做好交通保障等工作。积极配合中央组织部选人用人专项检查，按要求安排个别谈话7人次。

派员配合巡视组到行业39家单位开展检查调研工作，包括配合巡视组到国家局机关服务局、信息中心、计划司、财务司、烟机公司等5个部门和陕西省局、陕西中烟、青海省局、云南省局、云南中烟、山东省局、山东中烟、辽宁省局、上海烟草集团、江苏中烟、广西区局、河南省局、河南中烟、职工进修学院、深圳市局、安徽省局、安徽中烟、合肥院、南纤公司等19家行业直属单位开展调研检查；配合巡视组赴广东东莞市局、北京市局怀远会议中心、徽州皖韵假日酒店、黄山烟草迎客松宾馆、湖南省局开展巡视相关工作；配合巡视组到内蒙古区局、云南中烟、福建省局、福建中烟、河北省局、江西省局、河南省局、山西省局、黑龙江省局、辽宁省局等10家行业直属单位的驻京机构检查工作。调研检查中，共协调组织130人次参加巡视组召开的座谈会，协调安排个别谈话105人次，通知并协助有关单位做好工作汇报、资料准备、后勤保障等工作。

（四）落实“即知即改、立行立改”工作情况

针对巡视组反馈的问题和提出的意见，认真进行专题研究，梳理25项整改任务，印发《国家烟草专卖局党组接受中央专项巡视查摆问题即知即改台账》，明确落实整改要求的责任单位、责任人、整改时限和整改措施。截至2016年底，25项整改任务均已完成。

对巡视组在驻点巡视期间指出的问题，国家局党组立即召开党组会议进行研究，区分具体情况，分门别类提出处理意见。对巡视组移交的13件问题线索，逐一甄别研究，认真进行核查。严格按照党政纪条规作出处理决定，拟按规定对10人进行党政纪处分，对1人进行了免职处理，对5人进行了诫勉谈话。针对国内出差乘坐交通工具标准问题，国家局专门制定下发《关于烟草行业领导干部国内出差乘坐交通工具标准有关事项的通知》（国烟办〔2016〕94号），严格执行中央规定。针对未按规定交纳党费问题，国家局通知650名在职党员和245名离退休党员补交了党费。同时，国家局党组制定下发《关于进一步加强行业各级党组织党费管理工作的意见》（国烟党〔2016〕77号），要求行业各级单位严格按照中组发〔2008〕3号文件规定，于2016年4月30日之前足额补交党费。针对驻京办事机构，国家局制定下发《关于清理整顿行业直属单位驻京办事机构的通知》（国烟办〔2016〕97号），按照“三个一批”的要求对驻京办事机构进行清理整顿。责成山西省局（公司）撤销下属10个地市公司共同出资购买的位于秦皇岛北戴河的老干部活动中心。针对样品烟管理、专卖案卷管理、省级工业公司生产经营用车管理、行业公务接待管理、行业招聘工作、投资项目管理等方面的问题，国家局有关责任部门研究制定了相关制度规定。

（五）信访维稳和舆情监控工作情况

按照国家局党组的工作要求，信访维稳小组制定《中央巡视组专项巡视期间信访稳定工作方案》，建立24小时值班制度，组织信息中心、《东方烟草报》24小时进行社会舆情监控，及时报告信访动向。对驻点巡视期间的行业信访稳定工作进行了具体安排，明确了各级领导责任，组织全行业对不稳定因素进行排查、分析、研判，要求行业18个信访维稳任务重的单位成立驻京维稳工作组，并与当地党委政府驻京维稳工作组保持密切联系。积极协调北京市公安机关、国家信访局共同维护巡视组驻地和国家局机关的工作秩序，及时转送滞留人员。妥善接待41批次180人来访，与山东中烟联合化解1起300人的串联上访事件，实现国家局党组提出的防止出现大规模群体性进京上访事件和“三个平稳有序”的要求。

舆情监控小组严格遵守保密纪律和工作纪律，确保舆情信息不外泄、不扩散。驻点巡视期间，坚持每日24小时监控网络舆情，坚持每日舆情汇总制度，及时分析研判，区别情况进行处理。驻点巡视期间，向巡视组集中报送舆情周报9次，向联络组上报重要舆情监测报告25次，含重要舆情48条。对凌成兴同志做出批示的8条舆情，抓紧督促有关单位进行落实，要求主要负责人亲自督办，并在得到反馈信息后及时报告联络组。

◎资料来源：《关于国家局党组接受中央专项巡视驻点阶段工作情况和下一步工作安排建议的汇报》

国家烟草专卖局党组关于专项巡视整改情况

按照中央统一部署，2016年2月29日至4月30日，中央第二巡视组对国家烟草专卖局（以下简称国家局）党组进行了专项巡视。6月3日，中央巡视组向国家局党组反馈了专项巡视意见。根据《中国共产党巡视工作条例》有关规定，将巡视整改情况予以公布。

一、以政治巡视要求为统领，从严从实抓好整改

国家局党组坚持以习近平总书记系列重要讲话精神为镜子、以“四个意识”为标杆、以党章党规党纪为尺子，认真贯彻落实中央专项巡视各项整改要求，逐条细化整改措施，确保反馈问题整改到位、巡视成果运用到位。

（一）在思想认识上破题，确保整改责任层层压紧压实

6月12日，国家局党组紧扣专项巡视反馈意见和整改要求，召开专题民主生活会。会上，国家烟草专卖局党组书记、局长凌成兴同志首先代表国家局党组作对照检查，党组同志在班子对照检查基础上，逐一开展专题对照检查。凌成兴同志带头对号入座、揭短亮丑，深刻检讨问题，严肃开展批评和自我批评。党组同志进一步深刻剖析管党治党宽松软的思想根源，提出整改措施和努力方向，一致表示要倍加珍惜接受中央专项巡视监督的难得机会，深刻领会全面从严治党的极端重要性，深刻领会抓好巡视整改的现实紧迫性，强化责任意识，激发担当精神。6月15—16日，举办烟草行业党组织书记主体责任培训班，把巡视整改作为强化全面从严治党主体责任的抓手和突破口，进一步明确任务、传授方法、压紧责任，要求行业各级党组织和全体党员干部把巡视整改作为最严肃的政治任务，以最坚决的态度、最果断的措施抓紧抓好。

（二）在逐条整改、举一反三上下工夫，确保整改成果既管当前又管长远

中央巡视组反馈意见后，国家局党组立即召开会议，研究部署巡视整改工作。党组书记牵头，党组同志分工负责，逐条对照反馈问题，于6月14日印发整改实施方案，将整改工作分解为4个方面、33个具体问题、89项具体任务，并逐项明确责任领导、责任单位、责任人员和完成时限，形成完整的整改路线图、时间表；单列12项专项整治和专项治理，力求以重点问题的突破带动整改工作全面落实。巡视整改期间，召开9次党组会议、7次局长办公会议，推动巡视整改由解决面上问题向解决深层次问题延伸，制定65个整改文件，其中规章制度36项，做到整改一个问题，完善一套制度，堵塞一批漏洞，固化巡视整改成果。

（三）在建立健全工作机制上做文章，确保牢牢把握整改工作主动权

巡视反馈后，国家局党组成立接受中央专项巡视整改工作领导小组，下设综合协调组、督办检查组、文件起草组。建立台账制度、周报制度、销号制度、公开制度。按照8月初完成整改任务的时限要求，倒排时间节点，拉紧责任链条，做好督导检查，严格审核整改任务完成情况。坚持开门搞整改，把党的群众路线贯穿始终。党组同志分赴六大片区调研座谈；国家局机关各部门，行业各直属单位，各地市级公司、卷烟厂共召开整改调研座谈会1157次，参加座谈28690人，发放调查问卷4717份，征求到对巡视整改的意见建议经汇总梳理后共942条，国家局党组责成牵头部门及时吸纳和研究落实。

（四）在追责问责上发力，确保整改工作取得实效

驻点巡视期间，严查快办7起违反中央八项规定精神典型问题。接受专项巡视以来至7月31日，国家局机关、行业各直属单位处理与巡视反馈意见相关问题线索348件，给予党政纪处分168人，组织处理116人，诫勉谈话144人；其他53名人员的追责、处分问题也已协调有关方面办理。在追究直接责任的同时追究主体责任，对问题突出的5名行业直属单位主要负责人进行问责。高度重视巡视移交信访件的处理，对所有信访件一律进行调查，依照中华人民共和国《信访条例》分门别类进行了办理。

二、以向中央交出满意答卷为标准，坚决把巡视反馈四方面突出问题整改到位

国家局党组紧紧围绕巡视反馈的4个方面问题，逐条逐项抓好整改落实，坚决做到“条条要整改、件件有着落”。截至7月31日，89项整改任务中，除计划在年底前完成的8项外，其余81项均已完成计划任务，有关制度长期执行。

（一）“党的领导弱化，全面从严治党不力”方面问题整改情况

1. 强化坚持党的领导，不折不扣贯彻中央重大决策部署。针对巡视组指出“党的领导弱化”“贯彻执行中央重大决策部署不力”问题，国家局党组深刻反思，强调烟草行业要确保党的领导核心作用得到有效发挥，贯彻中央决策部署要坚决做到思想到位、行动到位。一方面，坚持以习近平总书记系列重要讲话精神武装头脑、指导实践、推动工作。加强和改进党组中心组理论学习，印发《党组中心

组学习规则（试行）》。整改期间，党组中心组组织集体学习4次，重点学习习近平总书记关于党要管党、从严治党的重要论述和关于巡视工作的重要指示精神，注重形成学习成果、保证学习质量。另一方面，坚持以五大发展理念为灵魂和主线统筹推动行业改革发展，落实“三去一降一补”重点任务。印发《烟草行业“十三五”规划》，明确烟草行业发展思路、发展方向、发展着力点。出台《国家烟草专卖局关于印发烟草行业落实“三去一降一补”重点任务行动方案（2016—2018年）的通知》（国烟计〔2016〕216号），推进供给侧结构性改革。制定《烟草行业“十三五”投资指引》，着力补齐发展短板，从紧安排新建各类项目。突出强调降本增效、压缩库存，明确全行业2016年降本增效考核任务80亿元，全年压缩卷烟工商库存100万箱、消化卷烟社会库存超过100万箱的目标任务。

2. 全面加强党的建设，着力提升行业党建工作水平。针对巡视指出“重业务、轻党建比较普遍”问题，国家局党组进一步树立“抓好党建是最大的政绩”的理念，将党建工作和业务工作一起谋划、一起部署、一起考核。一是坚持思想建党。深入开展“两学一做”学习教育，组织机关全体党员积极参加“党章党规在我心中——中央国家机关党章党规知识测试及竞赛活动”，取得“参与率100%”“平均分93.7分”的优异成绩；认真学习习近平总书记“七一”重要讲话，邀请中央党校教授作专题辅导报告；举办烟草行业“中国梦·劳动美”劳动模范优秀共产党员先进事迹报告会。二是强化制度治党。印发《烟草行业党建工作述职评议考核办法》《机关党建工作领导小组工作规则（试行）》等17个制度文件，建立定期研究党建工作机制，明确领导小组原则上每季度召开一次会议研究党建工作。完善党建考核机制，明确党建工作分工，行业各直属单位党组均确定1名党组成员具体分管党建工作。三是严肃党内政治生活。印发《关于进一步规范和加强行业基层党组织“三会一课”制度的意见》，建立行业各级领导班子基层联系点制度，严格执行双重组织生活会制度，国家局党组同志带头，以普通党员身份参加组织生活会，并以学习习近平总书记“七一”重要讲话为主题到所在党支部讲专题党课。四是从严整改基层党组织建设存在问题。印发《关于进一步规范国家局总公司机关基层党组织设置、构成和换届工作的通知》，巡视指出未按时换届的党支部（党总支）已全部完成换届工作。开展机关党员管理不规范问题专项整治，对2007年以来117人次接转组织关系不规范问题分类进行妥善处理。

3. 认真履行两个责任，推动管党治党从宽松软走向严紧硬。针对巡视指出“落实主体责任不力”“落实监督责任不力”“一些党员领导干部党规党纪意识淡漠”等问题，国家局党组进一步增强落实全面从严治党的思想自觉和行动自觉，不断加大管的力度和治的强度。一是严格落实主体责任。印发《关于落实全面从严治党主体责任的意见》《贯彻落实全面从严治党要求的实施意见》等制度文件，督促各级党组织严格履行管党治党政治责任。坚持严管就是厚爱，用好监督执纪“四种形态”，对各类违纪违法行为零容忍，坚决纠正宽松软问题。建立组织人事、纪检监察部门对领导干部说情、打招呼等情况如实记录机制，从制度层面上解决为干部“说情”问题。召开行业反腐倡廉警示教育大会，重申并督促行业落实纪律审查“一案两报告”制度，推动违纪案件通报曝光和警示教育常态化。二是强化监督执纪问责。积极适应纪律检查体制改革新形势，成立国家局党风廉政建设领导小组并设立办公室；加强国家局机关纪委力量，增配专职纪委书记，增设纪律检查室。驻点巡视期间，根据巡视初步反馈意见，组织核查7起违反中央八项规定精神典型问题，对相关责任人进行严肃处理。巡视反馈意见后，对其中涉及的违规违纪问题逐项梳理、逐一核实和处理。三是切实抓好党性党风党纪教育。认真学习贯彻党章和《中国共产党廉洁自律准则》《中国共产党纪律处分条例》《中国共产党问责条例》，把纪律和规矩立起来、挺起来、严起来。责令接受下属单位吃请和礼品的领导干部认真做出检查，有关人员已补交相关费用，上交收受礼品。在全行业开展因私出国（境）证照集中清理，77名干部上交未按规定集中保管的109本因私出国（境）证照并作出了情况说明。

（二）“对权力缺乏监督制约，存在系统性廉洁风险”方面问题整改情况

1. 抓住关键少数，加强对一把手的监管。针对巡视指出“‘一把手’违规违纪违法多发”问题，国家局党组以落实民主公开原则为重点，以制约权力为核心，以制度建设为根本，加强对行业一把手的监管，防治系统性廉洁风险。一是有效分解和制衡一把手权力。严格执行民主集中制，完善议事规则和决策程序，印发《关于进一步明确行业直属单位主要领导职责分工的通知》，重申并落实一把手不直接分管人事、财务、项目的要求，通过“分权+制权”，防止一把手“管人+管钱”，防止权力过于集中。二是强化对一把手日常管理监督。加强上级党组织对下级一把手的管理和监督，特别是上级一把手对下级一把手的监督。加大一把手的交流力度，在同一领导班子任正职满5年的，有计划地进行交流，任职满10年的必须交流，新提拔担任省级局（公司）、工业公司正职领导干部异地交流产生。严格落实一把手述职述廉、个人有关事项报告、任前谈话、任职回避、经济责任审计等监督制度，加大抽查核实和违规惩戒力度。加强和改进国家局党组巡视组对直属单位巡视工作，制定巡视全覆盖工作方案，确保党的十九大前实现巡视全覆盖；印发《关于进一步落实审计全覆盖的实施意见》，坚持开展对一把手的经济责任审计和离任审计。通过“交流＋严管”，破解一把手普遍受到地方党委政府“青睐＋礼遇”、缺乏有效监督问题。三是注重思想教育与从严问责相结合。引导党员领导干部特别是一把手坚定理想信念，增强宗旨意识。用好监督执纪“四种形态”，把纪律和规矩挺在前面，整改期间对5名省级直属单位一把手进行问责，调整7名不适宜担任现任职务地市级一把手的岗位，以强有力的警示和震慑倒逼责任落实。通过“教育＋问责”，铲除“无知＋无畏”的个别毒瘤滋生土壤。四是完善规范透明的权力运行机制。认真落实简政放权、放管结合、优化服务的举措，将廉政风险防控机制纳入企业生产经营管理全过程。建立办事公开民主管理《公开目录》，推进决策公开、执行公开、管理公开、服务公开、结果公开，确保权力在阳光下运行，通过“制度＋公开”，避免官商勾结，防止不良商人对领导干部进行“围猎＋交换”。

2. 管控重点领域，完善规范管理和内控制度建设。针对巡视指出“工程项目、物资采购、宣传促销三大领域腐败问题突出”，成立专项治理工作组，深入开展三大领域专项治理，2016年底完成治理任务。一是开展工程建设项目领域专项治理。对十八大以来国家局、总公司和各直属单位批复重大固定资产投资项目进行专项治理，强调边查边改、即知即改，严控招标、开标、评标、中标、合同签订、合同履约等“六个关键环节”，指导各直属单位细化专家库、供应商库、招标代理机构库“三库”管理办法，切实做到权力制约监督有力，运作规范透明。二是开展烟用物资采购领域专项治理。对十八大以来卷烟材料、烟叶配套物资、烟草物流配送物资和烟草专用机械零配件的重大采购行为进行重点检查，限期整改检查发现的问题。指导各直属单位健全烟用物资采购廉政风险责任制，建立不良供应商“黑名单”、交易结果和交易价格公开等制度，提高物资采购工作科学化、制度化和规范化水平。三是开展卷烟产品宣传促销领域专项治理。制定《样品卷烟管理办法》《样品卷烟在市场营销环节使用管理细则》《零售终端建设投入管理办法》，规范管理，明确要求，防控廉洁风险。发挥财务审计的监督作用，将工程项目、物资采购、宣传促销等作为审计监督重点，把规范企业管理与防范廉洁风险结合起来，增强企业免疫力。

3. 扎紧制度笼子，割断利益输送链条。针对巡视指出“家族式腐败”“利用银行存款谋利问题普遍”，着力构建“不能腐”的制度机制。一是有效遏制防范“家族式腐败”。对行业直属单位领导班子成员、国家局机关处以上干部亲属经商办企业、从业情况进行调查摸底，要求与烟草行业存在业务关联的经营活动一律终止。制定规范领导干部亲属从业行为的规定，明确行业领导干部亲属不得从事与烟草行业存在业务关联的经营活动；不得参股、入股与烟草行业存在业务关联的企业；不得从事与烟草行业经营有关的中介、代理、咨询等服务活动；不得在与烟草行业存在业务关联的外资企业、中外合资企业和私营企业任职；不得有其他利用领导干部职权或职务影响获取经济利益的行为。二是规范行业银行存款管理。印发《烟草行业银行账户和存款管理暂行办法》，要求行业各单位对银行账户开立和银行存款存放实行集体研究决策、公开透明操作、严格规范管理，防止利益输送。促进银行间公平有序竞争，实现原有账户“只减不增”。

（三）“落实中央八项规定精神与中央要求差距大，顶风违纪时有发生”方面问题整改情况

1. 集中清理行业驻京办事处。针对巡视指出“驻京办成为吃喝娱乐场所”问题，国家局党组深刻检讨、深刻反思，不讲任何条件，不作任何变通，以最坚定的立场、最坚决的态度，对驻京办进行了集中清理。截至7月31日，53家驻京办全部撤销，原有210名工作人员妥善分流安置，其中转岗130人、解聘80人；完成车辆处置135辆，其中拍卖或退租68辆、调回原单位或划转其他单位继续使用67辆；驻京办房产处置共涉及房屋面积38809.26平方米，其中进入评估拍卖程序19954.98平方米、退租5127.57平方米、转作面向社会经营5616.28平方米、作为工业企业营销网点办公用房8110.43平方米。在清理过程中，严禁行业内人员及其亲属、特定关系人参与驻京办资产交易。严肃查处某省局北京高价租用别墅问题，对该省局主要负责人诫勉谈话并责令作出书面检查，对3名直接责任人给予党纪处分，诫勉谈话3人，批评教育并作出书面检查17人。

2. 重点整治“四风”突出问题。针对巡视指出公款吃喝玩乐、超标准乘坐交通工具、违规发放补贴和领导干部违规多头取酬、“小金库”等问题，从严开展专项整治，查处和纠正违规违纪问题，坚决刹住享乐主义和奢靡之风。一是对奢侈浪费和业务接待费超高问题进行专项整治。组织全行业全面清理中央八项规定出台以来业务招待费开支和管理情况，自查自纠存在问题，处理74名责任人，清退违规发生的业务招待费。坚决纠正和防止公款吃喝玩乐由明转暗，由饭店、酒楼转入机关食堂，变相提高接待标准等问题。重申行业内工商企业之间一律不得相互宴请，确因业务往来需要的，应在单位食堂安排自助工作餐，标准按每人每天100元从严掌握，并据实建立接待清单。驻工信部纪检组对严重违反中央八项规定精神、严重违纪的辽宁省局原主要负责人王志富进行立案审查；辽宁省局党组作了深刻检讨，自查自纠省局机关违规接待问题118笔，退回款项11万元，并对接待管理中履职不到位的2名处级干部进行诫勉谈话。严肃查处某工业公司系统超标接待费问题并在全行业通报，给予4人党政纪处分，对公司主要负责人等14人进行诫勉谈话，54人进行批评教育、责令作出书面检查；相关人员退赔180.06万元违规费用。二是对超标准乘坐交通工具问题进行专项整治。明确机关各部门各单位主要负责人国内出差乘坐飞机时一律乘坐经济舱，行业各直属单位和总公司各专业公司主要负责人照此执行。组织全行业对照检查，清退未经批准违规乘坐交通工具的差价款。截至7月31日，国家局机关未经批准违规乘坐飞机舱位、火车坐席等差价款全部补交。三是严肃处理违规发放补贴和领导干部违规多头取酬问题。印发《关于取消有关补贴事项的通知》，重申全行业取消休假补贴、取消职工子女入托入学赞助费补贴。清退收回国家局机关及8家专业公司17人报销的24.5万元子女入托入学赞助费；扣回个别单位2013年发放的休假补贴；对相关负责人进行诫勉谈话。印发《关于严禁行业各直属单位领导干部在兼职企业领取薪酬的通知》，重申行业领导干部在企业兼职期间，不得领取报酬，不得获取股权和其他额外利益，不得领取“车马费”“劳务费”等各项补贴。对具体问题即知即改，某合资公司有关领导干部全部退回在兼职期间领取的奖金补贴，并按干部监督权限由有关部门追究责任。四是自查清理“小金库”。对中央巡视组指出103起“小金库”问题，责成涉及单位逐一落实、逐案处理。在2013年至2015年已处理272名责任人、清理3620万元的基础上，组织行业各单位限期对违规形成的“小金库”，以及对容易滋生“小金库”风险隐患的八项重点内容进行排查清理。通过整改期间清理自查，发现6起“小金库”问题，处理34人，清理“小金库”371万元。五是规范培训中心、会议中心管理。全面开展对行业31家培训中心、会议中心等设施的排查，梳理2013年以来业务开展和收支状况。制定进一步加强培训中心、会议中心规范管理的意见，要求地市级单位不得设置培训中心、会议中心；省级直属单位最多可保留1个，且不得设于风景名胜区；跨省设置的，一律依法依规处置。按照上述要求，某省局在牡丹江镜泊湖购建的职工培训中心进入挂牌转让程序；5家单位分别提出了关停、转让、退出的整改意见；其他相关单位均制定了具体措施，压缩成本，充分利用现有资源，切实防止闲置浪费。以培训中心、会议中心闲置浪费问题为鉴，开展多元化投资专项治理工作，加强规范管理，探索退出机制。

3. 推进作风建设常态化、长效化。根据中央关于全面从严治党要求，重新梳理修订国家局党组落实中央八项规定精神实施意见，将十八大以来行业落实中央八项规定精神、反对“四风”的实践成果以制度形式固化下来。整改期间，在改进作风、厉行节约等方面制定和修订完善8项工作制度和管理规定，强化刚性约束。

（四）“选人用人不规范，干部群众反映强烈”方面问题整改情况

1. 严格执行《党政领导干部选拔任用工作条例》，坚决按标准按程序选人用人。一是选准配强领导干部。深刻反思、深刻汲取对王志富选拔任用重大失误的惨痛教训，坚持党管干部原则，认真贯彻执行《党政领导干部选拔任用工作条例》《推进领导干部能上能下若干规定（试行）》等制度，坚持正确用人导向，真正按照好干部五条标准选人用人。二是规范干部选任程序。立行立改，纠正民主推荐、公示等环节不够规范的做法。完善机关和行业直属单位领导干部选拔任用工作程序、直属单位领导班子正职酝酿动议工作程序，全面了解掌握领导班子和领导干部真实情况，切实解决干部考察失真、失察问题。严格落实选任纪实工作，客观反映干部选任中各环节责任主体和运行情况，做到选任过程可追溯、可倒查。三是开展“近亲繁殖”、利用干部职工录用搞利益交换问题专项治理。印发《关于进一步加强行业领导干部回避管理的通知》，开展行业领导干部任职回避问题整改，在全面调查摸排的基础上，调整不符合任职回避规定干部的岗位，确保2016年底前调整到位。制定《烟草行业招聘工作管理办法》，按照“严格编制、凡进必考、公开透明、坚持回避”原则，严格行业招聘工作原则程序、方式方法，重点加强对领导干部亲属的回避管理。印发《关于加强和规范行业外人员调入管理的通知》，明确行业外人员调入条件、审批程序及纪律要求，防止暗箱操作和利益交换。

2. 严明组织人事纪律，严肃整治选人用人不正之风。一是严肃整治“买官卖官”问题。对涉嫌向2012年案发的河南省局原主要负责人郑建民行贿买官的60名干部，国家局党组作出进一步严肃处理的决定，按程序追究49人（含1名厅级干部）的党政纪责任，给予16人组织处理（5人同时追究党政纪责任），其中3人被免职处理、1名厅级干部改任非领导职务、12人调离原岗位。二是严肃整治“带病提拔”问题。对某省局、某专业公司有关领导干部选拔任用过程进行倒查，责成上述两家单位党组以此为戒，落实主体责任，加强干部管理。坚持关键岗位从严把关，规范行业外选调行业直属单位领导干部工作程序，明确今后对地方党委推荐的直属单位领导人选按程序加强考察考核。汲取河南省局两任一把手“带病提拔”“前腐后继”的教训，坚持对考察对象干部档案“凡提必审”，个人有关事项报告“凡提必核”，纪检机构意见“凡提必听”，线索具体的信访举报“凡提必查”，对法人代表“凡提必审”，坚决防止“带病提拔”。三是严肃整治违规用人问题。组成专项检查组，组织开展行业直属单位选人用人工作专项检查，对选人用人举报反映多、“一报告两评议”结果较差的单位有针对性地进行重点检查。

3. 抓好日常监督管理，建设忠诚干净担当干部队伍。一是强化日常管理。纠正重使用轻管理的问题，印发《关于建立干部监督工作联席会议制度的意见》，完善干部监督工作协调配合机制，增强干部选拔任用和管理监督工作合力。健全行业新提任司局级干部试用期制度。二是注重抓早抓小。充分发挥巡视、干部任前谈话、函询、诫勉、重大事项请示报告等制度的作用，抓苗头抓预防，增强干部免疫力。三是严格执行个人有关事项报告制度。2016年配合中央组织部对93人抽查核实。加大拟提拔重用干部查核处置力度，严肃处理43名不如实报告的干部，按程序追究6名情节较重干部的党政纪责任，对其中4人撤销任职决定，按原职务安排；1人改任非领导职务；对情节较轻的36人给予诫勉。四是集中开展行业干部人事档案专项审核。对干部信息进行重新认定，补充各类档案材料25711份。对档案信息存在不实问题的干部，视情节轻重分别给予党政纪处分或组织处理。

三、以构建长效机制为目标，持续推动全面从严治党真管真严、敢管敢严、长管长严

国家局党组清醒认识到，巡视整改阶段取得的整改成效仅仅是初步的、阶段性的，与党中央的要求和人民群众期待、行业上下期盼还有差距和不足，全面从严治党永远在路上。国家局党组将继续贯彻落实习近平总书记“坚定政治方向，坚持问题导向，坚守价值取向”的重要指示精神，深入推进后续整改工作，巩固和扩大巡视整改工作成果。

（一）坚持党的领导，把握政治方向

国家局党组将进一步深入学习贯彻习近平总书记系列重要讲话精神，“坚持不忘初心，继续前进”，牢固树立政治意识、大局意识、核心意识、看齐意识，自觉在政治高度上、政治要求上、政治定位上向党中央看齐，始终在思想上、政治上、行动上与以习近平同志为总书记的党中央保持高度一致。更加坚定落实“五位一体”总体布局和“四个全面”战略布局的自觉性，确保中央政令畅通、令行禁止，确保中央重大决策部署在行业贯彻落实、落地见效。

（二）加强党的建设，落实主体责任

以巡视整改为契机，着力探索解决党的领导弱化、党建工作薄弱、全面从严治党不力的长效机制，深入研究加强行业党建的具体措施，抓深思想建设、抓紧组织建设、抓实作风建设、抓严反腐倡廉建设、抓牢制度建设。烟草局党组将站在巡视整改新起点上，带头落实全面从严治党主体责任，对党负责、对行业政治生态负责、对干部健康成长负责。自觉接受监督，贯彻执行《中国共产党问责条例》，旗帜鲜明地支持纪检机构履行监督责任，推动全面从严治党向基层延伸，推动管党治党从宽松软走向严紧硬。

（三）持续抓好整改，构建长效机制

巡视整改的89项任务中，仍有8项为年内完成任务，有关制度需长期执行。国家局党组将持续聚焦巡视反馈意见，坚决打消“过关”心理，坚持目标不变、力度不减。对已完成的整改任务，适时组织“回头看”，巩固整改成果，防止问题反弹；对正在进行或需长期执行的任务，紧盯不放，持之以恒、久久为功；对制定出台的各项规章制度，认真抓好贯彻落实，切实提高规章制度执行力、约束力。注意研究整改中发现的新情况新问题，采取有力措施解决，确保整改取得扎实成效，让党中央、社会各界看到烟草行业的实质性变化。

（四）坚持统筹兼顾，促进改革发展

现阶段，烟草行业面临卷烟销量、重点品牌、税利总额“三个大幅下滑”和卷烟库存、烟叶库存“两个居高不下”的严峻形势，国家局党组将深入贯彻五大发展理念，坚定不移推进供给侧结构性改革，认真落实“三去一降一补”重点任务，继续以落实全面从严治党政治责任、落实中央巡视整改要求为强大动力，做到两手抓、两促进，确保实现2016年工商税利总额有所增长，努力实现“十三五”期间税利总额增长速度略高于全国国内生产总值增长速度、略高于全国财政收入增长速度的发展目标，为全面建成小康社会、实现中华民族伟大复兴的中国梦作出新的贡献。

◎资料来源：《中共国家烟草专卖局党组关于专项巡视整改情况的通报》

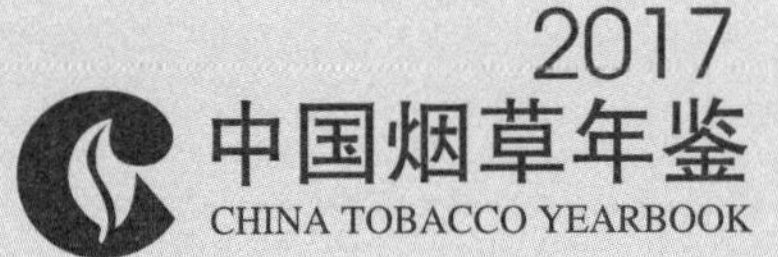

行业概览

- □ 行业改革发展亮点
- □ 全国烟草行业发展概况
- □ 发展计划与经济运行
- □ 烟叶生产经营
- □ 卷烟（雪茄烟）生产经营
- □ 多元化经营
- □ 外事管理与国际拓展
- □ 专卖监督管理

……

行业改革发展亮点

【实现“两个超万亿”】 2016年，行业实现工商税利总额10795亿元。特别是在卷烟产销、税利总额持续下降的严峻形势下，行业在缴纳各项税收之外，完成876亿元专项税后利润上缴任务，全年上缴财政总额10006亿元，着力巩固工商税利总额、上缴财政总额“两个超万亿”的重大成果，为国家财政增收作出重要贡献。

【积极推进供给侧结构性改革】 积极推进供给侧结构性改革，认真落实去产能、去库存、去杠杆、降成本、补短板“三去一降一补”重点任务，制定行动方案，完善配套措施，从紧安排卷烟生产，从紧安排新（扩）产能，从紧安排烟叶生产，着力解决行业经济运行中去库存、降成本与稳销量、增税利的突出矛盾，正确处理稳增长与调状态、稳增长与压库存、稳增长与优结构的关系，着力抓好“控产量、稳销量、压库存、调状态、守红线、增税利”，行业经济运行调控取得明显成效。

【出色完成烟叶生产调控任务】 按照“稳定规模、优化结构、降本增效、完善体系”的要求，坚决落实烟叶规模调控年度目标和各项生产措施，实现烟叶生产平稳发展。2016年，全国共签订烟叶种植收购合同134.3万份，同比减少13.6万份；种植烟叶1619.5万亩，较计划指导面积减少28.6万亩；收购烟叶210.8万吨（4216万担），同比减少8.25万吨（165万担），较计划减少8.65万吨（173万担）。通过3年调控，全国烟叶种植面积逐步调减500余万亩，收购量渐进调减1200余万担，出色完成规模调控目标任务。

【出色完成卷烟社会库存调控任务】 坚持“总量控制、产销协调、稍紧平衡”调控方针，采取非常措施，调减卷烟销量计划1000亿支（200万箱），调减卷烟产量计划1100亿支（220万箱）以上，着力改善供求关系，调整市场状态。截至2016年底，社会库存由3月末的2940亿支（588万箱）减少到2040亿支（408万箱），压缩900亿支（180万箱），完成压缩社会库存超过500亿支（100万箱）目标任务，为稳定卷烟零售毛利水平、恢复零售户经营信心、维护卷烟品牌市场形象付出艰苦努力。

【“千亿级”格局总体保持稳定】 在行业经济运行调控中，重点品牌、重点企业、重点地区发挥关键的支撑作用，几个“千亿级”格局总体保持稳定，其中“中华”“利群”“云烟”“芙蓉王”等4个品牌商业销售额继续超过1000亿元，广东、浙江两省卷烟销售额继续超过1000亿元，云南、上海、湖南三省（市）工商税利继续超过或接近1000亿元。

【推进现代烟草农业建设】 全行业始终坚持把烟叶生产作为烟草行业持续健康发展的根基，把中央“三农”工作要求作为现代烟草农业的发展方针，不断巩固提升现代烟草农业建设水平。加快转变烟叶生产方式，推动规模化种植水平、专业化服务水平、机械化作业水平稳步提升。稳定基础设施建设投入，安排烟田基础设施建设和水源工程援建资金各50亿元，明确行业“十三五”期间烟叶生产基础设施建设补贴政策和管理要求。加强烟叶收购管理，加大收购站（点）整合改造力度，深化烟叶基地单元建设，完善专分散收业务模式，探索开展均质化复烤加工，积极发展订单生产、原收原调。科学组织抗灾救灾，最大限度减少烟

国家局加大烟叶生产基础设施建设力度，图为在重庆巫溪县修建的烟区道路

重庆市局　涂金周　摄

农损失。服务支持脱贫攻坚，发挥产业优势，用好烟叶政策，有效带动老少边穷地区烟农脱贫致富和烟区经济社会发展。在烟叶种植收购数量减少的情况下，全国实现烟农总收入660亿元（含生产投入补贴），实现烟叶税128亿元，烟农户均收入4.92万元，同比增加0.43万元，明显高于当地农民平均收入水平。

【降本增效】 坚持深化“放管服”改革，坚持把降本增效摆在精益管理的重要位置。烟草工商企业按照国家局上半年下达的70亿元考核任务和落实巡视整改方案新增10亿元的预期目标，不断深化全员、全过程、全方位的精益管理。烟草工商企业降本增效79.3亿元，其中通过“源头”治理节省资金超过20亿元。全行业会议费、业务接待费同比分别下降34.1%和69.6%。全年实现货币资金净收益198.36亿元，超额完成年初下达目标。

【推进烟草科技创新】 产品创新取得新成效。细支卷烟依然势头强劲，全年销量684亿支（136.8万箱），同比增长93.0%，南京卷烟厂打造细支卷烟示范基地取得重大成效；爆珠卷烟开发培育成效明显，绝大部分爆珠实现由依赖外部向自主设计、由小批量试制向规模化生产转变；短支卷烟、异型卷烟势头良好，逐步成为企业增长的新亮点；新型烟草制品研发进展顺利，30款中式特色新型产品在美国上市销售。

烟叶技术取得新跨越。烟草功能基因研究和分子育种应用有序推进，基因定向改良的抗黑胫病“红花大金元”品种、抗黄瓜花叶病和普通花叶病“K326”品种成功通过专家田间鉴评，以蚜茧蜂防治蚜虫为代表的生物防治实现里程碑意义的突破，“寄生性天敌烟蚜茧蜂防治蚜虫关键技术与应用”“烟草介质花粉的创制与应用”参评国家科学技术奖励，得到国家奖励办的认可和支持。

降焦减害取得新进展。基于原料配方、辅材设计、加工工艺、功能材料等的降焦减害关键技术实现突破，构建系统化的中式卷烟降焦减害技术体系，卷烟焦油量和其他有害成分释放量持续降低。

烟机制造取得新突破。加速推进“日产三班200箱、300箱”卷接包产品研制工作，开展不同规格、不同速度的细支烟卷接包产品研发，推出异型烟、标准烟自动分拣共线合单系统，开发各种新型包装设备，探索开展智能烟机建设。

“两化融合”取得新进步。推进现代信息技术在烟草产业集成融合，完成行业统一平台和数据中心建设，深化信息资源服务，推进专卖、财务、烟叶等重点信息系统建设，研究探索“互联网+”创新应用并推动试点示范。

2016年3月，全国烟草行业商业企业首个由国家局认定的工程研究中心——烟草病虫害生物防治工程研究中心在云南玉溪挂牌成立

《中国烟草》杂志社 郑旭南 摄

【推进专卖管理监督】 坚持把打假打私摆在专卖管理的重要位置，围绕持续提高全国卷烟市场净化率目标任务，强化专卖管理关键举措，在卷烟打假打私中要市场、要销量、要效益，夺回150亿支（30万箱）卷烟市场空间。2016年，全国查处案值5万元以上假烟案件3884起，破获国标网络案件987起，收缴制假烟机346台，查获烟丝烟叶1.37万吨、假烟17.87亿支、走私烟11.28亿支，依法拘留8299人、追究刑事责任4323人。同时，查处案值5万元以上真烟案件7288起，查扣非法流通真烟35.6亿支。

【“走出去”取得积极进展】 境外卷烟销量957.4亿支，同比增长6.09%，其中一般贸易出口279.5亿支，同比增长6.6%；境外企业销售313.8亿支，同比下降4.4%；一般合作项目销售115.7亿支，同比下降8.8%；战略合作项目销售248.4亿支，同比增长34%。境外销量前五位品牌合计销售403亿支，同比增长6.7%，占境外总销量的42.1%，同比提高0.2个百分点。

【专项巡视整改】 坚持把接受中央专项巡视作为国家局党组的重大政治任务。国家局党组把中央巡视组反馈的问题和要求，细化为33个具体问题、89项具体任务，单列12

项专项治理和专项整治任务，逐项明确分管领导、牵头部门和整改时限，建立台账制度、周报制度、销号制度、公开制度，除需长期执行的外，计划年内完成的整改任务均全部完成。特别是坚决打好全部撤销烟草驻京办、坚决打好业务接待费超高专项整治、坚决打好清理超规乘坐交通工具、坚决打好严格样品卷烟管理“四个硬仗”，全面带动巡视整改工作。撤销53家烟草驻京办，成为中央第九轮巡视整改“七大亮点”之一。

【“两学一做”学习教育】 在行业全体党员中开展“两学一做”学习教育，推动全面从严治党向基层延伸。认真落实《党组中心组学习规则（试行）》，创新学习方式，注重形成成果，保证学习质量。认真落实基层联系点制度，指导基层党组织扎实开展“两学一做”学习教育，充分发挥基层联系点的示范带动作用。认真落实基层党组织“三会一课”制度，切实解决学习教育随意化、平淡化、娱乐化问题，进一步严肃党内政治生活，严格党员管理，加强党员教育，提高党员素质。从严整改基层党组织建设存在的问题，纠正基层党组织长期不换届问题，组织行业全体党员对2008年4月以来交纳党费问题进行自查，按时完成补交党费工作。

【领导班子建设】 坚持好干部五条标准，严把选人用人关，规范干部选拔任用工作程序，健全考察机制和办法，强化干部选拔任用工作监督，坚决整治选人用人上的不正之风。强化对领导干部尤其是“一把手”日常管理监督，科学配置领导班子及其成员的权力，形成“副职分管、正职监管、集体领导、民主决策”的权力制衡机制。抓好行业巡视工作全覆盖，加强巡视力量、加大巡视力度、加快巡视节奏；抓好行业审计工作全覆盖，重视经济责任审计、重视领导干部离任审计、重视重大工程项目和重大资金审计；抓好规范管理全覆盖，推动“三个保障机制”文件落地生根。强化对领导班子党建工作考核，制定考核办法，认真落实述职述党建、评议评党建、考核考党建要求。

◎据凌成兴局长在2017年全国烟草工作会议上的讲话摘编；编辑：谢争艳

全国烟草行业发展概况

烟草行业认真贯彻落实党中央、国务院重大决策部署，在工业和信息化部的直接领导下，以中央专项巡视为强大动力，坚持稳中求进工作总基调，深入贯彻新发展理念，积极应对“四大难题”凸显、“三大压力”叠加的严峻形势，保持降中趋稳、稳中向好的发展态势。全年实现工商税利10795.78亿元，同比减少640.32亿元，下降5.6%，其中，实现税金（不含企业所得税）8207.18亿元，同比减少196.85亿元，下降2.34%；实现工业利润955.17亿元，同比下降17.59%，商业利润1626.98亿元，同比下降12.17%。① 在卷烟产销、税利总额持续下降的严峻形势下，完成876亿元专项税后利润上缴任务，全年上缴财政总额10006亿元，巩固工商税利总额、上缴财政总额“两个超万亿”的重大成果，为国家财政增收作出重要贡献。

2016年5月，浙江宁波余姚市局组建青年党员理论宣讲队，深入解读“两学一做”学习教育的目的、要求、内容和措施

浙江余姚市局 陈 蓉 摄

【供给侧结构性改革】 经济运行调控取得明显成效。认真落实“三去一降一补”重点任务，制定行动方案，完善配套措施，从紧安排卷烟生产，从紧安排新（扩）产能，从紧安排烟叶生产，着力解决行业经济运行中去库存、降成本与稳销量、增税利

① 工商税利相关数据采用国家烟草专卖局财务管理与监督司（审计司）2016年12月财务指标快报数据。

的突出矛盾，正确处理稳增长与调状态、稳增长与压库存、稳增长与优结构的关系，着力抓好“控产量、稳销量、压库存、调状态、守红线、增税利”，行业经济运行调控取得明显成效。全国共签订烟叶种植收购合同134.3万份，同比减少13.6万份；种植烟叶1619.5万亩，较计划指导面积减少28.6万亩。通过3年调控，全国烟叶种植面积逐步调减500余万亩，完成规模调控目标任务。坚持“总量控制、产销协调、稍紧平衡”调控方针，调减卷烟销量计划1000亿支（200万箱），调减卷烟产量计划1100亿支（220万箱）以上，着力改善供求关系，调整市场状态。年底社会库存由2016年3月末的2940亿支（588万箱）减少到2040亿支（408万箱），压缩900亿支（180万箱），完成压缩社会库存超过500亿支（100万箱）目标任务。

卷烟产销保持基本协调。全国烟草行业累计生产卷烟23475.7亿支（4765.14万箱），同比下降7.96%，其中，一类烟5001.05亿支（1000.21万箱），同比下降12.03%；二类烟2981.85亿支（596.37万箱），同比下降1.96%；三类烟10326.9亿支（2065.38万箱），同比下降8.02%；四类烟4096.05亿支（819.21万箱），同比下降6.17%；五类烟1419.85亿支（283.97万箱），同比下降9.32%。全年在产卷烟品牌90个，同比增加1个；在产规格911个，同比增加88个。

全年累计销售卷烟23496.0亿支（4699.20万箱），同比减少1394.05亿支（279.81万箱），下降5.62%，其中，一类烟4941.25亿支（988.25万箱），同比下降7.21%；二类烟3035.95亿支（607.19万箱），同比增长4.09%；三类烟10311.15亿支（2062.23万箱），同比下降6.01%；四类烟3930.40亿支（786.08万箱），同比下降7.41%；五类烟1277.30亿支（255.46万箱），同比下降11.14%。卷烟结构提升趋缓，烟草行业平均单箱批发销售收入2.92万元，同比增长2.09%，结构增加额和增幅均为近10年来的最低水平，剔除提税顺价因素同比持平。

合作生产份额相对稳定。烟草行业实际完成合作生产3210.65亿支（642.13万箱），同比下降15.6%，占全行业产量比重13.2%，产量比重与2015年基本持平。全年合作生产实现税利514.39亿元，对品牌输入企业税利贡献度达到25.82%。

重点品牌发挥关键支撑作用。烟草行业31个重点品牌产量19591.5亿支（3918.3万箱），同比减少1980.5亿支（396.1万箱），下降9.2%，占全国总产量比重83.2%，同比下降1.0个百分点；销量19660.5亿支（3932.1万箱），同比减少1208.5亿支（241.7万箱），降低5.8%，低于全国水平0.2个百分点，占全国总销量比重83.7%，同比下降0.2个百分点。商业销售额12832.65亿元，同比下降3.94%。重点品牌年累计平均单箱销售收入32636元，同比增加628元，增长1.96%，高于行业平均单箱3470元。销量居前三位的品牌分别是“双喜·红双喜”“云烟”“利群”，销量分别为1934亿支（386.8万箱）、1812.5亿支（362.5万箱）、1417亿支（283.4万箱）；销售额居前三位的品牌分别是“中华”“利群”“云烟”，销售额分别为1499.7亿元、1159.7亿元、1103.3亿元。重点品牌保持较高的市场占有率和影响力，对烟草行业稳定发展起到关键的支撑作用。

细支卷烟、低焦油卷烟、雪茄烟产销情况。细支卷烟产销量继续保持大幅增长。标准周长以下的细支卷烟规格104个，产量752.8亿支（150.56万箱），同比增长95.33%；销量684.25亿支（136.85万箱），同比增长93.0%；商业销售额567.82亿元，同比增长95.8%；单箱批发均价4.15万元，高于全国平均水平1.23万元，引领作用持续增强。细支卷烟销量前五位的品牌是“南京”“黄鹤楼”“红金龙”“黄金叶”“长白山”，其中，销售“南京”273亿支（54.6万箱），同比增长70.19%；销售“黄鹤楼”93.05亿支（18.61万箱），同比增长59.01%；销售“红金龙”77.25亿支（15.45

2016年3月，江苏南京市浦口区局（分公司）组织零售客户，开展“细支卷烟销售我来说”活动

江苏南京市局 供稿

万箱），同比增长 158.17%；销售“黄金叶”43.6 亿支（8.72 万箱），同比增长 90.64%；销售“长白山”41.5 亿支（8.30 万箱），增长 82.41%。

低焦油卷烟产销情况。焦油量 8 毫克/支（含）及以下低焦油卷烟产量 3216.5 亿支（643.3 万箱），同比减少 328.5 亿支（65.7 万箱），下降 9.3%；销量 3263.5 亿支（652.7 万箱），同比减少 219.2 亿支（43.84 万箱），下降 6.29%。焦油量 6 毫克/支（含）及以下低焦油卷烟产量 476.4 亿支（95.28 万箱），同比减少 1.8 亿支（0.36 万箱），下降 0.38%；销量 498.55 亿支（99.71 万箱），同比增加 36.15 亿支（7.23 万箱），增长 7.83%。

雪茄烟产销情况。全国雪茄烟产量为 12.1 亿支，同比增长 20.7%；销量 10.9 亿支，同比增长 12.2%；商业销售额 10.13 亿元，同比增长 6.73%。

卷烟营销市场化取向改革初见成效。营销流程再造基本完成。试点单位坚持以销定产，完善需求预测工作流程，全面开展月度预测，严格按照市场需求安排卷烟生产，初步实现从“推销”向“拉销”的转变。统一营销平台稳定运行。截至 2016 年底，行业统一的省级卷烟营销平台应用范围扩展到 146 个城市，覆盖零售客户数量比重 51.7%，覆盖卷烟销量比重 54.8%，为深入推进改革、落实各项举措、加强营销管理提供平台保障。货源供应有所改善。改革试点促进货源投放的公平、公正、公开，非市场因素明显减少，中小客户货源满足率普遍提高，客户利益得到更好的保障。营销队伍逐步转型。开展“消费者在哪里，我们就到哪里”主题营销活动，各级营销部门广泛深入市场一线，聚焦消费者做市场、育品牌、搞促销，“以消费者为中心”的营销理念逐步确立，工商零共同面向消费者的现代卷烟营销体系正在加快形成。

【烟叶生产】 **烟叶生产保持稳定发展**。面对烟叶生产计划总量持续调减、供需矛盾更加突出、洪涝灾害多发重发等复杂形势，全国烟叶产区坚决贯彻落实烟叶规模调控年度目标和各项生产措施，严格合同管理，狠抓过程控制，坚持把严控规模摆在首要位置，烟叶生产实现平稳发展，全年收购烟叶 210.8 万吨（4216 万担），同比减少 8.25 万吨（165 万担），较计划减少 8.65 万吨（173 万担），圆满实现“三年调控”目标，为烟叶生产的长期稳定发展赢得主动。

烟叶基础设施建设水平持续提升。安排年度烟叶基础设施建设补贴资金 54.9 亿元，涉及项目 27.4 万件。出台《关于贯彻落实财政部关于烟草行业“十三五”期间烟叶生产基础设施建设投入补贴相关政策的通知》《烟叶生产基础设施建设项目修复管理办法》，进一步完善制度体系。严格项目补贴范围，加强资金概算审核，项目建设稳步有序推进，规范化管理水平不断提升。推进“三下放一加强”烟基项目管理改革，下放项目审批权、项目补贴标准和技术标准的制定权、年度项目验收权。安排 50 亿元水源工程援建资金，突出抓好项目评审把关、“管评挂钩”制度落实、复函项目建设督导，推动援建项目规范有序建设。随着越来越多的援建项目蓄水投入使用，水源工程经济效益、社会效益日益显现。

现代烟草农业建设持续推进。积极推进适度规模种植，扎实推进生产方式转变，规模化、专业化、机械化水平稳步提升。全国 500 亩以上连片种植 392 万亩，占比 24.2%，同比提高 1.8 个百分点；培育职业烟农 10 万户，同比增加 6.6 万户，职业烟农队伍初现规模；10 亩以上规模农户明显增加，达到 56 万户，同比增加 2.78 万户，种烟面积 1149 万亩，占比 71%，同比提高 1.4 个百分点；全国户均规模达到 12 亩，同比提高 1.2 亩。全国烟农专业合作社优化整合至 1766 家，入社烟农 109.3 万户，烟农入社率 81.4%，同比提高 6.5 个百分点。育苗、机耕、植保、烘烤和分级专业化服务覆盖率分别达到 89.9%、50.2%、29.9%、40%、82.5%，服务质量和服务效率进一步提高，并进一步向移栽、采烤、运输等环节拓展。各产区在规模化种植基础上，依托专业化服务，积极转变生产作业方式，提升机械化作业比例和作业效率。128 个精益生产试点单元以机械化、一体化、工序化作业为重点，扎实推进设施减工、技术减工和服务减工，亩均用工减少 2 个，示范引领效应明显。大面积生产上，耕地、起垄环节基本实现机械化作业，机械作业比例分别达到 85.3%、75.9%。加强烟叶收购管理，全国烟叶收购平均合格率达到 82.3%，同比提高 0.7 个百分点。深化工商协同，完善专业化分级散叶收购业务模式，稳步扩大原收原调试点规模，积极探索订单生产发展方向，全国推广专业化分级散叶收购 3600 万担、占比 84.4%，同比提高 2.2 个百分点；开展原收原调 1200 万担、占比 28.1%，同比提高 9.9 个百分点；试点订单生产 103 个基地单元、收购规模 474 万担、占比 11.1%，同比提高 1.7 个百分点。

先进适用技术推广不断深化。突出需求导向，品种布局进一步优化。紧紧围绕工业需求，深化品种研究和联合开发。自育品种主导地位进一步巩固，种植面积 1322.3 万亩，占比 81.6%。突出问题导向，适用技术集成应用取得新进展。深耕冬翻、小苗深栽、控氮增密、上部叶一次性成熟采收、烟夹烘烤等先进适用技术得到全面推广应用，有力促进烟株营养均衡、协调发育、品质提升。突出示范引领，三项主推技术稳步推进。全国试点推广滴灌 60.2 万亩，膜下微喷带灌溉 5.9 万亩，背负器、移动泵等形式 191.9 万亩，水肥利用效率有效提升。推广 0.01 毫米增厚地膜 354 万

云南昆明市公司攻克生物质能源烟叶烘烤技术的诸多难关，加紧推广密集型烤房建设

云南昆明市局 供稿

亩，资源化利用459.8万亩。实施“1+N”专业烘烤59.60万吨（1191.9万担），采烤一体化11.29万吨（225.8万担）。突出生态优先，绿色发展成为产区共识。深化土壤保育、精益生产、绿色发展等理念，实施化肥农药减量工程，加大面源污染治理力度，促进烟区生态环境保护。全国共施用有机肥1267万亩，同比增加133万亩，占比78.2%；共投放蚜茧蜂1502万亩，同比增加348万亩，占比93%，并进一步向大农业延伸；太阳能诱蛾灯、性诱剂、青枯病生防菌等物理、生物防治面积进一步扩大。

促进烟农增收工作取得实效。在挖掘烟叶生产主业增收潜力的基础上，发挥行业优势，建立多元经营产业体系，形成烟叶生产经营与多元增收相互促进、互为保障、良性循环的发展态势。在烟叶种植收购数量减少的情况下，全国实现烟叶税128亿元，实现烟农总收入660亿元（含生产投入补贴），烟农户均收入4.92万元，同比增加0.43万元，明显高于当地农民平均收入水平，有效带动老少边穷地区烟农脱贫致富和烟区经济社会发展。

【精益管理】 ***精益管理取得明显成效***。烟草行业坚持把降本增效摆在精益管理的重要位置，工商企业按照国家局下达的70亿元考核任务和落实中央巡视整改方案新增10亿元的预期目标，不断深化全员、全过程、全方位的精益管理。注重“源头”治理。严格项目投资预算与审批，严控投资项目的产能规模与设计成本，有效加强配方、调香、工艺、辅材和包装等的系统化设计。注重降低成本。认真落实烟草行业提质增效工作九条措施，着力降低制度性交易成本、降低内部运行成本、降低包装成本、降低物流成本、降低财务成本。注重课题带动。把“精益十佳”作为推进精益管理的有效抓手，积极开展课题研究，消除瓶颈制约，攻克难点问题，促进管理提升。全年烟草工商企业累计降本增效79.3亿元，其中通过“源头”治理节约节省资金超过20亿元。

成本费用管控水平持续提升。提高预算管理水平，推动预算定额从成本向费用拓展，逐步提高预算定额编制的科学性。强化预算管控，从总额控制向项目控制转变。继续严格落实中央八项规定精神，认真执行巡视整改出台的各项新规，全行业会议费、业务接待费同比分别下降34.1%和69.6%。通过加强银企合作，争取优惠利率，推动行业内委贷，稳定投资分红等措施，在确保企业资金流动性前提下，全年实现货币资金净收益198.36亿元，超额完成年初下达目标。积极增加金融资产配置，优化行业存量资产结构。卷烟工业企业销售收入成本率为26.26%，同比增加1.30个百分点；工业企业三项费用率为7.17%，同比增加0.22个百分点，商业企业三项费用率为6.43%，同比增加0.15个百分点。

扎实做好安全生产工作。行业各单位深入贯彻党中央、国务院有关安全生产的方针政策，严格执行国家有关安全生产的法律法规及国家局关于安全生产工作部署，切实履行安全生产主体责任和监管责任，持续深化安全标准化建设，扎实推进岗位安全达标、专业安全评估工作，不断完善隐患排查治理长效机制，着力提升安全科技应用水平，有效防范火灾、爆炸、特种设备等各类重大事故的发生，持续保持行业安全生产形势的总体平稳。

【创新型行业建设】 ***做好“十三五”科技创新顶层设计***。贯彻落实全国科技创新大会精神和《国家创新驱动发展战略纲要》，召开全国烟草科技创新大会，出台《国家烟草专卖局关于全面推进创新型行业建设的意见》《烟草行业“十三五”科技创新规划》，提出到2020年全面建成创新型行业的总体目标，对“十三五”科技创新工作的主要目标、重点任务、保障措施作出全面部署，坚持以科技创新引领烟草行业全面创新。

产品创新取得新成效。启动实施细支卷烟升级创新重大专项，细支卷烟产品设计、生产制造、降本增效、稳焦控焦水平进一步提升，全年销售细支卷烟684亿支（136.8万箱），同比增长93.0%，南京卷烟厂打造细支卷烟示范基地

取得重大成效。爆珠卷烟开发培育成效明显，绝大部分爆珠实现由依赖外部向自主设计、由小批量试制向规模化生产转变。短支卷烟、异型卷烟势头良好，逐步成为企业增长的新亮点。全面推动新型烟草制品技术、产品、装备、平台“四位一体”全产业链研发创新。行业新增公开/公告新型烟草制品领域专利283件，新增授权专利247件，其中发明专利19件，30款中式特色新型产品在美国上市销售。全行业构建形成以上海院为核心、深圳创新平台和青岛装备工程中心为两翼、企业研究所为支撑的新型烟草制品协同创新体系。

烟叶技术实现新提升。烟草功能基因研究和分子育种应用有序推进，基因定向改良的抗黑胫病“红花大金元”品种、抗黄瓜花叶病和普通花叶病“K326”品种成功通过专家田间鉴评，为从品种源头解决烟草病害、减工降本、降低农残等问题提供有效途径。启动实施“三虫三病”绿色防控重大专项，以蚜茧蜂防治蚜虫为代表的生物防治实现里程碑意义的突破，“寄生性天敌烟蚜茧蜂防治蚜虫关键技术与应用”“烟草介质花粉的创制与应用”参评国家科学技术奖励，得到国家奖励办的认可和支持。蚜茧蜂防治蚜虫覆盖全国植烟面积93%，在大农业推广900多万亩。大力推进烟田土壤保育，烟草秸秆等废弃物资源化利用和有机肥工程化开发技术。

降焦减害取得新进展。基于原料配方、辅材设计、加工工艺、功能材料等的降焦减害关键技术实现突破，卷烟焦油量和其他有害成分释放量持续降低。落实卷烟包装标识新规定，会商工商总局、质检总局实现卷烟包装标识调整平稳过渡。强化产品质量监督工作，全年组织开展烟叶、卷烟、原辅材料抽检以及质量安全指标专项监测15次，涉及各类样品3994个，产品质量安全得到有效监控。加强标准体系建设和标准化工作，全年发布31项行业标准、8项总公司企业标准，重点推进卷烟爆珠、雪茄烟、再造烟叶等标准制定和《卷烟》国标修订，优化烟用添加剂、烟用材料、农残等领域风险评估技术和方法标准。

烟机制造取得新突破。认真落实《中国制造2025》，加速推进“日产三班200箱、300箱”卷接包产品研制工作，开展不同规格、不同速度的细支烟卷接包产品研发，推出异型烟、标准烟自动分拣共线合单系统，开发各种新型包装设备，探索开展智能烟机建设，有效满足细支烟、异型烟等个性化、多样化装备需求。

“两化融合”取得新进步。推进现代信息技术在烟草产业集成融合，完成行业统一平台和数据中心建设，深化信息资源服务，推进专卖、财务、烟叶等重点信息系统建设，研究探索“互联网+”创新应用并推动试点示范，行业信息化支撑水平、服务水平、融合水平进一步提升。

【内部监管和市场监管】 **着力抓好专项巡视整改工作**。坚持把接受中央专项巡视作为国家局党组的重大政治任务，作为各级党组织的重大政治任务，作为广大党员干部特别是领导干部的重大政治任务。国家局党组把中央巡视组反馈的问题和要求，细化为33个具体问题、89项具体任务，单列12项专项治理和专项整治任务，逐项明确分管领导、牵头部门和整改时限，建立台账制度、周报制度、销号制度、公开制度，除需长期执行的外，计划年内完成的整改任务均已全部完成。特别是坚决做好撤销烟草驻京办、业务接待费超高专项整治、清理超规乘坐交通工具、严格样品卷烟管理等重点整改专项，全面带动巡视整改工作。注重由解决面上问题向解决深层次问题延伸，制定65个整改文件，其中规章制度36项，做到整改一个问题，完善一套制度，堵塞一批漏洞，固化巡视整改成果。

2016年，行业蚜茧蜂防治蚜虫覆盖全国植烟面积93%，在大农业推广900多万亩
云南省局　供稿

持续加强卷烟打假打私工作。坚持把打假打私摆在专卖管理的重要位置，围绕持续提高全国卷烟市场净化率目标任务，强化专卖管理关键举措，在卷烟打假打私中要市场、要销量、要效益，夺回150亿支（30万箱）卷烟市场空间。狠抓精准打击，在广

东、广西、福建、河南等省（自治区）精心组织“百日行动”，协调海关、公安、边防、海警等部门重拳打击东兴北仑河区域卷烟走私，有效扩大和巩固重点地区源头治理成果。狠抓规范经营。持续加大真烟非法流通整治力度和违规经营问题惩治力度，完善内管机制，严肃考核问责，严格检查督办，全力遏制真烟非法流通蔓延势头。狠抓市场监管。全面推行“双随机、一公开”监管改革，制定《免税卷烟和雪茄烟经营监管办法》，深化烟草、公安部门情报信息合作，加大互联网涉烟监管工作力度，着力提升市场监管法治化、信息化、现代化水平。全国共查处案值5万元以上假烟案件3884起，破获符合国家局标准的网络案件987起，收缴制假烟机346台，查获烟丝烟叶1.37万吨、假烟17.87万件、走私烟11.28万件，依法拘留8299人、追究刑事责任4323人。同时，查处案值5万元以上非渠道卷烟案件7288起，查扣非法流通卷烟35.6万件。

2016年4月7日，广东省烟草、公安、工商等多部门联合协作，开展整治卷烟市场行动

广东省局　供稿

持续深化行业规范管理工作。开展烟草行业工程建设项目专项治理和烟用物资采购专项治理，针对自查和专项检查发现的9个方面突出问题，逐一分析原因、落实整改措施，完成整改事项2232个，其中工程建设项目755个，烟用物资采购项目1477个，制定完善相关制度规定，行业监管水平进一步提升。全面落实“应招尽招”“真招实招”和办事公开民主管理同业务工作深度融合“三个保障机制”。2016年全行业实施采购项目46969项，涉及金额1041亿元。公开招标项目37921项，公开招标项目比例80.74%，同比提高3.93个百分点；公开招标金额998亿元，公开招标金额比例95.89%，同比提高1.13个百分点，行业采购项目“应招尽招”成为常态。办事公开民主管理同业务工作深度融合水平迈上新台阶，全行业发布公开招标采购信息140869条、非公开招标采购信息48830条。《公开目录》与《采购目录》的深度融合极大提高公开效率和公开效果，使权力运行更加规范透明，有效维护职工“四权”。贯彻落实中办、国办《关于实行审计全覆盖的实施意见》，全力完成审计全覆盖任务，对热点难点问题进行专项审计，对重大政策措施、重大投资项目、重点专项资金等进行跟踪审计，对国有资产、领导干部履行经济责任，对重点项目、重点资金等进行全覆盖审计，严肃查处生产经营中存在的问题，进一步强化审计监督，形成审计威慑。

聚焦简政放权深化行政审批制度改革。深入推进行业行政审批制度改革。制定《国家烟草专卖局贯彻落实全国推进简政放权放管结合优化服务改革电视电话会议精神的工作方案》，对改革任务进行全面安排和部署；进一步压缩准运证、零售许可证等9项行政许可事项审批时限，减少生产企业许可证、批发企业许可证申请材料，审批服务更加便民高效；按照《行政许可标准化指引》及实施指南的要求，逐项梳理行业行政许可事项的有关规范性文件。推进政务公开和监管透明。全面推进决策、执行、管理、服务、结果“五公开”和政府信息公开，完善信息发布、政策解读和舆情回应等工作机制；重点推进“双随机、一公开”，建立随机抽查事项清单、检查对象名录库和执法检查人员名录库，明确抽查依据、抽查内容、抽查方式等。建立信息公布制度，将随机抽查的相关静态信息、动态信息以及结果，及时通过各级烟草专卖局网站或当地人民政府网站向社会公布。

【人才队伍建设】　**开展“两学一做”学习教育**。行业各单位按照基础在学、关键在做的要求，以党支部为基本单位，以“三会一课”为基本制度，以落实党员日常教育管理为基本依托，组织党员系统学习党章党规，深入学习习近平总书记系列重要讲话精神，扎实有序推进学习教育。严肃党内政治生活，把学习贯彻党的十八届六中全会精神和《准则》《条例》纳入学习教育重要内容。结合“两学一做”学习教育和巡视整改，针对基层党组织和党员队伍建设薄弱环节，推进基层党建各项重点任务，把全面从严治党要求落实到每个支部、每个党员。深入开展思想政治工作，各单位以社会主义核心价值观宣贯为抓手，广泛开展爱国主义、爱岗敬业、道德建设等主题教育，保证员工队伍思想的总体稳定。

突出严抓实管，推进行业干部队伍建设。着力建设高素质领导班子和干部队伍，调整配备行业25家直属单位领导干部57名。行业直属单位领导干部交流任职6名，国家局、总公司机关与行业内外干部双向交流任职挂职等72名。加强干部日常管理监督，全年各级人事部门共提醒、函询、诫勉2073人次，完成8931名领导干部报告工作，加大抽查核实力度。开展行业人事档案专项审核，在干部考察中严格审核人事档案。严格执行机构编制集中统一管理和审批制度，核定52家直属单位“三定”方案。持续开展“三超两乱”专项整治。制定《烟草行业招聘工作管理办法》，严格行业招聘工作程序和方式方法。强化选人用人制度刚性约束，贯彻落实《推进领导干部能上能下若干规定》《关于防止干部“带病提拔”的意见》，汇总分析年度直属单位领导班子“一报告两评议”情况，督促抓好评议结果的通报反馈和问题整改。

突出机制创新，推进行业人才队伍建设。完善人才管理体制，制定《国家局党组关于加快推进行业人才工作创新发展的实施意见》。推进鉴定机构质量管理体系建设，完成53家鉴定机构的体系审核工作。健全人才评价机制，组织开展各系列、各等级专业技术资格评定，全年新增高级资格483人、中级资格1501人。截至2016年底，行业在岗专业技术人员10.5万人，高、中、初级资格人员比例1:9:15。印发行业《职业技能鉴定“十三五”规划》。建立行业职业技能鉴定咨询投诉系统，审定颁布4个工种职业技能标准。全年实施行业特有职业（岗位）鉴定376批次、4.3万人次，获证2万人次，新增高级技师59人、技师834人。强化人才培养激励，首次承办人社部组织的专业技术人才知识更新工程高级研修项目，培训行业内外60家单位的高级专业技术人员100名；首次举办行业高级专业技术人才研修班，培训行业高级专业技术人员和科研骨干162名。选拔推荐行业享受国务院政府特殊津贴人员2名，继续实施行业科技领军人才和学科带头人科研项目专项资助计划。制定《行业职业技能竞赛管理办法》，组织开展各级各类技能竞赛，授予“烟草行业技术能手”称号72人，推荐申报“全国技术能手”“全国五一劳动奖章”4人。

加强行业收入分配管理，开展总公司负责人薪酬制度改革，制定行业《工资总额发放预调控办法》。提升教育培训工作水平，推进网络培训平台建设，15万人登录平台，累计学时352万小时。推进培训资源整合共享，举办第一届行业培训项目交流洽谈会。制定《2016—2020年烟草行业教育培训规划》。全年国家局、总公司机关举办培训班126个，培训员工1.5万人次；行业举办各级各类培训班2.6万个，培训员工122万人次。

◇ 撰稿：朱　槿；编辑：谢争艳

发展计划与经济运行

【制定行业发展规划】 制定烟草行业“十三五”规划，牢固树立和贯彻落实“创新、协调、绿色、开放、共享”五大发展理念，结合行业实际，把握目标要求，研判机遇挑战，把五大发展理念全面落实到行业“十三五”时期各项任务中，谋划发展思路举措，加快转变发展方式，提高发展质量和效益。2016年6月13日，印发《国家烟草专卖局关于印发烟草行业“十三五”规划的通知》（国烟计〔2016〕148号），提出“十三五”时期行业发展的指导思想、基本原则、发展理念、发展目标、基本定位和发展任务。7月25日，印发《国家烟草专卖局关于烟草行业“十三五”规划发展任务部门分工的意见》（国烟计〔2016〕212号），就《烟草行业“十三五”规划》确定的发展任务，提出部门分工意见。举办行业各层级贯彻落实五大发展理念专题培训班，切实提高深入理解、准确把握五大发展理念的科学内涵和实践要求，增强贯彻落实行业发展思路、发展任务和发展着力点的能力和水平。

贯彻落实党中央、国务院关于供给侧结构性改革的重大决策部署，国家局、总公司先后印发《关于印发烟草行业“十三五”投资指引的通知》（国烟计〔2016〕211号）、《关于印发烟草行业落实“三去一降一补”重点任务行动方案（2016—2018年）的通知》（国烟计〔2016〕216号），从总体要求、主要目标、重点任务、保障措施等方面协调推进去产能、去库存、去杠杆、降成本、补短板等五大重点任务。

【“两烟”计划管理和产业协调】 坚持“总量控制、产销协调、稍紧平衡”的调控方针，对生产计划基数和年度实际产量实行分开管理，适时调减卷烟销量计划，为大幅压缩社会库存创造条件。控制过高的工商库存和社会库存，加强总量控制和定向调控，年末卷烟社会库存降低900亿支（180万箱）左右。

优化计划资源配置。一是稳定合作生产规模，品牌输出企业实际产量计划调整与合作生产挂钩，增加的自有产量计划按1:1配套合作生产任务，带动共同发展；品牌输入企业均不再追加实际产量计划，在年初下达的全年实际产量计划范围内协调好自有品牌和合作生产的关系。二是加强计划置换工作，开展浙江中烟与江西中烟、四川中烟，广东中烟与陕西中烟，江苏中烟与黑龙江烟草工业省际间内销卷烟实际产量计划与合作生产任务置换工作。三是推动计划资源有偿调剂工作，制定《计划资源有偿调剂方案》并报财政部。

加强免税出口卷烟计划管理，严格控制境内免税店货源供应。加强“免税出口重点培育发展类卷烟”品牌培育，12 月，根据《国家烟草专卖局关于申请调整免税出口重点培育发展类卷烟名录的函》（国烟计〔2016〕324 号），将“SONBONG”“FISHER”“芙蓉”“WIN”“WINBODY”等 5 个牌号调出“免税出口重点培育发展类卷烟”名录，同时将“TS”“金桥”“MARSHAL”“白沙”“罗曼蒂克”等 5 个牌号调入。调整后，“免税出口重点培育发展类卷烟”仍为 16 个牌号。

对烟叶进行严格的控产限量。安排烤烟生产收购计划 219.43 万吨（4388.6 万担），控制在红线之内。加强进出口烟叶联动，为进一步消化国内烟叶库存创造条件。印发《关于做好 2016 年度烟叶调拨工作的通知》（国烟办综〔2016〕467 号），要求各工业企业严格执行调拨计划，及时结算烟叶货款。

【卷烟市场监测和价格管理】 依托行业工商企业自主开展以卷烟价格和社会库存为主要内容的全国卷烟市场价格监测工作，完成 12 期《市场监测信息月报》、12 期《行业经济运行通报》的编报任务，相关数据实现开放共享，引导货源调控。行业价格管理部门组织人员于 2 月、8 月组织开展 8 个省（直辖市）卷烟市场专题调研、4 个省会城市市场价格“暗访”，收集汇总卷烟社会库存情况，撰写专题调研报告。加强市场研判，在春节、中秋、国庆等 3 个关键时间结点开展市场调研，针对卷烟销售态势、零售价格、社会库存、品牌表现、货源供需等问题对北京、广东、四川等 17 个省级烟草公司，19 个地市级局（公司），200 余家零售客户进行市场走访，形成调研报告。强化数据采集分析，初步建立全国重点城市零售市场信息采集系统，用以监测社会库存、品牌价格、零售客户赢利能力等变化，拓宽数据来源。

巩固卷烟提税顺价成果，坚持价格梯次化管理原则，引导企业布局产品线，创新提升产品结构。完成 148 个卷烟规格、7 个雪茄烟规格的价格批复，并新增 2 个零售主流价位。探索国产醋纤丝束市场化定价工作，落实国产烟机新的价格形成机制。

2016 年 5 月，龙岩烟草工业有限责任公司员工参加精益改善活动

福建中烟　余硕宁　摄

【投资管理】 围绕去产能、补短板，实行有保有压的差别化投资管理。2 月 18 日，印发《国家烟草专卖局 中国烟草总公司关于印发烟草行业投资项目管理办法的通知》（国烟计〔2016〕50 号），进一步规范行业投资项目管理。5 月 31 日，印发《国家烟草专卖局 中国烟草总公司关于进一步加强投资项目管理严格监督问责的通知》（国烟计〔2016〕133 号），坚决治理擅自扩大投资规模、提高建设标准、变更设计方案等不规范行为。

坚持技术改造先进性、适用性原则，先后开展《打叶复烤厂建设控制指标》《卷烟厂建设控制指标》《卷烟物流配送中心建设控制指标》等 3 个标准文件修订工作，各类建设项目控制指标平均调减 10% 以上。推行《烟草行业绿色工房评价标准》，在投资项目中更加广泛运用节能减排、绿色环保技术，全年行业 3 个项目获得住房和城乡建设部“绿色工房”星级认证。

严格控制固定资产投资规模，据实核减卷烟、复烤新上项目设计产能，落实购置新生产设备“进一退一”政策，推进“十三五”期间压缩打叶复烤产能 10.5 万吨（210 万担）的工作任务。在 17 个项目立项审批、14 个项目初步设计审批中，累计核减卷烟产能 250 亿支（50 万箱）、复烤产能 3 万吨（60 万担），核减投资金额 16.7 亿元；下达两批次烟机设备淘汰计划，核减烟机购置申请 228 台（套）。

【行业经济运行概况】 烟草行业贯彻落实党中央、国务院各项决策部署，坚持稳中求进工作总基调，积极推进供给侧结构性改革，扎实推进“三去一降一补”重点任务，在“三个持续下滑、两个居高不下”的巨大压力下，努力提高运行质量和效益。行业经济运行在下行中企稳，在调整中向好。

产销基本协调。行业坚持“以销定产”原则，从紧安排卷烟生产，为调节产销状态，国家局分别于1月和3月对部分存销比偏高的一、二类卷烟品牌规格实施限产限调调控。全年累计生产卷烟23554亿支（4710.8万箱），同比下降8.1%；累计销售卷烟23550亿支（4701万箱），同比下降5.6%，当年基本实现产销平衡。

结构逐步提升。全年行业平均单箱批发销售收入2.92万元，同比增长2.09%。特别是在一类烟销量同比下降7.21%的情况下，二类烟起到稳定和拉动行业结构的显著作用。二类烟商业销量3035.95亿支（607.19万箱），同比增长4.09%。细支卷烟产销量继续保持大幅增长，单箱销售额同比提升，单箱结构高出行业平均42.1%，引领作用持续增强。

重点品牌保持支撑。行业31个重点品牌累计实现销量19660.4亿支（3932.08万箱），占总销量比重的83.7%。重点品牌依然保持极大的市场占有率和影响力，继续对行业健康发展起到牢固的支撑作用。其中，“中华”“利群”“云烟”“芙蓉王”等4个品牌商业销售额继续超过1000亿元；“南京”“利群”等品牌逆势上扬，销量和销售额持续增长。

降本增效成效显著。行业不断深化全员、全过程、全方位的精益管理，累计实现降本增效79.3亿元，超额完成年初下达的70亿元目标任务。其中，工业企业实现降本增效52.5亿元，比全年目标任务增加7.5亿元；商业企业实现降本增效26.7亿元，比全年目标任务增加1.7亿元。通过“源头”治理节约节省资金超过20亿元。全行业会议费、业务接待费同比分别下降34.1%和69.6%。

合作生产份额相对稳定。按照“稳定规模，提升效益，互利双赢，共同发展”的总体要求，积极推进合作生产工作。全年参与合作生产的品牌19个，同比增加5个；合作生产的规格67个，同比增加8个。行业实际完成合作生产3191.3亿支（638.26万箱），同比下降17.82%，占全行业产量比重13.55%，同比增加0.3个百分点。合作生产平均单箱工业销售收入1.47万元，同比下降9.2%。

有序开展国际合作。推进中国烟草总公司与菲莫国际公司之间的“万宝路”许可生产项目。全年生产“万宝路”22.7亿支（4.54万箱），同比增加9020万支（1804箱）；销售“万宝路”23.45亿支（4.69万箱），同比减少4768.1万支（953.62箱）。继续协调支持上海烟草集团与日本烟草公司等多个国际合作项目。

社会库存大幅下降。从抽样调查数据看，截至2016年底，全国卷烟社会库存2040亿支（408万箱），较年初下降900亿支（180万箱），降低30.6%，完成压缩社会库存超过500亿支（100万箱）的目标任务，调整市场状态、提振客户信心、维护卷烟品牌市场形象。

【品牌培育】 引导各省级工业公司通过加工工艺创新、调香技术创新、烟用材料创新，全面提升卷烟产品品质和品牌形象。督促省级工业公司加强新产品创新开发的针对性，坚决避免盲目开发、重复开发、过度开发。鼓励省级工业公司通过细支卷烟、短支烟、爆珠烟等新型卷烟产品，提升整体结构，促进消费升级。

行业准产内销卷烟品牌86个，较2015年减少4个，准产规格873个，较2015年增加49个。全年批复准产新品规格149个，同时退出老规格100个；批复产品改造25个。12月，国家局公布《2017年度准产卷烟品牌规格目录》，精简行业在产品牌数量，促进资源向重点品牌聚集，完善重点品牌产品线，满足市场多元化需求。

福建中烟研发的“古田（红军灰）”，于2016年1月上市便获零售客户重点推荐
《中国烟草》杂志社 张 帅 摄

【精益管理】 **物资公开招标比例稳步提升**。探索实施烟用物资公开招标工作，公开招标比例稳步提升。行业卷烟材料公开招标采购484.62亿元，扣除国家局分配、全资子公司采购及新品开发金额，公开招标比例为96.63%，同比上升0.44个百分点。尤其是香精香料公开招标比例97.06%，同比增加6.6个百分点。网上交易持续改进，覆盖行业19家省级工业公司所有26个卷烟材料品类。

丝束库存有效控制。行业一方面协调增加特殊规格丝束供应，满足细支卷烟生产需要；另一方面通过控制丝束供应总量，协调国产进口供应进度，有效降低行业丝束库存。截至2016年底，行业丝束库存控制在7万吨以内，同比减少1万吨左右，丝束库存得到有效控制，减少资金占用，提高资源的有效利用率。

组织开展QC小组活动。行业52个省级单位组织开展QC小组活动，49个单位召开成果发布会，1.05万个QC小组开展QC活动，取得9284项成果，创造直接经济效益9.35亿元，同比增加4.31亿元，增长85.5%。

源头治理降本增效。降本增效关键是源头治理。行业各单位从投资“源头”开始细化成本管理。严格项目投资预算与审批，严控投资项目的产能规模与设计成本。在产品研发环节，加强配方、调香、工艺、辅材和包装等的系统化设计，对标行业同类产品的设计成本，强化工艺技术研究，积极消化使用库存烟叶等多措并举，通过“源头”治理节约节省资金超过20亿元。

精益管理课题研究。国家局办公室印发《关于开展烟草行业“精益十佳”课题和个人评选工作的通知》（国烟办综〔2016〕138号）。行业各单位围绕降本增效的关键环节及难点问题，积极开展课题研究，课题成为解决问题的重要手段，成为推进精益管理的有效抓手。全年行业各单位共推荐参评“精益十佳”课题168个，其中，工业公司67个、商业公司101个。从课题内容分布情况看，涉及研发、“两烟”生产、营销、专卖、物流、采购、财务、综合管理等不同业务领域，覆盖行业生产经营的主要环节。从经济效益测算，参评的168个精益课题所产生的年化经济效益超过30亿元。

营造精益管理氛围。行业各单位综合运用宣传栏、内部网站、文化阵地、工作简报、微信圈、QQ群等载体，通过开展经验交流会、案例研讨会、课题大讨论、管理工具培训、有奖征文、知识竞赛、“改善达人”“改善之星”评比等活动，多渠道全方位营造精益氛围，激发员工参与热情。

行业各媒体加大精益管理报道力度。《中国烟草》杂志两次就精益管理相关主题深入开展专题性报道，刊登精益管理类文章85篇，并在中国烟草资讯网上发布行业各级单位精益管理类新闻稿件1200余篇。精益管理创一流网站发布精益管理类文章8061篇。《东方烟草报》刊登精益管理类文章1300余篇。开设“精益烟草”微信订阅号，以此为平台，推送各类图文2000余条，订阅人数达到11万余人。

【安全生产】 全行业各单位深入贯彻党中央、国务院有关安全生产的方针政策，严格执行国家有关安全生产的法律法规，落实中央领导的指示精神、国务院及国家局的工作部署，切实履行安全生产主体责任和监管责任，不断加强和改进安全工作。

健全安全责任体系。行业各单位认真履行法律法规要求的安全生产职责，落实安全主体责任，落实“党政同责，一岗双责，齐抓共管”的安全生产责任体系，推动各级安全生产责任制落实。

深化安全管理基础。加强安全生产标准化达标建设，推进安全管理信息化系统建设，持续开展企业安全文化建设。

提高事故防范能力。强化机动车辆安全运行管理，防范重大交通事故发生。加强建设项目和相关方安全管理，规范安全管理协议签订，强化安全技术措施和作业现场监管，保证施工作业安全。醋纤、煤炭生产企业和宾馆酒店等多元化经营企业全面落实安全生产主体责任，强化生产经营过程的重点风险管控，有效防范重大安全事故的发生。

提升安全技术水平。持续深入推进安全基础设施建设，加强消防、安防、电气等基础设施设备的更新改造，并切实加强日常动态管理，确保安全基础设施得到有效保障。

搭建安全学术和工作交流平台。成立中国烟草学会安全生产专业委员会，组成3个专业学组，开展安全学术交流和课题研究。

加强安全队伍建设。优化安全队伍专业结构，加大技术人才培养力度，提高安全管理岗位的准入门槛，进一步提升专业履责和监管能力。

加强安全教育培训。创新教育培训方式方法，开展安全生产形势教育、安全警示教育和技能实训，借助多种媒介和载体，不断增强全员安全意识。

加强应急管理。强化应急组织体系、应急队伍和应急预案体系建设，完善应急装备设施，健全应急工作机制，强化预案培训演练。

加强职业健康管理。进一步强化作业场所粉尘、噪声、高温等职业危害防治，有效降低作业现场的职业危害，进一步保障员工职业健康安全。

【董事会工作】 **组织召开董事会会议**。召开省级工业公司董事会现场会议37次、书面会议124次，参加专业委员会会议97次，审议议案669个，形成决议439个；审议批准各公司的生产经营目标、投资计划与项目、采购计划、预

2016 年 5 月，在“安全生产月”期间，浙江嘉善县局组织夏季行车应急演练
浙江嘉善县局　陈士祥　摄

算、薪酬分配、利润分配、资产处置方案；完成 18 家工业公司董事会 2016 年年初和年中会议整体情况的报告，并向国家局、总公司反映各公司面临的主要问题和需要支持解决的有关事项。

重点推进三项工作。一是落实公司年度发展目标。各省级工业公司董事会围绕国家局确定的公司年度目标任务，密切关注经济运行状态，着力聚焦发展中存在的困难和问题，深入分析、明确举措，落实任务、强化考核，强调保障国家财政利益、保障职工切身利益的底线，努力完成公司年度发展目标。二是做好重点事项的审议把控。在投资管理方面，指导各公司科学编制年度投资项目计划，严格审议公司年度投资计划和调整方案，加强对投资项目计划和重点投资项目执行情况的检查监督，创新项目管理方式，优化项目管理流程。18 家省级工业公司投资计划实际执行 144 亿元，同比减少 66 亿元。在预算管理方面，指导各公司以税利总额指标为核心，科学合理编制年度预算。严格审议公司年度预算及调整方案，严控重点费用，切实压缩一般性支出。全年重点费用（含会议费、业务接待费、涉外费、车辆运行费、市场营销费）实际执行 50 亿元，预算执行率 88%。在薪酬管理方面，严格审议公司年度薪酬分配方案，重点关注公司薪酬管理办法是否符合国家局有关薪酬管理规定，薪酬发放总额是否在国家局核定的总额范围内。在采购管理方面，持续推进各公司“采购目录”的修订完善和落地实施，规范采购管理，提高工作效率。全年 18 家省级工业公司公开招标率（应招）均保持在 90% 以上。三是推进降本增效目标任务的贯彻落实。强化责任，聚焦管控，严控开支，推动公司精益管理水平升级和降本增效目标实现。全年 18 家省级工业公司实现降本增效 48.8 亿元，超额完成降本增效任务。

推进职工董事和监事有效履职。一是保障职工董事参与公司治理。董事会对公司生产经营目标、企业薪酬福利发放等涉及职工切身利益的事项，主动听取职工董事反映企业职工的意见建议，与经理层共同研究解决职工的合理诉求。二是推进监事有效履职。印发《关于进一步加强监事工作的通知》，对进一步认真履行监事工作职责、有效完善监事履职方式和积极做好监事服务工作提出明确要求，建立健全监事工作报告制度。各省级工业公司监事列席董事会会议，对公司财务及公司董事和经理层的业务行为进行监督，并对董事会会议的合法性和合规性出具监事意见。

完善制度规则。5—9 月，组织 9 家省级工业公司董事会办公室对《董事会议事规则》《董事会工程投资、物资采购、宣传促销管理委员会工作规则》《董事会薪酬委员会工作规则》《董事会预算委员会工作规则》《董事会办公室工作规程》等 6 项董事会工作制度开展修订工作。从董事会职权范围、工作程序、操作性、一致性等方面对原工作制度提出修订意见。

深入开展调查研究。围绕提升省级工业公司预算管理水平，发挥预算工作在公司管理中的重要作用，5—10 月，分两组到 8 家省级工业公司开展预算管理工作专题调研，总结各公司预算管理基本情况，分析存在的难点和问题，提出加强和改进工作的意见建议，形成调研报告。指导各公司董事会办公室开展调研，形成投资管理、采购管理、品牌发展、成本费用等方面的调研报告。

◎ 编辑：谢争艳

烟叶生产经营

全国各烟叶产区围绕“控总量、抓规范、促增收”三方面工作重点，应对计划总量持续调减、供需矛盾更加突出、洪涝灾害多发重发、烟农增收压力不断加大等形势，烟叶总量控制目标较好完成，烟农增收工作有效推进，烟叶生产基础建设和烟叶生产关键环节规范管理进一步加强，现代烟草农业建设体系更加完善，烟叶生产继续保持平稳发展。

【烟叶种植与收购】 全国签订烟叶种植收购合同134.3万份，同比减少13.6万份；种植烟叶1619.5万亩，较计划指导面积减少28.6万亩；合同约定收购量217.41万吨（4348.2万担），较计划收购量少2.02万吨（40.4万担），同比减少10.27万吨（205.3万担）；收购烟叶210.8万吨（4216万担），同比减少8.25万吨（165万担）；收购晾晒烟3.57万吨（71.49万担）。截至2016年底，全国共有烟农134.26万户。

2016年5月，云南省局（公司）邀请畜牧养殖专家，对阿昌族群众进行养殖技术培训

《中国烟草》杂志社　杨　悦　摄

【“三年调控”目标圆满实现】 国家局党组针对烟叶库存高位运行的严峻形势，作出烟叶规模“三年调控”的决策部署。3年来，全国烤烟种植面积逐步调减500余万亩，烟叶收购量渐进调减1200余万担，完成规模调控既定目标任务。各烟叶产区坚决贯彻国家局决策部署，把“守住红线”作为烟叶工作首要任务，控制烟叶种植面积，严格合同管理，狠抓过程控制，加大执纪问责力度。特别是云南、贵州、四川、湖南、福建等烟叶主产区，起到良好的示范带动作用，仅云南就调减30万吨（600万担）。严控规模取得实效，“三年调控”目标圆满实现。

2016年，17个省主动调减计划面积28.6万亩，11个省主动调减生产计划2.02万吨（40.4万担）。云南继续实行一票否决，供种标准降至1800粒/亩；贵州确立“市场需要多少就种多少”的思路，主动调减生产计划1.31万吨（26.2万担）；湖南推进资源配置方式等五项改革，计划分配市场权重由60%提高到70%；四川、安徽、陕西等省持续推动烟区战略转移，福建、重庆、黑龙江等产区主动调减生产投入补贴比例。

【烟农持续稳定增收】 全国各烟叶产区在遭受重大自然灾害的情况下，烟农收入水平总体保持稳定。面对严重灾情，产区各级烟草部门快速反应，第一时间深入灾区一线，指导烟农开展生产自救，科学组织抗灾救灾，协调落实灾损理赔与灾害救助，最大限度降低烟农灾害损失。落实各项政策措施，组织召开部分产区烟农增收座谈会、全国烟农增收工作交流视频会。围绕“节约一个工、增收一百元”指导思想，总结形成提高质量稳增收、科技创新促增收、专业服务助增收、多元经营拓增收、精准扶贫保增收的“4+1”烟农增收工作模式。在抓好主业增收的前提下，综合利用、多元经营、辅助产业等非烟收入增长取得新成效。

在烟叶收购量同比减少的情况下，实现烟农总收入634.85亿元（含生产投入补贴），实现烟叶税125亿元。烟农售烟收入户均达到4.73万元，同比增加0.12万元，非烟收入户均1.05万元，烟农收入水平明显高于当地农民人均收入水平，促进精准扶贫、精准脱贫落地。

【烟田生产基础设施建设】 *基础设施建设*。稳定基础设施建设投入政策，安排年度行业补贴资金概算54.9亿元，计划涉及项目27.4万件。下发《关于贯彻落实财政部关于烟草行业“十三五”期间烟叶生产基础设施建设投入补贴相关政策的通知》《烟叶生产基础设施建设项目修复管理办法》。继续推进“三下放一加强”烟基项目管理改革，下放项目审批权、项目补贴标准和技术标准的制定权、年度项目验收权。推进项目统计数据动态管理，扎实开展项目建设，不断提升规范化管理水平。

水源工程援建。围绕年度50亿元水源工程援建资金计划安排，抓好项目评审把关、“管评挂钩”制度落实、复函项目建设督导3个方面重点工作。优化援建资金申请审核流程，出台《烟草行业水源工程援建项目资金申请前置审核工作规程》，开展资金申请前置审核，促进资金监管工作责任落实，加快推进项目建设。截至2016年底，国家局复函同意援建项目249件，复函同意援建资金209亿元，拨付援建资金103.46亿元，开工建设220件，工程完成总体进度达到90%以上的85件，完工67件。

2016 年 1 月 6 日，福建龙岩市蓝溪烟站技术员指导育苗户科学育苗
福建省局　郭子雄　摄

【现代烟草农业建设】　推进适度规模种植，强化生产经营主体、服务主体“两个主体”建设，推进生产方式转变，有效实现规模化、专业化、机械化“三个稳步提升”。

规模化种植水平稳步提升。全国 500 亩以上连片种植 392 万亩，占比 24.2%，同比提高 1.8 个百分点；培育职业烟农 10 万户，同比增加 6.6 万户，职业烟农队伍初现规模；10 亩以上规模农户明显增加，达到 56 万户，同比增加 2.78 万户，种烟面积 1149 万亩，占 71%，同比提高 1.4 个百分点；全国户均种植规模达到 12 亩，同比提高 1.2 亩。

专业化服务水平稳步提升。全国烟农专业合作社优化整合至 1766 家，入社烟农 109.3 万户，烟农入社率 81.4%，同比提高 6.5 个百分点。育苗、机耕、植保、烘烤和分级专业化服务覆盖率分别达到 89.9%、50.2%、29.9%、40%、82.5%，服务质量和服务效率提高，并进一步向移栽、采烤、运输等环节拓展。

机械化作业水平稳步提升。各产区在规模化种植基础上，依托专业化服务，转变生产作业方式，提升机械化作业比例和作业效率。128 个精益生产试点单元以机械化、一体化、工序化作业为重点，推进设施减工、技术减工和服务减工，亩均用工减少 2 个。大面积生产上，耕地、起垄环节基本实现机械化作业，机械作业比例分别达到 85.3%、75.9%；北方部分烟区率先实现全程机械化作业，亩均用工降至 12 个；黄淮烟区、东南烟区减工效果明显，亩均用工同比分别减少 0.9 个、1.4 个，“节约一个工、增收一百元”的目标基本实现。

【先进适用技术推广】　**优化品种布局**。围绕工业需求，深化品种研究和联合开发，福建、云南、四川等省分别开展“翠碧一号”“红花大金元”“K326”“云烟 85”改良升级工作；重庆烟草工商企业加强合作，集中打造 4.2 万亩、0.53 万吨（10.5 万担）“K326”特色烟叶种植带。贵州全面取消“南江 3 号”种植，山东“NC55”“NC102”推广面积占全省 68.4%。巩固自育品种主导地位，种植面积 1322.3 万亩，占比 81.6%。

适用技术集成应用。深耕冬翻、小苗深栽、控氮增密、上部叶一次性成熟采收、烟夹烘烤等先进适用技术得到全面推广应用，促进烟株营养均衡、协调发育、品质提升。全国落实深耕冬翻 1248 万亩，同比增加 23 万亩；推广小苗深栽 1042 万亩，同比增加 77 万亩。在各产区烤房推广先进烘烤技术，推广烟夹烘烤 9.60 万座，同比增加 2.36 万座；推广散叶烘烤 3.06 万座，同比增加 1848 座。

推广应用三项主推技术。发挥政策导向作用，专项出台地膜回收和专业烘烤补贴，促进“水肥一体化、废弃地膜污染治理、采烤一体化”三项主推技术示范推广应用。全国试点推广滴灌 60.2 万亩，膜下微喷带灌溉 5.9 万亩，背负器、移动泵等形式 191.9 万亩，有效提升水肥利用效率。推广 0.01 毫米增厚地膜 354 万亩，资源化利用 459.8 万亩。实施“1 + N”（1 名专业烘烤师承担多座烤房技术操作）专业烘烤 59.60 万吨（1191.9 万担），采烤一体化 11.29 万吨（225.8 万担）。

烟区生态环境保护。深化土壤保育、精益生产、绿色发展等理念，实施化肥农药减量工程，加大面源污染治理力度，促进烟区生态环境保护。全国施用有机肥 1267 万亩，同比增加 133 万亩，占比 78.2%；投放烟蚜茧蜂 1502 万亩，同比增加 348 万亩，占比 93%，并向大农业延伸；扩大太阳能诱蛾灯、性诱剂、青枯病生防菌等物理、生物防治面积。

【打叶复烤】　全国共有 32 家打叶复烤企业（含工业企业复烤车间），62 个生产点，75 条打叶复烤生产线，分布在全国 17 个省（自治区、直辖市），年设计加工能力 195 万吨（3900 万担）。其中，独立法人打叶复烤企业 26 家，66 条生产线，年设计加工能力 168 万吨（3360 万担），原烟仓库 299.48 万平方米，成品仓库 211.28 万平方米，烟叶挑选车间30.69万平方米；卷烟工业企业打叶复烤车间6家，9条生产线，年设计加工能力27万吨（540万担）。

推进打叶复烤企业改革，全行业较上年减少1家企业（陕西中烟旬阳卷烟厂复烤车间）、2个生产点（陕西中烟旬阳卷烟厂复烤车间、贵州复烤公司遵义复烤厂）和3条生产线（陕西中烟旬阳卷烟厂复烤车间1条生产线，贵州复烤公司遵义复烤厂2条生产线）。

2016年4月11日，云南建水县局（分公司）组织全县烟叶生产培训

云南红河州局　供稿

全国32家打叶复烤企业（含工业企业复烤车间）加工烟叶205.30万吨（4105.94万担），较2015年减少12.74万吨（254.8万担），同比下降5.84%。26家独立法人打叶复烤企业委托加工烟叶184.19万吨（3683.89万担），其中，华环国际烟草有限公司、天昌国际烟草有限公司、云南烟叶复烤有限责任公司等加工自营烟叶7.21万吨（144.17万担）；6家卷烟工业企业委托加工烟叶21.10万吨（422.06万担），其中，云南烟叶复烤有限责任公司大理、楚雄、玉溪、昭通卷烟厂复烤车间加工烟叶15.72万吨（314.44万担）。有8个生产点承接片烟回烤业务，回烤量共计3.07万吨片烟。有50个生产点承接片烟返箱复烤业务，返箱复烤量0.11万吨，占成品量比例为0.09%。

26家独立法人打叶复烤企业上缴税金总额21.58亿元，同比增加0.04亿元，同比增长0.19%；实现利润14.87亿元，同比减少4.1亿元，同比下降21.61%；实现加工费收入（含价外费用）76.01亿元，同比减少2.74亿元，同比下降3.48%；平均吨烟加工费收入（含价外费用）6073.28元。

加大烟叶收购站（点）整合改造力度，全年改造烟叶收购站（点）200个，进一步完善烟站基础配套设施。加强烟叶收购管理，狠抓过程控制和现场管理，严把质量关口，收购秩序平稳有序，等级纯度和等级质量明显提升。在国家局抽查中，全国烟叶收购平均合格率达到82.3%。深化工商协同，优化作业流程，完善专分散收业务模式，扩大原收原调试点规模，探索订单生产发展方向，全国推广专分散收180万吨（3600万担），同比提高2.2%；开展原收原调60万吨（1200万担），同比提高9.9%；试点订单生产103个基地单元，收购规模23.7万吨（474万担），同比提高1.7%。对接工业需求，选择8个重点品牌、17家复烤企业开展均质化复烤加工，加工规模突破25万吨（500万担）。加强进口烟叶加工质量监督，组织协调工业企业开展进口烟叶制样、监督加工、验货等工作，通过扩大单等级规模、稳定共同等级与定向等级采购数量等措施，保证进口烟叶质量。

◇ 编辑：谢争艳

卷烟（雪茄烟）生产经营

面对宏观经济下行、卷烟消费萎缩、控烟政策趋紧的不利影响和卷烟销量大幅下滑、重点品牌增长乏力的严峻形势，行业营销战线紧紧围绕国家局决策部署，聚焦年度销售目标，坚持把稳销量作为第一要务，着力调整市场状态，加大品牌培育力度，积极推进卷烟营销市场化取向改革，持续提升营销管理水平，为行业实现工商税利总额、上缴财政总额保持超万亿目标作出不懈努力和积极贡献。

【卷烟产销情况】 2016年，全国烟草行业累计生产卷烟23475.7亿支（4765.14万箱），同比下降7.96%，其中，一类烟5001.05亿支（1000.21万箱），同比下降12.03%；二类烟2981.85亿支（596.37万箱），同比下降1.96%；三类烟10326.9亿支（2065.38万箱），同比下降8.02%；四类烟4096.05亿支（819.21万箱），同比下降6.17%；五类烟1419.85亿支（283.97万箱），同比下降9.32%。

全年累计销售卷烟23496.0亿支（4699.20万箱），同比减少1394.05亿支（279.81万箱），下降5.62%，其中，一类烟4941.25亿支（988.25万箱），同比下降7.21%；二类烟3035.95亿支（607.19万箱），同比增长4.09%；三类烟10311.15亿支（2062.23万箱），同比下降6.01%；四类烟3930.40亿支（786.08万箱），同比下降7.41%；五类烟1277.30亿支（255.46万箱），同比下降11.14%。

全年卷烟商业销售额13705.52亿元，同比下降3.64%。单箱销售额2.92万元，同比增长2.09%。

【卷烟销售稳中求进】 **卷烟销售逐步趋稳**。2016年上半年卷烟销售波动较大，1—2月累计销量同比降幅9.4%。行业营销战线贯彻国家局党组“立足提质增效，瞄准年度目标，注重分步施策”的工作要求，盯住时间节点，盯紧重点品牌，细化分解目标，层层传导压力，努力落实任务。卷烟销售公司密切跟踪、强化督导，逐月、逐旬、逐日对标，尤其是在年底重点发力阶段，通过电话沟通和约谈等方式，加大协调督办力度，全力冲刺销售目标。

在全国33个省级单位中，有17个单位卷烟销量表现好于全国平均水平，其中西藏区局（公司）、广东省局（公司）、贵州省局（公司）、海南省局（公司）等4个单位销量同比增长，其中，广东增加11.95亿支（2.39万箱），贵州增加1.45亿支（0.29万箱），西藏增加0.55亿支（0.11万箱），位列销售增量前三位。山东省局（公司）、河南省局（公司）销量下降超过100亿支（20万箱），分别为135.3亿支（27.06万箱）和119.85亿支（23.97万箱），下降较为明显。

单箱结构稳中有升。全国卷烟销售单箱结构2.92万元，同比增加0.06万元，增长2.1%。24个省级市场单箱结构同比提升，其中6个提高5%以上。一、二类卷烟销量比重持续上升，达到33.9%，同比提高0.8个百分点，带动卷烟结构水平继续上移，尤其是二类烟起到拉动行业结构的显著作用。

市场状态企稳回升。2016年初，卷烟市场状态持续低迷，突出表现为社会库存高企、卷烟价格疲软、客户信心不振。据监测结果显示，社会库存一度处于历史高位，零售价格指数低位徘徊，重点品牌的主导规格大多出现价格倒挂现象，客户盈利处于较低水平，市场活力明显不足。行业营销战线坚持把调整状态摆在卷烟营销的重要位置，从一季度开始，开展“走市场、去库存、稳价格、促销售”活动，深入了解市场情况，科学把握投放节奏，全力消化社会库存，着力稳定市场价格，切实提振客户信心，努力保持卷烟市场良好状态。

下半年，国家局党组采取非常措施调减年度销量计划1000亿支（200万箱），使计划更加贴近市场实际。截至2016年底，全国卷烟社会库存为2311.5亿支（462.3万箱），较年初下降849.5亿支（169.9万箱），为近两年以来最低值，压缩社会库存500亿支（100万箱）的目标任务顺利完成，卷烟零售价格指数四季度开始趋于稳定并略有回升，大部分省级市场零售价格水平呈现环比上升态势，主导规格的价格倒挂情况明显减少，客户盈利水平比年初明显提升，卷烟市场状态有所好转。

【推进品牌培育工作】 **提升品牌研究水平**。按照“品牌要做大、规格要做精、价格要上扬”的要求，行业各单位持续加大品牌培育力度，上半年重点品牌销量大幅下滑的颓势得以扭转，下半年逐步企稳向好。4次发布重点品牌名单，2次通报重点品牌培育情况，撰写《2015年卷烟品牌发展研究报告》《卷烟新品评价标准及发展状况》《“中华”品牌发展状态》《提税顺价对市场的影响》等专题报告。

重点品牌量缩价涨。卷烟品牌竞争从“增量分享”转变为“存量分割”，产品从“扩容式竞争”转变为“挤压式竞争”，市场竞争更加激烈，卷烟品牌格局发生深刻变化。31个重点品牌全年销售19660亿支（3932万箱），同比下降5.8%，占总销量的比重83.7%；实现批发销售收入1.28万亿元，同比下降3.9%，占总收入的比重93.6%；单箱销售收入继续保持增长，达到3.3万元，同比提高2.0%。22个重点品牌销量下降、结构提升，“南京”“利群”“延安”“真龙”4个重点品牌实现销量和结构同步提升。

大品牌格局基本稳定。销量超过500亿支（100万箱）的品牌15个，超过1000亿支（200万箱）的品牌6个，其中，“双喜·红双喜”“云烟”“利群”“红塔山”“白沙”等5个品牌销量继续超过1000亿支（200万箱），“南京”品牌逆势增长进入1000亿支（200万箱）阵营。销售收入超过400亿元的品牌12个，其中，“中华”“利群”“云烟”“芙蓉王”等4个品牌批发销售收入继续超过1000亿元，“双喜·红双喜”“黄鹤楼”“玉溪”“南京”等4个品牌批发销售收入继续超过600亿元，大品牌仍然是行业持续健康发展的中流砥柱。

细支卷烟强劲增长。细支卷烟销量继续呈现爆发式增长，全国细支卷烟在销品牌30个，比上年增加1个，在销规格104个，比上年增加37个。全年共销售细支卷烟684亿支（136.8万箱），同比增长93.0%。细支卷烟在销品牌中，有17个品牌销量超过万箱，有6个品牌细支卷烟销量超过25亿支（5万箱），其中，“南京”销售273亿支（54.6万箱），“黄鹤楼”销售93亿支（18.6万箱），“红金龙”销售77亿支（15.4万箱），“黄金叶”“长白山”“泰山”销量超过25亿支（5万箱）。

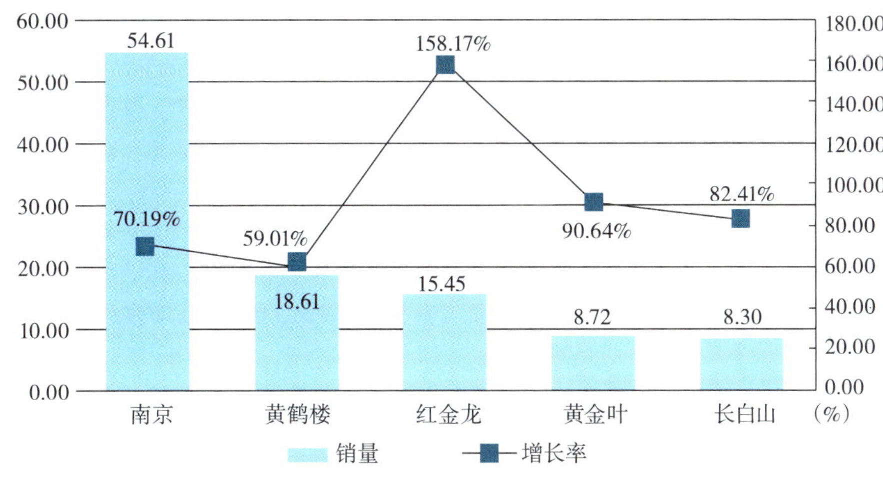

图 1　2016 年全国细支烟销量前五位品牌销量及增长率（单位：万箱）

模式，让零售终端、消费者积极参与产品定制，从产品研发到包装设计充分给予意见，满足市场对定制产品的偏好需求；山东中烟搭建社会圈层平台，整合资源，建立雪茄消费数据库，开展特色雪茄烟品牌推广活动，效果明显。卷烟商业企业如深圳、丽江、贵阳市公司，通过优化供应链体系、旅游定制、圈层营销等创新营销办法，提高营销效率，完善货源供给，保障服务质量，培育国产中高端雪茄烟产品，市场取得较好反应。

全年“长城”“王冠”“茂大”“将军”等 4 个国产雪茄烟重点品牌合计商业批发销量 4.83 亿支，同比下降 21.65%，销售额 4.79 亿元，同比下降 22.20%。雪茄烟重点品牌在国产雪茄烟中的销量比重 63.8%，同比下降 15.8 个百分点，销售额比重 66.4%，同比下降 16.7 个百分点。“黄鹤楼”品牌发展态势良好，商业批发销量 3.13 亿支，销售额 3.27 亿元，销量与销售额增幅均超过 45%，且销售额排名跃居各国产雪茄烟品牌首位。“泰山”品牌增长迅猛，商业批发销量同比增长 40 倍，销售额增长 13 倍以上。

梳理品牌规划，雪茄烟品牌逐步向综合性卷烟品牌整合。湖北中烟“黄鹤楼”品牌逐步整合“茂大”“顺百利”“三峡”，山东中烟“泰山”品牌逐步整合“将军”。

高端卷烟与高价位卷烟销售情况。高端卷烟合计销售 1339.5 亿支（267.9 万箱），同比下降 9.7%；实现销售收入 2908.5 亿元，同比下降 7.9%，其中，“中华”“利群”“黄鹤楼”“芙蓉王”“苏烟”等 5 个品牌销量超过 50 亿支（10 万箱），“中华”销量 675.5 亿支（135.1 万箱），位居第一，占高端卷烟销售总量的 50.4%。全年高价位卷烟合计销售 109 亿支（21.8 万箱），同比下降 4.6%；实现销售收入 416.3 亿元，同比下降 2.7%。其中，“白沙（和天下）”销量为 21.5 亿支（4.3 万箱），位居第一；“黄鹤楼”“云烟”“黄金叶”“南京”“利群”等 5 个品牌销量均超过万箱。

【雪茄烟产销情况】　雪茄烟累计生产 12.08 亿支，同比增长 20.65%，其中，安徽中烟生产 1.28 亿支，山东中烟生产 2.38 亿支，湖北中烟生产 3.60 亿支，四川中烟生产 4.82 亿支。

国产雪茄烟销量和销售额继续保持快速增长。全年国产雪茄烟商业批发销量 10.84 亿支，同比增长 12.22%；销售额 9.82 亿元，同比增长 6.05%；单支批发均价 0.91 元，同比下降 5.50%。

【雪茄烟品牌培育】　行业高度重视雪茄烟发展，把雪茄烟发展作为新常态下中国烟草新的潜在增长点的一个重要方面。

2016 年，各工商企业积极创新雪茄烟营销，优化合作模式，完善货源供给，快速响应市场需求，提高服务质量与营销效率。四川中烟协同部分商业企业，结合当地文化及消费特点，共同开发，联合出品具有当地特色的雪茄烟产品；湖北中烟开展企业定制业务，根据企业需求，完善定制产品，优化定制流程，结合企业平台与客户资源优势，进一步扩大品牌实力；安徽中烟挖掘市场需求，优化合作

【营销改革深入推进】　**营销改革成效初步显现**。行业坚持把促改革作为根本动力，突出问题导向，突出精准发力，突出关键节点，突出督导落实，改革进程持续深化，改革成效初步显现。营销流程再造基本完成，各试点单位按照卷烟营销市场化取向改革试点工作要求，梳理完善需求预测、货源组织、客户分档、货源投放、品牌培育、监督检查等工作流程，初步做到市场导向、自下而上、消费驱动，初步实现从“推销”向“拉销”的转变。核心业务环节的规定动作基本到位，营销规则更加健全，非市场因素明显减少，市场配置资源的作用得到更好发挥。各试点单位订单满足率稳步提升，紧俏货源投放面不断扩大，广大卷烟零售客户初步分享到改革红利。

推广省级卷烟营销平台。行业试点单位普遍推广应用统一的省级卷烟营销平台，将主要业务流程固化到信息系统，为深入推进改革、落实各项举措、加强营销管理提供平台保障。对省级卷烟营销平台进行统一升级，下放规则设置权限，增强操作灵活性，更好满足试点单位的差异化需求。

截至2016年底，省级卷烟营销平台在36个重点城市全部上线，应用范围扩展到146个城市。通过近两年的推广应用，试点单位顺利实现新老营销平台过渡。

完善营销监管机制。以应用省级卷烟营销平台的监督管理功能为抓手，部分单位围绕卷烟营销关键风险点，初步建立预警指标体系，切实加强对营销过程的监管。中国卷烟销售公司依托行业卷烟营销监管平台，建立分类处置机制，明确电话沟通、发函督办、公文通报、专题约谈等4项处置措施，加强对违规经营问题的监管力度。

发挥需求预测作用。组织开展年度、半年和月度需求预测。卷烟商业企业年度需求预测准确率96.4%，继续保持较高水平。年度、半年预测成为国家局制定年度销售计划和半年交易计划的主要依据，月度预测成为商业企业实时增补调入计划、工业企业合理安排生产、有关部门适时下达生产码段的重要依据。建立完善月度营销运行分析例会和报告制度，每月形成《全国卷烟销售情况分析报告》。

加强信息采集分析工作。完善全国卷烟市场监测体系和分析体系，建立工业企业市场信息采集上报制度，加强社会库存和价格指数监测，持续提升数据质量和分析水平。市场监测数据更加完整准确，为行业营销决策提供有力支撑。

完善工商交易管理。组织2次全国卷烟集中交易，进一步规范协议调整、合同解除、商业退货的审核程序，保障日常交易顺畅进行，提高协议合同履约水平，增强工商企业对市场的适应性。

开展主题营销活动。6月22日，总公司印发《关于开展“消费者在哪里，我们就到哪里”卷烟营销活动的通知》（中烟办〔2016〕145号），在行业组织开展“消费者在哪里，我们就到哪里”主题营销活动，引导各单位走近消费者市场，面向消费环节搞促销、育品牌、挖潜力，激发市场活力，加快客户动销，逐步确立“以消费者为中心”的营销理念。卷烟营销工作重心加快向消费者转移，各级营销部门深入市场一线，感受市场冷暖，走近消费者、服务消费者，聚焦消费者做市场、育品牌、搞促销；商业企业更加注重基于消费者需求进行市场预测、货源组织、卷烟投放和品牌培育；工业企业更加注重面向消费者做研发、育品牌、搞促销。重庆市公司领导班子带领机关员工123人，深入开展“我是一线营销人员”调研活动，累计拜访7000余名客户，引起干部职工的深度共鸣；湖北中烟开展“我的品牌我清楚”市场调研，干部员工带着问题下市场，带着产品找消费者，使“消费需求导向”理念融入品牌营销活动中。截至2016年底，10项主题营销活动任务均按计划落实，工商零共同面向消费者的现代卷烟营销体系加快形成。

推进营销方式创新。在更加广泛应用文化营销、婚庆营销、事件营销等方法的基础上，行业部分单位结合实际、锐意创新，探索运用旅游营销、跨界营销、网络营销等新的营销方法和移动支付、大数据等新的营销工具，取得良好效果。

提升营销队伍素质。销售公司举办8个培训班，培训行业营销人员2000人次。各单位持续加强队伍建设，采取岗位培训、技能竞赛、考核评比、创优达标等多种方式，推动营销队伍能力和水平不断提升。截至2016年底，行业37人获得一级营销师资格，1486人获得二级营销师资格，营销人员持证上岗率82%。

【现代终端平台基本建立】 **现代终端平台效应初步显现。**按照中央巡视整改精神，为规范行业终端建设投入，总公司印发《零售终端建设投入管理办法》（中烟办〔2016〕167号），进一步明确职责分工、列支范围及管理要求。行业各单位坚持“数量服从质量”，以省为单位统一规划、整体推进现代终端建设，深入开发终端营销资源，强化终端功能，改善消费体验，促进不同区域、不同类型终端协调发展。贵州省公司建立八大类、68个子类的现代终端甄选及评价标准，抓细抓实终端建设。山东青岛市公司打造婚庆、旅游、商务、渔业、民俗等特色终端，积极开发细分市场。新疆维吾尔自治区公司以卷烟陈列标准化为重点，建设“一店一品”形象店，着力增强终端的品牌培育功能。截至2016年底，全国累计建成现代终端57.2万户，占零售终端总数的11.7%。现代终端的规模效应正在催生平台效应，分散的、单体的现代终端逐步聚合为营销大平台，全国卷烟营销网络的综合竞争力进一步增强。规模化、功能化、体系化的现代终端网络成为行业培育品牌、提升结构、引导消费不可替代的重要平台。

现代终端建设水平明显提升。传统终端向现代终端转型取得实质性进展，突出体现在“三个现代化”：一是终端形象的现代化。通过推广标准柜台、亮化门头店招、美化陈列布局、净化经营环境，带动客户自主投入、自主建设、自主发展，打造一批设施完备、陈列有序、整洁舒适的现代终端。二是经营手段的现代化。客户普遍安装终端管理系统，配备扫码枪，初步实现从凭感觉卖烟向靠数据卖烟的转变。三是客户素质的现代化。开展多层次、多主题、多形式的客户培训，初步培养一批具有现代经营理念、意识和技能的现代终端客户。

【客户服务水平持续提高】 **服务卷烟零售客户的内涵不断丰富。**坚持将客户服务贯穿卷烟营销网络建设全过程，持续改善用户体验。行业各单位深入研究移动互联、大数据、云计算等新技术，创新开展“互联网＋营销”，整合数据资源，加强分析应用，推动终端经营模式升级。开发微信订货，推广批零网上配货、实时跨行结算，实施“线上＋线下”双线服务方式，加强适销货源供给，努力保障客户盈利，不断增强卷烟零售客户的获得感。行业各单位推进“四项服务”，标准化服务突出公平性，个性化服务突出针对性，增值性服务突出创新性，亲情式服务突出关怀性，进一步深化服务内涵。普遍加强与金融机构的协作，为卷烟零售客户提供跨行结算、金融贷记卡办理等服务，降低客户经营成本，较好缓解客户资金压力。全国卷烟零售客户综合满意度为85.1分，同比提高0.1分，连续6年保持增长。

服务消费者的触角逐步延伸。行业各单位加快将卷烟营销网络建设向消费环节延伸。四川省公司建立面向零消、实时互动的综合应用平台，形成二维码应用、积分运营、数据分析三大标准。安徽蚌埠市公司运用移动互联技术建设“徽映”网络服务平台，累计粉丝量14.5万人，为消费者提供“一刻钟”送达的便利服务。广西中烟建立微信、二维码平台联动的消费者营销体系，增强品牌黏性。按照“规划先行、突出重点、稳步推进”的思路，部分单位结合本地实际，争取地方政府支持，制定建设规划，明确建设方式，加强沟通协调，完善配套标准，消费环境建设工作在探索中前进。适度加大费用投入，优先在机场、火车站、汽车站等区域建设一批吸烟场所，依托零售终端开辟一批消费体验区。安徽省局（公司）、广西区局（公司）、海南省局（公司）等单位消费环境建设取得实质性进展，为行业积累宝贵经验。

服务工业企业的平台更加公平。各级烟草商业企业进一步增强服务意识，尊重工业创造，尊重市场规律，共享市场、共享资源、共享信息，营造更加公平、更加开放的市场环境。云南省公司制定统一的市场管理规则和品牌进退标准，新品上市做到全省统一策划、宣传、投放、评估，创建公平有序竞争的营销环境。部分单位大力开发终端营销资源，将品牌与终端对接，打造主题特色终端，营销网络对品牌培育的平台作用得到更好发挥。一些单位以工商企业品牌分析会、座谈交流会、在线互动等方式，完善信息共享机制，共同分析市场、研究品牌、谋划发展，协同营销取得新进展。

【卷烟包装箱循环利用】 继续坚持分片督导、按期通报、关键节点重点推进的工作措施，夯实行业卷烟包装箱循环利用工作基础。研究制定《“十三五”卷烟包装箱循环利用工作方案》。推进片烟包装箱循环利用和高强度纸箱及塑料烟箱技术应用，确保规划目标稳步实现。11月，国家局办公室印发《关于对卷烟箱体包装标识的标注要求进行说明的通知》（国烟办综〔2016〕524号），继续推动统一烟箱尺寸和简化烟箱印刷工作。

行业工商企业加强对接，创新循环模式，优化业务流程，控制运行成本，扩大循环范围，加大考核力度，进一步提升卷烟包装箱循环利用的效率和效益。河南省局（公司）利用漯河市公司闲置仓储设施资源，将省外工业企业卷烟包装箱进行集中整理和返还，提高回收效率和效益，降低工业企业回收难度和成本。山东中烟自2014年开始探索开展片烟箱回收利用工作，截至2016年底，累计完成23.8万套片烟箱的循环利用，并逐步形成一套比较完善的工作机制和业务流程。

行业商业企业累计向工业企业返还卷烟包装箱11150.34万只，总体返还比例93.06%；工业企业累计使用循环利用包装箱包装生产卷烟7231.85亿支（1446.37万箱），超额完成全年6750亿支（1350万箱）的核定任务，年度任务完成率107.14%。

【卷烟托盘联运】 优化卷烟托盘联运结构，推动设备改造。举办专项培训班，介绍适用工作方法，交流先进工作经验。行业工商企业加强协调，统一托盘尺寸、码垛方式和电子标签标准，共用同城仓储资源，实现卷烟托盘联运范围和联运质量的“双提升”。福建工商企业创新采用纸滑托在全省范围内开展卷烟托盘联运，有效解决工商托盘标准不统一、运输车辆满载率低、工业企业改造费用高、托盘回收管理难度大等问题，为行业开展工商卷烟托盘联运摸索出一条新路。

截至2016年底，全行业19家省级工业公司的56家卷烟厂、29家省级局（公司）的219家地市级公司实施工商卷烟托盘联运，累计完成托盘联运量5707.9亿支（1141.58万箱），超额完成707.9亿支（141.58万箱），全年任务完成率114.2%。22家省级局（公司）、14家省级卷烟工业公司完成卷烟托盘联运年度目标任务。

【加强工业企业卷烟运输管理】 加强工业企业卷烟运输管理工作，行业制定工业企业卷烟运输运行数据统计指标体系，开发工业企业卷烟运输服务系统。举办卷烟运输管理培训班，强调工作要求，推广先进单位经验。建立卷烟运输运行数据月度分析和季度通报制度，跟踪督促工作落实。

行业工业企业从统一计重标准、精准核定里程、建立阶梯运价和运费油价联动机制、规范公开招标、开展合作运输、优化仓储布局、减少不合理运输等方面加强卷烟运输管理，实现运输费用的有效控制。重庆中烟运用“订单全生命周期管理”理念，对合同签订、订单分配、车辆调度等7个关键环节重点加强管控，通过完善预约提货、优化集货拼载、消除无效等待，在保证物流服务质量的前提下，有效控制卷烟运输费用。上海烟草集团针对卷烟商业企业碎片化订单日益增多的现状，研究探索“小快灵”快速配送模式，寻求运输成本与运输服务间的优化平衡，有效缓解快速响应市场和运输成本增加的矛盾。

2016年，行业卷烟工业企业卷烟单箱平均运输费用74.3元，同比下降3.2元；卷烟公路运输平均吨千米运费0.68元，同比下降0.02元；卷烟运输费用同口径降幅4.1%。

【物流非法人实体化运作】 各省级卷烟商业企业积极推动所属地市级公司对辖区内物流资源进行统一调度和配置，加大力度整合中转站及配送线路，不断提高物流资源配置效率，结合物流非法人实体化运作工作检查，加强物流费用核算与成本管控。截至2016年底，290家商业企业配送中心初步实现物流非法人实体化运作，全行业中转站同比减少28个，物流从业人员同比减少1137人。

【提升物流管理水平】 **严控物流项目建设**。调整优化配送中心建设控制指标，使建设标准更趋合理，严格控制建设规模和资金投入。修订完善《卷烟物流配送中心控制指标》，强化源头控制。推动黑龙江、海南省烟草公司开展省内卷烟物流配送中心资源整合与布局优化。全年完成黑龙江鸡西市烟草公司新建卷烟物流配送中心项目和北京烟草物流中心、上海海烟物流就地技改项目政策咨询调研和专家论证，有效控制卷烟物流配送中心新增产能，核减物流相关建筑面积1010平方米，核减物流相关投资1403万元。5年完成49个物流项目的政策咨询论证，累计核减物流相关建筑面积2.4万平方米，核减物流相关投资3.6亿元。

优化物流资源配置。加强企业内部物流资源整合。各工商企业加大物流资源和业务整合力度，将过去分散在各节点、各环节的物流资源和业务集中到物流中心统一管理。商业企业在地市级公司层面打破县级行政区域限制，整合物流资源。工业企业进一步整合卷烟、原料、辅料等物流业务和资源，强化标准作业，规范管理运行，物流业务集中统一管理的优势逐步发挥，效益逐步显现。

推进企业间物流资源共享。在供应链纵向层面，重庆、贵阳烟草工商企业等在物流建设中选择同址共建，提高投资效益和资源利用效率，缩短作业环节，加快卷烟流通速度。在供应链横向层面，云南中烟、湖南中烟等卷烟工业企业内部通过开展区域中心库建设，整合不同区域物流资源，减少重复运输，提高资源集中度和运作效率；安徽中烟、四川中烟等卷烟工业企业共享仓储及运输资源，实现仓储资源的跨空间互换及重点品牌的库存前置，提升资源利用效率，加快市场响应速度，降低企业物流成本。

推行精益物流。行业工商企业按照“精益管理做除法”的工作要求，围绕“全面改善、重点突破、总体提升”的工作任务，以物流“精益十佳”单位为标杆，提升精益物流管理水平。江苏省局（公司）在全省商业企业开展物流设备一体化、自主化管理，保障设备的高效运行，降低维护费用。北京市局（公司）通过“工商共同管理库存、建立36小时供应圈、采用网上配货托盘联运、提高同城物流水平”4种方式，提升卷烟库存周转率，2016年库存周转次数达到25.23次，远高于行业平均值15.29次。山西省局（公司）针对送货工作中发现的配送网络结构不合理、送货节点设置偏多、送货流程不科学等问题，持续开展送货线路优化工作。新疆阿克苏地区局（公司）推进单车核算管理和线路动态优化，送货车次和送货里程两年内均减少1/3。河南中烟将精益管理理念引入原料贮存养护，以“提质增效”为核心，实施系列化精益改善和管理，挖掘原料仓储管理潜力，组织编写《原料仓储管理手册（试行）》。

物流部门积极参与2016年行业“精益十佳”课题和“精益十佳”个人评选中，获奖数量占商业企业“精益十佳”课题和个人的比重均超过1/4，位居行业商业企业各工作领域前列。总结并宣贯行业物流“精益十佳”单位经验做法，组织汇编《烟草行业物流“精益十佳”标兵单位案例集》。

物流总费用和单箱物流费用增幅逐年收窄。物流总费用首次同比下降，其中商业物流总费用同比下降0.96%，工业物流总费用同比下降4.78%，卷烟吨千米运费下降至0.60元。平均送货响应时间缩短至35小时。

提升信息化支撑水平。以行业物流综合监管调度系统为核心，各省级物流系统为支撑的行业物流数字化管理平台基本建立，实现物流管理的信息化转变。行业各单位通过应用电子地图、RFID、二维码等技术，在仓储、分拣、运输、配送等环节实现全面感知、全面覆盖、全程控制、全面提升。

【加强物流创新工作】 **技术创新**。研究制定异型卷烟自动化分拣方案措施，解决异型卷烟分拣包装效率提升问题。5月，烟草行业异型卷烟自动化分拣工作现场会在陕西西安召开，会议明确工作原则和具体要求，并介绍先进单位工作经验和成功案例。行业商业企业积极创新实践，其中，安徽蚌埠市局（公司）实现异型烟和标准烟在同一条分拣线上同步打码，获国家实用新型专利授权；贵州毕节市局（公司）研制异型卷烟打码装置，解决异型卷烟防伪标识易脱落问题；广西桂林市局（公司）、山东青岛市局（有限公司）分别通过增加工作台长度和数量，解决异型烟分拣线与主分拣系统效率匹配的问题。

在行业物流领域开展新能源汽车及其他节能技术的应用探索。分析研究纯电动汽车在卷烟配送领域应用的必要性和可行性，并撰写相关报告。河北省局（公司）与中国新能源汽车有限公司开展合作，在石家庄、保定、廊坊和衡水开展电动汽车配送卷烟应用试点工作。此外，安徽、四川省局（公司）等单位在部分地市级公司试点使用电动汽车配送卷烟；湖北武汉市局（公司）对仓储分拣工房进行LED节能灯改造，取得良好经济效益。

2016年5月，烟草行业异型卷烟自动化分拣工作现场会在陕西西安召开
《中国烟草》杂志社 张 帅 摄

服务创新。广东烟草工商企业在省内推行“工商预约到货”，工业企业减少送货车辆卸货等待时间，节省运力资源占用和运输费用，商业企业在保障营销需求的前提下，进一步提高卷烟库存周转率和库存资金利用效率。浙江、安徽、深圳工商企业在同省、同城推广卷烟直供分拣线模式，减少作业环节，提高补货效率，降低物流费用。山西运城市局（公司）为订货量大、结构高的客户群提供“即访即送”服务，探索满足客户对配送时效的个性化需求，加快客户订单响应速度，进一步提高客户服务水平。

模式创新。行业工商企业根据自身生产经营特点，探索创新物流模式，优化整合物流资源，提高管理效率。新疆工商企业通过共建一体化卷烟物流配送中心，减少建设资金投入，为投产后提高效率、降低成本奠定坚实基础。江西赣州市局（公司）根据工业企业送货路途远近，对同城省产烟实行“零库存”管理，对非同城省产烟实现“微库存”管理，对省外烟实行“一般库存”管理，加快库存周转，提高仓储资源利用率。云南中烟、湖南中烟通过发挥省外仓库“蓄水池”“编组站”作用，使省内省外仓储运输资源得到有效整合和统筹利用。广东中烟利用广西中烟返程运力运输卷烟，提高运输资源利用效率，降低卷烟运输费用。

【“互联网+”物流】 **卷烟生产经营决策管理系统稳定运行**。建立运维周报、质量周报、运维重大事项专项书面报告制度，按月梳理运维风险问题和服务亮点。行业组织北京中烟信息公司先后完成173家单位的设备搬迁、系统迁移和系统改造工作，开展老旧设备重点保养等专项工作。行业工商企业积极做好卷烟生产经营决策管理系统运行维护工作，健全完善相关管理制度和业务规范，主动对系统软硬件进行统一管理与运维，运维效率和质量明显提升。

完成物流综合监管调度系统一期建设。经过3年的努力，2016年，行业物流综合监管调度系统一期建设全面建成并投入使用，初步实现行业物流数据的自动采集、汇总、分析等功能。各省级公司加强本单位的物流综合管理调度系统建设，其中，北京市局（公司）、辽宁省局（公司）、吉林省局（公司）等18家卷烟商业企业，以及湖南中烟、河北中烟等单位实现与行业物流综合监管调度系统的自动对接。

升级完善工商卷烟物流在途信息系统及工商数字仓储系统。搭建行业工商卷烟物流在途信息系统备份系统，工业企业系统使用率99.92%，车载设备使用率99.58%，商业企业到货确认率100%，开锁率99.85%。启动商业企业数字仓储系统升级，截至2016年底，281家商业企业完成升级工作。安徽中烟完成工业企业数字仓储系统试点测试。

开展片烟物流跟踪系统试点工作。完成片烟物流跟踪系统行业平台的初步建设，继续推进红云红河集团进行片烟物流跟踪系统试点工作，开展复烤下线片烟及外购片烟的“一打多扫”，实现片烟业务链和业务模式的全覆盖。9月，在

2016年10月20日，参加行业片烟物流跟踪系统培训班的学员在红云红河集团昆明卷烟厂复烤车间观摩自动打扫码生产线

中烟商务物流公司　供稿

云南昆明举办烟草行业片烟物流跟踪系统培训班，学习交流红云红河集团片烟物流跟踪系统建设经验。此外，江西中烟也开展片烟物流跟踪系统建设工作。

做好"新商盟"系统运维。优化"新商盟"系统运维流程，强化系统运维管理，开展系统网络培训，确保系统平稳运行。截至2016年底，系统覆盖30个省份414万户零售客户，订货户次1.25亿次，销量累计14201.25亿支(2840.25万箱)。

【健全烟草物流组织体系】　**完善组织架构。**各级物流管理部门充分发挥统一管理职能，不断健全各自物流体系，逐步形成行业有统筹、省级有主管、基层有实体的三层物流组织架构。截至2016年底，卷烟工业企业共有19个省级物流中心、79个物流分中心，自有仓库717个、运输车辆16331辆；卷烟商业企业拥有33个省级物流管理部门、351个配送中心、12个配送分中心、1213个县级中转站、自有仓库415个、配送车辆14005辆，形成辐射全国的烟草物流组织网络。

完善业务体系。随着工业企业物流资源整合和商业企业物流非法人实体化建设的不断推进，物流业务体系逐步实现完整统一，形成以省级工业物流中心和地市级公司配送中心为主体的物流运行管控体系，物流资源和业务在企业内部进一步整合优化，基本形成涵盖原辅料和卷烟成品，涉及仓储、养护、运输、分拣、配送等环节的物流业务体系。强化体系支撑，建立相对完整的行业物流标准化体系，累计发布实施37项行业标准，涉及工商物流各主要环节，涵盖建设、管理、运行各主要工作。

【"两烟"交易服务保障】　确保"两烟"交易顺利进行，开展交易平台的软、硬件维护，保障完成卷烟、烟叶网上集中交易3次，维护交易产品信息4000余次、交易会员信息2000余次。完成"电子商务平台移动交易子系统建设项目""烟叶网上交易系统及相关系统升级改造项目"建设，并通过验收，有效提升系统应用水平。加强数据应用分析，努力挖掘交易数据中反映出的新动态、新特点，撰写分析报告，共完成"两烟"交易情况分析报告22份。卷烟交易系统分解工商合同61.98万份，合同交易量23447.8亿支（4689.56万箱），交易金额8184.44亿元；烟叶交易系统分解合同10.39万份，合同交易量294.21万吨（5884.10万担），交易金额1390.02亿元。

【推进非烟电商业务】　行业在总结浙江、江苏、山东省局（公司）非烟电商试点经验的基础上，在中烟新商盟卷烟订货商务平台全网开通非烟电商业务。截至2016年底，重庆、陕西、甘肃等12个省级局（公司）相继开展非烟电商业务，其中，重庆市局（公司）、江苏省局（公司）全部开通非烟电商业务；浙江、山东、陕西、甘肃、河南、贵州、四川、安徽等省级局（公司）在部分地市级公司先行试点；海南省局（公司）、北京市局（公司）进行业务拓展。在中烟新商盟卷烟订货商务平台下单的零售客户数超过51万户，非烟电商业务交易金额累计超过13亿元。此外，陆续向零售客户推出小额贷、店铺保、广告、彩票、充值服务等多项增值业务，非烟电商业务进一步拓展。

◇ 编辑：谢争艳

多元化经营

全国烟草行业多元化经营发展概况

2016年，全行业各级多元化管理部门紧紧围绕"一个发展目标""五个基本定位"，坚持以"深化改革、整合优化、提质增效、创新发展"为方针，切实加强多元化投资监管，积极探索多元化投资管理体制机制创新，大力提升整合优化水平，努力提高多元化发展质量和效益，顺利完成全年各项工作任务。

【多元化企业概况】　截至2016年底，行业多元化投资782亿元（不含总公司、双维公司），形成资产2334亿元（含市值）。投资企业516家，其中全资企业357家。资产总额排在行业前三位的省级单位是：云南中烟1126亿元、上海烟草集团373亿元、福建省公司109亿元。全资、控股多元化企业全年实现营业收入290亿元，实现利润总额76亿元。实现利润总额排在前三位的省级单位是：云南中烟38亿元、上海烟草集团12亿元、福建省公司5亿元。多元化效益增幅排在前三位的是：江西省公司、陕西中烟、浙江省公司。从多元化企业整体盈亏结构来看，盈利企业数量占比68.3%。按产业划分，实现利润总额排在前三位的是：金融、配套材料、房地产。利润同比增长的产业有：投资管理、宾馆酒店、物业管理、信息技术。总体来看，多元化企业积极应对和适应经济发展新常态，保持经济平稳运行。

行业多元化企业发展格局和资产结构进一步优化。一是优质金融资产增长迅速。截至2016年底，全行业投资金融行业成本859亿元，资产市值1925亿元。从投资回报看，2015年和2016年的回报率分别为15.3%和9.3%。行业控股的云南红塔银行，2016年底资产规模616亿元，存款规模省内排名首次超过4家全国性股份制银行省级机构。同时，红塔证券积极筹备IPO上市工作。二是酒店整合效应初步显现。20家“中维”系挂牌酒店年度利润增长合计2852万元，对行业宾馆酒店利润增长贡献率达到56.1%。旗舰店昆明中维翠湖宾馆加强品牌运作，经济效益创近三年新高，实现扭亏为盈；长沙中维神农大酒店聚焦大众消费，利润同比增长30%；山东省公司4家中维酒店努力提质增效，营业收入增长7.5%，营业成本下降3.4%。三是卷烟配套产业重组加快推进。在主业烟用物资采购总量减少、价格下调的背景下，积极应对，主动作为。云南中烟、湖南中烟、河南中烟等单位积极研究推动省内配套材料企业整合，聚焦提升专业竞争能力。

【多元化企业精益管理】 开展2015年度行业多元化经营管理评价，组织41家省级公司及298家全资控股多元化企业开展管理评价。梳理多元化企业在评价维度、环节和经营管理过程中存在的问题，开展反馈工作，确保管理评价促进管理提升工作落到实处。

贯彻“精益管理做除法”工作要求，聚焦降本增效，围绕效益、效率、成本费用、能耗等四方面指标，继续在行业烟印和酒店企业中开展新一轮对标工作。通过开展对标，推动提升多元化企业精益管理水平。精益管理理念逐步深入，精益管理体系逐步建立，在精益财务预算管理、人力资源管理、生产经营过程管理等方面取得一定实效。上海烟草集团建立较为完善的多元化精益管理制度，明确管理目标，落实具体指标；福建中烟把精益管理开展情况纳入经济责任考核指标。各单位以精益促发展，向管理要效益，进一步夯实多元化发展基础。福建省公司建立多元化企业法律风险防控体系，开展经济合同合规性审查，进一步提高依法治企能力；山东省公司、河南中烟搭建多元化企业大宗物资采购统一平台，共享采购信息，引导企业降低采购成本，提升经济效益。

【多元化企业市场化改革】 **进一步推进实体化运作。**国家局以云南合和（集团）股份有限公司为试点，探索市场化取向改革，建立分级、分类管理的投资管理模式。以实体化运作为方向，进一步推动省级投资公司建设工作，在完成建立25家省级投资公司的基础上，推进四川省局和四川中烟新组建投资公司的有关工作；山东中烟以清理清退为切入点，纵向压缩层级，横向整合业务，进一步提高资产质量。

建立健全现代企业制度。更加重视《公司法》和现代企业制度建设，通过法人治理结构落实监管责任。浙江中烟、福建中烟和湖北、广东省公司等单位组织自查，坚持重大事项依法依规通过董事会、股东会进行决策；上海烟草集团扩大“票决制”覆盖率，加强董事会决议执行情况跟踪，指导有关企业完成公司制改造；湖南中烟研究建立多元化企业管控体系，根据管控需求实行差异化组织绩效管控。

进一步探索机制创新。福建省公司推动海晟连锁以非烟业务为突破口转型升级，取得良好成效；广西中烟推进互联网投资企业混合所有制改革，积极探索服务当地县域经济；云南中烟开展创新平台建设，编制《创新管理手册》；浙江省公司按照产业板块分类建设人力资源管理体系；陕西省公司研究编制多元化企业员工职业发展规划。

【酒店整合优化】 按照“统一品牌、统一管理、统一营销”总体思路，以做优做强“中维”品牌为中心，扎实推进酒店整合各项重点任务。

中维品牌联盟初具规模。研究编制中维系品牌标准体系，6月，在杭州举行第二批中维系品牌酒店授牌仪式，杭州歌德大酒店等8家酒店加入中维品牌，安吉香溢度假村等7家酒店加入维笙品牌。截至2016年底，中维系成员酒店21家，初步形成集团规模。同时，积极向云南、山东等地行业外酒店输出品牌和管理，通过以点带面，逐步扩大中维品牌的社会影响力。

市场化机制改革稳步推进。云南中维按照“以岗定薪、岗变薪变”原则，实行职业经理人薪酬与经营业绩考核直接挂钩，有效促进经济效益提升。山东烟草投资管理公司按照“品牌化建设、集团化管理、集约化经营”要求，有效

2016 年 6 月 22 日，第二批中维系品牌酒店授牌仪式在浙江杭州举行

云南中烟　供稿

发挥规模效益、协同效应，并总结提升济南中维中豪大酒店的精益管理经验。

统一营销逐步推进。积极推进"互联网＋酒店"发展模式，研究编制中维"维享会"会员计划方案，截至 2016 年底，21 家酒店签订服务协议。开设天猫商城中维酒店旗舰店，并在 11 月 11 日开展"双十一"网络营销试运行活动。

【投资监管】　**进一步落实投资主体责任**。国家局先后印发《烟草行业投资项目管理办法》（国烟计〔2016〕50 号）和《关于进一步调整行业内部管理事项的通知》（国烟计〔2016〕254 号）。各省级单位多元化投资自主决策权限由 500 万元放宽到 5000 万元。自主决策权限和审批程序的调整进一步落实中央简政放权要求，加大多元化发展的政策支持力度。在放权松绑的同时，突出监管重点，进一步提升投资监管效能。坚持从管企业为主向管资本为主转变，严把投资关口，落实投资主体责任。各单位对多元化投资的认识更加理性、稳健。一方面新增投资向有发展潜力的重点企业倾斜，另一方面坚持"瘦身"与"强身"并举，积极整合同类企业，稳妥清退弱势企业。投资论证更加严谨、审批制度更加规范、项目管理更加严格。全年各单位上报多元化企业重大事项 59 项，浙江、江西、甘肃省公司和云南中烟等单位执行情况良好；江苏、河南、贵州省公司等单位坚持按时填报行业多元化投资管理信息系统，经济运行分析质量较高；湖南省公司研究建立多元化违规经营投资责任追究制度，构建经营投资责任体系，完善国有资产监管机制。

落实巡视整改任务。根据国家局党组《专项巡视整改实施方案》（国烟党〔2016〕16 号）和《关于开展多元化投资专项治理工作的通知》（国烟计〔2016〕177 号），国家局开展全行业多元化投资问题专项治理工作。一是重点围绕制度建设、程序执行、亏损企业等 3 个方面，组织各省级单位全面开展自查。二是国家局组成联合调研工作小组，对 8 家省级单位、19 家多元化企业进行实地调研和现场办公，查找问题根源，理清工作思路。三是国家局出台《进一步加强多元化投资管理工作的通知》，通报主要问题，提出任务要求，督促进一步落实整改任务。行业各单位高度重视多元化专项治理工作，成立专门组织机构，制定具体工作方案，逐级分解责任、层层传导压力、倒排完成时限，从严从实查摆问题。针对检查出的问题，各单位制定《整改问题、事项和责任清单》，云南省公司和云南中烟、广东中烟等单位主动研究建立整改长效机制。

投资项目的日常监管。开展多元化投资事前、事中、事后监管及政策性咨询。同时，做好投资公司本级投资监管，全年参加股东会、董事会等相关会议 39 次，依法依规履行董事及股东代表职责。

【多元化发展布局】　**编制《烟草行业"十三五"时期多元化投资管理指导意见》**。以"创新、协调、绿色、开放、共享"五大发展理念为引领，坚持稳中求进总基调，出台《烟草行业"十三五"时期多元化投资管理指导意见》（中烟办〔2016〕254 号），提出"十三五"时期"深化改革、整合优化、提质增效、创新发展"的指导方针，进一步明确多元化投资的重点领域、限制领域和严格控制领域。从指导思想、基本原则、发展方向、主要目标、重点任务、保障措施等 6 个方面理清"十三五"时期多元化工作思路。云南、山东中烟和福建、湖北省公司等单位率先研究制定布局清晰、方向明确的发展规划。截至 2016 年底，全行业 33 家单位结合自身发展实际制定"十三五"多元化规划实施方案。

着力推进清退一批。按照国家局"先瘦身、后强身"的工作部署，2006—2008 年，行业启动多元化企业集中清理清退工作。截至 2016 年底，列入当年清退计划的 1216 家企业中有 1188 家被清退。清理清退为提升行业多元化资产质量，维护行业和谐稳定的发展环境打下坚实基础。全行业多元化企业有516家，其中全资、控股企业357家。总体上看，资产仍较为分散，主营业务和核心企业不突出，总体竞争能力不强。按照供给侧结构性改革和“三去一降一补”的总体要求，坚持“瘦身”与“强身”并举的工作方针，研究建立市场化退出机制。更多运用法治化、市场化手段，从不符合多元化发展规划的领域主动退出，坚持不懈抓好清理清退，有效处置“僵尸企业”，切实提升多元化资产的总体质量。

着力推进重组一批。坚持把“整合、优化、提高”作为“十三五”时期多元化工作的重点任务。通过整合存量资产，适度新增投资，优化资源配置，进一步提升多元化发展质量和核心竞争力。整合的核心是扎实推进多元化企业分类整合，打造经营品牌，形成规模效应，坚持走内涵式发展道路。研究发挥市场配置资源的决定性作用，通过重组整合，调整优化投资结构，将资源集中到核心业务和强势企业。探索搭建2~3个产业整合平台，发挥规模化、集约化效应。大力推进酒店整合工作，把中维酒店整合作为深化行业多元化改革的切入点和突破口。主动适应卷烟市场需求和供给变化，研究推动配套材料企业供给侧结构性改革的整合思路。研究探索打造1~2个跨省多元化投资管理集团，提升实体化、集团化运营水平。

着力推进创新发展一批。坚持“深化改革、整合优化、提质增效、创新发展”的指导方针，以改革为导向促进机制完善，以创新为动力转变发展方式。围绕国有企业深化改革要求，组织开展重大课题专项研究和专项试点。坚持市场化方向，按照从“管企业”为主向“管资本”为主转变的思路，发挥市场在资源配置中的决定性作用，推进多元化投资管理体制机制创新。进一步明确投资主体、监管主体和运营主体责任，优化投资决策及监管模式，激发企业内在活力。研究推进行业内各项资源、要素的有序流动，研究探索多元化经营企业混合所有制改革。支持鼓励云南合和集团向金控集团转型升级，发挥好红塔证券直投平台和红塔创新创投平台作用。以专业运作为重点，以资本运作为核心，探索产融结合新途径，关注新技术、新产业、新业态发展，鼓励运用“互联网+”等信息技术促进技术创新和管理创新，推动传统产业升级发展。

【中国双维投资有限公司】 本级实现税利总额10.14亿元，同比增长47.39%。实现净利润8.66亿元，同比增长31.61%。实现投资收益9.17亿元，同比增长13.77%。上缴国有资本收益和税后专项利润共计4.04亿元，同比增长16.47%。

推进金融控股平台战略布局。进一步跟进红塔银行增资扩股项目，并配合红塔证券首次公开发行股票。配合国新基金，完成多个项目投资。与清华大学清控集团进行战略合作，投资清控金融科技母基金。以智能手机为载体和移动互联网为技术手段相结合的专属APP为切入点，努力搭建覆盖烟草各环节的大数据云平台和“烟草行业+互联网”新型工商零生态圈。

上海庙基地投资项目。2014—2016年，上海庙矿业持续推进减人、减亏工作，为了减亏，3000名煤矿工人待业，每月发放600元补贴款。同时，进一步控制煤炭生产，控制费用开支，控制资金投入，2016年亏损从2.3亿元减少到1.58亿元，其中2016年折旧1.3亿元，较2014年折旧减少1055万元。

维华公司完成胡家井等10个井田的探矿权保留工作；完成鹰骏一矿井筒检查孔工程、西庙普查工程（钻探）及西庙二维地震勘探工程等10项勘探工程结算的二审审核工作。

国电双维公司积极落实外部条件，倒排工作计划，力争尽早开工建设。

三新铁路迎来转机，与神华宁夏煤业集团公司进行协调，调整运输线路。9月，三新铁路全面恢复经营，运量大幅提升。并于当月开始实现盈利，预计2017年实现利润8300万元。

行业配套项目。宁夏弘德包装公司在湖南中烟和陕西中烟的大力支持下，全年实现利润1320万元。特招8名红寺堡区建档立卡贫困户子弟到宁夏弘德包装公司工作。截至2016年底，解决红寺堡及其以南地区户籍164人的就业问题，打造行业对口扶贫、精准扶贫的亮点。

双维伊士曼公司加大生产改进力度，提高质量管控水平，通过国家局关于醋纤项目连续72小时不间断生产的考核验收。加强产品销售服务，完成全年销售丝束3万吨的目标任务，实现利润8453万元。

省级公司多元化经营发展概况

【黑龙江烟草投资管理有限公司】 2013年7月，国家局、总公司正式批复设立黑龙江烟草投资管理有限公司（国烟法〔2013〕292号）。2013年10月进行工商注册并正式挂牌成立。注册资本1亿元，是中国烟草总公司黑龙江省公司的全资子公司，有3家全资子公司及1家参股企业，即黑龙江烟草中维连锁营销发展有限公司、黑龙江烟草房地产综合开发公司和黑龙江申鸿商贸有限公司。参股企业为黑龙江金博世纪肥业有限公司，所占股份8.7%。经营范围包括为实业投资、投资咨询、房地产开发、物业管理、自有房产经营、酒店管理、建筑工程施工、装饰工程施工、软件开发、货物进出口（国营贸易或国家限制项目取得授权或许可后方可经营）。从业人员9人，劳务派遣及业务外包人员 288 人。截至 2016 年底，黑龙江烟草投资管理公司拥有总资产 1.93 亿元，其中固定资产 71 万元，流动资产 1.83 亿元，资产负债率 3.21%。2016 年，实现销售收入 2.09 亿元。实现税利 3332 万元，其中利润 2644 万元。

【上海海烟投资管理有限公司】 2009 年 10 月进行工商注册并挂牌成立，是上海烟草集团有限责任公司的全资子公司，经营范围为实业投资（除股权投资和股权投资管理）、投资管理（除股权投资和股权投资管理）、工程项目管理、资产管理（除股权投资与股权投资管理）、企业管理咨询（除经纪）、国内贸易（除专控）。截至 2016 年底，注册资本 33 亿元，拥有上海烟草集团苏州中华园大饭店有限责任公司、上海白玉兰烟草材料有限公司、上海烟草集团房地产开发经营公司、上海海烟烟行连锁企业管理有限公司等 4 家全资子公司，上海王宝和大酒店有限公司 1 家控股企业，并参股中国太平洋保险（集团）股份有限公司、中国太平洋人寿保险股份有限公司、中国太平洋财产保险股份有限公司、交通银行股份有限公司、东方证券股份有限公司、海通证券股份有限公司、上海金枫酒业股份有限公司、上海锦江国际实业投资有限公司、上海百联集团股份有限公司、佛山东林包装材料有限公司等 10 家公司，涉及酒店、金融、房地产三大业务。有本级员工 12 人，所属企业员工 1396 人。截至 2016 年底，总资产 346.38 亿元，净资产 287.52 亿元，资产负债率 17%。2016 年，实现投资收益 10.12 亿元，实现利润 10.69 亿元。

【浙江烟草投资管理有限责任公司】 成立于 2007 年 5 月 25 日，是中国烟草总公司浙江省公司的全资子公司。经营范围为实业投资、项目管理、房地产开发、商业贸易、进出口贸易、酒店管理、典当服务、保险经纪等。拥有浙江香溢房地产开发有限公司、中维地产（杭州）公司、杭州香溢浣纱宾馆、舟山香溢普陀宾馆 4 家全资企业，杭州香溢大酒店股份有限公司 1 家控股企业，香溢融通控股集团股份有限公司 1 家相对控股企业，湖州、台州、舟山等 3 家分公司，涉及房地产、酒店、金融等业务。有本级员工 13 人，所属企业员工 330 人。截至 2016 年底，拥有总资产 95.28 亿元，净资产 82 亿元。实现营业总收入 3.28 亿元，实现利润 1.3 亿元，净利润 1.13 亿元。

【浙江中烟投资管理有限公司】 2014 年 5 月，国家局、总公司批复设立浙江中烟投资管理有限公司（国烟法〔2014〕220 号），同年 6 月，进行工商注册，并挂牌成立。注册资本 2 亿元，是浙江中烟工业有限责任公司全资子公司，经营业务范围为投资管理、实业投资、投资咨询、经营进出口业务等。2016 年，浙江中烟投资管理有限公司拥有宁波大红鹰投资有限公司、宁波大红鹰运输有限公司、杭州歌德大酒店、杭州三润保险代理有限公司、杭州三润实业投资有限公司、杭州利群经贸有限公司等 6 家子公司，浙江伟博包装印刷品有限公司、上海中臣烟草机械配件有限责任公司、浙江天外包装印刷股份有限公司、宁波三润投资实业有限公司、杭州利群环保纸业有限公司等 13 家参股企业。有本级员工 25 人，所属企业员工 586 人。截至 2016 年底，拥有总资产 17.29 亿元，净资产 13.03 亿元，资产负债率 24.61%。2016 年，实现营业收入 15.51 亿元。实现税利 1.22 亿元，其中利润 0.96 亿元。

【福建烟草海晟投资管理有限公司】 前身是成立于 1993 年的厦门海晟实业发展有限公司，位于福建省厦门市。2007 年改制更名为福建烟草海晟投资管理有限公司，注册资本 26.47 亿元，是中国烟草总公司福建省公司的全资子公司，专门负责福建省烟草商业系统多元化投资管理工作。公司以资本经营、投资管理为主线，投资范围涵盖金融投资、房地产开发、信息技术开发、连锁经营、文化传媒、旅游酒店、物业管理等领域。公司对外投资控（参）股企业有 14 家，其中控股企业有厦门海晟房地产开发有限公司、福州海晟房地产开发有限公司、泉州海晟房地产开发有限公司、武夷山海晟国际大酒店管理有限公司、福建海晟连锁营销发展有限公司、福建海晟信息技术有限公司、福建省海晟文化传媒有限公司、福建省海晟物业管理有限公司、武夷山市通仙茶业有限责任公司、厦门烟草海晟物业服务有限公司等 10 家，参股企业有兴业银行股份有限公司、厦门中软海晟信息技术有限公司、福建华橡自控技术股份有限公司、三明海晟房地产开发有限公司等 4 家。有本部员工 87 人，所属投资企业员工 1478 人。截至 2016 年底，拥有总资产 106.62 亿元，其中，固定资产 1.88 亿元、流动资产 27.17 亿元。2016 年，实现经营收入 9.68 亿元，实现利润 4.06 亿元。

【福建鑫叶投资管理集团有限公司】 2009 年 12 月，国家局、总公司批复设立福建鑫叶投资管理集团有限公司（国烟法〔2009〕518 号）。2009 年底，福建鑫叶投资管理集团有限公司更名改制，主要负责经营管理福建烟草工业系统多元化投资和企业，注册资本 4.09 亿元，是福建中烟工业有限责任公司下辖的多元化经营企业，拥有 12 家子公司，其中全资子公司 9 家。主要经营印刷包装业、酒店业务。有员工 2000 余人。截至 2016 年底，总资产 18.74 亿元。2016 年，实现销售收入 10.04 亿元。实现税利 3.49 亿元，其中利润 1.89 亿元。

【江西省锦峰投资管理有限责任公司】 2011 年 12 月，国家局、总公司批复设立江西省锦峰投资管理有限责任公司（国烟法〔2011〕525号），2012年2月进行工商注册，同月挂牌成立，注册资本3.23亿元，是中国烟草总公司江西省公司的全资子公司。经营范围为酒店经营管理、卷烟包装箱循环回收整理、烟叶包装物采供、物业管理服务、信息软件开发及服务、汽车租赁、金融领域投资等业务。拥有江西省锦峰物业管理有限公司、江西省锦峰软件科技有限公司和江西省锦峰汽车服务有限公司等3家全资子公司和锦峰大酒店1家非法人企业；持有广东国盛金控集团股份有限公司、江西大厦股份有限公司、江西银行股份有限公司等3家企业的股份。有本级员工27人，所属企业员工445人。截至2016年底，总资产9.8亿元，净资产9.47亿元，资产负债率3.31%。2016年，实现营业收入1.02亿元，实现利润0.69亿元。

【山东烟草投资管理有限公司】 2010年3月，国家局、总公司批复设立山东烟草投资管理有限公司（国烟法〔2010〕3号），同月进行工商注册，注册资本12.4亿元，是中国烟草总公司山东省公司的全资子公司。经营范围为对外投资及管理、企业管理咨询，计算机系统服务及数据处理，应用软件服务，房地产开发、销售，房屋出租。公司下辖8家地产公司、5家酒店公司、2家肥业公司及1家专业化公司；持有山东省融资担保有限公司、山东泰山壹伍叁贰物联供应链有限公司、交通银行股份有限公司部分股份，涉及房地产、酒店、金融、肥业等业务。有员工1590人，其中酒店1488人，酒店以外员工101人。截至2016年底，总资产65.11亿元，资产负债率90.04%。2016年，实现营业收入4.2亿元，较2015年减亏1.49亿元，同比减亏57.55%。

【河南烟草投资管理有限公司】 2013年5月，国家局、总公司正式批复设立河南烟草投资管理有限公司（国烟法〔2013〕205号），同年7月进行工商注册，8月挂牌成立，注册资本2亿元，是中国烟草总公司河南省公司的全资子公司。经营范围包括项目投资、投资管理、投资咨询；物业管理、房屋租赁；烟用配套物资经营；卷烟、雪茄烟零售等。有本级从业人员17人。截至2016年底，总资产3.12亿元，净资产2.83亿元，资产负债率9.12%。2016年，河南烟草商业系统多元化经营企业实现营业收入3.23亿元，同比下降25.58%；实现税利2208万元，同比下降16.17%，其中利润1618万元，同比增长74.96%。公司本级实现营业收入2.15亿元，同比增长10.82%；实现税利1429万元，其中利润1305万元。

【河南黄金叶投资管理有限公司】 2014年5月，国家局、总公司批复设立河南黄金叶投资管理有限公司（国烟法〔2014〕223号），并于同年9月完成工商注册，注册资本2亿元，是河南中烟工业有限责任公司的全资子公司。经营范围为项目投资、投资管理、所属企业资产经营、装卸搬运服务、包装服务、清洁服务等。截至2016年底，河南中烟下属的多元化企业股权和资产尚未划转至河南黄金叶投资管理有限公司。2016年，河南中烟下属的多元化企业共有13家，其中，集体性质的多元化企业8家，全资多元化企业2家，控股多元化企业2家，参股多元化企业1家，涉及卷烟材料、物业服务、烟用香精香料等业务。有本级人员7人。截至2016年底，总资产20.81亿元，净资产8.4亿元。2016年，实现营业收入16.61亿元，亏损0.25亿元。

【湖北烟草投资管理有限责任公司】 2006年11月，国家局、总公司批复成立湖北烟草投资管理有限公司。2007年4月，湖北省烟草公司正式成立湖北烟草投资管理有限责任公司（鄂烟法〔2007〕7号）。同年5月进行工商注册，并挂牌成立。2007年原始注册资本800万元，后经多次资产划转，2015年注册资本增至14.99亿元，是中国烟草总公司湖北省公司的全资子公司。湖北烟草商业系统多元化投资实行“归口管理、分级负责”的管理体制，由湖北烟草投资管理有限责任公司归口管理湖北省烟草商业系统多元化投资工作。

截至2016年底，全省烟草商业系统多元化投资和参股企业有40家，资产总额54.9亿元，净资产33.9亿元。企业经营范围主要集中在投资管理、配套材料、房地产类、卷烟零售、IT产业、宾馆旅业、服务贸易、物业管理、运输物流等9个领域，还涉及非烟零售、批发、农林牧渔等其他副营业务。2016年，全省全资、控股多元化企业实现营业收入20亿元。实现税利2.64亿元，其中利润1.84亿元。湖北烟草投资管理有限责任公司及其子公司实现营业收入14.12亿元，实现税利2.41亿元，其中利润1.79亿元。

【湖南中烟投资管理有限公司】 前身是湖南中烟工业有限责任公司投资管理部。2011年12月12日，成立湖南中烟投资管理有限公司，撤销公司投资管理部，建立以产权为纽带、实体化运作、专业化管理的多元化投资管理体制和现代企业制度，注册资金2亿元。具体负责公司多元化投资企业的分类管理，湖南中烟投资管理有限公司实施归口管理权的下属企业19家。截至2016年底，多元化资产总额29.13亿元，完成汇总收入24.47亿元，实现利润总额4.30亿元，国有资本保值增值率111.18%。

【贵州烟草投资管理有限公司】 2010年12月，国家局、总公司批复设立贵州烟草投资管理有限公司（国烟法

〔2010〕461 号），同月 15 日进行工商注册，挂牌运营。注册资本 5000 万元，是中国烟草总公司贵州省公司的全资子公司，承担全省烟草商业多元化投资经营归口管理职责。经营范围包括卷烟零售、保险代理、食品经营、酒店投资、房地产开发、农用物资、物业管理、旅游开发、广告开发、日杂用品等。截至 2016 年底，拥有贵州科泰房地产开发有限公司和贵州科泰易购商贸有限公司 2 家全资企业；参股遵义大兴复合肥有限责任公司、贵州天兴农业科技有限公司、贵阳海天园殡葬有限公司、湖北香青化肥有限公司等 4 家企业，持股比例分别为 49%、30%、27.5%、10.1%。业务涉及零售连锁、房地产、复合肥生产等。有干部职工 31 人。截至 2016 年底，总资产 2.81 亿元，净资产 1.66 亿元，资产负债率 40.7%。2016 年，实现营业收入 2.12 亿元，投资收益 411 万元，实现利润 2198 万元。

【贵州福贵投资管理有限公司】 2013 年 3 月，国家局、总公司批复设立贵州福贵投资管理有限公司（国烟法〔2013〕77 号）。2013 年 10 月，完成工商登记注册。公司注册资本 5793.87 万元，是贵州中烟工业有限责任公司的全资子公司。经营范围为项目投资和经营管理、商业贸易、包装印刷、绿色产业开发、房屋租赁、矿泉水生产等。截至 2016 年底，拥有台江矿泉水分公司和房屋租赁分公司 2 家分公司，贵州福贵传媒有限公司、贵州新贵物业管理有限公司、遵义银江生态农业开发有限公司等 3 家全资企业，控股贵阳黄果树纸业有限公司，参股贵州西牛王印务有限公司和贵州银行，投资企业涉及广告传媒、包装印刷、物业管理、金融、农业种养殖等业务。有本级员工 43 人，所属企业员工 168 人。截至 2016 年底，总资产 1.93 亿元，净资产 1.64 亿元，资产负债率 15.28%。2016 年，实现营业收入 0.76 亿元，实现利润 0.2 亿元。

【云南合和（集团）股份有限公司】 （简称合和集团）是以云南中烟工业有限责任公司、红塔烟草（集团）有限公司、红云红河烟草（集团）有限公司等所属 140 余家多元化经营企业为基础，整合重组成立的国有大型股份有限公司。经国家局、总公司批准（国烟法〔2014〕408 号），合和集团于 2014 年 12 月 31 日在云南省工商局注册，2015 年 1 月 22 日挂牌成立，注册资本 10 亿元。2016 年股东大会同意并报总公司批准后，合和集团用资本公积转增股本 50 亿元，经云南省工商局 2017 年 2 月 15 日变更登记，注册资本变更为 60 亿元，注册地址为云南省玉溪市凤凰路 116 号。合和集团本部有干部职工 131 人，全集团从业人员 1.53 万人。截至 2016 年底，合和集团拥有总资产 1514.86 亿元，净资产 868.72 亿元。

2016 年，合和集团对玉溪市商业银行股份有限公司进行增资扩股，达到控股条件并更名为云南红塔银行股份有限公司；吸收合并云南新兴投资有限公司，其直接投资的云南安晋高速公路开发有限公司、云南玉昆广告有限公司、昆明塔迪兰电信设备有限公司、深圳亿成投资有限公司等企业股权上划到合和集团；出资参股江苏金丝利药业有限公司、云南新兴仁恒包装材料有限公司、富滇银行股份有限公司、玉溪红塔新型建材有限公司 4 个企业。截至 2016 年底，合和集团直接投资企业 76 家，初始投资总额 267.81 亿元，其中全资、控股企业 34 家，占总投资额的 52.14%。投资领域涉及金融、交通、能源、烟草配套、酒店宾馆、房地产、生物制药等，分属集团金融资产、配套产业、基础产业和酒店地产四大专业板块进行管理。2016 年，合和集团实现营业收入 58.55 亿元，投资收益 35.03 亿元，实现利润 40.06 亿元。

【陕西烟草投资管理有限公司】 2014 年 10 月，国家局、总公司批复设立陕西烟草投资管理有限公司（国烟法〔2014〕252 号）。2015 年 4 月 10 日，由中国烟草总公司陕西省公司以货币方式出资注册成立，注册资本 2 亿元。经营范围为项目投资、投资管理、投资咨询（仅限以自有资产投资，金融、证券、期货、基金投资咨询除外）；系统内业务培训；房地产开发；酒店经营及管理；物流配送；汽车租赁；物业管理；卷烟连锁零售；烟用配套物资机械、农业开发、高科技产品研制、开发；农业开发；烟草种子、农药（危险化学品除外）、肥料、农地膜、预包装食品的销售；旅游文化产业开发。2016 年，陕西省烟草商业系统多元化经营企业实现营业收入 9797.23 万元，实现税利 328.45 万元。

【陕西中烟投资管理有限公司】 2012 年 10 月，陕西中烟投资管理有限公司成立。2013 年 12 月，总公司下发《关于陕西中烟工业有限责任公司所持部分股权出资人变更事项的批复》（中烟办〔2013〕221 号），同意陕西中烟将持有的陕西省卷烟材料厂、宝鸡猴王商贸有限责任公司、宁波大安化学工业有限公司、宁夏弘德包装材料有限公司、西安大洋房地产开发有限公司、陕西金叶科教集团股份有限公司、陕西金叶滤材有限责任公司等 7 家多元化公司股权出资人变更为陕西中烟投资管理有限公司，实现多元化企业经营归口管理。公司经营范围涉及原辅料加工、滤棒成型、烟标印刷、纸箱生产、醋酸纤维丝素、房地产开发等。有从业人员 30 人，其中本部员工 6 人，外派多元化企业管理人员 24 人。截至 2016 年底，总资产 11.15 亿元，其中，固定资产 1.14 亿元、流动资产 4.34 亿元，资产负债率 7.07%。实现营业收入 1.65 亿元，同比增长 35.65%。实利税利 0.69 亿元，其中利润 0.56 亿元。

◇ 编辑：周　佳

外事管理与国际拓展

2016年，行业各有关单位按照国家局工作部署，坚持稳中求进工作总基调，坚定树立“三个雄心壮志”，充分发挥拓展主导和主体作用，突出烟叶实体化运作“三个提升”，着力卷烟基地化运作“两个提高”，聚焦“去产能、去库存、去杠杆、降成本、补短板”五大任务，强化关键举措、积极主动应对，各项工作扎实推进，主要业务逆势上扬，拓展国际市场取得新进展，实现“十三五”良好开局。

【外事管理】 国家局宣传和介绍行业落实《中国烟草控制规划（2012—2015年）》各项内容的情况，推进控烟履约主要任务落实。参加《烟草控制框架公约》第七届缔约方大会。配合立法部门做好相关涉烟立法工作，多次组织与跨国烟草公司控烟履约交流，跟踪研究各国《消除烟草制品非法贸易议定书》批准情况，对各方措施、经验做到深入了解和借鉴。

全年国家局、总公司机关出国（境）团组执行55个，烟草行业党组管理干部出国（境）团组执行51个，出国（境）人员共748人次。办理出国（境）文件123件，办理出国（境）证照82本，出国（境）团组签证420人次。

【拓展国际卷烟市场】 面对全球卷烟销量下滑、联合国加大对朝鲜制裁力度和中东局势动荡等复杂形势，中国烟草国际有限公司（简称中烟国际）积极发挥主导作用，省级工业公司充分释放主体活力，紧紧围绕“提高市场占有率、提高品牌竞争力”工作重点，不断加大国际市场拓展力度。

卷烟市场国际拓展思路。一是更加注重规划设计，形成“合力”。加强顶层设计和系统规划，通过行业资源在空间上的协作互动和产业链上的延伸互补，形成竞争合力。在市场布局上，中烟国际加强规划指导，合理划分各工业公司目标市场，避免行业在同一市场内恶性竞争，印发《加强柬埔寨市场管理意见》；工业企业推进卷烟产销基地运作，突出区域内各企业间的协同配合，安徽中烟、云南中烟按照保销量、保利润、保增长和年薪激励的原则，制定市场营销整合方案，稳步推进罗马尼亚市场营销整合工作，形成境外产销基地合力。在产业链布局上，积极介入原辅材料、渠道、营销等环节，浙江中烟启动在阿联酋的合资制丝厂项目，引入中国烟草总公司郑州烟草研究院进行工艺及厂房设计，秦皇岛烟草机械有限责任公司翻新改造宁波卷烟厂退役制丝设备，向后延伸产业链，既充分利用行业产能、技术、品牌，又实现产业链的延伸与协同，合资制丝厂项目将支撑浙江中烟在阿联酋和印尼的两家合资卷烟厂，着力打造境外综合生产能力；山东中烟秉持“先市场、后工厂”的经营理念，在澳大利亚与经销商合作构建市场渠道，设立“泰山”品牌旗舰店，向前延伸产业链。二是更加注重资源利用，借力发展。中国烟草在拓展国际市场方面，通过合理借用合作伙伴的资源优势，一方面拓展新市场、提升销量，另一方面学习先进经验、锻炼人才队伍。中烟菲莫国际有限公司销售卷烟166.9亿支，同比增长49.6%，其中“Dubliss－Next”联合品牌发展机制支撑“都宝”品牌的高增长；中烟英美烟草国际有限公司销售卷烟81.5亿支，同比增长10.4%。烟草行业积极扩大战略合作对象、拓展合作领域、创新合作方式，云南中烟、天利国际经贸有限公司与帝国品牌公司①签署合资协议，全年在莫斯科市场销售3亿支“翡翠”品牌卷烟；与日本烟草公司签订“合作意向书”，启动新一轮战略合作。借助区域市场内有影响力的合作伙伴的业务、渠道、公关资源，降低投资风险和运营风险。浙江中烟推动新的产销基地建设，积极开拓东南亚市场，着眼于2.5亿人口、增长潜力巨大的印尼市场，在印度尼西亚东爪哇省徐图利祖县与当地侨领合资组建科伦印象有限责任公司，公司于2016年6月29日正式成立。三是更加注重面向市场，打牢基础。卷烟拓展国际市场，要更接地气，更贴近市场，

2016年12月14日，云南中烟举行云产卷烟推介会，拓展国际市场

云南中烟　供稿

提供符合国际市场消费者需求偏好的产品。中国烟草大力发展混合型卷烟和新型烟草制品，境外销量品牌前两位的“都宝”“摩登”等品牌都是混合型卷烟，上海烟草集团口含烟实现销量100万支，实现零的突破。

境外卷烟产销量增长。卷烟境外市场销售实现逆势上扬，全年销量957.4亿支，同比增加54.6亿支，增长6.09%，其中一般贸易出口279.5亿支，占境外总销量的29.19%，同比增长6.6%；境外企业销售313.8亿支，占境外总销量的32.78%，同比下降4.4%；一般合作项目销售115.7亿支，占境外总销量的12.08%，同比下降8.8%；战略合作项目销售248.4亿支，占境外总销量的25.95%，同比增长34%。

重点品牌销量增长。境外销量前五位品牌依次为“都宝”“摩登”“State Express 555”“长白山”“Taishan”，销售403亿支，同比增长6.7%，占境外总销量的42.09%，同比提高0.19个百分点。品牌集中度进一步提升，其中，“都宝”实现销量150.2亿支，同比增长50.3%，“摩登”实现销量86.5亿支，同比增长10.3%；“State Express 555”实现销量69亿支，同比增长12.7%，“长白山”“Taishan”“GEM”“中华”“金鹿”品牌销量均超过30亿支。

重点市场拓展。除东北亚市场受朝鲜被制裁影响销量下滑明显外，其他重点市场均实现稳健增长，其中，东南亚市场销售卷烟280.1亿支，占境外总销量的29.26%，同比增长11.9%；东欧市场销售卷烟183.1亿支，占境外总销量的19.14%，同比增长30.14%；中东市场销售卷烟147.7亿支，占境外总销量的15.43%，同比增长5.58%；中南美市场销售卷烟108.5亿支，占境外总销量的11.33%，同比增长3.93%。

表1 2016年全国烟草行业卷烟出口情况

排名	商标名称	数量（万支）	出口总量占比（%）	同比增长（%）
1	Taishan	450890	16.13	-5.62
2	中华	381247	13.64	14.79
3	摩登	238260	8.52	33.11
4	芙蓉王	164300	5.88	5.83
5	玉溪	154699	5.53	11.55
6	阿诗玛	137600	4.92	-13.16
7	利群	136850	4.90	18.33
8	MARSHAL	100445	3.59	195.43
9	黄金叶	96014	3.43	128.93
10	FARSTAR	91000	3.26	-16.50
11	SILVER ELEPHANT	91000	3.26	435.29
12	红双喜	89398	3.20	11.71
13	云烟	86326	3.09	-32.84
14	中南海	84573	3.03	-32.34
15	白沙	76850	2.75	34.12
16	小熊猫	48090	1.72	35.46
17	苏烟	40100	1.43	173.72
18	新兴	40000	1.43	100.00
19	好日子	33480	1.20	47.04
20	都宝	32529	1.16	44.81
21	熊猫	31884	1.14	4.85
22	马宝	24000	0.86	-14.29
23	红塔山	22679	0.81	21.28
24	R.G.D	20350	0.73	-51.48
25	NISE	19640	0.70	-14.61
26	金桥	16511	0.59	-5.57
27	黄鹤楼	14330	0.51	63.96
28	牡丹	13800	0.49	—
29	罗曼蒂克	10500	0.38	320.00
30	特美思	7440	0.27	—
31	贵烟	6920	0.25	-0.43
32	真龙	6600	0.24	-4.35
33	金鹿	5376	0.19	-95.24
34	妙香	5160	0.18	-4.44
35	人民大会堂	4230	0.15	-39.48
36	凤凰	2800	0.10	—
37	钓鱼台	2400	0.09	-83.97
38	好猫	2165	0.08	87.61
39	长白山	1761	0.06	—
40	金圣	1000	0.04	—
41	黄山	998	0.04	—
42	娇子	940	0.03	-64.62
43	长城雪茄	184	0.01	63.07
总计		2795319	100.00	6.61

注：此表中的长城雪茄为雪茄型卷烟。

资料来源：中国烟草国际有限公司。

【出口烟叶库存消化】 面对出口烟叶库存高企的严峻形势，中烟国际按照“三去一降一补”的要求，多措并举，精准发力，加快国内不适用烟叶的消化步伐。

始终坚持客户至上的服务理念。烟草行业各进出口公司摒弃传统的“坐商”意识，树立“行商”思维，主动跑市场、跑客户、跑销区，维护客户关系，挖掘市场潜力；认真分析客户需求，紧密跟踪市场变化，按市场需求备货。

始终坚持质量第一的产品要求。各进出口公司切实加强质量管理，严格控制非烟物质，高度关注转基因、农药残留等问题，坚决把好烟叶挑选关口，狠抓片烟加工质量，提升产品内在品质，以优良产品、一流质量取信客户、赢得市场。

始终坚持市场导向的营销策略。中烟国际出台烟叶进出口挂钩政策，调动大中型国际经销商及烟叶用户采购积极性；通过举办烟叶库存看样洽谈会、组织团组赴海外拜访客户，加大集中推销力度；取消天利国际经贸有限公司转签东南亚卷烟生产配套原料出口合同环节，下调转签烟叶出口合同差价和佣金比例，降低进出口企业交易成本；出台制度固化各省局（公司）参与库存烟叶出口价格审核的决策过程，确保库存烟叶出口定价有章可循、规范操作。各进出口公司在烟叶出口中按质论价、随行就市，较好地发挥市场在资源配置中的决定性作用，积极消化库存，防止霉变和报废造成更大损失。云南烟草国际有限公司在保证利润的前提下，采取新老库存打包销售的模式，有效带动9000余吨库存陈烟出运，走出一条库存烟叶消化的新路。

2016年，全国烟叶出口备货计划减少5.06万吨（101.2万担），同比下降26%。各进出口公司共出运烟叶类产品（含副产品）16.8万吨（336万担），同比增加2.9万吨（58万担），折合原烟4.78万吨（95.7万担），增长20.9%。其中，陈烟发运9.78万吨（195.6万担），同比增加1.97万吨（39.4万担），增长25.1%。云南、贵州、四川等省的进出口公司较好发挥烟叶出口主力军作用，云南烟草国际有限公司出运量7.6万吨（152万担），占全国的45%；中国烟草贵州进出口有限责任公司出运量2.8万吨（56万担），同比增长42%，且将陈烟库存从1.9万吨（38万担）降至0.3万吨（6万担）；中国烟草四川进出口有限责任公司出运量1.6万吨（32万担），同比增长4.4%。此外，中国烟草湖北进出口有限责任公司与多家经销商签约，绝大部分库存烟叶达成出运意向。

【境外烟叶实体运作】 境外烟叶实体以提升水平、提升形象、提升实力为重点，不断加强自身建设，牢牢掌控进口优质烟叶的话语权。

采购水平稳步提升。各境外烟叶实体强化进口烟叶货源组织、集中谈判、监督加工等工作，进口烟叶14.9万吨，完成计划的98%，较好满足国内工业进口烟叶需求。其中，天泽烟草有限责任公司签订合同种植面积13.15万亩，采购原烟3.2万吨，合同收购量2.74万吨（其中适合中国烟叶1.97万吨），同比增长2.62%。中烟国际（北美）股份有限公司采购烟叶0.38万吨；中巴烟草出口股份有限公司收购原烟3.51万吨，供应成品片烟1.74万吨；中烟国际阿根廷有限责任公司自营烤烟0.25万吨。

质量水平稳步提升。在中国烟叶公司的支持下，严把制样、监打、验货关，采购烟叶质量水平明显提升。天泽烟草有限责任公司围绕田间管理、采烤、分级、储存、销售等关键环节做好每个细节的监督和技术指导工作；根据中国烟草对等级质量的要求，对烟农进行分级指导，提高农户烟叶分级水平；认真分析和探讨行之有效的生产技术措施，在生产上减少不适合中国烟草需求的烟叶等级，着力提升原烟质量，主动取消4098吨国内工业不适用烟叶等级的供应。中巴烟草出口股份有限公司把保质保量完成中国烟草的订单作为最重要的工作目标，首先是在原烟收购环节严格控制中国烟草不适用烟叶的比例，上部烟叶和上部薄叶的收购比例达到70%，下部烟叶的比例低于7%；其次是严格进行内部分级，保证原烟单等级质量的稳定性和均匀性，并对少部分较混杂的烟叶进行把选。中烟国际（北美）股份有限公司稳定合同种植规模，突出质量重点，统一等级要求、统一加工标准，严控自营烟叶质量，所有加工成交等级均评为一等。

管理水平稳步提升。天泽烟草有限责任公司面对复杂恶劣的津巴布韦局势，主动作为，灵活应变，采取优化合同农户、规范内部管理、加强风险防控、加大文化宣贯等措施，进一步提升实体化运作水平，当季抵扣率99.3%，远超当地其他公司90%的平均抵扣率水平，有效控制了投入风险；中巴烟草出口股份有限公司着力强化对合资公司的管理，合资公司成为中国烟草在巴西的第一大烟叶供应商。中烟国际（北美）股份有限公司完成ERP管理系统上线及验收工作，在境外烟叶实体中率先实现信息化同步管理。阿根廷公司抓住当地投资经营环境趋好的契机，积极探索转型发展，实现扭亏为盈。

【进出口贸易】 全国烟草行业实现进出口总值31.7亿美元，同比减少6.1亿美元，下降16%，其中，出口13.7亿美元，同比增长2.16%；进口18亿美元，同比下降26.19%。加大成本费用调控力度，通过谈判，进口丝束价格下降9%，卷烟纸、滤棒等辅料价格下降3%左右。创新服务模式，采用特规丝束少量多批次进口、烟机租赁等新形式，有效降低工业企业生产成本。

表2　2016年全国烟草行业主要进口商品情况

进口商品	数　量	同比增长（%）	金　额（万美元）	同比增长（%）
烟　叶	14.11万吨	-10.10	117659	-18.98
卷　烟	43.26亿支	-2.56	9963	-3.35
丝　束	3.95万吨	-37.54	20787	-40.94
滤　棒	16.18亿支	-27.75	2434	-17.54
卷烟纸	1.38万吨	-19.98	4888	-20.89

资料来源：中国烟草国际有限公司。

表3　2016年全国烟草行业主要出口商品情况

出口商品	数　量	同比增长（%）	金　额（万美元）	同比增长（%）
烟　叶	12.98万吨	14.31	52876	0.80
烟叶副产品	2.96万吨	15.79	1282	3.22
卷　烟	279.53亿支	6.61	66012	9.32
烟　丝	1.42万吨	-28.26	12404	-19.09

资料来源：中国烟草国际有限公司。

【国际化人才队伍建设】　国家局突出人才队伍建设的关键性作用，以“三个持续发力”为抓手，着力打造一支“想干事、能干事、干成事”的高素质人才队伍。

在人才储备上持续发力。国家局在行业内公开选拔国际化人才，首批遴选出储备人才1372人。入库人才中硕士研究生以上学历占到43%，有留学经历的200人，有驻外工作经历的46人，且涵盖拓展国际市场急需的经济管理、财务法律、市场营销、专业技术等领域，为外派选人用人提供强力支撑。

在外派人员管理上持续发力。借鉴中央国家机关及央企外派人员管理经验，积极征求境外企业意见建议，启动《境外企业外派人员管理办法》修订工作。新的《办法》对外派人员选任、薪酬、福利、考核、晋升等全过程管理进行系统化设计和制度化安排。

在人才本地化上持续发力。境外企业找准定位，按照“沉下来、融进去”的思路，根据业务需要，重点培养使用当地员工，坚定走本地化发展道路。广东中烟的威尼顿集团有限公司，浙江中烟的科伦印象有限责任公司、环球烟草有限责任公司，陕西中烟的蒙古烟草有限责任公司，云南中烟的老挝寮中红塔好运有限公司、（中国）香港红塔国际烟草有限公司，中烟国际巴西有限公司等企业有效利用当地人力资源，员工本地化率均达到90%以上，促进所在国（地区）人员就业，树立勇于承担社会责任的国际化企业形象。

【资本运作与并购重组】　在不断强化法律、信息、财务等服务体系建设的同时，把融资服务和并购重组摆到更加重要的位置，为境外业务跨越式发展、实现弯道超车打牢基础。大力推进资本平台建设，国家局牵头成立天利国际经贸有限公司上市项目领导小组，召开专题研讨会4次，委托中介机构提供专业化咨询服务，工作组与香港联交所主管人员面谈，按要求提交征询资料。探索跨境并购重组，与菲莫国际的股权合作项目进展顺利，截至2016年底，完成尽职调查及相关项目文件的准备；与多家有出售意向的地区性烟草公司接洽，参与埃塞俄比亚国家烟草公司竞标项目，在实践中摸索与跨国巨头合作收购的新型并购重组模式。

附一：

中国烟草国际有限公司成员企业及驻外机构①

中国烟草国际有限公司于2008年8月7日挂牌，是由原中国烟草进出口（集团）公司改制而成的经济实体，注册资本11.53亿元。中烟国际按照“改制、转型、整合”的要求，推进烟叶境外采购实体化运作和境外卷烟生产企业建设。主要经营业务是：卷烟（含雪茄烟）的进出口业务；烟叶的进出口业务；烟草专用设备和烟用辅料的进出口业务；境外投资及经贸合作；国家允许或中国烟草总公司委托的其他业务。中烟国际在境内外直接或间接投资设立的全资、参股公司10家（含中烟国际所属公司的子公司）。

深圳烟草进出口有限公司

1997年12月成立，是经原对外贸易经济合作部和国家烟草专卖局批准成立的深圳特区唯一经营烟草进出口业务的经贸公司，公司注册资本1000万元，中烟国际持股51%，中国烟草总公司深圳市公司持股49%。主要经营烟草、烟草制品及卷烟行业机械设备、卷烟原辅材料的进口业务（具体按外经贸部〔96〕外经贸政审函第3081号文执行），国内商业、物资供销业（不含专营、专控、专卖商品）。

2016年，实现出口商品总值1451万美元。实现商品销售收入3.48亿元。实现税利1.98亿元，其中利润6693万元。

天利国际经贸有限公司

中烟国际的全资子公司。公司于1989年经原对外贸易经济合作部批准，在中国香港注册成立，注册资本2600万美元。公司主要职责是经营烟草及其制品、烟草机械设备及零部件、烟用辅料等进出口业务；开展烟草经济技术合作及交流活动；负责烟草行业海外机构的管理工作；负责国际烟草商情信息的收集、汇编工作；承担有关出国团组的接待安排工作。

---

① 中国烟草国际有限公司驻莫斯科代表处于2016年5月启动撤销工作。中国烟草日本株式会社经股东双方一致同意，对公司进行解散清算，于2016年12月底依照当地法律完成清算工作。

天泽烟草有限责任公司[①]

天利国际经贸有限公司的全资子公司。为充分利用国内外“两个市场”“两种资源”，贯彻落实国家局转变进口烟叶采购方式、加强境外烟叶实体化运作的指示精神，保障国内卷烟工业对津巴布韦优质烟叶资源需求，2004年在对津巴布韦代表处进行经营模式变更和改制后，成立天泽烟草有限责任公司，注册资本168万津元，投资总额62万美元。公司主要经营烟叶采购，烟草合同种植、烟草合同收购，烟叶加工、包装、出口等业务。

2015—2016年烟叶季，公司签订合同种植面积13.15万亩，合同收购烟叶2.74万吨，同比增长2%，其中适合中国类型的烟叶1.97万吨，占合同收购量的72%。公司合同收购的一、二类烟比例达到60%。

迪拜瑞世达贸易有限责任公司

天利国际经贸有限公司的全资子公司，于1997年6月在阿联酋迪拜成立，注册资本30万美元。主要职责是开拓中东市场，经营中国卷烟、烟叶、烟梗在中东地区的销售业务。

中烟国际巴西有限公司

2002年6月在巴西南大河州注册成立，注册资本1650万美元。中烟国际持股25%，湖北中烟工业有限责任公司、湖南中烟工业有限责任公司、广东中烟工业有限责任公司、浙江中烟工业有限责任公司、云南中烟工业有限责任公司、上海烟草集团有限责任公司各持股10%，天利国际经贸有限公司持股15%。公司主要工作是收集、了解巴西烟叶种植、收购、加工、销售信息，协助中国烟叶采购、监督加工验货团组开展工作，协调、解决中国进口烟叶过程中的有关问题，研究探索公司改革、开展实质性经营业务的方案。

中巴烟草出口股份有限公司

是由联一巴西公司于2011年9月设立，中烟国际巴西有限公司于2014年2月投资入股的合资公司，注册资本3970.2万巴西雷亚尔，其中中烟国际巴西有限公司持股51%、联一巴西公司持股49%。公司在巴西从事烟草种植、收购、加工、销售等营利性活动，致力于按照中国烟草的需求，供应加工优质的巴西烟草。2016年，公司收购原烟3.51万吨。

中烟菲莫国际有限公司

2006年成立，注册地点为瑞士洛桑，前身是中国烟草进出口（集团）公司和菲莫国际公司的合资公司，2008年变更为中国烟草国际有限公司和菲莫国际公司的合资公司。双方各持股50%，注册资本198万美元。利用菲莫国际公司的渠道在国际市场经营中国卷烟品牌，在符合《烟草专卖法》有关规定的前提下，菲莫国际公司的“万宝路”在中国实现许可生产并销售。

2016年，公司销售卷烟166.9亿支，同比增长49.6%。实现净利润604万美元，同比增长67%。

中烟国际阿根廷有限责任公司

2008年在阿根廷萨尔塔省成立，注册资本为10万美元。中烟国际持股25%，天利国际经贸有限公司持股15%，福建中烟工业有限责任公司、云南中烟工业有限责任公司、江苏中烟工业有限责任公司各持股20%。公司主要工作是收集、了解阿根廷烟叶种植、收购信息，协助开展中外烟草合作项目。

2016年，公司营收购烟叶2534.4吨。实现销售收入1826万美元。

中烟国际（北美）股份有限公司

中烟国际的全资子公司。公司于2012年7月成立于美国北卡罗来纳州罗利市，注册资本为5000万美元。公司主要代表中国烟草开展北美及加勒比海地区的烟草业务，包括烟叶采购、烟草合同种植和收购、烟叶加工、对外贸易、技术交流、培训等。

2016年，公司销售合同种植烟叶3027.6吨，销售项目合作烟叶2593.8吨；转签方式销售烟叶1.43万吨。平价销售不适合中国市场的原烟205吨，销售烟叶副产品1525吨，全年实现销售收入1.77亿美元。

中烟英美烟草国际有限公司

2012年10月31日在中国香港注册成立，注册资本为1.98亿美元。天利国际经贸有限公司持股40%，广东中烟工业有限责任公司持股10%，英美烟草持股50%。业务范围包括在全球市场中进行“State Express 555（SE555）”产品的生产、推广与销售，在特定市场（不包括中国内地市

① 中烟国际驻津巴布韦代表处和天泽烟草有限责任公司为“一套人马，两块牌子”，中烟国际驻津巴布韦代表处于2016年启动撤销工作。

场）中进行“双喜”产品的生产、推广与销售，开发并巩固公司品牌的市场份额；负责“双喜”及“State Express 555（SE555）”产品的持续维护、研发和提升；股东同意的且当地法律法规许可的其他活动。2013 年 8 月，公司进入业务运营阶段。

2016 年，销售卷烟 81.5 亿支，同比增长 10.43%。

附二：

国家烟草专卖局领导重要外事活动

1 月 7 日，国家局党组书记、局长凌成兴，党组成员、副局长赵洪顺在北京会见塞拉尼斯特种材料公司总裁斯科特·萨韦博（Scott Sutton）一行。

2 月 2 日，国家局党组成员、副局长徐瑾在北京会见塞拉尼斯醋酯公司执行副总裁范安（Marcel Van Amerongen）一行。

2 月 25 日，国家局党组书记、局长凌成兴，党组成员、副局长赵洪顺在北京会见塞拉尼斯公司董事会主席兼首席执行官罗慕科（Mark Rohr）一行。

3 月 15 日，国家局党组成员、副局长徐瑾在北京会见美国烟草合作社首席执行官斯图尔特·汤普森（Stuart Thompson）一行。

3 月 24 日，国家局党组成员、副局长徐瑾在北京会见施伟策—摩迪国际集团主管纸品和再造烟叶业务执行副总裁米歇尔·费伟（Michel Fievez）一行。

4 月 19 日，国家局党组成员、副局长徐瑾在北京会见日本烟草产业株式会社常务执行董事兼中国事业部部长山下和人（Yamashita Kazuhito）一行。

5 月 12 日，国家局党组成员、副局长徐瑾在北京会见英美烟草集团管理委员会成员兼下一代新产品业务董事总经理金斯利·威顿（Kingsley Wheaton）一行。

5 月 12 日，国家局党组成员、副局长徐瑾在北京会见帝国品牌公司业务发展总裁康拉德·塔特（Conrad Tate）一行。

5 月 13 日，国家局党组书记、局长凌成兴，党组成员、副局长徐瑾在北京会见荷兰联一国际公司总裁兼首席执行官彼得·斯科（Pieter Sikkel）一行。

5 月 16 日，国家局党组书记、局长凌成兴，党组成员、副局长杨培森在北京会见坦桑尼亚外交部常务秘书姆利马（Aziz Ponary Mlima）、坦桑尼亚驻华大使（Abdulrahaman Amiri Shimbo）欣博一行。

5 月 23 日，国家局党组成员、副局长杨培森在北京会见日本烟草产业株式会社副社长岩井睦雄（Iwai Mutsuo）一行。

6 月 2 日，国家局党组书记、局长凌成兴，党组成员、副局长杨培森在北京会见德国虹霓机械制造股份公司执行董事会主席斯派克曼（Jürgen Spykman）一行。

6 月 14 日，国家局党组书记、局长凌成兴，党组成员、副局长赵洪顺在北京会见意大利 G. D 公司总经理保罗·克雷莫尼尼（Paolo Cremonini）一行。

6 月 20 日，国家局党组成员、副局长徐瑾在北京会见菲莫国际集团公司中国战略合作部总裁安德杰（Andrzej Dabrowski）一行。

6 月 21 日，国家局党组成员、副局长徐瑾在北京会见英美烟草集团管理委员会董事、亚太区总裁杰克·柏尔士（Jack Bowles）一行。

6 月 24 日，国家局党组成员、副局长段铁力在北京会见 SAP 公司全球高级副总裁、大中华区总裁纪秉盟（Mark Gibbs）一行。

7 月 6 日，国家局党组成员、副局长赵洪顺在北京会见菲莫国际集团公司中国战略合作部总裁安德杰（Andrzej Dabrowski）一行。

8 月 1 日，国家局党组书记、局长凌成兴，党组成员、副局长杨培森在北京会见马拉维农业部部长沙蓬达（Hon. George Chaponda）、马拉维驻华大使纳蒙德维（Charles E. Namondwe）一行。

8 月 8 日，国家局党组书记、局长凌成兴，党组成员、副局长徐瑾在北京会见日本烟草产业株式会社原社长木村宏（Hiroshi Kimura）一行。

9 月 8 日，国家局党组成员、副局长赵洪顺在北京会见美国凯赫律师事务所高级合伙人乔赫理（Chowdhury），美国格莱登公司副总裁、中国公司总经理邹海志一行。

9 月 12 日，国家局党组成员、副局长赵洪顺在北京会见塞拉尼斯特种材料公司总裁斯科特·萨韦博（Scott Sutton）一行。

10 月 18 日，国家局党组成员、副局长徐瑾在北京会见施伟策—摩迪国际集团纸品和再造烟叶业务执行副总裁米歇尔·费伟（Michel Fievez）一行。

10 月 20 日，国家局党组成员、副局长徐瑾在北京会见摩根大通董事总经理、全球消费和零售业投行业务主席杰米·格兰特（Jamie Grant）一行。

10 月 24 日，国家局党组成员、副局长徐瑾在北京会见熙维（CVC）资本合伙公司工业项目合伙人博格尔（Thierry Bogaert）一行。

11 月 2 日，国家局党组成员、副局长徐瑾在北京会见帝国品牌公司业务发展总裁康拉德·塔特（Conrad Tate）一行。

11 月 28 日，国家局党组成员、副局长徐瑾在北京会见苏利文·克伦威尔律师事务所全球主席约瑟夫·沈柯（Joseph Shenker）一行。

11 月 28 日，国家局党组成员、副局长赵洪顺在北京会见塞拉尼斯特种材料公司总裁斯科特·萨韦博（Scott Sutton）一行。

12 月 13 日，国家局党组书记、局长凌成兴，党组成员、副局长徐䶮在北京会见荷兰联一国际公司总裁兼首席执行官彼得·斯科（Pieter Sikkel）一行。

12月13日，国家局党组成员、副局长徐䶮在北京会见环球烟叶公司执行副总裁兼销售总监布隆德（Ted Broome）一行。

12月19日，国家局党组书记、局长凌成兴，党组成员、副局长赵洪顺在北京会见伊士曼化工公司首席国际项目执行官钟汉杰一行。

◇ 编辑：王东旭

专卖监督管理

2016年，各级烟草专卖监管部门认真贯彻落实国家局决策部署，以"两学一做"学习教育为动力，坚持烟草专卖制度，聚焦行业改革发展，扎实推进专卖内管、市场监管、打假打私、许可管理、队伍建设、信息化建设等各项工作，为行业"十三五"开好局、起好步营造良好的生产经营和市场秩序。

【专卖内管】 各级烟草专卖局高度重视专卖内管，坚守专卖制度底线，加大规范卷烟经营力度，卷烟非法流通蔓延势头得到初步遏制。

卷烟非法流通治理成效明显。国家局加大对卷烟非法流通的考核权重，对流出地和查扣地按卷烟非法流通数量的20倍扣减或增加销售完成量，并根据"双80"案件（查获非法卷烟的数量在80件或者案值在80万元以上案件）情况来调整省级局领导班子特别奖励。全年查扣非法流通卷烟35.6万件，同比增长1.13%。国家局推动罚没卷烟回购制度的落实，督促有关单位履行非法外流卷烟的回购责任，提高违规经营成本。

行业各单位把治理卷烟非法流通摆在重要位置，严格案件查处，严格考核问责，严格兑现奖惩。山东省局压实主体责任，坚定不移地抓监督、抓治理、抓规范，产生积极效果。四川省局在全省边界地区开展整治卷烟非法流通专项行动，不断强化卷烟市场监管。

积极发挥基层内管职责。国家局加大调研督导力度，加强卷烟营销监管平台应用，及时查找、移交冒用零售客户订货账号制作、修改订单及卖大户等问题线索，各省级烟草专卖局认真组织调查核实，积极落实检查整改，切实堵塞管理漏洞，严肃问责违规人员。各级烟草专卖局通过组织交叉检查，开展专项整治，共查处违规经营行为597起，处理264人，维护良好的卷烟经营秩序。

各单位守底线意识明显增强。国家局建立落实"双80"案件督办制度，集中力量查处卷烟经营中的"主观故意、组织参与、内外勾结"触碰底线的突出问题。全年督办13起"双80"案件，行政处分43人，免职处理3人，通过以强化他律、落实纪律引导促进行业自律，推动各单位"守底线"意识和规范经营水平的增强。

【市场监管】 各级专卖监管部门坚持守土有责、守土负责、守土尽责，积极推进市场监管方式转变，努力提升市场净化水平，为行业发展营造良好的市场秩序。

提高市场日常监管水平。国家局按照国务院简政放权改革要求，在市场监管领域全面推行"双随机、一公开"监管改革，即在监管过程中随机抽取检查对象，随机选派执法检查人员，抽查情况及查处结果及时向社会公开。11月，下发《关于印发专卖监管随机抽查事项清单和工作细则的通知》（国烟专〔2016〕319号），提出全面落实改革要求，2017年起专卖监管检查必须100%采用随机抽查方法，努力打造公平公正的市场环境和营商环境；提出要加快信息系统改造和强化检查信息公开等。

各省级烟草专卖局结合零售市场监管APCD工作法的推广制定具体实施方案，积极探索"双随机、一公开"监管改革的有效途径，促进执法理念和监管方式的转变。湖北省局通过客户走访、市场检查和问题核查的方式，科学安排随机抽查，在随机抽查比例不少于10%的总要求下，根据辖区市场净化状况以及市场面临的新形势、新变化等，合理确定随机抽查的频次，不断提升市场监管的针对性和有效性。各级烟草专卖局围绕市场净化水平的提升，针对重点环节、重点领域集中开展零售市场整治专项行动，确保市场秩序平稳有序。

持续加大对互联网涉烟的监管力度。国家局加强与公安部、工业和信息化部等部门的协作，加强与淘宝、腾讯、百度等互联网企业的协调，全年国家局、公安部挂牌督办互联网涉烟案件30起，湖北宜昌"1·26"、湖南衡阳"8·1"、河南济源"3·28"、浙江温州"4·11"、河南濮阳"11·18"等案件取得重大突破，沉重打击利用互联网非法经营烟草制品的跨区域犯罪网络。

加强对烟草专卖品的经营监管。3月，国家局下发《免税卷烟和雪茄烟经营监管办法》（国烟专〔2016〕81号），对免税卷烟和雪茄烟市场监管进行调整和强化。各级烟草专卖局切实加强对各类烟草专卖品生产经营企业的属地监管，进一步维护烟草专卖品市场良好秩序。

【打假打私】 各级烟草专卖局紧紧围绕"要市场、要销量、要效益"的工作要求，始终保持打假打私高压态势，发挥联合机制作用，夺回150亿支（30万箱）卷烟市场空间，为行业发展提供有力保障。全国共查处案值在5万元以上假烟案件3884起，查处符合国家局标准的网络案件987起，收缴制假烟机346台，查获烟丝、烟叶1.37万吨，查获假烟17.87万件，查获走私烟11.28万件，依法拘留8299人、追究刑事责任4323人。除查获烟丝、烟叶外，各项主要指标同比均实现增长。

突出源头治理。国家局高度重视源头治理，在广东、福建、河南等省集中开展“百日行动”，有效遏制卷烟制假反弹。福建省局以云霄地区为中心集中开展卷烟打假“闽剑”专项行动，防反弹，防扩散，防转移，进一步巩固打假成果。广东省局深化协调合作，推动责任落实，实施分片治理，强化激励考核，取得明显成效。河南省局突出对漯河制假问题的治理，协调河南省政府开展卷烟打假“百日攻坚”专项行动，走村入户，积极排查线索，有效遏制制假活动。

卷烟打私方面。全行业以海关总署“国门利剑2016”打私专项行动为契机，发挥联合打私机制作用，对中越边境走私、粤港澳“水客”走私、北部湾海上走私等实施有效打击。广东省局与广西区局持续加强省际协作和区域合作，通过强化拦截力度、开展情报合作等一系列措施，打私工作取得积极成效。国家局重点督导广西打私工作，指派专员长驻一线协调推进边境打私工作。广西区局积极推动构建政府主导，海关、公安、边防、海警、烟草齐抓共管的“1+5”烟草打私体系，组建打私总队长驻东兴，加强封堵拦截，有效遏制北仑河沿线走私烟猖獗的势头。广西区局全年查获走私烟4.41万件，占全国走私烟查获量的39%。

国家局、公安部共同部署开展打击非法经营烟叶专项行动，在云南、贵州、广西、广东、福建等12个省（自治区）开展专项行动，切断制假原料供应链，从源头上遏制假烟反弹势头。

突出案件侦办。全国烟草行业认真落实每个地市级局打掉1~2个较大规模制售假烟、走私烟网络的目标任务，突破一批重大案件，严惩一批制假主犯。全国督办重大制售假烟、走私烟案件90起，查获符合国家局标准网络案件的数量和刑拘人数继续保持增长。

发挥联合打假打私机制作用，联合公安部组织开展“5·12”集群战役行动、福建漳州“捕鼠行动”，联合中国海警局、海关总署查处湛江“5·8”案件，取得重大战果。广西玉林“6·17”、湖南邵阳“11·28”、广东湛江“5·8”和“7·16”、佛山“4·18”、浙江衢州温州特大生产销售假冒卷烟商标标识系列案等6起案件受到公安部、国家局通报表彰，推动全国卷烟打假打私工作。

突出完善机制。国家局、公安部共同设立“打击涉烟经济犯罪情报研判室”，利用大数据分析、数据挖掘等技术，构建打防涉烟犯罪模型，为“5·12”集群战役提供重要线索支撑。重庆市局深挖专卖大数据价值，在情报导侦打击物流寄递领域涉烟案件上取得积极成效。全行业转变打击方式，盯住重点地区、重点环节、重点人群，精准施策、精准发力、精准打击，逐步推进集中专项整治向常态化精准打击的转变。

12月，国家局联合中国海警局制定《联合打击烟草专卖品海上走私违法犯罪活动协作配合办法》，为全国海域范围开展走私巡查，形成海上管控合力奠定基础。

此外，全行业坚决治理卷烟出口回流问题，全年对5家工业公司进行约谈，对2家代理商取消涉案品牌经营资格，对18家代理商削减计划，对19家代理商警示通告。

2016年8月27日，浙江衢州市局开展夜间卡口稽查

浙江衢州市局 徐晨驰 摄

【许可管理】 国家局按照国务院行政审批改革要求，完善许可制度，推进许可改革，加强专项督查，规范许可行为，优化行政服务，进一步提高许可管理的法治化水平和服务能力。全年依法审批生产经营类许可事项765件、零售许可事项126.96万件、准运证97.43万份，所有审批工作都在承诺时限内完成。截至2016年底，全国持证零售客户544.57万户，持证率3.95‰，零售客户总数基本稳定。

加强许可制度建设，完善专卖监管依据。国家局修订《烟草专卖准运证管理办法》（2016年5月26日工业和信息化部令第36号公布）和《烟草专卖许可证管理办法》（2016年5月26日工业和信息化部令第37号公布），配套完善行政许可文书样式，进一步简化、优化、细化许可管理要求。

建立许可管理督查制度。4月，国家局印发《关于开展烟草专卖许可管理督查工作的通知》（国烟专〔2016〕102号），按照“双随机、一公开”原则，建立烟草专卖许可管理督查工作人员库，制定许可管理督查清单，完成对北京、上海、浙江、广东等12个省（自治区、直辖市）零售许可管理督查，并向全行业通报督查结果。各级烟草专卖局更加重视许可管理，切实规范审批、加强服务，北京西城区局、浙江温州市局、广东珠海市局、湖南株洲市局、青海格尔木市局、深圳盐田区局等单位获得地方政府的肯定和表彰。

继续推进零售许可改革试点。以放宽准入条件、简化审批流程、加强后续监管为目标，推进零售许可管理方式改革。国家局在推进第一批零售许可改革试点单位工作的基础上，继续推进陕西、天津第二批试点工作。截至2016年底，改革试点取得初步成效，烟草零售许可布局得到优化，配套制度措施不断健全。全国约1/3的省（自治区、直辖市）探索实行负面清单管理，有效促进卷烟零售布局优化，抑制无证经营问题。

加强对政策法规的研究。国家局落实国务院办公厅关于推进“互联网+政务服务”开展信息惠民试点的有关要求，对商务部办公厅外商投资酒店服务企业经营范围涉及烟草零售有关问题、国家工商总局《无证无照经营查处办法（征求意见稿）》进行专题研究。

【专卖队伍建设】 全行业推进专卖管理岗位技能鉴定，全年开展5批专卖管理师全国统一鉴定，参加鉴定1.15万人次，通过5171人。针对专卖法律法规和有关政策调整，及时开展专卖管理岗位技能鉴定教材的配套修订工作。有针对性地加强专卖监管队伍的集中培训，依托中国烟草总公司职工进修学院组织开展4期县级烟草专卖局局长集中轮训，有效提升基层专卖干部队伍业务水平和管理能力；联合国家烟草质量监督检验中心开展两期专卖管理人员卷烟真伪鉴别培训，进一步提升基层专卖管理人员真假烟识别技能水平。

各级烟草专卖局采取多种方式切实加强专卖监管队伍建设，云南、贵州、山西、黑龙江省局举办岗位技能竞赛、卷烟真伪鉴别技能竞赛，福建、江西、青海省局开展证件管理、执法办案技能培训，有效提升基层队伍素质。

【信息化建设】 国家局全面推进行业专卖管理综合信息系统建设，“三统一、两完善、两整合”取得积极进展。

在安徽省局、北京市局、山西省局等3家单位试点实施基础上，国家局总结项目实施标准作业流程，通过流程控制进度、过程保障质量，确保项目实施推广的流程统一、标准统一、进度统一、质量统一；引入组件化、服务化的先进技术，及时确定实施模式与建设要求，较好地解决个性需求与统一实施、原有系统与在建项目的矛盾。针对推进中存在的问题，国家局召开专题电视电话会议统一思想认识；各省级烟草专卖局结合自身实际，完善实施方案，明确责任主体，开展分级培训，注重效果跟踪，保障系统实施推广的进度质量，实现“三统一”系统年底前全面上线运行的工作目标，即全国烟草行业专卖零售许可证、专卖案件、专卖队伍统一系统管理。

在推进第一阶段“三统一”建设的同时，国家局针对内部监管系统、市场监管系统的升级完善，组织开展专题调研，完成第二阶段“两完善”主体系统的开发，即完善行业专卖内管系统和市场监管系统，实现国家局系统和省级局系统的综合集成，确定下一步“两整合”的建设标准，即整合烟草行业生产经营数据和专卖各项业务应用系统。

各级烟草专卖局将信息化建设推广作为落实监管职责、提升监管效率的重要抓手，扎实推进系统建设，提升系统应用质量，探索移动互联、大数据分析等新技术手段的应用，提升专卖监管科学化水平。

◇ 编辑：王东旭

政策法规与体制改革

【制定“七五”普法规划】 2016年是“七五”普法的开局之年。7月，国家局制定下发《烟草行业法治宣传教育第七个五年规划（2016—2020年）》（国烟法〔2016〕178号），《规划》对烟草行业“七五”期间普法工作进行动员部署，明确“七五”普法的主要目标和工作原则，并确定具体任务和工作措施。

行业各直属单位联系实际，制定本单位“七五”普法规划。河南省局（公司）、陕西省局（公司）、广西区局（公司）等单位在总结“六五”普法工作经验、查找不足的基础上，采取座谈、调研等形式收集下属单位意见建议，集思广益、开拓创新，积极探索“互联网+普法”等宣传新途径，精心制定本单位规划。截至2016年底，行业各直属单位均将本单位的普法规划上报至国家局。从具体内容上看，既落实规定动作要求，也加入自选特色环节；从普法形式上看，既延续传统宣传形式，也结合新兴传播媒介；从实现目标上看，既制定具体的年度工作任务，也规划五年远景蓝图，为行业“七五”法治宣传教育工作“开好头、起好步”打下坚实基础。

【法律法规制定】 国家局积极协调工业和信息化部，重新修订颁布《烟草专卖品准运证管理办法》（工业和信息化部2016年第36号令）和《烟草专卖许可证管理办法》（工业和信息化部2016年第37号令）。新修订的《烟草专卖品准运证管理办法》《烟草专卖许可证管理办法》突出“便民”理念，如《烟草专卖许可证管理办法》第31条规定，因道路规划、城市建设等客观原因导致烟草专卖许可证经营地址发生改变的，不必再重新申领许可证，只需变更即可。在简化申请材料方面，对新办零售类许可证，不再要求申请人提交经营场所房屋权属证明、资金证明等材料，对变更、延续等后续监管事项，减少许可证正副本、工商营业执照、补办遗失或损毁证明等材料。在压缩办理时限方面，明确除新办类型适用对外承诺期限外，其余申请类型均鼓励当场办结。

国家局配合国务院法制办公室，研究提出并向其反馈对《全国公共场所控制吸烟条例》征求意见稿的修改意见，国家局的大部分修改意见在新的征求意见稿中得到体现。组织在甘肃、云南、福建、广东、吉林、河北等6个省开展第三方立法评估，形成立法评估报告，为立法机构出台控烟条例提供科学立法的客观依据。

推动电子烟等新型烟草制品监管政策的制定进程，按照国务院法制办公室要求，国家局配合工业和信息化部，就电子烟监管政策出台开展相关工作，完成监管政策的第三方评估。

通过沟通协调，在相关法律修订中体现烟草行业的合理意见。结合烟草行业实际情况和发展需要，在《慈善法》《反不正当竞争法》等草案征求意见环节，推动立法机关将烟草行业的合理意见纳入立法考量。

【制度建设】 **推动法治烟草建设**。国家局出台《关于贯彻法治政府建设实施纲要 深入推进法治烟草建设的指导意见》（国烟法〔2016〕179号）。《意见》从增强法治意识、推进依法行政、加强内部管理、规范生产经营、强化法律风险防控、加强法律事务管理等6个方面为法治烟草建设提供指引。

完善各项制度。加强法律制度建设，为依法行政、依法管理、依法经营打牢基础。8月，国家局制定《关于烟草行业加强和改进行政应诉工作的意见》（国烟法〔2016〕242号），进一步规范和指导行政诉讼工作。同月，国家局、总公司制定《关于烟草行业建立公平竞争审查制度的意见》（国烟法〔2016〕232号），为形成更加统一、开放、规范的卷烟大市场提供制度保障。此外，国家局还制定印发《烟草专卖重大执法行为法制审核办法》（国烟法〔2016〕2号）、《关于建立完善守信联合激励和失信联合惩戒制度 加快推进烟草行业诚信建设的意见》（国烟法〔2016〕297号）、《关于全面推行“双随机、一公开”监管工作的意见》（国烟法〔2016〕317号）、《国家局、总公司外聘法律服务机构管理办法》（国烟法〔2016〕314号）等一批制度性文件。

清理制度文件。在不断完善行业各项管理制度的同时，注重对已有制度进行保留、修改和废止。按照《国务院办公厅关于做好行政法规部门规章和文件清理工作有关事项的通知》要求，国家局对改革开放以来以国家局名义印发的政策性文件进行全面清理，共梳理出332件，其中保留254件、废止66件、修改12件，进一步调整优化行业管理的制度体系。

【规范烟草产品宣传】 2016年9月1日，《互联网广告管理暂行办法》正式施行，其中明令禁止利用互联网发布烟草广告。全国烟草行业高度重视，主动作为，国家局及时印发《关于立即开展互联网烟草广告清理的紧急通知》（中烟办〔2016〕184号），并专门召开座谈会，明确互联网烟草广告与非广告的界限，专题部署清理整顿工作。行业各单位根据《广告法》《互联网广告管理办法》的相关规定，全面自查，及时整改。河北省局（公司）、山西省局（公司）等单位迅速传达，召开贯彻落实《互联网广告管理暂行办法》电视电话会议，结合贯彻《广告法》，明确责任，要求立即清理一切形式的违法烟草广告，确保不留盲点和死角。内蒙古区局（公司）、新疆区局（公司）等单位主动与当地工商局有效沟通，达成共识，努力防控互联网烟草广告风险。云南中烟、河南中烟、江西中烟等单位加强协调，努力化解相关风险。

【规范案卷制作和合同审查】 自2013年开始，国家局通过3年时间对全国33个省级局的专卖执法案卷组织评查，有力促进专卖执法案卷制作水平的提高。2016年，国家局、总公司印发《关于开展2016年度烟草专卖执法案卷评查和合同评查工作的通知》（国烟法〔2016〕180号），在继续深化执法案卷评查工作的同时，增加合同评查的内容，使法治监督工作从监督依法行政延伸到监督守法经营。

在行业各直属单位自评自查的基础上，国家局对海南省局（公司）、中烟实业、四川省局（公司）、四川中烟、湖北省局（公司）、湖北中烟、江苏省局（公司）、江苏中烟、重庆市局（公司）、重庆中烟等10家单位的评查工作进行抽查。从抽查的结果来看，行业各单位执法案卷制作水平持续提高，合同文本质量有所提升，评查效果良好，进一步提升全行业专卖执法案卷制作水平和法律服务保障能力。

【加强法律服务】 全行业的民事纠纷案件和行政诉讼案件数量呈现迅速增长态势。国家局政策法规与体制改革司全年出庭并胜诉的信息公开案件有2起，出具信息公开申请的法律审查意见11件，对3019件行政赔偿申请的处理提出法律意见。同时，及时跟进指导“冬虫夏草”商标使用权案、“金陵十二钗”包装设计侵权案及河南省烟草公司濮阳市公司担保追偿纠纷案等多起案件，为行业企业在诉讼中出谋划策、沟通协调，努力维护行业合法权益。

以服务“走出去”战略为抓手，响应国家“一带一路”的倡议，加入“一带一路”法律服务机制。国家局政策法规与体制改革司为总公司与英美烟草公司战略合作、帝国品牌公司的项目谈判提供法律保障服务；为天利国际经贸有限公司赴港上市，搭建行业进一步开展国际合作、更好地走出去拓展国际市场的资本运作平台提供全方位法律服务。

行业各直属单位的法规部门法律服务意识普遍增强，法律服务职能得到进一步发挥，法律服务能力进一步提升。新疆区局（公司），湖南省局（公司）、云南中烟、河南中烟等单位的法规部门积极作为，有效发挥法律服务保障的作用，切实维护企业的合法权益。

【法规队伍建设】 国家局举办法治烟草建设培训班和法规科长培训班，参加培训的法规人员共计310人。法治烟草建设培训班邀请国家工商总局、最高人民法院、北京市第二中级人民法院、工业和信息化部等法律专家就有关法律业务工作答疑解惑。法规科长培训班邀请中国政法大学教授和行业内经验丰富的法规工作人员就如何坚持和维护烟草专卖体制、案卷审核、法律风险防控、合同管理等授课，提升新任法规科长的履职能力。

行业各直属单位也自主开展一系列法规培训工作，培训内容丰富，形式多样，效果明显。江苏省局（公司）组织“万人学法”竞赛、新疆区局（公司）组织“与法同行万人宣讲”、安徽省局（公司）举办法律知识竞赛；河南省局（公司）、四川省局（公司）、云南省局（公司）、湖南省局（公司）、辽宁省局（公司）、陕西中烟等单位结合新修改的《烟草专卖品准运证管理办法》《烟草专卖许可证管理办法》和当前在专卖执法实践中的新情况新问题开展专题培训。通过分类分级培训，强化各级法规骨干力量处理涉法问题的水平和能力。

【明确年度改革目标】 全国烟草行业按照“坚持社会主义市场经济改革方向、坚持烟草专卖制度，加大市场化取向改革力度、加大企业法人治理结构改革力度、加大国有资产管理体制改革力度、加大收入分配制度改革力度、加大简政放权改革力度、加大领导干部选拔任用和交流任职改革、加大服务广大烟农土地流转改革力度、加大实施‘走出去’发展战略改革开放力度”的改革总体思路，积极推动改革。

4月，国家局下发《关于印发2016年全面深化改革工作要点的通知》（国烟法〔2016〕93号），安排推进国有企业改革、卷烟产品供给侧结构性改革、行政审批制度和内部管理事项改革、云南中烟“两统一、两整合”改革等8个方面的16项具体工作，明确改革任务、落实责任到位。

【国有企业改革】 按照《中共中央 国务院关于深化国有企业改革的指导意见》，进一步明确党组织在公司法人治理结构中的法定地位，国家局先后批复修改福建中烟、浙江中烟、中烟国际、河北省烟草公司等单位的公司章程，将党建工作纳入直属单位公司章程。新的章程规定，公司可根据《中国共产党章程》规定成立党的组织，建立党的工作机构，配备党务工作人员，贯彻全面从严治党方针，保证党的路线、方针、政策在公司的贯彻执行等。

【行政审批制度改革】 国家局继续按照国务院行政审批制度改革工作领导小组办公室和国务院推进职能转变协调小组的总体要求，推进烟草行业行政审批制度改革。

5月，国家局制定《关于印发贯彻落实全国推进简政放权放管结合优化服务改革电视电话会议精神的工作方案》（国烟法〔2016〕125号），对推进国家局政务服务大厅运转、“双随机、一公开”抽查工作等进行全面安排和部署。

继续深化行政审批制度改革。在压缩审批时限方面，结合行业实际，对12项行政审批事项进行全面调整。将准运证办理期限缩短为1～3个工作日，生产企业许可证、零售许可证由20个工作日减少到15个工作日，其余9项均由20个工作日减少到16个工作日；在减少申报材料方面，将生产企业许可证、批发企业许可证两项行政审批事项的申报材料由6项减为4项。

按照《行政许可标准化指引》及实施指南的要求，国家局逐项梳理行业行政许可事项的有关规范性文件，研究提出整改意见，持续深化行业行政审批改革。

【其他事项改革】 推进烟草企业职工家属区“三供一业”分离移交工作。10月，国家局、总公司制定并印发《关于行业职工家属区“三供一业”分离移交工作的指导意见》（国烟法〔2016〕274号），提出要在全行业全面推进职工家属区“三供一业”分离移交工作，实现供电、供水、供气分户设表、按户收费，交由专业化企业或机构实行社会化管理。《指导意见》还布署“三供一业”分离移交任务，明确工作内容、保障措施和工作要求等。

调整行业部分单位的组织结构。1月，国家局、总公司下发《关于取消四川省烟草公司都江堰市公司法人资格的批复》（国烟法〔2016〕7号），取消四川省烟草公司都江堰市公司法人资格，调整为成都市公司的分支机构。5月，国家局、总公司下发《关于设立上海新型烟草制品研究院有限公司的批复》（国烟法〔2016〕107号），同意上海烟草集团有限责任公司投资设立上海新型烟草制品研究院有限公司。11月，总公司下发《关于设立郑州益盛烟草工程设计咨询有限公司的批复》（中烟办〔2016〕250号），同意中国烟草总公司郑州烟草研究院投资设立郑州益盛烟草工程设计咨询有限公司，作为其全资子公司。此外，国家局、总公司批复解散湖南金业房地产开发有限公司，批复设立四川工商企业省级投资管理公司等。

◈ 编辑：王东旭

财务与审计

2016年，烟草行业财务审计工作认真贯彻落实国家局党组决策部署，以中央专项巡视为强大动力，围绕"一个发展目标"，把握"五个基本定位"，沉着应对"四大难题"和"三大压力"，创新驱动，精益管理，降本增效，勇于担当，切实加强和改进财务审计工作，坚持不懈保障万亿元目标任务、坚持不懈完善财务配套政策、坚持不懈提高资产保值增值水平、坚持不懈推进内部审计全覆盖、坚持不懈落实专项巡视整改工作，为行业实现"十三五"平稳开局作出重要贡献。

【保障"两个超万亿"目标任务】 行业各单位严格遵循国家局党组提出的税利任务"责任主体"明确定位的要求，积极承担起稳定税利总额、力保税利增长的主要责任，逐级落实税利目标分解任务。同时，发挥考核机制引领作用，进一步加大税利指标的考核比重，完善业绩考核机制，明确目标任务奖惩措施，体现"鼓励增长、鞭策后进"的政策导向。各级财务部门严格遵循"协调督办主体"明确定位，努力协调相关责任部门，并加强对税利增长和上缴财政任务的全过程跟踪落实，加强预算管控，推进精益管理，努力降本增效，全力保障行业工商税利总额和上缴财政总额稳固在万亿元台阶。

保障工商税利总额超万亿元。针对2016年上半年税利总额大幅下滑的不利局面，国家局适时分解下达税利任务目标，出台以税利目标为导向的特别奖罚措施，层层传导压力。行业各单位按照年度预算方案和降本增效的工作要求，制订相关措施严控生产投入标准、严控重点费用、降低财务成本工作，将精益管理控制目标融入到生产、销售、采购、物流等主要业务。行业各级财务部门及时了解行业税利实现进度，结合产销计划、单箱结构、提税顺价、营改增等因素，分析全年实现税利完成情况，提出落实税利目标的意见建议。

同时，加强重点费用管控，全年行业业务招待费、会议费、涉外费和车辆运行费等重点费用在上年大幅下降的基础上再次分别下降69.6%、34.1%、16.7%和16%。2016年底，通过落实工效挂钩考核政策等一系列措施，工商税利总额月度下滑趋势得以扭转，同比降幅逐步收窄，降幅从前11个月同比下降8.27%降至全年同比下降5.6%，确保全年实现工商税利总额10795亿元，巩固工商税利总额超万亿元的重大成果。

保障上缴财政总额超万亿元。加强税收上缴任务的协调督办，分解下达财政资金上缴任务，及时沟通协调税务部门，逐一对接税收入库工作。除完成各项税收任务外，行业各单位及时调度流动资金，协调银行贷款，完成876亿元专项税后利润和372亿元国有资本收益上缴任务。2016年上缴财政总额10006亿元，确保上缴财政超万亿元目标任务的实现。

【完善财务配套政策】 国家局积极争取"十三五"烟叶生产投入政策，协调财政部出台《关于烟草行业"十三五"期间烟叶生产投入补贴有关事项的通知》（财建〔2016〕317号），明确"十三五"期间烟叶生产投入补贴的范围、标准、对象，为今后五年行业烟叶发展创造极为有利的外部政策环境。

为稳定烟叶发展的政策基础，调动地方政府组织协调烟叶生产的积极性，国家局配合财政部、国家税务总局开展烟叶税立法工作，赴各烟叶产区进行调研。12月，参加财政部组织的烟叶税立法研讨，推动烟叶税立法改革工作。

争取库存烟叶专项清产核资政策。国家局完成行业库存烟叶现状调研，并向财政部函报专题报告。12月，财政部批复同意烟草行业开展库存烟叶专项清产核资工作，为行业争取到减轻潜亏包袱、解决历史遗留问题的机会。这是自烟草行业在2007年开展主业企业清产核资后，时隔10年后争取的库存烟叶专项清产核资政策，对于解决行业烟叶结构与生产结构的失衡、库存烟叶占用资金有着重要意义。

【提高资本保值增值水平】 行业各单位加强国有资产监管，优化国有资产结构，不断提升国有资本保值增值水平。

落实国务院重大决策部署，坚持深化"放管服"改革，强化国有资产监管要求。在2015年全面精简内部管理事项的基础上，再次下放部分实收资本增减变动事项的审批权限，修订行业《国有资产基础工作指引》《国有资产处置工作指引》，规范工作流程，细化工作要求。行业各单位通过开展国有资产管理专项检查，进一步增强主体责任意识，规范国有资产管理各项工作。福建省烟草专卖局（公司）引入RFID数字化标签作为资产辅助管理手段，并建立“全员参与、全程记录、全网应用、全时管控、全面分析”的资产管理模式。

在坚守“四个严禁”前提下，积极增加金融资产配置。在国家局、总公司统一组织下，按照“严禁委托理财、严禁证券投资、严禁对外担保、严禁未经批准乱上项目”的要求，行业所属部分单位先后参与交通银行优先股、兴业银行定向增发和中国邮政储蓄银行H股IPO认购工作。截至2016年底，全行业金融证券化资产市值占行业总资产的比重接近10%，存量资产结构进一步优化。

依法依规、严格规范开展闲置资产处置和利用工作。行业全年处置闲置资产5043项，补充企业资金45.76亿元；无偿划拨资产1391项，盘活资产（净值）5.45亿元；出租资产1.45万项，实现租金收入14.35亿元，同比分别增长71%和222%。

通过加强银企合作、争取优惠利率、获取股利分红等多种途径，努力降低财务成本，稳定货币资金收益水平。实现货币资金净收益198.36亿元，获得普通股分红45.29亿元，全面超额完成年初下达的目标。

统筹行业资金，落实重大事项资金计划安排224亿元。其中，安排烟田基础设施建设和水源工程援建资金共100亿元，并重点支持品牌合作生产、拓展国际市场、工业技改扶持以及灾害救助等项目，充分发挥扶持资金的政策导向作用。

【推进内部审计全覆盖】 国家局贯彻中共中央办公厅、国务院办公厅印发的《关于实行审计全覆盖的实施意见》（中办发〔2015〕58号），认真落实中央专项巡视整改要求，紧密配合行业巡视重点任务。6月，出台《关于进一步落实审计全覆盖的实施意见》（国烟审〔2016〕165号），全面履行审计职责，发挥监督职能。

发挥审计监督基础性作用，扎实开展经济责任审计。全行业加大内部审计力度，突出重大资金、重点事项、重要领域审计，积极开展经济责任审计及各类型专项审计，聚焦“三重一大”决策、重大工程、物资采购、宣传促销、公务接待、超标准乘坐交通工具、“小金库”等事项，累计发现问题2.74万余个，涉及金额46亿元，提出审计整改意见2.68万余条，上报审计要情1份，有效强化对权力运行监督制约和落实中央八项规定精神要求。

结合经济责任审计，探索开展卷烟营销专项审计。国家局组织开展对10家省级烟草专卖局（公司）所属部分地市级公司的卷烟营销专项审计，查找在市场营销过程中货源供应、品牌管理、税利完成、零售终端建设等方面存在的问题，并提出完善制度、优化流程、强化监管等改进建议，规范企业卷烟营销行为。

紧盯问题易发多发领域，积极开展工程项目审计。行业各单位按月制定审计月报，跟踪各工程项目实施进度；国家局、总公司抽调行业内外专家组织多项重大工程项目审计检查，涉及工程投资金额155亿元，提出审计意见建议257条，审减金额7537万元，保障行业投资项目安全有效。

推动责任追究问责，逐步健全审计整改工作机制。以经济责任审计工作联席会议制度为依托，逐步形成审计部门分门别类整理问题，职能部门、业务单位各司其职提出处理意见，重大问题由单位党组决定问责处分的工作机制。审计整改联动机制日益健全，移交问责处理程序更加明确，行业内部审计时效性和威慑力进一步提高。

【推进财务管控平台建设】 国家局启动财务管控平台项目，通过制定系统建设方案、统一基础数据及业务流程、系统功能开发及测试等过程，于8月完成系统开发，并在11月完成管控平台的上线应用，基本实现对行业财务数据的实时监控、分析应用、数据展示、监督预警等功能。在完成行业统一会计核算软件升级的基础上，通过财务管控平台建设，依托“卷烟生产经营决策管理系统”动态数据，开发管控平台在个人手机终端的移动应用，实现有关财务指标的实时动态展现和预测。

【配合专项巡视整改工作】 根据中央第二巡视组《关于对国家烟草专卖局党组专项巡视情况的反馈意见》，国家局党组下发《关于印发国家烟草专卖局党组专项巡视整改实施方案的通知》（国烟党〔2016〕116号）。国家局财务管理与监督司（审计司）按照实施方案要求，主动认领任务、承担责任，结合自身实际细化整改措施。

逐条对照，开展巡视整改和专项治理。国家局财务管理与监督司（审计司）完成涉及财务审计的9项整改任务、1项专项整治和2项专项治理。行业各单位紧盯任务清单，严格销号管理，做到“责任不落实坚决不放过、问题不解决坚决不放过、整改不到位坚决不放过”，确保每项整改任务按照规定时间保质保量完成。

建章立制，完善长效监管机制。国家局、总公司运用巡视整改成果，进一步完善制度，相继对公务接待规范、银行账户管理和审计全覆盖等6项制度办法进行修订完善，坚持用制度管人管事，扎紧制度的笼子。4月和6月，分别印发《关于烟草行业领导干部国内出差乘坐交通工具标准有关事项的通知》（国烟办〔2016〕94号）和《关于进一步明确行业公务（业务）接待用餐标准的通知》（国烟财〔2016〕167号），规范行业出差乘坐交通工具标准和公务（业务）接待用餐。7月，印发《关于印发烟草行业银行账户和存款管理暂行办法的通知》（国烟财〔2016〕218号），对银行账户、银行存款的管理做出明确规定。

行业各单位深入查找制度方面存在的漏洞和薄弱环节，以问题倒逼制度建设，以整改促进制度执行，进一步巩固专项巡视成果，建立健全防范风险的长效机制。

◇ 编辑：王东旭

烟草科技

2016年，行业科技创新工作紧紧围绕贯彻落实全国烟草工作会议精神，坚持“五大发展理念”，把握“五个基本定位”，系统谋划“十三五”时期科技创新工作，以加快实施创新驱动发展战略和建设创新型行业为工作主线，以持续提升科技创新、科技减害、科技增效“三个水平”为中心任务，在关键技术研究、创新机制建设、产品质量监督和标准化等方面扎实工作，取得明显进展和成效。

【完成“十三五”科技创新顶层设计】 **召开全国烟草科技创新大会**。11月，全国烟草科技创新大会在北京召开，系统总结烟草行业科技创新工作，部署全面建成创新型烟草行业的重点任务。国家局党组书记、局长凌成兴强调要深入贯彻创新发展理念，进一步把科技创新、科技减害、科技增效具体到重大课题、重大专项、重大工程上来，加快形成创新驱动发展的新模式、新机制，重点提出“打造三个新优势、调动两个积极性”的新要求。

制定行业科技创新意见和规定。6月，国家局印发《国家烟草专卖局关于全面推进创新型行业建设的意见》（国烟科〔2016〕183号），提出全面实施创新驱动发展战略，到2020年把烟草行业建设成为创新型行业的战略目标。11月，国家局出台《烟草行业“十三五”科技创新规划》（国烟科〔2016〕316号），围绕建成创新型行业战略目标，对“十三五”时期行业科技创新工作的主要目标、重点任务、保障措施作出全面部署。

成立烟草行业科技创新工作领导小组。领导小组由国家烟草专卖局党组书记、局长凌成兴任组长，党组成员、副局长杨培森任副组长，成员由国家局、总公司机关有关部门和单位负责人组成，进一步加强对行业科技工作的宏观领导和重大事项的统筹协调。

【推进关键技术研发】 **推进中式卷烟升级创新**。适应卷烟供给侧改革的新形势，行业细支卷烟研发取得新成效，启动实施细支卷烟升级创新重大专项，细支卷烟产品设计、生产制造、降本增效、稳焦控焦水平进一步提升，全年行业细支卷烟销量684.5亿支（136.8万箱），同比增长93%。

行业爆珠设计、生产、应用水平进一步提升，爆珠卷烟研发取得新成效。实现爆珠设计由对外依赖向自主设计转变，爆珠生产由小批量试制向规模化生产转变，爆珠应用从常规卷烟到细支卷烟的提升。行业在销爆珠卷烟品牌（规格）有21个。

卷烟提质减害技术研发取得新成效。卷烟焦油量降至10.2毫克/支，同比下降0.1毫克/支；成功研制能够显著提升梗丝配方可用性的再造梗丝，突破梗丝在中高档卷烟中使用的瓶颈；初步开发包含实物库、数据库、专家系统三大内容的数字化调香技术平台，大幅提升仿香、辨香、创香能力和自主调香水平。

推进新型烟草制品研发创新。适应烟草产业技术变革的新形势，全面推动新型烟草制品技术、产品、装备、平台“四位一体”全产业链研发创新。一是关键技术研究取得新进步。湖南中烟研发具有自主知识产权的第二代超声雾化电子烟技术并布局形成较为完善的专利保护群，突破常规电子烟的专利限制。行业新增公开/公告新型烟草制品领域的专利397件，新增授权专利295件、其中发明专利122件。二是产品研发取得新进步。上海新型烟草制品研究院在菲律宾投放口含烟产品，上海新型烟草制品研究

2016年5月5日，国家局在郑州召开卷烟减害技术重大专项验收会

郑州院　张敬一　摄

院及湖南、云南、山东等工业企业在美国投放28款电子烟、2款加热不燃烧卷烟和10款烟油。三是装备研制取得新进步。研制具有规模化生产能力的电子烟烟弹组装一体机，研制具有自主知识产权的电子烟专用吸烟机，研发成功行业第一条自动化口含烟生产线。四是研究平台建设取得新进步。2015年，成立上海新型烟草制品研究院，在深圳建立云南中烟创新平台、湖南中烟创新平台，深入建设湖北、云南、湖南、河南、广东等工业企业新型烟草制品研究所，全行业构建形成以上海新型烟草制品研究院为核心、云南中烟创新平台和烟草行业新型烟草制品装备工程研究中心为两翼、若干企业研究所为支撑的协同创新体系。

推进现代烟草农业技术升级。适应生命科学时代和绿色协调发展的新形势，基因定向改良品种取得新进展，基因定向改良的抗黑胫病“红花大金元”品种、抗黄瓜花叶病（CMV）和普通花叶病（TMV）“K326”品种成功进行大田种植，并通过专家田间鉴评，可分别节约农药防治成本60元/亩、70元/亩，为从品种源头解决烟草病害、减工降本、降低农残等问题提供有效途径，展现出良好的产业应用前景。布局基于基因组编辑技术的基因品种工厂化创制研究平台、烟叶品质鉴定与评价研究平台，开拓从工业领域出发的高效育种新路径。烟草自育品种达到145个，覆盖种植面积80%以上，继续占据主导地位。

烟草绿色发展取得新进展。烟草病虫害逐步实现由化学防治为主向生物防治、物理防治、化学防治综合手段为主的转变，烟草行业推广的蚜茧蜂防治蚜虫技术覆盖全国植烟面积93%，在农业生产中推广900余万亩；启动实施地下害虫、烟青虫、斜纹夜蛾、黑胫病、赤星病、青枯病“三虫三病”绿色防控重大专项，大力推进烟田土壤保育，烟草秸秆等废弃物资源化利用和有机肥工程化开发技术实现新提升，有机肥应用覆盖植烟面积78%，水肥一体化技术开发与应用实现由平原烟区向山地烟区的扩展。

【创新基础支撑能力建设】 **健全科技创新体制机制**。加强科技人才培养使用。国家局开展中国科协“青年人才托举工程”人才选拔推荐工作，择优选拔20名行业优秀青年科技人才纳入中国科协培养计划。持续推进关键技术领域创新人才高端突破，深化高层次、高技能调香核心人才培养，完成行业第三批卷烟调香师年度教学工作。强化质检人才培养工作，组织15期技术培训，培训检验检测技术人员2063名。

优化行业创新体系总体布局，进一步明确行业知识创新平台集群、技术创新平台集群、技术服务平台集群功能定位，推动创新主体优势互补、合作共赢，推动实现创新资源配置从以研发环节为主向产业链、创新链、资金链统筹配置转变。继续在卷烟工业企业技术中心深入推进精益研发工作，助推卷烟工业企业走质量提高、价值提升、技术进步、成本节约的内涵式发展道路。开展工业企业技术中心年度评价，湖南中烟、湖北中烟技术中心评价位居前列。开展行业重点实验室周期评估，郑州烟草研究院烟草香料基础研究重点实验室、青州烟草研究所烟草病虫害监测与综合治理重点实验室评价位居前列。

强化科技奖励的激励引导作用，开展2016年度中国烟草总公司科学技术奖评选工作，评选出总公司科学技术进步奖23项，技术发明奖2项，“烟草全基因组图谱构建与分析”项目获得总公司科学技术进步奖特等奖，行业科技创新成果质量和数量实现稳步提升。

强化科技成果管理。完善知识产权创造、运用、保护和管理机制，加强核心发明专利创造，强化新型烟草制品等重点关键领域专利布局研究，完善行业知识产权共享服务平台建设。全行业获得申请烟草技术类专利4228件，同比下降13.5%，其中，发明专利1791件，同比下降14.2%；获得专利授权3458件，同比下降4.9%，其中发明专利1021件，同比增长21.8%。启动行业科研大数据中心建设，完善中心建设实施方案。启动行业科技成果共享服务平台建设。

强化产品质量监督工作。完成产品质量监督抽查，组织开展烟叶、卷烟、原辅材料抽检以及质量安全指标专项监测15次，涉及各类样品3994个，各类产品质量状况稳定，产品质量安全得到有效监控。卷烟产品监督抽查覆盖面进一步扩大，抽检国内卷烟样品覆盖卷烟产量的93.7%。发布产品质量监督通报9份，签报汇报专项检测结果12份，下发产品质量告知单和通知单17份，并及时对存在部分问题的产品进行后续跟踪。积极配合专卖执法，全行业质检机构共对168万余条真假烟和90台（套）烟机设备进行鉴别检验。改进烟叶工商交接等级质量监督检查抽查方式，重点开展近3年等级合格率低于全国平均值的烟叶产区抽查及原收原调试点单位抽查，并严格落实“两统一两随机”抽查原则，全国抽查17个省份的1095个批次的烟叶，平均合格率63.5%，同比提高0.7个百分点。完成烟叶农残检测样品725份。

持续加强质检机构能力建设，组织行业质检机构参加检测能力验证工作、参加亚洲烟气分析合作项目，完成所有承担任务。完成广西、山西、黑龙江等3个省级局质检机构的复评审工作，保证质检机构的有效正常运转。

稳步推进履约工作，提升行业履约形象。国家局联合国家质量监督检验检疫总局印发《中华人民共和国境内卷烟包装标识的规定》；7月，组织召开落实《中华人民共和国境内卷烟包装标识的规定》电视电话会议，完成1071个卷烟品牌（规格）的包装标识改版审核工作，实现卷烟包装标识调整平稳过渡。积极参与履约国际交流，提升中国烟草的影响力和话语权。

加强标准体系建设和标准化工作。深化标准化工作改革，加强行业标准体系建设。全面贯彻落实国家深化标准化工作改革的有关要求，完成强制性标准精简整合评估和推荐性标准集中复审工作。发布31项行业标准、8项总公司企业标准。重点推进卷烟爆珠、雪茄烟、再造烟叶等标准制定和《卷烟》国家标准修订工作，优化烟用添加剂、烟用材料、农药残留等方面的风险评估技术和方法标准。组织开展标准执行情况专项调研和标准实施后评估工作，切实让标准成为产品质量安全的“硬约束”。

稳步推进烟叶标准和商业企业标准化工作。对8个省11家地市级公司烟叶标准化生产工作进行实效考评，进一步落实与现代烟草科技、现代烟草农业、现代管理手段以及职业烟农队伍“四个结合”的要求，强化烟叶产品质量安全管控相关标准化工作。继续推进行业商业企业标准化建设工作，完成第三批商业标准化示范企业认定。

积极拓展国际标准化工作，规范开展国际标准文件投票评议等工作，积极参与电子烟、“深度抽吸模式”等重要领域国际标准的研发制定。向国家标准委申请加入国际标准化组织烟草及烟草制品技术委员会电子烟及雾化制品分委员会（ISO/TC126/SC3）积极成员（P成员）并获得批准。

国家局组织起草并出台《关于规范卷烟二维码应用的指导意见》，为依法规范并严格管理卷烟二维码应用提供有效支撑。

【中国烟草学会】 **加强学会组织建设**。严格按照学会章程规定履行职能，组织召开七届四次、五次理事会，完成部分理事的增补替换以及专业委员会主任委员的调整工作；认真传达学习中国科协第九次全国代表大会精神，落实大会确定的各项任务，切实谋划工作。面向一线科技人员，做好人才举荐和会员服务工作，组织专家评审委员会，开展中国科协“全国优秀科技工作者”“中国烟草学会优秀科技工作者”人才选拔推荐工作；为进一步发现和培养科技拔尖人才，激励科技工作者特别是青年人才脱颖而出，联合国家局科技司、人事司开展“中国科协青年人才托举工程”遴选推荐工作；在各省级学会和专业委员会配合下发展新会员，截至2016年底，学会个人会员12061人。各省级学会注重制度建设，着力规范学会活动和自身组织，湖南省烟草学会被人力资源和社会保障部、中国科协评为“全国科协系统先进集体”；河北省烟草学会被省民政厅评定为4A级社会组织；上海市烟草学会连续第四年获得上海市科协授予的“二星级学会”称号；云南省烟草学会被省科协评为2016年度“优秀学会”；贵州省烟草学会获评省科协系统信息工作先进单位——优秀省级学会。

开展国内外学术交流。中国烟草学会以论文征集评审为抓手，全年征集学术论文1100余篇，评选出一、二、三等奖论文448篇。中国烟草学会2016年学术年会围绕烟草行业大数据发展趋势及应用前景、国内外烟草研究及产业进展情况等领域，以展示优秀学术论文、举办主题学术报告、专题研讨等主要形式，进行广泛交流。

积极推进国际学术交流与合作。推动郑州烟草研究院、上海烟草集团、浙江中烟等单位广泛参与烟草科学研究合作中心（CORESTA）共同课题研究。选派行业优秀科技工作者参加CORESTA等国际学术机构的学术交流活动，全年组织52人（次）参加CORESTA等国际组织学术交流，11篇行业论文入选大会宣读论文，9篇入选CORESTA大会墙报论文。联合行业主要科研单位，开展《中国烟草科学技术与学科发展30年》编撰工作，梳理烟草学科30年的发展脉络和经验成果。

推进科学普及和宣传工作。利用多种载体拓展科普宣传手段，在现有科普资源的基础上，加大整合集成力度，推进资源互通。通过利用中国科协科普微平台、《中国烟草学报》、中国烟草学会网站和省级烟草学会期刊杂志等载体，逐步实现科普资源系列化，推进行业科普资源共建共享工作。着力推进科普信息化，充分利用网络、新媒体等手段做好科普宣传工作，进一步办好科普网站，推进资源开放共享，拓宽传播领域和渠道。利用科普中国微平台、学会微信公众号、《中国烟草学报》微信公众号、学会网站、微博等媒介，发布各类科普宣传信息500余条，受众万余人次。

组织2016年全国科普日、科技活动周活动。9月17—23日，在全行业范围内开展主题为“创新放飞梦想 科技引领未来”的科普宣传活动。

各专业委员会和省级烟草学会根据自身实际，发挥自身特色优势，开展形式多样的科普宣传工作：中国烟草学会教育培训专业委员会组织本系统、本单位干部职工积极开发网络课件并开展课件竞赛活动；贵州省烟草学会以烟叶生产方面的水溶性肥施用技术、专业采烤分一体化、蚜茧蜂防控烟蚜技术推广等知识为宣传重点，积极宣传科技成果转化等内容，将科普日活动与推进行业科技创新，促进创新成果在生产实践中的应用结合起来开展；河南省烟草学会以微课传播科技为题，建立“河南烟农之友”微信公众号平台，上传烟叶生产关键技术微视频，手把手教会烟农关注公众号进行移动学习；福建省烟草学会围绕活动主题，结合自身特色，采用多种形式开展科普活动；山西省烟草学会制作《烟草专卖法》及其《实施条例》知识问答、新版《烟草专卖许可证管理办法》案例解析展板。

【行业科技创新“六个新跨越”】 **中式卷烟品牌发展实现新跨越**。在中式卷烟发展方向引领下，中国卷烟实现从产品塑造到品牌塑造、品类塑造的提升，形成区别于美式、英式、日式卷烟的风格特色，创新构建有支撑、成体系、能感知的中式卷烟品类体系，重点品牌规模持续扩张，细支卷烟、低焦油卷烟、低有害成份释放量卷烟、低焦高端卷烟、爆珠卷烟、雪茄烟迅速成长，卷烟工业民族品牌得到广大消费者的高度认同，在国内市场牢牢占据主导地位。全行业培育形成15个销量超过100万箱、12个销售额超过400亿元的中式卷烟品牌，其中“双喜·红双喜”“云烟”“利群”“红塔山”“白沙”“南京”等6个品牌销量超过1000亿支（200万箱），“中华”“利群”“云烟”“芙蓉王”等4个品牌销售额超过1000亿元。截至2016年底，全球最大的10个卷烟品牌中，7个是中国卷烟品牌。中式卷烟知名品牌的迅速崛起，有力支撑和带动了烟草行业持续健康发展，并取得2014年税利总额跨越1万亿元、2015年单箱卷烟批发均价比2010年增加1万元、2015年上缴财政总额超过1万亿元的标志性成就，中国烟草整体竞争实力迈上一个大台阶。

卷烟制造和商业流通实现新跨越。卷烟生产制造迈向国际先进水平，精细化加工、均质化生产、敏捷化制造、智能化控制、信息化管理水平全面提升。卷烟制造核心技术取得突破，研制升级品牌专属性、高品质的制丝生产线，形成中式卷烟特色工艺。卷烟调香由被动依赖向自主调香加快转变，全面确立“以我为主、由我掌控”卷烟调香主体地位。打破国际技术垄断，成功研制与国际先进水平接轨的高速、高效、清洁、低耗的造纸法再造烟叶生产线。烟机装备设计、制造和服务体系不断健全，成功研制16000支/分钟卷接机组、800包/分钟硬盒包装机组、600包/分钟软盒包装机组和1000米/分钟滤棒成型机组，国产烟机装备实现由高速向超高速的跨越。信息化与工业化深度融合，构建涵盖卷烟生产、批发、零售、消费各环节的全价值链信息化网络体系，逐步实现商流信息化、物流现代化、资金流电子化、信息流集成化，传统商业向现代流通加快转变。

卷烟科技减害实现新跨越。通过科技创新提升卷烟设计、配方、工艺水平，广泛使用新型梗丝、再造烟叶等新材料，研发构建中式卷烟综合降焦技术体系和选择性减害技术体系，实现烟草吸入量、卷烟焦油量和其他有害成分含量“三个减少”。单箱卷烟耗用烟叶从1982年的57.1千克/箱下降至2015年的33.9千克/箱，减少40.6%；卷烟焦油量从1982年的27.1毫克/支下降至2016年的10.2毫克/支，减少62.4%。截至2016年底，与欧盟及美国等发达国家水平接近，同时形成11毫克/支、8毫克/支、6毫克/支、3毫克/支、1毫克/支等梯次结构，消费者有充分的选择空间；卷烟危害性指数从2008年的10.0下降至2016年的8.5，烟草特有亚硝胺等有害成分含量明显低于国际知名卷烟品牌，初步形成中式卷烟减害比较优势。

现代烟草农业发展实现新跨越。烟叶生产由传统农业向现代烟草农业转变，特色优质烟叶开发、烟叶精益生产、减工降本、提质增效取得明显突破，基本形成原料供应基地化、烟叶品质特色化、生产方式现代化的烟叶发展格局。烟草育种技术实现从传统育种向现代分子育种的转变，栽培品种实现以引进为主向自育为主的根本性转变，审定烟草新品种145个，自育品种栽培面积超过80%，在国内农作物品种主导权普遍面临国际严峻挑战的形势下，实现烟草品种资源牢牢自主掌控。全面开启烟草研究基因时代，2013年，绘制全球第一套最精细、最系统、最完整的烟草全基因组图谱，掌控最丰富的烟草基因信息资源，突破烟草基因编辑关键技术，用5年时间完成其他作物基因组8～10年的工作，确立中国在烟草基因组研究领域的国际领先地位。烟草病虫害防治逐步实现由化学防治为主向生物防治、物理防治、化学防治综合手段为主的转变，以蚜茧蜂防治蚜虫为代表的生物防治实现里程碑意义的突破，覆盖全国植烟面积93%，并在大农业累计推广超过2000万亩，显著提升烟草原料安全性，成为国内外生物防治的成功典范。

科技创新体系发展实现新跨越。以增强原始创新能力为导向，打造知识创新平台集群。郑州烟草研究院在行业科技创新中的牵头、指导、推动、引领作用进一步发挥，支撑行业发展能力进一步增强。2015年，成立上海新型烟草制品研究院，统筹布局21家行业重点实验室，源头创新能力持续增强。以增强共性关键技术研发能力为导向，打造技术创新平台集群。有8家企业技术中心通过国家认定、18

烟草行业加大科研力度，支撑行业发展。图为云南中烟技术中心实验室

云南中烟　供稿

家工业企业技术中心和8家烟叶生产技术中心通过行业认定，认定3家行业工程研究中心，烟叶生产技术中心和省级烟草研究所实现烟叶主产区全覆盖。以增强行业科技基础支撑能力为导向，打造技术服务平台集群。健全产品质量监督、标准化工作体系，构建共享开放的行业信息资源体系、协同高效的农业技术服务网络，行业科技创新资源总量和质量实现双提升。

科技人才队伍建设实现新跨越。落实人才是第一资源的战略理念，行业始终把人才放在突出的战略位置，培养和造就一支以1名工程院院士、2名科技领军人才、30名学科带头人，以及一批首席科学家、首席专家、卷烟高级调香师等为代表的具有一定规模的尖端科技人才和高层次创新人才队伍。截至2016年11月，建成博士后科研工作站16家、院士工作站3家，建立与河南农业大学等高校、科研院所的烟草专业人才联合培养机制。

◇ 编辑：周　佳

信息化建设

2016年，烟草行业各级信息化部门认真贯彻落实全国烟草工作会议精神，按照国家局“整合兼容、互联互通、先进适用、改造升级”的工作要求，扎实推进信息化与烟草产业深度融合，为行业“两个超万亿”目标实现提供有力的信息化支撑。

【规划编制与实践】　**研究制定行业“互联网+”行动计划**。国家局贯彻落实《国家信息化发展战略纲要》《国务院关于积极推进“互联网+”行动的指导意见》《国务院关于促进大数据发展行动纲要》《中国制造2025》《国务院关于深化制造业与互联网融合发展的指导意见》等9个国家信息化文件要求，统筹衔接、编制形成《烟草行业“互联网+”行动计划（草案）》，待提交行业网络安全和信息化领导小组讨论通过后印发行业。开展行业云平台设计工作，提出行业专有云的建设思路，形成行业“两朵云”的建设方案。

推进行业各单位“十三五”信息化规划编制。国家局组织召开专题视频会议，就行业各单位如何贯彻好国家信息化发展战略、落实好行业CT-155发展规划、承接好本单位“十二五”信息化规划成果提出明确要求，推动行业与企业信息化协调发展。安徽省局统筹考虑行业规划和企业实际，融入新技术发展特征，实现信息化发展规划、新技术专题规划、项目投资规划的“三规合一”。四川省局深入理解行业规划和“互联网+”计划要求，明确市场化改革和大数据发展方向，确保规划的继承性、整体性和前瞻性。江西中烟以“两化”深度融合为主题，以支撑品牌发展为主要任务，本着“经济适用、先进实用、改造升级”的基本方针，规划编制体现实事求是的特点。

“互联网+”创新实践和试点示范。跟踪研究云计算、大数据等互联网新技术应用，国家局规范和指导工商企业开展“互联网+”创新实践和试点示范。各单位发挥企业创新主体作用，探索新技术与业务融合方式。浙江省局（公司）在经营管理平台设计中融入“平台化、生态圈”“参与即营销”等互联网经营理念，结合互联网新技术，同时满足传统卷烟业务模式和“互联网+”新业务模式的需求。浙江中烟以“互联网+卷烟工业”模式研究与应用项目为契机，构建基于智慧化的“互联网+”卷烟工业企业模型，推动“市场驱动型”企业运营模式转型升级。

【重点工程开发与应用】　**行业数据中心建设项目通过验收**。11月，行业数据中心建设项目通过验收，顺利完成行业统一平台传输环境和数据环境的建设任务。基于行业生产经营与管理的业务主题，在国家局层面构建数据仓库，重构行业数据共享环境，建设综合数据分析展现应用。通过对决策管理系统专用传输通道改造升级，搭建公共化的行业数据传输环境，支持国家局、省级单位、地市级单位三级间数据传输和交换，为行业跨组织层级的数据交互提供安全可控的接入、传输和交换能力。以“两烟”生产经营的商流、物流、资金流数据关联为核心，形成行业全局性、一致性的稳定数据模型，推动行业级数据集成和数据共享。截至2016年底，行业数据中心数据量约为15TB，收录卷烟生产经营决策管理系统（简称生产经营决策系统）、统计、订单、专卖等业务数据及部分财务数据。

行业统一平台基础环境升级改造项目基本完成。通过对行业统一平台、数据中心和安全运维管控平台进行统一建设、系统设计、协调推进，完成对生产经营决策系统省级以上平台的升级改造，实现资源公共化服务和集成化应用支撑。截至2016年底，完成国家局和省级前置环境的设备集成与虚拟化环境搭建工作，行业各单位前置环境的虚拟化集成和系统迁移工作完成率90%以上，有效保证生产经营决策系统等核心应用稳定运行。基本完成行业两级云管理平台和两级联邦集成环境的开发部署，建立两级云资源调度中心，具备对行业统一平台信息资源全局监控、统一调度的能力，以及支撑行业应用平台化、服务化、组件化开发的能力，实现基础资源提供方式、服务交付方式和管理管控模式的转变。

行业安全运维管控平台建设基本完成项目开发。采用“原型化开发法”，经过多次讨论，明确行业信息化资产、安全、运维、服务4个管理中心与各处业务需求的关系；实现对各类IT资源进行分层分类设计，完成系统主体功能开发，部分功能模块上线应用，奠定资源共享化服务和制度化应用的基础。

推进专卖、财务、烟叶等重点应用系统建设。配合各业务部门积极推进专卖、财务、烟叶等重点应用系统建设。各应用建设均取得显著效果，实现行业信息系统建设向“平台化、组件化、服务化”新的技术模式转变，提升信息化与业务管理的融合水平。其中，专卖系统在行业统一推广应用中首次采用两种实施模式并按要求完成建设任务；财务系统遵循统一平台和数据中心的技术要求完成省级单位会计核算系统的升级改造和国家局端财务管控平台的设计开发；烟叶基础软件采用“软件安装包”技术和标准化作业流程方法进行部署安装。

【数据应用与服务】 **深化数据应用服务**。坚持以服务为中心，国家局每日及时准确向行业直属单位推送数据。及时准确发布卷烟生产经营快报，不断提高统计服务效能，完善和增强移动终端统计服务，制作《卷烟2016》，更直观地展现2016年卷烟产销状况。按照“严格审核、主动配合、重点保障”的原则持续开展统计数据下行服务。截至2016年底，“两打三扫”数据下行49家工商企业，订单数据下行20家工商企业。辽宁省局强化统计分析功能，用数据说话，图文并茂，直观易懂，使统计工作真正为全省生产经营提供有效的服务。

加强数据质量管控。国家局持续探索数据的控制手段，提高数据质量管控能力，构建数据质量控制体系。全面梳理生产经营各环节数据节点，针对关键薄弱点新增多项数据校验功能。完成对原有各数据监控模块的优化整合，按照“数据核验、人员协作、高质高效”的总体要求，搭建数据监控平台，实现工作内容条理化、协作补位流程化、工作结果透明化，确保工作有序、质量可控、问题可追溯，强化数据质量全过程跟踪控制。上海烟草集团、贵州省局、贵州中烟等29家单位实现全年统计数据无差错。

严格规范网站管理。坚持正确的政治方向，行业各单位贯彻落实《行业网站管理办法》，开展行业政府网站日常监测抽查，推进网站群建设，加强舆情监测与舆论引导，着力提高网站管理服务水平。

国家局内网访问量471万人次，外网访问量达到174万人次。发布烟草新闻、专题专栏等各类信息2.01万条，其中55条政务信息被中央门户网站采用。坚持常态化监测，管防并重确保网站安全，在全国政府网站普查中，抽到的行业77家网站均合格；开展舆情监测，全年共编制《舆情监测报告》43期。截至2016年底，行业18家单位修订完善网站管理制度。河南省局作为行业试点，建成行政许可政务平台，对省、市、县三级局依法实施的六类八项行政审批项目在外网网站实现网上办理；云南省局等7家单位建成以省为单位的外部网站群。

拓展远程视频服务。新的视频会议系统服务范围、数量、效果得到明显提升，实现信息化展示全过程的“一键切换”。全年为行业提供多样、异地、远程视频服务38次，包括5次对发改委、外国专家局、国家气象局等部委领导，14次对行业各单位，14次对机关各部门，以及5次为科技司和烟草学会提供的远程多地视频会议服务。推进地市级单位视频监控系统联通工作，截至2016年底，与行业342家单位视频监控系统实现了联通，可调用实时视频图像近千个。

【网络安全与运维管理】 **网络安全应对和风险防控**。在网络安全方面：一是落实等级保护制度，明确行业关键信息基础设施，建立行业通报预警机制，较好地完成G20峰会和十八届六中全会等重保期间的网络安全保障任务，全年行业未发生重大网络安全事故。二是坚持问题导向，组织开展3次行业网络安全检查，采取“进现场、进系统、进设备”方式，对行业11家单位进行现场抽查，各单位自查530多个系统，发现各类隐患和问题8000余项。接受公安部、中央网信办、工业和信息化部和国家保密局等部委对国家局机关与行业进行安全检查，得到肯定和多次表扬。三是建立行业通报预警工作机制，基本做到渠道畅通、流程简捷、响应迅速、管控得力。各单位结合新技术新应用，同步规划安全措施，提高整体防护能力。江西省局制定2758项网络安全问题清单，落实整改责任部门和责任人，组织编制零售户信息收集、使用和保护告知书，明确安全义务。

运维管理服务。国家局以基础环境升级改造为重点，坚持项目建设和日常运维两手抓，精心组织安全运维一体化管控系统建设，应用系统保持平稳运行。顺利完成国家局统一平台基础环境升级改造和应用系统迁移工作，迁移系统53个，系统迁移过程中未发生应用系统意外中断故障，资源高度紧张的局面得到有效缓解，资源分配使用更为灵活，系统性能、稳定性均有明显提高。

安全运维一体化管控系统运用“统一设计、统一架构、统一标准、统一建模”方法，建立信息化资源全覆盖管理八层模型配置库，统一采集安全设施数据，利用安全大数据分析技术，开发安全漏洞关联和安全态势感知系统，提升行业信息化资产、安全、运维、服务四大管理能力。截至2016年底，实现安全检查工作在线跟踪进度、在线填报检查情况、在线生成问题清单和信息化基础资源管理等功能，并在天津市局的配合下，顺利完成省级单位安全运维管控软件和数据采集软件的试点工作。各单位运维项目精细管理、整合集中趋势进一步加强，运维服务流程化、规范化水平显著提升。甘肃省局将运维效果与合同支付挂钩，从合同上规范运维内容，提升运维服务质量。

上海容灾中心管理。为适应发展要求，国家局、总公司印发《关于调整中国烟草总公司信息系统上海容灾中心主要职责等有关事项的通知》（国烟人〔2016〕80号），制定容灾中心运行管理办法，进一步明确容灾、运行、新技术应用三大职能；印发《关于烟草行业信息系统容灾备份工作的指导意见》（国烟办〔2016〕339 号），进一步明确切实加强本地数据保护和系统保障工作、科学安排数据级灾备工作、审慎开展应用级灾备工作的意见。

面向行业的容灾服务探索取得重要突破，突破郑州烟草研究院基因数据在上海容灾中心的应用级容灾。上海容灾中心在完成容灾运行环境改造后，对全部灾备系统开展单向演练测试，完成各系统的单独切换报告，制定突发性演练方案，提升应对突发情况的应急处置能力。

◎ 编辑：王东旭

人事与劳资

【思想政治工作】 行业各单位以社会主义核心价值观宣贯为抓手，广泛开展爱国主义、爱岗敬业、道德建设等主题教育。积极应对行业经济下行压力加大、职工思想活跃的实际情况，主动开展感恩奉献、责任担当、同舟共济等主题教育，保证员工队伍思想的总体稳定。加强行业工会组织建设，截至 2016 年底，全行业有 53 家直属单位成立行业工会，为推进企业民主管理提供保障。大力弘扬劳模精神，全年举办 6 场行业劳模先进事迹报告会，积极参加全国总工会组织的“身边的大国工匠”活动。继续加强中烟政研会工作，围绕“离退休干部看十八大以来组织工作变化”等课题深入调研，形成 3 个专题报告，完成 102 项研究成果，有效提高、提升行业思想政治工作交流的频次和质量。

【专项巡视问题整改】 **加强组织领导，压紧压实责任。**自接受中央专项巡视以来，行业各级党组（党委）和人事部门坚持把抓好巡视整改作为重大政治任务，坚决贯彻落实国家局党组各项整改要求。2016 年，国家局人事司对牵头的 33 项具体任务、6 项专项治理和专项整治任务，及时研究部署，统一思想、分解任务、制定措施，落实台账制度、周报制度、销号制度，仔细“对账”、认真“领账”、严肃“清账”，做到每个问题都明确要求、规定时限、责任到人。行业各级人事部门高度重视，认真贯彻国家局党组部署，对照整改方案要求，统一思想认识，加强组织领导，采取具体措施，狠抓任务落实，较好地推动巡视整改工作深入开展。

注重举一反三，完善规章制度。巡视整改期间，国家局人事司先后起草制定 12 项制度规定、11 个意见通知、5 项工作程序和 1 个实施方案，从行业党的建设、机构编制管理、干部选拔任用、干部管理监督、招聘工作管理、薪酬补贴管理等方面规范程序、严明要求、建立制度。行业各级人事部门注重标本兼治，及时梳理、制定、修订和细化一系列政策规章，切实做到通过整改一个问题，完善一套制度，堵塞一批漏洞，进一步健全行业党建和人事工作长效机制，固化巡视整改成果。

坚持从严从实，狠抓整改到位。把从严从实贯穿到整改全过程，规范干部选拔任用工作程序，完善考察考核，加强全程纪实，坚决防止“带病提拔”；组织开展选人用人工作专项检查，严格按照规定对有关干部选拔任用过程进行倒查和追责，坚决查处“买官卖官”；强化“分权 + 制权”，强化“交流 + 严管”，严格领导干部个人有关事项报告查核结果处理，加强领导干部管理监督，坚决防控廉洁风险；健全行业招聘工作管理制度，严格落实领导干部任职回避制度，规范行业外人员调入工作，坚决治理“近亲繁殖”。

【行业干部队伍建设】 **建设高素质领导班子和干部队伍。**坚持好干部标准，以《党政领导干部选拔任用工作条例》为重要遵循，强化党组（党委）领导和把关作用，改进考察方式方法，严把政治关、作风关、能力关、廉洁关，着眼于优化素质结构、增强整体功能，选好配强领导班子，调整配备行业 25 家直属单位领导干部 57 人。开展直属单位领导班子和领导干部党建工作述职评议及年度考核，并对排名靠后的单位开展约谈。坚持把干部交流作为推进干部队伍建设的重要抓手，行业直属单位领导干部交流任职 6 人，国家局、总公司机关与行业内外干部双向交流任职挂职等 72 人。

加强干部日常管理监督。注重抓早抓小抓经常，及时发现干部思想和行为上的苗头性问题，行业各级人事部门共提醒、函询、诫勉 2073 人次，其中，国家局党组管理干部 36 人次。组织召开行业领导干部报告个人有关事项工作电视电话会议，严格规定、严明纪律、严肃审核，完成 8931 名领导干部报告工作；加大抽查核实力度，重点抽查 709 人，随机抽查 938 人，298 名干部因不如实报告受到处理。开展行业人事档案专项审核，查核档案 1.3 万份，补充完善材料 2.6 万份，重新认定 4951 人档案信息。在干部考察中严格审核人事档案，坚持“凡提必审、凡转必审、凡进必审”。严格执行机构编制集中统一管理和审批制度，核定 52 家直属单位“三定”规定，实现机构清、编制清、领导职数清；持续开展“三超两乱”专项整治，消化超职数配备的国家局党组管理干部 8 名。制定《烟草行业招聘工作管理办法》，严格行业招聘工作程序和方式方法，加强新进人员计划备案管理，严控超编进人。

强化选人用人制度刚性约束。汇总分析 2016 年度直属单位领导班子“一报告两评议”情况，督促抓好评议结果的通报反馈和问题整改。对比分析国家局党组 2014 年度、2015 年度干部选拔任用工作民主评议情况，按照有关要求对评议结果进行反馈，并对“不满意率”较高干部进行提醒。贯彻落实《推进领导干部能上能下若干规定》，规定颁布实施以来，行业调整“下”的干部258人，其中国家局党组管理干部10人，逐步推动形成“能者上、庸者下、劣者汰”的鲜明导向。贯彻落实《关于防止干部“带病提拔”的意见》，严格履行程序职责，严格落实“凡提四必”，严格执行全程纪实，12名国家局党组管理干部拟提拔人选因个人有关事项报告、信访举报等问题被取消或暂缓提拔。

【行业人才队伍建设】 **完善人才管理体制**。认真贯彻中央《关于深化人才发展体制机制改革的意见》，制定国家局党组关于加快推进行业人才工作创新发展的实施意见，明确行业人才发展工作的指导思想、基本原则和主要目标，围绕加快构建科学规范、开放包容、运行高效的行业人才发展制度体系，提出推进管理体制改革、改进培养支持机制、创新评价机制、强化激励机制和加大引进力度等方面措施。推进鉴定机构质量管理体系建设，统筹推行行业外专家复核验证、行业鉴定站交叉审核和鉴定站自行审核，完成53家鉴定机构的体系审核工作。

健全人才评价机制。注重加强行业专业技术人员管理业务培训，严格评审流程，严把评审质量，组织开展各系列、各等级专业技术资格评定，全年新增高级资格483人、中级资格1501人。截至2016年底，行业在岗专业技术人员10.5万人，高、中、初级资格人员比例为1:9:15，人才队伍规模不断壮大，结构持续优化。印发行业《职业技能鉴定“十三五”规划》。建立行业职业技能鉴定咨询投诉系统，改进职业资格证书管理，做好标准题库开发修订工作，审定颁布4个工种职业技能标准。全年实施行业特有职业（岗位）鉴定376批次、4.3万人次，获证2万人次，新增高级技师59人、技师834人。

强化人才培养激励。把研修培训作为培养高层次人才的重要抓手，首次承办人社部组织的专业技术人才知识更新工程高级研修项目，培训行业内外60家单位的高级专业技术人员100人；首次举办行业高级专业技术人才研修班，培训行业高级专业技术人员和科研骨干162人。选拔推荐行业享受国务院政府特殊津贴人员2人，继续实施行业科技领军人才和学科带头人科研项目专项资助计划。大力推进专业技术岗位聘任工作，工程、农业技术岗位结构更加合理，人才对创新发展的支撑作用得以凸显。制定行业职业技能竞赛管理办法，组织开展各级各类技能竞赛，授予“烟草行业技术能手”称号72人，推荐申报“全国技术能手”“全国五一劳动奖章”4人。

【行业收入分配管理】 **企业负责人薪酬管理**。认真贯彻《关于深化中央管理企业负责人薪酬制度改革的意见》精神，积极配合有关部门开展总公司负责人薪酬制度改革。严格规范省级公司负责人薪酬管理，完成省级公司负责人2015年度工作业绩考核工作。紧紧围绕行业年度工作目标，修订《2016年度烟草系统省级公司工作业绩考核细则》，突出重点和关键，精炼考核指标，合理分配权重，充分体现考核导向。

工资总额调控。按照“鼓励增长、鞭策后进”原则，加强行业工资总额管理，认真督导有关单位按照国家规定执行“工效挂钩”政策。根据国家宏观政策和省级公司年度工作业绩考核情况，稳妥调整各单位2016年“工效挂钩”浮动比例。注重深入研判宏观经济和行业经济效益形势，从年初即要求各单位工资总额一律按零增长编制预算，及时制定《2016年烟草行业工资总额发放预调控办法》，按月度对各单位工资总额发放进度进行过程监控，防止超发，为全年工资分配工作赢得主动。加强工资内外收入列支和发放渠道的规范管理，针对行业有关单位负责人经济责任审计中发现的收入分配问题，明确措施要求，督促整改落实。

加强劳动用工管理。按照中央专项巡视整改要求，认真总结行业“吃空饷”问题集中治理工作，对个别存在相关问题的单位提出整改建议。妥善处理劳动用工方面的信访问题，对重点事件做好协调督办，加大劳动关系领域风险防

2016年7月18—22日，云南中烟组织2016届新员工进行岗前培训

云南中烟　供稿

控力度。根据国家劳动定额定员的有关要求，对行业现行劳动定额定员标准进行复审，形成分步修订现行标准的工作计划。

【教育培训工作】 **推进网络培训平台建设**。行业持续把推进“行业网络培训平台建设上台阶”作为重点工作，组织课件竞赛，开发精品课程，丰富平台资源，截至2016年底，平台开设课程6300余门、课时2700小时。抓好运维服务，制定运营指南，建立简报机制，统一客服通道，平台运行保障和服务水平进一步提高。抓好推广应用，组织开展多层次、多维度在线学习，全年15万人登录行业网络培训平台，累计学时352万小时。首次利用平台组织全行业处级以上领导干部参加学习贯彻十八届五中全会精神网上专题培训班，学习完成率100%。

推进培训资源整合共享。举办第一届行业培训项目交流洽谈会，组织行业内7家培训机构和烟机企业、53家单位作为供需双方，就274个培训项目进行对接，达成合作意向139个，整合行业优质培训资源，促进供需信息的交流互通和供需双方的合作共赢。积极发挥教育培训专业委员会作用，聚焦培训重点难点问题，围绕“培训机构标准化建设”等课题开展专题研讨，有效促进教育培训理论研究和工作交流。

推进教育培训水平提升。贯彻落实《干部教育培训工作条例》，围绕行业“十三五”发展目标任务，制订《2016—2020年烟草行业教育培训规划》，修订行业教育培训工作实施办法。举办高级培训师能力提升培训班。加强培训教材开发管理，联合开发烟机精品教材，探索建立精品课程开发标准，逐步健全与行业主流机型配套的课程体系。全年国家局、总公司机关举办培训班126个，培训员工1.5万人次；举办各级各类培训班2.6万个，培训员工122万人次。

【国家局机关群团工作】 **加强机关群团组织建设**。落实《中共中央关于加强和改进党的群团工作的意见》，组织机关团委完成换届选举，筹备机关工会和机关妇工委换届工作，完成各分工会换届选举。

机关工会工作。开展“送温暖、献爱心”活动，看望慰问职工268人次。举办机关第十三届职工运动会，机关26支代表队1176名干部职工参加92个项目的比赛，参赛人员和项目数量为历届最多。组织“纪念建党95周年暨红军长征胜利80周年书画专题展览”。参加中央国家机关公文写作技能大赛，4篇作品分别获得二、三等奖。组织参加“天天健步走每天一万步”健步走活动。组织开展足球、羽毛球、乒乓球、瑜伽等群众体育活动，丰富职工的业余生活，其中羽毛球比赛入围中央国家机关乙组团体16强，乒乓球联赛获得中央国家机关团体赛局级干部C组第5名。

机关妇女工作。机关妇工委牵头组织三里河和广安门办公楼哺乳室建设，开展纪念“三八”国际劳动妇女节系列活动，组织电影欣赏、举办中医健康知识讲座、健康咨询，参加中央国家机关“恒爱行动—百万家庭亲情一线牵”活动。

机关青年工作。机关团委结合纪念中国共青团成立94周年、“五四”运动97周年举办主题团日活动。组织机关青年参加中央国家机关青年干部“根在基层”调研实践，倡议组织机关有关部门为国家局定点扶贫村捐赠衣物。组织单身青年参加全国总工会和“青春之梦”等公益相亲活动。

【离退休干部管理】 截至2016年底，全行业共有离退休人员22万人（含内退），其中，国家局机关本级离退休干部352人。离退休干部办公室党总支有8个离退休人员党支部、1个在职人员支部，有离退休干部党员298人、在职党员14人，管理8个活动站和1个活动中心。

离退休干部各项政治和生活待遇。坚持情况通报制度，组织召开国家局机关离退休干部座谈会，听取老领导、老同志对党组及行业改革发展的意见建议；组织春季秋季讲座活动，邀请国家局经济运行司领导通报行业经济运行情况。坚持阅文制度，为全体老同志订阅“一报一刊”，及时了解国内外及行业改革发展情况。坚持走访慰问制度，行业各单位在春节、重阳节等重要节日，对老同志进行普遍慰问；平时对生病住院、家庭困难的老同志慰问153人次；对70周岁、80周岁老同志祝寿以及90周岁生日慰问26人次。认真做好医疗保障工作，全年到8个活动站为老同志发放药品96次，认真组织老同志体检，为22名老同志办理保健证。妥善处理40余名老同志有关医保、福利待遇、家庭纠纷等问题，协助家属办理5名老同志去世后的相关事宜。

离退休干部工作宣传教育培训。完成全国老干部工作先进集体和先进工作者推荐工作，其中，河南中烟安阳卷烟厂的王保民被中央组织部评为全国老干部工作先进工作者。充分利用互联网平台，开通《东方烟草报》“忘忧草”离退休工作微信公众号；指导《东方烟草报·爱晚亭》改版，开辟老干部工作交流的新阵地；建立国家局机关离退休支部微信工作群，及时便捷交流工作。举办行业离退休年报统计培训，国家局离退办连续13年被中央组织部评为全优报表单位。

丰富精神文化生活。国家局离退休干部办公室与人事司共同开展“我看从严治党新气象”专题调研，召开10场座谈会，听取118名老同志的意见建议。围绕中国共产党成立95周年、纪念红军长征胜利80周年，与《东方烟草报》、上海烟草集团共同举办第三届“中华杯”书画大赛，行业536名老同志踊跃参与，征集作品889件，150件作品获奖。在国家局机关老同志中开展“正能量之星”评选活动，举办机关退休干部迎新春摄影作品展。

同时，积极开展各种文体活动，组织老同志参加春节团拜文艺演出，国家局机关运动会，定期兴趣小组等活动。并组织参加国家机关工委、国家老龄委和其他社团举办的各类活动10余次。

◇ 编辑：周 佳

党建工作

2016年，全国烟草行业各单位认真执行中央国家机关工委和国家局党组工作部署，以学习贯彻党的十八大和十八届三中、四中、五中、六中全会精神为统领，以习近平总书记系列重要讲话精神为指导，以贯彻落实全面从严治党要求为主线，以落实中央专项巡视整改任务为重点，充分发挥基层党组织的战斗堡垒作用和党员干部的先锋模范作用，努力推进机关党的思想建设、组织建设、作风建设、制度建设和反腐倡廉建设，较好地完成各项工作任务。

【开展“两学一做”学习教育】 **行业各单位注重以学促做，确保学习教育取得实效。** 4月，国家局下发《中共国家烟草专卖局党组关于印发国家局总公司机关“两学一做”学习具体安排的通知》（国烟党〔2016〕80号），行业各单位按照基础在学、关键在做的要求，坚持以上率下，精心组织督导，以党支部为基本单位，以“三会一课”为基本制度，以落实党员日常教育管理为基本依托，扎实有序推进学习教育。切实打牢“学”这个基础，组织党员系统学习《中国共产党章程》《中国共产党党内法规新编》，深入学习习近平总书记系列重要讲话精神。行业各单位党组（党委）中心组集中学习研讨239次，领导干部讲党课389次、参加所在支部学习1429次；认真开展五大发展理念培训，集中轮训基层党组织书记6807人。切实严肃党内政治生活，把学习贯彻党的十八届六中全会精神和《中国共产党廉洁自律准则》《中国共产党纪律处分条例》纳入学习教育重要内容，推动党员干部进一步坚定理想信念，强化“四个意识”，严守政治纪律和政治规矩，全面从严治党向行业基层延伸迈出坚实步伐。切实抓好“做”这个关键，以“做合格党员”促岗位奉献、担当作为，国家局党组先后追授胡红霞等5人为“全国烟草行业优秀共产党员”。结合纪念中国共产党成立95周年，各单位评选表彰一批优秀共产党员、优秀党务工作者和先进基层党组织，在行业上下营造学典型、找差距、争先进的良好氛围。

国家局机关以“两学一做”为抓手，落实全面从严治党。 国家局机关严格按照中央统一部署，在学习内容上原文学习《中国共产党章程》《中国共产党党内法规新编》，通读学习习近平总书记系列重要讲话；在学习范围上，党组带头学，各支部参照党组学习内容组织全体党员学，做到理论学习全覆盖；在学习方法上，采用自学、集中学习、现场学习与专题辅导相结合的形式，开展丰富多彩的学习教育；在学习步骤上，既有全年学习计划安排，又及时传达学习中央最新文件精神。国家局党组中心组学习22次，党组成员交流发言56人次，平均每人近10次，机关各部门、各单位主要负责人交流发言49人次。召开机关党员干部大会传达学习中央文件精神5次，举办国家局机关专题讲座4次，党组织书记培训班1期、支部委员现场教学培训2期、入党积极分子培训班1期。全年国家局编发简报28期，择优向中共中央国家机关工作委员会上报支部学习会情况27篇、党课材料32篇、党员学习感言169篇。选派国家局机关21名司处级干部参加国家局党校学习，组织机关全体干部参加行业网络学习平台“十八届五中全会专题培训班”学习。国家局机关全体党员参加“党章党规在我心中——中央国家机关党章党规知识测试及竞赛活动”，取得知识测试“参与率100%”“平均分93.7分”和竞赛进入复赛的优异成绩。

【推进基层党组织和党员队伍建设】 **行业基层党组织和党员队伍建设。** 行业各单位结合“两学一做”学习教育和巡视整改，针对基层党组织和党员队伍建设薄弱环节，抓管

2016年6月15日，嘉兴市局（公司）开展“重走一大路、永远跟党走”主题党日活动，部分党员在南湖革命纪念馆宣誓墙前重温入党誓词

浙江嘉兴市局 陆馨玺 摄

理、补短板、强基础，扎实推进基层党建各项重点任务。全行业排查未按期换届基层党组织2100个，截至2016年底，完成整改1849个；排查失联党员343人，取得联系266人；排查违纪违法未给予相应处理党代会代表和党员9人，全部给予相应处理；着力解决机关党员干部学习教育“灯下黑”问题，稳妥推进党费收缴工作专项检查及补交工作；深入推进抓党建促脱贫攻坚工作，各直属单位选派干部917人，帮扶贫困乡村2451个，投入帮扶资金21.67亿元。通过狠抓重点任务落实，形成从基础工作抓起、从基本制度严起，把全面从严治党要求落实到每个支部每个党员的鲜明导向。

国家局机关基层党组织和党员队伍建设。国家局领导严格执行双重组织生活会制度，全年6名党组成员共参加所在党支部组织生活23人次，为所在党支部讲授党课6人次。国家局机关各党支部认真执行“三会一课”、民主生活会、组织生活会、民主评议党员、党员党性定期分析等制度，结合实际开展主题党日、警示教育等活动，总结和推广支部工作法，推动机关学习教育深入开展，教育引导广大党员干部切实坚定“四个自信”，提高“四个意识”，从思想上政治上行动上同以习近平同志为核心的党中央保持高度一致。全年国家局机关共发展预备党员7人，预备党员转正9人。在中央国家机关工委组织的评选中，1个党支部被评为中央国家机关先进基层党组织；在工业和信息化部组织的评选中，3个党支部被评为先进基层党组织、5人被评为优秀共产党员、3人被评为优秀党务工作者。

国家局开展机关基层党组织换届工作，召开中国共产党国家烟草专卖局直属机关第三次代表大会，完成机关党委和机关纪委换届选举。开展基层党组织长期不换届专项整治，印发《关于进一步规范国家局总公司机关基层党组织设置、构成和换届工作的通知》（国烟机党〔2016〕24号），指导未按时换届的16个党组织全部完成换届工作。为正常换届的1个党总支和11个党支部，新设并选举支委会的2个党支部，增补委员的3个党总支和5个党支部办理了审批手续。

进一步规范党费收缴工作，制定印发《中共国家烟草专卖局党组关于进一步加强行业各级党组织党费管理工作的意见》（国烟党〔2016〕77号）、《关于进一步加强国家局总公司机关党费管理工作的通知》。接受专项巡视期间立行立改，4月起，国家局机关全体党员干部严格按照规定交纳党费，补交2013年1月以来党费差额，并组织机关全体党员对2008年4月至2012年12月交纳党费问题进行自查，按时完成补交工作。

【党风廉政建设】 不断完善机关党建工作格局，在落实主体责任上，制定印发《国家局总公司机关党建工作领导小组工作规则（试行）》（国烟党〔2016〕146号），充分发挥机关党建工作领导小组统一领导、统筹规划、推动落实的作用。落实“一岗双责”要求，强化党支部党建意识，重点履行好落实、统筹、教育、监督和管理责任。在落实监督责任上，国家局党组研究决定增加机关党委副书记兼纪委书记编制1人，增设纪律检查室，编制4人，为机关纪委履行监督职责提供有力组织保证。机关纪委不断加强纪律教育，扎实开展日常谈话提醒和经常性廉政教育，深入开展家庭助廉活动。从严从实开展干部任前廉政审核，对35名正处级以下拟提拔任用干部进行廉政审核，出具审核报告4份。加大案件查办工作力度，机关纪委共处置信访举报18件，其中初核4件，立案4件（全部结案），给予4人党纪处分。谈话函询10件，其中了结9件（对2人进行诫勉谈话，对1人进行谈话提醒），转初核1件。

【党建教育培训工作】 国家局党组印发《加强和改进新形势下烟草行业党校工作的实施意见》。国家局党校深入贯彻落实《实施意见》，全年举办行业司局级基本理论进修班2期，处级基本理论进修班2期，机关科级干部培训班1期，培训学员371人次，累计教学58周。始终坚持“党校姓党”根本原则，坚持质量立校、从严治校，突出党的理论教育和党性教育主课地位，突出学习贯彻习近平总书记系列讲话精神和党的十八届六中全会精神。落实行业领导干部到党校讲课制度，全年包括国家局党组成员、行业直属单位和国家局机关部门领导到党校授课14人次。加强思想智库建设，组织学员围绕行业重大问题开展专题调研，鼓励教职工加强科研工作，撰写和发表《烟草本质论》《以理论建设打造党校智库优势》等理论文章，为党组决策提供参考，其中《深刻把握“总体考虑”面对的形势要求》获得中国烟草学会优秀论文一等奖。

加强自有师资建设，开展形成《遵循党校姓党根本原则，刻苦学习提高履职能力》《如何做好党性分析》《深入探索烟草行业发展的本质与规律》等3门特色课程，为党校和行业单位宣讲20余次。加强宣传工作，高质量出刊校刊《学习与交流》5期，在《中国烟草》杂志发表《坚持创新新理念 质量立校求发展》等文章，全面展示党校工作。加强办学条件保障工作，改进服务保障理念，认真落实体现勤俭节约、绿色环保要求的各项措施。遵循“严规范、保质量、抓进度”要求，圆满完成学员宿舍及部分公共区域装修改造工程。抓好金叶物业中心稳定发展工作，加快推动物业人员增强敬业精神，提高专业能力。

【国家局机关离退休干部党建工作】 **强化“第一责任”**。牢固树立“抓好党建是本职、不抓党建是失职、抓不好党建是不称职”的责任意识，定期分析党建开展情况，做到底子清、情况明；带头讲党课，参加党小组组织生活会；认真听取离退休干部党员意见建议，研究解决问题。时刻把党建“第一责任”体现在抓班子、带队伍，严格遵守廉洁从政各项规定上。

坚持思想政治引领。组织“两学一做”学习教育，9个党支部组织政治学习80余次，配发学习资料1800余册，邀请中央党校教授为老同志做“两学一做”专题辅导，组织支部书记委员赴杨善洲干部学院进行党性教育活动。

落实整改提高。根据国家局专项巡视整改问题和“灯下黑”问题整治要求，建立问题清单和工作台账，每月自查、按期上报，认真整改，对照销账；完成9个党支部的换届改选；完成2批补缴党费任务，对3名拒不补缴党费、提出退党的退休干部，按照组织程序予以除名，严肃组织纪律；严格落实“三会一课”组织生活制度，完善党支部会议记录本、政治学习记录本、党小组会议记录本等。

加强作风建设。支部班子成员注重理论学习和党性修养，起好表率作用。通过不同形式的学习教育，让大家做到工作作风要务实，学习作风要深入，办事作风要严谨，自律作风要强硬，团结作风要友爱，使离退休干部办公室党员队伍更加纯洁向上。

健全长效机制。修订离退休干部政治学习等制度，完善党建责任分解机制和传导机制，确保工作有人抓、问题有人管、责任有人担。加强支部工作法的总结运用，召开新老支部委员专题座谈会，深入研究新形势下开展离退休党支部工作的方式方法。

◇ 编辑：周　佳

纪检监察

2016年，全国烟草行业各级党组织认真贯彻党的十八大和十八届三中、四中、五中、六中全会精神，落实中央纪委六次全会部署，以接受中央专项巡视、精心组织巡视整改为重要契机和新的起点，加强行业党的建设，落实全面从严治党主体责任，强化党内监督，着力整治行业作风上的顽瘴痼疾，持续加压惩治腐败，推动行业管党治党走向严紧硬。

【接受中央专项巡视和巡视整改】

根据中央统一部署，2016年2月29日至4月30日，中央第二巡视组对国家局党组进行专项巡视；6月3日反馈专项巡视意见，提出整改要求。专项巡视期间，国家局党组成立巡视工作联络组，国家局党组书记、局长凌成兴担任组长。认真细致做好巡视进驻前各项准备工作，起草国家局党组相关汇报材料，筹备接受专项巡视动员大会和巡视意见反馈大会，组织对巡视移交问题线索开展核查，组织协调各职能部门向巡视组起草报送专题分析报告、统计数据、情况说明、文件资料等308件次；负责联络协调和服务保障中央巡视组工作，配合安排巡视谈话116人次，赴行业39家单位开展检查调研，为中央巡视组顺利开展工作提供保障。巡视整改期间，整改领导小组办公室设在廉政办，组织制定巡视整改方案，将整改工作分解为4个方面、33个具体问题、89项具体任务及12项专项整治和专项治理任务，建立任务清单，实行销号管理；编印《巡视整改文件汇编》。8月初，起草专项巡视整改情况报告，经中央巡视工作领导小组办公室和中央巡视组同意后分别向党内和社会公开通报。为防止问题反弹、制度落空、整改不到位，10月中旬，组织开展巡视整改“回头看”。国家局党组坚决落实巡视整改要求，集中清理53家驻京办的做法得到中央巡视办充分肯定。11月，国家局党组成员高林代表党组在中央第九轮巡视整改典型事例宣传座谈会上作了交流发言；中央电视台、中央纪委监察部网站、《中国纪检监察报社》《中国纪检监察》杂志社等媒体作了宣传报道。

专项巡视和巡视整改期间，国家局党组接受严厉批评，深刻反思问题教训，切实担当主体责任，坚持用政治巡视的要求统领整改工作、用主体责任的担当落实整改措施、用满意答卷的标准务求整改实效，做到6个精心组织：精心组织整改方案制定，把中央巡视组反馈的问题和要求细化为33个具体问题、89项具体任务，单列12项专项治理和专项整治任务，党组成员带头认领任务、承担责任；精心组织专题民主生活会，认识好解决好国家局党组自身问题；精心组织行业党组织书记落实全面从严治党主体责任培训班，层层明确任务、传授方法、压紧责任；精心组织专项整治和专项治理，特别是坚决打好全部撤销烟草驻京办、业务接待费超

2016年8月29日，国家局党组第二专项巡视组于进驻山西省局（公司），对山西省局（公司）党组开展巡视工作

山西省局　供稿

高专项整治、清理超规乘坐交通工具、严格样品卷烟管理“四个硬仗”，以重点问题的突破带动整改工作全面落实；精心组织督导检查和执纪问责，确保整改效果和时限；精心组织开门搞整改，把党的群众路线贯穿整改全过程。同时注重举一反三，扎扎实实在打基础、管长远上下工夫，制定65个整改文件、36项规章制度，固化巡视整改成果。

【推进党组巡视“全覆盖”】 国家局党组巡视工作领导小组聚焦全面从严治党，深化政治巡视，在保证质量的前提下，加快进度，既有形覆盖，又有效覆盖，让利剑高悬、震慑常在。国家局党组巡视工作领导小组全年召开11次会议听取汇报，研究分析巡视情况；党组主要负责人先后作出15次批示，强调要以中央专项巡视组为榜样，用“严紧硬”的工作态度、工作标准、工作作风搞好烟草行业巡视工作，树立党组巡视组权威，发挥利剑作用。在2016年1月完成对山东中烟、广东中烟等6家直属单位巡视任务的基础上，开展2轮巡视，专项巡视23家单位，其中，中央专项巡视国家局党组结束后，组建5个专项巡视组，完成对福建省局、福建中烟等10家直属单位巡视任务；11月底，启动对中国烟叶公司、中国卷烟销售公司等13家专业公司和事业单位的专项巡视。

国家局党组巡视组向被巡视单位党组织反馈关于落实全面从严治党主体责任、落实中央八项规定精神等方面问题161条，向相关职能部门提出意见建议39条，发现领导干部问题线索26项。被巡视单位高度重视巡视反馈意见，逐条逐项抓好整改。巡视的政治定位越来越准确，“发现问题、形成震慑，推动改革、促进发展”的成效逐步显现。截至2016年底，国家局党组巡视组共对40家单位开展巡视，完成65%的任务，向“全覆盖”目标稳步迈进。省级直属单位巡察工作扎实推进，41个单位探索开展巡察工作，巡视巡察有机衔接的工作格局逐步形成。

【开展“两学一做”学习教育】 行业党的建设取得新成效，继续巩固群众路线教育实践活动和“三严三实”专题教育成果。按照中央要求，组织行业全体党员认真开展“两学一做”学习教育，推动全面从严治党向基层延伸。国家局党组牢固树立政治意识、大局意识、核心意识、看齐意识，自觉同以习近平同志为核心的党中央保持高度一致，坚决维护党中央权威。把贯彻落实六中全会精神同开展“两学一做”学习教育结合起来，深入贯彻习近平总书记系列重要讲话精神，作为指导党组工作的思想武器和行动指南。坚持思想建党和制度治党相结合，举办行业劳动模范优秀共产党员先进事迹报告会，开展“五大发展理念”学习教育，基层党组织书记轮训作为常态化工作长期坚持，全年集中轮训6800余人；印发《关于落实全面从严治党主体责任的意见》等规定，规范国家局机关党建工作领导小组具体职责、运行方式、工作要求，完善党建考核机制，逐步建立系统有效的党建制度体系。严肃党内政治生活，国家局党组积极引领、率先垂范，认真落实《党组中心组学习规则（试行）》，党组（扩大）会专题学习研讨22次，党组成员带头讲党课，参加所在党支部组织生活。认真落实基层联系点制度和“三会一课”制度。坚持以上率下，注重发挥国家局机关党建的导向示范作用，筹备、组织召开机关第三次党员代表大会，完成国家局机关党委、国家局机关纪委换届选举和28个机关基层党组织换届工作。从严整治党费交纳不规范问题、党员管理不规范问题、党员学习教育“灯下黑”问题，推动行业党建工作迈上新台阶。

【落实中央八项规定精神】 持之以恒落实中央八项规定精神，行业作风持续向好。以专项巡视整改为契机，在全行业从严开展“四风”突出问题专项整治，查处和纠正违规违纪问题，坚决刹住享乐主义和奢靡之风。专项整治奢侈浪费和业务接待费超高问题，全面清理中央八项规定出台以来业务接待费开支和管理情况，处理74名责任人，清退违规发生的业务接待费。专项整治超标准乘坐交通工具问题，明确标准，清退未经批准违规乘坐交通工具的差价款。清退收回有关单位违规多头取酬和违规发放的入托入学赞助费，严肃处理相关责任人。自查清理“小金库”，组织行业各单位限期对违规形成的“小金库”，以及容易滋生风险隐患的重点内容进行排查清理，处理34人，清理“小金库”371万元。规范培训中心、会议中心管理，全面开展对行业31家培训中心、会议中心等设施的排查，制定规范管理意见，关停、转让、退出存在闲置浪费等问题的培训中心、会议中心。坚持正风肃纪不手软，全年行业查处违反中央八项规定精神问题27起，处理40人，通报曝光20起典型问题，持续释放越往后执纪越严的信号。及时总结经验做法，重新梳理修订国家局党组落实中央八项规定精神实施意见，制定和修订完善21项作风建设方面的规定，扎紧制度笼子，推进作风建设常态化、长效化。

【整治选人用人不正之风】 结合巡视整改和落实中央组织部选人用人专项检查组反馈意见，严明组织人事纪律，严肃整治“买官卖官”“带病提拔”问题，开展对“近亲繁殖”、利用干部职工录用搞利益交换问题的专项治理，在调查摸底的基础上制定规范领导干部亲属从业行为的禁止性规定，有效遏制防范“家族式腐败”。对16家直属单位开展选人用人工作专项检查，严肃整治违规用人问题。强化对领导干部尤其是一把手日常管理监督，建立健全干部监督工作联席会议制度和领导干部任职试用期制度；进一步明确行业直属单位主要领导职责分工，重申并落实一把手不直接分管人事、财务、项目的要求，形成“副职分管、正职监管、集体领导、民主决策”的权力制衡机制。严格执行个人有关事项报告制度，做到“凡提必核”，全行业重点抽查31批次688人，上报中央组织部进行随机抽查938人；加大查核处置力度，4人因不如实填报个人有关事项报告被撤销任职决定，142 人次被给予纪律处分和组织处理，坚决维护制度的严肃性和权威性。

【强化监督执纪问责】 2016 年初，国家局党组召开行业落实全面从严治党主体责任工作会议，国家烟草专卖局党组书记、局长凌成兴与行业直属单位、国家局总公司机关各单位、各部门党组织书记签订落实主体责任责任书。强化制度建设，国家局党组印发《关于落实全面从严治党主体责任的意见》（国烟党〔2016〕105 号）及 2016 年工作要点。

国家局党组对党风廉政建设和反腐败斗争立场坚定、态度鲜明。综合派驻监督体制改革后，国家局党组大力支持、主动配合中央纪委驻工信部纪检组履行职责，自觉接受监督。制定印发《落实中央纪委驻工业和信息化部纪检组关于建立工作联系机制意见的办法》，理顺工作关系，承办有关事项。国家局党组成立党风廉政建设领导小组及其办公室，强化对全行业党风廉政建设和反腐败工作的领导；加强国家局机关纪委力量，增配专职纪委书记，增设纪律检查室。

开展党风廉政宣传教育和警示教育，召开行业反腐倡廉警示教育大会，通报郑某等违纪违法典型案件，编印《烟草行业领导干部典型案例警示录》1 万册并印发全行业，以身边人身边事为镜鉴，教育引导行业党员干部坚定理想信念，践行廉洁自律。组织党员干部收看专题片《永远在路上》《打铁还需自身硬》。重申并督促行业落实执纪审查"一案两报告"制度，推动违纪案件通报曝光和警示教育常态化。举办行业党风廉政建设培训班，国家局党组成员作专题辅导，邀请中央纪委机关、驻工信部纪检组有关领导和中央党校专家学者授课，行业纪检监察干部和巡察业务骨干共 157 人参加培训。

廉政办全年共办理信访举报件 142 件，核实反映行业有关领导干部问题线索 12 起，对 8 人进行诫勉谈话。行业各级纪检监察机构共处置反映问题线索 2240 件，谈话函询 3019 人次，给予党纪处分 293 人次、政纪处分 751 人次，组织处理 380 人次，严重违纪涉嫌违法移送司法机关 26 人。

◇ 编辑：周 佳

规范管理

2016 年是"应招尽招""真招实招""办事公开民主管理同业务工作深度融合""三个保障机制"落地执行的起步之年，行业各级规范管理部门紧扣"全面提升行业规范管理形象"战略任务，牵头协调落实烟草行业工程建设项目专项治理、烟用物资采购专项治理"两个专项治理"任务，大力推动落实"三个保障机制"，持续深化行业规范管理工作。

【全面落实"两个专项治理"】 **进行自查和专项检查**。以中央政治巡视要求为指导，国家局及时制定《烟草行业工程建设项目专项治理方案》《烟草行业烟用物资采购专项治理方案》，先后 4 次印发"两个专项治理"工作通知进行引导，严格组织进行自查和专项检查。在自查方面，各直属单位及时组织专门力量，对工程建设项目和烟用物资采购项目分类逐项对照自查，自查工程建设项目 4161 项，涉及金额 442 亿元；重大烟用物资采购项目 2.39 万项，涉及金额 1377 亿元。在专项检查方面，国家局规范管理办公室牵头，会同计划司、运行司、财务司、烟叶公司、烟机公司、商务物流公司、中烟实业等单位组成 8 个专项检查组，对行业 41 家直属单位 1030 个项目（其中工程建设项目 122 项，烟用物资采购项目 908 项）进行"两个专项治理"专项检查，查阅卷宗 3192 项。

组织整改，全面纠正问题。按照"发现并纠正突出问题""排查并找准廉洁风险点"的要求，国家局深入基层实地督导，对整改工作进展缓慢、查找问题不严格、存在薄弱环节的单位，及时组织"回头看"，按统一标准进行补课。行业各直属单位普遍列出突出问题清单，找出"廉洁风险点"，建立台账，明确整改措施、责任部门和完成时限。根据所涉项目进展情况，实事求是引导整改：对已经执行完毕的采购项目，能整改的认真整改，该问责的严肃问责；对实施中的采购项目，全部立即进行整改。根据查出问题的具体情况，有针对性进行整改：对制度执行不严、运作不规范的，从严查找原因，采取措施完善监管；对公开不到位的，立即完善相关公开载体，明确公开内容，确保项目公开严格规范；对档案资料不全的，立即补充完整。整改完成一项，在任务清单中"销号"一项。对需要通过制度调整，短期无法完成的，也逐一说明理由，落实责任部门后续跟进。行业各直属单位针对发现存在的采购决策、委托招标代理机构代理招标、招标文件审定、项目招标、中标结果、合同签约履约环节、档案资料管理、项目档案资料、"痕迹化"资料缺失、烟用物资网上交易等 9 个方面突出问题，逐一分析问题产生原因、落实整改措施，完成整改事项 2232 个，其中，工程建设项目 755 个，烟用物资采购项目 1477 个。

完善制度，堵塞漏洞。行业各直属单位针对专项治理发现的问题和廉洁风险点，特别是对于制度建设不完善或制度执行不规范问题，下大力气完善相关制度规定。截至 2016 年底，各直属单位全部完成廉政风险责任制、考评问责制度、烟用物采购交易结果和交易价格公开制度等"两个专项治理"方案既定的专项治理制度建设工作。这些专项制度同总公司《烟草企业采购管理规定》和"三个保障机制"相互补充，推动行业监管水平进一步有效提升。

加强规范管理思想教育。行业各直属单位结合"两个专项治理"工作普遍开展警示教育，引导干部职工进一步加深新形势下深化规范管理工作重要性认识。针对规范管理工作实际，创新教育形式，组织开展知识竞赛、网上答题、案例剖析、课题研究等活动，行业干部职工规范意识、自律意识明显增强。

【全面落实“三个保障机制”】 全面落实“应招尽招”“真招实招”“办事公开民主管理同业务工作深度融合”“三个保障机制”是2016年规范管理工作的重中之重。

应招尽招。行业以“三关三审”分段分权管控为着力点，推动“应招尽招”运作水平迈上新台阶。注重问题导向，分层组织专题培训，督办落实采购项目初审、复审、终审严格按“三关三审”机制规定操作。注重《采购目录》抓手作用，组织指导对《采购目录》进行对标自查，未列入《采购目录》的项目一律不得实施，非公开招标采购理由不充分的一律不得实施。“三关三审”的规范化、机制化、常态化保障措施将《烟草企业采购管理规定》“以公开招标为主要采购方式”要求落到实处，推动“应招尽招”工作的质量保障跨上了新台阶。

2016年全行业实施采购项目4.70万项，涉及金额1041亿元（不含国家局计划分配及从全资三产公司采购，下同）。公开招标项目3.79万项，公开招标项目比例80.74%，同比提高3.93个百分点；公开招标金额998亿元，公开招标金额比例95.89%，同比提高1.13个百分点。工程建设、物资采购、服务采购在内的三大类项目公开招标，全部创下历史新高，并实现连续4年步步提升，行业采购项目“应招尽招”成为常态。

真招实招。坚守招标、开标、评标、中标、合同签订、合同履约“六个关键环节”，严格督导按规范程序操作。各直属单位在招标工作中，将招标项目统一导入“六个关键环节”，严格遵守规程化“线路图”有序操作。

落实关口主体权责，强化全过程监督。以规范化同步监督、同步公开，促使各个关口、各类主体既规范用权又充分履责。特别是对潜在风险较多的关口加大监管力度。在招标环节，严格招标文件编制审核，防止“量身定做”；严格按照评标成员管理制度，在监督部门监督下通过随机抽选方式产生评标委员会中的招标人代表。在评标环节，派出监督人员现场监督开标、评标全过程；通过录音录像等方式保存现场资料，支持事后监督。

办事公开民主管理同业务工作深度融合。全面推行清单管理机制。行业各直属单位根据《烟草行业办事公开民主管理工作规范（试行）》《〈烟草行业办事公开民主管理工作规范（试行）〉补充规定》《烟草行业推进办事公开民主管理同业务工作深度融合指导意见》要求，统一建立《公开目录（清单）》《公开目录（明细）》及评价评估分析台账，固化公开项目和公开环节清单，结合操作规程定期评估分析，有序推进深度融合工作，实现整体工作流程可追溯，强化主体责任，提升管控水平。

全面推进《公开目录》与《采购目录》深度融合。行业各直属单位将制定《公开目录》与制定《采购目录》有机结合起来，实现采购工作与办事公开民主管理工作的流程嵌入。以“全面公开、全程融合”为指引，在规定的采购工作重要环节和关键节点上落实全面公开、同步公开。全行业全年发布公开招标采购信息14.09万条、非公开招标采购信息4.88万条。

【规范卷烟经营秩序监管】 国家局加强宣传促销专项整改工作力度。下发《国家烟草专卖局 中国烟草总公司关于在烟草行业开展卷烟产品宣传促销专项治理工作的通知》（国烟运〔2016〕184号），要求通过建章立制、自查自纠、验收整改三个步骤在全行业开展专项治理工作。下发《中国烟草总公司关于印发样品卷烟管理办法的通知》（中烟办〔2016〕120号），加强对样品卷烟的管理。成立专项检查组，对部分工商企业专项治理结果进行抽查，涉及13个省级工商企业、7家卷烟厂、5个地市级公司。召开座谈会28次，查阅自查自纠报告40份，制度文件100份，并抽查企业台账、记录300余份，检查样品卷烟存放仓库18处、零售终端30余个。卷烟产品宣传促销专项治理工作取得显著成效。

行业各直属单位紧紧盯住“坚决刹住委托第三方开展宣传促销活动，坚决禁止违反规定送钱送物”两大禁令落实，在预算、采购、日常督查三个环节进行监控，发现问题及时纠正，收到明显效果。全年未发现明显违规行为。

【加强“两项工作”网上运作约束】 行业各直属单位以发挥网上规范运作硬约束为目标，不断加强采购和办事公开民主管理“两项工作”信息化支撑工作力度。统一按“三关三审”“六个关键环节”管控要求固化责任主体的权责边界、关键节点的操作流程，进一步调整完善“三个保障机制”的对接。推进项目网上运作，实现业务、监督、公开三线并轨，进一步提高采购全程管控水平。行业大部分直属单位积极推进同下一级单位采购信息联通工作，打通上下联通的监管通道，提高监管工作效率。

【“天价烟”专项治理回顾】 2008年以来，国家局在全国范围内多次组织开展“天价烟”问题专项治理行动。行业各单位认真执行国家局“天价烟”治理工作要求，不断提高思想认识，加强宣传引导，强化市场监管，扩点增量稳价，合理投放货源，专项治理工作取得显著成效。2012年以来，国家局党组深入贯彻落实中央八项规定和国务院领导同志批示精神，就治理“天价烟”和卷烟过度包装问题再次作出全面部署，明确要求行业工业企业不得进行任何形式的价格炒作；商业企业通过电视、报纸等媒体向社会作出绝不销售“天价烟”的公开承诺，并以省级局（公司）为单位，公布举报电话，广泛接受社会监督。国家局多次组织开展卷烟价格管理专项检查，建立“天价烟”问题报告制度，立足常态化管理，保持高压态势，铲除“天价烟”问题滋生土壤。通过多年持续专项治理，全行业对“天价烟”问题的认识不断深入，监督管理机制初步形成，“天价烟”问题总体上得到有效控制。

◇ 编辑：谢争艳

国家烟草专卖局
中国烟草总公司
组织结构

- □ 国家烟草专卖局、中国烟草总公司领导成员
- □ 国家局、总公司机关各部门、各单位
- □ 省级烟草专卖局（公司）
- □ 省级中烟工业公司
- □ 其他直属单位
- □ 烟草行业组织结构图

……

国家烟草专卖局、中国烟草总公司领导成员

凌成兴

工业和信息化部党组成员

国家烟草专卖局党组书记、局长

中国烟草总公司总经理

杨培森

国家烟草专卖局党组成员、副局长

赵洪顺

国家烟草专卖局党组成员、副局长

高　林

国家烟草专卖局党组成员、直属机关党委书记

徐　瑾

国家烟草专卖局党组成员、副局长

段铁力

国家烟草专卖局党组成员、副局长

国家局、总公司机关各部门、各单位

办公室（外事司）

【主要职责】

1. 拟订并组织实施机关政务管理的制度和工作规范，协调机关政务工作；负责国家局召开会议的计划管理和组织筹备工作；负责督办工作；负责全国人大代表建议和全国政协委员提案办理工作；负责国家局、总公司机关总值班工作。

2. 负责起草国家局、总公司的重要文件、会议报告及领导讲话；组织、协调行业重大问题调研工作；组织、协调行业电子政务建设；负责编发行业重要信息；负责国家局、总公司新闻、信息发布工作；组织、协调行业履行《烟草控制框架公约》有关工作。

3. 负责国家局、总公司机关公文核稿、收发传递和文件印制工作；指导行业公文处理工作；管理国家局党组、国家局、总公司印章；负责国家局、总公司机关各部门、各单位和行业各直属单位印章管理工作；指导、协调行业档案管理工作；承担国家局保密委员会的日常工作。

4. 负责烟草系统外事管理工作。

5. 负责行业信访、稳定和应急管理工作；负责国家局、总公司机关安全、保卫工作；指导行业社会治安综合治理工作。

6. 承办国家局、总公司交办的其他事项。

【负责人】

主任、司长：张修连

副主任、副司长：赵百东、徐　丹、汪世贵、张　政

副巡视员：王　红、车殿文（—2016 年 8 月）

【内设机构】　设综合调研处、秘书处（值班室）、文秘档案处、新闻联络处（行政审批协调处、政务公开处①）、信访保卫处、外事处等 6 个内设处室。

发展计划司

【主要职责】

1. 拟订并组织实施行业发展战略、发展规划；拟订行业生产布局规划；编制行业投资规划，拟订并组织实施投资年度计划；拟订行业技术装备政策。

2. 拟订并组织实施烟草专卖品产供销、进出口的年度计划。

3. 拟订烟草专卖品管理名录；核定全国烟草专卖品生产、经营企业的生产规模。

4. 审核烟草系统投资项目和外资投资项目；负责行业投资项目管理和招投标工作；编制烟草专用机械设备分配计划；负责国家局定点扶贫工作。

5. 拟订烟草专卖品价格政策，管理烟草专卖品价格；收集、整理、分析、发布烟草专卖品价格信息。

6. 承办国家局、总公司交办的其他事项。

【负责人】

司　长：王志江

巡视员兼副司长：郭齐贵（—2016 年 1 月）

副司长：袁　超

副巡视员：刘　融

【内设机构】　设综合处、计划处、投资处、价格处等 4 个内设机构。

专卖监督管理司

【主要职责】

1. 监督检查《中华人民共和国烟草专卖法》《中华人民共和国烟草专卖法实施条例》的执行情况。

---

① 根据 2016 年 7 月《国家烟草专卖局关于办公室（外事司）增设政务公开处的通知》（国烟人〔2016〕209 号），办公室（外事司）增设政务公开处，与新闻联络处（行政审批协调处）合署办公，人员编制保持不变。政务公开处的主要职责是：承担国家烟草专卖局政府信息和政务公开的组织协调和检查指导工作；承担国家烟草专卖局政府信息和政务公开制度、指南及目录的编制工作；承担国家烟草专卖局政府信息公开工作年度报告审核工作；承担国家烟草专卖局政府信息主动公开及依申请公开的督办工作。

2. 拟订烟草专卖管理监督制度，监督检查烟草专卖品的生产经营活动。

3. 组织、指导并承办违反烟草专卖法律法规案件的查处，查禁、关停计划外烟厂，保护合法经营；会同国家有关部门取缔非法烟厂和烟草专卖品自由交易市场，打击假冒和走私烟草专卖品等违法活动。

4. 拟订烟草专卖许可证、烟草专卖品准运证管理制度；参与拟订名晾晒烟名录和烟草专卖机械名录。

5. 指导专卖行政执法和专卖队伍建设工作。

6. 承办国家局、总公司交办的其他事项。

【负责人】

司　长：王劲栋

副司长：张全在、张亚宾（—2016 年 1 月）、任丽梅（挂职）（2016 年 3 月—）

副巡视员：白　明、周　瑛

司长助理：拉　果（挂职）（—2016 年 1 月）

【内设机构】 设综合处、内部监督管理处、市场监督管理处、打假打私处、证件管理处等 5 个内设处室。

经济运行司

【主要职责】

1. 承担行业生产、经营的统一调度工作，协调产供销的衔接；负责行业生产、经营的综合分析和预测监控；拟订并组织实施行业经济运行调控政策和方案。

2. 参与拟订烟草专卖品产供销年度计划，拟订并组织实施卷烟季度、月度生产进度计划；负责行业经济运行考核工作。

3. 负责行业产品结构调整工作；拟订并组织实施卷烟品牌发展规划，指导行业品牌维护与培育工作，组织开展品牌定向整合；依法实施烟草制品商标管理工作；组织开展中外烟草企业间生产技术合作工作。

4. 承担烟草专卖品卷烟材料供应管理工作；承担省级公司之间烟草专用机械设备的有偿转让、无偿划转、租借等管理事项。

5. 指导行业企业管理工作；承担行业质量管理工作，负责推行 ISO 9000 系列标准；组织开展行业节能减排工作；指导行业安全生产工作，依法处理重大安全事故；协调行业抗灾救灾工作。

6. 承办国家局、总公司交办的其他事项。

【负责人】

司　长：徐维华

副司长：刘　艳、张一峰

副巡视员：孙姝军

【内设机构】 设综合处、生产经营管理处、企业管理处、安全处等 4 个内设处室。

政策法规与体制改革司

【主要职责】

1. 组织起草行业相关法律法规、规章草案和重大政策；审查行业生产经营管理的重要制度、重大经济合同和国家局、总公司机关各部门、各单位拟订的规范性文件；建立和完善专卖管理法规体系和行业管理法规体系。

2. 拟订并组织实施行业体制改革和企业组织结构调整规划和工作方案；指导企业和专业性公司改革工作；承办行业企业设立、分立、合并与撤销工作；指导建立现代企业制度。

3. 调查研究《中华人民共和国烟草专卖法》《中华人民共和国烟草专卖法实施条例》、国家有关法律法规在行业的执行情况和改革中存在的问题；监督检查行业依法行政，组织实施行政执法责任制工作；承担烟草专卖执法徽章、检查证的申领和批准工作；负责行业普法依法治理工作。

4. 承担行业法律咨询工作，指导行业行政机关和企业法律顾问工作；组织推动行业法制建设工作；参与研究和审议行业对外经济技术合作的有关政策和制度；组织开展烟草专卖法规、政策方面的国际交流。

5. 指导、协调行业行政复议工作，承办相关行政复议、行政应诉工作。

6. 承办国家局、总公司交办的其他事项。

【负责人】

司　长：李　鸣（—2016 年 10 月）、王玉麟（2016 年 9 月—，之前任副司长）①

副司长：曹松林

【内设机构】 设综合处、政策法规处（行政复议处）、体制改革处等 3 个内设处室。

财务管理与监督司（审计司）

【主要职责】

1. 研究提出行业有关经济政策建议；拟订并组织实施行业财务管理、资产经营管理、会计核算、审计监督的制度、办法。

2. 拟订并组织实施行业国有资产管理规定和国有资产保值增值考核办法、标准。

3. 监督管理行业资金，实施并管理重大金融投资项目；拟订行业税后利润分配政策及方案；拟订行业重大事项资

---

① 根据 2016 年 10 月《中共国家烟草专卖局党组关于王玉麟、李鸣同志职务任免的通知》（国烟人〔2016〕203 号），王玉麟同志任政策法规与体制改革司司长，任职时间自 2016 年 9 月 25 日党组决定之日起计算。免去李鸣同志政策法规与体制改革司司长职务。

金计划；编制并组织实施行业年度预算；组织行业所属企业上缴国有资本收益和财政专项税后利润，编报行业国有资本经营预算。

4. 负责行业各类财务会计报告的汇总、审核和编报工作；监督检查行业会计信息质量；参与拟订行业财务会计、审计信息化建设发展规划。

5. 负责行业内部审计工作；拟订并组织实施行业内部审计工作规定、办法，拟订行业内部审计发展规划和年度审计项目计划。

6. 承办国家局、总公司交办的其他事项。

【负责人】

司　长：万里明

巡视员：张书东（2016 年 12 月—，之前任巡视员兼副司长）

副司长：罗明德、韩敬文、陈哲平

【内设机构】 设综合处、财务处、预算处、会计处、国有资产管理处、审计一处、审计二处、审计三处、机关财务处等 9 个内设处室。

科技司

【主要职责】

1. 承担烟草制品减害降焦工作；拟订行业科技发展政策及战略规划、年度计划；参与拟订行业技术装备政策，参与技术引进和技术改造论证工作；组织国内外科技交流与合作。

2. 承担国家局、总公司科技创新工作领导小组、科学技术委员会、全国烟草标准化技术委员会的日常工作；负责行业创新体系建设及创新能力考核工作；负责行业科技成果评价、推广、奖励；负责科技信息、科技统计及有关知识产权管理工作；研究提出科技经费预算建议。

3. 拟订并组织实施行业科技项目年度计划；组织管理行业重大科技项目；审核烟草新品种和烟草基因工程事项。

4. 负责行业产品质量评价和监督工作；负责行业质量技术监督检验机构建设、审查和认定工作；负责烟草专卖品、烟用材料和相关产品的质量技术监督及质量市场准入工作。

5. 负责行业标准化管理工作；编制并组织实施行业标准制定项目年度计划，管理行业用标准物质和标准样品的制作与发布；组织开展烟草专用仪器计量检定工作。

6. 承办国家局、总公司交办的其他事项。

【负责人】

司　长：张　虹

副司长：雷樟泉、李莲娜（挂职）（—2016 年 1 月）

【内设机构】 设综合处、科技开发处、技术监督处、标准化处等 4 个内设机构。

人事司

【主要职责】

1. 拟订烟草系统人事、劳动工资、思想政治、教育培训工作相关政策和制度；指导烟草系统人事、用工、分配制度改革工作。

2. 负责国家局党组管理干部、机关各部门、各单位干部的管理工作；组织、指导、监督检查烟草系统各级领导班子建设工作；指导烟草系统人事档案管理工作。

3. 负责烟草系统机构编制、人才队伍建设工作；审核各级烟草专卖局的设立、分立、合并与撤销。

4. 负责烟草系统劳动、工资、保障工作；编制烟草系统教育培训规划，指导烟草系统教育培训工作。

5. 指导烟草系统党的建设、思想政治、企业文化建设工作；负责中国烟草职工思想政治工作研究会的日常工作。

6. 承办国家局、总公司交办的其他事项。

【负责人】

司　长：张　文

副司长：俞进祥

巡视员：史惠民（—2016 年 4 月）

副巡视员：刘　宁

【内设机构】 设综合处、系统干部处、机关人事处、劳动工资处、教育培训处、思想政治工作处（烟草行业工会办公室）、干部监督处等 7 个内设处室。

直属机关党委

【主要职责】

1. 负责组织国家局、总公司机关政治理论、科学知识学习，宣传和贯彻党的路线、方针、政策。

2. 负责国家局、总公司机关党风廉政建设和纪律检查的相关工作；负责国家局、总公司机关思想政治工作，组织协调精神文明建设工作。

3. 领导机关各部门、各单位党组织开展各项组织活动。

4. 负责各部门、各单位党组织和党员的管理，开展党员表彰奖励工作；负责各部门、各单位党组织换届选举的指导工作，任免各部门、各单位党组织的负责人。

5. 指导国家局、总公司机关工会、共青团、妇女工作委员会工作。

6. 承办国家局、总公司交办的其他事项。

【负责人】

直属机关党委书记：杨培森（—2016 年 3 月）、高　林

（2016年3月—）

直属机关党委常务副书记：高兴智

直属机关党委副书记、纪委书记：李　安

【内设机构】① 设办公室、纪律检查室2个内设处室。

国家局党组党风廉政建设领导小组及其办公室②

【主要职责】

国家局党组党风廉政建设领导小组对全行业党风廉政建设和反腐败工作实行统一领导，研究决定行业党风廉政建设的重大事项。党风廉政建设领导小组下设办公室，承担有关日常工作。

【负责人】

国家局党组党风廉政建设领导小组组长：凌成兴

副组长：高　林、孟庆旸（中央纪委驻工业和信息化部纪检组副组长）

成　员：张修连、王志江、王劲栋、徐维华、李　鸣、万里明、张　文、薛建平、高兴智、赵国臣

国家局党组党风廉政建设领导小组办公室主要负责人：薛建平

负责人：刘　忠（正司级）、蔡振华

巡视员：冯京安

国家局党组巡视组副组长：郁　毅

【部门设置】③ 设一室（综合室）、二室（案件检查室）、四室（信访审理室）、巡视办等4个内设机构。

规范管理办公室

【主要职责】

1. 按照国家局党组有关行业规范管理的战略任务和工作部署，针对各个阶段的重点工作事项，制定计划，研究措施，推动落实；组织规范管理制度贯彻落实情况的督办督查。

2. 负责谋划、研究健全完善行业规范管理制度，深入调查研究，组织科学论证，及时提出工作建议，构建规范管理保障机制。

3. 组织烟草行业规范管理工作会议，负责指导协调烟草行业规范管理工作信息化建设。

4. 承办国家局、总公司交办的其他事项。

【负责人】

主　任：赵国臣

副主任：庄怀成、胡炳辉

副巡视员：郭秀云

【内设机构】 设综合处、业务一处、业务二处等3个内设处室。

董事会工作办公室

【主要职责】

1. 协调省级工业有限责任公司董事会的工作。

2. 负责国家局、总公司派任省级工业有限责任公司，南通醋酸纤维有限公司、昆明醋酸纤维有限公司和珠海醋酸纤维有限公司董事长、副董事长、董事的日常联络服务工作。

3. 承办国家局、总公司交办的其他事项。

【负责人】

主　任：姜　凯（—2016年1月）、张本甫（2016年1月—）

董事长（部门正职）：姜　凯（—2016年1月）、张本甫（2016年1月—）、李根基（正厅级）、陈　晖（正厅级）、卢瑞刚、吴建明

代理董事长：许明忠（2016年2月—）

董　事（部门副职）：舒　明、秦　剑、黄翠萍、马伶燕、朱湘海、王超英、郭　勤、张弘毅

【内设机构】 设综合处、秘书处2个内设处室。

国家烟草专卖局职工培训中心（中共国家烟草专卖局党校）

【主要职责】

国家烟草专卖局职工培训中心（党校）是国家局直属的事业单位。

1. 负责行业司、处级党员领导干部党校教育，承担有关素质能力培训工作；组织开展相关教学课题研究。

2. 承办国家局、总公司组织的会议及业务培训。

3. 负责教育、培训、会议等服务保障工作。

---

① 根据《中共国家烟草专卖局党组关于机关党委内设机构职责及人员编制调整的通知》（国烟党〔2016〕86号），机关党委内设机构职责及人员编制调整如下：1. 增设机关党委副书记兼纪委书记1名；增设纪律检查室，核定人员编制4名。2. 机关党委副书记兼纪委书记的主要职责：协助机关党委书记和常务副书记抓机关党的纪律检查工作。纪律检查室的主要职责：承担国家局、总公司机关党风廉政建设组织协调和监督检查工作；根据党章和其他有关规定，负责国家局、总公司机关党的纪律检查工作；对国家局、总公司机关干部任免（处长、副处长、调研员、副调研员）、调动和奖惩提出廉政监督意见；承办领导交办的其他事项。3. 机关党委办公室编制不变，不再承担“负责国家局、总公司机关党风廉政建设和纪律检查的相关工作”职责。

② 2016年4月，根据《中共国家烟草专卖局党组关于成立党风廉政建设领导小组的通知》（国烟党〔2016〕88号），为进一步加强行业党风廉政建设，根据工作需要，调整现有的国家局党风廉政建设责任制领导小组职责，成立党风廉政建设领导小组，下设办公室。

③ 根据《关于机关党委内设机构职责及人员编制调整的通知》（国烟党〔2016〕86号），对机关党委内设机构职责及人员编制进行调整，增设纪律检查室，国家局党组党风廉政建设领导小组办公室二室（案件检查室）整体划转到直属机关党委的纪律检查室。

4. 承办国家局、总公司交办的其他事项。

【负责人】

党校校长：赵洪顺（兼）（—2016年3月）、高　林（兼）（2016年3月—）

党校副校长、培训中心主任（正厅级）：闫亚明

党校副校长、培训中心副主任：曾晓三、王丹丹

【内设机构】　设办公室、教务处、总务处等3个内设处室。

烟草经济研究所

【主要职责】

烟草经济研究所是国家局直属的事业单位。

1. 研究行业改革发展的经济理论和行业经济政策、重大产业政策、发展战略。

2. 参与行业有关重大问题的调研工作。

3. 分析研究国际烟草经济与科技信息、国际烟草市场动态及有关国家烟草政策。

4. 分析研究国家经济体制改革和国民经济运行信息；承担行业软科学研究工作。

5. 承担《烟草控制框架公约》履约情况和我国烟草控制法律、法规、政策跟踪研究。

6. 承办国家局、总公司交办的其他事项。

【负责人】

所　长：汪世贵

巡视员：李印美

副所长：李保江

【内设机构】　设办公室、政策研究室、产业研究室、控烟履约研究室等4个内设处室。

离退休干部办公室

【主要职责】

1. 拟订烟草系统离退休干部工作有关制度、规定，指导系统离退休干部工作。

2. 组织开展离退休干部工作人员业务培训；负责离退休干部统计工作。

3. 研究提出国家局、总公司机关离退休干部工作经费预算建议；负责机关离退休干部的服务管理工作；组织机关离退休干部的政治学习、文件传阅以及参加重大政治活动。

4. 承办国家局、总公司交办的其他事项。

【负责人】

主　任：付久海

副主任：杨章锁、高崇峰

副巡视员：宋永华（—2016年2月）

【内设机构】　设综合处、机关离退休干部处2个内设处室。

机关服务中心（机关服务局）

【主要职责】

机关服务中心（机关服务局）是国家局直属的事业单位。

1. 负责机关及广安门办公楼行政后勤管理工作，拟订并组织实施内部管理制度；负责内部聘用人员的人事、劳动工资管理工作；管理北京金叶园会议中心。

2. 负责机关及广安门办公楼固定资产的管理；负责机关办公用品的采购、保管和供应工作；负责机关及广安门职工食堂的管理及食品的采购供应工作。

3. 负责机关及广安门办公楼交通运输、机动车辆管理、使用及安全工作；负责机关及广安门职工的医疗、保健、计划生育工作；负责机关及广安门办公楼门前三包、绿化、美化工作。

4. 负责机关及广安门办公楼的基本建设、房地产、房改及相关物业管理工作。

5. 负责广安门办公楼的消防、安全保卫工作。

6. 承办国家局、总公司交办的其他事项。

【负责人】

主任（局长）：綦振平［2016年9月—，之前任副主任（副局长）］

副主任（副局长）：李卫东

【内设机构】　设办公室、综合服务处、财务处、生活福利处、基建房产处、广安门管理处等6个内设处室。

烟草经济信息中心

【主要职责】

烟草经济信息中心是国家局直属的事业单位，承担一定的行业宏观管理职能。

1. 拟订并组织实施行业信息化发展规划和管理制度、办法；拟订行业电子政务和电子商务建设的技术方案。

2. 拟订并组织实施行业信息化规范和标准；审核行业直属单位信息化规划和实施方案。

3. 负责行业统计工作；负责行业数据中心建设和管理工作。

4. 负责建设和管理行业网络通信系统；监督检查行业网络信息安全工作。

5. 承担行业信息系统运行维护管理工作；负责总公司上海容灾中心业务管理工作。

6. 承担国家局机关信息化项目建设工作，办理设备购置等

有关事项；承担行业网络安全和信息化领导小组的日常工作。

7. 负责国家局、总公司内、外网站建设、日常管理和内容保障工作；指导、协调行业各单位网站的建设和管理。

8. 承办国家局、总公司交办的其他事项。

【负责人】

主　任：胡新华

副主任：高一军、潘　红

总工程师：江　涛

副巡视员：张雪峰

【内设机构】 设综合处、信息统计分析处、系统运行处、网络通信安全处、运行维护管理处、网站管理处等6个内设处室。

中国烟草学会及其办事机构

【主要职责】

中国烟草学会是依法登记的全国性非营利性具有法人地位的学术性社会团体。

中国烟草学会办事机构在国家局、总公司领导下开展工作，接受民政部、中国科协的监督管理和业务指导，执行中国烟草学会理事会决议，处理日常事务。

1. 根据行业发展需要，组织行业科技工作者开展学术交流、科学普及和科技咨询活动，编印学术刊物。

2. 承担中国烟草学会的日常工作；负责协调上海中国烟草博物馆的业务工作。

3. 承办国家局、总公司交办的其他事项。

【负责人】

中国烟草学会理事长：赵洪顺

副理事长：王建雪（部门正职）、张　虹、杨先杰、谢剑平、刘建福、杨　俊、王元英

中国烟草学会办事机构秘书长：王建雪（兼）

副秘书长：韩希昌

副巡视员：哈君利

【内设机构】 设办公室、学术部、编辑部等3个专业处室。

中国烟叶公司（水源工程建设办公室）①

【主要职责】

中国烟叶公司是国家局、总公司直属的专业性公司，承担一定的行业宏观管理职能。

1. 组织、指导、协调、管理全国烟叶工作。

2. 研究提出并组织实施现代烟草农业的政策和发展规划；参与拟订烟叶种植、收购、储备、调拨和进口计划；参与拟订烟叶收购、调拨价格及打叶复烤加工费用标准。

3. 指导全国烟叶生产、收购和复烤加工工作；参与拟订烟叶国家标准、生产技术标准和打叶复烤技术标准；核准烟叶收购基准样品，组织烟草新品种审定工作；组织全国烟叶购销交易。

4. 研究提出行业水源工程、基础设施建设总体规划、年度计划；监督和指导补贴资金和援建资金的使用与管理；指导烟叶基层建设和打叶复烤企业管理；参与拟订打叶复烤企业技术改造规划；参与组织烟叶信息化工作。

5. 参与进口烟叶工作，负责进口烟叶国内流通管理，负责烟叶中外技术交流与合作工作。

6. 承办国家局、总公司交办的其他事项。

【负责人】

总经理兼水源工程建设办公室主任：陈江华

巡视员：包　勤

副总经理：刘建利、关博谦

总会计师：赵永红

水源工程建设办公室副主任：吴践志、赵素芬

副巡视员：卞　卡、刘　昉、郑　安（—2016年8月）

总经理助理：覃正炜（挂职）（2016年3月—）

【内设机构】 设办公室、综合计划部、生产管理部（技术推广部）、收购管理部、复烤企业管理部、财务部、经营部、水源工程建设办公室综合组、水源工程建设办公室基础组、水源工程建设办公室水源组等10个内设部门。

中国卷烟销售公司

【主要职责】

中国卷烟销售公司是国家局、总公司直属的专业性公司，承担一定的行业宏观管理职能。

1. 组织、指导、协调、管理全国卷烟销售工作，研究提出全国卷烟销售工作的政策和相关制度。

2. 指导全国卷烟销售网络建设和商业企业卷烟现代流通建设工作；拟订卷烟销售网络运行规范，参与拟订卷烟销售网络管理标准。

3. 组织实施全国卷烟市场需求预测工作，参与拟订卷烟销售计划；参与组织卷烟产销衔接和品牌定向整合工作，参与拟订卷烟品牌发展规划。

4. 组织、指导全国卷烟市场调查工作，采集、分析、发布卷烟市场信息；参与组织卷烟销售信息化工作，负责卷烟销售信息网络的管理与维护。

5. 组织、指导全国卷烟交易工作，拟订卷烟营销规则，

---

① 根据《国家烟草专卖局关于成立水源工程建设办公室的通知》（国烟人〔2012〕418号），成立水源工程建设办公室，按照非常设机构实行管理。根据《国家烟草专卖局关于中国烟叶公司增设水源工程建设办公室的通知》（国烟人〔2012〕316号），在中国烟叶公司内部增设水源工程建设办公室。

监督、检查卷烟促销工作；参与拟订进口卷烟销售计划，拟订进口卷烟的国内销售管理办法；组织、协调中外合作国内生产卷烟品牌的市场销售工作；依法对公司的全资企业、参股企业行使出资人权利，经营和管理国有资产，承担保值增值的责任。

6. 承办国家局、总公司交办的其他事项。

【负责人】

总经理：李春滨

副总经理：王　宏、崔　萍

【内设机构】　设办公室、财务部、网建部、信息部、市场管理部、交易管理部等6个内设部门。

中国烟草投资管理公司

【主要职责】

中国烟草投资管理公司是国家局、总公司直属的专业性公司，承担一定的行业宏观管理职能。

1. 负责行业多元化投资经营工作的归口管理；参与编制行业多元化投资规划，参与审核多元化投资项目；参与审核多元化经营企业国有产权转让、国有资产无偿划转等事项。

2. 拟订行业多元化经营管理规定和企业退出机制，指导建立现代企业制度，完善公司治理结构；建立和完善行业多元化经营企业国有资本保值增值指标体系和目标考核制度。

3. 根据总公司的授权，对总公司直接投资及本公司投资的多元化企业行使出资人权利，履行出资人职责。

4. 负责行业战略性投资项目的规划、论证及组织实施工作。

5. 负责国产醋纤丝束经营，依法经营其他烟用材料；参与拟订醋纤丝束分配计划与价格。

6. 承办国家局、总公司交办的其他事项。

【负责人】

总经理：于明芳

巡视员：吴　益（—2016年10月）

副总经理：张建华

总会计师：刘秋明

副巡视员：刘中华

【内设机构】　设办公室、企业管理部、行业指导管理部、事业发展部、财务管理部、经营部等6个内设部门。

中国烟草机械集团有限责任公司

【主要职责】

中国烟草机械集团有限责任公司是国家局、总公司直属的专业性公司，承担一定的行业宏观管理职能。

1. 参与拟订并组织实施烟草机械工业的发展规划、年度计划；参与拟订行业技术装备政策及烟草机械生产企业的生产布局、企业定点方案；拟订并组织实施行业设备管理制度，组织、协调行业生产设备的日常管理工作；负责推广新设备、新技术，发布淘汰设备目录。

2. 参与拟订国产烟草机械设备分配计划和价格政策；组织、协调全国烟草机械的购销管理工作；拟订并组织实施烟草机械产品生产经营业务的管理制度。

3. 负责行业设备大修理（翻修）的定点及布局工作，指导定点企业的生产经营和技术管理，拟订并组织实施设备大修理的年度计划；负责行业烟草机械零配件管理工作。

4. 负责烟草机械产品的技术管理工作；负责国内外烟草机械的技术交流、技术合作、对外技术谈判、技术培训和技术咨询服务工作；负责烟草机械引进技术的消化吸收和国产化工作；参与组织烟草机械新产品技术鉴定工作；拟订烟草机械产品的质量标准；参与拟订烟草机械设备进出口年度计划；参与组织烟草机械出口工作，负责组织货源和售后服务，参与组织国际市场开发工作。

5. 依法对控股企业行使出资人权利，经营和管理国有资产，承担保值增值的责任；按照国家局的授权，管理本公司及控股企业的人事、劳动工资及纪检监察工作。

6. 承办国家局、总公司交办的其他事项。

【负责人】①

党组书记、董事长、总经理：王建法

党组成员、副总经理：沈云龙、曲　伟

党组成员、纪检组长：吴　伟

副巡视员：凌卫民、赵美燕、廖默然（—2016年10月）、王　珩（—2016年4月）

【内设机构】　设办公室、综合计划部、人力资源部、生产管理部、市场部、财务资产部、技术合作部、设备管理部、审计部、监察室等10个内设部门。

中国烟草国际有限公司

【主要职责】

中国烟草国际有限公司是国家局、总公司直属的专业性公司，承担一定的行业宏观管理职能。

1. 按照集中统一对外原则，组织、指导、协调、管理中国烟草的国际业务；研究提出行业国际业务工作总体规划，拟订并组织实施开拓国际市场战略规划。

2. 统一经营和管理烟草类国营贸易业务，拟订相关规章制度，规范经营秩序；参与拟订烟草进出口产品的年度计划并负责组织实施；参与拟订烟草进出口产品价格；组

① 此处仅列中国烟草机械集团有限责任公司本部的领导成员。

织实施进口烟叶境外实体化运作。

3. 拟订行业境外企业的发展规划、生产布局；指导、协调、管理行业境外企业及境外卷烟销售网络的生产经营工作；参与拟订开拓国际市场的奖励政策，研究提出相关奖励方案。

4. 统一管理烟草行业境外投资及经贸合作；审查、评估行业境外投资项目和境外企业的设立、分立、合并与撤销，报国家局审批；协调解决对外贸易中的法律纠纷。

5. 依法对公司的全资企业、控股企业、参股企业行使出资人权利，经营和管理国有资产，承担保值增值的责任；根据国家局的授权，管理公司及境外投资控股企业和驻外机构的人事、劳动工资工作。

6. 承办国家局、总公司交办的其他事项。

【负责人】

董事会

董事长：张本甫（—2016 年 4 月）、徐　瑾（2016 年 4 月—）

董　事：邵　岩（2016 年 4 月—）、李　鸣、万里明、张　文、陈江华、高学林、谭小燕、张宏实、熊　斌、张　浩（2016 年 4 月—10 月）、潘肖勇（—2016 年 4 月）、凌　毅（2016 年 10 月—）

监　事：张书东、王玉麟、甘　宁

经理层

党组书记、总经理：邵　岩

党组成员、副总经理：高学林（部门正职级）

党组成员、副总经理：谭小燕

党组成员、总会计师：张宏实

党组成员、副总经理：熊　斌、张　浩（—2016 年 7 月）

党组成员、纪检组长：甘　宁

党组成员、副总经理：凌　毅（2016 年 8 月—）

【内设机构】① 设公共事务部、企划投资部、国营贸易部、烟叶运营部、市场拓展部、财务管理部、法律事务部、人力资源部、审计部、监察室等 10 个内设部门。

【驻外机构】 公司在境内外直接或间接投资设立的全资、参股公司 10 家（含中烟国际所属公司的子公司），分别是：深圳烟草进出口有限公司、天利国际经贸有限公司（所在地：中国香港）、天泽烟草有限责任公司（所在地：津巴布韦哈拉雷）、迪拜瑞世达贸易有限责任公司（所在地：阿联酋迪拜）、中烟国际巴西有限公司（所在地：巴西圣克鲁斯）、中巴烟草出口股份有限公司（所在地：巴西南大河州）、中烟菲莫国际有限公司（所在地：瑞士洛桑）、中烟国际阿根廷有限责任公司（所在地：阿根廷萨尔塔省）、中烟国际（北美）股份有限公司（所在地：美国北卡罗来纳州）、中烟英美烟草国际有限公司（所在地：中国香港）。

中烟商务物流有限责任公司

【主要职责】

中烟商务物流有限责任公司是国家局、总公司直属的专业性公司，承担一定的行业宏观管理职能。

1. 拟订行业电子商务发展规划，负责烟草电子商务平台建设工作。

2. 组织、指导、协调、管理行业物流建设工作，拟订行业物流标准；承担行业现代物流工作领导小组的日常工作。

3. 负责烟草电子商务平台、行业卷烟生产经营决策管理系统和物流信息系统的运行维护、安全管理和技术支持工作；负责有关数据汇总、分析，提供信息服务。

4. 承办国家局、总公司交办的其他事项。

【负责人】

总经理：吕忠信（—2016 年 10 月）、张　文（2016 年 11 月—）②

副总经理：董传国、范建治

总工程师：王金亮

副巡视员：李卫国

【内设机构】 设办公室、综合管理部、交易部、物流规划建设部、物流管理运行部、技术部（物流信息化部）、财务部等 7 个内设部门。

中国烟草实业发展中心③

【主要职责】

中国烟草实业发展中心是国家局、总公司直属的专业性公司。

1. 指导、协调、管理所属企业的生产经营活动；指导所属企业安全生产工作。

---

① 根据《国家烟草专卖局关于中国烟草国际有限公司内设机构职责和人员编制调整的通知》（国烟人〔2016〕166 号），中国烟草国际有限公司增设审计部，主要职责包括：拟订公司内部审计工作规定；对公司的财务工作及预算情况实施监督；负责公司及所投资企业国有资产的审计监督；组织开展专项审计和调查；承担审计统计报表及有关文书档案的管理工作；参与组织资产评估等工作；承办领导交办的其他事项。根据《国家烟草专卖局关于调整机关部分部门（单位）主要职责内设机构和人员编制的通知》（国烟人〔2015〕335 号）文件，中国烟草国际有限公司增设监察室。

② 根据 2016 年 11 月《中共国家烟草专卖局党组关于张文同志任职的通知》（国烟党〔2016〕225 号），张文同志任中烟商务物流有限责任公司总经理。根据 2016 年 10 月《中共国家烟草专卖局党组关于吕忠信同志退休的通知》（国烟党〔2016〕195 号），免去吕忠信同志中烟商务物流有限责任公司总经理职务。

③ 中国烟草实业发展中心（简称中烟实业）成立于 1999 年 1 月。2004 年 11 月，根据国烟法〔2004〕734 号文件，国家局将原由省级局（公司）管理的兰州卷烟厂等 4 家卷烟生产企业调整为中烟实业管理，将原由省级公司持有的红塔辽宁烟草有限责任公司等 4 家卷烟工业企业的股权调整为中烟实业持有，调整后，中烟实业下辖 8 家卷烟生产企业。

2. 组织实施所属企业组织结构调整，指导企业改革。

3. 依法对所属企业的国有资产行使出资人权利，承担国有资本保值增值责任，管理监督所属企业财务资金，组织实施内部审计工作。

4. 管理所属企业人事、劳动工资工作，指导所属企业精神文明建设，负责所属企业纪检监察工作。

5. 承办国家局、总公司交办的其他事项。

【负责人】

党组书记、总经理：董晓民（—2016年10月）、赵　琦（2016年9月—，之前任党组成员、副总经理）①

党组成员、副总经理：王殿贵（副厅级）

党组成员、纪检组长：李东梅（副厅级）

党组成员、副总经理：刘　龙、孔庆峰

总会计师：汪利华

副巡视员：秦　燕、陈玉秋

【内设机构】　设办公室（外事办公室）、人力资源部、生产部、安全监督管理部、企业管理部、财务部、审计部（监事室）、法律与改革部、市场营销部、物资供应部、纪检监察部等11个内设部门。

【所属企业】　下辖黑龙江烟草工业有限责任公司、红塔辽宁烟草有限责任公司、吉林烟草工业有限责任公司、甘肃烟草工业有限责任公司、内蒙古昆明卷烟有限责任公司、深圳烟草工业有限责任公司、山西昆明烟草有限责任公司、海南红塔卷烟有限责任公司等8家卷烟工业企业，以及吉林烟草进出口有限责任公司。

中国双维投资有限公司

【主要职责】

中国双维投资有限公司是国家局、总公司直属的专业性公司。

1. 负责烟草行业重大战略性投资项目的规划、论证和可行性研究工作。

2. 组织实施经中国烟草总公司批准的投资项目。

3. 承担本公司直接投资企业和投资项目的经营管理工作。

4. 参与整合中国烟草总公司确定的行业多元化投资项目的优质资产。

5. 根据国家烟草专卖局授权，管理本公司的人事、劳动工资工作。

6. 监督检查公司遵守和执行国家法律、法规以及国家局总公司决定、命令的情况；受理对公司部门和监察对象违反行政纪律行为的控告、检举，调查处理监察对象违反行政纪律的行为；受理监察对象不服行政处分决定的申诉；开展行政问责工作，调查处理监察对象的重大行政过错行为；监督检查部门和所属单位作风建设情况，查处不正之风行为；督促有关部门建立廉政、勤政方面的制度、办法，组织、指导所属单位的监察工作；贯彻执行上级监察机构的工作部署。

7. 承办国家局、总公司交办的其他事项。

【负责人】

董事会

董事长：徐　瑳

董　事：郝和国、王志江、李　鸣（—2016年11月）、万里明、张　文、翟　旭、王玉麟（2016年11月—）

经理层

党组书记、总经理：郝和国

党组成员、副总经理：王卫平（挂职）

党组成员、纪检组长：成协科

党组成员、副总经理：肖淑英、翟　旭

部门副职：徐晓新

总经理助理：周武庆

【内设机构】　设办公室、法律部、投资管理部、企业管理部、财务部、监察室等6个内设部门。

【分支机构】　设中国双维投资有限公司银川分公司1个分支机构。

《中国烟草》杂志社有限公司

【主要职责】

《中国烟草》杂志社有限公司是中国烟草总公司的全资子公司，具有独立的企业法人资格。

1. 编辑、出版、发行国家局的机关刊物《中国烟草》杂志（半月刊）。

2. 建设、维护、管理中国烟草资讯网。

3. 在国家局办公室指导下负责《中国烟草年鉴》编纂、发行工作。

4. 编辑出版发行《新烟草》杂志（旬刊）。

5. 承办《烟草企业文化》杂志（月刊）编辑工作。

6. 管理和经营中烟广告公司。

7. 开展图书音像出版等相关业务。

8. 负责国有资本保值增值。

【负责人】

董事会

董事长：刘　杰（—2016年10月）、王献生（2016年10月—）

① 根据2016年10月《中共国家烟草专卖局党组关于赵琦、董晓民同志职务任免的通知》（国烟党〔2016〕193号），赵琦同志任中共中国烟草实业发展中心党组书记、中国烟草实业发展中心总经理，任职时间自2016年9月25日党组决定之日起计算。免去董晓民同志中共中国烟草实业发展中心党组书记、中国烟草实业发展中心总经理职务。

董　事：刘　杰、王献生、任　静、赵百东、俞进祥

监　事：张书东

经理层

总经理：刘　杰（—2016 年 10 月）、王献生［2016 年 10 月—，之前任总编辑（部门正职）］

副总经理：任　静

【内设机构】　设总编室、编辑一部、编辑二部、记者部、美术摄影编辑部、网络部、《中国烟草年鉴》编辑部、《新烟草》编辑部（黑龙江新烟草杂志社）、《烟草企业文化》编辑部、综合办公室、广告部（中烟广告公司）、财务部、发行部、市场部、考评部等 15 个内设部门。

省级烟草专卖局（公司）

北京市烟草专卖局（公司）①

【概　况】　北京市烟草专卖局、北京市烟草公司成立于 1986 年 1 月。1985 年 12 月 31 日，北京市经济委员会与中国烟草总公司共同签署《关于北京市烟草公司上划交接协议书》；同日，北京市政府办公厅下发京政办发〔1985〕148 号文件，决定北京市烟草专卖局、北京市烟草公司从 1986 年 1 月 1 日正式成立，上划并开展工作，北京市烟草公司更名为中国烟草总公司北京市公司。2016 年，北京市局（公司）下辖东城、西城、朝阳、海淀、丰台、石景山、通州、顺义、延庆、怀柔、大兴、昌平、密云、门头沟、房山、平谷等 16 家区烟草专卖局（公司），北京市烟草专卖局铁路分局、北京市烟草专卖局公路分局、北京烟草营销中心、北京烟草物流中心，以及北京京烟卷烟零售连锁有限公司、金健恒通商贸有限公司和北京通大家园物业管理有限公司等 3 家全资子公司，北京黎马敦太平洋包装有限公司 1 家合资公司。市局（公司）机关下设 11 个职能处室、7 个专业部门②。截至 2016 年底，总资产 127.29 亿元，其中，固定资产 11.94 亿元、流动资产 109.86 亿元，资产负债率 8.95%。从业人员 3380 人。

【领导成员】

党组书记、局长、总经理：秦前浩

党组成员、副局长：赵文智

党组成员、纪检组长：周　宾

党组成员、副总经理：殷　刚

党组成员、副总经理：江　涛

副巡视员：刘进民

副巡视员：臧卫东（—2016 年 11 月）

天津市烟草专卖局（公司）

【概　况】　天津市烟草专卖局、天津市烟草公司成立于 1985 年 10 月。1985 年 10 月 29 日，天津市政府与中国烟草总公司共同签署《关于天津市烟草行业上划交接协议书》，决定自协议书签订之日起上划中国烟草总公司，更名为中国烟草总公司天津市公司。2016 年，天津市局（公司）下辖天津市区第一、第二、第三烟草专卖局（分公司），以及东丽、津南、西青、北辰等 4 家区烟草专卖局（分公司），滨海新区烟草专卖局塘沽、汉沽、大港等 3 家区烟草专卖分局（分公司），武清区烟草专卖局（有限公司）、宝坻区烟草专卖局（有限公司）、宁河区烟草专卖局（有限公司）、静海区烟草专卖局（有限公司）、蓟州区烟草专卖局（有限公司）等 5 家区烟草专卖局（有限公司）［2016 年 1 月，宁河县烟草专卖局（天津芦台烟草有限公司）更名为宁河区烟草专卖局（有限公司），静海县烟草专卖局（有限公司）更名为静海区烟草专卖局（有限公司），蓟县烟草专卖局（天津渔阳烟草有限公司）更名为蓟县烟草专卖局（有限公司）；11 月，蓟县烟草专卖局（有限公司）更名为蓟州区烟草专卖局（有限公司）］③，天津市滨海新区烟草专卖局、天津烟草卷烟营销中心、天津烟草物流中心、天津市恒大实业公司、天津市津烟卷烟自营总店。市局（公司）机关下设 11 个处室、5 个专业部门④。截至 2016 年底，总资产 83.69 亿元，其中，固定资产 5.79 亿元、流动资产 77.01 亿元，资产负债率 21.42%。从业人员 2136 人，其中劳务派遣人员 150 人。

【领导成员】

党组书记、局长、总经理：孙晓莹

党组成员、副总经理：李加春

党组成员：张立海

党组成员、纪检组长：宁书成

党组成员、副局长：徐小波

总经济师：刘　群

---

① 《国家烟草专卖局、中国烟草总公司组织结构》栏目中，“××烟草专卖局（公司）”简称“××局（公司）”。

② 据国烟人〔2016〕256 号文件设置。

③ 2016 年 1 月，国家局下发国烟人〔2016〕3 号文件，撤销天津市静海县烟草专卖局、天津市宁河县烟草专卖局，设立天津市静海区烟草专卖局，天津市静海区烟草专卖局与天津静海烟草有限公司合署办公，设立天津市宁河区烟草专卖局，将天津芦台烟草有限公司更名为天津宁河烟草有限公司，天津市宁河区烟草专卖局与天津宁河烟草有限公司合署办公；将天津市蓟县烟草专卖局更名为蓟县烟草专卖局，将天津渔阳烟草有限公司更名为天津蓟县烟草有限公司，蓟县烟草专卖局与天津蓟县烟草有限公司合署办公。

2016 年 11 月，国家局下发国烟人〔2016〕298 号文件，将蓟县烟草专卖局更名为天津市蓟州区烟草专卖局，将天津蓟县烟草有限公司更名为天津蓟州烟草有限公司，天津市蓟州区烟草专卖局与天津蓟州烟草有限公司合署办公。

④ 据国烟人〔2016〕139 号文件设置。

副巡视员：周金超

副巡视员：赵洪义

副巡视员：周文义（2016 年 12 月—）

河北省烟草专卖局（公司）

【概　况】　河北省烟草专卖局成立于 1984 年 3 月，河北省烟草公司成立于 1982 年 11 月。1985 年 1 月，河北省政府与中国烟草总公司签署协议，决定河北省烟草公司自签字之日起上划中国烟草总公司，更名为中国烟草总公司河北省公司。2016 年，河北省局（公司）下辖石家庄、邯郸、保定、张家口、承德、唐山、廊坊、沧州、衡水、邢台、秦皇岛等 11 个地市级烟草专卖局（公司），134 个县级烟草专卖局，涿州、雄县 2 个烟草稽查大队，136 个县级卷烟营销机构［2016 年 11 月，冀州市烟草专卖局（营销部）更名为衡水市冀州区烟草专卖局（分公司），万全县烟草专卖局（营销部）更名为张家口市万全区烟草专卖局（分公司）］①，中维地产河北有限公司、河北平山温泉烟草职工培训中心、河北中维物业服务有限公司（2016 年新设）、河北步润商贸有限公司、葫芦岛市万家经济开发区实业开发总公司等 5 个多元化经营企业，22 个派驻机构（分别为省公司派驻 11 个市公司的审计办公室和省局派驻 11 个市局的内部专卖管理监督办公室）。省局（公司）机关下设 14 个职能处室、7 个专业部门②。截至 2016 年底，总资产 210.79 亿元，其中，固定资产 13.5 亿元、流动资产 191.38 亿元，资产负债率 20.09%。从业人员 9980 人，其中劳务派遣人员 700 人。

【领导成员】

党组书记、局长、总经理：钱　江

党组成员、副总经理：马学雷（—2016 年 11 月，巡视员待遇）

党组成员、副总经理：俞关勇

党组成员、副局长：戴　勇

党组成员、副总经理：王志涛

党组成员、副总经理：王　辉（2016 年 12 月—，之前任副巡视员）

副巡视员：张宝月（—2016 年 1 月）

副巡视员：贾立业

山西省烟草专卖局（公司）

【概　况】　山西省烟草专卖局成立于 1983 年 7 月，山西省烟草公司成立于 1982 年 4 月。1984 年 6 月，山西省烟草公司上划中国烟草总公司，改制更名为中国烟草总公司山西省公司。2016 年，山西省局（公司）下辖太原、大同、阳泉、长治、晋城、朔州、忻州、吕梁、晋中、临汾、运城等 11 个地市级烟草专卖局（公司），112 个县级烟草专卖局（营销部）。省局（公司）机关下设 14 个职能处室、7 个专业部门③。截至 2016 年底，总资产 172.88 亿元，其中，固定资产 22.58 亿元、流动资产 143.03 亿元，资产负债率 6.22%。从业人员 7442 人。

【领导成员】

党组书记、局长、总经理：宋政峰

党组成员、副局长：张亚林

党组成员、副总经理：冯小云

党组成员、纪检组长：张国宾

副巡视员：董文彦（—2016 年 2 月）

内蒙古自治区烟草专卖局（公司）

【概　况】　内蒙古自治区烟草专卖局、内蒙古自治区烟草公司成立于 1984 年 1 月 1 日。1984 年 9 月，内蒙古自治区烟草公司上划中国烟草总公司，更名为中国烟草总公司内蒙古自治区公司。2016 年，内蒙古自治区局（公司）下辖呼和浩特、满洲里、呼伦贝尔、兴安、通辽、赤峰、锡林郭勒、二连浩特、乌兰察布、包头、鄂尔多斯、巴彦淖尔、乌海、阿拉善等 14 个地市级烟草专卖局（公司），107 个县级烟草专卖局、6 个分公司、77 个营销部，内蒙古自治区烟草专卖局铁路分局。自治区局（公司）机关下设 15 个职能处室、7 个专业部门④。截至 2016 年底，总资产 127.85 亿元，其中，固定资产 11.54 亿元、流动资产 113.05 亿元，资产负债率 26.98%。从业人员 5711 人。

【领导成员】

党组书记、局长、总经理：王志毅

党组成员、副总经理：王文忠

党组成员、副局长：赵德国

党组成员、纪检组长：董建华

副巡视员：郑子林

辽宁省烟草专卖局（公司）

【概　况】　辽宁省烟草专卖局成立于 1983 年 7 月，辽宁省烟草公司成立于 1983 年 5 月。1984 年 9 月 2 日，辽宁省

---

① 2016 年 11 月，国家局下发国烟人〔2016〕313 号文件，将冀州市烟草专卖局更名为衡水市冀州区烟草专卖局，将河北省烟草公司衡水市公司冀州市卷烟营销部更名为河北省烟草公司衡水市公司冀州分公司，衡水市冀州区烟草专卖局与河北省烟草公司衡水市公司冀州分公司合署办公。将万全县烟草专卖局更名为张家口市万全区烟草专卖局，将河北省烟草公司张家口市公司万全县卷烟营销部更名为河北省烟草公司张家口市公司万全分公司，张家口市万全区烟草专卖局与河北省烟草公司张家口市公司万全分公司合署办公。

② 据国烟人〔2016〕141 号文件设置。

③ 据国烟人〔2016〕140 号文件设置。

④ 据国烟人〔2016〕204 号文件设置。

政府与中国烟草总公司签署协议，决定辽宁省公司自签字之日起上划中国烟草总公司，更名为中国烟草总公司辽宁省公司。2006 年，完成母子公司体制改革。2016 年，辽宁省局（公司）下辖沈阳、鞍山、抚顺、本溪、丹东、锦州、营口、阜新、辽阳、铁岭、朝阳、盘锦、葫芦岛等 13 个地市级烟草专卖局（公司），56 个县级烟草专卖局（营销部）（含稽查支队 2 个、直属分局 3 个）［2016 年，辽中县烟草专卖局（营销部）更名沈阳市辽中区烟草专卖局（营销部）；大洼县烟草专卖局更名为盘锦市大洼区烟草专卖局］①，9 个县级烟叶分公司，15 个审计派驻办公室，13 个内部专卖管理监督派驻办公室，以及中国烟草辽宁进出口公司，丹东辽东烟草发展有限责任公司②。省局（公司）机关下设 14 个职能处室、8 个专业部门③。截至 2016 年底，总资产 137.09 亿元，其中，固定资产 11.45 亿元、流动资产 121.45 亿元，资产负债率 8.88%。从业人员 7913 人。

【领导成员】

党组书记、局长、总经理：王志富（—2016 年 8 月）
党组书记、局长、总经理：卓俭华（2016 年 8 月—）
党组成员：李德贤
党组成员、副总经理：陈　彤
党组成员、副总经理：蒋全波
党组成员、副局长：刘　涛
党组成员、纪检组长：张宝月
巡视员：韩永斌（—2016 年 12 月）
副巡视员：朱炳文

吉林省烟草专卖局（公司）

【概　况】　吉林省烟草专卖局、吉林省烟草公司成立于 1983 年 7 月。1984 年 9 月，吉林省政府与中国烟草总公司签署协议，决定吉林省烟草公司自签字之日起上划中国烟草总公司，更名为中国烟草总公司吉林省公司。2016 年，吉林省局（公司）下辖长春、吉林、四平、辽源、通化、白城、白山、松原、延边等 9 个地市级烟草专卖局（公司），54 个县级烟草专卖局，50 个县级营销部（分公司），以及金叶烟草有限责任公司、顺达房地产开发有限公司、金叶嘉园物业服务有限责任公司 3 个直属公司。省局（公司）机关下设 14 个职能处室、8 个专业部门④。截至 2016 年底，总资产 89.75 亿元，其中，固定资产 21.10 亿元、流动资产 65.26 亿元，资产负债率 20.15%。从业人员 5653 人。

【领导成员】

党组书记、局长、总经理：杨　俊
党组成员、副总经理：何　成
党组成员、副局长：聂树忠
党组成员、纪检组长：关宏梅
党组成员、副总经理：牛　千
党组成员、副总经理：吴家伟
副巡视员：杨永贤（—2016 年 4 月）
副巡视员：范忠顺

黑龙江省烟草专卖局（公司）

【概　况】　黑龙江省烟草专卖局成立于 1983 年 4 月，黑龙江省烟草公司成立于 1982 年 7 月。1984 年 4 月，黑龙江省政府与中国烟草总公司签署协议，决定自 1984 年 1 月 1 日起，黑龙江省烟草公司上划中国烟草总公司，更名为中国烟草总公司黑龙江省公司。2016 年，黑龙江省局（公司）下辖哈尔滨、齐齐哈尔、大庆、牡丹江、佳木斯、绥化、鸡西、双鸭山、伊春、七台河、鹤岗、黑河、大兴安岭、绥芬河等 14 个地市级烟草专卖局（公司），65 个县级烟草专卖局（分公司）［2016 年，根据国烟法〔2016〕73 号、国烟人〔2016〕67 号、国烟人〔2016〕121 号等文件，将各县、市营销部名称统一变更为“××市（地区）烟草公司××分公司”；依据行业县级单位设置权限，黑龙江省局（公司）各地市级局（公司）所属的原其他分局（营销部）均为便于内部管理设立的特设机构，不再列入所属县级单位］⑤，黑龙江省烟草公司哈尔滨烟叶公司、黑龙江省烟草公司牡丹江烟叶公司、中国烟草黑龙江进出口有限责任公司、黑龙江烟叶复烤有限公司⑥、黑龙江烟草投资管理有限

---

① 2016 年 6 月，国家局下发国烟人〔2016〕128 号文件，将辽中县烟草专卖局（营销部）更名为沈阳市辽中区烟草专卖局、沈阳市烟草公司辽中营销部，沈阳市辽中区烟草专卖局与沈阳市烟草公司辽中营销部合署办公。

2016 年 6 月，国家局下发国烟人〔2016〕130 号文件，将大洼县烟草专卖局更名为盘锦市大洼区烟草专卖局。

② 丹东辽东烟草发展有限责任公司详见《烟草工业》栏目“烟叶加工”分目。

③ 据国烟人〔2016〕219 号文件设置。

④ 据国烟人〔2016〕221 号文件设置。

⑤ 2016 年 3 月，国家局下发国烟法〔2016〕73 号文件，将黑龙江省烟草商业系统各县级营销部名称统一变更为“××市（地区）烟草公司××分公司”，更名后的各县级分公司作为所属地市级烟草公司不具企业法人资格的分支机构，与属地各县级烟草专卖局合署办公。

2016 年 3 月，国家局下发国烟人〔2016〕67 号文件，撤销黑龙江省双城市烟草专卖局，设立哈尔滨市双城区烟草专卖局，将黑龙江省烟草公司哈尔滨市公司双城营销部更名为哈尔滨市烟草公司双城分公司，哈尔滨市双城区烟草专卖局与哈尔滨市烟草公司双城分公司合署办公。

2016 年 5 月，国家局下发国烟人〔2016〕121 号文件，撤销黑龙江省呼兰县烟草专卖局，设立哈尔滨市呼兰区烟草专卖局；撤销黑龙江省阿城市烟草专卖局，设立哈尔滨市阿城区烟草专卖局；撤销黑龙江省东宁县烟草专卖局，设立东宁市烟草专卖局，由牡丹江市烟草专卖局管辖；撤销黑龙江省抚远县烟草专卖局，设立抚远市烟草专卖局，由佳木斯市烟草专卖局管辖；同意黑龙江省五常市烟草专卖局等 50 家县级烟草专卖局名称变更。

⑥ 黑龙江烟叶复烤有限公司详见《烟草工业》栏目“烟叶加工”分目。

公司①、牡丹江烟草科学研究所。省局（公司）机关下设15个职能处室、8个专业部门②，以及黑龙江省烟草专卖局铁路分局。截至2016年底，总资产148.52亿元，其中，固定资产13.33亿元、流动资产119.34亿元，资产负债率23.48%。从业人员1.02万人。

【领导成员】

党组书记、局长、总经理：刘根甫

党组成员、副总经理：李 健

党组成员、纪检组长：李捍红

党组成员：马保军

副巡视员：王永权（2016年10月—）

上海市烟草专卖局、上海烟草集团有限责任公司

【概 况】 上海市烟草专卖局成立于1984年2月。上海烟草集团有限责任公司（简称集团公司）的前身是上海烟草（集团）公司，于1993年11月由原上海市烟草公司及所属企业改制而成；2011年1月，根据《国家烟草专卖局中国烟草总公司关于上海烟草（集团）公司更名改制和完善公司法人治理结构的批复》（国烟法〔2010〕405号），正式更名为上海烟草集团有限责任公司。2016年，上海市烟草专卖局、上海烟草集团有限责任公司下辖黄浦分局和黄浦烟草糖酒有限公司一公司、二公司，静安分局和静安烟草糖酒有限公司一公司、二公司③，虹口、徐汇、杨浦、普陀、长宁、闵行、宝山、浦东新区、松江、青浦、嘉定、奉贤、金山、崇明等区（县）烟草专卖局（有限公司），驻上海铁路专卖局（有限公司），上海烟草贸易中心有限公司、中国烟草上海进出口有限责任公司、上海海烟投资管理有限公司、上海卷烟厂、北京卷烟厂、天津卷烟厂、上海烟草储运公司、上海高扬国际烟草有限公司、上海海烟物流发展有限公司、上海烟草集团太仓海烟烟草薄片有限公司、上海烟草集团苏州中华园大饭店有限公司、上海王宝和大酒店有限公司，并控股上海烟草包装印刷有限公司，上海白玉兰烟草材料有限公司、上海牡丹香精香料有限公司等多家企业。市局、集团公司机关下设28个处室（部门）④。截至2016年底，集团公司总资产1513亿元，其中，固定资产95亿元、流动资产1118亿元，资产负债率13.71%。从业人员3995人。

【领导机构】

董事会

董事长：施 超

副董事长：吴建明

董 事：黄翠萍、张弘毅、周永森、姜立功、胡勤伟（职工董事）

监 事：解建伟

班子成员

党组书记、局长、总经理：施 超

党组副书记、副局长：杨桂选

党组成员、纪检组长、工会主席：解建伟

党组成员：曲志刚

党组成员：李钢成

党组成员、副总经理：姜立功

党组成员、中国烟草博物馆常务副馆长、副总经理：唐 煦

党组成员、副总经理：陆 捷（2016年1月—，之前任党组成员）

党组成员：朱宏武

总会计师：陈宣民

巡视员：吴菊民（—2016年5月）

巡视员：周永森（2016年12月—，之前任党组成员、副总经理）

副巡视员：孙 平

江苏省烟草专卖局（公司）

【概 况】 江苏省烟草专卖局成立于1983年7月，江苏省烟草公司成立于1982年11月。1984年11月26日，江苏省政府与中国烟草总公司签订协议，决定自协议签署之日起，江苏省烟草公司上划中国烟草总公司，更名为中国烟草总公司江苏省公司。2003年7月4日，江苏烟草实行工商分设。2016年，江苏省局（公司）下辖南京、苏州、无锡、常州、镇江、南通、扬州、泰州、盐城、淮安、宿迁、徐州、连云港等13个地市级烟草专卖局（公司），69个县级烟草专卖局（分公司），江苏金丝利集团公司1个多元化经营企业。省局（公司）机关下设13个职能处室、5个专业部门⑤。截至2016年底，总资产685.50亿元，其中，固定资产29.77亿元、流动资产589.68亿元，资产负债率4.64%。从业人员1.11万人。

---

① 黑龙江烟草投资管理有限公司详见《行业概览》栏目“多元化经营”。

② 据国烟人〔2016〕194号文件设置。

③ 2016年，根据《国家烟草专卖局关于调整上海市烟草专卖局所属部分机构的批复》（国烟人〔2016〕90号），撤销上海市闸北区烟草专卖局、上海市静安区烟草专卖局，设立新的上海市静安区烟草专卖局。原上海烟草集团静安烟草糖酒有限公司更名为上海烟草集团静安烟草糖酒有限公司一公司，原上海烟草集团闸北烟草糖酒有限公司更名为上海烟草集团静安烟草糖酒有限公司二公司。

④ 据国烟人〔2015〕187号文件及国家局相关机构设置的规定要求，2016年9月，撤销物流管理处，其职能划归生产管理部；撤销投资管理处及下设科级建制，其职能划归上海海烟投资管理有限公司。

⑤ 据国烟人〔2016〕75号文件设置。

【领导成员】

党组书记、局长、总经理：董秀明

党组成员、巡视员、副总经理：杨兴泉

党组成员、副总经理：刘加荣

党组成员、纪检组长：朱亚涛

党组成员、副局长：刘培峰

副巡视员：潘立慧

副巡视员：秦立华

总会计师：余慧强

浙江省烟草专卖局（公司）

【概　况】　浙江省烟草专卖局、浙江省烟草公司成立于1984年3月。1984年12月30日，浙江省计划经济委员会与中国烟草总公司签署协议，决定浙江省烟草公司自1985年1月1日起上划中国烟草总公司，更名为中国烟草总公司浙江省公司。2003年7月，浙江烟草完成工商分设。2008年底，完成母子公司体制改革。2016年，浙江省局（公司）下辖杭州、宁波、温州、嘉兴、湖州、绍兴、金华、衢州、丽水、台州、舟山等11家地市级烟草专卖局（公司）、64家县级烟草专卖局（分公司），以及浙江烟草投资管理有限责任公司①、浙江烟草进出口有限公司（烟叶生产经营管理办公室）。省局（公司）机关下设13个职能处室、5个专业部门②。截至2016年底，总资产684.39亿元，其中，固定资产31.41亿元、流动资产557.58亿元，资产负债率11.80%。从业人员1.04万人。

【领导成员】

党组书记、局长、总经理：邱　萍

党组成员、副局长：于政雄

党组成员、纪检组长：王德源

党组成员、副总经理：李定晓

党组成员、副总经理：包诚善

副巡视员：孙佳华

安徽省烟草专卖局（公司）

【概　况】　安徽省烟草专卖局成立于1984年5月，安徽省烟草公司成立于1980年10月。1983年10月，安徽省政府与中国烟草总公司签署协议，安徽省烟草公司上划中国烟草总公司，更名为中国烟草总公司安徽省公司。2006年，省公司完成母子公司体制改革。2016年，安徽省局（公司）下辖合肥、淮北、亳州、宿州、蚌埠、阜阳、淮南、滁州、六安、马鞍山、芜湖、宣城、铜陵、池州、安庆、黄山等16个地市级烟草专卖局（公司）、88个县级烟草专卖局、86个县级卷烟营销部［2016年10月，撤销铜陵县烟草专卖局，设立铜陵市义安区烟草专卖局；撤销铜陵市烟草专卖局铜都分局，设立铜陵市铜官区烟草专卖局；撤销六安市烟草专卖局叶集分局，设立六安市叶集区烟草专卖局和六安市烟草公司叶集营销部］③，华环国际烟草有限公司④及安徽皖南烟叶有限责任公司。省局（公司）机关下设15个职能处室、7个专业部门⑤。截至2016年底，总资产306.04亿元，其中，固定资产36.43亿元、流动资产252.70亿元，资产负债率14.98%。从业人员1.07万人。

【领导成员】

党组书记、局长、总经理：问　武

党组成员、巡视员兼副总经理：卓俭华（—2016年9月）

党组成员、副总经理：董建江

党组成员、副局长：张靖江

党组成员、纪检组长：李柏林

总会计师：贾零霓

副巡视员：陈爱群

副巡视员：时玉玲

福建省烟草专卖局（公司）

【概　况】　福建省烟草专卖局、福建省烟草公司成立于1984年1月1日。1984年12月31日，福建省政府与中国烟草总公司签订协议，决定自协议签署之日起，福建省烟草公司上划中国烟草总公司，更名为中国烟草总公司福建省公司。2006年，完成母子公司体制改革。2016年，福建省局（公司）下辖福州、厦门、宁德、莆田、泉州、漳州、龙岩、三明、南平等9个地市级烟草专卖局（公司），76个县级烟草专卖局（分公司），三明金叶复烤有限公司、福建武夷烟叶有限公司⑥，以及福建烟草海晟投资管理有限公司⑦和中国烟草福建进出口有限责任公司。省局（公司）机关下设15个职能处室、7个专业部门⑧。截至2016年底，总资产440.82亿元，其中，固定资产39.92亿元、流动资产295.73亿元，资产负债率12.12%。从业人员1.69万人，

---

① 浙江烟草投资管理有限责任公司详见《行业概览》栏目“多元化经营”。

② 据国烟人〔2016〕88号文件设置。

③ 2016年10月，国家局下发国烟人〔2016〕278号文件，撤销铜陵县烟草专卖局，设立铜陵市义安区烟草专卖局；撤销铜陵市烟草专卖局铜都分局，设立铜陵市铜官区烟草专卖局；撤销六安市烟草专卖局叶集分局，设立六安市叶集区烟草专卖局；设立六安市烟草公司叶集营销部，六安市烟草公司叶集营销部与六安市叶集区烟草专卖局合署办公。

④ 华环国际烟草有限公司详见《烟草工业》栏目“烟叶加工”分目。

⑤ 据国烟人〔2016〕196号文件设置。

⑥ 三明金叶复烤有限公司、福建武夷烟叶有限公司详见《烟草工业》栏目“烟叶加工”分目。

⑦ 福建烟草海晟投资管理有限公司详见《行业概览》栏目“多元化经营”。

⑧ 据国烟人〔2016〕142号文件设置。

实行全员聘用制。

【领导成员】

党组书记、局长、总经理：张永军

党组成员、副局长：黄星光

党组成员、副总经理：林则森（—2016 年 8 月）

党组成员、副总经理：孔祥统

党组成员、副总经理：尤清河

党组成员、纪检组长：纪任德

江西省烟草专卖局（公司）

【概　况】　江西省烟草专卖局、江西省烟草公司成立于 1984 年 1 月。1984 年 12 月，江西省政府与中国烟草总公司签署协议，决定江西省烟草公司自签字之日起上划中国烟草总公司。2004 年，实行工商管理体制分设。2006 年，完成母子公司体制改革。2016 年，江西省局（公司）下辖南昌、九江、上饶、抚州、宜春、吉安、赣州、景德镇、萍乡、新余、鹰潭等 11 个地市级烟草专卖局（公司），98 个县级烟草专卖局（分公司）［2016 年，广丰县烟草专卖局（分公司）更名为上饶市广丰区烟草专卖局（分公司）；新建县烟草专卖局（分公司）更名为南昌市新建区烟草专卖局（分公司）］①，江西省烟草专卖局驻南昌铁路烟草专卖局、中国烟草井冈山传统教育基地、江西省锦峰投资管理有限责任公司②、江西赣南烟叶复烤有限责任公司③。省局（公司）机关下设 16 个职能处室、9 个专业部门、2 个临时机构④。截至 2016 年底，总资产 218.67 亿元，其中，固定资产 25.13 亿元、流动资产 171.38 亿元，资产负债率 20.51%。从业人员 8306 人。

【领导成员】

党组书记、局长、总经理：魏　平（—2016 年 10 月）

党组成员、副局长、副总经理（主持全面工作）：周恩海（2016 年 10 月—）

党组成员、副总经理：顾厚武（—2016 年 10 月）

党组成员、副总经理：徐素珍

党组成员、副局长：胡义强

党组成员、纪检组长：章建华

党组成员、副总经理：李　民

总会计师：陈建辉

副巡视员：熊也农

山东省烟草专卖局（公司）

【概　况】　山东省烟草专卖局成立于 1983 年 10 月，山东省烟草公司成立于 1982 年 4 月。1985 年 12 月，山东省烟草公司正式上划中国烟草总公司，更名为中国烟草总公司山东省公司。2016 年，山东省局（公司）下辖济南、青岛、淄博、枣庄、东营、烟台、潍坊、济宁、泰安、威海、日照、莱芜、临沂、德州、聊城、滨州、菏泽等 17 个地市级烟草专卖局（有限公司）、137 个县级烟草专卖局（分公司、营销部）［2016 年，定陶县烟草专卖局（营销部）更名为菏泽市定陶区烟草专卖局（营销部），垦利县烟草专卖局（营销部）更名为东营市垦利区烟草专卖局（营销部）］⑤，以及《东方烟草报》社有限公司、中国烟草山东进出口有限责任公司、中国烟草总公司青州中等专业学校、山东烟草投资管理有限公司⑥、山东烟叶复烤有限公司⑦、山东烟草研究院⑧、山东泰山壹伍叁贰物联供应链有限公司，17 个专卖内管派驻办，17 个审计派驻办。省局（公司）机关下设 15 个职能处室、6 个专业部门，以及山东省烟草专卖局铁路分局。截至 2016 年底，总资产 393.01 亿元，其中，固定资产 57 亿元、流动资产 267.68 亿元，资产负债率 24.85%。从业人员 2.3 万人。

【领导成员】

党组书记、局长、总经理：吴洪田

党组成员、副总经理：王卫平

党组成员、副总经理：宋新忠

党组成员、纪检组长：许　萍

巡视员：张克强（—2016 年 4 月）

副巡视员：邓志坚

副巡视员：韩志忠（2016 年 4 月—）

---

① 2016 年 6 月，国家局下发国烟人〔2016〕127 号文件，将广丰县烟草专卖局更名为上饶市广丰区烟草专卖局，上饶市广丰区烟草专卖局与上饶市烟草公司广丰分公司合署办公。

2016 年 12 月，国家局下发国烟人〔2016〕312 号文件，将新建县烟草专卖局更名为南昌市新建区烟草专卖局，南昌市新建区烟草专卖局与南昌市烟草公司新建分公司合署办公。

② 江西锦峰投资管理有限责任公司详见《行业概览》栏目“多元化经营”。

③ 江西赣南烟叶复烤有限责任公司详见《烟草工业》栏目“烟叶加工”分目。

④ 2016 年，国家局下发国烟人〔2016〕222 号文件，明确江西省局（公司）下设 15 个职能处室、6 个专业部门。结合实际情况，江西省局（公司）依据原有方案运行至 2017 年 8 月。

⑤ 2016 年 8 月，国家局下发国烟人〔2016〕236 号文件，将定陶县烟草专卖局更名为菏泽市定陶区烟草专卖局，菏泽市定陶区烟草专卖局与山东菏泽烟草有限公司定陶营销部合署办公。

2016 年 10 月，国家局下发国烟人〔2016〕286 号文件，将垦利县烟草专卖局更名为东营市垦利区烟草专卖局，东营市垦利区烟草专卖局与山东东营烟草有限公司垦利营销部合署办公。

⑥ 山东烟草投资管理有限公司详见《行业概览》栏目“多元化经营。”

⑦ 山东烟叶复烤有限公司详见《烟草工业》栏目“烟叶加工”分目。

⑧ 山东烟草研究院详见《科研和教育培训》栏目“科研院所”分目。

河南省烟草专卖局（公司）

【概　况】 河南省烟草专卖局成立于1983年7月，河南省烟草公司成立于1982年11月。1984年8月，河南省政府和中国烟草总公司签订协议，决定河南省烟草公司及所辖工商企业全部上划中国烟草总公司，更名为中国烟草总公司河南省公司。2006年，取消县级烟草公司法人资格，完成母子公司体制改革。2016年，河南省局（公司）下辖郑州、开封、洛阳、平顶山、安阳、鹤壁、新乡、焦作、濮阳、许昌、漯河、三门峡、南阳、商丘、信阳、周口、驻马店、济源等18个市级烟草专卖局（公司），134个县级烟草专卖局、135家县级烟草分公司［2016年5月，陕县烟草专卖局（分公司）更名为三门峡市陕州区烟草专卖局（分公司）］①，河南省烟草职工培训中心、中国烟草河南进出口有限责任公司、河南烟草投资管理有限公司②、天昌国际烟草有限公司③。省局（公司）机关下设15个职能处室、9个专业部门④。截至2016年底，总资产364.88亿元，其中，固定资产39.22亿元、流动资产293.03亿元，资产负债率25.05%。从业人员2.56万人，其中聘用员工5033人。

【领导成员】

党组书记、局长、总经理：李孟顺（—2016年1月）

党组书记、局长、总经理：武卫东（2016年1月—）

党组成员、纪检组长：程春节

党组成员、副局长：卢俊良

党组成员、副总经理：赵建州

党组成员、副总经理：王泽宗

副巡视员：付晖华

湖北省烟草专卖局（公司）

【概　况】 湖北省烟草专卖局成立于1984年3月，湖北省烟草公司成立于1983年8月。1984年11月12日，湖北省政府与中国烟草总公司签署协议，决定湖北省烟草公司自协议书签订之日起上划中国烟草总公司，更名为中国烟草总公司湖北省公司。2006年，完成母子公司体制改革。2016年，湖北省局（公司）下辖武汉、黄冈、襄阳、荆州、十堰、孝感、恩施、宜昌、咸宁、随州、黄石、荆门、鄂州等13个地市级烟草专卖局（公司），仙桃、天门、潜江等3个直管市烟草专卖局（公司）和神农架林区烟草专卖局（公司），以及湖北烟草金叶复烤有限责任公司⑤、湖北省烟草专卖局教育培训中心、湖北省烟草科学研究院（中国烟草白肋烟试验站）⑥、湖北烟草投资管理有限责任公司⑦、中国烟草湖北进出口有限责任公司。省局（公司）机关下设16个职能处室、7个专业部门⑧。截至2016年底，总资产336.45亿元，其中，固定资产37.43亿元、流动资产282.34亿元，资产负债率33.10%。从业人员1.38万人，其中聘用员工2698人。

【领导成员】

党组书记、局长、总经理：赵全意（—2016年8月）

党组书记、局长、总经理：顾厚武（2016年8月—）

党组成员、副总经理：杨　树

党组成员、副局长：徐述舟

党组成员、副总经理：夏汉林

党组成员、副总经理：黄树立

党组成员、副总经理：梁　斌

党组成员、纪检组长：董　辉（2016年8月—）

巡视员：刘裕堂

总会计师：周玉平

湖南省烟草专卖局（公司）

【概　况】 湖南省烟草专卖局成立于1983年10月，湖南省烟草公司成立于1983年7月。1985年1月，湖南省烟草公司正式上划中国烟草总公司，更名为中国烟草总公司湖南省公司。2016年，湖南省局（公司）下辖长沙、株洲、湘潭、衡阳、邵阳、岳阳、常德、张家界、益阳、郴州、永州、怀化、娄底、湘西等14个地市级烟草专卖局（公司），90个县级烟草专卖局（分公司），以及湖南烟叶复烤有限公司⑨和湖南省烟草职工培训中心（湘潭烟草中专学校）。省局（公司）机关下设16个职能处室、7个专业部门⑩。截至2016年底，总资产393.93亿元，其中，固定资产51.73亿元、流动资产281.71亿元，资产负债率14.1%。从业人员2.2万人。

【领导成员】

党组书记、局长、总经理：樊剑峰

---

① 2016年5月，国家局下发国烟人〔2016〕109号文件，将陕县烟草专卖局更名为三门峡市陕州区烟草专卖局，将三门峡市烟草公司陕县分公司更名为三门峡市烟草公司陕州分公司，三门峡市陕州区烟草专卖局与三门峡市烟草公司陕州分公司合署办公。

② 河南烟草投资管理有限公司详见《行业概览》栏目“多元化经营”。

③ 天昌国际烟草有限公司详见《烟草工业》栏目“烟叶加工”分目。

④ 据国烟人〔2016〕255号文件设置。

⑤ 湖北烟草金叶复烤有限责任公司详见《烟草工业》栏目“烟叶加工”分目。

⑥ 湖北省烟草科学研究院（中国烟草白肋烟试验站）详见《科研和教育培训》栏目“科研院所”分目。

⑦ 湖北烟草投资管理有限责任公司详见《行业概览》栏目“多元化经营”。

⑧ 2016年，国家局下发国烟人〔2016〕220号文件，明确湖北省局（公司）下设15个职能处室、7个专业部门。结合实际情况，湖北省局（公司）依据原有方案运行至2017年2月。

⑨ 湖南烟叶复烤有限公司详见《烟草工业》栏目“烟叶加工”分目。

⑩ 据国烟人〔2016〕135号文件设置。

党组成员、副总经理：程晓邵（—2016 年 5 月，巡视员待遇）

党组成员、副局长：李民灯（2016 年 9 月—，之前任党组成员、副总经理）

党组成员、副总经理：徐文军

党组成员、副总经理：谢建宏（2016 年 8 月—）

总农艺师：陆中山（2016 年 8 月—）

巡视员：张志刚

巡视员：罗高社（—2016 年 1 月）

副巡视员：郑则豪

副巡视员：柏承知（—2016 年 6 月）

广东省烟草专卖局（公司）

【概　况】　广东省烟草专卖局、广东省烟草公司成立于 1983 年。1985 年 11 月 20 日，广东省政府和中国烟草总公司签署协议，决定广东省烟草公司自协议签订之日起上划中国烟草总公司，更名为中国烟草总公司广东省公司。2016 年，广东省局（公司）下辖广州、中山、珠海、东莞、佛山、肇庆、江门、惠州、茂名、阳江、云浮、湛江、汕头、潮州、汕尾、揭阳、韶关、梅州、河源、清远等 20 个地市级烟草专卖局（有限公司、有限责任公司），87 个县级烟草专卖局①，77 个县级分公司，1 个县级烟草专卖局（公司）［2016 年，新设横琴新区烟草专卖局（分公司）］②，中国烟草广东进出口有限公司、广东粤烟投资管理有限公司、广州珠江城置业有限公司、广东梅州烟叶复烤有限责任公司③、广东韶关烟叶复烤有限责任公司④。省局（公司）机关下设 15 个职能处室、8 个专业部门⑤。截至 2016 年底，总资产 445.08 亿元，其中，固定资产 2087 亿元、流动资产 371.71 亿元，资产负债率 10.29%。从业人员 1.42 万人。

【领导成员】

党组书记、局长、总经理：郑　伟

党组成员、纪检组长：周伟兵

党组成员、副总经理：张　力

党组成员、副局长：曾　政（2016 年 12 月—）

党组成员、副总经理：周　亮（2016 年 12 月—）

副巡视员：黄　方

副巡视员：傅　斌

副巡视员：董志刚（—2016 年 11 月）

广西壮族自治区烟草专卖局（公司）

【概　况】　广西壮族自治区烟草专卖局成立于 1984 年 1 月，广西壮族自治区烟草公司成立于 1983 年 5 月。1984 年 12 月 1 日，广西区政府与中国烟草总公司签署协议，决定自 1985 年 1 月 1 日起，广西壮族自治区烟草公司上划中国烟草总公司，更名为中国烟草总公司广西壮族自治区公司。2016 年，广西壮族自治区局（公司）下辖南宁、柳州、桂林、梧州、北海、防城港、钦州、贵港、玉林、百色、贺州、河池、来宾、崇左等 14 个地市级烟草专卖局（公司），93 个县级烟草专卖局（营销部）［2016 年，撤销靖西县烟草专卖局，设立靖西市烟草专卖局；撤销临桂县烟草专卖局，设立桂林市临桂区烟草专卖局；武鸣县烟草专卖局更名为南宁市武鸣区烟草专卖局］⑥，伊灵烟叶复烤有限责任公司⑦。自治区局（公司）机关下设 15 个职能处室、7 个专业部门⑧。截至 2016 年底，总资产 140.86 亿元，其中，固定资产 21 亿元、流动资产 109.18 亿元，资产负债率 22.61%。从业人员 7829 人。

【领导成员】

党组书记、局长、总经理：赵同军

党组成员、副总经理：席亮文

党组成员、副局长：叶青峰

党组成员、副总经理：霍文义

党组成员、纪检组长：赵江波

党组成员、副总经理：陈可忠

巡视员：张克勤（—2016 年 2 月）

副巡视员：覃敏良（—2016 年 11 月）

海南省烟草专卖局（公司）

【概　况】　海南省烟草专卖局、中国烟草总公司海南省公司成立于 1988 年 6 月。2016 年，海南省局（公司）下辖海口、三亚、儋州、琼海等 4 个地市级烟草专卖局（公司），14 个县级烟草专卖局（营销部），海南烟草营销中

---

① 广州市局（公司）所属的番禺区局、南沙区局为合署办公；不含东莞、汕尾、佛山市局（公司）所属的 9 个分局。

② 2016 年 2 月，国家局下发国烟人〔2016〕40 号文件，设立横琴新区烟草专卖局（副处级），按照县级烟草专卖局设置，由珠海市烟草专卖局管理；设立广东烟草珠海市有限公司横琴新区分公司。横琴新区烟草专卖局与广东烟草珠海市有限公司横琴新区分公司合署办公。

③ 广东梅州烟叶复烤有限公司详见《烟草工业》栏目“烟叶加工”分目。

④ 广东韶关烟叶复烤有限公司详见《烟草工业》栏目“烟叶加工”分目。

⑤ 据国烟人〔2016〕290 号文件设置。

⑥ 2016 年 1 月，国家局下发国烟人〔2016〕34 号文件，撤销广西壮族自治区靖西县烟草专卖局，设立靖西市烟草专卖局，靖西市烟草专卖局与广西壮族自治区烟草公司百色市公司靖西营销部合署办公。

2016 年 3 月，国家局下发国烟人〔2016〕68 号文件，撤销广西壮族自治区临桂县烟草专卖局，设立桂林市临桂区烟草专卖局，桂林市临桂区烟草专卖局与广西壮族自治区烟草公司桂林市公司临桂营销部合署办公。

2016 年 8 月，国家局下发国烟人〔2016〕234 号文件，将广西壮族自治区武鸣县烟草专卖局更名为南宁市武鸣区烟草专卖局，南宁市武鸣区烟草专卖局与广西壮族自治区烟草公司南宁市公司武鸣营销部合署办公。

⑦ 伊灵烟叶复烤有限责任公司详情见《烟草工业》栏目“烟叶加工”分目。

⑧ 据国烟人〔2016〕226 号文件设置。

心，持有海南金沙岛卷烟销售有限责任公司 30% 的股份。省局（公司）机关下设 12 个职能处室、7 个专业部门①。截至 2016 年底，总资产 59.29 亿元，其中，固定资产 3.51 亿元、流动资产 52.65 亿元，资产负债率 13.56%。从业人员 1285 人，实行全员聘用制。

【领导成员】

党组书记、局长、总经理：金忠理

党组成员、副局长（正厅级）：林先德

党组成员、副局长：闫玉岗

党组成员、纪检组长：梁开朝（2015 年 11 月—）②

总会计师：徐丽芬

重庆市烟草专卖局（公司）

【概　况】　重庆市烟草专卖局、重庆市烟草公司成立于 1983 年。1984 年 7 月 14 日，重庆市政府与中国烟草总公司签署协议，决定自 1985 年 1 月 1 日起，重庆市烟草公司上划中国烟草总公司，更名为中国烟草总公司重庆市公司。2016 年，重庆市局（公司）下辖万州、涪陵、黔江、渝中、大渡口、江北、沙坪坝、九龙坡、南岸、北碚、万盛经济技术开发区、渝北、巴南、长寿、江津、合川、永川、南川、綦江、大足、璧山、铜梁、潼南、荣昌、梁平、城口、丰都、垫江、武隆、忠县、开州、云阳、奉节、巫山、巫溪、石柱、秀山、酉阳、彭水等 39 个区（县）烟草专卖局（分公司）［2016 年 9 月，开县烟草专卖局（分公司）更名为重庆市开州区烟草专卖局（分公司）］③，中国烟草总公司重庆市公司销售分公司、物流分公司、烟叶分公司等 3 个专业分公司，以及重庆市烟草投资管理有限公司④、重庆烟叶复烤有限公司⑤和重庆烟草科学研究所⑥。市局（公司）机关下设 12 个职能处室、6 个专业部门⑦。截至 2016 年底，总资产 177.8 亿元，其中，固定资产 12.9 亿元、流动资产 148.82 亿元。从业人员 1.02 万人。

【领导成员】

党组书记、局长、总经理：王永平

党组成员、副总经理：李　江

党组成员、副总经理：冉幕寿

党组成员、纪检组长：智　力

巡视员：高兴华（—2016 年 10 月）

副巡视员：李纯林

副巡视员：刘　劲

四川省烟草专卖局（公司）

【概　况】　四川省烟草专卖局成立于 1983 年 3 月，四川省烟草公司成立于 1982 年 10 月。1984 年 7 月 9 日，中国烟草总公司与四川省政府签署《关于四川省烟草公司上划交接协议书》，规定自签订之日起，全省烟草工商企业上划中国烟草总公司，更名为中国烟草总公司四川省公司。2016 年，四川省局（公司）下辖成都、自贡、攀枝花、泸州、德阳、绵阳、广元、遂宁、内江、乐山、南充、宜宾、广安、达州、巴中、雅安、眉山、资阳、凉山、阿坝、甘孜等 21 个地市级烟草专卖局（公司）［2016 年，撤销都江堰市烟草专卖局（公司）］⑧，182 个县级烟草专卖局，170 个县级烟草分公司［2016 年，撤销马尔康县烟草专卖局，设立马尔康市烟草专卖局；安县烟草专卖局（分公司）更名为绵阳市安州区烟草专卖局（分公司）］⑨，以及中国烟草四川进出口有限责任公司、四川烟叶复烤有限责任公司⑩、四川诚至诚烟草投资有限责任公司（2016 年新设）。省局（公司）机关下设 15 个职能处室、10 个专业部门⑪。截至 2016 年底，总资产 428.46 亿元，其中，固定资产 50.52 亿元、流动资产 346.02 亿元，资产负债率 10.66%。从业人员 1.41 万人。

【领导成员】

党组书记、局长、总经理：李恩华

党组成员、副总经理：陈　霖

党组成员、副局长：陈　章（—2016 年 8 月）

党组成员、副总经理：肖　瑞

党组成员、总会计师：石　磊

党组成员、纪检组长：唐　强

党组成员、副总经理：麻世强

副巡视员：商　波

副巡视员：陈东风

---

① 据国烟人〔2016〕222 号文件设置。

② 2016 年 1 月，国家局党组下发国烟党〔2016〕24 号文件，梁开朝任海南省烟草专卖局（公司）纪检组长、党组成员，任职时间自 2015 年 11 月 23 日党组决定之日起计算。

③ 2016 年 9 月，国家局下发国烟人〔2016〕252 号文件，将重庆市开县烟草专卖局更名为重庆市开州区烟草专卖局，将中国烟草总公司重庆市公司开县分公司更名为中国烟草总公司重庆市公司开州分公司，重庆市开州区烟草专卖局与中国烟草总公司重庆市公司开州分公司合署办公。

④ 重庆市烟草投资管理有限公司详见《行业概览》栏目“多元化经营”。

⑤ 重庆烟叶复烤有限公司详见《烟草工业》栏目“烟叶加工”分目。

⑥ 重庆烟草科学研究所详见《科研和教育培训》栏目“科研院所”分目。

⑦ 据国烟人〔2016〕198 号文件设置。

⑧ 2016 年 1 月，国家局下发国烟法〔2016〕7 号文件，取消四川省烟草公司都江堰市公司的法人资格，设立四川省烟草公司成都市公司都江堰分公司，与都江堰市烟草专卖局合署办公。

⑨ 2016 年 2 月，国家局下发国烟人〔2016〕55 号文件，撤销马尔康县烟草专卖局，设立马尔康市烟草专卖局，马尔康市烟草专卖局与四川省烟草公司阿坝州公司马尔康分公司合署办公。

2016 年 8 月，国家局下发国烟人〔2016〕243 号文件，将四川省安县烟草专卖局更名为绵阳市安州区烟草专卖局，将四川省烟草公司绵阳市公司安县分公司更名为四川省烟草公司绵阳市公司安州分公司，绵阳市安州区烟草专卖局与四川省烟草公司绵阳市公司安州分公司合署办公。

⑩ 四川烟叶复烤有限责任公司详见《烟草工业》栏目“烟叶加工”分目。

⑪ 据国烟人〔2016〕227 号文件设置。

贵州省烟草专卖局（公司）

【概　况】　贵州省烟草专卖局成立于1983年9月，贵州省烟草公司成立于1981年11月。1985年11月13日，贵州省政府与中国烟草总公司签署协议，决定自1986年6月1日起，贵州省烟草公司上划中国烟草总公司，更名为中国烟草总公司贵州省公司。2004年1月，贵州烟草实行工商分设。2006年，取消县级公司法人资格，确立地市级公司市场经营主体地位，建立母子公司体制。2016年，贵州省局（公司）下辖贵阳、遵义、六盘水、安顺、毕节、铜仁、黔东南、黔南、黔西南、贵安等10个地市级烟草专卖局（公司）［2016年2月，新设贵安新区烟草专卖局（公司）］①，88个县级烟草专卖局，76个县级分公司［2016年，撤销遵义市市区烟草专卖局（分公司）；撤销遵义县烟草专卖局，设立遵义市播州区烟草专卖局，遵义市烟草公司遵义县分公司更名为遵义市烟草公司播州分公司；设立汇川区烟草专卖局（分公司）、红花岗区烟草专卖局（分公司）］②，贵州省烟草科学研究院③、中国烟草贵州进出口有限责任公司、贵州烟草投资管理有限公司④、贵州烟叶复烤有限责任公司⑤。省局（公司）机关下设15个职能处室、9个专业部门⑥。截至2016年底，总资产313.33亿元，其中，固定资产46.79亿元、流动资产249.48亿元，资产负债率12.85%。从业人员1.84万人。

【领导成员】

党组书记、局长、总经理：陈卫东（—2016年11月）

党组书记、局长、总经理：高体仁（2016年12月—）

党组成员、副局长、副总经理（正厅级）：杨　俊（—2016年1月）

党组成员、巡视员、副总经理：李智勇

党组成员、副局长：任　林

党组成员、纪检组长：钟　勇

党组成员、副总经理：沈　宏

副巡视员：赵建忠

云南省烟草专卖局（公司）

【概　况】　云南省烟草专卖局成立于1983年11月，云南省烟草公司成立于1982年4月。1985年1月，中国烟草总公司与云南省政府签署《关于云南省烟草公司上划交接协议书》，决定自1985年1月1日云南省烟草公司上划中国烟草总公司，更名为中国烟草总公司云南省公司。2016年，云南省局（公司）下辖昆明、玉溪、曲靖、楚雄、昭通、红河、大理、文山、保山、德宏、丽江、临沧、普洱、西双版纳、怒江、迪庆等16个地市级烟草专卖局（公司）、128家县级烟草专卖局（分公司）［2016年，江川县烟草专卖局（分公司）更名为玉溪市江川区烟草专卖局（分公司）；沾益县烟草专卖局（分公司）更名为曲靖市沾益区烟草专卖局（分公司）］⑦，云南省烟草烟叶公司⑧、中国烟草云南进出口有限公司、云南烟叶复烤有限责任公司⑨、云南华叶投资有限责任公司⑩、云南香料烟有限责任公司（2016年8月，注销云南省烟草实业公司）等5个直属企业，云南省烟草农业科学研究院⑪、云南省烟草质量监督检测站、云南省烟草专卖局机关服务中心等3个直属事业单位，以及云南省烟草专卖局铁路分局（与专卖监督管理处合署办公）、云南省烟草专卖局民航分局（与专卖监督管理处合署办公）。省局（公司）机关下设15个职能处室、5个专业部门⑫。截至2016年底，总资产1047.52亿元，其中，固定资产66.61亿元、流动资产821.56亿元，资产负债率16.6%。在岗员工1.8万人。

【领导成员】

党组书记、局长、总经理：余云东（—2016年10月）

党组书记、局长、总经理：陈卫东（2016年10月—）

党组成员、副总经理：高体仁

党组成员、副局长：赵　全（—2016年5月）

党组成员、副总经理：邵　岩（—2016年1月）

党组成员、纪检组长：许力为

党组成员、副总经理：邓小刚

---

① 2016年2月，国家局下发国烟人〔2016〕42号文件，设立贵安新区烟草专卖局（副处级），设立贵州省烟草公司贵安新区公司，贵安新区烟草专卖局与贵州省烟草公司贵安新区公司合署办公。

② 2016年10月，国家局下发国烟人〔2016〕287号文件，撤销贵州省遵义市市区烟草专卖局、遵义市烟草公司市区分公司。撤销贵州省遵义县烟草专卖局，设立遵义市播州区烟草专卖局；将遵义市烟草公司遵义县分公司更名为遵义市烟草公司播州分公司，遵义市烟草公司播州分公司与遵义市播州区烟草专卖局合署办公。设立遵义市汇川区烟草专卖局，设立遵义市烟草公司汇川分公司，遵义市烟草公司汇川分公司与遵义市汇川区烟草专卖局合署办公。设立遵义市红花岗区烟草专卖局，设立遵义市烟草公司红花岗分公司，遵义市烟草公司红花岗分公司与遵义市红花岗区烟草专卖局合署办公。

③ 贵州省烟草科学研究院详见《科研和教育培训》栏目“科研院所”分目。

④ 贵州烟草投资管理有限公司详见《行业概览》栏目“多元化经营”。

⑤ 贵州烟叶复烤有限责任公司详见《烟草工业》栏目“烟叶加工”分目。

⑥ 据国烟人〔2016〕225号文件设置。

⑦ 2016年5月，国家局下发国烟人〔2016〕110号文件，将江川县烟草专卖局更名为玉溪市江川区烟草专卖局，将玉溪市烟草公司江川县分公司更名为玉溪市烟草公司江川分公司，玉溪市江川区烟草专卖局与玉溪市烟草公司江川分公司合署办公。

2016年8月，国家局下发国烟人〔2016〕235号文件，将沾益县烟草专卖局更名为曲靖市沾益区烟草专卖局，曲靖市沾益区烟草专卖局与曲靖市烟草公司沾益分公司合署办公。

⑧ 云南省烟草烟叶公司详见《烟草工业》栏目“烟叶加工”分目。

⑨ 云南烟叶复烤有限责任公司详见《烟草工业》栏目“烟叶加工”分目。

⑩ 云南华叶投资有限责任公司详见《行业概览》栏目“多元化经营”。

⑪ 云南省烟草农业科学研究院详见《科研和教育培训》栏目“科研院所”分目。

⑫ 据国烟人〔2016〕203号文件设置。

总农艺师：杨荣生

巡视员：郑天一（—2016 年 8 月）

副巡视员：段应泽

副巡视员：包　毅

副巡视员：付昆生

副巡视员：杨世田

西藏自治区烟草专卖局（公司）

【概　况】　西藏自治区烟草专卖局、西藏自治区烟草公司成立于 1998 年 1 月。2001 年 1 月，西藏自治区烟草公司正式上划中国烟草总公司，更名为中国烟草总公司西藏自治区公司。2016 年，西藏自治区局（公司）下辖拉萨、山南、日喀则、林芝、昌都、阿里等 6 个地市级烟草专卖局（公司）［2016 年，山南地区烟草专卖局（公司）更名为山南市烟草专卖局（公司）］①。自治区局（公司）机关下设 13 个职能处室、8 个专业部门②。截至 2016 年底，总资产 26.33 亿元，其中，固定资产 3.1 亿元、流动资产 21.33 亿元，资产负债率 11.94%。从业人员 1062 人。

【领导成员】

党委书记、局长、总经理：宋　俊

党委委员、纪委书记、副局长：旺　啦

党委委员、副总经理：乔建民

党委委员、副总经理：洛　桑

党委委员、副局长：白向群

副巡视员：王永长

陕西省烟草专卖局（公司）

【概　况】　陕西省烟草专卖局成立于 1984 年 9 月，陕西省烟草公司成立于 1984 年 7 月，实行合署办公。1985 年 4 月 3 日，陕西省政府与中国烟草总公司签署协议，决定自 1985 年 1 月 1 日起，陕西省烟草公司上划中国烟草总公司，更名为中国烟草总公司陕西省公司。2007 年实施母子公司体制改革。2016 年，陕西省局（公司）下辖西安、咸阳、宝鸡、渭南、铜川、商洛、汉中、安康、延安、榆林、杨凌示范区等 11 个地市级烟草专卖局（公司），106 个所属县级烟草专卖局（分公司、营销部）［2016 年，华县烟草专卖局（分公司）更名为渭南市华州区烟草专卖局（分公司）］③，以及陕西烟草投资管理有限公司④、陕西烟草进出口有限责任公司、西安铁路烟草专卖分局。省局（公司）机关下设 15 个职能处室、8 个专业部门⑤。截至 2016 年底，总资产 156.7 亿元，其中，固定资产 20.32 亿元、流动资产 109.3 亿元，资产负债率 19.24%。从业人员 1.01 万人，实行全员聘用制。

【领导成员】

党组书记、局长、总经理：张天峰

党组成员、副局长：吉应城

党组成员、副总经理：梁培荣

党组成员、副总经理：姚宗东

党组成员、纪检组长：赵启斌

甘肃省烟草专卖局（公司）

【概　况】　甘肃省烟草专卖局、甘肃省烟草公司成立于 1984 年 9 月，实行合署办公。1985 年 5 月 15 日，甘肃省经济委员会与中国烟草总公司签署协议，决定从协议签定之日起甘肃省烟草公司上划中国烟草总公司，更名为中国烟草总公司甘肃省公司。2006 年，完成母子公司体制改革。2016 年，甘肃省局（公司）下辖兰州、天水、定西、酒泉、武威、张掖、庆阳、平凉、陇南、白银、金昌、嘉峪关、临夏、甘南等 14 个地市级烟草专卖局（公司），83 个县级烟草专卖局（营销部）［2016 年，设立兰州新区烟草专卖局（营销部）］⑥ 和 1 个县级烟草专卖局（公司），甘肃省烟草专卖局铁路分局。省局（公司）机关下设 14 个职能处室、6 个专业部门⑦。截至 2016 年底，总资产 78.55 亿元，其中，固定资产 7.15 亿元、流动资产 55.37 亿元，资产负债率 6.62%。从业人员 4507 人，实行全员聘用制。

【领导成员】

党组书记、局长、总经理：武卫东（—2016 年 1 月）

党组书记、局长、总经理：师增建（2016 年 1 月—）

党组成员、副总经理：张　威

党组成员、副总经理：杨　洪

党组成员、副局长：蔺志宏

---

① 2016 年 6 月，国家局下发国烟人〔2016〕129 号文件，将山南地区烟草专卖局更名为山南市烟草专卖局，将西藏自治区烟草公司山南地区公司更名为西藏自治区烟草公司山南市公司，山南市烟草专卖局与西藏自治区烟草公司山南市公司合署办公。

② 据国烟人〔2016〕281 号文件设置。

③ 2016 年 1 月，国家局下发国烟人〔2016〕11 号文件，撤销华县烟草专卖局、渭南市烟草公司华县分公司，设立渭南市华州区烟草专卖局、渭南市烟草公司华州分公司，渭南市华州区烟草专卖局与渭南市烟草公司华州分公司合署办公。

④ 陕西烟草投资管理有限公司详见《行业概览》栏目“多元化经营”。

⑤ 据国烟人〔2016〕195 号文件设置。

⑥ 2016 年 2 月，国家局下发国烟人〔2016〕43 号文件，设立兰州新区烟草专卖局（副处级），设立兰州市烟草公司兰州新区营销部，兰州新区烟草专卖局与兰州市烟草公司兰州新区营销部合署办公。

⑦ 据国烟人〔2016〕199 号文件设置。

党组成员：刘　震（—2016 年 1 月）
党组成员：田　成
副总经理、党组成员：何绍青
副巡视员：杨　卫
副巡视员：王永毅

青海省烟草专卖局（公司）

【概　况】　青海省烟草专卖局、青海省烟草公司成立于 1984 年，1986 年 1 月青海省烟草公司上划中国烟草总公司，更名为中国烟草总公司青海省公司。2007 年，完成母子公司体制改革。2016 年，青海省局（公司）下辖西宁、海东、海西、格尔木、海北、海南、黄南、玉树、果洛等 9 个地市级烟草专卖局（公司），35 个县级烟草专卖局，33 个县级营销部，青海烟草物流中心。省局（公司）机关下设 12 个职能处室、4 个专业部门①。截至 2016 年底，总资产 37.94 亿元，其中，固定资产 1.92 亿元、流动资产 35.69 亿元，资产负债率 28%。从业人员 1310 人。

【领导成员】

党组副书记、副局长、副总经理（主持工作）：李德义
党组成员、副局长：张超凡
党组成员、副总经理：秦　刚
党组成员、副总经理：刘海宁
巡视员：侯国昆（—2016 年 4 月）

宁夏回族自治区烟草专卖局（公司）

【概　况】　宁夏回族自治区烟草专卖局、宁夏回族自治区烟草公司经宁夏回族自治区人民政府批准于 1983 年 10 月成立，1984 年 4 月挂牌。1986 年 1 月上划中国烟草总公司，更名为中国烟草总公司宁夏回族自治区公司。2016 年，宁夏回族自治区局（公司）下辖银川、石嘴山、吴忠、固原、中卫等 5 个地市级烟草专卖局（公司），15 个县级烟草专卖局（分公司），宁夏润维商贸有限责任公司、宁夏回族自治区公司物流中心。自治区局（公司）机关下设 12 个职能部门、4 个专业部门②。截至 2016 年底，总资产 27.79 亿元，其中，固定资产 2.52 亿元、流动资产 22.09 亿元，资产负债率 8.32%。从业人员 1273 人，实行全员聘用制。

【领导成员】

党组书记、局长、总经理：姜　凯
党组成员、副局长：李光荣
党组成员、副总经理：罗增平
党组成员、纪检组长：李文辉
党组成员、副总经理：虎治富

新疆维吾尔自治区烟草专卖局（公司）

【概　况】　新疆维吾尔自治区烟草专卖局、新疆维吾尔自治区烟草公司成立于 1986 年 1 月 1 日，同年，新疆维吾尔自治区烟草公司上划中国烟草总公司，更名为中国烟草总公司新疆维吾尔自治区公司。2011 年，自治区局将各地、州、市烟草专卖局所属县级烟草专卖行政主管部门名称统一为“某某地、州、市某某县（市、区）烟草专卖局”，原县级卷烟经营机构主要任务是市场服务，不再具体从事卷烟的批发与零售及其他经营活动。2016 年，新疆维吾尔自治区局（公司）下辖乌鲁木齐、昌吉、博尔塔拉、伊犁、克拉玛依、塔城、阿勒泰、吐鲁番、哈密、巴音郭楞、阿克苏、喀什、和田等 13 个地（州、市）烟草专卖局（公司），新疆维吾尔自治区烟草专卖局石河子市局、克孜勒苏柯尔克孜自治州烟草专卖局 2 个地（州、市）烟草专卖局③，92 个县级烟草专卖局，新疆烟草进出口有限责任公司、新疆烟草营销中心、新疆烟草物流中心。自治区局（公司）机关下设 11 个职能处室、4 个专业部门④。截至 2016 年底，总资产 69.12 亿元，其中，固定资产 5.75 亿元、流动资产 57.96 亿元，资产负债率 9.4%。从业人员 2983 人。

【领导成员】

党组书记、局长、总经理：邱永春
党组成员、纪检组长、副局长：多里坤·阿西木
党组成员、副总经理：刘建昌
党组成员、副局长：曲卫东
党组成员、副总经理：孙　勇
副巡视员：姜　涛
副巡视员：荆　仲（—2016 年 10 月）
副巡视员：张树山（—2016 年 8 月）
副巡视员：郑学义
副巡视员：张　力
副巡视员：陈跃敏

大连市烟草专卖局（公司）

【概　况】　大连市烟草专卖局、大连市烟草公司成立于 1984 年，1994 年上划国家烟草专卖局，在烟草行业内计划单列，是国家局、总公司直接管理的省级烟草专卖局（公

---

① 据国烟人〔2016〕136 号文件设置。
② 据国烟人〔2016〕137 号文件设置。
③ 喀什地区烟草专卖局与克孜勒苏柯尔克孜自治州烟草专卖局合署办公。新疆烟草兵团石河子有限公司是兵团国资公司下属企业，人、财、物属兵团国资公司，自治区公司仅对其经营管理工作进行指导。
④ 据国烟人〔2016〕138 号文件设置。

司）。2006年10月，国家局印发《国家烟草专卖局关于大连市烟草公司建立母了公司体制改革的批复》（国烟法〔2006〕754号），批复同意将大连市烟草公司的名称变更为中国烟草总公司大连市公司。2016年，大连市局（公司）下辖中山、西岗、沙河口、甘井子、旅顺口、金州、普兰店、瓦房店、庄河、长海等10个区（市、县）级烟草专卖局（分公司）［2016年1月，撤销中国烟草总公司大连市公司市内分公司，新设中山区、西岗区、沙河口区、甘井子区、长海县烟草专卖局（分公司）；3月，撤销普兰店市烟草专卖局，设立大连市普兰店区烟草专卖局］①，大连烟草营销中心、大连烟草物流中心、大连经济技术开发区东方大厦有限公司，以及大连春天物业管理有限公司1个控股子公司。市局（公司）机关下设11个职能处（室）、4个专业部门②。截至2016年底，总资产56.46亿元，其中，固定资产2.75亿元、流动资产52.53亿元，资产负债率4.67%。从业人员769人，实行全员聘用制。

【领导成员】

党组书记、局长、总经理：刘　宁

党组成员、副总经理：康　锵（—2016年4月）

党组成员、副总经理：杨际明

党组成员、副局长：顾　建

巡视员：潘洪革（—2016年7月）

深圳市烟草专卖局（公司）

【概　况】　深圳市烟草专卖局、深圳市烟草公司成立于1986年。1995年4月，深圳市烟草公司正式上划中国烟草总公司，更名为中国烟草总公司深圳市公司，享有省级烟草专卖管理权、经营权。2016年，深圳市局（公司）下辖福田、罗湖、南山、盐田、宝安、龙岗、光明、坪山、龙华、大鹏等10个区烟草专卖局（公司），中深烟草贸易中心1个直属公司，以及深圳烟草营销中心、深圳烟草物流中心、深圳烟草进出口有限公司。市局（公司）机关下设11个职能处室、5个专业部门③。截至2016年底，总资产115.71亿元，其中，固定资产5.67亿元、流动资产105.72亿元，资产负债率3.56%。从业人员1267人，实行全员聘用制。

【领导成员】

党组书记、局长、总经理：张亚宾

党组成员、副总经理：王　军

党组成员、副局长：吴镇丰

党组成员、副总经理：李新忠

党组成员、纪检组长：洪美宣

副巡视员：陈雪慧

◇ 编辑：谢争艳

省级中烟工业公司

河北中烟工业有限责任公司

【概　况】　河北中烟工业有限责任公司前身为河北烟草工商分设后成立于2003年6月的河北中烟工业公司。2010年12月，国家局、总公司批复同意河北中烟工业公司更名改制为河北中烟工业有限责任公司，并于2011年7月正式挂牌成立。公司下辖张家口卷烟厂有限责任公司、河北白沙烟草有限责任公司2家具有独立法人资格的卷烟工业企业。公司本部下设20个部门，以及北方烟机配件有限公司1家专业公司，河北烟草工业教育培训中心1家教育机构。截至2016年底，总资产170.25亿元，其中，固定资产29.67亿元、流动资产133.43亿元，资产负债率23.87%。从业人员5073人。

【领导机构】

董事会

董事长：姜　凯（—2016年2月）、李根基

代理董事长：许明忠（2016年2月—）

董　事：刘依平、杨　军、师进辉、马伶燕（—2016年3月）、朱湘海（—2016年3月）、秦　剑（2016年3月—）、郭　勤（2016年3月—）、李　刚（职工董事）

监　事：王海峰

班子成员

党组书记、总经理：刘依平

党组成员、副总经理：师进辉

党组成员、纪检组长：王海峰

党组成员、副总经理：陈昌鸿

---

① 2016年1月，国家局下发国烟人〔2016〕33号文件，撤销中国烟草总公司大连市公司市内分公司。设立大连市中山区烟草专卖局（正处级）、中国烟草总公司大连市公司中山区分公司，大连市中山区烟草专卖局与中国烟草总公司大连市公司中山区分公司合署办公。设立大连市西岗区烟草专卖局（正处级）、中国烟草总公司大连市公司西岗区分公司，大连市西岗区烟草专卖局与中国烟草总公司大连市公司西岗区分公司合署办公。设立大连市沙河口区烟草专卖局（正处级）、中国烟草总公司大连市公司沙河口区分公司，大连市沙河口区烟草专卖局与中国烟草总公司大连市公司沙河口区分公司合署办公。设立大连市甘井子区烟草专卖局（正处级）、中国烟草总公司大连市公司甘井子区分公司，大连市甘井子区烟草专卖局与中国烟草总公司大连市公司甘井子区分公司合署办公。设立长海县烟草专卖局（正处级）、中国烟草总公司大连市公司长海县分公司，长海县烟草专卖局与中国烟草总公司大连市公司长海县分公司合署办公。

2016年3月，国家局下发国烟人〔2016〕76号文件，撤销普兰店市烟草专卖局，设立大连市普兰店区烟草专卖局，大连市普兰店区烟草专卖局与中国烟草总公司大连市公司普兰店分公司合署办公。

② 据国烟人〔2016〕224号文件设置。

③ 据国烟人〔2016〕205号文件设置。

巡视员：杨　军（2016年11月—，之前任党组成员、巡视员兼副总经理）

副巡视员：杜为红

副巡视员：史雨民

江苏中烟工业有限责任公司

【概　况】　江苏中烟工业有限责任公司前身为江苏烟草工商分设后于2003年9月成立的江苏中烟工业公司。2006年12月，完成对省内卷烟工业企业的合并重组。2008年5月，经国家局、总公司批复同意，改制更名为江苏中烟工业有限责任公司，并于2009年9月成立董事会，12月举行挂牌仪式。公司下辖南京卷烟厂、徐州卷烟厂、淮阴卷烟厂等3家不具有法人资格的卷烟生产企业，以及南通烟滤嘴有限责任公司、江苏鑫源烟草薄片有限公司①2个全资子公司。公司本部下设23个部门。截至2016年底，总资产584.57亿元，其中，固定资产59.62亿元、流动资产472.04亿元，资产负债率10.75%。从业人员5284人。

【领导机构】

董事会

董事长：吴建明

董　事：曾献兵、俞惠梅（—2016年3月）、马　健（2016年3月—，之前任监事）、宣晓泉、黄翠萍、张弘毅、李　鸣（—2016年3月）、朱卫星（2016年3月—）

监　事：马　健（—2016年3月）

班子成员

党组书记、总经理：曾献兵

党组成员、副总经理、工会主席：马　健

党组成员、副总经理：宣晓泉

党组成员、副总经理：周　涛（—2016年9月）

党组成员、副总经理：王轩庭

党组成员、副总经理：王海龙

巡视员：俞惠梅（—2016年3月）

副巡视员：余宗迎（—2016年6月）

浙江中烟工业有限责任公司

【概　况】　浙江中烟工业有限责任公司最初为浙江烟草工商分设后于2003年7月成立的浙江中烟工业公司。2007年11月，浙江中烟工业公司改制更名为浙江中烟工业有限责任公司。公司下辖杭州卷烟厂、宁波卷烟厂和浙江中烟投资管理有限公司②，参股甘肃烟草工业有限责任公司、环球烟草有限责任公司③、科伦印象有限责任公司④。公司本部下设15个部门（2016年9月，进出口部更名为国际业务部）。截至2016年底，总资产495.22亿元，其中，固定资产69.26亿元、流动资产363.21亿元，资产负债率27.28%。从业人员3395人。

【领导机构】

董事会

董事长：李根基（—2016年2月）、张本甫（2016年2月—）

董　事：刘建设、孟伟刚、许明忠（—2016年2月）、杨柳军（2016年5月—）、秦　剑（—2016年3月）、郭　勤（—2016年3月）、马伶燕（2016年3月—）、朱湘海（2016年3月—）、王良君（职工董事）

班子成员

党组书记、总经理：刘建设

党组成员、巡视员、副总经理：孟伟刚

党组成员、副总经理：许明忠（—2016年2月）

党组成员、副总经理：杨柳军

党组成员、副总经理：娄晓平

党组成员、副总经理：张思荣

副巡视员：洪树义（—2016年2月）

总工程师：储国海

安徽中烟工业有限责任公司

【概　况】　安徽中烟工业有限责任公司最初为安徽烟草工商分设后于2003年4月成立的安徽中烟工业公司。2010年，经国家局、总公司批复同意，更名改制为安徽中烟工业有限责任公司。2011年6月15日，安徽中烟工业有限责任公司成立董事会。同年6月27日，正式挂牌成立。公司下辖蚌埠卷烟厂、芜湖卷烟厂、合肥卷烟厂、阜阳卷烟厂、滁州卷烟厂等5家不具有法人资格的卷烟生产厂，以及安徽中烟再造烟叶科技有限责任公司⑤1家全资子公司，中烟国际欧洲有限公司⑥1家控股公司，华环国际烟草有限公司⑦、双维伊士曼纤维有限公司2家参股公司。公司本部下

① 江苏鑫源烟草薄片有限公司详见《烟草工业》栏目“烟叶加工”分目。

② 浙江中烟投资管理有限公司详见《行业概览》栏目“多元化经营”。

③ 环球烟草有限责任公司详见《烟草工业》栏目“境外卷烟生产”分目。

④ 科伦印象有限责任公司详见《烟草工业》栏目“境外卷烟生产”分目。

⑤ 安徽中烟再造烟叶科技有限责任公司详见《烟草工业》栏目“烟叶加工”分目。

⑥ 中烟国际欧洲有限公司详见《烟草工业》栏目“境外卷烟生产”分目。

⑦ 华环国际烟草有限公司详见《烟草工业》栏目“烟叶加工”分目。

设 19 个部门（含合署办公），以及营销中心、技术中心和物流中心。截至 2016 年底，总资产 297.22 亿元，其中，固定资产 44.29 亿元、流动资产 231.66 亿元，资产负债率 30.53%。在岗员工 6102 人。

【领导机构】

董事会

董事长：姜　凯（—2016 年 1 月）、张本甫（2016 年 1 月—）

董　事：朱建华（—2016 年 5 月）、王志彬、马伶燕、朱湘海、张　力、姜亚维、李甲林（职工董事）

监　事：张会廷

班子成员

党组书记、总经理：王志彬

党组成员、副总经理：张　力

党组成员、副总经理：程华良（2016 年 8 月—）

党组成员、副总经理：宁　敏（2016 年 8 月—）

总经济师：姜亚维

副巡视员：杜　进

福建中烟工业有限责任公司

【概　况】　福建中烟工业有限责任公司最初为福建烟草工商分设后于 2003 年 11 月成立的福建中烟工业公司。2010 年 12 月，经国家局、总公司批复同意更名改制为福建中烟工业有限责任公司，2011 年 7 月 8 日正式挂牌成立。公司下辖龙岩、厦门烟草工业有限责任公司 2 家具有独立法人资格的卷烟生产企业，福建省龙岩金叶复烤有限责任公司① 1 家打叶复烤企业，福建金闽再造烟叶发展有限公司② 1 家烟草薄片生产企业，福建鑫叶投资管理集团有限公司③ 1 家多元化经营企业。公司本部下设 19 个部门。截至 2016 年底，总资产 279.49 亿元，其中，固定资产 62.27 亿元、流动资产 196.37 亿元，资产负债率 25.54%。从业人员 4743 人。

【领导机构】

董事会

董事长：吴建明

董　事：李跃民、王建勇、邱全胜、黄翠萍、张弘毅、张　伟（职工董事）

监　事：林建红（2016 年 1 月—）

班子成员

党组书记、总经理：李跃民

党组成员、副总经理：王建勇

党组成员、副总经理：王道宽

党组成员、副总经理：邱全胜

党组成员、副总经理：伍达明

党组成员、副总经理：林荣欣

党组成员、纪检组长：林建红

江西中烟工业有限责任公司

【概　况】　江西中烟工业有限责任公司最初为江西烟草工商分设后于 2004 年 10 月成立的江西中烟工业公司。2007 年 12 月，国家局、总公司批复同意江西中烟工业公司与所属南昌卷烟总厂合并重组为一个法人实体，企业名称为江西中烟工业公司。2009 年 10 月，江西中烟工业公司更名改制为江西中烟工业有限责任公司。公司下辖南昌卷烟厂、赣州卷烟厂、广丰卷烟厂、井冈山卷烟厂等 4 家不具有法人资格的卷烟生产厂。公司本部下设 20 个部门。截至 2016 年底，总资产 168.54 亿元，其中，固定资产 37.31 亿元、流动资产 124.64 亿元，资产负债率 30.02%。从业人员 4747，其中在岗员工 4622 人。

【领导机构】

董事会

董事长：李根基（—2016 年 2 月）

代理董事长：许明忠（2016 年 2 月—）

董　事：姚庆艳、周恩海、王迪汗、秦　剑、郭　勤、廖新尧（职工董事）

监　事：任用锴

班子成员

党组书记、总经理：姚庆艳

党组成员、副总经理：周恩海（—2016 年 10 月）

党组成员、纪检组长：任用锴（—2016 年 7 月）

党组成员、副总经理：王迪汗

党组成员、副总经理：张胜健

党组成员、副总经理：赵明强

总会计师：罗丽珍

副巡视员：张志勇（—2016 年 6 月）

山东中烟工业有限责任公司

【概　况】　山东中烟工业有限责任公司最初为山东烟草工商分设后于 2004 年 2 月成立的山东中烟工业公司。2009

① 福建省龙岩金叶复烤有限责任公司详见《烟草工业》栏目“烟叶加工”分目。

② 福建金闽再造烟叶发展有限公司详见《烟草工业》栏目“烟叶加工”分目。

③ 福建鑫叶投资管理集团有限公司详见《行业概览》栏目“多元化经营”。

年9月，国家局、总公司批复同意山东中烟更名改制和建立董事会。2010年4月20日，山东中烟工业有限责任公司挂牌成立。公司下辖济南卷烟厂、青岛卷烟厂、青州卷烟厂、滕州卷烟厂等4家不具有法人资格的卷烟生产厂，将军烟草集团有限公司、颐中烟草（集团）有限公司、山东省烟草物资设备有限公司等3个全资子公司。公司本部下设16个部门和5个相对独立运行中心。截至2016年底，总资产339.21亿元，其中，固定资产50.84亿元、流动资产236.16亿元，资产负债率39.31%。从业人员5633人，其中在岗员工5607人。

【领导机构】

董事会

董事长：吴建明

董　事：韩　林、王众声、刘青文（—2016年11月）、黄翠萍、张弘毅、叶　逊（职工董事）

监　事：鹿广瑞

班子成员

党组书记、总经理：韩　林

党组成员、副总经理：王众声

党组成员、纪检组长：鹿广瑞

党组成员、副总经理：刘青文（—2016年11月）

党组成员、副总经理：周　健（—2016年12月）

党组成员、副总经理：丛亮滋

党组成员、副总经理：蒋海岩

总会计师：李万灵

副巡视员：刘　伟

副巡视员：卜晓东

河南中烟工业有限责任公司

【概　况】　河南中烟工业有限责任公司，最初为河南烟草工商分设后于2003年10月成立的河南中烟工业公司。2009年8月，河南中烟工业公司改制更名为河南中烟工业有限责任公司。2011年8月，河南中烟工业有限责任公司挂牌成立。公司下辖黄金叶生产制造中心、许昌卷烟厂、安阳卷烟厂、南阳卷烟厂、驻马店卷烟厂、漯河卷烟厂、洛阳卷烟厂等7家不具有法人资格的卷烟生产厂，河南卷烟工业烟草薄片有限公司①1家薄片生产企业，河南金瑞香精香料有限公司、河南金芒果印刷有限公司、驻马店发时达工贸有限公司、许昌永昌印务有限公司、河南省新郑金芒果实业总公司、许昌帝豪实业公司、郑州黄金叶实业总公司、安阳市红旗渠集团、南阳双龙实业公司、洛阳烟草服务中心、漯河沙河实业有限公司等11家卷烟辅助材料生产企业②，1个行业级技术中心，1个博士后科研工作站。公司本部下设20个部门（不含技术中心和营销中心；整顿和规范市场经济秩序工作办公室于2016年2月更名为规范管理办公室）。截至2016年底，总资产420.11亿元，其中，固定资产88.99亿元、流动资产308.69亿元，资产负债率34.89%。在岗员工9518人。

【领导机构】

董事会

董事长：姜　凯（—2016年1月）、李根基

代理董事长：许明忠（2016年2月—）

董　事：杨自业、杨志忠、吴明山、马伶燕（—2016年3月）、朱湘海（—2016年3月）、秦　剑（2016年3月—）、郭　勤（2016年3月—）、肖　洪（职工董事）

监　事：刘学鲁

班子成员

党组书记、总经理：杨自业

党组成员、副总经理：杨志忠

党组成员、副总经理：吴明山

党组成员、副总经理：付顺卿

党组成员、副总经理：孙志强

党组成员、纪检组长：刘学鲁

党组成员、副总经理：许廷选

党组成员、副总经理：李彦伟

副巡视员：王志远

湖北中烟工业有限责任公司

【概　况】　湖北中烟工业有限责任公司，最初为湖北烟草工商分设后于2004年1月18日成立的湖北中烟工业公司。2006年，湖北中烟工业公司与武汉烟草（集团）有限公司、武汉卷烟厂实行双向合署办公，重组整合为一个法人实体。2007年11月28日，湖北中烟工业公司正式更名改制为湖北中烟工业有限责任公司。公司下辖武汉卷烟厂、襄阳卷烟厂、三峡卷烟厂、广水卷烟厂、红安卷烟厂、恩施卷烟厂等6家不具有企业法人资格的卷烟生产厂，以及湖北中烟卷烟材料厂、襄阳市鸿琰实业有限责任公司、宜昌金叶工贸有限责任公司、湖北龙乡印刷包装股份有限公司、湖北宜昌金丝烟草有限公司、统一联邦国际有限公司、红金龙（集团）有限公司等7家子公司，其中湖北龙乡印刷包装股份有限公司为控股公司，其余6家为全资子公司。本部下设15个部门。截至2016年底，总资产404.80亿元，其中，固定资产83.21亿元、流动资产316.32亿元，资产负债率32.98%。从业人员6983人。

---

① 河南卷烟工业烟草薄片有限公司详见《烟草工业》栏目“烟叶加工”分目。

② 2016年，河南中烟完成所持汕头龙华印务有限公司股权的转让，退出该公司。

【领导机构】

董事会

董事长：陈　晖

董　事：部　强、舒　明、倪　华、聂广军、王超英、程思军（职工董事）

监　事：姚　萌

班子成员

党组书记、总经理：部　强

党组成员、副总经理：倪　华

党组成员、副总经理：姚　萌

党组成员、副总经理：聂广军

党组成员、纪检组长：马超纯

巡视员：吴　俊

副巡视员：张桂珍

湖南中烟工业有限责任公司

【概　况】　湖南中烟工业有限责任公司最初为湖南烟草工商分设后于2003年成立的湖南中烟工业公司。2006年10月，湖南中烟工业公司与所属长沙卷烟厂、常德卷烟厂合并重组为一个企业法人，取消长沙卷烟厂、常德卷烟厂法人资格；2007年11月，湖南中烟工业公司改制更名为湖南中烟工业有限责任公司。下辖长沙卷烟厂、常德卷烟厂、郴州卷烟厂、零陵卷烟厂、四平卷烟厂、吴忠卷烟厂等6家不具有法人资格的卷烟生产厂，控股湘西鹤盛原烟发展有限责任公司、常德芙蓉烟叶复烤有限责任公司、浏阳天福打叶复烤有限责任公司等3个具有独立法人资格的烟叶加工企业，以及湖南金叶烟草薄片有限责任公司1个具有独立法人资格的烟草薄片加工企业，并持有河北白沙烟草有限责任公司50%的股权。公司下设22个部门，湖南中烟投资管理有限公司、湖南中烟物流有限责任公司。截至2016年底，总资产816.72亿元，其中，固定资产83.55亿元、流动资产620.62亿元，资产负债率19.23%。从业人员10576人，其中在岗员工10576人。

【领导机构】

董事会

董事长：陈　晖

董　事：卢　平、杨智敏（—2016年12月）、刘　兴、舒　明、王超英、峦永亮（2016年12月—）、龚道国（职工董事）

监　事：高青松

班子成员

党组书记、总经理：卢　平

党组成员、副总经理：杨智敏（—2016年9月）

党组成员、副总经理：刘　兴

党组成员、副总经理：栾永亮

党组成员、纪检组长：高青松

党组成员、副总经理：刘建福

党组成员、副总经理：李　立

党组成员、副总经理：张孝堂

副巡视员：白玉琦（—2016年10月）

副巡视员：涂清明（—2016年5月）

广东中烟工业有限责任公司

【概　况】　广东中烟工业有限责任公司前身是成立于2003年的广东中烟工业公司。2007年，改制更名为广东中烟工业有限责任公司，是全国烟草行业首家建立董事会的省级工业公司。公司下辖广州卷烟厂、梅州卷烟厂、韶关卷烟厂、湛江卷烟厂等4家不具有法人资格的卷烟生产厂。公司本部下设21个部门（2016年，成立后勤服务中心，撤销投资管理部，国际业务部与广东双喜投资管理有限公司不再合署办公，监察部与党组纪检组合署办公，整顿和规范市场经济秩序工作办公室更名为规范管理办公室，安全保卫部更名为安全管理部）。截至2016年底，总资产466.02亿元，其中，固定资产51.58亿元、流动资产349.56亿元，资产负债率28.75%。从业人员5253人。

【领导机构】

董事会

董事长：李根基

董　事：王　全、陈仲良、秦　剑、郭　勤、唐　健、张穗强、区广安、李　斌（职工董事）

监　事：王国飞

班子成员

党组书记、总经理：唐　健

党组成员、副总经理、总会计师：张穗强

党组成员、副总经理：林孟昌（—2016年11月）

党组成员、副总经理：区广安

党组成员、副总经理：袁汉辉

党组成员、纪检组长：王国飞

党组成员：张赤兵

党组成员、副总经理：温东奇

巡视员：廖中浩（—2016年6月）

副巡视员：李显万

广西中烟工业有限责任公司

【概　况】　广西中烟工业有限责任公司，最初为2003年广西烟草工商分设后成立的广西中烟工业公司。2008年9月26

日，广西中烟工业公司完成公司制改造，更名为广西中烟工业有限责任公司。公司下辖南宁卷烟厂、柳州卷烟厂2家不具有独立法人资格的卷烟生产厂，广西中烟天成投资管理有限责任公司①、广西真龙物流有限责任公司2家全资子公司，以及广西真龙彩印包装有限公司、广西真龙实业有限责任公司等12家控股公司②。公司本部下设23个部门。截至2016年底，总资产192.33亿元，其中，固定资产28.99亿元、流动资产128.94亿元，资产负债率29.94%。在岗员工3093人。

【领导机构】

董事会

董事长：李根基

代理董事长：许明忠（2016年2月—）

董　事：秦　剑、郭　勤、周　涛（2016年10月—）、刘湘源、覃　荣、张穗强、区广安、张雨夏（—2016年10月）、唐格莲（职工董事）

监　事：王　全

班子成员

党组书记、总经理：张雨夏（—2016年9月）

党组书记、总经理：周　涛（2016年9月—）

党组成员、纪检组长、巡视员、副总经理：王　全

党组成员、副总经理：刘湘源

党组成员、副总经理：覃　荣

党组成员、副总经理：陈　峰

党组成员、副总经理：张赤兵

党组成员、副总经理：阮泽锋

总会计师：陈仲良

副巡视员：陆建南

副巡视员：邓志忠

重庆中烟工业有限责任公司

【概　况】　重庆中烟工业有限责任公司于2015年11月10日挂牌成立。2015年10月，国家局、总公司下发《关于进一步深化川渝烟草工业企业改革的批复》（国烟法〔2015〕280号），撤销原川渝中烟工业有限责任公司，重庆烟草工业有限责任公司重组更名为重庆中烟工业有限责任公司，为中国烟草总公司的全资子公司。公司下辖重庆卷烟厂、涪陵卷烟厂、黔江卷烟厂等3家不具有独立法人资格的卷烟生产厂。公司本部下设10个管理部门、8个专业部门。截至2016年底，总资产128.1亿元，其中，固定资产20亿元、流动资产102.9亿元，资产负债率59.5%。从业人员2972人。

【领导机构】

董事会

董事长：姜　凯（—2016年2月）、张本甫（2016年2月—）

董　事：易从宽、马伶燕、朱湘海、籍　涛、程晓苏、樊宣刚

班子成员

党组书记、总经理：易从宽（2016年1月—）

党组成员、副总经理：籍　涛

党组成员、副总经理：程晓苏（2016年1月—，之前任总会计师）

党组成员、副总经理：张建华（2016年12月—）

党组成员、副总经理：王　勇（2016年12月—）

副巡视员：胡晓明（—2016年11月）

四川中烟工业有限责任公司

【概　况】　四川中烟工业有限责任公司于2015年11月8日挂牌成立。2015年10月，国家局、总公司下发《关于进一步深化川渝烟草工业企业改革的批复》（国烟法〔2015〕280号），撤销原川渝中烟工业有限责任公司，四川烟草工业有限责任公司重组更名为四川中烟工业有限责任公司，为中国烟草总公司的全资子公司。公司下辖成都卷烟厂、什邡卷烟厂、绵阳卷烟厂、西昌卷烟厂等4家不具有法人资格的卷烟生产厂，以及长城雪茄烟厂、四川三联卷烟材料有限公司。公司本部下设13个职能部门、9个专业部门（2016年，撤销离退休办公室）。截至2016年底，总资产214.48亿元，其中，固定资产35.75亿元、流动资产170.55亿元，资产负债率65.6%。从业人员5164人。

【领导机构】

董事会

董事长：姜　凯（—2016年1月）、张本甫（2016年1月—）

董　事：彭传新、朱湘海、马伶燕、崔建华、吴　钢、陆　伟（职工董事）

监　事：樊宣刚

班子成员

党组书记、总经理：彭传新

党组成员、副总经理：崔建华

党组成员、副总经理：吴　钢

党组成员、副总经理：邓　权（2016年12月—）

党组成员、副总经理：赵屹峰（2016年12月—）

党组成员、纪检组长：樊宣刚（2016年12月—）

副巡视员、工会主席：汤柱国（2016年12月—）

副巡视员：秦富炳（2016年12月—）

---

① 广西中烟天成投资管理有限责任公司详见《行业概览》栏目“多元化经营”。

② 2016年，新增的两家控股公司为北京天海互联资讯有限公司、广西天海隆典当有限公司。

贵州中烟工业有限责任公司

【概　况】　贵州中烟工业有限责任公司最初为贵州烟草工商分设后于2003年7月成立的贵州中烟工业公司。2008年7月，国家局、总公司批复同意改制更名为贵州中烟工业有限责任公司。公司下辖贵阳卷烟厂、遵义卷烟厂、毕节卷烟厂、贵定卷烟厂、铜仁卷烟厂等5家不具备法人资格的卷烟生产厂，以及兴义烟叶储运站、贵州福贵投资管理公司①，控股贵州黄果树金叶科技有限公司。公司本部下设10个职能部门、10个专业部门（2016年，新设工会办公室，原料供应部更名为原料供应中心）。截至2016年底，总资产284.93亿元，其中，固定资产36.97亿元、流动资产229.61亿元，资产负债率39.06%。从业人员8590人，其中在岗员工7715人。

【领导机构】

董事会

董事长：陈　晖

董事：白云峰、徐东泰、方　静、舒　明、王超英、王光举（职工董事）

监　事：冯力勤

班子成员

党组书记、总经理：白云峰

党组成员、副总经理：徐东泰

党组成员、副总经理：杨　东

党组成员、副总经理：方　静

党组成员、纪检组长：冯力勤

党组成员、副总经理：关　培

党组成员、副总经理：胡世龙

副巡视员：王礼昌

云南中烟工业有限责任公司

【概　况】　云南中烟工业有限责任公司最初为2003年10月云南烟草工商分设后成立的云南中烟工业公司。2004年1月1日，云南中烟工业公司举行挂牌仪式。2010年12月28日，国家局、总公司批复同意云南中烟工业公司更名改制为云南中烟工业有限责任公司。2011年1月27日，云南中烟工业有限责任公司挂牌成立。公司集卷烟生产销售、烟草物资配套供应、科研以及多元化经营等为一体，是全国卷烟产销规模最大的省级中烟工业公司。公司拥有卷烟产量规模位居行业前两位的红塔烟草（集团）有限责任公司（下辖玉溪卷烟厂、楚雄卷烟厂、大理卷烟厂、昭通卷烟厂等4家不具有法人资格的全资卷烟生产厂）和红云红河烟草（集团）有限责任公司（下辖昆明卷烟厂、红河卷烟厂、曲靖卷烟厂、会泽卷烟厂、新疆卷烟厂、乌兰浩特卷烟厂等6家不具有法人资格的全资卷烟生产厂），以及营销中心、技术中心（云南烟草科学研究院）②、云南合和（集团）股份有限公司③、云南中烟物资（集团）有限责任公司、云南烟草国际有限公司、云南烟草教育培训中心（云南烟草学校）、云南中烟特有职业（工种）职业技能鉴定站、云南中烟新材料科技有限公司等多家直属单位，并参控股云南烟草机械有限责任公司、云南中烟再造烟叶有限责任公司等多家企业。截至2016年底，总资产3264.7亿元，其中，固定资产332.5亿元、流动资产1616.12亿元，资产负债率31.7%。从业人员2.2万人，其中在岗员工2.19万人。

【领导机构】

董事会

董事长：夜礼斌

副董事长：姜　凯（—2016年2月）、张本甫（2016年2月—）

董　事：朱绍明、李光林、夏开元、武　怡、马伶燕、朱湘海、许　泽（职工董事）

监　事：温宁军

班子成员

党组书记、总经理：朱绍明

党组副书记：夜礼斌

党组成员、副总经理：李穗明

党组成员、副总经理：顾　波

党组成员、副总经理：李光林

党组成员、副总经理：谢昆或

巡视员：温宁军（2016年1月起不再担任党组成员、纪检组长）

副巡视员：许　泽

副巡视员：赵子敏

副巡视员：赵　勇

副巡视员：程永照（—2016年12月）

陕西中烟工业有限责任公司

【概　况】　陕西中烟工业有限责任公司最初为陕西烟草工商分设后于2003年12月成立的陕西中烟工业公司。2009年9月，经国家局、总公司批复同意，更名改制为陕西中烟工业有限责任公司。公司下辖宝鸡卷烟厂、延安卷烟厂、汉中卷烟厂、澄城卷烟厂和旬阳卷烟厂等5家不具有法人资格的卷烟生产厂，以及陕西中烟投资管理有限公司④。公司本部下设19个部门。截至2016年底，总资产162.76亿元，其中，固定资产29.17亿元、流动资产118.22亿元，资产

---

① 贵州福贵投资管理公司详见《行业概览》栏目“多元化经营”。

② 云南烟草科学研究院详见《科研和教育培训》栏目“科研院所”分目。

③ 云南合和（集团）股份有限公司详见《行业概览》栏目“多元化经营”。

④ 陕西中烟投资管理有限公司详见《行业概览》栏目“多元化经营”。

负债率 17.34%。从业人员 7924 人，其中在岗员工 5462 人。

【领导机构】

董事会

董事长：陈　晖

董　事：严金虎、曹兴浪、赵德学、舒　明、王超英、韩占奎（职工董事）

监　事：奚柏龙

班子成员

党组书记、总经理：严金虎

党组成员、副总经理：曹兴浪

党组成员、副总经理：赵德学

党组成员、副总经理：任　立

党组成员、副总经理：李　强

党组成员、纪检组长：奚柏龙

总会计师：吴建玲

副巡视员：马文卷

副巡视员：李宝新

其他直属单位

中国烟草总公司郑州烟草研究院

【主要职责】　综合性从事烟草科学研究与开发，是国际标准化组织烟草及烟草制品技术委员会（ISO/TC126）国内技术归口单位。主要从事烟草栽培调制及贮保、烟草基因、卷烟加工工艺和卷烟配方、烟草化学、烟用香精香料、卷烟减害降焦、再造烟叶等方面的应用基础和共性技术研究，卷烟厂和烟叶复烤厂的工程设计、行业相关检测仪器的研制、开发等。学科范围覆盖从烟草基因到卷烟生产的全过程。

【负责人】

党组书记、副院长：宋亚强

党组副书记、院长：谢剑平

巡视员：赵继先（—2016 年 2 月）

党组成员、副院长：张建勋、罗登山

党组成员：胡清源

党组成员、纪检组长：裴　丽

【内设机构】　设院长办公室、机关党委（人事处）、科研开发处、财务管理处等 4 个职能部门，烟草农业研究室、烟草工艺研究开发中心（烟草工艺重点实验室）、烟草化学重点实验室、烟草香料基础研究重点实验室等 4 个科研部门，国家烟草基因研究中心、中国烟草科技信息中心、中国烟草标准化研究中心等 3 个行业中心，河南新桥烟草科技服务有限公司、郑州嘉德机电科技有限公司、郑州益盛烟草工程设计咨询有限公司①等 3 家多元化经营企业。

上海新型烟草制品研究院（有限公司）②

【主要职责】　成立于 2015 年 6 月。作为行业级研究机构，上海院承担加热不燃烧卷烟、口含烟、电子烟等新型烟草制品的基础性、关键性、前瞻性技术研究，着力突破专利制约和技术瓶颈，发挥技术成果应用转化的“孵化器”作用，是新型烟草制品的行业研发基地和设在上海的产销实体，为行业新型烟草制品高起点、超常规、跨越式发展提供有力支撑。为实现上海院市场化运营，推进行业新型烟草制品研发基地和产销实体落地运行，2016 年 5 月，国家局批复同意设立上海新型烟草制品研究院有限公司③。

【负责人】　院长：施　超（2016 年 6 月—）（兼）

中国烟草总公司合肥设计院

【主要职责】　负责组织烟草行业固定资产重大投资工程项目的技术审查（咨询）以及行业直属单位审批权限内的重大工程项目的技术咨询。参与行业打叶复烤厂和烟用仓库投资项目的前期工作及总体规划、设计的投标，参与烟草行业工程建设项目施工图第三方审查和项目的相关咨询工作，以及行业工程建设项目设计规范、技术标准的编制、修订工作和实施、监督工作等。

【负责人】

党委书记、院长：卢安宁（正厅级）

党委委员、副院长：陆　敏

副院长：王　庆

党委委员、纪委书记兼副院长：葛　波

【内设机构】　设技术审查处、生产设计处、经营处、人力资源处、财务处、办公室等 6 个内设处室。

中国烟草总公司职工进修学院

【主要职责】

重点开展行业高层次高技能人才教育培训，承办国家局举办的各类专项业务培训；建设行业统一的网络培训平

---

① 根据 2016 年 11 月《中国烟草总公司关于设立郑州益盛烟草工程设计咨询有限公司的批复》（中烟办〔2016〕250 号），中国烟草总公司同意中国烟草总公司郑州烟草研究院投资设立郑州益盛烟草工程设计咨询有限公司，作为其全资子公司。公司经营范围主要包括：工程设计、咨询、项目管理、总承包及相关配套设备、材料研制、购销；烟草技术开发、转让、咨询等。

② 2015 年 5 月，根据《国家烟草专卖局 中国烟草总公司关于设立上海新型烟草制品研究院的通知》（国烟人〔2015〕130 号），国家局、总公司决定设立上海新型烟草制品研究院。6 月 6 日，召开成立大会。

③ 2016 年 5 月，根据《国家烟草专卖局 中国烟草总公司关于设立上海新型烟草制品研究院有限公司的批复》（国烟法〔2016〕107 号），同意上海烟草集团有限责任公司投资设立上海新型烟草制品研究院有限公司，与上海新型烟草制品研究院合署办公。

台（中国烟草网络学院），承担组织、管理行业网络培训工作；建设行业教育培训信息资源中心，面向行业提供教育培训相关资源共享服务；搭建行业教育培训工作研讨交流平台；协助人事司开展相关教育培训管理工作。

【负责人】

党组副书记（主持党组日常工作）、副院长（行政工作临时负责人）：连　飞（2016年7月—，之前任党组副书记、副院长）

党组成员、副院长：杨保吉、刘学义、李广才

党组成员、纪检组长：陈卫华

巡视员：路鹏翔（2016年7月—，之前任党组成员、院长）

【内设机构】　设办公室、人事处（机关党委）、财务管理处、审计处（监察处）、安全保卫处（政策法规处）、教务处、教研处、黄淮烟叶样品中心（2016年新设立）、远程培训处、对外合作处、学员处、信息中心、后勤处、物业部等14个部门。职业技能鉴定指导中心设综合管理处（质量督导处）、鉴定考核处、标准命题处等3个部门。

南通醋酸纤维有限公司

【概　况】　南通醋酸纤维有限公司（简称南纤公司）成立于1987年3月，由中国烟草总公司与美国塞拉尼斯公司合资经营，是集化工、化纤、热电为一体的大型工业企业。南纤公司占地面积1190亩，总投资7.59亿美元，其中中方投资占69.32%，美方占30.68%。南纤公司主要产品为烟用二醋酸纤维丝束（简称醋酸丝束）及其配套原料二醋酸纤维素片（简称醋片），其中，醋纤丝束销售到全国近60家卷烟生产企业；醋片作为醋纤丝束的生产原料，除公司自用外，同时供应昆明和珠海两家醋酸纤维有限公司以及海外市场。截至2016年底，拥有总资产46.07亿元，其中，固定资产20.62亿元、流动资产21.77亿元，资产负债率为13%。

【领导机构】　南纤公司实行董事会领导下的总经理负责制，主要领导成员有：

董事长：卢瑞刚

副董事长：萨韦博（Scott MC Dougald Sutton）

党委书记、总经理：孙桂泉

党委委员、副总经理：杨占平

党委委员、副总经理：茅　俊

党委委员、副总经理：张　杰

党委委员、副总经理：江建军

副总经理：王文庭（Wen Wang）

副总经理：罗莫斯（Enrique Ramos）

党委委员、工会主席：韩振武

昆明醋酸纤维有限公司

【概　况】　昆明醋酸纤维有限公司（简称昆纤公司）成立于1993年5月，由中国烟草总公司和美国塞拉尼斯公司共同投资兴建，占地面积19万平方米，总投资9171.3万美元，中方投资比例占70%，美方占30%。昆纤公司主要产品为烟用二醋酸纤维丝束，年生产能力为3.5万吨。截至2016年底，公司拥有总资产9.49亿元，其中，固定资产1.28亿元、流动资产8.03亿元，资产负债率为15.99%。共有在岗员工338人。

【领导机构】　昆纤公司实行董事会领导下的总经理负责制，主要领导成员有：

董事长：卢瑞刚

副董事长：萨韦博（Scott MC Dougald Sutton）

总经理：汪若泉（Bill Wang）

党委书记、副总经理：温　明

党委委员、副总经理：夏　吕

党委委员、总会计师：陆晓红

副总经理：乐海思（JRojas）

副总经理：艾德利（Detlev Alm）

党委委员、工会主席：严　峰

珠海醋酸纤维有限公司

【概　况】　珠海醋酸纤维有限公司（简称珠纤公司）成立于1993年5月20日，由中国烟草总公司和美国塞拉尼斯公司合资兴建。珠纤公司占地面积约16万平方米，总投资2.23亿美元，其中中方投资比例占70%、美方占30%。珠纤公司专业生产烟用二醋酸纤维素丝束，年生产能力为3.5万吨。截至2016年底，总资产17.62亿元，其中，固定资产7.65亿元、流动资产9.71亿元，资产负债率为37%。共有在岗员工398人。

【领导机构】　珠纤公司实行董事会领导下的总经理负责制，主要领导成员有：

董事长：卢瑞刚

副董事长：萨韦博（Scott MC Dougald Sutton）

党委书记、总经理：王　军

生产副总经理：刘伦光（Lun－Kuang Liu）

党委委员、工程副总经理：刘　强

党委委员、行政副总经理：赵树春（2016年1月—，之前任党委委员、维修副总经理、工会主席、纪委书记）

党委委员、总会计师：武晓虹

财务副总经理：叶志全（Marcus Yip）

党委委员、维修副总经理、工会主席、纪委书记：吴超平（2016年1月—，之前任党委委员）

◇ 编辑：周　佳

烟草行业组织结构图

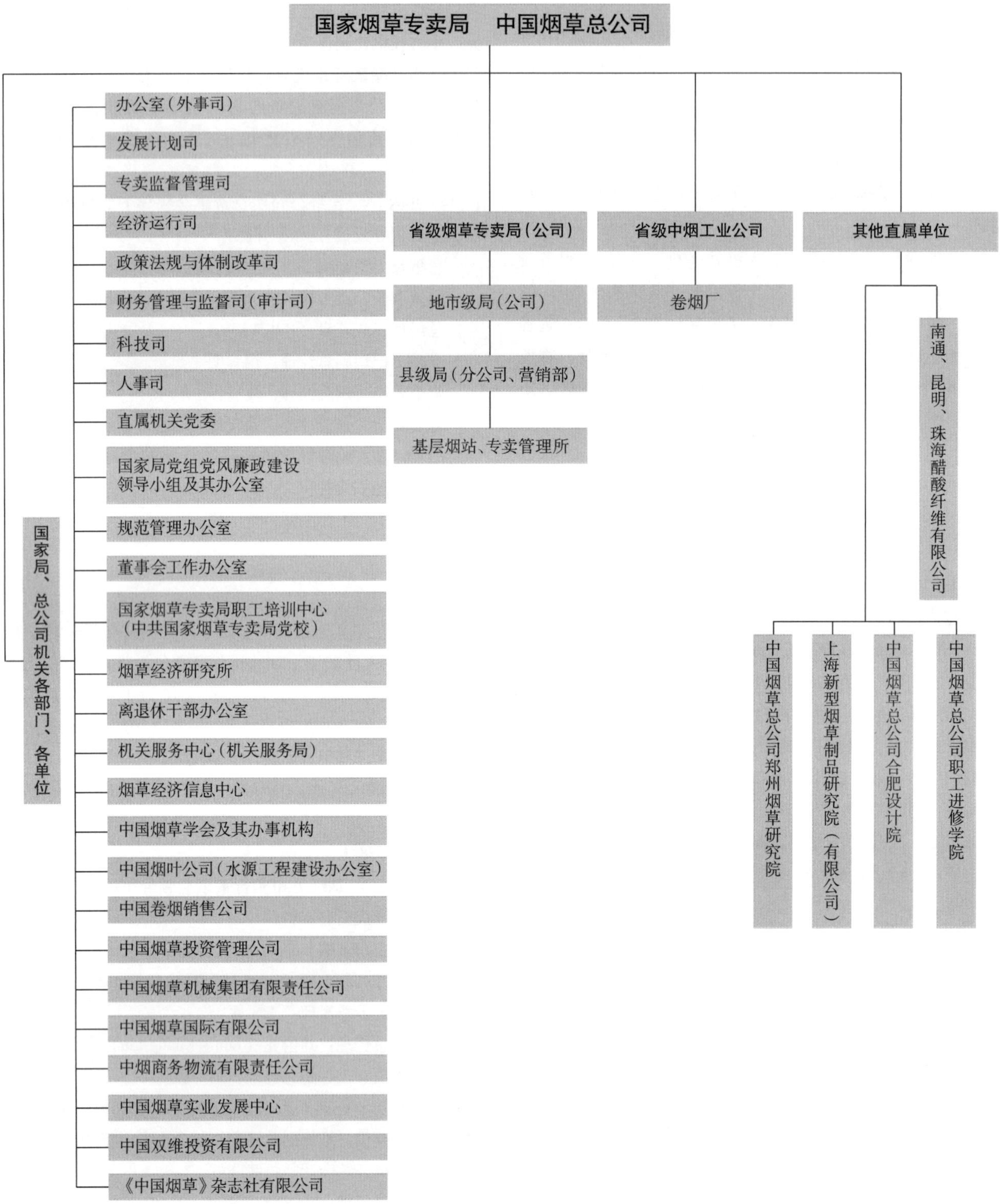

- 国家烟草专卖局　中国烟草总公司
  - 国家局、总公司机关各部门、各单位
    - 办公室（外事司）
    - 发展计划司
    - 专卖监督管理司
    - 经济运行司
    - 政策法规与体制改革司
    - 财务管理与监督司（审计司）
    - 科技司
    - 人事司
    - 直属机关党委
    - 国家局党组党风廉政建设领导小组及其办公室
    - 规范管理办公室
    - 董事会工作办公室
    - 国家烟草专卖局职工培训中心（中共国家烟草专卖局党校）
    - 烟草经济研究所
    - 离退休干部办公室
    - 机关服务中心（机关服务局）
    - 烟草经济信息中心
    - 中国烟草学会及其办事机构
    - 中国烟叶公司（水源工程建设办公室）
    - 中国卷烟销售公司
    - 中国烟草投资管理公司
    - 中国烟草机械集团有限责任公司
    - 中国烟草国际有限公司
    - 中烟商务物流有限责任公司
    - 中国烟草实业发展中心
    - 中国双维投资有限公司
    - 《中国烟草》杂志社有限公司
  - 省级烟草专卖局（公司）
    - 地市级局（公司）
      - 县级局（分公司、营销部）
        - 基层烟站、专卖管理所
  - 省级中烟工业公司
    - 卷烟厂
  - 其他直属单位
    - 南通、昆明、珠海醋酸纤维有限公司
    - 中国烟草总公司郑州烟草研究院
    - 上海新型烟草制品研究院（有限公司）
    - 中国烟草总公司合肥设计院
    - 中国烟草总公司职工进修学院

“两学一做”学习教育

行业深入开展“两学一做”学习教育概况

【学习教育部署情况】 为深入学习贯彻习近平总书记系列重要讲话精神，推动全面从严治党向基层延伸，巩固拓展行业党的群众路线教育实践活动和“三严三实”专题教育成果，进一步解决党员队伍在思想、组织、作风、纪律等方面存在的问题，保持发展党的先进性和纯洁性，根据《中共中央办公厅关于在全体党员中开展“学党章党规、学系列讲话，做合格党员”学习教育方案》（中办发〔2016〕14号），4月，国家局党组下发《关于在行业全体党员中开展“学党章党规、学系列讲话，做合格党员”学习教育实施方案的通知》（国烟党〔2016〕74号），在行业全体党员中开展“学党章党规、学系列讲话，做合格党员”学习教育。

学习教育内容。学党章党规。着眼明确基本标准、树立行为规范，逐条逐句通读党章，全面理解党的纲领，牢记入党誓词，牢记党的宗旨，牢记党员义务和权利，引导党员尊崇党章、遵守党章、维护党章，坚定理想信念，对党绝对忠诚。认真学习《中国共产党廉洁自律准则》（以下简称《准则》）、《中国共产党纪律处分条例》（以下简称《条例》）等党内法规，学习党的历史，学习革命先辈，学习“全国优秀共产党员”李培斌、毛丰美同志的先进事迹，学习行业及身边的先进典型。从周永康、薄熙来、徐才厚、郭伯雄、令计划等违纪违法案件中汲取教训，从郑建民、周昌贡等行业个别领导干部违纪违法案件中汲取教训，肃清恶劣影响，发挥正面典型的激励作用和反面典型的警示作用。

学系列讲话。着眼加强理论武装、统一思想行动，认真学习习近平总书记关于改革发展稳定、内政外交国防、治党治国治军的重要思想，认真学习以习近平同志为总书记的党中央治国理政新理念新思想新战略，引导党员深入领会系列重要讲话的丰富内涵和核心要义，深入领会贯穿其中的马克思主义立场观点方法。学习习近平总书记系列重要讲话要同学习马克思列宁主义、毛泽东思想、邓小平理论、“三个代表”重要思想、科学发展观结合起来，深刻理解党的科学理论既一脉相承又与时俱进的内在联系，坚定中国特色社会主义道路自信、理论自信、制度自信、文化自信。

做合格党员。着眼党和国家事业的新发展对党员的新要求，坚持以知促行，做讲政治、有信念，讲规矩、有纪律，讲道德、有品行，讲奉献、有作为的合格党员。引导党员强化政治意识，保持政治本色，把理想信念时时处处体现为行动的力量；坚定自觉地在思想上政治上行动上同以习近平同志为总书记的党中央保持高度一致，经常主动向党中央看齐，向党的理论和路线方针政策看齐，做政治上的明白人；践行党的宗旨，保持公仆情怀，牢记共产党员永远是劳动人民的普通一员，密切联系群众，全心全意为人民服务；加强党性锻炼和道德修养，心存敬畏、手握戒尺，廉洁从政、从严治家，筑牢拒腐防变的防线；始终保持干事创业、开拓进取的精气神，平常时候看得出来，关键时刻冲得上去，在实现行业“十三五”良好开局、再上卷烟新水平目标任务中奋发有为、建功立业。

学习教育主要措施。一是围绕专题学习讨论。把个人自学与集中学习结合起来，明确自学要求，引导党员搞好自学。按照“三会一课”制度，党小组要定期组织党员集中学习；不设党小组的，以党支部为单位集中学习。党支部每季度召开一次全体党员会议，每次围绕一个专题组织讨论。二是创新方式讲党课。讲党课一般在党支部范围内进行。党支部要结合专题学习讨论，对党课内容、时间和方式等作出安排。行业各直属单位及其所属的地市级局（公司）、卷烟工业企业等单位的党员领导干部要在所在党支部讲党课。讲党课要联系个人思想、工作和生活实际，注重运用身边事例现身说法，强化互动交流、答疑释惑，增强党课的吸引力和感染力。三是召开党支部专题组织生活会。支部班子及其成员对照职能职责，进行党性分析，查摆在思想、组织、作风、纪律等方面存在的问题。要面向党员和烟农、零售客户、企业职工广泛征求意见，严肃认真开展批评和自我批评，针对突出问题和薄弱环节提出整改措施。四是开展民主评议党员。以党支部为单位召开全体党员会议，组织党员开展民主评议。对照党员标准，按照个人自评、党员互评、民主测评、组织评定的程序，对党员进行评议。党员人数较多的党支部，个人自评和党员互评可分党小组进行。结合民主评议，支部班子成员要与每名党员谈心谈话。五是立足岗位作贡献。针对不同群体党员实际情况，提出党员发挥作用的具体要求，教育引导党员在任何岗位、任何地方、任何时候、任何情况下都铭记党员身份，积极为党工作。要结合基层服务型党组织建设，突出党员的先锋模范作用，组织引导党员立足岗位、履职尽责、创先争优，重点落实党员示范岗和党员责任区制度，重点落实党员挂牌上岗、亮明身份制度，重点落实党员到社区报到、直接联系服务群众制度。六是党员领导干部作表率。党员领导干部要在“两学一做”学习教育中走在前面、深学一层，严格执行双重组织生活制度，以普通党员身份参加所在支部的组织生活，与党员一起学习讨论、一起查摆解决问题、一起接受教育、一起参加党员民主评议。

【开展情况】 **及时进行动员部署。**一是迅速传达学习。各单位通过党组（党委）会、党组（党委）扩大会、中心组学习或党建工作领导小组会议等方式，及时传达中央精神，认真学习习近平总书记重要指示精神和中央推进“两学一做”学习教育常态化制度化工作座谈会精神，把思想行动统一到中央部署要求上来。二是加强组织领导。各单位从加强调查研究、建立工作机构、充实工作力量、完善工作机制、开展集中轮训、做好宣传报道等方面，认真抓好学习教育组织准备工作。三是制定实施方案。4 月 26 日，国家局党组《实施意见》印发后，各单位按照要求，认真研究制定实施方案，既贯彻中央精神，又体现行业特色；既结合企业实际，又兼顾地方要求；既统一要求，又留有空间。截至 2016 年 6 月底，56 个直属单位、446 个地市级公司、94 个卷烟工厂均印发实施方案。四是专题动员部署。36 个直属单位通过召开工作会、座谈会、视频会等方式进行动员部署，主要负责同志作动员讲话，从严从实提出要求。

扎实开展学习教育。各单位以党章党规、习近平总书记系列重要讲话精神和治国理政新理念新思想新战略为主要内容，以党组（党委）理论学习中心组学习、“三会一课”为主要形式，充分发挥领导机关、领导干部的表率作用，发挥党支部的主体作用，形成党组（党委）及其班子成员示范引领学、机关党员带头学、党支部组织党员集中学的学习机制。截至 2016 年底，各单位党组（党委）中心组集中学习研讨 239 次，领导干部讲党课 389 次，参加所在支部学习 1429 次。

山东省局（公司）党组通过推行定期报告制度、召开专项调度会、指导督察等方式，突出抓好个人自学、专题讨论、支部书记讲党课、党支部专题组织生活会、民主评议党员、党员领导干部作表率、立足岗位作贡献、打造过硬党支部等八项关键措施落实。山东中烟党组建立以领导干部讲党课、支部书记讲党课、党员微党课为主要内容的“三级党课”制度。四川省局（公司）机关党委明确机关党员学习教育 10 条内容和 14 项学习要求，明确时间节点、参与人员与实施主体，做到学习有主题、有讨论、有收获。

开展集中轮训培训。各单位围绕学习贯彻党的十八届六中全会精神、《准则》《条例》、习近平总书记系列重要讲话精神和治国理政新理念新思想新战略、基层党支部书记应知应会等内容，分层分类，分期分批，抓好处以上干部专题培训、基层党组织书记集中轮训和党员干部全员培训。截至 2016 年底，行业开展“五大发展理念”培训，集中轮训基层党组织书记 6807 人。上海烟草集团持续推进“十百千党员轮训”计划，分期分批培训 50 余名党组织书记、200 余名基层党支部书记和 4000 余名党员。河南中烟依托党校、大别山干部学院、“黄金叶”讲坛、党员教育电视片，多层次、多渠道、多方式开展集中轮训培训。湖南中烟集中轮训处以上干部 120 余名、基层党支部书记 160 余名，选派 24 名党务干部参加行业和地方党委组织的党建业务知识培训。

丰富完善抓手载体。各单位抓住“做”这个关键，结合贯彻发展新理念、再上卷烟新水平、实现“两个超万亿”目标任务，结合企业实际，搭建实践平台。湖北省局（公司）开展“党建 + 助推跨越发展”主题实践。贵州、黑龙江、湖南、江西、广东省局（公司）等单位把对口帮扶、

2016 年 7 月，国家局、中国财贸轻纺烟草工会联合组织全国烟草行业“中国梦·劳动美”劳动模范优秀共产党员报告会

《中国烟草》杂志社 王 鹏 摄

脱贫攻坚作为推进学习教育常态化制度化的生动实践。贵州中烟、河南省局（公司）等单位开展“迎接十九大，做合格党员”主题实践。认真总结基层服务型党组织建设经验，坚持和完善党员责任区、示范岗、承诺践诺，领导干部联点包片，结对帮扶贫困村、贫困户。广西中烟开展“戴党徽亮身份、作表率树形象”“一名党员一面旗帜”主题实践。安徽省局（公司）建立以“党员与党员客户结对、基层党组织与地方党组织结对”为主要内容的“二二结对”机制，实施“1+10”党建外延模式（1个党员客户带动周边10个群众客户），持续推进党建向客户延伸。

加强督查调研指导。各单位把督查调研作为推进“两学一做”学习教育常态化制度化的重要措施，通过专题调研、随机抽查、专项督查、情况通报等方式，推动学习教育和问题整改。内蒙古区局（公司）、重庆中烟等单位成立党建工作调研组，深入基层开展调研，既座谈交流，又个别访谈；既查阅资料，又随机问答；既指出问题，又督促指导。河南省局（公司）党组成立学习教育协调小组，组建3个工作组，制定督导工作方案，明确督导工作责任，定期开展督促指导。郑州烟草研究院建立党支部“三会一课”落实情况月报制度，做到有检查、有指导、有整改。中国烟草总公司职工进修学院、河北白沙烟草有限公司、河南中烟黄金叶制造中心等单位创新党支部和党员考评机制，坚持月度考核与季度考核相结合、日常考核与年终考核相结合、定性考核与量化考核相结合。

【主要特点与成效】 **坚持领导带头，注重以上率下。**各单位注重发挥“关键少数”示范引领作用，从领导机关抓起，从领导干部做起，在学、做、改、带上树标杆、作表率。各直属单位及时修订完善党组（党委）理论学习中心组学习制度，把党章党规、系列讲话作为理论学习中心组学习主要内容，明确主题、坚持制度，学在前、教在前、做在前，为基层党组织和广大党员作示范、作引领、作表率。党员领导干部特别是主要领导率先垂范，带头参加所在党支部组织生活、深入基层讲党课，推动党员、干部自觉用习近平总书记系列重要讲话精神武装头脑、指导实践、推动工作、规范行为。

坚持融入日常，发挥支部作用。各单位大力加强党支部建设，充分发挥党支部在教育管理党员、团结凝聚群众中的主体作用。一是严格落实基本制度。各基层党组织坚持以“三会一课”为基本形式，以党支部为基本单位，以“两学一做”为基本内容，把学习教育抓在经常。浙江中烟等单位建立“三会一课”“三定一报备一记实”（定频次、定主题、定责任和计划报备、学习记实）制度。广东中烟推行“台账式工作法”，各党支部开展“三会一课”学习教育有计划报备、有销号管理、有督查考核。二是认真做好群众工作。各基层党组织把做好群众工作作为“两学一做”学习教育常态化制度化的基本工作。湖南省局（公司）机关党委组织青年员工开展“青春走基层”跟班实践活动。四川省局（公司）机关68名党员、团员自发组建“诚至诚”志愿者服务队，定期赴贫困村对口帮扶。三是加强组织自身建设。从完善组织机构、健全工作制度、选好配强班子、开展集中轮训、规范工作流程等方面，加强党支部自身建设。湖北中烟、河北中烟等单位编印《党支部标准化工作手册》，推动党支部建设标准化、程序化、规范化、科学化。新疆区局（公司）主动协调地方党委，县局党支部党员组织关系统一划转地州市局（公司）基层党委（党总支），实现归口管理。

边学边查边改，深化问题整改。各单位强化问题导向，把查摆解决问题作为推进“两学一做”学习教育常态化制度化的检验抓手，在解决党员队伍问题上下工夫，在解决基层党建工作问题上用实劲，在解决“四风”问题上钉钉子。全行业排查未按期换届基层党组织2100个，完成整改1849个；排查失联党员343名，取得联系266名。

江西省局（公司）开展“转变工作作风，向懒政作斗争”专项行动，督促全体党员改进工作作风，强化责任担当，推动工作落实。贵州中烟要求党员、党员领导干部对照党章党规、对照先进典型、对照“四讲四有”标准，进行“党性体检”，按照问题清单认真整改。江西中烟深化巡视问题整改，对基层党组织落实“三会一课”制度等进行“回头看”。贵州省局（公司）开展常态化监督检查通报，从工作纪律、会风会纪等细节入手，加大明察暗访、查处问责、通报曝光力度，深化“四风”整治。

选树先进典型，推动创先争优。各单位把选树、宣传、学习先进典型作为推进“两学一做”学习教育常态化制度化的重要抓手。一是抓好先进典型评选表彰。发现、挖掘、选树在生产车间、市场营销、专卖管理、烟叶生产等基层一线的先进典型，组织评选表彰。河北省局（公司）评选表彰“两优一先”不定指标、不分名额、不降标准、不搞平衡。二是深入宣传先进典型。各基层党组织和党员广泛学习胡红霞、罗琴等行业“优秀共产党员”先进事迹，引导党员、干部对标先进、见贤思齐。三是鼓励党员争当先进。各基层党组织把党员示范岗、党员责任区建在窗口单位、生产、市场一线，组织党员职工学先进、赶先进、当先进，做到“关键岗位有党员领着、关键工序有党员盯着、关键环节有党员把着、关键时刻有党员顶着”。

创新方式方法，加强分类指导。各单位积极探索学习教育的方式方法，积极推广开放式、互动式、体验式的组织生活，创造性地开展学习教育。一是推广主题党日。江西省局（公司）、江西中烟、青海省局（公司）等单位贴近实际，推行“支部主题党日＋党员政治生日”制度。二是用好网络媒体。各单位积极探索“互联网＋党建”学习教育模式，通过网络学习平台、手机APP、微信公众号、QQ群等自媒体，开发学习资源，推送学习内容，增强学习教育吸引力、感染力、针对性、实效性。三是有效运用资源。各单位充分运用红色教育基地、廉政教育示范基地、地方党校、干部学院等教育资源开展学习教育。充分运用“两学一做”知识竞赛、演讲比赛、歌咏大赛等形式，打造党建宣教中心、党性教育实践基地等平台，推动学习教育。

借鉴地方经验，彰显行业特色。各单位主动落实地方党委工作要求，认真学习借鉴好的经验做法，融入行业“两学一做”常态化制度化工作中。安徽中烟落实省委要求，开展“讲政治、重规矩、作表率”专题教育，组织专题学习讨论、开展专题组织生活会、实施全面对标落实行动。新疆区局（公司）结合自治区党委开展的“学讲话、转作风、促落实”专项活动，引导党员、干部在学习系列讲话上下工夫，在转变工作作风上求突破，在推动工作落实上作表率。

各省级公司开展“两学一做”学习教育情况

北京市烟草专卖局（公司）

自2016年4月起，北京市烟草专卖局（公司）在全市烟草商业系统全体党员中开展“学党章党规、学系列讲话，做合格党员”学习教育。

全体党员学习党章党规和习近平总书记系列重要讲话。市局（公司）党组共组织专题学习11次，讲党课5次；党组成员参加所在支部“三会一课”37次，到联系点单位调研33次，召开座谈会21次。系统各级党组织采取多种形式开展教育，市局（公司）先后以“学习党章尊崇党章”“五大发展理念”、国防安全、习近平总书记“七一”重要讲话精神等为主题，邀请专家以视频形式面向系统全体党员开展专题讲座。以“学习杨善洲精神、做合格党组织书记”为主题，组织系统基层党组织书记赴杨善洲干部学院开展党性教育。各基层党组织通过开展支部主题党日、警示教育、普通党员上党课、主题板报评比和主题参观等活动，不断加强党内生活教育。

天津市烟草专卖局（公司）

自2016年4月起，天津市烟草专卖局（公司）在全市烟草商业系统全体党员中开展“学党章党规、学系列讲话，做合格党员”学习教育。

全体党员认真进行个人自学和集中学习，积极参加专题学习讨论。全市系统各级领导干部共讲授专题党课64场次，建立联系点404个，深入联系点调研586次，召开座谈会35场，征求意见建议102条。市局直属机关党委组织刊发“两学一做”专题系列报道22篇。系统各级党组织不断创新学习教育方式方法，开展纪念“建党95周年”党史知识竞赛和“戴党徽、树形象”、创建“党员示范岗”活动，开辟学习教育专栏，建立学习教育微信群、QQ群，举办“党徽在岗位上闪光”主题演讲活动，拍摄身边的优秀共产党员电教片，观看《榜样》电视宣传片，参观“家风耀中华”“永远的长征”主题展览。

河北省烟草专卖局（公司）

自2016年4月起，河北省烟草专卖局（公司）在全省烟草商业系统全体党员中开展“学党章党规、学系列讲话，做合格党员”学习教育。

全省烟草商业系统党员、干部坚持以争做“四讲四有”合格党员为目标，以机关作风整顿为契机，以学习张俊岗、李保国同志先进事迹为抓手，以党支部为基本单位，以“三会一课”为基本形式，以落实党员日常教育管理制度为基本依托，采取“五个结合”方式：与强化党性教育相结合，与整顿机关作风相结合，与加强和改进党的建设相结合，与问题整改相结合，与促进行业发展相结合；念好“五字诀”，围绕专题“学”，强化引领“树”，立足岗位“做”，针对问题“改”，领导带头“行”；做到“五个贯穿始终”，把党性教育贯穿始终，把问题整改贯穿始终，把责任担当贯穿始终，把从严从实贯穿始终，把带头示范贯穿始终。

河北省局（公司）通过支部书记上党课、专家辅导、读原著、学原文、悟原理、谈体会等方式，不断提升党员干部党性修养和理想信念。省局（公司）党组成员深入基层联系点开展专题调研，累计下基层10次，参加基层联系点中心组学习、“三会一课”和民主生活会各5次，走访卷烟零售客户60余户。

河北中烟工业有限责任公司

自2016年4月起，河北中烟工业有限责任公司在全省烟草工业系统全体党员中开展“学党章党规、学系列讲话，做合格党员”学习教育。

河北中烟本部制作学习教育专题展板，并组织公司基层党组织干部分两批次赴湖南长沙开展专题教育培训。张家口卷烟厂有限责任公司将5—10月定为“集中学习教育月”；河北白沙烟草有限公司建立以党支部书记、各支部不同层面的微信群41个，通过微信学习“两学一做”内容；保定卷烟厂开展支部书记上党课、制定学习计划、记录学习笔记、撰写心得体会、设立学习园地、开展知识答题等“六个一”活动。

山西省烟草专卖局（公司）

自2016年5月起，山西省烟草专卖局（公司）在全省烟草商业系统全体党员中开展“学党章党规、学系列讲话，做合格党员”学习教育。

全省系统各党支部以学习贯彻党章党规、习近平总书记系列重要讲话和十八届六中全会精神为重点，坚持每月组织一次研讨交流，每周开展一次集中学习，通过集中学习、个人自学、视频辅导、专题讨论等方式，有序推进各项规定动作。尤其是党的十八届六中全会召开后，山西省局（公司）党组第一时间召开党组扩大会议传达全会精神，先后召开4次专题会议研究部署全省系统学习贯彻工作，并对全省系统205名基层党组织书记开展集中培训，将六中全会精神作为培训的重要内容。省、市两级党组成员讲党课67次，参加支部“三会一课”268次，围绕4个专题开展学习研讨44次。各党支部开展专题研讨724次，撰写心得体会9856篇。

内蒙古自治区烟草专卖局（公司）

自2016年4月起，内蒙古自治区局（公司）在全自治区烟草商业系统开展“学党章党规、学系列讲话，做合格党员”学习教育。

全自治区烟草商业系统开展“党组书记、党组成员、党支部书记”专题党课辅导280次，党组中心组专题学习60次，组织专题研讨265次，内蒙古自治区局（公司）党组成员赴联系点指导“两学一做”70次，党员撰写学习体会5412篇。初步建立党建工作目标体系，确立党建工作“12345”工作目标，即制作一本流程清晰、简明实用的基层服务手册，强化党建考核和基层党组织换届两个重点，建立服务群众、党员教育管理和规章制度“三本台账”，实现群众意愿在一线了解、困难问题在一线解决、工作作风在一线转变、党群关系在一线融洽，做到问题查找、解决措施、整改落实、执行监督、健全制度“五个到位”。健全党建工作“三个体系”。即上级党组织服务下级党组织工作体系、党组织服务党员工作体系、党组织和党员共同服务群众工作体系。建立“五个一”党建工作机制。即成立一个机构，成立区局（公司）党建工作领导小组，总体规划、统筹部署全区党建工作，领导制定工作方案，研究党建述职评议考核工作；明确一个分工，确定全区党建工作由1名党组成员具体分管；制定一个意见，研究制定《全区烟草行业落实全面从严治党主体责任的意见》；提出一个要求，区局（公司）党组每季度召开一次党建专题工作会议并形成长效机制；突出一个责任，落实全面从严治党主体责任，

2016年6月27日，阿拉善盟烟草专卖局开展“两学一做”党纪条规知识竞赛
内蒙古阿拉善盟局　苗俊敏　摄

确保不能有一名党员掉队，发挥党建工作的政治保障作用。建立完善一批规范基层党建工作的文件制度体系。

辽宁省烟草专卖局（公司）

自2016年5月起，辽宁省烟草专卖局（公司）在全省烟草商业系统全体党员中开展“学党章党规、学系列讲话，做合格党员”学习教育。

辽宁省局（公司）新一届党组提出要坚持深学细照，打牢“学”这个基础，坚持学用结合，抓实“做”这个关键，不断把学习教育引向深入。省局（公司）及各直属单位领导班子成员共建立联系点72个，到基层单位调研172次，召开座谈会119场，征求意见建议307条，为党员干部讲党课82次，参加支部学习研讨177次。各直属单位坚持把学党章党规、学系列讲话贯穿始终，引导党员强化自学，读原著、学原文、悟原理。在此基础上，积极采取集体学习、研讨交流、专家辅导、开展警示教育等方式组织党员开展学习。采取多种形式，组织开展向胡红霞、罗琴、张俊岗等烟草行业优秀共产党员学习的活动。

吉林省烟草专卖局（公司）

自2016年4月起，吉林省烟草专卖局（公司）在全省烟草商业系统全体党员中开展“学党章党规、学系列讲话，做合格党员”学习教育。

围绕“基础在学”，省市两级局（公司）党组理论学习中心组组织集中学习研讨40余次；以党支部为单位，开展“四个专题”学习讨论，举办“坚守四条底线，争当四个先锋”主题论坛；依托“三会一课”制度，突出经常性教育，召开党小组会议260多次、组织生活会120多次、举办专题党课220多次，召开党员领导干部民主生活会10次、党员组织生活会120余次。落实“关键在做”，各级党组织把开展学习教育作为扭转经营被动局面、破解企业发展难题、提高党员素质能力的有力举措，开展“访市场、破难题、谈感悟”“亮身份、创一流、作表率”活动等，围绕践行“四讲四有”“四个合格”，持续强化亮明党员身份、设置党员示范岗、划分党员责任区、党员承诺践诺、党内评先表彰等工作。

黑龙江省烟草专卖局（公司）

自2016年4月起，黑龙江省烟草专卖局（公司）在全省烟草商业系统全体党员中开展“学党章党规、学系列讲话，做合格党员”学习教育。

全省系统夯实“学”这个基础，采取集体学习、专家辅导、交流座谈、网上答题、知识竞赛等多种形式，党组成员带头讲党课，召开研讨会7次，举办讲座8场，每名党员至少交流发言1次以上。抓住“做”这个关键，组织开展“弘扬主旋律、传递正能量从自身做起”主题活动，召开庆祝建党95周年纪念大会，组织“向党献歌”歌咏比赛，对124名基层党组织书记和党务工作者进行集中轮训。突出“改”这个重点，将巡视整改问题细化分解为五大方面，25个问题，68项整改任务，逐一落实、逐一整改。体现“干”这个目的，坚持扬长避短、扬长克短、扬长补短，引导广大党员干部提振精气神、展示新作为，推动全省烟草商业系统持续健康发展。

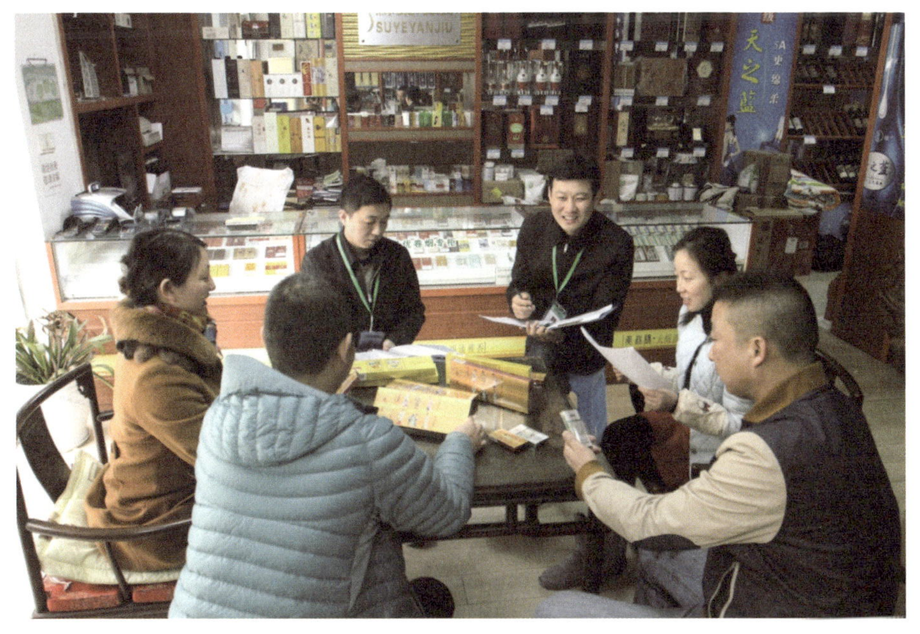

2016年7月5日，吉林市局（公司）在“党员干部甘奉献七一走进扶贫村”主题活动中，组织新党员入党宣誓、老党员重温入党誓词

吉林省局 供稿

上海市烟草专卖局、上海烟草集团有限责任公司

自2016年3月起，上海市烟草专卖局、上海烟草集团有限责任公司在全体党员中开展“学党章党规、学系列讲话，做合格党员”学习教育。

上海市局（公司）制定“十百千”党员3年集中轮训计划，设立“党性修养主题教学室”，分类分层开展党员集中培训。全年共组织培训13期，培训党员1518人。对直属单位和属地化管理单位实行统一管理、分类指导，定期召开“两学一做”工作推进会，设立党建热线及时解答基层的困惑和疑问。完善“党组班子成员联系点任务清单”，建立领导基层延伸联系点制度。市局（公司）把“两学一做”学习教育与落实从严治党主体责任承诺相结合；与“服务群众、服务品牌，品牌保状态，税利保增长”主题实践活动相结合；与“科学发展、群众满意”工程相结合；与深化“学习型、服务型、创新型”党组织创建相结合；与推进党内创优评优活动相结合，与“提质增效补短板”专题活动、“消费者在哪里，我们就到哪里”主题营销活动相结合，探索新形势下党员学习教育工作的新途径和新方式，努力实现以知促行、以学促改。

2016年7月14日，江苏中烟举办“学党章党规、学系列讲话，做合格党员”演讲比赛决赛

江苏中烟　凌绍清　摄

江苏省烟草专卖局（公司）

自2016年5月起，江苏省烟草专卖局（公司）在全省烟草商业系统全体党员中开展“学党章党规、学系列讲话，做合格党员”学习教育。

江苏省局（公司）利用党组中心组学习会、班子会、座谈会、培训会、“三会一课”“两报一刊一网”等形式，带领党员开展“两学一做”学习教育。在学习的过程中，创新载体平台，开设“两学一做”学习教育专栏，利用网络学院、网站、QQ群、微信公众号等网络平台，加强宣传教育。通过“两学一做”学习教育，省局（公司）在党的思想、组织、作风、纪律、廉政、能力建设等方面得到有效加强和改进，党组领导核心作用、支部战斗堡垒作用和党员先锋模范作用得到有效发挥，为推进“行业楷模”战略全面落地、实现江苏烟草商业系统健康协调可持续发展提供坚强的思想、政治和组织保证。

江苏中烟工业有限责任公司

自2016年5月起，江苏中烟工业有限责任公司在全省烟草工业系统全体党员中开展“学党章党规、学系列讲话，做合格党员”学习教育。

江苏中烟党组和5家直属单位党委先后安排学习教育工作74次，公司党组、直属单位党委班子成员先后98人次督促指导基层党组织学习教育、召开座谈会73场次、累计讲党课47次、参加所在支部组织生活211人次，各基层党支部平均召开19次支委和支部党员大会、讲党课264次，组织开展征文比赛、知识竞赛、演讲比赛等主题活动9场次，并制定印发党组（党委）中心组学习规则和“三会一课”制度实施方案等文件。开展专项巡视整改，认真研究编制“十三五”发展规划，着力推进分层分级赋能授权，切实将学习教育成果转化为推动企业中心发展的强大动力和重要保障。坚持问题导向，组织召开党组（党委）专题民主生活会和基层党支部专题组织生活会，进行党性分析，深入查摆问题，严肃认真整改。

浙江省烟草专卖局（公司）

自2016年5月起，浙江省烟草专卖局（公司）在全省烟草商业系统全体党员中开展“学党章党规、学系列讲话，做合格党员”学习教育。

全省烟草商业系统各级党组织夯实“学”这个基础，开展专题动员会、专题党课、专题辅导、微党课、党员学习日、红色主题读书会、廉政警示教育等形式多样的学习活动，督促广大党员自觉学习党章党规、学习系列讲话，加强“信仰之修”，补足“精神之钙”。各级党组织抓住“做”这个关键，开展“我为党旗添光彩”“立足岗位当先锋”“对标赶超、争当先锋”“三亮三比三评”等活动，将

“两学一做”与客户服务、市场监管、消费维权、社会公益等结合起来，充分发挥党员的先锋模范作用。

浙江中烟工业有限责任公司

自2016年4月起，浙江中烟工业有限责任公司在全省烟草工业系统全体党员中开展“学党章党规、学系列讲话，做合格党员”学习教育。

浙江中烟注重打牢“学”这个基础，紧紧抓住“做”这个关键，全面落实4次专题研讨、书记讲党课、专题民主生活会和组织生活会、民主评议党员、立足岗位作贡献、领导干部作表率等6个规定动作。为深化学习教育效果，先后组织开展党纪党规知识测试、党组织书记专题培训、“为党旗添光彩”演讲比赛等活动。各基层党组织结合实际，利用专题展板、口袋书、微信平台、QQ群等多种形式，学习宣传“两学一做”内容，组织党员重温入党誓言，参观红色教育基地，开展“百日手抄党章”“树旗帜、亮明灯、做实事”等特色活动。通过多种方式和举措，浙江中烟不断把“两学一做”引向深入，党员干部理想信念进一步坚定，“四个意识”进一步增强，党内政治生活进一步规范。过程中，领导带头、精心组织、加强督导、注重实效，做到两手抓、两不误、两促进。

安徽省烟草专卖局（公司）

自2016年5月起，安徽省烟草专卖局（公司）在全省烟草商业系统全体党员中开展“学党章党规、学系列讲话，做合格党员”学习教育。

安徽省局（公司）坚持“一学一议、一听一讲、一观一感”，以党组中心组为重点，以党支部为基本单位，以“三会一课”为基本形式，落实党员日常教育管理制度。开展主题学习研讨，创新方式讲党课，专题学习杨善洲精神，赴革命老区开展党性教育，确保学习效果。坚持“把巡视整改作为重大的政治任务”，创新推进党建工作目标管理。加强联系点调研指导力度，制定《全省系统党建工作考核办法》《省局（公司）机关2016年党建考评细则》，跟踪督导提升，完善党建工作考核评价体系。

安徽中烟工业有限责任公司

自2016年4月起，安徽中烟工业有限责任公司在全省烟草工业系统全体党员中开展“学党章党规、学系列讲话，做合格党员”学习教育。

安徽中烟注重充分发挥党员领导干部的引领作用，通过带头开展专题学习教育和集中研讨、带头讲党课、带头落实双重组织生活制度、带头督促指导基层开展学习教育，形成以上率下、整体联动的带动效应，促进学习教育扎实开展。公司开设专题专栏，充分利用移动互联网，树立先进典型，检验学习效果。通过“两学一做”学习教育，全体干部职工顶住宏观经济形势和行业共同困境的压力，主动作为，凝心聚力，攻坚克难，取得经济运行“降幅明显收窄、库存逆势减少、新品稳步成长、结构显著提高、份额逐月回升”的“五个亮点”。

福建省烟草专卖局（公司）

自2016年4月起，福建省烟草专卖局（公司）在全省烟草商业系统全体党员中开展“学党章党规、学系列讲话，

2016年9月19日，安徽中烟芜湖卷烟厂举办“两学一做”知识竞赛

安徽中烟　供稿

做合格党员”学习教育。

福建省局（公司）党组成员带头讲党课8场次，带头组织专题研讨18场次，带头参加支部学习58人次，深入13家直属单位开展调研指导学习教育。各级党组织以“三会一课”等为基本形式，每月开展集中学习，以支部为单位组织3个专题研讨。通过福建省直机关工委“党建微课”教育平台，以及“福建烟草网”和“闽烟廉苑”微信公众号等网络教育资源，组织广大党员自主学习、互动交流。细化合格党员标准，把“四讲四有”与岗位实际紧密结合，在持续抓好机关作风建设的同时，出台烟叶、卷烟、专卖、物流等一线队伍作风建设指导意见，进一步巩固作风建设成果。

福建中烟工业有限责任公司

自2016年4月起，福建中烟工业有限责任公司在全省烟草工业系统全体党员中开展“学党章党规、学系列讲话，做合格党员”学习教育。

福建中烟建立学习教育联系机制，领导干部深入联系点，以普通党员身份参加所在支部的组织生活，与党员一起学习讨论、一起查摆解决问题、一起接受教育、一起参加党员民主评议。创新学习方法，开展党课观摩、书法比赛、主题征文、重温入党誓词、参观学习等特色主题活动。落实党员“亮身份”制度，发放党徽、制作党员岗位桌牌，引导党员牢记党员身份，立足岗位，履职尽责。福建烟草工业系统组织专题学习研讨24次，领导干部讲党课28次，举办知识竞赛7次，集中轮训基层党组织书记80名。

江西省烟草专卖局（公司）

自2016年4月起，江西省烟草专卖局（公司）在全省烟草商业系统全体党员中开展“学党章党规、学系列讲话，做合格党员”学习教育。

江西省局（公司）领导带头深入基层联系点进行党建工作调研，带头讲党课，各党支部书记按照要求在所在支部讲授党课；省局（公司）机关开展“两学一做”学习教育微信知识竞赛活动，行业各直属单位丰富学习教育载体，开展形式多样的学习活动，把党建工作抓在日常、融入经常、形成常态。严肃党内政治生活，对支部“三会一课”开展情况进行检查，督促各支部落实“三会一课”制度，进一步增强支部学习自觉性和主动性。开展党员“亮身份、明职责、树形象”工作，进一步增强党员意识、服务意识，争做合格共产党员。

江西中烟工业有限责任公司

自2016年4月起，江西中烟工业有限责任公司在全省烟草工业系统全体党员中开展“学党章党规、学系列讲话，做合格党员”学习教育。

紧扣“学”这个前提，练好“学功”。以中心组学习、“三会一课”等为载体，分层次、分类别组织全年学习。全年全系统组织中心组学习15次，交流研讨、辅导培训40多次。邀请有关专家就“五大发展理念”、《准则》《条例》等内容进行专题辅导。紧扣“做”这个重点，练好“做功”。公司党员领导干部先后以普通党员身份参加联系点、所属支部的学习教育，带头上党课，形成以上率下、上行下效、整体联动的学习教育总体效应。全年公司党组成员讲专题党课7场、各直属单位党委成员讲专题党课23场。把牢“实”这个关键，练好“实功”。全面启动“五星创评”活动。各基层党组织对照“六有”目标，查找整改不足，进一步健全相关机制。

山东省烟草专卖局（公司）

自2016年4月起，山东省烟草专卖局（公司）在全省烟草商业系统全体党员中开展“学党章党规、学系列讲话，做合格党员”学习教育。

山东省局（公司）突出抓好党组中心组学习、集中培训、学习研讨、经常性教育，安排部署开展“主题党日”活动，用足用好两个“九查九看”、挂靠联系基层单位等重要载体，构建完善学习教育制度体系、推进机制和考核办法，确保学习教育有特色、有亮点。省局（公司）党组中心组组织5次集中学习，举办6期全系统基层党组织书记培训班和2期离退休党支部书记培训班，累计培训520余名基层党组织书记。全省烟草商业系统领导讲党课490余次，专家辅导160余次，观看专题片620余场，现场警示教育170余次；以党支部为基本单位，组织学习研讨1250余次，各

2016 年 5 月 17 日，山东中烟召开"两学一做"学习教育专题会

山东中烟　贾　霏　摄

2016 年 10 月 13 日，河南中烟举办"两学一做"暨"三铁三创"知识竞赛

河南中烟　李　翀　摄

级领导干部发言 1400 余次。省局（公司）主要领导到 12 个直属单位及 40 个县级单位调研指导学习教育情况，各级领导干部深入基层调研指导学习教育 1000 余次，全系统累计召开调度交流会 340 余次。

山东中烟工业有限责任公司

自 2016 年 4 月起，山东中烟工业有限责任公司在全省烟草工业系统全体党员中开展"学党章党规、学系列讲话，做合格党员"学习教育。

山东中烟党组成员和所属单位领导班子带头抓好学习，设立党员示范岗，并开展优秀学习感悟、微党课课件征集，举办"大国工匠""我身边的好党员"主题演讲等活动，强化学习效果。突出问题导向。组织党员自查自纠、边学边改；出台并实施党的建设缺失、不按规定交纳党费、党员管理不规范、基层党组织长期不换届等问题专项整治方案。把"两学一做"学习教育与建党 95 周年系列活动相结合，与基层服务型党组织建设相结合，与企业日常学习相结合，与党组（党委）中心组集中学习制度和党组（党委会）相结合，与志愿服务活动相结合，力求取得实效。

河南省烟草专卖局（公司）

自 2016 年 4 月起，河南省烟草专卖局（公司）在全省烟草商业系统全体党员中开展"学党章党规、学系列讲话，做合格党员"学习教育。

河南省局（公司）通过党组中心组、党支部（党小组）集中学习、专家辅导、个人自学等形式，学习党章党规和习近平总书记系列重要讲话精神，开展"戴党徽、亮身份、树形象""不忘初心、重温入党誓词"活动，以及纪念建党 95 周年优秀党支部、优秀党务工作者、优秀共产党员表彰活动和"两学一做"学习教育知识竞赛。全省烟草商业系统组织学习 5478 次、交流研讨 1841 次，开展省、市、县局领导干部讲"两学一做"专题党课 1034 次，召开民主生活会、组织生活会 1058 次、参加 12643 人，撰写心得体会 2.91 万篇，参加"两学一做"学习教育知识竞赛 1.28 万人次，省、市、县局班子成员深入联系点调研督导 2245 人次，征求意见建议 2781 条。

河南中烟工业有限责任公司

自 2016 年 4 月起，河南中烟工业有限责任公司在全省烟草工业系统全体党员中开展"学党章党规、学系列讲话，做合格党员"学习教育。

河南中烟对"两学一做"学习教育进行精心部署，推动党内教育从"关键少数"向广大党员拓展，从集中性教育向经常性教育延伸。一是加强学习研讨。坚持两级中心组集中学习和领导干部自学相结合，注重读原著、学原文、悟原理与交流研讨相结合，公司处级以上领导干部撰写研讨交流和理论文章 64 篇。二是加强督促指导。严格党内组织生活，加强对"三会一课"制度落实情况的督促指导。公司领导带头开展专题学习研讨，参加支部学习教育，累计讲党课 14 次；各单位党员领导干部累计讲党课 109 人次，参加所在支部"三会一课"542 人次。三是加强氛围营造。组织开展"两学一做"知识竞赛和"黄金叶"讲坛。公司网站和专栏累计编发"两学一做"主题稿件 223 篇，各单位积极开展富有特色的主题活动，利用微信、QQ 群等新媒体，扩大学习教育覆盖面。四是创新自选动作。在“两学一做”学习教育中，把学习弘扬红旗渠精神作为一项重要内容，公司第十九次党组中心组集中学习在红旗渠干部学院举行，河南烟草工商两家党组中心组成员一同进行学习。将“两学一做”和“消费者在哪里，我们就到哪里”卷烟营销活动相结合，强化“以消费者为中心”的营销理念，全面提高河南中烟响应市场的速度、适应市场的能力和服务市场的水平。

湖北省烟草专卖局（公司）

自 2016 年 4 月起，湖北省烟草专卖局（公司）在全省烟草商业系统全体党员中开展“学党章党规、学系列讲话，做合格党员”学习教育。

全省烟草商业系统组织党章党规集中学习 3361 次，各级党组（党委）开展中心组学习 723 次。湖北省局（公司）党组带头召开“两学一做”专题民主生活会，收集关于领导班子和领导个人的意见建议，省局（公司）领导、各市级公司班子成员分别带头参加所属单位专题组织生活会。在全省系统开展“争优秀党支部，创坚强堡垒；争党员标兵，创先锋形象；争流动红旗，创一流佳绩”活动，以学习成果推动工作落实、助力克难攻坚。

湖北中烟工业有限责任公司

自 2016 年 4 月起，湖北中烟工业有限责任公司在全省烟草工业系统全体党员中开展“学党章党规、学系列讲话，做合格党员”学习教育。

湖北中烟党组开展专题学习研讨 17 次，公司党组书记带头谈认识谈体会，为党员干部讲党课，各党组成员以普通党员身份参加所在党支部的组织生活，全年参加所在支部“三会一课”44 次，为支部党员讲党课 8 次，深入联系点调研指导 41 次。公司 17 个党总支、126 个党支部和 242 个党小组累计发放学习图书、资料 19963 册，更新宣传橱窗（板报）367 块，发布微党课、微视频 873 次，开展“支部主题党日 +”活动 665 次，累计在内网、内刊发布主题宣传报道 843 篇，形成浓厚的学习教育氛围。

2016 年 11 月 10 日，宜昌市局（公司）举办“学党章学讲话　学准则　学条例”知识竞赛

湖北省局　供稿

湖南省烟草专卖局（公司）

自 2016 年 4 月起，湖南省烟草专卖局（公司）在全省烟草商业系统全体党员中开展“学党章党规、学系列讲话，做合格党员”学习教育。

通过“两学一做”内网专栏、党章党规测试、专题辅导讲座、微信群等平台载体，播报工作动态、交流学习心得。坚持领导示范“带头学”，湖南省局（公司）领导带头上党课、参加所在支部学习研讨和组织生活会，示范带动各级班子成员讲党课、落实双重组织生活制度。坚持围绕专题“深入学”，以党支部为单位组织全体党员围绕“四讲四有”专题，开展 4 次研讨交流，全省系统开展集中学习 150 余次、专题党课 800 余次。坚持专题轮训“脱产学”，省局（公司）分期分批开展处级干部、基层党支部书记、机关青年干部、基层员工专题轮训、离退休党支部书记专题培训等 9 期培训班，636 人次参加培训。

湖南中烟工业有限责任公司

自 2016 年 4 月起，湖南中烟工业有限责任公司在全省烟草工业系统全体党员中开展“学党章党规、学系列讲话，做合格党员”学习教育。

坚持全覆盖、常态化、重创新、求实效，强化思想建党和制度建党相结合，以学习教育的实际成效检验和推动公司的改革发展。公司领导讲党课 10 次，带头深入联系点指导"两学一做"学习教育 17 次，带头参与所在支部学习 17 次。开展网上党建文化知识竞赛、党纪党规知识竞赛、微党课竞赛，开发学习教育专题网页及 PPT，深化和提升学习教育效果。开展"视频党课""专题党课""情景党课""微党课"系列特色党课竞赛活动，收集微党课课件 110 件。公司党组成员根据党建工作领导小组分工，带头参与各党支部的学习教育讨论，并带头深入到工厂联系点参加"两学一做"学习研讨，讲党课，指导基层学习教育有序开展。建立坚持主体责任清单化、坚持支部学习经常化、坚持组织制度严肃化、坚持基层工作标准化、坚持关心帮扶人性化的党建标准"五化"制度，推动学习教育向基层延伸。制定下发党组（党委）中心组学习管理办法、建立健全中高层管理人员调查工作常态化机制的意见，党费收缴、使用和管理办法及加强党纪党规等一系列制度文件。将党建工作与经济目标实行年度考核"双百分"制，确保企业党建政工工作与生产经营工作有效同步。

广东省烟草专卖局（公司）

自 2016 年 4 月起，广东省烟草专卖局（公司）在全省烟草商业系统全体党员中开展"学党章党规、学系列讲话，做合格党员"学习教育。

以党章党规党纪、习近平总书记系列重要讲话为重点内容，通过发挥领导干部示范作用，开展各级党组织书记讲党课活动；发挥党支部关键作用，以党支部为单位认真开展专题学习研讨；发挥以赛代学作用，采取多种形式开展"两学一做"专题知识竞赛；发挥专家导学作用，组织专题辅导讲座；发挥基层党组织主观能动性，组织开展"我是共产党员"主题践学活动。同时，广东省局（公司）领导和机关以开展"精准帮扶行动"等活动为载体，带动各基层党组织在营销、专卖、烟叶生产等各个领域开展创建党员示范岗、党员责任区等活动，提升学习教育实效。

广东中烟工业有限责任公司

自 2016 年 4 月起，广东中烟工业有限责任公司在全省烟草工业系统全体党员中开展"学党章党规、学系列讲话，做合格党员"学习教育。

广东中烟召开 12 次会议专题部署学习教育和开展学习研讨。党组成员带头参加所在支部的"三会一课"、带头撰写学习心得、深入联系点调研指导。注重分类指导，对于党员领导干部注重提升党性修养，提高党性认识。与东莞市委党校联合举办"党支部书记培训班"，组织副处级以上党员干部 80 余人到杨善洲精神教育基地学习、劳动，组织全体党员干部观看学习专题片《永远在路上》，邀请广东省纪委专家开展专题授课。对于普通党员注重增强党员身份认同，增强党组织凝聚力。以身边的人、身边的事展示优秀党员的风采，号召全体职工向优秀党员学习。

广西壮族自治区烟草专卖局（公司）

自 2016 年 5 月起，广西壮族自治区局（公司）在全自治区烟草商业系统全体党员中开展"学党章党规、学系列讲话，做合格党员"学习教育。

通过学原文原著、听取专题辅导讲座、观看专题教育片、结合实际开展讨论交流等，发挥中心组学习示范带动作用。把党小组、党支部学习作为党员教育重要载

2016 年 9 月 19 日，广西区局（公司）组织员工赴杨善洲干部学院开展"两学一做"教育培训

广西区局　吴少权　摄

体，发放学习资料1066本，每月制定学习课程，明确学习篇目、讨论主题和完成时限。突出经常性教育，开展中心组专题研讨3次，专题党课1次，党小组学习5次，支部学习讨论3次。分4批组织行业基层党组织书记、支部委员、优秀共产党员208人到江西井冈山、云南保山接受革命传统教育和党性教育。组织基层党支部书记“五大发展理念”培训班2期，对全系统182名基层党支部书记进行轮训。广西区局（公司）对照整改责任清单逐项制定工作措施，明确责任人和整改期限，以最坚决的态度、最果断的措施扎实推进专项巡视整改工作，除需长期执行的外，89项专项整改任务、12项专项整治和治理任务全部完成。

广西中烟工业有限责任公司

自2016年4月起，广西中烟工业有限责任公司在全自治区烟草工业系统全体党员中开展“学党章党规、学系列讲话，做合格党员”学习教育。

广西中烟全年召开4次理论中心组学习会进行专题研讨。坚持以知促行，结合不同工作领域，组织引导党员立足岗位、履职尽责，努力做“四有”合格党员。开展党员组织关系集中排查，摸清“口袋”党员、长期与党组织失去联系党员情况，理顺党员组织关系。动员公司党员分赴全国各地开展“全员营销”“消费者在哪里　我们就在哪里”“精准服务　精益党建”等“做合格党员”主题实践活动。坚持边学边改，征集到涉及党的建设、企业管理、品牌发展等五大类42条意见建议。针对存在的问题，要求责任部门列出问题清单，制定具体有效措施，得到有效整改。

海南省烟草专卖局（公司）

自2016年4月起，海南省烟草专卖局（公司）在全省烟草商业系统全体党员中开展“学党章党规、学系列讲话，做合格党员”学习教育。

海南省局（公司）采取集中学习与个人自学相结合，以支部为基本单位，以组织生活为基本形式，开展党员干部集中培训、集中学习、专题讨论、讲党课，以及践行“四讲四有”、争做合格党员等一系列活动。省局（公司）机关坚持每月学习不少于4次、集中学习交流不少于2次，每季度专题讨论不少于1次。各级党组织主要领导给党员讲党课1次。省局（公司）组织2批次，110人次党员干部到井冈山干部学院、杨善洲干部学院开展党性教育；围绕争做“四讲四有”合格党员，组织党员深入雪茄烟田、基层业务工作一线、扶贫点、红色教育基地等开展实践活动。各基层党组织认真落实“三会一课”制度，严肃党内政治生活，严格党员管理，加强党员教育，进一步提高党员素质。全省系统通过深入开展“两学一做”学习教育，推动全面从严治党向基层延伸，并结合专项巡视，加强对存在问题进行整改。

重庆市烟草专卖局（公司）

自2016年4月起，重庆市烟草专卖局（公司）在全市烟草商业系统全体党员中开展“学党章党规、学系列讲话，做合格党员”学习教育。

重庆市局（公司）全体党员认真进行个人自学和集中学习，积极参加专题学习讨论。全市行业不断创新学习教育方式方法，开展“建党95周年”知识竞赛、专家讲座、参观红色基地、重温入党誓词、扶贫济困等活动。行业各级党员领导干部讲授专题党课129场次，各单位开展集中学习430余次，举行集体讨论、分组讨论260余次，建立联系点185个，深入联系点调研776次，召开座谈会121场，征求意见建议548条。全市系统建设专题网站、网页和专栏45个，市局（公司）内网发布消息78条，各单位内网发布消息200余条，梳理展示各级党组织学习教育中的工作亮点。

重庆中烟工业有限责任公司

自2016年4月起，重庆中烟工业有限责任公司在全市烟草工业系统全体党员中开展“学党章党规、学系列讲话，做合格党员”学习教育。

重庆中烟在“学”上下工夫，固本培元强信念。围绕“两学”要义，坚持以上率下、层层深入，多维度、多层次、多形式扎实推进。在“做”上见行动，服务大局促发展。以做“四讲四有”合格党员为标尺，组织引导全体党员不忘初心、继续前进，铭记身份、彰显担当，在推动公司改革发展“新长征”中建功立业。在“改”上求实效，聚焦问题补短板。坚持“抓在日常、严在经常”，做到学做结合、知行合一，防止空对空、“两张皮”现象。

对照重庆市委组织部梳理出的基层党建的7个方面问题，自查梳理问题22个，并结合行业专项巡视整改要求和管党治党专题民主生活会征集到的意见建议，列出问题清单、制定具体措施、明确时间进度、落实责任到人。

四川省烟草专卖局（公司）

自2016年4月起，四川省烟草专卖局（公司）在全省烟草商业系统全体党员中开展“学党章党规、学系列讲话，做合格党员”学习教育。

首先是丰富载体，保证学习质量。全省烟草商业系统灵活采取集中学习、个人自学、党课报告、专家辅导、讨论交流等多种方式，分层次组织党员干部，系统进行学习。全省行业开展专家辅导132场次、讨论交流863场次、撰写心得体会468篇，各级领导干部讲党课412场次。其次是对照标准，争做合格党员。对照“四讲四有”合格党员标准，广大党员立足本职岗位、争当干事先锋。全省行业70名优秀共产党员，主动到贫困山区担任“第一书记”，带领群众脱贫致富。再次是边学边改，解决突出问题。结合中央专项巡视整改，相继开展工程建设项目、烟用物资采购等专项治理11个，整改各类问题65个，完善管理制度17个。各支部制定整改方案，明确责任分工，建立台账制度，实行销账管理，整改问题四类65项。

四川中烟工业有限责任公司

自2016年5月起，四川中烟工业有限责任公司在全省烟草工业系统全体党员中开展“学党章党规、学系列讲话，做合格党员”学习教育。

四川中烟党组班子成员到联系党支部讲党课4次，各单位党委班子成员到联系党支部讲党课累计48次。强化学习教育，全年发放学习教育资料3000余册、学习专用笔记本1000余本，通过学习形式的网络化、系统化、多样化、全覆盖，党员“两学一做”参与率100%。丰富活动形式，以纪念建党95周年、红军长征80周年、公司成立1周年为契机，组织开展重温入党誓词、川烟工匠评选、先进事迹巡回报告、观看红色教育影片等。强化纪律规矩。结合生产管理实际，先后成立效能监察领导小组、巡察工作领导小组，印发实施《员工违纪违法行为处理规定》等10余项制度规定。

贵州省烟草专卖局（公司）

自2016年4月起，贵州省烟草专卖局（公司）在全省烟草商业系统全体党员中开展“学党章党规、学系列讲话，做合格党员”学习教育。

贵州省局（公司）党组中心组率先垂范，开展2次专题研讨，4次集中学习，领导班子成员为所在支部讲党课10次，参加支部集中学习32次。各级党组织开展集中学习3785次，专题讨论1344次，领导干部、党支部书记讲党课806次。各级党组织发放学习书籍2万余册，建设网上学习平台8个、微信学习平台58个。全省系统还开展建立党员示范岗活动，督促党员立足岗位发挥模范带头作用，5315名党员向组织和群众亮明身份、亮明职责、作出承诺，建立党员示范岗3130个。

贵州中烟工业有限责任公司

自2016年5月起，贵州中烟工业有限责任公司在全省烟草工业系统全体党员中开展“学党章党规、学系列讲话，做合格党员”学习教育。

贵州中烟党组和11个单位党委中心组集中学习70余场次，党支部以“三会一课”为基本形式，组织学习教育900余场次，参加学习党员2万余人次，做到党章党规必学、系列讲话必学、中央精神必学，10个直属单位党委委员在本单位和所联系支部讲党课、廉政课56场次；举办基层党支部书记“两学一做”学习教育示范培训班，142名党务干部参加培训。基层党组织以支部为单位搭建“两学一做”学习教育微信群、QQ群等学习教育平台70余个，将学习教育由线下向线上延伸，围绕“五个着力解决”，把学习教育与破解党建难题、抓好巡视整改、助力改革发展结合起来，边学边做、边学边改。

云南省烟草专卖局（公司）

自2016年4月起，云南省烟草专卖局（公司）在全省烟草商业系统全体党员中开展“学党章党规、学系列讲话，做合格党员”学习教育。

全省烟草商业系统各级党组织认真排查党员组织关系，

扎实推进基层党组织按期换届，认真开展党费交纳专项整治。各级党组织征订学习教育资料4.78万册，在单位内刊、网站等媒体上适时发布“两学一做”学习教育进展情况和有关知识3921条次；开展专题研讨2180次，上党课1740次；组织党员干部参观杨善洲、井冈山、延安等红色教育基地207次；表彰优秀共产党员660人、优秀党务工作者192人、先进基层党组织163个。

云南中烟工业有限责任公司

自2016年5月起，云南中烟工业有限责任公司在全省烟草工业系统全体党员中开展“学党章党规、学系列讲话，做合格党员”学习教育。

云南中烟党组通过组织中心组学习、支部集中学习、举办培训班、组织专题辅导讲座、党员领导干部讲党课等多种方式，坚持把学习党章党规与习近平总书记系列重要讲话结合起来，召开学习教育动员会18次、组织中心组理论集中学习72次，购买发放学习教育读本4.75万余册，举办专题辅导讲座63次，组织观看廉政教育片44场次，组织党员到红色教育基地接受教育290人次。按照“四讲四有”合格党员标准，全系统党员干部践行党的宗旨，自觉加强党性锻炼和道德修养，密切联系职工群众，坚持用党性原则和纪律规矩约束规范自己，把“两学一做”学习教育成果转化为推动云南中烟改革发展的强大动力。严格规范所属各级党组织党内政治生活，认真落实民主生活会、组织生活会、“三会一课”等制度，公司党组成员讲党课8次、参加支部“三会一课”96次。

西藏自治区烟草专卖局（公司）

自2016年4月起，西藏自治区烟草专卖局（公司）在全自治区烟草商业系统全体党员中开展“学党章党规、学系列讲话，做合格党员”学习教育。

西藏自治区局（公司）综合运用“个人自学、领导讲学、专家导学、观影促学、专栏帮学”等载体加强理论教育，全年开展中心组、党支部集中学习91次，交流研讨40次，专家讲座17次，46人赴杨善洲干部学院、44人赴井冈山革命传统教育学院接受现场教育，党员队伍党性修养进一步强化。落实全面从严治党主体责任，出台16项制度。严格落实“八项规定”，推进专项巡视整改，完成整改任务46项（共有65项），整改率70%。

陕西省烟草专卖局（公司）

自2016年4月起，陕西省烟草专卖局（公司）在全省烟草商业系统全体党员中开展“学党章党规、学系列讲话，做合格党员”学习教育。

陕西省局（公司）党组成员联系21个基层党支部，以普通党员身份带头参加支部学习教育及研讨交流并讲党课。10月，召开全省行业学习教育汇报会，总结前期进展情况，对学习教育提出明确要求。全省行业各单位认真贯彻落实省局（公司）党组和地方党委的部署，紧紧把握“学是基础、做是关键”总体要求，落实规定动作，创新自选动作，密切联系实际，注重增强效果。宝鸡、西安市局（公司）党委分别被陕西省委、西安市国资委党委评为“全省先进基层党组织”、市国资委系统“先进基层党组织”。

2016年6月，红塔集团举办庆祝建党95周年暨“两学一做”主题巡回演讲
云南中烟　供稿

陕西中烟工业有限责任公司

自2016年4月起，陕西中烟工业有限责任公司在全省烟草工业系统全体党员中开展“学党章党规、学系列讲话，做合格党员”学习教育。

陕西中烟强化责任担当，召开落实全面从严治党主体责任工作会议，督促主体责任落实；组织党员干部认真学习新修订的《准则》《条例》，教育引导党员干部自觉把纪律和规矩挺在前面。强化基层党建，推进全面从严治党向基层延伸，召开党建工作会议，安排部署党建工作，把党要管党、从严治党方针落实到基层。严格按照党的基层组织工作条例，健全完善支部班子；按规定开展2008年4月以来党员党费差额收缴；各级党组织严格落实“三会一课”制度；加强基层党组织书记队伍建设。

甘肃省烟草专卖局（公司）

自2016年4月起，甘肃省烟草专卖局（公司）在全省烟草商业系统全体党员中开展“学党章党规、学系列讲话，做合格党员”学习教育。

突出“学”这一基础，依托“三会一课”，各级党组织开展集中学习650余场次，讲党课350余场次，专题研讨340余场次，参加测试4500余人次。轮训党组织书记和党务工作者400余人次。首次组织副处级以上干部网上培训班。突出“做”这一关键，坚持学做结合，围绕“四讲四有”合格党员标准，组织开展合格党员标准大讨论、主题征文、研讨交流、岗位实践锻炼等活动。突出“改”的政治要求，聚焦党建重点任务，落实行业专项巡视整改要求，按期完成整改任务。突出“责”这一要求，强化党建主体责任，甘肃省局（公司）党组召开12次会议，党建领导小组召开4次会议，研究部署党建工作。突出“严”这一标准，运用监督执纪“四种形态”，全省系统通报曝光违纪案件1起，诫勉谈话16人次，谈话函询93人次，惩戒处理7人次。

青海省烟草专卖局（公司）

自2016年4月起，青海省烟草专卖局（公司）在全省烟草商业系统全体党员中开展“学党章党规、学系列讲话，做合格党员”学习教育。

青海省局（公司）组织开展党组中心组学习、支部集中学习、举办培训班、组织专题辅导讲座、党员领导干部讲党课等多种形式的学习。8月，省局机关启动“心系基层营销部、走进市场最前沿”主题实践，涵盖全省34个县局（营销部），省局机关副处级（含副调研员）以上党员领导干部参加体验一次“当一天送货员，当一天客户经理，当一天驻店站柜促销员”具体工作、参加一次基层党组织生活会、开展一次“两学一做”学习教育督导、召开一次“我是共产党员，服务基层从我做起”座谈会等5项内容，深入一线倾听营销队伍的心声，丰富党员领导干部服务群众的内容，提升党员干部服务群众的本领。

2016年5月10日，青海省局（公司）召开全省烟草系统“两学一做”学习教育电视电话会议
青海省局　戴福海　摄

宁夏回族自治区烟草专卖局（公司）

自2016年4月起，宁夏回族自治区烟草专卖局（公司）在全自治区烟草商业系统全体党员中开展“学党章党规、学系列讲话，做合格党员”学习教育。

宁夏回族自治区局（公司）以“三会一课”等党的组织生活为基本形式，以落实党员教育管理制度为基本依托，认真学习党章党规，深入学习贯彻习近平总书记系列重要讲话精神。自治区烟草商业系统开展中心组学习35次，专题研讨162场次，党员领导干部讲党课89人次，支部书记讲党课92人次。注重学做结合，坚持问题导向，把学习教育与破解党建难题、抓好巡视整改、挖掘市场潜力、提升经济运行质量效率结合起来，组织开展下基层当“一线三员”“消费者在哪里、我们就到哪里”“驻店服务月”等主

2016 年 10 月 28 日，宁夏区局（公司）组织代表队参加宁夏回族自治区“两学一做”知识竞赛决赛

宁夏区局　潘　亮　摄

题实践活动和不愿为、不会为、不敢为“三不为”问题大讨论、大检查、大整治，教育引导全体党员在推动企业改革发展实践中建功立业。

新疆维吾尔自治区烟草专卖局（公司）

自 2016 年 4 月起，新疆维吾尔自治区烟草专卖局（公司）在全自治区烟草商业系统全体党员中开展“学党章党规、学系列讲话，做合格党员”学习教育。

新疆区局（公司）机关、所属各单位开展专题学习，邀请党校老师进行专题辅导讲座，组织全自治区烟草基层党组织书记专题培训 98 人次、处级以上干部赴井冈山进行党性修养培训两次 70 余人。组织党员干部观看《榜样》《永远在路上》等党建教育片并进行集中学习研讨；开展“做合格共产党员”演讲和知识比赛；组织全自治区党组中心组集中学习研讨 80 次、召开工作协调会 79 次；自治区烟草商业系统班子成员给基层党员讲党课 60 次，班子成员参加所在支部学习 314 次；党员领导干部建立 106 个基层联系点，深入联系点调研 341 次；召开座谈会 220 余次，征求意见建议 320 条。

大连市烟草专卖局（公司）

自 2016 年 4 月起，大连市烟草专卖局（公司）在全市烟草商业系统全体党员中开展“学党章党规、学系列讲话，做合格党员”学习教育。

大连市局（公司）党组成员为支部上党课，并深入基层开展调查研究、撰写体会文章，全市 62 名处级以上领导干部、市局机关本部 200 名党员撰写学习体会交流材料。以“两学一做”学习教育为契机，进一步完善落实党建工作机制，明确党建工作领导分工，建立健全落实全面从严治党主体责任、“三会一课”、党建工作领导小组、基层党组织书记集中轮训等 13 个党建工作相关制度和规定；以年度为单位，建立健全党组中心组学习档案、党建工作领导小组工作档案、党建制度等 11 个党建工作专项档案；严格执行“三会一课”制度，坚持党员领导干部讲党课制度，推行党支部“主题党日”活动，及时完成党费补交及自查工作，334 名党员组织关系通过集中排查工作进一步细化落实。

深圳市烟草专卖局（公司）

自 2016 年 4 月起，深圳市烟草专卖局（公司）在全市烟草商业系统全体党员中开展“学党章党规、学系列讲话，做合格党员”学习教育。

深圳市局（公司）组织中心组集中学习 4 次、辅导报告 5 次、参观学习 4 次、重点交流发言 4 场次。举办开展专题辅导报告、支部书记专题培训班、党员组织生活会、“两学一做”大家谈、观看建党 95 周年庆祝大会电视直播、参观党建教育基地等活动。开展党组工作专项检查，重点检查各区局（公司）等单位的党组工作规则制定、党组决策、记录纪要、末位表态等情况，形成 9 项指标的量化评议表，归纳 3 点成绩、发现 5 个问题、提出 5 个方面建议。结合“两学一做”学习教育的各项任务，积极探索以“两规范、三服务”为核心内容的基层党建工作体系。

中国烟草实业发展中心

自 2016 年 4 月起，中国烟草实业发展中心（简称中烟实业）在机关和所属企业全体党员中开展“学党章党规、学系列讲话，做合格党员”学习教育。

中烟实业认真执行党建工作联系点制度，领导成员深入联系点指导企业开展学习教育。加强理论武装，注重将集中学习与个人自学、领导干部讲授党课与普通党员座谈讨论、学习文件与外出党性教育相结合，中烟实业机关组织学习17次、专题党课1次。抓好党员领导干部和普通党员两个学习重点，区分管理人员和一线员工、驻地本部人员和在外人员、在职人员和离退休人员"三类人员"，明确各自学习重点。注重跟踪问效，主动将学习成果运用到实际工作中，严肃党内政治生活，及时纠正党建工作中存在的问题和不足。

黑龙江烟草工业有限责任公司：分析整理出八大项24条问题，征集意见建议34项，逐一整改落实。开展戴党徽、向党旗宣誓、讲党课、"下基层、接地气、连民心"等实践活动，同时利用微信公众号、QQ群等创新方式强化学习效果，进一步加强作风建设。

红塔辽宁烟草有限责任公司：领导干部带头讲党课，党员亮身份当先锋，争做"四讲四有"合格党员。加强督导，所属两家卷烟厂的换届选举和民主生活会等重要活动督导组全程参加。

吉林烟草工业有限责任公司：组织党组（党委）研讨会和理论中心组学习会议17次，领导干部参加支部学习会议34次，为所在支部党员讲党课21次，建立"两学一做"微信公众号2个，上传学习资料170余篇，更新宣传专栏和学习专栏37版，开展党员志愿服务活动42次。

甘肃烟草工业有限责任公司：组织全体党员干部原原本本学习党章党规和习近平总书记系列重要讲话，重点以"十个学"（手抄党章学、知识测试学、领导带头学、党性锻炼学、警示教育学、专题讨论学、先进带动学、教育培训学、节点感染学、征文比赛学）为载体，通过抓在平常、融入经常，领导带头、以上率下的学习教育形式，带动全体党员学习的积极性和学习热情，增强党的意识和党员意识。

内蒙古昆明卷烟有限责任公司:以"学"为基础，合理安排学习计划、系统组织分层学习、适时交流研讨、广泛开展自查自摆，通过手机微信、支部学习、党委专题研讨等方式，引导党员树立"四个自信"。开展以"五包"为核心的党员责任区活动，把党员是否在推动发展上发挥作用作为衡量其是否合格的重要指标。各党支部分别召开组织生活会，全体班子成员查摆自身问题、剖析思想根源，相互提了批评意见，并分别制定整改措施。

深圳烟草工业有限责任公司：党委带头参加所在支部"三会一课"、为支部党员讲党课，深入支部联系点调研指导。邀请专家授课1次、举行中心组学习4次，开展支部专题学习讨论2次，观看专题片3次，召开党内外员工座谈会1次。组织中层以上党员干部培训班，37名学员到井冈山革命传统教育基地开展培训教育。

山西昆明烟草有限责任公司：通过学、讲、看、改、评"五字工作法"，深入学习党章党规和习近平总书记系列重要讲话精神，推动学习教育常态化、长效化；党员领导干部带头讲党课，参与学习讨论，带头查摆解决问题；组织全体党员观看《永远在路上》等记录片，举办"重温党章、不忘初心"红色经典诵读比赛，赴太原解放纪念馆和牛驼寨烈士陵园缅怀烈士。

海南红塔卷烟有限责任公司：各党支部的"规定动作"保质保量完成，"自选动作"各显特色。全体党员认真学习党章党规和习近平总书记系列重要讲话，开展红色基地革命传统教育，认真组织专题研讨，开展先进党员模范教育、反面典型警示教育，进一步加强党性锻炼，实现学习教育、党建工作和生产经营相互融合、相互促进。

吉林烟草进出口有限责任公司，采取集中学习和个人学习相结合方式，全年组织集中学习20次。组织建立党建微信平台，并开辟"听音频学党章党规"栏目。

中国烟草总公司郑州烟草研究院

自2016年4月起，中国烟草总公司郑州烟草研究院（简称郑州院）在全院全体党员中开展"学党章党规、学系列讲话，做合格党员"学习教育。

郑州院通过举办学习报告会、组织开展知识竞赛和学习优秀共产党员先进事迹等多样学习活动，教育引导全体党员争做"四讲四有"合格党员。规范党支部"三会一课"制度，组织全体党员每月开展一次集中学习，每季度组织一次专题讨论，落实学习教育各项任务。利用院务信息平台，设立"两学一做"学习教育专栏，及时发布学习教育情况和动态，积极营造浓厚学习氛围。通过查阅党支部、党员个人学习记录本和谈话等方式，认真检查督促，对检查发现的问题提出整改要求，确保学习教育各项任务有效落实。

中国烟草总公司合肥设计院

自2016年4月起，中国烟草总公司合肥设计院（简称合肥院）在全院全体党员中开展“学党章党规、学系列讲话，做合格党员”学习教育。

合肥院党委以党支部为基本单位，以“三会一课”等党的组织生活为基本形式，组织党员干部职工学习党章党规，学习习近平总书记系列重要讲话精神，并围绕学习专题开展交流研讨。组织开展党章党规知识测试，并赴金寨、井冈山等地接受党性教育。党员干部对照“四讲四有”合格党员标准，深入查找和解决突出问题，召开党员大会，民主评议党员。

中国烟草总公司职工进修学院

自2016年4月起，中国烟草总公司职工进修学院（简称进修学院）在全院全体党员中开展“学党章党规、学系列讲话，做合格党员”学习教育。

一是突出学习重点。把深入学习党章党规、习近平总书记系列重要讲话作为重中之重，原原本本学、原汁原味学，开展集中交流研讨。二是创新学习方式。举办专题讲座、微党课，建立党务公务工作微信群、支部党员微信群两级学习平台，及时发布学习信息。三是坚持以上率下。党员领导干部以身作则、示范在前，带头参加学习、带头研讨交流、带头讲授党课，以普通党员身份参加支部学习，充分发挥示范带动作用。四是突出支部特色。各支部均将党建工作与业务工作紧密结合。

南通醋酸纤维有限公司

2016年，南通醋酸纤维有限公司（简称南纤公司）在公司全体党员中开展“学党章党规、学系列讲话，做合格党员”学习教育。

南纤公司坚持党委中心组学习常态化，丰富党员学习教育形式，党员民主评议取得效果。完善《党委会工作规则》《党委中心组学习制度》等各项制度，完成各党支部的换届，推进党支部“三会一课”规范化、常态化。统筹推进“两学一做”学习教育常态化制度化，实现公司党建工作水平持续提升，企业生产经营健康稳定持续发展。

昆明醋酸纤维有限公司

2016年，昆明醋酸纤维有限公司（简称昆纤公司）在公司全体党员中开展“学党章党规、学系列讲话，做合格党员”学习教育。

在学习讨论方面，对照党章党规党纪，带着问题学、针对问题改，在学习教育中以知促行，查摆在思想、组织、作风、纪律等方面存在的问题。公司党委通过召开专题民主生活会，认真查摆存在的问题，分析产生问题的根源，明确具体的整改方向和措施。各支部以“讲规矩，守纪律，做知敬畏守底线的党员”为主题，召开党支部组织生活会，同时教育引导广大党员真正从思想上、工作上、作风上严起来，把党中央关于全面从严治党，真管真严，敢管敢严，长管长严的要求落实到每一位党员之中，营造良好的工作氛围。

珠海醋酸纤维有限公司

2016年，珠海醋酸纤维有限公司（简称珠纤公司）在公司全体党员中开展“学党章党规、学系列讲话，做合格党员”学习教育。

珠纤公司组织党员学习党章党规、习近平总书记系列重要讲话和党的十八届六中全会精神。公司党委委员带头讲党课，组织党员干部到广东省反腐倡廉教育基地开展廉政教育。结合公司创先争优承诺活动，全体党员围绕公司中心工作和个人岗位职责，向党组织和群众作出公开承诺事项86项。公司党委召开2016年度领导班子专题民主生活会，党委书记代表公司党委领导班子对存在的问题深刻剖析问题根源，党委班子成员结合自身实际进行对照检查，民主生活会达到“团结—批评—团结”的目的，有力地推动搬迁扩建和稳定生产各项工作任务圆满完成。

◇ 编辑：王东旭

2016年，全国各烟叶产区围绕“控总量、抓规范、促增收”三个方面工作重点，烟叶生产继续保持平稳发展。

烟叶总量控制目标较好完成，三年来，全国烤烟种植面积逐步调减500余万亩，烟叶收购量渐进调减1200余万担。烟农增收工作有效推进，总结形成提高质量稳增收、科技创新促增收、专业服务助增收、多元经营拓增收、精准扶贫保增收的“4+1”烟农增收工作模式。在抓好主业增收的前提下，非烟收入增长取得新成效。全年实现烟农总收入660亿元。烟叶生产基础建设进一步加强，稳定基础设施建设投入政策，安排年度行业补贴资金54.9亿元，涉及项目27.4万件。现代烟草农业建设体系更加完善，推进适度规模种植，强化生产经营主体、服务主体“两个主体”建设，推进生产方式转变，有效实现规模化、专业化、机械化“三个稳步提升”。

1 2016年8月10日，中国工程院院士陈温福（右一）到贵州毕节市开展“生物质肥料”项目田间鉴评
贵州省局 供稿

2 2016年8月15日，中国农业科学院、河南农业大学专家在黑龙江宁安市开展调味型烟叶田间测评
黑龙江牡丹江烟叶公司 供稿

3 2016年6月21日，黑龙江牡丹江市兴隆店村烟农利用机械进行烟叶中耕培土作业
黑龙江牡丹江烟叶公司 王 峰 摄

1 2016年6月17日，山东蒙阴县局（分公司）利用无人机进行烟田喷药

山东临沂市局 颜 石 摄

2 河南三门峡市卢氏县东明镇太平村烟叶大田

河南三门峡市局 孙永斌 摄

3 河南襄城县紫云镇烟叶收购点工人装运烟包准备发货

河南襄城县局 姜昊楠 摄

4 2016年1月12日，广西富川县石家育苗工场育苗专业队进行人工剪叶

广西贺州市局　杨俊全　摄

5 2016年1月6日，海南雪茄烟叶科研项目启动会在海口召开

海南省局　孙　云　摄

6 2016年8月，贵州清镇市烟农采摘成熟烟叶

贵州省局　供稿

1 贵州瓮安县马场坪烤烟标准化生产示范点全景。该示范点2016年实现总产值482.7万元，亩产值3011元，户均收入22.98万元

贵州瓮安县局 供稿

2 贵州播州区灵芝种植户在育苗大棚现场介绍灵芝管理技术

贵州省局 王开宇 摄

3 2016年5月29日，云南屏边县新华烟叶站技术员为烟农讲授蚜茧蜂防治蚜虫烟田放蜂技术

云南红河州局 邓楚瑜 摄

4 2016年8月23日，云南丘北县锦屏镇烟叶技术员入户指导烟农进行烤烟分级

云南文山州局　金国龙　摄

5 2016年9月4日，云南腾冲市固东烟叶工作站烟叶技术员进行烤烟分级

云南腾冲市局　韦紫琛　摄

2016年，行业营销战线，聚焦年度销售目标，坚持把稳销量作为第一要务，全年累计销售卷烟23496.0亿支（4699.2万箱）。加大品牌培育力度，“中华”“利群”“云烟”“芙蓉王”等4个品牌商业销售额继续超过1000亿元。积极推进卷烟营销市场化取向改革，加大省级卷烟营销平台推广力度，以多种形式开展“消费者在哪里，我们就到哪里”卷烟营销活动，持续提升营销管理水平。着力增强终端的品牌培育功能，现代终端网络成为行业培育品牌、提升结构、引导消费不可替代的重要平台。截至2016年底，全国累计建成现代终端57.2万户。服务卷烟零售客户的内涵不断丰富，积极探索卷烟零售客户自律互助小组建设，全国卷烟零售客户综合满意度连续六年保持增长。”

1 2016年8月31日，黑龙江伊春市零售客户召开自我管理“街区小组”会议

黑龙江伊春市局 霍振民 摄

2 江苏无锡市局专卖人员协助配送人员，一起将卷烟送到受灾村庄

江苏无锡市局 欧 翔 摄

3 “七一”前夕，浙江杭州市局（公司）举办品牌培育青年突击队启动仪式

浙江杭州市局 方恒凯 摄

4 2016年8月，G20峰会期间交通管制，浙江杭州市烟草公司配送中心提前调整送货方式，确保正常供货

浙江杭州市局 翁尚勇 摄

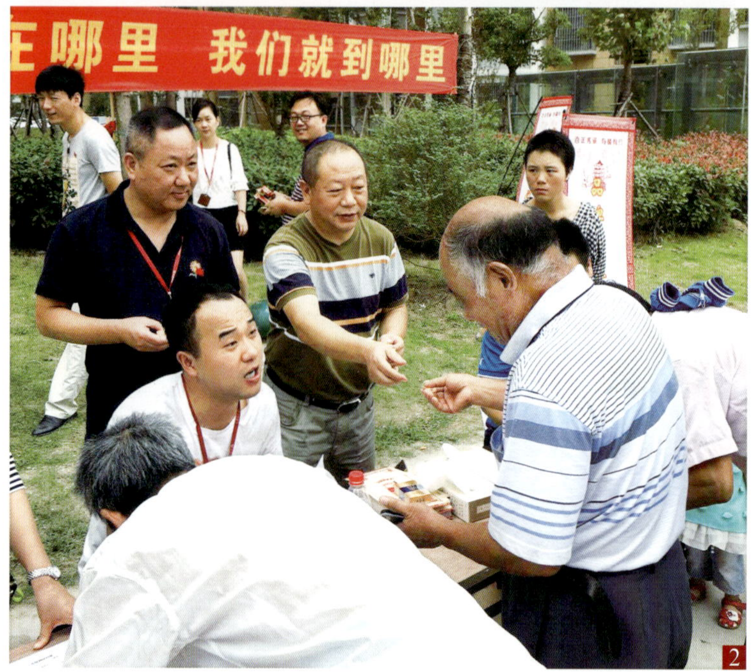

1 2016年7月7日，山东泰安市局（公司）客户经理为零售客户整理卷烟价签、美化展示形象

山东泰安市局　徐鹏　摄

2 湖北中烟营销团队走进社区，征集消费者意见

湖北中烟　供稿

3 2016年6月7日，重庆市局（公司）客户经理向零售客户传授营销技巧

重庆市局 供稿

4 四川中烟营销团队开展“行走宽窄之间”客户主题活动

四川中烟 供稿

5 云南丽江市局（公司）客户经理在特色旅游零售终端进行卷烟经营指导

云南丽江市局 李丽华 摄

2016年，行业始终保持打假打私高压态势，发挥联合机制作用，查处大量制售假烟、走私烟、烟机、烟丝、烟叶案件，为行业发展提供了有力保障。

突出源头治理，在广东、福建、河南等省集中开展“百日行动”，有效遏制卷烟制假反弹。发挥联合打私机制作用，对中越边境走私、粤港澳“水客”走私、北部湾海上走私等实施有效打击。开展打击非法经营烟叶专项行动，从源头上遏制假烟反弹势头。突出案件侦办，查获符合国家局标准网络案件的数量和刑拘人数继续保持增长，有6起案件受到公安部、国家局通报表彰。突出完善机制，各级烟草专卖局与政府各相关部门加强管控合力，出台多项制度，进一步加大打假打私力度。

1 2016年1月27日，公安部、国家烟草专卖局在广西南宁市召开广东、广西、福建、河南、海南、深圳六省(区、市)卷烟打假打私集中调研会

广西区局 吴少权 摄

2 2016年6月24日，公安部、国家烟草专卖局在湖南长沙召开湖南邵阳“11•28”特大制售假烟网络案件表彰会。该案涉案总额达8000余万元

湖南省局 供稿

3 2016年3月15日，吉林省吉林市局在船营区珲春北街垃圾场集中销毁假冒卷烟、烟梗、烟叶等，总标值422.3万元

吉林省局 供稿

4 2016年6月，浙江温州市局成功破获一起集仓储、运输、分销多环节于一体的假烟案件

浙江温州市局 黄海章 摄

5 2016年2月29日，福建省局召开卷烟打假“闽剑”行动动员大会

福建省局 供稿

6 2016年4月14日，河南郑州市局举行专卖稽查支队军训成果汇演

河南郑州市局 唐加强 摄

1 2016年4月18日，广东佛山市局配合佛山、东莞警方，成功打掉一个特大走私卷烟团伙，现场查获大量走私卷烟

广东佛山市局　供稿

2 2016年8月25日，重庆市局专卖执法人员不畏酷热天气，坚持蹲守，在秀山县高速公路服务区查获一起案值百万元的假烟案件

重庆市局　供稿

3 2016年5月10日，大连市局参与大连市政府组织的打击走私、经济犯罪活动，开展卷烟打假打私宣传

大连市局　姚元庆　摄

4 2016年12月15日，云南西双版纳州公安局、烟草专卖局与老挝琅勃拉邦省公安厅、波乔省公安厅就边境打击涉烟违法犯罪工作举行专题会谈

云南景洪市局　韩云波　摄

2016年，各级专卖监管部门坚持守土有责、守土负责、守土尽责，积极推进市场监管方式转变，努力提升市场净化水平，为行业发展营造了良好的市场秩序。全面推行“双随机、一公开”监管改革，努力打造公平公正的市场环境和营商环境。针对重点环节、重点领域集中开展零售市场整治专项行动，确保市场秩序平稳有序。持续加大对互联网涉烟的监管力度，破获多起互联网涉烟案件，沉重打击了利用互联网非法经营烟草制品的跨区域犯罪网络。

5 2016年3月15日，北京延庆区局在金锣湾开展普法宣传活动

北京市局 供稿

6 2016年8月，天津市局开展“暴风一号”专项行动。图为蓟州区局市场监管人员深入市场检查

天津蓟州区局 董国华 摄

1 2016年11月，河北沧州市局开展“法制宣传走进大中专院校”活动

河北沧州市局 孙景州 摄

2 2016年3月5日，广东中烟韶关卷烟厂开展“辨识真假烟”活动

广东中烟 刘贵兴 摄

3

4

3 2016年6月24日，海南海口市局联合市工商局开展法治宣传暨联合执法活动

海南海口市局 陈少阳 摄

4 2016年5月5日，重庆荣昌县局市场监管人员检查市场

重庆市局 供稿

1 2016年3月7日，贵州安顺市局专卖工作人员为办理卷烟零售许可证的客户开展送证上门服务

贵州安顺市局 黄兴国 摄

2 2016年12月14日，云南大理州局开展“百日会战”景区卷烟市场集中清理整治行动。图为市场监管人员在零售店进行现场检查

云南省局 供稿

3 2016年11月3日，宁夏中卫市沙坡头区专卖稽查人员（右）顶风冒雪深入物流企业开展涉烟违法行为专项检查

宁夏中卫市局 供稿

专卖管理与“两烟”经营

北京市烟草专卖局（公司）①

【专卖管理】 **案件查处**。坚持“端窝点、断源头、破网络、抓主犯”的工作思路，保持打网办案的高压态势，成功破获一批重大案件和网络案件。全市查处涉烟违法案件4116起，其中案值5万元以上大案要案276起，捣毁违法窝点158个。查获非法卷烟1.21亿支，其中假私烟5427万支。破获违法网络案件16起，其中3起部督案件，完成公安部“5·12”集群战役的督办任务。公安、司法机关依法刑拘66人，判刑32人。

全市共有3起案件被公安部、国家局列为督办案件，分别是京闽“12·10”、丰东“1·11”、大兴“8·5”案件。

京闽“12·10”网络案是以高某为首的跨省运销假烟网络案，涉案卷烟系假冒走私烟的伪劣卷烟，由外地供货商供货，经北京分销商批发给零售商销售。该案从2015年9月开始经营，历时3个多月，于2016年1月收网，共查获各类非法卷烟174.80万支、案值198.44万元，抓捕涉案人员9人、刑拘5人，查获窝点5个，涉案车辆2辆。

丰东“1·11”网络案是以何某为首的团伙售假网络案。2016年1月11日，丰台、东城区局联合大兴、海淀区局，在丰台、东城、大兴公安部门的配合下，成功打掉该售假网络团伙，抓获犯罪嫌疑人11人、刑拘5人，查扣涉案车辆10辆，捣毁窝点11个，查获非法卷烟57.7万支，总案值118.97万元。

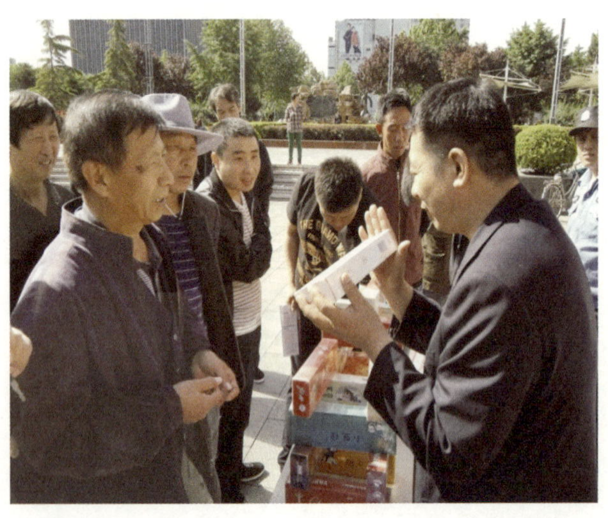

2016年5月15日，北京房山区局（公司）参加“5·15”打击和预防经济犯罪宣传日活动，向市民讲解真假卷烟鉴别知识

北京市局 供稿

大兴“8·5”网络案是大兴区局联合北京市公安局十二总队、大兴分局成功破获的一起以赖某为首的重大跨省运输、销售假私烟网络案件。该案查获各类非法卷烟142.66万支，涉案金额103.66万元，查获涉案车辆4辆，抓获涉案嫌疑人4人、刑拘3人。

市场监管。推进APCD工作法，利用信息技术，加强市场分析，提高日常监管效率。开展市场专项治理，开展“蓝盾一号”市场净化行动，行动期间开展联合执法218次，治理无证经营1503户，整顿规范重点地区40个。完善市场监测评价体系，北京市平均市场净化率90.89%，无证经营率5.69%，假私烟经营率1.72%，非法流通烟经营率9.34%，未亮证经营率4.90%。

行政许可。深化行政审批改革，推进“放管服”。推进负面清单管理，简化零售许可证办理手续。开展卷宗评查，实现依申请和依职权事项全覆盖，评查率1.64%，评查优秀率、合格率均为100%。开展幼儿园、中小学校、少年宫及其周边100米零售许可证退出工作，全年按规定不予许可23户，到期不再申请延续和不予延续318户。推进许可事项网上申请，实现网上预受理和预审查。截至2016年底，全市共有零售许可证3.97万个，同比减少1750个，持证率1.8‰，零售客户总数稳中有降。

基础管理。完善行政执法和内部管理制度，制定《案件管理办法》《处罚卷归档办法》《许可卷评查办法》《市场检查办法》《经费管理办法》等一系列规定。加强岗位培训，全年开展两批三至五级专卖管理师统一鉴定，参加人员279人次，通过64人。加强信息化建设，完成国家局“三统一”项目试点工作，8月1日，“三统一”系统全面上线，启动专卖大数据管控平台项目建设。加强“12313”投诉举报电话管理，制定管理制度，规范接听流程，开展回答培训，加强监督检查。

【经济效益】 北京市烟草商业系统实现税利61.82亿元，同比下降9.11%，其中利润23.03亿元，同比下降28.38%。三项费用率为4.47%，同比减少0.46个百分点。

【卷烟（雪茄烟）经营】 **卷烟销售**。北京市烟草商业系统销售卷烟404.7亿支（80.94万箱），同比下降9.12%，其中，销售一类烟76.06亿支（15.21万箱），同比下降17.4%；二类烟68.29亿支（13.66万箱），同比增长11.86%；三类烟190.99亿支（38.2万箱），同比下降

① 注：《专卖管理与“两烟”经营》栏目“××烟草专卖局（公司）”简称“××局（公司）”。

7.89%；四类烟50.85亿支（10.17万箱），同比下降17.69%；五类烟18.51亿支（3.70万箱），同比下降19.67%。本地区卷烟销量居前三位的品牌为“红塔山”“中南海”“白沙”，销量分别为72.69亿支（14.54万箱）、44.15亿支（8.83万箱）、22.94亿支（4.59万箱）。

雪茄烟销售。北京市烟草商业系统销售雪茄烟3568.06万支，同比增长30.73%，其中，销售国产雪茄烟3543.29万支，同比增长30.69%。创新推广“高端定制”项目，加强零售终端建设，推进雪茄业务系统开发。引入国产机制雪茄4个规格、国产手工雪茄2个规格。

品牌培育。围绕“品牌做大、规格做精、价格上扬”的战略思想，梳理26个全市重点培育卷烟品牌规格，引导全市结构提升。按照进退规则，上半年退出24个规格，引入50个规格；下半年退出11个规格，引入22个规格。修订完善《品牌引入退出规则》，明确市场品牌格局和规格布局，完成市局（公司）《品牌发展“十三五”规划》。重点品牌卷烟实现销量367.24亿支（73.45万箱）。

培育卷烟新品，采取定点投放、分区选点培育、全市选点培育、四阶段培育、三阶段培育等5种方式，在保证满足市场需求的前提下，协调工商零意见，以逐步调控、适度从紧的投放策略引导新品销售。全市新引进品牌规格共实现销量5.28亿支（1.056万箱），实现毛利额1.24亿元。

营销创新。完成省级卷烟营销平台上线工作，实现客户分类、货源投放、策略制定、电话订货等系统功能在同一平台操作。推进“两级”调控体系①试点工作，制定实施方案，多次组织召开专题讨论会议，确定基本内容与模式，7月，“两级”调控体系投入使用。

市场化取向改革。协调工业企业，密切工商协同关系，完善协议动态管理，做到快速响应市场变化，全年调整协议211次，调增30.15亿支（6.03万箱），调减41.29亿支（8.26万箱）。修订《关于印发北京烟草零售客户分类评价办法》。探索试行“投放策略整体调控与单点客户按需增补”的卷烟营销模式，促进卷烟市场不断趋向于“稍紧平衡”的状态。

现代卷烟零售终端建设。推进实时结算、移动支付业务，推广福利彩票增值服务，帮助零售客户拓展经营项目。开展“走基层、访终端、进农村”市场调研活动，加快消费环境建设项目进程。截至2016年底，全市共有现代卷烟零售终端2335户（不含京烟直营店），终端系统正常使用率保持在97%以上；实时结算共计11万余户次，其中手机结算300余户次；网上订货客户共计3.72万户，网订销量占总销量的97%。

【特事辑要】 1月20—21日，2016年北京烟草工作会议召开。

9月22日，国家局党组成员、直属机关党委书记高林赴北京烟草调研。

9月27日，国家局党组成员、副局长赵洪顺到北京烟草调研，考察密云区局（公司）专卖信息导侦打假指挥系统。

2016年北京市烟草专卖商业主要情况统计

区局（公司）名称		东城区烟草专卖局（公司）	西城区烟草专卖局（公司）	朝阳区烟草专卖局（公司）	海淀区烟草专卖局（公司）	丰台区烟草专卖局（公司）
主要负责人/法人代表（含党政领导）		李　梅	孟庆伟	刘永波	李学治	杨　捷
所属县级单位		—	—	—	—	—
总资产（万元）		27081	34802	122391	98834	70821
资产负债率（%）		6.44	20.29	5.38	3.78	5.89
从业人员（人）		95	122	178	139	127
所属业务机构	营销机构	1个访销中心	1个访销中心	1个访销中心	1个访销中心	1个访销中心
	物流配送机构	—	—	—	—	—
	专卖稽查机构	1个稽查支队	1个稽查支队	1个稽查支队	1个稽查支队	1个稽查支队
	烟叶机构	—	—	—	—	—

① “两级”调控体系即由营销中心、各区公司分别针对全市层面、各辖区市场层面所进行的卷烟市场调控，旨在全市调控基础上，进一步发挥区公司市场调控主动性和积极性。

续表

区局（公司）名称		东城区烟草专卖局（公司）	西城区烟草专卖局（公司）	朝阳区烟草专卖局（公司）	海淀区烟草专卖局（公司）	丰台区烟草专卖局（公司）
实现税利	万元	22113	23591	108142	72135	62695
	2016年比2015年（%）	-9.29	-14.58	-8.00	-10.78	-5.24
实现利润	万元	5779	4551	36141	23848	20973
	2016年比2015年（%）	-35.27	-50.05	-28.55	-31.44	-26.17
销售卷烟	亿支	16.79	19.50	75.28	48.21	43.56
	2016年比2015年（%）	-13.57	-15.04	-9.56	-13.22	-10.07
卷烟销售收入（万元）		91070	104982	402325	270350	233101
查处涉烟违法案件（起）		163	95	505	1086	143
查处涉烟违法案件案值（万元）		199	176	1040	916	677
2016年度烟草行业投入烟叶生产基础设施建设资金（万元）		—	—	—	—	—
全年烟叶生产基础设施新增受益面积（万亩）		—	—	—	—	—
烟叶种植（万亩）		—	—	—	—	—
烟叶收购（万担）		—	—	—	—	—
烟农户数（户）		—	—	—	—	—
实现烟农总收入（万元）		—	—	—	—	—
零售客户数（户）		1887	2142	5276	3845	3094
零售客户销售毛利率（%）		13.22	12.98	13.45	13.70	12.64

区局（公司）名称		石景山区烟草专卖局（公司）	通州区烟草专卖局（公司）	顺义区烟草专卖局（公司）	延庆区烟草专卖局（公司）	怀柔区烟草专卖局（公司）
主要负责人/法人代表（含党政领导）		陈　平（—2016年2月） 魏学忠（2016年2月—）	夏建弧	张秀武	王献军	张龙飞（—2016年2月，主持工作） 韦　琪（2016年2月—）
所属县级单位		—	—	—	—	—
总资产（万元）		15320	40642	32551	6983	12860
资产负债率（%）		6.80	6.16	5.36	9.66	6.21
从业人员（人）		67	94	105	68	83
所属业务机构	营销机构	1个访销中心	1个访销中心	1个访销中心	1个访销中心	1个访销中心
	物流配送机构	—	—	—	—	—
	专卖稽查机构	1个稽查支队	1个稽查支队	1个稽查支队	1个稽查支队	1个稽查支队
	烟叶机构	—	—	—	—	—
实现税利	万元	11534	40636	31083	5704	8406
	2016年比2015年（%）	-6.43	-8.07	-0.69	0.39	-2.70
实现利润	万元	2528	13246	9465	558	1561
	2016年比2015年（%）	-41.36	-29.85	-24.34	-53.80	-39.38
销售卷烟	亿支	10.28	33.03	26.94	6.49	8.44
	2016年比2015年（%）	-11.25	-10.49	-4.67	-9.04	-8.82
卷烟销售收入（万元）		50094	154518	121405	28904	38500

续表

区局（公司）名称	石景山区烟草专卖局（公司）	通州区烟草专卖局（公司）	顺义区烟草专卖局（公司）	延庆区烟草专卖局（公司）	怀柔区烟草专卖局（公司）
查处涉烟违法案件（起）	209	536	164	53	111
查处涉烟违法案件案值（万元）	162	540	65	12	14
2016年度烟草行业投入烟叶生产基础设施建设资金（万元）	—	—	—	—	—
全年烟叶生产基础设施新增受益面积（万亩）	—	—	—	—	—
烟叶种植（万亩）	—	—	—	—	—
烟叶收购（万担）	—	—	—	—	—
烟农户数（户）	—	—	—	—	—
实现烟农总收入（万元）	—	—	—	—	—
零售客户数（户）	798	3229	3092	1337	1725
零售客户销售毛利率（%）	12.37	10.82	12.44	12.83	10.93

区局（公司）名称		大兴区烟草专卖局（公司）	昌平区烟草专卖局（公司）	密云区烟草专卖局（公司）	门头沟区烟草专卖局（公司）	房山区烟草专卖局（公司）	平谷区烟草专卖局（公司）
主要负责人/法人代表（含党政领导）		郑思贤	李路春	苏英明	訾学东	姚琴声	陈江华
所属县级单位		—	—	—	—	—	—
总资产（万元）		30165	33954	13696	4498	28148	9382
资产负债率（%）		7.60	7.12	7.80	12.02	5.29	9.95
从业人员（人）		120	107	79	60	100	68
所属业务机构	营销机构	1个访销中心	1个访销中心	1个访销中心	1个访销中心	1个访销中心	1个访销中心
	物流配送机构	—	—	—	—	—	—
	专卖稽查机构	1个稽查支队	1个稽查支队	1个稽查支队	1个稽查支队	1个稽查支队	1个稽查支队
	烟叶机构	—	—	—	—	—	—
实现税利	万元	40093	41805	10278	5109	25740	8751
	2016年比2015年（%）	0.78	2.52	-0.32	-3.64	-1.09	-1.35
实现利润	万元	11712	13170	2238	323	7520	1739
	2016年比2015年（%）	-23.38	-21.87	-32.81	-67.66	-27.11	-35.71
销售卷烟	亿支	33.56	34.73	10.23	5.87	23.23	8.96
	2016年比2015年（%）	-5.88	-2.07	-7.52	-9.75	-4.87	-8.22
卷烟销售收入（万元）		159914	161660	45112	26451	102511	39220
查处涉烟违法案件（起）		266	600	116	73	415	213
查处涉烟违法案件案值（万元）		1072	389	86	17	267	21

续表

区局（公司）名称	大兴区烟草专卖局（公司）	昌平区烟草专卖局（公司）	密云区烟草专卖局（公司）	门头沟区烟草专卖局（公司）	房山区烟草专卖局（公司）	平谷区烟草专卖局（公司）
2016 年度烟草行业投入烟叶生产基础设施建设资金（万元）	—	—	—	—	—	—
全年烟叶生产基础设施新增受益面积（万亩）	—	—	—	—	—	—
烟叶种植（万亩）	—	—	—	—	—	—
烟叶收购（万担）	—	—	—	—	—	—
烟农户数（户）	—	—	—	—	—	—
实现烟农总收入（万元）	—	—	—	—	—	—
零售客户数（户）	3123	3253	2005	598	2409	1898
零售客户销售毛利率（%）	13.43	11.76	11.40	12.22	10.51	12.06

◇撰稿：王智誉；编辑：谢争艳

天津市烟草专卖局（公司）

【专卖管理】 **案件查处**。查处涉烟违法案件 2252 起，同比增长 17%，总案值 4728 万元；查获非法卷烟 1.32 亿支，同比增长 13%。破获 7 起符合公安部、国家局标准的网络案件，其中北辰区局、蓟州区局破获“9·23”部督案件 1 起，抓获涉烟犯罪嫌疑人 30 余人。加大卷烟网络案件查处力度，武清区局破获“11·28”利用微信销售违法卷烟网络案件。

联合打假打私。完善卷烟打假破网协作机制，加强与北京市局、河北省局的省际协作，定期召开专卖联席会议；加强与天津海关缉私局合作，签订《打击走私合作备忘录》；加强与天津市邮政管理局、天津市物流协会等部门的沟通，共同研究对违法运输、违法寄递卷烟的治理办法。

专卖内管。加大治理卷烟非法流通力度，制定《对违法违规卷烟零售客户实施货源调控的暂行规定》《真品卷烟非法流通治理责任追究办法》，强化专销综合治理，增加对治理卷烟非法流通的考核权重，严格案件查处、考核问责、兑现奖惩。全年天津市非法流出卷烟同比下降 51.99%，查扣非法流入天津市场卷烟 1.03 亿支，同比增长 12%。严格履行同级监管职责，优化专卖内管信息系统，加强营销环节的监管和控制，每周组织市场状态监测，分析营销数据，全年校验订单 1.1 万余条，开展实地走访 2608 户次。

市场监管。以考核市场净化率为核心，加大日常监管工作力度，根据经营业态、地理环境等因素合理调整抽查方式，

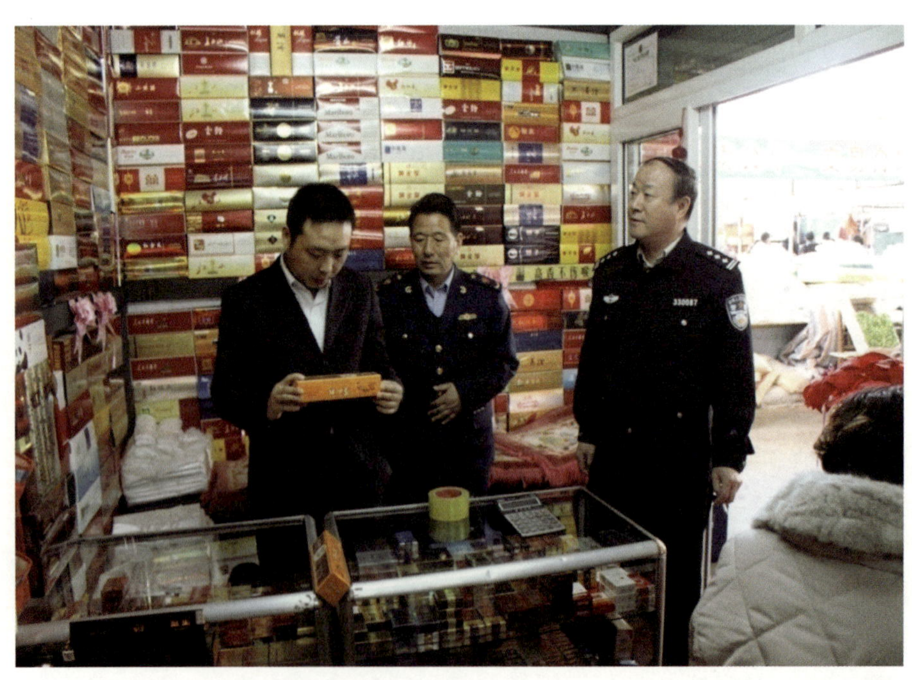

2016 年，天津市局（公司）开展“暴风一号”专项行动。9 月 12 日，专卖管理人员同公安、工商执法人员开展联合检查

天津市滨海新区局汉沽分局　李志毅　摄

治理假冒、走私及非法流通卷烟，市场净化率92.91%。APCD市场监管信息系统有效运行。以开展专项行动为抓手，加大打击涉烟犯罪工作力度，组织开展元旦、春节“两节”市场清理整顿专项行动和“暴风一号”“暴风二号”专项整治行动，破获涉烟违法案件1211起，查获各类非法卷烟9801万支，案值3200余万元，清理无证户780户。

卷烟零售许可改革。天津市局作为国家局试点单位，以放宽准入条件、简化审批流程、加强后续监管为目标，开展卷烟零售许可改革试点。市局成立改革领导小组，制定改革工作实施方案，提出简化申办手续、规范审批行为、完善审批流程、强化事后监管的改革目标。强化专卖零售许可管理改革工作六项措施，即制定合理布局规定、简化许可审批程序、加强许可后续监管、推进许可放管结合、转变优化服务模式、创新许可监督方式。各区局按照规定修订合理布局规划，组织召开听证会，发布零售点合理布局规划，为深入推进改革打好基础。截至2016年底，改革试点取得初步成效，烟草零售许可布局得到优化，配套制度措施不断健全。

基础管理。推进专卖管理信息系统建设，建立专卖统一管理平台，围绕系统运行环境和操作流程组织专题培训。推进“8890”便民服务热线工作，全年派单办理1161起，实现市政府提出的电话接通率、服务办结率、评价回访率3个100%的目标。开展技能比武，组织全市第二届专卖管理岗位技能竞赛。对工作人员进行法律审核、行政复议等业务培训，切实提高对法律热点、难点问题的分析处理能力。

【经济效益】 天津市烟草商业系统实现税利38.84亿元，同比下降13.97%，其中利润14.35亿元，同比下降29.99%。三项费用率4.1%。

【卷烟（雪茄烟）经营】 **卷烟销售**。天津市烟草商业系统销售卷烟269.97亿支（53.99万箱），同比下降12.69%，其中，销售一类烟44.01亿支（8.8万箱），同比下降30.83%；二类烟36.19亿支（7.24万箱），同比增长6.32%；三类烟124.66亿支（24.93万箱），同比下降7.97%；四类烟40.65亿支（8.13万箱），同比下降19.43%；五类烟24.46亿支（4.89万箱），同比下降4.6%。本地区卷烟销量居前三位的品牌为“大前门”“红塔山”“双喜·红双喜”，销量分别为24.46亿支（4.89万箱）、22.48亿支（4.5万箱）、21.52亿支（4.3万箱）。国产细支卷烟在销规格35个，销售细支卷烟12.87亿支（2.57万箱），同比增长123%，增速位居行业前列。

全年全市烟草商业系统实现卷烟销售收入127.25亿元，同比下降16.27%。实现卷烟税利38.67亿元，同比下降14.11%，其中利润14.32亿元，同比下降30.15%。

雪茄烟销售。加大雪茄烟销售力度，采取全面放开经营及引入新品等措施，雪茄烟销售实现较大程度改善。销售国产雪茄烟2972.32万支，同比增长290.23%，高于全国平均水平；雪茄烟实现销售收入2453.98万元，同比增长209.43%。“黄鹤楼（雪之景2号）”销售1300.75万支，同比增长360.49%。新引入“泰山（黑豹）”“长城（醇雅奶香）”两个规格销量分别达到547.36万支、495.57万支。

品牌培育。修订完善《天津烟草品牌（规格）引入退出管理规则》，制定《天津市区县分公司2016年品牌培育考核细则》《天津市烟草公司2016年上市新品培育方案》《天津市策略品牌培育工作流程》，开展品牌评测、新品上市、营销策略研讨工作。全年制定营销策略方案50个，开展工商零品牌培育活动8场次。充分发挥传统优势品牌支撑作用，“中华”“玉溪”“利群”等全市销量排名前十位品牌的销售贡献度75.59%；新品成长良好，“黄山（记忆）”“红旗渠（雪茄）”“牡丹（软）”“黄金叶（喜满堂）”“黄金叶（爱尚）”等5个规格达到千箱规模，有9个规格上柜

2016年，天津市局（公司）开展“我是一线营销人员”工作体验活动。8月26日，工作人员深入一线开展营销体验

天津市区第二烟草专卖局　高　泉　摄

率超过 20%。

加强营销基础工作。建立定期通报制度，不断拓展市场化取向改革广度和深度，树立以消费者为中心的营销理念，围绕“消费者在哪里，我们就到哪里”主题营销活动，组织“我是一线营销人员”工作体验、“走基层、访终端、进农村”市场调研、“向不规范营销行为说不”自查自纠等一系列活动，深入了解市场情况和卷烟零售客户经营情况。主题营销活动中，召开专题座谈会 33 场次，走访卷烟零售客户近 3000 户，形成市场分析报告 60 余份。

现代卷烟零售终端建设。制定《天津烟草现代卷烟零售终端建设发展规划（2016—2020 年）》《天津烟草卷烟零售终端系统平台功能完善和扩户增量实施方案》《天津烟草 2016 年现代卷烟零售终端建设考评验收办法》《天津烟草零售终端建设投入管理办法》等方案，明确目标任务，细化考评细则，规范终端投入的范围和标准，稳步拓展现代终端规模，提升直营终端运营水平。开展银行贷记卡推广业务，解决卷烟零售客户资金借贷需求。以市区三局（分公司）、西青区局（分公司）、北辰区局（分公司）、武清区局（有限公司）、静海区局（有限公司）为试点单位，开展价格自律试点工作，营造良好的市场环境。

卷烟物流建设。探索“互联网 + 烟草物流”新模式，发挥物流综合管控平台的功能和作用，科学布局送货线路，全面应用手持终端设备，实现对送货环节全程监控。增强自主创新能力，“堆垛机货位探测装置”“物流分拣设备导向装置”两个创新项目获得国家实用新型专利授权。天津市物流中心分拣效率达到每小时 1.5 万条以上，分拣订单总量同比增长 8.3%，费用同比降低 4.58%，单箱仓储费用指标为全行业最低。

【特事辑要】 1 月 28 日，天津市局（公司）召开 2016 年全市烟草工作会议。

9 月 7—8 日，国家局党组成员、副局长段铁力在天津烟草调研。段铁力指出，面对当前经济运行的严峻形势，天津市局（公司）要调整好运行状态，培育好重点品牌，始终保持专卖监管的高压态势，全面推进降本增效，深入推进全面从严治党。

2016 年天津市烟草专卖商业主要情况统计

区局（公司）名称[1]		天津市区第一烟草专卖局（分公司）	天津市区第二烟草专卖局（分公司）	天津市区第三烟草专卖局（分公司）	东丽区烟草专卖局（分公司）	津南区烟草专卖局（分公司）
主要负责人/法人代表（含党政领导）		孙晓莹	孙晓莹	孙晓莹	孙晓莹	孙晓莹
所属县级单位		—	—	—	—	—
总资产（万元）		1877	2249	2089	1265	933
资产负债率（%）		—	—	—	—	—
从业人员（人）		88	94	91	65	65
所属业务机构	营销机构	1 个营销网建科	1 个营销网建科	1 个营销网建科	1 个营销网建科	1 个营销网建科
	物流配送机构	—	—	—	—	—
	专卖稽查机构	2 个稽查大队	2 个稽查大队	2 个稽查大队	1 个稽查大队	1 个稽查大队
	烟叶机构	—	—	—	—	—
实现税利	万元	34880	41689	41528	20038	15756
	2016 年比 2015 年（%）	-25.55	-22.69	-27.05	-5.60	-21.65
实现利润	万元	13874	16869	16956	8275	6200
	2016 年比 2015 年（%）	-42.62	-38.86	-43.17	-22.12	-39.98
销售卷烟	亿支	25.53	30.36	30.42	13.90	12.11
	2016 年比 2015 年（%）	-21.23	-17.75	-20.37	-5.92	-11.57
卷烟销售收入（万元）		122847	144781	143369	68061	55159
查处涉烟违法案件（起）		212	104	213	105	49
查处涉烟违法案件案值（万元）		377	330	324	445	241
2016 年度烟草行业投入烟叶生产基础设施建设资金（万元）		—	—	—	—	—

续表

区局（公司）名称	天津市区第一烟草专卖局（分公司）	天津市区第二烟草专卖局（分公司）	天津市区第三烟草专卖局（分公司）	东丽区烟草专卖局（分公司）	津南区烟草专卖局（分公司）
全年烟叶生产基础设施新增受益面积（万亩）	—	—	—	—	—
烟叶种植（万亩）	—	—	—	—	—
烟叶收购（万担）	—	—	—	—	—
烟农户数（户）	—	—	—	—	—
实现烟农总收入（万元）	—	—	—	—	—
零售客户数（户）	2394	2576	2642	1504	1400
零售客户销售毛利率（%）	8.00	8.00	8.00	8.00	8.00

区局（公司）名称		西青区烟草专卖局（分公司）	北辰区烟草专卖局（分公司）	滨海新区烟草专卖局塘沽分局、塘沽分公司	滨海新区烟草专卖局汉沽分局、汉沽分公司	滨海新区烟草专卖局大港分局、大港分公司
主要负责人/法人代表（含党政领导）		孙晓莹	孙晓莹	孙晓莹	孙晓莹	孙晓莹
所属县级单位		—	—	—	—	—
总资产（万元）		972	1008	1804	470	909
资产负债率（%）		—	—	—	—	—
从业人员（人）		69	62	126	47	70
所属业务机构	营销机构	1个营销网建科	1个营销网建科	1个营销网建科	1个营销网建科	1个营销网建科
	物流配送机构	—	—	1个送货中心	1个送货中心	1个送货中心
	专卖稽查机构	1个稽查大队	1个稽查大队	2个稽查大队	1个稽查大队	1个稽查大队
	烟叶机构	—	—	—	—	—
实现税利	万元	19878	18865	35265	6641	14341
	2016年比2015年（%）	-1.45	-4.99	-13.90	-15.43	-30.13
实现利润	万元	8201	7787	14988	2417	5656
	2016年比2015年（%）	-20.35	-23.04	-30.81	-36.78	-46.03
销售卷烟	亿支	13.96	13.25	23.62	5.24	10.46
	2016年比2015年（%）	-3.08	-5.86	-11.74	-10.41	-25.76
卷烟销售收入（万元）		67641	63927	117602	24388	50206
查处涉烟违法案件（起）		419	202	238	32	72
查处涉烟违法案件案值（万元）		281	392	532	28	77
2016年度烟草行业投入烟叶生产基础设施建设资金（万元）		—	—	—	—	—
全年烟叶生产基础设施新增受益面积（万亩）		—	—	—	—	—
烟叶种植（万亩）		—	—	—	—	—
烟叶收购（万担）		—	—	—	—	—
烟农户数（户）		—	—	—	—	—
实现烟农总收入（万元）		—	—	—	—	—
零售客户数（户）		1552	1543	2258	697	1177
零售客户销售毛利率（%）		8.00	8.00	8.00	8.00	8.00

区局（公司）名称		武清区烟草专卖局（有限公司）	宝坻区烟草专卖局（有限公司）	宁河区烟草专卖局（有限公司）	静海区烟草专卖局（有限公司）	蓟州区烟草专卖局（有限公司）
主要负责人/法人代表（含党政领导）		王富忠（—2016年7月）唐有鋆（2016年7月—）	尹庆来（—2016年12月）刘欣凯（2016年12月—）	王振军	吴宝旺	刘爱华
所属县级单位		—	—	—	—	—
总资产（万元）		6411	5109	2522	3847	6661
资产负债率（%）		28.45	29.07	39.55	28.14	26.43
从业人员（人）		126	107	75	82	113
所属业务机构	营销机构	1个营销网建科	1个营销网建科	1个营销网建科	1个营销网建科	1个营销网建科
	物流配送机构	1个送货中心	1个送货中心	1个送货中心	1个送货中心	1个送货中心
	专卖稽查机构	1个稽查大队	1个稽查大队	1个稽查大队	1个稽查大队	1个稽查大队
	烟叶机构	—	—	—	—	—
实现税利	万元	20348	16443	9212	13516	19853
	2016年比2015年（%）	17.93	12.22	14.88	11.42	11.21
实现利润	万元	1951	1497	333	1179	2864
	2016年比2015年（%）	-23.86	-23.23	-56.21	-40.53	-24.18
销售卷烟	亿支	23.22	18.50	11.91	15.70	21.78
	2016年比2015年（%）	-3.76	-11.41	-7.32	-5.99	-7.33
卷烟销售收入（万元）		105997	86341	51087	71119	99938
查处涉烟违法案件（起）		234	130	33	114	44
查处涉烟违法案件案值（万元）		191	136	121	122	138
2016年度烟草行业投入烟叶生产基础设施建设资金（万元）		—	—	—	—	—
全年烟叶生产基础设施新增受益面积（万亩）		—	—	—	—	—
烟叶种植（万亩）		—	—	—	—	—
烟叶收购（万担）		—	—	—	—	—
烟农户数（户）		—	—	—	—	—
实现烟农总收入（万元）		—	—	—	—	—
零售客户数（户）		2235	1757	1358	1629	2287
零售客户销售毛利率（%）		8.00	8.00	8.00	8.00	8.00

注：1.2016年1月，宁河县烟草专卖局更名为宁河区烟草专卖局、天津芦台烟草有限公司更名为天津宁河烟草有限公司；静海县烟草专卖局（有限公司）更名为静海区烟草专卖局（有限公司）；蓟县烟草专卖局、天津渔阳烟草有限公司更名为蓟县烟草专卖局（有限公司）；11月，蓟县烟草专卖局（有限公司）更名为蓟州区烟草专卖局（有限公司）。

◇撰稿：高栓龙；编辑：谢争艳

河北省烟草专卖局（公司）

【专卖管理】 **案件查处**。查处各类涉烟案件1.98万起，查获非法卷烟24557万支，其中假烟、走私烟4256万支，查获非法烟丝、烟叶406.1吨。查处符合公安部、国家局标准的网络案件68起，其中6起被列为部督案件。查处互联网涉烟国标案件29起，其中邢台市局侦破的“6·25”利用互联网非法销售假烟走私烟网络案件被列入全国“5·12”集群战役，受到公安部通令嘉奖。公安、司法机关依法刑拘351人，批捕255人，判刑132人。

深化打假打私体系建设，各级烟草专卖管理部门发挥联合机制平台作用，强化案件移送、协调调度和联合督办，加大人力、物力、财力投入，有效打击涉烟违法犯罪活动。

河北衡水“12·5”互联网销售烟机网络案件。该案于

2014年12月立案，经过近一年的缜密侦查，于2015年10月17日集中收网，现场抓获涉及河北唐山、秦皇岛、衡水，吉林延边籍嫌疑人5名，查扣车辆3台、烟草专用机械1台（套）、接嘴机1台、烟丝1袋、滤棒若干等。该案刑拘5人、逮捕5人，涉案金额100余万元。

河北石家庄2015年“10·25”特大销售假冒卷烟网络案件。经过3个多月的缜密经营，成功破获以福建厦门徐某等为假烟销售上线，下线涉及福建、河北、广东、山东、北京、黑龙江、吉林等省（直辖市）的特大销售假烟网络案件，涉案人员100余人，查获实物案值114.81万元，涉案金额800万元。该案刑拘9人、批捕8人。

河北邢台“1·2”非法制售烟丝网络案件。该案涉及河南、河北、山西、山东、辽宁、黑龙江等多个省市。查证属实的涉案烟叶烟丝100余吨，认定犯罪金额450万元，涉案金额2000余万元。该案刑拘9人、批捕9人、起诉4人、判刑1人、缓刑2人。

河北承德“8·31”非法经营烟叶案件。8月31日，宽城县局、县公安局成功收网，当场查获烟叶18.89吨，案值81.58万元，查获账册1本，涉案金额150余万元。当场抓获涉案嫌疑人8人，查扣非法运输车辆8台。该案刑拘8人、批捕6人，另外2人被公安机关网上追逃。

河北秦皇岛“9·21”利用互联网非法经营卷烟网络案件。该案抓获犯罪嫌疑人14人、刑拘6人、逮捕5人，查获真、假、走私卷烟1万支，涉案金额500余万元。

市场监管。以提升市场净化水平为目标，以专项行动为抓手，持续加大监管力度，营造良好市场环境。各单位结合不同时期、针对不同区域、突出不同内容，对重点区域、重点部位、重点问题进行集中整治，开展“金叶使命——2016”专项行动，受到国家局通报表彰。推进市、县两级联动和区域联合，加强对违法违规大户和物流环节的日常监管，有效清理市场死角。发挥考核引领作用，丰富完善评价指标，市场监管取得良好效果。

基础管理。推行零售许可审批改革，制定《简化零售许可审批手续工作指导意见（试行）》。编制《烟草专卖行政处罚案件审理业务指南》，规范行政执法行为，提升服务水平。开展“专卖基础工作巩固年活动”，组织专卖大讲堂，开展业务技能培训，初步形成以实用性为目标，以岗位技能为重点，以省市县三级协同为平台的业务能力培养机制，持续提升专卖执法人员综合素质。

【经济效益】 河北省烟草商业系统实现税利120.25亿元，同比下降3.80%，其中利润37.37亿元，同比下降27.06%。卷烟单箱销售收入2.13万元，卷烟单箱税利5101元。三项费用率5.34%，同比增加0.13个百分点。

【卷烟（雪茄烟）经营】 **卷烟销售**。全省烟草商业系统销售卷烟1177.31亿支（235.46万箱），同比下降7.32%，其中，销售一类烟127.11亿支（25.42万箱），同比下降15.06%；二类烟111.13亿支（22.23万箱），同比下降8.33%；三类烟509.46亿支（101.89万箱），同比下降5.18%；四类烟283.53亿支（56.71万箱），同比下降7.55%；五类烟146.07亿支（29.21万箱），同比下降6.03%。本地区卷烟销量居前三位的品牌为“钻石”“红塔山”“云烟”，销量分别为338.26亿支（67.65万箱）、119.39亿支（23.88万箱）、89.58亿支（17.92万箱）。

全年实现卷烟销售收入502.48亿元①，同比下降8.26%。实现卷烟税利120.13亿元，同比下降3.86%，其中利润36.86亿元，同比下降28.06%。

雪茄烟销售。加大雪茄烟销售工作力度，积极引进适销品牌，增加销售规格，提高上柜率。全年累计销售国产雪茄烟9665万支，同比增长27.35%；实现雪茄烟销售额8157万元，同比增长26.13%。

品牌培育。梳理在销品牌状态，加强品牌引入退出管理，构建符合市场实际的品牌生态格局。引入新品规格69个，退出市场67个规格。开展新品卷烟试销测评和在销卷烟品牌测评，组织新品培育和重点品牌维护活动，促进新品牌成长，维护重点品牌市场地位。开展“消费者在哪里，我们就到哪里”卷烟营销主题活动，通过“我是一线营销人员”工作体验、“走基层、访终端、进农村”市场调研、“营销创新，我们在践行”、营销业务流程优化等系列活动，深化“以消费者为中心”的营销理念。全年销售重点品牌卷烟989.1亿支（197.82万箱），同比下降8.37%。

卷烟营销市场化取向改革。以省级卷烟营销平台为抓手，强化营销创新，继续优化客户分档、货源投放方法，精准投放，有效满足市场需求。完善客户档位划分方法，增加分档维度，合理确定权重，提高客户分档的科学性、合理性。探索按区域、城农网、营销部投放货源的可能性，实现货源投放与客户需求的有效衔接。加强软件平台应用，提高软件使用水平，促进卷烟营销与信息技术深度融合。加大需求预测、货源管理、信息公开、订单跟踪、信息采集、状态调控、品牌培育、终端服务等关键环节的监管力度，促进卷烟营销新模式有效运转。

零售终端建设。提升零售终端建设水平，网络建设管理从行业内部向零售环节、消费环节延伸。制定《河北烟草商业系统零售终端建设投入管理办法》《卷烟零售终端建设

---

① 2016年，河北省公司将实现卷烟销售收入统计口径调整为含税。2015年实现卷烟销售收入（含税）547.75亿元。

2016年9月27日，河北省烟草商业系统异型卷烟自动化分拣工作观摩会暨精益物流亮点工作交流会在石家庄召开，图为代表参观半自动化异型烟分拣线
河北石家庄市局　陈宝忠　摄

考核实施细则》等标准体系。加快建立以自营终端为标杆、现代终端为支撑、普通终端为基础的金字塔型卷烟零售终端体系。3月，河北省局（公司）在唐山召开全省烟草商业系统卷烟零售终端建设现场会，推广终端建设工作经验。截至2016年底，全省终端建设投入1787.81万元，建立直营终端68个，现代终端3.2万个，指导客户建立消费者档案12.75万份，建设吸烟区（吸烟点）144个，完成327家宾馆酒店的卷烟陈列。

加强农村网络建设，将农村市场作为应对卷烟营销新常态的挖潜着力点，印发《加强全省农村卷烟网络建设工作指导意见》等。选取2200余户农网现代终端建设对象，投入672.13万元，提升其建设水平。收集1200余户弱势农网客户信息，并对1066户农网客户进行帮扶。

卷烟物流建设。开展物流小技改、小创新等活动，完成精益降本增效课题54项，降低物流成本550万元。10个物流科技创新项目获得实用新型专利授权，4个QC项目被河北省质量协会评为省级优秀课题。通过推行物流备品备件自主研发定制和自主采购管理模式，全年节省费用100余万元。按照“立足自主设计、深度参与研发、完全知识产权、实现自主运维”理念，组织全省系统技术骨干，历经半年多时间，成功自主研发半自动化异型烟分拣线并投入使用。项目投资近60万元，为市场同类产品投资额的1/3，分拣效率达到3500条/小时以上。

【烟叶产销】　**烟叶种植与收购**。2016年，河北省有3个市、6个县、25个乡镇种植烟叶（不含未上划的肥乡、宣化、崇礼、定州的相关数据）。全年种植烟叶2.61万亩，签订种植收购合同570户，实际收购烟叶0.4万吨（8万担）。烟叶收购均价为21.3元/千克。实现烟农总收入8520万元。

烟叶生产基础设施建设。全省烟草行业投入年度烟叶生产基础设施建设资金732万元，在烟区建设管网21.79千米、水井2眼，修建密集烤房80座，购置烟夹与散叶分封板180套、烟草农业机械91台（套），为烟农增收和服务地方经济发展发挥有效作用。

先进适用技术推广应用。在张家口、保定、石家庄同时开展“豫烟六号”“豫烟十号”“豫烟十二号”“ly2829”“lj0520”等新品种引进示范试验。引进蚜茧蜂防治蚜虫的生物防治技术，推广应用海藻烟草早发剂、节水灌溉等新产品、新技术，为烟叶品种更新换代和烟叶生产打下基础。

【企业管理】　**精益管理**。以物流、营销、专卖、机关四项精益课题为重点，从开源与节流两个方面入手，加强精益课题研究、团队建设和宣传推广。建立全省系统“科技创新”“QC小组活动”2个专家库，开展“精益十佳”单位、课题和个人的创优评比活动，10个QC小组获评“河北省优秀质量管理小组”，精益管理水平持续提升。

降本增效。加强物资采购管控，尽量减少资金占用，盘活存量资金，优化存款组合，拓宽盈利渠道，努力提高资金收益。严格执行预算批复，强化预算执行控制，坚持“无预算、不支出”原则，加强对会议费、业务招待费、涉外费、车辆运行费等重点费用的管控。以效益、效率两类对标指标为标尺，抓住节能降耗、提升服务、提高效率等方面的管理难点、热点，开展精益改善。全年全省实现降本增效1595.93万元，超额完成目标任务。

规范管理。推进“应招尽招”“真招实招”“办事公开民主管理同业务工作深度融合保障机制”建设，强化项目规范运作和监督检查。全年共实施采购项目445项，涉及金额4.9亿元，其中公开招标395项，涉及金额4.74亿元。开展烟用物资和工程建设项目领域专项治理，制定完善操作规程、风险防控、监督考评、“三库”管理等12项制度，初步建立起采购项目“事前防控、事中监督和事后考评”的制度体系。

【“四库”建设】 夯实法规基础工作，在全省系统开展合同范本库、典型执法案例库、制度库、法律法规库“四库”建设。3月，省局印发《关于开展“四库”建设工作实施方案》，开展合同范本库建设，汇总各单位对工程、物资和服务所涉及合同的整理情况，梳理、归纳出通用范本，并通过“法治烟草”专栏进行宣传贯彻工作。建设典型执法案例库，省局整理并挑选出涉及执法活动主要违法行为的典型案例，围绕主体、事实、证据、法律适用、程序等方面进行案例评析，编撰成全省典型执法案例库。开展制度库建设，专项清理全省规章制度，整理出行业现行有效的规章制度，注重与内部管理事项清理相结合。建设法律法规库，梳理、归纳行业“三个依法”涉及的法律法规，并通过专题培训、集中学习等方式进行法规解读。

【特事辑要】 1月22—23日，2016年河北省烟草商业系统工作会议在石家庄召开。

7月8日，国家局党组追授张俊岗“全国烟草行业优秀共产党员”称号。6月12日凌晨，河北衡水市饶阳县局（营销部）专卖稽查中队长张俊岗在单位巡查值班，在楼道内与一持刀蒙面盗贼相遇。为保卫国家财产，张俊岗与歹徒英勇搏斗，身中20余刀，失血过多、英勇牺牲。

11月16—17日，国家局党组成员、副局长赵洪顺在河北烟草调研。其间，赵洪顺考察邢台、石家庄市局（公司）卷烟物流配送中心，听取河北烟草工商企业工作汇报，并走访邢台、石家庄市部分零售客户。

2016年河北省烟草专卖商业主要情况统计

地市级局（公司）名称		石家庄市烟草专卖局（公司）	邯郸市烟草专卖局（公司）	保定市烟草专卖局（公司）	张家口市烟草专卖局（公司）	承德市烟草专卖局（公司）
主要负责人/法人代表（含党政领导）		王春怀	刘庆岩	王　辉	陆　军	贾立业　田茂军（—2016年8月）
所属县级单位[1]		藁城区、鹿泉区、栾城区等3个县级烟草专卖局（分公司），辛集市、晋州市、灵寿县、行唐县、平山县、正定县、邑县、赵县、元氏县、赞皇县、新乐市、无极县、深泽县、井陉县等14个县级烟草专卖局（营销部）	大名县、魏县、曲周县、邱县、鸡泽县、广平县、成安县、临漳县、磁县、涉县、永年县、馆陶县、峰峰矿区、邯郸县、武安市等15个县级烟草专卖局（营销部）	满城区、清苑区、徐水区等3个县级烟草专卖局(分公司)，博野县、望都县、安新县、定兴县、阜平县、高碑店市、高阳县、涞水县、涞源县、蠡县、曲阳县、容城县、顺平县、安国市、易县、唐县等16个县级烟草专卖局（营销部），以及涿州、雄县2个烟草稽查大队（营销部）	万全区烟草专卖局（分公司）[2]，沽源县、尚义县、张北县、康保县、怀安县、怀来县、赤城县、涿鹿县、蔚县、阳原县等10个县级烟草专卖局（营销部）	平泉县、丰宁满族自治县、滦平县、承德县、围场满族蒙古族自治县、隆化县、兴隆县、宽城满族自治县等8个县级烟草专卖局（营销部）
总资产（万元）		274696	160815	194763	82554	72165
资产负债率（%）		28.07	35.56	26.62	12.16	36.77
从业人员（人）		1072	1220	1397	602	604
所属业务机构	营销机构	1个营销中心	1个营销中心	1个营销中心	1个营销中心	1个营销中心
	物流配送机构	1个物流配送中心	1个物流配送中心	1个物流配送中心	1个物流配送中心	1个物流配送中心
	专卖稽查机构	1个稽查支队、18个稽查大队	1个稽查支队、16个稽查大队	1个稽查支队、22个稽查大队	1个稽查支队、11稽查大队	1个稽查支队、9个稽查大队
	烟叶机构	1个烟叶科、3个烟叶收购站	—	3个烟叶收购站	1个烟叶管理科	—
实现税利	万元	209543	126882	182408	75758	57523
	2016年比2015年（%）	-5.52	-6.99	-3.49	1.61	-2.80

续表

地市级局（公司）名称		石家庄市烟草专卖局（公司）	邯郸市烟草专卖局（公司）	保定市烟草专卖局（公司）	张家口市烟草专卖局（公司）	承德市烟草专卖局（公司）
实现利润	万元	70350	36001	58360	24154	13056
	2016年比2015年（%）	-28.31	-33.31	-23.07	-23.96	-40.82
销售卷烟	亿支	176.70	133.34	183.29	77.17	60.88
	2016年比2015年（%）	-8.11	-11.37	-6.35	-4.64	-8.68
卷烟销售收入（万元）		814494	539310	776756	332217	250617
查处涉烟违法案件（起）		1775	3887	1738	1037	596
查处涉烟违法案件案值（万元）		2328	1150	1703	496	419
2016年度烟草行业投入烟叶生产基础设施建设资金（万元）		53	—	124	555	—
全年烟叶生产基础设施新增受益面积（万亩）		0.20	—	0.20	0.24	—
烟叶种植（万亩）		0.47	—	0.20	1.94	—
烟叶收购（万担）		1.60	—	50.60	5.80	—
烟农户数（户）		118	—	41	411	—
实现烟农总收入（万元）		1796	—	698	6026	—
零售客户数（户）		30467	31165	35040	16771	14865
零售客户销售毛利率（%）		6.20	6.00	7.59	10.94	7.25

地市级局（公司）名称	唐山市烟草专卖局（公司）	廊坊市烟草专卖局（公司）	沧州市烟草专卖局（公司）	衡水市烟草专卖局（公司）	邢台市烟草专卖局（公司）	秦皇岛市烟草专卖局（公司）
主要负责人/法人代表（含党政领导）	王友安	马宝平	张宝月（—2016年2月） 谈家俊[4]（—2016年8月） 毛建民（2016年8月—）	付英乐	王　文	李淑芬
所属县级单位	丰润区、丰南区、滦县、滦南县、乐亭县、迁安市、迁西县、遵化市、玉田县、曹妃甸区等10个县级烟草专卖局（营销部）	三河市、大厂回族自治县、香河县、永清县、固安县、霸州市、文安县、大城县等8个县级烟草专卖局（营销部）	任丘市、泊头市、黄骅市、河间市、沧县、肃宁县、孟村回族自治县、东光县、海兴县、献县、青县、吴桥县、盐山县、南皮县等14个县级烟草专卖局（营销部）	冀州区烟草专卖局（分公司）[3]，桃城区、枣强县、武邑县、深州市、武强县、饶阳县、安平县、故城县、景县、阜城县等10个县级烟草专卖局（营销部）	邢台县、沙河市、内丘县、临城县、隆尧县、柏乡县、宁晋县、巨鹿县、平乡县、广宗县、南和县、任县、南宫市、新河县、威县、清河县、临西县等17个县级烟草专卖局（营销部）	抚宁区烟草专卖局（分公司），昌黎县、卢龙县、青龙满族自治县等3个县级烟草专卖局（营销部）
总资产（万元）	186644	134340	126589	59262	129212	94446
资产负债率（%）	14.08	24.13	19.86	33.67	39.47	32.24
从业人员（人）	891	651	1086	745	1137	417

续表

地市级局（公司）名称		唐山市烟草专卖局（公司）	廊坊市烟草专卖局（公司）	沧州市烟草专卖局（公司）	衡水市烟草专卖局（公司）	邢台市烟草专卖局（公司）	秦皇岛市烟草专卖局（公司）
所属业务机构	营销机构	1个营销中心、1个电访中心	1个营销中心、1个电访中心	1个营销中心、1个电访中心	1个营销中心、1个电访中心	1个营销中心、1个电访中心	1个营销中心
	物流配送机构	1个物流配送中心、3个中转站	1个物流配送中心	1个物流配送中心	1个物流配送中心	1个物流配送中心、3个中转站	1个物流配送中心
	专卖稽查机构	1个稽查大队、14个稽查支队	1个稽查支队、9个稽查大队	1个稽查支队、14个稽查大队	1个稽查支队、11个稽查大队	1个稽查支队、18个稽查大队	1个稽查支队、5个稽查大队
	烟叶机构	—	—	—	—	—	—
实现税利	万元	142694	99117	102318	53543	89292	57607
	2016年比2015年（%）	-6.60	6.90	-12.69	1.05	0.25	-2.98
实现利润	万元	47198	35002	30606	10868	21359	17481
	2016年比2015年（%）	-32.99	-14.19	-27.89	-38.54	-30.60	-28.06
销售卷烟	亿支	125.43	80.93	117.25	68.24	103.32	50.76
	2016年比2015年（%）	-7.36	-0.04	-10.10	-4.23	-6.61	-8.72
卷烟销售收入（万元）		566504	397862	459135	251305	400603	236046
查处涉烟违法案件（起）		1610	1876	2137	1809	2803	565
查处涉烟违法案件案值（万元）		1073	1193	1696	773	1098	311
2016年度烟草行业投入烟叶生产基础设施建设资金（万元）		—	—	—	—	—	—
全年烟叶生产基础设施新增受益面积（万亩）		—	—	—	—	—	—
烟叶种植（万亩）		—	—	—	—	—	—
烟叶收购（万担）		—	—	—	—	—	—
烟农户数（户）		—	—	—	—	—	—
实现烟农总收入（万元）		—	—	—	—	—	—
零售客户数（户）		27747	13819	27896	15231	21654	11960
零售客户销售毛利率（%）		12.34	10.30	6.51	10.03	11.19	10.00

注：1. 统计表未标注未上划的4个县级单位，分别为邯郸市局（公司）下辖的肥乡县烟草专卖局（经理部），保定市局（公司）下辖的定州卷烟经理部，张家口市局（公司）下辖的宣化县、崇礼县烟草专卖局（公司）；

2. 2016年11月16日，万全县烟草专卖局（营销部）更名为万全区烟草专卖局（分公司）；

3. 2016年11月16日，冀州市烟草专卖局（营销部）更名为冀州区烟草专卖局（分公司）；

4. 谈家俊2016年2—8月任党组书记、局长、经理。

◇撰稿：苏维民　李　静；编辑：谢争艳

山西省烟草专卖局（公司）

【专卖管理】 **案件查处**。查处涉烟违法案件 8687 起，其中假冒卷烟案件 1453 起，非法卷烟流通案件 7098 起，走私烟和烟叶、烟丝案件 136 起，捣毁各类制假窝点 21 个。查处案值在 5 万元以上假冒卷烟案件 52 起，查获假冒卷烟 1390 万支，案值 1496 万元。查获非法流通卷烟 1.13 亿支，案值 4788 万元。查获走私烟 148 万支，案值 81.14 万元。查获非法烟叶、烟丝 2.68 吨。查获制假烟机 3 台（套）。破获符合公安部、国家局标准的网络案件 25 起，破获部督案件两起。向公安机关移送案件 104 起，公安、司法机关依法拘留 59 人、逮捕 42 人、判刑 30 人。

山西省烟草专卖局大力推行全员专卖、全天候专卖、全覆盖专卖，堵口子、断路子、拔钉子、办大案，向专卖管理要市场、要销量、要效益。省烟草专卖局会同省公安厅、省交通运输厅、省邮政管理局建立四部门打击物流、寄递和货物运输领域涉烟违法犯罪活动联合工作机制，构建联席会议制度、联合行动制度、经费保障和奖励制度，为开展打击物流、寄递和货物运输领域的涉烟违法犯罪活动奠定坚实基础。

部督案件查处情况。临汾 2015 年“12·30”利用互联网销售假烟案件，案件涉及福建、甘肃、广东等全国 22 个省（自治区、直辖市），查获假冒卷烟 3.72 万支，涉案金额 1538 万元，抓获主要犯罪嫌疑人 5 人，判刑 1 人。吕梁“7·7”利用互联网销售假烟案件，案件涉及山西、广东、辽宁等全国 29 个省（自治区、直辖市），查获假冒卷烟 4.5 万支，抓获主要犯罪嫌疑人 4 人。

市场监管。对全省卷烟零售客户实行守法经营率达标情况专项考核，山西省局成立检查组，每月选取一定比例的县局进行暗访抽查。全年进店检查零售客户 1.13 万户，覆盖全省各县（市、区）。强化大户治理，省局制定《关于开展依法严管违法违规卖烟大户专项行动的实施方案》，在全省范围内组织开展依法严管违法违规卖烟大户专项行动；各级烟草专卖局对违规经营大户实行挂牌监控、连续监控，从根本上扭转大户低价倾销、操控市场、扰乱秩序的被动局面。

卷烟非法流通治理。加强卷烟非法流通治理，严查顶风违规经营行为，省局直接调查处理案件 1 起，下发督办函督办案件 4 起，电话督办案件 5 起，省局和有关市级局对 11 名相关责任人实施严格的责任追究。

【经济效益】 山西省烟草商业系统实现税利总额 80.43 亿元，同比下降 12.68%，其中利润 26.16 亿元，同比下降 35.26%。卷烟单箱销售收入 2.5 万元，同比下降 5.31%。卷烟单箱税利 0.62 万元，同比下降 0.28%。三项费用率 5.54%，同比增加 0.29 个百分点。修理费、办公费、水电费、燃料费、车杂费、网络通讯费等 6 项费用同比下降 28.9%；管理费用和销售费用同比下降 9.63%。实现降本增效 8802 万元，超额完成国家局下达的 2500 万元年度目标。

2016 年 10 月 21 日，山西省局（公司）举办全省专卖管理人员卷烟真伪鉴别技能竞赛，图为总决赛现场

山西省局　供稿

【卷烟（雪茄烟）经营】 **卷烟销售**。山西省烟草商业系统销售卷烟 647.03 亿支（129.41 万箱），同比下降 11.99%，其中，销售一类烟 89.13 亿支（17.83 万箱），同比下降 25.8%；二类烟 55.13 亿支（11.03 万箱），同比增长 13.87%；三类烟 281.57 亿支（56.31 万箱），同比下降 15.2%；四类烟 157.88 亿支（31.58 万箱），同比下降 6.07%；五类烟 63.32 亿支（12.66 万箱），同比下降 4.72%。本地区销量居前三位的品牌为“云烟”“红塔山”“红河”，销量分别为 127.02 亿支（25.4 万箱）、62.73 亿支（12.55 万箱）、47.59 亿支（9.52 万箱）。销售雪茄烟 0.62 亿支，同比下降 16.99%。

实现卷烟（含雪茄烟）销售收入323.67亿元，同比下降16.65%。

品牌培育。按照《全省卷烟品牌规格退出实施细则》规定，对市场表现不佳的品牌规格予以清退。全年清退卷烟品牌规格96个、引进57个，截至2016年底，全省卷烟品牌规格总数同比减少39个。“芙蓉王（硬闪带）”“黄金叶（天香细支）”等新引进的规格表现出良好的成长性。加强市场研究，工商协同围绕品牌订方案、搞调研、做宣传，基层县级营销部开展客户培训、品牌问诊等工作，不断探索优化品牌培育机制。

全年销售重点品牌卷烟500.4亿支（100.08万箱），同比下降14.38%，占总销量比重为77.34%，同比减少2.17个百分点。销售细支卷烟30.25亿支（6.05万箱），同比增加14.5亿支（2.9万箱），同比增长92.28%。

卷烟市场营销。推进“三精一转”营销创新，以市场化取向改革精髓为指引，以标准化、精准化为导向，出台山西省烟草商业系统《需求预测管理办法》《货源组织管理办法》《货源投放管理办法》，明确全省系统卷烟销售相关业务部门职责、工作内容、流程、标准及要求，推动各单位在需求预测、货源组织、货源投放上实施精细管理。

《客户经理工作要点》以实现客户经理由后向前、由虚向实转型发展为目标，明确新形势下客户经理工作“做什么、怎么做”的具体内容。在山西省烟草公司运城市公司试点推进“两个竞聘”和薪酬分配倾斜，以忻州市公司为试点搭建客户经理移动办公平台，为持续推进客户经理转型进行有益尝试和探索。

市场化取向改革。以太原市公司为试点单位，持续深化市场化取向改革。太原市公司提出“抓基础、促发展”的工作定位，通过聚焦“货源精准投放”主线，建立“信息支撑、规则优化、状态优先、档位盈利、动销匹配、需求驱动、策略跟踪”的货源投放模式，并将客户经营能力和规范经营、将品规盈利能力和市场份额有机结合起来，形成全面、客观、准确的客户分类体系和品规分类规则。

省公司不断完善省级卷烟营销平台的需求预测、客户分档、货源组织、货源投放、品牌培育、监督检查等6项功能，并推动其他非试点单位落实规定动作和提升发展自选动作，不断推进市场化取向改革进程。

【烟叶产销】 **烟叶种植与收购**。山西省种植烤烟3.3万亩。签订烟叶种植收购合同966份，收购烟叶0.5万吨（10.0万担）。共有种烟农户966户。上等烟比例为44.36%，中等烟比例为52%。国家局检查工商交接等级合格率在80%以上。烟叶收购均价23.58元/千克，同比减少1.38元/千克。烟农实现总收入1.18亿元，同比减少2300万元；户均收入12.16万元，同比减少1.09万元。

现代烟草农业建设。在山西省烟草种植面积中，机耕面积3.3万亩、起垄3万亩、移栽0.8万亩、覆膜3万亩、施肥2.7万亩、测地施肥2.7万亩。湿润育苗技术推广3万亩、轮作2.2万亩、沤制有机肥1万亩、小苗深栽1.5万亩，开展烟田废弃地膜捡拾2万亩。

烟叶技术推广与项目研究。规范各类生产标准，在轮作倒茬、湿润育苗、均衡施肥、井窖式移栽等方面加大力度，实施精准作业。强化“不同品种对重金属吸收规律研究”“不同比例有机无机肥配施对烟叶中重金属含量的影响”“种植黑麦草对植烟土壤重金属含量的影响”“不同配方窝肥对烤烟防治重茬效果研究及新品种试验示范”等项目研究，推进清洁型烟叶生产。

【管理创新】 省局（公司）出台建立分拣设备同厂家备品备件统一管理、统一调配的管理机制，进一步降低备品备件购置费用。利用大数据管理模式优化物流分拣运行流程，推进送货线路动态优化整合，全省系统减少送货线路236条、车辆23辆、人员84人。积极探索异型卷烟分拣线改造，加强对长治新建、晋城改造物流项目监督指导，有效降低物流成本费用。深度推进物流配送中心非法人实体化运行，全省系统物流费用同比下降8.84%，其中仓储费用下降1.60%，分拣费用下降12.09%，配送费用下降12.65%，管理费用下降4.87%。

【特事辑要】 1月22—23日，山西省局（公司）在太原召开2016年全省烟草工作会议。

2016年山西省烟草专卖商业主要情况统计

地市级局（公司）名称	太原市烟草专卖局（公司）	大同市烟草专卖局（公司）	阳泉市烟草专卖局（公司）	长治市烟草专卖局（公司）	晋城市烟草专卖局（公司）
主要负责人/法人代表（含党政领导）	董旭红	支树华	程　智	李振芳	张家驰

续表

地市级局（公司）名称		太原市烟草专卖局（公司）	大同市烟草专卖局（公司）	阳泉市烟草专卖局（公司）	长治市烟草专卖局（公司）	晋城市烟草专卖局（公司）
所属县级单位		清徐县、娄烦县、古交市、阳曲县等4个县级烟草专卖局（营销部）	城区、矿区、南郊区、新荣区、大同县、天镇县、阳高县、浑源县、广灵县、灵丘县、左云县等11个县级烟草专卖局（营销部）	平定县和盂县烟草专卖局（营销部）	长治县、潞城市、屯留县、长子县、壶关县、平顺县、黎城县、武乡县、襄垣县、沁县、沁源县、城区、郊区等13个县级烟草专卖局（营销部）	城区、泽州县、高平市、阳城县、沁水县、陵川县等6个县级烟草专卖局（营销部）
总资产（万元）		189953	144670	41862	100677	66358
资产负债率（%）		16.90	31.84	21.93	22.19	18.99
从业人员（人）		789	707	240	737	386
所属业务机构	营销机构	1个营销中心	1个营销中心	1个营销中心	1个营销中心	1个营销中心
	物流配送机构	1个物流配送中心	1个物流配送中心、1个配送中转站	1个物流配送中心	1个物流配送中心、5个配送中转站	1个物流配送中心、4个配送中转站
	专卖稽查机构	1个稽查支队、7个稽查大队	1个稽查支队、11个稽查大队	1个稽查支队、3个稽查大队	1个稽查支队、13个稽查大队	1个稽查支队、6个稽查大队
	烟叶机构	—	—	—	1个烟叶总站、5个烟叶站	—
实现税利	万元	143615	80423	27902	70988	44710
	2016年比2015年（%）	-11.05	-15.13	-7.00	-16.40	-17.50
实现利润	万元	53765	26529	8598	22013	15459
	2016年比2015年（%）	-28.46	-37.88	-34.22	-40.45	-37.04
销售卷烟[1]	亿支	90.80	60.82	22.62	59.44	37.29
	2016年比2015年（%）	-8.70	-13.20	-9.66	-12.57	-14.02
卷烟销售收入（万元）[2]		553052	309426	113468	284551	177706
查处涉烟违法案件（起）		866	1050	374	1000	641
查处涉烟违法案件案值（万元）		2056	796	121	392	273
2016年度烟草行业投入烟叶生产基础设施建设资金（万元）		—	—	—	—	—
全年烟叶生产基础设施新增受益面积（万亩）		—	—	—	—	—
烟叶种植（万亩）		—	—	—	0.42	—
烟叶收购（万担）		—	—	—	1.28	—
烟农户数（户）		—	—	—	210	—
实现烟农总收入（万元）		—	—	—	1551	—
零售客户数（户）		14956	10594	6117	13159	8207
零售客户销售毛利率（%）		10.62	10.15	7.85	6.50	5.80

地市级局（公司）名称	朔州市烟草专卖局（公司）	忻州市烟草专卖局（公司）	吕梁市烟草专卖局（公司）	晋中市烟草专卖局（公司）	临汾市烟草专卖局（公司）	运城市烟草专卖局（公司）
主要负责人/法人代表（含党政领导）	任守军	陈秀云	乔继光	义晋瑞	赵新秋	姚　宏

续表

地市级局（公司）名称		朔州市烟草专卖局（公司）	忻州市烟草专卖局（公司）	吕梁市烟草专卖局（公司）	晋中市烟草专卖局（公司）	临汾市烟草专卖局（公司）	运城市烟草专卖局（公司）
所属县级单位		朔城区、平鲁区、山阴县、怀仁县、应县、右玉县等6个县级烟草专卖局（营销部）	忻府区、原平市、代县、繁峙县、定襄县、五台县、宁武县、神池县、岢岚县、五寨县、保德县、静乐县、偏关县、河曲县等14个县级烟草专卖局（营销部）	离石区、汾阳市、孝义市、中阳县、柳林县、石楼县、交口县、方山县、临县、岚县、兴县、交城县、文水县等13个县级烟草专卖局（营销部）	榆次区、太谷县、祁县、平遥县、介休市、灵石县、榆社县、左权县、和顺县、昔阳县、寿阳县等11个县级烟草专卖局（营销部）	尧都区、侯马市、曲沃县、翼城县、襄汾县、洪洞县、霍州市、古县、吉县、安泽县、浮山县、乡宁县、蒲县、大宁县、永和县、隰县、汾西县等17个县级烟草专卖局（营销部）	盐湖区、临猗县、永济市、万荣县、河津市、新绛县、稷山县、铝厂厂区、绛县、闻喜县、夏县、垣曲县、平陆县、芮城县、风陵渡区等15个县级烟草专卖局（营销部）
总资产（万元）		40641	106141	85522	107607	146859	131822
资产负债率（%）		15.96	38.32	10.60	27.13	35.80	28.86
从业人员（人）		346	690	849	693	802	1003
所属业务机构	营销机构	1个营销中心	1个营销中心	1个营销中心	1个营销中心	1个营销中心	1个营销中心
	物流配送机构	1个物流配送中心	1个物流配送中心	1个物流配送中心、1个配送中转站	1个物流配送中心、3个中转站	1个物流配送中心、1个配送中转站	1个物流配送中心
	专卖稽查机构	1个稽查支队、6个稽查大队	1个稽查支队、14个稽查大队	1个稽查支队、13个稽查大队	1个稽查支队、11个稽查大队	2个稽查支队、17个稽查大队	1个稽查支队、15个稽查大队
	烟叶机构	—	—	—	—	3个烟叶总站、7个烟叶站	5个烟叶总站、21个烟叶站
实现税利	万元	40465	63664	74920	75801	90571	90557
	2016年比2015年（%）	2.52	-15.72	-10.70	-13.03	-15.37	-11.71
实现利润	万元	13711	19407	21268	24192	27846	28409
	2016年比2015年（%）	-17.71	-39.61	-39.06	-35.00	-41.01	-35.06
销售卷烟	亿支	31.98	54.80	66.23	62.03	75.20	86.44
	2016年比2015年（%）	-2.37	-15.52	-11.21	-12.19	-13.82	-13.40
卷烟销售收入（万元）		161110	261730	317798	310827	368023	379053
查处涉烟违法案件（起）		826	745	983	869	884	449
查处涉烟违法案件案值（万元）		224	466	588	583	306	478
2016年度烟草行业投入烟叶生产基础设施建设资金（万元）		—	—	—	—	—	—
全年烟叶生产基础设施新增受益面积（万亩）		—	—	—	—	—	—
烟叶种植（万亩）		—	—	—	—	0.75	2.13
烟叶收购（万担）		—	—	—	—	2.26	6.46
烟农户数（户）		—	—	—	—	340	416
实现烟农总收入（万元）		—	—	—	—	3037	7180

续表

地市级局（公司）名称	朔州市烟草专卖局（公司）	忻州市烟草专卖局（公司）	吕梁市烟草专卖局（公司）	晋中市烟草专卖局（公司）	临汾市烟草专卖局（公司）	运城市烟草专卖局（公司）
零售客户数（户）	7040	11976	14370	14251	16908	16299
零售客户销售毛利率（%）	6.30	6.95	5.00	7.00	5.50	5.00

注：1. 2016 年，山西省局（公司）的销售卷烟包含雪茄烟销量；
2. 2016 年，山西省局（公司）的卷烟销售收入包含雪茄烟销售收入。

◎撰稿：朱永胜；编辑：王东旭

内蒙古自治区烟草专卖局（公司）

【专卖管理】 **案件查处**。查处涉烟违法案件 5925 起，同比增长 44.83%，其中假冒卷烟案件 950 起。查获非法卷烟 733.82 万支，其中假烟 525.21 万支，走私烟 131.98 万支，出口回流烟 76.63 万支，上缴罚没款 131.37 万元。公安、司法机关依法刑拘 55 人，逮捕 39 人，判刑 18 人。继续强化打假破网工作力度，全区破获制售假烟网络案件 15 起，其中符合公安部、国家局标准的网络案件 13 起。

推进打假协作机制建设，自治区局加强与自治区公安、邮政、交通、铁路等部门合作，制定打击物流运输领域涉烟违法活动联合工作机制；与公安厅交管局联合下发《关于加强对违法运输烟草专卖品行为监管工作的通知》；与公安厅、呼和浩特海关、满洲里海关建立联合打击走私烟草专卖品违法犯罪活动工作制度。

市场监管。联合自治区公安厅、工商局开展“两节”“利剑三号”“飓风八号”和无证户清理整顿 4 次专项行动，保持全年不间断地对卷烟市场进行监管。其中，“两节”专项行动查处各类违法涉烟案件 838 起，查获各类非法卷烟 389.96 万支，上缴罚没款 9.82 万元。“利剑三号”专项行动查处各类涉烟违法案件 1202 起，查获各类非法卷烟 554.89 万支，上缴罚没款 22.11 万元。“飓风八号”专项行动查处各类涉烟违法案件 2606 起，查获各类非法卷烟 949.93 万支，上缴罚没款 31.08 万元，取缔无证经营户 791 户。清理整顿无证无照经营行为专项行动共查处各类违法涉烟案件 1323 起，查获各类非法卷烟 537.14 万支，总案值 510.77 万元。

证件管理。全年审批开具卷烟准运证 6790 份。对许可证管理工作存在的问题开展专项检查，把持证率的增加作为新的卷烟销售增长点。截至 2016 年底，全区持证零售客户数为 10.92 万户，同比增长 1.36%，持证比为 4.42‰，同比增加 0.06 个千分点。无证户数量为 1108 户，同比下降 15.93%。

专卖基础建设。加强县级局建设，派出 4 个考核验收小组对县级局开展标兵单位考核验收工作。推广实施专卖管理综合信息系统，12 月 20 日，该系统在全区正式上线运行。开展专卖行政处罚案卷检查，推动依法行政。

【经济效益】 内蒙古自治区烟草商业系统实现税利 64.45 亿元，同比增长 1.46%，其中利润 20.85 亿元，同比下降 21.35%。三项费用率 6.18%，同比增加0.15 个百分点。实现货币存款利息收入 3.47 亿元，同比下降 3.21%。

【卷烟（雪茄烟）经营】 **卷烟（雪茄烟）销售**。内蒙古自治区烟草商业系统销售卷烟 524.95 亿支（104.99 万箱），同比下降 5.07%，其中，销售一类烟 59.09 亿支（11.82 万箱），同比下降12%；二类烟111.35 亿支（22.27 万箱），同比增长 9.36%；三类烟 180.79 亿支（36.16 万箱），同比下降 5.12%；四类烟 135.35 亿支（27.07 万箱），同比下降 2.29%；五类烟 38.35 亿支（7.67 万箱），同比下降30.23%。本地区卷烟销量居前三位的品牌为“云烟”“红塔山”“南京”，销量分别为 139.1 亿支（27.82 万箱）、54.95 亿支（10.99 万箱）、26.15 亿支（5.23 万箱）。销售雪茄烟 0.5 亿支。

实现卷烟销售收入 263.09 亿元，同比下降 4.24%。实现卷烟税利 63.6 亿元，同比增长 2.25%，其中利润 20.38 亿元，同比下降 21.15%。卷烟单箱销售收入 2.5 万元，同比增长 0.87%。

品牌管理。修订完善《卷烟品牌规格引入退出管理办法》，规范品牌管理工作。全年引入卷烟品牌规格 105 个，退出 20 个。制定价位段品牌规格分析模型，对 147 个卷烟品牌规格进行限制订货。加强专销品牌培育，“云烟（国宾）”“黄鹤楼（天骄圣地）”等全自治区专销品牌卷烟陆续上市销售。

卷烟营销。抓好呼和浩特市公司卷烟营销市场化取向改革试点工作，推进省级卷烟营销平台的建设。4 月 4 日，省级卷烟营销平台在内蒙古自治区行业系统正式上线运行，实现营销系统的平稳切换，需求预测、货源采购、货源投放、订单采集、货款结算、监督管理等六大主要功能建设完成并正常使用。

组织实施“我是一线营销人员”工作体验、“走基层、访终端、进农村”市场调研、“营销创新，我们在践行”活动、营销业务流程优化活动、“向不规范营销行为说不”自查自纠活动等。在活动中，涌现出一批营销创新成果，如“一户一策”“错时、错峰、错位、错规格、错区域”的投放策略，紧俏烟分配积分制，卷烟推介贴纸，终端店设立吸烟点等，不断丰富工商零共同面向消费者的现代卷烟营销体系的内涵。

制定《2016 年现代卷烟零售终端建设实施方案》，推进现代卷烟零售终端建设，改变终端“脏乱差”的形象。加强卷烟零售示范店建设，带动周边零售终端整体形象的改善。开展现代终端建设工作考评，客户经理更加注重完善营销服务细节、提升零售客户经营能力、调动零售客户参与现代终端建设的积极性。截至 2016 年底，自治区建成现代卷烟零售终端 2.65 万户，占零售客户总数的 25%。

【烟叶产销】 严格落实国家局烟叶种植收购计划，克服低温寡照和冰雹大风等各种不利气候因素影响，实现烟叶种植面积和收购总量的“双控”目标，保持烟叶生产平稳发展。种植烤烟 2.02 万亩。收购烟叶 0.473 万吨（9.45 万担），完成计划的 93.53%。烟叶收购均价 18.91 元/千克，上、中等烟比例 82.56%，等级合格率 82%。签约烟农 1012 户，烟农户均种烟面积 20 亩。实现烟农户均收入 8.83 万元。

全年实现烟叶税利 0.67 亿元，同比下降 47.84%，其中利润 0.4 亿元，同比下降 50.67%。

【精益管理】 把握“精益管理降本增效是内功”的基本定位，深入推进全区行业精益管理体系建设，围绕向管理要效益这一核心，以“全员营销、改善服务、提升结构、调整布局、错位销售”为主线，精益管理工作取得明显成效。制定《经济精益运行管理工作指导意见（试行）》，确立全盘性“三级目标”指标任务分解、全员性“三层责任”分级传导落实、全方位“四位一体”互动精益营销、全过程“四级监控”指标跟踪问效、全维度“三段改进”持续完善提升的“五全”工作模式。通过向国家局报送精益管理工作动态、举办各类精益培训、发展精益内训师队伍、鼓励员工提出合理化建议、撰写精益管理相关论文等方式，全区行业精益管理氛围日益浓厚。

内蒙古区公司实现降本增效 400 万元，超额完成国家局下达的目标任务。对标工作稳步提升，业务招待费大幅下降，同比下降 170%，达到行业先进水平；总资产贡献率、单箱卷烟经营费用、客户满意度等 3 项指标高于行业平均水平。

【特事辑要】 1 月 24 日，2016 年内蒙古自治区烟草工作会议在呼和浩特召开，总结 2015 年工作，谋划“十三五”规划，部署 2016 年任务。

7 月 28 日，工业和信息化部党组成员、中央纪委驻工业和信息化部纪检组长金书波到内蒙古区局（公司）调研，并到赤峰市局（公司）本部、物流中心和红山区局现场查看工作流程，询问工作进展情况，了解全面从严治党、党风廉政建设、党的建设等情况，并对干部员工表示慰问。

9 月 6—7 日，国家局党组成员、副局长徐瓆到内蒙古烟草调研。其间，徐瓆考察了呼和浩特、包头市局（公司）卷烟物流配送中心和内蒙古昆明卷烟有限责任公司，并走访部分卷烟零售客户。

2016 年内蒙古自治区烟草专卖商业主要情况统计

地市级局（公司）名称	呼和浩特市烟草专卖局（公司）	满洲里市烟草专卖局（公司）	呼伦贝尔市烟草专卖局（公司）	兴安盟烟草专卖局（公司）	通辽市烟草专卖局（公司）
主要负责人/法人代表（含党政领导）	董德富	张若宇	王文兵	郝文亮	郭东信
所属县级单位	土默特左旗、托克托县、和林格尔县、清水河县、武川县等 5 个县级烟草专卖局（营销部）和新城区、赛罕区、回民区、玉泉区等 4 个城区烟草专卖局	扎赉诺尔区烟草专卖局	海拉尔区、牙克石市、扎兰屯市、根河市、额尔古纳市、阿荣旗、莫力达瓦达斡尔族自治旗、鄂伦春自治旗、鄂温克族自治旗、新巴尔虎左旗、新巴尔虎右旗、陈巴尔虎旗、大杨树等 13 个旗、市、区烟草专卖局（营销部）	阿尔山市、扎赉特旗、科尔沁右翼前旗、科尔沁右翼中旗、突泉县等 5 个县级烟草专卖局(营销部)和乌兰浩特市烟草专卖局	科尔沁区、开鲁县、科尔沁左翼中旗、科尔沁左翼后旗、奈曼旗、库伦旗、扎鲁特旗、霍林郭勒市等 8 个旗、县、区烟草专卖局（营销部）

续表

地市级局（公司）名称		呼和浩特市烟草专卖局（公司）	满洲里市烟草专卖局（公司）	呼伦贝尔市烟草专卖局（公司）	兴安盟烟草专卖局（公司）	通辽市烟草专卖局（公司）
总资产（万元）		201817	12230	64022	38475	57667
资产负债率（%）		40.13	27.59	52.67	35.44	18.24
从业人员（人）		728	73	662	267	474
所属业务机构	营销机构	1个营销中心	1个营销中心	1个营销中心	1个营销中心	1个营销中心
	物流配送机构	1个配送中心	1个配送中心	1个配送中心、2个配送分中心、11个物流中转站	1个配送中心	1个配送中心
	专卖稽查机构	1个稽查支队、2个稽查大队	—	1个稽查支队、13个稽查大队	1个稽查支队、6个稽查大队	1个稽查支队
	烟叶机构	—	—	—	—	—
实现税利	万元	108051	8409	41183	27865	51615
	2016年比2015年(%)	2.71	4.48	5.92	7.25	0.76
实现利润	万元	40238	2470	8941	7030	14197
	2016年比2015年(%)	-15.15	-20.96	-30.33	-19.81	-25.35
销售卷烟	亿支	70.88	6.15	46.47	32.24	56.09
	2016年比2015年(%)	-5.76	-0.47	-6.28	-5.70	-8.20
卷烟销售收入（万元）		415724	35160	190515	126421	227189
查处涉烟违法案件（起）		1472	85	409	363	437
查处涉烟违法案件案值（万元）		633	7	129	317	45
2016年度烟草行业投入烟叶生产基础设施建设资金（万元）		—	—	—	—	—
全年烟叶生产基础设施新增受益面积（万亩）		—	—	—	—	—
烟叶种植（万亩）		—	—	—	—	—
烟叶收购（万担）		—	—	—	—	—
烟农户数（户）		—	—	—	—	—
实现烟农总收入（万元）		—	—	—	—	—
零售客户数（户）		12517	1451	10846	7448	14082
零售客户销售毛利率（%）		9.60	11.10	7.00	5.80	7.00

地市级局（公司）名称	赤峰市烟草专卖局（公司）	锡林郭勒盟烟草专卖局（公司）	二连浩特市烟草专卖局（公司）	乌兰察布市烟草专卖局（公司）	包头市烟草专卖局（公司）
主要负责人/法人代表（含党政领导）	王明新	王建胜	杜秀亭	李志军	刘　永

续表

地市级局（公司）名称		赤峰市烟草专卖局（公司）	锡林郭勒盟烟草专卖局（公司）	二连浩特市烟草专卖局（公司）	乌兰察布市烟草专卖局（公司）	包头市烟草专卖局（公司）
所属县级单位		阿鲁科尔沁旗、巴林左旗、巴林右旗、林西县、克什克腾旗等5个县级烟草专卖局（营销部），翁牛特旗、敖汉旗、喀喇沁旗、宁城县、元宝山区等5个县级烟草专卖局（分公司），红山区、松山区2个城区烟草专卖局和松山区烟叶分公司	锡林浩特市烟草专卖局，太仆寺旗、正蓝旗、多伦县、东乌珠穆沁旗、西乌珠穆沁旗、乌拉盖管理区、阿巴嘎旗、苏尼特左旗、苏尼特右旗、镶黄旗等10个县级烟草专卖局（营销部），以及未上划的正镶白旗烟草专卖局（公司）[1]	—	丰镇市、凉城县、卓资县、兴和县、化德县、商都县、四子王旗、察哈尔右翼前旗、察哈尔右翼中旗、察哈尔右翼后旗等10个县级烟草专卖局（营销部）和集宁区烟草专卖局	青山区、昆都仑区、东河区、九原区等4个城区烟草专卖局，土默特右旗、固阳县、石拐区、达尔罕茂明安联合旗、白云区等5个旗、县级烟草专卖局（营销部）
总资产（万元）		94145	20174	6298	68509	190284
资产负债率（%）		36.43	33.77	34.22	21.07	34.37
从业人员（人）		842	316	35	529	399
所属业务机构	营销机构	1个营销中心	1个营销中心	1个营销中心	1个营销中心、1个电访部	1个营销中心
	物流配送机构	1个配送中心	1个配送中心、8个物流中转站	1个配送中心	1个配送中心、3个物流中转站	1个配送中心
	专卖稽查机构	1个稽查支队、2个稽查大队	1个稽查支队	—	1个稽查支队	2个稽查大队
	烟叶机构	7个烟叶站、4个收购点	—	—	—	—
实现税利	万元	67512	18411	3972	52374	104844
	2016年比2015年（%）	-3.59	7.49	14.94	2.68	-0.32
实现利润	万元	19328	2902	1252	15463	42835
	2016年比2015年（%）	-32.40	-38.40	-2.94	-22.19	-14.96
销售卷烟	亿支	66.40	20.65	2.73	43.46	63.75
	2016年比2015年（%）	-5.14	-7.16	-0.72	-3.73	-6.61
卷烟销售收入（万元）		271103	96643	16602	224390	381352
查处涉烟违法案件（起）		399	230	26	713	782
查处涉烟违法案件案值（万元）		56	30	8	153	721
2016年度烟草行业投入烟叶生产基础设施建设资金（万元）		—	—	—	—	—
全年烟叶生产基础设施新增受益面积（万亩）		—	—	—	—	—
烟叶种植（万亩）		2.02	—	—	—	—
烟叶收购（万担）		9.45	—	—	—	—
烟农户数（户）		1012	—	—	—	—
实现烟农总收入（万元）		8934	—	—	—	—
零售客户数（户）		18391	4854	456	8924	10404
零售客户销售毛利率（%）		11.75	11.00	6.00	10.31	7.00

地市级局（公司）名称		鄂尔多斯市烟草专卖局（公司）	巴彦淖尔市烟草专卖局（公司）	乌海市烟草专卖局（公司）	阿拉善盟烟草专卖局（公司）
主要负责人/法人代表（含党政领导）		邢宇波（—2016 年 1 月）安存礼（2016 年 1 月—）	齐翠敏	王 强	孟凡超
所属县级单位		准格尔旗、准格尔经济开发区、达拉特旗、伊金霍洛旗、杭锦旗、乌审旗、鄂托克旗、鄂托克前旗等 8 个县级烟草专卖局（营销部），东胜区、康巴什新区 2 个城区烟草专卖局，以及棋盘井经济开发区、乌兰木伦和上海庙经济开发区等 3 个直属分局	乌拉特前旗、五原县、杭锦后旗、磴口县、乌拉特中旗、乌拉特后旗等 6 个县级烟草专卖局（营销部）和临河区烟草专卖局	乌达区、海勃湾区、海南区等 3 个城区烟草专卖局	阿拉善右旗、额济纳旗 2 个县级烟草专卖局（营销部），阿拉善左旗烟草专卖局、乌斯太烟草专卖分局
总资产（万元）		120288	65001	33625	15384
资产负债率（%）		13.54	37.83	19.51	39.82
从业人员（人）		496	327	117	104
所属业务机构	营销机构	1 个营销中心	1 个营销中心	1 个营销中心	1 个营销中心
	物流配送机构	1 个配送中心	1 个配送中心	1 个配送中心	1 个配送中心
	专卖稽查机构	1 个稽查支队、11 个稽查大队	1 个稽查支队、1 个稽查大队	—	1 个稽查支队、4 个稽查大队
	烟叶机构	—	—	—	—
实现税利	万元	89672	45285	21499	8501
	2016 年比 2015 年（%）	-1.17	3.99	1.68	7.94
实现利润	万元	34866	14895	8156	2063
	2016 年比 2015 年（%）	-20.81	-22.95	-18.95	-24.46
销售卷烟	亿支	56.16	38.58	13.51	8.39
	2016 年比 2015 年（%）	-2.29	-1.98	-0.50	-0.45
卷烟销售收入（万元）		332237	190456	80284	42799
查处涉烟违法案件（起）		399	321	149	140
查处涉烟违法案件案值（万元）		416	151	34	27
2016 年度烟草行业投入烟叶生产基础设施建设资金（万元）		—	—	—	—
全年烟叶生产基础设施新增受益面积（万亩）		—	—	—	—
烟叶种植（万亩）		—	—	—	—
烟叶收购（万担）		—	—	—	—
烟农户数（户）		—	—	—	—
实现烟农总收入（万元）		—	—	—	—
零售客户数（户）		9227	6792	2138	1623
零售客户销售毛利率（%）		3.60	4.50	8.00	13.06

注：1. 锡林郭勒盟烟草专卖局（公司）各项经营数据含正镶白旗烟草专卖局（公司）相关数据。

◇ 撰稿：关晓勇；编辑：谢争艳

辽宁省烟草专卖局（公司）

【专卖管理】 查处涉烟违法案件1.33万起，其中案值5万元以上的案件292起，同比增长21.16%。查处符合公安部、国家局标准的网络案件31起，其中部督案件11起。查获非法卷烟1.87亿支，其中非法流通卷烟1.16亿支，假烟0.17亿支，走私烟0.54亿支。查获非法烟丝、烟叶507吨，同比增长166.77%。公安、司法机关依法拘留100人，逮捕72人，判刑52人。

继续推进“政府主导、部门联合、多方参与、密切协作”的打假打私体系建设，参与制定《2016年全省打击侵犯知识产权和制售假冒伪劣商品工作要点》。

重大案件查办。查处黄某等人非法经营烟草制品案。2015年11月，抚顺市局（公司）稽查支队直属大队接到举报并对线索进行摸排。2016年3月，抚顺市公安局经侦支队联合抚顺市局成立专案组，对该案进行立案侦查，准确定位分布于沈阳、鞍山的9个藏匿非法卷烟库房，随后又掌握位于深圳的2个藏匿非法卷烟库房。5月17日，专案组派出5个抓捕小组在不同地区同时实施抓捕，当场查获沈阳、鞍山、深圳的非法卷烟18.52万支，价值500余万元。该案已查明涉案金额近亿元，刑拘13人，其中1人取保候审，查扣涉案车辆10余辆。

卷烟市场监管。应用APCD工作法，推动监管思路从“常态化普查”向“有针对性重点检查”方式转变，有效解决走访不到位、效果不理想等问题。积极开展专项行动，全年开展“春雷”“百日”“打击非法经营烟叶原料”等3次全省范围内的卷烟市场专项整治行动。定期组织市场核查，采取不预先通知、不预设线路、按照不同业态随机走访的形式，对全省烟草商业系统13家地市级局开展2次市场暗访，核查零售客户1408户，并形成《全省市场暗访情况的通报》。探索“专卖进社区”监管模式并试点运行，推进监管方式转型。

2016年4月27日，辽宁沈阳市局（公司）卷烟零售许可办证大厅正式启用

辽宁沈阳市局 杨 勇 摄

证件管理。制定下发《关于加强烟草专卖零售许可证后续监管工作的指导意见》和考核标准。建立证件管理数据月度分析通报制度。截至2016年底，全省共有持证零售客户15.79万户，其中城网8.02万户，农网7.77万户。全年处理取缔无证卷烟经营户248户，为446户符合条件的无证户办理卷烟零售许可证。

专卖信息化建设。推进行业专卖系统的实施工作，系统于2016年底上线运行。建设全省专卖管理平台，初步形成建设方案。做好涉企信息公示工作，明确涉企信息公示的主要内容、数据交换方式及工作流程。与省工商局签订涉企信息公示数据归集共享确认书，在企业信用信息公示系统数据共享交换平台录入行政许可和行政处罚信息。

【经济效益】 辽宁省烟草商业系统实现税利79.74亿元，同比下降8.82%，其中利润26.71亿元，同比下降28.64%。三项费用率6.49%，同比增加0.69个百分点。

【卷烟（雪茄烟）经营】 **卷烟销售。**辽宁省烟草商业系统销售卷烟642.3亿支（128.46万箱），同比下降11.86%，其中，销售一类烟69.3亿支（13.86万箱），同比下降24.0%；二类烟113.7亿支（22.74万箱），同比下降4.0%；三类烟276.7亿支（55.34万箱），同比下降12.0%；四类烟138.8亿支（27.76万箱），同比下降6.10%；五类烟43.8亿支（8.76万箱），同比下降22.50%。本地区卷烟销量居前三位的品牌为“七匹狼”“红塔山”“红梅”，销量分别为62.7亿支（12.54万箱）、60.2亿支（12.04万箱）、51.8亿支（10.36万箱）。

辽宁省烟草商业系统实现卷烟销售收入262.26亿元。实现卷烟税利74.12亿元，其中利润23.29亿元。

雪茄烟销售。辽宁省烟草商业系统销售雪茄烟3435.85万支，同比下降46.46%。雪茄烟实现销售收入2848.56万元，同比下降44.21%。全年全省烟草商业系统经营的雪茄烟共有8个品牌43个规格，新引入3个规格，分别为“狮牌（鸿运当头）”“王冠（万象细支）”“长城（风华）”，雪茄烟产品线进一步丰富。

品牌培育。引入新品规格78个，清退规格105个，全省在销规格持续缩减至389个。销售重点品牌卷烟497.85亿支（99.57万箱），同比下降13.61%。细支卷烟发展势头强劲，销售75.25亿支（15.05万箱），同比增长50.4%。

组织召开关于地产卷烟品牌培育座谈会、沟通会、分析总结会，并于年底制定《"人民大会堂"品牌"十三五"发展规划》《2017 年度规划、品牌培育方案》《"千禧"工程活动方案、考核及奖励办法》等。全年销售"人民大会堂"［含"玉溪（人民大会堂）］36.75 亿支（7.35 万箱），同比下降 16.73%。

现代零售终端建设。完善推广全省统一终端管理系统，实现市场"量价存"信息的自动采集。印发《2016 年辽宁省现代卷烟零售终端运行规范》，明确终端建设目标、建设规范、服务规范、管理规范。截至 2016 年底，累计建成现代零售终端 9947 户，占零售客户总数的 6.95%。

市场化取向改革。完善制度规范，制定下发《货源供应管理办法》《大户管理办法》《货源信息公示制度》等 3 项制度。6 月，举办市场化取向改革培训班，加快推广进度。8 月起，本溪、鞍山、辽阳市局（公司）等 3 家单位陆续实现省级卷烟营销平台上线运行。

卷烟物流建设。加强物流基础设施建设，阜新市局（公司）新建物流中心项目投入使用，鞍山市局（公司）新物流中心项目开工建设。推进物流非法人实体化运作，各地市级局（公司）在物流中心设立二级部门，部分单位还配备专职的二级部门负责人，内部人员由物流中心根据需要自主进行调配。加强精益物流管理，全省烟草商业系统可控物流费用共计 999.46 万元，同比下降 16.63%。提升物流信息化建设水平，省局（公司）完成物流综合管控平台二期建设，阜新市局（公司）完成物流业务操作信息系统的开发工作。

【烟叶产销】 **烟叶种植与收购**。签订烤烟种植合同 4650 份，种植面积 13.2 万亩，收购烤烟 2.11 万吨（42.1 万担）。烟叶收购均价 24.42 元/千克，同比增加 3.97 元/千克，上等烟比例为 44.44%。在国家局组织的烟叶收购等级质量检查中，烤烟质量等级平均合格率 80.33%。实现烟农种烟总收入 5.14 亿元，同比增加 0.9 亿元；烟叶平均亩产值 3891 元，同比增加 387 元。

烟叶生产基础设施建设。烟叶生产基础设施建设项目适当向优势产区和新产区倾斜。全年投入建设资金 2596 万元，其中国家局投入 520 万元，省内行业投入 2076 万元。建设项目 869 件，以新建密集烤房、老旧烤房维修、育苗设施为主，其中，新建密集烤房 210 座、老旧烤房维修 428 座、购置烟夹 100 套、配套烟草农用机械 91 台（套）、建设育苗设施 40 座。新增受益烟田面积 2.45 万亩。

烟叶科技创新。协助完成"低危害特色烟叶研究与开发""中间香型特色烟叶开发"等国家局项目的结题验收工作。稳步推进"优质多抗新品种研究""育苗大棚温度远程监测系统项目"等省局（公司）项目。开展"可降解功能性烟苗营养钵研究"项目研究，重点开展水肥一体化、地膜残留回收和采烤一体化等国家局主推技术的试点工作。

推广应用蚜茧蜂防治蚜虫技术，2014—2016 年，辽宁省局（公司）累计投入科技经费 432.84 万元，其中 2016 年投入 86.88 万元。累计完成技术推广 12.2 万亩，基本实现"适宜繁放烟区"全覆盖，实现蚜虫防治 100% 使用蚜茧蜂，同时进行大农业放蜂 8.1 万亩。

现代烟草农业建设。实现规模化种植，全省 50 亩以上连片种植区 463 片，其中 300～500 亩连片种植区 16 片，500～1000 亩连片种植区 10 片。提升烟农素质，截至 2016 年底，全省共认证职业烟农 890 户，占全省烟农总数的 19.14%。各产区机耕和机械起垄作业面积占比 98.97%，机械覆膜作业面积占比 78.70%，机械施肥作业面积占比 69.79%，中耕培土作业面积占比 58.73%。开展专业化分级散叶收购，收购散叶 0.875 万吨（17.5 万担）。

【对外交流与合作】 中国烟草辽宁进出口公司实现"两烟"进出口总值 2139 万美元，其中进口总值 795 万美元，

2016 年 4 月，辽宁丹东凤城市营销部组织开展假植育苗工作

辽宁凤城市局　潘文敬　摄

出口实现1344万美元。实现销售收入1.97亿元，实现税利0.83亿元。

卷烟进出口。与英国、韩国、日本、中国香港等国家或地区的烟草公司加强业务联系，形成以中烟英美烟草国际有限公司“555”品牌和（中国）香港南洋兄弟烟草股份有限公司“双喜”品牌为主，韩国“爱喜（ESSE）”、日本“七星（MEVIUS）”、英美“健牌（Kent）”等品牌为辅的进口卷烟销售结构，全年进口“555”品牌卷烟1.8亿支，计划执行率100%。加强与（中国）香港南洋兄弟烟草股份有限公司的合作，以进口卷烟带动烟叶出口，全年购进（中国）香港南洋“红双喜”品牌卷烟0.96亿支。全年累计进口卷烟4亿支。

“人民大会堂”品牌卷烟出口韩国、销往中国香港免税市场0.42亿支。签订“人民大会堂（古瓷）”品牌卷烟出口非洲马达加斯加有税市场合同0.45亿支，并实现年底首批发运。

烟叶出口。与（中国）香港南洋兄弟烟草股份有限公司、联一国际公司、英国联合公司、英国普瑞铭公司等签订烟叶类产品出口（销售）合同6480.08吨，同比增长267%；合同金额1420万美元，同比增长132%。烟叶类产品出口4787.65吨，同比增长82.87%，出口备货2015年产烟叶0.36万吨（7.2万担）。

【信息化建设】 制定《辽宁烟草“十三五”信息化发展规划》（征求意见稿），编辑《辽宁烟草信息化制度汇编》。推进重点项目建设，实现省局（公司）与鞍山市局（公司）终端、沈阳市局（公司）终端的数据集成对接。完成网上订货系统、烟叶系统、一体化综合应用集成平台、跨行结算系统、物流管控系统、宏观管理系统等系统的迁移工作。

【整顿规范】 做好巡视问题整改工作，组织完成“超标准乘坐交通工具”“公务接待费超高”“小金库自查”等3个专项治理整治工作。对违反中央八项规定精神的3人进行追责。制定《辽宁省烟草专卖局党组专项巡视整改实施方案》。召开巡视整改工作布置会议，向直属单位和部门移交问题清单。成立省局党风廉政建设领导小组，构建责任体系。按照“三关三审”工作要求，审核各单位项目采购计划，严格把关采购方式。全年全省烟草商业系统公开信息总数达到7416条。组织各类自查、专项检查等65次，查出问题315项，均整改完毕。

【特事辑要】 2月2—3日，辽宁省局（公司）在沈阳召开2016年全省烟草工作会议。

5月14日，国家局党组成员、副局长杨培森到省局（公司）宣布国家局党组关于辽宁省局（公司）牵头负责人的决定。杨培森强调，辽宁省局（公司）要积极配合工信部纪检组的有关调查，抓好稳定工作，确保各项工作正常开展。

6月30日，云南省副省长丁绍祥赴省局（公司）考察调研云产卷烟销售工作。

7月26日，国家局党组书记、局长凌成兴对辽宁省局（公司）作出重要批示：辽宁省局（公司）党组面对有关违纪案件带来的负面影响，团结带领全省烟草干部职工，在稳定人心、稳定队伍、稳定经营上做了大量艰苦细致的工作。望进一步振作精神，扎实工作，努力完成年度任务。

9月27日，全省烟草商业系统干部大会在沈阳召开，会上宣布国家局党组关于辽宁省局（公司）主要负责人职务调整的决定。国家局党组成员、直属机关党委书记高林出席会议并讲话，对省局（公司）新班子提出四点要求：一要努力建设坚定理想信念的领导班子；二要努力建设勇于担当的领导班子；三要努力建设团结务实的领导班子；四要努力建设廉洁自律的领导班子。

2016年辽宁省烟草专卖商业主要情况统计

地市级局（公司）名称	沈阳市烟草专卖局（公司）	鞍山市烟草专卖局（公司）	抚顺市烟草专卖局（公司）	本溪市烟草专卖局（公司）
主要负责人/法人代表（含党政领导）	王韶波	胡志伟	刘　林 （2016年10月—）	姜守信[2]
所属县级单位	和平区、沈河区、大东区、皇姑区、铁西区、于洪区、浑南区、沈北新区、苏家屯区、新民市、辽中县[1]、康平县、法库县等13个县级烟草专卖局（营销部），1个直属分局	海城市、台安县、岫岩满族自治县等3个县级烟草专卖局（营销部）	清原满族自治县、新宾满族自治县、抚顺县等3个县级烟草专卖局（营销部）和经济开发区稽查支队（营销部）	本溪满族自治县、桓仁满族自治县、南芬区等3个县级烟草专卖局（营销部）

续表

地市级局（公司）名称		沈阳市烟草专卖局（公司）	鞍山市烟草专卖局（公司）	抚顺市烟草专卖局（公司）	本溪市烟草专卖局（公司）
总资产（万元）		323309	93383	50926	37297
资产负债率（%）		5.20	12.64	9.18	9.89
从业人员（人）		1373	457	393	279
所属业务机构	营销机构	1个营销中心	1个营销中心	1个营销中心	1个营销中心
	物流配送机构	1个物流配送中心	1个物流配送中心	1个物流配送中心	1个物流配送中心
	专卖稽查机构	20个稽查大队	1个稽查支队、7个稽查大队	2个稽查支队、11个稽查大队	1个稽查支队、4个稽查大队
	烟叶机构	—	—	—	—
实现税利	万元	233925	76264	38583	29286
	2016年比2015年（%）	-10.30	-6.15	-8.76	-14.59
实现利润	万元	85068	27069	10880	8409
	2016年比2015年（%）	-28.79	-28.40	-30.92	-39.39
销售卷烟	亿支	169.46	57.30	36.75	27.36
	2016年比2015年（%）	-11.03	-12.51	-11.23	-15.22
卷烟销售收入（万元）		770624	252545	141501	108624
查处涉烟违法案件（起）		1642	2818	470	586
查处涉烟违法案件案值（万元）		1477	1165	585	501
2016年度烟草行业投入烟叶生产基础设施建设资金（万元）		—	—	—	—
全年烟叶生产基础设施新增受益面积（万亩）		—	—	—	—
烟叶种植（万亩）		—	—	—	—
烟叶收购（万担）		—	—	—	—
烟农户数（户）		—	—	—	—
实现烟农总收入（万元）		—	—	—	—
零售客户数（户）		27771	13922	8845	5766
零售客户销售毛利率（%）		6.00	8.00	5.00	11.30

地市级局（公司）名称	丹东市烟草专卖局（公司）	锦州市烟草专卖局（公司）	营口市烟草专卖局（公司）	阜新市烟草专卖局（公司）
主要负责人/法人代表（含党政领导）	姜明春	卜剑飞	胡凤彦	姜 新/王龙宪
所属县级单位	东港市、凤城市、宽甸满族自治县等3个县级烟草专卖局（营销部），凤城市、宽甸满族自治县2个烟叶分公司	凌海市、北镇市、黑山县、义县等4个县级烟草专卖局（营销部）	盖州市、大石桥市、老边区、鲅鱼圈区、西市区等5个县级烟草专卖局（营销部）和直属熊岳稽查支队（营销部）	阜新蒙古族自治县、彰武县2个县级烟草专卖局（营销部），阜新蒙古族自治县、彰武县2个烟叶分公司
总资产（万元）	90213	71431	72404	48267

续表

地市级局（公司）名称		丹东市烟草专卖局（公司）	锦州市烟草专卖局（公司）	营口市烟草专卖局（公司）	阜新市烟草专卖局（公司）
资产负债率（%）		15.85	7.08	7.68	34.11
从业人员（人）		504	449	310	837
所属业务机构	营销机构	1个营销中心	1个营销中心	1个营销中心	1个营销中心
	物流配送机构	1个物流配送中心	1个物流配送中心	1个物流配送中心	1个物流配送中心
	专卖稽查机构	1个稽查支队、8个稽查大队	1个稽查支队、10个稽查大队	2个稽查支队、7个稽查大队	1个稽查支队、6个稽查大队
	烟叶机构	8个烟叶站	—	—	10个烟叶站
实现税利	万元	59064	52738	51987	35699
	2016年比2015年（%）	-4.16	-7.03	-12.36	-9.60
实现利润	万元	24528	17579	17640	10357
	2016年比2015年（%）	-12.85	-25.70	-33.76	-33.03
销售卷烟	亿支	39.29	47.01	44.74	31.49
	2016年比2015年（%）	-9.28	-13.55	-11.63	-14.61
卷烟销售收入（万元）		148304	182608	179299	116669
查处涉烟违法案件（起）		516	2091	404	533
查处涉烟违法案件案值（万元）		1041	475	325	235
2016年度烟草行业投入烟叶生产基础设施建设资金（万元）		871	831	—	546
全年烟叶生产基础设施新增受益面积（万亩）		0.97	—	—	1.26
烟叶种植（万亩）		5.32	0.20	—	1.99
烟叶收购（万担）		14.13	0.99	—	7.40
烟农户数（户）		2210	63	—	661
实现烟农总收入（万元）		18784	—	—	8061
零售客户数（户）		10322	14287	11683	8144
零售客户销售毛利率（%）		6.00	10.00	4.20	5.00

地市级局（公司）名称	辽阳市烟草专卖局（公司）	铁岭市烟草专卖局（公司）	朝阳市烟草专卖局（公司）	盘锦市烟草专卖局（公司）	葫芦岛市烟草专卖局（公司）
主要负责人/法人代表（含党政领导）	付群利（—2016年10月）汤海洋（2016年11月—12月，主持工作）	赵静波	刘　林（—2016年10月）/刘铁成	苏广昌	曹志良
所属县级单位	灯塔市、辽阳县2个县级烟草专卖局（营销部）	开原市、调兵山市、昌图县、西丰县等4个县级烟草专卖局（营销部），开原市、昌图县、西丰县等3个烟叶分公司	北票市、凌源市、建平县、朝阳县、喀喇沁左翼蒙古族自治县等5个县级烟草专卖局（营销部），1个直属分局（营销部），北票市、建平县2个烟叶分公司	大洼区[3]、盘山县2个县级烟草专卖局	兴城市、绥中县、建昌县等3个县级烟草专卖局(营销部)

续表

地市级局（公司）名称		辽阳市烟草专卖局（公司）	铁岭市烟草专卖局（公司）	朝阳市烟草专卖局（公司）	盘锦市烟草专卖局（公司）	葫芦岛市烟草专卖局（公司）
总资产（万元）		51878	63252	53607	40997	55397
资产负债率（%）		16.89	42.02	20.95	11.42	6.20
从业人员（人）		283	714	912	221	363
所属业务机构	营销机构	1个营销中心	1个营销中心、1个电访中心	1个营销中心	1个营销中心	1个营销中心
	物流配送机构	1个物流配送中心	1个物流配送中心	1个物流配送中心	1个物流配送中心	1个物流配送中心
	专卖稽查机构	1个稽查支队、8个稽查大队	1个稽查支队、8个稽查大队	1个稽查支队、2个稽查大队	1个稽查支队、6个稽查大队	1个稽查支队、9个稽查大队
	烟叶机构	—	16个烟叶站	6个烟叶站	—	—
实现税利	万元	40348	54311	47923	34630	43960
	2016年比2015年（%）	-9.18	-8.61	2.92	-8.97	-5.65
实现利润	万元	13053	17538	17384	12850	14150
	2016年比2015年（%）	-31.10	-26.18	-7.31	-24.70	-31.32
销售卷烟	亿支	34.92	48.00	39.89	24.64	41.46
	2016年比2015年（%）	-9.54	-10.41	-17.64	-8.61	-11.69
卷烟销售收入（万元）		140432	163170	136446	117835	158293
查处涉烟违法案件（起）		414	743	1270	456	1393
查处涉烟违法案件案值（万元）		412	322	241	198	227
2016年度烟草行业投入烟叶生产基础设施建设资金（万元）		—	164	183	—	—
全年烟叶生产基础设施新增受益面积（万亩）		—	—	0.26	—	—
烟叶种植（万亩）		—	3.47	2.22	—	—
烟叶收购（万担）		—	11.58	8.00	—	—
烟农户数（户）		—	887	829	—	—
实现烟农总收入（万元）		—	14210	10025	—	—
零售客户数（户）		7294	16696	15148	7150	10875
零售客户销售毛利率（%）		13.80	11.30	5.00	7.00	7.00

注：1. 2016年6月，辽中县烟草专卖局（营销部）更名为辽中区烟草专卖局（营销部）；

2. 姜守信于2015年1月起，任经理、法人代表；姜振光于2015年1月起，不再担任经理、法人代表，继续任党组书记、局长，2016年10月任调研员；

3. 2016年6月，大洼县烟草专卖局（营销部）更名为大洼区烟草专卖局（营销部）。

◈ 撰稿：董春亮；编辑：谢争艳

吉林省烟草专卖局（公司）

【专卖管理】 **案件查处**。查处涉烟案件1925起，查扣非法流通卷烟1078万支、假烟1388万支、走私烟904万支；破获较大规模假烟、走私烟网络案件16起。公安、司法机关依法抓捕涉烟犯罪嫌疑人70人，刑拘65人，逮捕38人，判刑18人。

卷烟打假打私。协调公安、海关等部门，发挥联合打假打私协作机制作用，联合开展抓捕收网行动，坚决遏制假私非卷烟冲击市场。联合吉林省公安厅开展严厉打击制售假烟专项行动，联合长春海关缉私局开展“堵源破网”打击走私卷烟专项行动，集中各方力量共同查处非法销售假私卷烟问题，严厉打击制售假烟、走私烟网络。协调公安、海关两部门共同开展专项行动，破获62起案值5万元以上涉烟违法案件、11起案值百万元以上的制售假烟网络案件。

市场监管。全面加强对重点区域、重点时段、重点商户的日常监管，固化管用有效的措施办法，完善市场监管体系

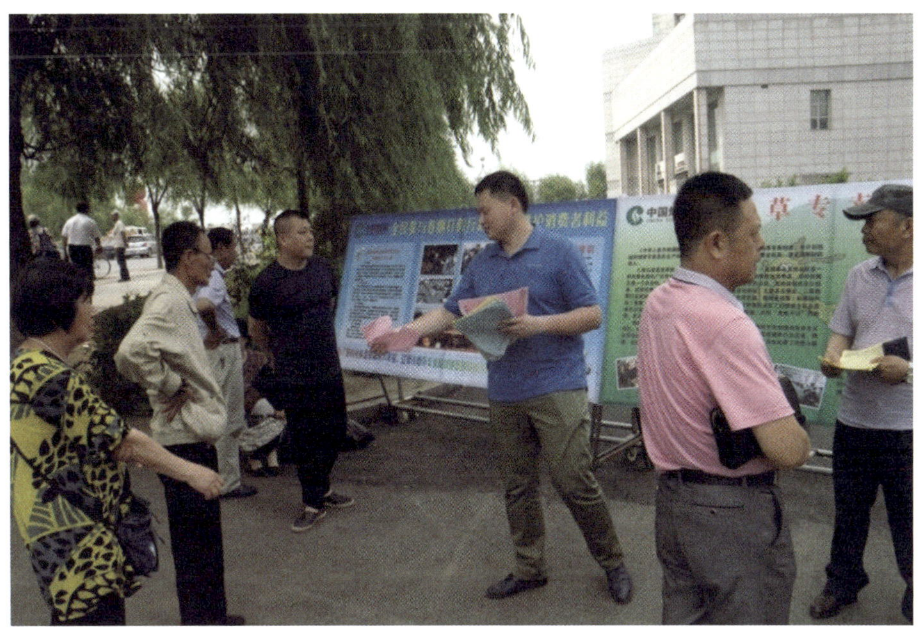

2016 年 6 月 29 日，吉林辽源市局（公司）法规专卖人员设立展台宣传烟草专卖法律知识

吉林辽源市局　李　楠　摄

建设。各级烟草专卖局采取交叉检查、错时检查、集中检查等措施，加强日常监管。加大对省际交界市场的监管力度，开展有针对性的清边行动，打击非法运输卷烟行为，防止假私非卷烟冲击吉林省市场。梳理日常工作中的管用措施、有效办法，建章立制，完善市场监管体系。长春市局探索建立“N+3”市场监管体系，通过推进 APCD 工作法、执法记录仪和多元化考核的有机统一，提高市场监管的针对性和实效性。吉林市局结合辖区实际，在网格化管理的基础上，制定《“113”市场监管实施办法》，实现市场监管制度化、长效化。

内部专卖管理监督。各级内管部门围绕坚决治理卷烟非法流通任务，将日常监管与重点检查相结合，普遍检查与集中整治相结合，推动专卖内管工作开展。省局加强预警信息分析，组织异地排查，处理异常行为，形成《卷烟经营异常线索排查情况报告》12 份，下达“督查函”“整改通知书”6 份。对 1 个单位进行“一案双查”，对 6 个单位进行直接核查和调查，严肃处理相关人员。坚持季度通报，并在年度领导班子工作绩效考核中严格兑现奖惩。

【经济效益】　吉林省烟草商业系统实现税利 45.64 亿元，同比下降 7.23%，其中利润 12.54 亿元，同比下降 26.49%。三项费用率 8.75%，同比增加 0.51 个百分点。实现货币资金利息收入 1.19 亿元。实现降本增效 1285 万元。

【卷烟（雪茄烟）经营】　**卷烟销售**。吉林省烟草商业系统销售卷烟 446.58 亿支（89.32 万箱），同比下降 8.90%，其中，销售一类烟 38.45 亿支（7.69 万箱），同比下降 20.15%；二类烟 61.9 亿支（12.38 万箱），同比增长 8.02%；三类烟 219.6 亿支（43.92 万箱），同比下降 8.1%；四类烟 83.86 亿支（16.77 万箱），同比下降 16.56%；五类烟 42.77 亿支（8.55 万箱），同比下降 5.63%。本地区卷烟销量居前三位品牌为“长白山”“红塔山”“南京”，销量分别为 89.32 亿支（17.86 万箱）、43.15 亿支（8.63 万箱）、41.21 亿支（8.24 万箱）。

实现卷烟销售收入 194.64 亿元，同比下降 9.33%。实现卷烟税利 42.95 亿元，其中利润 11.63 亿元。卷烟单箱销售收入 2.2 万元，卷烟单箱税利 4809 元。

雪茄烟销售。吉林省烟草商业系统销售雪茄烟 1802 万支，同比增加 179 万支，增长 11.06%；实现销售收入 1567 万元，同比增加 52.94 万元，增长 3.5%。长春市、吉林市、白城市、延边州等 4 个地区的雪茄烟销量和销售收入均实现同步增长，其中延边州、吉林市增幅在全省排名第一、第二。

卷烟品牌市场态势。在满足市场基本需求、稳定重点品牌市场份额基础上，主动协调卷烟工业企业，调增“南京”“牡丹”“红金龙”等货源缺口较大品牌，相应调减“中华”等品牌，调控好供求关系和投放节奏。全省销售全国重点卷烟品牌 360.4 亿支（72.08 万箱），同比下降 10.34%。在销的 30 个重点品牌中，“南京”“长白山”“兰州”“贵烟”“好猫”等 10 个品牌销量实现同比增长。

把振兴“长白山”品牌作为营销工作的重点，省产卷烟实现恢复性增长。召开新品上市推介会，在新品研发、品牌营销等方面形成良性互动、通力合作的局面。在规则允许的范围内，加大货源分配权重，提高零售客户订购积极性。全年销售“长白山”品牌卷烟 89.3 亿支（17.86 万箱），同比增长 3.82%，其中，销售“长白山”新品规格 28.7 亿支（5.74 万箱）；销售细支卷烟“长白山（777）”7.5 亿支（1.5 万箱），同比增长 13.7%。

加大细支卷烟培育力度。增加细支卷烟市场份额，突出培育一类细支卷烟，稳步扩大二类细支卷烟规模，适度调控低价位细支卷烟，全省细支卷烟继续保持快速增长的态势，销售占比明显高于全国平均水平，主销品牌保持良好增长态势。全年累计销售细支卷烟58亿支（11.6万箱），同比增长47.03%。

全省细支卷烟销量居前三位的品牌为“南京”“红金龙”“长白山”，其中，“南京”销量为21.33亿支（4.27万箱），同比增长56.93%；“红金龙”销量为15.23亿支（3.05万箱），同比增长120.36%；“长白山”销量为8.14亿支（1.63万箱），同比增长23.17%。

全省9个地区细支卷烟销量同比均实现大幅增长，其中增幅最大的3个地区是长春市、白城市和松原市；增量最多的3个地区是长春市、吉林市和四平市。

卷烟物流建设。初步构建与物流中心非法人实体化运作相适应的管理体制和运行机制。开展自主保全、标准化作业等活动，规范员工操作行为。在送货环节实行以“计户、计件、计公里数”为主要依据的考核评价，薪酬二次分配模式初步形成。将物流费用核算延伸至物流配送中心各部门和中转站，实现物流费用预算审核、定额管理以及对可变物流费用的管控。全省卷烟物流从业人员1101人，同比减少151人。开展卷烟包装箱循环利用工作，综合返还率为88.74%。

【烟叶产销】 **烟叶种植与收购**。吉林省签订烤烟种植收购合同3227份，种植烤烟8.94万亩，收购1.43万吨（28.68万担），完成计划的91.93%。签订晒烟合同477份，种植晒烟2.33万亩，收购0.32万吨（6.35万担）。销售烤烟1.09万吨（21.7万担）、晒烟0.24万吨（4.8万担）。共有种烟农户3227户，实现烟农总收入3.13亿元，实现烟农增收611.13万元，户均增收1893.8元。烟叶实现税利3.58亿元，同比下降13.94%，其中利润2.13亿元，同比下降12.03%。

由于各产区普遍遭受30年不遇的特大自然灾害，导致烟叶产量和质量受到严重影响，全省烤烟收购上等烟率23.53%，同比减少22.39个百分点；收购均价10.86元/千克，同比减少1.56元，全省因灾减产0.12万吨（2.38万担）。

烟叶生产基础设施建设。投入烟叶生产基础设施建设资金1819.81万元，其中国家局投入1113.75万元，省内行业投入706.06万元。通过招标等方式，完成烟夹、农机设备采购工作并投入使用。全省购置烟夹与分风板950套，农用机械214台（套）。

现代烟草农业建设。全省把提高烟叶质量作为烟叶工作重点，在“三早一膜”、施肥培土、优化结构、成熟采烤等方面加大投入。减工降本、烟田机械化作业有新进展。在确保实现烟田整地、起垄、施肥、刨坑和覆膜全部100%的基础上，各产区引进长臂喷药机、拨杆机和培土机，取得良好效果。在继续开展农机和温室大棚综合利用等试验示范工作的基础上，全面推行专业化分级工作，改扩建8个站（点）和1个园区，组建34支分级队伍，培训专业分级人员2008人。

【精益管理】 推进精益管理工作，重点做好“一查三去一补一考”。“一查”，即全员参与，查找、减少和消除浪费；“三去”，即去库存、去闲置资产、去不增值工作流程。“一补”即借助对标数据，分析原因找差距，开展精益课题攻关，补齐管理短板；“一考”即建立健全工作考核机制，层层分解目标，确保检查考核到位。全年全省组织精益课题97个，征集合理化建议947条，精益课题实现降本增效124万元。

2016年9月3日，吉林延边州局（公司）工作人员赶赴和龙芦果烟叶站现场开展安全生产和自救工作

吉林延边州局 王剑锋 摄

【特事辑要】 2月2日，吉林省局（公司）召开2016年全省烟草工作会议。

4月6日，吉林省副省长姜有为一行赴吉林省局（公司）调研。姜有为强调，要在流动资金贷款贴息、专项技术改造、“大数据”分析等方面给予吉林烟草支持。

11月1日，中国烟草总公司吉林省公司工会第一届会员代表大会在长春市召开。

2016年吉林省烟草专卖商业主要情况统计

地市级局（公司）名称		长春市烟草专卖局（公司）	吉林市烟草专卖局（公司）	四平市烟草专卖局（公司）	辽源市烟草专卖局（公司）	通化市烟草专卖局（公司）
主要负责人/法人代表（含党政领导）		于显峰	吴晓旭	包和平（—2016年12月） 车大光（2016年12月—）	穆　峰（—2016年12月） 黄继坤（2016年12月—）	王德友
所属县级单位		榆树市、农安县、德惠市、九台市等4个县级烟草专卖局（分公司），二道区、南关区、朝阳区、宽城区、绿园区、双阳区、净月区、高新区等8个县级烟草专卖局（营销部），经济技术开发区、汽车产业开发区2个分局（营销部），长春市金叶烟草有限公司	永吉县、桦甸市、舒兰市、磐石市、蛟河市等5个县级烟草专卖局（分公司），船营区、昌邑区、丰满区、龙潭区等4个烟草专卖分局，吉林市金叶烟草有限公司	公主岭市、梨树县、伊通满族自治县、双辽市等4个县级烟草专卖局（分公司），四平市金叶烟草有限责任公司	东辽县、东丰县2个县级烟草专卖局（分公司），辽源市金叶烟草有限公司	辉南县、梅河口市、柳河县、通化县、集安市等5个县级烟草专卖局（分公司），通化市金叶烟草有限责任公司
总资产（万元）		268548	102026	70733	31628	56515
资产负债率（%）		29.30	24.14	34.45	23.31	22.78
从业人员（人）		1588	708	435	228	432
所属业务机构	营销机构	1个营销中心	1个营销中心	1个营销中心	1个营销中心	1个营销中心、5个客户服务部
	物流配送机构	1个配送中心、5个中转站	1个配送中心	1个配送中心	1个配送中心	1个配送中心、3个中转站、1个储配部
	专卖稽查机构	1个稽查支队、5个稽查大队	1个稽查支队、3个稽查大队	1个稽查支队、5个稽查大队	1个稽查支队、5个稽查大队	1个稽查支队
	烟叶机构	2个烟叶生产管理部	—	—	—	—
实现税利	万元	163869	60318	48034	18080	38216
	2016年比2015年（%）	-8.53	-15.73	-6.32	-2.77	0.28
实现利润	万元	55946	14957	13079	3879	10378
	2016年比2015年（%）	-24.13	-39.12	-32.35	-33.40	-26.56
销售卷烟	亿支	135.14	65.97	52.55	21.39	37.89
	2016年比2015年（%）	-6.09	-16.53	-9.72	-4.25	-6.84
卷烟销售收入（万元）		550382	240119	181085	74113	145297
查处涉烟违法案件（起）		500	692	272	142	53
查处涉烟违法案件案值（万元）		1156	320	99	24	1000
2016年度烟草行业投入烟叶生产基础设施建设资金（万元）		581	—	—	—	—
全年烟叶生产基础设施新增受益面积（万亩）		0.07	—	—	—	—
烟叶种植（万亩）		3.03	—	—	—	—
烟叶收购（万担）		10.00	—	—	—	—
烟农户数（户）		1146	—	—	—	—
实现烟农总收入（万元）		11580	—	—	—	—

续表

地市级局（公司）名称	长春市烟草专卖局（公司）	吉林市烟草专卖局（公司）	四平市烟草专卖局（公司）	辽源市烟草专卖局（公司）	通化市烟草专卖局（公司）
零售客户数（户）	28662	21211	14902	5142	10954
零售客户销售毛利率（%）	13.20	11.00	9.71	14.14	8.70

地市级局（公司）名称		白城市烟草专卖局（公司）	白山市烟草专卖局（公司）	松原市烟草专卖局（公司）	延边朝鲜族自治州烟草专卖局（公司）
主要负责人/法人代表（含党政领导）		车大光（—2016年12月） 单加杰（2016年12月—）	郭　辉	谭继民	任大胜（—2016年12月） 于文龙（2016年12月—）
所属县级单位		镇赉县、通榆县、大安市、洮南市等4个县级烟草专卖局（分公司），白城市金叶烟草有限公司	抚松县、靖宇县、临江市、长白朝鲜族自治县等4个县级烟草专卖局(分公司)，江源区烟草专卖局（营销部），白山市金叶烟草有限公司	扶余市、长岭县、乾安县、前郭尔罗斯蒙古族自治县等4个县级烟草专卖局（分公司），松原市金叶烟草有限责任公司	敦化市、珲春市、和龙市、龙井市、图们市、汪清县、安图县等7个县级烟草专卖局（分公司），延边金叶烟草有限责任公司
总资产（万元）		64277	29491	52319	95127
资产负债率（%）		28.70	20.24	29.47	40.99
从业人员（人）		566	296	407	621
所属业务机构	营销机构	1个营销中心	1个营销中心	1个营销中心、 1个综合服务部	1个营销中心、 1个品牌发展部、 1个网维部、 1个工业客户服务部、 1个零售客户服务部
	物流配送机构	1个配送中心	1个配送中心、 4个中转站	1个配送中心、 3个中转站	1个配送中心、 5个配送部
	专卖稽查机构	1个稽查支队、 3个稽查大队	1个稽查支队、 1个稽查大队	1个稽查支队、 1个特案大队、 8个稽查大队	1个稽查支队、 1个特勤大队、 10个稽查大队
	烟叶机构	11个烟叶收购站	—	—	4个烟叶生产管理部、 16个烟叶收购站
实现税利	万元	40430	19093	35456	41939
	2016年比2015年（%）	3.62	-4.22	-9.30	-22.94
实现利润	万元	14200	3746	8230	13330
	2016年比2015年（%）	-6.04	-30.50	-39.52	-39.83
销售卷烟	亿支	35.55	22.00	42.45	33.92
	2016年比2015年（%）	-3.45	-5.64	-9.06	-14.68
卷烟销售收入（万元）		118638	82382	139357	133488
查处涉烟违法案件（起）		101	14	22	129
查处涉烟违法案件案值（万元）		14	771	39	142
2016年度烟草行业投入烟叶生产基础设施建设资金（万元）		849	—	—	—
全年烟叶生产基础设施新增受益面积（万亩）		4.76	—	—	—
烟叶种植（万亩）		2.88	—	—	3.03
烟叶收购（万担）		8.68	—	—	10.00
烟农户数（户）		708	—	—	1373

续表

地市级局（公司）名称	白城市烟草专卖局（公司）	白山市烟草专卖局（公司）	松原市烟草专卖局（公司）	延边朝鲜族自治州烟草专卖局（公司）
实现烟农总收入（万元）	7079	—	—	12608
零售客户数（户）	11626	5201	15234	9225
零售客户销售毛利率（%）	7.50	11.00	8.40	13.00

◇ 撰稿：王兴谦；编辑：谢争艳

黑龙江省烟草专卖局（公司）

【专卖管理】 **案件查处**。查处各类涉烟违法案件7642起，破获网络案件16起，其中，部督案件3起，符合公安部、国家局标准的网络案件4起，省局标准的网络案件9起；捣毁制假窝点1个、贩藏窝点253个，查获各类非法卷烟2953万支，制假烟机2套，烟丝、烟叶418吨，案值4412万元。公安、司法机关依法逮捕52人，判刑41人。

加强与黑龙江省邮政局、省公安厅协作，与省邮政局联合制定《打击物流寄递企业涉烟违法行为协作机制》，加大物流寄递领域涉烟违法行为查处力度，查处涉烟案件1344起，查获卷烟1490万支，案值1619万元，取得震慑性效果。

重大案件。全省有3起涉烟违法案件被列为部督案件，分别为黑龙江“11·3”、佳木斯“3·7”、双鸭山“10·21”涉烟违法案件。

黑龙江“11·3”地下烟丝加工厂部督案件。11月2日，黑龙江省局根据举报信息，与省公安厅经保总队调集方正警力与哈尔滨市局、方正县局共同出击，捣毁烟丝制假地下工厂1处、窝点2处，当场抓获涉案嫌疑人17人。查获非法烟叶、烟丝323.27吨，制丝设备1套，卷包机组1套，轿车2辆，货车2辆，叉车2辆，案值1373万元。

佳木斯“3·7”互联网售烟部督案件。佳木斯市局历时半年，成功破获1起通过互联网非法经营烟草专卖品案件。该案共抓获涉烟犯罪嫌疑人10人，刑拘7人，取保候审3人。查获非法卷烟498万支，案值366万余元，现货及网上交易累计涉案金额2300余万元。

双鸭山“10·21”销售非法卷烟烟丝部督案件。双鸭山市局经过3个月秘密侦查，于10月21日破获1起非法经营烟草和销售假冒伪劣香烟案件。该案犯罪嫌疑人与福建网商“蓝妮一手货源”相互勾结，生产假烟丝作为原料，再换购假烟在当地销售，涉案金额150万元。

市场监管。落实监管责任，创新市场监管，各级烟草专卖局积极开展“异地、隐身、交叉、错时”检查，加强跨区域交叉互查，主动接受检查，形成“你追我赶抓监管、互帮互查清市场”的良好氛围。开展物流寄递领域专项整治，严厉打击网络售烟，开展“龙啸”专项行动、“早夜市整治”等活动，市场净化率不断提高，截至2016年底，市场净化率96.85%。加强烟草专卖许可证管理，完善退出机制，加强后续监管，全年清理虚拟户313户、“僵尸户”6711户、证照不符7903户，有效解决不亮证经营、人证不符、证址不符、证照不符、持证户长期不订货等问题。

内部专卖管理监督。落实专卖内管职责，加大卷烟非法流通治理力度，坚决遏制卷烟非法流通蔓延势头，促进规范经营。全年外省市局查获黑龙江省外流卷烟48.6万支，同比下降88.3%。

2016年11月，黑龙江省局在哈尔滨举办全省烟草行业第一届专卖人员卷烟真伪鉴别竞赛

黑龙江省局 供稿

【经济效益】 黑龙江省烟草商业系统实现税利57.84亿元，同比下降5.67%，其中利润14.7亿元，同比下降35.83%。三项费用率9.82%，同比增加0.46个百分点。

【卷烟（雪茄烟）经营】

卷烟销售。黑龙江省烟草商业系统销售卷烟550.05亿支（110.01万箱），同比下降2.11%，其中，销售一类烟47.69

亿支（9.54 万箱），同比下降 18.26%；二类烟 70.25 亿支（14.05 万箱），同比增长 14.60%；三类烟 238.76 亿支（47.75 万箱），同比下降 0.62%；四类烟 159.77 亿支（31.95 万箱），同比增长 7.64%；五类烟 33.58 亿支（6.72 万箱），同比下降 37.31%。本地区销量居前三位的卷烟品牌为“林海灵芝”“云烟”“红塔山”，销量分别为 111.72 亿支（22.34 万箱）、59.51 亿支（11.9 万箱）、54.86 亿支（10.97 万箱）。

全年实现卷烟销售收入 203.53 亿元，同比下降 2.55%。实现卷烟税利 53.84 亿元，同比增长 4.24%，其中利润 14.54 亿元，同比下降 22.02%。单箱销售收入 1.85 万元，卷烟单箱税利 4893 元。

雪茄烟销售。黑龙江省烟草商业系统加大国产中高端雪茄烟产品引入和培育力度。创新雪茄烟特色营销模式，强化工商协同，成立雪茄烟项目工作组，共同推进产品直供、高端定制、终端建设和品牌推广，开展消费体验、跨界营销、一店一品牌等营销活动。强化终端建设，开展雪茄烟知识培训，传播雪茄烟文化，加强对雪茄烟市场的经营指导，提高零售客户对雪茄烟的经营能力和积极性。全年销售雪茄烟 3275.21 万支，同比增长 11.04%。

品牌培育。积极培育行业重点品牌销售，加大细支卷烟营销力度。全年累计销售重点品牌卷烟 367.55 亿支（73.51 万箱），同比下降 3.25%，占总销量的 67.39%；销售细支卷烟 67.13 亿支（13.43 万箱），同比增长 83.97%，占总销量的 12.2%。

高度重视省产中高端品牌培育，推动地产骨干品牌较快成长。1 月，“龙烟（呈祥）”在全省上市，全年累计销售 2 亿支（0.4 万箱）。“哈尔滨（老巴夺）”于 9 月上市，迅速在全省热销。销售三类以上省产中高端品牌卷烟 6.98 亿支（1.4 万箱），同比增长 3.13 倍。全年销售地产卷烟 128.51 亿支（25.7 万箱），同比下降 1.4%。

物流建设。推进现代物流体系建设，优化配送线路，精简整合二级配送站，物流费用不断降低。牡丹江—绥芬河跨区域物流平稳运行。哈尔滨市公司、绥化市公司新建物流中心完成建筑招标工作，鸡西市公司物流中心获国家局批复立项。推进物流非法人实体化运作，印发《全省烟草商业企业物流非法人实体化运作的初步实施意见》。

开展卷烟包装箱循环利用工作，全省烟草商业系统返还工业企业卷烟包装箱 140.8 万只，返还比例 82.3%。

【烟叶产销】 **烟叶企业概况**。黑龙江省局（公司）下设哈尔滨烟叶公司和牡丹江烟叶公司，承担全省烟叶收购、加工与销售工作。

哈尔滨烟叶公司成立于 2001 年 12 月，2006 年 12 月由黑龙江烟叶公司改制而成。下辖 11 个烟叶分公司和双城直属烟叶经营站。截至 2016 年底，公司拥有总资产 18.86 亿元，其中，固定资产 1.1 亿元、流动资产 17.46 亿元，资产负债率为 64.83%。从业人员 981 人。

牡丹江烟叶公司成立于 2001 年 12 月，2006 年 12 月改制为中国烟草总公司黑龙江省公司的全资子公司。下辖 8 个烟叶分公司和 2 个烟叶生产经营站。截至 2016 年底，公司拥有总资产 22.33 亿元，其中，固定资产 1.6 亿元、流动资产 20.55 亿元，资产负债率为 62.04%。从业人员 865 人。

烟叶种植与收购。严格落实国家局“三年调控”工作目标，严控规模、坚守红线。2016 年，国家局下达黑龙江省烟叶种植计划 3.75 万吨（74.9 万担），全省种植烟叶 23.7 万亩。实际收购烤烟 3.74 万吨（74.73 万担），其中，哈尔滨烟叶公司收购烤烟 1.75 万吨（35.09 万担），牡丹江烟叶公司收购烤烟 1.98 万吨（39.64 万担）。烟叶收购等级合格率 84.07%，高出全国平均水平 1.77 个百分点，其中，上等烟比例 29.29%，中等烟比例 57.72%，下等烟比例 12.99%。烟叶收购均价 21.51 元/千克。全省烟农总户数 8482 户，户均种植面积 27.9 亩，全年实现烟农种烟收入 8.25 亿元。

全年全省调拨烟叶 4.12 万吨（82.4 万担）。实现烟叶销售收入 18.75 亿元，同比下降 28.47%。实现烟叶税利 6.11 亿元，同比下降 46.22%，其中利润 2.87 亿元，同比下降 56.75%。

2016 年 6 月 13 日，牡丹江烟叶公司勃利分公司使用无人机喷洒农药

牡丹江烟叶公司勃利分公司　魏晓峰　摄

特色烟叶开发。加强“柔甜香”低危害调味型烟叶技术的攻关研究。大面积推广应用基于植烟土壤碳库修复的减量增效施肥技术，通过降低无机化学肥料的施用量、增施高碳基土壤修复肥，调节土壤碳氮比、有机质和 pH 值，改善植烟土壤物理、化学以及生物学性状，提高烟叶的成熟度和品质，进一步彰显“柔甜香”烟叶特色风格。

技术创新。开展分子模块辅助育种研究，定向改良“龙江 911”“龙江 925”等主栽品种的抗病能力，获得抗烟草 PVY 的功能基因和野火病抗性相关基因。承担国家局“烟草主要病毒病多联弱毒疫苗的研制与示范应用”项目研究，获得兼抗 TMV、CMV 与 PVY 的弱毒疫苗，优化弱毒疫苗的田间使用技术，在山东、安徽、黑龙江省示范推广面积 4500 亩，对烟草病毒病的防治效果达到 74% 以上，达到同类研究国际领先水平。

【对外交流与合作】 中国烟草黑龙江进出口有限责任公司成立于 1992 年 5 月。主要经营烟草及其制品的进出口贸易、烟草行业机械设备、原材料和技术的进出口及代理业务。截至 2016 年底，公司拥有总资产 22.58 亿元，其中，固定资产 887 万元、流动资产 22.4 亿元，资产负债率 96.39%。从业人员 37 人。

公司积极拓展国际烟草市场，同印度尼西亚的多家客户建立起稳定的业务关系，成功开拓越南、柬埔寨、菲律宾等新兴中小市场。与哈尔滨、牡丹江烟叶公司加强沟通协作，根据市场需求，合理配方，提高烟叶收购水平，保证加工质量，确保等级合格率，为烟叶出口创造有利条件。以“555”品牌卷烟为黑龙江进口卷烟市场主导品牌的同时，继续开发“爱喜（ESSE）”“红双喜（香港）”等进口卷烟品牌。拓展进口成型纸、牛皮纸等大宗辅料业务，创造新的经济增长点。

全年出口烟叶 4368 吨，销售进口卷烟 4.96 亿支，实现销售收入 1.48 亿元。

【特事辑要】 1 月 21 日，黑龙江省局（公司）在哈尔滨召开 2016 年全省烟草工作会议。

7 月 18—20 日，国家局党组成员、直属机关党委书记高林在哈尔滨市主持召开东北片区专项巡视开门整改和经济运行工作调研座谈会。其间，考察黑龙江烟草工业有限责任公司哈尔滨卷烟厂，并走访哈尔滨市部分卷烟零售客户。

9 月 19—22 日，国家局党组成员、副局长段铁力赴哈尔滨市局（公司）和黑龙江烟草工业有限责任公司调研“两学一做”学习教育开展情况。其间，考察黑龙江烟草工业有限责任公司绥化卷烟厂和宾县烟叶烘烤园区，并走访绥化市、伊春市和哈尔滨市宾县部分卷烟零售客户。

2016 年黑龙江省烟草专卖商业主要情况统计

地市级局（公司）名称		哈尔滨市烟草专卖局（公司）	齐齐哈尔市烟草专卖局（公司）	大庆市烟草专卖局（公司）	牡丹江市烟草专卖局（公司）	佳木斯市烟草专卖局（公司）
主要负责人/法人代表（含党政领导）		王富民（2016 年 10 月—，之前主持工作）	王永权（—2016 年 10 月）于晓晨（2016 年 11 月—）	贺志勤（—2016 年 2 月）孙胜良（2016 年 2 月—）	孙胜良（—2016 年 2 月）和发皓（2016 年 2 月—）	孙旭东（—2016 年 2 月）牛 涛（2016 年 2 月—）
所属县级单位[1]		五常市、尚志市、宾县、巴彦县、依兰县、延寿县、木兰县、通河县、方正县、双城区、阿城区、呼兰区等 12 个县级烟草专卖局（分公司）[2]	讷河市、龙江县、甘南县、富裕县、依安县、拜泉县、泰来县、克东县、克山县等 9 个县级烟草专卖局(分公司)	肇源县、肇州县、杜尔伯特蒙古族自治县、林甸县等 4 个县级烟草专卖局（分公司）	海林市、宁安市、穆棱市、东宁市、林口县等 5 个县级烟草专卖局（分公司）[3]	同江市、富锦市、抚远市、桦南县、桦川县、汤原县等 6 个县级烟草专卖局（分公司）[4]
总资产（万元）		337654	93923	88851	49925	52924
资产负债率（%）		16.15	18.28	16.33	26.31	28.73
从业人员（人）		1703	586	392	408	488
所属业务机构	营销机构	1 个营销中心、1 个电访中心	1 个营销中心	1 个营销中心	1 个营销中心、1 个电访中心	1 个营销中心
	物流配送机构	1 个物流中心	1 个物流中心	1 个物流中心	1 个物流中心	1 个物流中心
	专卖稽查机构	1 个稽查支队、21 个稽查大队	1 个稽查支队、15 个稽查大队	1 个稽查支队、8 个稽查大队	2 个稽查支队、4 个稽查大队	1 个稽查支队、12 个稽查大队、1 个铁路专卖分局
	烟叶机构	—	—	—	—	—

续表

地市级局（公司）名称		哈尔滨市烟草专卖局（公司）	齐齐哈尔市烟草专卖局（公司）	大庆市烟草专卖局（公司）	牡丹江市烟草专卖局（公司）	佳木斯市烟草专卖局（公司）
实现税利	万元	194435	66720	48054	31811	36858
	2016年比2015年（%）	7.67	2.49	-5.38	11.55	6.43
实现利润	万元	58818	21169	14820	6304	9076
	2016年比2015年（%）	-19.85	-18.15	-27.77	-25.41	-17.20
销售卷烟	亿支	174.30	67.27	43.68	36.12	40.11
	2016年比2015年（%）	1.35	-4.29	-7.62	3.28	0.37
卷烟销售收入（万元）		693231	234210	170593	130728	148970
查处涉烟违法案件（起）		3379	788	296	597	406
查处涉烟违法案件案值（万元）		1307	135	43	182	477
2016年度烟草行业投入烟叶生产基础设施建设资金（万元）		—	—	—	—	—
全年烟叶生产基础设施新增受益面积（万亩）		—	—	—	—	—
烟叶种植（万亩）		—	—	—	—	—
烟叶收购（万担）		—	—	—	—	—
烟农户数（户）		—	—	—	—	—
实现烟农总收入（万元）		—	—	—	—	—
零售客户数（户）		47512	20046	13179	10192	12794
零售客户销售毛利率（%）		11.00	10.00	10.00	9.30	9.89

地市级局（公司）名称		绥化市烟草专卖局（公司）	鸡西市烟草专卖局（公司）	双鸭山市烟草专卖局（公司）	伊春市烟草专卖局（公司）	七台河市烟草专卖局（公司）
主要负责人/法人代表（含党政领导）		高元杰（—2016年2月）李殿民（2016年2月—）	于晓晨（—2016年11月）顾宏伟（2016年11月—）	和发皓（—2016年2月）纪 扬（2016年12月—，2016年2—12月主持工作）	宁 辉（—2016年2月）金 涛（2016年12月—，2016年3—12月主持工作）	冯立群（—2016年11月）单文林（2016年11月—）
所属县级单位[1]		肇东市、安达市、海伦市、庆安县、绥棱县、望奎县、兰西县、青冈县、明水县等9个县级烟草专卖局（分公司）[5]	密山市、虎林市、鸡东县等3个县级烟草专卖局(分公司)	集贤县、宝清县、友谊县、饶河县等4个县级烟草专卖局（分公司）	铁力市、嘉荫县2个县级烟草专卖局（分公司）	勃利县烟草专卖局（分公司）
总资产（万元）		57449	37327	36093	22841	20694
资产负债率（%）		24.91	15.59	30.74	18.41	20.45
从业人员（人）		777	335	308	164	168
所属业务机构	营销机构	1个营销中心	1个营销中心	1个营销中心	1个营销中心	1个营销中心
	物流配送机构	1个物流中心	1个配送中心	1个物流中心	1个配送中心	1个配送中心
	专卖稽查机构	1个稽查支队	1个稽查支队、1个民航铁路检查站	1个稽查支队、8个稽查大队	1个稽查支队、9个稽查大队	1个稽查支队、2个稽查大队
	烟叶机构	—	—	—	—	—
实现税利	万元	49582	25632	20196	12701	11432
	2016年比2015年（%）	3.62	2.36	12.97	-16.26	-4.85

续表

地市级局（公司）名称		绥化市烟草专卖局（公司）	鸡西市烟草专卖局（公司）	双鸭山市烟草专卖局（公司）	伊春市烟草专卖局（公司）	七台河市烟草专卖局（公司）
实现利润	万元	11689	6512	3819	3197	2543
	2016年比2015年（%）	-13.54	-21.58	-22.22	-46.13	-34.36
销售卷烟	亿支	62.35	27.28	23.46	13.57	13.06
	2016年比2015年（%）	-3.56	-2.91	-2.17	-14.32	-10.39
卷烟销售收入（万元）		206500	99392	84321	48182	46006
查处涉烟违法案件（起）		213	653	52	373	121
查处涉烟违法案件案值（万元）		116	196	101	55	37
2016年度烟草行业投入烟叶生产基础设施建设资金（万元）		—	—	—	—	—
全年烟叶生产基础设施新增受益面积（万亩）		—	—	—	—	—
烟叶种植（万亩）		—	—	—	—	—
烟叶收购（万担）		—	—	—	—	—
烟农户数（户）		—	—	—	—	—
实现烟农总收入（万元）		—	—	—	—	—
零售客户数（户）		23997	10212	8500	4220	4435
零售客户销售毛利率（%）		13.16	9.20	11.00	13.59	7.00

地市级局（公司）名称		鹤岗市烟草专卖局（公司）	黑河市烟草专卖局（公司）	大兴安岭地区烟草专卖局（公司）	绥芬河市烟草专卖局（公司）
主要负责人/法人代表（含党政领导）		孙育新（—2016年2月） 王　强(2016年12月—，2016年2—12月主持工作)	于荣庭（—2016年2月） 张宝忠（2016年12月—，2016年2—12月主持工作）	王俊超（—2016年11月） 李芳远（2016年11月—，主持工作）	牛　涛（—2016年2月） 任大力（2016年12月—，2016年2—12月主持工作）
所属县级单位[1]		萝北县、绥滨县2个县级烟草专卖局（分公司）	北安市、五大连池市、嫩江县、孙吴县、逊克县等5个县级烟草专卖局（分公司）	漠河县、呼玛县、塔河县等3个县级烟草专卖局（分公司）	—
总资产（万元）		23876	28513	4749	3401
资产负债率（%）		20.58	27.84	34.54	27.58
从业人员（人）		208	361	133	45
所属业务机构	营销机构	1个营销中心	1个营销中心	1个营销中心	1个营销中心
	物流配送机构	1个配送中心	1个物流中心、1个配送中心	1个物流中心	1个配送中心
	专卖稽查机构	1个稽查支队、3个稽查大队、1个农林分局、1个铁路检查站	1个稽查支队、8个稽查大队	1个稽查支队、2个稽查大队	1个稽查支队、1个铁路检查站
	烟叶机构	—	—	—	—
实现税利	万元	15742	18407	4414	2393
	2016年比2015年（%）	7.41	3.35	10.05	-1.03
实现利润	万元	3537	3876	-181	221
	2016年比2015年（%）	-25.24	-28.00	—	-61.70

续表

地市级局（公司）名称		鹤岗市烟草专卖局（公司）	黑河市烟草专卖局（公司）	大兴安岭地区局（公司）	绥芬河市烟草专卖局（公司）
销售卷烟	亿支	17.12	22.71	6.36	2.65
	2016年比2015年（%）	-1.10	-4.22	-2.88	-1.67
卷烟销售收入（万元）		61876	77559	23224	10490
查处涉烟违法案件（起）		438	184	93	49
查处涉烟违法案件案值（万元）		94	164	11	94
2016年度烟草行业投入烟叶生产基础设施建设资金（万元）		—	—	—	—
全年烟叶生产基础设施新增受益面积（万亩）		—	—	—	—
烟叶种植（万亩）		—	—	—	—
烟叶收购（万担）		—	—	—	—
烟农户数（户）		—	—	—	—
实现烟农总收入（万元）		—	—	—	—
零售客户数（户）		5550	8623	1797	653
零售客户销售毛利率（%）		11.00	12.40	9.56	9.60

注：1. 2016年，黑龙江省局（公司）依据国烟法〔2016〕73号文件，将各县、市营销部名称统一变更为“××市（地区）烟草公司××分公司”。依据行业县级单位设置权限，黑龙江省局（公司）各地市级局（公司）所属的原其他分局（营销部）均为便于内部管理设立的特设机构，不再列入所属县级单位；

2. 2016年3月，国家局下发国烟人〔2016〕67号文件，撤销双城市烟草专卖局，设立双城区烟草专卖局；下发国烟人〔2016〕121号文件，设立呼兰区烟草专卖局；

3. 2016年5月，国家局下发国烟人〔2016〕121号文件，撤销东宁县烟草专卖局，设立东宁市烟草专卖局。东宁市烟草专卖局与牡丹江市烟草公司东宁分公司合署办公；

4. 2016年5月，国家局下发国烟人〔2016〕121号文件，撤销抚远县烟草专卖局，设立抚远市烟草专卖局。抚远市烟草专卖局与佳木斯市烟草公司抚远分公司合署办公；

5. 根据黑烟绥专〔2016〕27号文件，撤销电访中心和4个稽查大队。

◈ 撰稿：吴　畏；编辑：谢争艳

上海市烟草专卖局、上海烟草集团有限责任公司①

【专卖管理】 **案件查处**。查获非法卷烟1.19亿支，总案值9759.89万元，其中假冒卷烟2298万支，涉案金额2481.5万元；走私烟2027.5万支，涉案金额1638.7万元。破获符合公安部、国家局标准的网络案件41起，其中部督案件1起。上海卷烟市场净化率为98.3%。公安、司法机关抓获涉烟犯罪嫌疑人256人，刑拘124人，追刑152人。

侦破系列重大案件。破获上海长宁“6·24”运销假烟、走私烟网络部督案件。该案是从一个物流运私案着手，通过锁定关键线索，最终排查出一个利用中越边贸政策走私卷烟至广西防城港，再混入假烟后经物流发散至广东、上海、福建等地进行分销的犯罪团伙。经多次适时打击，将该团伙一网打尽，查获各类非法卷烟726.91万支，涉案金额714.96万元，其中假冒卷烟143.04万支、走私烟135.42万支；查获卷接机YJ14-22型1台（套）、滤棒40万支、盘纸30盘、烟丝1包。掌握该团伙在上海的下家涉案物流清单金额315万元、银行账册资金400余万元，以及在广西防城港及境外的上家2016年1月11日至7月26日订购假冒卷烟16批次共计730件，涉案金额2555万元。查扣车辆13辆。总案值4032.92万元。抓获犯罪嫌疑人18人。

整顿规范市场经营秩序。运用数据分析，实现分类监管，进一步整顿和规范卷烟市场经营秩序。开展“猎鹰一号”“猎鹰二号”专项整治行动，打击各类涉烟违法行为。完善管理标准和绩效评价方法，提升问题查实率指标考核要求，持续提升市场监管效率和市场净化率水平。加强与交警等执法部门的合作，严查公路卡口、机场入口、铁路道口，有效遏制卷烟非法流通。

① 上海烟草集团有限责任公司工业情况详见《烟草工业》栏目。

2016年3月5日，上海市杨浦区烟草专卖局执法人员参加“3·5”学雷锋服务日活动

上海市杨浦区局　朱坚毅　摄

2016年5月4日，上海烟草集团杨浦烟草糖酒有限公司以“服务品牌”为主题，组织团员青年驻店营销，助力品牌推广

上海市杨浦区局　孙一俊男　摄

【经济效益】 上海市烟草商业系统实现税利92.83亿元，同比增长13.96%，其中利润40.8亿元，同比增长1.92%。卷烟单箱销售收入（不含税）3.24万元，同比增长6.58%。卷烟单箱税利1.15万元，同比增长17.35%。三项费用率5.45%，同比减少0.4个百分点。

【卷烟（雪茄烟）经营】 **卷烟销售**。上海市烟草商业系统销售卷烟（含雪茄烟）402.23亿支（80.45万箱），同比下降2.44%，其中，销售一类烟117.87亿支（23.57万箱）、二类烟40.53亿支（8.11万箱）、三类烟199.57亿支（39.91万箱）、四类烟16.21亿支（3.24万箱）、五类烟27.96亿支（5.59万箱）。本地区销量居前三位的卷烟品牌为“红双喜”“中华”“利群”，销量分别为157.99亿支（31.6万箱）、53.97亿支（10.79万箱）、28.67亿支（5.73万箱）。实现卷烟销售收入（不含税）260.91亿元，同比增长3.46%①。

雪茄烟销售。着力推进国产雪茄烟合理布局与品牌培育，探索中式雪茄烟发展新模式。优化规格引入退出，围绕“低端稳销量，中高端树形象”的规格引入退出目标，紧贴市场需求，优化配置雪茄烟规格，做好上海市场国产雪茄烟合理布局。推进“D类投放模式”（即全市共享货源），优化业务流程，响应市场需求。密切工商协同，共同推进高端定制、终端建设和品牌培育各项工作，开展门店宣讲、消费者体验等一系列营销活动。全年销售雪茄烟0.08亿支，同比增长15.0%。

品牌培育。关注行业重点品牌，大力培育一、二类烟，保持零售客户合理库存，确保零售客户合理定价、良性周转、有所获利。注重稳销量、提结构，切实维护市场环境、品牌状态。品牌表现模型实现由三维到四维的升级，通过实时跟踪“市场份额”“集市价格”“消费者口碑”“离散度”等指标，对比品牌表现，及时调整投放策略。开展营销创新，重点推出针对旅游人群的纪念礼盒营销，针对球迷市场的酒吧推广等，丰富营销手段。旅游、婚庆、礼品、球迷、车友、休闲等多个细分卷烟市场均得到不同程度的开发。逐步增加细支卷烟引入，全市在销细支卷烟规格34个，实现批发销售3.79亿支（0.76万箱）。

市场建设。完成《上海烟草商业“互联网+”总体规划》，策划“互联网+商业营销”模式行动计划，完成省级卷烟营销平台上线运行，开发新版手机营销工具箱，为市场建设提供信息化支持。坚持市场化取向改革，有效缓解卷烟市场供需矛盾。对客户分档和货源投放进行优化改进，细化并固化业务规则，实现紧俏货源普惠。通过对货源投放策略有效性和合理性跟踪，促进营销业务流程各环节的上下互动。完善引入退出机制，优化品牌布局和品种结构，有效疏导供需矛盾。加速队伍转型，关注中小客户，确保中小客户顺销烟按需满足。

【特事辑要】 1月10日，上海市税务部门发布消息，上海烟草集团有限责任公司纳税额居上海市工业纳税百强企业榜首。

1月20日，国家局党组成员、副局长赵洪顺，党组成员、直属机关党委书记高林走访慰问上海烟草集团北京卷烟厂离休老党员陈万光。

6月1日，上海市经济和信息化工作委员会党委副书记张锡平赴上海烟草调研。

7月5日，全国人大常委会委员、中国残联副主席王乃坤赴上海烟草调研。

7月28—29日，国家局党组成员、副局长赵洪顺赴上

① 2015年上海烟草集团实现卷烟销售收入（不含税）为252.18亿元。

海烟草调研专卖管理工作。

8 月 25—26 日，国家局党组成员、副局长杨培森赴上海烟草调研，组织召开新型烟草制品座谈会。

9 月 7 日，国家局党组成员、副局长段铁力赴上海烟草集团有限责任公司天津卷烟厂调研。

12 月 3 日，国家局党组书记、局长凌成兴赴上海烟草调研。其间，上海市委书记韩正，市委副书记、市长杨雄，副市长周波会见凌成兴，双方就上海烟草改革发展交换意见。

12 月 6 日，国家局党组成员、副局长赵洪顺赴上海烟草调研。

12 月 17 日，“爱我中华”慈善教育专项基金捐助仪式暨“知识改变命运”大型慈善报告会在上海烟草集团中华会场举行。上海烟草集团向上海市慈善基金会捐款 1000 万元。

12 月 26 日，浦东科技创新园区建设项目（南地块）土建工程实现结构封顶。

2016 年上海市烟草专卖商业主要情况统计

区局（公司）名称		上海市黄浦区烟草专卖局、上海烟草集团黄浦烟草糖酒有限公司一公司	上海市黄浦区烟草专卖局、上海烟草集团黄浦烟草糖酒有限公司二公司	上海市虹口区烟草专卖局（有限公司）	上海市静安区烟草专卖局、上海烟草集团静安烟草糖酒有限公司一公司[1]	上海市徐汇区烟草专卖局（有限公司）
主要负责人/法人代表（含党政领导）		黎辉婷	陆志明	汤连松（—2016 年 10 月）单国荣（2016 年 10 月—）	赵松高（—2016 年 11 月）胡伟坚（2016 年 11 月—）	仲玉顺
所属县级单位		—	—	—	—	—
总资产（万元）		130045	47948	38187	13943	18424
资产负债率（%）		5.06	7.30	8.26	11.67	12.81
从业人员（人）		212	419	407	144	137
所属业务机构	营销机构	1 个营销部	1 个营销部	1 个营销部	1 个营销部	1 个营销部
	物流配送机构	—	—	—	—	—
	专卖稽查机构	1 个稽查支队	1 个稽查支队	1 个稽查支队	1 个稽查支队	1 个稽查支队
	烟叶机构	—	—	—	—	—
实现税利	万元	42132	15177	23593	9843	18004
	2016 年比 2015 年（%）	7.93	3.29	12.64	14.57	21.21
实现利润	万元	12853	4687	650	2160	4254
	2016 年比 2015 年（%）	-19.98	-6.96	-73.10	-11.55	-4.25
销售卷烟	亿支	19.94	6.81	17.57	5.26	11.01
	2016 年比 2015 年（%）	-5.41	-4.62	-5.44	-3.04	2.04
卷烟销售收入（万元）		161084	42813	126343	40617	77610
查处涉烟违法案件（起）		56	23	128	60	109
查处涉烟违法案件案值（万元）		395	41	584	184	620
2016 年度烟草行业投入烟叶生产基础设施建设资金（万元）		—	—	—	—	—
全年烟叶生产基础设施新增受益面积（万亩）		—	—	—	—	—
烟叶种植（万亩）		—	—	—	—	—
烟叶收购（万担）		—	—	—	—	—
烟农户数（户）		—	—	—	—	—
实现烟农总收入（万元）		—	—	—	—	—

续表

区局（公司）名称	上海市黄浦区烟草专卖局、上海烟草集团黄浦烟草糖酒有限公司一公司	上海市黄浦区烟草专卖局、上海烟草集团黄浦烟草糖酒有限公司二公司	上海市虹口区烟草专卖局（有限公司）	上海市静安区烟草专卖局、上海烟草集团静安烟草糖酒有限公司一公司[1]	上海市徐汇区烟草专卖局（有限公司）
零售客户数（户）	936	405	1106	405	710
零售客户销售毛利率（%）	16.36	15.46	18.53	15.53	15.39

区局（公司）名称		上海市杨浦区烟草专卖局（有限公司）	上海市静安区烟草专卖局、上海烟草集团静安烟草糖酒有限公司二公司	上海市普陀区烟草专卖局（有限公司）	上海市长宁区烟草专卖局（有限公司）	上海市闵行区烟草专卖局（有限公司）
主要负责人/法人代表（含党政领导）		傅军海	许为平	张文江（—2016年9月） 朱小岗（2016年9月—）	张　定（—2016年9月） 刘晓晴（2016年9月—）	胡伟坚（—2016年9月） 张　定（2016年9月—）
所属县级单位		—	—	—	—	—
总资产（万元）		21711	18415	17437	14936	38929
资产负债率（%）		14.69	11.21	10.65	11.33	4.87
从业人员（人）		196	156	210	124	331
所属业务机构	营销机构	1个营销部	1个营销部	1个营销部	1个营销部	1个营销部
	物流配送机构	—	—	—	—	—
	专卖稽查机构	1个稽查支队	1个稽查支队	1个稽查支队	1个稽查支队	1个稽查支队
	烟叶机构	—	—	—	—	—
实现税利	万元	21970	19560	20484	16417	33859
	2016年比2015年（%）	19.93	29.73	23.60	17.69	22.45
实现利润	万元	4416	5680	3814	3715	9786
	2016年比2015年（%）	-9.43	32.95	0.98	-15.18	-0.15
销售卷烟	亿支	14.40	11.84	13.02	9.59	20.13
	2016年比2015年（%）	-5.70	-3.74	3.25	0.63	2.39
卷烟销售收入（万元）		97349	78915	95833	70591	133114
查处涉烟违法案件（起）		195	118	123	101	358
查处涉烟违法案件案值（万元）		343	480	246	326	1254
2016年度烟草行业投入烟叶生产基础设施建设资金（万元）		—	—	—	—	—
全年烟叶生产基础设施新增受益面积（万亩）		—	—	—	—	—
烟叶种植（万亩）		—	—	—	—	—
烟叶收购（万担）		—	—	—	—	—
烟农户数（户）		—	—	—	—	—
实现烟农总收入（万元）		—	—	—	—	—
零售客户数（户）		944	750	769	635	2103
零售客户销售毛利率（%）		15.40	14.00	14.90	15.67	14.11

区局（公司）名称		上海市宝山区烟草专卖局（有限公司）	上海市浦东新区烟草专卖局（有限公司）	上海市松江区烟草专卖局（有限公司）	上海市青浦区烟草专卖局（有限公司）	上海市嘉定区烟草专卖局（有限公司）
主要负责人/法人代表（含党政领导）		管振毅（—2016 年 7 月） 王　平（2016 年 7 月—）	陈宣民（—2016 年 7 月） 吴俊春（2016 年 7 月—）	王伟家	郭　宇（—2016 年 4 月） 包华杰（2016 年 4 月—）	王卫东
所属县级单位		—	—	—	—	—
总资产（万元）		29980	65131	36780	21461	29443
资产负债率（%）		5.81	17.77	11.26	17.44	7.65
从业人员（人）		261	534	244	260	376
所属业务机构	营销机构	1 个营销部	1 个营销部	1 个营销部	1 个营销部	1 个营销部
	物流配送机构	—	—	—	—	—
	专卖稽查机构	1 个稽查支队	1 个稽查支队、5 个专卖管理署	1 个稽查支队	1 个稽查支队	1 个稽查支队
	烟叶机构	—	—	—	—	—
实现税利	万元	23901	72300	25669	22206	30203
	2016 年比 2015 年（%）	22.71	25.81	27.98	27.63	26.41
实现利润	万元	5164	13933	6326	4204	6035
	2016 年比 2015 年（%）	-4.81	-1.35	-2.09	6.86	-1.93
销售卷烟	亿支	16.38	51.34	17.32	16.64	20.97
	2016 年比 2015 年（%）	0.44	2.05	2.24	2.15	1.65
卷烟销售收入（万元）		101128	331343	104904	100950	137401
查处涉烟违法案件（起）		205	328	271	161	143
查处涉烟违法案件案值（万元）		843	837	752	121	732
2016 年度烟草行业投入烟叶生产基础设施建设资金（万元）		—	—	—	—	—
全年烟叶生产基础设施新增受益面积（万亩）		—	—	—	—	—
烟叶种植（万亩）		—	—	—	—	—
烟叶收购（万担）		—	—	—	—	—
烟农户数（户）		—	—	—	—	—
实现烟农总收入（万元）		—	—	—	—	—
零售客户数（户）		1994	6052	2161	2663	2879
零售客户销售毛利率（%）		15.47	15.17	15.29	15.00	15.07

区局（公司）名称	上海市奉贤区烟草专卖局（有限公司）	上海市金山区烟草专卖局（有限公司）	崇明县烟草专卖局（有限公司）	上海市烟草专卖局驻上海铁路专卖局（有限公司）
主要负责人/法人代表（含党政领导）	朱永征	苗　慰	蒋国政	蒋仲麟
所属县级单位	—	—	—	—
总资产（万元）	36504	33438	18744	4504
资产负债率（%）	7.29	9.22	5.42	7.78
从业人员（人）	424	290	204	39

续表

区局（公司）名称		上海市奉贤区烟草专卖局（有限公司）	上海市金山区烟草专卖局（有限公司）	崇明县烟草专卖局（有限公司）	上海市烟草专卖局驻上海铁路专卖局（有限公司）
所属业务机构	营销机构	1个营销部	1个营销部	1个营销部	1个营销部
	物流配送机构	—	—	—	—
	专卖稽查机构	1个稽查支队	1个稽查支队	1个稽查支队、1个专卖管理所	1个稽查支队
	烟叶机构	—	—	—	—
实现税利	万元	22161	21958	19729	3171
	2016年比2015年（%）	32.26	17.52	16.09	24.21
实现利润	万元	3313	4640	3258	1066
	2016年比2015年（%）	32.47	-7.49	-34.13	4.61
销售卷烟	亿支	17.44	15.40	15.16	1.28
	2016年比2015年（%）	3.26	1.58	-5.37	5.78
卷烟销售收入（万元）		102534	94177	85228	11449
查处涉烟违法案件（起）		184	169	166	—
查处涉烟违法案件案值（万元）		193	548	149	—
2016年度烟草行业投入烟叶生产基础设施建设资金（万元）		—	—	—	—
全年烟叶生产基础设施新增受益面积（万亩）		—	—	—	—
烟叶种植（万亩）		—	—	—	—
烟叶收购（万担）		—	—	—	—
烟农户数（户）		—	—	—	—
实现烟农总收入（万元）		—	—	—	—
零售客户数（户）		2663	2775	3181	83
零售客户销售毛利率（%）		15.31	15.25	15.75	15.56

注：1.2016年4月，根据《国家烟草专卖局关于调整上海市烟草专卖局所属部分机构的批复》（国烟人〔2016〕90号），撤销上海市闸北区烟草专卖局、上海市静安区烟草专卖局，设立新的上海市静安区烟草专卖局。原上海烟草集团静安烟草糖酒有限公司更名为上海烟草集团静安烟草糖酒有限公司一公司，原上海烟草集团闸北烟草糖酒有限公司更名为上海烟草集团静安烟草糖酒有限公司二公司。

◇ 撰稿：胡剑平；编辑：谢争艳

江苏省烟草专卖局（公司）

【专卖管理】 **案件查处**。始终保持高压态势，打假破网成效明显。全省查处涉烟违法案件1.92万起，查获各类非法卷烟4.34亿支，其中非法流通卷烟3.85亿支，假冒卷烟2679万支，走私烟2168万支。破获符合公安部、国家局标准的网络案件73起，居全国前五位，其中4起被公安部、国家局列为挂牌督办案件。公安、司法机关依法拘留382人、逮捕109人、判刑222人。

打假破网。全省各地把打假破网数量质量要求列入年度综合考核，省局按月通报各地打假破网数量进度，坚持大要案件嘉奖令制度，全年发布大要案件嘉奖令183个。坚持强化案件经营，全省案件经营水平明显提升，侦办淮阴“5·4”、宿迁“7·3”、苏州“4·11”、镇江“1·30”等一批大要案件，办结9起利用互联网涉烟网络案件。强化与公检法机关协作，4起网络案件被国家局、公安部列为挂牌督办案件。省局商请省外协助调查65次，协助省外调查7次，省际协作力度明显加大。对13起有影响的重大案件进行曝光。

部督案件查处情况。镇江“1·30”利用互联网销售假烟案件。经侦查发现，镇江市某网民在网络大肆发布低价售卖卷烟并招收代理的信息，于是镇江市局会同润州分局立案侦查。经扩线侦查，发现犯罪嫌疑人向全国通过逐级招收二级、三级代理的方式大肆售卖假烟。截至2016年底，抓获犯罪嫌疑人7人，其中批捕6人，判刑3人，涉案金额6000余万元。

苏州“4·11”制售假烟案件。4月11日，根据举报信息，苏州市局联合公安部门在苏州市虎丘区查获大量假冒注册商标及伪劣卷烟，现场抓获4名涉案嫌疑人。经调查，该团伙大肆非法贩售假冒卷烟，其违法行为涉及江苏、浙江、福建3个省4个地区。截至2016年底，判刑5人，涉案金额3300余万元。

淮安“5·4”利用互联网销售假烟案件。2015年5月4日，淮安市淮阴区局联合公安部门成立专案组，对桂某利用自媒体买卖假烟、走私烟一事进行立案调查。经查，桂某的上线自2014年6月以来，利用电脑或者手机在QQ、微信上非法经营卷烟，并通过快递发货和支付宝账户收支烟款，涉及江苏、上海、浙江等20余个省份。2016年12月23日，淮安市淮阴区人民法院依法对该案进行公开审理，认定涉案金额316.08万元，判刑15人，罚金98万元。

宿迁“7·3”制售假烟案件。2014年7月3日，根据报案线索，宿迁市局与公安机关成立专案组，对线索进行追查。经查证，该案件涉及江苏、广东、福建等十余个省市，涉及假烟买家多达数千人，累计涉案金额8000余万元。截至2016年底，该案主犯8人全部到案，判刑7人。

市场监管。各地加大市场监管力度，创新监管方式方法，市场净化率动态保持在97%以上。完善实践目标引领、中队负责、督查跟进、奖惩分明的市场净化责任体系，定期排名中队市场监管质效，强化队员绩效奖惩，充分发挥中队的市场净化主体作用。组织开展4次综合评价，针对134个问题点、关注点，完成精益改善案例104个，“细化性评价、针对性监管”取得初步成效。加强对物流运输环节、自媒体平台、重点区域的监管，部分地区推行错时监管，成效持续显现。先后开展“冬季会战”“闪电19号”“闪电20号”等市场集中整治专项行动，严厉打击涉烟违法活动高发势头，巩固日常监管工作成效。

内部专卖管理监督。江苏省局出台《卷烟宣传促销监督办法》。所属各单位修订系统预警筛选、案件条码分析、线索调查核实和内管教育培训等制度，并完善货源投放等19项内控制度流程。排查不规范线索，加强日常监督，全省启动违法违规线索调查核实860起。对18家烟草工商企业开展内管定期检查，针对53个问题点、关注点，提出意见建议38条。对专卖内管工作开展情况组织考核评价，推动专卖内管职能履行到位。加强非法流通治理，部署防控非法流通工作，推动省际联合治理。省局（公司）实施专销联动，召开全省进一步加强规范工作会议。加强购进生产、销售运输、废弃专卖品处置各环节监督管理。

证件管理。制定完善《零售点合理布局管理办法》《专卖零售许可证后续监管办法》。巩固与工商部门的联合执法机制，推进无证经营治理工作，全年减少无证经营户513户，无证经营率控制在3%以下。截至2016年底，全省正常经营户33.43万户，同比下降4.38%。

基层建设。省局修订印发《2016版优秀县级局创建、示范中队创建实施方案》，开展专卖基层创优工作。截至2016年底，实现江苏烟草专卖管理信息系统案件管理、证件管理、专卖内管、队伍管理等4个模块的部署应用。推广应用市场秩序综合评价体系省级创新课题，在江苏烟草网站设立“创新成果”专栏。全年全省专卖条线结题应用省级创新课题1个、市级创新课题4个、基层创新课题9个、QC课题39个。

2016年6月24日，江苏邳州市局（公司）专卖工作人员走访市场

江苏邳州市局　刘慎超　摄

【经济效益】 2016年，江苏省烟草商业系统实现税利268.6亿元，同比增长6.05%，其中利润118.91亿元，同比下降8.73%。三项费用率为2.20%，同比增加0.03个百分点。实现货币资金利息收入16.04亿元，同比下降0.95%。实现降本增效9136万元，超额完成目标任务。

【卷烟（雪茄烟）经营】 **卷烟（雪茄烟）销售**。2016年，江苏省烟草商业系统销售卷烟1350.2亿支（270.04万箱），同比下降3.31%，其中，销售一类烟419亿支（83.8万箱），同比下降1.21%；二类烟182.65亿支（36.53万箱），同比增长11.2%；三类烟485.85亿支（97.17万箱），同比下降2.58%；四类烟194.3亿支（38.86万箱），同比下降17.25%；五类烟68.4亿支（13.68万箱），同比下降8.12%。本地区卷烟销量居前三位的品牌为“南京”“苏烟”“利群”，销量分别为450.2亿支（90.04万箱）、149.1亿支（29.82万箱）、71.8亿支（14.36万箱）。实现卷烟销售收入788.06亿元，同比下降0.24%。卷烟单箱销售收入3.41万元，同比增长4.24%；卷烟单箱税利9944元，同比增长10.81%。销售雪茄烟3404.06万支，同比增长30.85%。

品牌培育及市场开拓。江苏烟草商业以“面向消费、面向品牌、面向客户”的营销工作体系和“营销队伍转型升级、信息化手段应用”两个重要支撑为总体框架，深化以“消费研判”为起点的供需匹配分析机制，提升品牌培育和经济运行质效水平。

立足销量、结构、稳定省内外卷烟市场份额、持续提升省内卷烟结构、规范、共同发展、品规销售波动、平衡区域结构、统筹销售进度、优化各价类品规布局等10个方面的要求，加强需求预测及货源组织工作。对各地市公司消费、状态、价类、价位、品牌、客户、区域、进度、流动和政策10个视角分析结果进行审视，建立“10个视角”供需匹配营销分析法，开展营销诊断。推动“卷烟消费跟踪与研判体系”建设，制定营销策略，满足消费需求。构建全省市场状态监测体系，开发市场信息监测、应用及监督管理软件，逐步实现由均衡投放货源向精准投放货源转变，优化卷烟市场状态。持续开展品牌诊断与培育体系建设，构建科学、良性、有序的品牌格局，着力服务好工业企业。加快推动客户经理转型升级，成立“客户经理工作规范体系”创新课题小组。

2016年11月8日，江苏省局（公司）举办第一期楷模讲堂，内容为品牌发展与营销转型

江苏省局　王　丰　摄

全年全省销售重点品牌卷烟1164.44亿支（232.89万箱），同比下降3.12%。

【管理创新】 **“333”创定额标准体系建设**。完善以“三个定额层次、三大资源覆盖、三类部门合力”为主要内容、具有江苏特色的“333”定额标准体系建设。自2014年起，省局（公司）运用精益管理、对标管理工具，在全省系统开展定额标准体系建设省级创新课题的研究和推广工作。省局（公司）下发《江苏烟草商业系统定额标准体系（2016版）》，区分标杆、预算、执行3个定额层次，覆盖人员和人力成本、费用、资产配置三大资源范畴，形成财务、归口、职能三类部门合力，解决定额什么、怎么定额、谁来定额的问题。定额管理工作获得国家局肯定，并在全行业进行经验交流。

“融·聚投资采购一体化管理体系”上线运行。“融·聚投资采购一体化管理体系”正式上线运行，该体系是联通省、市、县三级的投资、采购一体化管理应用系统。系统融合工程、物资、服务采购的全过程管理，依靠“三关三审”制度、四级采购目录、采购行为框架体系和支付控制转固体系，并与行业投资项目管理信息系统、财务管理信息系统和企业OA等对接，对采购的事前、事中、事后的管控更加透明有效。江苏省局（公司）成为行业首家实现投资采购项目全生命周期管理的单位。

【特事辑要】 1月6—7日，国家局党组成员、副局长段铁力赴江苏烟草调研。段铁力强调，江苏省局（公司）要牢固树立安全发展理念，进一步强化红线意识、底线思维，不断提升安全管理水平；拓展市场、深挖潜力、降本增效、精益管理，为“十三五”发展起好步、开好局；搞好技术创新，抓好产品质量。

1月20日，江苏省委常委、副省长徐鸣听取江苏省局（公司）的工作汇报后，对江苏省局（公司）作为江苏纳税大户，为地方经济社会作出的突出贡献及在2015年保持良好发展态势、处于行业领先水平给予充分肯定；并要求江苏省局（公司）围绕“行业楷模”的期许和目标，继续大力推进全省系统“行业楷模”发展战略体系的全面落地，努力实现江苏烟草商业系统健康协调可持续发展。

12月5—6日，国家局党组书记、局长凌成兴赴江苏烟草调研。凌成兴充分肯定江苏烟草的工作，要求江苏烟草凝心聚力，顶住压力，带头完成年度任务；充分发挥党组织、党员的作用，带头抓好从严治党；着力于稳产销、提结构、降库存、增税利，带头谋划明年目标，为行业发展作出更大的贡献。

2016 年江苏省烟草专卖商业主要情况统计

地市级局（公司）名称		南京市烟草专卖局（公司）	苏州市烟草专卖局（公司）	无锡市烟草专卖局（公司）	常州市烟草专卖局（公司）
主要负责人/法人代表（含党政领导）		李潮江	董桂林	杨思藻	杨增科
所属县级单位		浦口区、六合区、江宁区、溧水区、高淳区等5个县级烟草专卖局（分公司），以及第一、第二、第三、第四分局（分公司）	吴中（相城）区、吴江区、昆山市、太仓市、常熟市、张家港市等6个县级烟草专卖局（分公司）	江阴市、宜兴市、锡山区等3个县级烟草专卖局（分公司）	武进区、金坛区、溧阳市等3个县级烟草专卖局（分公司）
总资产（万元）		895700	878607	619365	367551
资产负债率（%）		10.52	14.62	10.82	14.00
从业人员（人）		1085	1295	777	656
所属业务机构	营销机构	1个营销中心	1个营销中心	1个营销中心	1个营销中心
	物流配送机构	1个物流配送中心、1个中转站	1个物流配送中心	1个物流配送中心、1个中转站	1个物流配送中心
	专卖稽查机构	1个稽查支队、9个稽查大队	1个稽查支队、7个稽查大队	1个稽查支队、4个稽查大队	1个稽查支队、7个稽查大队
	烟叶机构	—	—	—	—
实现税利	万元	395808	414498	274720	182128
	2016年比2015年（%）	2.41	8.52	4.96	4.41
实现利润	万元	180552	184882	127675	80689
	2016年比2015年（%）	-9.77	-6.80	-7.60	-10.66
销售卷烟	亿支	168.73	187.49	115.39	82.26
	2016年比2015年（%）	-3.31	-0.69	-3.42	-3.75
卷烟销售收入（万元）		1167516	1200184	777640	536750
查处涉烟违法案件（起）		2942	1077	2353	1451
查处涉烟违法案件案值（万元）		3932	10848	4804	3157
2016年度烟草行业投入烟叶生产基础设施建设资金（万元）		—	—	—	—
全年烟叶生产基础设施新增受益面积（万亩）		—	—	—	—
烟叶种植（万亩）		—	—	—	—
烟叶收购（万担）		—	—	—	—
烟农户数（户）		—	—	—	—
实现烟农总收入（万元）		—	—	—	—
零售客户数（户）		20923	34005	22144	17182
零售客户销售毛利率（%）		5.94	5.10	5.20	6.00

地市级局（公司）名称		镇江市烟草专卖局（公司）	南通市烟草专卖局（公司）	扬州市烟草专卖局（公司）	泰州市烟草专卖局（公司）
主要负责人/法人代表（含党政领导）		李江苏	秦立华	周强华	余　彪
所属县级单位		句容市、丹阳市、丹徒区、扬中市等4个县级烟草专卖局（分公司）	海安县、如皋市、如东县、通州区、海门市、启东市等6个县级烟草专卖局（分公司）	宝应县、高邮市、江都区、邗江区、仪征市等5个县级烟草专卖局（分公司）	靖江市、泰兴市、姜堰区、兴化市等4个县级烟草专卖局（分公司）
总资产（万元）		263385	487000	307321	300830
资产负债率（%）		11.50	10.03	10.11	11.41
从业人员（人）		552	918	819	893
所属业务机构	营销机构	1个营销中心	1个营销中心	1个营销中心	1个营销中心
	物流配送机构	1个物流中心、1个配送中心	1个物流配送中心	1个物流配送中心、2个中转站	1个物流配送中心、3个中转站
	专卖稽查机构	1个稽查支队、4个稽查大队	1个稽查支队、6个稽查大队	1个稽查支队、7个稽查大队	1个稽查支队、7个稽查大队
	烟叶机构	—	—	—	—
实现税利	万元	128011	271739	163265	168750
	2016年比2015年（%）	2.59	7.57	4.54	4.68
实现利润	万元	53788	122322	68437	71360
	2016年比2015年（%）	-14.47	-7.96	-13.17	-12.72
销售卷烟	亿支	60.19	125.36	82.75	84.51
	2016年比2015年（%）	-5.04	-1.78	-3.34	-3.20
卷烟销售收入（万元）		381736	789195	500170	510213
查处涉烟违法案件（起）		1157	697	1035	1534
查处涉烟违法案件案值（万元）		3995	2181	1304	2503
2016年度烟草行业投入烟叶生产基础设施建设资金（万元）		—	—	—	—
全年烟叶生产基础设施新增受益面积（万亩）		—	—	—	—
烟叶种植（万亩）		—	—	—	—
烟叶收购（万担）		—	—	—	—
烟农户数（户）		—	—	—	—
实现烟农总收入（万元）		—	—	—	—
零售客户数（户）		14875	31876	20486	26536
零售客户销售毛利率（%）		5.05	6.00	6.22	6.50

地市级局（公司）名称	盐城市烟草专卖局（公司）	淮安市烟草专卖局（公司）	宿迁市烟草专卖局（公司）	徐州市烟草专卖局（公司）	连云港市烟草专卖局（公司）
主要负责人/法人代表（含党政领导）	张加成	李前效	唐　卿	廉　文	高　翔

续表

地市级局（公司）名称		盐城市烟草专卖局（公司）	淮安市烟草专卖局（公司）	宿迁市烟草专卖局（公司）	徐州市烟草专卖局（公司）	连云港市烟草专卖局（公司）
所属县级单位		响水县、滨海县、阜宁县、射阳县、建湖县、大丰区、东台市等7个县级烟草专卖局（分公司）	淮安区、淮阴区、涟水县、洪泽区、金湖县、盱眙县等6个县级烟草专卖局（分公司）	沭阳县、泗阳县、泗洪县、宿豫区等4个县级烟草专卖局（分公司）	丰县、沛县、铜山区、睢宁县、邳州市、新沂市、贾汪区等7个县级烟草专卖局（分公司）、以及1个直属分局（分公司）	东海县、赣榆区、灌云县、灌南县等4个县级烟草专卖局（分公司）
总资产（万元）		330326	168810	130658	285218	155421
资产负债率（%）		14.42	10.92	13.39	13.89	17.86
从业人员（人）		1050	690	659	1266	662
所属业务机构	营销机构	1个营销中心	1个营销中心	1个营销中心、1个电访中心	1个营销中心	1个营销中心
	物流配送机构	1个物流配送中心、2个中转站	1个物流配送中心	1个物流配送中心	1个物流配送中心	1个配送中心
	专卖稽查机构	1个稽查支队、8个稽查大队	1个稽查支队、10个稽查大队	1个稽查支队、7个稽查大队	1个稽查支队、13个稽查大队	1个稽查支队、7个稽查大队
	烟叶机构	—	—	—	—	—
实现税利	万元	183030	106715	75968	176327	81565
	2016年比2015年（%）	8.02	6.83	8.00	9.76	6.42
实现利润	万元	73553	40696	27527	65022	28481
	2016年比2015年（%）	-10.18	-11.20	-9.21	-9.31	-17.86
销售卷烟	亿支	112.44	69.15	60.51	135.45	65.95
	2016年比2015年（%）	-5.16	-5.32	-4.94	-3.33	-4.20
卷烟销售收入（万元）		564049	352132	257705	575764	277517
查处涉烟违法案件（起）		2245	1082	976	1615	1078
查处涉烟违法案件案值（万元）		1711	3589	1125	2477	1106
2016年度烟草行业投入烟叶生产基础设施建设资金（万元）		—	—	—	—	—
全年烟叶生产基础设施新增受益面积（万亩）		—	—	—	—	—
烟叶种植（万亩）		—	—	—	—	—
烟叶收购（万担）		—	—	—	—	—
烟农户数（户）		—	—	—	—	—
实现烟农总收入（万元）		—	—	—	—	—
零售客户数（户）		35167	21102	22432	45230	22330
零售客户销售毛利率（%）		5.70	7.08	7.00	7.08	7.00

◇ 撰稿：张　华；编辑：谢争艳

浙江省烟草专卖局（公司）

【专卖管理】 **案件查处**。查处各类涉烟违法案件1.78万起，其中假烟案件1811起，走私烟案件2210起。查获各类非法卷烟2.68亿支，同比增长8.26%，其中假烟0.24亿支，同比下降14.78%；国产非法流通卷烟1.98亿支，同比增长5.35%；走私烟0.46亿支，同比增长46.93%。全年破获符合公安部、国家局标准的网络案件75起，其中部督案件6起，互联网国标网络案38起。公安、司法机关依法刑拘161人，逮捕70人，判刑319人。

打击涉烟原辅材料获重大突破。在2016年破获的“衢州、温州生产假冒卷烟商标标识系列案”中，打掉完整生产假烟商标标识工序及销售中介4个犯罪团伙，抓获犯罪嫌疑人37人，刑拘9人，捣毁生产、仓储窝点16处，查处大批商标标识及生产机器，查获的商标标识折合成可包装卷烟达18.9亿支。破获杭州余杭“8·28”特大走私烟网络案，在越南警方的协助下，成功将盘踞在越南的走私犯罪团伙主犯抓捕归案，彻底摧毁一个从境外走私至境内分销各环节特大犯罪团伙，涉案金额达到1亿元，捣毁窝点6个，判刑7人，对跨地区、集团化、网络化的走私犯罪团伙予以沉重打击。

市场监管。浙江省局联合省邮政、运管部门在全省开展打击非法涉烟物流运输和快递“利剑2号”专项行动，在物流快递领域加强对“假、私、非”烟的堵源截流力度，查处涉烟违法案件982起，查获非法卷烟0.46亿支。联合省政府反走私办公室、公安、工商、海关等部门开展打击走私卷烟“百日会战”专项行动，坚决遏制走私卷烟势头反弹，构建“政府领导、部门联合、多方参与、密切协作”的打假打私协作机制。10月，全国打私办专题刊发简报通报浙江省卷烟打私工作成效及经验做法，对浙江省政府主导、联合打私工作予以肯定。

【经济效益】 浙江省烟草商业系统实现税利298.29亿元，同比增长4.56%，其中利润135.68亿元，同比下降6.86%。三项费用率3.17%，同比增加0.09个百分点。全年实现货币资金净收益17.01亿元，资金收益率为3.54%。

【卷烟（雪茄烟）经营】 **卷烟（雪茄烟）销售**。浙江省烟草商业系统销售卷烟1204.06亿支（240.81万箱），同比下降3.99%，其中，销售一类烟522.01亿支（104.40箱），同比下降4.93%；二类烟110.98亿支（22.2万箱），同比增长5.51%；三类烟406.09亿支（81.22万箱），同比下降2.95%；四类烟132.27亿支（26.45万箱），同比下降12.99%；五类烟32.71亿支（6.54万箱），同比增长11.22%。本地区卷烟销量居前三位的品牌为“利群”“双喜·红双喜”“中华”，销量分别为404.3亿支（80.86万箱）、113.66亿支（22.73万箱）、85.53亿支（17.11万箱）。销售雪茄烟4103.1万支，同比增长22.35%。

实现卷烟销售收入1004.6亿元，位列行业商业企业第二位。实现税利291.11亿元，同比增长3.38%，其中利润129.53亿元，同比下降11.08%。卷烟单箱销售收入4.17万元，继续位列全国烟草行业第一位，同比增长3.27%。

2016年5月6日，浙江省局（公司）领导与基层青年代表围绕“为浙烟‘十三五’建功立业”“互联网+浙烟专卖商业”等主题进行探讨

浙江省局　张庆娜　摄

品牌培育。通过落实责任考核、评价体系、工商协同、营销资源等保障机制，狠抓品牌培育“第一要务”。以“消费者在哪里，我们就到哪里”活动为载体，全省各地针对重点品牌开展终端助销，提高销售动能。全年销售重点品牌卷烟1027.7亿支（205.54万箱），“中华”“利群”基本持平，“黄金叶”“金圣”“南京”“双喜·红双喜”“钻石”“天子”“娇子”“长白山”“龙凤呈祥”“好猫”等品牌逆势增长。

销售国产细支卷烟17.5亿支（3.5万箱），同比增长3.4倍。调整细支卷烟销售结构，二类细支卷烟的销售比重由2015年的46.4%

2016 年 8 月 18 日，浙江省台州市局（公司）青年突击队深入市场推进“玉溪（创客）”品牌培育

浙江台州市局 泮 涛 摄

先实现按日按细目采集物流费用，率先实现省、市、县物流预算垂直管控。推动新建物流项目建设，截至 2016 年底，杭州物流项目完成工艺设备验收，金华、丽水物流项目投入使用，温州、湖州、衢州、台州 4 个在建物流项目按照计划推进。开展卷烟包装箱循环利用工作，全年累计向卷烟工业企业返还卷烟包装箱 585.91 万只（不含重点品牌非毗邻省份返还量），总体返还比例 107.22%，其中，同省累计返还 411.46 万只，返还比例 104.74%；毗邻省份累计返还 174.46 万只，返还比例 114.36%。3 项返还比例的指标均位居行业第一。

下降到 2016 年的 36.4%，一类细支卷烟比重持续增长。细支卷烟单箱销售收入达到 5.79 万元。

探索商业品牌定制。浙江省公司与云南中烟合作，7 月底“云烟（乌镇之恋）”“玉溪（创客）”2 个浙江商业定制产品投放市场，全省各地从精细化选点、动态化轮供、个性化投放入手，积极进行培育。全年销售“云烟（乌镇之恋）”2525 万支（505 箱）、“玉溪（创客）”5755 万支（1151 箱）。

现代终端建设。加强在调整客户分类、明确建设标准、维护终端陈列、提升数采质量、推广移动支付、提高零售盈利、优化消费环境等方面的工作。全年全省新建现代零售终端 7967 户，累计 4.47 万户。在移动支付方面，支付宝项目在杭州、温州市公司试点推进，完成营销系统对接、结算费率减免、定制化产品形成等关键环节。截至 2016 年底，试点地区 1.24 万户零售客户开通烟草支付宝结算，采集支付宝消费单 274.07 万笔。在杭州、宁波试点推进消费环境建设，加强与当地政府相关部门、机场、车站的沟通联系，完成宁波栎社机场 4 个吸烟室、3 个室外吸烟点的建设。

卷烟物流建设。推进物流非法人实体化运作、物流信息化建设、物流项目建设、卷烟包装箱循环利用等工作。开展物流非法人实体化运作以来，全省减少建德、慈溪、义乌 3 个分中心，减少汾口、老余杭、鄞州等 5 个中转站/对接点；减少 374 名物流从业人员，减幅 12%；减少 88 辆终端配送车辆，减幅 11%；减少自有干线运输车辆 56 辆，减幅 82%。对全省物流管控系统进行改造，在全国烟草行业实现“四个率先”，即率先实现与行业物流综合监管调度平台的无缝对接，率先实现上报国家局数据的自动抽取，率

【烟叶产销】 浙江省种植烟叶 0.21 万亩，签订烟叶种植合同 1575 份。收购烟叶 0.02 万吨（0.39 万担），烟叶品种主要为香料烟和晒红烟，实现烟农总收入 673 万元。

【对外交流与合作】 浙江烟草进出口有限公司是中国烟草总公司浙江省公司的全资子公司。截至 2016 年底，拥有总资产 8228.87 万元，资产负债率为 11%。公司实现销售收入 13017.12 万元，实现利润 1775.89 万元。

在烟叶出口方面，加强市场潜力挖掘，稳定烟叶出口。在销售正常出口等级烟叶的基础上，加大与国内外重点客户的沟通，在发挥传统中间商的分销作用的同时，积极寻找新的市场需求点，帮助产区消化低等级烟叶。适度提高浙江省特色烟叶出口价格，实现烟叶出口 1274.38 吨，出口实现 441 万美元，其中，代理出口浙江中烟不适用烟叶 1156.2 吨，出口实现 363.4 万美元；晒红烟 118.18 吨，出口实现 77.6 万美元。

卷烟（雪茄烟）进口方面，全年累计进口卷烟（雪茄烟）到货共计 20 个批次，进口卷烟（雪茄烟）2.54 亿支，其中“555”7860 万支，香港南洋“双喜”1.07 亿支，“MILD SEVEN（七星）”1445 万支，“ESSE（爱喜）”2560 万支，“KENT（健牌）”2355 万支。

【特事辑要】 1 月 21—22 日，浙江省局（公司）在杭州召开 2016 年全省烟草专卖商业工作会议。

12 月 20—21 日，国家局党组成员、副局长赵洪顺一行赴浙江烟草调研。赵洪顺要求浙江烟草要紧紧围绕国家局

决策部署，保持清醒头脑，保持发展定力，保持良好发展态势。要坚持烟草专卖制度，守住市场、管好秩序，有效地运作好市场空间，挖掘专卖体制红利。要让市场需求和市场供应最大限度地匹配，发挥出最大效益。要充分认识全面从严治党要求，学习贯彻十八届六中全会精神，把巡视整改的各项工作落到实处。

2016 年浙江省烟草专卖商业主要情况统计

地市级局（公司）名称		杭州市烟草专卖局（公司）	宁波市烟草专卖局（公司）	温州市烟草专卖局（公司）	嘉兴市烟草专卖局（公司）	丽水市烟草专卖局（公司）	台州市烟草专卖局（公司）
主要负责人/法人代表（含党政领导）		林少华	郑敏强	蒋仲泉	陈月华	沈伏恒	陈修年
所属县级单位		萧山区、余杭区、富阳区、临安市、桐庐县、建德市、淳安县等7个县级烟草专卖局（分公司）	鄞州区、北仑区、余姚市、慈溪市、奉化市、宁海县、象山县、镇海区等8个县级烟草专卖局（分公司）	乐清市、瑞安市、苍南县、永嘉县、平阳县、泰顺县、文成县、洞头区等8个县级烟草专卖局（分公司）	嘉善县、平湖市、海宁市、海盐县、桐乡市等5个县级烟草专卖局（分公司）	遂昌县、缙云县、松阳县、龙泉市、青田县、云和县、庆元县、景宁畲族自治县等8个县级烟草专卖局（分公司）	玉环县、温岭市、黄岩区、临海市、天台县、三门县、仙居县等7个县级烟草专卖局（分公司）
总资产（万元）		837944	635780	562151	337883	103144	421024
资产负债率（%）		18.06	12.54	17.80	17.77	20.86	17.82
从业人员（人）		1254	1390	1440	840	719	1007
所属业务机构	营销机构	1个营销中心	1个营销中心	1个营销中心	1个营销中心	1个营销中心	1个营销中心
	物流配送机构	1个配送中心、9个中转站/对接点	1个配送中心、5个中转站/对接点	1个配送中心、7个中转站/对接点	1个配送中心	1个配送中心、8个中转站/对接点	1个配送中心、5个中转站/对接点
	专卖稽查机构	1个稽查支队、2个稽查大队	1个稽查支队、9个稽查大队	1个稽查支队、11个稽查大队	1个稽查支队、2个稽查大队	1个稽查支队、9个稽查大队	1个稽查支队、6个稽查大队
	烟叶机构	—	—	—	1个烟叶科	1个烟叶科	—
实现税利	万元	520833	451672	386828	249376	90161	305270
	2016年比2015年（%）	3.93	2.91	1.17	5.14	4.10	3.61
实现利润	万元	238499	202691	163004	108851	30312	132239
	2016年比2015年（%）	-7.82	-8.57	-13.62	-8.91	-16.32	-10.30
销售卷烟	亿支	195.90	185.34	179.02	94.70	49.85	136.32
	2016年比2015年（%）	-4.30	-4.30	-5.46	-3.93	-4.31	-4.30
卷烟销售收入（万元）		1509757	1330949	1182972	738782	314229	909773
查处涉烟违法案件（起）		2589	3209	3275	1679	821	1249
查处涉烟违法案件案值（万元）		6016	4619	3413	2151	979	3009
2016年度烟草行业投入烟叶生产基础设施建设资金（万元）		—	—	—	—	—	—
全年烟叶生产基础设施新增受益面积（万亩）		—	—	—	—	—	—
烟叶种植（万亩）		—	—	—	0.08	0.01	—
烟叶收购（万担）		—	—	—	0.16	0.03	—

续表

地市级局（公司）名称	杭州市烟草专卖局（公司）	宁波市烟草专卖局（公司）	温州市烟草专卖局（公司）	嘉兴市烟草专卖局（公司）	丽水市烟草专卖局（公司）	台州市烟草专卖局（公司）
烟农户数（户）	—	—	—	717	45	—
实现烟农总收入（万元）	—	—	—	221	45	—
零售客户数（户）	35136	41684	44031	21327	14544	34961
零售客户销售毛利率（%）	7.50	7.29	7.40	8.00	7.80	8.00

地市级局（公司）名称		湖州市烟草专卖局（公司）	绍兴市烟草专卖局（公司）	金华市烟草专卖局（公司）	衢州市烟草专卖局（公司）	舟山市烟草专卖局（公司）
主要负责人/法人代表（含党政领导）		龚一正	邵作民	方录生	朱建辉	林勇刚
所属县级单位		长兴县、安吉县、德清县等3个县级烟草专卖局（分公司）	诸暨市、上虞区、嵊州市、新昌县等4个县级烟草专卖局（分公司）	义乌市、东阳市、永康市、兰溪市、浦江县、武义县、磐安县等7个县级烟草专卖局（分公司）	江山市、龙游县、常山县、开化县等4个县级烟草专卖局（分公司）	普陀区、岱山县、嵊泗县等3个县级烟草专卖局（分公司）
总资产（万元）		226388	321300	362122	129088	90825
资产负债率（%）		17.30	12.10	21.83	12.96	18.09
从业人员（人）		691	852	1097	550	339
所属业务机构	营销机构	1个营销中心	1个营销中心	1个营销中心	1个营销中心	1个营销中心
	物流配送机构	1个配送中心、1个中转站/对接点	1个配送中心、3个中转站/对接点	1个配送中心、7个中转站/对接点	1个配送中心、4个中转站/对接点	1个配送中心、1个配送分中心、1个中转站/对接点
	专卖稽查机构	1个稽查支队、2个稽查大队	1个稽查支队、2个稽查大队	1个稽查支队、2个稽查大队	1个稽查支队、2个稽查大队	1个稽查支队、1个稽查大队
	烟叶机构	—	2个烟叶科	—	—	—
实现税利	万元	168128	252346	266642	102082	69063
	2016年比2015年（%）	5.42	4.91	4.23	1.95	3.91
实现利润	万元	71317	113172	114650	42323	27401
	2016年比2015年（%）	-8.40	-7.41	-10.32	-7.49	-12.72
销售卷烟	亿支	66.82	101.20	120.28	45.99	29.06
	2016年比2015年（%）	-4.39	-4.72	-4.29	-4.36	-4.33
卷烟销售收入（万元）		509928	740854	813650	326443	216707
查处涉烟违法案件（起）		1637	1070	1320	490	465
查处涉烟违法案件案值（万元）		2984	1410	3579	1559	388
2016年度烟草行业投入烟叶生产基础设施建设资金（万元）		—	—	—	—	—
全年烟叶生产基础设施新增受益面积（万亩）		—	—	—	—	—
烟叶种植（万亩）		—	0.12	—	—	—

续表

地市级局（公司）名称	湖州市烟草专卖局（公司）	绍兴市烟草专卖局（公司）	金华市烟草专卖局（公司）	衢州市烟草专卖局（公司）	舟山市烟草专卖局（公司）
烟叶收购（万担）	—	0.20	—	—	—
烟农户数（户）	—	813	—	—	—
实现烟农总收入（万元）	—	407	—	—	—
零售客户数（户）	19884	25554	30529	13625	7004
零售客户销售毛利率（%）	8.81	8.70	7.00	8.00	7.60

◇ 撰稿：张庆娜；编辑：谢争艳

安徽省烟草专卖局（公司）

【专卖管理】 **案件查处**。查处各类涉烟违法案件1.84万起，查获各类非法卷烟6094万支，其中假冒卷烟1386万支、非法流通卷烟4574万支、走私烟134万支。破获符合公安部、国家局标准的网络案件16起，符合省局标准的网络案件25起。公安、司法机关依法判刑122人、拘留236人。

9起案件被公安部、国家局联合挂牌督办，为安徽省历史上数量之最，分别是宿州市丁某等人销售伪劣产品案、安庆市岳西县储某等人销售假冒注册烟标标识案、宣城市广德县陈某等人销售伪劣产品案、马鞍山市“9·26”销售假冒伪劣产品案、铜陵市“3·5”非法经营案、滁州市定远县某商铺销售假烟案、安庆市宿松县刘某等人利用互联网销售伪劣产品案、合肥市“3·1”销售伪劣产品案。5起案件被纳入公安部发起的“集群战役”。

针对卷烟重点市场，与交通、邮政、海关等部门联合执法，先后开展“护航2016”、打击交通物流邮政领域涉烟违法行为、打击利用互联网贩售假烟走私烟违法行为等3次专项行动。

推行“大稽查”模式。加大力度治理卷烟非法流通，鼓励市局实行“大稽查”模式。安庆市局积极推进稽查支队实体化运作，有效解决各县局各自作战，合力不强的问题，主攻重点市场、重要领域和重大案件；针对假烟高发的特征，出台互联网、物流邮政快递领域涉烟活动查处要点、主动寻求信息软件追踪分析非法卷烟的动向，掌握活动规律。同时，指导基层解决办案疑难杂症，深入推进精益稽查与精准打击。1月，安庆市公安局治安支队和安庆市局稽查支队在通过深挖细查、巡线追踪，历时14个月成功破获涉及全国31个省（自治区、直辖市）特大网络销售假烟案，涉案金额1000余万元，刑拘7人，逮捕5人，该起案件开创全省市局稽查支队办理网络案件的先河。

芜湖市局在全市范围内推行“大稽查”模式，实行精准打击；县级局层面通过县域联动、县县联动，形成合力来综合管控辖区市场；所（队）层面发挥在辖区驻地集镇的履职作用，发现和挖掘非法流通有价信息。通过人员共享、信息共享、成果共享，提高治理的精准度和效率。针对预警数量较大、无效预警较多的现状，运用精益化管理手段，在南陵县局试点“内管预警筛查新方法”，大大降低筛选工作用时，提高预警核查的精准度。

基础管理。推进卷烟识别教研室和执法询问室建设，将卷烟识别教研室定位在关注市场制售假烟动态，研究交流卷烟识别技巧，开展专卖人员培训等。截至2016年底，全省累计建成卷烟识别教研室21间，建成执法询问室107间。

【经济效益】 安徽省烟草商业系统实现税利151.69亿元，同比下降1.53%，其中利润56.85亿元，同比下降19.81%。三项费用率5.50%，同比增加0.3个百分点。实施精益水电管理、精益采购管理，实现降本增效1.81亿元。

【卷烟（雪茄烟）经营】 **卷烟（雪茄烟）销售**。安徽省烟草商业系统销售卷烟（含雪茄烟）880.03亿支（176.01万箱），同比下降9.33%，其中，销售一类烟220.02亿支（44万箱）、二类烟255.31亿支（51.06万箱）、三类烟226.35亿支（45.27万箱）、四类烟129.81亿支（25.96万箱）、五类烟48.55亿支（9.71万箱）。本地区销量居前三位的卷烟品牌为“黄山”“利群”“中华”，销量分别为506.59亿支（101.32万箱）、59.05亿支（11.81万箱）、39.53亿支（7.91万箱）。销售雪茄烟2428万支，同比增长14.8%。

实现卷烟（含雪茄烟）销售收入578.9亿元，同比下降4.85%。卷烟单箱销售收入3.38万元，卷烟单箱税利8610元。实现卷烟税利147.6亿元，同比增长0.43%，其中利润55.38亿元，同比下降17.4%。

品牌培育。优化品牌培育，加大与重点工业企业合作力度，稳定主销重点品牌市场影响力。制定全省细支烟发展规划，打造新的增长点。尊重市场需求，对市场滞销品牌予以退出，全年退出规格 38 个。全年销售重点品牌卷烟 788.35 亿支（157.67 万箱），占卷烟总销量比重 89.57%，超出全国平均水平 5.89 个百分点。

卷烟消费环境建设。印发《卷烟消费环境建设指导意见》，选择合肥、蚌埠、滁州、阜阳、芜湖市公司等 5 家重点推动消费环境建设试点。所属地市公司坚持问题导向，攻坚营销重点和难点问题，淮北、马鞍山市公司分别针对价值单元管理、营销网格化管理等方面开展创新实践。淮北市公司树立“吃苦求效益、更要智慧求效益”的理念，以“市场为基础、品牌为根本、消费为核心、专卖为保障”作为指导思想，以构建协同化的营销价值单元为抓手，开展提信心、提士气、提格局、增活力的营销主题实践活动，构建全员经营模式，开展精益营销，提升全员经营能力。马鞍山市公司以网格化管理与服务为主要手段，着力优化网格化管理体系，着力优化增值化营销模式，着力优化针对性的考核方式，落实全员营销、全员专卖、全员服务，应对新的发展压力，深入挖掘新的经济增长点。

现代物流建设。实施一体化、实体化、智能化、精益化物流建设，完善非法人模式下物流中心组织架构，提升物流财务管理水平，深化物流实体化运作。紧盯降本增效目标，提升配送车辆精益管理水平，选择 2 家试点单位实施烟草智能配载系统。发挥省内、省外两种模式优势，开展卷烟包装箱循环利用工作，毗邻省份包装箱统一回收服务费用不断下降，省内工业企业卷烟包装箱返还率为 100%。

【烟叶产销】 **烟叶种植与收购**。安徽省烟叶种植面积为 15.54 万亩，同比减少 1.63 万亩。“焦甜香”特色优质烟叶种植面积 12 万亩。全面取消皖北烟区种植计划。签订收购合同 2423 份，同比减少 518 份。户均种植烟叶 64.14 亩，位于全国前列。收购烟叶 1.81 万吨（36.26 万担），其中收购“焦甜香”特色优质烟叶 1.5 万吨（30 万担），占烟叶收购总量 82.73%。烟叶收购均价 24.08 元/千克。

销售 2016 年收购烟叶 1.8 万吨（36 万担），其中省内销售 0.55 万吨（11 万担），省外销售 1.25 万吨（25 万担）。销售往年库存丰产烟叶 0.4 万吨（8 万担），实现烟叶销售零库存。实现烟农总收入 4.54 亿元，户均收入 18.73 万元。

实现烟叶销售收入 10.53 亿元。实现烟叶税利 3.82 亿元，其中利润 1.99 亿元。

烟叶生产基础设施建设。安徽省烟草商业系统投入烟叶生产基础设施建设资金 0.54 亿元，其中国家局投入 0.31 亿元，安徽省烟草商业系统投入 0.23 亿元。建成烟水配套项目 233 件（含沟渠 167 条、机井 14 眼、提灌站 4 个、小塘坝 48 座），机耕路 317 条、长度 110.45 千米，烟夹 1400 套，烟草农用机械 302 台（套）。

烟叶质量控制。探索构建全面质量管理体系，初步实现生产和收购环节质量追溯信息化。加强质量控制，烟叶收购等级合格率为 81.8%，工商交接等级合格率 60.9%。加速推进专业化分级散叶收购及原收原调，烟叶 100% 实现散叶收购，100% 实现原收原调。优化结构和自动化三次采烤技术推广落实率 100%。

现代烟草农业建设。继续推进与上海烟草集团、湖南中烟、安徽中烟、浙江中烟等 4 家中烟工业公司合作，共建 7 个烟叶基地单元。安徽皖南烟叶有限责任公司宣城市徽映城区烟农专业合作社被中国烟草总公司认定为第二批“烟农专业合作社行业示范社”。“皖南烤烟浓香型焦甜香特色风格彰显关键技术研究与开发”获得中国烟草总公司科学技术进步奖二等奖。

安徽皖南烟叶有限责任公司。安徽皖南烟叶有限责任公司位于安徽省宣城市，成立于 2004 年 12 月 31 日，是全国烟草行业唯一跨地区股份制专业化烟叶生产企业。截至 2016 年底，拥有总资产 11.86 亿元，其中，固定资产 1.69 亿元，流动资产 10.18 亿元，资产负债率为 6.51%。在岗员工 420 人，实施全员聘用制，其中本科以上学历 138 人，高级农艺师 4 人，技师 15 人，分级高级工 137 人。公司董事长、总经理、党组书记：王道支。

2016 年，烟叶种植面积 14.36 万亩。收购烟叶 1.9 万吨（33.74 万担），同比下降 8.57%。烟叶收购均价 32.74 元/千克，同比下降 6.46%。辖区烟农 2088 户，户均种植规模 68.77 亩，亩均收益 3858 元。实现烟农总收入 5.54 亿元。实现总利润 2.2 亿元，实现税利 3.74 亿元。三项费用率 11.89%。

按照“烟稻轮作，规模经营，长期稳定，全程管服”总体要求，构建新型种植模式，研究制定《新型种植模式管理办法》。构建分级收购质量管理新模式，实现质量、结构、样品的统一。全面推行“内部验收”模式。探索“可视、可控、可研”烟叶信息化建设。获得发明专利授权 3 项、实用新型专利 11 项，发表科技论文 18 篇，完成 28 个 QC 小组结题和 2 个精益改进项目。

继续探索开展水稻和瓜果蔬菜等多元化经营。引进 18 个品种开展试验示范，筛选确定秀丽西瓜、樱桃番茄等适宜皖南地区种植的特色果蔬品种，总结形成《皖南优质西瓜标准化生产技术手册》《皖南优质西瓜服务产品说明书》等技术、服务和管理标准。利用 51 座闲置育苗大棚建立 8 个多元化种植基地。继续探索培育稻米品牌，推进生产加工一体化管理，实现统一组织、统一技术、统一服务、统一物资、统一管理、统一加工，运用二维码信息技术，实现质量全程可追溯，收购价格较普通稻谷提高0.3元/千克，户均增收0.63万元。完成“三心二益”（闻着沁心、看着舒心、吃着放心和有益生态、有益健康）品牌和品牌标识的设计，确定中高端品牌定位。

【科技创新】 健全完善创新体系，大力实施项目带动战略，“皖南焦甜香烤烟”和“皖南焦甜香烤烟技术规程”两项地方标准正式发布实施。举办全省系统首届成长论坛，评选表彰十大创新成果和创新推进者，申请或授权专利17项，登记计算机软件著作权8项。

【特事辑要】 1月21—22日，安徽省局（公司）召开2016年工作会议暨党建工作会议。

12月6—9日，国家局党组成员、副局长赵洪顺赴安徽烟草调研。赵洪顺要求安徽烟草紧紧围绕国家局决策部署，保持清醒头脑、保持发展定力、保持动作规范、保持和谐稳定。要着眼全面从严治党，在提升党建水平上下工夫；坚决维护烟草专卖体制，在挖掘专卖体制红利上下工夫；把品牌培育和品牌创新作为突出重点，在提升品牌竞争力上下工夫；着眼营销管理和营销创新，在提升营销活动的规范化和科学化水平上下工夫；着眼依法行政、依法管理、依法生产经营，在推进法治烟草进程上下工夫。

2016年安徽省烟草专卖商业主要情况统计[1]

地市级局（公司）名称		合肥市烟草专卖局（公司）	淮北市烟草专卖局（公司）	亳州市烟草专卖局（公司）	宿州市烟草专卖局（公司）
主要负责人/法人代表（含党政领导）		张丙利	蒋跃进	岳　文	丁惠萍
所属县级单位		巢湖市、庐江县、肥东县、肥西县、长丰县、瑶海区、包河区、庐阳区、蜀山区等9个县级烟草专卖局（营销部）	濉溪县烟草专卖局（营销部）和1个直属分局（营销部）	涡阳县、蒙城县、利辛县等3个县级烟草专卖局（营销部）和1个直属分局（营销部）	灵璧县、泗县、萧县、砀山县等4个县级烟草专卖局（营销部）、1个直属分局（营销部）
总资产（万元）		359035	62435	83294	115078
资产负债率（%）		5.41	6.41	39.02	14.69
从业人员（人）		1301	313	974	808
所属业务机构	营销机构	1个营销中心	1个营销中心	1个营销中心	1个营销中心
	物流配送机构	1个物流中心、2个配送站	1个物流中心、1个配送站	1个物流中心、3个配送站	1个物流中心、4个配送站
	专卖稽查机构	9个稽查队、32个专卖管理所	3个稽查队、7个专卖管理所	4个稽查队、14个专卖管理所	5个稽查队、17个专卖管理所
	烟叶机构	—	—	1个烟叶经理部、5个烟叶工作站、1个烟叶物资库	—
实现税利	万元	291523	37127	66443	84000
	2016年比2015年（%）	6.89	1.58	-8.63	0.50
实现利润	万元	121973	11687	15503	25801
	2016年比2015年（%）	-10.97	-27.41	-38.40	-22.59
销售卷烟	亿支	137.03	28.78	58.00	68.90
	2016年比2015年（%）	-3.13	-6.83	-11.73	-9.89
卷烟销售收入（万元）[2]		1059584	149782	326024	358555
查处涉烟违法案件（起）		2533	295	1660	2547
查处涉烟违法案件案值（万元）		1580	169	453	656

续表

地市级局（公司）名称	合肥市烟草专卖局（公司）	淮北市烟草专卖局（公司）	亳州市烟草专卖局（公司）	宿州市烟草专卖局（公司）
2016年度烟草行业投入烟叶生产基础设施建设资金（万元）	—	—	—	—
全年烟叶生产基础设施新增受益面积（万亩）	—	—	—	—
烟叶种植（万亩）	—	—	—	—
烟叶收购（万担）	—	—	—	—
烟农户数（户）	—	—	—	—
实现烟农总收入（万元）	—	—	—	—
零售客户数（户）	29297	9508	18782	25089
零售客户销售毛利率（%）	11.55	13.84	12.77	9.00

地市级局（公司）名称		蚌埠市烟草专卖局（公司）	阜阳市烟草专卖局（公司）	淮南市烟草专卖局（公司）	滁州市烟草专卖局（公司）
主要负责人/法人代表（含党政领导）		童学根	胡志刚	孙太勇	孙志强
所属县级单位		怀远县、五河县、固镇县等3个县级烟草专卖局（营销部）和1个直属分局（营销部）	临泉县、阜南县、太和县、颍上县、界首县等5个县级烟草专卖局（营销部）和1个直属分局（营销部）	寿县、凤台县烟草专卖局（营销部），田家庵大通分局（营销部）、谢家集八公山分局（营销部）、潘集分局（营销部）和毛集分局	来安县、全椒县、天长市、定远县、凤阳县、明光市等6个县级烟草专卖局（营销部）和1个直属分局（营销部）
总资产（万元）		93333	155057	124410	126660
资产负债率（%）		15.86	12.00	6.96	10.27
从业人员（人）		497	1013	504	694
所属业务机构	营销机构	1个营销中心	1个营销中心	1个营销中心	1个营销中心
	物流配送机构	1个物流中心	1个物流中心、3个配送站	1个物流中心、2个配送站	1个物流中心、4个配送站
	专卖稽查机构	4个稽查队、10个专卖管理所	6个稽查队、24个专卖管理所	5个稽查队、9个专卖管理所	7个稽查队、14个专卖管理所
	烟叶机构	—	—	—	—
实现税利	万元	68132	135434	56374	96484
	2016年比2015年（%）	-4.30	-0.02	-16.56	-1.91
实现利润	万元	22151	48554	22348	33524
	2016年比2015年（%）	-25.60	-14.80	-27.37	-21.67
销售卷烟	亿支	49.11	106.55	36.16	57.60
	2016年比2015年（%）	-14.72	-6.31	-13.68	-14.57
卷烟销售收入（万元）[2]		287604	563648	226366	394451
查处涉烟违法案件（起）		390	946	616	1325
查处涉烟违法案件案值（万元）		703	326	115	1129
2016年度烟草行业投入烟叶生产基础设施建设资金（万元）		—	—	—	—

续表

地市级局（公司）名称	蚌埠市烟草专卖局（公司）	阜阳市烟草专卖局（公司）	淮南市烟草专卖局（公司）	滁州市烟草专卖局（公司）
全年烟叶生产基础设施新增受益面积（万亩）	—	—	—	—
烟叶种植（万亩）	—	—	—	—
烟叶收购（万担）	—	—	—	—
烟农户数（户）	—	—	—	—
实现烟农总收入（万元）	—	—	—	—
零售客户数（户）	13107	25570	13074	15539
零售客户销售毛利率（%）	11.80	9.47	6.00	11.02

地市级局（公司）名称		六安市烟草专卖局（公司）	马鞍山市烟草专卖局（公司）	芜湖市烟草专卖局（公司）	宣城市烟草专卖局（公司）
主要负责人/法人代表（含党政领导）		王　鸿	施书林	胡家木	齐美生（—2016年1月） 耿利永（2016年1月—）
所属县级单位		霍邱县、金寨县、霍山县、舒城县等4个县级烟草专卖局（营销部），叶集区烟草专卖局（营销部）、1个直属皋城分局（营销部）	含山县、和县、当涂县等3个县级烟草专卖局（营销部）、钢城分局（营销部）	无为县、芜湖县、繁昌县、南陵县等4个县级烟草专卖局（营销部）、1个直属分局（营销部）、江北分局（营销部）	郎溪县、广德县、宁国市、泾县、绩溪县、旌德县、宣州区等7个县级烟草专卖局（营销部）
总资产（万元）		157513	117781	178158	134189
资产负债率（%）		10.67	5.52	11.73	11.33
从业人员（人）		666	424	557	544
所属业务机构	营销机构	1个营销中心	1个营销中心	1个营销中心	1个营销中心
	物流配送机构	1个物流中心、4个配送站	1个物流中心	1个物流中心、1个配送站	1个物流中心、1个配送站
	专卖稽查机构	6个稽查队、15个专卖管理所	4个稽查队、10个专卖管理所	6个稽查队、13个专卖管理所	8个稽查队、17个专卖管理所
	烟叶机构	—	—	—	—
实现税利	万元	135023	76023	114234	81919
	2016年比2015年（%）	1.62	1.10	2.07	2.65
实现利润	万元	55355	30980	47354	30485
	2016年比2015年（%）	-11.75	-15.96	-16.72	-16.13
销售卷烟	亿支	73.06	34.05	54.75	44.76
	2016年比2015年（%）	-8.08	-9.58	-10.74	-6.70
卷烟销售收入（万元）[2]		503760	276572	407569	314928
查处涉烟违法案件（起）		2430	642	639	355
查处涉烟违法案件案值（万元）		383	500	675	324
2016年度烟草行业投入烟叶生产基础设施建设资金（万元）		—	—	—	—

续表

地市级局（公司）名称	六安市烟草专卖局（公司）	马鞍山市烟草专卖局（公司）	芜湖市烟草专卖局（公司）	宣城市烟草专卖局（公司）
全年烟叶生产基础设施新增受益面积（万亩）	—	—	—	—
烟叶种植（万亩）	—	—	—	—
烟叶收购（万担）	—	—	—	—
烟农户数（户）	—	—	—	—
实现烟农总收入（万元）	—	—	—	—
零售客户数（户）	20399	10938	13124	13791
零售客户销售毛利率（%）	9.95	14.30	10.57	12.51

地市级局（公司）名称		铜陵市烟草专卖局（公司）	池州市烟草专卖局（公司）	安庆市烟草专卖局（公司）	黄山市烟草专卖局（公司）
主要负责人/法人代表（含党政领导）		王　凯	胡守华	梁跃华	刘新华
所属县级单位		枞阳县、义安区 2 个县级烟草专卖局（营销部）和铜官区烟草专卖局	东至县、石台县、青阳县、贵池区等 4 个县级烟草专卖局（营销部）	桐城市、怀宁县、潜山县、岳西县、太湖县、望江县、宿松县、宜城区等 8 个县级烟草专卖局（营销部）	歙县、休宁县、祁门县、黟县、黄山区、屯溪区、徽州区等 7 个县级烟草专卖局（营销部）
总资产（万元）		73494	73638	168653	89696
资产负债率（%）		6.35	9.24	7.99	9.48
从业人员（人）		175	555	1016	376
所属业务机构	营销机构	1 个营销中心	1 个营销中心	1 个营销中心	1 个营销中心
	物流配送机构	1 个物流中心	1 个物流中心、1 个配送站	1 个物流中心、4 个配送站	1 个物流中心
	专卖稽查机构	2 个稽查队、4 个专卖管理所	1 个稽查大队、4 个稽查队	9 个稽查队、27 个专卖管理所	7 个稽查队
	烟叶机构	—	1 个烟叶工作站	—	—
实现税利	万元	27899	46083	121372	38933
	2016 年比 2015 年（%）	-11.98	3.83	-2.79	0.84
实现利润	万元	11802	15235	45956	12974
	2016 年比 2015 年（%）	-23.23	-24.48	-19.81	-22.29
销售卷烟	亿支	12.75	23.74	72.36	22.66
	2016 年比 2015 年（%）	-13.29	-10.31	-13.84	-5.86
卷烟销售收入（万元）[2]		106126	172646	480685	160727
查处涉烟违法案件（起）		173	1596	3603	149
查处涉烟违法案件案值（万元）		970	247	1064	139
2016 年度烟草行业投入烟叶生产基础设施建设资金（万元）		—	1118	—	—
全年烟叶生产基础设施新增受益面积（万亩）		—	1.50	—	—

续表

地市级局（公司）名称	铜陵市烟草专卖局（公司）	池州市烟草专卖局（公司）	安庆市烟草专卖局（公司）	黄山市烟草专卖局（公司）
烟叶种植（万亩）	—	1.18	—	—
烟叶收购（万担）	—	2.52	—	—
烟农户数（户）	—	335	—	—
实现烟农总收入（万元）	—	3542	—	—
零售客户数（户）	4092	8233	25161	9089
零售客户销售毛利率（%）	26.50	11.64	6.00	14.01

注：1. 根据《国家烟草专卖局中国烟草总公司关于调整安徽省烟草专卖局（公司）所属部分机构的批复》（国烟人〔2016〕278号），原安庆市枞阳县烟草专卖局（营销部）划归铜陵市烟草专卖局（公司）管辖，原六安市寿县烟草专卖局（营销部）划归淮南市烟草专卖局（公司）管辖，撤销铜陵县烟草专卖局，设立铜陵市义安区烟草专卖局；撤销铜陵市烟草专卖局铜都分局，设立铜陵市铜官区烟草专卖局；撤销六安市烟草专卖局叶集分局，设立六安市叶集区烟草专卖局和六安市烟草公司叶集营销部，六安市烟草公司叶集营销部与六安市叶集区烟草专卖局合署办公；

2. 安徽省卷烟销售收入含雪茄烟销售收入。

◇撰稿：李　胜；编辑：王东旭

福建省烟草专卖局（公司）

【专卖管理】　**案件查处**。查处涉烟违法案件1.12万起，同比增长23.57%。查处假冒卷烟案件2607起，同比增长67.97%，其中案值在5万元以上的假烟案件352起，同比增长44.86%；查获假冒卷烟1.74亿支，同比增长52%。查处案值在5万元以上的卷烟非法流通案件232起，同比减少4起；查获非法流通卷烟4678万支，同比下降24.11%。查获走私烟832万支。

福建省局积极协调省政府召开全省卷烟打假打私专题会议，建立由烟草、公安、工商、邮政、交通等部门组成的全省卷烟打假打私联席会议制度。省局加大与福建省公安厅的治安、经侦、网安等部门合作办案的力度，与海关、边防和海警等部门加强联系，大力查处沿海地区的卷烟走私行为。

组织开展卷烟打假打私“百日行动”“闽剑”行动和“打击非法经营烟叶原料”专项行动，遏制制假反弹和转移扩散。加强边界市场管理，开展“清网打非”专项行动，加大对卷烟外流的问责力度，遏制非法流通增长势头。

查处符合公安部、国家局标准的网络案件43起。查处部督案件19起。公安、司法机关依法拘留462人、逮捕267人、判刑402人。

重大案件查处情况。公安部、国家局挂牌督办案件。福建三明永安市“1·8”销售假冒卷烟案件，查获假冒卷烟102万支，案值173.8万元，判刑4人。

福建莆田城厢区“3·24”生产销售假冒卷烟案件，是公安部批准发起集群战役的部督案件。截至2016年底，查获假烟1311万支，案值1831万元，逮捕11人，网上追逃1人，取保侯审2人。

福建泉州安溪县“3·21”生产销售假冒卷烟案件，查获假冒卷烟56.65万支，案值60.74万元。经取证侦查后，该案与长泰县“3·21”案件串并，涉案金额1100余万元，逮捕犯罪嫌疑人3人。

福建泉州鲤城区“9·25”生产销售假冒卷烟案件，现场查获假冒卷烟215.2万支，案值357.2万元。总涉案金额4500余万元，判刑4人。

福建漳州平和县“1·6”生产销售假冒卷烟案件，现场查获卷接机1台（套），查获半成品散烟94万支、烟丝3.48吨、滤棒29件、盘纸60盘、水松纸50盘，案值799万元。抓获犯罪嫌疑人11人，判刑7人。

卷烟市场监管。加大市场监督的检查力度，采取错时检查、突击检查等方式，对卷烟市场实行全时段、全方位监管，全省在零售市场环节共查获各类非法卷烟数量同比下降7.89%。加大打击物流寄递非法涉烟的力度，省局与省邮政局联合制定《开展寄递渠道卷烟打假打私专项工作的指导意见》，查处无证运输卷烟案件数量同比增长78.3%。

【经济效益】　福建省烟草商业系统实现税利166.8亿元，同比增长3.93%，其中利润70.44亿元，同比下降9.76%。卷烟单箱销售收入3.05万元，卷烟单箱税利0.78万元。三项费用率5.82%，同比减少0.52个百分点。

【卷烟（雪茄烟）经营】　**卷烟（雪茄烟）销售**。福建省烟草商业系统销售卷烟827.48亿支（165.5万箱），同比下降2.66%，其中，销售一类烟162.45亿支（32.49万箱），同比增长0.27%；二类烟211.26亿支（42.25万箱），同比增长2%；三类烟347.85亿支（69.57万箱），同比下降5.06%；四类烟68.46亿支（13.69万箱），同比下降15.43%；五类烟37.45亿支（7.49万箱），同比增长11.41%。本地区销量居前三位的卷烟品牌为“七匹狼”“中华”“利群”，销量分别为506亿支（101.2万箱）、35.35亿支（7.07万箱）、34.26亿支（6.85万箱）。销售雪茄烟933.66万支，同比增长6.88%。

全年实现卷烟销售收入430.68亿元，同比下降0.33%。实现卷烟税利129.73亿元，同比增长6.36%，其中利润47.64亿元，同比下降12.73%。

品牌培育。福建省销售重点品牌卷烟737.89亿支（147.58万箱），同比下降3.17%，占总销量的89.17%。重点品牌卷烟实现销售收入411.28亿元，占卷烟销售总收入的95.49%。销售高端卷烟47.19亿支（9.44万箱），同比下降2.19%，其中高价位卷烟2.13亿支（0.43万箱），同比下降19.62%。销售细支卷烟11.65亿支（2.33万箱），同比增长3.66倍。低焦油卷烟销量平稳增长，销售8毫克/支以下低焦油卷烟161.35亿支（32.27万箱），同比增长3.53%。

市场营销和市场开拓。福州、厦门市场化取向改革试点工作取得进展，两地货源供应满意度分别提高3.39个和1.74个百分点。全面推广“五要素”市场状态分析法，即把“社会库存、商业存销比、市场价格、订足率、订足面”作为调优卷烟市场状态的关键要素，更加精准地满足区域内单元市场的差异化需求，维护卷烟价格的稳定和库存的合理性。培育年轻化、知识化、懂法、守法的现代卷烟零售终端，全省建成现代卷烟零售终端2.04万户，客户满意度为85.8分，同比提高1.7分。全面应用货款结算现代手段，后台扣款占卷烟销售收入的68.8%，网上跨行结算占卷烟销售收入的22.5%，手机支付占卷烟销售收入的2.6%。

现代物流建设。推进“125”精益物流模式，4项成果在2016年福建省百万职工“五小”创新大赛中获奖。加大物流降本增效力度，卷烟物流总费用近10年来首次下降，同比减少2043万元。推进工商物流一体化和“两烟”物流一体化，全年实现工商卷烟整托盘联运38.12万箱，同比增长382%。全年返还卷烟包装箱527.56万只，返还比例为100.85%。加快非烟物流探索，全年实现非烟物流营业额400万元。

【烟叶产销】 **烟叶种植与收购。**福建省种烟农户总数为4.82万户，安排种植面积87.13万亩。因灾减产1.2万吨（24万担），实际收购烟叶10.314万吨（206.28万担），分别比国家局下达的种植面积和收购计划少0.27万亩和1.27万吨（25.4万担）。收购“翠碧一号”“红花大金元”“K326”等特色优质品种烟叶5.75万吨（115万担），占收购总量的55.75%。收购均价为28.96元/千克，同比增加0.92元/千克。上等烟比例为61.9%，同比增加1.5个百分点。国家局检查工商交接等级合格率70.5%，烟叶生产连续19年保持平稳发展。全年实现烟农收入（不含补贴）29.88亿元，烟农户均收入（不含补贴）6.19万元。

实现烟叶税利24.39亿元，同比下降1.9%，其中利润14.1亿元，同比下降3.8%。

现代烟草农业。围绕地膜回收、水肥一体化、采烤一体化等“三项主推技术”和土壤保育、绿色防控“两大专项”，加大推广力度。推广土壤保育技术，烟田轮作、土壤改良、有机肥施用比例同比实现增长。专业化烘烤实现突破，互助式烘烤占比40.7%，专业化烘烤占比9.3%。全省推广地膜回收再利用60.7万亩，占比70%。绿色防控技术得到加强，烟蚜茧蜂防控蚜虫技术项目推广率91.3%。

开展“合作社建设年”活动，全省有3家烟农专业合作社被总公司评为“烟农专业合作社行业示范社”。推进合作社整合工作，全年整合17家烟农专业合作社，截至2016年底，总数达到111家。提升服务能力，育苗、机耕、植保、烘烤和分级环节专业服务率分别达到81.4%、54.7%、20.4%、9.3%、83.5%。发挥合作

福建明溪县局（分公司）开展“两烟”协同营销。图为明溪县烟草站工作人员帮助卷烟营销人员开展驻店促销活动

福建省局 林麦梓 摄

社服务平台功能，综合利用烤房、育苗棚、农机等设施，开展食用菌种植等多种经营，实现产值61万元。

烟叶营销。福建省公司通过上下联动、横向协作，加大工业协调、用好省内计划，形成全省销售合力，确保烟叶调拨顺畅，全年实现“零库存”目标。组建烟叶营销队伍，制定《烟叶营销队伍建设工作意见》，开展烟叶营销队伍培训，建立客户信息档案，做好月度分析报告，定期召开销售分析会。针对烟叶货款回笼难的新问题，加大催收力度，统筹考虑货款回笼与新烟调拨事项。

烟叶防灾体系建设。受超强厄尔尼诺天气影响，烟叶受灾面积18.73万亩，其中中等以上程度受灾11.8万亩。面对严重灾情，福建省烟草商业系统开展灾前预防、灾后自救和灾情统计等工作，免费发放价值150万元的救灾应急物资。在全国率先启动全省烟叶统一种植保险，保费54元/亩、最高保额1160元/亩，烟农和面积投保率均达到99.3%，总保费4670万元，其中烟草、政府、烟农各出资50%、42.2%、7.8%，保险理赔总金额7426万元，中度以上程度受灾的烟农户均获赔4306元。

烟叶生产基础设施及水源工程建设。福建省投入烟叶生产基础设施建设资金1.34亿元，其中国家局投入0.36亿元，福建省烟草商业系统投入0.98亿元。建设烟叶生产基础设施建设项目6577件。

福建省局（公司）联合福建省水利厅出台《福建省烟草援建水源工程项目建设与资金管理办法（试行）》。截至2016年底，全省累计通过国家局核准的援建水源工程39个，核定援建资金23.34亿元；实际拨付资金14.19亿元，其中2016年新增国家局评审的援建水源工程1个，核定援建金额0.73亿元。

【对外交流与合作】　中国烟草福建进出口有限责任公司前身是成立于1985年1月1日的中国烟草进出口公司福建分公司，1991年更名为中国烟草福建进出口公司，同年公司由福州迁址到厦门。2001年11月，改制更名为中国烟草福建进出口有限责任公司，股东方分别是中国烟草进出口（集团）公司、福建省烟草公司、福建中烟工业公司、龙岩卷烟厂、厦门卷烟厂等5家单位。2006年12月，改制为有限责任公司，成为中国烟草总公司福建省公司的全资子公司。公司经营范围涵盖烟叶出口和卷烟进口，其中烟叶、烟梗出口销售到印度尼西亚、中国香港、埃及、印度、德国、俄罗斯、荷兰、葡萄牙等国家和地区，并负责为福建、天津、内蒙古等3个省（自治区、直辖市）提供包括“555”“红双喜”“七星（Mevius）”“大卫杜夫（Davidoff）”“爱喜（ESSE）”“长寿（Long Life）”等品牌在内的进口卷烟和德国“Livarde”、古巴“CHICOS”等品牌雪茄烟。截至2016年底，公司拥有总资产4.64亿元，其中，固定资产475万元、流动资产2.43亿元，资产负债率23.33%。有从业人员47人。

实现进出口贸易总额1767万美元。实现销售收入2.51亿元，同比下降19.03%。实现税利1.37亿元，同比下降11.61%。实现利润3950万元，同比下降40.19%。出口烟叶（含烟梗）999吨，出口实现471万美元。进口卷烟（含雪茄烟）6.99亿支，进口额1296万美元。销售进口卷烟6.71亿支，销售额2.2亿元。

【管理创新】　坚持全员全过程精益管理，积极培育精益文化，形成“匠心铸品质、精益创价值”的核心理念，逐步构建起一套PDCA循环的驱动机制，以及单边精益、多边精益和平台精益三个层级，交互共生、竞合发展和全网联动三大导向，信息集成、管理融合、队伍建设和精益文化四个支撑的“1334”平台精益模式。省局（公司）被中国企业文化研究会评为“‘互联网+时代’精益文化建设标杆企业”。全省烟草商业系统有2项成果分别获得全国烟草行业第二十七届QC小组活动成果一等奖和三等奖，2个课题被评为烟草行业商业企业“精益十佳”课题，2名员工被评为烟草行业商业企业“精益十佳”个人。

【特事辑要】　1月4日，福建省委书记尤权赴长汀县调研烤烟产业助农增收及烟基工程反哺惠民工作。尤权实地察看烟草行业投资建设的烟田排灌设施和烤烟专业化育苗点，对烟叶生产基础设施工程在农村社会经济发展及生产生活环境改善中所起的积极作用给予充分肯定。

1月18日，福建省政府主持召开卷烟打假打私专题会议，研究部署“百日行动”有关事宜。

1月21日，福建省烟草商业系统工作会议在福州召开。

11月16—18日，国家局党组成员、副局长段铁力赴福建烟草调研。段铁力对福建烟草工商企业精益管理工作和市场状态给予肯定，要求工商双方以精益管理为抓手，牢固树立管理是竞争力、管理出效益的理念，促进企业提质增效升级，在保持良好的市场状态基础上，努力完成国家局下达的目标任务。

12月26—28日，国家局党组成员、副局长赵洪顺赴福建烟草调研。赵洪顺对福建省局（公司）2016年以来各项工作给予肯定，要求继续培育好重点品牌，保持卷烟销量稳定，不断压缩卷烟库存，持续提升零售客户盈利能力。其间，赵洪顺指导参加省局党组民主生活会。

2016 年福建省烟草专卖商业主要情况统计

地市级局（公司）名称		福州市烟草专卖局（公司）	厦门市烟草专卖局（公司）	宁德市烟草专卖局（公司）	莆田市烟草专卖局（公司）	泉州市烟草专卖局（公司）
主要负责人（含党政领导）/法人代表		黄学良	黄端启	林茂新	林师训	詹小强
所属县级单位		城北、城南、福清市、长乐市、闽侯县、连江县、平潭县、罗源县、闽清县、永泰县等10个县级烟草专卖局(分公司)	第一分局、集美区、思明区、湖里区等4个县级烟草专卖局（分公司）	蕉城区、福安市、福鼎市、霞浦县、古田县、屏南县、寿宁县、周宁县、柘荣县等9个县级烟草专卖局（分公司）	仙游县、城厢区、涵江区、秀屿区等4个县级烟草专卖局（分公司）	丰泽区、鲤城区、洛江区、晋江市、南安市、石狮市、惠安县、安溪县、永春县、德化县、泉港区等11个县级烟草专卖局（分公司）
总资产（万元）		327896	248517	135001	136179	453193
资产负债率（%）		11.16	13.71	11.57	4.63	6.86
从业人员（人）		1280	469	725	555	1403
所属业务机构	营销机构	1个营销中心、10个客户服务中心	1个营销中心、1个电访中心、6个客户服务中心	1个营销中心、1个订单部、9个客户服务中心	1个营销中心、1个服务响应部、4个客户服务中心	1个营销中心、1个多媒体呼叫中心、11个客户服务中心
	物流配送机构	1个配送中心、1个中转站、5个对接站	1个配送中心	1个配送中心、6个中转站	1个配送中心	1个物流中心、3个中转站、2个对接站
	专卖稽查机构	1个稽查支队、11个稽查大队	1个稽查支队、7个稽查大队	1个稽查支队、9个稽查大队	1个稽查支队、5个稽查大队	1个稽查支队、13个稽查大队
	烟叶机构	—	—	—	—	—
实现税利	万元	241797	161730	91839	105805	294814
	2016年比2015年（%）	7.85	7.01	5.42	8.40	4.59
实现利润	万元	89242	64215	29035	41266	111461
	2016年比2015年（%）	-13.64	-7.85	-16.19	-9.75	-12.93
销售卷烟	亿支	149.27	96.10	58.35	65.45	182.97
	2016年比2015年（%）	-1.82	-0.84	-2.95	-2.31	-2.95
卷烟销售收入（万元）		930399	513243	316928	409360	1110138
查处涉烟违法案件（起）		3628	788	1420	471	1237
查处涉烟违法案件案值（万元）		2154	1102	1421	3536	1025
2016年烟草行业投入烟叶生产基础设施建设资金（万元）		—	—	—	—	—
全年烟叶生产基础设施新增受益面积（万亩）		—	—	—	—	—
烟叶种植（万亩）		—	—	—	—	—
烟叶收购（万担）		—	—	—	—	—
烟农户数（户）		—	—	—	—	—
实现烟农总收入（万元）		—	—	—	—	—
零售客户数（户）		29708	17201	15995	13334	40375
零售客户销售毛利率（%）		9.70	10.40	8.70	8.30	9.21

<table>
<tr><th colspan="2">地市级局（公司）名称</th><th>漳州市烟草
专卖局（公司）</th><th>龙岩市烟草
专卖局（公司）</th><th>三明市烟草
专卖局（公司）</th><th>南平市烟草
专卖局（公司）</th></tr>
<tr><td colspan="2">主要负责人（含党政领导）/法人代表</td><td>游文忠</td><td>姜林灿</td><td>张清明</td><td>白万明</td></tr>
<tr><td colspan="2">所属县级单位</td><td>城区、龙海市、云霄县、漳浦县、诏安县、长泰县、东山县、南靖县、平和县、华安县等10个县级烟草专卖局（分公司）</td><td>新罗区、永定区、上杭县、武平县、长汀县、连城县、漳平市等7个县级烟草专卖局（分公司）</td><td>城区、永安市、沙县、将乐县、宁化县、尤溪县、建宁县、泰宁县、清流县、明溪县、大田县等11个县级烟草专卖局（分公司）</td><td>延平区、武夷山市、邵武市、建阳区、建瓯市、光泽县、顺昌县、浦城县、松溪县、政和县等10个县级烟草专卖局（分公司）</td></tr>
<tr><td colspan="2">总资产（万元）</td><td>250599</td><td>239567</td><td>358044</td><td>298267</td></tr>
<tr><td colspan="2">资产负债率（%）</td><td>8.11</td><td>11.38</td><td>15.35</td><td>37.51</td></tr>
<tr><td colspan="2">从业人员（人）</td><td>1018</td><td>2049</td><td>2226</td><td>2232</td></tr>
<tr><td rowspan="4">所属业务机构</td><td>营销机构</td><td>1个营销中心、1个订单部、10个客户服务中心</td><td>1个营销中心、1个电访中心、7个客户服务中心</td><td>1个营销中心、1个电访中心、11个客户服务中心</td><td>1个营销中心、10个客户服务中心</td></tr>
<tr><td>物流配送机构</td><td>1个物流公司、7个中转站</td><td>1个配送中心</td><td>1个配送中心、5个中转站、1个对接站</td><td>1个物流公司、10个中转站</td></tr>
<tr><td>专卖稽查机构</td><td>1个稽查支队、10个稽查大队</td><td>1个稽查支队、7个稽查大队</td><td>1个稽查支队、12个稽查大队</td><td>1个稽查支队、11个稽查大队</td></tr>
<tr><td>烟叶机构</td><td>—</td><td>1个烟科分所（烟叶生产技术中心）、1个烟叶生产部、1个烟叶购销部、1个基础办、46个烟叶站、18个收购点、4个生产工作点、5个试验站</td><td>1个烟科分所（烟叶生产技术中心）、1个烟叶生产部、1个烟叶购销部、1个基础办、92个烟叶站、3个试验站</td><td>1个烟科分所（烟叶生产技术中心）、1个烟叶生产部、1个烟叶购销部、1个烟基办、74个烟叶站、3个试验站</td></tr>
<tr><td rowspan="2">实现税利</td><td>万元</td><td>196468</td><td>143204</td><td>164932</td><td>149511</td></tr>
<tr><td>2016年比2015年（%）</td><td>11.34</td><td>-1.69</td><td>-0.94</td><td>3.74</td></tr>
<tr><td rowspan="2">实现利润</td><td>万元</td><td>72693</td><td>63531</td><td>81274</td><td>66696</td></tr>
<tr><td>2016年比2015年（%）</td><td>-8.94</td><td>-13.53</td><td>-7.33</td><td>-4.96</td></tr>
<tr><td rowspan="2">销售卷烟</td><td>亿支</td><td>120.76</td><td>52.08</td><td>47.56</td><td>54.96</td></tr>
<tr><td>2016年比2015年（%）</td><td>-2.08</td><td>-5.32</td><td>-5.36</td><td>-3.45</td></tr>
<tr><td colspan="2">卷烟销售收入（万元）</td><td>658424</td><td>265340</td><td>211956</td><td>255917</td></tr>
<tr><td colspan="2">查处涉烟违法案件（起）</td><td>959</td><td>423</td><td>250</td><td>726</td></tr>
<tr><td colspan="2">查处涉烟违法案件案值（万元）</td><td>670</td><td>382</td><td>2047</td><td>4704</td></tr>
<tr><td colspan="2">2016年烟草行业投入烟叶生产基础设施建设资金（万元）</td><td>—</td><td>2167</td><td>9578</td><td>12824</td></tr>
<tr><td colspan="2">全年烟叶生产基础设施新增受益面积（万亩）</td><td>—</td><td>1.08</td><td>5.50</td><td>13.25</td></tr>
<tr><td colspan="2">烟叶种植（万亩）</td><td>—</td><td>21.94</td><td>38.10</td><td>27.10</td></tr>
<tr><td colspan="2">烟叶收购（万担）</td><td>—</td><td>58.40</td><td>80.79</td><td>67.09</td></tr>
</table>

续表

地市级局（公司）名称	漳州市烟草专卖局（公司）	龙岩市烟草专卖局（公司）	三明市烟草专卖局（公司）	南平市烟草专卖局（公司）
烟农户数（户）	—	13959	22047	12219
实现烟农总收入（万元）	—	77830	124683	96249
零售客户数（户）	30459	14187	12900	13222
零售客户销售毛利率（%）	8.20	9.10	8.93	8.00

◈ 撰稿：傅积恩；编辑：王东旭

江西省烟草专卖局（公司）

【专卖管理】 **案件查处**。查处涉烟违法案件2.27万起，同比增长0.81%，其中假烟案件3020起，同比增长55.35%。查获假烟2329.23万支，同比增长6.25%；查获走私烟866.37万支，同比增长11.2%；查获非法流通卷烟1.36亿支，同比增长2.09%。全年查获案值在5万元以上案件899起，同比增长17.82%。破获符合公安部、国家局标准的网络案件27起，符合省局标准的网络案件19起。在物流寄递环节查处案件1546起，查获卷烟2089.3万支。

打假打私。江西省烟草专卖局保持严厉打假的高压态势，联合公安机关在全省范围开展打击制售假烟网络和"今冬明春"市场专项整治行动，组织实施物流寄递和互联网环节涉烟问题专项治理，取得明显成效。

2016年3月15日，宜春市袁州区局专卖人员向市民讲解演示如何识别真假烟 江西省局 供稿

部督案件。丰城市"1·7"销售假冒伪劣卷烟网络案件，涉及广东广州、福建漳州、江西丰城等地，涉案金额290万元，涉案人员18人。寻乌县"10·23"生产销售伪劣卷烟网络案件，涉及江西、广东、福建等3个省，现场查获假冒卷烟116.2万支、烟丝10吨、滤棒85.2万支、盘纸0.6吨、制假烟机设备2台，涉案金额262万元。

证件管理。按照2016年新修订的《烟草专卖许可证管理办法》，严格办证条件和程序，规范后续监管举措，定期开展停歇业、变更、注销等后续监管专项自查清理工作。按照"一口受理、限时办结、规范办理、透明办理、网上办理"的总体要求，组织开展落实情况检查，进一步优化办证场所和办证服务。在赣州市烟草专卖局先行试点，设立办证中心和案件处理中心，实行"一个窗口"受理和"一站式"服务。

【经济效益】 江西省烟草商业系统实现税利118.86亿元，同比增长0.96%。实现利润47.82亿元，同比下降12.05%。卷烟单箱销售收入3.23万元，同比增长8.25%；卷烟单箱税利9424元，同比增长18.12%。三项费用率5.43%，同比增加0.22个百分点。

【卷烟经营】 **卷烟销售**。江西省烟草商业系统销售卷烟625.12亿支（125.02万箱），同比下降13.59%，其中，销售一类烟155.64亿支（31.13万箱），同比下降5.63%；二类烟107.75亿支（21.55万箱），同比增长8.04%；三类烟210.1亿支（42.02万箱），同比下降23.48%；四类烟119.7亿支（23.94万箱），同比下降15.44%；五类烟31.93亿支

(6.39万箱)，同比下降25.21%。本地区销量居前三位的卷烟品牌为“金圣”“利群”“庐山”，销量分别为146.96亿支(29.39万箱)、101.14亿支(20.23万箱)、82.65亿支(16.53万箱)。实现卷烟销售收入404.04亿元，同比下降6.74%。

品牌培育。按照“有规则、有规划、有方法、有考核”的要求，强化重点品牌培育，加强品牌引入和退出机制的管理，合理规划在销规格总数和主要价位段规格数，按照规划有序引入新品。加强对省产烟的培育，通过成立工商协同机构、设立专项奖励、推动核心卷烟零售客户建设、开展积分回报活动等方式，提升品牌知名度。

投放“金圣(硬滕王阁)”“金圣(软滕王阁)”“金圣(滕王阁细支)”“金圣(软瑞香)”等15个新品规格，全年实现销量21.77亿支(4.35万箱)。全年销售重点品牌卷烟505.35亿支(101.07万箱)，同比下降12.43%。

现代物流建设。推广“精细管理、精准运营、精减流程、精准核算、精心服务”的物流工作标准，物流对标指标继续保持行业领先水平。在国家局办公室公布的7项物流对标指标中，江西省公司的物流费用占销售收入比重、单箱物流费用两项对标指标排名行业第一。

推动包装箱循环利用。江西省公司在行业内率先采用“省集中”模式，在南昌市设立毗邻省份卷烟包装箱中心库，由所属企业江西省锦峰投资管理有限责任公司负责各配送中心毗邻省包装箱的归集、整理、暂存、装车、运输等环节工作，为毗邻省中烟提供“一站式”服务，全年返还比例达到98%以上。江西省公司在全国烟草行业物流工作会上作了经验交流，得到国家局认可并在全行业推广。

【烟叶产销】 **种植与收购**。江西省种植烤烟46.31万亩，同比增加6.66万亩。收购烟叶5.39万吨(107.79万担)，同比增加0.63万吨(12.59万担)。签订产购合同1.87万份。江西种烟农户总数1.87万户，户均种植面积24.76亩。烟叶收购均价为24.83元/千克，同比增加0.78元/千克。实现烟农总收入15.62亿元(含补贴)，同比增加2.61亿元。户均种烟收入8.35万元(含补贴)，同比增加1.14万元。

实现烟叶销售收入33.32亿元，同比增长33.87%。实现烟叶税2.94亿元，同比增加0.39亿元。

现代烟草农业建设。加大烟农专业合作社建设力度，进一步健全机构，扩大覆盖面，整合资产，规范财务。截至2016年底，全省共有51家烟农专业合作社，入社烟农1.65万户。烟农专业合作社覆盖面积28.41万亩，同比提高13.12万亩。专业化育苗面积35.62万亩，占比76.93%；专业化机耕面积32.04万亩，占比69.2%；专业化植保面积18.33万亩，占比39.59%；专业化烘烤面积31.67万亩，占比68.4%；专业化分级面积24.37万亩，占比52.63%。峡江黄金江专业合作社被总公司评为“烟农专业合作社行业示范社”。

烟叶生产基础设施建设。投入烟叶生产基础设施建设资金3.95亿元，由国家局全额出资，用于烟水配套工程、田间道路、烟叶调制设施、烟草农用机械、育苗设施、土地整理项目建设。江西省峡江石洞等6件水源工程项目获得国家局批复，行业援建资金5.36亿元。截至2016年底，国家局复函援建江西省水源工程项目14件，核定援建资金9.54亿元，其中12件开工建设。

【企业管理】 全省烟草商业系统共有375个QC小组取得成果，产生经济效益1509万元。在全国烟草行业第二十七届优秀质量管理小组成果发布会上，吉安市公司的“鲜烟叶分类烘烤工艺的研发”获得二等奖，萍乡市公司的“基于卷烟货源调控的精准市场状态评估模型设计”获得三等奖。

按照目标和过程管控相结合的原则，设立专卖、营销、烟叶、企业管理等“赛马”平台，设立以人均销量、人均省产烟和“金圣”烟销量、卷烟总销量、“金圣”烟销量增幅为主要指标的对标“看板”，树立对标标杆，鼓励市公司在“两烟”生产经营和企业管理方面找准优势，精准发力。

【特事辑要】 10月11—13日，国家局党组成员、副局长赵洪顺赴江西烟草调研。赵洪顺要求江西烟草着眼于行业发展的新形势和新挑战，努力适应新常态；着眼于生产经营中的困难和挑战，努力实现好成绩；着眼于江西烟草未来发展，努力打牢各项工作基础；着眼于全面从严治党要求，扎实做好巡视整改工作。

12月21—22日，国家局党组书记、局长凌成兴赴江西烟草调研。凌成兴指出：2016年以来，江西烟草做了大量工作，总体表现为“四个新成效、两个大利好”。“四个新成效”，即“金圣”品牌新品研发、烟叶生产提质增效、烟厂技术改造、赣南原中央苏区对口支援工作取得新成效。“两个大利好”，即高价位“金圣”卷烟稳居行业前十名的重大利好，商业单箱结构增量增幅稳居行业第一名的重大利好。对2017年的工作，凌成兴强调，对江西烟草来讲，要打好“一个翻身仗”，再上“三个新台阶”，即打好“金圣”品牌省内营销的翻身仗，再上自主品牌发展的新台阶、再上烟叶生产品质的新台阶、再上工商税利总额回升的新台阶。

2016 年江西省烟草专卖商业主要情况统计

地市级局（公司）名称		南昌市烟草专卖局（公司）	九江市烟草专卖局（公司）	上饶市烟草专卖局（公司）	抚州市烟草专卖局（公司）	宜春市烟草专卖局（公司）	吉安市烟草专卖局（公司）
主要负责人/法人代表（含党政领导）		旷　麟	揭东轲	岑　俭	熊尚彬	詹国华（—2016 年 2 月）朱辉明（2016 年 2 月—）	刘光辉
所属县级单位		东湖区、西湖区、青山湖区、青云谱区、南昌县、新建区[1]、进贤县、安义县等 8 个县级烟草专卖局（分公司）	城区、九江县、瑞昌市、武宁县、修水县、湖口县、都昌县、彭泽县、星子县、庐山、永修县、德安县、共青城市等 13 个县级烟草专卖局（分公司）	信州区、上饶县、广丰区[2]、玉山县、横峰县、铅山县、弋阳县、余干县、鄱阳县、万年县、德兴市、婺源县等 12 个县级烟草专卖局（分公司）	临川区、崇仁县、乐安县、宜黄县、南丰县、南城县、黎川县、金溪县、广昌县、资溪县、东乡县等 11 个县级烟草专卖局（分公司）	袁州区、丰城市、樟树市、高安市、万载县、上高县、宜丰县、奉新县、靖安县、铜鼓县等 10 个县级烟草专卖局（分公司）	吉州区、青原区、吉安县、吉水县、峡江县、新干县、永丰县、泰和县、遂川县、万安县、安福县、永新县、井冈山市等 13 个县级烟草专卖局（分公司）
总资产（万元）		234411	178815	206607	191468	150506	200007
资产负债率（%）		18.32	28.92	26.59	35.75	14.88	39.72
从业人员（人）		916	737	929	1046	888	969
所属业务	营销机构	1 个营销中心	1 个营销中心	1 个营销中心	1 个营销中心	1 个营销中心	1 个营销中心、1 个电访中心
	物流配送机构	1 个配送中心	1 个配送中心	1 个配送中心	1 个配送中心	1 个配送中心	1 个配送中心
	专卖稽查机构	1 个稽查支队、9 个稽查大队	1 个稽查支队、13 个稽查大队	1 个稽查支队、12 个稽查大队	1 个稽查支队、11 个稽查大队	1 个稽查支队、10 个稽查大队	1 个稽查支队、13 个稽查大队
	烟叶机构	—	—	—	56 个烟叶工作站	4 个烟叶工作站	8 个烟叶中心站、26 个烟叶收购点
实现税利	万元	162239	123314	165904	115767	133294	125454
	2016 年比 2015 年（%）	0.03	-4.49	4.16	5.91	5.35	2.33
实现利润	万元	65456	48343	65065	54455	50102	57438
	2016 年比 2015 年（%）	-15.72	-17.87	-15.14	3.25	-10.77	-2.55
销售卷烟	亿支	83.13	68.61	84.81	45.12	79.99	56.11
	2016 年比 2015 年（%）	-9.89	-13.26	-14.04	-16.59	-12.47	-18.86
卷烟销售收入（万元）		602052	468305	593210	297194	487452	340922
查处涉烟违法案件（起）		3292	1223	2010	939	2097	4303
查处涉烟违法案件案值（万元）		2837	993	1444	956	1326	767
2016 年度烟草行业投入烟叶生产基础设施建设资金（万元）		—	—	—	18075	4744	16859
全年烟叶生产基础设施新增受益面积（万亩）		—	—	—	6.42	1.40	4.92
烟叶种植（万亩）		—	—	—	14.64	1.37	12.27

续表

地市级局（公司）名称	南昌市烟草专卖局（公司）	九江市烟草专卖局（公司）	上饶市烟草专卖局（公司）	抚州市烟草专卖局（公司）	宜春市烟草专卖局（公司）	吉安市烟草专卖局（公司）
烟叶收购（万担）	—	—	—	35.21	3.72	29.12
烟农户数（户）	—	—	—	4864	293	6601
实现烟农总收入（万元）	—	—	—	51138	5513	42060
零售客户数（户）	15649	19437	24823	12890	21105	18534
零售客户销售毛利率（%）	6.00	10.26	6.97	7.80	11.59	5.89

地市级局（公司）名称		赣州市烟草专卖局（公司）	景德镇市烟草专卖局（公司）	萍乡市烟草专卖局（公司）	新余市烟草专卖局（公司）	鹰潭市烟草专卖局（公司）
主要负责人/法人代表（含党政领导）		卢卫铭	于继成	饶小林	殷亚军（—2016年3月） 余 坚（2016年3月—）	刘在强
所属县级单位		章贡区、赣县、南康区、大余县、信丰县、上犹县、崇义县、安远县、龙南县、定南县、全南县、于都县、宁都县、兴国县、瑞金市、会昌县、寻乌县、石城县等18个县级烟草专卖局（分公司）	城区、乐平市、浮梁县等3个县级烟草专卖局（分公司）	安源区、湘东区、芦溪县、上栗县、莲花县等5个县级烟草专卖局(分公司)	渝水区、分宜县、城区等3个县级烟草专卖局(分公司)	月湖区、贵溪市、余江县等3个县级烟草专卖局(分公司)
总资产（万元）		253062	73278	62186	47176	54057
资产负债率（%）		23.57	25.68	19.26	28.84	25.71
从业人员（人）		1543	314	347	242	227
所属业务	营销机构	1个营销中心、1个电访中心	1个营销中心	1个营销中心、1个电访中心	1个营销中心	1个营销中心
	物流配送机构	1个配送中心、8个物流中转站	1个配送中心	1个配送中心	1个配送中心	1个配送中心
	专卖稽查机构	1个稽查支队、20个稽查大队	1个稽查支队、3个稽查大队	1个稽查支队、6个稽查大队	1个稽查支队、1个稽查大队	1个稽查支队、3个稽查大队
	烟叶机构	57个烟叶工作站	—	—	—	—
实现税利	万元	197588	49774	52906	39951	35926
	2016年比2015年（%）	0.34	-3.44	-4.61	3.49	4.49
实现利润	万元	87309	19106	19314	15534	13602
	2016年比2015年（%）	-10.21	-20.89	-22.00	-9.77	-14.11
销售卷烟	亿支	111.58	26.00	31.85	20.57	17.32
	2016年比2015年（%）	-14.51	-12.82	-12.15	-10.04	-10.33
卷烟销售收入（万元）		583208	187402	204005	154071	130949
查处涉烟违法案件（起）		6393	987	1194	918	510
查处涉烟违法案件案值（万元）		1852	499	397	272	258

续表

地市级局（公司）名称	赣州市烟草专卖局（公司）	景德镇市烟草专卖局（公司）	萍乡市烟草专卖局（公司）	新余市烟草专卖局（公司）	鹰潭市烟草专卖局（公司）
2016 年度烟草行业投入烟叶生产基础设施建设资金（万元）	17977	—	—	—	
全年烟叶生产基础设施新增受益面积（万亩）	6.48	—	—	—	
烟叶种植（万亩）	18.03	—	—	—	
烟叶收购（万担）	39.74	—	—	—	
烟农户数（户）	6984	—	—	—	
实现烟农总收入（万元）	57534	—	—	—	
零售客户数（户）	38763	7045	7921	4382	3926
零售客户销售毛利率（%）	13.71	9.92	10.00	6.45	10.03

注：1. 根据《国家烟草专卖局 中国烟草总公司关于江西省新建县烟草专卖局更名的批复》（国烟人〔2016〕312 号），新建县烟草专卖局更名为南昌市新建区烟草专卖局。南昌市新建区烟草专卖局与南昌市烟草公司新建分公司合署办公，负责辖区内的烟草专卖管理和卷烟营销工作；

2. 根据《国家烟草专卖局 中国烟草总公司关于江西省广丰县烟草专卖局更名的批复》（国烟人〔2016〕127 号），广丰县烟草专卖局更名为上饶市广丰区烟草专卖局。上饶市广丰区烟草专卖局与上饶市烟草公司广丰分公司合署办公，负责辖区内的烟草专卖管理和卷烟营销工作。

◇ 撰稿：邱劲之；编辑：王东旭

山东省烟草专卖局（公司）

【专卖管理】 **案件查处**。坚持“真打、狠打、硬打”，重点围绕烟草市场集中整治和专卖基层基础建设两条主线，最大限度地向专卖管理要市场、要销量、要效益。全省查处涉烟违法案件 3.18 万起。查获非法卷烟 4.56 亿支，同比增长 26.46%，其中假烟、走私烟 5068 万支，同比增长 11.6%；外省非法流入省内卷烟 1.78 亿支，同比增长 22.6%；省内跨地市非法流通卷烟 5372 万支，同比增长 42.2%。涉烟违法案件总案值 1.81 亿元，同比增长 8.48%。公安、司法机关依法拘留 1215 人、逮捕 409 人、判刑 521 人。破获符合国家局、公安部标准的制售假烟网络案件 103 起，其中 4 起被列为部级督办案件。山东省局连续 8 年被国家局、公安部评为“全国卷烟打假工作特殊贡献单位”。

卷烟市场专项治理。在 2015 年“齐鲁之盾”专项行动的基础上，2016 年，由山东省社会治安综合治理委员会（简称省综治委）牵头，省综治委规范烟草市场秩序联席会议的 15 家成员单位共同开展“齐鲁之盾”专项行动，烟草市场整治合力进一步增强。省综治委把“齐鲁之盾”专项行动作为考核各地市“平安建设”的重要内容，督导检查专项行动在相关地市的开展情况并通报检查结果，并及时总结推广各地市先进经验。

重大案件侦破。省局抓住查处大要案这一关键环节，依托各级打击制售假烟网络工作领导小组办公室和公安、检察、法院协调会商机制，深度经营，追根溯源，彻底铲除扰乱辖区卷烟市场秩序的犯罪网络。

济南“7·20”案件涉案金额 1700 余万元，依法刑拘 7 人、逮捕 2 人、判刑 3 人；枣庄 2015 年“12·8”案件由公安部发起集群战役，多省联手捣毁销售、仓储窝点 3 处，依法刑拘 17 人、逮捕 9 人；潍坊“1·9”案件涉及 9 个省（自治区、直辖市），依法刑拘 12 人、逮捕 5 人、判刑 5 人；威海“3·22”案件查获走私烟 238 万支，是山东近年来一次性查获走私烟最多的案件。

卷烟非法外流治理。省局按照“最硬的任务部署、最硬的命令执行、最硬的要求落实、最硬的考核兑现、最硬的追究保障”工作标准，有效治理卷烟非法流通。通过开发省级卷烟营销在线监管系统，对违规经营行为实施严惩、严治、严打，山东省非法外流卷烟数量同比下降 14.91%。全省共查处各类内部不规范案件 123 起，处理责任人 511 人次。开展卷烟非法外流工作调研，撰写《山东真烟外流自查与卷烟市场容量的印证分析》，提高全员规范“生命线”意识，将发展思路转移到“抓基层、打基础”上来。

专卖基层基础建设。按照“抓基层、打基础”的要求，全年组织开展 3 次专题调研，全面梳理专卖管理工作，明确当前阶段需要解决的重点、难点问题。结合 APCD 工作法，建立完善随机抽查事项清单，检查对象名录库和执法检查人员名录库，以及随机抽查工作细则，即“一单、两库、一细则”，不断提高市场监管的针对性和有效性。加强专卖队伍建设，举办两期全省专卖管理人员培训班，培训市、县两级专卖骨干320余人。

【经济效益】 山东省烟草商业系统实现税利180.68亿元，同比下降7.3%，其中利润50.06亿元，同比下降26%。卷烟单箱销售收入2.53万元，卷烟单箱税利5610元。

加强降本增效工作，在国家局下达1亿元降本增效目标的基础上，山东省局（公司）自我加压，确定1.5亿元的挑战目标值，并超额完成任务。山东省烟草商业系统三项费用为69.93亿元，同比下降6.06%；三项费用率9.73%，同比增加0.19个百分点；营业成本509.45亿元，同比下降9.52%。

【卷烟（雪茄烟）经营】 **卷烟（雪茄烟）销售**。山东省烟草商业系统销售卷烟1560.19亿支（312.04万箱），同比下降7.98%，其中，销售一类烟208.82亿支（41.76万箱），同比下降19.08%；二类烟194.77亿支（38.96万箱），同比增长19.34%；三类烟742.01亿支（148.4万箱），同比下降6.31%；四类烟296.63亿支（59.33万箱），同比下降12.95%；五类烟117.96亿支（23.59万箱），同比下降16.60%。本地区销量居前三位的卷烟品牌为“泰山”“哈德门”“南京”，其中销售“泰山”571.87亿支（114.37万箱），同比下降0.34%；销售“哈德门”223.35亿支（44.67万箱），同比下降8.45%；销售“南京”130.91亿支（26.18万箱），同比增长18.70%。销售雪茄烟9549.67万支，同比增长153.73%。

全年实现卷烟销售收入791.66亿元，同比下降7.46%。实现卷烟税利175.15亿元，同比下降7.18%，其中利润50.57亿元，同比下降26.32%。

调整卷烟市场结构。以“品牌做大、规格做精、主提结构”为目标，坚持“提升一二类、优化三类、适当压缩四五类”的调控思路，加大类别布局调整力度，做到“省际边缘农村充分满足、普通农村基本满足、城区镇区控制投放”，深挖城镇结构提升潜力，四五类烟的比例基本达到全国平均水平。

全年销售重点品牌卷烟1190.54亿支（238.11万箱），同比下降7.64%，品牌集中度为76.26%，同比增加0.25个百分点。

专题市场开发。针对沿海地区消费超前的特点，优选品牌，在满足数量的基础上适当提升供应档次，做细做精沿海地区卷烟市场。顺应农村消费趋势，增加适销对路产品，提升农村市场结构。培育并引导新的消费热点，加大异型卷烟、爆珠卷烟、雪茄烟的培育力度，结合供给侧改革，不断提升满足个性化消费的能力，深入挖掘消费者潜在需求，培育新的增长点。

品牌培育。加大细支卷烟培育力度。设立专柜对细支卷烟进行陈列，同时提高卷烟零售客户的上柜高度和宽度，提升店铺视觉冲击力。全省销售细支卷烟89.15亿支（17.83万箱），同比增长53.65%，占全国细支烟总销量的12.93%。

加强鲁产卷烟培育，聚焦“泰山”品牌，建立工商共同调研市场、分析市场的工作机制，工商双方共同研究市场状态，互通、校验双方掌握的市场信息，共同加强与零售客户的互动，着力构建工商零共同面向消费者的营销体系，为“泰山”品牌发展营造良好市场环境。全年销售鲁产卷烟795.45亿支（159.09万箱），占总销售的比重达到50.95%，同比增加2.67个百分点。鲁产卷烟单箱销售收入为1.78万元，同比增长0.4%。

卷烟营销市场化取向改革。省局（公司）将2016年确定为改革落实年，对2015年改革推进情况进行验收，修订印发《需求预测管理办法》等12项关键营销制度，13次完善、升级省级营销平台，调整客户分档标准，增加按地理位置投放、特殊群体投放、选点投放等货源投放功能，优化平台操作性，提高流程、规则执行力度。开发省级卷烟营销在线监管系统，设置58个监管点，监管内容省、市两级同步展现，实现对卷烟营销业务的全面覆盖、全程跟踪、实时监控、分级预警和督办整改，提升规范经营水平。

基层服务站建设。省局探索基层服务站的建设标准、机制以及专卖营销结合的有效办法，实现营销工作重心下移。截至2016年底，全省基层服务站数量达到384家，4576名专卖和营销人员进驻基层服务站开展工作，基层服务站布局得到优化和完善，基层服务站贴近市场、专卖营销协同的优势得到体现，有效发挥基层服务站“抓基层、打基础”的主体作用。

【烟叶产销】 **烟叶种植与收购**。山东省种植烤烟33.91万亩，烟农户数8387户，签订烟叶种植收购合同8387份，户均种植面积40.4亩。收购烟叶5.05万吨（101.0万担），其中上等烟比例29.12%。收购均价21.30元/千克，同比降低3.60元/千克。调拨烟叶4.51万吨（90.18万担），同比下降19.70%。实现烟农总收入12.15亿元（含补贴），同比增加0.89亿元；户均收入（含补贴）14.49万元，同比增加1.53万元。

实现烟叶销售收入23.29亿元，实现烟叶税利5.5亿元，同比减少2.23亿元，下降28.90%；其中利润1.6亿元，同比减少1.16亿元，下降42.11%。

烟叶生产技术推广。推进“山东烟叶特色定位应用研究”重大专项，实施“山东烟叶基地单元一类卷烟品牌原料生产示范园构建”项目，继续以“减氮增密、提前集中移栽、水肥一体”三项措施为重点，推进先进适用技术集成与推广落实。全省推广漂浮育苗面积23.5万亩，小苗深栽面积25.05万亩；亩均施纯氮控制在3.5～5千克，亩均移栽数保持在1200株以上，移栽期提前5天。新增烟田滴灌配套面积13.99万亩，总配套面积达到20.27万亩。示范水肥一体化面积1.56万亩，促进水肥耦合、减工降本与稳产提质。

烟叶生产基础设施建设。山东省投入资金4203万元用于烟叶生产基础设施建设，其中国家局投入2434万元，山东省烟草商业系统投入1769万元。建设烟叶生产基础设施项目3682项。临沂费县三和水源工程通过竣工验收。潍坊诸城墙夼水库供水工程中，水库大坝、水闸、管道安装等主体工程基本完工，施工总进度为72%。日照莒县寨里河镇鹤河蓄水工程、潍坊临朐县桥头水库扩容加固工程被列入山东省2017年度拟援建计划。

现代烟草农业建设。推进规模化种植，山东省50亩以上的烟叶家庭农场达到2143个、面积20.69万亩，占总面积的比重为61%。培育职业烟农6475户。加强烟农专业合作社建设，全省烟农专业合作社数量达到38家，其中4家烟农专业合作社被国家局评为“烟农专业合作社行业示范社”，全省烟草商业系统示范社累计达到8家。继续开展烟叶订单生产试点，在诸城孟马、沂水沂城“中华”品牌基地单元，高密五龙河、蒙阴联城“利群”品牌基地单元等4个烟叶基地单元试点面积8.56万亩，年度调拨订单等级烟叶0.9万吨（18万担）。

探索开展多元化经营，全省多元化利用育苗大棚894个、烤房1318座。合作社的年度多元经营盈利平均7.14万元。全省烟农户均多元化经营盈利1336元。

2016年7月31日，山东省临沂市临沭县分公司烟叶技术员指导烟农进行鲜烟分级
山东临沂市局　李倩坤　摄

【对外交流与合作】　**卷烟出口业务**。发挥山东烟草（中东）贸易公司（中国烟草山东进出口有限责任公司全资子公司）海外销售平台作用，与省级工业公司合作，内外联动、开拓市场。在中东、东欧、西非、东非、东南亚等市场取得市场份额的基础上，合作开拓安哥拉、黎巴嫩、澳大利亚、蒙古国等新市场。

与山东中烟在卷烟口味和包装规格上保持沟通，新开发的沉香、茶香等香型的10余类产品实现首次出口，在澳大利亚等市场推广初见成效，完成向韩国免税市场出口，“TS”产品线更加丰富，产品覆盖区域更加广泛。出口卷烟45.09亿支。

卷烟进口业务。进口卷烟2.11亿支，同比增长2.19%。销售进口卷烟1.96亿支，同比下降5.87%，其中销售“555”卷烟7403万支，同比下降9.33%。

烟叶类产品出口业务。面对国际烟叶市场需求低迷、库存等级矛盾突出、烟叶生产成本过高等不利因素，采取细分国际市场需求、向不同客户定向销售、全力争取工业企业不适用库存烟叶出口业务，以及新开发中东及东南亚市场烟叶产品出口业务等措施，多方位、多渠道加大推销力度。出口烟叶3283吨，同比增长117.59%；出口烟梗3875吨，同比增长194.25%；出口薄片443吨，同比增长343%。

辅料、烟机设备等进出口业务。开拓省内外烟机设备、烟用辅料等代理业务。进口丝束2180吨，同比下降39.78%。烟机设备进出口额1.82亿元，同比下降8.95%。出口滤棒6.44亿支，同比增长178.1%。出口卷烟纸349吨，同比增长12.42倍。进口卷烟纸38吨，同比下降19.15%。进口三乙酸甘油酯120吨，同比增长16.5%。

【管理创新】　**强化课题带动机制**。建立“五来源问题倒逼机制”，从职责管理、指标数据、业务流程、制度规范、现场管理等五方面查找问题，经省、市两级审核，确定攻关课题。省局（公司）立项省级课题53个，市级课题284个。立项后，采取内训师挂靠、阶段调度、跟踪指导、工具培训等方式，强化课题过程管理，对完成的31个精益课题组织专家结项评审，开展“精益十佳”课题评选活动。青岛市局（公司）的“创建‘双向验证’的市场状态判断精益模式”、潍坊市局（公司）的“实物资产配置研究与管理实践”被评为行业“精益十佳”课题。

推进群众性创新活动。以群众性创新活动为基础，深入推进全员浪费点查找活动，细化浪费点“三级查”模式，采用分级、分类和上门查方式，查找流程、现场等方面存在的浪费点3870个，整改率92%以上，累计减少浪费543.7万元。全省烟草商业系统累计注册QC小组1128个，形成并发布QC成果255个，累计取得经济效益1652.3万元。在行业第27届QC成果发布会上，获得一等奖1个，二等奖2个。以机制完善为保障，强化课题申报立项、中期管理、成果鉴定和推广应用各关键环节的管理控制，加强QC诊断师、精益内训师和体系内审员的建设，组织参加6期诊断师培训，培养初级诊断师177人、中级诊断师93人，2人被评为行业“精益十佳”个人，3人被评为行业“精益改善达人”。

建立融合发展的“精益+”立运行机制。卷烟营销方面：加强库存管理，商业存销比控制在合理水平，努力降低库存成本；严控营销物料采购，市场营销费用大幅降低。物流配送方面：推行定额管理，减少额外消耗，优化送货线路，提高配送效率，实施6S现场管理，积极探索布袋包装，促进资源节约。全省物流费用同比减少771.57万元，下降5.89%。烟叶生产方面：稳步推进站点整合，严格控制烟叶物资、专业化服务及烟基设施项目补贴，加强烟叶对标管理，推行烟叶大宗物资集中采购。烟叶销售费用同比减少2842万元，烟叶生产投入补贴同比减少3722万元。专卖管理方面：优化案件审理和许可证办理流程，推进实体性审批窗口建设和网上服务平台建设，有效控制打假、打私和专卖管理经费开支。在查获非法卷烟数量同比大幅增长的情况下，打假、打私和专卖管理经费同比减少4122万元，下降38.9%。

【特事辑要】 1月12日，全省烟草市场治理“齐鲁之盾”专项行动动员部署会议在济南召开。

2月25日，山东省委常委、常务副省长孙伟赴山东烟草调研，副省长张务锋一同调研。其间，孙伟一行实地考察山东中烟济南卷烟厂，听取山东烟草工商企业工作汇报。孙伟对山东烟草发展成绩给予肯定。他强调，山东烟草要积极推进供给侧改革，打好提质增效、转型升级翻身仗、攻坚战。要坚持以质量为中心，通过生产创新，打造市场认可品牌。要深化工商协同、产销协同、两烟协同，工商共同培育“泰山”品牌，提高鲁产品牌市场占有率和销售结构。

2016年山东省烟草专卖商业主要情况统计[1]

地市级局（公司）名称		济南市烟草专卖局（公司）	青岛市烟草专卖局（公司）	淄博市烟草专卖局（公司）	枣庄市烟草专卖局（公司）
主要负责人/法人代表（含党政领导）		宋洪润	徐立国	谢　云	马宏伟
所属县级单位		历下区、市中区、天桥区、槐荫区、历城区、长清区、章丘市、平阴县、济阳县、商河县等10个县级烟草专卖局（营销部）	市北区、黄岛区、平度市、胶州市等4个县级烟草专卖局（分公司），市南区、李沧区、崂山区、城阳区、即墨市、莱西市等6个县级烟草专卖局（营销部）	张店区、周村区、临淄区、桓台县、高青县等5个县级烟草专卖局（营销部），博山区、淄川区、沂源县等3个县级烟草专卖局（分公司）	滕州市、市中区、薛城区、山亭区、峄城区、台儿庄区等6个县级烟草专卖局（营销部）
总资产（万元）		247838	348806	131071	106829
资产负债率（%）		19.24	15.87	33.58	26.23
从业人员（人）		1181	1209	1122	945
所属业务机构	营销机构	1个营销中心	1个营销中心、1个电访中心	1个营销中心	1个营销中心、1个电访中心
	物流配送机构	1个配送中心	1个配送中心、5个配送站	1个配送中心	1个配送中心、1个物流中转站
	专卖稽查机构	1个稽查支队	1个稽查支队、10个稽查大队	1个稽查支队、8个稽查大队	1个稽查支队、6个稽查大队
	烟叶机构	—	1个烟叶工作中心站、5个生产收购指导站	1个烟叶生产经营中心	—

续表

地市级局（公司）名称		济南市烟草专卖局（公司）	青岛市烟草专卖局（公司）	淄博市烟草专卖局（公司）	枣庄市烟草专卖局（公司）
实现税利	万元	165895	259145	80556	64870
	2016年比2015年（%）	-13.88	2.04	-6.57	-8.98
实现利润	万元	58548	97660	17956	15922
	2016年比2015年（%）	-24.12	-10.20	-36.75	-36.42
销售卷烟	亿支	125.56	181.00	74.50	55.34
	2016年比2015年（%）	-10.78	-2.30	-7.22	-10.45
卷烟销售收入（万元）		712928	882695	319118	253402
查处涉烟违法案件（起）		1566	1797	533	2231
查处涉烟违法案件案值（万元）		926	2015	845	1856
2016年度烟草行业投入烟叶生产基础设施建设资金（万元）		—	62	119	—
全年烟叶生产基础设施新增受益面积（万亩）		—	0.32	0.14	—
烟叶种植（万亩）		—	1.14	0.68	—
烟叶收购（万担）		—	3.41	2.03	—
烟农户数（户）		—	190	157	—
实现烟农总收入（万元）		—	4301	2737	—
零售客户数（户）		27273	24960	18681	12816
零售客户销售毛利率（%）		12.04	10.20	9.17	9.19

地市级局（公司）名称		东营市烟草专卖局（公司）	烟台市烟草专卖局（公司）	潍坊市烟草专卖局（公司）	济宁市烟草专卖局（公司）
主要负责人/法人代表（含党政领导）		姜自谦	王春山	曹红祥	崔志民
所属县级单位		东营区、河口区、垦利区[2]、广饶县、利津县等5个县级烟草专卖局（营销部）	芝罘区、莱山区、福山区、牟平区、蓬莱市、龙口市、招远市、莱州市、莱阳市、栖霞市、海阳市、长岛县等12个县级烟草专卖局（营销部）	诸城市、安丘市、昌乐县、临朐县、高密市、青州市等6个县级烟草专卖局（分公司），奎文区、寒亭区、潍城区、昌邑市、寿光市、坊子区等6个县级烟草专卖局（营销部）	任城区、曲阜市、泗水县、邹城市、微山县、鱼台县、金乡县、嘉祥县、汶上县、梁山县等10个县级烟草专卖局（营销部）和兖州区烟草专卖局（分公司）
总资产（万元）		60694	277213	239696	199132
资产负债率（%）		13.85	30.35	40.67	23.15
从业人员（人）		481	1363	2785	1203
所属业务机构	营销机构	1个营销中心、1个电访中心	1个营销中心、1个电访中心	1个营销中心	1个营销中心
	物流配送机构	1个配送中心	1个配送中心	1个配送中心	1个配送分公司
	专卖稽查机构	1个稽查支队、5个稽查大队	1个稽查支队、11个稽查大队	1个稽查支队、12个稽查大队	1个稽查支队
	烟叶机构	—	—	12个烟叶工作中心站、24个烟叶收购站	—

续表

地市级局（公司）名称		东营市烟草专卖局（公司）	烟台市烟草专卖局（公司）	潍坊市烟草专卖局（公司）	济宁市烟草专卖局（公司）
实现税利	万元	45566	156280	173494	135679
	2016年比2015年（%）	-5.30	-4.23	-2.52	-11.16
实现利润	万元	11618	49001	30474	42880
	2016年比2015年（%）	-32.31	-23.04	-45.26	-28.13
销售卷烟	亿支	38.10	123.50	152.51	125.01
	2016年比2015年（%）	-9.04	-7.72	-5.75	-8.00
卷烟销售收入（万元）		177326	570150	724568	517822
查处涉烟违法案件（起）		644	3217	2100	2637
查处涉烟违法案件案值（万元）		354	1902	1464	1223
2016年度烟草行业投入烟叶生产基础设施建设资金（万元）		—	—	2694	—
全年烟叶生产基础设施新增受益面积（万亩）		—	—	1.65	—
烟叶种植（万亩）		—	—	13.73	—
烟叶收购（万担）		—	—	41.06	—
烟农户数（户）		—	—	3044	—
实现烟农总收入（万元）		—	—	42608	—
零售客户数（户）		8845	27364	31501	29691
零售客户销售毛利率（%）		14.38	11.37	11.91	9.35

地市级局（公司）名称		泰安市烟草专卖局（公司）	威海市烟草专卖局（公司）	日照市烟草专卖局（公司）	莱芜市烟草专卖局（公司）
主要负责人/法人代表（含党政领导）		孙德育	邓基刚	李　峰	渠庆忠
所属县级单位		泰山区、岱岳区、新泰市、肥城市、宁阳县、东平县等6个县级烟草专卖局（营销部）	市区、荣成市、乳山市等3个县级烟草专卖局（营销部）和文登区烟草专卖局（分公司）	东港区、岚山区、莒县、五莲县等4个县级局（分公司）	莱城区、钢城区2个县级烟草专卖局（营销部）
总资产（万元）		125838	99680	112659	39728
资产负债率（%）		41.38	20.12	37.88	46.86
从业人员（人）		1008	547	874	370
所属业务机构	营销机构	1个营销中心	1个营销中心、1个电访中心	1个营销中心	1个营销中心、1个电访中心
	物流配送机构	1个配送中心	1个配送中心、2个配送对接站	1个配送中心	1个配送中心
	专卖稽查机构	1个稽查支队、6个稽查大队	1个稽查支队、4个稽查大队	1个稽查支队、4个稽查大队	1个稽查支队、2个稽查大队
	烟叶机构	—	—	1个烟叶生产经营中心、8个中心烟站、7个烟叶收购点、2个生产服务点	1个中心烟站、2个烟叶收购站

续表

地市级局（公司）名称		泰安市烟草专卖局（公司）	威海市烟草专卖局（公司）	日照市烟草专卖局（公司）	莱芜市烟草专卖局（公司）
实现税利	万元	75291	60219	66475	19601
	2016年比2015年（%）	-15.53	-9.37	-5.11	-10.01
实现利润	万元	19653	18773	17681	3897
	2016年比2015年（%）	-23.41	-21.87	-29.81	-37.71
销售卷烟	亿支	75.20	51.00	49.65	18.34
	2016年比2015年（%）	-15.47	-7.58	-5.94	-13.06
卷烟销售收入（万元）		313541	230196	219773	83778
查处涉烟违法案件（起）		2804	1218	751	516
查处涉烟违法案件案值（万元）		806	911	268	291
2016年度烟草行业投入烟叶生产基础设施建设资金（万元）		—	—	326	262
全年烟叶生产基础设施新增受益面积（万亩）		—	—	0.43	0.15
烟叶种植（万亩）		—	—	5.28	0.97
烟叶收购（万担）		—	—	16.04	2.03
烟农户数（户）		—	—	1195	314
实现烟农总收入（万元）		—	—	20076	1468
零售客户数（户）		19935	11237	13022	5753
零售客户销售毛利率（%）		8.72	8.10	13.44	10.39

地市级局（公司）名称		临沂市烟草专卖局（公司）	德州市烟草专卖局（公司）	聊城市烟草专卖局（公司）	滨州市烟草专卖局（公司）	菏泽市烟草专卖局（公司）
主要负责人/法人代表（含党政领导）		齐义良	陈　豪	王淑敏	巩红卫	丁锡汉（—2016年8月） 邓　伟（2016年8月—）
所属县级单位		兰山区、罗庄区、河东区等3个县级烟草专卖局（营销部），郯城县、兰陵县、莒南县、沂水县、蒙阴县、平邑县、费县、沂南县、临沭县等9个县级烟草专卖局（分公司）	德城区、禹城市、乐陵市、宁津县、齐河县、临邑县、平原县、武城县、夏津县、庆云县等10个县级烟草专卖局（营销部）和陵城区烟草专卖局（分公司）	东昌府区、临清市、冠县、莘县、阳谷县、东阿县、茌平县、高唐县等8个县级烟草专卖局（营销部）	滨城区、邹平县、博兴县、惠民县、无棣县、阳信县等6个县级烟草专卖局（营销部）和沾化区烟草专卖局（分公司）	牡丹区、定陶区[3]、曹县、成武县、单县、巨野县、郓城县、鄄城县、东明县等9个县级烟草专卖局(营销部)
总资产（万元）		299813	144276	106138	73690	127227
资产负债率（%）		36.81	48.51	41.81	25.52	24.97
从业人员（人）		2734	761	802	793	1469
所属业务机构	营销机构	1个营销中心、1个订单采集部	1个营销中心	1个营销中心、1个电访中心	1个营销中心、1个电访中心	1个营销中心
	物流配送机构	1个配送中心、5个配送中转站	1个配送中心	1个配送中心	1个配送中心	1个配送中心

续表

地市级局（公司）名称		临沂市烟草专卖局（公司）	德州市烟草专卖局（公司）	聊城市烟草专卖局（公司）	滨州市烟草专卖局（公司）	菏泽市烟草专卖局（公司）
所属业务机构	专卖稽查机构	1个稽查支队、12个稽查大队	1个稽查支队、11个稽查大队	1个稽查支队、8个稽查大队	1个稽查支队、7个稽查大队	1个稽查支队、12个稽查大队
	烟叶机构	1个烟叶生产经营中心、10个中心烟站、35个烟叶收购站	—	—	—	—
实现税利	万元	202581	70140	65674	55342	112874
	2016年比2015年（%）	-3.74	-16.43	-23.59	-19.46	-7.74
实现利润	万元	62187	17387	18408	14742	27139
	2016年比2015年（%）	-24.05	-36.60	-26.18	-25.99	-37.06
销售卷烟	亿支	158.50	75.00	76.75	60.15	120.98
	2016年比2015年（%）	-6.36	-13.14	-12.05	-8.41	-5.35
卷烟销售收入（万元）		642919	292010	355882	270842	450780
查处涉烟违法案件（起）		3167	2162	2327	1563	2093
查处涉烟违法案件案值（万元）		2551	604	516	519	1260
2016年度烟草行业投入烟叶生产基础设施建设资金（万元）		740	—	—	—	—
全年烟叶生产基础设施新增受益面积（万亩）		0.50	—	—	—	—
烟叶种植（万亩）		12.11	—	—	—	—
烟叶收购（万担）		36.43	—	—	—	—
烟农户数（户）		3487	—	—	—	—
实现烟农总收入（万元）		50346	—	—	—	—
零售客户数（户）		38677	19907	21992	15935	37181
零售客户销售毛利率（%）		10.20	8.11	12.05	12.83	10.25

注：1.《中国烟草年鉴（2016）》中，济南市、淄博市、东营市、泰安市、滨州市烟草专卖局（公司）等单位的税利、利润等数据口径不一致，在计算上述单位的税利、利润同比情况时，本年鉴对上一年数据口径进行了统一调整；

2. 根据《国家烟草专卖局 中国烟草总公司关于调整东营市烟草专卖局（公司）所属部分机构的批复》（国烟人〔2016〕286号），垦利县烟草专卖局更名为东营市垦利区烟草专卖局，东营市垦利区烟草专卖局与山东东营烟草有限公司垦利营销部合署办公，负责辖区内的烟草专卖管理和卷烟营销工作；

3. 根据《国家烟草专卖局 中国烟草总公司关于调整菏泽市烟草专卖局（公司）所属部分机构的批复》（国烟人〔2016〕236号），将定陶县烟草专卖局更名为菏泽市定陶区烟草专卖局，菏泽市定陶区烟草专卖局与山东菏泽烟草有限公司定陶营销部合署办公，负责辖区内的烟草专卖管理和卷烟营销工作。

◇ 撰稿：蔡世龙；编辑：王东旭

河南省烟草专卖局（公司）

【专卖管理】　**案件查处**。捣毁制假窝点127个，收缴制假设备83台，查处假冒卷烟案件5463起，查获假冒卷烟1.07亿支。查处物流运输假烟案件211起。查获非法烟叶、烟丝案件113起，查获非法烟叶、烟丝256吨。破获互联网涉烟大要案26起。

加大沟通协调力度，卷烟打假工作被纳入到河南省2016年打击侵权假冒违法犯罪活动考核。注重“打防并举、高压严打”，紧盯重点地区、重点村庄和重点人群，组织开展全省卷烟打假“百日行动”、打击涉烟违法犯罪专项行动、“中原飓风”打假专项行动、打击非法经营烟叶原料专项行动和以漯河为重点的“百日攻坚”打假行动等。推广以信息化监控为支撑的技术防范体系，加大对物流运输环节、利用网络售卖假烟和走私烟等违法活动的监控力度。

重大案件。充分发挥涉烟案件联席会议制度和公安、烟草联合打假机制的作用，加强案件经营，严惩涉烟主犯。全省破获符合公安部、国家局标准的网络案件52起，依法拘留471人、逮捕243人、判刑210人，其中39人被判5年以上有期徒刑。案值在千万元以上的网络案件12起。破获部督案件10起。

焦作市“3·9”利用互联网销售假烟网络案件，涉及安徽、广东、福建、山东、辽宁、河南等省，涉案金额1200万元。依法逮捕1人、判刑4人。

开封市“3·20”利用互联网销售假烟网络案件，涉及广东、福建、广西等17个省（自治区、直辖市），涉案金额2954万元。依法刑拘20人、逮捕5人、判刑3人。

济源市“3·28”利用互联网销售假烟网络案件，涉及广东、广西、湖南、河南等25个省（自治区、直辖市），涉案金额1800余万元。依法逮捕6人。

洛阳市“4·14”利用互联网销售假烟案件，涉及云南、河南、海南等21个省（自治区、直辖市），以及日本、朝鲜、韩国、俄罗斯等国家，涉案人员330余人。查获车辆2辆、电脑6台、手机15部，涉案金额5200万元。抓获犯罪嫌疑人7人，依法刑拘7人、逮捕6人。

平顶山市“8·6”非法经营烟叶网络案件，查获非法烟叶、烟丝20.55吨，涉案金额107万元。依法逮捕3人。

郑州市“8·8”制售假烟网络案件，捣毁制假窝点1处，现场查获制假烟机1套、假冒卷烟181.07万支、非法烟丝30.92吨、滤棒85.4万支、卷烟纸254盘，涉案金额366万元。依法刑拘5人、逮捕5人。

洛阳市2015年“11·21”制售假烟网络案件，涉及云南、上海、河南等31个省（自治区、直辖市），查获假冒卷烟1227.44万支，涉案金额2600万元。依法逮捕3人。

南阳市2015年“11·20”制售假烟网络案件，涉及福建、广东、陕西、湖北等10个省，现场查获车辆6辆、假冒卷烟119.5万支，涉案金额1428万元。依法刑拘11人、逮捕6人。

南阳市2015年“12·18”利用互联网销售假烟走私烟网络案件，涉及河南、安徽、浙江、山东等12个省（自治区），查获非法卷烟158万支，涉案金额310万元。依法刑拘11人、批捕6人。

南阳市2015年“12·27”制售假烟网络案件，涉及福建、广东、湖南、云南、四川、山西、河北、河南等省，查获车辆5辆、假冒卷烟382.36万支、烟丝15.16吨、卷烟商标纸8.5万枚、烟用香精10千克，涉案金额1285万元。依法刑拘12人、逮捕10人、判刑9人。

证件管理。制定《合理布局规划指导意见》《专卖零售许可负面清单》，以周口、安阳市局为试点开展零售许可改革，探索实行负面清单制度，促进零售店布局优化。制定《零售许可证后续监管工作规范》，严格退出机制，对屡次违法、严重违法的零售客户依法进行查处，全省有1175户被责令停业整顿，297户被取消卷烟零售资格。

专卖内部管理监督。推广规范经营综合防控体系，健全内部监管制度体系，完善重大违规问题的约谈提醒、案件督办查办、督办案件审核、重点案件通报、非法流通季度通报、定期检查报告和月度工作报告等制度。强化卷烟非法流通治理，全省查处卷烟非法流通案件1.68万起，查获非法流通卷烟1.57亿支。

依法行政。推进权力下放和内部管理事项调整工作，确定省、市、县三级烟草专卖局需要调整和规范的行政审批项目共有六类9项。各烟叶产区的地市级烟草专卖局拟订相应的烟叶收购站（点）审批管理办法和设立审批工作细则，确保省、市烟草专卖局审批工作无缝衔接。完成行政审批平台在全省各级烟草专卖局的推广应用，全面公开审批项目、许可依据、办理流程、进度查询、监督电话、满意度评议等内容，形成现场、邮寄和网上申请等行政许可申请方式，提高工作效率和服务水平。

开展服务型行政执法“基层提升年”活动，确定10个行政指导和4个行政调解示范点培育单位。安阳市局、开封杞县局、三门峡渑池县局、信阳固始县局等4家单位被河南省政府确定为第二批“河南省服务型行政执法示范点”。河南省局在省政府依法行政责任目标考核中被评为优秀。

河南驻马店市局（公司）行政服务大厅工作人员为卷烟零售客户提供服务

河南驻马店市局 熊伟 摄

【经济效益】 河南省烟草商业系统实现税利221.47亿元，同比增长1.82%，其中利润71.22亿元，同比下降19.98%。三项费用率8.9%，同比增加0.35个百分点。

【卷烟（雪茄烟）经营】 **卷烟（雪茄烟）销售**。河南省烟草商业系统销售卷烟（含雪茄烟）1490.95亿支（298.19万箱），同比下降7.44%，其中，销售一类烟239.55亿支（47.91万箱），同比下降15.16%；二类烟149.0亿支（29.8万箱），同比增长12.37%；三类烟769.8亿支（153.96万箱），同比下降12.30%；四类烟261.1亿支（52.22万箱），同比增长9.88%；五类烟70.95亿支（14.19万箱），同比下降11.23%。本地区销量居前三位的品牌是“黄金叶”“红旗渠”“利群”，销量分别为603.1亿支（120.62万箱）、253.3亿支（50.66万箱）、114.15亿支（22.83万箱）。销售雪茄烟0.54亿支。

实现卷烟销售收入826.73亿元，同比下降6.53%。实现利润56.5亿元，同比下降26.34%。卷烟单箱销售收入2.78万元，同比增加269元。

品牌培育。实施“一市一策”“一牌一策”，开展事件营销、跨界营销，以营销创新破解困局、激发活力。强化卷烟现代零售终端建设，提高客户“懂经营、会算账、育品牌”的能力。推进市场化取向改革试点和基层营销、专卖“合署办公、双双下沉”，集中精力分析市场、管理市场、服务市场。

与河南中烟工业有限责任公司联合，先后在郑州、开封、南阳、信阳、周口、商丘、洛阳开发上市“黄金叶（金丝路）”“黄金叶（汴京）”“黄金叶（红南阳）”“黄金叶（茶香）”“黄金叶（老道）”“黄金叶（商鼎）”“黄金叶（洛阳牡丹）”等区域专销规格和“黄金叶（豫烟）”系列面向全省市场的专销规格，启动省产卷烟优化升级工程，大力拓展省产卷烟销售市场。销售省产区域专销品牌卷烟8.5亿支（1.7万箱），实现单箱销售收入4.34万元，高于全省平均单箱销售收入1.57万元。

河南省重点品牌实现销量1141.55亿支（228.31万箱），占总销量的76.57%，其中超100万箱品牌1个，“黄金叶”销量达到603.1亿支（120.62万箱）；超20万箱品牌1个，“利群”销量达到114.15亿支（22.83万箱）；超10万箱品牌1个，“芙蓉王”销量达到52.4亿支（10.48万箱）。

物流建设。严格执行《烟草商业企业物流非法人实体化运行管理规范》，高标准推进物流非法人实体化建设，截至2016年底，河南省烟草商业系统全面实现物流非法人实体化运作。同时，郑州烟草工商一体化物流中心建设正式启动。推进非烟商务物流运营，持续加大工作力度，不断提升运营水平。商丘、安阳、焦作豫烟物流有限责任公司实现非烟销售收入共计211万元，毛利率15%以上。

【烟叶产销】 **烟叶种植与收购**。河南省种植烟叶90.3万亩，收购烟叶12.63万吨（252.5万担）。签订产销合同4.16万份。签订购销协议12.82万吨（256.4万担），其中与省外工业企业签订9.41万吨（188.1万担），与省内工业企业签订3.42万吨（68.3万担）。河南省烟农总户数4.16万户，户均种植面积21.7亩。实现烟农总收入31.8亿元，户均收入7.6万元。

全年实现烟叶利润14.57亿元，同比增加3.27亿元，增长28.82%。实现烟叶税7亿元，同比减少0.9亿元，下降0.12%。

烟叶生产技术推广。加大先进适用技术推广力度，落实水肥一体化面积18.98万亩、采烤一体化面积3.61万亩、“上6片”一次成熟采烤面积38.1万亩，增厚地膜近1000吨、废旧农膜治理面积8.87万亩。推广小苗膜下移栽技术28.2万亩。蚜茧蜂的烟田投放比例98.4%。

省公司印发《推进烟叶工作再上新水平工作方案（2016—2018年）》，开展“质量信誉再提升年”活动，着力提升烟叶生产、收购和调拨质量尤其是收购等级纯度。强化科技创新和标准化生产，制定“豫浓香”生产技术标准，在南阳、洛阳、许昌开展“NC55”“NC102”“NC297”“金神农1号”“中烟203”等品种对比筛选试验与示范推广，解决品种浓香特色弱化问题。推广烟叶生产ISO 9000质量管理体系，在三门峡、平顶山试点推行农场化生产、工厂化管理，探索烟田农场化经营模式，提高农场化作业水平。在三门峡、驻马店、周口、信阳试点开展烟叶原收原调工作，实施面积28.45万亩，收购烟叶3.97万吨79.4万担。规范专业化分级散叶收购的操作流程，加强专业分级队伍培训，全省专业化分级散叶收购160.5万担。加大烟叶收购质量检查力度，抽查种烟县31个、烟站213个，抽检烟叶251个批次，烟叶质量明显提升，工业企业反馈整体水平好于上年。在国家局组织的检查中，河南烟叶收购等级合格率达到83.2%，工商交接等级合格率达到65.7%。

现代烟草农业建设。强化烟农增收和减工降本，组建机耕、育苗、移栽、植保、采烤、分级、运输等专业化服务队伍，较好地解决烟农雇工难、用工贵的问题。加快烟田机械化作业进程，全省机耕、起垄、移栽、覆膜、植保机械化作业率分别达到95.4%、93%、21.6%、51.3%、44%。河南省局与省财政厅、农业厅、保监局联合印发《河南省2016年农业保险工作方案》，在全省推进烟叶政策性保险，河南参保烟田面积81.8万亩，占总种植面积的90.6%，交纳保费3524.7万元，其中洛阳、三门峡、周口、信阳、济源实现100%全覆盖。

制定《关于加强烟叶工作站（点）规范管理工作的意见》，加强项目、物资、补贴等环节的风险防控，整合压缩烟叶收购站点29个。开展基层烟站（点）规范管理治理，创建规范管理标兵示范烟站（点）50个。

烟叶生产基础设施建设。投入资金1.49亿元，其中国家局投入0.33亿元，省内烟草行业配套资金1.16亿元，完成河南省内烟叶生产基础设施建设项目5385个。国家局批复河南水源工程建设项目1件——三门峡市陕县大石涧水库水源工程，援建资金1.9亿元。截至2016年底，国家局累计批复河南水源工程建设项目8件，开工建设8件，援建资金10.5亿元，受益基本烟田46.76万亩，其中许昌市许昌县福泉水源工程、襄城县“八七”龙兴水源工程已完工。

【对外交流与合作】　中国烟草河南进出口有限责任公司成立于1985年7月，2006年12月完成股权划转，调整为中国烟草总公司河南省公司的全资子公司，投资参股企业有天昌国际烟草有限公司、许昌京昌包装有限公司和郑州市商业银行。截至2016年底，总资产4.02亿元，其中，固定资产108万元、流动资产2.54亿元，资产负债率为38.42%。本部共有从业人员23人。

出口烟叶及烟叶副产品4477吨，同比增长86.39%。出口实现1088万美元，同比增长64.60%。进口卷烟2.15亿支（0.43万箱），同比增长5.39%。实现税利3985万元，同比增长39.92%，其中利润276万元，同比下降21.37%。

【特事辑要】　8月30日，国家局党组第五专项巡视组巡视河南省局（公司）党组工作动员会召开。

11月8日，河南省省长陈润儿考察三门峡卢氏县烟叶生产和产业扶贫工作，了解烟草部门对烟叶生产的扶持投入以及在降低农民劳动强度、增加农民收入等方面的具体做法。陈润儿强调，要积极做好政策宣传解释工作，引导烟农严格按照种植计划开展烟叶生产工作；要充分发挥卢氏绿色生态优势，提高优质烟叶供应能力；要认真落实惠农政策，积极做好对烟农的各项扶持和服务工作，努力实现农民增收致富。

12月28—30日，国家局党组书记、局长凌成兴在河南烟草调研。凌成兴强调，河南烟草要深入学习、大力弘扬“焦裕禄精神”“红旗渠精神”，在爬坡过坎中学习艰苦创业，在工商关系中坚持团结协作，在强化担当中发扬无私奉献，在兢兢业业中秉持廉洁从政，切实强化责任担当，重振“两烟”大省雄风。要重振“五大雄风”，即重振卷烟销量第一的雄风，重振卷烟打假摘帽的雄风，重振河南烟叶王国的雄风，重振卷烟结构提升的雄风，重振“两烟”税利大省的雄风。

12月29日，国家局党组书记、局长凌成兴参加河南烟草工商企业党组2016年度民主生活会。凌成兴强调，河南烟草工商企业党组要切实增强“三个自觉性”，扎实推动各项工作向前进、上台阶，努力实现重振河南“两烟”大省雄风的宏伟目标。一要认真学习贯彻党的十八届六中全会精神，增强牢固树立“四个意识”的自觉性。坚决做到“三个认真学习、一个衷心拥护”，自觉向党中央看齐，切实把思想和行动统一到党中央决策部署上来。二要认真汲取有关腐败案件深刻教训，增强履行全面从严治党主体责任的自觉性。持之以恒加强政治建设、强化权力监督，始终保持惩治腐败的高压态势，切实把全面从严治党落在实处。三要认真贯彻落实治国理政的重要原则，增强落实中央经济建设部署政治责任的自觉性。把重振河南“两烟”大省雄风作为当前重大问题、现实问题、紧迫问题抓紧抓好抓实，努力推动企业持续健康发展。

2016年河南省烟草专卖商业主要情况统计

地市级局（公司）名称	郑州市烟草专卖局（公司）	开封市烟草专卖局（公司）	洛阳市烟草专卖局（公司）	平顶山市烟草专卖局（公司）	安阳市烟草专卖局（公司）
主要负责人/法人代表（含党政领导）	李广良（—2016年8月）蒋中民（2016年8月—）	胡晓洲	王泽宗（—2016年1月）王振海（2016年1月—）	张五庆	殷建立（—2016年1月）王宏超（2016年1月—）
所属县级单位	登封市、新密市、荥阳市、巩义市、新郑市、中牟县、上街区、北城区、南城区、西城区、航空港区等11个县级烟草专卖局（分公司）	兰考县、通许县、杞县、尉氏县、城区、祥符区等6个县级烟草专卖局（分公司）	偃师市、孟津县、新安县、宜阳县、伊川县、汝阳县、嵩县、洛宁县、栾川县、城区、吉利区等11个县级烟草专卖局(分公司)	郏县、叶县、宝丰县、鲁山县、汝州市、舞钢市、石龙区等7个县级烟草专卖局(分公司)，以及1个市区直属分局（分公司）	安阳县、汤阴县、内黄县、滑县、林州市、城区等6个县级烟草专卖局（分公司）
总资产（万元）	412740	101675	227883	198893	133852

续表

地市级局（公司）名称		郑州市烟草专卖局（公司）	开封市烟草专卖局（公司）	洛阳市烟草专卖局（公司）	平顶山市烟草专卖局（公司）	安阳市烟草专卖局（公司）
资产负债率（%）		36.56	24.00	36.76	57.44	18.12
从业人员（人）		1777	792	1984	2274	599
所属业务机构	营销机构	1个营销中心	1个营销中心	1个营销中心	1个营销中心	1个营销中心
	物流配送机构	1个物流配送中心、3个配送中转站	1个物流配送中心	1个物流配送中心	1个物流配送中心、3个配送中转站	1个物流公司、2个配送中转站
	专卖稽查机构	1个稽查支队、11个稽查大队	1个稽查支队	1个稽查支队、11个稽查大队	1个稽查支队、7个稽查大队	1个稽查支队、6个稽查大队
	烟叶机构	1个烟叶营销中心、1个烟叶工作站、4个烟叶收购点	—	1个烟叶营销中心、1个烟叶工作站、66个烟叶收购点	1个烟叶营销中心、1个烟叶工作站、31个烟叶收购点	—
实现税利	万元	298244	99290	163874	125143	121608
	2016年比2015年（%）	3.53	5.05	3.40	3.63	3.46
实现利润	万元	107604	29342	51362	36123	41010
	2016年比2015年（%）	-15.03	-24.17	-16.56	-12.26	-23.14
销售卷烟	亿支	187.96	77.17	106.25	76.76	85.72
	2016年比2015年（%）	-5.15	-6.24	-6.46	-6.50	-5.39
卷烟销售收入（万元）		1192993	413405	582079	445023	464442
查处涉烟违法案件（起）		2858	753	2547	2992	1866
查处涉烟违法案件案值（万元）		4731	397	919	491	478
2016年度烟草行业投入烟叶生产基础设施建设资金（万元）		—	—	3731	1750	—
全年烟叶生产基础设施新增受益面积（万亩）		—	—	3.89	1.96	—
烟叶种植（万亩）		0.75	—	14.80	11.00	—
烟叶收购（万担）		2.00	—	40.00	31.30	—
烟农户数（户）		283	—	7613	2159	—
实现烟农总收入（万元）		2249	—	49360	38327	—
零售客户数（户）		31912	18439	24829	19105	20852
零售客户销售毛利率（%）		10.00	14.52	6.00	5.94	6.00

地市级局（公司）名称	鹤壁市烟草专卖局（公司）	新乡市烟草专卖局（公司）	焦作市烟草专卖局（公司）	濮阳市烟草专卖局（公司）	许昌市烟草专卖局（公司）
主要负责人/法人代表（含党政领导）	李丙炎（—2016年8月）金　华（2016年8月—）	张芦敏	王孝亭	张　军	黄银甫
所属县级单位	浚县、淇县、城区等3个县级烟草专卖局(分公司)	新乡县、原阳县、延津县、封丘县、长垣县、卫辉市、辉县市、获嘉县、城区等9个县级烟草专卖局（分公司）	修武县、武陟县、温县、孟州市、沁阳市、博爱县、城区等7个县级烟草专卖局（分公司）	濮阳县、清丰县、南乐县、台前县、范县、城区等6个县级烟草专卖局（分公司）	魏都区、禹州市、襄城县、长葛市、许昌县、鄢陵县等6个县级烟草专卖局（分公司）
总资产（万元）	31377	142713	78606	68438	178028
资产负债率（%）	14.29	31.39	35.38	16.86	42.11

续表

地市级局（公司）名称		鹤壁市烟草专卖局（公司）	新乡市烟草专卖局（公司）	焦作市烟草专卖局（公司）	濮阳市烟草专卖局（公司）	许昌市烟草专卖局（公司）
从业人员（人）		330	533	519	649	1625
所属业务机构	营销机构	1个营销中心	1个营销中心	1个营销中心	1个营销中心	1个营销中心
	物流配送机构	1个物流配送中心	1个物流配送中心、2个配送中转站	1个物流配送中心	1个物流配送中心	1个物流配送中心
	专卖稽查机构	1个稽查支队、3个稽查大队	1个稽查支队、9个稽查大队	1个稽查支队、7个稽查大队	1个稽查支队、6个稽查大队	1个稽查支队、5个稽查大队
	烟叶机构	—	—	—	—	1个烟叶营销中心、1个烟叶工作站、30个烟叶收购点
实现税利	万元	31033	102272	70006	70961	133540
	2016年比2015年（%）	-4.28	-13.85	3.75	4.67	7.33
实现利润	万元	10056	33917	20956	22383	48893
	2016年比2015年（%）	-29.17	-39.10	-27.25	-20.86	-5.81
销售卷烟	亿支	23.70	76.10	54.02	54.11	71.53
	2016年比2015年（%）	-6.22	-16.01	-6.76	-5.65	-5.98
卷烟销售收入（万元）		128488	402077	290050	287009	398457
查处涉烟违法案件（起）		682	1274	1438	744	620
查处涉烟违法案件案值（万元）		122	1497	167	325	1970
2016年度烟草行业投入烟叶生产基础设施建设资金（万元）		—	—	—	—	1013
全年烟叶生产基础设施新增受益面积（万亩）		—	—	—	—	1.02
烟叶种植（万亩）		—	—	—	—	10.60
烟叶收购（万担）		—	—	—	—	30.40
烟农户数（户）		—	—	—	—	4628
实现烟农总收入（万元）		—	—	—	—	38988
零售客户数（户）		6130	18423	10948	11672	17504
零售客户销售毛利率（%）		7.80	6.50	8.00	10.00	5.50

地市级局（公司）名称	漯河市烟草专卖局（公司）	三门峡市烟草专卖局（公司）	南阳市烟草专卖局（公司）	商丘市烟草专卖局（公司）
主要负责人/法人代表（含党政领导）	程仲记［—2016年8月，党组成员、副局长（负责全面工作）］朱超杰（2016年8月—）	蒋笃彪（—2016年8月）韩华献（2016年8月—）	王振海	陈保军
所属县级单位	林颍县、舞阳县、城区等3个县级烟草专卖局（分公司）和1个城区烟叶分公司	卢氏县、灵宝市、陕州区[1]、渑池县、义马市、城区等6个县级烟草专卖局（分公司）	镇平县、内乡县、西峡县、淅川县、邓州市、唐河县、新野县、社旗县、方城县、桐柏县、南召县、油田、城区等13个县级烟草专卖局（分公司）	梁园区、睢阳区、永城市、夏邑县、虞城县、宁陵县、民权县、睢县、拓城县等9个县级烟草专卖局（分公司）
总资产（万元）	94697	174157	265681	146862
资产负债率（%）	55.49	30.30	32.26	21.99

续表

地市级局（公司）名称		漯河市烟草专卖局（公司）	三门峡市烟草专卖局（公司）	南阳市烟草专卖局（公司）	商丘市烟草专卖局（公司）
从业人员（人）		1182	1247	2890	1485
所属业务机构	营销机构	1个营销中心	1个营销中心	1个营销中心	1个营销中心
	物流配送机构	1个物流配送中心	1个物流配送中心	1个物流配送中心	1个物流配送中心、3个配送中转站
	专卖稽查机构	1个稽查支队	1个稽查支队、6个稽查大队	1个稽查支队、40个稽查大队	1个稽查支队、9个稽查大队
	烟叶机构	1个烟叶营销中心、4个烟叶工作站、25个烟叶收购点	1个烟叶营销中心、10个烟叶工作站、42个烟叶收购点	1个烟叶营销中心、3个烟叶工作站、55个烟叶收购点	1个烟叶营销中心、1个烟叶工作站、4个烟叶收购点
实现税利	万元	65689	113819	230993	155142
	2016年比2015年（%）	3.79	4.73	-7.18	3.14
实现利润	万元	19064	53105	79725	49911
	2016年比2015年（%）	5.31	0.36	-24.28	-22.25
销售卷烟	亿支	39.75	39.75	150.61	113.70
	2016年比2015年（%）	-6.00	-18.97	-9.51	-7.20
卷烟销售收入（万元）		225847	197725	818429	631786
查处涉烟违法案件（起）		302	454	4351	1816
查处涉烟违法案件案值（万元）		2115	201	950	1726
2016年度烟草行业投入烟叶生产基础设施建设资金（万元）		223	1507	3905	—
全年烟叶生产基础设施新增受益面积（万亩）		0.39	1.59	3.71	—
烟叶种植（万亩）		7.00	20.50	14.80	1.60
烟叶收购（万担）		19.82	56.60	41.68	4.50
烟农户数（户）		1874	15945	5239	244
实现烟农总收入（万元）		24765	71061	54392	5884
零售客户数（户）		8809	9688	42588	31658
零售客户销售毛利率（%）		6.40	6.20	14.75	17.06

地市级局（公司）名称	信阳市烟草专卖局（公司）	周口市烟草专卖局（公司）	驻马店市烟草专卖局（公司）	济源市烟草专卖局（公司）
主要负责人/法人代表（含党政领导）	苏永士	赵友亮	宋守晔	李自伟（副局长、党组成员，2016年1—8月主持工作）尚贺伟［2016年8月起任党组副书记、副局长、副经理（负责全面工作）］
所属县级单位	浉河区、平桥区、罗山县、息县、淮滨县、潢川县、光山县、商城县、新县、固始县等10个县级烟草专卖局（分公司）	淮阳县、商水县、项城市、郸城县、太康县、西华县、扶沟县、沈丘县、鹿邑县、城区等10个县级烟草专卖局（分公司）	遂平县、西平县、上蔡县、汝南县、平舆县、新蔡县、正阳县、确山县、泌阳县、驿城区等10个县级烟草专卖局（分公司）	—
总资产（万元）	140715	106115	118928	17056

续表

地市级局（公司）名称		信阳市烟草专卖局（公司）	周口市烟草专卖局（公司）	驻马店市烟草专卖局（公司）	济源市烟草专卖局（公司）
资产负债率（%）		22.22	36.58	23.79	16.90
从业人员（人）		1267	1793	2112	216
所属业务机构	营销机构	1 个营销中心	1 个营销中心	1 个营销中心	1 个营销中心
	物流配送机构	1 个物流配送中心、2 个配送中心站	1 个物流配送中心、4 个配送中转站	1 个物流配送中心	1 个物流配送中心
	专卖稽查机构	1 个稽查支队、10 个稽查大队	1 个稽查支队、10 个稽查大队	1 个稽查支队、10 个稽查大队	1 个稽查支队、7 个稽查大队
	烟叶机构	1 个烟叶营销中心、3 个烟叶收购点	1 个烟叶营销中心、10 个烟叶收购点	1 个烟叶营销中心、18 个烟叶收购点	4 个烟叶工作点
实现税利	万元	131787	139787	136189	17671
	2016 年比 2015 年（%）	3.79	4.42	1.44	17.59
实现利润	万元	40865	30890	35880	5830
	2016 年比 2015 年（%）	-24.00	-34.01	-31.34	9.71
销售卷烟	亿支	93.23	127.35	102.42	10.85
	2016 年比 2015 年（%）	-7.42	-4.00	-8.43	-3.54
卷烟销售收入（万元）		565725	635156	525141	63493
查处涉烟违法案件（起）		2990	844	1768	128
查处涉烟违法案件案值（万元）		1550	852	270	31
2016 年度烟草行业投入烟叶生产基础设施建设资金（万元）		182	175	2123	269
全年烟叶生产基础设施新增受益面积（万亩）		0.42	0.30	2.92	0.84
烟叶种植（万亩）		0.75	1.60	5.60	1.30
烟叶收购（万担）		2.00	4.50	16.30	3.40
烟农户数（户）		243	421	2128	830
实现烟农总收入（万元）		2627	4703	21777	3908
零售客户数（户）		24282	28156	23825	3317
零售客户销售毛利率（%）		14.62	5.60	6.23	6.00

注：1. 2016 年 5 月 9 日，国家局、总公司下发《国家烟草专卖局　中国烟草总公司关于河南省陕县烟草专卖局（分公司）更名的批复》（国烟人〔2016〕109 号），同意将陕县烟草专卖局更名为三门峡市陕州区烟草专卖局，将三门峡市烟草公司陕县分公司更名为三门峡市烟草公司陕州分公司。

◇ 撰稿：范素娟；编辑：王东旭

湖北省烟草专卖局（公司）

【专卖管理】　**案件查处**。查处涉烟违法案件 2.52 万起，同比增加 119 起，其中假冒卷烟案件 2611 起、走私烟案件 414 起、非法流通卷烟案件 2.21 万起。查获非法卷烟 2.76 亿支，同比减少 612 万支，其中假冒卷烟 5899 万支、走私烟 1436 万支、非法流通卷烟 2.03 亿支。涉烟违法案件总案值 1.69 亿元。捣毁制假售假窝点 56 个，抓获涉烟犯罪嫌疑人 551 人，公安、司法机关依法判刑 180 人，拘留 371 人。查处涉烟违法网络案件 135 起，其中符合公安部、国家局标准的网络案件 39 起，符合省局标准的案件 96 起。

重大案件。宜昌“1·26”利用互联网非法经营卷烟案件、黄冈“3·9”特大制售烟丝案件、荆州“7·24”贩售假烟案件、仙桃 2015 年“8·24”贩售假烟案件、十堰 2015 年“12·12”制售假烟案件、武汉 2015 年“12·26”贩售假烟案件、黄石 2015 年“10·23”贩售假烟网络案件、襄阳 2015 年“11·26”利用互联网非法经营卷烟案件等 8 起案件被列为公安部、国家局督办案件。8 起部督案件抓获犯罪嫌疑人51人，查获假烟268万支、走私烟52万支，以及非法烟梗、烟丝、烟叶等制假原辅材料42吨、非法烟机10台，捣毁制售假烟窝点26个，涉案金额达到1.2亿元。

打假协作机制建设。推进卷烟打假协作机制建设，继续协调省政府召开专卖打假专题会议，实行烟草工作目标责任考核。与省公安厅联合下发《关于进一步加大涉烟犯罪打击力度的通知》，与武汉铁路局召开执法协作座谈会，联合武汉海关出台《关于海关罚没走私卷烟管理暂行办法》，与广东、福建、河南、湖南、河北等省级烟草专卖局开展卷烟打假执法协作交流，打假协作机制的深度和广度不断拓展。

市场监管。全面推行"双随机、一公开"监管工作，持续改进全省三级卷烟零售市场检查评价方法，对省内89个县（市、区）零售市场实行全覆盖集中暗访，市场净化率稳中有升。

加大对物流、互联网等领域和公路、铁路等环节的监管力度，出动执法人员28.93万人次，开展全省物流运输领域涉烟违法活动专项整治"百日行动"和全省"楚天市场净化1号""楚天市场净化2号"专项整治行动。查处涉烟案件1.17万起，查获非法卷烟1.34亿支，案值1.03亿元。

行政许可管理。按照"放管服"的改革要求，全面建立县级烟草专卖局办证服务大厅——专卖管理所二级政务服务实体窗口体系，推行服务承诺制、首问负责制和限时办结制，实现"一个窗口受理、一站式办理、一条龙服务"。探索"互联网+政务服务"，上线运行专卖管理信息系统。

内部专卖管理监督。坚持把规范经营纳入市级局领导班子业绩考核，建立规范经营明示承诺机制，及时掌握分析违规经营苗头，严格督办卷烟非法流通大要案件，坚决查处违规经营问题。查办"双30"（外流卷烟超过30万支或价值超过30万元）案件8起、"双80"（外流卷烟超过80万支或价值超过80万元）案件1起，查处不规范经营问题5起，处理相关责任人44人。

【经济效益】 湖北省烟草商业系统实现税利163.93亿元，同比增加16.4亿元，增长11.11%，其中利润61.82亿元，同比下降3.49%。卷烟单箱销售收入2.85万元，同比增加1594元，增长5.93%。卷烟单箱税利8340元，同比增加1249元，增长17.61%。三项费用率7.06%，同比增加0.07个百分点。

【卷烟经营】 **卷烟销售**。湖北省烟草商业系统销售卷烟883.57亿支（176.71万箱），同比下降9.73%，其中，销售一类烟358.47亿支（71.69万箱），同比下降4.12%；二类烟55.37亿支（11.07万箱），同比增长6.36%；三类烟292.45亿支（58.49万箱），同比下降12.54%；四类烟125.88亿支（25.18万箱），同比下降20.03%；五类烟51.41亿支（10.28万箱），同比下降15.84%。本地区销量居前三位的卷烟品牌依次为"黄鹤楼" "红金龙""利群"，其中销售"黄鹤楼"356.12亿支（71.22万箱），同比下降3.27%；销售"红金龙"293.03亿支（58.61万箱），同比下降16.43%；销售"利群"29.56亿支（5.91万箱），同比增长4.68%。

全年实现卷烟销售收入503.64亿元，同比下降4.61%。实现卷烟税利147.75亿元，同比增长6.27%，其中利润52.81亿元，同比下降15.9%。

品牌培育。按照"品牌要做大、规格要做精、价格要上扬"的要求，优化完善机制，持续加大品牌培育力度。制定重点品牌规格培育规划，确定全省总规格数、不同价区的品类宽度以及工业企业规格总数，修改完善引入退出评判标准，在对工业企业引入意愿和零售客户经营意愿进行征询的基础上，实施品牌引入退出机制。全省在销规格数由年初238个增加到265个，卷烟品牌布局得到优化。

选取成长较快、状态较好、接受度较高的品牌（规格）作为潜力培育对象，注重目标引领，关注各地区培育进度、培育方法和市场状态，做到有考核、有激励、有成长、有成效。出台《湖北省烟草工商协同卷烟新品上市推广工作规则》，规范新品上市推广工作流程。重点关注新品每月上市投放情况，全年对14家工业企业的24个规格卷烟开展宣传推介，累计召开推介会190场次。

全省销售重点品牌卷烟818.6亿支（163.72万箱），同比下降9.96%。其中，销售"双十五"品牌卷烟498.56亿支（99.71万箱），同比下降4.98%；销售鼓励培育品牌卷烟320.03亿支（64.01万箱），同比下降16.76%。重点品牌卷烟销量占总销量的比重为92.65%，比全国平均水平高8.95个百分点。

卷烟营销管理。针对零售客户分档多的问题，将档级由30档调减为15档，将评定周期由2个月缩短为4个订货周期，提高客户争档进级的积极性。将市场类型由过去的"城镇、乡村"两类，拓展为"城市、县镇、乡村"三类，加强市场细分。在"按需、按档位、按价位段"投放的基础上，新增"组合"投放策略，较好综合区域、市场类型、业态、档级等要素，更好满足客户差异化需求。针对部分需求规模小、结构高、品牌集中客户的需求满足问题，制定特殊客户群体认定管理办法，在规范的前提下，完善审批流程，保证特殊群体客户认定准确，力求精准发力。所属17家单位全部上线运行省级卷烟营销平台。

【烟叶产销】 **种植与收购**。湖北省种植烟叶58.34万亩，同比减少0.43万亩。收购烟叶6.97万吨（139.43万担），同比增加0.705万吨（14.09万担），其中烤烟6.51万吨（130.26

万担），同比增加0.826万吨（16.52万担）；晾晒烟0.459万吨（9.17万担），同比减少0.122万吨（2.43万担）。全省烟农总数为4.05万户。实现烟农总收入22.42亿元，同比增加1.92亿元；烟农户均收入5.54万元，同比增加0.59万元。亩均收入3891元，同比增加355元。

全年实现烟叶税利14.74亿元，同比增长39.97%。其中，实现烟叶税金5.69亿元，同比增长2.95%；烟叶利润9.05亿元，同比增长80.87%。

烟叶提质增效。加大品种布局和区域布局调整力度，加强先进适用技术集成应用，大力推进专业化分级散叶收购、烟叶精准收购和订单生产，持续提升烟叶质量。全省烤烟上等烟比例58.34%，高于全国平均水平1.79个百分点；上中等烟比例99.97%，同比提升0.79个百分点，高于全国平均水平4.64个百分点。国家局检查收购等级合格率为82.75%，工商交接平均等级合格率为63.9%，均高于全国平均水平。

烟叶生产基础设施建设。全年投入烟叶生产基础设施建设资金1.24亿元，其中国家局投入资金0.33亿元，全省系统投入资金0.91亿元，实施项目6526个。省局（公司）出台《援建项目及资金申请拨付挂钩管理规定》，建立问题项目督导机制，协调相关部门共同监管，推进全省水源工程援建工作。全年申报水源工程项目3个，国家局批复1个。

现代烟草农业。推进烟叶基地单元建设，全省累计建设基地单元31个（烤烟28个、晾晒烟3个），其中国家局级21个、省级10个，对口服务于10家工业企业11个卷烟品牌。基地单元种植规模40.58万亩，收购烟叶4.88万吨（97.53万担），基地化率达到70%；优质特色烟叶产量0.73万吨（14.55万担），占烤烟收购量11.17%。深化烟农专业合作社建设，成立综合服务型烟农专业合作社40个，烟农入社率93.93%。组建各类服务队1413个，有服务队员1.58万人，开展专业化育苗、机耕、起垄、植保、烘烤、分级（散叶）服务，覆盖率分别99.94%、75.12%、65.21%、77.99%、63.09%、88.68%。大力推进规模化生产和集约化经营，烤烟户均种植规模17.23亩，高于全国平均水平5.23亩；亩均用工降至22个。

【对外交流与合作】 中国烟草湖北进出口有限责任公司为中国烟草总公司湖北省公司的全资子公司。公司业务范围包括烟叶出口、卷烟进口两项主营业务以及卷烟零售、进口设备、仪器、红酒等拓展业务。

出口烟叶5100.98吨，其中白肋烟293.98吨、烤烟4527吨。出口烟叶副产品280吨。销售进口卷烟1.665亿支（0.33万箱）；卷烟零售、进口设备仪器、进口红酒等业务实现收入1230万元。公司将烟叶销售至中国香港、印尼、泰国、新加坡、日本、德国等国家和地区，与环球烟叶公司、香港南洋兄弟烟草股份有限公司等建立了业务往来。

【管理创新】 湖北省局（公司）在十堰市局（公司）等单位试点探索县级单位“准法人制”改革，规范财务费用管控，完善财审制度体系，促进企业降本增效。全省烟草商业系统实现降本增效1.2亿元。

【特事辑要】 1月19日，湖北省委副书记张昌尔对湖北烟叶工作作出批示，指出2015年全省烟叶生产调整规模、提高质量，圆满完成年度任务，成绩来之不易，望再接再厉。

1月28日，湖北省政府组织召开全省支持烟草行业发展暨卷烟打假市场整顿工作总结表彰电视电话会议。副省长许克振出席会议，要求毫不动摇维护卷烟市场秩序、全力以赴支持烟叶产业发展、加快推动省产卷烟品牌发展壮大、强化行业责任担当，为湖北经济社会发展作出新的更大贡献。

12月5—7日，国家局党组成员、副局长杨培森赴湖北十堰调研扶贫工作并参加十堰市局（公司）党组“两学一做”专题民主生活会。其间，杨培森赴襄阳复烤厂调研，强调要将品牌区域加工中心的建设放在首要位置，与卷烟工业企业深度融合，走出一条个性化、均质化、特色化、专业化的打叶复烤加工新路子。

2016年9月21日，湖北鹤峰县容美烟叶站收购现场，专业化分级人员进行烟叶分级

湖北恩施州局 黄国枫 摄

12月22日，国家局党组成员、副局长徐筮参加指导湖北省局（公司）党组“两学一做”学习教育专题民主生活会，要求牢固树立“四种意识”，坚持全面从严治党，持续加强作风建设，积极主动履职尽责。

2016年湖北省烟草专卖商业主要情况统计

地市级局（公司）名称		武汉市烟草专卖局（公司）	黄冈市烟草专卖局（公司）	襄阳市烟草专卖局（公司）	荆州市烟草专卖局（公司）
主要负责人/法人代表（含党政领导）		唐剑放（2016年1月—）[1]	张俊初	龚春竹	马 力
所属县级单位		江岸区、江汉区、硚口区、汉阳区、武昌区、青山区、洪山区、蔡甸区、江夏区、黄陂区、新洲区、东西湖区、汉南区等13个区烟草专卖分局（营销部）	黄州区、团风县、红安县、麻城市、罗田县、英山县、浠水县、蕲春县、武穴市、黄梅县等10个县级烟草专卖局（营销部）和龙感湖分局（公司）	老河口市、枣阳市、宜城市、樊城区、襄城区、襄州区、谷城县、保康县、南漳县等9个县级烟草专卖局（营销部）和南漳县、保康县2个烟叶分公司	荆州区、沙市区、江陵县、松滋市、公安县、石首市、监利县、洪湖市等8个县级烟草专卖局（营销部）
总资产（万元）		581560	171377	178214	161168
资产负债率（%）		35.88	51.82	62.15	52.55
从业人员（人）		1672	982	1172	942
所属业务机构	营销机构	1个营销中心	1个营销中心、1个电访中心	1个营销中心	1个营销中心、1个电访中心
	物流配送机构	1个配送中心	1个配送中心、8个中转站	1个配送中心	1个配送中心
	专卖稽查机构	1个稽查支队、16个稽查大队	1个稽查支队、12个稽查大队	1个稽查支队、1个口子稽查大队	1个稽查支队、9个稽查大队
	烟叶机构	—	—	12个烟叶站、28个烟叶收购组	—
实现税利	万元	390871	130883	127760	138016
	2016年比2015年（%）	9.59	5.64	7.54	4.81
实现利润	万元	164214	43944	43266	45838
	2016年比2015年（%）	-3.35	-19.97	-16.33	-18.97
销售卷烟	亿支	201.75	85.32	84.35	81.63
	2016年比2015年（%）	-4.85	-11.62	-8.75	-10.85
卷烟销售收入（万元）		1306540	446668	423373	477490
查处涉烟违法案件（起）		6305	2093	1217	4977
查处涉烟违法案件案值（万元）		6119	592	812	1945
2016年度烟草行业投入烟叶生产基础设施建设资金（万元）		—	—	556	—
全年烟叶生产基础设施新增受益面积（万亩）		—	—	1.24	—
烟叶种植（万亩）		—	—	6.49	—
烟叶收购（万担）		—	—	12.85	—
烟农户数（户）		—	—	4704	—
实现烟农总收入（万元）		—	—	21121	—
零售客户数（户）		36548	26271	15694	18518
零售客户销售毛利率（%）		12.11	12.34	12.02	12.35

地市级局（公司）名称		十堰市烟草专卖局（公司）	孝感市烟草专卖局（公司）	恩施土家族苗族自治州烟草专卖局（公司）	宜昌市烟草专卖局（公司）
主要负责人/法人代表（含党政领导）		赵建成（—2016年1月） 朱　天（2016年1月—）	张禾炎（—2016年12月） 史广礼（2016年12月—）	谭志平	赵传良
所属县级单位		城区、郧阳区、竹溪县、丹江口市、房县、竹山县、郧西县等7个县级烟草专卖局(营销部)和竹山县、郧西县、竹溪县、房县等4个烟叶分公司	孝南区、孝昌县、大悟县、云梦县、安陆市、应城市、汉川市等7个县级烟草专卖局（营销部）	恩施市、利川市、建始县、巴东县、宣恩县、咸丰县、来凤县、鹤峰县等8个县级烟草专卖局（营销部）和8个烟叶分公司	城区、夷陵区、枝江市、宜都市、当阳市、远安县、秭归县、兴山县、长阳土家族自治县、五峰土家族自治县等10个县级烟草专卖局（营销部）
总资产（万元）		133239	161169	260393	149896
资产负债率（%）		57.99	55.39	62.87	49.31
从业人员（人）		1320	826	2414	1129
所属业务机构	营销机构	1个营销中心	1个营销中心	1个营销中心	1个营销中心、1个电访中心
	物流配送机构	1个配送中心	1个配送中心	1个物流中心	1个配送中心、8个中转站
	专卖稽查机构	1个稽查支队、7个稽查大队	1个稽查支队、8个稽查大队	1个稽查支队、8个稽查大队、1个口子大队	1个稽查支队、8个稽查大队
	烟叶机构	12个烟叶站、30个烟叶收购组	—	65个烟叶站、188个烟叶收购组	8个烟叶站、30个烟叶收购组
实现税利	万元	83526	116999	145481	114846
	2016年比2015年（%）	5.00	4.80	11.74	10.97
实现利润	万元	37668	42373	66756	44515
	2016年比2015年（%）	15.84	-22.35	12.86	2.88
销售卷烟	亿支	38.63	60.37	46.86	67.39
	2016年比2015年（%）	-25.70	-14.11	-12.02	-10.02
卷烟销售收入（万元）		201468	367956	230983	346321
查处涉烟违法案件（起）		783	2227	1155	1208
查处涉烟违法案件案值（万元）		283	1678	1685	633
2016年度烟草行业投入烟叶生产基础设施建设资金（万元）		848	—	4394	1237
全年烟叶生产基础设施新增受益面积（万亩）		2.40	—	4.46	0.20
烟叶种植（万亩）		10.10	—	36.83	4.84
烟叶收购（万担）		20.64	—	94.53	11.20
烟农户数（户）		5137	—	27029	3613
实现烟农总收入（万元）		32524	—	154087	16253
零售客户数（户）		13610	16538	11664	16400
零售客户销售毛利率（%）		12.07	13.05	11.96	11.81

地市级局（公司）名称	咸宁市烟草专卖局（公司）	随州市烟草专卖局（公司）	黄石市烟草专卖局（公司）	荆门市烟草专卖局（公司）
主要负责人/法人代表（含党政领导）	游爱民	刘洪明	邓良启	李远宏

续表

地市级局（公司）名称		咸宁市烟草专卖局（公司）	随州市烟草专卖局（公司）	黄石市烟草专卖局（公司）	荆门市烟草专卖局（公司）
所属县级单位		咸安区、嘉鱼县、赤壁市、通城县、崇阳县、通山县等6个县级烟草专卖局（营销部）	随县、广水市、曾都区等3个县级烟草专卖局（营销部）	大冶市、阳新县2个县级烟草专卖局（营销部）和1个直属分局（营销部）	钟祥市、京山县、沙洋县、城区等4个县级烟草专卖局（营销部）
总资产（万元）		80644	59978	100148	79025
资产负债率（%）		53.02	56.96	48.65	47.79
从业人员（人）		506	375	409	407
所属业务机构	营销机构	1个营销中心	1个营销中心	1个营销中心	1个营销中心
	物流配送机构	1个配送中心	1个配送中心	1个配送中心	1个配送中心
	专卖稽查机构	1个稽查支队、7个稽查大队	1个稽查支队、4个稽查大队	1个稽查支队、5个稽查大队	1个稽查支队、4个稽查大队
	烟叶机构	—	—	—	—
实现税利	万元	66121	48429	69421	63719
	2016年比2015年（%）	12.16	14.43	6.11	8.50
实现利润	万元	20381	15188	26174	21721
	2016年比2015年（%）	-20.47	-13.45	-12.83	-16.35
销售卷烟	亿支	37.55	33.43	36.82	41.76
	2016年比2015年（%）	-10.07	-4.52	-7.11	-4.73
卷烟销售收入（万元）		227241	170132	223118	219229
查处涉烟违法案件（起）		989	802	1143	1175
查处涉烟违法案件案值（万元）		941	622	819	479
2016年度烟草行业投入烟叶生产基础设施建设资金（万元）		—	—	—	—
全年烟叶生产基础设施新增受益面积（万亩）		—	—	—	—
烟叶种植（万亩）		—	—	—	—
烟叶收购（万担）		—	—	—	—
烟农户数（户）		—	—	—	—
实现烟农总收入（万元）		—	—	—	—
零售客户数（户）		10048	7750	9439	9493
零售客户销售毛利率（%）		12.55	12.45	12.65	11.59

地市级局（公司）名称	鄂州市烟草专卖局（公司）	仙桃市烟草专卖局（公司）	天门市烟草专卖局（公司）	潜江市烟草专卖局（公司）	神农架林区烟草专卖局（公司）
主要负责人/法人代表（含党政领导）	徐伟斌(—2016年1月) 涂　凯(2016年1月—)	罗建勋	胡泽文	魏晓敏	陆　芳
所属县级单位	—	—	—	—	—
总资产（万元）	43224	46572	40893	37546	5094
资产负债率（%）	51.61	45.18	51.32	56.41	41.55
从业人员（人）	192	183	189	136	36

续表

地市级局（公司）名称		鄂州市烟草专卖局（公司）	仙桃市烟草专卖局（公司）	天门市烟草专卖局（公司）	潜江市烟草专卖局（公司）	神农架林区烟草专卖局（公司）
所属业务机构	营销机构	1个营销中心、1个电访中心	1个营销中心	1个营销中心	1个营销中心	1个营销中心
	物流配送机构	1个配送中心	1个配送中心	1个配送中心	1个配送中心	1个配送部、1个配送站
	专卖稽查机构	1个稽查支队	1个稽查大队	1个稽查大队	1个稽查大队	1个稽查大队
	烟叶机构	—	—	—	—	—
实现税利	万元	34805	35325	28312	27539	3078
	2016年比2015年（%）	10.84	1.99	3.72	9.03	21.51
实现利润	万元	12310	13559	9526	10171	1003
	2016年比2015年（%）	-15.56	-18.30	-22.34	-13.97	8.85
销售卷烟	亿支	17.01	18.51	16.76	15.00	1.45
	2016年比2015年（%）	-5.59	-9.59	-13.67	-7.25	-1.36
卷烟销售收入（万元）		107637	109907	89777	90673	9984
查处涉烟违法案件（起）		221	269	366	208	13
查处涉烟违法案件案值（万元）		122	102	49	91	3
2016年度烟草行业投入烟叶生产基础设施建设资金（万元）		—	—	—	—	—
全年烟叶生产基础设施新增受益面积（万亩）		—	—	—	—	—
烟叶种植（万亩）		—	—	—	—	0.08
烟叶收购（万担）		—	—	—	—	0.20
烟农户数（户）		—	—	—	—	45
实现烟农总收入（万元）		—	—	—	—	303
零售客户数（户）		4236	3948	3628	2776	560
零售客户销售毛利率（%）		12.63	11.67	12.07	12.26	13.01

注：1. 梁斌于2015年12月起不再担任武汉市烟草专卖局（公司）党组书记、局长、经理。

◇ 撰稿：许名臣　李菲菲；编辑：王东旭

湖南省烟草专卖局（公司）

【专卖管理】 案件查处。查处涉烟违法案件1.36万起，其中非法流通卷烟案件1.05万起，查获非法流通卷烟3.03亿支；查处假冒卷烟案件2265起，查获假冒卷烟5858万支；查获非法烟丝125.77吨、烟叶412.77吨；查获走私烟313.23万支、回流烟433.44万支；破获制售假烟网络案件81起，其中符合公安部、国家局标准的网络案件63起，捣毁制假窝点17个，查获制假烟机48台（套）。公安、司法机关依法拘留384人、逮捕248人、判刑201人。湖南省烟草专卖局连续8年被国家局、公安部评为“全国卷烟打假工作特殊贡献奖”。

重大案件查处情况。湖南省有4起涉烟违法案件为公安部、国家局督办案件。株洲市“7·27”非法加工烟丝案件，抓获犯罪嫌疑人18人，查获烟丝加工机械5台（套），以及非法烟丝、烟叶、烟梗90.25吨，涉案金额358万元。

衡阳市2015年“8·1”利用互联网销售假冒卷烟网络案件，刑拘10人、逮捕9人，案件涉及11个省（自治区、直辖市），涉案人员近200人，涉案金额达到1000万元以上。

常德市2015年“10·21”非法生产、销售伪劣烟丝案件，当场查获非法烟叶2.99万吨、烟丝5.8吨及各类非法烟机43台（套），总案值800余万元，刑拘19人、逮捕4人、判刑3人、网上追逃3人。

永州市“6·27”非法运输、储存、销售假烟网络案件，现场查获假冒卷烟76.68万支，标值58万元。查扣涉案车辆4辆，涉案人员15人。刑拘9人、取保候审4

人、监视居住地2人、批准逮捕3人。累计涉案金额812万元。

证件管理。修订《关于做好烟草制品零售点合理布局工作的意见》，开展许可管理自查整改工作。开发建设的全省行政审批系统正式上线运行，对所有行政许可结果进行网上公示。

【经济效益】 湖南省烟草商业系统实现税利218.88亿元，同比增长6.06%，其中利润85.71亿元，同比下降5.05%。三项费用率7.52%，同比增加0.17个百分点。

【卷烟经营】 **卷烟销售**。湖南省烟草商业系统销售卷烟1267.4亿支（253.48万箱），同比下降5.98%，其中，销售一类烟308.4亿支（61.68万箱），同比下降3.65%（3.7%）；二类烟52.8亿支（10.56万箱），同比下降15.55%；三类烟547.75亿支（109.55万箱），同比下降13.44%；四类烟271.6亿支（54.32万箱），同比增长7.38%；五类烟86.85亿支（17.37万箱），同比增长9.09%。本地区销量居前三位的品牌依次为“白沙”“芙蓉王”“双喜”，其中，销售“白沙”620.7亿支（124.14万箱），同比下降4.8%；销售“芙蓉王”268.15亿支（53.63万箱），同比增长3.96%；销售“双喜”131.48亿支（26.3万箱），同比下降9.91%。

全年实现卷烟销售收入713.26亿元，同比下降6.22%。卷烟单箱销售收入2.81万元，卷烟单箱税利7078元。

品牌培育。发挥“星级店”的品牌培育示范作用，以“星级店”为供货渠道，广泛设立便民服务点，打通喜庆、大事用烟供货通道，引导新形势下卷烟零售方式和模式的升级与转型。将所有品牌规格分为紧俏、均衡、完全、新品四个属性，避免货源供应策略的片面化、简单化，做到货源供应政策沟通无障碍、无异议。

销售细支卷烟3.9亿支（0.78万箱），同比增加3.35亿支（0.67万箱），增长609%。销售高价位卷烟6.7亿支（1.34万箱），同比增长29.73%。全年退出不适销规格40个，新引入规格75个，将4个规格列入观察品牌，品牌规格结构日益优化。

全年销售重点品牌卷烟1153.55亿支（230.71万箱），同比下降7.34%，占全省销量比重91.02%，同比下降0.48个百分点。分品牌来看，全省在销的29个重点品牌中，6个品牌销量同比增长，19个品牌销量同比下降。销量同比增长的6个品牌分别是“黄鹤楼”“红金龙”“红河”“钻石”“长白山”“芙蓉王”。

设备状态监控系统（SCADA）。设备状态监控系统系统是湖南省烟草公司衡阳市公司卷烟物流配送中心仓储与分拣系统状态监视、操作控制的日常工具。整个监控系统设备图形采用3D视图，并对每单台设备进行3D建模，通过模型颜色变化360度真实、动态的远程再现设备实时状态。通过集中监控，简化操作，避免操作员不断切换屏幕，更易于整个设备现场管理和现场维护，节约管理和维护时间，大大提高复杂设备的透明可视化程度。该系统在行业内属于首创。

【烟叶产销】 **烟叶种植与收购**。湖南省种植烤烟123.17万亩、种植晒黄烟0.8万亩。其中，500亩以上的连片种植占比55.16%，同比提高6.05个百分点；20～50亩的适度规模农户种烟面积占比39.31%，同比提高2.15个百分点。与6.73万户烟农签订烤烟种植收购合同，户均种植规模18.28亩，同比增加1.64亩。与2719户烟农签订晒黄烟种植收购合同。

收购烟叶15.794万吨（315.88万担），其中烤烟15.657万吨（313.14万担），收购均价26.9元/千克；晾晒烟0.137万吨（2.74万担），收购均价为25.66元/千克。实现烟农总收入47.82亿元。烟农户均收入6.82万元，同比下降3.13%。

实现烟叶销售收入96.82亿元，同比增长6.71%。实现烟叶税利38.12亿元，同比增长52.91%，其中利润21.39亿元，同比增长150.29%。

烟叶生产基础设施建设。完成烟叶生产基础设施建设项目2.81万件，湖南烟草商业系统投入资金7.74亿元，其中国家局补贴资金2.86亿元，省内烟草行业配套资金4.88亿元。完成烟水配套设施451个，机耕道路915千米，新建密集烤房2050座，开展密集烤房设备更换7580座，配套烟夹7200套，烤房土建部分改造2653座，实施烘烤工场附属设施建设6处，新建育苗大棚8个，购置烟草农机7476台（套），基本烟田土地整理项目41个。

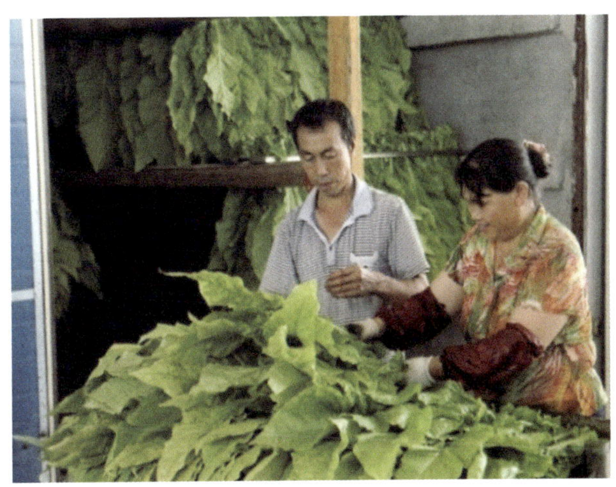

烟农正在用烟夹编烟

湖南郴州市局　廖　理　摄

现代烟草农业建设。以土地流转为基础，加快职业烟农等新型经营主体培养，推动集中连片种植和户均规模提升。截至2016年底，全省职业烟农5000户。引导烟农专业合作社加快转型，做实生产组织、专业服务、设施用管3个平台，全省烟农专业合作社由2015年的120家整合为103家，累计创建烟农专业合作社行业示范社16家、省级示范社38家。

全省育苗、机耕、起垄、植保、烘烤专业化服务覆盖率分别达到100%、90.89%、90.06%、47.58%、42.78%。

烟叶技术创新。完成利用基因技术提升“K326”抗性的品种改良研究。筛选出有效改良湘西连作烟田土壤质量的最适绿肥品种。探索专业化集中烘烤专家曲线和操作关键技术，开发出无线自组网的密集烤房控制设备，实现“一烟一烤”“一房一控”。蚜茧蜂防治蚜虫技术实现全省烟田全覆盖，并在大农业推广面积50.39万亩。《湖南烟草病虫害绿色防控技术规程》等3项湖南省地方标准被批准发布。

【对外交流与合作】 中国烟草湖南进出口有限责任公司成立于1991年10月，2007年12月成为中国烟草总公司湖南省公司的全资子公司。公司下设综合部、财务部、业务部等3个部门。截至2016年底，公司拥有总资产3.32亿元，其中，固定资产7.03万元、流动资产3.32亿元，资产负债率45.32%，从业人员14人。公司主要经营卷烟及雪茄烟进口，烟叶、烟丝、卷烟纸、滤棒、烟用丝束及烟草专用机械出口业务；预包装食品批发兼零售业务；开展与烟叶有关的对外经济合作、技术交流业务，除国家组织统一联合经营的出口商品和国家实行核定公司经营的进口商品以外的其他商品及技术的进出口业务，非烟草制品的一般贸易业务。

实现主营业务收入1.72亿元，实现利润2645万元。出口实现2028万美元。其中，烟叶出口实现1904万美元，完成烟叶出口5500吨，实现销售收入1.09亿元；非烟业务出口实现124万美元，实现利润36万元。进口卷烟9500万支，实现销售收入4277万元。

【特事辑要】 1月20日，湖南省委副书记孙金龙赴郴州市桂阳县调研指导烤烟专业合作社建设工作。孙金龙对桂阳县烤烟专业合作社的建设工作给予肯定，并鼓励合作社结合实际，学习借鉴发达国家或地区的先进经验，在进一步提升专业化服务能力、经营管理能力和持续发展能力上想办法、下工夫。

2月20日，农业部党组书记、部长韩长赋赴湖南省局（公司）扶贫点湘西自治州永顺县落叶洞村调研农业产业发展及精准扶贫工作。韩长赋充分肯定湖南省局（公司）扶贫工作力度大、效果好，并要求省局（公司）扶贫工作队认真学习习近平总书记关于精准扶贫的重要讲话精神，探索落实“选准一个好产业、选好一个龙头、创新一个好机制、完善一个服务体系”的模式，推动产业精准扶贫，切实实现贫困户“两不愁、三保障”。

7月26日，湖南省委副书记、省长杜家毫赴湖南烟草调研。杜家毫指出，湖南烟草是全省利税大户，烟草工商两家企业要保持逆势向上的精神状态，努力实现止跌回稳、稳中有进、稳中向好，为湖南经济社会发展和转方式、调结构作出积极贡献。

9月9日，湖南省副省长张剑飞赴湖南省局（公司）考察调研。张剑飞指出，烟草对湖南省经济社会发展有着极端重要的意义，对湖南省经济社会发展作出极其突出的贡献，省委、省政府将继续为烟草行业的发展创造宽松环境，也希望烟草部门继续为地方经济社会发展作出新的贡献。

12月27日，国家局党组成员、副局长段铁力参加湖南省局（公司）党组2016年度民主生活会。

12月29日，湖南省政府在长沙召开全省烟叶工作会议。

2016年湖南省烟草专卖商业主要情况统计

地市级局（公司）名称	长沙市烟草专卖局（公司）	株洲市烟草专卖局（公司）	湘潭市烟草专卖局（公司）	衡阳市烟草专卖局（公司）	邵阳市烟草专卖局（公司）
主要负责人/法人代表（含党政领导）	谢建宏	高志强（—2016年9月）陈新田（2016年9月—）	邓少文（—2016年9月）蔡国强（2016年9月—）	万　伟	宾　波（—2016年9月）王　昆（2016年9月—）
所属县级单位	长沙县、宁乡县、浏阳市、望城区等4个县级烟草专卖局（分公司）	株洲县、醴陵市、攸县、茶陵县、炎陵县等5个县级烟草专卖局(分公司)	湘潭县、湘乡市、韶山市等3个县级烟草专卖局(分公司)	衡阳县、衡南县、耒阳市、常宁市、衡东县、祁东县、衡山县、南岳区等8个县级烟草专卖局（分公司）	邵东县、新邵县、隆回县、洞口县、绥宁县、城步苗族自治县、武冈市、新宁县、邵阳县等9个县级烟草专卖局(分公司)

续表

地市级局（公司）名称		长沙市烟草专卖局（公司）	株洲市烟草专卖局（公司）	湘潭市烟草专卖局（公司）	衡阳市烟草专卖局（公司）	邵阳市烟草专卖局（公司）
总资产（万元）		393988	204084	116900	268688	166044
资产负债率（%）		7.97	13.80	8.88	22.43	8.55
从业人员（人）		1975	468	465	779	807
所属业务机构	营销机构	1个营销中心、1个服务中心	1个营销中心、5个市场服务分部	1个营销中心	1个营销中心	1个营销中心、9个市场服务分部
	物流配送机构	1个配送中心	1个配送中心、2个中转站	1个配送中心	1个配送中心、4个中转站	1个配送中心、9个中转站
	专卖稽查机构	1个稽查支队、6个稽查大队	1个稽查支队、9个稽查大队	1个稽查支队、6个稽查大队	1个稽查支队、4个稽查大队	1个稽查支队、11个稽查大队
	烟叶机构	1个烟叶生产经营部、1个烟基办、1个技术中心、10个烟草站	1个烟叶生产经营部、2个烟草站	—	1个烟叶生产经营部、1个技术中心、1个烟基办、17个烟草站	1个烟叶生产经营部、1个烟基办、3个烟叶生产经营分部、5个烟草站
实现税利	万元	313487	150529	104278	201614	149859
	2016年比2015年（%）	6.69	1.80	2.77	7.83	1.95
实现利润	万元	124075	60268	41092	79670	51460
	2016年比2015年（%）	-10.71	-14.71	-14.06	-2.72	-11.89
销售卷烟	亿支	157.45	86.25	66.50	122.96	110.27
	2016年比2015年（%）	-7.50	-7.04	-6.07	-5.96	-5.89
卷烟销售收入（万元）		1066004	531506	384122	667079	578544
查处涉烟违法案件（起）		2396	951	566	1100	963
查处涉烟违法案件案值（万元）		7683	1285	652	984	2396
2016年度烟草行业投入烟叶生产基础设施建设资金（万元）		7490	428	—	11103	2196
全年烟叶生产基础设施新增受益面积（万亩）		1.87	0.21	—	4.60	0.68
烟叶种植（万亩）		10.98	1.93	—	9.81	5.37
烟叶收购（万担）		30.20	5.08	—	27.80	10.84
烟农户数（户）		6850	1171	—	3289	4668
实现烟农总收入（万元）		47500	8240	—	44981	15500
零售客户数（户）		26890	15009	10274	22567	25970
零售客户销售毛利率（%）		5.00	8.00	8.00	6.50	6.00

地市级局（公司）名称	岳阳市烟草专卖局（公司）	常德市烟草专卖局（公司）	张家界市烟草专卖局（公司）	益阳市烟草专卖局（公司）	郴州市烟草专卖局（公司）
主要负责人/法人代表（含党政领导）	吴奇林	肖纲超	谭　志	付依良（—2016年9月）谷吉祥（2016年9月—）	黄国联
所属县级单位	岳阳县、华容县、汨罗市、临湘市、湘阴县、平江县等6个县级烟草专卖局（分公司）	安乡县、汉寿县、澧县、临澧县、桃源县、石门县、津市市等7个县级烟草专卖局（分公司）	慈利县、桑植县、武陵源区等3个县级烟草专卖局（分公司）	南县、沅江市、桃江县、安化县等4个县级烟草专卖局（分公司）	桂阳县、嘉禾县、永兴县、宜章县、安仁县、临武县、资兴市、桂东县、汝城县等9个县级烟草专卖局(分公司)

续表

地市级局（公司）名称		岳阳市烟草专卖局（公司）	常德市烟草专卖局（公司）	张家界市烟草专卖局（公司）	益阳市烟草专卖局（公司）	郴州市烟草专卖局（公司）
总资产（万元）		216931	213327	88134	142304	311674
资产负债率（%）		27.54	16.76	23.80	8.13	37.92
从业人员（人）		553	691	880	484	1683
所属业务机构	营销机构	1 个营销中心	1 个营销中心	1 个营销中心、3 个市场服务分部	1 个营销中心	1 个营销中心
	物流配送机构	1 个配送中心	1 个物流中心、1 个配送中心	1 个物流中心、1 个配送中心	1 个配送中心	1 个配送中心
	专卖稽查机构	1 个稽查支队、10 个稽查大队	1 个稽查支队、11 个稽查大队	1 个稽查支队、5 个稽查大队	1 个稽查支队、8 个稽查大队	1 个稽查支队、9 个稽查大队
	烟叶机构	—	1 个烟叶生产经营部、1 个烟基办、3 个烟叶生产分部、4 个烟草站	1个烟叶生产经营部、1 个烟基办、6 个烟草站	—	1 个烟叶生产经营部、1 个技术中心、7个烟叶生产经营分部、1 个烟基办、20 个烟草站
实现税利	万元	163319	188505	67075	131735	214672
	2016 年比 2015 年（%）	3.50	13.13	13.66	2.27	13.59
实现利润	万元	59031	72680	26451	47595	99015
	2016 年比 2015 年（%）	-13.78	4.62	17.43	-19.45	28.02
销售卷烟	亿支	108.33	117.70	34.45	88.80	84.69
	2016 年比 2015 年（%）	-6.77	-6.88	-6.67	-6.76	-7.21
卷烟销售收入（万元）		631840	676480	184345	512830	409877
查处涉烟违法案件（起）		939	1437	382	791	1133
查处涉烟违法案件案值（万元）		565	207	290	411	2536
2016 年度烟草行业投入烟叶生产基础设施建设资金（万元）		—	5560	6025	—	18645
全年烟叶生产基础设施新增受益面积（万亩）		—	0.55	2.26	—	21.26
烟叶种植（万亩）		—	4.63	7.59	—	38.87
烟叶收购（万担）		—	12.50	18.52	—	100.04
烟农户数（户）		—	2857	4603	—	21272
实现烟农总收入（万元）		—	21042	27100	—	156171
零售客户数（户）		23058	20017	5454	17113	15491
零售客户销售毛利率（%）		10.00	8.00	10.00	9.80	5.00

地市级局（公司）名称	永州市烟草专卖局（公司）	怀化市烟草专卖局（公司）	娄底市烟草专卖局（公司）	湘西土家族苗族自治州烟草专卖局（公司）
主要负责人/法人代表（含党政领导）	李刚华（—2016 年 9 月） 幸　勤（2016 年 9 月—）	吴胜波	何爱军	陆中山
所属县级单位	零陵区、双牌县、祁阳县、东安县、江永县、江华瑶族自治县、宁远县、道县、新田县、蓝山县等 10 个县级烟草专卖局（分公司）	沅陵县、辰溪县、溆浦县、麻阳苗族自治县、新晃侗族自治县、芷江侗族自治县、洪江市、洪江区、会同县、靖州苗族侗族自治县、通道侗族自治县等 11 个县级烟草专卖局（分公司）	双峰县、涟源市、冷水江市、新化县等 4 个县级烟草专卖局（分公司）	龙山县、永顺县、花垣县、凤凰县、古丈县、保靖县、泸溪县等 7 个县级烟草专卖局（分公司）

续表

地市级局（公司）名称		永州市烟草专卖局（公司）	怀化市烟草专卖局（公司）	娄底市烟草专卖局（公司）	湘西土家族苗族自治州烟草专卖局（公司）
总资产（万元）		222061	142370	154573	179173
资产负债率（%）		24.03	33.90	30.97	32.92
从业人员（人）		1519	920	605	1711
所属业务机构	营销机构	1个营销中心	1个营销中心	1个营销中心、4个市场服务分部	1个营销中心
	物流配送机构	1个配送中心	1个配送中心、5个中转站	1个物流中心、2个中转站	1个配送中心
	专卖稽查机构	1个稽查支队、12稽查大队	1个稽查支队、11个稽查大队	1个稽查支队、6个稽查大队	1个稽查支队、8个稽查大队
	烟叶机构	1个烟叶生产经营部、1个技术中心、1个烟基办、6个烟叶生产经营分部、16个烟草站	1个烟叶生产经营部、3个烟叶生产经营分部、3个烟草站	—	1个烟叶生产经营部、1个技术中心、1个烟基办、7个烟叶生产经营分部、15个烟草站
实现税利	万元	178298	102124	96035	113942
	2016年比2015年（%）	9.19	2.91	-6.20	14.11
实现利润	万元	76863	33062	30536	48034
	2016年比2015年（%）	12.66	-18.74	-30.86	25.66
销售卷烟	亿支	89.62	79.40	73.90	47.25
	2016年比2015年（%）	-8.97	-6.77	-7.06	-7.26
卷烟销售收入（万元）		440940	408366	387139	254857
查处涉烟违法案件（起）		1122	1104	539	623
查处涉烟违法案件案值（万元）		2596	1050	1754	193
2016年度烟草行业投入烟叶生产基础设施建设资金（万元）		7834	1000	—	17200
全年烟叶生产基础设施新增受益面积（万亩）		—	0.40	—	1.80
烟叶种植（万亩）		22.95	1.48	—	20.36
烟叶收购（万担）		60.54	4.38	—	45.98
烟农户数（户）		11429	1033	—	12910
实现烟农总收入（万元）		88806	6627	—	62212
零售客户数（户）		18716	16669	12171	9469
零售客户销售毛利率（%）		8.60	10.07	6.90	8.00

◇ 撰稿：朱冬辉；编辑：王东旭

广东省烟草专卖局（公司）

【专卖管理】 案件查处。查处各类涉烟违法案件5.13万起，其中案值在5万元以上的案件1541起。查获假冒卷烟4.72亿支，非法流通卷烟3.82亿支，非法烟丝、烟叶1798吨，假烟商标标识印刷设备4台和假烟商标标识1506万张，非法运输车辆739辆，大型制假烟机185台。公安、司法机关依法刑拘1196人，逮捕733人，判刑576人。破获制售假烟网络案件136起，其中符合公安部、国家局标准的网络案件93起，符合省局标准的网络案件43起。

重大案件查处。广东佛山“4·18”特大卷烟走私案件。4月18日，广东省、佛山市两级公安、烟草部门和东莞警方配合，出动执法人员150人，截获一个由15辆车组成的运输走私卷烟车队，捣毁位于东莞的2个大型仓储窝点，抓获犯罪嫌疑人33人。查获“爱喜（ESSE）”“555”等品牌的走私卷烟870.7万支，现场货值571万元。据查，该团伙自2015年2月起，每隔3至5天，组织人员驾驶12～15辆车装载走私卷烟，从广西出发途径广东云浮、佛山到达东莞中转分销，涉案总值超亿元。

广东湛江“5·8”特大卷烟走私案件。3月，中国海警广东总队接到线报，代号为“MAN FU”的蒙古籍货轮涉嫌装载走私卷烟运往中国。5月8日，湛江海警、海关、烟草等部门联合在北部湾涠洲岛附近将该走私货轮截获，抓获船上全部走私人员13人，查获保加利亚、越南生产的“大卫杜夫（Davidoff）”“七星（Mevius）”等国际品牌走私卷烟7583万支，为近年来查获走私卷烟数量最多的一起案件，也是首起烟草、海关、海警合作打击海上走私卷烟的成功案例。据查，该船自2015年底起，走私卷烟合计2.6亿支。

广东湛江“3·11”走私卷烟案件，查获涉案走私卷烟5.71亿支，逮捕犯罪嫌疑人4人，案值约2.3亿元，被海关总署缉私局列为一级挂牌督办案件。

广东肇庆“11·29”非法生产烟丝案件，查获各类原辅材料168吨，总货值约925万元，抓获犯罪嫌疑人17人，刑拘13人。

打假打私机制建设。深化跨省跨区域卷烟打假打私协作机制，先后组织召开闽粤两省四市边界第五次卷烟打假联席会议及粤桂打击走私烟草专卖品违法犯罪活动联席会议，巩固完善打假打私协作机制。并与深圳市局签署《广东省烟草专卖局、深圳市烟草专卖局烟草专卖管理合作备忘录》，进一步强化两地联合工作制度。

针对卷烟制假、走私高发频发的形势，广东省烟草专卖局争取省政府及有关部门支持，协调省打假办、省海防打私办及公安厅等部门，推动其继续将卷烟纳入政府打假工作方案和打私“国门利剑2016”联合专项行动作为重点打击产品之一，同时推动将违法烟草制品纳入政府重点打击产品，将逮捕假烟、走私烟犯罪嫌疑人的数量作为公安机关打击侵权假冒犯罪工作的重要考核指标。

【经济效益】 广东省烟草商业系统实现税利273.62亿元，同比增长6.05%，其中利润97.82亿元，同比下降11.89%。三项费用率5.5%。

【卷烟（雪茄烟）经营】 **卷烟（雪茄烟）销售**。广东省烟草商业系统销售卷烟1779.65亿支（355.93万箱），同比增长0.68%，其中，销售一类烟359.55亿支（71.91万箱），同比下降3.49%；二类烟293.1亿支（58.62万箱），同比增长7.59%；三类烟900.75亿支（180.15万箱），同比增长1.75%；四类烟148.25亿支（29.65万箱），同比下降2.19%；五类烟78亿支（15.6万箱），同比下降9.18%。本地区销量居前三位的品牌依次为“双喜·红双喜”“芙蓉王”“利群”，销量分别为961.25亿支（192.25万箱）、164.75亿支（32.95万箱）、74.2亿支（14.84万箱）。销售细支卷烟10.95亿支（2.19万箱），同比增长177.42%。销售雪茄烟0.71亿支，同比下降18.77%。

2016年，实现卷烟销售收入1063.75亿元，同比增长1.86%。

品牌培育。加强“两个体系”建设，广东省公司初步构建符合广东市场消费特点、消费结构，可支撑广东发展的品类体系，持续完善各价位段的品牌规格布局，在稳定销量的基础上，不断优化销售结构优化，提升有结构增长空间的潜力规格。构建起符合广东市场特点和市场化取向改革特征的共育品牌、共建市场的工商协同体系，不断提高服务工业、服务品牌的能力和水平，形成工商营销共育品牌的合力。

2016年7月12—15日，“香烟走私现状及对策”专项课题组深入广东湛江等地实地调研打击香烟走私工作情况。图为课题组召开打击走私香烟工作调研座谈会

广东省局　供稿

加大“双喜”品牌培育力度，从计划保障、考核激励、新品引入、结构提升等多方面保持支持力度。全年销售重点品牌卷

烟1611.9亿支（322.38万箱），同比增长0.74%，占全省总销量的比重为90.54%；重点品牌卷烟实现销售收入1030.06亿元，同比增长1.77%，占全省卷烟总销售收入的比重为96.83%。卷烟单箱销售收入3.2万元，同比增长1.05%。

现代零售终端建设。推进卷烟销售网络建设，截至2016年底，广东省共有签约现代零售终端6.19万家，占全省零售客户总数的20.2%，现代终端数量规划目标基本实现。零售终端营销管理系统安装客户共有5.67万户，占全省零售总客户总数的18.49%。

【烟叶产销】 **烟叶生产与收购**。广东省落实烟叶种植面积20万亩，签订烟叶种植收购合同6534份。计划收购烟叶2.86万吨（57.2万担）。实际收购烟叶2.76万吨（55.09万担），完成计划的96.32%，其中上等烟占比57.34%，中等烟占比35.59%，下低等烟占比7.07%。烟叶收购均价25.55元/千克，同比增长1.63%。国家局收购检查和工商交接检查合格率分别为81.86%和68.80%。实现烟农收入7.33亿元（含补贴收入），户均收入11.22万元。

烟叶生产基础设施建设。计划建设烟叶生产基础设施建设项目4109件。预算投入资金6166万元，其中国家局投入3040万元、省内系统投入3126万元。印发《广东省烟叶生产基础设施建设项目核销及档案管理办法（试行）》，推进烟基项目动态管理工作。开展烟基建设项目的调查摸底，出台项目核销和档案管理办法，并组织2016年项目核销的现场核查省级审核工作。

现代烟草农业建设。以服务能力、规范水平、组织能力和发展能力等“四个提升”为重点，推进烟农专业合作社建设。广东省入社烟农4681户，入社率71.64%；专业化育苗20万亩、机耕12.98万亩、植保9.97万亩、烘烤10.08万担、分级30.44万担，服务率分别达到育苗100%、机耕64.9%、植保49.87%、烘烤17.62%、分级53.21%。

机械化作业水平进一步提高。引导烟农专业合作社和烟农购进机耕、覆膜、移栽、培土、植保等环节的适用农机具，鼓励烟农使用自有设备和租用设备。全省完成机械化深耕、起垄18.8万亩，机械化移栽、机械化覆膜0.12万亩，机械化中耕培土3.21万亩，机械化施肥0.12万亩。

推进设施综合利用。在保证主业增收的同时，引导烟农专业合作社利用育苗大棚、农机具等开展综合利用，拓宽烟农增收渠道。韶关的马市、湖口烟农专业合作社利用机械开展非烟作物机耕服务，实现收入32.03万元。韶关、梅州等产区在育苗结束后，利用大棚繁育烟蚜茧蜂，探索开展瓜果、花卉、食用菌等特色品种种植，提高大棚的利用率。

基层站（点）建设管理水平稳步提升。截至2016年底，省局（公司）立项批复的6个烟叶工作点正在建设中，还有3个烟叶工作点正在开展前期工作。在推进硬件设施建设的同时，各站点开展6S管理、片区化、网格化管理，站点服务烟叶生产、服务烟农的能力和水平得到有效提升。

烟叶收购管理。落实新烟样品对样收购工作，建立样品联合审定机制，规范开展新烟样品的制作、审定、封签、使用等工作。在收购过程中坚持对样分级、对样收购、对样入库验收，较好地发挥新烟样品的指导作用。省、市、县三级强化收购监督检查，确保等级质量。

专业化分级散叶收购和原收原调试点工作成效显著。完成29万担专业化分级散叶收购任务，烟叶等级质量明显提高，减工降本成效显著。2016年，首次在清远市开展原收原调试点，得到国家局的肯定。

【对外交流与合作】 中国烟草广东进出口有限公司前身为1984年12月21日成立的中国烟草广东进出口公司。2001年，改制更名为中国烟草广东进出口有限责任公司，股东分别为原中国烟草进出口（集团）公司、中国烟草总公司广东省公司、原广州卷烟一厂、原广州卷烟二厂。2007年，调整为中国烟草总公司广东省公司的全资子公司，更名为中国烟草广东进出口有限公司，成为中国烟草总公司广东省公司的全资子公司。截至2016年底，公司拥有总资产3.52亿元，其中，固定资产20.16万元、流动资产3.52亿元，资产负债率70.4%。从业人员27人。

公司实现销售收入1.9亿元。实现税利1.75亿元，其中利润9174万元。出口实现2860万美元。全年出口烟叶503吨，实现销售收入1291万元；出口烟丝694吨，实现销售收入1.19亿元；出口辅料、成型纸和水松纸等实现销售收入5822万元。

【特事辑要】 1月28—29日，广东省局（公司）在广州召开2016年全省烟草商业系统工作会议。

7月12—13日，国家局党组成员、副局长赵洪顺赴广东烟草调研。赵洪顺对广东烟草商业在专卖管理工作中取得的成绩给予肯定，要求广东烟草持之以恒抓好专卖管理工作，进一步完善“政府领导、部门联合、多方参与、密切协作”的卷烟打假工作体系，始终坚持规范经营，保持良好市场状态，全面提升专卖管理、规范经营、卷烟营销的水平和干部队伍履职能力，努力完成全年各项目标任务。

12月9—11日，国家局党组书记、局长凌成兴赴广东烟草调研。凌成兴指出，面对经济下行的巨大压力、提税顺价的巨大压力、控烟过激的巨大压力，广东烟草工商企业振奋精神，努力工作，取得“三个全国第一、一个位置前移”的出色成绩。“三个全国第一”，即商业销量全国第一、商业销售额全国第一、“双喜·红双喜”品牌保持全国第一；“一个位次前移”，即工商税利总额排名前移一位。对下一步工作，凌成兴强调：广东烟草工商企业要“保持一个好势头、力争三个新作为”。“保持一个好势头”，就是保持今年广东烟草逆势增长的好势头，具体要做到“三不一进位”：“三不”就是工作不松劲、税利不回落、职工不降薪；“一进位”就是工商税利总额争取今年再进一位。“力争三个新作为”，就是力争稳中求进的新作为、力争创新发展的新作为、力争打假打私的新作为。其间，广东省委副书记、省长朱小丹会见凌成兴，广东省副省长袁宝成参加会见。

2016 年广东省烟草专卖商业主要情况统计

地市级局（公司）名称		广州市烟草专卖局（有限公司）	中山市烟草专卖局（有限责任公司）	珠海市烟草专卖局（有限公司）	东莞市烟草专卖局（有限公司）
主要负责人/法人代表（含党政领导）		陈秉恒	刁百尧	谢春雷	管伟华
所属县级单位		越秀区、荔湾区、海珠区、白云区、天河区、黄埔区、番禺区、南沙区、花都区、从化区和增城区等11个县级烟草专卖分局	—	横琴新区、斗门区2个县级烟草专卖局（分公司）	第一、第二、第三、第四、第五、第六、第七分局
总资产（万元）		731514	93235	59711	146615
资产负债率（%）		54.19	36.10	35.80	17.00
从业人员（人）		1241	277	235	867
所属业务机构	营销机构	1个营销中心、11个营销部	1个营销中心、4个营销区域	1个营销中心、1个电访中心	1个营销中心、1个电访中心、7个营销部
	物流配送机构	1个物流配送中心	1个物流配送中心	1个物流配送中心	1个物流配送中心、2个物流中转站
	稽查机构	1个稽查支队、13个稽查大队	1个稽查支队、4个稽查大队	1个稽查支队、6个稽查大队	1个稽查支队、7个稽查大队
	烟叶机构	—	—	—	—
实现税利	万元	405955	108773	76013	255296
	2016年比2015年（%）	8.52	10.65	2.89	10.74
实现利润	万元	158086	42423	30958	98893
	2016年比2015年（%）	-8.86	-7.75	-8.04	-4.85
销售卷烟	亿支	247.17	65.94	44.95	169.85
	2016年比2015年（%）	2.08	4.90	2.79	2.78
卷烟销售收入（万元）		1311692	344683	285571	974680
查处涉烟违法案件（起）		4067	1016	1555	2138
查处涉烟违法案件案值（万元）		19711	1198	720	4317
2016年度烟草行业投入烟叶生产基础设施建设资金（万元）		—	—	—	—
全年烟叶生产基础设施新增受益面积（万亩）		—	—	—	—
烟叶种植（万亩）		—	—	—	—
烟叶收购（万担）		—	—	—	—
烟农户数（户）		—	—	—	—

续表

地市级局（公司）名称		广州市烟草专卖局（有限公司）	中山市烟草专卖局（有限责任公司）	珠海市烟草专卖局（有限公司）	东莞市烟草专卖局（有限公司）
实现烟农总收入（万元）		—	—	—	—
零售客户数（户）		33987	11942	8800	32306
零售客户销售毛利率（%）		13.80	13.76	13.26	10.62

地市级局（公司）名称		佛山市烟草专卖局（有限责任公司）	肇庆市烟草专卖局（有限责任公司）	江门市烟草专卖局（有限公司）	惠州市烟草专卖局（有限责任公司）
主要负责人/法人代表（含党政领导）		范　波	罗春华	林　显	刘志斌
所属县级单位		南海区、顺德区、三水区、高明区等4个烟草专卖局（分公司）和1个直属分局	高要区、四会市、怀集县、广宁县、德庆县、封开县等6个县级烟草专卖局(分公司)和1个直属分局	开平市、台山市、新会区、鹤山市、恩平市等5个县级烟草专卖局（分公司）	博罗县、惠东县、龙门县、惠阳区、大亚湾区等5个县级专卖局（分公司）
总资产（万元）		142477	50860	79350	105066
资产负债率（%）		33.89	29.30	25.48	16.47
从业人员（人）		735	608	751	616
所属业务机构	营销机构	1个营销中心	1个营销中心	1个营销中心	1个营销中心
	物流配送机构	1个物流配送中心	1个物流配送中心	1个物流配送中心、1个物流配送分中心、2个物流中转站	1个物流配送中心
	稽查机构	1个稽查支队、5个稽查大队	1个稽查支队、9个稽查大队	1个稽查支队、9个稽查大队	1个稽查支队、5个稽查大队
	烟叶机构	—	—	—	—
实现税利	万元	249414	100863	133863	140005
	2016年比2015年（%）	9.09	11.47	-1.86	13.46
实现利润	万元	97649	33070	45406	52780
	2016年比2015年（%）	-6.24	-10.35	-21.80	-4.25
销售卷烟	亿支	153.89	70.10	106.63	86.96
	2016年比2015年（%）	3.37	0.57	1.89	3.47
卷烟销售收入（万元）		804548	412210	471941	465217
查处涉烟违法案件（起）		3698	3073	5731	3050
查处涉烟违法案件案值（万元）		5920	3888	3255	4446
2016年度烟草行业投入烟叶生产基础设施建设资金（万元）		—	—	—	—
全年烟叶生产基础设施新增受益面积（万亩）		—	—	—	—
烟叶种植（万亩）		—	—	—	—
烟叶收购（万担）		—	—	—	—
烟农户数（户）		—	—	—	—
实现烟农总收入（万元）		—	—	—	—
零售客户数（户）		23585	14224	16118	16698
零售客户销售毛利率（%）		10.00	12.40	13.78	12.80

地市级局（公司）名称		茂名市烟草专卖局（有限责任公司）	阳江市烟草专卖局（有限责任公司）	云浮市烟草专卖局（有限责任公司）	湛江市烟草专卖局（有限公司）
主要负责人/法人代表（含党政领导）		李仕文（—2016年11月） 梁树桥（2016年11月—）	翁　飞	黄小健	周联际
所属县级单位		信宜市、高州市、化州市、电白区等4个县级烟草专卖局（分公司）	阳春市、阳东区、阳西县3个县级烟草专卖局（分公司）	罗定市、新兴县、郁南县、云安区等4个县级烟草专卖局（分公司）和1个直属分局（分公司）	雷州市、吴川市、徐闻县、廉江市、遂溪县等5个县级烟草专卖局（分公司）
总资产（万元）		43045	28511	26239	61217
资产负债率（%）		41.00	26.50	18.28	43.51
从业人员（人）		667	419	403	623
所属业务机构	营销机构	1个营销中心	1个营销中心	1个营销中心、1个电访中心	1个营销中心
	物流配送机构	1个物流配送中心	1个物流配送中心	1个物流配送中心	1个物流配送中心、5个配送中转站
	稽查机构	1个稽查支队、7个稽查大队	1个稽查支队、8个稽查大队	1个稽查支队、6个稽查大队	1个稽查支队、10个稽查大队
	烟叶机构	—	—	—	—
实现税利	万元	70413	52052	57339	99808
	2016年比2015年（%）	-12.11	4.78	5.48	-13.47
实现利润	万元	18055	15380	17896	32435
	2016年比2015年（%）	-40.43	-20.35	-15.09	-32.74
销售卷烟	亿支	64.24	40.98	44.00	76.00
	2016年比2015年（%）	-7.03	0.29	0.71	-15.44
卷烟销售收入（万元）		316261	194406	244791	366059
查处涉烟违法案件（起）		1846	3155	1276	2909
查处涉烟违法案件案值（万元）		1351	1841	405	7166
2016年度烟草行业投入烟叶生产基础设施建设资金（万元）		—	—	—	—
全年烟叶生产基础设施新增受益面积（万亩）		—	—	—	—
烟叶种植（万亩）		—	—	—	—
烟叶收购（万担）		—	—	—	—
烟农户数（户）		—	—	—	—
实现烟农总收入（万元）		—	—	—	—
零售客户数（户）		14828	9238	8758	16958
零售客户销售毛利率（%）		12.80	13.80	12.90	8.90

地市级局（公司）名称	汕头市烟草专卖局（有限责任公司）	潮州市烟草专卖局（有限责任公司）	汕尾市烟草专卖局（有限公司）	揭阳市烟草专卖局（有限公司）
主要负责人/法人代表（含党政领导）	林香存（—2016年9月） 朱伟优（2016年11月—）	许暖镇	黄壮强（—2016年9月） 赵中华（2016年9月—）	曾忠良
所属县级单位	澄海区、潮阳区、龙湖区等3个县级烟草专卖局（分公司）以及南澳县烟草专卖局（公司）	潮安区、饶平县2个县级烟草专卖局（分公司）	陆丰市、海丰县、陆河县烟草专卖局（分公司）和1个直属分局	普宁市、揭东区、揭西县、惠来县等4个县级烟草专卖局（分公司）

续表

地市级局（公司）名称		汕头市烟草专卖局（有限责任公司）	潮州市烟草专卖局（有限责任公司）	汕尾市烟草专卖局（有限公司）	揭阳市烟草专卖局（有限公司）
总资产（万元）		85320	37935	52379	86408
资产负债率（%）		22.34	23.69	17.76	16.13
从业人员（人）		895	514	536	795
所属业务机构	营销机构	1个营销中心	1个营销中心	1个营销中心	1个营销中心
	物流配送机构	1个物流配送中心、3个配送中转站	1个物流配送中心	1个物流配送中心	1个物流配送中心
	稽查机构	1个稽查支队、7个稽查大队	1个稽查支队、4个稽查大队	1个稽查支队、5个稽查大队	1个稽查支队、9个稽查大队
	烟叶机构	—	—	—	—
实现税利	万元	171695	81680	86381	197750
	2016年比2015年（%）	9.50	10.98	9.25	9.11
实现利润	万元	62580	27841	29464	72154
	2016年比2015年（%）	-9.14	-7.73	-8.74	-8.83
销售卷烟	亿支	106.50	51.97	57.73	121.57
	2016年比2015年（%）	1.84	-0.78	0.40	1.77
卷烟销售收入（万元）		687462	285021	353838	775297
查处涉烟违法案件（起）		1434	761	1686	1783
查处涉烟违法案件案值（万元）		9000	3453	3317	7150
2016年度烟草行业投入烟叶生产基础设施建设资金（万元）		—	—	—	—
全年烟叶生产基础设施新增受益面积（万亩）		—	—	—	—
烟叶种植（万亩）		—	—	—	—
烟叶收购（万担）		—	—	—	—
烟农户数（户）		—	—	—	—
实现烟农总收入（万元）		—	—	—	—
零售客户数（户）		15426	6978	11068	16946
零售客户销售毛利率（%）		9.00	11.41	13.79	14.70

地市级局（公司）名称	韶关市烟草专卖局（有限公司）	梅州市烟草专卖局（有限公司）	河源市烟草专卖局（有限责任公司）	清远市烟草专卖局（有限公司）
主要负责人/法人代表（含党政领导）	杨伟平	谢平华	赖科东	张辉明
所属县级单位	南雄市、始兴县、曲江区、乐昌市、乳源瑶族自治县、仁化县、翁源县、新丰县等8个县级烟草专卖局(分公司)	梅县区、兴宁市、五华县、大埔县、蕉岭县、平远县、丰顺县等7个县级烟草专卖局（分公司）	东源县、龙川县、紫金县、连平县、和平县等5个县级烟草专卖局（分公司）	英德市、佛冈县、清新区、阳山县、连州市、连南县、连山县等7个县级烟草专卖局（分公司）和1个直属分局（分公司）
总资产（万元）	113121	90530	53868	79162
资产负债率（%）	40.00	33.05	16.55	24.35
从业人员（人）	1384	1218	558	815

续表

地市级局（公司）名称		韶关市烟草专卖局（有限公司）	梅州市烟草专卖局（有限公司）	河源市烟草专卖局（有限责任公司）	清远市烟草专卖局（有限公司）
所属业务机构	营销机构	1 个营销中心	1 个营销中心	1 个营销中心	1 个访销中心
	物流配送机构	1 个物流配送中心	1 个物流配送中心、4 个配送中转站	1 个物流配送中心、4 个配送中转站	1 个物流配送中心、2 个配送中转站
	稽查机构	1 个稽查支队、11 个稽查大队	1 个稽查支队、8 个稽查大队	1 个稽查支队、8 个稽查大队	1 个稽查支队、9 个稽查大队
	烟叶机构	9 个烟叶工作站、20 个烟叶工作点	5 个烟叶工作站、14 个烟叶工作点	—	1 个烟叶工作站
实现税利	万元	126973	129963	90509	96010
	2016 年比 2015 年（%）	2.97	8.81	9.70	10.49
实现利润	万元	51774	44072	29423	29023
	2016 年比 2015 年（%）	-9.53	-3.26	-12.38	-10.92
销售卷烟	亿支	58.66	81.27	61.82	70.07
	2016 年比 2015 年（%）	0.39	0.62	0.75	1.12
卷烟销售收入（万元）		308224	410077	318625	349745
查处涉烟违法案件（起）		2605	2923	1900	5184
查处涉烟违法案件案值（万元）		1902	2793	3155	2330
2016 年度烟草行业投入烟叶生产基础设施建设资金（万元）		4948	2916	—	—
全年烟叶生产基础设施新增受益面积（万亩）		8.04	1.46	—	—
烟叶种植（万亩）		13.52	5.96	—	0.52
烟叶收购（万担）		37.21	16.46	—	1.42
烟农户数（户）		3374	2903	—	257
实现烟农总收入（万元）		46922	24583	—	1878
零售客户数（户）		9788	12482	11646	12343
零售客户销售毛利率（%）		14.62	14.22	10.26	8.90

◇ 撰稿：张　慧；编辑：王东旭

广西壮族自治区烟草专卖局（公司）

【专卖管理】 **案件查处**。查处涉烟违法案件 1.2 万起，查获非法卷烟 5.42 亿支。案值超百万元的案件 54 起，其中符合公安部、国家局标准的网络案件 35 起，部督案件 9 起。加大对烟叶非法经营案件的查处力度，查处烟叶、烟丝案件 236 起，查获非法烟叶、烟丝 586 吨。全年查获的非法卷烟，走私烟，符合公安部、国家局标准的网络案件，部督案件的数量均为广西历年之最。加大打击走私烟力度，查处烟草涉私案件 1716 起，同比增长 392%；涉案金额百万元以上的走私烟案件 36 起；查获的走私烟数量居全国第一位，查获走私烟 4.41 亿支，同比增长 243%，占全国查获走私烟总量的 39%。公安、司法机关依法刑拘 373 人，逮捕 239 人，判刑 171 人。

联合打假打私。自治区局与公安厅、南宁海关共同部署烟草打假打私工作，与公安厅建立涉烟重大案件联合督办制度。先后出台《烟草打私综合治理专项经费管理办法》《走私烟草专卖品重大案件督办制度》《烟草打私综合治理专项经费管理办法》等制度。持续完善西南五省（自治区）和桂粤烟草打假打私联合执法机制，强化边界市局合作，跨区域多层次协作机制不断完善。以“打源头、端窝点、破网络、抓主犯”为目标，发挥与公安多警种密切配合的优势，成功破获一批重大涉烟网络案件。

重大案件侦破。成功查处南宁"1·20"案件，捣毁生产、仓储假烟窝点3个，刑拘19人，逮捕10人，案值484万元。成功查处百色"7·30"案，查获烟叶烟丝、制丝设备及运输工具1批，逮捕犯罪嫌疑人10人，其中越南籍7人，涉案金额2300余万元，该案是广西首次现场抓获外籍人员的卷烟制假案件。

打击利用互联网销售假烟违法行为。侦破来宾"3·28"特大互联网销售假烟网络案。该案辐射全国28个省（自治区、直辖市），现场抓获10名犯罪嫌疑人，刑拘4人，冻结寄往全国各地的假烟物流单4000余张，涉案金额3000余万元。中央电视台对该案的成功侦破进行了专题报道。侦破防城港"3·17"案。该案是广西近年破获的涉案金额最大的利用互联网销售走私烟网络案件，涉及全国10个省份，涉案金额近亿元。钦州"1·25"案现场查扣假冒卷烟、银行卡及1批交易账单，涉案金额860余万元。

开展打私专项行动。2016年初，自治区政府召开全区打私联席会议，专项研究部署东兴市北仑河沿线烟草走私防打工作，在海关总署的统一指挥下开展代号为"国门利剑2016"烟草打私专项行动。自治区局成立广西烟草打私总队，与当地公安、海关、边防等部门对北仑河一线的重点岸线、重点区域进行24小时监控，全天候联巡联防"一线封堵"，出动人员7800余人次，车辆3600余台次。专项行动查处物流运输走私烟案件531起，查获走私烟1.87亿支，成功破获防城港"3·17"、防城港"8·1"、百色"1·25"、贵港"7·25"等4起公安部、国家局督办的重大卷烟走私贩私案件，彻底打掉一批盘踞在中越边境专业走私贩私团伙。

市场监管。自治区烟草与公安、工商部门联合组织开展"雷霆"专项行动，交叉联动执法，对名烟名酒店、食杂批发店及无证商户进行专项清理整治，查处案件2822起，查获非法卷烟1.3亿支，辖区市场得到有效净化。推进APCD市场检查法与信息化手段相融合，推广应用市场监管手持终端，强化卷烟零售市场日常监测。南宁市局开展"专销零+社区综合治理"模式试点，利用社区网格化管理和"青秀通"APP等社区管理平台，拓宽情报来源，实现群防群治。柳州市局将专卖、营销等业务流程植入"微信企业号"，响应举报更加迅速，监管效率明显提高。

探索专卖市场管理新模式，印发《自律互助小组升级改造指导意见》等相关文件，指导地市局围绕"专销零三位一体推动终端功能发挥"课题，融入"互联网+""综合治理"理念，构建自律互助小组线上运行模式。持续完善自律互助小组运行机制，把卷烟零售客户纳为市场监管信息员。

依法行政。自治区局及所属各地市局设立"实体性"专卖管理服务大厅，县级局全部进驻政府办证大厅设置实体窗口，精简办证文书，优化办证流程，办证审批时限由20个工作日减至15个。组织各单位修订完善卷烟零售点合理布局规定，实现卷烟零售准入公平公正、退出合法有序。梳理完善许可证程序和服务流程，建立许可与监管并重、管理与服务结合的长效工作机制。开展许可证专项检查，重点监管零售许可证存续状态，推进证件员任职资质管理，完善定期检查和考核评价制度。10月31日，专卖管理综合信息系统实现专卖零售许可证、专卖案件、专卖队伍"三统一"，并在全自治区投入使用。

2016年10月26日，广西贺州市八步区铺门镇卷烟零售客户自律互助小组开展集中学习培训

广西贺州市局　毛　岗　摄

【经济效益】 广西壮族自治区烟草商业系统实现税利94.02亿元，同比增长0.57%，其中利润29.04亿元，同比下降21.11%。三项费用率7.17%，同比增加0.17个百分点。

【卷烟（雪茄烟）经营】 **卷烟销售**。广西壮族自治区烟草商业系统销售卷烟775.82亿支（155.16万箱），同比下降3.31%，其中，销售一类烟118.89亿支（23.78万箱）、二类烟91.02亿支（18.2万箱）、三类烟405.33亿支（81.07万箱）、四类烟103.31亿支（20.66万箱）、五类烟57.27亿支（11.45万箱）。本地区卷烟销量居前三位的品牌为“真龙”“双喜·红双喜”“红塔山”，销量分别为274.7亿支（54.94万箱）、78.25亿支（15.65万箱）、71.55亿支（14.31万箱）。全年销售“双十五”品牌卷烟680.28亿支（136.06万箱），同比下降2.40%。销售细支卷烟5.7亿支（1.14万箱），同比增长192.78%。实现卷烟单箱销售收入2.51万元。

雪茄烟销售。把雪茄烟作为新的经济增长点来抓，加大市场开拓力度。印发《关于加强雪茄烟营销工作的指导意见》，规范全自治区雪茄烟品牌的引入和培育；结合实际，细分市场，开展雪茄吧建设，引导雪茄烟消费，促进销量增长。全年销售雪茄烟2548万支，同比增长40.6%，高于全国平均增幅28.4个百分点，其中来宾、钦州、防城港市公司销量同比增幅超过120%。

营销管理。坚持把调状态摆在卷烟营销的重要位置，开展“走市场、去库存、稳价格、促销售”活动。紧扣卷烟销量，瞄准年度目标，细化分解任务，层层传导压力，逐月、逐周、逐日对标，全自治区14个市公司中有12个完成任务。每月开展信息采集分析，全面掌握社会库存、市场价格、卷烟动销情况。坚持全自治区订货安排“一盘棋”，统筹安排全区各地品牌布局，根据市场需求变化情况，调整协议5.05亿支（1.01万箱）。优化市公司库存结构，开出“商商调剂”单206份，涉及各品牌卷烟7.25亿支（1.45万箱），加快商业库存流转，提高货源的利用效率。顺应“互联网+”技术应用，整合各方资源、理顺内部流程，打通信息壁垒，实现专销零业务流程的互联互通。

加强规范经营管理，做到不靠大户卖烟，实现百分百入网销售、百分百落地销售，全自治区月销千条以上的卷烟零售客户比例为0.4%。加强样品卷烟、终端建设投入、宣传促销等环节的规范管理，印发《样品卷烟管理细则》《样品卷烟在市场营销环节使用管理细则》等规范性文件。

推进卷烟营销市场化取向改革试点工作，尊重市场真实需求和客户自主经营权，促进投放有序、价格稳定、库存合理，全年社会存销比保持在1左右，比行业平均水平低0.3。全年卷烟零售客户户均零售毛利率稳定在12%以上，户均盈利2.83万元，大部分客户卷烟盈利占整店盈利的40%以上。客户满意度85.2分，首次超过全国平均水平。

品牌培育。开展“消费者在哪里，我们就到哪里”主题营销活动，深化工商协同，发挥终端功能，积极推行营业主推、婚庆营销、终端推介等，注重品牌与终端的有机对接、品类与商圈的精准对接，推动面向消费者做营销。科学规划各价位段主导规格、护卫规格、潜力规格的数量和分布，优化品类布局，激发品类协同发力。优化结构，扩大高端烟投放面，引导“低三转高三”“四转三”，一、二、三类烟销量比重持续提升并达到79.29%。实施品牌“上柜下乡”工程，促进重点品牌与地产“真龙”品牌的协调发展，销售“真龙”325.35亿支（65.07万箱），同比增长1.52%，其中，销售零售价8元/包以上“真龙”163.95亿支（32.79万箱），同比增长5.78%。以自律互助小组为单位，开展“一组一品”品牌培育工作，集群效应得到较好发挥。

现代终端建设。推进现代终端建设，分别在南宁、百色、柳州、桂林召开推进现代终端现场观摩会，探索构建专销零三位一体终端建设新模式。12月，全国卷烟营销网络建设现场会在广西南宁召开，会议总结推广广西区公司现代终端建设的经验。截至2016年底，全自治区累计建成3.06万户现代终端，占零售客户总数的14.02%；分别改造零售终端地柜和背柜1.65万个、4855个；推广终端信息系统3.19万户。为客户提供团购、贷记卡申办服务，全年开展团购活动1200余次；贷记卡使用客户2.04万户，支付金额占交易总额的20.65%。推进“四网合一”现代终端经营模式，全自治区网上订货率93.13%、网上配货客户1.84万户、网上结算客户1.29万户。

卷烟物流建设。实施物流非法人实体化运作，进一步规范人员、财务、资产、中转站、安全和考核等工作。开展精益物流管理，南宁市公司完善精准分拣系统，有效降低差错率；柳州市公司开展异型卷烟分拣设备技改，并自主研发件烟自动割箱装置，分拣效率提高近4倍。优化物流线路，撤并中转站5个，撤销物流分中心1个，减少送货线路430余条、在线配送车辆86台、配送人员150人。开展卷烟包装箱循环利用、卷烟托盘联运等物流重点工作，全自治区物流费用同比下降0.72%，累计返还包装箱475.2万只，完成托盘联运69.7亿支（13.94万箱）。物流线路优化、无线射频识别、视频监控管理三大信息化建设项目完成并通过验收，实现全流程、全方位、全时段监控。订单系统打码率99.96%，入库扫码不可识别率控制在0.008%以内，出库扫码不可识别率控制在0.048%以内，到货确认率100%，开锁率控制在99.6%以上。

【烟叶产销】 **烟叶种植和收购**。广西壮族自治区烤烟合同种植面积为17.12万亩；收购烤烟1.765万吨（35.29万担），完成国家局下达计划的78%，其中，上等烟比例47.51%、

2016 年 6 月 10 日，广西河池峨县更新乡文里村烟农将烘烤后的烟叶运送到储存地点

广西区局　王远富　摄

中等烟比例 39.38%、下低等烟比例 13.11%。国内调拨烤烟 1.65 万吨（32.93 万担）、出口备货烤烟 0.125 万吨（2.5 万担）。烟农户数为 9471 户。全年实现烟农种烟收入 3.86 亿元（不含补贴），烟农户均收入 4.07 万元。

抗灾救灾。2016 年是广西烟区灾害频发、严重的一年，其中，百色地区在 1 个半月内就遭受 5 次较大冰雹灾害，7.4 万亩烟田受灾，占比 43.2%，减产 0.5 万吨（10 万担）以上。自治区局（公司）与财政厅、有关保险机构协作，出台烟叶种植保险政策，全自治区烟田投保面积 17.09 万亩，投保率达到 99.8%，获得保险赔付 3957 万元。同时，积极开展抗灾救灾工作，增加移栽面积，弥补受灾损失。

现代烟草农业建设。普及推广绿肥种植、小苗深栽、烟蚜茧蜂防治等先进生产适用技术。加强专业化生产，专业化育苗、机耕、植保、烘烤、分级服务比例分别达到 95%、84%、41%、76%、100%。开展专业化服务，探索促农增收工作新模式，以基层党建和精准扶贫为切入点，进行“党支部 + 合作社 + 农户”促农增收试点工作，组织评审烟农专业合作社行业示范社 2 个，其中百色市德保县金民合作社被国家局认定为行业示范社。

烟叶生产基础设施建设。持续做好烟叶工程项目跟进和监管，建立完善项目数据统一台账。全年实际完成烟叶生产基础设施建设项目 2769 件，投入资金 4647 万元，其中申请国家局、总公司补贴 1923 万元，自治区行业补贴 2724 万元。

【降本增效】　强化重点费用控制，自治区局（公司）7 项重点费用同比减少 2143 万元。盘活存量资金，全年实现货币资金净收益 2.89 亿元。加强国有资产管理，出租闲置资产，实现收入 2838 万元，闲置资产收益率为 3.79%。在 14 项行业卷烟对标指标中，自治区局（公司）1 项指标水平有所提高，6 项指标水平在行业排位前移，完成降本增效 2200 万元的任务。开展精益课题研究，有 3 个 QC 成果分别获行业一、二、三等奖。

【规范管理】　建立严格规范的生产经营秩序，贯彻落实国家局规范“两烟”生产经营的有关规定和纪律要求，及时制止和纠正不规范苗头，坚决把问题解决在萌芽状态。按照“应招尽招”“真招实招”的要求，对年度采购计划进行严格的前置性审查，全年采购项目公开招标比例达到 95.56%。全年累计发布办事公开民主管理信息 2.66 万条。加强审计工作，开展基建工程、经济责任、财务收支、物资采购、经济合同、专项资金等重点领域审计项目 2620 个。

【特事辑要】　1 月 22 日，广西区局（公司）在南宁召开 2016 年全自治区烟草专卖局（公司）工作会议，会议总结 2015 年的工作，并部署 2016 年主要工作任务，明确“十三五”期间广西烟草商业实现“一个目标”，提升“九个水平”的总体规划。

1 月 27 日，公安部、国家局在南宁召开广西玉林“6·17”特大假烟网络案件表彰会，以及广东、广西、福建、河南、海南、深圳等 6 个地区卷烟打假打私集中调研会。国家局党组成员、副局长赵洪顺，公安部治安管理局副局长华敬锋出席会议。

4 月 1 日，自治区局（公司）综合档案室通过自治区档案局的现场测评验收，晋级为自治区特级档案室。

12 月 1—2 日，全国卷烟营销网络建设现场会在南宁召开。国家局党组成员、副局长徐瑝，自治区人大常委会副主任、党组副书记杨道喜出席会议并讲话。

2016年广西壮族自治区烟草专卖商业主要情况统计

地市级局（公司）名称		南宁市烟草专卖局（公司）	柳州市烟草专卖局（公司）	桂林市烟草专卖局（公司）	梧州市烟草专卖局（公司）	北海市烟草专卖局（公司）
主要负责人/法人代表（含党政领导）		凌为民（—2016年1月）孙中标（2016年1月—）	韦毓云	李　斌	何奇枢	许　宁
所属县级单位		青秀区、兴宁区、江南区、西乡塘区、良庆区、邕宁区、武鸣区[1]、宾阳县、横县、隆安县、上林县、马山县等12个县级烟草专卖局（营销部）	城区、柳江县、柳城县、鹿寨县、融安县、融水苗族自治县、三江侗族自治县等7个县级烟草专卖局（营销部）	城区、临桂区[2]、灵川县、永福县、兴安县、全州县、灌阳县、阳朔县、荔浦县、平乐县、资源县、恭城瑶族自治县、龙胜各族自治县等13个县级烟草专卖局（营销部）	城区、苍梧县、岑溪市、藤县、蒙山县等5个县级烟草专卖局（营销部）	城区、合浦县2个县级烟草专卖局（营销部）
总资产（万元）		208899	104678	165544	40823	50021
资产负债率（%）		36.34	27.11	32.40	12.55	28.05
从业人员（人）		921	522	726	428	252
所属业务机构	营销机构	1个营销中心	1个营销中心	1个营销中心	1个营销中心	1个营销中心
	物流配送机构	1个物流中心、6个中转站	1个物流中心、5个中转站	1个物流中心、9个中转站	1个物流中心、3个送货部	1个物流中心
	专卖稽查机构	1个稽查支队、15个稽查大队	1个稽查支队、4个稽查大队	1个稽查支队、16个稽查大队	1个稽查支队、5个稽查大队	1个稽查支队、3个稽查大队
	烟叶机构	—	—	—	—	—
实现税利	万元	193633	92560	124637	48453	44562
	2016年比2015年（%）	8.01	-6.40	-2.28	2.04	0.58
实现利润	万元	66629	32330	41041	14962	15724
	2016年比2015年（%）	-11.38	-21.13	-24.25	-23.64	-18.85
销售卷烟	亿支	137.49	74.83	95.00	45.98	30.54
	2016年比2015年（%）	0.89	-4.00	-6.07	-5.25	-8.55
卷烟销售收入（万元）		767142	378109	504424	205621	174456
查处涉烟违法案件（起）		2601	965	917	711	507
查处涉烟违法案件案值（万元）		2913	1074	1207	535	1089
2016年度烟草行业投入烟叶生产基础设施建设资金（万元）		—	—	—	—	—
全年烟叶生产基础设施新增受益面积（万亩）		—	—	—	—	—
烟叶种植（万亩）		—	—	—	—	—
烟叶收购（万担）		—	—	—	—	—
烟农户数（户）		—	—	—	—	—
实现烟农总收入（万元）		—	—	—	—	—
零售客户数（户）		29665	18530	24365	13386	8064
零售客户销售毛利率（%）		16.32	14.17	13.70	14.50	14.60

地市级局（公司）名称		防城港烟草专卖局（公司）	钦州市烟草专卖局（公司）	贵港市烟草专卖局（公司）	玉林市烟草专卖局（公司）	百色市烟草专卖局（公司）
主要负责人/法人代表（含党政领导）		吕郁全	张太玉（—2016年9月） 黎 云（2016年9月—）	郑 刚	孙中标（—2016年1月） 林光耀（2016年1月—）	王五权
所属县级单位		城区、上思县、东兴市等3个县级烟草专卖局	城区、灵山县、浦北县等3个县级烟草专卖局(营销部)	城区、桂平市、平南县等3个县级烟草专卖局(营销部)	城区、北流市、容县、陆川县、兴业县、博白县等6个县级烟草专卖局（营销部）	城区、田阳县、田东县、平果县、德保县、靖西市[3]、那坡县、西林县、凌云县、乐业县、田林县、隆林各族自治县等12个县级烟草专卖局（营销部）
总资产（万元）		27333	43188	56046	70085	99175
资产负债率（%）		28.63	25.80	31.89	35.46	16.32
从业人员（人）		175	382	458	602	1273
所属业务机构	营销机构	1个营销中心	1个营销中心	1个营销中心	1个营销中心	1个营销中心
	物流配送机构	1个物流中心、1个中转站	1个物流中心、3个中转站	1个物流中心、2个中转站	1个物流中心、7个中转站	1个物流中心、12个客服办公室
	专卖稽查机构	1个稽查支队、3个稽查大队	1个稽查支队、4个稽查大队	1个稽查支队、5个稽查大队	1个稽查支队、8个稽查大队	1个稽查支队、14个稽查大队
	烟叶机构	—	—	—	—	1个烟叶科、1个烟叶科研所、8个烟叶站
实现税利	万元	25044	43174	60688	64353	87040
	2016年比2015年（%）	0.49	-12.99	3.95	2.27	13.45
实现利润	万元	7354	13267	18307	19720	31691
	2016年比2015年（%）	-22.96	-23.18	-17.60	-11.37	-6.39
销售卷烟	亿支	19.54	43.28	55.19	56.45	56.74
	2016年比2015年（%）	-4.22	-9.55	-2.76	-3.21	1.22
卷烟销售收入（万元）		108124	192436	252906	288248	272079
查处涉烟违法案件（起）		1242	496	675	703	576
查处涉烟违法案件案值（万元）		13833	1200	2251	1600	8634
2016年度烟草行业投入烟叶生产基础设施建设资金（万元）		—	—	—	—	2729
全年烟叶生产基础设施新增受益面积（万亩）		—	—	—	—	1.70
烟叶种植（万亩）		—	—	—	—	12.43
烟叶收购（万担）		—	—	—	—	26.27
烟农户数（户）		—	—	—	—	6549
实现烟农总收入（万元）		—	—	—	—	28575
零售客户数（户）		4731	13134	17110	20727	18240
零售客户销售毛利率（%）		15.98	14.00	13.80	14.48	13.33

地市级局（公司）名称		贺州市烟草专卖局（公司）	河池市烟草专卖局（公司）	来宾市烟草专卖局（公司）	崇左市烟草专卖局（公司）
主要负责人/法人代表（含党政领导）		李银山	范东升	龚志华	覃忠达
所属县级单位		城区、钟山县、富川瑶族自治县、昭平县等4个县级烟草专卖局（营销部）	金城江区、宜州市、罗城仫佬族自治县、环江毛南族自治县、南丹县、天峨县、东兰县、巴马瑶族自治县、凤山县、都安瑶族自治县、大化瑶族自治县等11个县级烟草专卖局（营销部）	城区、忻城县、合山市、象州县、武宣县、金秀瑶族自治县等6个县级烟草专卖局（营销部）	江州区、扶绥县、宁明县、大新县、龙州县、天等县、凭祥市等7个县级烟草专卖局（营销部）
总资产（万元）		42677	67115	38114	37733
资产负债率（%）		26.47	20.79	35.53	36.34
从业人员（人）		504	668	362	372
所属业务机构	营销机构	1个营销中心	1个营销中心	1个营销中心	1个营销中心
	物流配送机构	1个物流中心、3个中转部	1个物流中心、11个中转站	1个物流中心、5个中转站	1个物流中心、7个中转站
	专卖稽查机构	1个稽查支队、5个稽查大队	1个稽查支队、12个稽查大队	1个稽查支队、1个稽查大队	1个稽查支队 、7个稽查大队
	烟叶机构	1个烟叶科、9个烟叶站	1个烟叶科、5个烟叶站	—	—
实现税利	万元	37496	58772	35585	36913
	2016年比2015年（%）	-4.73	3.52	3.04	10.22
实现利润	万元	9152	15776	9597	9218
	2016年比2015年（%）	-29.04	-19.71	-18.44	-15.82
销售卷烟	亿支	33.81	54.81	35.59	36.55
	2016年比2015年（%）	-1.18	-3.01	-5.46	-2.06
卷烟销售收入（万元）		160325	261146	159042	165927
查处涉烟违法案件（起）		561	928	552	539
查处涉烟违法案件案值（万元）		450	3202	296	324
2016年度烟草行业投入烟叶生产基础设施建设资金（万元）		1229	690	—	—
全年烟叶生产基础设施新增受益面积（万亩）		0.60	0.70	—	—
烟叶种植（万亩）		2.80	1.89	—	—
烟叶收购（万担）		4.73	4.29	—	—
烟农户数（户）		1961	961	—	—
实现烟农总收入（万元）		5118	4858	—	—
零售客户数（户）		9242	16352	11239	10911
零售客户销售毛利率（%）		14.00	13.99	14.10	13.99

注：1.2016年，武鸣县烟草专卖局（营销部）更名为武鸣区烟草专卖局（营销部）；
2.2016年，临桂县烟草专卖局（营销部）更名为临桂区烟草专卖局（营销部）；
3.2016年，靖西县烟草专卖局（营销部）更名为靖西市烟草专卖局（营销部）。

◇ 撰稿：黄祥进；编辑：谢争艳

海南省烟草专卖局（公司）

【专卖管理】 **案件查处**。查处各类涉烟违法案件1818起，其中，假冒卷烟案件728起，其中案值5万元以上假烟案件32起；卷烟非法流通案件862起；走私烟案件228起。查获非法卷烟1463万支，其中假冒卷烟583万支，非法流通卷烟651万支，走私烟及出口倒流卷烟229万支。公安、司法机关依法拘留58人、逮捕26人、判刑61人。全省查获符合公安部、国家局标准的网络案件5起，其中2起被公安部、国家局列为部级督办案件。

海南省局围绕向卷烟打假打私要市场的工作目标，强化全省卷烟打假打私工作。省局与海口海关联合下发《关于建立联合打击走私烟草专卖品违法犯罪活动长效机制的意见》。在全省范围内陆续组织开展“国门利剑2016”“今冬明春”等卷烟打假打私专项行动及节假日市场整治专项行动。

重大案件。三亚市2015年“10·13”销售假烟走私烟网络案件，涉及广东、海南两省，捣毁非法仓储卷烟窝点6个，抓获犯罪嫌疑人11人，刑拘7人、逮捕4人，现场查获非法卷烟281.54万支，涉案案值超过2000万元。海口市“6·12”制售假烟网络案件部督案件，刑拘43人、取保候审7人，逮捕28人。查获非法卷烟7.01亿支，涉案案值1641万元。

市场监管。以提升市场监管效能为目标，按照“学习先进、试点引导、鼓励创新、协同提高”的工作思路，以临高县局为试点，推动卷烟市场监管网格化管理。

6月17日至8月31日，省局联合省工商、公安等部门在全省范围统一开展中小学校周边、幼儿园内卷烟零售客户专项清理行动，对全省2691所中小学校周边的2094户卷烟零售客户进行全面排查、分类处置、全部清理。截至8月31日，全省清理中小学校周边卷烟零售客户比例达到100%。

专卖内管。完善内部专卖管理监督制度体系，建立“工作联动、任务到人”的责任机制，持续加强内管监督检查，加强对卷烟生产经营的全过程监管。遏制卷烟非法流通，全省查处卷烟非法流通案件数量和案值同比分别下降6.61%和48.28%。案值5万元以上的卷烟非法流通案件23起，同比下降41.03%。

【经济效益】 海南省烟草商业系统实现税利37.2亿元，同比增长8.17%，其中利润14.03亿元，同比下降10.92%。三项费用率3.80%，同比减少0.09个百分点；业务招待费同比下降62.22%，会议费同比下降32.04%。

全年完成460万元的降本增效目标，超额完成国家局下达的450万元目标任务。加强资金运营管理，提高货币资金收益水平，全省系统实现货币资金净收益1.73亿元，完成任务目标比例113.68%。

2016年4月5日，三亚市烟草公司客户经理在指导卷烟零售客户进行明码标价

海南三亚市局　邹莉娟　摄

【卷烟（雪茄烟）经营】 **卷烟（雪茄烟）销售**。海南省烟草商业系统销售卷烟220.01亿支（44.0万箱），同比增长0.11%，其中，销售一类烟58.33亿支（11.67万箱），同比增长8.94%；二类烟37.21亿支（7.44万箱），同比增长16.56%；三类烟101.12亿支（20.22万箱），同比下降7.44%；四类烟16.6亿支（3.32万箱），同比下降14.85%；五类烟6.74亿支（1.35万箱），同比增长26.02%。本地区销量居前三位的卷烟品牌为“红塔山”“芙蓉王”“云烟”，销量分别为52.55亿支（10.51万箱）、36.88亿支（7.38万箱）、21.15亿支（4.23万箱）。销售雪茄烟0.04亿支，同比下降39.3%。

全年实现卷烟（雪茄烟）销售收入144.49亿元，同比增长5.20%。实现卷烟（雪茄烟）税利37.2亿元，同比增长8.17%，其中利润14.03亿元，同比下降10.92%。卷烟单箱销售收入3.27万元，卷烟单箱税利8432元。

品牌培育。按照“品牌要做大、规格要做精、价格要上扬”的要求，持续加大全国重点品牌卷烟和地产自主品牌卷烟的培育力度。针对全省卷烟市场品牌规格现状，在坚持市场实际需求的前提下，以细支卷烟、低焦油卷烟、雪茄烟和全国重点品牌卷烟为核心，工商协同加大卷烟品牌整合力度，及时清退滞销品牌规格，积极引进适销对路的新品规格。全年销售重点品牌卷烟193.37亿支（38.67万箱），同比下降0.45%，占销售总量的87.87%。

海南省公司加强与海南红塔卷烟有限责任公司的合作，

共同分析市场，制定营销策略，扩大地产自主品牌卷烟的省内份额及市场影响力。全年销售地产自主品牌卷烟 7.05 亿支（1.41 万箱），同比增长 12.55%。

现代物流建设。加强卷烟现代物流建设评价考核，3 月，采用新修订的《卷烟物流工作评价实施细则》对各单位开展物流考核及评分，新《细则》将非法人实体化、托盘联运、包装箱循环利用等内容纳入考核。加强物流体制改革，推行海口、琼海、儋州等地卷烟物流一体化改革，10 月 3 日，琼海市公司卷烟仓储、分拣业务正式纳入海口市公司，实现资源共享、人员共用，减少重复投资，项目取得阶段性成果。

【"宝岛（三沙）"培育与发展】 按照海南省政府和国家局发展"宝岛（三沙）"卷烟的决策部署，海南省局（公司）全力推动"宝岛（三沙）"卷烟发展。7 月，"宝岛（三沙）"卷烟正式上市后，坚持以省内市场为重点，逐步扩展全国重点市场的营销策略。9 月，"宝岛（三沙）"品牌卷烟发展座谈会在海南红塔卷烟有限责任公司召开。海南省副省长李国梁、国家局副局长段铁力出席会议并讲话。

全省各级烟草公司加大"宝岛（三沙）"卷烟品牌培育力度。一是加大宣传力度，提高产品知晓度。通过"新商盟"、微信群等方式发布"宝岛（三沙）"卷烟产品信息，同时通过人员入店推广、逐户派发宣传资料等方式，提高"宝岛（三沙）"卷烟的知晓率。二是加强零售终端维护。积极引导客户尝试购进推广，并做好指导零售客户卷烟上柜陈列工作。同时，结合各地市场消费特点，积极培育"宝岛（三沙）"卷烟消费群体，提升卷烟零售客户、消费者对"宝岛（三沙）"卷烟的认可度和忠诚度。

截至 2016 年底，"宝岛（三沙）"在全国 13 个省 25 个城市上市销售，全年实现销量 6490 万支（1298 箱），"宝岛（三沙）"卷烟知名度不断提高。

【管理创新】 围绕"精益管理做除法"的工作要求，将关键对标指标的持续提升作为评价精益管理成效的量化标准。全省系统 15 个对标指标中，7 个指标水平同比有所提升，9 个指标排名有所提升，12 个指标水平优于全国平均水平，7 个指标名列全国前茅。其中，在全国 33 家省级局（公司）中，卷烟库存周转次数排名第一、人均劳动生产率排名第二、人均卷烟销售收入排名第二。

【优质雪茄烟叶生产与科研】 国家局下达晾晒烟收购计划 90 吨（1800 担），海南省实际种植雪茄烟叶 1350 亩（由海南建恒哈瓦那雪茄有限公司①种植，种植的亩数由其自行决定）。收购雪茄烟叶 90 吨（1800 担），调拨雪茄烟叶 55.25 吨（1105 担）。

按照"高起点、超常规、跨越式"的发展工作思路，加强海南雪茄烟叶科研工作。编制完成海南雪茄研究所筹建工作方案及发展规划，完成海南雪茄烟叶研究所运行机制体系、评价机制体系、激励机制体系、监督机制体系等 57 个管理办法及细则的起草工作，引进 2 名遗传育种专业博士。开展雪茄烟叶试种研究，12 月，"海南雪茄烟叶试种研究"通过专家结题评审，基本确定适宜的种植移栽期和不同类型雪茄烟叶适宜种植区域，初步总结形成海南雪茄烟叶种植调制技术操作规程。多渠道收集雪茄烟叶种质资源，入库种质资源 85 份。

【特事辑要】 1 月 22 日，海南省局（公司）在海口召开 2016 年全省烟草工作会议。

9 月 27 日，"宝岛（三沙）"品牌发展座谈会在海南海口召开，国家局党组成员、副局长段铁力出席。

11 月 1—4 日，国家局党组成员、直属机关党委书记高林赴海南烟草调研。

12 月 24 日，国家局党组书记、局长凌成兴赴海南烟草调研。凌成兴指出，面对"四大难题"凸显、"三大压力"叠加的严峻形势，海南烟草工商企业保持定力，迎难而上，取得明显成效，突出表现为"一包新烟成功上市""三大指标名列前茅"。"一包新烟成功上市"，即"宝岛（三沙）"品牌卷烟研发、上市、营销取得重大突破，体现定位准、行动快、开局好三个特点。"三大指标名列前茅"，即海南省内卷烟销量增长名列行业前茅、卷烟单箱结构增长名列行业前茅、商业实现税利增长名列行业前茅。对下一步工作，凌成兴强调要在稳定合作生产、提升单箱结构的基础上，重点抓好"三项措施"：一要聚焦"宝岛（三沙）"品牌。以发展"宝岛（三沙）"品牌为重点，扎根海南本地市场，拓展省外重点市场，努力提高品牌知名度和影响力，逐步实现同自有品牌、沉香风格、雪茄发展的有机统一，做强做大"宝岛（三沙）"品牌。二要培育旅游精品。立足服务海南国际旅游岛建设的大局，在卷烟产品的生产、包装、营销、培育等方面借鉴先进企业的经验，做好做足旅游文章，努力把海南卷烟产品打造成为海南旅游精品。三要坚定发展目标。坚定海南烟草"十三五"期间跨越"两个大台阶"、实现"三个新目标"的信心，克服困难，扎实工作，为海南国际旅游岛建设作出新贡献。

---

① 海南建恒哈瓦那雪茄有限公司成立于 2000 年 1 月，是一家集旅游开发、仓储物流、农业高科技产品开发及烟草生产研究等大型综合性企业，是目前国内唯一一家从事雪茄外包皮烟及芯烟种植的企业。经过多年的试验，公司在海南各地通过对土壤、气候、生态栽培、复壮提纯、调制、发酵等试验，成功培育出具有自主知识产权的海南雪茄系列烟叶品种。2010 年 9 月，公司在海南省儋州市光村镇进行规模化种植，成为中国第一个雪茄烟草种植基地。2012 年 5 月，国家局科技司和中国烟叶公司共同组成质量评价组，对海南雪茄烟叶质量进行综合评价，专家一致认为，海南雪茄烟叶生产取得重大突破，生产的雪茄外包皮烟添补国内空白，品质达到国际先进水平。2013 年 3 月，经国家局批准，公司正式挂牌成立"中国雪茄烟叶种植示范基地"。

12月28—30日，国家局党组成员、副局长赵洪顺赴海南烟草调研。赵洪顺要求海南烟草要做好“四个保持”，即保持战略定力，明确发展定位，准确把握形势，坚定发展目标；保持市场监管高压态势，坚决打击涉烟违法犯罪活动；保持良好经济运行状态，确保经济运行稳中向好、稳中有进；保持积极向上精神状态，做到领导班子成员率先垂范，干部职工尽职尽责。同时要精心培育好“宝岛（三沙）”品牌，为海南地方经济发展作出新贡献。

2016年海南省烟草专卖商业主要情况统计

地市级局（公司）名称		海口市烟草专卖局（公司）	三亚市烟草专卖局（公司）	琼海市烟草专卖局（公司）	儋州市烟草专卖局（公司）
主要负责人/法人代表（含党政领导）		王斌斌	李　云	陈益峰	李宏伟
所属县级单位		澄迈县、文昌市、定安县、临高县等4个县级烟草专卖局（营销部）	乐东黎族自治县、陵水黎族自治县、保亭黎族苗族自治县、五指山市等4个县级烟草专卖局（营销部）	万宁市、屯昌县、琼中黎族苗族自治县等3个县级烟草专卖局（营销部）	东方市、昌江黎族自治县、白沙黎族自治县等3个县级烟草专卖局（营销部）
总资产（万元）		90132	32885	35876	20652
资产负债率（%）		11.93	13.40	13.54	11.41
从业人员（人）		446	276	227	191
所属业务机构	营销机构	1个营销中心	1个营销中心	1个营销中心	1个营销中心
	物流配送机构	1个物流中心、2个物流配送中转站	1个物流中心	1个配送中心	1个物流中心
	专卖稽查机构	1个稽查支队、10个稽查大队	1个稽查支队、9个稽查大队	1个稽查支队、6个稽查大队	1个稽查支队、7个稽查大队
	烟叶机构	—	—	—	1个烟叶科
实现税利	万元	125913	50471	44694	35117
	2016年比2015年（%）	17.16	20.56	21.73	20.91
实现利润	万元	25343	7560	7058	4795
	2016年比2015年（%）	-6.93	-13.34	-15.72	-19.98
销售卷烟	亿支	97.01	48.57	40.00	34.35
	2016年比2015年（%）	-1.15	2.79	-0.46	0.65
卷烟销售收入（万元）[1]		687706	299435	250577	206650
查处涉烟违法案件（起）		1157	363	183	115
查处涉烟违法案件案值（万元）		3008	3308	54	1246
2016年度烟草行业投入烟叶生产基础设施建设资金（万元）		—	—	—	—
全年烟叶生产基础设施新增受益面积（万亩）		—	—	—	—
烟叶种植（万亩）[2]		—	—	—	0.14
烟叶收购（万担）		—	—	—	0.18
烟农户数（户）		—	—	—	—
实现烟农总收入（万元）		—	—	—	—
零售客户数（户）		19425	8000	9813	4791
零售户销售毛利率（%）		13.16	13.06	13.12	11.20

注：1. 各地市级局（公司）的卷烟销售收入包括雪茄烟销售收入；

2. 海南雪茄烟叶由海南建恒哈瓦那雪茄有限公司负责种植收购，此处只统计种植面积和收购数量。

◇ 撰稿：孙　云；编辑：王东旭

重庆市烟草专卖局（公司）

【专卖管理】　**案件查处**。查处涉烟违法案件1.12万起，其中假冒卷烟案件0.29万起、走私烟案件0.08万起、非法流通卷烟案件0.75万起。查获各类非法卷烟0.75亿支，其中假冒卷烟0.41亿支、走私烟0.04亿支、非法流通卷烟0.3亿支。涉烟违法案件总案值1.08亿元。捣毁制假售假窝点35个，抓获涉烟犯罪嫌疑人127人，公安、司法机关依法判刑27人，拘留63人。查处涉烟违法网络案件19起，其中符合公安部、国家局标准的网络案件16起，符合省局标准的案件3起。

“利剑”专项行动。8—12月，重庆市政府牵头组织公安、交通、工商、邮政等10余个部门开展联合行动，重点在物流运输、邮政快递、零售终端、烟叶收购运输等领域环节开展专项整治，形成“政府主导、部门协作、齐抓共管”的局面。各级专卖部门持续巩固与检察、法院、公安、工商等部门的协作平台，在行政执法与刑事司法衔接、执法资源共享等方面增强合力。“利剑”专项行动是近10年来重庆市最大规模、最广范围、最强声势的烟草市场专项整治行动，出动各部门执法人员5.5万人次，检查卷烟经营户15.33万户次，查获各类涉烟违法案件3661起，移送公安、司法机关13起；查获违法卷烟2671.96万支，实物案值3842.7万元。

涉烟情报信息分析研判中心。重庆市局组建全国烟草行业首个涉烟情报信息分析研判中心，全年收集储存假烟线索140余万条。每日平均筛查处理各类数据50余万条。全年推送重庆市内的案件线索1178条，协助查获各类违法卷烟856万支，公安、司法机关依法抓捕45人，刑拘24人。

涉烟情报信息分析研判中心指引办理假烟网络案件9起，捣毁市内售假窝点、仓库12个，切断包运链2条；在国家局、公安部指挥下发起集群战役6起，将网络案线索向全国延展，全面升级大要案件办理能力。10—12月，向全国30个省份移送案件线索1.4万余条，查获假烟9280万支、烟机3台（套），实物案值1.8亿元，公安、司法机关依法抓捕198人，刑拘112人。开展“双11”“双12”电商涉烟案件线索分析，公安机关依法刑拘52人。

市场监管。重庆市局将全市划分为五大战区，成立5个督导组专项督导，指挥开展9轮次交叉执法、百余次专项行动，暗访检查5100余户零售户，突破地域瓶颈、提升管控力度。设置56个边界检查站点，协调公安、交通管理等部门实现交通路网与重要场口全覆盖。与铁路、公安部门协同发起“铁鹰”专项行动，对渝怀、内昆、达万、渝黔等四条干线登车查缉20余次。组成执法机动队进驻渝西片区开展市场防控，筑牢边界篱笆、严防非烟入侵，全年拦截市外非法流入卷烟近1200万支。

行政许可。推进许可证异常情况处置、客户快速退出及停业客户激活工作，全年清理处置异常零售客户1.3万户，处置率为94.62%，积极解决一摊多证、闲置证、大户控制小户等问题，稳定客户规模、优化市场资源。推送23名严重违法经营户至工商联征系统平台，打击不诚信经营。

【经济效益】　重庆市烟草商业系统实现税利102.92亿元，同比下降7.51%，其中利润39.78亿元，同比下降6.84%。卷烟单箱销售收入2.62万元，同比增长4.8%；单箱税利7755元，同比增长12.77%。三项费用率为7.27%，同比减少0.14个百分点。

【卷烟经营】　**卷烟销售**。重庆市烟草商业系统销售卷烟570.3亿支（114.06万箱），同比下降3.38%，其中，销售一类烟146.75亿支（29.35万箱），同比增长2.6%；二类烟65.05亿支（13.01万箱），同比增长3.8%；三类烟250.05亿支（50.0万箱），同比下降5.1%；四类烟90.35亿支（18.07万箱），同比下降12.0%；五类烟18.1亿支（3.62万箱），同比下降1.7%。本地区销量居前三位的品牌为“龙凤呈祥”“云烟”“娇子”，销量分别为179.4亿支（35.88万箱）、37.8亿支（7.56万箱）、52.6亿支（10.52万箱）。

实现销售收入（不含税）298.37亿元，同比增长0.98%。实现卷烟税利88.45亿元，同比增长8.83%，其中利润31.94亿元，同比下降7.76%。

重点品牌销售。重庆市烟草商业系统坚持“稳中求进”的总基调，围绕“增销量、上结构、促消费、提效益”的中心任务，牢牢牵住卷烟营销这个“牛鼻子”，紧扣税利总额这个核心指标，主动解放思想，抢抓地方经济快速发展的机遇，积极推进市场化取向改革，积极作为、奋力攻坚，卷烟销售取得“一个小幅波动、三个排位靠前”的较好业绩，为全市系统实现年度税利目标发挥关键作用。

按照“工商协同、共育品牌”的思路，把重点品牌销售作为卷烟税利增长的重要支撑，加大全国重点品牌和地方特色品牌培育力度，工商协同力度空前、品牌引退力度空前、宣传促销力度空前，实现结构提升。销售重点品牌卷烟463.45亿支（92.69万箱），同比下降3.64%；占总销量的比重81.26%，同比减少0.24个百分点。

【烟叶产销】　**烟叶种植和收购**。重庆市共签订烟叶种植合同2.04万份。烟叶种植面积55.69万亩，全部为烤烟。收购烤烟6.976万吨（139.51万担），完成计划99.7%。全市烟农户数2.05万户，实现烟农总收入17.79亿元，烟农户均收入8.7万元。

实现烟叶税利13.93亿元，同比下降1.75%，其中利润7.66亿元，同比下降1.16%。

烟叶生产基础设施建设。完成援建烟区道路资金投入2.1亿元，第二轮援建道路建设计划合计投入5亿元；完成水源工程建设资金投入3.57亿元。

投入1.02亿元用于常规烟叶生产基础设施建设，重点投入到与烟叶生产密切相关的烟叶调制设施上，并适当配套烟水工程和烟田机耕路等项目，持续完善烟叶产业及大农业发展配套设施，其中国家局投入0.17亿元、全市烟草系统投入资金0.85亿元。

现代烟草农业建设。开展“百千万”工程，推进适度规模化，全市烟农户均种植规模为27.39万亩，同比减少1.48亩；培育53个万担乡、477个千担村、4225个百担户，40亩以上职业烟农种植面积占总面积40%以上。

标准化生产进步明显，全市冬耕清残、配方平衡施肥、地膜栽培、“321”移栽、三段六步式烘烤实现全覆盖。“三项主推技术”方面，全市落实2340名职业烘烤师、2.8万座烤房开展采烤分一体化，实现4座以上烤房群全覆盖；积极试点运用水肥一体化施肥枪；地膜残留清除全覆盖。全市烟叶收购等级合格率达到83%，工商交接等级合格率62.7%，为近几年最高水平。

【特事辑要】 2月6日，重庆市副市长翁杰明赴重庆市局（公司）调研。

4月20日，重庆市副市长谭家玲赴重庆市局（公司）调研。

9月21日，国家局党组成员、副局长杨培森赴重庆烟草调研。杨培森对重庆烟草工商企业各项工作给予肯定，要求重庆烟草进一步分析卷烟市场形势，从发挥优势、培育品牌、加强管理、改革创新四方面入手提高经济运行效益，充分发挥高端品牌、工商协作、地方重视等优势，下大力气做好地产卷烟品牌培育，在原料使用、项目投资、物资采购、宣传促销、物流配送等方面挖潜增效，转变观念、转化方式、转型发展，促进烟叶生产提质增效和烟农增收。

12月21—23日，国家局党组成员、直属机关党委书记高林赴重庆烟草调研。高林对重庆烟草工商企业各项工作取得的成绩给予肯定，要求重庆烟草认真学习贯彻党的十八届六中全会精神，牢固树立“四个意识”；坚定不移推进全面从严治党，持之以恒抓好巡视整改；在“三重一大”、工程项目、物资采购等重点领域加强党的领导，形成制度，强化监督；认真贯彻落实中央经济工作会议精神，坚持稳中求进工作总基调，充分调动干部职工积极因素，努力完成全年目标任务。

2016年重庆市烟草专卖商业主要情况统计

区、县局（公司）名称		万州区烟草专卖局（分公司）	涪陵区烟草专卖局（分公司）	黔江区烟草专卖局（分公司）	渝中区烟草专卖局（分公司）	大渡口区烟草专卖局（分公司）
主要负责人/法人代表（含党政领导）		李　明	李　伟	袁力平	谢小波	程念民
所属县级单位		—	—	—	—	—
总资产（万元）		17525	11004	13177	3701	1474
资产负债率（%）		—	—	—	—	—
从业人员（人）		303	249	360	84	53
所属业务机构	营销机构	1个客户服务部、6个区域客户服务部	5个区域客户服务部	4个区域客户服务部	1个区域客户服务部	1个客户服务部
	物流配送机构	万州卷烟物流配送中心	涪陵卷烟物流配送中心	黔江卷烟物流配送中心	—	—
	专卖稽查机构	1个稽查支队、8个稽查大队	1个稽查支队、5个稽查大队	1个稽查支队、5个稽查大队	1个稽查支队、4个稽查大队	1个稽查支队、2个稽查大队
	烟叶机构	2个烟叶工作站	2个烟叶工作站	3个烟叶工作站、13个烟叶收购点	—	—
实现税利	万元	24575	19665	18389	22779	9450
	2016年比2015年（%）	11.19	32.86	17.05	5.21	7.73
实现利润	万元	509	1247	6031	3901	1014
	2016年比2015年（%）	-70.60	123.09	42.33	-35.01	-49.02
销售卷烟	亿支	24.46	18.88	9.79	16.76	8.90
	2016年比2015年（%）	-4.62	-4.37	7.82	-6.98	-1.11

续表

区、县局（公司）名称	万州区烟草专卖局（分公司）	涪陵区烟草专卖局（分公司）	黔江区烟草专卖局（分公司）	渝中区烟草专卖局（分公司）	大渡口区烟草专卖局（分公司）
卷烟销售收入（万元）	149567	93166	53803	109698	56958
查处涉烟违法案件（起）	616	248	187	323	337
查处涉烟违法案件案值（万元）	280	263	455	274	66
2016年度烟草行业投入烟叶生产基础设施建设资金（万元）	422	206	78	—	—
全年烟叶生产基础设施新增受益面积（万亩）	0.20	0.24	—	—	—
烟叶种植（万亩）	1.40	1.20	5.20	—	—
烟叶收购（万担）	3.58	3.00	10.32	—	—
烟农户数（户）	266	258	1702	—	—
实现烟农总收入（万元）	4411	3752	12977	—	—
零售客户数（户）	7050	4645	2522	2276	1129
零售客户销售毛利率（%）	6.00	7.00	6.00	7.50	6.00

区、县局（公司）名称		江北区烟草专卖局（分公司）	沙坪坝区烟草专卖局（分公司）	九龙坡区烟草专卖局（分公司）	南岸区烟草专卖局（分公司）	北碚区烟草专卖局（分公司）
主要负责人/法人代表（含党政领导）		江　波	李兴奇（—2016年12月）窦梓铭（2016年12月—）	楚　鹰	窦梓铭（—2016年12月）谢小波（2016年12月—）	郭　敏
所属县级单位		—	—	—	—	—
总资产（万元）		3978	4330	49467	4432	2825
资产负债率（%）		—	—	—	—	—
从业人员（人）		83	92	109	100	93
所属业务机构	营销机构	1个客户服务部	1个客户服务部、4个区域客户服务部	4个区域客户服务部	1个区域客户服务部	1个客户服务部
	物流配送机构	—	—	—	—	—
	专卖稽查机构	5个稽查大队	1个稽查支队、5个稽查大队	1个稽查支队、4个稽查大队	1个稽查支队、4个稽查大队	4个稽查大队
	烟叶机构	—	—	—	—	—
实现税利	万元	27421	31931	38922	30076	16395
	2016年比2015年（%）	5.35	10.32	1.44	6.03	6.83
实现利润	万元	5328	6139	7690	5551	2072
	2016年比2015年（%）	-33.93	-34.13	-35.05	-35.74	-45.26
销售卷烟	亿支	21.36	26.93	31.85	24.23	15.86
	2016年比2015年（%）	-3.56	-1.91	-5.94	0.52	-3.86
卷烟销售收入（万元）		149749	174268	180543	142211	96122
查处涉烟违法案件（起）		427	389	531	689	152
查处涉烟违法案件案值（万元）		264	388	498	493	134
2016年度烟草行业投入烟叶生产基础设施建设资金（万元）		—	—	—	—	—
全年烟叶生产基础设施新增受益面积（万亩）		—	—	—	—	—

续表

区、县局（公司）名称	江北区烟草专卖局（分公司）	沙坪坝区烟草专卖局（分公司）	九龙坡区烟草专卖局（分公司）	南岸区烟草专卖局（分公司）	北碚区烟草专卖局（分公司）
烟叶种植（万亩）	—	—	—	—	—
烟叶收购（万担）	—	—	—	—	—
烟农户数（户）	—	—	—	—	—
实现烟农总收入（万元）	—	—	—	—	—
零售客户数（户）	2803	3752	5970	2848	3524
零售客户销售毛利率（%）	8.00	7.00	5.00	6.00	8.00

区、县局（公司）名称		万盛经济技术开发区烟草专卖局（分公司）	渝北区烟草专卖局（分公司）	巴南区烟草专卖局（分公司）	长寿区烟草专卖局（分公司）	江津区烟草专卖局（分公司）
主要负责人/法人代表（含党政领导）		何明川	唐维生（—2016 年 3 月） 杨万长（2016 年 3 月—）	张琼华	刘晗	范毅
所属县级单位		—	—	—	—	—
总资产（万元）		1046	6121	8363	2262	2979
资产负债率（%）		—	—	—	—	—
从业人员（人）		47	139	83	96	121
所属业务机构	营销机构	1 个客户服务部	1 个客户服务部、4 个区域客户服务部	3 个区域客户服务部	1 个客户服务部	6 个区域客户服务部
	物流配送机构	—	—	—	—	—
	专卖稽查机构	1 个稽查大队	1 个稽查支队	1 个稽查支队、3 个稽查大队	1 个稽查支队、4 个稽查大队	7 个稽查大队
	烟叶机构	—	—	—	—	—
实现税利	万元	5087	59253	22950	12166	22358
	2016 年比 2015 年（%）	8.62	8.89	6.85	5.44	8.72
实现利润	万元	106	12721	3614	841	2036
	2016 年比 2015 年（%）	-84.74	-26.61	41.47	-64.30	-59.21
销售卷烟	亿支	5.79	45.25	21.54	12.72	24.65
	2016 年比 2015 年（%）	-2.10	1.50	-3.32	-9.64	-0.76
卷烟销售收入（万元）		33443	315885	111049	65102	116576
查处涉烟违法案件（起）		51	811	402	467	424
查处涉烟违法案件案值（万元）		8	833	196	127	212
2016 年度烟草行业投入烟叶生产基础设施建设资金（万元）		—	—	—	—	—
全年烟叶生产基础设施新增受益面积（万亩）		—	—	—	—	—
烟叶种植（万亩）		—	—	—	—	—
烟叶收购（万担）		—	—	—	—	—
烟农户数（户）		—	—	—	—	—
实现烟农总收入（万元）		—	—	—	—	—
零售客户数（户）		1460	6478	3877	3149	4414
零售客户销售毛利率（%）		8.00	7.50	6.00	5.00	6.00

区、县局（公司）名称		合川区烟草专卖局（分公司）	永川区烟草专卖局（分公司）	南川区烟草专卖局（分公司）	綦江区烟草专卖局（分公司）	大足区烟草专卖局（分公司）
主要负责人/法人代表（含党政领导）		谷　华	杨智中	周　建	徐　建	李朝彬
所属县级单位		—	—	—	—	—
总资产（万元）		3703	3236	5771	2502	3190
资产负债率（%）		—	—	—	—	—
从业人员（人）		118	102	161	84	103
所属业务机构	营销机构	8个区域客户服务部	1个客户服务部、5个区域客户服务部	1个客户服务部、5个区域客户服务部	3个区域客户服务部	1个客户服务部、3个区域客户服务部
	物流配送机构	—	—	—	—	—
	专卖稽查机构	1个稽查支队、6个稽查大队	1个稽查支队、6个稽查大队	3个稽查大队	1个稽查支队、3个稽查大队	2个稽查支队、4个稽查大队
	烟叶机构	—	—	1个烟叶工作站、6个烟叶收购点	—	—
实现税利	万元	19833	17461	11937	14994	14305
	2016年比2015年（%）	6.69	5.00	8.22	15.90	2.18
实现利润	万元	1744	1188	1678	1151	1310
	2016年比2015年（%）	-57.18	-64.27	-35.46	-50.10	-57.77
销售卷烟	亿支	21.90	19.60	10.96	16.92	15.39
	2016年比2015年（%）	-6.82	-8.10	-3.23	1.93	-5.29
卷烟销售收入（万元）		104201	109271	58830	92388	74387
查处涉烟违法案件（起）		332	284	156	314	274
查处涉烟违法案件案值（万元）		117	304	41	111	110
2016年度烟草行业投入烟叶生产基础设施建设资金（万元）		—	—	55	—	—
全年烟叶生产基础设施新增受益面积（万亩）		—	—	0.28	—	—
烟叶种植（万亩）		—	—	1.40	—	—
烟叶收购（万担）		—	—	3.51	—	—
烟农户数（户）		—	—	343	—	—
实现烟农总收入（万元）		—	—	4237	—	—
零售客户数（户）		5266	4702	2924	3932	4813
零售客户销售毛利率（%）		5.00	6.00	6.00	8.70	7.00

区、县局（公司）名称	璧山区烟草专卖局（分公司）	铜梁区烟草专卖局（分公司）	潼南区烟草专卖局（分公司）	荣昌县烟草专卖局（分公司）	梁平县烟草专卖局（分公司）
主要负责人/法人代表（含党政领导）	罗晓庆	王东生	张光伟	邱先勋（—2016年7月） 江　山（2016年7月—）	雷　放
所属县级单位	—	—	—	—	—
总资产（万元）	2224	1807	1713	2588	1826
资产负债率（%）	—	—	—	—	—
从业人员（人）	77	69	58	74	90

续表

区、县局（公司）名称		璧山区烟草专卖局（分公司）	铜梁区烟草专卖局（分公司）	潼南区烟草专卖局（分公司）	荣昌县烟草专卖局（分公司）	梁平县烟草专卖局（分公司）
所属业务机构	营销机构	4个区域客户服务部	3个区域客户服务部	1个客户服务部、2个片区市场	1个客户服务部	1个客户服务部
	物流配送机构	—	—	—	—	—
	专卖稽查机构	1个稽查大队、3个稽查中队	1个稽查支队、3个稽查大队	2个稽查大队、1个稽查支队	4个稽查大队	1个稽查大队、4个稽查中队
	烟叶机构	—	—	—	—	—
实现税利	万元	11643	9988	9246	12328	7237
	2016年比2015年（%）	6.00	8.98	3.71	10.14	2.16
实现利润	万元	901	736	576	1032	-280
	2016年比2015年（%）	-64.84	-61.30	-66.57	-57.32	—
销售卷烟	亿支	12.79	10.91	10.57	13.61	10.30
	2016年比2015年（%）	-6.37	-8.82	-10.55	-5.00	-8.12
卷烟销售收入（万元）		61597	62053	49847	65066	50867
查处涉烟违法案件（起）		143	150	333	219	196
查处涉烟违法案件案值（万元）		56	47	98	51	47
2016年度烟草行业投入烟叶生产基础设施建设资金（万元）		—	—	—	—	—
全年烟叶生产基础设施新增受益面积（万亩）		—	—	—	—	—
烟叶种植（万亩）		—	—	—	—	—
烟叶收购（万担）		—	—	—	—	—
烟农户数（户）		—	—	—	—	—
实现烟农总收入（万元）		—	—	—	—	—
零售客户数（户）		2868	3259	2255	2735	3064
零售客户销售毛利率（%）		8.00	7.00	6.20	7.00	0.02

区、县局（公司）名称		城口县烟草专卖局（分公司）	丰都县烟草专卖局（分公司）	垫江县烟草专卖局（分公司）	武隆区烟草专卖局（分公司）	忠县烟草专卖局（分公司）
主要负责人/法人代表（含党政领导）		黎　明（—2016年1月）侯　平（2016年1月—）	杨通华	邬　俊	熊向东	夏刚东
所属县级单位		—	—	—	—	—
总资产（万元）		629	18306	1900	26560	2038
资产负债率（%）		—	—	—	100	—
从业人员（人）		35	217	81	310	99
所属业务机构	营销机构	3个区域客户服务部	1个客户服务部、3个区域客户服务部	1个客户服务部	1个客户服务部、2个区域客户服务部	5个区域客户服务部
	物流配送机构	—	—	—	—	—
	专卖稽查机构	1个稽查大队	1个稽查大队、3个稽查中队	1个稽查大队、4个稽查中队	1个稽查大队、2个稽查中队	1个稽查大队、4个稽查中队
	烟叶机构	—	2个烟叶工作站	—	4个烟叶工作站	—
实现税利	万元	3002	18849	7587	19760	5485
	2016年比2015年（%）	20.44	35.32	6.31	-15.41	0.08

续表

区、县局（公司）名称		城口县烟草专卖局（分公司）	丰都县烟草专卖局（分公司）	垫江县烟草专卖局（分公司）	武隆区烟草专卖局（分公司）	忠县烟草专卖局（分公司）
实现利润	万元	93	8287	8	7286	-1066
	2016 年比 2015 年（%）	-74.72	72.57	-99.23	-42.13	—
销售卷烟	亿支	2.74	8.21	9.34	6.11	8.49
	2016 年比 2015 年（%）	1.11	-4.65	-7.98	-0.71	-6.49
卷烟销售收入（万元）		19584	39056	51568	37214	44553
查处涉烟违法案件（起）		110	125	350	81	269
查处涉烟违法案件案值（万元）		16	20	65	37	56
2016 年度烟草行业投入烟叶生产基础设施建设资金（万元）		—	—	—	—	—
全年烟叶生产基础设施新增受益面积（万亩）		—	—	—	—	—
烟叶种植（万亩）		—	3.99	—	6.30	—
烟叶收购（万担）		—	10.05	—	16.95	—
烟农户数（户）		—	1533	—	2551	—
实现烟农总收入（万元）		—	12275	—	22900	—
零售客户数（户）		1483	3287	2760	2251	2631
零售客户销售毛利率（%）		8.00	5.20	4.00	7.00	6.00

区、县局（公司）名称		开州区烟草专卖局（分公司）[1]	云阳县烟草专卖局（分公司）	奉节县烟草专卖局（分公司）	巫山县烟草专卖局（分公司）	巫溪县烟草专卖局（分公司）
主要负责人/法人代表（含党政领导）		骆大元（—2016 年 11 月）戴　翔（2016 年 11 月—）	潘吉祥	张明礼	高　态	解昌盛
所属县级单位		—	—	—	—	—
总资产（万元）		2614	2272	14550	30444	27179
资产负债率（%）		—	—	—	—	—
从业人员（人）		93	89	253	328	198
所属业务机构	营销机构	5 个片区工作组	5 个区域客户服务部	1 个客户服务部	1 个客户服务部、5 个区域客户服务部	1 个区域客户服务部
	物流配送机构	—	—	—	—	—
	专卖稽查机构	1 个机动大队、5 个片区稽查队	1 个稽查大队、4 个稽查中队	3 个专销工作站	1 个稽查大队、3 个市场稽查队	1 个稽查大队、3 个稽查中队
	烟叶机构	—	—	2 个烟叶工作站	4 个烟叶工作站、14 个烟叶点	3 个烟叶工作站
实现税利	万元	14377	9819	18127	18934	16261
	2016 年比 2015 年（%）	-3.90	3.33	-3.06	-37.54	12.42
实现利润	万元	1352	319	3905	4185	6426
	2016 年比 2015 年（%）	-64.32	-81.41	-38.70	-73.30	-0.31
销售卷烟	亿支	14.45	10.62	11.04	8.41	5.73
	2016 年比 2015 年（%）	-11.72	-4.52	1.57	-0.83	3.24
卷烟销售收入（万元）		88635	65220	63466	55473	38762
查处涉烟违法案件（起）		259	285	162	201	162

续表

区、县局（公司）名称	开州区烟草专卖局（分公司）[1]	云阳县烟草专卖局（分公司）	奉节县烟草专卖局（分公司）	巫山县烟草专卖局（分公司）	巫溪县烟草专卖局（分公司）
查处涉烟违法案件案值（万元）	83	44	52	50	21
2016年度烟草行业投入烟叶生产基础设施建设资金（万元）	—	—	728	423	—
全年烟叶生产基础设施新增受益面积（万亩）	—	—	—	0.20	—
烟叶种植（万亩）	—	—	3.80	7.00	3.80
烟叶收购（万担）	—	—	10.25	18.22	10.76
烟农户数（户）	—	—	1219	3330	1319
实现烟农总收入（万元）	—	—	12941	22642	14111
零售客户数（户）	4505	3652	2900	2200	2113
零售客户销售毛利率（%）	6.00	8.00	8.00	6.00	5.00

区、县局（公司）名称		石柱土家族自治县烟草专卖局（分公司）	秀山土家族苗族自治县烟草专卖局（分公司）	酉阳土家族苗族自治县烟草专卖局（分公司）	彭水苗族土家族自治县烟草专卖局（分公司）
主要负责人/法人代表（含党政领导）		徐小洪	吴 静	张文平	吴树成
所属县级单位		—	—	—	—
总资产（万元）		17810	2064	13882	39610
资产负债率（%）		—	—	—	—
从业人员（人）		198	109	307	413
所属业务机构	营销机构	1个客户服务部、3个区域客户服务部	1个客户服务部、4个区域客户服务部	1个客户服务部、5个区域客户服务部	1个客户服务部
	物流配送机构	—	—	—	—
	专卖稽查机构	1个稽查大队、3个稽查中队	1个稽查大队	1个稽查大队	4个稽查中队
	烟叶机构	2个烟叶工作站	—	4个烟叶工作站	6个烟叶工作站
实现税利	万元	11705	7105	28605	32581
	2016年比2015年（%）	-17.97	1.93	21.30	5.23
实现利润	万元	3157	-628	13276	15554
	2016年比2015年（%）	-29.59	—	25.40	-6.75
销售卷烟	亿支	6.81	9.67	9.45	7.36
	2016年比2015年（%）	1.49	7.65	5.42	-0.21
卷烟销售收入（万元）		35364	52906	46169	38972
查处涉烟违法案件（起）		85	238	253	190
查处涉烟违法案件案值（万元）		45	237	36	39
2016年度烟草行业投入烟叶生产基础设施建设资金（万元）		380	—	1070	277
全年烟叶生产基础设施新增受益面积（万亩）		0.40	—	1.80	1.41
烟叶种植（万亩）		3.80	—	7.00	10.80
烟叶收购（万担）		9.60	—	17.57	25.70

续表

区、县局（公司）名称	石柱土家族自治县烟草专卖局（分公司）	秀山土家族苗族自治县烟草专卖局（分公司）	酉阳土家族苗族自治县烟草专卖局（分公司）	彭水苗族土家族自治县烟草专卖局（分公司）
烟农户数（户）	1243	—	2560	4127
实现烟农总收入（万元）	13049	—	22495	32110
零售客户数（户）	2559	2062	2306	3101
零售客户销售毛利率（%）	8.00	6.80	8.60	8.20

注：1. 根据《国家烟草专卖局 中国烟草总公司关于调整重庆市烟草专卖局（公司）所属部分机构的批复》（国烟人〔2016〕252 号），重庆市开县烟草专卖局更名为重庆市开州区烟草专卖局，中国烟草总公司重庆市公司开县分公司更名为中国烟草总公司重庆市公司开州分公司。

◈ 撰稿：王凌容；编辑：王东旭

四川省烟草专卖局（公司）

【专卖管理】 **案件查处**。查处各类假烟案件5766起，其中5万元以上假烟案件383起。查获假烟2.66亿支，同比增长105%；查获走私外烟657.87万支，查获出口倒流卷烟3192.45万支；查获非法流通卷烟1.48亿支，涉案金额1.14亿元。

全省21个市州局破获各类网络案件100起，其中符合公安部、国家局标准的假烟、走私烟网络案件52起，非法流通卷烟网络案件32起，涉案金额千万元以上案件11起。全年督办部督案件3起，厅督案件8起；移送追刑案件1181起，同比增长19.4%。公安、司法机关依法刑拘583人，逮捕307人，判刑361人。

四川凉山“3·8”非法经营烟叶网络案件。3—10月，凉山州公安、烟草部门联合侦破一起非法经营烟叶网络案件。查获复烤片烟生产线1条，捣毁仓库和存储窝点16个，查扣涉案车辆4辆，查缴各类烟叶制品185.63吨，片烟包装箱1.61吨，涉案金额1106.2万元。抓获犯罪嫌疑人26人，刑拘30人，逮捕10人，移送起诉17人。摧毁一个涉及生产、运输、存储、销售等多个环节，成员遍布四川、云南、河南、福建等多个省份的非法经营烟叶团伙，打掉一个盘踞省内的假烟原料供应源头。

四川自贡“12·24”假冒卷烟网络案件。2015年12月至2016年8月，自贡市公安、烟草部门联合侦破一起假冒卷烟网络案件。全案捣毁存储窝点4个，查证假烟900余万支，涉案金额900余万元。公安、司法机关依法刑拘8人，逮捕6人，判刑6人。该案涉及生产、收购、销售等多个环节，违法活动遍及河南、福建、四川等多个省份。

四川泸州“10·12”假冒卷烟网络案件。2015年11月，泸州市局接国家局专卖司交办的重大假烟案件线索后，会同省局、省公安厅治安总队等部门迅速跟进侦查，锁定一个制售假烟犯罪团伙，并于2016年3月成功收网。现场共查获涉嫌假冒卷烟269.4万支，涉案金额131.69万元，查扣车辆3辆，抓获嫌疑人10人，其中3名主犯被移送起诉。彻底查清该团伙在云南、福建、四川等地进行烟叶采购、烟丝加工、假烟生产和销售的犯罪事实，彻底清除该团伙在四川省内的犯罪网络。

市场监管。四川省局强化零售终端整治，针对无证户及经营大户开展多次专项整治活动，行动期间查获大户违法违规案件699起，成功取缔无证户4064户、多次违规经营户278户、违法经营大户50户。强化铁路“背包客”监管，针对铁路“背包客”监管难题，与成都铁路局联合开展“‘铁拳’2016专项行动”，行动期间查处“背包客”

四川省局（公司）通过发展烟草产业，促进烟区农民脱贫增收

《中国烟草》杂志社 邢忠敏 摄

111人，惩治组织者4人，建档登记535人，取缔管辖区无证经营户32个，捣毁分销窝点3处。强化市场净化率考核，出台《市场净化率考核工作实施细则》，进一步完善市场净化率考核备案、申诉和计分规则，全省市场净化率为96.93%，同比提升3.97个百分点。

保障建设。证件管理方面，常态化开展许可证管理督查工作，完成对5个市州和6个县局的重点督查。出台《关于烟草制品零售点合理布局》《卷烟零售户分类管理和行政执法卷宗规范的指导意见》。系统改造方面，全年完成53个组件服务的开发调试工作，实现省局系统与国家局系统的顺利对接，截至2016年底，56类数据与国家局系统实现实时连通。

专卖标准化中队建设。完成对93个标准化中队的验收工作，截至2016年底，全省标准化中队建成率80%。

【经济效益】 四川省烟草商业系统实现税利233.33亿元，同比增加2.57%，其中，利润94.92亿元，同比增长12.37%。三项费用率6.34%，同比增加0.25个百分点。

【卷烟（雪茄烟）经营】 四川省烟草商业系统销售卷烟1195.1亿支（239.02万箱），同比下降4.8%，其中，销售一类烟344.79亿支（68.96万箱），同比增长0.9%；二类烟145.67亿支（29.13万箱），同比下降2.55%；三类烟458.87亿支（91.77万箱），同比下降3.34%；四类烟212.42亿支（42.48万箱），同比下降11.25%；五类烟33.34亿支（6.67万箱），同比下降19.33%。本地区销量居前三位的卷烟品牌为“云烟”“娇子”“天下秀”，销量分别为257.03亿支（51.41万箱）、206.28亿支（41.26万箱）、136.5亿支（27.3万箱）。

销售重点品牌卷烟955.3亿支（191.05万箱），同比下降4.03%，占全省销售比重的79.93%。销售雪茄烟0.69亿支，同比增长21.44%；实现销售收入0.74亿元，同比增长20.8%。

实现卷烟销售收入（不含税）647.21亿元，同比下降1.25%。实现卷烟税利196.36亿元，同比增长4.3%，其中利润74.83亿元，同比下降13.94%。实现卷烟单箱销售收入3.16万元，实现卷烟单箱税利0.83万元。

【烟叶产销】 **烟叶种植和收购**。四川省烟草商业系统实现烟叶税利34.59亿元，同比下降7.71%，其中利润19.6亿元，同比下降8.02%。全省收购烤烟16.04万吨（320.8万担），收购晒烟0.31万吨（6.2万担）、白肋烟0.055万吨（1.1万担）。实际移栽烤烟133.5万亩，落实烤烟种植户9.58万户。实现烟农总收入56.4亿元（含非烟收入），户均收入5.8万元。

基础设施建设。截至2016年底，四川省开展14件烟区水源工程援建项目，完工2件，总投资19.1亿元，国家局援建资金13.9亿元。省公司投入资金3亿元，修建烟叶生产基础设施建设项目1.5万件，设施保障能力不断提升。

现代烟草农业建设。四川省工商登记注册的烟农专业合作社116个，入社烟农4.1万户，烟农入社率42.7%。减工降本效果明显，亩均用工同比减少1.5个，“节约一个工、增收一百元”的目标基本实现。四川省新增国家局行业示范社2家，分别是兴文县坪山烤烟专业合作社、攀枝花市盐边县红民乡烤烟专业合作社。截至2016年底，全省共有国家局行业示范社9家、省级农民示范社6家。合作社专业化的优势特征明显，其中，凉山州会理县南阁惠民烟农综合服务专业合作社、攀枝花市米易县水晶观烤烟综合服务专业合作社探索合作社统一采购烘烤用煤，降低生产成本；宜宾市筠连县苗山秀岭烟草专业合作社推进合作社与五粮液集团有限公司共建原料基地，这些积极做法，促进烟农增收，全省烟农非烟收入7.9亿元。

【对外交流与合作】 中国烟草四川进出口有限责任公司成立于1993年5月27日，2007年完成体制改革后，成为中国烟草总公司四川省公司的下属全资子公司，经营性质为国有独资外贸企业。截至2016年底，公司拥有总资产4.01亿元，其中，固定资产3972.67万元，流动资产3.61亿元，资产负债率34.71%。

公司努力克服宏观经济下行和国际市场复杂多变的不利影响，以稳定两烟外贸规模、促进稳定发展为核心，实现税利水平、卷烟进口、烟叶出口和出口创汇四个稳中有升。境外销售烟叶1.64万吨，进口卷烟4.09亿支。实现出口收入5314.43万美元，实现主营业务收入5.43亿元，实现税利1.73亿元，其中利润7551.56万元。

【管理创新】 **精益管理**。严格成本费用控制，降本增效，切实把精益思想融入到企业管理的各个环节。研究制定全省烟草商业系统降本增效工作方案，改善卷烟营销、物流运营方面的成本、效率类指标，提高固定资产投入的科学性。同时，控制好人工、培训、会议、差旅、物管、车辆等费用，完善定额预算管控，构筑成本竞争领先优势，增强企业核心竞争力。全省烟草商业系统累计实现降本增效5482万元。

四川省公司梳理总结精益管理课题成果36个，成都市公司“构建卷烟物流关键设备状态管理体系”课题被评为全国烟草行业“精益十佳”课题。开展“精益降本在岗位”主题活动，汇编印发《精益降本在岗位案例一百篇》。

质量管理小组活动。全年四川省烟草商业系统形成QC成果248个，取得直接经济效益1585万元。在烟草行业第二十七届优秀质量管理小组成果发布会上，泸州市局“漂浮育苗自动晾盘装置的研制”课题获得二等奖，成都市局

“降低卷烟高架库货位闲置率”、攀枝花市局“烟叶烤房高效节能燃烧炉的研发”课题获得三等奖。

【特事辑要】 1月22—23日，工业和信息化部党组成员、中央纪委驻工信部纪检组长金书波赴四川烟草调研，党组成员、直属机关党委书记高林陪同调研。金书波传达中央纪委六次全会精神，介绍驻工信部纪检组的运行机制，就纪检改革的相关工作提出明确要求。同时认为，四川烟草各项工作开展较好，贡献较大，落实十八届中央纪委六次全会精神比较到位。

6月28日，四川省首个烟草行业援建大型水源工程——攀枝花跃进水库渠系配套工程试通水成功。跃进水库渠系配套工程位于跃进水库灌区，全长52.5千米，贯穿南北、连通三地、灌溉两乡，具有灌溉和排洪双重功能。

8月4日，国家局党组成员、副局长赵洪顺一行赴四川烟草调研指导工作。赵洪顺要求，要认真按照国家局下半年重点工作要求和凌局长在西南片区经济运行工作座谈会上的部署，切实做好下半年工作。他认为，四川烟草商业发展处于行业较好水平，市场状态、市场秩序、干部队伍精神状态良好，专卖管理严格，工商良性互动，经济运行成效明显，值得充分肯定。

8月5日，公安部、国家局在成都组织打击非法经营烟叶原料专项行动推进工作集中调研。国家局党组成员、副局长赵洪顺出席调研座谈并讲话，公安部治安管理局副局长华敬锋一同调研。就推进专项行动开展，赵洪顺提出要认清形势，增强打击烟叶非法经营活动的紧迫感；加强烟叶收购监管、强化重点环节整治、突出重大案件办理、建立综合治理机制；着眼于烟叶收购、运输等环节的针对性；紧紧依靠跨部门跨区域合作、重大案件督办、监督检查等工作机制，形成联合打击合力，确保专项打击行动取得实效。

9月20日，国家局党组成员、副局长杨培森赴四川烟草调研指导工作。杨培森强调指出，四川工商面对严峻的宏观经济形势，做了大量工作，工业狠抓产品研发、市场拓展、科技创新、内部管理，取得明显成效；商业卷烟销量、税利、结构处于较好水平，烟叶生产“控总量、抓规范、促增收”效果显著，成绩值得肯定。对于下一步工作，杨培森提出具体要求：一是坚定信心，共克时艰；二是立足当前，着眼长远；三是改革创新，挖潜增效。

2016年四川省烟草专卖商业主要情况统计

地市级局（公司）名称	成都市烟草专卖局（公司）[1]	自贡市烟草专卖局（公司）	攀枝花市烟草专卖局（公司）	泸州市烟草专卖局（公司）
主要负责人/法人代表（含党政领导）	周德文	局长、经理、法人代表：陈青川 党组书记：彭　磊	局长、经理、法人代表：郭明全（—2016年10月） 党组书记：张　英（—2016年10月） 党组书记、局长、经理、法人代表：杨　宇（2016年10月—）	局长、经理、法人代表：徐忠良 党组书记：邓明智
所属县级单位	青羊区、金牛区、武侯区、高新区、成华区、锦江区等6个烟草专卖局，一分公司（青羊、金牛区局）、二分公司（武侯区局、高新分局）、三分公司（成华、锦江区局）等3个分公司，以及龙泉驿区、青白江区、新都区、温江区、双流区、郫都区、简阳市[2]、都江堰市、彭州市、邛崃市、崇州市、金堂县、大邑县、蒲江县、新津县等15个县级烟草专卖局（分公司）	富顺县、荣县烟草专卖局（分公司），自流井区烟草专卖局（直属分公司），以及贡井区、大安区、沿滩区等3个县级烟草专卖局	米易县、盐边县、仁和区等3个县级烟草专卖局（分公司）和1个直属分公司，以及东区、西区2个县级烟草专卖局	古蔺县、叙永县、合江县、泸县、江阳区、龙马潭区、纳溪区等7个县级烟草专卖局（分公司）
总资产（万元）	809827	74016	104112	137870
资产负债率（%）	11.65	10.93	22.93	13.38
从业人员（人）	1771	328	652	1438

续表

地市级局（公司）名称		成都市烟草专卖局（公司）[1]	自贡市烟草专卖局（公司）	攀枝花市烟草专卖局（公司）	泸州市烟草专卖局（公司）
所属业务机构	营销机构	1个营销中心	1个营销中心	1个营销中心	1个营销中心
	物流配送机构	1个物流公司	1个配送中心	1个物流中心	1个配送中心、1个物流中转站
	专卖稽查机构	1个稽查支队、22个稽查大队	1个稽查支队、7个稽查大队	1个稽查支队、6个稽查大队	1个稽查支队、7个稽查大队
	烟叶机构	—	—	10个烟叶站、37个烟叶点	16个烟叶站、85个烟叶点、2个烟叶仓储中心
实现税利	万元	597423	62005	59203	112340
	2016年比2015年(%)	12.01	6.40	-7.56	-0.57
实现利润	万元	259699	23003	28364	39313
	2016年比2015年(%)	-0.16	-17.43	-4.72	-18.52
销售卷烟	亿支	285.17	37.90	21.51	65.77
	2016年比2015年(%)	3.50	-5.84	-5.08	-5.40
卷烟销售收入（万元）		1848573	201549	123976	373263
查处涉烟违法案件（起）		8825	1638	650	988
查处涉烟违法案件案值（万元）		25761	697	520	785
2016年度烟草行业投入烟叶生产基础设施建设资金（万元）		—	—	5377	690
全年烟叶生产基础设施新增受益面积（万亩）		—	—	1.05	1.60
烟叶种植（万亩）		—	—	10.87	12.50
烟叶收购（万担）		—	—	24.86	29.23
烟农户数（户）		—	—	7452	7436
实现烟农总收入（万元）		—	—	28841	43763
零售客户数（户）		38401	6727	3897	12904
零售客户销售毛利率（%）		14.40	9.48	13.92	11.04

地市级局（公司）名称	德阳市烟草专卖局（公司）	绵阳市烟草专卖局（公司）	广元市烟草专卖局（公司）	遂宁市烟草专卖局（公司）
主要负责人/法人代表（含党政领导）	党组书记、局长、经理、法人代表：刘兴红（2016年8月—，之前任局长、经理、法人代表）党组书记：尹兴丽（—2016年8月）	法人代表、局长、经理：王广生 党组书记：王　斌	何成伟	局长、经理、法人代表：袁　成 党组书记：田志丹
所属县级单位	中江县、罗江县、广汉市、什邡市、绵竹市、旌阳区等6个县级烟草专卖局（分公司）	涪城（游仙）区、江油市、三台县、安州区[3]、梓潼县、盐亭县、北川羌族自治县、平武县等8个县级烟草专卖局（分公司）	苍溪县、旺苍县、剑阁县、青川县、利州区、元坝区、朝天区等7个县级烟草专卖局（分公司）	射洪县、大英县、船山区、蓬溪县、安居区等5个县级烟草专卖局（分公司）
总资产（万元）	115535	153671	84282	63833
资产负债率（%）	13.23	16.80	23.45	22.84

续表

地市级局（公司）名称		德阳市烟草专卖局（公司）	绵阳市烟草专卖局（公司）	广元市烟草专卖局（公司）	遂宁市烟草专卖局（公司）
从业人员（人）		518	639	724	371
所属业务机构	营销机构	1个营销中心	1个营销中心	1个营销中心	1个营销中心
	物流配送机构	1个物流中心	1个配送中心、1个物流中转站	1个配送中心、2个物流中转站、1个对接点	1个配送中心
	专卖稽查机构	18个稽查支队、7个稽查大队	1个稽查支队、9个稽查大队	1个稽查支队、7个稽查大队	1个稽查支队、5个稽查大队
	烟叶机构	1个烟叶中心	—	1个烟叶中心、4个烟叶站	—
实现税利	万元	90152	112873	57976	54889
	2016年比2015年(%)	8.90	2.52	7.82	14.09
实现利润	万元	32412	43895	18360	19358
	2016年比2015年(%)	-17.94	-15.07	-6.16	-35.86
销售卷烟	亿支	48.76	67.88	36	37.13
	2016年比2015年(%)	4.95	-6.48	-5.26	-22.24
卷烟销售收入（万元）		343899	425854	184626	187665
查处涉烟违法案件（起）		3486	2492	1010	883
查处涉烟违法案件案值（万元）		2550	570	3326	600
2016年度烟草行业投入烟叶生产基础设施建设资金（万元）		—	—	1059	—
全年烟叶生产基础设施新增受益面积（万亩）		—	—	0.53	—
烟叶种植（万亩）		0.33	—	5.82	—
烟叶收购（万担）		4.27	—	13.86	—
烟农户数（户）		1381	—	3442	—
实现烟农总收入（万元）		1357	—	16551	—
零售客户数（户）		12970	17623	9808	7662
零售客户销售毛利率（%）		8.80	14.00	14.23	11.73

地市级局（公司）名称	内江市烟草专卖局（公司）	乐山市烟草专卖局（公司）	南充市烟草专卖局（公司）	宜宾市烟草专卖局（公司）
主要负责人/法人代表（含党政领导）	局长、经理、法人代表：易　伟（—2016年10月）、张　斌（2016年10月—） 党组书记：薄冀川	局长、经理、法人代表：尹　柯 党组书记：窦忠实	党组书记、局长、经理、法人代表：钟　智	局长、经理、法人代表：赵屹峰 党组书记：罗柱石
所属县级单位	市中区、东兴区、资中县、威远县、隆昌县等5个县级烟草专卖局（分公司）	市中区、峨眉山市、夹江县、井研县、沙湾区、五通桥区、沐川县、犍为县、马边彝族自治县、峨边彝族自治县、金口河区等11个县级烟草专卖局（分公司）	顺庆区、南部县、西充县、阆中市、仪陇县、营山县、蓬安县等6个县级烟草专卖局（分公司），高坪区、嘉陵区2个县级烟草专卖局	翠屏区、宜宾县、南溪区、江安县、长宁县、高县、筠连县、珙县、兴文县、屏山县等10个县级烟草专卖局（分公司）

续表

地市级局（公司）名称		内江市烟草专卖局（公司）	乐山市烟草专卖局（公司）	南充市烟草专卖局（公司）	宜宾市烟草专卖局（公司）
总资产（万元）		67120	93931	113931	122961
资产负债率（%）		10.56	7.01	23.88	24.36
从业人员（人）		502	437	648	708
所属业务机构	营销机构	1 个营销中心	1 个营销中心	1 个营销中心	1 个营销中心
	物流配送机构	1 个物流中心	1 个配送中心、3 个物流中转站	1 个配送中心、2 个物流中转站	1 个物流中心、3 个配送站
	专卖稽查机构	5 个稽查大队	1 个稽查支队、11 个稽查大队	1 个稽查支队、9 个稽查大队	1 个稽查支队、10 个稽查大队
	烟叶机构	—	—	—	9 个烟叶站
实现税利	万元	69897	85525	102674	88692
	2016 年比 2015 年（%）	9.39	6.24	4.38	-5.49
实现利润	万元	24710	33064	34895	17549
	2016 年比 2015 年（%）	-18.14	-14.04	-17.64	-45.55
销售卷烟	亿支	45.85	50.45	71.51	74.28
	2016 年比 2015 年（%）	-3.98	-2.83	-5.03	-5.07
卷烟销售收入（万元）		277424	323697	355095	350747
查处涉烟违法案件（起）		1016	373	2426	2323
查处涉烟违法案件案值（万元）		538	518	1163	1273
2016 年度烟草行业投入烟叶生产基础设施建设资金（万元）		—	—	—	2576
全年烟叶生产基础设施新增受益面积（万亩）		—	—	—	1.29
烟叶种植（万亩）		—	—	—	7.60
烟叶收购（万担）		—	—	—	16.22
烟农户数（户）		—	—	—	1967
实现烟农总收入（万元）		—	—	—	17688
零售客户数（户）		8688	10665	17067	10883
零售客户销售毛利率（%）		11.13	12.68	13.43	11.41

地市级局（公司）名称	广安市烟草专卖局（公司）	达州市烟草专卖局（公司）	巴中市烟草专卖局（公司）	雅安市烟草专卖局（公司）
主要负责人/法人代表（含党政领导）	局长、经理、法人代表：刘丹云 党组书记：杜兴华	蒲　适	党组书记、局长、经理、法人代表：熊良政（2016 年 8 月—，之前任局长、经理、法人代表） 党组书记：陈仁国（—2016 年 8 月）	局长、经理、法人代表：何梦皓 党组书记：谭新生
所属县级单位	广安区、岳池县、武胜县、邻水县、华蓥市、前锋区等 6 个县级烟草专卖局（分公司）	通川区、达川区、宣汉县、开江县、万源市、大竹县、渠县等 7 个县级烟草专卖局（分公司）	巴州区、恩阳区、通江县、平昌县、南江县等 5 个县级烟草专卖局（分公司）	雨城区、名山区、荥经县、汉源县、石棉县、天全县、芦山县等 7 个县级烟草专卖局（公司）和宝兴县烟草专卖局

续表

地市级局（公司）名称		广安市烟草专卖局（公司）	达州市烟草专卖局（公司）	巴中市烟草专卖局（公司）	雅安市烟草专卖局（公司）
总资产（万元）		58297	95963	56153	55783
资产负债率（%）		20.27	24.82	31.73	10.30
从业人员（人）		425	641	351	267
所属业务机构	营销机构	1个营销中心、1个电访中心	1个营销中心	1个营销中心	1个营销中心
	物流配送机构	1个配送中心、1个物流中转站	1个配送中心、3个物流中转站	1个配送中心、2个物流中转站	1个配送中心
	专卖稽查机构	—	1个稽查支队、7个稽查大队	1个稽查支队5个稽查大队	1个稽查支队、2个稽查大队
	烟叶机构	—	7个烟叶站	—	—
实现税利	万元	56608	71826	53438	29736
	2016年比2015年（%）	6.61	-4.01	5.55	-2.96
实现利润	万元	18336	18956	13014	9208
	2016年比2015年（%）	-19.58	-30.92	-20.25	-31.10
销售卷烟	亿支	43	62.90	36.50	23.00
	2016年比2015年（%）	-6.05	-7.51	-3.36	-4.20
卷烟销售收入（万元）		197247	281749	185104	112124
查处涉烟违法案件（起）		1063	1984	803	791
查处涉烟违法案件案值（万元）		3130	872	2600	290
2016年度烟草行业投入烟叶生产基础设施建设资金（万元）		—	488	—	—
全年烟叶生产基础设施新增受益面积（万亩）		—	0.50	—	—
烟叶种植（万亩）		—	0.95	—	—
烟叶收购（万担）		—	3.07	—	—
烟农户数（户）		—	3755	—	—
实现烟农总收入（万元）		—	2467	—	—
零售客户数（户）		10520	15230	8339	4377
零售客户销售毛利率（%）		13.48	12.60	13.42	13.08

地市级局（公司）名称	眉山市烟草专卖局（公司）	资阳市烟草专卖局（公司）[4]	凉山彝族羌族自治州烟草专卖局（公司）	阿坝藏族羌族自治州烟草专卖局（公司）	甘孜藏族自治州烟草专卖局（公司）
主要负责人/法人代表（含党政领导）	党组书记、局长、经理、法人代表：四朗彭措（2016年8月—，之前任局长、经理、法人代表）党组书记：周 平（—2016年8月）	局长、经理、法人代表：骆 敏（—2016年10月）党组书记：龚华忠（—2016年10月）党组书记、局长、经理、法人代表：易 伟（2016年10月—）	局长、经理、法人代表：杜如万（2016年1—10月）党组书记：王 强（—2016年10月）党组书记、局长、经理、法人代表：郭明全（2016年10月—）	秦高华	局长、经理、法人代表：陈志学 党组书记：青志勇

续表

地市级局（公司）名称		眉山市烟草专卖局（公司）	资阳市烟草专卖局（公司）[4]	凉山彝族羌族自治州烟草专卖局（公司）	阿坝藏族羌族自治州烟草专卖局（公司）	甘孜藏族自治州烟草专卖局（公司）
所属县级单位		东坡区、彭山区、仁寿县、洪雅县、青神县、丹棱县等6个县级烟草专卖局（分公司）	雁江区、安岳县、乐至县等4个县级烟草专卖局（分公司）	西昌市、会理县、会东县、德昌县、盐源县、冕宁县、普格县、宁南县、越西县、喜德县、甘洛县、昭觉县、布拖县、美姑县、金阳县、雷波县、木里藏族自治县等17个县级烟草专卖局（分公司）	阿坝县、金川县、理县、茂县、汶川县、马尔康市、若尔盖县、松潘、黑水县、九寨沟县、红原县、壤塘县、小金县等13个县级烟草专卖局（分公司）	康定县、泸定县、丹巴县、九龙县、理塘县、雅江县、巴塘县、乡城县、稻城县、得荣县、炉霍县、道孚县、色达县、甘孜县、新龙县、石渠县、德格县、白玉县等18个县级烟草专卖局（分公司）
总资产（万元）		76777	56067	797022	40033	28614
资产负债率（%）		4.03	13.09	38.29	10.34	3.44
从业人员（人）		397	533	2785	222	236
所属业务机构	营销机构	1个营销中心	1个营销中心、1个电访中心	1个营销中心	1个营销中心	1个营销中心
	物流配送机构	1个配送中心	1个配送中心、1个物流中转站	1个配送中心、13个物流中转站	1个物流配送中心	1个配送中心
	专卖稽查机构	1个稽查支队、6个稽查大队	1个稽查支队、4个稽查大队	1个稽查支队、18个稽查大队	1个稽查支队、13个稽查大队	1个稽查支队、18个稽查大队
	烟叶机构	—	—	38个烟叶站	—	—
实现税利	万元	81305	64626	416384	20439	21572
	2016年比2015年(%)	4.66	3.27	-3.47	2.93	2.32
实现利润	万元	31397	20271	243904	4967	5343
	2016年比2015年(%)	-14.84	-21.99	-6.79	-23.76	-29.87
销售卷烟	亿支	44.77	47.76	72.30	13.07	14.07
	2016年比2015年(%)	-3.37	-7.10	-6.74	-4.53	-5.95
卷烟销售收入（万元）		257793	233989	339608	81977	86423
查处涉烟违法案件（起）		734	1115	1576	335	89
查处涉烟违法案件案值（万元）		13320	195	843	86	46
2016年度烟草行业投入烟叶生产基础设施建设资金（万元）		—	—	8257	—	—
全年烟叶生产基础设施新增受益面积（万亩）		—	—	7.19	—	—
烟叶种植（万亩）		—	—	96.72	—	—
烟叶收购（万担）		—	—	236.66	—	—
烟农户数（户）		—	—	75393	—	—
实现烟农总收入（万元）		—	—	354591	—	—
零售客户数（户）		7254	11464	11662	3668	2917
零售客户销售毛利率（%）		9.60	11.58	15.12	16.68	17.66

注：1. 成都市烟草专卖局（公司）统计数据中，包含原都江堰市局（公司）数据，且不含简阳市局（分公司）数据；

2. 2016年11月，简阳市烟草专卖局（分公司）划归成都市烟草专卖局（公司）管辖，更名为四川省烟草公司成都市公司简阳分公司；

3. 2016年9月，安县烟草专卖局（公司）更名为安州区烟草专卖局（公司）；

4. 资阳市烟草专卖局（公司）统计数据，包含简阳市局（分公司）数据。

◇ 撰稿：张羽翔；编辑：周　佳

贵州省烟草专卖局（公司）

【专卖管理】 **案件查处**。受理“12313”投诉举报885次，出动打假人员8.17万人次。查获非法烟叶、烟丝1674.45吨，非法流通卷烟6597.41万支，假冒卷烟1693.32万支，走私烟48.17万支，出口回流卷烟34.28万支；查办各类涉烟违法案件4883起，其中，案值5万元以上案件479起，网络案件61起，部督案件4起。公安、司法机关依法处理442人，其中，拘留239人，逮捕127人，判刑76人。

涉烟大要案件查办。全省查办案值5万元以上涉烟违法案件数量同比增加78起，增长19.45%；查办网络案件数量同比增加17起，增长38.64%。其中，较为典型的有黔东南“1·19”非法经营烟叶案件（部督），成功打掉1个向东北三省制假窝点供应非法烟叶原料的犯罪网络，查封烟叶仓库4处，捣毁烟丝加工窝点3个，查获烟叶加工专用机械10台，涉案烟叶、烟丝601.04吨，案值2737.22万元，刑拘10人，逮捕6人。

卷烟打假打私体系建设。贵州省政府成立“贵州省打击涉烟违法犯罪工作领导小组”，分管副省长任组长，省高级人民法院、省人民检察院、省公安厅、省工商行政管理局、省交通运输厅、省邮政管理局和贵阳海关等13家单位为成员，统筹协调和具体指挥全省卷烟打假相关事宜，形成“政府领导、部门联合、多方参与、密切协作”的工作格局。

非法经营烟叶治理。在贵州省组织开展“黔锋5号”打击非法经营烟叶专项行动，严查非法收购、囤积、运输和贩卖烟叶等违法犯罪行为，以“釜底抽薪”的方式打击卷烟制假活动。破获案值5万元以上烟叶案件173起，烟叶网络案件36起。遵义“12·23”非法生产、销售烟草专卖品案件（部督），查明1个集非法收购烟梗、生产贩卖烟丝为一体，涉及河南、广东、福建等6个省的违法犯罪网络；打掉1个非法烟丝生产窝点，查获滚刀式切丝机、滚筒式烘丝机等生产设备4台，涉案烟梗、烟丝105.48吨，涉案金额达到1005.84万元，刑拘1人，逮捕3人，网上追逃1人。

互联网涉烟违法犯罪整治。贵州省局在地理定位、人员锁定、资金流向和实物查处等难点上狠下工夫，先后破获多起互联网涉烟大案。毕节“4·6”利用互联网非法售卖卷烟案件（部督），成功打掉1个规模庞大、结构复杂、下线众多的利用互联网非法经营卷烟犯罪团伙，涉及辽宁、河南、山东、湖北、黑龙江等28个省（自治区、直辖市），涉案金额5.56亿元，抓捕犯罪嫌疑人42人，逮捕25人，刑拘17人。该案是贵州省首起案值超亿元的涉烟大要案。

市场监管。完成市场监管信息系统建设，将数据分析、现代管理等手段融入信息系统，完善市场检查机制，转变市场监管方式，增强市场管控能力。加强非法流通卷烟流通治理，查办案值80万元或数量80万支以上案件3起，非法流通卷烟网络案件11起，非法流通卷烟同比减少631.91万支，下降8.74%。扎实开展监管工作，采取错时、交叉检查和专项行动等方式，严厉查处销售假、私、非烟和无证经营等行为，规范市场秩序，全省卷烟市场净化率达到97.5%。

证件管理。贵州省新办烟草专卖批发企业许可证1个、零售许可证1.85万个、批发企业许可证变更手续1个、生产企业许可证延续手续5个。审批签发卷烟准运证2.12万份，烟叶准运证5957份，丝束、滤棒、卷烟纸准运证619份，烟草专用机械准运证19份。纠正清理停业超期、持证不经营和未依法变更的不规范卷烟零售户，办理变更手续226个，依法注销烟草专卖零售许可证9629个。

【经济效益】 贵州省烟草商业系统实现税利174.12亿元，同比增长8.73%，其中利润75.88亿元。三项费用率10.55%，同比减少0.1个百分点。

【卷烟（雪茄烟）经营】 **卷烟（雪茄烟）销售**。贵州省烟草商业系统销售卷烟732.4亿支（146.48万箱），同比增长0.2%，其中，销售一类烟130.5亿支（26.11万箱），同比下降5.04%；二类烟57.17亿支（11.43万箱），同比下降9.92%；三类烟500.25亿支（100.05万箱），同比增长2.68%；四类烟19.3亿支（3.86万箱），同比增长34.44%；五类烟24.9亿支（4.98万箱），同比下降11.76%。本地区销量居前三位的卷烟品牌依次为“贵烟”“黄果树”“云烟”，销量分别为324亿支（64.8万箱）、228.65亿支（45.73万箱）、70.1亿支（14.02万箱）。销售雪茄烟0.26亿支，同比下降10.92%。

实现卷烟销售收入442.5亿元，同比增长0.81%。实现税利107.34亿元，同比增长9.99%。实现利润36.67亿元，同比下降12.62%。实现卷烟单箱销售收入3.02万元，卷烟单箱税利7328元。

品牌培育及市场开拓。以消费者主题营销活动为载体，面向消费者开展事件营销、热点营销、旅游市场开发等营销活动，激发市场消费活力，挖掘卷烟销售潜力。努力适应“互联网+”发展趋势，以消费为起点，构建线上线下结合、多维立体互动的品牌培育方法，探索应用移动互联平台开展品牌营销活动，强化客户参与感，增强客户粘性，提高培育效果。销售8毫克/支及以下低焦油卷烟16.5亿支（3.3万箱），同比增长14.73%；销售细支卷烟2.9亿支（0.58万箱），同比增长89.59%。

卷烟市场化取向改革。扩大改革试点，全面应用省级卷烟营销平台，初步形成以省为单位整体推进卷烟营销市场化取向改革的工作格局。按照“尊重市场、遵循规律、遵守规则”总体要求，健全完善全省统一的卷烟营销运行管理制度，基本形成符合本地实际的营销规则和执行标准。强化省级卷烟营销平台监管功能，分省市两级对各业务流程实行动态监控、实时预警，有效杜绝卖大户、搭配销售、捆绑销售等不规范经营行为。

现代终端建设。省公司开展卷烟零售客户和消费者的专项调研，累计调研11.7万户卷烟零售客户、1.2万名卷烟消费者，较为全面地掌握零售客户经营情况及消费习惯变化趋势。持续加强现代终端建设，稳定现代终端规模，优化和提高现代终端测评标准，突出现代终端功能发挥。截至2016年，全省建成现代终端3.99万户，占零售客户总数的20.9%。持续优化四项服务，为零售客户提供多种订货方式，推行扫码销售，推广网上配货，推进网上实时结算，不断满足客户差异化服务需求。全省网上订货率93.9%、网上配货率4.2%，城镇客户网上结算率36.8%，客户综合毛利率10%，户均月盈利额1700元。持续提升卷烟配送服务水平，加强内部管理，优化业务模式，卷烟人均配送效率1047箱。

【烟叶产销】 **烟叶种植与收购**。贵州省涉及种烟县（市、区）63个，种烟乡（镇）690个，种烟村4571个，烟农12.06万户。烟叶种植面积221.6万亩，收购烟叶27.46万吨（549.24万担），上中等烟比例为93.45%。全年实现烟农总收入73.8亿元，户均收入6.07万元。实现烟叶销售收入172.55亿元，实现利润38.94亿元，上缴税金26.48亿元。

烟叶生产技术推广。生产技术更加适应市场需求，组织123个烟叶基地单元与18家卷烟工业企业共同制订生产技术方案，按企业需求选择品种，“云烟”系列种植168.7万亩、占烟叶种植总面积的76.3%，“K326”种植35.8万亩、占比17%，工业企业不需要的品种不再种植。生产技术更加适应生态条件，根据气象预报，合理调整烟叶移栽期，有效减轻强厄尔尼诺气候带来的灾害损失。烟地深翻炕冬、深沟高垄、合理密植、上部烟叶充分成熟一次性采烤等技术集成应用水平提升，中东部烟区全面推广井窖式移栽技术，西部烟区推广抗春旱集雨、膜下小苗移栽、扣杯扣碗井窖移栽技术。生产技术更加绿色低碳，土壤保育、绿色防控、生态保护稳步推进，全省推广水溶性追肥11.3万亩，自制有机肥14.5万吨，亩均化肥施用量减少6千克；烟田蚜茧蜂放蜂197万亩、大农业放蜂70万亩，生物物理防治推广39万亩；开展废弃农地膜回收102万亩；示范推广生物质能、热泵等新能源烤房854座，烟叶绿色发展、清洁生产的技术体系不断完善。

烟叶生产方式转变。以示范社建设为突破口，提升专业化服务水平。截至2016年底，贵州省建成烟农专业合作社129家，创建省级示范社72家，其中行业示范社21家，培养专业服务人员5万余人。育苗、整地、起垄、移栽、植保、烘烤、分级专业化服务率分别为100%、53%、49%、

“中国梦·劳动美”烤烟移栽比赛现场

贵州安顺市局 黄兴国 摄

12%、55%、63%、100%，合作社总收入7.9亿元，盈利0.42亿元。积极探索一体化、工序化作业，其中打窖移栽一体化27万亩，采烤一体化18万亩。烟叶生产机械化作业、专业化服务水平稳步提升，全省烟叶亩均用工19.7个，同比减少0.8个，减工降本成效明显。截至2016年底，全省共培育职业烟农1.16万户、颁证3626户。全面构建烟叶精准收购管理模式，加快推进原收原调，烟叶收购流程规范，等级标准把握准确。贵州省推广原收原调烟叶13.28万吨（265.5万担），占48%。平均等级合格率68.3%、等级纯度93.1%。

烟叶基础设施建设。贵州省烟草商业系统投入补贴资金4.11亿元，其中省内补贴资金1.85亿元，完成烟水工程4.7万亩，建成机耕路861千米，整理土地6.36万亩，购置烟草农机具1.12万台（套），建设育苗设施3.86万平方米。截至2016年底，水源工程累计在建项目29个，主体完工14个，全年完成工程投资7.8亿元。

【管理创新】 贵州省局（公司）突出加强财务审计工作，重点费用控制成效显著，业务招待费、会议费、车辆运行费同比分别下降41.5%、25.9%、23%；开展审计项目2815项，增收节支9756万元。全面推进制度“废改立”和“放管服”工作，简政放权42项；持续改进烟草专卖行政审批工作，零售许可办理时间普遍缩短为5天。突出深化规范管理，建立9个专项治理制度和“5+1”采购管理模式，采购程序更加规范，公开招标金额占比91.98%。突出精益管理与业务工作融合，实现降本增效3.61亿元，卷烟物流单箱仓储费同比下降10%、分拣费下降2.5%，回收烟箱624.2万只。突出信息化驱动管理创新，省公司数据中心应用集成项目全面部署完成；完成OA系统优化升级改造，各级机关公文办理运转效率整体提升70%以上；烟叶生产基础设施信息管理平台上线运行；“两项工作”管理信息系统在省局（公司）9家直属单位部署应用。

【对外交流与合作】 贵州省公司出口烟叶2.8万吨，同比增长55%。与菲莫国际公司、联一国际公司在遵义市、黔西南州开展烟草可持续发展计划（STP）农艺合作试点项目。

【特事辑要】 7月18日，国家局党组书记、局长凌成兴赴贵州烟草调研，与贵州省委书记、省人大常委会主任陈敏尔，省委副书记、省长孙志刚座谈。陈敏尔、孙志刚代表贵州省委、省政府感谢国家局长期以来对贵州工作的帮助支持，凌成兴表示，国家局将发挥自身优势，在烟水配套工程、新农村建设等方面继续加大支持力度，为贵州脱贫攻坚、同步小康作出更大贡献。随后，凌成兴考察毕节市戛木管理区大堰村烟草扶贫新村、国家局援建米底河水源工程、沙厂乡百果村江苏中烟烟叶基地单元，详细了解“两学一做”学习教育和扶贫新村建设、水源工程建设、烟叶生产、卷烟生产销售等情况，对各项工作给予肯定。

6月28—29日，国家局党组成员、副局长杨培森赴贵州省专题调研烟农增收工作。杨培森对贵州省烟农增收工作给予高度肯定，要求贵州省局（公司）牢固树立助推烟农增收的思想观念，丰富服务方式，拓宽烟农增收渠道，实现科技、绿色、品牌导向、全产业链的转型发展。

2016年贵州省烟草专卖商业主要情况统计

地市级局（公司）名称	贵阳市烟草专卖局（公司）	遵义市烟草专卖局（公司）	六盘水市烟草专卖局（公司）	安顺市烟草专卖局（公司）	毕节市烟草专卖局（公司）
主要负责人/法人代表（含党政领导）	龙丽琴	丁　伟	蒋诗栋	周　华	陈文相
所属县级单位	修文县、息烽县、开阳县、清镇市等4个县级烟草专卖局（分公司），南明区、云岩区、观山湖区、花溪区、乌当区、白云区等6个县级烟草专卖局	务川仡佬族苗族自治县、湄潭县、播州区、仁怀市、习水县、道真仡佬族苗族自治县、余庆县、桐梓县、正安县、绥阳县、凤冈县、赤水市、汇川区、红花岗区等14个县级烟草专卖局（分公司）[1]	六枝特区、盘县、水城县等3个县级烟草专卖局（分公司）和钟山区烟草专卖局	西秀区、紫云苗族布依族自治县、镇宁布依族苗族自治县、平坝区、普定县、关岭布依族苗族自治县等6个县级烟草专卖局(分公司)	七星关区、大方县、黔西县、金沙县、织金县、纳雍县等6个县级烟草专卖局（分公司），威宁彝族回族自治县、赫章县2个县级烟草专卖局，以及高原烟海管理区

续表

地市级局（公司）名称		贵阳市烟草专卖局（公司）	遵义市烟草专卖局（公司）	六盘水市烟草专卖局（公司）	安顺市烟草专卖局（公司）	毕节市烟草专卖局（公司）
总资产（万元）		315663	529626	118097	110311	416736
资产负债率（%）		20.15	0.15	8.80	13.83	27.07
从业人员（人）		1383	3614	965	890	3600
所属业务机构	营销机构	1个卷烟营销中心	1个卷烟营销中心	1个卷烟营销中心	1个卷烟营销中心	1个卷烟营销中心
	物流配送机构	1个配送中心	1个配送中心	1个物流配送中心、1个物流中转站	1个配送中心	1个物流配送中心
	专卖稽查机构	1个稽查支队、11个稽查大队	1个稽查支队、10个稽查大队	1个稽查支队、4个稽查大队	1个稽查支队、7个稽查大队	1个稽查支队、8个稽查大队
	烟叶机构	1个烟叶生产经营部、10个烟叶站	1个烟叶营销中心、42个烟叶站	1个烟叶生产经营部、5个烟叶站	1个烟叶生产经营部、4个烟叶站	1个烟叶营销中心
实现税利	万元	252677	377300	102200	94503	290011
	2016年比2015年(%)	6.61	5.11	5.81	5.81	23.44
实现利润	万元	94355	177200	40341	33358	122448
	2016年比2015年(%)	-11.01	-2.64	-4.84	-14.30	17.96
销售卷烟	亿支	129	128	54	56	115
	2016年比2015年(%)	0.19	0.90	-3.68	-1.06	0.95
卷烟销售收入（万元）		909040	795603	330275	273676	646393
查处涉烟违法案件（起）		754	1608	497	297	337
查处涉烟违法案件案值（万元）		733	2169	1583	330	55600
2016年度烟草行业投入烟叶生产基础设施建设资金（万元）		2485	18746	40	766	14390
全年烟叶生产基础设施新增受益面积（万亩）		2.00	18.69	2.00	2.50	6.00
烟叶种植（万亩）		8.52	56.20	11.00	8.50	53.96
烟叶收购（万担）		21.58	140.50	27.02	20.61	135.20
烟农户数（户）		5909	25690	6278	2919	40447
实现烟农总收入（万元）		26794	207000	29483	22897	191900
零售客户数（户）		23620	33229	15089	14357	28926
零售客户销售毛利率（%）		11.01	11.50	8.91	11.25	12.50

地市级局（公司）名称	铜仁市烟草专卖局（公司）	黔东南州烟草专卖局（公司）	黔南布依族苗族自治州烟草专卖局（公司）	黔西南布依族、苗族自治州烟草专卖局（公司）	贵安新区烟草专卖局（公司）[2]
主要负责人/法人代表（含党政领导）	马　健	陈　熹	杨秀祥	王　贵	朱　峻（2016年2月—）
所属县级单位	江口县、松桃苗族自治县、印江土家族苗族自治县、德江县、思南县、沿河土家族自治县、石阡县等7个县级烟草专卖局（分公司）和碧江区、万山特区、玉屏侗族自治县等3个县级烟草专卖局	岑巩县、镇远县、施秉县、麻江县、丹寨县、黄平县、天柱县、锦屏县、黎平县、三穗县、榕江县、从江县、剑河县、雷山县、台江县和凯里市等16个县级烟草专卖局（分公司）	都匀市、福泉市、瓮安县、长顺县、独山县、惠水县、平塘县、贵定县、龙里县、荔波县、罗甸县、三都水族自治县等12个县级烟草专卖局（分公司）	兴义市、兴仁县、普安县、安龙县、贞丰县、晴隆县、册亨县、望谟县等8个县级烟草专卖局（分公司）	—

续表

地市级局（公司）名称		铜仁市烟草专卖局（公司）	黔东南州烟草专卖局（公司）	黔南布依族苗族自治州烟草专卖局（公司）	黔西南布依族、苗族自治州烟草专卖局（公司）	贵安新区烟草专卖局（公司）[2]
总资产（万元）		156980	144219	152296	234329	16615
资产负债率（%）		23.60	23.60	17.49	16.34	30.19
从业人员（人）		1773	1358	1672	1372	48
所属业务机构	营销机构	1个卷烟营销中心	1个卷烟营销中心	1个卷烟营销中心	1个卷烟营销中心	1个卷烟营销中心
	物流配送机构	1个物流配送中心	1个物流配送中心、5个物流中转站	1个物流配送中心、8个物流中转站	1个物流配送中心、4个中转站	—
	专卖稽查机构	1个稽查支队、10个稽查支队	1个稽查支队、17个稽查大队	1个稽查支队、12个稽查大队	1个稽查支队、8个稽查大队	1个稽查大队
	烟叶机构	1个烟叶生产经营部、30个烟叶站	1个烟叶生产经营部、11个烟叶站	13个烟叶站	35个烟叶站	—
实现税利	万元	149088	131794	132368	181013	2220
	2016年比2015年(%)	4.97	7.74	5.49	5.99	—
实现利润	万元	68660	58825	52469	97526	796
	2016年比2015年(%)	3.52	-0.65	-11.99	1.96	—
销售卷烟	亿支	61	66	67	56	2
	2016年比2015年(%)	0.29	-2.03	0.33	0.98	—
卷烟销售收入（万元）		371629	354006	390936	294735	12565
查处涉烟违法案件（起）		292	331	689	124	19
查处涉烟违法案件案值（万元）		760	775	1685	1900	147
2016年度烟草行业投入烟叶生产基础设施建设资金（万元）		3873	4037	2985	5373	—
全年烟叶生产基础设施新增受益面积（万亩）		4.00	4.21	3.84	8.63	—
烟叶种植（万亩）		19.40	16.80	14.80	32.48	—
烟叶收购（万担）		46.68	42.10	34.34	81.20	—
烟农户数（户）		6551	7674	5835	19247	—
实现烟农总收入（万元）		51859	51600	47801	107739	—
零售客户数（户）		15537	21480	19603	16386	882
零售客户销售毛利率（%）		12.20	10.20	11.80	10.10	10.84

注：1. 2016年10月27日，国家局、总公司下发《调整遵义市烟草专卖局（公司）所属部分机构的批复》（国烟人〔2016〕287号），同意撤销贵州省遵义市市区烟草专卖局、遵义市烟草公司市区分公司；同意撤销贵州省遵义县烟草专卖局，设立遵义市播州区烟草专卖局，同意将遵义市烟草公司遵义县分公司更名为遵义市烟草公司播州分公司；同意设立遵义市汇川区烟草专卖局、遵义市烟草公司汇川分公司；同意设立遵义市红花岗区烟草专卖局、遵义市烟草公司红花岗分公司；

2. 2016年2月1日，国家局、总公司下发《关于设立贵安新区烟草专卖局（公司）的批复》（国烟人〔2016〕42号），同意设立贵安新区烟草专卖局（副处级），按照地市级烟草专卖局设置；同意设立贵州省烟草公司贵安新区公司。

◇撰稿：李　聪；编辑：周　佳

云南省烟草专卖局（公司）

【专卖管理】 **案件查处**。出动打假打私人员 21 万人次，查处各类涉烟违法案件 2.25 万起，其中案值 5 万元以上的假烟案件 1864 起；查获各类非法卷烟 3.7 亿支，其中假冒卷烟 1.85 亿支，走私烟 0.45 亿支，非法流通卷烟 1.35 亿支；查获烟叶、烟丝 0.65 万吨。公安、司法机关依法刑拘 824 人，逮捕 288 人，判刑 195 人。

打假打私。保山市局 2015 年“11·4”互联网涉烟案件成功收网，抓获犯罪嫌疑人 10 人，涉案金额 3200 余万元，该案的成功侦破为云南省互联网涉烟案件的侦破积累了宝贵的经验。普洱市“5·28”跨国销售假烟案、德宏州“3·19”跨国走私卷烟案、西双版纳州“8·13”走私卷烟案，打掉了长期盘踞在边境一线售假贩私犯罪团伙，从境外抓回主犯，畅通了国际警务合作的渠道，标志着边境地区国际警务合作迈上新台阶。

【经济效益】 云南省烟草商业系统实现税利 453.12 亿元，同比增长 5%，其中利润 259.94 亿元，同比增长 4%。三项费用率 7.6%，同比减少 0.07 个百分点。

【卷烟经营】 **卷烟销售**。云南省烟草商业系统销售卷烟 872.32 亿支（174.46 万箱），同比下降 1.2%，其中，销售一类烟 168 亿支（33.6 万箱），同比下降 5.83%；二类烟 36.89 亿支（7.38 万箱），同比下降 30.90%；三类烟 581.16 亿支（116.23 万箱），同比增长 3.5%；四类烟 81.81 亿支（16.36 万箱），同比下降 1.89%；五类烟 4.31 亿支（0.86 万箱），同比下降 29.02%。本地区销量居前三位的品牌依次为“云烟”“红河”“红塔山”，销量分别为 409.32 亿支（81.86 万箱）、180.0 亿支（36 万箱）、157.51 亿支（31.5 万箱）。

实现卷烟销售收入 505.86 亿元，同比减少 4.18 亿元，下降 0.82%。实现卷烟税利 124.9 亿元，同比增加 3.9 亿元，增长 3.2%。卷烟单箱销售收入 2.9 万元，同比增长 0.39%。卷烟单箱税利为 0.72 万元，同比增长 5.9%。

品牌培育。工商深度合作机制初步建立，品牌布局不断优化，重点品牌集中度进一步提高，结构进一步优化。行业销量排名前 15 位的三类以上重点培育品牌卷烟增幅 2.9%，销售收入排名前 15 位品牌销售收入增幅 5.5%，重点品牌集中度达到 93.9%，同比提高 2.5 个百分点，高于全国平均 10.1 个百分点。销售云产卷烟 813.19 亿支（162.64 万箱），销售省外卷烟 58.41 亿支（11.68 万箱）。“云烟”“玉溪”“红塔山”品牌总销量 602.5 亿支（120.5 万箱），同比增长 1.6%。

创新营销。营销市场化取向改革有序推进，营销手段现代化程度进一步提高，运行质量、效率进一步提升。云南省统一订货平台全面上线运行，通过省级集中订单采集模式，全省网上订货率达到 99.13%，电子结算率达 98.05%，卷烟经营现代化水平进一步提高。

【烟叶产销】 **烟叶种植与收购**。云南省种植烟叶 643.21 万亩，同比增加 6.78 万亩，其中，烤烟 628.2 万亩、晾晒烟 15.01 万亩。签订烟叶种植合同 86.46 万份，其中，烤烟种植收购合同 82.9 万份，晾晒烟种植收购合同 3.56 万份。收购烟叶 86.18 万吨（1723.69 万担），其中，烤烟 83.99 万吨（1679.86 万担），晾晒烟 2.19 万吨（43.83 万担）。国内销售烟叶 78.79 万吨（1575.83 万担），其中，烤烟 78.72 万吨（1574.4 万担），晾晒烟 0.075 万吨（1.5 万担）。境外销售烟叶 8.12 万吨（162.33 万担），其中，烤烟 6 万吨（120 万担），晾晒烟 2.12 万吨（42.33 万担）。种烟农户 86.46 万户，实现烟农总收入 252.47 亿元。

实现烟叶税利 310.3 亿元（含晾晒烟 2.3 亿元），同比增加 17.92 亿元，增长 6.12%；其中利润 198.6 亿元（含晾晒烟 0.2 亿元），同比增加 18.98 亿元，增长 10.56%。

控制烟叶生产规模。云南省公司全力做好“严控规模、坚守红线”工作，逐年调减全省烟叶种植规模。全省减少种烟县 3 个、乡（镇）13 个、村 58 个、种烟农户 9.1 万户，实际移栽 628.2 万亩，比国家局下达指令性计划面积减少 1 万亩。

特色优质烟叶开发。促进计划资源配置向规模烟区、优势烟区、特色烟区集中，省公司优化调整州（市）烟叶种植计划 21.7 万担，部分州（市）在计划分解时从紧或不再安排 5 万担以下种烟县、3000 担以下种烟乡（镇）。优化品种布局，云南省落实“红花大金元”和“K326”特色烟叶品种种植 30 万吨（600 万担），同比减少 13.78 万吨（275.5 万担）。“云烟”系列品种主导地位进一步巩固，种植面积 379.9 万亩，占种植总量的 60.5%。优化烟叶结构，提高优质烟叶有效供给，全年落实烟叶订单生产单元 42 个、收购烟叶 10.3 万吨（206 万担），同比增加

12 个单元、3.1 万吨（62 万担），有效解决需求与供给的矛盾。

现代烟草农业建设。持续提升烟叶规模化种植，加大土地流转力度，全省流转植烟土地 110.4 万亩，占种烟面积的 17.6%，户均规模为 7.6 亩，同比增长 13.4%。进一步推动烟叶生产减工降本、提质增效，全省推广节水滴灌技术面积 16.6 万亩、水肥一体化面积 0.5 万亩，实行"1 + N"专业化烘烤烟叶 32.01 万吨（640.2 万担），采用"采烤"一体化模式烘烤烟叶 3.17 万吨（63.4 万担）、采用"采烤分"一体化模式烘烤烟叶 0.49 万吨（9.8 万担），促进烟叶生产整体水平提高。

全年行业投入烟叶生产基础设施建设总资金 16.77 亿元，其中，国家局补贴 9.15 亿元，省内烟草配套 7.62 亿元，建设基础设施项目 13.24 万件，受益基本烟田 86 万亩。

提升烟叶生产收购过程管控力度。云南省各地加强最佳节令移栽工作，从 4 月中旬开始移栽至 5 月 15 日全面结束，移栽结束时间比计划提前 5 天，移栽周期同比缩短 5 天。全省烟叶采烤进度和采烤集中度较往年大幅提升，烟叶烤损率同比整体下降 2 个百分点以上。9 月底基本完成采烤工作，比 2015 年提前 10 天。

推动绿色生态烟叶发展。云南省开展绿肥种植秸秆还田的示范推广，示范面积 87.5 万亩；落实冬耕深翻土地 402.3 万亩，施用沤制有机质肥面积 540.1 万亩；推广蚜茧蜂防治蚜虫技术，防治面积 588.1 万亩；推广捡拾地膜项目，实施面积 400.5 万亩；回收农药包装物 272.6 万个，通过一系列措施的施行，有力促进绿色生态烟草新发展。

强化烟叶复烤均质化加工。云南省跨州（市）调运烟叶 36.5 万吨（730 万担），占加工计划总量的 65%；工业复烤加工点由原来的 4 个收缩为 2 个。加强与卷烟工业企业深度融合，着力打造品牌加工专线，云南烟叶复烤有限责任公司麒麟复烤厂对应"七匹狼"品牌、宣威复烤厂对应"利群"品牌、楚雄复烤厂对应"苏烟"品牌、大理复烤厂对应"黄金叶"品牌等专线建设日趋完善；泸西复烤厂对应"中华"品牌、石林复烤厂对应"芙蓉王"品牌、陆良复烤厂对应"荷花"品牌、师宗复烤厂对应"黄鹤楼"品牌等专线建设初步完成。

【对外交流与合作】 中国烟草云南进出口有限公司先后与日烟国际（JTI）开展田间农残对比试验，与联一国际公司在云南开展 ALP（农业用工实践）相关工作。完成了全省生物燃料替代传统燃料的科研调查工作，以及针对菲莫国际公司的技术推介、实地考察、收购调拨追踪等工作。随着科研项目的推进，云南烟草与跨国烟草企业的协作日益紧密，云南出口烟叶质量得到国际市场客户的深度认同，增强客户的采购信心，有效拓展云南烟叶在国际市场上的品牌竞争力和影响力。

中国烟草云南进出口有限公司实现进出口总值 2.88 亿美元，其中，出口实现 2.86 亿美元，进口总值 0.02 亿美元。实现税利 4.75 亿元。

【管理创新】 云南省烟草商业系统组织开展全省烟草商业第二届精益改善建议评审，评选出 25 条优秀精益改善建

2016 年 5 月 29 日，云南省屏边县新华烟站技术员为烟农讲授蚜茧蜂防治蚜虫烟田放蜂技术

云南红河州局　邓楚瑜　摄

议。开展QC小组活动，围绕“降本增效　提升QC质量水平”主题，准确应用QC管理工具，组织和发动干部员工立足岗位、凝聚智慧，不断发现和解决生产经营管理过程中存在的流程效率不高、工艺方法不优、成本费用及物资能耗过高等问题，全面提升QC小组活动解决问题的能力和水平。

云南省烟草商业系统开展QC项目572个，完成QC项目232个，发布QC成果85个，实现改善增效7941万元。组织召开全省烟草商业第二届QC小组活动优秀成果发布会，发布16个单位24项QC小组活动成果，评选出一等奖3个、二等奖7个、三等奖14个；推荐参加云南省质量协会评优，20个QC小组获得云南省质量协会授予的“云南省2016年度优秀质量管理小组”称号，其中，云南省烟草质量监督监测站“烟用醋酸纤维滤棒定性鉴别方法的研发”和云南烟叶复烤有限责任公司“刷子摩擦式除尘布袋清洁机的研制”成果参加中国质量协会国优小组评选，获得“国优小组”称号，并在国家局、总公司召开的全国烟草行业第二十七届优秀质量管理小组成果发布会上获得“行业商业企业优秀质量管理小组成果三等奖”。

开展精益课题研究，引导各单位以工艺技术方法创新和设备改善提升为主，积极组建精益课题项目组，开展课题研究，不断解决生产经营过程中存在的问题，持续提升企业运行质量。昆明市局（公司）“生物质能源烘烤技术的研发与推广”和红河州局（公司）“烟包智能点件统计器的研制”两项课题被国家局评为“精益十佳课题”。

【特事辑要】　2月27日，云南省委、省政府与国家局在北京举行工作会谈。云南省委书记李纪恒、省长陈豪，国家局党组书记、局长凌成兴参加会谈。凌成兴表示，在云南省委、省政府的高度重视和大力支持下，云南烟草产业实现持续健康发展，在全国继续保持行业领先地位。李纪恒代表省委、省政府对国家局长期以来对云南烟草产业给予的帮助支持表示感谢。

4月27日，云南省省长陈豪在昆明主持召开烟草工作座谈会，强调要紧紧围绕省委、省政府稳增长的决策部署，贯彻好李纪恒书记重要指示精神，提振信心，保持优势地位，充分发挥好烟草产业作为云南经济发展“稳定器”、产业建设“火车头”作用，为全省经济社会持续健康发展作出新贡献。会议强调：一要坚定信心，保持定力；二要抓好原料，打牢基础；三要深化改革，优化结构；四要紧盯市场，强化营销；五要营造环境，形成合力。

5月15日，云南省委书记李纪恒赴德宏州梁河县九保乡调研云南省局（公司）对口德宏州阿昌族“整乡推进整族帮扶”工作。李纪恒强调，阿昌族整族帮扶是云南省委落实习近平总书记视察云南期间重要指示精神的一项重要举措，要切实把脱贫攻坚作为发展头等大事和第一民生工程来抓，牢牢把握住云南省局（公司）对口德宏州阿昌族整乡推进整族帮扶的重要发展机遇，坚决打赢脱贫攻坚战。

7月16日，云南省委、省政府与国家局在昆明举行座谈会。云南省委书记李纪恒代表省委、省政府对国家局长期以来给予云南的关心支持表示感谢。李纪恒说：国家局历来坚持履行社会责任，在促进农民增收、打好扶贫攻坚战、加快基础设施建设等方面给予云南倾力帮助，推动云南经济社会事业向前发展。在国家局的正确领导下，云南烟草商业系统紧紧围绕省委、省政府的中心工作，努力克服困难，争取平稳发展，在巩固主业基础上，积极支持农田水利工程建设，深入开展“整乡推进整族帮扶”扶贫工作，对帮助阿昌族、布朗族两个少小民族整族脱贫奔小康作出积极贡献。

7月16—18日，西南片区专项巡视开门整改和经济运行工作调研座谈会在云南昆明召开，国家局党组书记、局长凌成兴参加会议并主持。凌成兴在座谈会上强调，采取非常措施，压缩社会库存，确保税利总额有所增长，并在云南烟草、贵州烟草调研，广泛征求巡视整改工作意见建议，将巡视整改与生产经营有机结合，研究分析行业当前经济运行工作。

10月18日，省局（公司）召开云南省烟草公司系统干部大会，宣布国家局关于云南省局（公司）主要负责同志职务调整的决定，陈卫东任云南省局党组书记、局长、总经理。国家局党组成员、副局长杨培森在讲话中指出：这次云南省局主要负责人调整，是国家局党组经过慎重研究并与云南省委、省政府协商后作出的决定。衷心希望云南省局（公司）在新的领导班子的领导下，坚定信心、振奋精神、敢于担当、务求实效，紧紧牵住卷烟销量这个“牛鼻子”，紧紧咬住税利总额这个核心指标，努力完成好各项经济指标和任务，为云南烟草的发展和地方经济建设作出更大的贡献。一是努力建设坚定理想信念的领导班子；二是努力建设勇于担当作为的领导班子；三是努力建设团结务实的领导班子；四是努力建设廉洁自律的领导班子。

10月23日，云南省委、省政府与国家局在北京举行工作会谈。国家局党组书记、局长凌成兴指出：当前在全国烟草行业面临巨大压力和挑战形势下，云南省委、省政府全力做好云南烟草各项工作，很好地发挥全国烟草行业排头兵的积极作用。国家局将与云南同舟共济，全面落实国家各项调控措施，进一步提高烟叶生产资源配置水平；全力支持云南烟草产业结构改革、提质增效、多元发展，把去库存作为当前工作重点，稳定烟草制品业工业增加值，支持云南烟草产业持续健康稳定发展。

12 月 18 日，国家局党组成员、副局长赵洪顺赴云南烟草调研。赵洪顺对云南烟草 2016 年以来各项工作取得的成绩给予肯定，要求云南烟草坚定不移落实好国家局安排部署，控制产量、压缩库存、提质增效；坚定不移推进全面从严治党，认真落实巡视整改工作；坚定不移维护烟草专卖制度，守住市场、管好秩序；坚定不移推进卷烟营销市场化取向改革，满足有效需求，提升产品结构；坚定不移推进产品技术创新，打破技术壁垒，发展核心技术。

2016 年云南省烟草专卖商业主要情况统计

地市级局（公司）名称		昆明市烟草专卖局（公司）	玉溪市烟草专卖局（公司）	曲靖市烟草专卖局（公司）	楚雄彝族自治州烟草专卖局（公司）
主要负责人/法人代表（含党政领导）		吴永明	田泽华	吴立著	晏　飞
所属县级单位		安宁市、五华区、盘龙区、西山区、官渡区、东川区、呈贡区、晋宁县、富民县、宜良县、石林彝族自治县、嵩明县、禄劝彝族苗族自治县、寻甸回族彝族自治县等 14 个县级烟草专卖局（分公司）	红塔区、通海县、江川区[1]、新平彝族傣族自治县、澄江县、峨山彝族自治县、华宁县、元江哈尼族彝族傣族自治县、易门县等 9 个县级烟草专卖局（分公司）	麒麟区、宣威市、沾益区[2]、陆良县、师宗县、罗平县、富源县、会泽县、马龙县等 9 个县级烟草专卖局（分公司）	楚雄市、双柏县、牟定县、南华县、姚安县、大姚县、永仁县、元谋县、武定县、禄丰县等 10 个县级烟草专卖局（分公司）
总资产（万元）		933401	686010	1251998	609477
资产负债率（%）		12.95	13.48	18.77	21.59
从业人员（人）		1711	5364	2724	1223
所属业务机构	营销机构	1 个营销中心	1 个营销中心	1 个营销中心	1 个营销中心
	物流配送机构	1 个配送中心	1 个物流分公司、8 个物流中转站	1 个物流分公司、9 个卷烟中转站	1 个物流分公司
	专卖稽查机构	1 个稽查支队、14 个稽查大队	1 个稽查支队、9 个稽查大队	1 个专卖稽查支队、9 个稽查大队	1 个稽查支队、10 个稽查大队
	烟叶机构	53 个烟叶站	51 个烟叶站	91 个烟叶站	79 个烟叶站
实现税利	万元	536831	320069	808761	406641
	2016 年比 2015 年(%)	5.15	10.35	7.82	6.41
实现利润	万元	284113	194377	493854	260506
	2016 年比 2015 年(%)	-1.46	13.78	12.30	12.91
卷烟销售	亿支	167.70	41.11	106.44	48.51
	2016 年比 2015 年(%)	-1.06	-2.36	-1.36	-3.56
卷烟销售收入（万元）		915698	240708	626686	220958
查处涉烟违法案件（起）		3546	1224	3228	1423
查处涉烟违法案件案值（万元）		14443	2125	4042	2404

续表

地市级局（公司）名称	昆明市烟草专卖局（公司）	玉溪市烟草专卖局（公司）	曲靖市烟草专卖局（公司）	楚雄彝族自治州烟草专卖局（公司）
2016 年度烟草行业投入烟叶生产基础设施建设资金（万元）	11300	19851	31838	22597
全年烟叶生产基础设施新增受益面积（万亩）	3.48	10.64	8.21	11.32
烟叶种植（万亩）	51.50	57.03	125.97	64.72
烟叶收购（万担）	138.00	153.00	335.00	172.54
烟农户数（户）	65224	79446	189364	103215
实现烟农总收入（万元）	211300	244505	534000	297000
零售客户数（户）	22342	10579	20959	9675
零售客户销售毛利率（%）	8.00	14.39	9.70	8.00

地市级局（公司）名称		昭通市烟草专卖局（公司）	红河哈尼族彝族自治州烟草专卖局（公司）	大理白族自治州烟草专卖局（公司）	文山壮族苗族自治州烟草专卖局（公司）
主要负责人/法人代表（含党政领导）		孔垂武	梁　兵	樊在斗	何文炜
所属县级单位		昭阳区、鲁甸县、巧家县、镇雄县、彝良县、威信县、盐津县、大关县、永善县、绥江县、水富县等 11 个县级烟草专卖局（分公司）	弥勒市、泸西县、个旧市、开远市、蒙自市、建水县、石屏县、屏边苗族自治县、红河县、元阳县、河口瑶族自治县、金平苗族瑶族傣族自治县、绿春县等 13 个县级烟草专卖局（分公司）	大理市、祥云县、宾川县、弥渡县、漾濞彝族自治县、南涧彝族自治县、巍山彝族回族自治县、永平县、云龙县、洱源县、剑川县、鹤庆县等 12 个县级烟草专卖局（分公司）	文山市、砚山县、西畴县、麻栗坡县、马关县、丘北县、广南县、富宁县等 8 个县级烟草专卖局（分公司）
总资产（万元）		349712	846027	517125	365558
资产负债率（%）		33.68	21.90	28.44	18.00
从业人员（人）		1826	1259	1268	1025
所属业务机构	营销机构	1 个营销中心	1 个营销中心	1 个营销中心	1 个营销中心
	物流配送机构	1 个物流分公司、11 个卷烟物流中转站	1 个物流配送中心、4 个物流中转站	1 个物流中心、1 个配送中心	1 个物流分公司
	专卖稽查机构	1 个稽查支队、11 个稽查大队	1 个稽查支队、13 个稽查大队	1 个稽查支队、12 个稽查大队	1 个稽查支队、8 个稽查大队
	烟叶机构	47 个烟叶站	41 个烟叶站	82 个烟叶站	56 个烟叶站
实现税利	万元	188164	374611	302774	292636
	2016 年比 2015 年（%）	7.35	3.45	2.65	5.99
实现利润	万元	75733	211893	163260	175616
	2016 年比 2015 年（%）	3.50	-1.75	-0.26	9.06
卷烟销售	亿支	86.30	78.34	64.11	51.91
	2016 年比 2015 年（%）	-1.93	-1.21	-1.37	-1.14
卷烟销售收入（万元）		398482	455303	315076	257737

续表

地市级局（公司）名称	昭通市烟草专卖局（公司）	红河哈尼族彝族自治州烟草专卖局（公司）	大理白族自治州烟草专卖局（公司）	文山壮族苗族自治州烟草专卖局（公司）
查处涉烟违法案件（起）	1893	3434	2122	1407
查处涉烟违法案件案值（万元）	2113	6433	3400	2949
2016年度烟草行业投入烟叶生产基础设施建设资金（万元）	6617	13175	8968	4690
全年烟叶生产基础设施新增受益面积（万亩）	7.42	7.52	8.55	12.88
烟叶种植（万亩）	28.00	53.05	50.30	44.00
烟叶收购（万担）	75.00	142.26	133.60	116.86
烟农户数（户）	28115	59099	72144	32420
实现烟农总收入（万元）	107870	223008	214691	161108
零售客户数（户）	12702	10592	12174	13195
零售客户销售毛利率（%）	7.50	10.82	10.00	12.51

地市级局（公司）名称		保山市烟草专卖局（公司）	德宏傣族景颇族自治州烟草专卖局（公司）	丽江市烟草专卖局（公司）	临沧市烟草专卖局（公司）
主要负责人/法人代表（含党政领导）		周　锋	王　兵	廖世勇	曹敬东
所属县级单位		隆阳区、施甸县、腾冲市、龙陵县、昌宁县等5个县级烟草专卖局（分公司）	芒市、瑞丽市、陇川县、盈江县、梁河县等5个县级烟草专卖局（分公司）	玉龙纳西族自治县、永胜县、华坪县、宁蒗彝族自治县、古城区等5个县级烟草专卖局（分公司）	临翔区、云县、凤庆县、永德县、镇康县、耿马县傣族自治县、沧源佤族自治县、双江拉祜族佤族布朗族傣族自治县等8个县级烟草专卖局（分公司）
总资产（万元）		353512	49367	189277	220893
资产负债率（%）		18.88	22.55	30.62	48.56
从业人员（人）		889	215	462	713
所属业务机构	营销机构	1个营销中心	1个营销中心	1个营销中心	1个营销中心、8个区域市场部
	物流配送机构	1个物流分公司、5个物流中转站	1个物流分公司、4个卷烟配送中转站	1个物流分公司	1个物流分公司、8个卷烟物流配送服务中转站
	专卖稽查机构	1个稽查支队、5个稽查大队	1个稽查支队、5个稽查大队	1个稽查支队、5个稽查大队	1个稽查支队、8个稽查大队
	烟叶机构	40个烟叶站	—	24个烟叶站	54个烟叶站
实现税利	万元	295012	35492	159152	155005
	2016年比2015年(%)	0.00	6.53	6.07	-11.26
实现利润	万元	174003	13014	91338	75982
	2016年比2015年(%)	-1.97	-17.59	4.85	-23.26

续表

地市级局（公司）名称		保山市烟草专卖局（公司）	德宏傣族景颇族自治州烟草专卖局（公司）	丽江市烟草专卖局（公司）	临沧市烟草专卖局（公司）
卷烟销售	亿支	44.19	24.55	26.77	41.06
	2016 年比 2015 年(%)	-1.37	0.19	-3.03	-2.18
卷烟销售收入（万元）		247683	141285	146944	181934
查处涉烟违法案件（起）		1374	780	666	975
查处涉烟违法案件案值（万元）		4022	1632	588	1573
2016 年度烟草行业投入烟叶生产基础设施建设资金（万元）		13305	—	5269	12509
全年烟叶生产基础设施新增受益面积（万亩）		6.97	—	3.29	5.91
烟叶种植（万亩）		48.18	—	22.68	31.81
烟叶收购（万担）		121.50	—	60.20	85.40
烟农户数（户）		58170	—	25689	47048
实现烟农总收入（万元）		177235	—	83728	109783
零售客户数（户）		8181	6301	6764	8384
零售客户销售毛利率（%）		10.08	8.00	14.74	8.00

地市级局（公司）名称		普洱市烟草专卖局（公司）	西双版纳傣族自治州烟草专卖局（公司）	怒江傈僳族自治州烟草专卖局（公司）	迪庆藏族自治州烟草专卖局（公司）
主要负责人/法人代表（含党政领导）		徐元飞	尤　辉	王纪文	肖　玛
所属县级单位		景东彝族自治县、镇沅彝族哈尼族拉祜族自治县、墨江哈尼族自治县、景谷傣族彝族自治县、宁洱哈尼族彝族自治县、江城哈尼族彝族自治县、澜沧拉祜族自治县、孟连傣族拉祜族佤族自治县、西盟佤族自治县和思茅区等 10 个县级烟草专卖局（分公司）	景洪市、勐海县、勐腊县等 3 个县级烟草专卖局（分公司）	福贡县、兰坪白族普米族自治县、贡山独龙族怒族自治县等 3 个县级烟草专卖局（分公司）	德钦县、维西傈僳族自治县、香格里拉市等 3 个县级烟草专卖局（分公司）
总资产（万元）		282417	56216	129037	16172
资产负债率（%）		19.88	16.59	13.79	6.17
从业人员（人）		838	171	103	142
所属业务机构	营销机构	1 个营销中心	1 个卷烟营销中心	1 个营销中心	1 个营销中心
	物流配送机构	1 个物流分公司	1 个物流分公司	1 个物流分公司	1 个物流分公司
	专卖稽查机构	1 个稽查支队、10 个稽查大队	1 个稽查支队、3 个稽查大队	1 个稽查支队、3 个稽查大队	1 个稽查支队、3 个稽查大队
	烟叶机构	42 个烟叶站	—	—	—

续表

地市级局（公司）名称		普洱市烟草专卖局（公司）	西双版纳傣族自治州烟草专卖局（公司）	怒江傈僳族自治州烟草专卖局（公司）	迪庆藏族自治州烟草专卖局（公司）
实现税利	万元	263934	49632	11582	11675
	2016年比2015年（%）	8.47	5.66	8.93	11.36
实现利润	万元	161503	18337	2692	2236
	2016年比2015年（%）	12.94	-13.86	-18.49	-27.56
卷烟销售	亿支	43.58	29.75	9.70	8.40
	2016年比2015年（%）	-2.11	-0.16	-3.48	-1.80
卷烟销售收入（万元）		205066	163893	47779	49042
查处涉烟违法案件（起）		1807	329	144	59
查处涉烟违法案件案值（万元）		175	609	110	101
2016年度烟草行业投入烟叶生产基础设施建设资金（万元）		9007	—	—	—
全年烟叶生产基础设施新增受益面积（万亩）		14.41	—	—	—
烟叶种植（万亩）		40.86	—	—	—
烟叶收购（万担）		108.50	—	—	—
烟农户数（户）		49555	—	—	—
实现烟农总收入（万元）		150756	—	—	—
零售客户数（户）		10151	8446	1779	2403
零售客户销售毛利率（%）		9.20	12.92	8.00	10.65

注：1. 2016年5月9日，国家局、总公司下发《国家烟草专卖局 中国烟草总公司关于云南省江川县烟草专卖局（分公司）更名的批复》（国烟人〔2016〕110号），同意将江川县烟草专卖局更名为玉溪市江川区烟草专卖局，将玉溪市烟草公司江川县分公司更名为玉溪市烟草公司江川分公司；

2. 2016年8月17日，国家局、总公司下发《国家烟草专卖局 中国烟草总公司关于云南省沾益县烟草专卖局更名的批复》（国烟人〔2016〕235号），同意将沾益县烟草专卖局更名为曲靖市沾益区烟草专卖局。

◎ 撰稿：杨海林；编辑：周　佳

西藏自治区烟草专卖局（公司）

【专卖管理】 **案件查处**。按照“向卷烟打假打私要市场、要销量、要效益”的工作要求，加强与自治区公安厅、海关缉私局、铁路公安分局等部门沟通协调，签订完善协议，巩固协作机制。开展“雪域利剑”专项整治行动，不断提升市场管控力、专卖威慑力，此次专项行动受到国家局的表彰奖励。查处各类涉烟违法案件285起；查获非法卷烟268.94万支，案值512.46万元，上缴罚没款33.54万元，抓获犯罪嫌疑人9人。

证件管理。8月，自治区局对拉萨市局，山南、林芝和日喀则地区局的专卖管理工作进行检查，同时要求昌都、那曲、阿里地区局进行自查。此次检查，主要通过听取汇报、查阅资料、实地检查等方式进行，并随机选择90户卷烟零售客户，了解零售户的许可证亮证、许可证后续监管等情况。通过检查发现，各地市专卖局各项工作稳步有序开展，部分工作经验和做法可以作为亮点工作值得全自治区推广。全自治区新办卷烟零售许可证1500户、变更433户、注销1209户、停业51户、延续3196户。截至2016年底，全自治区共有持证卷烟零售客户1.42万户，其中城区9007户，农牧区5192户。

【经济效益】 西藏自治区烟草商业系统实现销售收入36.33亿元（不含税），同比增长4.83%。实现卷烟税利9.22亿元，同比增长23.1%，其中利润2.49亿元，同比下降6.74%。卷烟单箱销售收入3.93万元。公司三项费用率9.71%，同比增加0.41个百分点。

【卷烟（雪茄烟）经营】 **卷烟（雪茄烟）销售**。西藏自治区烟草商业系统销售卷烟54.12亿支（10.82万箱），同比增长1.01%，其中，销售一类烟18.49亿支（3.7万箱），同比增长3.7%；二类烟4.88亿支（0.98万箱），同比增长40.08%；三类烟20.03亿支（4.01万箱），同比下降2.56%；四类烟5.7亿支（1.14万箱），同比下降19.15%；五类烟4.8亿支（0.96万箱），同比增长7.35%。本地区销量居前三位的卷烟品牌为“云烟”“中华”“白沙”，销量分别为20.38亿支（4.08万箱）、3.99亿支（0.798万箱）、3.84亿支（0.77万箱）。销售雪茄烟0.07亿支，同比增长400.02%。

品牌培育。自治区公司科学制定品牌发展规划，完善品牌培育制度，健全品牌引退机制，坚持优胜劣汰，努力建设秩序正常、充满活力的卷烟品牌竞争新格局。制定公开、公平、公正的卷烟货源采供办法，实现所有货源由卷烟省级平台自动分配。深化工商协同，共同培育品牌，发挥各自职能优势，在货源组织供应、品牌营销宣传、市场信息共享等方面加强沟通协调。加强考核激励，把品牌培育纳入各单位方针目标的考核指标，有效发挥考核激励的导向作用。同时注重宏观调控，坚持“总量控制、稍紧平衡”方针，控制货源投放数量与节奏，采取有针对性的动态调控举措，确保品牌的良好发展状态。

全自治区销售重点品牌卷烟45.7亿支（9.14万箱），同比增长1.58%。销售低焦油卷烟5.35亿支（1.07万箱），同比增长21.23%；销售细支卷烟1.9亿支（0.38万箱），同比增长247.54%。引入新品“云烟（雪域）”于7月上市，受到本地和旅游人士青睐。

卷烟销售管理。总结推广拉萨市公司试点经验，在全自治区范围内推进卷烟营销市场化取向改革。全面实施货源组织、订单采集、品牌培育流程再造，营销模式进一步优化。进一步提升客户服务水平，客户分档更加标准，品牌分类更加明晰，货源投放更加透明，客户满意度不断提升。推广省级卷烟营销平台应用，经营行为更加规范。

卷烟销售网络建设。自治区公司推进网上订货、网上配货、网上结算、网上营销“四网合一”的建设和应用，打造现代化的卷烟营销体系。全年通过互联网订货的客户有3462户，占比28.82%。继续探索跨行结算工作，全年参与的卷烟零售客户有338户，结算金额超过1亿元；持续深化电子结算业务，电子结算客户达到9028万户，占比75.17%。

烟草物流建设。加强顶层设计，确立跨行政区域“大物流”改革思路，为全自治区行业物流改革指明方向。坚持先试先行，山南地区贡嘎县纳入拉萨物流配送中心统一分拣配送工作试点成功，为物流体制改革工作全面铺开积累了经验。强化基础管理，完善拉萨物流中心管理机制，优化运行手段，全面提升效能，为下一步全自治区集中分拣奠定基础。

【特事辑要】 2月2日，西藏自治区党委书记陈全国，党委常委、副主席姜杰分别在西藏烟草《关于全国烟草行业工作会主要精神及2015年西藏烟草主要工作情况的报告》上作出批示。

5月22—27日，国家局第十安全检查组赴西藏烟草检查指导2016年安全生产工作。

8月24—25日，国家局党组成员、副局长赵洪顺赴西藏烟草实地考察调研全国烟草行业援助西藏产业扶贫、产业扶贫项目开展情况。

9月15日，工业和信息化部党组成员、中央纪委驻工信部纪检组长金书波赴国家局援藏扶贫规划项目点之一——山南市扎囊县阿扎乡苗木种植基地调研，自治区党委常委、自治区常务副主席丁业现一同调研。

9月22—23日，国家局党组成员、副局长杨培森赴西藏参加全国扶贫援藏会议并到西藏烟草调研。

西藏林芝市通麦大桥冲毁期间，林芝市公司以人工载运的形式保证了波密县、察隅县的卷烟供应

西藏区局　供稿

2016年西藏自治区烟草专卖商业主要情况统计

地市级局（公司）名称		拉萨市烟草专卖局（公司）	山南市烟草专卖局（公司）	日喀则市烟草专卖局（公司）	林芝市烟草专卖局（公司）	昌都市烟草专卖局（公司）	阿里地区烟草专卖局（公司）
主要负责人/法人代表（含党政领导）		普　布	张连海	巴　桑	扎　西	曾　涛	张建军
所属县级单位		—	—	—	—	—	—
总资产（万元）		43312	8036	10194	12737	13763	5182
资产负债率（%）		6.00	9.56	18.39	4.50	23.40	67.76
从业人员（人）		219	99	113	83	82	46
所属业务机构	营销机构	1个营销中心	1个营销中心、5个县级营销网点	1个营销中心	1个营销中心、5个县级营销网点	1个营销中心、7个县级营销网点	1个营销中心、4个县级营销网点
	物流配送机构	1个配送中心	1个配送中心	5个县级配送部	1个配送中心	1个配送中心	1个配送中心
	专卖稽查机构	3个专卖稽查分局、1个稽查支队	2个稽查大队	1个稽查支队、4个稽查大队	1个稽查支队	7个稽查大队	1个稽查科
	烟叶机构	—	—	—	—	—	—
实现税利	万元	34481	6981	9450	7496	7964	1533
	2016年比2015年（%）	39.00	55.40	41.68	37.14	24.33	33.29
实现利润	万元	7082	30	430	387	398	-742
	2016年比2015年（%）	68.00	—	—	289.39	539.62	-13.94
销售卷烟	亿支	21.57	5.66	8.16	5.95	6.95	1.90
	2016年比2015年（%）	2.92	4.30	1.00	3.99	-2.96	-0.07
卷烟销售收入（万元）		176855	47275	59009	46594	51973	15795
查处涉烟违法案件（起）		82	100	70	34	5	3
查处涉烟违法案件案值（万元）		251	63	59	17	9	2
2016年度烟草行业投入烟叶生产基础设施建设资金（万元）		—	—	—	—	—	—
全年烟叶生产基础设施新增受益面积（万亩）		—	—	—	—	—	—
烟叶种植（万亩）		—	—	—	—	—	—
烟叶收购（万担）		—	—	—	—	—	—
烟农户数（户）		—	—	—	—	—	—
实现烟农总收入（万元）		—	—	—	—	—	—
零售客户数（户）		3341	1798	3215	1296	1398	554
零售客户销售毛利率（%）		19.09	10.00	8.12	17.75	18.96	23.22

注：2015年，日喀则、昌都、林芝地区烟草专卖局（公司）先后更名为日喀则、昌都、林芝市烟草专卖局（公司）。2016年6月，国家局下发《国家烟草专卖局 中国烟草总公司关于西藏自治区山南地区烟草专卖局（公司）更名的批复》（国烟人〔2016〕129号），将山南地区烟草专卖局更名为山南市烟草专卖局，将西藏自治区烟草公司山南地区公司更名为西藏自治区烟草公司山南市公司。山南市烟草专卖局与西藏自治区烟草公司山南市公司合署办公，负责辖区内的烟草专卖管理和卷烟营销工作。

◇ 撰稿：曹玉娟；编辑：周　佳

陕西省烟草专卖局（公司）

【专卖管理】 **案件查处**。不断巩固完善“政府领导、部门联合、多方参与、密切协作”的打假打私工作机制，坚持“端窝点、断源头、破网络、抓主犯”的方针，强化综合治理机制，严厉打击制售假烟、走私烟草专卖品等违法犯罪活动。陕西省共查处各类涉烟违法案件1.79万起，其中假冒、走私卷烟案件1654起；查获非法卷烟1.14亿支，其中假冒、走私卷烟2898万支。破获网络案件42起，其中符合公安部、国家局标准的网络案件28起，符合省局标准的网络案件14起。公安、司法机关依法刑拘211人，逮捕117人，判刑80人。

西安“4·13”案件。西安“4·13”假烟网络案件被陕西省公安厅列为督办案件，并由公安部发起集群战役。涉及陕西、广东、福建、江西、新疆等5个省、自治区，出动警力130人次，烟草稽查人员600人次，抓获涉案嫌疑人13人，刑拘13人，批捕7人，判刑3人。查获假冒卷烟155.6万支，标值364万元，涉案金额1273万元。

商洛“11·17”案件。商洛“11·17”跨省特大制售假烟网络案件为公安部督办案件。涉及河南、四川、云南、广西、广东、福建、江西、上海、陕西等9个省（自治区、直辖市），出动警力430人次，烟草稽查人员270人次，查清涉案人员60余人，抓获涉案嫌疑人18人，刑拘15人，批捕9人。查获假冒卷烟811.86万支，标值378万元，涉案金额2亿余元。

咸阳“5·17”案件。咸阳“5·17”走私网络案件，涉及广西、云南、重庆、四川、山东、北京、天津、陕西等8个省（自治区、直辖市），出动警力810人次，烟草稽查人员230人次，抓获涉案嫌疑人10人，刑拘10人，批捕7人，取保候3人。查获走私烟19.5万支、标值11.76万元，涉案金额2.5亿元，是有史以来陕西省侦破案值最大、抓捕犯罪嫌疑人最多的涉烟走私网络案件。

市场监管。陕西省局全力争取省政府恢复设立“省卷烟市场整顿规范工作领导小组”，搭建13个厅局共同打击涉烟违法行为的合作平台。与省公安厅交通管理局、省邮政局、西安海关分别签订打击运输、邮寄、走私卷烟违法犯罪行为的合作协议。各级烟草专卖局共同构筑东部黄河沿岸地区、中部包茂高速过境地区、西部陇县至汉中过境地区3条纵线和陕北能源经济带、关中经济带、秦巴汉江沿岸3条横线的“三纵三横”全省一体的市场监管格局。

开展集中整治活动，陕西省局在全省范围内开展“突出加强专卖、守好省内市场”和卷烟市场整治“飓风”行动2个专项行动，各市（区）局和西安铁路分局组织开展专项行动30余次，为净化市场和促进卷烟销售企稳回升起到重要作用。

专卖内管。陕西省局制订《省产烟倒流管理办法》《卷烟规范经营五条“禁令”》，开展专卖内管检查2次、工业企业卷烟进出库打扫码专项检查4次，对违规问题进行严肃处理。各市局派驻办下发调查函和整改通知书42份，对104名相关责任人、362个卷烟零售客户按规定进行经济处罚或停止供货、停业整顿等处罚。

依法行政。深入推进依法行政、依法经营、依法管理，省局出台《关于贯彻法治政府建设实施纲要深入推进法治烟草建设的实施意见》《“七五”法治宣传教育规划（2016—2020年）》，对省局内部管理事项进行调整，对政策性文件进行清理。经国家局同意，省局下放烟草专卖品准运证审批、制作权限。开展烟草专卖零售许可管理改革试点和专项督查，各级局的许可管理和服务水平进一步提高。

证件管理。国家局指定陕西省局为第二批卷烟零售许可管理改革试点单位，省局成立卷烟零售许可管理改革工作领导小组，出台《陕西省烟草专卖零售许可管理改革试点工作指导意见》，明确坚持“实事求是、稳步推进、因地制宜、提质增效、依法监管”五项原则，确立六项改革任务。截至2016年底，全省106个县级烟草专卖局按计划推进卷烟零售改革试点工作，76个县级局按时间要求完成改革工作。通过深化改革，卷烟零售许可管理制度更加完善，零售点布局更加优化，零售许可管理更加规范，依法行政质量明显提升，改革试点工作达到预期目的。

截至2016年底，全省共有持证卷烟零售客户14.6万户，全年新办零售许可证1.23万户，注销1.18万户，取缔无证经营4121户，保持卷烟零售许可管理改革前后卷烟零售客户总量相对稳定。

【经济效益】 陕西省烟草商业系统实现税利104.27亿元，同比增长0.58%，其中利润35.97亿元，同比下降17.12%。卷烟单箱销售收入2.46万元，卷烟单箱税利0.72万元。公司三项费用率7.56%，同比增加0.09个百分点。

【卷烟（雪茄烟）经营】 **卷烟（雪茄烟）销售**。陕西省烟草商业系统销售卷烟725.47亿支（145.09万箱），同比下降5.74%，其中，销售一类烟111.73亿支（22.35万箱），同比下降14.86%；二类烟83.56亿支（16.74万箱），同比增长8.87%；三类烟253.26亿支（50.65万箱），同比下降14.03%；四类烟251.66亿支（50.33万箱），同比增长6.07%；五类烟25.26亿支（5.05万箱），同比下降15.36%。本地区销量居前三位的卷烟品牌为“好猫”“猴王”“延安”，销量分别为165.17亿支（33.03万箱）、148.73亿支（29.75万箱）、70.54亿支（14.11万箱）。销售全国重点品牌卷烟535.49亿支（107.1万箱），同比下降8.63%，占陕西省卷烟总销量的73.81%。8毫克/支及以下低焦油卷烟、高端卷烟、高价位卷烟、细支卷烟和雪茄烟分别销售70.33亿支、28.49亿支、3.07亿支、27.43亿支、0.64亿支。

实现卷烟销售收入（含雪茄烟）385.21亿元，同比下降7.35%。实现卷烟税利90.67亿元，同比下降1.85%，其中利润27.27亿元，同比下降27.1%。

品牌管理与培育。省、市、县三级公司重视市场信息采集、市场容量研究等基础性工作，省公司组织市场信息采集分析专题培训。西安市公司依托项目带动提升营销管理水平，在加强市场调控、货源优化组织、防范品牌风险等方面有方法、有措施、有效果；汉中、宝鸡市公司坚持把精益理念贯穿于卷烟营销的全过程，在挖潜降耗方面取得新进展；咸阳市公司加强营销创新，实施品牌培育项目化管理，增强品牌培育实效；榆林市公司开展卷烟消费体验店建设，积极构建工商零协同服务消费、培育品牌的营销平台。制定《卷烟品牌营销管理办法》，开展“延安（红韵）”“延安（硬）”等新品上市培育和“中华”“芙蓉王”等重点品牌维护专项活动，有序退出滞销规格。

卷烟营销市场化取向改革。推进省级卷烟营销平台上线，全省11家地市级公司全部切换到新的卷烟营销平台运行。省公司初步建立对市级公司营销实时监管机制。作为卷烟营销市场化取向改革的试点单位，西安市公司以货源组织、客户分档、货源投放、品牌培育等核心环节为重点，认真落实规定动作，健全营销规则，为全省推广奠定基础。截至2016年底，全省共有持证上岗营销人员1294人，比重提高到83.43%。

现代物流建设。省公司开展物流分公司绩效考核和薪酬分配制度改革试点工作，统筹推进物流绩效考核和薪酬改革，确定西安和宝鸡市公司为试点单位。全面提升物流信息化水平，在渭南和商洛市公司完成物流管控平台V3系统向V6系统升级工作。与工业企业密切配合，全年返还循环烟箱413.41万只，实现工商同城托盘联运14.17万箱。2016年，卷烟单箱配送费用74.84元，单箱物流费用175.61元，物流费用率为0.77%。全省共有物流从业人员1358人，配送车辆385台，中转站14个，对接点7个。

【烟叶产销】 **烟叶种植与收购**。陕西省种植烟叶34.2万亩，收购烟叶4.57万吨（91.4万担），完成年度计划的98.8%，其中秦巴烟区四地市（安康、商洛、汉中、宝鸡）收购烟叶4.22万吨（84.4万担），占全省收购总量的92.33%。陕西省调拨烟叶4.57万吨（91.4万担），其中国内销售4.46万吨（89.19万担），出口备货0.11万吨（2.2万担）。有烟农1.9万户，实现销售总收入10.1亿元，户均收入6.3万元（含补贴）。

烟叶实现税利10.63亿元，同比增长9.39%，其中利润6.64亿元，同比增长9.57%。

烟叶质量提升。坚持以提高烟叶工业可用性为中心，进一步促进质量结构与工业需求相对接，全省“K326”和“云烟”系列品种种植比例达到77.3%。全面推广土壤保育、小苗深栽、控氮加密技术，蚜茧蜂防治蚜虫技术推广比例达到96%。开展上部叶成熟一次采烤技术示范面积5.28万亩，推广烟夹烘烤4297座。实施散叶收购3.85万吨（77万担）、原收原调2.7万吨（54万担），上中等烟收购比例达到96.7%。在国家局烟叶收购检查中，陕西省烟

2016年9月，陕西省西安市雁塔区局（营销部）举办雁塔区烟草制品零售点合理布局规划听证会

陕西省局 供稿

叶收购等级质量合格率82.84%。

现代烟草农业建设。国家局投入烟叶基础设施建设资金7641.38万元，省内系统投入资金4971.49万元，新建项目8101件。全省烟农专业合作社数量由上年68个整合至52个，入社烟农1.1万户，占覆盖区烟农总数的72%，覆盖面积29.5万亩，占全省总面积的86.4%。汉中市南郑县金叶烤烟专业合作社、延安市宝塔区红河烟草专业化综合服务农民专业合作社被新增认定为烟草专业合作社示范社，全省烟草商业系统示范社增加到6家。稳步推进水源工程建设，截至2016年底，洛南张坪水库主体工程完工蓄水，旬阳冷水河水库工程和镇安云镇水库工程开工建设。建立商业保险与行业救灾捐赠相结合的救助机制，为全部34.2万亩烟田购买了商业保险。

【对外交流与合作】 陕西省公司实现进出口总值1171万美元。烟叶境外销售0.37万吨（7.4万担）；销售进口卷烟1.04亿支（0.21万箱）。实现税利0.19亿元。

陕西省公司恢复与阿联酋普瑞铭烟草国际有限公司业务往来，开拓山东烟草（中东）贸易公司、希腊卡莱利亚烟草国际公司两个新客户，与中烟英美烟草国际有限公司、中烟国际欧洲有限公司业务交流合作进一步加深。

【特事辑要】 4月25日起，陕西省烟草商业系统在全省开展“两学一做”学习教育。

8月31日至10月20日，国家局党组第四巡视组进驻陕西省局（公司）专项巡视省局（公司）党组各项工作。

2016年陕西省烟草专卖商业主要情况统计

地市级局（公司）名称		西安市烟草专卖局（公司）	咸阳市烟草专卖局（公司）	宝鸡市烟草专卖局（公司）	渭南市烟草专卖局（公司）	铜川市烟草专卖局（公司）
主要负责人/法人代表（含党政领导）		王万勋	王云彪	张永军	赵军辉	范晓钟（—2016年5月）李文哲（2016年5月—）
所属县级单位		阎良区、临潼区、长安区、高陵区、蓝田县、周至县、户县等7个区（县）烟草专卖局（分公司），新城区、碑林区、莲湖区、灞桥区、未央区、雁塔区等6个城区烟草专卖局（营销部），以及1个直属高新分局	兴平市、长武县、彬县、淳化县、永县寿、旬邑县、礼泉县、乾县、武功县、三原县、泾阳县等11个县级烟草专卖局（分公司），秦都、渭城分局2个分局，以及1个烟叶分公司	陇县、千阳县、扶风县、麟游县、凤县、岐山县、太白县、凤翔县、眉县、陈仓区等10个县级烟草专卖局（分公司），以及1个市区直属分局（营销部），以及1个烟叶分公司	蒲城县、潼关县、白水县、富平县、澄城县、合阳县、韩城市、华阴市、大荔县、华州区[1]等10个县级烟草专卖局（分公司），以及1个直属分局（城区分公司）	宜君县、耀州区2个县级烟草专卖局（分公司），以及1个直属分局（城区分公司）
总资产（万元）		377631	143112	97764	79321	21050
资产负债率（%）		11.74	22.69	18.59	33.18	17.39
从业人员（人）		1419	874	774	943	196
所属业务机构	营销机构	1个营销中心	1个营销中心	1个营销中心	1个营销中心	1个营销中心
	物流配送机构	1个物流分公司	1个物流分公司	1个物流分公司	1个物流分公司	1个物流分公司
	专卖稽查机构	1个稽查支队、3个稽查大队	1个稽查支队、13个稽查大队	1个稽查支队、12个稽查大队	1个稽查支队、11个稽查大队	1个稽查支队、3个稽查大队
	烟叶机构	—	1个烟叶总库、5个收购站点	1个烟叶总库、1个烟叶集中库、11个收购站点	—	—
实现税利	万元	328871	99375	85700	78681	18436
	2016年比2015年（%）	2.15	-3.48	0.01	-10.86	0.46

续表

地市级局（公司）名称		西安市烟草专卖局（公司）	咸阳市烟草专卖局（公司）	宝鸡市烟草专卖局（公司）	渭南市烟草专卖局（公司）	铜川市烟草专卖局（公司）
实现利润	万元	122995	26796	27112	13489	3976
	2016 年比 2015 年(%)	-15.05	-32.03	-21.42	-50.05	-33.40
销售卷烟	亿支	208.87	88.68	64.92	87.81	16.08
	2016 年比 2015 年(%)	-3.41	-6.33	-4.51	-10.01	-5.23
卷烟销售收入（万元）[2]		1088543	355570	274563	339818	74552
查处涉烟违法案件（起）		10628	1051	1507	1568	111
查处涉烟违法案件案值（万元）		1289	188	288	432	67
2016 年度烟草行业投入烟叶生产基础设施建设资金（万元）		—	251	589	—	—
全年烟叶生产基础设施新增受益面积（万亩）		—	0.30	1.21	—	—
烟叶种植（万亩）		—	0.74	4.30	—	—
烟叶收购（万担）		—	2.00	9.91	—	—
烟农户数（户）		—	397	2291	—	—
实现烟农总收入（万元）		—	2180	9078	—	—
零售客户数（户）		34287	16275	11593	18248	2622
零售客户销售毛利率（%）		8.90	8.00	4.00	7.11	6.50

地市级局（公司）名称		商洛市烟草专卖局（公司）	汉中市烟草专卖局（公司）	安康市烟草专卖局（公司）	延安市烟草专卖局（公司）	榆林市烟草专卖局（公司）	杨凌示范区烟草专卖局（公司）
主要负责人/法人代表（含党政领导）		崔传斌	许　刚	陈善贵	王进录	雷学锋	王绥延
所属县级单位		洛南县、镇安县、山阳县、丹凤县、柞水县、商南县等6个县级烟草专卖局（分公司），以及1个商州分局（分公司），以及1个烟叶分公司	南郑县、城固县、洋县、西乡县、勉县、宁强县、略阳县、镇巴县、留坝县、佛坪县等10个县级烟草专卖局（分公司），以及1个汉台直属分局（分公司），以及1个烟叶分公司	汉阴县、石泉县、宁陕县、紫阳县、岚皋县、平利县、镇坪县、旬阳县、白河县等9个县级烟草专卖局（分公司），以及1个汉滨区直属分局（分公司），以及1个烟叶分公司	吴起县、志丹县、安塞县、宝塔区、甘泉县、子长县、延川县、延长县、宜川县、富县、洛川县、黄陵县、黄龙县等13个县级烟草专卖局（分公司），以及1个烟叶分公司	神木县、绥德县、榆阳区、府谷县、定边县、靖边县、横山县、米脂县、子洲县、清涧县、佳县、吴堡县、神府煤田等13个县（区）级烟草专卖局（分公司）	—
总资产（万元）		86198	90494	147650	74764	134570	5828
资产负债率（%）		16.16	22.70	32.81	40.61	28.92	15.59
从业人员（人）		1583	846	1086	731	655	42
所属业务机构	营销机构	1个营销中心	1个营销中心	1个营销中心	1个营销中心	1个营销中心	1个营销物流中心
	物流配送机构	1个物流分公司	1个物流分公司	1个物流分公司	1个物流分公司	1个物流分公司	—
	专卖稽查机构	1个稽查支队、7个稽查大队	1个稽查支队、11个稽查大队	10个稽查大队	1个稽查支队、13个稽查大队	1个稽查支队、13个稽查大队	1个稽查支队

续表

地市级局（公司）名称		商洛市烟草专卖局（公司）	汉中市烟草专卖局（公司）	安康市烟草专卖局（公司）	延安市烟草专卖局（公司）	榆林市烟草专卖局（公司）	杨凌示范区烟草专卖局（公司）
所属业务机构	烟叶机构	1个烟叶技术中心、1个烟叶总库、1个烟叶集中库、17个收购站点	1个烟叶总库、16个烟叶站点	1个烟叶技术中心、1个烟叶总库、50个烟叶站点	1个烟叶总库、7个收购站点	—	—
实现税利	万元	74452	84620	94192	62958	99240	6588
	2016年比2015年（%）	4.61	2.58	4.46	0.98	-8.36	7.59
实现利润	万元	35116	30370	44473	14274	31917	2157
	2016年比2015年（%）	-5.32	20.03	-6.11	-24.02	-29.98	-13.91
销售卷烟	亿支	33.87	57.01	40.21	52.30	71.70	4.68
	2016年比2015年（%）	-4.78	-4.78	-5.76	-6.11	-8.29	-4.68
卷烟销售收入（万元）		134250	251521	183608	228718	344411	22889
查处涉烟违法案件（起）		575	489	501	431	914	42
查处涉烟违法案件案值（万元）		697	120	—	149	359	14
2016年度烟草行业投入烟叶生产基础设施建设资金（万元）		2883	1648	2069	202	—	—
全年烟叶生产基础设施新增受益面积（万亩）		1.74	1.80	1.00	0.73	—	—
烟叶种植（万亩）		10.50	5.40	11.46	1.80	—	—
烟叶收购（万担）		30.42	13.79	30.18	5.00	—	—
烟农户数（户）		5943	2475	7050	856	—	—
实现烟农总收入(万元)		35518	15734	32783	5886	—	—
零售客户数（户）		9580	15042	14240	9480	13890	701
零售客户销售毛利率（%）		6.50	5.50	7.20	8.00	5.77	7.00

注：1. 2016年1月，原华县烟草专卖局（分公司）更名为华州区烟草专卖局（分公司）；
2. 卷烟销售收入为不含税收入。

◇ 撰稿：王　玉；编辑：周　佳

甘肃省烟草专卖局（公司）

【专卖管理】　**案件查处**。坚持以“打团伙、端窝点、破网络、惩首犯”为主线，进一步完善“政府领导、部门联合、多方参与、密切协作”的打假体系，充分发挥联合打假机制作用，强化对互联网、自媒体涉烟信息的监控排查，全省打假打私工作取得显著成效。查处各类涉烟违法案件7756起，其中案值百万元以上较大规模网络案件17起，案值千万元以上网络案件4起；查获假烟218.2万支。公安、司法机关依法刑拘49人，逮捕38人，判刑30人。

兰州市局侦破的“8·15”涉烟非法经营网络案件，查获假冒卷烟91.2万支，涉案金额3200余万元，判刑3人；天水市局侦破的“9·17”互联网涉烟网络案件，涉案金额1400余万元，刑拘5人，逮捕3人，判刑1人；定西市局和白银市局联合侦办的"5·10"非法经营卷烟网络案件，查获假冒卷烟70.4万支，涉案金额1600余万元，刑拘3人，逮捕3人；庆阳市局侦办的"7·18"互联网涉烟网络案件，查获假冒卷烟9.72万支，涉案金额1400余万元，刑拘7人，批捕5人，截至2016年底，该案件进入起诉阶段。

市场监管。甘肃省局把治理卷烟非法流通作为市场监管工作的重中之重，组织开展"全省清理整顿卷烟市场""陇剑5号""两打两保"等专项整治行动，疏堵并举治理卷烟非法流通。完善市场监管体系，用好用活APCD市场检查工作法，带着问题精准开展市场检查，市场监管的针对性和实效性进一步增强。组织开展全省卷烟市场净化率摸底和测评工作，许可一批符合办证条件的经营户，规范一批存在违法行为的经营大户，打击一批屡禁不止的无证户，全省卷烟市场净化率达到91.32%。

内部专卖管理监督。密切关注卷烟生产经营活动，强化内管、专卖、营销、烟叶等业务部门间的沟通配合，制定《省级卷烟营销平台业务预警管理办法》，修订完善货源供应、品牌引入退出、销售大户等监督管理流程。依托省级卷烟营销平台监管模块，加强卷烟营销业务流程运行监管。开展卷烟规范经营专项检查工作，全年开展2次烟叶合同签订、收购、合同执行专项监督检查，开展6次工商企业卷烟打扫码规定执行情况专项检查，对甘肃烟草工业29组烟机设备和庆阳正宁县局废弃烟叶销毁进行现场监督。

【经济效益】 甘肃省烟草商业系统实现税利48.79亿元，同比增长2.77%，其中利润15.37亿元，同比下降19.4%。三项费用率为6.49%，同比持平。

【卷烟（雪茄烟）经营】 **卷烟（雪茄烟）销售**。甘肃省烟草商业系统销售卷烟435.03亿支（87.01万箱），同比下降1.87%，其中，销售一类烟33.2亿支（6.64万箱），同比下降13.54%；二类烟89.57亿支（17.91万箱），同比下降3.63%；三类烟165.72亿支（33.14万箱），同比下降1.88%；四类烟127.54亿支（25.51万箱），同比增长4.56%；五类烟19亿支（3.8万箱），同比下降9.94%。本地区销量居前三位的卷烟品牌为"兰州""红塔山""云烟"，销量依次为250.41亿支（50.08万箱）、44.77亿支（8.95万箱）、28.56亿支（5.71万箱）。销售雪茄烟0.34亿支，同比增长59%。

实现卷烟销售收入179.35亿元，同比下降1.5%。实现卷烟税利48.85亿元，同比增长4.11%，其中利润15.83亿元，同比下降18.32%。卷烟单箱销售收入2.06万元，卷烟单箱税利0.54万元。

品牌培育。进一步加强品牌培育宏观管理，制定《甘肃卷烟市场品牌发展规划》《甘肃卷烟市场品牌引入退出管理办法》，统一全省卷烟品牌布局、规范进退规则。强化品牌评价，从甘肃省公司和市（州）公司两个层面对经销规格进行全面评价，将不适销卷烟列为拟退出规格。全省系统引进新品卷烟规格21个，退出不适销卷烟规格41个，正常经营的卷烟规格数量从年初184个减少到164个。

全年销售重点品牌卷烟422.07亿支（84.41万箱），同比下降1.32%；销售（8毫克/支及以下）低焦油品牌卷烟276.15亿支（55.23万箱），同比下降0.5%；销售细支卷烟6.3亿支（1.26万箱），同比增长215%。

卷烟市场调控。贯彻落实"总量控制、稍紧平衡"的调控方针，在货源组织方面，坚持市场需求导向，完善卷烟需求预测体系，加大适销货源组织力度，2016年卷烟需求预测吻合度达到98.17%。在协议执行方面，开展产销衔接，坚持分批次、少批量签订购销合同，保持卷烟货源结构与市场需求相适应，2016年协议履约率100%。在货源投放方面，把握货源投放节奏，增强销售节奏的相对均衡性，既在时间进度上保持相对均衡，也在商业销量与市场动销上保持基本同步。对动销缓慢的卷烟，协同工业企业主动采取限调、减调、停调等措施，减少库存数量，减少无效供给；对价格下滑较大的卷烟，根据情况采取定向调控、区间调控等措施，保持各价类主销规格市场状态平稳。

营销网络建设。推进卷烟零售终端建设，制定《全省卷烟零售终端建设投入管理办法》，规范全省终端建设投入范围、使用标准。搭建全省统一、规范有序、公平竞争的终端品牌营销平台，持续投入为客户免费配备扫码销售设备。截至2016年底，甘肃省建成现代卷烟零售终端2.23万户，占比18.59%，现代零售终端系统使用率为48%。

卷烟营销市场化取向改革。制定下发《甘肃省卷烟货源供应管理办法（试行稿）》《甘肃省卷烟销售大户管理办法（试行稿）》等，市场化取向改革试点工作持续深化。完善客户分档规则和货源投放规则，制定《省级卷烟营销平台业务预警管理办法（试行稿）》，建立市场化取向改革日常业务监管机制，为推动试点工作规范运行提供制度保障。深化"135"工作法平台工具应用，拓展延伸营销服务，组织开展"消费者在哪里、我们就到哪里"卷烟营销主题活动，探索面向消费者的营销措施。甘肃省卷烟零售客户户均利润为2.96万元。

2016 年，定西市卷烟零售客户使用现代零售终端系统开展卷烟销售经营

甘肃定西市局　巩燕强　摄

物流建设。按照“明晰职能、授权经营、目标考核、精益管理”的总体思路，深入推进物流配送中心非法人实体化工作，责权关系得到明晰。实现物流配送中心对物流资源的垂直管理，设立物流费用单独账套，物流费用核算进一步精确。推进精益物流建设，物流创新项目在甘肃省公司报备 7 项，物流创新活动日益活跃。进一步推进兰白临（兰州、白银、临夏区域）卷烟物流业务整合，制定《兰白临卷烟物流业务整合及兰州区域物流中心运行管理方案》，明确物流作业管理、职能定位、组织架构等方面的要求，并于 10 月完成白银市公司的卷烟物流业务整合工作。

截至 2016 年底，甘肃省烟草商业系统物流从业人员精简 35 人，物流人工费用同比节约 319 万元；配送车辆同比减少 6 辆，车辆耗油同比节约 5.4 万升；人均配送效率 980 箱，同比提升 2.7%。全年包装箱返还、托盘联运分别完成国家局下达任务的 256% 和 120%。

【烟叶产销】　**烟叶种植与收购**。甘肃省种植烟叶 3.7 万亩，签订烟叶收购合同 3117 份，户均种烟面积 12 亩。收购烟叶 0.54 万吨（10.84 万担），完成收购计划的 97%。上中等烟叶比例为 79%，收购均价 17.48 元/千克。收购等级合格率为 80.54%。实现烟农总收入 1.01 亿元（含补贴），烟农户均收入 3.24 万元。销售烟叶 0.39 万吨（7.73 万担）。烟叶实现税利 0.55 亿元，其中利润 0.32 亿元。

特色优质烟叶研究与开发。自 2013 年启动特色优质烟叶研究开发项目以来，密切与科研单位、产区和对口工业公司的联系，明确甘肃省两个产区的烟叶质量风格特色、筛选出特色品种，围绕主栽品种开展土壤保育、平衡施肥等关键技术研究，建立庆阳塬地、陇南山地两个特色优质烟叶生产示范区。项目采用核心示范区和大区示范推广相结合的办法，在两个产区 3 年累计推广面积 4.1 万亩，新增产值 2074 万元，新增税利 705 万元。庆阳、陇南示范区的上等烟比例分别达到 38%、31.97%，中上等烟比例分别达到 92%、85%。截至 2016 年上半年，该项目全面完成研究开发工作，并于 12 月通过省局科技处组织的鉴定验收。

烟叶精益生产管理和示范。全年开展烟叶精益生产推广示范面积 6000 亩，同比增长 20%，占总面积的 16.2%，烟叶精益生产农户较传统农户亩均收益增加 200 元。推广植物病虫害生物防治和物理防治技术，庆阳市局推广黄色诱虫板物理诱蚜技术 2.6 万亩，推广烟蚜茧蜂生物防治蚜虫技术 4000 亩；陇南市局推广化学抑芽技术 1 万亩。针对烟叶水分少、烘烤难度大，烟叶产区通过强化技术培训、示范烟叶烤香技术，提高烟叶烘烤质量，解决烤后烟叶杂色多、含青成度大的问题，示范农户每亩减少烘烤损失 109 元。

现代烟草农业建设。推进烟叶规模化种植，甘肃省有百亩以上烟叶连片 102 块，种植规模 2.8 万亩，占计划的 75%；专业化育苗 2.27 万亩，较上年增加 1.02 万亩。扩大烟叶种植保险范围，用市场机制为烟农增收和烟叶稳定托底。庆阳市局为烟叶种植投保 156 万元，投保烟农 2541 户，较上年提高 20 个百分点；投保面积 2.6 万亩，较上年增加 30 个百分点。

规范烟用物资采购管理。完善烟用物资采购制度规定，修订《烟叶物资采购供应实施细则》等规章制度，全面规范烟叶物资采购各个环节。推行甘肃省烟用物资集中统一采购，项目包括育苗物资、烟草专用肥、农膜等，全年采购预算金额 920.85 万元，实际招标金额 725.9 万元。推进烟用物资动态库存管理，优化烟用物资采购供货运作方式，完善供应商与需求双方库存信息沟通，有效控制库存数量。

【特事辑要】　2 月 22 日，甘肃省局（公司）在兰州召开 2016 年全省烟草商业系统工作会议。

7 月 20—21 日，西北片区专项巡视开门整改和经济运行工作调研座谈会在兰州召开，国家局党组成员、副局长段铁力主持会议。就巡视整改工作，段铁力强调，要将巡视整改工作与“两学一做”教育有机结合，坚定政治方向，坚持问题导向，坚守价值取向，聚焦每个问题，以最坚决的态度，最果断的措施抓好整改工作，确保取得扎实成效，向中央交出一份满意的答卷。就经济运行工作，段铁力要求：要坚持尊重市场，坚持按需投放，坚持稍紧平衡，努力调整好运行状态；要高度关注市场表现，精心维护重点品牌，努力保持重点品牌良好发展；要把提升结构摆在运行调控的重要位置，着力优化产品结构，确保经济运行目标任务的全面实现。

8 月 18—19 日，国家局党组成员、副局长杨培森赴甘肃烟草调研指导工作。杨培森强调：甘肃烟草商业系统要坚持以“五大发展理念”为指导，认真落实“三去一降一补”经济工作任务和国家局上半年经济分析会议精神，紧盯税利这一核心指标，突出抓好产销协调、品牌维护、精益管理、规范经营等重点工作，进一步挖潜增效，努力完成各项目标任务。要进一步加强党的建设和队伍建设，着力巩固行业巡视整改成果，扎实抓好“两学一做”学习教育，严格执行中央八项规定，全面落实从严治党主体责任和监督责任，确保全省烟草商业系统持续健康发展。

2016 年甘肃省烟草专卖商业主要情况统计

地市级局（公司）名称		兰州市烟草专卖局（公司）	天水市烟草专卖局（公司）	定西市烟草专卖局（公司）	酒泉市烟草专卖局（公司）	武威市烟草专卖局（公司）
主要负责人/法人代表（含党政领导）		向　阳	孙　军	张维杰	王进立	谢　东
所属县级单位		兰州新区[1]、城关区、七里河区、安宁区、西固区、红古区、永登县、榆中县、皋兰县等 9 个县级烟草专卖局（营销部）	秦州区、麦积区、张家川回族自治县、清水县、甘谷县、秦安县、武山县等 7 个县级烟草专卖局（营销部）	安定区、临洮县、陇西县、岷县、通渭县、渭源县、漳县等 7 个县级烟草专卖局（营销部）	敦煌市烟草专卖局（公司）[2]，瓜州县、玉门市、肃州区、金塔县等 4 个县级烟草专卖局（营销部）	凉州区、民勤县、古浪县、天祝藏族自治县等 4 个县级烟草专卖局（营销部）
总资产（万元）		171075	52050	38212	35755	27273
资产负债率（%）		4.67	3.93	7.92	4.63	4.97
从业人员（人）		614	489	327	237	259
所属业务机构	营销机构	1 个营销中心	1 个营销中心	1 个营销中心	1 个营销中心	1 个营销中心
	物流配送机构	1 个物流配送中心	1 个物流配送中心	1 个物流配送中心	1 个物流配送中心	1 个物流配送中心
	专卖稽查机构	1 个稽查支队、9 个稽查大队	1 个稽查支队、7 个稽查大队	1 个稽查支队、7 个稽查大队	1 个稽查支队、5 个稽查大队	1 个稽查支队、4 个稽查大队
	烟叶机构	—	—	—	—	—
实现税利	万元	120873	51377	43178	25129	28164
	2016 年比 2015 年(%)	0.43	7.73	9.66	-8.95	13.30
实现利润	万元	47315	15668	13186	7798	8317
	2016 年比 2015 年(%)	-16.49	-17.96	-19.57	-27.53	-3.81
销售卷烟	亿支	80.72	50.02	43.76	22.08	27.28
	2016 年比 2015 年(%)	-1.56	-1.00	-1.21	-4.80	-1.92
卷烟销售收入（万元）		405546	193896	160793	93791	107073
查处涉烟违法案件（起）		1201	1055	528	517	743
查处涉烟违法案件案值（万元）		438	331	297	61	356
2016 年度烟草行业投入烟叶生产基础设施建设资金（万元）		—	—	—	—	—
全年烟叶生产基础设施新增受益面积（万亩）		—	—	—	—	—
烟叶种植（万亩）		—	—	—	—	—
烟叶收购（万担）		—	—	—	—	—
烟农户数（户）		—	—	—	—	—

续表

地市级局（公司）名称		兰州市烟草专卖局（公司）	天水市烟草专卖局（公司）	定西市烟草专卖局（公司）	酒泉市烟草专卖局（公司）	武威市烟草专卖局（公司）
实现烟农总收入（万元）		—	—	—	—	—
零售客户数（户）		16067	15181	12265	6589	7746
零售客户销售毛利率（%）		14.65	14.48	14.28	14.26	14.32

地市级局（公司）名称		张掖市烟草专卖局（公司）	庆阳市烟草专卖局（公司）	平凉市烟草专卖局（公司）	陇南市烟草专卖局（公司）	白银市烟草专卖局（公司）
主要负责人/法人代表（含党政领导）		朵守红	魏小敏	王来云	牛　军	刘在云
所属县级单位		甘州区、高台县、临泽县、山丹县、民乐县等5个县级烟草专卖局（营销部）	西峰区、合水县、华池县、环县、宁县、庆城县、镇原县、正宁县等8个县级烟草专卖局（营销部）	崆峒区、泾川县、灵台县、崇信县、华亭县、庄浪县、静宁县等7个县级烟草专卖局（营销部）	成县、徽县、两当县、西和县、礼县、文县、宕昌县、康县、武都区等9个县级烟草专卖局（营销部）	白银区、平川区、靖远县、景泰县、会宁县等5个县级烟草专卖局（营销部）
总资产（万元）		25582	53563	31832	45973	34073
资产负债率（%）		4.41	10.44	3.71	9.98	3.31
从业人员（人）		251	457	325	454	292
所属业务机构	营销机构	1个营销中心	1个营销中心	1个营销中心	1个营销中心	1个营销中心
	物流配送机构	1个仓储配送中心	1个物流配送中心	1个物流配送中心	1个物流配送中心	1个物流配送中心
	专卖稽查机构	1个稽查支队、5个稽查大队	1个稽查支队、8个稽查大队	1个稽查支队、7个稽查大队	1个稽查支队、9个稽查大队	1个稽查支队、1个稽查大队
	烟叶机构	—	3个烟叶收购站	—	1个烟叶收购站	—
实现税利	万元	21371	43453	29109	46890	32230
	2016年比2015年（%）	3.34	-5.50	6.61	10.58	4.06
实现利润	万元	6691	13884	8379	14391	10214
	2016年比2015年（%）	-13.67	-23.97	-21.25	-14.25	-20.30
销售卷烟	亿支	20.26	36.47	29.82	43.83	29.22
	2016年比2015年（%）	-1.64	-1.75	-2.17	-0.62	-1.98
卷烟销售收入（万元）		79858	153975	111537	163977	116687
查处涉烟违法案件（起）		250	220	977	368	424
查处涉烟违法案件案值（万元）		58	148	271	161	180
2016年度烟草行业投入烟叶生产基础设施建设资金（万元）		—	1576	—	—	—
全年烟叶生产基础设施新增受益面积（万亩）		—	8.50	—	—	—
烟叶种植（万亩）		—	2.60	—	1.10	—
烟叶收购（万担）		—	7.64	—	3.20	—
烟农户数（户）		—	2541	—	576	—
实现烟农总收入（万元）		—	6176	—	3297	—
零售客户数（户）		6304	10846	9365	11108	8662
零售客户销售毛利率（%）		14.25	14.57	12.50	13.50	14.20

地市级局（公司）名称		金昌市烟草专卖局（公司）	嘉峪关市烟草专卖局（公司）	临夏回族自治州烟草专卖局（公司）	甘南藏族自治州烟草专卖局（公司）
主要负责人/法人代表（含党政领导）		任志刚	田富昌	金　明	苏斌成
所属县级单位		永昌县烟草专卖局（营销部）	—	临夏市、永靖县、临夏县、和政县、康乐县、广河县、东乡族自治县、积石山保安族东乡族撒拉族自治县等8个县级烟草专卖局（营销部）	舟曲县、临潭县、卓尼县、夏河县、迭部县、碌曲县、玛曲县、合作市等8个县级烟草专卖局（营销部）
总资产（万元）		16471	13457	24614	8423
资产负债率（%）		13.38	3.20	2.88	7.38
从业人员（人）		122	63	253	207
所属业务机构	营销机构	1个营销中心	1个营销中心	1个营销中心	1个营销中心
	物流配送机构	1个物流配送中心	—	1个物流配送中心（与营销中心合署办公）	1个物流配送中心（与营销中心合署办公）
	专卖稽查机构	1个稽查支队、1个稽查大队	1个稽查支队	1个稽查支队、8个稽查大队	1个稽查支队、8个稽查大队
	烟叶机构	—	—	—	—
实现税利	万元	11276	7915	23896	11136
	2016年比2015年(%)	-4.40	-12.96	-3.78	12.38
实现利润	万元	3727	2584	7403	2352
	2016年比2015年(%)	-20.61	-32.89	-23.54	-23.08
销售卷烟	亿支	9.66	6.35	24.91	10.95
	2016年比2015年(%)	-4.62	-7.24	-1.92	-2.20
卷烟销售收入（万元）		41092	29499	89804	45948
查处涉烟违法案件（起）		324	31	783	333
查处涉烟违法案件案值（万元）		39	2	124	121
2016年度烟草行业投入烟叶生产基础设施建设资金（万元）		—	—	—	—
全年烟叶生产基础设施新增受益面积（万亩）		—	—	—	—
烟叶种植（万亩）		—	—	—	—
烟叶收购（万担）		—	—	—	—
烟农户数（户）		—	—	—	—
实现烟农总收入（万元）		—	—	—	—
零售客户数（户）		2510	1467	7729	4134
零售客户销售毛利率（%）		13.98	14.44	14.12	14.86

注：1. 2016年2月，国家局、总公司下发《关于设立兰州新区烟草专卖局（营销部）的批复》（国烟人〔2016〕43号），设立兰州新区烟草专卖局（营销部）；

2. 敦煌市烟草公司保留独立法人资格。

◇ 撰稿：毕耜栋；编辑：周　佳

青海省烟草专卖局（公司）

【专卖管理】 **案件查处**。坚持以查处涉烟违法案件、提高市场净化率为首要责任，不断改进市场监管方式，强化专卖管理关键举措，营造良好的市场环境。全省查处各类涉烟违法案件414起，其中，查处假烟案件151起，查获假烟166.77万支，走私烟7.14万支，破获符合公安部、国家局标准的网络案件1起，符合省局标准网络案件9起。公安、司法机关依法刑拘19人，逮捕13人，判刑3人。省局成立互联网涉烟案件侦办工作小组，全年查处互联网销售假烟案件119起，查获假烟163.2万支，有效打击互联网涉烟违法犯罪行为。

市场监管。牢牢把握“监管创优”工作主线，分析市场监管的重点和难点，有针对性地开展市场检查，探索改进市场监管方式。青海省卷烟市场净化率在97%以上。开展市场整治专项行动，在行动期间，查处各类涉烟违法案件304起，查获假烟86.27万支、非法流通卷烟145.84支，有力地维护市场秩序。

证件管理。推进烟草行政审批制度改革，优化管理服务，进一步提升许可管理工作水平，截至2016年底，全省共有持证卷烟零售客户2.52万户，持证数量占全省人口数量比重的4.28‰。

队伍建设。以专卖管理职业技能鉴定为抓手，强化专卖人员队伍建设，推动专卖执法人员能力和综合素质的提升。截至2016年底，专卖技能人员取得专卖管理员技能鉴定资格证书的有237人，持证率为85.25%，中级及以上的有190人。

【经济效益】 青海省烟草商业系统实现卷烟销售收入51.35亿元，同比下降6.58%。实现税利14.7亿元，同比下降5.16%，其中利润5.22亿元，同比下降19.07%。三项费用率5.36%，同比减少0.14个百分点。

【卷烟（雪茄烟）经营】 **卷烟（雪茄烟）销售**。青海省烟草商业系统销售卷烟106.49亿支（21.3万箱），同比下降6.6%，其中，销售一类烟18.97亿支（3.79万箱），同比下降10.99%；二类烟15.08亿支（3.02万箱），同比增长0.83%；三类烟36.73亿支（7.35万箱），同比下降9.11%；四类烟35.16亿支（7.03万箱），同比下降3.07%；五类烟0.55亿支（0.11万箱），同比下降48.38%。销售国产雪茄烟462万支，同比下降31.46%。

卷烟单箱销售收入2.82万元，同比增长0.05%。单箱税利6899元，同比增长1.5%。

品牌培育。青海省在销行业重点品牌卷烟有30个，实现卷烟销量99.09亿支（19.82万箱）；实现销售收入58.28亿元，同比下降6.82%。从品牌看，卷烟销量同比实现增长的品牌有“云烟”“延安”“红金龙”，分别增长6.12%、67.49%、95.98%，其他品牌均有不同程度下降，其中销量下降30%以上的主要品牌有“双喜·红双喜”“白沙”“中华”“黄山”“玉溪”。

全年全省销售低焦油品牌卷烟（8毫克/支及以下）30.79亿支（6.16万箱）。市场表现较好、销量同比实现增长的低焦油品牌卷烟有“娇子”“南京”“黄金叶”“泰山”“红金龙”；销量明显下降的主要低焦油品牌卷烟有“兰州”“黄鹤楼”“云烟”，下降均在10%以上。

销售细支卷烟2.67亿支，同比增长325.13%。从品牌（规格）看，“兰州（桥）”“黄金叶（天香细支）”“白沙（细支和天下）”“南京（雨花石）”“云烟（神秘花园）”销量增长均在300%以上，市场表现较好。

现代物流建设。4月28日，青海烟草物流中心正式成立。省公司进一步完善物流运作机制，完成划转物流中心实物资产现场交接工作，制定中心财务核算体系，成立物流费用预算组织机构，并明确物流费用预算管理程序，为进一步加强实物资产归口管理、保障物流中心正常运营、提高卷烟物流费用精益管理及核算奠定基础。

卷烟零售终端建设。在注重提高卷烟零售终端数量的基础上，更加注重终端客户功能的发挥，在突出产品销售、形象展示、品牌培育、宣传促销功能以外，着重探索信息采集、消费跟踪功能发挥的途径，逐步提升终端客户质量，完成全省卷烟零售终端信息系统和扫码枪配套推广工作。截至2016年底，全省建设完成现代卷烟零售终端客户3616户，占卷烟零售客户总数的14.91%；安装零售终端系统865户，配置扫码枪1190把。

【管理创新】 **推进管理创新试点工作**。梳理修订各项规章制度，优化业务流程，确定关键节点及考核指标，着力在减少无效劳动、克服形式主义、提高工作效率上下工夫。黄南藏族自治州公司作为管理创新试点单位，围绕“一消二高二优”体系建设目标，推进不同类型规范性文件的协调一致和深度融合，为提升管理水平打基础。

严格内部监管。省公司落实招标管理要求，推行电子商务采购，公开招标项目占总项目数的84.93%，金额占比

92.31%。开展经济责任、工程项目、物资采购、重点费用等审计监督，为企业加强管理、降低风险和领导决策发挥重要作用。

促进降本增效。省公司重点从财务管理、物流管理、库存管理、采购管理等方面加强管控，深挖潜力，全年实现降本增效1368.19万元，超出国家局下达任务的6.82%。

加强队伍建设。积极探索高海拔艰苦地区特色发展之路，专销深度融合、提升企业形象等试点课题稳步推进。全省烟草积极营造缺氧不缺精神的干事创业氛围，想法设法改善基层干部职工生活和工作条件，竭尽全力找差距补短板，努力缩小发展差距，为推动全省烟草商业系统协调共同发展作出努力和贡献。西宁市公司积极探索成立城区市场管理和营销机构，实现辖区稽查大队和市场部的合署办公、统一考核、统一管理，专销结合优势进一步发挥；果洛州公司与中国邮政公司达成代收代送协议，有效解决长期以来配送能力不足，成本过高、安全风险大、送货响应时间长等问题。

【特事辑要】 3月21日，青海省副省长匡湧赴青海烟草调研。匡湧强调青海烟草要全面履行市场监管和市场供应两个职责，认真谋划“两个百亿”工作目标，为全省财政增收多作贡献。

4月28日，青海烟草物流中心正式成立，青海烟草物流中心的成立是对国家局卷烟物流非法人实体化运作要求的重要实践，是青海烟草主动适应发展新常态的重要举措。

8月17—18日，国家局党组成员、副局长杨培森赴青海烟草调研。杨培森强调要突出工作重点，抓住薄弱环节，落实国家局半年经济运行分析会精神，努力完成年度各项目标任务。

2016年青海省烟草专卖商业主要情况统计

地市级局（公司）名称		西宁市烟草专卖局（公司）[1]	海东市烟草专卖局（公司）	海西蒙古族藏族自治州烟草专卖局（公司）	格尔木市烟草专卖局（公司）	海北藏族自治州烟草专卖局（公司）
主要负责人/法人代表（含党政领导）		刘海宁（—2016年8月） 李安益（2016年8月—）	钟建平	戴岳鹏	李安益（—2016年8月） 李　伟（2016年8月—）	董长吉
所属县级单位		大通回族土族自治县、湟中县、湟源县等3个县级烟草专卖局（营销部）	平安区[2]、互助土族自治县、循化撒拉族自治县、化隆回族自治县、民和回族土族自治县、乐都区等6个县级烟草专卖局（营销部）	都兰县、乌兰县、天峻县、茫崖行委、大柴旦行委等5个县级烟草专卖局（营销部）和冷湖行委烟草专卖局	—	刚察藏族自治县、祁连县、门源回族自治县等3个县级烟草专卖局（营销部）和海晏县1个县级烟草专卖局
总资产（万元）		27943	13933	6837	5197	2570
资产负债率（%）		14.49	10.03	8.85	13.60	10.74
从业人员（人）		383	204	109	74	87
所属业务机构	营销机构	1个营销中心	1个营销中心	1个营销中心	1个营销中心	1个营销中心
	物流配送机构	—	6个物流中转站	5个物流中转站	1个物流中转站	3个物流中转站
	专卖稽查机构	1个稽查支队、8个稽查大队	1个稽查支队、8个稽查大队	1个稽查支队、6个稽查大队	1个稽查支队、3个稽查大队	1个稽查支队、3个稽查大队
	烟叶机构	—	—	—	—	—
实现税利	万元	57166	17506	7353	8878	3749
	2016年比2015年(%)	24.06	7.80	7.61	46.55	15.07
实现利润	万元	9997	2544	864	2143	198
	2016年比2015年(%)	53.76	-40.15	-35.29	217.49	58.40

续表

地市级局（公司）名称		西宁市烟草专卖局（公司）[1]	海东市烟草专卖局（公司）	海西蒙古族藏族自治州烟草专卖局（公司）	格尔木市烟草专卖局（公司）	海北藏族自治州烟草专卖局（公司）
销售卷烟	亿支	48.86	21.39	7.67	6.60	5.00
	2016年比2015年(%)	-9.29	-1.30	-1.67	-4.34	-9.75
卷烟销售收入（万元）		308248	98229	41911	43924	22949
查处涉烟违法案件（起）		267	111	28	38	12
查处涉烟违法案件案值（万元）		421	70	8	35	8
2016年度烟草行业投入烟叶生产基础设施建设资金（万元）		—	—	—	—	—
全年烟叶生产基础设施新增受益面积（万亩）		—	—	—	—	—
烟叶种植（万亩）		—	—	—	—	—
烟叶收购（万担）		—	—	—	—	—
烟农户数（户）		—	—	—	—	—
实现烟农总收入（万元）		—	—	—	—	—
零售客户数（户）		10080	6176	1797	1239	1293
零售客户销售毛利率（%）		9.28	10.05	10.21	24.11	10.40

地市级局（公司）名称		海南藏族自治州烟草专卖局（公司）	黄南藏族自治州烟草专卖局（公司）	玉树藏族自治州烟草专卖局（公司）	果洛藏族自治州烟草专卖局（公司）
主要负责人/法人代表（含党政领导）		张国明（—2016年1月） 陈永忠（2016年8月—）	王来成	王洪胜	刘存德（—2016年6月） 肖　鹏（2016年6月—）
所属县级单位		共和县、贵德县、兴海县、贵南县、同德县等5个县级烟草专卖局（营销部）	泽库县、河南蒙古族自治县、同仁县、尖扎县等4个县级烟草专卖局（营销部）	称多县、杂多县、治多县、囊谦县、曲麻莱县等5个县级烟草专卖局（营销部）	久治县、达日县等2个县级烟草专卖局（营销部）
总资产（万元）		4216	3554	7626	2605
资产负债率（%）		14.06	6.26	4.04	4.57
从业人员（人）		99	74	87	42
所属业务机构	营销机构	1个营销中心	1个营销中心	1个营销中心	1个营销中心
	物流配送机构	2个物流中转站	1个物流中转站	6个物流中转站	1个物流中转站
	专卖稽查机构	1个稽查支队、5个稽查大队	1个稽查支队、4个稽查大队	1个稽查支队、6个稽查大队	1个稽查支队
	烟叶机构	—	—	—	—
实现税利	万元	5191	3734	3921	2780
	2016年比2015年(%)	5.54	-3.12	1.74	1.95
实现利润	万元	321	728	538	532
	2016年比2015年(%)	-63.29	-32.94	-26.30	-30.28
销售卷烟	亿支	6.89	3.85	3.73	2.49
	2016年比2015年(%)	-8.98	-4.47	-5.81	-8.79

续表

地市级局（公司）名称	海南藏族自治州烟草专卖局（公司）	黄南藏族自治州烟草专卖局（公司）	玉树藏族自治州烟草专卖局（公司）	果洛藏族自治州烟草专卖局（公司）
卷烟销售收入（万元）	31918	18766	20754	13778
查处涉烟违法案件（起）	18	16	2	2
查处涉烟违法案件案值（万元）	13	31	4	1
2016 年度烟草行业投入烟叶生产基础设施建设资金（万元）	—	—	—	—
全年烟叶生产基础设施新增受益面积（万亩）	—	—	—	—
烟叶种植（万亩）	—	—	—	—
烟叶收购（万担）	—	—	—	—
烟农户数（户）	—	—	—	—
实现烟农总收入（万元）	—	—	—	—
零售客户数（户）	1780	810	560	324
零售客户销售毛利率（%）	10.48	10.93	9.72	9.40

注：1. 西宁市公司卷烟由青海烟草物流中心负责配送，原市局配送中心撤销，人员全部归物流中心管理；

2. 2015 年 7 月 29 日，国家局、总公司下发《关于平安县烟草专卖局更名的批复》（国烟人〔2015〕217 号），同意将平安县烟草专卖局更名为海东市平安区烟草专卖局。

◇ 撰稿：戴福海；编辑：周　佳

宁夏回族自治区烟草专卖局（公司）

【专卖管理】 **案件查处**。树立全自治区打假“一盘棋”思想，立足自治区内打假、坚持露头就打，密切与公安、工商、邮政、市场监管、法院、检察院等部门协作配合，发挥卷烟打假协作机制作用，促进行政执法与刑事司法结合，推动卷烟打假工作。宁夏回族自治区查处各类涉烟违法案件 2682 起，其中查处案值 5 万元以上案件 58 起；查获假冒卷烟 244 万支。破获符合公安部、国家局标准的网络案件 9 起。公安、司法机关依法抓获涉案嫌疑人 40 人，拘留 37 人，批捕 25 人，判刑 25 人。

市场监管。落实卷烟零售市场检查 APCD 工作法，保持“严打、严查、严控、严管”的高压态势，针对旅游季节、节假日市场加强日常监管检查。提高市场监管考核权重，加强市场净化率考核工作，督促激励基层单位“多查案、查大案”。推进全员专卖、全员营销工作，开展机关人员下基层“驻店服务”、专卖人员“查案竞赛”等活动，提升市场管控能力水平。全自治区卷烟市场净化率在 98% 以上。

专卖行政许可审批。坚持“宽准入、严监管、重服务”原则，深化专卖行政许可审批改革，制定落实烟草专卖零售点合理布局“负面清单”制度，并全面实现烟草专卖零售许可审批“十日办结”。银川、石嘴山、吴忠等 3 个地市级局和永宁县局的行政许可审批工作进驻当地政府市民大厅统一管理。全自治区新增卷烟零售客户 1552 户。

卷烟市场治理专项行动。统一部署开展“维权使命”“卷烟市场保卫战”“查案竞赛”等卷烟市场治理专项行动，重点整治物流寄递和互联网领域涉烟违法行为，严厉打击倒买倒卖卷烟违法活动。查处案值 1 万元以上外省区卷烟非法流入案件 436 起，“卷烟市场保卫战Ⅰ号”专项行动和银川、中卫市局各 1 起重大案件受到国家局表彰，“物流寄递领域涉烟违法行为整治”专项行动在全自治区物流企业和周边省区引起强烈反响。

【经济效益】 宁夏回族自治区烟草商业系统实现税利 16.16 亿元，同比下降 0.9%，其中利润 5.48 亿元，同比下降 22.07%。三项费用率 5.75%，同比增加 0.46 个百分点。

【卷烟（雪茄烟）经营】 **卷烟（雪茄烟）销售**。宁夏回族自治区烟草商业系统销售卷烟 120.01 亿支（24.4 万箱），其中销售一类烟 18.78 亿支（3.76 万箱），同比下降 13.07%；二类烟 14.54 亿支（2.91 万箱），同比增长 1.68%；三类烟48.91亿支（9.78万箱），同比下降10.59%；四类烟35.77亿支（7.15万箱），同比增长8.37%；五类烟4.01亿支（0.8万箱），同比下降1.1%。本地区销量居前三位的品牌依次为“兰州”“白沙”“云烟”，销量分别为20.16亿支（4.03万箱）、15.04亿支（3.01万箱）、13.52亿支（2.7万箱）。

实现卷烟销售收入66.23亿元，同比下降4.97%。卷烟单箱销售收入2.71万元，卷烟单箱税利6610元。销售雪茄烟0.22亿支，同比增长11.13%。

品牌培育。优化品牌进退机制，灵活快速引进适销品牌，统一新品基本培育策略，加大成熟品牌维护力度，工商协同研发培育旅游定制烟，为稳定卷烟销量、优化品牌结构发挥支撑作用。2016年，销售重点品牌卷烟105.78亿支（21.16万箱），占总销量的86.7%；细支卷烟销售6.5亿支（1.3万箱），占总销量的5.32%；低焦油卷烟（8毫克/支及以下）销售29.1亿支（5.82万箱），占总销量的23.85%。“云烟（塞上好江南）”“娇子（赛江南）”两款旅游定制烟销售态势良好。

终端建设。自治区公司为卷烟零售客户提供标准化服务、个性化服务、亲情式服务和增值性服务，面向卷烟零售终端开展驻店营销、专销协同、经营帮扶等活动，解决好终端实际困难。创新层出不穷，开展线上营销案例展示、线下互动交流，引导终端业态转型，并运用节日营销、旅游营销、婚庆营销、便利服务等手段，发挥现代终端典型示范作用，提高终端经营能力。截至2016年底，全自治区建设现代卷烟零售终端4213户，比重达到15%；客户满意度为94分。

卷烟营销市场化取向改革。制定《货源供应补充规定》《样品卷烟管理》《零售终端建设投入管理》等制度标准，健全完善客户分档、货源投放、品牌培育等关键业务工作流程。上线运行并持续优化省级卷烟营销平台，实现客户分档供应与市场需求有效对接。突出经营指导、库存管理和市场基础工作维护，推动营销队伍转型升级，以规范为前提深入推进卷烟营销市场化取向改革。

专销结合。坚持一切工作服从和服务于销量税利目标实现、服从和服务于宁夏烟草持续平稳健康发展。建立完善专卖、营销结合机制，加强沟通反馈，促进信息共享，强化协作配合。推进全员营销、全员专卖，发挥专卖、营销双方整体优势，切实管理好市场、维护好秩序，销售好卷烟、服务好客户。银川市公司开展机关人员驻店营销、物流配送顶岗、全员“我为客户拉一单”等活动，促成全员关注市场、紧盯市场、参与市场。

【管理创新】 **降本增效**。自治区公司面对提税顺价、刚性费用增加的利影响，发挥成本管控约束作用，推进定额标准体系建设，强化预算过程管控和效果执行监督。发挥增收节支促进作用，加强国有资产管理、银企战略合作和资金集中运作，严控卷烟物流中心、经营用房项目及重点费用支出。实现降本增效216.53万元，实现利息收入6554万元；业务招待费、会议费、办公费等重点费用降幅分别达到73.3%、61.78%、16.85%。

精益管理。突出顶层规划设计，从目标引领、过程控制、工具应用、持续改进4个维度入手，以精益营销、精益物流、投资采购、资产管理、费用控制5个业务条线为重点，在自治区公司机关，银川、石嘴山、吴忠、固原、中卫市公司等6个单位全面开展精益管理降本增效工作。评选推荐行业“精益十佳”课题和个人，开展以“消除各种浪费、优化资源配置、提升经济效益”为主题的课题攻关、精益改善、QC活动等科技创新工作。自治区公司有3个QC小组获得“2016年全国优秀质量管理小组”称号，1个课题被评为2016年度全国烟草行业“精益十佳课题”，1名员

2016年7月20日，银川市局专卖稽查人员到卷烟零售店开展法律法规宣传活动
银川市局　供稿

工被评为2016年度全国烟草行业“精益十佳个人”。

物流管理。推进物流非法人实体化运作，探索开展弹性送货、集约配送和精益物流长效机制建设。理顺自治区公司物流中心运行管理体制，完成银川、石嘴山市公司卷烟并库及仓储分拣工作，优化配置全区物流设备、车辆、线路、人力等资源。

【特事辑要】 2月16日，宁夏回族自治区局（公司）召开2017年全自治区烟草商业系统工作会议，全面安排部署2017年工作目标任务。

8月11日，宁夏回族自治区政府副主席马力赴自治区局（公司）调研指导工作，对宁夏烟草品牌培育、降本增效、驻村扶贫等工作给予肯定。

2016年宁夏回族自治区烟草专卖商业主要情况统计

地市级局（公司）名称		银川市烟草专卖局（公司）	石嘴山市烟草专卖局（公司）	吴忠市烟草专卖局（公司）	固原市烟草专卖局（公司）	中卫市烟草专卖局（公司）
主要负责人/法人代表（含党政领导）		金　伟	甄宗伟 （—2016年1月） 冯文孝 （2016年1—3月） 邹振军 （2016年3月—）	段金良 （—2016年10月） 张元锁 （2016年10月—）	温晓伦 （—2016年10月） 段金良 （2016年10月—）	李俊国
所属县级单位		永宁县、灵武市、贺兰县、兴庆区等4个县级烟草专卖局（分公司）	平罗县、惠农区2个县级烟草专卖局（分公司）	青铜峡市、盐池县、同心县等3个县级烟草专卖局（分公司）	西吉县、彭阳县、隆德县、泾源县等4个县级烟草专卖局（分公司）	中宁县、海原县2个县级烟草专卖局（分公司）
总资产（万元）		85500	30562	34079	19389	21079
资产负债率（%）		4.28	4.19	5.07	6.08	5.73
从业人员（人）		372	171	243	223	176
所属业务机构	营销机构	1个营销中心	1个营销中心	1个营销中心	1个营销中心	1个营销中心
	物流配送机构	1个物流配送中心	1个物流配送中心	1个物流配送中心	1个物流配送中心	1个物流配送中心
	专卖稽查机构	1个稽查支队、6个稽查大队	1个稽查支队、3个稽查大队	1个稽查支队、5个稽查大队	1个稽查支队、6个稽查大队	1个稽查支队、4个稽查大队
	烟叶机构	—	—	—	—	—
实现税利	万元	68366	15292	24279	18210	17124
	2016年比2015年(%)	-0.65	-8.41	3.50	20.38	6.27
实现利润	万元	21755	3515	6006	3912	4257
	2016年比2015年(%)	-22.94	-38.95	-25.66	-8.36	-22.59
销售卷烟[1]	亿支	50.24	15.24	21.89	18.21	16.65
	2016年比2015年(%)	-5.86	-9.53	-4.12	1.43	-1.31
卷烟销售收入（万元）		298075	74654	116072	91082	81762
查处涉烟违法案件（起）		1310	332	483	438	299
查处涉烟违法案件案值（万元）		1285	539	323	303	849
2016年度烟草行业投入烟叶生产基础设施建设资金（万元）		—	—	—	—	—
全年烟叶生产基础设施新增受益面积（万亩）		—	—	—	—	—
烟叶种植（万亩）		—	—	—	—	—
烟叶收购（万担）		—	—	—	—	—
烟农户数（户）		—	—	—	—	—

续表

地市级局（公司）名称	银川市烟草专卖局（公司）	石嘴山市烟草专卖局（公司）	吴忠市烟草专卖局（公司）	固原市烟草专卖局（公司）	中卫市烟草专卖局（公司）
实现烟农总收入（万元）	—	—	—	—	—
零售客户数（户）	10113	3857	5386	5574	4904
零售客户销售毛利率（%）	14.79	14.58	14.60	14.36	14.13

注：1. 销售卷烟数据中包含雪茄烟销售数据。

◇撰稿：潘　亮；编辑：周　佳

新疆维吾尔自治区烟草专卖局（公司）

【专卖管理】　**案件查处**。完善公安、烟草联合打私打假协作机制，发挥公安部门特点和优势，坚持“外堵内打”相结合，开创烟草、公安两部门联合打击涉烟违法犯罪活动新局面。形成“点、线、面、网”立体打假打私格局：“点”，联合公安、边防卡点严守进疆门户和交通要道，开展截流堵源工作；“线”，与内地相关情报工作室建立联系，把握线索脉络，对物流寄递行业进行监管；“面”，部署全自治区“亮剑”“春雷”打假打私专项行动，确保各基层单位纵向和全局目标对齐，横向执行步调一致；“网”，关注网络涉烟违法新动向，对互联网涉烟违法犯罪活动进行监管。

查处各类涉烟违法案件3161起，查获各类非法卷烟1735.4万支，查扣莫合烟42.53吨。查处符合公安部、国家局标准的网络案件3起，符合自治区局标准的网络案件29起，移送公安、司法机关依法拘留15人、判刑12人。

市场监管。逐步推进APCD工作法更新和发展，通过“分析数据、明确对象、科学计划、现场检查、分类处理”等工作程序，达到规范管理、精准打击市场监管的目的。发挥“12313”热线服务平台在市场监管数据支撑、行政执法行为监督、客服质量提升等方面的作用，受理消费者投诉、举报、咨询等事项252起，办结率100%。

证件管理。落实国家“放管服”和行业审批改革部署，实现市场“宽进严管”，所属各单位新修订的《烟草制品零售点合理布局规划》全部经听证、公示后正式施行。全自治区共有卷烟零售客户8.19万户，其中，正常经营户7.77万户。开展新疆烟草专卖零售许可证管理专项检查工作，通过查阅资料、实地核查、座谈交流，对地市级局、县级局许可证管理情况进行了解，对存在的问题进行反馈并提出整改意见。做好批发企业许可证和准运证的管理工作，完成1个地州市局卷烟批发许可证的变更业务及1938份准运证的审批制证工作。

【经济效益】　新疆维吾尔自治区烟草商业系统实现销售收入179.22亿元，同比下降2.52%。实现税利40.92亿元，同比下降5.26%，其中利润14.72亿元，同比下降10.41%。三项费用率5.04%，同比增加0.17个百分点。

【卷烟（雪茄烟）经营】　**卷烟（雪茄烟）销售**。新疆维吾尔自治区烟草商业系统销售卷烟356.95亿支（71.39万箱），同比下降7.8%，其中，销售一类烟47.15亿支（9.43万箱），同比下降11.4%；二类烟44.8亿支（8.96万箱），同比增长43.1%；三类烟149.15亿支（29.83万箱），同比下降2.6%；四类烟109.25亿支（21.85万箱），同比下降18.4%；五类烟6.6亿支（1.32万箱），同比下降57.9%。本地区销量居前三位的品牌依次为“红河”“雪莲”“云烟”，销量分别为70.89亿支（14.18万箱）、48.21亿支（9.64万箱）、46.05亿支（9.21万箱）。销售雪茄烟0.2亿支。

卷烟单箱销售收入为2.5万元，同比增长5.9%。卷烟单箱税利0.57万元，同比增长2.74%。

品牌培育。开展卷烟品类规划，制定《新疆烟草2016年卷烟品类规划》，聚焦“推动卷烟消费结构梯次化整体上移”，强化品类规划对结构提升的支撑性作用，提升品牌培育的科学性、有效性。用好品牌评价方法，通过《新疆烟草市场状态评价规范》《新疆烟草品牌评价工作规范》，运用“时点存销比、零售价格、需求满足率、消化率、脱销面”五项指标和两级评价体系评估品牌市场状态；运用“销售收入、市场份额、销售量趋势、上柜率、订单满足率”五项指标综合评价品牌发展状态，并以评价结果为依据，规范品牌生命周期管理。健全品牌引入退出机制，按照“品类规划导向、强势品牌优选、市场测评辅助”标准引入新品，坚持“末尾淘汰”原则开展品牌预警、退出；建立退市库存消化工作机制。全自治区在销国产卷烟规格总数为160个，比上年减少26个。

2016 年 12 月 9 日，新疆维吾尔自治区公司召开卷烟放心消费店表彰大会。图为获奖零售客户受访现场

新疆区局　齐嫣雯　摄

营销网建。完善卷烟营销模式，推进卷烟营销市场化取向改革试点工作。提升客户分档、货源组织、货源投放等模块功能，先后完成需求预测、状态调控、品牌管理、监督管理等模块的试点、上线工作。截至 2016 年底，工商网配、商商调剂、批零网配等业务模块在全自治区范围内正式上线。进一步挖掘市场渠道潜力，开展“试点争先”课题竞赛活动，补齐渠道建设短板，并与中石油、中石化等集团客户签订战略合作协议，充实完善服务内容，共享优势资源，提高响应效率。自治区公司向中石油、中石化、兵团石油等集团客户销售卷烟 4.75 亿支（0.95 万箱），同比增长 11.4%；实现单箱销售收入（含税）3.43 万元，同比增长 4.89%。

零售终端建设。增强卷烟零售终端功能，打造以“一店一品”为主要模式的“三型终端”梯次化建设格局，促进终端功能的提升。自治区建立卷烟零售品牌形象店 6570 户，占客户总数的 8.18%。巩固“客我关系”，举办自治区百名“卷烟放心消费店”表彰授牌会议，发挥典型示范和标杆引领作用，巩固明码实价成果、维护市场秩序、保障客户卷烟盈利。

【对外交流与合作】　新疆烟草进出口有限责任公司拥有总资产 1.67 亿元，其中固定资产 36.5 万元，流动资产 1.66 亿元。资产负债率 74.16%。全年实现税利 3044 万元，其中实现利润 497.4 万元。销售烟叶（梗）0.14 万吨（2.8 万担）。代理新疆、青海、甘肃、宁夏等 4 个省（自治区）进口卷烟 1.3 亿支（0.26 万箱）。

【管理创新】　**精益管理**。自治区公司围绕精益营销、精益物流、研发创新等工作，制定《新疆烟草系统基础管理工作计划》，明确工作内容，提出工作目标，并对项目进行细分。更以“精益十佳课题”评选工作为契机，形成较为完整合理的工作机制。

降本增效。去产能：规范全自治区卷烟物流对标管理，逐月对物流费用指标进行分析和汇总，通过内部公告形式通报，促使地州市公司物流对标管理工作扬长避短，相互促进，达到降本增效目的。重新修订和完善《新疆烟草系统物流环节卷烟报损管理办法》，规范新疆烟草物流环节卷烟索赔、报损标准和流程，严把卷烟入库、在库、出库、运输等各环节，降低卷烟损耗。

去库存：制定《社会库存分级管理办法》，通过细分市场、细分品牌、细分客户，充实经营指导内容，帮助卷烟零售客户制定品牌（规格）社会库存参考标准，降低库存总量、优化库存结构。制定《退市库存消化工作机制》，工商协同开展卷烟零售终端退市卷烟库存消化工作，解决卷烟零售客户库存总量偏高、资金使用效率低等问题。2016 年，自治区卷烟社会库存周均存销比由年初的 9.11 下调至 3.42，下降 62.4%。

降成本：利用预算管理系统、对标管理，确定定额标准管理指标，围绕成本费用控制重点，加强预算分析、评价和考核，加强对重点费用的监管与控制。

【特事辑要】　1 月 12 日，自治区局（公司）与 19 家驻新疆工业企业代表召开工商协同营销座谈会。针对卷烟销售形势，共同分析研究 2016 年卷烟市场营销、品牌培育和终端建设工作。

1 月 22 日，自治区局（公司）在乌鲁木齐市召开 2016 年新疆维吾尔自治区烟草工作会议。

7 月 17—19 日，新疆烟草商业系统在乌鲁木齐市召开一届一次工会会员代表大会暨一届一次职工代表大会。

8 月 15—17 日，国家局党组成员、副局长杨培森赴新疆烟草调研。杨培森深入喀什地区局（公司）、乌鲁木齐市局（公司），考察工商一体化物流中心和新疆卷烟厂，并走访市区和农网的卷烟零售客户，详细询问卷烟经营状况、自律小组建设及明码实价制度执行情况，重点了解零售客户每月的购销、盈利和库存等数据。

8月29日至9月2日，工业和信息化部党组成员、中央纪委驻工信部纪检组长金书波赴新疆烟草调研。国家局党组成员、直属机关党委书记高林一同调研。金书波一行实地考察新疆烟草工商一体化物流中心和云南中烟红云红河烟草（集团）有限责任公司新疆卷烟厂，深入了解新疆烟草生产经营情况；走访喀什地区部分卷烟零售客户，了解零售客户卷烟经营收入、重点品牌培育、明码实价等情况和喀什烟草卷烟访销、配送、服务情况。高林考察和田烟草并调研和田地区国家局援建和田市新农村建设项目。他要求和田烟草认真落实国家局关于下半年经济运行工作的各项重点任务，继续保持税利增长的良好势头。

2016年新疆维吾尔自治区烟草专卖商业主要情况统计

地市级局（公司）名称		乌鲁木齐市烟草专卖局（公司）	昌吉回族自治州烟草专卖局（公司）	新疆维吾尔自治区烟草专卖局石河子市局、新疆烟草兵团石河子有限公司	博尔塔拉蒙古自治州烟草专卖局（公司）	伊犁哈萨克自治州烟草专卖局（公司）
主要负责人/法人代表（含党政领导）		秘秀峰	商志刚	党委书记：杨　武 局长：郭毅明 经理：李　栋	李　方	郜生权
所属县级单位		—	昌吉市、五家渠市、阜康市、呼图壁县、玛纳斯县、吉木萨尔县、奇台县、木垒哈萨克自治县等8个县级烟草专卖局	—	博乐市、阿拉山口市、精河县、温泉县、双河市等5个县级烟草专卖局	伊宁市、伊宁县、霍城县、察布查尔锡伯自治县、巩留县、新源县、特克斯县、昭苏县、尼勒克县、霍尔果斯市、可克达拉市等11个县级烟草专卖局
总资产（万元）		49192	11836	16021	7587	19176
资产负债率（%）		8.22	39.14	0.07	73.17	78.71
从业人员（人）		482	287	131	123	274
所属业务机构	营销机构	1个营销管理中心	1个营销中心	1个营销管理中心	1个营销中心	1个营销中心
	物流配送机构	1个物流配送中心	1个物流配送中心	1个物流配送中心	1个物流配送中心	1个物流配送中心
	专卖稽查机构	1个稽查支队	1个稽查支队、8个稽查大队	1个稽查支队	1个稽查支队	1个稽查支队
	烟叶机构	—	—	—	—	—
实现税利	万元	76172	27643	12531	6640	22962
	2016年比2015年(%)	19.19	0.74	7.50	14.23	11.90
实现利润	万元	11463	3881	1551	109	1335
	2016年比2015年(%)	56.47	87.76	-33.09	135.62	340.59
销售卷烟	亿支	76.42	35.10	13.73	9.44	34.25
	2016年比2015年(%)	-8.03	-7.10	-8.90	-5.91	-6.88
卷烟销售收入（万元）		452499	174493	71893	46531	152309
查处涉烟违法案件（起）		120	237	15	102	720
查处涉烟违法案件案值（万元）		1601	69	34	12	215
2016年度烟草行业投入烟叶生产基础设施建设资金（万元）		—	—	—	—	—

续表

地市级局（公司）名称		乌鲁木齐市烟草专卖局（公司）	昌吉回族自治州烟草专卖局（公司）	新疆维吾尔自治区烟草专卖局石河子市局、新疆烟草兵团石河子有限公司	博尔塔拉蒙古自治州烟草专卖局（公司）	伊犁哈萨克自治州烟草专卖局（公司）
全年烟叶生产基础设施新增受益面积（万亩）		—	—	—	—	—
烟叶种植（万亩）		—	—	—	—	—
烟叶收购（万担）		—	—	—	—	—
烟农户数（户）		—	—	—	—	—
实现烟农总收入（万元）		—	—	—	—	—
零售客户数（户）		14301	8936	3211	2521	8116
零售客户销售毛利率（%）		14.96	14.86	14.53	13.96	13.76

地市级局（公司）名称		克拉玛依市烟草专卖局（公司）	塔城地区烟草专卖局（公司）	阿勒泰地区烟草专卖局（公司）	吐鲁番地区烟草专卖局（公司）	哈密地区烟草专卖局（公司）
主要负责人/法人代表（含党政领导）		杨文德（—2016年2月） 曾广宇（2016年10月—）	李卫东（—2016年12月） 谭　军（2016年12月—）	张新兵	岳　坤（—2016年10月） 姜朝斌（2016年10月—）	王　勇
所属县级单位		克拉玛依区、白碱滩区、乌尔禾区、独山子区等4个县级烟草专卖局[1]	塔城市、额敏县、沙湾县、乌苏市、奎屯市、托里县、裕民县、和布克赛尔蒙古自治县等8个县级烟草专卖局	阿勒泰市、北屯市、布尔津县、福海县、富蕴县、吉木乃县、哈巴河县、青河县等8个县级烟草专卖局	高昌区、托克逊县、鄯善县等3个县级烟草专卖局	哈密市、巴里坤哈萨克自治县、伊吾县等3个县级烟草专卖局
总资产（万元）		5219	11274	9169	5662	5939
资产负债率（%）		66.10	59.24	73.99	54.82	57.96
从业人员（人）		76	228	132	124	129
所属业务机构	营销机构	1个营销中心	1个营销中心	1个营销中心	1个营销中心	1个营销中心
	物流配送机构	1个物流配送中心	1个物流配送中心	1个物流配送中心	1个物流配送中心	1个物流配送中心
	专卖稽查机构	1个稽查支队	1个稽查支队	1个稽查支队	1个稽查支队、3个稽查大队	1个稽查支队、1个稽查大队
	烟叶机构	—	—	—	—	—
实现税利	万元	7208	18358	9429	7045	11510
	2016年比2015年(%)	-0.25	-0.32	19.40	-2.07	1.85
实现利润	万元	454	1935	459	-177	1089
	2016年比2015年(%)	106.36	62.33	22850	22.03	39.44
销售卷烟	亿支	8.50	25.00	13.49	11.50	13.50
	2016年比2015年(%)	-15.40	-11.81	-6.00	-15.07	-17.35
卷烟销售收入（万元）		47875	119347	60888	50403	73249
查处涉烟违法案件（起）		59	500	287	89	110
查处涉烟违法案件案值（万元）		14	122	19	25	43
2016年度烟草行业投入烟叶生产基础设施建设资金（万元）		—	—	—	—	—
全年烟叶生产基础设施新增受益面积（万亩）		—	—	—	—	—

续表

地市级局（公司）名称	克拉玛依市烟草专卖局（公司）	塔城地区烟草专卖局（公司）	阿勒泰地区烟草专卖局（公司）	吐鲁番地区烟草专卖局（公司）	哈密地区烟草专卖局（公司）
烟叶种植（万亩）	—	—	—	—	—
烟叶收购（万担）	—	—	—	—	—
烟农户数（户）	—	—	—	—	—
实现烟农总收入（万元）	—	—	—	—	—
零售客户数（户）	2256	7141	3710	2986	3395
零售客户销售毛利率（%）	14.69	14.37	14.46	14.69	14.60

地市级局（公司）名称		巴音郭楞蒙古自治州烟草专卖局（公司）	阿克苏地区烟草专卖局（公司）	喀什地区烟草专卖局（公司）	和田地区烟草专卖局（公司）
主要负责人/法人代表（含党政领导）		白玉龙	金新民（—2016年10月） 包　利（2016年10月—）	郑学义（—2016年9月） 岳　坤（2016年10月—）	包　利（—2016年9月） 梅方柏（2016年10月—）
所属县级单位		库尔勒市、铁门关市、焉耆回族自治县、博湖县、和静县、和硕县、轮台县、尉犁县、若羌县、且末县等10个县级烟草专卖局	库车县、沙雅县、新和县、拜城县、阿瓦提县、温宿县、乌什县、柯坪县、阿克苏市、阿拉尔市等10个县级烟草专卖局	叶城县、泽普县、莎车县、英吉沙县、伽师县、岳普湖县、麦盖提县、疏勒县、喀什市、疏附县、巴楚县、图木舒克市、阿克陶县、乌恰县、阿图什市等15个县级烟草专卖局	皮山县、墨玉县、和田市、洛浦县、策勒县、于田县、民丰县等7个县级烟草专卖局
总资产（万元）		13992	15614	25058	8590
资产负债率（%）		23.50	57.84	79.59	91.70
从业人员（人）		256	238	242	120
所属业务机构	营销机构	1个营销中心	1个营销中心	1个营销中心	1个营销管理中心
	物流配送机构	1个物流配送中心	1个物流配送中心	1个物流配送中心	1个物流配送中心
	专卖稽查机构	1个稽查支队	1个稽查支队	1个稽查支队	1个稽查支队
	烟叶机构	—	—	—	—
实现税利	万元	22717	25770	27446	9775
	2016年比2015年（%）	1.83	4.30	13.22	56.02
实现利润	万元	2101	3805	3711	800
	2016年比2015年（%）	15.82	45.78	75.88	240.60
销售卷烟	亿支	30.21	34.77	37.37	13.87
	2016年比2015年（%）	-9.70	-6.90	-3.60	12.14
卷烟销售收入（万元）		145980	162915	174408	63604
查处涉烟违法案件（起）		267	333	209	113
查处涉烟违法案件案值（万元）		74	50	87	17
2016年度烟草行业投入烟叶生产基础设施建设资金（万元）		—	—	—	—
全年烟叶生产基础设施新增受益面积（万亩）		—	—	—	—
烟叶种植（万亩）		—	—	—	—

续表

地市级局（公司）名称	巴音郭楞蒙古自治州烟草专卖局（公司）	阿克苏地区烟草专卖局（公司）	喀什地区烟草专卖局（公司）	和田地区烟草专卖局（公司）
烟叶收购（万担）	—	—	—	—
烟农户数（户）	—	—	—	—
实现烟农总收入（万元）	—	—	—	—
零售客户数（户）	8122	7363	7048	2838
零售客户销售毛利率（%）	13.29	14.15	16.37	14.17

注：1. 白碱滩区和乌尔禾区烟草专卖局为合署办公，但按2个县级局单位计算。

◎ 撰稿：韩　敏；编辑：周　佳

大连市烟草专卖局（公司）

【专卖管理】　**案件查处**。两级专卖管理部门保持打假打私高压态势，强化重大案件统筹督办，紧盯互联网、自媒体、物流端等涉烟违法行为新动向，拓宽“互联网＋专卖”工作思路，开发应用“专卖信息化监管平台”“远程卷烟鉴别检验”“卷烟真伪在线咨询”等信息化系统和“专卖E指通”移动电子商务平台。查处各类涉烟违法案件505起，查获非法卷烟1200余万支，涉案金额850余万元。全年破获涉烟追刑案件17起，其中符合公安部、国家局标准的网络案件3起，符合市局标准的网络案件3起；协助公安机关破获案值1万元以上案件139起。

市场监管。注重源头治理，开展“利剑行动”等专项整治行动2次，停业整顿卷烟零售客户31户，取消经营资格10户，市场净化率达到97.1%。重新修订《大连市烟草制品零售点合理布局规定》，加速无证户治理进程，截至2016年底，大连市共有持证卷烟零售客户2.52万户，新办2588户，暂停1552户，注销2156户。

内部专卖管理监督。大连市局加大对收购套购、低价倾销卷烟、真烟外流等违规行为打击力度，全年开展内管专项集中检查2次，检查准运证76份、购销合同76份，抽查合同执行数、准运证到货数、实物扫码数、三方数据是否一致12次，检查自营终端规范经营12户次，抽查送货线路36条，抽查送货客户回执单1000份，筛选订货异常客户9403户次。

法治烟草建设。推进法治烟草建设，制定《大连市烟草专卖局（公司）法治宣传教育第七个五年规划（2016—2020年）》，“七五”普法工作全面启动。先后开展“3·15”消费者权益日、“12·4”全国法制宣传日等活动，编写并向卷烟零售客户发放《烟草消费者知识手册》3.8万余册，开展以“依法行政与依法管理”为主题的电视电话教育培训。围绕体制机制改革、新修订《烟草专卖法实施条例》等内容，开展法律法规培训12场次。继续完善“法律法规”内网工作平台，及时更新宣传内容，对内网“管理规范”模块中废止、修改和新增的管理规范进行全面清理。运用“FAST”工作法，从F（Forecast）风险预测、A（Analysis）风险分析、S（Supervise）关键控制点监控、T（Test）风险检验四个方面进行相关工作潜在法律风险防控的课题研究，严控企业法律风险，课题研究取得初步进展。逐步建立、使用和完善《大连烟草常用合同模板（初稿）》，包括工程、物资、服务等具体类型合同范本59份，制定《行政执法案卷评查规定》《行政处罚案件合法性审查规定》《公平竞争审查制度》等文件，强化法制监督审查。强化卷烟真伪咨询鉴别服务，全年接待消费者真假烟咨询285件，鉴别卷烟152.14万支；举办真假烟识别培训14场次，参训人员300人次。

2016年12月28日，大连市局在普兰店区局（分公司）召开网络建设现场会
大连市局　柏　林　摄

【经济效益】 大连市烟草商业系统实现税利19.11亿元（含主业及多元化经营），同比下降15.16%，其中利润7.92亿元，同比下降29.2%。三项费用率2.25%。

【卷烟（雪茄烟）经营】 **卷烟（雪茄烟）销售**。大连市烟草商业系统销售卷烟（含国外卷烟）127.21亿支（25.44万箱），同比下降12.17%，其中，销售一类烟19.2亿支（3.84万箱）、二类烟22.73亿支（4.55万箱）、三类烟72.07亿支（14.41万箱）、四类烟9.81亿支（1.96万箱）、五类烟3.41亿支（0.68万箱）。本地区卷烟销量居前三位的品牌依次是“红塔山”“长白山”“南京”，销量分别为19.45亿支（3.89万箱）、15.15亿支（3.03万箱）、11.15亿支（2.23万箱）。销售雪茄烟922.82万支，同比增长2.94%。

实现卷烟销售收入71.02亿元，同比下降13.76%。实现卷烟税利18.94亿元，同比下降16.04%，其中利润7.9亿元，同比下降29.97%。卷烟单箱销售收入2.79万元，同比下降1.79%。实现单箱税利0.74万元，同比下降4.4%。

品牌培育。发挥品牌引领作用，推动供给结构升级，大连市销售全国重点品牌卷烟111.39亿支（22.28万箱），占全市卷烟销量的87.56%。发挥合作品牌引领的作用，与红塔辽宁烟草有限责任公司合作推出“人民大会堂（辽宁16）”“人民大会堂（辽参）”两款大连特色卷烟。强化细支卷烟培育，细支卷烟市场份额达到13.45%，同比增加5.82个百分点。

卷烟营销市场化取向改革。升级省级卷烟营销平台功能，引入数据模型，优化客户分档，基本实现实时形成订单、实时削减库存、实时跨行结算。继续推进“订单驱动、滚动配货、实时合同”的工商货源组织新模式建设，截至2016年底，大连市公司成为行业首家100%实现工商网上配货的商业企业。联手尼尔森市场研究公司开展卷烟市场容量调查研究，建立消费者会员体系，成立积分俱乐部，定制专属服务，收集消费数据，传播烟草文化，营销触手进一步向下延伸。

“互联网+”营销探索。紧密结合互联网、云计算、大数据发展趋势，推进营销服务创新，搭建面向工、商、零、消的营销服务微信矩阵，全面提升卷烟订货、支付、宣传、客我互动水平。迎合电商新趋势，把握消费新动态，强化“电”+“店”线上线下营销服务，开展“消费者在哪里，我们就到哪里”“陈列大赛”“双十一”“抢红包”“感恩同行”等主题活动，营销服务走向纵深获得点赞。

网络建设。市公司把便利店、商超业态作为现代卷烟零售终端建设的重点，按照“精挑细选、严格管理”的原则推广云POS系统205户，实行全商品扫码，强化运行质量评价监控，提高信息采集准确率，确保现代零售终端建设高质量运行。深化与连锁便利店合作，完成与中国石油所属258家昆仑好客便利店和上海联华快客207家便利店数据对接。夯实网建基础，加强对各分公司零售客户业态划分、客户基础数据资料上传等工作指导，推动服务监督卡、客户经理工作牌、客户拜访工作规范等基础性工作。

【管理创新】 大连市公司追赶现代管理新趋势，印发《大连市烟草专卖局（公司）建设创新型企业实施方案》，以建设创新型企业为目标，切实在完善创新管理体系、推动科技创新项目、深化群众创新活动、加强创新人才培养等方面开展工作。开展“十大课题”建设，围绕安全管理、信息化、绩效管理、人才培养等十方面开展创新课题研究，引入新的管理思想、新的管理机制、新的管理方式、新的管理标准，实现从传统管理向现代管理转变。

【特事辑要】 1月20日，辽宁省委常委、大连市委书记唐军对大连烟草工作作出批示，指出：过去一年，大连市烟草专卖局在国家局的正确领导下，各项工作取得显著成绩，为大连经济社会发展作出重要贡献。望在新的一年里，再接再厉，取得新的更大成绩。

2月17日，大连市局（公司）召开市内四区局（分公司）及长海县局（分公司）成立暨授牌大会。

11月14日，大连市公司与黑龙江烟草工业有限责任公司网上配货工作成功运行，标志着大连市公司成为行业首家100%实现工商网上配货的商业企业。

◇ 撰稿：王荣达；编辑：周 佳

深圳市烟草专卖局（公司）

【专卖管理】 **案件查处**。构建打假打私协作体系，进一步完善与市打假办、公安、海关等职能部门的联动机制建设；主动与东莞、惠州市加强专卖管理联动协作，加强对接壤地带的综合治理，积极构建“大广东”专卖管理格局。坚决查办大要案，持续保持高压态势，全年查处各类涉烟违法案件1666起，涉案金额1.07亿元，其中案值5万元以上案件142起，案值25万元以上案件81起，案值100万元以上案件31起；符合公安部、国家局标准的网络案件14起。查获制假烟机2台，烟丝烟叶32.57吨，假烟5319.97万支，走私烟6020.55万支（其中出口回流卷烟1541.3万支）。公安、司法机关依法拘留151人，逮捕70人，追究刑事责任45人。

市场监管。开展卷烟市场专项整治行动，大力净化市场环境。全年组织开展“清风一号”“清风二号”“打击非法经营烟叶原料”3次大型专项行动，“清风一号”行动重点对物流园、货运站、车站和码头等重点区域进行大力整顿，有效防止深圳地区成为假私烟的中转站、分销地；“清风二号”行动提升市场净化率和大要案侦破率，加强源头治理，建立起长效机制；“打击非法经营烟叶原料行动”对非法运输烟叶和烟丝行为重拳出击，严肃整治，全市出动执法人员6990人次，出动车辆1404辆次，设立检查卡11个，查获烟丝32.57吨。

证件管理。推进烟草专卖零售许可改革，在改革实践中，积极探索后续监管新途径。受理并提交国家局审批烟草专卖生产企业许可证3份，自行审批烟草专卖批发企业许可证1份，办理卷烟零售许可证1.2万份（包括延续），审批签发各类烟草专卖品准运证5995份。

【经济效益】 深圳市烟草商业系统实现税利54.24亿元（不含进出口，含多元化经营），同比增长3.39%，其中利润23.1亿元，同比下降12.37%。三项费用率2.68%，同比增加0.43个百分点。

【卷烟（雪茄烟）经营】 **卷烟（雪茄烟）销售**。深圳市烟草商业系统销售卷烟270.67亿支（54.13万箱），同比下降2.54%，其中，销售一类烟83.61亿支（16.72万箱），同比下降3.64%；二类烟47.37亿支（9.47万箱），同比增长0.97%；三类烟116.04亿支（23.21万箱），同比下降0.29%；四类烟17.53亿支（3.51万箱），同比下降16.03%；五类烟6.03亿支（1.21万箱），同比下降10.48%。本地区销量居前三位的卷烟品牌依次为“双喜”“芙蓉王”“白沙”，销量分别为106.45亿支（21.29万箱）、37.3亿支（7.46万箱）、17.85亿支（3.57万箱）。销售雪茄烟811万支，同比增长48.81%。

卷烟实现销售收入166.4亿元，同比下降0.61%。实现税利54.26亿元，同比增长3.39%，其中利润23.12亿元，同比下降12.36%。卷烟单箱销售收入3.6万元，实现单箱税利1.0万元。

品牌培育。深圳市公司出台《深圳烟草2016年品牌培育方案》，优化引进退出机制，不断完善“311”品牌培育体系，即各区公司培育3个重点品牌规格、客户经理小组协同培育1个重点品牌规格，客户经理单兵培育1个重点品牌规格，实现自主监督考核的品牌培育新模式。全市共有在销卷烟品牌63个，卷烟规格323个，其中，年销量超过100箱的卷烟规格170个，一、二类卷烟规格203个，细支卷烟规格44个。在销雪茄品牌17个，其中国内品牌7个，进口品牌10个；雪茄规格95个，其中国内规格32个，进口规格63个。开展新品调研30余次，协同工业公司、卷烟零售客户开展网上营销、终端宣传、品牌培育等活动90余场次。

现代零售终端建设。围绕卷烟零售端和卷烟消费端，推动营销网络从商业向零售户、消费者的深入延伸，持续推进“深圳特专”现代卷烟零售终端建设。深圳市完成新增1800户“深圳特专”建设，截至2016年底，全市拥有超过5800户“深圳特专”授权商户，占全部卷烟零售客户的15%。针对消费环境建设，组织各级讨论会、学习会20余场，开展消费者环境建设意见征集活动，收集整理舆论环境、吸烟设施、打假类建议53条；开展对消费环境需求、建设流程方案、设施VI设计等相关工作的调研，形成初步的建设方案。

现代卷烟物流建设。实施6S现场管理和目视化管理，提高员工操作效率，减少空间和时间的浪费。开展深圳烟草物流中心第二届QC小组活动，7个课题通过QC小组活动成果发布会。“创建现场目视化精益安全管理模式”QC小组课题获得全国烟草行业第二十七届优秀质量管理小组活动三等奖。开展常态化白班劳动竞赛，充分激发员工工作热情、提高工作技能，使整体分拣效率提高25%。加强工业到货车辆入园管理，持续为工业企业司机提供“五星级”的优质服务。开展非标条烟半自动分拣线建设，非标烟分拣效率达3000条/小时以上。创新开发“三化”精益设备管理模式，对系统进行各类有效运维700余次（项），使用备件700余个（件），保障设备有效作业率稳定在99%以上、卷烟破损率少于0.001%。推进卷烟包装箱循环利用工作，2016年累计返还深圳、广东、湖南等卷烟工业企业卷烟包装箱93万只。

深圳烟草物流中心完成卷烟入库283.7亿支（56.74万箱），同比增长1.02%；累计完成卷烟出库270.65亿支（54.13万箱），同比下降0.98%。卷烟入库准确率、扫码率均为100%。卷烟破损率小于0.01‰，卷烟分拣差错率为零，订单差错率小于0.1‰。

“深圳特专”现代卷烟零售终端是深圳烟草打造的一张“终端”名片

深圳市局 供稿

【管理创新】　按照行业提质增效的新要求，深圳市公司对国家局确定的年度降本增效目标进行分解、下达，定期跟踪监测。完成降本增效485万元。开展QC小组活动，组织相关部门、单位报送优秀QC成果，搭好桥梁，对成果进行整合完善，积极提报参与行业评选。组织各单位开展降本增效大讨论活动，启动“降本增效课题”研究。在“‘滕王阁’杯全国烟草行业精益改善达人大赛”中，深圳市局2人获得“季度精益改善达人”称号，3人获得“月度改善达人”称号，1人获得“周改善达人”称号。在2016年行业企业管理现场会上，大鹏新区公司营销课题获评“精益十佳”课题。

【特事辑要】　3月24日，广东省委副书记、深圳市委书记马兴瑞赴深圳市局（公司）调研。他强调：坚决支持在烟草售卖领域打假打私活动，维护良好市场秩序，并支持深圳烟草参与新型烟草制品规范制定，进一步规范市场环境。希望深圳市烟草工商企业加快创新发展步伐，保持运营良好态势，努力走一条可持续发展之路。

5月31日，深圳烟草物流中心工程项目开工仪式在龙岗区清湖物流园区举行，标志着深圳烟草物流中心工程项目正式开工建设。

7月11日，国家局党组成员、副局长赵洪顺一行赴深圳烟草开展电子烟等新型烟草制品专题调研。调研组一行与市政府、市经信委、市监委等相关负责同志进行交流，就深圳电子烟行业现状和发展趋势进行分析，深入探讨电子烟管制方式。

12月11—12日，国家局党组书记、局长凌成兴赴深圳烟草调研。其间，凌成兴考察深圳烟草物流中心项目建设现场，参观深圳市局2016年卷烟打假打私成果展，走访深圳市部分卷烟零售客户，并听取深圳烟草工商企业的工作汇报。他强调：深圳烟草要努力做到“三个坚持”，完成全年目标任务，为行业改革发展作出新的贡献。“三个坚持”，即坚持烟草专卖制度，做到卷烟打假打私不手软、加强电子烟管理不手软、打击“蚂蚁搬家”走私不手软；坚持科技创新，认真贯彻落实打造“三个新优势”，调动“两个积极性”的要求；坚持稳中求进，稳产销，提结构，压库存，增税利。

2016年深圳市烟草专卖商业主要情况统计

地市级局（公司）名称		福田区烟草专卖局（公司）	罗湖区烟草专卖局（公司）	南山区烟草专卖局（公司）	盐田区烟草专卖局（公司）	宝安区烟草专卖局（公司）	龙岗区烟草专卖局（公司）
主要负责人/法人代表（含党政领导）		柯文强	纪振辉	童　彬	张　玲	罗求安（2016年9月—） 刘志平（2016年9—12月） 陈　较（2016年12月—）	赖远彪
所属县级单位		—	—	—	—	—	—
总资产（万元）		28543	28948	24267	21191	40772	39972
资产负债率（%）		8.29	9.47	10.93	11.02	7.35	10.95
从业人员（人）		93	101	97	60	149	135
所属业务机构	营销机构	1个营销中心	1个营销中心	1个营销中心	1个营销中心	1个营销中心	1个营销中心
	物流配送机构	—	—	—	—	—	—
	专卖稽查机构	1个稽查队	1个稽查队	1个稽查队	1个稽查队	1个稽查队	1个稽查队
	烟叶机构	—	—	—	—	—	—
实现税利	万元	34537	33604	26665	24046	56561	50443
	2016年比2015年（%）	11.04	10.34	9.08	10.01	15.53	9.84
实现利润	万元	3557	4099	1544	2052	6782	5615
	2016年比2015年（%）	-43.89	-37.88	-60.91	-49.73	-33.06	-40.44
销售卷烟	亿支	28.97	28.19	24.64	21.87	48.71	45.00
	2016年比2015年(%)	-2.62	-2.59	-2.64	-2.60	-0.98	-4.06
卷烟销售收入（万元）		186583	208259	150799	132358	300079	269683
查处涉烟违法案件（起）		47	204	104	42	531	357
查处涉烟违法案件案值（万元）		981	1570	1284	98	2580	3030
2016年度烟草行业投入烟叶生产基础设施建设资金（万元）		—	—	—	—	—	—

续表

地市级局（公司）名称	福田区烟草专卖局（公司）	罗湖区烟草专卖局（公司）	南山区烟草专卖局（公司）	盐田区烟草专卖局（公司）	宝安区烟草专卖局（公司）	龙岗区烟草专卖局（公司）
全年烟叶生产基础设施新增受益面积（万亩）	—	—	—	—	—	—
烟叶种植（万亩）	—	—	—	—	—	—
烟叶收购（万担）	—	—	—	—	—	—
烟农户数（户）	—	—	—	—	—	—
实现烟农总收入(万元)	—	—	—	—	—	—
零售客户数（户）	3223	2541	3646	3163	7788	9576
零售客户销售毛利率（%）	10.45	17.90	9.52	10.00	10.00	10.00

地市级局（公司）名称		光明新区烟草专卖局（公司）	坪山新区烟草专卖局（公司）	龙华新区烟草专卖局（公司）	大鹏新区烟草专卖局（公司）	深圳中深烟草贸易中心
主要负责人/法人代表（含党政领导）		杨正中	周建辉	赖远程	李 昶	胡武雄
所属县级单位		—	—	—	—	—
总资产（万元）		5001	4553	7090	2537	18480
资产负债率（%）		21.33	24.96	29.51	69.00	5.19
从业人员（人）		66	54	104	49	24
所属业务机构	营销机构	1个营销中心	1个营销中心	1个营销中心	1个营销中心	—
	物流配送机构	—	—	—	—	—
	专卖稽查机构	1个稽查队	1个稽查队	1个稽查队	1个稽查队	—
	烟叶机构	—	—	—	—	—
实现税利	万元	16522	15103	34348	11813	1609
	2016年比2015年(%)	15.66	10.95	12.91	8.20	118.29
实现利润	万元	518	771	2905	54	996
	2016年比2015年(%)	-68.65	-60.17	-45.47	-93.00	805.45
销售卷烟	亿支	16.13	14.42	30.92	12.19	0.27
	2016年比2015年(%)	-2.21	-2.66	5.07	-2.40	-25.00
卷烟销售收入（万元）		96474	86344	188200	70600	3277
查处涉烟违法案件（起）		141	27	215	21	—
查处涉烟违法案件案值（万元）		458	159	754	391	—
2016年度烟草行业投入烟叶生产基础设施建设资金（万元）		—	—	—	—	—
全年烟叶生产基础设施新增受益面积（万亩）		—	—	—	—	—
烟叶种植（万亩）		—	—	—	—	—
烟叶收购（万担）		—	—	—	—	—
烟农户数（户）		—	—	—	—	—
实现烟农总收入（万元）		—	—	—	—	—
零售客户数（户）		2611	2547	4454	1886	—
零售客户销售毛利率（%）		17.10	11.74	17.73	18.00	—

◇ 撰稿：陈 兰；编辑：周 佳

2016年，行业卷烟生产企业通过加工工艺创新、调香技术创新、烟用材料创新，全面提升产品品质和品牌形象。加强新产品创新开发，通过细支卷烟、短支烟、爆珠烟等新型卷烟产品，提升行业产品的整体结构，有力促进消费升级。

1 2016年5月19日，河北中烟“荷花品牌研究中心”揭牌成立大会在广东广州召开

河北中烟　杨拥军　摄

2 2016年9月7日，上海烟草集团上海卷烟厂ZB350型封罐机通过验收，首批听装“中华”成功交付

上海烟草集团　供稿

3 2016年7月，百年徽烟“黄山”品牌直营店在安徽芜湖开业

安徽中烟　供稿

1 2016年10月，参加中国国际徽商大会的来宾对可弹奏音乐的“黄山（天都高山流水）”新品条盒赞叹不已

安徽中烟 供稿

2 2016年8月31日，“长寿”卷烟品牌商标许可与生产合作项目签约仪式在福建厦门举行

福建中烟 刘奎宁 摄

3 2016年12月24日，山东中烟“泰山”雪茄烟亮相海南（儋州）雪茄文化旅游节

山东中烟 供稿

4 2016年3月14日，四川中烟与四川省局召开川烟品牌培育专题座谈会

四川中烟 供稿

5 2016年11月，“荷花”品牌人工选叶辅助线正式上线运行

河北白沙 王 蕾 摄

6 2016年5月，河南驻马店市公司卷烟物流配送中心QC小组开展技术攻关

河南省局 熊 伟 摄

1 2016年2月3日，湖北中烟襄阳卷烟厂制丝车间员工对生产设备进行深度清洁和全面保养

湖北中烟襄阳卷烟厂 骆 毅 摄

2 2016年9月13日，广西中烟柳州卷烟厂制丝线检验员对叶片中的含梗率进行检验

广西中烟柳州卷烟厂 刘超华 摄

3 2016年7月18日，南纤公司纺丝生产部举行擦帽技能比武。

南纤公司 供稿

2016年，行业科技队伍以加快实施创新驱动发展战略、建设创新型行业为工作主线，以持续提升科技创新水平、科技减害水平、科技增效水平“三个水平”为中心任务，在产品创新、烟叶技术、降焦减害、烟机制造等多个领域均取得丰硕成果。

1 2016年6月21日，郑州烟草研究院举行烟草工艺领域夏至学术研讨会

郑州院　张敬一　摄

2 2016年9月26日，上海烟草集团有限责任公司和上海烟草机械有限责任公司联合组建的“烟草机械技术研究室”正式揭牌成立

上海烟机　供稿

1 2016年12月16日，安徽中烟在合肥市召开科技创新大会，其间，举行了“安徽中烟–中国科技大学先进技术研究院化学与燃烧联合实验室”揭牌仪式

安徽中烟　供稿

2 2016年12月9日，山东中烟将军集团质检人员利用爆珠强度测试仪进行抽检

山东中烟　供稿

3 2016年11月10日，贵州中烟–珠纤公司战略合作签约暨“贵烟”专线成立仪式在珠纤公司举行

珠纤公司　供稿

2016年，行业各单位充分释放主体活力，紧紧围绕“提高市场占有率、提高品牌竞争力”工作重点，不断加大国际市场拓展力度。卷烟境外市场销售逆势上扬，全年实现销量957.4亿支，同比增长6.09%；多措并举，精准发力，加快国内不适用烟叶的消化步伐，全年出口烟叶类产品（含副产品）16.8万吨，同比增加2.9万吨；推进境外烟叶实体化运作，以提升水平、提升形象、提升实力为重点，牢牢掌控进口优质烟叶的话语权。

1 2016年12月27日，首批“人民大会堂（古瓷）”卷烟出口马达加斯加并在大连举行首发仪式

辽宁省局 姜 贺 摄

2 2016年6月29日，浙江中烟参股的科伦印象有限责任公司在印度尼西亚泗水开业

浙江中烟 供稿

3 2016年7月13日，浙江中烟与阿联酋瓦达尼亚公司、美国TRP公司就三方在阿联酋拉斯海马酋长国合资建立制丝工厂事宜，在浙江杭州签订合资意向书

浙江中烟 李 媛 摄

1 2016年2月25日，巴布亚新几内亚客户到福建中烟参观

福建中烟 刘奎宁 摄

2 2016年3月21日，美国施伟策—摩迪国际集团全球副总裁费伟（左三）到红云红河集团交流访问

红云红河集团 王 妍 摄

3 2016年2月18日，秦皇岛烟草机械有限责任公司与德国虹霓机器制造有限公司双方在第一批合作产品验证证书上签字

秦皇岛烟机 孙 熠 摄

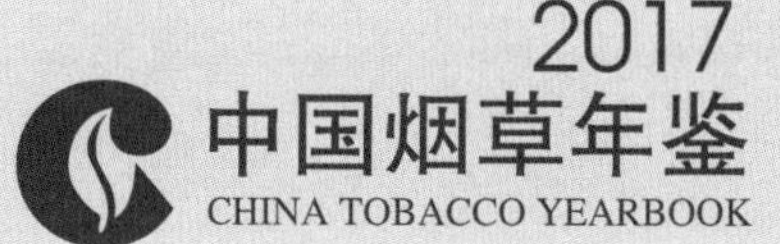

烟草工业

□ 卷烟生产

· 境内卷烟生产

· 境外卷烟生产

□ 雪茄烟生产

□ 烟草机械工业

□ 卷烟辅助材料生产

□ 烟叶加工

卷烟生产①

境内卷烟生产

河北中烟工业有限责任公司

【卷烟产销】 生产卷烟（含合作生产）763.5 亿支（152.7 万箱），同比下降 10.02%，其中，生产一类烟 21.53 亿支（4.31 万箱），同比增长 30.84%；二类烟 21.03 亿支（4.21 万箱），同比下降 37.57%；三类烟 317.55 亿支（63.51 万箱），同比下降 26.87%；四类烟 372.55 亿支（74.51 万箱），同比增长 14.84%；五类烟 30.84 亿支（6.17 万箱），同比下降 22.34%。合作生产卷烟 301.37 亿支（60.27 万箱）。

实现卷烟销量 774.03 亿支（154.81 万箱），同比下降 8.90%，其中，一类烟 20.99 亿支（4.20 万箱），同比增长 36.93%；二类烟 27.37 亿支（5.47 万箱），同比下降 16.06%；三类烟 320.43 亿支（64.09 万箱），同比下降 26.91%；四类烟 374.69 亿支（74.94 万箱），同比增长 15.77%；五类烟 30.55 亿支（6.11 万箱），同比下降 22.99%。

实现卷烟销售收入 155.90 亿元，同比下降 13.58%。实现税利 99.23 亿元，同比下降 18.74%，其中利润 8.47 亿元，同比下降 53.93%。三项费用率为 10.75%。

全年万元产值综合能耗 16.57 千克标煤，万支卷烟综合能耗 3.25 千克标煤。烟叶、滤棒、盘纸平均消耗分别为 6.7 千克/万支、2514 支/万支、592 米/万支。水、电平均消耗分别为 0.098 吨/万支、8.14 千瓦时/万支。

【主要产品与品牌建设】 生产的自有卷烟品牌有“钻石”“新石家庄”“北戴河”等 3 个，合作生产的品牌有“白沙”“双喜”“红塔山”“红梅”“利群”“雄狮”等 6 个。共有品牌规格（含合作生产）48 个，其中“钻石”品牌有 33 个规格。

生产“钻石”431.29 亿支（86.26 万箱），实现销量 431.66 亿支（86.33 万箱）；生产“新石家庄”28.13 亿支（5.63 万箱）；生产“北戴河”2.46 亿支（0.49 万箱）。合作生产湖南中烟“白沙”249.57 亿支（49.91 万箱），实现销量 250 亿支（50 万箱），其中，自销 13.5 亿支（2.7 万箱），湖南中烟回购 236.5 亿支（47.3 万箱）。合作生产广东中烟“双喜”22.5 亿支（4.5 万箱），云南中烟“红塔山”10.3 亿支（2.06 万箱）、“红梅”4.01 亿支（0.80 万箱），浙江中烟“利群”11.03 亿支（2.21 万箱）、“雄狮”3.97 亿支（0.79 万箱）。“双喜”“红塔山”“红梅”“利群”“雄狮”品牌全部由各中烟公司回购。

初步构建“钻石”品牌的“荷花”“经典”“尚风”和“北国风光”等 4 个系列技术平台；完成新版“钻石（一品荷花）”“钻石（西柏坡）”“钻石（鸿运）”等新产品的开发工作。围绕自主品牌转型升级，全面启动省内县级市场工商协同营销，深入全省 155 个区、县市场，面向零售终端和消费者开展营销工作。举办“钻石”品牌研讨会，开展广告语征集、“钻石婚礼盛典”“钻石嘉年华”等活动。启动省内服务品牌体系化建设，建成 179 个客户 QQ 群和 400 个服务基站，初步构建以线上服务社区和线下服务基站为支撑、涵盖 3.9 万个重点卷烟零售客户的终端服务营销网络。

【“钻石（荷花）”卷烟】 加强与郑州烟草研究院等行业内外科研院所的合作，以“水”为主线，打造基于“荷花水、荷花香、荷花润、荷花工艺”为内容的“荷花”卷烟核心技术，逐步构建起以“人工精选烟叶、能量活水制烟、多种醇化技术、特色香料萃取和绿色芯线提气”五大特色工艺技术为代表的“荷花”品质保障体系；成立荷花品牌研究中心，10 月 12 日，在广州举办“钻石（荷花）”品牌研讨会暨新品发布会。在营销创新方面，公司围绕产品卖点，打造市场亮点，开展“用好水做好烟”活动，吸引 40 余万人线上参与，企业微信公众号新增关注 5.8 万人，线下单日单店参与抽奖达到 300 余人次。同时，面向终端和消费者开展以品质宣传为主题的“荷花全城寻水”活动，“‘荷花’好品质”的形象进一步深入人心。制定《荷花品牌培育手册》，系统诠释品牌文化，统一操作模式、规范市场行为，明确全国市场布局发展策略。

“钻石”品牌“荷花”系列卷烟继续保持较快成长势头，全年实现商业销售 15.95 亿支（3.19 万箱），同比增长 77.24%，其中销售“钻石（荷花）”12.75 亿支（2.55 万箱），“钻石（细支荷花）”3 亿支（0.6 万箱）。

【技术创新】 推进与郑州烟草研究院合作，双方共同开展“卷烟风格特征评价和保润性能研究”项目研究，初步建立香料单体调香技术平台，具有增香减刺功能的烟用香料实现应用。开展“钻石”品牌卷烟风格特征和物理保润性能

① 《烟草工业》栏目中，“××中烟工业有限责任公司”简称“××中烟”或“公司”。

2016 年 7 月，河北中烟加强烟叶基地建设。图为贵州省道真县烟田
河北中烟　王　佳　摄

研究，开发两种复合保润剂，在部分产品中试用。进行天然植物香原料提取和多糖保润效果试验。开发薄荷风格和可可风格的特色卷烟纸、复合保润包装材料并部分投入应用，与其他单位合作研发的浓香型风格特征薄片已在部分新品中试用。

【原料保障】　河北白沙烟草有限责任公司进一步优化烟叶基地布局，重点建设红河、曲靖、楚雄、保山、龙岩、永州等地的核心烟叶基地单元，推行项目组管理模式，深度介入基地建设。实施精细调拨，增加“配方急需”和“必须保障”的原料供应，压减“使用进度缓慢”烟叶调入，降低“不适用库存”。严格落实“三级检验”制度，加强过程监督管控，全面推行主产区上等烟精细选叶工作，100% 开展均质化加工。建成“钻石（荷花）”云南烟叶加工专线并投入使用，初步建成覆盖关键节点的烟叶信息档案管理系统，构建选叶成本分摊机制，初步实现烟叶信息的全程追踪。

【信息化建设】　3 月，河北中烟启动新综合营销管理平台，截至 2016 年底，用户达到 740 余个，WEB 端月访问量 2800 余次，移动 APP 月访问量 1100 余次。河北中烟岗位智能化办公平台进入二期实施阶段并向各卷烟厂推广，河北白沙烟草有限责任公司和张家口卷烟厂有限责任公司分别于 9 月和 11 月上线。12 月，河北中烟烟叶基础数据电子档案系统上线；烟机配件“一库制”管理项目、网络统一采购平台等项目处于稳步推进状态。经济运行及调控系统搭建起“一站式”数据服务平台，在河北中烟决策以及计划、营销、生产、财务等多个领域得到应用。

【特事辑要】　11 月 16—17 日，国家局党组成员、副局长赵洪顺赴河北烟草调研。赵洪顺要求河北烟草工业企业紧紧围绕国家局的决策部署，瞄准工作目标，充分认识行业发展面临的新形势、新挑战，保持发展定力，增强发展信心；充分认识全面从严治党的新要求，深入学习十八届六中全会精神，切实承担主体责任，提高党建水平。

12 月 29 日，国家局党组成员、副局长段铁力赴河北烟草调研。段铁力要求工商双方努力把运行状态调控好、把重点品牌培育好、把提升结构这篇大文章书写好、把规范经营这条生命线坚守好、把工商和谐一致的势头发展好、把从严治党的主体责任落实好、把国家局下达的各项目标任务完成好。

所属企业

张家口卷烟厂有限责任公司

【卷烟生产经营】　生产卷烟（含合作生产）426.0 亿支（85.2 万箱），同比下降 6.48%，其中，生产一类烟 1.74 亿支（0.35 万箱）、二类烟 11.03 亿支（2.21 万箱）、三类烟 185.79 亿支（37.16 万箱）、四类烟 201.45 亿支（40.29 万箱）、五类烟 25.98 亿支（5.2 万箱）。合作生产品牌卷烟 29.3 亿支（5.86 万箱）。

实现卷烟销量 435.57 亿支（87.11 万箱），同比下降 4.99%，其中，一类烟 1.59 亿支（0.32 万箱）、二类烟 17.28 亿支（3.46 万箱）、三类烟 186.07 亿支（37.21 万箱）、四类烟 204.67 亿支（40.93 万箱）、五类烟 25.95 亿支（5.19 万箱）。

实现卷烟销售收入 73.83 亿元（不含税），同比下降 6.57%。实现税利 42.46 亿元，同比下降 10.44%，其中利润 0.98 亿元，同比下降 31.01%。

全年万元产值综合能耗 18.67 千克标煤，万支卷烟综合能耗 3.27 千克标煤。烟叶、滤棒、盘纸平均消耗分别为 6.67 千克/万支、2516 支/万支、594 米/万支。水、电平均消耗分别为 0.08 吨/万支、8.13 千瓦时/万支。

【主要产品】 在产卷烟品牌有“钻石”“北戴河”“利群”“红塔山”“雄狮”“红梅”“新石家庄”等7个，其中，“钻石”“北戴河”“新石家庄”为自有品牌，其余为合作生产品牌。

【品牌建设】 紧随市场发展趋势，审时度势，立足目标市场，把握市场需求，贴近消费群体，在提升产品内在品质上下工夫。2016年，出品“钻石（经典浓情）”“钻石（鸿运）”“钻石（平安）”等新产品。抓住2022年北京—张家口冬季奥运会这一契机，大力发展地方特色品牌，并在坚持“钻石（大好河山）”“手工定制、经典醇香”的研发理念，充分体现出高端经典的产品品质的基础上，凭借地方文化特色以及良好的卷烟内在品质，创造年度单规格卷烟销量突破1000箱的成绩。同时，“钻石（一品荷花）”在卷烟保润保湿方面取得新突破。

【技术创新】 继续深入推进精益管理，全年开展精益六西格玛课题14项，其中3个课题获评中国质量协会质量技术奖六西格玛优秀课题；拥有全国注册六西格玛黑带8人、国家局“精益改善达人”1人，获评“精益十佳”课题1项。开展QC小组课题33项，其中1项获得全国烟草行业第二十七届优秀质量管理小组成果一等奖。全年采纳合理化建议344条，实现经济效益1000余万元。

河北白沙烟草有限责任公司

【卷烟生产经营】 生产卷烟（含合作生产）337.50亿支（67.50万箱），同比下降14.12%，其中，生产一类烟19.94亿支（3.99万箱）、二类烟10.0亿支（2.0万箱）、三类烟131.78亿支（26.36万箱）、四类烟171.1亿支（34.22万箱）、五类烟4.66亿支（0.93万箱）。

实现卷烟销量339.06亿支（67.81万箱），同比下降13.43%，其中，一类烟19.65亿支（3.93万箱）、二类烟10.15亿支（2.03万箱）、三类烟134.48亿支（26.90万箱）、四类烟170.02亿支（34.0万箱）、五类烟4.60亿支（0.92万箱）。

实现卷烟销售收入74.23亿元，同比下降19.24%。实现税利49.06亿元，同比下降23.50%，其中利润2.14亿元，同比下降77.54%。

全年万元产值综合能耗14.13千克标煤，万支卷烟综合能耗3.29千克标煤。烟叶、滤棒、盘纸平均消耗分别为6.59千克/万支、2514支/万支、593米/万支。水、电平均消耗分别为0.1吨/万支、8.33千瓦时/万支。

【主要产品】 主要生产“钻石”“白沙”“双喜”系列产品，其中，“白沙”“双喜”为合作生产品牌。全年生产“钻石”63.16亿支（12.63万箱），“白沙”249.57亿支（49.91万箱），“双喜”22.5亿支（4.5万箱），“新石家庄（软）”4.6亿支（0.92万箱）。销售“钻石”61.8亿支（12.36万箱），“白沙”250.0亿支（50.0万箱），“双喜”22.5亿支（4.5万箱），“新石家庄（软）”4.6亿支（0.92万箱）。

【技术创新】 完善创新制度，制定《创新成果管理办法》，理顺精益创新流程，构建起申报、立项、实施、督导、验证、评审、知识产权保护、评先激励的支撑体系。加强“创新工作室”建设，全年4个创新工作室完成创新项目51个，获得实用新型专利授权14项、软件著作权4项，创造经济效益411万元。在石家庄市职工创新成果展示会上，“卜建立工作室”的“烟草包装机快换式模盒”项目获得最佳成果奖，张进鸿工作室的“研制基于流量均衡的切丝段控制系统”项目获得一等奖。河北白沙职工郑晓耘、郭英辉被评为第六届“河北省能工巧匠”。

【特事辑要】 4月20日，河北省委常委、石家庄市委书记邢国辉到河北白沙就企业改革发展、经济运行等情况进行调研。邢国辉指出：河北白沙的工作体现创新、突破、求实，从经济效益、品牌发展方面充分体现近年来所取得的成绩，充分证明河北白沙对石家庄经济社会发展所作出的突出贡献，并表示市政府将一如既往地支持河北白沙的发展，各级各部门要积极主动为企业排忧解难，为企业创造优良的生产经营环境。工商、公安、工信等相关部门要加强与烟草部门的协调联动，积极打假打私，共同努力维护良好的市场秩序。

2016年河北中烟工业有限责任公司所属企业/生产厂情况统计

	张家口卷烟厂有限责任公司	河北白沙烟草有限责任公司	所属卷烟厂
			保定卷烟厂
法人资格	独立法人	独立法人	非独立法人
主要负责人/法人代表（含党政领导）	董事长：段铁力（—2016年7月）、杨　军（2016年7月—） 党委副书记、总经理：胡自强 党委书记：李奎英（—2016年8月）、李松卯（2016年8月—）	董事长：杨　军 党委副书记、总经理：丁付起 党委书记：王玉立	党委副书记、厂长：马立志 党委书记：张永开

续表

		张家口卷烟厂有限责任公司	河北白沙烟草有限责任公司	所属卷烟厂
				保定卷烟厂
成立时间		1939 年	1948 年	1902 年
从业人员（人）		2377	2259	916
卷烟生产能力（亿支）		500	602	292
卷烟品牌	自有品牌	钻石、北戴河、新石家庄	钻石	钻石
	合作生产品牌	利群、雄狮、红塔山、红梅	白沙、双喜	白沙、双喜
卷烟总产量（亿支）		426.00	337.50	121.00

◇ 撰稿：张　彬；编辑：周　佳

上海烟草集团有限责任公司

【卷烟产销】 所属的卷烟生产企业有上海烟草集团有限责任公司上海卷烟厂、上海烟草集团北京卷烟厂、上海烟草集团有限责任公司天津卷烟厂、上海高扬国际烟草有限公司。全年集团公司生产卷烟（不含出口烟、加工烟）1263 亿支（252.6 万箱），其中，生产一类烟 729.53 亿支（145.91 万箱）、二类烟 30.77 亿支（6.15 万箱）、三类烟 401.9 亿支（80.38 万箱）、四类烟 2.13 亿支（0.43 万箱）、五类烟 98.64 亿支（19.73 万箱）。生产出口烟 57.22 亿支。加工"七星"品牌卷烟 1.37 亿支（0.27 万箱）。

实现卷烟工业销量（不含合作生产回购、出口烟）1252.09 亿支（250.42 万箱），其中，一类烟 718.21 亿支（143.64 万箱）、二类烟 30.73 亿支（6.15 万箱）、三类烟 402.1 亿支（80.42 万箱）、四类烟 1.64 亿支（0.33 万箱）、五类烟 99.42 亿支（19.88 万箱）。

实现卷烟商业销量 1410.07 亿支（282.01 万箱），同比下降 4.36%，其中，一类烟 699.26 亿支（139.85 万箱）、二类烟 30.01 亿支（6 万箱）、三类烟 549.75 亿支（109.95 万箱）、四类烟 1.56 亿支（0.31 万箱）、五类烟 129.5 亿支（25.9 万箱）。

【主要产品与品牌建设】 **卷烟产品**。在产的自有卷烟品牌有"中华""熊猫""中南海""红双喜""牡丹""大前门""孟菲斯""恒大""江山""牡丹""凤凰"等，加工品牌"七星"。

"中华"品牌着力顺价销售、库存合理，全年生产 740.55 亿支（148.11 万箱），同比下降 11%；实现工业销量 733 亿支（146.60 万箱），同比下降 9.36%；实现商业销售收入 1499.68 亿元，同比下降 10.4%；实现税利 880.11 亿元，同比下降 39.45%。零售价 400 元/条以上的市场份额达到 63.9%。

加强"中南海""红双喜"市场分析，把握消费趋势，丰富主体规格。"中南海"品牌卷烟生产 146.85 亿支（29.37 万箱），同比下降 7.44%；实现工业销量 147.45 亿支（29.49 万箱），同比下降 7.81%。"红双喜"品牌卷烟生产（不含合作生产）234.9 亿支（46.98 万箱），同比下降 5.64%；实现工业销量 387.9 亿支（77.58 万箱），同比下降 10.09%。"熊猫"品牌卷烟生产 4.25 亿支（0.85 万箱），同比下降 9.57%；实现工业销量 4.4 亿支（0.88 万箱），同比增长 1.15%。

品牌建设。坚持"创新驱动、转型发展"主战略，确立新"1+3"品牌发展战略，即以"中华"为核心的高端集群、中端转型、新型烟草制品的整体发展战略。在全国

2016 年 12 月 26 日，"中华（金中支）"上市销售

上海烟草集团　俞　帆　摄

部分省（自治区、直辖市）采取策略性调控，紧盯价格、库存两个关键指标，实施“一品一策”“一地一策”，强化精确信息、精准投放、精细服务，积极调整产销节奏，动态调控工业投放，不断完善信息化数据分析体系、差异化策略协同机制、高效化物流保障模式。

建立健全集团公司品牌维护和创新工作体系，进一步提升品牌结构和竞争力，初步形成有利于品牌发展的体制机制。完善集团公司产品线布局，不断丰富品牌品类和系列，开发、上市和储备一批创新型产品。“熊猫（硬经典）”“牡丹（软蓝）”“恒大（烟魁）”持续热销；“凤凰（细支）”“大前门（短支）”供不应求；“中华（金中支）”表现强势。

加强品牌合作生产，全年与安徽中烟、山东中烟、河南中烟合作生产卷烟 169.94 亿支（33.99 万箱），合作生产的卷烟品牌为“红双喜”“大前门”。

【原辅材料保障】 采购烟叶 14.85 万吨（296.92 万担），其中，国内烤烟 13.23 万吨（264.6 万担），晾晒烟 0.065 万吨（1.3 万担），进口烟叶 1.55 万吨（31.02 万担）。推进国家级基地单元建设，加强沪皖现代农业高科技示范园建设，建立 24 个特色烟叶基地单元，强化烟叶质量反馈、狠抓栽培技术改进，进一步提升基地单元烟叶原料等级保障能力。合理降低烟叶库存，逐步解决烟叶结构、数量与品牌产销之间的矛盾。截至 2016 年底，库存烟叶 40.1 万吨（802.01 万担）。

以辅料关键质量特性为突破口，开展“质量圈”活动，提升辅料供应质量，推进进口材料国产化替代工作。

【技术创新】 **上海烟草集团有限责任公司技术中心概况**。下设产品研究室、原料研究室、工艺材料研究室、烟草化学研究室、理化实验室、标准化室、综合管理部等 7 个科室和北京、天津 2 个工作站，并与集团公司下属单位共同组建烟草薄片研究室、滤棒技术研究室、包装设计印刷研究室、烟叶储存养护研究室、香精香料研究室等 5 个联合研究室，形成“七科两站五室”的技术中心机构设置。与上海烟草机械有限责任公司联合组建烟草机械技术研究室。共有员工 191 人，其中硕士研究生以上学历 116 人，中级以上职称 121 人。

承接历年接转项目 70 项，新立项目 44 项，年度科技项目数 114 项；主持 3 个国家局重点项目、6 个国家局重大专项子项目，以及 1 个国家局重点实验室项目的研究工作。全年申请专利 42 项，其中发明专利 32 项；获得专利授权 19 项，其中发明专利 15 项，国际专利 2 项；技术秘密 4 项。发表文章 14 篇，其中影响因子 3.0 以上国际期刊 1 篇。技术中心主持的“基于配方原料特性的卷烟物理保润技术研究与应用”“应用生物技术在打叶复烤和卷烟生产中降低 TSNAs 的研究”项目分别获得 2016 年度中国烟草总公司科学技术进步奖二等奖、三等奖。

创新工作。推进技术创新及产品研发工作，以“十三五”重大技术专项为龙头，在数字化配方技术、特殊规格卷烟设计技术、减害降焦、增香保润、原料保障等关键领域取得重要技术突破，一批具有自主知识产权、市场前景巨大的研究成果应用于产品研发与维护工作中。成功研发上市“熊猫（听装）”“中华（金中支）”“凤凰（细支）”“大前门（短支）”等 11 款产品；完成“中华（双中支）”“红双喜（硬上海）”升级改造等工作；完成天然色素薄片替代维护、内销产品商标改版。集团公司产品的卷烟焦油量加权平均值 10.6 毫克/支，实测烟气一氧化碳加权平均值 11.5 毫克/支。

浦东科技创新园区建设。围绕生产成本、职工人数、财务费用“三个变动不大”，按照“一个工厂，两个生产板块，两个管理层级”的架构，推动浦东科技创新园区内部机制改革和运行模式创新，着力“生产 + 研发”全制造链的升级。

【对外交流与合作】 中国烟草上海进出口有限责任公司（简称进出口公司）为上海烟草集团有限责任公司的全资子公司，注册资本 4028 万元。截至 2016 年底，进出口公司的实收资本 5846 万元。

进出口公司重点抓好业务经营五个关键环节。一是以国际市场“十三五”规划为引领，以“一带一路”和美洲、非洲新兴市场为重点，成功开拓 7 个免税市场、5 个有税市场。二是以境外产销基地建设为核心，提升水平，“金鹿”境外基地出厂价格较国内生产价格更有竞争优势。三是以精准营销为目标，加强渠道建设，理顺价格，做实做大市场。四是以新品上市为契机，提升盈利能力，推动结构升级，完成“牡丹（真国色）”“凤凰（细支）”“中华（听装）”“熊猫（听装）”的境内关外①机场免税店上市销售，实现“金鹿”口含烟首批销售到境内关外和菲律宾市场。五是提高管理水平，建立税签工作部门级标准，以及税签移交签收、损耗统计等工作机制。建立地理标志集团级标准，开展免税卷烟加贴标志工作。做好欧盟市场产品成分申报工作。首次开展境外打假工作，并继续保持卷烟出口回流查处高压态势。

全年进出口贸易总额 3.28 亿美元，出口实现 2.77 亿美元。境外销售卷烟 96.09 亿支，其中一般贸易出口 60.91 亿支，

① 境内关外，即海关在我国境内辟出的一个专门区域，区域内进出的货物相当于进口和出口，可免关税，免增值税，流通可以减免流通税，让企业不出国门就享受有关优惠政策。

境外落地生产销售35.18亿支。卷烟、设备、辅料等进口到货总额为0.51亿美元，烟草机械、烟用物资国营贸易总额为0.85亿美元，烟草机械、烟用物资、烟草废料等出口实现0.12亿美元。

“中华”品牌实现境外销量38.12亿支，同比增长14.79%；“熊猫”品牌实现境外销量3.19亿支，同比增长4.85%；“红双喜”品牌实现境外销量12.92亿支，同比下降24.84%；“中南海”品牌实现境外销量8.47亿支，同比下降32.24%；“金鹿”品牌实现境外销量31.73亿支，同比增长33.26%。此外，“牡丹”品牌实现境外销量1.38亿支，“凤凰”品牌实现境外销量0.28亿支。截至2016年底，集团公司卷烟品牌覆盖全球75个国家和地区的48个有税市场和69个免税市场。

2016年4月15日，上海烟草集团有限责任公司上海卷烟厂ITM全开式包装机调试验收成功

上海卷烟厂　朱晓步　摄

【管理创新】　突出“降本增效提质”主题，部署开展新一轮基层创建活动。运用ERP计划模块，加强京津沪生产资源统筹协调；围绕生产过程稳定受控，深化精益工具运用；注重产品质量提升，深入开展“Q3A0”质量工程，加强5S可视化评价、虫害防治标准工作。

所属企业

上海烟草集团有限责任公司上海卷烟厂

【卷烟生产】　主要生产的卷烟品牌有“熊猫”“中华”“红双喜”“牡丹”“大前门”“孟菲斯”。生产卷烟873.36亿支（174.67万箱），同比下降6.72%，其中，生产一类烟733.82亿支（146.76万箱）、二类烟4.56亿支（0.91万箱）、三类烟54.99亿支（11.0万箱）、五类烟79.99亿支（16.0万箱）。生产“熊猫”4.23亿支（0.85万箱）、“中华”724.38亿支（144.88万箱）、“红双喜”35.37亿支（7.07万箱）、“牡丹”26.58亿支（5.32万箱）、“大前门”82.65亿支（16.53万箱）、“孟菲斯”0.15亿支（0.03万箱）。

全年万元产值综合能耗3.12千克标煤，万支卷烟综合能耗3.19千克标煤。烟叶、滤棒、盘纸平均消耗分别为6.72千克/万支、2517支/万支、599米/万支。水、电平均消耗分别为0.12吨/万支、12.10千瓦时/万支。

【技术创新】　结合新产品开发及新技术、新工艺、新材料应用，推动各类创新项目实施。成立“俞佳俊制丝技术创新工作室”“丁铖宗技师创新工作室”。推进实施集团公司科技项目7项，厂级质量改进项目60项；QC课题130项，参加课题1208人次。

【技术改造】　配合新品开发和产品升级，协调落实相关设备到货、调试、验收工作。全年新增4组、改造4组卷包设备。截至2016年底，第一组全开式包装机、短支烟卷包机组、罐装机完成验收并交付生产；中细支卷包机组、12支装包装机进入设备调试阶段；超细支卷包机组到货待装。

【质量管理】　关注Q3目标，从同质化、数据驱动、问题导向、工艺研究四个方面，提升产品内在、外在质量水平。聚焦A0目标，从构建并完善质量拉停标准、完善防差错体系、推进两类缺陷验证工作、加强市场走访四方面，持续完善工厂A类缺陷防控体系。推动SPCD从技术向管理转变，提升过程控制水平。

上海烟草集团北京卷烟厂

【卷烟生产】　生产卷烟（含出口烟）174.61亿支（34.92万箱），其中，生产一类烟16.8亿支（3.36万箱）、二类烟21.20亿支（4.24万箱）、三类烟128.25亿支（25.65万箱）、出口烟8.36亿支。生产内销“中南海”138.48亿支（27.70万箱），生产出口“中南海”8.36亿支，生产“牡丹”22.01亿支（4.40万箱），生产“红双喜”5.73亿支（1.15万箱）。

实现卷烟销售收入48.99亿元。实现税利34.79亿元，同比下降2.74%，其中利润3.89亿元。出口实现1256.12万美元。

全年万元产值综合能耗14.29千克标煤，万支卷烟综合能耗3.98千克标煤。烟叶、滤棒、盘纸平均消耗分别为6.19千克/万支、2519支/万支、594米/万支。水、电平均消耗分别为0.11吨/万支、13.84千瓦时/万支。

【技术创新】 加强新品开发，完成“中南海（8mg雪茄型）”“北京（软）”开发工作。“中南海（Z冰）”获国家局准产批复。“北京（全开）”完成配方和香辅料设计。“北京（硬）”完成配方设计，感官质量和烟气指标达到设计要求。

牵头行业卷烟减害技术重大专项“应用生物技术在打叶复烤和卷烟生产中降低TSNAs的研究”获得2016年度中国烟草总公司科学技术进步奖三等奖。“降低国产白肋烟、马里兰烟TSNAs含量关键技术研究”通过中国烟草总公司鉴定。

以第一作者发表论文7篇，其中SCI论文6篇，CORESTA大会论文1篇。申请发明专利3项。

【技术改造】 工厂异地技改三期工程完成政府验收工作。后勤保障设施局部改造项目完成项目初步设计编制、施工招标文件及施工图编制并报集团公司审批。中国烟草总公司（北京）烟叶样品中心项目完成烟叶样品库设计招标工作，并签订设计合同。

上海烟草集团有限责任公司天津卷烟厂

【卷烟生产】 生产卷烟220.28亿支（44.06万箱），同比下降3.07%，其中，生产一类烟3.92亿支（0.78万箱）、二类烟3.34亿支（0.67万箱）、三类烟213.02亿支（42.60万箱）。主要生产“恒大”“红双喜”“江山”“牡丹”“凤凰”等5个卷烟品牌12个规格产品。生产“恒大”1.54亿支（0.31万箱），生产“红双喜”176.65亿支（35.33万箱），生产“江山”0.05亿支（0.01万箱），生产“牡丹”39.72亿支（7.94万箱），生产“凤凰”2.32亿支（0.46万箱）。

全年万元产值综合能耗14.38千克标煤，万支卷烟综合能耗3.48千克标煤。烟叶、滤棒、盘纸平均消耗分别为6.73千克/万支、2514支/万支、598米/万支。水、电消耗分别为0.06吨/万支、11.35千瓦时/万支。

【品牌建设】 推进“恒大”品牌建设，“恒大（烟魁1903）”“恒大（烟魁1919）”“恒大（记忆1949）”等3款产品实现税利2.18亿元，同比增长24.88%。开展《津烟历史文化丛书》编撰工作，形成《颐中遗韵》画册、《颐中往事》书籍等成果，支撑“全员营销”活动开展。

【信息化建设】 以卷包机台挡车工、维修工为试点，开展业务指令集成子系统建设，通过事前提醒、事中指导、事后评价，设计、固化最优作业流程，实现业务指令系统在卷包机台全面上线试运行。以服务一线生产人员、提升卷包机台挡车工数据利用能力为切入点，实现i-date系统与业务指令系统同步上线试运行。升级建设TnPM子系统，完成3个模块上线试运行工作，实现各项设备管理工作高度集成。

【精益管理】 丰富创新主题活动及开展形式，探索创新过程经济语言展现，保鲜创新活动的参与感与关注度。以课题为载体持续推进“精益节约 降本增效”主题活动，以建立全员成本意识、引导改善方向为目的，收集降本增效专项提案47项，产生经济效益150.39万元。职工形成精益成果4075项，参与人数达到833人，参与率91.94%，人均成果4.50项。取得QC成果145项，其中1项QC课题获得“国优”称号。

上海高扬国际烟草有限公司①

【卷烟产销】 以生产集团公司卷烟产品“中华”“红双喜”“大前门”等为主，并与日本烟草产业株式会社合作，来料加工生产“七星（4mg）”“七星（8mg）”“七星（10mg）”卷烟。上海高扬公司位列上海市工业税收排名第八位。“夏志刚劳模创新工作室”获得2016年度“上海市劳模创新工作室”称号。

生产卷烟53.34亿支（10.67万箱），其中，生产委托加工卷烟21.97亿支（4.39万箱），生产自有品牌卷烟30亿支（6万箱），生产“七星”1.37亿支（0.27万箱）。

实现销售收入18.15亿元，实现税利18.70亿元（包括代加工业务缴纳的税金），其中利润2.58亿元。

全年万元产值综合能耗9.81千克标煤，万支卷烟综合能耗3.09千克标煤。烟叶、滤棒、盘纸平均消耗分别为6.58千克/万支、2518支/万支、598米/万支。水、电平均消耗分别为0.11吨/万支、12.97千瓦时/万支。

【对接浦东科技创新园区建设】 按照“无缝对接、错位对接”的总体规划，落实浦东科技创新园区课题和企业转制工作。3月，启动集团公司吸收合并上海高扬公司工作。结合园区人力资源需求，实现“一人一档”培训培养计划覆盖率100%，组织124人次分15批赴上海卷烟厂开

---

① 上海高扬国际烟草有限公司创建于1992年2月，由原上海烟草（集团）公司、香港南洋兄弟投资（中国）有限公司合资经营。2012年2月底，香港南洋兄弟投资（中国）有限公司将所持有的上海高扬公司股权全部转让给上海烟草集团有限责任公司，上海高扬公司成为上海烟草集团有限责任公司的全资子公司。

展岗位对标学习。截至 2016 年底，全面完成集团公司吸收合并上海高扬公司和相关设备调拨移动工作。

【合作项目圆满结束】 上海高扬公司与日本烟草产业株式会社的合作项目圆满结束。自 1999 年 3 月 24 日，中国烟草总公司和日本烟草产业株式会社正式签订《“七星”卷烟加工合同》起，上海高扬公司来料加工生产“七星（Mevius）”卷烟 500 批，总计 19.78 亿支（3.96 万箱）；召开七届中日“现场主动”交流发布会，取得 37 项交流成果。

上海烟草集团有限责任公司上海烟草储运公司

【生产经营】 完成卷烟吞吐 2086.84 亿支（417.37 万箱），同比下降 2.31%；烟叶吞吐 26.23 万吨，同比下降 7.71%；辅料吞吐 4.49 万吨，同比下降 16.23%；汽车运输 637.81 万吨千米，同比下降 7.4%。全年柴油油耗 7.25 升/百吨千米，综合能耗 1283.49 吨标煤。市内外卷烟配送订单执行率达到 100%。

【物流运营】 以市场化取向为目标，主动提升市场响应能力，持续探索“订单驱动、定时定点、滚动配货”精准物流送货模式。按照客户需求，提高市外配送订单周四前（含周四）到货比例，并编制“小快灵”应急配送方案。从 7 月起，对重庆地区总库和两个分库同时实施配送服务，对天津地区实施日配送服务。

【质量管理】 围绕“烟叶原料一生养护管理”，开展“中华原料大数据管理”课题研究。初步建立“烟叶数据库分析模型”。由于烟叶原料熏蒸工作委托第三方实施操作，为此编制《烟叶原料熏蒸杀虫承揽方监督管理办法》，对接受委托开展熏蒸工作的第三方实施全过程监督管理。

上海海烟物流发展有限公司

【生产经营】 分拣配送卷烟 401.91 亿支（80.38 万箱），同比下降 2.47%。销售卷烟 99.9 亿支（19.98 万箱），同比下降 10.24%。实现主营业务收入 71.98 亿元，同比下降 3.96%。实现税利 13.16 亿元，同比增长 21.42%，其中利润 2.80 亿元，同比增长 29.03%。三项费用率 1.98%。

【卷烟营销】 以“调状态、做品牌”为主要任务，探索实践大客户制，与集团客户建立“战略互信、资源共享、营销互动、合作双赢”的深层次协同模式，构建更适应与集团客户协同的渠道经理专项组织架构。结合新《广告法》出台后的市场形势和各类终端特色，以消费者为核心，充分利用现代终端、大型商超资源，探索推动各类营销活动，发挥品牌培育主战场功能。

【企业管理】 根据不同业态、不同方法制定定员依据，形成公司定额定员标准升级版。围绕“预算牵线降本”主题，通过“严控费率水平，加强队伍建设，优化作业流程”三条主线，结合季度实时动态跟踪管理，确保降本增效工作落到实处。贯彻“一岗双责”制度，通过安全体系第三方审核并保持一级企业资格。开展“保品牌状态、提服务质量”专项管理提升活动，提升管理效能。

2016 年上海烟草集团有限责任公司所属企业/生产厂情况统计

	上海烟草集团有限责任公司上海卷烟厂	上海烟草集团北京卷烟厂	上海烟草集团有限责任公司天津卷烟厂	上海高扬国际烟草有限公司	上海烟草集团有限责任公司上海烟草储运公司	上海海烟物流发展有限公司
法人资格	非独立法人	独立法人	非独立法人	独立法人	非独立法人	独立法人
主要负责人/法人代表（含党政领导）	党委委员、厂长：陆　捷（—2016 年 1 月）、朱洪武（2016 年 7 月—，2016 年 1—7 月任党委书记、厂长）党委书记兼副厂长：陈忠民（2016 年 7 月—）	党委副书记、厂长：曲志刚 党委书记、副厂长：蔡继东	党委委员、厂长：李钢成 党委书记、副厂长：唐　涛	总经理：张　燕（—2016 年 4 月）党委书记、总经理：周　栋（2016 年 4 月—，之前任党委书记）	党委委员、总经理：刘正渝 党委书记、副总经理：刘晓晴（—2016 年 9 月）党委副书记（主持党委工作）、副总经理：陆　焱（2016 年 9 月—）	党委委员、总经理：汤　健（—2016 年 7 月）、管振毅（2016 年 7 月—）党委书记、副总经理：陈　君
成立时间	1925 年	1970 年	1919 年	1992 年	1986 年	2002 年
从业人员（人）	2045	906	906	361	515	654
卷烟生产能力（亿支）	900	400	350	95	—	—

续表

		上海烟草集团有限责任公司上海卷烟厂	上海烟草集团北京卷烟厂	上海烟草集团有限责任公司天津卷烟厂	上海高扬国际烟草有限公司	上海烟草集团有限责任公司上海烟草储运公司	上海海烟物流发展有限公司
卷烟品牌	自有品牌	熊猫、中华、红双喜、牡丹、大前门、孟菲斯	中南海、牡丹、红双喜	恒大、红双喜、江山、牡丹、凤凰	中华、红双喜、大前门	—	—
	来料加工	—	—	—	七星（Mevius）	—	—
卷烟总产量（亿支）[1]		873.36	174.61	220.28	53.34	—	—

注：1. 卷烟总产量含出口烟、来料加工。

◇ 撰稿：胡剑平；编辑：谢争艳

江苏中烟工业有限责任公司

【卷烟产销】 生产卷烟（不含合作生产、出口烟）1022.51 亿支（204.5 万箱），其中，生产一类烟 417.29 亿支（83.46 万箱）、二类烟 309.79 亿支（61.96 万箱）、三类烟 256.76 亿支（51.36 万箱）、四类烟 34.85 亿支（6.97 万箱）、五类烟 3.82 亿支（0.76 万箱）。与国内卷烟生产企业合作生产卷烟 330 亿支（66 万箱）。

实现卷烟销量（含合作生产回购、不含出口烟）1358.4 亿支（271.68 万箱），其中，一类烟 419.05 亿支（83.81 万箱）、二类烟 306.7 亿支（61.34 万箱）、三类烟 585.95 亿支（117.19 万箱）、四类烟 43.1 亿支（8.62 万箱）、五类烟 3.65 亿支（0.73 万箱）。细支卷烟实现销量 274.05 亿支（54.81 万箱）。出口烟实现销量 5.06 亿支。

实现卷烟销售收入（不含合作生产回购）518.81 亿元，同比下降 2.38%。实现税利 472.66 亿元，同比下降 2.77%，其中利润 85.28 亿元，同比下降 7.07%。三项费用率 3.67%，同比减少 0.3 个百分点。

全年万元产值综合能耗 5.61 千克标煤，万支卷烟综合能耗 2.68 千克标煤。烟叶、滤棒、盘纸平均消耗分别为 6.14 千克/万支、1956 支/万支、622 米/万支。水、电平均消耗分别为 0.09 吨/万支、10.06 千瓦时/万支。

【主要产品与品牌建设】 *主要产品*。主导品牌平稳向好发展，自产“苏烟”278.2 亿支（55.64 万箱），11 个规格（含 2 个出口规格）；自产“南京”709.31 亿支（141.86 万箱），27 个规格。“苏烟”实现销量（不含出口）278.5 亿支（55.7 万箱）；“南京”实现销量（含合作生产回购，不含出口）1042.9 亿支（208.58 万箱）。苏产卷烟销量同比增加 38.65 亿支（7.73 万箱）、增长 2.93%。细支卷烟高速增长，继续保持行业引领优势，实现销量 274.05 亿支（54.81 万箱），同比增长 69.79%，占全国标准细支卷烟销量的 40.05%，其中，一类细支卷烟销量为 81.1 亿支（16.22 万箱），同比增长 44.15%，占全国一类细支卷烟销量的 51.44%。“南京（细支九五）”“南京（软九五）”“南京（大观园）”等新品，市场影响力不断扩大。

合作生产情况。合作生产稳中有进，合作生产卷烟 330 亿支（66 万箱），同比增加 4 亿支（0.8 万箱），其中，与山东中烟合作生产“南京（红）”35 亿支（7 万箱）；与广西中烟合作生产“南京（红）”15.5 亿支（3.1 万箱）、“南京（佳品）”5 亿支（1 万箱）、“南京（紫树）”14.5 亿支（2.9 万箱）；与吉林烟草工业有限责任公司合作生产“南京（红）”30 亿支（6 万箱）、“南京（紫树）”15 亿支（3 万箱）；与江西中烟合作生产“南京（红）”37.5 亿支（7.5 万箱）、“南京（紫树）”27.5 亿支（5.5 万箱）；与黑龙江烟草工业有限责任公司合作生产“南京（红）”95 亿支（19 万箱）、“南京（紫树）”45 亿支（9 万箱）、“南京（绿）”10 亿支（2 万箱）。

品牌建设。继续围绕“中高档卷烟产品供应商”的定位，坚持“苏烟”“南京”双品牌战略，聚焦主流价位和主导规格，着力发展一、二类烟，特别是一类烟，突出发挥细支卷烟特色引领优势，优化产品结构、提升品牌价值。

启动“苏烟”“南京”双品牌战略研究，面向卷烟零售终端和消费者，从品牌历史、产品设计等方面，提炼具有代表性又符合企业与品牌发展方向的意见和建议。推进品牌文化构建，从主题、品系、传播语等各层面研讨品牌文化构建，初步形成“苏烟”品牌文化体系建设的基本框架。强化产品创新，有序完成“南京”细支产品线阶段性布局，成功上市“南京（梦都）”“南京（新版）”“苏烟（东渡顺）”等新品，研发面市“南京（红楼卷）”，恢复上市“苏烟（铂晶）”，升级改造 3 个老产品，研发完成 4 个出口产品。加强品牌宣传推广，推进“消费者在哪里，我们就在哪里”主题活动，培训一线兼职宣讲员，全年召开宣讲类活动 450 场；强化与《中国烟草》杂志等行业内外主流媒体合作，突出“大格局文化”“红学文化”主题宣传，提升品牌知名度和影响力；发挥“钟山烟语”微信公众平台功能，开展广泛参与性营销活动，加强与消费者互动。

市场培育。紧跟行业市场化取向改革要求，注重对市场的系统分析和精细把控。加强信息建设，提升市场价格体系监测能力，优化升级第三方价格信息采集点，监测点数量扩展至187家，覆盖全国70个城市；构建信息管理体系，完善管理办法，建立即时反馈机制，搭建沟通平台，下沉延伸分析职能，实现市场信息共享和反馈，全年形成166期市场动态信息报告；加快大数据营销系统三期工程及移动端APP建设，提升交叉分析水平。开展市场诊断，推进常态化市场调研机制，从分析诊断市场，督办调研成果，到评价落实成效，形成闭环管理；对重点市场开展专项诊断，形成《“南京（雨花石）”全国市场布局建议》《省内细支烟发展策略》等诊断报告；加强竞争性分析研究，分地区、分价区、分品类分析竞争品牌，及时调整宣传投放策略。动态调整市场状态，修订《卷烟计划管理程序》，陆续在9个重点城市试点开展月度“定时、定点、定量”的“三定”调拨模式，提升货源供应的稳定性和预判性；采取“板块联动”与“点上精准”相结合，根据价格、存销比、竞品策略等指标，有针对性地采取调拨措施，有效调控品牌市场状态。

【管理创新】　**深化顶层设计**。明确江苏中烟“十三五”发展思路和举措，印发《江苏中烟工业有限责任公司“十三五”规划》《江苏中烟工业有限责任公司“十三五”细支烟发展专项规划》等8个专项规划，完成16个战略研究课题。搭建权责运行体系，印发《江苏中烟工业有限责任公司分层分级赋能授权工作意见（试行）》，形成授权清单和责任清单。构建企业文化理念体系，形成以“因你而卓越”为精神内核的文化体系、行为体系和配套管理体系。完善人才培养体系，建立总部优秀青年人才库，深化上挂下派工作，初步形成“基层历练成长、从下往上流动、上下互动锻炼、条线专业培养、横向交流提升”的人才培养机制。

夯实管理基础。深化精益管理，全年实现降本增效2.93亿元。南京卷烟厂“基于能源价值流分析，持续推进精益管理，提高企业能源管控绩效”和淮阴卷烟厂“基于防差错的精益质量预控体系建设”的2个精益课题被评为全国烟草行业“精益十佳”课题；“叶丝暂存工序工艺流程的精益设计”“降低GDX2细支包装机烟库少烟停机次数”2个QC项目分别获得全国烟草行业第二十七届优秀质量管理小组成果一、二等奖。

加强质量管理。出台《江苏中烟工业有限责任公司质量事故处置与问责管理办法（试行）》，卷烟制造过程能力西格玛水平从3.9提升至3.95，产品质量市场反馈率从0.11ppm降至0.08ppm。加强生产管理，卷包设备综合效率78.6%，同比提高1.78个百分点；薄片生产车速稳定在130米/分钟，产品得率达到87.53%。加强物流管理，卷烟到货及时率达到99%以上，单箱卷烟运输费同口径同比下降5.39%，完成包装箱循环利用和托盘联运任务。

【原辅材料保障】　持续深化烟叶基地单元建设，强化等级质量管理，推进均质化加工和区域加工中心建设。截至2016年底，累计建设国家局烟叶基地单元32个，其中特色优质烟叶基地单元13个。全年采购各类烟叶13.6万吨（272万担），其中，采购国内烟叶12.39万吨（247.85万担），上等、中等、下低等烟叶分别占比67%、28%、5%，配方满足率92.35%；采购进口烟叶1.21万吨（24.15万担），包括阿根廷、巴西、津巴布韦及美国产地烟叶。

规范烟叶计划管理，修订《江苏中烟工业有限责任公司原料采购管理程序》，明确烟叶需求计划与采购计划的衔接原则。截至2016年底，江苏中烟共有库存烟叶21.23万吨（424.54万担），烟叶配方适配率与库存控制水平提升。

提升原辅材料精益采购水平，强化供应商考核，完善质量协同改进机制，持续保持材料质量的稳定与提高。坚持“能招尽招，真招实招”的原则，按计划完成部分烟用材料和烟机零配件公开招标工作，节约采购资金1.1亿元。全面推进网上交易工作，巩固物资采购专项治理的成果，提升烟用物资规范管理水平，实现阳光采购、公开透明。

【技术创新】　深化技术创新，加大细支卷烟核心技术攻关和系统集成力度，研发应用细支爆珠技术、突破爆珠滤棒和空芯复合滤棒批量生产技术等。在传承苏产卷烟风格特色的基础上，持续加大叶组配方创新力度，深化香精香料核心技术研究，丰富完善苏产卷烟风格特色。积极研发具有苏产卷烟风格特色的电子烟液配方，开展加热不燃烧卷烟专项技术攻关，稳步推进新型烟草制品研究。开展“混合型”“高档卷烟专用”再造烟叶新产品项目研究，成功掌握适合“中式混合型卷烟”的再造烟叶自主配方技术。聚焦特色工艺关键技术的研究攻关，推动关键工艺技术向实际生产力转变，重点围绕细支卷烟适配梗丝的应用，攻克“南京”专线梗丝加工工艺技术瓶颈，实现梗丝形态的突破性改良，提高梗丝利用率。

聚焦科技创新效能的持续提升，“南京”专线投产试运行，“苏烟”专线进入安装调试，梗丝再造线完成土建工程施工招标，南通烟滤嘴有限责任公司易地搬迁和鑫源再造烟叶项目通过总体竣工验收。提升技术创新水平和自主创新能力，取得科研项目成果39项，获得专利授权114项，其中发明专利41项；在中文核心期刊发表论文4篇。持续推进科技减害，全年卷烟综合焦油量降至10.3毫克/支，危害性指数降至8.0。

2016 年 8 月 3 日，江苏中烟新产品外观设计大赛优秀作品发布会在南京举行
江苏中烟　凌绍清　摄

【特事辑要】　1 月 6—7 日，国家局党组成员、副局长段铁力赴江苏烟草调研。段铁力对江苏烟草近年来取得的工作成绩给予肯定，要求江苏烟草牢固树立安全发展理念，进一步强化红线意识、底线思维，不断提升安全管理水平；拓展市场、深挖潜力、降本增效、精益管理，为“十三五”发展起好步、开好局；搞好技术创新，抓好产品质量，为行业持续健康发展作出新贡献。

12 月 5—6 日，国家局党组书记、局长凌成兴赴江苏烟草调研。凌成兴充分肯定江苏烟草工商企业为行业楷模，突出表现为“一个连年‘跑火’”和“三个名列前茅”。“一个连年‘跑火’”，即江苏中烟的细支卷烟连年大幅增长，连续保持“总量全国第一、占比全国第一、水平全国第一”。“三个名列前茅”，即“南京”品牌产销增长名列前茅、商业实现税利增长名列前茅、产品结构增长名列前茅。要求江苏烟草要做到“三个带头”，为行业改革发展作出更大贡献。“三个带头”，即凝心聚力、顶住压力，带头完成年度任务；充分发挥党组织、党员的作用，带头抓好从严治党；着力稳产销、提结构、降库存、增税利，带头谋划明年目标。

【对外交流与合作】　出口烟实现销量 5.06 亿支，同比增长 95.7%，其中“苏烟”4.01 亿支、“罗曼蒂克”1.05 亿支。实现销售收入 2320.58 万美元，同比增长 86.1%。

加快“走出去”步伐，在稳步推进免税市场的同时，以混合型卷烟“罗曼蒂克”为主要产品着力发展中国台湾地区、巴基斯坦、伊朗等有税市场，卷烟出口至新加坡、澳大利亚、美国、智利等 22 个国家和地区。南通烟滤嘴有限责任公司出口滤棒实现高速增长，全年出口滤棒 6.08 亿支，同比增长 106.8%。

2016 年江苏中烟工业有限责任公司所属生产厂情况统计

		江苏中烟工业有限责任公司南京卷烟厂	江苏中烟工业有限责任公司徐州卷烟厂	江苏中烟工业有限责任公司淮阴卷烟厂
法人资格		非独立法人	非独立法人	非独立法人
主要负责人（含党政领导）		党委书记：李　鸣（—2016 年 7 月） 党委书记、厂长：朱卫星（2016 年 7 月—，之前任党委副书记、厂长）	党委书记、厂长：边　姜（—2016 年 10 月）、招启柏（2016 年 10 月—）	党委书记、厂长：关　军
成立时间		1948 年	1939 年	1945 年
从业人员（人）		1537	1778	1302
卷烟生产能力（亿支）		392	464	390
卷烟品牌	自有品牌	苏烟、南京、一品梅	苏烟、南京、红杉树	苏烟、南京、华西村、红杉树、大丰收、一品梅、罗曼蒂克
	合作生产品牌	—	—	—
卷烟总产量（亿支）		320.00	347.50	355.00

◇ 撰稿：徐　璐；编辑：周　佳

浙江中烟工业有限责任公司

【卷烟产销】 生产卷烟（不含出口烟）1622.89 亿支（324.58 万箱），同比下降 5.36%，其中，生产一类烟 436.02 亿支（87.2 万箱），同比下降 13.07%；二类烟 933.1 亿支（186.62 万箱），同比增长 1.6%；三类烟 32.5 亿支（6.5 万箱），同比下降 27.6%；四类烟 139.83 亿支（27.97 万箱），同比下降 14.62%；五类烟 81.44 亿支（16.29 万箱），同比下降 5.4%。

自产卷烟 884.5 亿支（176.9 万箱），同比下降 3.6%。与省外工业企业合作生产卷烟 738.39 亿支（147.68 万箱），同比下降 7.4%。生产出口烟 31.3 亿支，同比增长 1.5%。

实现卷烟销量（不含出口烟）1661.5 亿支（332.3 万箱），同比增长 0.53%。其中，一类烟 459.6 亿支（91.92 万箱），同比下降 2.67%；二类烟 957.1 亿支（191.42 万箱），同比增长 8.43%；三类烟 31.75 亿支（6.35 万箱），同比下降 22.83%；四类烟 137.1 亿支（27.42 万箱），同比下降 19.58%；五类烟 77.2 亿支（15.44 万箱），同比下降 10.98%。实现境外卷烟销量（自产出口）37.51 亿支，同比增长 27.3%。

实现卷烟销售收入 798 亿元，同比增长 1.51%。实现税利 406.46 亿元，同比增长 5.02%，其中利润 34.44 亿元，同比下降 7.98%。三项费用率 6.78%，同比减少 0.25 个百分点。

【主要产品与品牌建设】 *主要产品*。生产的主要卷烟品牌为“利群”“大红鹰”“雄狮”“摩登”，在产规格有 76 个，其中在国际市场销售的在产品牌有“摩登”“利群”2 个品牌 49 个规格。

“利群”系列有 22 个规格，其中烤烟型 21 个、外香型 1 个；一类烟 16 个、二类烟 6 个；细支卷烟 3 个。生产“利群”（含出口烟）1382.7 亿支（276.54 万箱），同比下降 3.4%，其中自产（含出口烟）840.5 亿支（168.1 万箱），同比增长 4.9%。合作生产卷烟 542.2 亿支（108.44 万箱），同比下降 14%。实现工业销量 1434.42 亿支（286.88 万箱），同比增长 4.3%，其中省内实现销量 417.69 亿支（83.54 万箱），同比增长 2.7%；实现境外销量 13.69 亿支，同比增长 18.3%。

“利群”品牌继续保持良好的发展态势，品牌商业批发市值达到 1159.71 亿元，同比增长 5.6%；单箱批发销售额 4.09 万元。品牌各主销规格基本保持顺价销售，社会存销比和社会库存相对较低，市场状态总体稳定。

“大红鹰”有 1 个规格，即“大红鹰（软蓝）”，烤烟型、三类烟。2016 年，生产 32.5 亿支（6.5 万箱），同比下降 27.6%，全部为合作生产。实现工业销量 31.96 亿支（6.39 万箱），同比下降 22.9%，其中浙江省内实现销量 31.96 亿支（6.39 万箱），同比下降 22.9%。

“雄狮”系列有 4 个规格，其中，烤烟型 3 个，外香型 1 个；四类烟、五类烟各 2 个。2016 年，生产 221.26 亿支（44.25 万箱），同比下降 11.5%，其中自产 57.58 亿支（11.52 万箱），同比下降 51.2%；合作生产 163.69 亿支（32.74 万箱），同比增长 23.8%。实现工业销量 214.9 亿支（42.98 万箱），同比下降 17.1%，其中省内 77.23 亿支（15.45 万箱），同比下降 13.9%。

品牌发展战略。坚持“以进促稳”的发展思路，全面优化市场布局。以“面上主推发展，点上防范风险”为指导，积极对接卷烟营销市场化取向改革，抢抓市场机遇，不断夯实市场基础，扩大消费接触空间。全年浙产烟实现省外市场商业批发销量 1150 亿支（230 万箱），同比增长 2.8%；省外市场销量比重达到 69.2%，同比增加 1.5 个百分点，其中，“利群”比重达到 71.4%，同比增加 1.2 个百分点。境外重点区域市场稳定发展，2016 年，销量达到 100.2 亿支，同比增长 11.36%，其中“利群”销售 13.7 亿支，同比增长 18.3%；“摩登”销售 86.5 亿支，同比增长 10.3%。

目标引领营销推进。在保持良好市场状态基础上，有效跟进商业需求，大力争取协议订单。“利群”品牌的协议订单小幅增长，高端“利群”[即含税调拨价 171 元/条，其统一批发价为 247.8 元/条（含）价位的“利群”卷烟]增长明显。“利群”品牌浙江省外商业批发销量超过 20 万箱的有河南、山东和江西 3 个省，10 万～20 万箱的有广东、江苏、河北和安徽 4 个省；5 万～10 万箱的有福建、陕西、湖南、四川、湖北、上海和辽宁 7 个省（直辖市）；1 万～5 万箱的有天津、黑龙江、广西等 13 个省（自治区、直辖市）。

精准监控防范风险。基于“利群”品牌总体发展相对平衡的态势，适时转变指导策略，将风险防范的立足点确定为“以产品为对象，以地市公司为单位”，杜绝简单粗放的“一刀切”。通过价格、库存、要货积极性等 3 个指标初步构建起风险评价体系：库存影响价格，价格反映库存水平，价格和库存影响要货积极性，要货积极性反映价格和库存水平。通过多维参照，进一步完善状态监测体系。

瞄准浙商跟进营销。在对浙商相关组织、协会进行梳理识别、摸清底细的基础上，重点开展针对浙商群体的评吸宣传工作。一是借助企业年会等活动，开展高端“利群”的评吸宣传；二是以新产品上市为契机，主动跟进宣传推广。省外市场以省内输出为基础，大力开展乡情销售、乡情

浙江中烟杭州卷烟厂职工对刚刚下线的卷烟进行认真检验
浙江中烟杭州卷烟厂 刘 瑾 摄

消费及乡情推广等三方面的乡情营销。主要内容包括：提供浙产烟导购、代购、会议品吸用烟服务，为有经营场所的会员提供“利群”产品出样、陈列、宣传服务，消费领袖的消费引导等。

“利群”品牌文化宣讲。将“一个灵魂三篇文章”（坚持“利群”“平和”的灵魂，做好“品系”“品格”“品质”三篇文章）“利群”品牌文化宣讲与“周进货面”提升、新产品宣传等有机结合，聚焦对象识别，突出工商协同，坚持PDCA方法，强化过程管理，力求宣传贯彻工作取得更大实效。浙江省内市场按照3年覆盖所有卷烟零售客户的目标（2014—2016年），推进剩余9.33万户卷烟零售客户的宣传贯彻工作；浙江省外主要针对未上柜卷烟零售客户展开，举办1010场次宣传贯彻活动，受众达到6.09万人次，覆盖719个区县。通过宣传贯彻活动，省外市场未上柜卷烟零售客户中有2.38万户实现上柜，上柜率达到63.7%。

【管理创新】 **提升基础管理工作**。按照“五个着力”（目标引领、源头管控、过程控制、课题带动、责任落实）的工作要求，推进精益管理降本增效工作。一是明确“四六六”工作推进思路，梳理近几年推进企业管理活动的探索和实践经验，逐渐形成整体推进精益管理降本增效的“四六六”的框架模式，即“四个一”的有机整体：一个实施方案、一套组织架构、一套指标体系、一套措施体系；六大坚实支柱：精益营销推进小组、精益研发推进小组、精益物流推进小组、精益生产（杭）推进小组、精益生产（甬）推进小组、精益三项工作推进小组；六个无缝对接：与一体化目标管理体系相结合、与创优对标相结合、与成本费用控制相结合、与三项工作管理相结合、与科技创新管理相结合、与重大项目相结合。二是将精益管理降本增效与一体化目标管理体系有机融合，全面梳理目标指标库，形成由59项指标组成的精益管理降本增效目标指标体系，其中24项指标为公司关键业绩指标。三是量化指标，制定措施。按照实施方案的工作要求，针对各个降本增效目标指标，制定“可操作、可量化、可检查”的268条具体措施，形成降本增效工作措施体系。四是过程控制，持续改善，以季度为单位，对降本增效目标指标完成情况和措施推进情况进行小结，由职能部门通过专项审核的方式，对降本增效工作开展监督检查。五是精心组织，择优推荐，制定推荐课题和个人评选的工作办法。

推进智慧企业加速建设。4月，正式启动《智慧企业建设规划》编制，历时近半年，于11月1日通过会议验收。规划分为四大部分：一是市场驱动的复合调度体系；二是竞争导向的精准研销体系；三是管理基础；四是技术支撑。整个蓝图，既包含理念层面愿景及目标的概括，也梳理核心的运营体系，设计许多运营节点上的计算方法，并进行模拟。同时，也对整个信息技术支撑平台进行规划设计，从而明确未来互联网架构在企业落地的蓝图与实现途径。

【原辅材料保障】 **原料采购**。2015年度（2015年7月1日至2016年6月30日）采购烟叶总量19.84万吨（396.71万担，按原烟口径，片烟按65%折回原烟），同比增长9.03%，其中，国内烤烟16.78万吨（335.66万担），同比增长17.91%，进口片烟1.3万吨（26.0万担），同比增长9%；工业调剂片烟0.62万吨（12.36万担），同比下降48.26%；晾晒烟0.12万吨（2.4万担），同比下降60.66%。

2015年度采购国内可用于“利群”的片烟8.42万吨（168.44万担），同比增加1.4万吨（28.05万担）；总体“利群”使用意向适配率为78.92%，同比增加0.86个百分点。截至2016年6月底，“利群”烟叶库存17.09万吨（341.77万担），占总量比例的76.82%，“利群”动态保障月份20.49个月，同比增加0.98个月。

建立产区种植烟叶信息档案，开展国内主产区主要种植烟叶县的基本信息收集工作，通过综合评价，确定云南省昆明等12个产区为“利群”可用产区，除四川省广元产区外，适配率均达到84%以上。

辅料供应商管理。严控两个数量，即供方滚动备料数量和订单执行数量；精确两个时间，即进货安排时间和滚动备料完成时间；严把两个质量检验，即供方的出库质量检验和我方的进货质量检验，从而提高生产适用性。推进批次管理应用，落实批次管理要求，将供方批次管理的运行情况计入招标考评，通过批次演练、实地走访促进工作提升；通过物资平台协同、批次信息关联追溯，促进产品质量全面提高。

【技术创新】 **新品研发**。完成设计开发卷烟新产品29个，设计更改卷烟产品23个规格，其中境内新产品“利群（休闲云端）”“利群（钱塘）”“利群（江南忆）”“利群（西湖恋）”4个，境外及境外工厂生产新产品的包装及烟支配套设计48个。

科研创新。获得科技成果9个，其中“自洽式超高速生产智能系统”项目通过浙江省科技厅组织的科技成果鉴定，并获得浙江省科技进步二等奖；“无外源添加卷烟配方技术体系开发与应用”“基于造纸法再造烟叶特性的制丝工艺技术研究”2个项目，分别获得2016年度中国烟草总公司科学技术进步奖二等奖和三等奖。全年获得“国际优秀QC小组”称号1个，全国QC成果奖励3项，信得过班组2个；浙江省（行业）优秀QC成果13项；中国质量协会质量技术奖5项；中国质量协会杯赛优秀QC成果3项。申报省部级（行业）各类科技计划项目1项（申报未立项）。

知识产权工作。申请专利149项，其中发明专利70项，实用新型专利72项，外观设计专利7项；获得专利授权167项，其中发明专利64项。截至2016年底，浙江中烟累计申请专利1104项，其中发明专利491项；累计获得专利授权726项（5个往年授权的实用新型专利2016年已失效），其中发明专利206项。申请著作权31项，获得授权13项，累计获得著作权授权139项。主持参与行业标准9项，其中主持标准项目2项。

【对外交流与合作】 出口卷烟37.51亿支，同比增长27.3%，其中，出口“摩登”23.83亿支，同比增长33.1%；出口“利群”13.69亿支，同比增长18.3%。委托加工卷烟57.13亿支，同比下降9.14%，其中，浙江中烟与阿联酋瓦达尼亚公司合资建设的环球烟草公司生产56亿支，同比下降1.42%；科伦印象有限责任公司生产1.13亿支。“利群”“摩登”两大品牌在销规格80个，其中“利群”47个，“摩登”33个。

【特事辑要】 5月1日，浙江中烟本部搬迁至杭州市中山南路77号。

5月20日，浙江中烟宁波卷烟厂启动易地技改搬迁，6月1日正式在新址奉化经济开发区葭浦西路2001号开工。

6月29日，浙江中烟参股的印尼首家中国烟草企业——科伦印象有限责任公司在印尼泗水开业。

9月12日，浙江省常务副省长冯飞赴浙江中烟杭州卷烟厂调研，参观制丝、卷包车间的生产现场，对企业取得的成绩给予充分肯定，并希望企业在挑战中更好地完成目标，为浙江省的经济发展作出应有的贡献。

12月20—21日，国家局党组成员、副局长赵洪顺赴浙江烟草调研，详细了解企业经济运行、品牌创新、巡视整改等工作情况，强调浙江中烟依然处于可持续健康发展的良性轨道上。

2016年浙江中烟工业有限责任公司所属生产厂情况统计

		浙江中烟工业有限责任公司杭州卷烟厂	浙江中烟工业有限责任公司宁波卷烟厂
法人资格		非独立法人	非独立法人
主要负责人（含党政领导）		厂长：周小忠（2016年9月—，之前任副厂长，其中2016年1—9月主持工作） 党委书记：张立新	厂长：虞文进 党委书记：谢琪君（—2016年6月）、王良君（2016年10月—，之前任党委副书记，其中2016年6—10月主持工作）
成立时间		1949年	1925年
从业人员（人）		1240	993
卷烟生产能力（亿支）		500	500
卷烟品牌	自有品牌	利群、雄狮	利群、雄狮、摩登
	合作生产品牌	—	—
卷烟总产量（亿支）		579.00	305.50

◇ 撰稿：孙　琦；编辑：周　佳

安徽中烟工业有限责任公司

【卷烟产销】 生产卷烟（含合作生产、不含出口烟）1000亿支（200万箱），同比下降21.04%，其中，生产一类烟103.1亿支（20.62万箱），同比下降17.86%；二类烟255.15亿支（51.03万箱），同比下降5.43%；三类烟231.85亿支（46.37万箱），同比下降26.02%；四类烟320.9亿支（64.18万箱），同比下降29.96%；五类烟89亿支（17.8万箱），同比下降10.64%。生产合作品牌卷烟125亿支（25万箱），同比增长31.6%。生产出口烟3.17亿支。

实现卷烟销量（不含合作生产、出口烟）935.5亿支（187.1万箱），同比下降14.63%，其中一类烟108.6亿支（21.72万箱）、二类烟261.05亿支（52.21万箱）、三类烟178.55亿支（35.71万箱）、四类烟315.15亿支（63.03万箱）、五类烟72.15亿支（14.43万箱）。

实现卷烟销售收入（含合作生产和出口烟）335.27亿元，同比下降14.32%。实现税利207.67亿元，同比下降17.09%，其中利润9.88亿元。三项费用率9.24%，同比增加0.94个百分点。

全年万元产值综合能耗9.03千克标煤，万支卷烟综合能耗2.55千克标煤。烟叶、滤棒、盘纸平均消耗分别为6.7千克/万支、1669支/万支、592米/万支。水、电平均消耗分别为0.07立方米/万支、9.05千瓦时/万支。

【主要产品与品牌建设】 *卷烟品牌*。生产的烤烟型卷烟品牌有“黄山”“红三环”“盛唐”，混合型卷烟品牌有“都宝”。

生产“黄山”791.9亿支（158.38万箱），同比下降25.9%；实现销量851.85亿支（170.37万箱），同比下降14.01%，其中，省内实现销量506.55亿支（101.31万箱），省外实现销量345.3亿支（69.06万箱）。生产“都宝”51.5亿支（10.22万箱），同比下降23%；实现销量49.8亿支（9.96万箱）。

卷烟合作生产。合作生产上海烟草集团“红双喜”品牌65亿支（13万箱）、“大前门”品牌15亿支（3万箱）；合作生产云南中烟“红河”品牌20亿支（4万箱），广西中烟“真龙”品牌25亿支（5万箱）。全年与国内卷烟生产企业合作生产卷烟125亿支（25万箱），同比增长31.6%。

品牌建设。一是实施文化营销，以“黄山”品牌徽文化、贡烟文化、焦甜香新品类为宣传诉求，持续打造“鲜活的黄山”品牌形象，运作顶端跨界产品“黄山（天都·高山流水）”，重塑“黄山”品牌的高端形象；利用全球徽商大会在合肥召开契机，推出“黄山（徽商·新视界）”“黄山（徽商·新概念）”，在徽商群体中引起强烈反响；围绕“徽商故乡情”“皖烟中国行”两大主题，全年开展“走进消费者、走进零售户”活动872场次、品牌宣讲活动808场次，宣讲受众达到1.6万人。二是开展事件营销，借力“2016年度中国烟酒明星新品发布盛典活动”“第二届喜庆产业峰会”“2016年中国国际徽商大会”等主题活动。三是开展特色营销，针对“徽商圈”“文化圈”开展圈层植入宣传活动58场次，宣传辐射人数2万余人；聚焦高端消费意见领袖，持续开展高端新品体验活动；协同多地徽商协会开展派送品吸活动，探索品鉴顾问群体建设；探索满足个性化消费需求的定制烟新模式，全年定制一类卷烟产品近3万条，新增合作生产计划30亿支（6万箱）。四是探索微信营销宣传，积极探索微信矩阵和微信社群建设，完成“1359”微信矩阵建设和微信社群营销推广启动工作，建成卷烟零售客户微信社群，完成线上活动1993场次、线下活动191场次，各类活动受众近百万人次。

市场培育和拓展。一是加大新品培育，精心投放“黄山（硬天都）”“黄山（七星皖烟）”等高端新品，提升品牌形象，新品“黄山（七星皖烟）”保持价溢量升的良好成长态势。快速实现“黄山（红方印细支）”“黄山（新一品）”等新品的市场覆盖和上柜，稳步推进“黄山（最美高铁）”“黄山（硬记忆）”“黄山（软大壹品）”等产品市场布局。全年新品销售规模达到140.5亿支（28.1万箱），其中三类以上产品销量51.5亿支（10.3万箱），新品支撑作用明显提升。二是加强老品维护，实施“黄山（天都）”升级品牌战略计划，开展“唱响红方印”“点亮记忆”等营销活动。柔性调控省内“黄山（金皖）”“黄山（新制皖烟）”、省外“黄山（大红方印）”“黄山（记忆）”等重点产品的市场投放，产品动销率和满足率得以提升。三是开发专销产品，根据市场需求，与行业商业企业合作开发投放专销产品，全年专销产品实现批发销量2万箱。四是不断优化市场布局，全年省外产品布局超过6个规格的地级市达到140个，其中超过10个规格的地级市有10个。

【管理创新】 3月，安徽中烟启动省内营销属地化管理改革，初步构建“营销中心主导，五家烟厂主责”模式。进一步完善部门联系市场机制，将销售收入与片区业绩挂钩，逐月考核，全员服务市场的意识显著增强；进一步优化梳理组织架构，安徽中烟总部单独设立信息中心、工会、政工等部门，并在技术中心下新设新型烟草制品研究所和香精香料研究室；实行品牌委员会领导下的项目小组制，提高产品开发的决策效率；进一步精简会议频次和会议规模，增加视频会议。推动精益管理进岗位、入环节，开展“精益改善”项目评审活动，全年安徽中烟QC活动取得成果119项，创造经济效益1173.7万元。

继续开展“质量提升专项行动”，质量改进、提升工作分别向卷烟制造、消费环节、原辅材料供应、研发设计阶段延伸。在国家局、安徽省局质量监督检查中，抽检样品均合格，其中“黄山（新制皖烟）”等10个产品包装与卷制质量检验获得满分。

【原辅材料保障】 签订国内烤烟交易计划合同8.42万吨（168.4万担）、晾晒烟交易计划合同0.05万吨（1.02万担）。签订进口烟叶采购合同0.38万吨（7.65万担）。

烟叶基地建设。开展国家局现代烟草农业基地单元及特色优质烟叶开发单元建设28个，与烟草商业企业共建烟叶基地单元3个，主要分布在云南、贵州、四川等7个重点产区，采购量为7.96万吨（159.2万担），占烤烟交易计划的94.5%。在烟叶基地单元建设过程中，一是根据“黄山”品牌发展规划，结合安徽中烟原料库存状况以及耗用情况，滚动调整烟叶基地建设规划。二是先后与11个重点地级市公司签署《2016年度工商合作共建基地协议》，明确工商双方的权利和义务，保障基地建设措施有效落实。三是与技术中心、技术依托单位相关人员，赴云南、贵州、四川等产区公司，反馈2015年度基地单元烟叶质量评价报告，商定2016年基地单元烟叶生产技术方案。四是烟叶基地人员深度参与基地建设，做到目标、品种、区域、技术方案“四确定”和驻点、技术、管理、评比、考核“五到位”，按照闭环管理思路，持续提高烟叶基地单元建设水平。

【技术创新】 **项目研发**。开展卷烟基础研究和应用研究，强化成果转化应用和技术推广，在增香保润、减害降焦、再造烟叶、新型烟草制品等重大专项开展技术攻关，其中，“原辅材料降低卷烟危害性指数规律研究”成果获得2016年度中国烟草总公司科学技术进步奖二等奖；开发出4种低害再造烟叶、24种香原料和4款香爆珠。建立电子烟灵敏度与抽吸轻松度的测定和评价方法，研究出低温加热气溶胶释放量实时跟踪监测等分析方法，构建稳态燃烧热解模拟实验平台，研究建立低温热解状态下一氧化碳释放量检测方法。组织申报国家自然科学基金、中国博士后科学基金、国家局重大专项等项目课题，完成省部级鉴定成果2项，省部级验收成果2项。

新品研发。完成21个“黄山”品牌的新品设计、生产、储备工作。按照“顶级焦甜香”的标准，初步构建高端价位产品系列，其中“黄山（硬天都）”“黄山（徽商）”“黄山（最美高铁）”等10个新产品获批并上市销售。改造、提升“黄山（新红皖）”“黄山（大红方印）”“黄山（小红方印）”等4个产品，研发储备10元/包、6元/包以及相关规格的细支卷烟、短支烟7个产品。研发完成“黄山（贵宾迎客松1号）”等36款区域专销产品。开发、改造、储备产品中一类卷烟占比67%，三类以上卷烟占比95%。

知识产权工作。推进安徽中烟技术中心及五家卷烟厂知识产权保护工作，完成“黄山（最美高铁）”“黄山（七星皖烟）”“黄山（高山流水）”等19件国内商标的申请注册。获得专利授权51项，其中发明专利24项；新申请专利38项，其中发明专利10项。

【对外交流与合作】 确立“以融入‘一带一路’为蓝图，打造境外基地，参与国际竞争”的企业国际拓展总体部署，明确境外市场以“保持‘都宝’品牌境外销量百万件以上”年度目标，推进与菲莫国际公司合作联合品牌项目，深化与斯堪的纳维亚烟草集团（STG）雪茄合作，协调做好罗马尼亚中烟国际欧洲有限公司（CTIEC）境外卷烟产销基地项目建设。在境外市场实现销量150.28亿支，同比增长49.6%。

与菲莫国际公司合作联合品牌“BUBLISS－NEXT”项目。继续保持联合品牌在3个关联市场沟通高效顺畅，年度品牌规划和市场销售计划均得到强有力的执行。10月，组织营销和技术团队赴俄罗斯、塞尔维亚市场进行市场走访及产品维护；11月初，参加由中烟菲莫国际有限公司在上海举行的中烟品牌研讨会，就联合品牌的年度推进情况进行总结并对下一年的合作前景进行规划；11月下旬，安徽中烟组团赴俄罗斯，与中烟菲莫国际有限公司及菲莫国际公司俄罗斯高层进行沟通，就联合品牌项目的下一步发展交换意见。

与斯堪的纳维亚烟草集团（STG）雪茄合作持续深化。雪茄合作项目组与STG项目团队在技术和工艺层面的交流与合作更加紧密，双方技术团队针对拟合作开发的雪茄产品进行配方试验，对不同产地、不同国别的原料特性进行评价，丰富合作双方雪茄原料的应用、处理技术。确定第一轮合作开发2～3款半叶卷雪茄，2016年底完成合作品牌“赛悦”（英文名为“Cirello”）产品的定型打样工作；进一步完善合作品牌相关子协议，与STG公司签订商标转让协议，STG公司无偿转让“Cirello”商标给安徽中烟。

协调服务罗马尼亚中烟国际欧洲有限公司（简称CTIEC）境外卷烟产销基地项目建设。2016年初，安徽中烟完成CTIEC两支中国烟草销售队伍的合并，实现1＋1＞2的预期目标。在股东会议上决定向CTIEC增资2530万美元后，

2016 年 7 月 8 日，阜阳卷烟厂组织零售客户进工厂，参观卷烟生产线

刘士忠　摄

组织技改团队赴罗马尼亚调研，完善增资报告各项内容，并制定整体实施方案，在增资资金到位后可以有规划、有效率地解决制约 CTIEC 发展的瓶颈问题。

中国台湾、蒙古及免税市场。坚持做大“都宝”品牌核心规格产品，中国台湾市场产品根基进一步巩固，在保持中低端产品规模扩大的同时，推出“都宝”品牌的中高端“DUBLISS”系列产品，丰富产品线。蒙古市场在原有的“都宝（蓝）”“都宝（黑）”“都宝（金鹰）”基础上，增加“都宝”细支卷烟品类，进一步丰富蒙古市场的“都宝”产品线。在出口免税卷烟市场推出两款高端产品“黄山（大红方印）”“黄山（细支红方印）”，调拨销售 998 万支；“黄山（天都巨匠）”“黄山（硬天都）”2 个规格产品在免税市场也达成经销意向，产品设计初步完成，并确定出口价格，待审批后可实现免税市场的销售。

【特事辑要】 7 月 1 日至 8 月 31 日，面向全球开展主题为“创赢未来　黄山论剑”烟标设计与传播语创意全球征集活动。

12 月 7—9 日，国家局党组成员、副局长赵洪顺赴安徽烟草调研。赵洪顺对安徽烟草取得的成绩给予肯定，他强调，安徽烟草要重点做好五方面的工作：一是着眼全面从严治党，在提升党建水平上下工夫。二是坚决维护专卖专营体制，在挖掘专卖专营体制红利上下工夫。三是把品牌培育和品牌创新作为突出重点，在提升品牌竞争力上下工夫。四是着眼营销管理和营销创新，在提升营销活动的规范化和科学化水平上下工夫。五是着眼依法行政、依法管理、依法生产经营，在推进法治烟草进程上下工夫。

2016 年安徽中烟工业有限责任公司所属生产厂情况统计

		安徽中烟工业有限责任公司蚌埠卷烟厂	安徽中烟工业有限责任公司芜湖卷烟厂	安徽中烟工业有限责任公司合肥卷烟厂	安徽中烟工业有限责任公司阜阳卷烟厂	安徽中烟工业有限责任公司滁州卷烟厂
法人资格		非独立法人	非独立法人	非独立法人	非独立法人	非独立法人
主要负责人（含党政领导）		党委书记、厂长：王茂林	党委书记、厂长：黄　剑	党委书记、厂长：程华良（—2016 年 12 月）、刘　云（2016 年 12 月—）	党委书记：孙　平（2016 年 12 月—）党委副书记、工会主席：李　葆（2016 年 1 月—，之前任党委副书记、纪委书记、工会主席，2016 年 1 月起主持全面工作）	党委书记、厂长：林　河
成立时间		1942 年	1949 年	1949 年	1948 年	1949 年
从业人员（人）		1188	1010	1024	805	826
卷烟生产能力（亿支）		400	400	300	200	200
卷烟品牌	自有品牌	黄山、红三环	黄山、都宝	黄山、红三环	黄山、红三环	黄山、红三环、盛唐
	合作生产品牌	—	—	—	红双喜、大前门	红河、真龙
卷烟总产量（亿支）		264.67	225.81	222.73	150.50	136.37

◇ 撰稿：苏　畅；编辑：周　佳

福建中烟工业有限责任公司

【卷烟产销】 生产卷烟(不含合作生产、出口烟)830亿支(166万箱)，同比下降11.6%，其中，生产一类烟77.06亿支（15.41万箱），同比下降11.31%；二类烟203.15亿支(40.63万箱)，同比下降10.16%；三类烟348.15亿支(69.63万箱)，同比下降9.17%；四类烟150.63亿支(30.13万箱)，同比下降18.99%；五类烟51亿支（10.2万箱)，同比下降10.06%。生产高端卷烟4.85亿支（0.97万箱)，同比下降33.08%，其中，高价位卷烟0.13亿支(0.026万箱)，同比下降31.53%。生产细支卷烟4.51亿支(0.902万箱)，同比增长937.86%。生产出口烟2.16亿支，同比下降5.68%。

实现内销卷烟销量865.3亿支（173.06万箱)，同比下降10.89%，其中，一类烟77.47亿支（15.49万箱)，同比下降10.9%；二类烟209.29亿支（41.86万箱)，同比下降6.59%；三类烟377.65亿支（75.53万箱)，同比下降10.15%；四类烟152.77亿支（30.55万箱)，同比下降17.16%；五类烟48.12亿支（9.62万箱)，同比下降13.09%。出口烟2.17亿支[①]。

实现卷烟销售收入（不含合作生产、出口烟）237.6亿元，同比下降8.65%。实现税利182.97亿元，同比下降9.5%，其中利润17.98亿元，同比下降22.13%。三项费用率8.84%，同比增加0.06个百分点。

全年万元产值综合能耗8.62千克标煤，万支卷烟综合能耗2.41千克标煤。烟叶、滤棒、盘纸平均消耗为6.56千克/万支、2532支/万支、587米/万支。水、电平均消耗为0.06吨/万支、11.86千瓦时/万支。

【主要产品与品牌建设】 **主要产品**。生产的卷烟品牌有“七匹狼”“金桥”“古田”“石狮”“土楼”等，其中“七匹狼”“金桥”被列为全国重点卷烟品牌。许可生产“万宝路”品牌卷烟。生产“七匹狼”752.38亿支(150.48万箱)，同比下降14.74%，其中，自有计划生产727.33亿支（145.47万箱)，同比下降13.27%；与江西中烟合作生产卷烟25.05亿支（5.01万箱)，同比下降42.79%。生产“金桥”（不含出口）14.33亿支（2.87万箱)，同比下降19.58%。

“七匹狼”卷烟实现销量765.64亿支（153.13万箱)，同比下降12.38%，其中省内实现销量500.88亿支（100.18万箱)，同比下降6.73%；省外实现销量264.76亿支（52.95万箱)，同比下降21.39%。“七匹狼”商业批发销售收入371.95亿元，同比下降8.02%。“金桥”卷烟实现境内销量13.95亿支（2.79万箱)，同比下降23.94%，其中省内实现销量1.62亿支（0.32万箱)，同比下降7.92%，省外实现销量12.33亿支（2.46万箱)，同比下降25.64%。“金桥”境外实现销量1.65亿支，同比下降5.5%。

品牌发展战略。坚持以“七匹狼”品牌为主，其他品牌为辅的品牌发展战略，以“稳销量、提结构、保状态”为营销工作重心，夯实市场基础，提升产品结构，调整市场状态。全年一至三类烟销量比重为76.78%，同比增加1.47个百分点。

市场培育。坚持“一地一策、一品一策”的营销工作方针，聚焦重点产品，开展市场细分，投放适销对路的产品。同时，加大对低端卷烟的投放量，抢占市场份额。完善市场维护机制，优化市场监测体系，建立健全市场价格信息采集点，开展价格监测分析和合理库存市场分析。围绕卷烟订足率、订足面等指标，加强主导产品的市场调控。成立新产品工作小组，统筹新品投放及培育工作。开展卷烟消费趋势研究，完善新产品培育管理机制。开展“消费者在哪里，我们就到哪里”“我的品牌我维护”等卷烟营销活动，推动“互联网+营销”工作。

【管理创新】 **精益管理**。全面落实“十三五”规划落地实施，启动“产销协同优化”“精益生产”等战略性项目。持续推进精益管理，建立健全精益管理机制，构建企业精益管理体系，以及技术、营销、生产、采购和物流等精益子体系。开展“精益十佳”和“精益征文评选”活动，龙岩烟草工业有限责任公司有1个课题获得2016年度全国烟草行业“精益十佳”表彰，厦门烟草工业有限责任公司有1名员工获得2016年度全国烟草行业“精益十佳”表彰。11月，2016年全国烟草行业企业管理现场会在厦门召开，福建中烟在会上作精益管理主题报告，展现企业精益管理实践成果。

降本增效。制定降本增效目标措施，以月度为周期做好跟踪落实，开展全员、全过程降本增效，全年累计节约成本费用1.49亿元。强化产品成本源头管控，全年节约材料费用75万元；强化预算管理的过程管控，加强资金调度，加速资金周转，全年财务费用同比减少6620万元；强化物流过程管控，控制物流费用，全年节约物流费用485万元；

① 此数据为实际销售出口烟，包含一部分库存量。

强化烟用材料招标采购管理，推进烟箱回收使用，优化烟用材料备货流程，全年节约烟用材料采购成本2932万元；强化生产过程管控，降低过程消耗、质量成本及设备维护费用等，全年生产成本和费用同比减少4812万元。

【原辅材料保障】　**原料采购**。继续严控原料采购规模，采购国内外烟叶7.05万吨（141万担），其中国内烟叶5.95万吨（119万担），进口烟叶1.1万吨（22万担）。调剂让售库存片烟1.41万吨（28.16万担）。持续推进原料精加工基地建设，全面推行原料均质化加工，启动远程复烤质量数据共享平台建设项目。

原料基地建设。坚持品牌导向，优化原料基地单元布局，调减2个国家局烟叶基地单元。截至2016年底，福建中烟累计拥有21个烟叶基地单元。实行烟叶基地需求定制采购，完善绩效考评机制，改进基地信息系统，启动过程管理监督评审，推进原料“定制化采购、标准化控制、信息化管理”工作，全年基地目标定制率超过99%、技术到位率平均达到95%以上。

辅料供应。统筹安排烟用材料采购进度，加强辅料供应方日常管理，推进网上交易常态化。全年采购烟用丝束9700吨；国产滤棒2.12亿支；卷烟纸3500吨、成型纸1700吨。继续推进公开招标采购工作，卷烟纸、成型纸公开招标比例达到98%，香精香料公开招标比例达到99%。

【技术创新】　**福建中烟工业有限责任公司技术中心概况**。成立于2006年。2011年1月，获得国家局行业级技术中心认定，同年11月，获得国家级技术中心认定。2013年8月，博士后科研工作站建站获批准设立，同年9月，技术中心搬迁至厦门市集美区杏林湾科教园区。2015年通过国家发改委组织的国家级技术中心评价。按非法人实体化运作，实行扁平化管理和开放式运行，2016年12月成立“新型烟草制品研究所”，截至2016年底，下设14个职能部门。技术中心共有员工172人，其中，博士研究生学历7人，硕士研究生学历39人，高级职称43人，中级职称94人；1人被评为行业第二批学科带头人，10人被聘为福建中烟第一批专业带头人和技术专家。

新产品开发。福建中烟加强市场研究，促进产品研发前移，制定实施《提升产品重点市场适应性规划》《消费者需求管理体系建设实施方案》。全年开发“七匹狼（翠碧嘉缘）”“七匹狼（锋芒硬）”“七匹狼（锋芒软）”“七匹狼（纯尚）”“金桥（冰爆）”和“土楼（1575）”等新产品。

科技项目。开展各类科技研究项目135项，其中12个项目通过验收。推荐申报4个国家局项目，推荐申报行业标准2项。

技术创新成果。申请专利247项，其中发明专利118项；获得专利授权170项，其中发明专利授权85项。截至2016年底，福建中烟拥有专利授权972项，其中发明专利246项。开展材料技术、新型功能薄片、香精自主掌控等专项研究，并应用于新产品开发。

产品质量管控。优化质量管控模式，制定精益研发工艺保障项目工作方案，梳理质量管理管控标准，加强质量监督抽查，强化产品质量改进。福建中烟卷烟焦油量加权平均值10.62毫克/支，一、二类烟焦油量加权平均值11.08毫克/支。

【对外交流与合作】　**技术交流与合作**。福建中烟与国家烟草质量监督检验中心合作，开展“细支卷烟产品设计技术分析研究”“卷烟辅助材料中微生物指标的分析评价研究”等项目研究；与中国烟草总公司郑州烟草研究院签订《福建中烟2016年〈七匹狼品牌烟草工艺联合实验室〉技术开发（合作）合同》，开展联合实验室第二阶段工作。邀请外部专家130人次进行技术咨询指导。

境外合作加工。稳步推进境外合作项目，委托境外企业加工生产卷烟1.11亿支，其中，授权许可委托马来西亚环球烟草国际制造有限公司加工生产“金桥”5095万支，授

2016年8月31日，举行“长寿”卷烟品牌商标许可与生产合作项目签约仪式
福建中烟　刘奎宁　摄

权许可委托柬埔寨威尼顿集团有限公司加工生产“金桥”5986万支。启动与柬埔寨威尼顿集团有限公司联合开发品牌项目，完成首批合作开发产品配方。

品牌合作。推进“长寿”卷烟商标许可生产合作项目。8月31日，由福建中烟、中国卷烟销售公司厦门卷烟调拨站、厦门烟草工业有限责任公司、台湾国际脉络公司共同签订“长寿”卷烟商标许可与生产协议，并获得国家局批复生产。

【特事辑要】 8月30日—10月20日，国家局党组第一专项巡视组对福建中烟党组开展巡视。

11月11日，中共福建中烟工业有限责任公司机关委员会召开第一次代表大会（即第一届党代会），选举产生机关第一届委员会委员和第一届纪律检查委员会委员。

11月16—18日，2016年全国烟草行业企业管理现场会在厦门召开，国家局党组成员、副局长段铁力出席会议并讲话。段铁力赴福建烟草进行调研，深入厦门烟草工业有限责任公司、龙岩烟草工业有限责任公司，了解精益管理工作情况，对企业精益管理推进工作给予充分肯定。

所属企业

龙岩烟草工业有限责任公司

【卷烟生产经营】 生产卷烟（不含出口烟）440.5亿支（88.1万箱）①，同比下降11.63%，其中，生产一类烟71.05亿支（14.21万箱）、二类烟122.07亿支（24.41万箱）、三类烟125.59亿支（25.12万箱）、四类烟77.16亿支（15.43万箱）、五类烟44.64亿支（8.93万箱）。生产出口烟0.6亿支，同比下降4.79%。2016年，实现卷烟销量446.87亿支（89.37万箱），同比下降9%。

实现卷烟销售收入128.21亿元，同比下降7.63%；实现税利103.35亿元，同比下降8.59%，其中利润7.53亿元，同比下降20.85%。卷烟单箱税利1.16万元，同比增长0.87%。

【精益管理】 完善“精益2.0”管理平台，构建流程审核与改进机制，改进流程评价分析方法。优化卷包车间排班模式，实行“四班三运转”模式。建立以市场需求为导向的物料需求机制，推动信息化和工业化两化融合管理体系建设。加强成本控制，跟踪“节支降耗”活动进度，开展创优对标分析，推动降本增效工作，全年节约成本费用3079万元。龙岩烟草工业有限责任公司“精益生产绩效指标模型设计及应用”课题被评为2016年度全国烟草行业“精益十佳”课题。

【设备运行】 推进设备管理精益化工作，围绕“卷烟工厂设备卓越绩效管理”模式，开展“设备高空保养规范及标准”“基于单元高速机组运行状态数据跟踪分析”“降低整体物流设备故障时间”等课题攻关。与2015年相比，制丝设备故障停机率从0.19%下降到0.12%，卷包设备有效作业率从95.47%提高到96.18%，物流设备运行可靠率从99.92%提高到99.95%。

厦门烟草工业有限责任公司

【卷烟生产经营】 生产卷烟（不含出口烟）389.5亿支（77.9万箱），同比下降11.57%，其中，生产一类烟6.02亿支（1.2万箱）、二类烟81.08亿支（16.22万箱）、三类烟222.56亿支（44.51万箱）、四类烟73.47亿支（14.69万箱）、五类烟6.37亿支（1.27万箱）。生产出口烟1.57亿支，同比下降6.02%。实现卷烟销量（含出口烟）395.6亿支（79.12万箱），同比下降9.75%。

实现卷烟销售收入99.01亿元，同比下降9.42%。实现税利72.51亿元，同比下降11.26%，其中利润5.81亿元，同比下降37.75%。

【企业管理】 **管理创新**。完善创新机制，构建大众创新平台和空间，公司全年人均提案数达到2.11条。推动“基于全过程批次管控的卷烟辅助制造平台设计”等项目实施，参与编制《公共安全演练指南》《能源管理能源基础与能源绩效参数》等国家和行业标准。厦门烟草工业有限责任公司获得第二届全国设备管理创新成果一等奖。

精益管理。围绕“提质、降本、增效”的总体要求，按照“系统化设计、机制化运行”原则，做好2016年烟草行业企业管理现场会分会场的组织、筹备工作，并展现企业精益管理成果。“生产物耗类成本改善”课题被评为2016年度全国烟草行业“精益十佳”课题。推动“全员、全过程、全方位”的精益管理，提出2779项改善点，完成560项精益改善活动、172项日常运营改进。全年节约成本费用4727万元。

质量管理。持续构建质量风险管控体系，进一步完善风险评价准则，优化公司、职能、车间三层级质量分析机制。启用东孚烟叶仓储中心管控平台，推广“三位一体”新型烟叶养护模式，探索应用“四段式气调法”“垛温自动化监测技术”等技术方法。

---

① 卷烟合作生产产量不在龙岩烟草工业有限责任公司和厦门烟草工业有限责任公司的统计口径范畴，两个子公司的产量表述只有“含出口烟”或者“不含出口烟”。

2016年福建中烟工业有限责任公司所属企业情况统计

		龙岩烟草工业有限责任公司	厦门烟草工业有限责任公司
法人资格		独立法人	独立法人
主要负责人/法人代表（含党政领导）		党委副书记、总经理：廖材河 党委书记、副总经理：姜志强	党委副书记、总经理：吴志文 党委书记、副总经理：邱晓卫
成立时间		1951年	1948年
从业人员（人）		1739	1425
卷烟生产能力（亿支）		770	600
卷烟品牌	自有品牌	七匹狼、石狮、古田、土楼	七匹狼、石狮、金桥
	合作生产品牌	—	—
	许可生产	万宝路	—
卷烟总产量（亿支）		440.50	389.50

◇撰稿：卢金德；编辑：周　佳

江西中烟工业有限责任公司

【卷烟产销】 生产卷烟（含合作生产、出口烟）646.1亿支（129.22万箱），同比下降4.71%，其中，生产一类烟42.49亿支（8.50万箱），同比下降2.48%；二类烟65.43亿支（13.09万箱），同比增长10.03%；三类烟294.04亿支（58.81万箱），同比下降15.86%；四类烟189.45亿支（37.89万箱），同比增长17.45%；五类烟54.70亿支（10.94万箱），同比下降14.79%。生产高价位卷烟2.16亿支（0.43万箱），高端卷烟7.49亿支（1.50万箱），细支卷烟4.08亿支（0.82万箱）。合作生产卷烟258.98亿支（51.80万箱），同比下降5.76%。生产出口烟0.1亿支。

实现卷烟销量（含合作生产、出口烟）669.14亿支（133.83万箱），同比下降7.20%，其中，一类烟45.26亿支（9.05万箱），同比下降0.39%；二类烟66.47亿支（13.29万箱），同比下降16.90%；三类烟304.27亿支（60.85万箱），同比下降16.77%；四类烟193.96亿支（38.79万箱），同比增长16.82%；五类烟59.18亿支（11.84万箱），同比下降7.60%。出口烟实现销量0.1亿支。

实现卷烟销售收入162.66亿元，同比下降9.11%。实现税利109.70亿元，同比下降12.27%，其中利润9.05亿元，同比下降40.60%。三项费用率7.51%，同比增加0.6个百分点。

全年万元产值综合能耗为10.64千克标煤，万支卷烟综合能耗为2.59千克标煤。烟叶、滤棒、盘纸平均消耗分别为6.91千克/万支、1889支/万支、606米/万支。水、电平均消耗分别为0.13吨/万支、10.06千瓦时/万支。

【主要产品与品牌建设】 *主要产品*。生产的自有卷烟品牌有“金圣”“庐山”“赣”“月兔”。生产“金圣”200.37亿支（40.08万箱）、“庐山”176.77亿支（35.35万箱）、“赣”7.16亿支（1.43万箱）、“月兔”2.38亿支（0.48万箱）。

合作生产福建中烟的“七匹狼”25.05亿支（5.01万箱），浙江中烟的“利群”59.85亿支（11.97万箱）、“雄狮”27.19亿支（5.44万箱）①，云南中烟的“红塔山”0.05亿支（0.01万箱）、“红梅”27.21亿支（5.44万箱），广东中烟的“双喜”51.97亿支（10.39万箱）、“椰树”2.99亿支（0.60万箱），江苏中烟的“南京”64.65亿支（12.93万箱）②。

“金圣”品牌建设。“金圣”品牌以“立根、开枝、散叶”为总体思路，找准企业发展方向，构建立足企业实际的“金圣”品牌“阁瓷香”文化，包括“青花瓷”系列的智慧文化、“瑞香”系列的吉祥文化、“滕王阁”系列的幸福家文化，形成“金圣”品牌的三大主导系列。开展全方位的“阁瓷香”系列文化营销，利用高端规格快速增长、新品规格快速成长的契机，以培育“青花瓷”系列高端产品为引领，以做大“滕王阁”“瑞香”系列产品为突破口，扩大一、二类烟规模，重点打造“滕王阁”系列、“瑞香”系列和“青花瓷”系列的全新产品体系，“金圣”品牌的“阁瓷香”产品体系得以初步构建。同时继续深化“金圣”品牌规格布局调整工作，导入新品规格、高端规格，淘汰滞销规格，形成搭配合理的产品布局。通过婚庆营销、站点促销、空盒回收、下乡镇营销、节假日宣传以及大客户开发、商会协会交流等活动继续提升“金圣”品牌形象。

---

① “利群”年度交付量59.85亿支（11.97万箱），合同量72.5亿支（14.5万箱）；“雄狮”年度交付量27.19亿支（5.44万箱），合同量34亿支（6.8万箱）。

② “南京”年度交付量64.65亿支（12.93万箱），合同量65亿支（13万箱）。

2016年9月，江西中烟召开“金圣”新品推介暨“金圣”品牌核心户建设启动会
江西中烟　供稿

“金圣”品牌实现工业调拨213.95亿支（42.79万箱），与2015年基本持平；商业销售额111.0亿元，同比下降5.52%；单箱销售额2.97万元，同比增长0.94%。“金圣”品牌在销规格共计35个，覆盖6个价区，均为三类及以上，其中普三类和高三类①两个价区销量最高，占比分别达到44.59%和30.88%。全年销量前三的规格合计销量占“金圣”品牌总销量的58.31%，同比上升10.8个百分点。

“金圣”品牌盒标焦油量8毫克/支及以下低焦油规格有8个，销量达到9.15亿支（1.83万箱），占“金圣”品牌总销量的4.78%。“金圣”品牌的县级市场覆盖率73.1%，较2015年略有上升，全国33个省级市场中，“金圣”品牌均有销售，省外实现2个销量超万箱的省级市场、9个销量超3000箱的省级市场。“金圣”品牌新上市的规格有“金圣（典藏瑞香）”“金圣（红瑞香）”“金圣（庐山·有滋有味）”等10个规格，实现销量5.9亿支（1.18万箱），占总销量的3.08%。

【原辅材料保障】　**原料保障**。采购国内原烟3.17万吨（63.4万担）、进口烟叶0.325万吨（6.49万担），其中进口巴西烟叶0.05万吨（0.99万担）、美国烟叶0.02万吨（0.4万担）、津巴布韦烟叶0.255万吨（5.10万担）。自有品牌全年生产耗用烟叶2.75万吨（54.99万担）。

江西中烟在优质烟叶核心产区云南玉溪华宁、湖南郴州浩塘新建2个烟叶基地单元。调整优化云南昆明、红河、曲靖等产区的3个烟叶基地单元。截至2016年底，在“金圣”品牌核心原料产区完成建设国家局烟叶基地单元12个，年度基地单元烟叶采购量达到2.86万吨（57.1万担），原料供应基地化率达到90%以上，全面实现原料供应基地化目标。

加强烟叶基地单元建设，开展“金圣”品牌特色原料研究，通过推进科技示范项目，烟叶可用性水平不断提高。创新烟叶等级质量质检模式，首次推行烟叶外观等级质量预检复检“两级控制”模式，进一步提高烟叶采购外观质量控制水平。推进精益管理，坚持成本与质量两条主线，关注关键指标，有效降低烟叶成本，年度原料采购环节共节约成本686万元。

辅料采购。通过推进公开招标等措施，降低材料采购成本1792万元。烟用材料方面，开展部分香精香料、内衬纸、接装纸、纸箱、商标纸和封签等采购项目的公开招标工作，新增招标项目总金额2.23亿元，招标比例达到99.93%。执行采购烟用物资共计20.37亿元。

【技术创新】　**江西中烟工业有限责任公司技术研发中心概况**。成立于2007年1月，是“江西省省级企业技术中心”“烟草行业认定企业技术中心”“江西省本草烟用减害工程技术研究中心”。占地面积约6600余平方米，有30余间专业实验室，设有博士后科研工作站，拥有价值1.76亿元的研发仪器设备。在岗员工82人，其中，博士研究生学历2人、硕士研究生学历32人，高级职称7人、中级职称41人。

技术研发。按照技术研究工作要向实用性、功能型、系统化转变，要围绕产品研发、提质增效、提升科技含量等方面开展研究的工作要求，逐步构建特色的工艺技术研究体系，技术研究对产品研发的支撑作用得到初步彰显。

突破性开发特色香原料。新开发高粱酒美拉德香料、高粱酒香溶剂、藏地甘草、滤棒香精等9种新型香原料，升级“金圣香”配方，调配27个板块、底料、表香香精，进一步完善香精香料样品库和数据库建设，有效地提升自主

① 普三类即条批发价78元（不含）以下的三类烟，高三类即条批发价78元（含）以上的三类烟。

调香水平，实现特色香原料的自供自给，满足产品研发需求，填补香精香料的研究空白。

充分挖掘原料。开展江西烟叶和库存烟叶醇化养护提质项目研究，完善省产烟叶质量数据库，为省产烟叶的使用提供依据，提高利用率。推进配方打叶工作，降低不适用烟叶原料的库存比例。省产烟叶在江西中烟产品配方中的使用比例由2013年的9.1%上升至16.9%，在新开发的二、三类“金圣”品牌系列中，省产烟叶的平均使用比例达到20%以上。

充分运用新型材料。加大对新型材料的研究运用，更加关注降焦材料研究，更好服务于消费者的感受。开展全麻高包灰卷烟纸及全麻细支烟卷烟纸、滤棒加香、等离子打孔、小盒保湿盒等新型材料、实用性技术的运用，有效提高产品质量和档次。完成全部在产规格新版警语商标的更换，基本实现老版材料的零浪费。进一步丰富“金圣”品牌的产品系列及品牌文化内涵，充分挖掘和提升江西独有的地理文化，将江西特色与产品设计相融合，产品的外观质量有明显提升。

提高工艺控制水平。开展降低细支烟烟支吸阻、金圣“本草香”品类特色等项目的工艺技术研究，改进产品的工艺参数。制定10个新产品工艺技术标准，修订25个工艺技术文件，开展“金圣（吉品）”“庐山（黄精品）”卷烟优化改进和“和梗”加工工艺试验研究，提高卷烟加工过程的质量控制水平。

充分推广科研成果。16个科研项目通过项目验收评审，获得8项专利发明授权、1项实用新型专利授权。科研成果在推广应用方面得到突破，其中储备新品“金圣（滕王阁·时来风送）”获得外观专利、沉香精油、沉香干法薄片和檀香干法薄片等4个专利授权。

新产品开发。全年完成“金圣（滕王阁·紫光）”“金圣（滕王阁·香两岸）”“金圣（滕王阁·回味无穷）”“金圣（滕王阁·时来风送）”“金圣（华天下·沉香）”“金圣（华天下·檀香）”“金圣（瓷）”等13款新产品的研发和“金圣（吉品）”“金圣（硬）”“金圣（软）”等老产品的维护提质工作，其中“金圣（硬红瑞香）”“金圣（滕王阁·紫光）”“金圣（庐山·有滋有味）”等10款新品成功上市。研发“金圣（华天下·沉香）”“金圣（华天下·檀香）”“金圣（瓷）”等3款出口卷烟产品，其中“金圣（瓷）”出口东南亚。加快推进“金圣（滕王阁·时来风送）”“金圣（滕王阁·回味无穷）”“金圣（滕王阁·更上一层楼）”等新产品的改进和上市准备工作。储备“金圣（智圣出山细支）”“金圣（圣地中国红）”等一批新产品的配方。通过有序推出新品，“金圣”产品在各价位段的布局更加丰富和完善。

【技术改造】 继续推进赣州卷烟厂易地技改项目总体竣工验收工作，重点推进井冈山卷烟厂易地技改项目、广丰卷烟厂易地技改项目以及赣州卷烟厂易地技改二期片烟醇化库建设项目实施。赣州卷烟厂易地技改项目，启动总体竣工验收报告编制工作；二期片烟醇化库建设项目，12月底前完成土建装饰工程招标工作。井冈山卷烟厂在10月1日前实现项目竣工试生产，进入园区绿化和项目扫尾阶段。广丰卷烟厂易地技改项目在9月获得中国烟草总公司初步设计批复，10月中旬启动土石方工程施工。

【特事辑要】 1月21日，江西中烟召开2016年工作会议。

2月17日，江西省常务副省长毛伟明赴江西中烟调研。

10月11—13日，国家局党组成员、副局长赵洪顺赴江西烟草调研。赵洪顺对江西烟草2016年来各项工作取得的成绩给予肯定，要求江西烟草着眼于行业发展的新形势和新挑战，努力适应新常态；着眼于生产经营中的困难和挑战，努力实现好成绩；着眼于江西烟草未来发展，努力打牢各项工作基础；着眼于全面从严治党要求，扎实做好巡视整改工作。

12月7日，江西省委副书记、省长刘奇赴江西中烟广丰卷烟厂易地技改项目施工现场调研。

12月21—22日，国家局党组书记、局长凌成兴赴江西烟草调研。凌成兴指出：2016年以来，江西烟草做了大量工作，总体表现为“四个新成效、两个大利好”。“四个新成效”，即“金圣”品牌新品研发、烟叶生产提质增效、烟厂技术改造、赣南原中央苏区对口支援工作取得新成效。“两个大利好”，即高价位“金圣”卷烟稳居行业前十名的重大利好，商业单箱结构增量增幅稳居行业第一名的重大利好。对2017年的工作，凌成兴强调：对行业来说，要坚持稳中求进总基调，争创稳中向好新作为，以“两个超万亿”的优异成绩迎接党的十九大胜利召开。稳中求进就是要做到“三个坚定不移”“一个千方百计”，即坚定不移稳产销，坚定不移提结构，坚定不移压库存，千方百计增税利。对江西烟草来讲，要打好“一个翻身仗”，再上“三个新台阶”，即打好“金圣”品牌省内营销的翻身仗，再上自主品牌发展的新台阶、再上烟叶生产品质的新台阶、再上工商税利总额回升的新台阶。江西省委副书记、省长刘奇会见凌成兴，省委常委、常务副省长毛伟明参加会见。双方就江西烟草改革发展交换意见。

2016 年江西中烟工业有限责任公司所属生产厂情况统计

		江西中烟工业有限责任公司南昌卷烟厂	江西中烟工业有限责任公司赣州卷烟厂	江西中烟工业有限责任公司广丰卷烟厂	江西中烟工业有限责任公司井冈山卷烟厂
法人资格		非独立法人	非独立法人	非独立法人	非独立法人
主要负责人（含党政领导）		党委副书记、厂长：罗　飚 党委书记、副厂长：李铁军	党委副书记、厂长：何善懋 党委书记：黄　平	党委副书记、厂长：毛小东 党委书记、副厂长：徐辉广	党委副书记（主持工作）、厂长：刘沪明
成立时间		1950 年	2013 年	1988 年	1982 年
从业人员（人）		1538	1141	1180	503
卷烟生产能力（亿支）		370	300	86	75
卷烟品牌	自有品牌	金圣	金圣、庐山、赣	庐山、月兔	金圣、庐山
	合作生产品牌	利群、红塔山、红梅、南京	七匹狼、双喜	—	雄狮
卷烟总产量（亿支）		321.10	245.00	50.50	29.50

注：2013 年 10 月，国家局、总公司批复同意撤销赣南卷烟厂、兴国卷烟厂，在此基础上合并设立赣州卷烟厂，作为非企业法人资格的卷烟生产点。

◇ 撰稿：李前进；编辑：王东旭

山东中烟工业有限责任公司

【卷烟产销】　生产内销卷烟（含合作生产、不含出口烟）1283.5 亿支（256.7 万箱），同比下降 7.86%，其中，生产一类烟 42.45 亿支（8.49 万箱），同比下降 16.09%；二类烟 36.1 亿支（7.22 万箱），同比下降 32.09%；三类烟 712.9 亿支（142.58 万箱），同比下降 11.08%；四类烟 395.6 亿支（79.12 万箱），同比增长 0.36%；五类烟 96.45 亿支（19.29 万箱），同比增长 3.33%。生产出口烟 44.5 亿支，同比下降 8.3%。合作生产 105 亿支（21 万箱）。

实现内销卷烟销量（含合作生产、不含出口烟）1265.05 亿支（253.01 万箱），同比下降 9.27%，其中合作生产 100 亿支（20 万箱）。一类烟实现销量 41.65 亿支（8.33 万箱），同比下降 16.3%；二类烟 35.83 亿支（7.17 万箱），同比下降 32.13%；三类烟 704.3 亿支（140.86 万箱），同比下降 12.29%；四类烟 392.54 亿支（78.51 万箱），同比下降 0.55%；五类烟 90.7 亿支（18.14 万箱），同比下降 3.51%。实现出口卷烟销量 45.1 亿支，同比下降 5.6%。

实现卷烟销售收入 271.68 亿元，同比下降 12.06%。实现卷烟税利 175.07 亿元，同比下降 16.45%，其中利润 17.48 亿元，同比下降 44.62%。三项费用率 10.55%，同比增加 0.96 个百分点。

全年万元产值综合能耗 18.05 千克标煤，万支卷烟综合能耗 2.81 千克标煤。烟叶、滤棒、盘纸平均消耗分别为 6.55 千克/万支、2084 支/万支、590.31 米/万支。水、电平均消耗分别为 0.06 吨/万支、8.72 千瓦时/万支。

【主要产品与品牌建设】　**主要产品**。生产卷烟品牌主要有“泰山”“将军”“哈德门”。“泰山”实现销量（不含出口烟）704.33 亿支（140.87 万箱），同比下降 2.38%，其中省内实现销量 581.7 亿支（116.34 万箱）。出口“泰山”45.09 亿支。销售“泰山”细支卷烟 26.7 亿支（5.34 万箱），同比增长 21.53%。“将军”实现销量 0.05 亿支（0.01 万箱），同比下降 96.46%。“哈德门”实现销量 460.66 亿支（92.13 万箱），同比下降 3.26%。

合作生产上海烟草集团“红双喜”32.5 亿支（6.5 万箱）、“大前门”7.5 亿支（1.5 万箱），湖南中烟“白沙”25 亿支（5 万箱），红塔烟草集团“红梅”5 亿支（1 万箱），江苏中烟“南京”35 亿支（7 万箱）。

品牌建设。强化消费者营销，开展“消费者在哪里，我们就到哪里”卷烟营销活动，从本质上进一步强化消费在营销活动中的中心地位。开展对消费者需求、吸食口味、宣促推广调研分析，直接面向消费者，实施针对性营销。同时，以高端产品宣传推广为主线，面向商会、协会等高端商务群体开展品牌宣传推广活动。

强化协同营销，建立卷烟零售终端定期分析制度，推广总结潍坊、临沂、青岛等地市级公司鲁产烟培育经验，将“泰山”品牌纳入结构优化提升、年度综合业务考核范围。省外市场持续加强与行业商业企业沟通衔接，提升市场需求预测、货源投放、宣传促销和新品培育水平。

强化产品运作，合理配置资源，有序推进“泰山（皇家礼炮21响）”“泰山（儒风细支）”“泰山（红锡包红版）”等新产品上市。以新商盟订货平台为载体，构建“信息点管理、调查问卷管理、统计数据管理和物料管理”一体的卷烟零售客户信息采集模式，拉近与卷烟零售客户的距离。

强化高端推广宣传管理。优化社会高端商务群体宣传推广，借助《糖烟酒周刊》等平台，宣传推广高端品牌，二次跟踪报道，深化推广效果；新增公司内部展示与品吸，设置产品、技术展示区域，开展新产品品吸活动，展示产品形象。

【管理创新】 开展“双增双节”（增产节约、增收节支）活动，完成国家局下达的1.1亿元降本增效任务。加强投资项目前置审查，主业年度投资计划同比下降30.9%，拟建项目投资额同比下降45.3%；精准控制重点项目，其中，滕州卷烟厂易地技改项目预估完成投资较批复投资大幅下降，青岛卷烟厂异型烟加工区项目实际完成投资较批复投资下降19%。

深化设备绩效评价和设备能源管理对标工作，设备维修费用同比减少1293万元，修旧利废金额1288万元，平均班次产量提升59箱。强化考核导向，将营销和生产模拟利润中心运行结果纳入公司绩效考核体系，并作为主要效益指标考核兑现，初步建立总分体制下以提高经济效益为核心的绩效考核体系。加强采购全过程管理监督，公司全年公开招标金额占比98.03%。推进业务融合，办公自动化升级、设备绩效管理、财务开支核销审批等信息化项目进展顺利，逐步上线运行。

【原辅材料保障】 **原料保障**。加强对原料数量、结构、品种等方面的符合性控制，全力保障有效供给。国产烤烟调拨总量降至8.17万吨（163.3万担），上等烟叶调拨比例压缩至30%。山东中烟把原料质量管控作为烟叶采购工作的重中之重，建立健全烟叶基地单元分类管理机制，择优推行烟叶按订单生产和全收全调工作。原烟工商交接质量合格率72%。

烟叶加工。实施烟叶加工质量提升工程，制定《烟叶复烤加工企业作业指导规范》，设计现场投料配比图，严格控制复烤加工过程，确保质量指标与经济指标的均衡提升。成品片烟烟碱变异系数控制到3.6%，折标出片率达到69.8%。

物资保障。开展烟用物资专项治理工作，对2013年1月1日至2016年6月30日发生的46个采购项目、1382份交易合同、10624笔采购业务进行严格自查，发现问题全部整改到位。严格把控烟用物资成本关、质量关，建立健全供应商产品质量安全卫生档案，坚持成本与质量协同管理、统筹控制。全年开展烟用物资集中采购4次，并分别对69家供应商实施资质认证、现场评价或质量专项审核，烟用物资采购价格持续受控、质量稳定提升。烟用物资采购成本下降960万元，烟用材料月均储备金额下降2000万元，备品备件储备金额下降385万元。坚持烟用物资保障供应与优化库存结构相结合，产品包装换版等涉及的49个规格的烟用材料无一积压报废，生产尾料、库存备件得到盘活利用。

【技术创新】 **山东中烟工业有限责任公司技术中心概况**。成立于2006年10月，2007年通过国家发展改革委、科技部、财政部、海关总署、税务总局等五部委联合组织的国家认定企业技术中心的认定。2015年8月，通过中国合格评定国家认可委员会的认可评审。2016年，有在岗员工153人，其中，博士研究生学历3人，硕士研究生学历35人；中级职称106人，高级职称28人。组织评审项目35项，立项16项。取得科技成果16项，其中转化应用15项。

产品研发。以“技术可支撑、产品可持续”为目标，加强产品维护，确保产品质量稳定。“泰山（拂光）”“泰山（儒风）”“泰山（新品）”“泰山（望岳）”“泰山（心悦）”等质量稳中有升；“泰山（好客细支）”“泰山（心悦）”“泰山（白将军）”增长势头较好；突破“细支+爆珠”卷烟研发技术瓶颈，“泰山（儒风细支）”上市后价格坚挺，走出一条“细支+爆珠”自主创新的新路。爆珠产品逐步走向成熟，“泰山（皇家礼炮21响）”创新特色突出，树立高端新形象；“泰山（战神）”作为一款电竞概念烟，成为行业个性化细分市场的代表。“泰山（1913）”“泰山（天元）”“泰山（新沂蒙）”等定制产品有效对接区域需求。

落实“走出去”战略，初步形成“泰山（TS）”“泰山（J&J）”“泰山（香道）”等系列化产品，其中，“泰山（香道）”系列是全球首款天然香爆珠、细支烤烟型的超高端卷烟，也是中国第一款专为全球免税店定制的香烟，提升“泰山”品牌形象；“泰山（TS）”系列产品解决阻燃卷烟技术难题，成功进入澳大利亚市场。统筹“原料+制品+装备”的全产业链研发，新型烟草实现原料、制品、装备三者相互促进、同步发展。拥有电子烟仿真口味烟液配方技术，完成11种不同风格电子烟烟液的调配与制备，开展低温不燃烧卷烟预研样品研究，开发1款口含烟样品，新型烟草制品有7项获专利授权。

2016 年 4 月 26 日，山东中烟生产的“泰山（爆珠·大鸡）”在济南上市
山东中烟济南卷烟厂　吴兴芝　摄

技术应用研究。爆珠超细支产品应用技术、双爆珠技术实现突破，爆珠技术标准体系初步成型，制定《醋酸纤维滤棒（爆珠）技术标准》《烟用香精爆珠技术标准》等。“三丝”（膨丝、薄片丝、梗丝）研究取得突破，在行业率先解决细支卷烟中梗丝掺兑难题。成功开发天然植物粘合剂及薄片胶，提升薄片的可用性，有效缓解原料成本压力。加强原料使用研究，着眼“盘活存量”，完成库存及 2015 年新入库烟叶 804 批、3680 个样品的外观评价、感官评吸和理化检测，摸清原料家底；着眼“用好增量”，提出烟叶采购区域、品种导向意见和 2016 年烟叶挑选和配打计划。自主调香取得新进展，完成“泰山（新沂蒙）”等产品自主调香设计，“泰山（儒风细支）”等产品单体香料使用量均超过 70%。

科技管理。制定发布《山东中烟 2016 年科技工作指导意见》《山东中烟关于全面推进创新型企业建设的意见》，修订《技术中心科研成果分级量化考评管理办法》。有 2 项成果获得 2016 年度中国烟草总公司科学技术进步奖、1 项成果获得 2016 年度中国烟草总公司技术发明奖。加强在研项目过程管控，完成在研 63 个科技项目的检查与评估。开展技术标准体系建设，完成 6 项产品标准、12 项工艺标准、5 项材料标准的制修订，发布技术文件 55 项。完善雪茄烟子体系框架和标准目录，初步构建产品质量安全子体系。

【对外交流与合作】　**市场拓展**。拓展境内外免税市场，在巩固传统产品销量基础上，推出“泰山（香道）”系列、“泰山（国际）”系列等新产品，以提高“泰山（TS）”品牌形象，提升出口产品结构。通过参加展会加强与境内外免税商联系，扩大免税市场销量。与澳大利亚 ZEN SENSATION 有限责任公司加强合作，设立“泰山俱乐部”，通过“泰山（TS）”品牌旗舰店构筑澳洲市场直销渠道。11 月，山东中烟举办首届“泰山论道”暨全球经销商大会，来自韩国、澳洲、中东的经销商代表 30 余人参会，通过“观泰山、登泰山、论泰山、品泰山、订泰山”5 个环节活动，增进各方感情，提升品牌形象。

国际合作。与墨西哥图伦特公司加强交流，推进双方战略合作，搭建以“泰山（TS）”为纽带的北美中心运营架构，拟定运营方案，共同研发、销售雪茄烟新品，探索原料、研发、生产、销售“四头在外”运营模式，销售“泰山（TS）”系列产品“泰山（1532）”雪茄烟 2 万支，形成一定市场规模；与韩国烟草公司（KT&G）实现互访，达成技术、设备合作意向，签署爆珠检测仪器等设备采购合同。先后组织境外市场调研 5 次，赴德国、新加坡参加展会 2 次，实地考察中国台湾地区、新加坡、日本等市场，多次组织与经销商洽谈交流。

产品布局。完成“泰山（香道）”系列产品“泰山（沉香）”“泰山（茶香）”2 个规格、“泰山（国际）”系列产品“泰山（国际红）”“泰山（国际黑）”2 个规格等 4 款新产品研发，完善出口产品布局，优化出口产品结构。按照“国内造势、国际上市”原则，推出“泰山（香道）”系列“泰山（沉香）”“泰山（茶香）”产品，辅以礼盒、宣传折页等促销品，借助经销商渠道，顺利在韩国、日本、澳大利亚及中国澳门地区上市，得到消费者好评。在国内开展“泰山（香道）”系列宣传推广，通过微信公众号、香道论坛、旅游市场开发等活动打造“泰山香道”文化，提升“泰山（香道）”系列品牌影响力。“泰山（香道）”系列产品包装设计获国家知识产权局颁发的专利保护证书，并获山东省首届“省长杯”工业设计大赛铜奖，获省政府表彰奖励。

【特事辑要】　2 月 25 日，山东省委常委、常务副省长孙伟，副省长张务锋赴山东烟草调研烟草产业转型升级工作，并考察山东中烟济南卷烟厂。

2016 年山东中烟工业有限责任公司所属生产厂情况统计

		山东中烟工业有限责任公司济南卷烟厂	山东中烟工业有限责任公司青岛卷烟厂	山东中烟工业有限责任公司青州卷烟厂	山东中烟工业有限责任公司滕州卷烟厂
法人资格		非独立法人	非独立法人	非独立法人	非独立法人
主要负责人（含党政领导）		党委书记、厂长：刘爱国（2016 年 7 月—，之前任党委副书记、厂长）	厂长：周健（—2016 年 12 月）党委书记、副厂长：赵善强	党委副书记、厂长：肖春菊 党委书记、副厂长：公茂军	党委副书记、厂长：傅　军 党委书记、副厂长：李继鹏
成立时间		1928 年	1919 年	1948 年	1951 年
从业人员（人）		1580	1419	1127	1278
卷烟生产能力（亿支）		662	746	250	150
卷烟品牌	自有品牌	泰山、哈德门	泰山、哈德门	泰山、哈德门	泰山、哈德门
	合作生产品牌	—	红双喜、大前门	南京、白沙	红梅
卷烟总产量（亿支）[1]		500.45	505.17	208.77	113.55

注：1. 所属卷烟厂的卷烟总产量中含出口烟产量。

◇撰稿：郭　勇　王绍习；编辑：周　佳

河南中烟工业有限责任公司

【卷烟产销】　生产卷烟（含合作生产、不含出口烟）1507.5 亿支（301.5 万箱），同比下降 9.08%，其中，生产一类烟 35.6 亿支（7.12 万箱），同比下降 25.97%；二类烟 92.31 亿支（18.46 万箱），同比增长 3.71%；三类烟 838.32 亿支（167.66 万箱），同比下降 22.61%；四类烟 400.11 亿支（80.02 万箱），同比增长 37.39%；五类烟 141.16 亿支（28.23 万箱），同比下降 3.63%。生产高端卷烟 21.71 亿支（4.34 万箱），同比下降 25.28%，其中高价位卷烟 12.18 亿支（2.44 万箱），同比下降 42.68%；细支卷烟 44.28 亿支（8.86 万箱），同比增长 56.98%。生产出口烟 20.56 亿支，同比增长 26.24%。

实现卷烟销量（不含出口烟）1539.71 亿支（307.94 万箱），同比下降 8.03%，其中，一类烟 36.69 亿支（7.34 万箱），同比下降 20.99%；二类烟 95.97 亿支（19.19 万箱），同比增长 3.75%；三类烟 858.63 亿支（171.73 万箱），同比下降 22.03%；四类烟 404.58 亿支（80.92 万箱），同比增长 40.53%；五类烟 143.84 亿支（28.77 万箱），同比下降 1.51%。销售高端卷烟 22.79 亿支（4.56 万箱），同比下降 14.91%，其中高价位卷烟 12.45 亿支（2.49 万箱），同比下降 34.77%。销售细支卷烟 46.32 亿支（9.26 万箱），同比增长 78.36%。出口烟实现销量 18.67 亿支，同比增长 15.19%。

合作生产云南中烟卷烟品牌“红塔山”10 亿支（2 万箱）、“红梅”35 亿支（7 万箱），上海烟草集团“红双喜”34.94 亿支（6.99 万箱）、“大前门”15 亿支（3 万箱），浙江中烟“利群”12.48 亿支（2.5 万箱）、“雄狮”2.52 亿支（0.5 万箱），湖南中烟“白沙”25 亿支（5 万箱）。

实现卷烟销售收入 391.71 亿元，同比下降 12.71%。实现税利 283.67 亿元，同比下降 16.81%，其中利润 49.39 亿元，同比下降 29.82%。三项费用率 9.47%，同比增加 1.03 个百分点。行业下达的降本增效目标值 3.1 亿元，实际完成值 3.11 亿元，完成率 100.34%。

【主要产品与品牌建设】　***主要产品。***生产的内销卷烟品牌主要有“黄金叶”“红旗渠”“散花”。全年生产“黄金叶”864.71 亿支（172.94 万箱），同比下降 15.02%；实现销量 888.84 亿支（177.77 万箱），同比下降 14.08%，其中省内 639.28 亿支（127.86 万箱），省外 253.56 亿支（50.71 万箱）。生产“红旗渠”458.26 亿支（91.65 万箱），同比增长 9.43%；实现销量 459.83 亿支（91.97 万箱），同比增长 8.59%，其中省内 288 亿支（57.6 万箱），省外 171.83 亿支（34.37 万箱）。

产品开发。围绕“保规模、稳税利、提结构”首要任务，强化产品攻坚。一是加强一、二类烟研发，研发上市“黄金叶（乐途）”“黄金叶（小黄金）”“黄金叶（浓香细支）”“黄金叶（豫烟 5 号）”“黄金叶（豫烟 2 号）”等新规格，进一步丰富“黄金叶”一、二类烟的产品链条。二是强化基础规格研发。紧跟提税顺价后的市场变化，夯实 100 元/条价位产品的基础地位，研发推出“黄金叶（喜满堂）”“黄金叶（鸿运）”等新规格，对“黄金叶（硬红旗渠）”“黄金叶（硬帝豪）”等规格进行改造升级。强化自有品牌的研发与维护，研发上市“红旗渠（硬银）”等产品，注重对雪茄型卷烟“红旗渠（雪茄）”的维护。三是强化特色卷烟研发。开展工商协同研发和跨界研发，拓展创意思路，先后在郑州、开封、南阳、信阳、周口、商丘、

洛阳开发上市“黄金叶（金丝路）”“黄金叶（汴京）”“黄金叶（红南阳）”“黄金叶（茶香）”“黄金叶（老道）”“黄金叶（商鼎）”“黄金叶（洛阳牡丹）”等区域专销规格，为推动产销结构升级提供支撑。聚焦多元化、特色化的市场需求，开展爆珠、薄荷、中细规格等产品研发和储备，打造品牌发展优势。推进新型烟草制品研发，完成2款袋装口含烟和2款新口味电子烟的储备工作。

品牌培育。创新品牌培育方式，突出一线问诊，强化指导服务，实现品牌培育由“大水漫灌”向“精准滴灌”转变。构建研发营销一体化机制，深化营销与研发的高效对接，不断提高新品研发的针对性和市场培育的成功率。实施分类运作，制定“一品一策”运作指导意见，建立品牌状态监控体系，确保重点规格市场状态良好可控。

强化市场拓展，按照“一地一策”市场建设战略，初步形成省内外市场协调发展的格局。在省外市场，聚焦高端引领、细支卷烟培育和终端基础。在省内市场，着力省产烟结构升级和细支卷烟、专销烟培育，加强省产烟培育的过程管理。

全年一、二类烟实现商业销量120.4亿支（24.08万箱），同比增长13.18%，增幅高于行业平均增幅16.39个百分点。“黄金叶（天叶）”逆势上扬，全年实现销售近15亿支（3万箱），同比增长33.79%。短支卷烟方面，2016年7月底上市的“黄金叶（乐途）”，截至2016年底，实现销量6.9亿支（1.38万箱）。新规格“黄金叶（鸿运）”“黄金叶（喜满堂）”“红旗渠（雪茄）”“红旗渠（硬银）”实现销量165.25亿支（33.05万箱）。

卷烟市场建设。巩固省内市场。以“稳份额、提结构、保地位”为重点，加强工商高层互动和顶层设计，强化共同发展，推进结构升级试点工作，持续深化终端建设和消费开发。省内省产烟实现商业销量905.85亿支（181.17万箱），同比基本持平；省产烟实现销售收入377.62亿元，占比略有提升。

强力拓展省外市场。以“扩销量、占市场、谋布局”为重点，强化整体运作，成立8个营销分中心，发挥高地市场和标杆市场带动作用，突出规模、潜力和中小市场拓展。省外自有品牌实现商业销量448.75亿支（89.75万箱），同比基本持平；实现销售收入207.41亿元，同比增长3.02%；单箱销售收入2.31万元，同比增长2.96%。

【原辅材料保障】 *原料保障*。烟叶基地建设方面：一是推进豫中、福建烟叶产区的“上六片”烟叶的管控工作。成立“上六片”烟叶专职工作组，早协商、早签约、早介入，加强采摘烘烤、对样收购等关键环节的把控，“上六片”高香气、高浓度、高透发性特征进一步彰显。二是构建烟叶定制化生产模式。突出工业需求的导向作用，明确“质量目标、生态区域、种植品种、生产措施、收购标准、等级结构”等6项定制化内容，在许昌、三门峡、平顶山开展定制化生产试点工作，探索实现工业满意、产区公司增效、烟农增收的新路子。三是深化战略合作。与河南省局（公司）协同开展“豫浓香”高端优质原料保障升级工程，助推河南烟草业转型升级；与云南省局（公司）协同开展“‘KRK26’烟叶工业验证”项目，深化特色烟叶开发；与福建省局（公司）在“两中心一平台”的基础上，协同开展基于“黄金叶”品牌原料符合度的关键技术研究与应用，提高基地烟叶质量与品牌需求的符合度。

复烤加工方面：一是系统推进均质化加工。成立专门组织开展均质化加工能力评价，分烤点制定《均质化加工实施方案》，推行精益管理，实施过程精准控制，促进复烤加工由“委托加工”向“精益控制”转变。二是开展高端规格原料集中定制加工。设立天昌、大理两个定制加工基地，基于“黄金叶”高端规格原料对复烤加工质量需求，推进工业二次分级（分选、分类、分切）、片型结构调控、数字化配比投料等措施，进一步提升原料使用价值，拓宽原料使用范围。

质量控制方面：加强全周期烟叶质量控制。一是在工商交接前，组织开展针对烟叶产区的生产收购质量调研，摸清产区烟叶生产质量和收购质量实情，为调拨质量管控提供

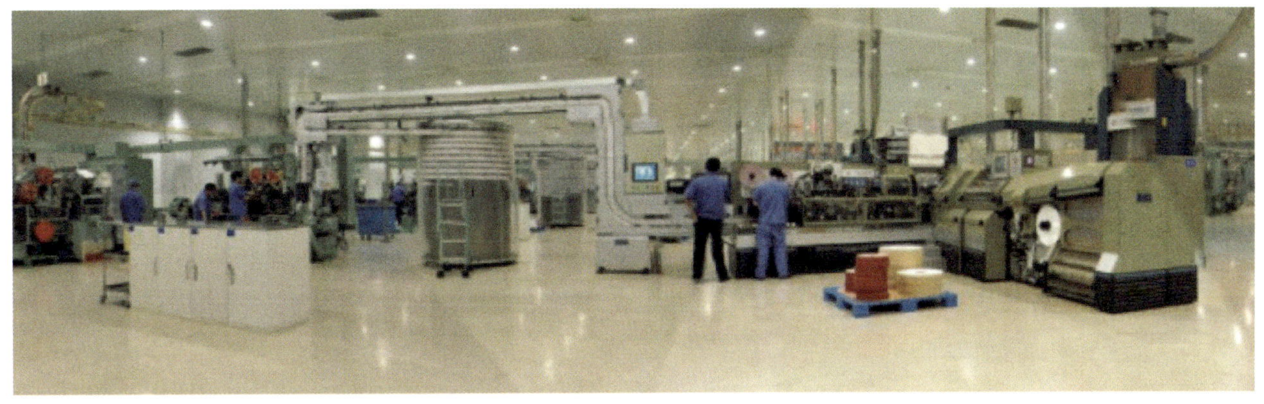

河南中烟安阳卷烟厂全力打造金叶制造“五精”“五零”生产模式。图为卷接包车间生产线

河南中烟　供稿

依据。二是参与专分散收、原收原调工作，协同烟叶产区定方案、定措施、定标样，确保备货质量基本符合工商共同制定的收购样品。三是强化预检、工业分级、联合巡检等关键环节的控制，确保调拨烟叶符合工商交接质量需求。

辅料保障。开展物资采购专项治理，制定《烟用物资采购专项治理督导检查工作方案》《烟用物资采购考评问责管理规定》等制度文件。加强物资管理顶层设计，制定《关于深化物资授权管理的意见》。强化前瞻柔性保供服务，对新工艺、新材料和单一来源供应等瓶颈问题，研究制定应对预案，降低采购风险。完善“集中采购配送”模式，探索“准时采购、多点供应”的物资保供新模式，实现准时采购、柔性供应。

【技术创新】 **河南中烟工业有限责任公司技术中心概况**。成立于2007年3月，为行业级技术中心。下设烟气分析、超净分析、常规分析、理化分析、香精香料分析、卷烟及烟用材料物理指标检测等标准实验室，拥有先进大型仪器设备30余台（套），总价值4000余万元。截至2016年底，员工121人，平均年龄38岁，其中博士研究生学历（含在站博士后）9人，硕士研究生学历38人；中高级以上专业技术资格83人，其中高级职称21人；有5名国家卷烟感观（官）质量评吸委员会委员、1名标准化委员会委员、1名中国烟草品种审定委员会委员、2名国家烟叶等级质量检验委员会委员。建立完善7级技术职务序列，聘任技术总监1人，主任研究员1人，研究员1人，主任工程师6人，副主任工程师8人，工程师19人。技术中心被评为行业“十二五”技术创新工作先进集体。

科研管理。建立科研立项公开摘牌机制，健全科技项目管理和经费管理办法，在项目团队组建、资金使用等方面给予充分授权，进一步优化科研资源的配置。创新工艺质量管理机制，推动以标准授权和分级管理为核心的工艺质量创新体系建设。拓展科研平台建设，河南中烟首次获批成立行业烟草加工形态研究重点实验室，成立学术委员会，聚焦烟草加工“形态表征方法、形变调控和卷烟适用性”等3个方向，深化项目研究及实验室建设。推动打叶复烤专线建设，启动烟叶工程技术中心申报工作。提升材料研究和研发水平，挂牌成立郑州院—河南中烟烟用材料联合实验室、黄金叶—恒丰联合实验室。

科研成果。获得授权专利361项，其中发明专利71项。取得项目成果50项，新获批牵头承担国家局重大专项2项，获得省部级以上科技奖励4项。“烟用材料安全性控制体系研究”获得中国烟草总公司第四届标准创新贡献奖；“腔式瀑流加料技术开发及应用”“YF17卷烟储存输送系统落烟及烟支质量控制装置的研制及应用”“基于数据挖掘的过程智能控制技术开发及应用”等3个项目分别获得2016年河南省科学技术进步奖二、三等奖。

【对外交流与合作】 与塞舌尔海滨烟草有限公司签署境外委托加工合作协议和商标授权协议，采取“商标授权生产、双方共同销售”的模式合作，填补河南中烟拓展卷烟国际市场的一项空白。加强海外销售网络建设，合理配置国家局重点培育类品牌“FARSTAR（发时达）”和重点管理类品牌“黄金叶”的计划量，分别与中国香港添姿彩国际贸易、黄金时代国际股份有限公司、天利国际贸易有限公司合作，在中国—哈萨克斯坦边境贸易中心、老挝、越南、柬埔寨新建6个“黄金叶”品牌形象专卖店，促进品牌形象提升。向缅甸、巴拿马、智利、伯利兹、玻利维亚、澳大利亚、新加坡、马来西亚、菲律宾、越南、柬埔寨、泰国、老挝、哈萨克斯坦、巴基斯坦、迪拜、土耳其、伊朗、伊拉克、阿富汗、韩国、中国澳门、塞舌尔等国家和地区出口“GOLDEN LEAF（黄金叶）”品牌卷烟，出口额3020万美元，同比增长48.52%。

【特事辑要】 1月21—22日，河南中烟召开2016年工作会议。

3月28日，河南中烟与河南省社会科学院签署战略合作框架协议，共同构建产研联盟，通过各种形式开展合作，形成人才、科研、产业相互促进、共同发展，努力实现院企合作、产研共赢。

2016年河南中烟工业有限责任公司所属生产厂情况统计

	河南中烟工业有限责任公司黄金叶生产制造中心	河南中烟工业有限责任公司许昌卷烟厂	河南中烟工业有限责任公司安阳卷烟厂	河南中烟工业有限责任公司南阳卷烟厂	河南中烟工业有限责任公司驻马店卷烟厂	河南中烟工业有限责任公司漯河卷烟厂	河南中烟工业有限责任公司洛阳卷烟厂
法人资格	非独立法人	非独立法人	非独立法人	非独立法人	非独立法人	非独立法人	非独立法人
主要负责人（含党政领导）	总经理：陈春喜 党委书记：司书贵	厂长：崔少卿（—2016年1月） 党委书记、厂长：刘金福（2016年1月—）	厂长：范国民 党委副书记（主持工作）：陈清棠	厂长：刘金福（—2016年1月） 党委书记：杨玉良 副厂长（主持工作）：李松峰（2016年1月—）	厂长：武超伟 党委书记：董建兴	厂长：吕　飞 党委书记：王秋领	厂长：徐和军（—2016年1月） 党委书记、厂长：齐建华（2016年1月—，之前任党委书记）

续表

		河南中烟工业有限责任公司黄金叶生产制造中心	河南中烟工业有限责任公司许昌卷烟厂	河南中烟工业有限责任公司安阳卷烟厂	河南中烟工业有限责任公司南阳卷烟厂	河南中烟工业有限责任公司驻马店卷烟厂	河南中烟工业有限责任公司漯河卷烟厂	河南中烟工业有限责任公司洛阳卷烟厂
成立时间		2014 年	1949 年	1945 年	1950 年	1949 年	1946 年	1981 年
从业人员(人)		2451	1676	1095	1092	786	821	872
卷烟生产能力（亿支）		730	390	253	259	150	251	150
卷烟品牌	自有品牌	黄金叶、红旗渠	黄金叶	黄金叶、红旗渠、发时达	黄金叶、红旗渠	黄金叶、红旗渠、散花	黄金叶、红旗渠、散花	黄金叶、红旗渠
	合作生产品牌	—	—	—	红双喜、大前门	—	利群、雄狮、白沙	红塔山、红梅
卷烟总产量（亿支）		515.00	278.00	204.25	144.50	102.75	141.00	122.00

◇ 撰稿：张箐惠；编辑：王东旭

湖北中烟工业有限责任公司

【卷烟产销】 生产卷烟（不含合作生产、出口烟）1217.5 亿支（243.5 万箱），其中，生产一类烟 561.5 亿支（112.3 万箱）、二类烟 242.55 亿支（48.51 万箱）、三类烟 259.1 亿支（51.82 万箱）、四类烟 100.15 亿支（20.03 万箱）、五类烟 54.2 亿支（10.84 万箱）。生产细支卷烟 199.35 亿支（39.87 万箱），高端卷烟 91.30 亿支（18.26 万箱），其中高价位卷烟 19.45 亿支（3.89 万箱）。生产出口烟 3.45 亿支。与省外卷烟工业企业合作生产卷烟 53.60 亿支（10.72 万箱）。

实现卷烟销量（含合作生产回购、不含出口烟）1322.70 亿支（264.54 万箱），其中，一类烟 616.6 亿支（123.32 万箱）、二类烟 264.7 亿支（52.94 万箱）、三类烟 274.55 亿支（54.91 万箱）、四类烟 110.2 亿支（22.04 万箱）、五类烟 56.7 亿支（11.34 万箱）。高价位卷烟实现销量 20.6 亿支（4.12 万箱），高端卷烟实现销量 96.35 亿支（19.27 万箱），细支卷烟实现销量 170.3 亿支（34.06 万箱）。

实现卷烟商业销售收入 1004.63 亿元。实现税利 533.82 亿元，同比增长 1.53%，其中利润 89.66 亿元，同比增长 14.51%。

全年万元产值综合能耗 5.11 千克标煤，万支卷烟综合能耗 2.2 千克标煤。烟叶、滤棒、盘纸平均消耗分别为 6.36 千克/万支、2375 支/万支、551 米/万支。水、电平均消耗分别为 0.17 吨/万支、7.09 千瓦时/万支。

【主要产品与品牌建设】 *主要产品*。生产的卷烟品牌主要有“黄鹤楼”“红金龙”。

全年自产“黄鹤楼”797.65 亿支（159.53 万箱），合作生产“黄鹤楼”18.9 亿支（3.78 万箱），其中与四川中烟工业有限责任公司合作生产“黄鹤楼”14.15 亿支（2.83 万箱），与黑龙江烟草工业有限责任公司合作生产“黄鹤楼”4.75 亿支（0.95 万箱）。实现销量 875.45 亿支（175.09 万箱）。

自产“红金龙”418.7 亿支（83.74 万箱），合作生产“红金龙”34.7 亿支（6.94 万箱），其中与四川中烟工业有限责任公司合作生产“红金龙”13.70 亿支（2.74 万箱），与黑龙江烟草工业有限责任公司合作生产“红金龙”21 亿支（4.2 万箱）。实现销量 446.8 亿支（89.36 万箱）。

产品开发。不断加大提质改造、新品开发、结构提升的工作力度，全年开发上市“黄鹤楼（三口品）”“黄鹤楼（南洋三号）”“红金龙（爱你·爆珠）”等 10 款新产品，改造“黄鹤楼（软 1916）”“黄鹤楼（硬感恩）”等 6 款产品。新品全年实现销量 26 亿支（5.2 万箱），税利贡献率达到 6%。

品牌发展与市场营销。围绕打造“三个满意”的服务宗旨和“保状态、守份额、育新品”的营销方针，推进营销理念和方式方法转型升级，由渠道营销为主向终端营销为主转变，由专注销售目标向打牢市场根基转变。

湖北中烟把市场状态、价格底线放在首要位置，不断优化营销人员结构、提升市场响应速度，加强终端建设和维护及市场监测调控体系建设。坚持以服务客户为导向，提升仓储物流一体化水平，努力实现快速响应、准时配送、优质服务，全年送货及时率提升至 98.21%。

【原辅材料保障】 严控采购标准，烟叶平均接收质量等级合格率、质量符合率、复烤加工精细化水平持续提升。多措并举降低库存，原料库存同比下降 3.116 万吨（62.32 万担），烟叶库存下降约 3 个月使用量。全年实际调拨烤烟8.92万吨（178.43万担），上等烟比例为65.98%。采购进口烟叶0.614万吨（12.28万担），其中采购津巴布韦烟叶0.31万吨（6.22万担）、巴西烟叶0.27万吨（5.43万担）、其他国家烟叶0.032万吨（0.64万担）。

实现烟用物资公开招标采购全覆盖，通过实施公开招标及价格谈判工作，22个规格的烟用物资价格同比下降，最高降幅达到32.6%。全省烟草工业系统实现材料与零配件统一调度管理，有效降低物资报废风险。整合全省仓储资源，优化仓库存放，2016年仓库减面积、提档次，节约资金1000万元。

【技术创新】 **优化创新体系**。改革科技体制机制，增强系统思维和协同作用，构建起以技术研发中心为主体，以各卷烟厂为侧翼，以黄鹤楼科技园为依托，以科研院所为助力的湖北中烟“星系模式”技术创新体系，形成以1个国家级企业技术中心为龙头，3个省部级重点实验室、工程技术中心和20余个专业研究所为支撑的技术创新平台，建立从研发、中试到成果转化应用的创新快速通道。

推进重大专项。以突破技术瓶颈、解决质量问题为重点，以技术标准为抓手，在细支卷烟系统创新、复烤片烟片形改善和结构优化、均质化工艺技术研究、新型烟草制品开发等领域取得一批具有行业领先水平的技术创新成果。获得省部级鉴定成果3项，申请专利403项，其中发明专利191项。在烟草行业创新能力评价中位列第二。

【对外交流与合作】 3月，与菲律宾环球贸易有限公司合作，初步形成《2016—2020年菲律宾有税市场“R.G.D”产品拓展方案》。5月，与塞舌尔海滨烟草公司签订“委托生产加工协议”“委托销售卷烟协议”，项目运作方式由商标许可生产转变为委托加工生产，项目重新启动。7月，与香港魁一有限公司交流出口高档手工雪茄至亚洲免税市场。针对国际市场消费特点、趋势以及法律规范要求，设计开发“黄鹤楼”“R.G.D”“96.JLOONG”等3个品牌23个系列的国际市场新产品。

实现境外卷烟销量31.13亿支，同比下降14.82%，其中一般贸易卷烟出口3.46亿支，同比下降32.48%；境外企业生产销售27.67亿支，同比下降11.95%。从品牌结构看，“R.G.D”实现销量24.83亿支，同比下降10.5%；“黄鹤楼”实现销量6.3亿支，同比下降27.14%。从项目分布看，墨西哥项目实现销量0.19亿支，东欧项目实现销量21.29亿支，金叶卷烟厂（澳门）有限公司项目实现销量4.28亿支，塞舌尔项目实现销量1.92亿支。

2016年9月9日，湖北中烟武汉卷烟厂第一台M5－X6高速机组正式投入生产
湖北中烟武汉卷烟厂 余德华 摄

【特事辑要】 4月27日，湖北省副省长许克振一行赴湖北中烟调研。

11月23日，湖北省委副书记、代省长王晓东赴湖北中烟武汉卷烟厂专题调研传统产业改造升级工作，研究加快创新驱动发展、提升传统动能的政策措施。

12月7日，国家局党组成员、副局长杨培森赴湖北中烟襄阳卷烟厂调研，要求继续加强对细支卷烟的市场发展研究，继续推进精益管理、优质制造，确保湖北中烟细支卷烟持续健康成长。

12月22日，国家局党组成员、副局长徐瑩参加指导湖北中烟党组2016年度领导班子民主生活会。

2016年湖北中烟工业有限责任公司所属生产厂情况统计

	湖北中烟工业有限责任公司武汉卷烟厂	湖北中烟工业有限责任公司襄阳卷烟厂	湖北中烟工业有限责任公司三峡卷烟厂	湖北中烟工业有限责任公司广水卷烟厂	湖北中烟工业有限责任公司红安卷烟厂	湖北中烟工业有限责任公司恩施卷烟厂
法人资格	非独立法人	非独立法人	非独立法人	非独立法人	非独立法人	非独立法人

续表

	湖北中烟工业有限责任公司武汉卷烟厂	湖北中烟工业有限责任公司襄阳卷烟厂	湖北中烟工业有限责任公司三峡卷烟厂	湖北中烟工业有限责任公司广水卷烟厂	湖北中烟工业有限责任公司红安卷烟厂	湖北中烟工业有限责任公司恩施卷烟厂
主要负责人（含党政领导）	厂长：程思军 党委书记：程思军（—2016年12月）、刘致华（2016年12月—）	厂长、党委书记：张道义	党委书记、厂长：刘兴国（—2016年11月）、孙德平（2016年11月—，主持工作）	党委书记、厂长：侯　波（—2016年8月）、张志生（2016年8月—）	党委书记、厂长：张小平	党委书记、厂长：谭文峰
成立时间	1916年	1944年	1998年	1970年	1980年	2009年
从业人员（人）	1593	1557	755	434	718	599
卷烟生产能力（亿支）	628	600	150	125	157	339
卷烟品牌　自有品牌	黄鹤楼、红金龙	黄鹤楼、红金龙	红金龙	黄鹤楼、红金龙	黄鹤楼、红金龙	黄鹤楼、红金龙
卷烟品牌　合作生产品牌	—	—	—	—	—	—
卷烟总产量（亿支）[1]	541.15	265.26	130.08	67.86	73.91	142.67

注：所属生产厂的卷烟总产量含出口烟。

◇ 撰稿：谢志勇；编辑：王东旭

湖南中烟工业有限责任公司

【卷烟生产经营】 生产卷烟（不含出口）1828.5亿支（365.7万箱），同比下降3.76%，其中，生产一类烟1006.23亿支（201.25万箱），同比下降7.72%；二类烟18.96亿支（3.79万箱），同比增长261.96%；三类烟441.43亿支（88.29万箱），同比增长32.18%；四类烟302.94亿支（60.59万箱），同比下降27.37%；五类烟58.95亿支（11.79万箱），同比增长10.70%。生产出口卷烟44.62亿支（8.92万箱），同比增长57.37%。

实现卷烟销量（不含出口，不含合作生产）2313.98亿支（462.8万箱，含结转库存量），同比下降1.34%，其中，一类烟988.65亿支（197.73万箱），同比下降3.89%；二类烟15.19亿支（3.04万箱），同比增长19.76%；三类烟687.87亿支（137.57万箱），同比下降7.10%；四类烟563.29亿支（112.66万箱），同比增长9.93%；五类烟58.98亿支（11.796万箱），同比上升15.17%。

全年合作生产“白沙”424.55亿支（84.91万箱），同比下降33.64%，其中与河北中烟合作生产249.55亿支（49.91万箱），与山东中烟合作生产25亿支（5万箱），与河南中烟合作生产25亿支（5万箱），与陕西中烟合作生产125亿支（25万箱）。合作生产卷烟回购422.50亿支（84.50万箱）。

实现销售收入868.93亿元，同比下降4.14%。实现税利748.36亿元，同比下降6.01%，其中利润97.2亿元，同比下降17.25%。三项费用率6.10%，同比减少0.37个百分点。

万支卷烟综合能耗3.15千克标煤，万元产值综合能耗6.79千克标煤。烟叶、滤棒、盘纸年平均消耗分别为6.61千克/万支、1675支/万支、604米/万支。水、电年平均消耗分别为0.13吨/万支、8.51千瓦时/万支。

【主要产品与品牌建设】 聚焦品牌战略落地，梯次化布局新品，有序开展营销推广，系统搭建服务平台，品牌建设工作稳步推进。

自产卷烟。公司内销卷烟品牌有“白沙”“芙蓉王”“芙蓉”和“相思鸟”。年内自产“白沙”［不含“白沙（和天下）”］770.16亿支（154.03万箱），实现销量1277.58亿支（255.52万箱）；生产“白沙（和天下）”20.55亿支（4.11万箱），实现销量21.95亿支（4.39万箱）；生产“芙蓉王”967.25亿支（193.45万箱），实现销量955.47亿支（191.09万箱）；生产“芙蓉”37.35亿支（7.47万箱），实现销量37.72亿支（7.54万箱）；生产“相思鸟”21.5亿支（4.3万箱），实现销量21.26亿支（4.25万箱）。

出口卷烟。出口烟境内生产部分分别由长沙卷烟厂、常

2016 年 8 月 26 日，“和 + 平安”2016 湖南中烟消防综合演练在四平卷烟厂举行。图为员工正在演练紧急疏散

湖南中烟　周腾浪　摄

德卷烟厂和郴州卷烟厂负责，主要生产“白沙”“NISE”“芙蓉王”等品牌，生产出口卷烟44.62亿支（8.92万箱），同比增长57.37%。其中，长沙卷烟厂生产出口卷烟0.41亿支（0.08万箱），同比增长192.86%；常德卷烟厂生产出口卷烟16.43亿支（3.29万箱），同比增长5.8%；郴州卷烟厂生产出口卷烟27.78亿支（5.56万箱），同比增长118.91%。

新品梯次化布局。推进“白沙（和天下）”产品系列化。“白沙（和天下短支）”“白沙（檀香和天下）”产品初步定型，完成“白沙（檀香和天下）”前期上市沟通工作，继续推动“白沙（软和天下）”“白沙（硬细支和天下）”在全国市场布局。

“芙蓉王”高端突破取得进展，“芙蓉王（硬红带）”“芙蓉王（硬闪带75mm）”“芙蓉王（硬蓝闪）”“芙蓉王（硬红带细支）”“芙蓉王（硬闪带细支）”等5个新规格上市销售。

新规格“白沙（硬天天向上细支）”完成全国性市场布局，全年实现商业销量4.25亿支（0.85万箱）。“白沙（精品三代）”上市销售。

【市场推广与产品服务】 *常规推广活动标准化*。全年开展夜场酒吧推广、餐饮惊喜派送、终端驻店导购、团购客户开发、明星店主评选等常规推广活动3万余场次，基本实现了从组织、发布、实施、痕迹管理到效果呈现的标准化操作。

创新主题推广活动。结合各地“湘商”商会资源，开展芙蓉王“成功之旅”主题活动35场，实现品牌文化的圈层传播。“醇和香烟、醇和天下”主题推广活动全年累计开展超过2000场次。“和气生财，手气自然来”主题推广活动在全国近20个城市开展。品牌微信公号“天天公会”开展“天天女神”“微信运动”“天天竞猜”“天天街拍”“天天探寻”等主题活动，全年累计400万人次参与。“和联盟”平台开展“猴年马月终于等到礼”“七夕个性情话征集”“国庆个性宣言征集”等系列活动，有效提升了品牌与零售户、消费者之间的互动。

系统搭建服务平台。“橙杏平台”“扫一扫平台”两个服务平台，围绕基础服务和增值服务，升级售后服务和常见问题答疑等企业标准服务功能模块。“橙杏平台”全年累计提供扫码服务426万次，“扫一扫平台”累计提供扫码服务4801万次。MIG系统升级终端维护规范和量化标准，品牌的终端维护次数同比增长156%，维护面拓展20%；推出面向商业企业的“和 + 服务平台”，提升服务效率和服务体验。

【原辅材料保障】 坚持以品牌需求为导向，围绕“控总量、优结构、抓质量、降成本、强基地”的原料工作主线，推动原料保障从供应链管理向价值链管理转型，助力公司“和 + 生态圈”建设。

推进原料保障转型升级。严控入口，拓宽出口，从资源有效上提升价值。创新思维，精益管控，从烟叶质量上提升价值。降本增效，熔炼团队，从原料管理上提升价值。云南烟叶库存比重同比增加2个百分点，上等烟比重同比增加2.7个百分点，上部烟比重同比下降7个百分点，优化富余烟叶2.91万吨（58.11万担），库存、配方在部位、等级结构上已基本匹配。

1—6月，调拨2015年度国内烤烟19.37万吨（387.44万担），其中上等烟叶13.9万吨（278.02万担），中等烟叶调拨5.41万吨（108.28万担）。7—12月，调拨2016年度国内烤烟15.18万吨（303.64万担），其中上等烟叶11.15万吨（223万担），中等烟叶4.03万吨（80.64万担）。

【技术创新】 *湖南中烟工业有限责任公司技术研发中心概况*。原名湖南中烟工业公司技术中心，成立于2006年12月，2007年通过国家级企业技术中心复评，2010年6月更名为湖南中烟工业有限责任公司技术研发中心。下设3个办公室、6个专业研究所、1个烟草质量监督检测站、1个博士后科研工作站。技术研发中心员工平均年龄43岁，23人拥有博士研究生学历，56人拥有硕士研究生学历，在站博士后3人，54人拥有高级职称，105人拥有中级职称。10月，技术研发中心以88.14分的总成绩在2016年度行业工业企业技术中心评价中排名第一。

科研项目。开展科技项目220项，其中，主持或承担国家局科技项目26项、标准项目45项，对外开展的开放式课题研究6项，各生产厂开展创新小组项目49项，全年投入科技项目经费7640万元。

科研成果。取得科技成果51项，其中省部级成果9项。全年申请专利254项，获得专利授权148项，其中发明专利57项、实用新型专利88项、外观专利3项。年度技术专利成果转化率86%。

【特事辑要】 6月24日，国家局党组成员、副局长赵洪顺赴湖南烟草调研。赵洪顺对湖南烟草各项工作取得的成绩给予肯定，要求湖南烟草工商企业深刻认识行业面临的新形势，不断更新理念；深刻认识企业自身面临的新挑战，不断优化目标；深刻认识全面从严治党的新要求，不断找准定位。

12月27日，国家局党组成员、副局长杨培森赴湖南中烟所属控股公司深圳湘元科技有限公司调研。杨培森对湖南中烟新型烟草制品研发取得的成绩给予肯定，要求湖南中烟及湘元科技公司科学研判新型烟草制品发展态势，在技术、装备、产品全产业链着力，高起点、超常规、跨越式发展，为将来赢得战略主动。

2016年湖南中烟工业有限责任公司所属生产厂情况统计

		湖南中烟工业有限责任公司长沙卷烟厂	湖南中烟工业有限责任公司常德卷烟厂	湖南中烟工业有限责任公司郴州卷烟厂	湖南中烟工业有限责任公司零陵卷烟厂	湖南中烟工业有限责任公司四平卷烟厂	湖南中烟工业有限责任公司吴忠卷烟厂
法人资格		非独立法人	非独立法人	非独立法人	非独立法人	非独立法人	非独立法人
主要负责人（含党政领导）		党委书记、厂长：刘　军	党委书记、厂长：龚道国	党委书记（主持工作）：孟令军（2016年7月—，之前主持党委日常工作并主持工作）	党委书记、厂长：刘正宇	党委书记、厂长：孙贤军	党委书记：李朝辉 副厂长（主持工作）：郭三明
成立时间		1947年	1951年	1939年	1976年	1948年	1970年
从业人员（人）		2350	3133	1622	1062	732	419
卷烟生产能力（亿支）		1117	900	265	250	113	113
卷烟品牌	自有品牌	白沙、芙蓉王	芙蓉王	芙蓉王、白沙、相思鸟、利事	芙蓉王、白沙、芙蓉	白沙	白沙
	合作生产品牌	万宝路	—	—	—	—	—
卷烟总产量（亿支）		548.50	850.00	131.50	120.00	94.00	84.50

◇ 撰稿：何小凡　周腾浪；编辑：王东旭

广东中烟工业有限责任公司

【卷烟产销】 生产卷烟（不含合作生产）1168亿支（233.60万箱），同比下降3.79%，其中，生产一类烟53.50亿支（10.70万箱）、二类烟174.62亿支（34.92万箱）、三类烟841.01亿支（168.2万箱）、四类烟27.29亿支（5.46万箱）、五类烟71.58亿支（14.32万箱）。

实现卷烟销量（含合作生产回购）1546.3亿支（309.25万箱），同比下降3.90%，其中，一类烟56.63亿支（11.33万箱）、二类烟183.37亿支（36.67万箱）、三类烟1195.96亿支（239.20万箱）、四类烟35.6亿支（7.12万箱）、五类烟74.71亿支（14.94万箱）。

实现税利244.8亿元，同比下降8.3%，其中利润37.0亿元，同比增长1.5%。三项费用率7.56%。

全年万元产值综合能耗6.92千克标煤，万支卷烟综合能耗2.08千克标煤。烟叶、滤棒、盘纸平均消耗分别为

6.63千克/万支、2509支/万支、592米/万支。水、电平均消耗分别为0.07吨/万支、8.58千瓦时/万支。

【主要产品与品牌建设】 **主要产品**。有“双喜”“椰树”“羊城”“红玫”4个品牌39个规格。全年生产（不含合作生产）“双喜”1039.13亿支（213.83万箱），同比下降3.37%。“双喜”实现销量1435.2亿支（287.04万箱），同比下降4.37%。

卷烟合作生产。与广西中烟柳州卷烟厂、陕西中烟宝鸡卷烟厂、江西中烟南昌卷烟厂、深圳烟草工业有限责任公司、河北白沙烟草工业有限责任公司等多家卷烟生产企业开展合作生产，全年合作生产“双喜”362.91亿支（72.58万箱）、“椰树”7.04亿支（1.41万箱）、“红玫”5亿支（1万箱）。

市场拓展。省内市场规模稳中有进，广东省内累计实现销量965.5亿支（193.1万箱），同比增长0.6%，全省市场份额保持在54.2%，14个地市实现“双喜”销量增长。省外市场拓展持续推进，将营销工作向农村市场延伸，向消费者延伸，不断填补“双喜”市场空白。全年省外市场中，浙江、四川、新疆、西藏、天津、吉林、上海等7个市场广东中烟卷烟实现销量同比增长。

服务市场。广东中烟领导分片对口联系市场，各部门、各中心、各卷烟生产厂分别与地级市公司结对子，定期走访，了解市场需求，密切工商零关系。抽调专人开展全员协同推广工作，先后派出三批400余人分片驻点走访广东省内市场，加强一、二类烟和重点规格的培育工作。加强终端推广，增强与零售客户的互动，提升全体员工的市场意识，激发以市场为中心、关注市场、服务市场的热情。

产品策略调整。研发新产品21个规格，其中一类烟16个规格，二类烟2个规格，三类烟3个规格。实施产品区域化策略，成功研发在粤东地区销售的“双喜（金01）”、广东韶关的“双喜（硬紫红玫王）”、江苏的“双喜（喜庆）”、河北的“双喜（莲香）”等产品。强化产品特色化研究，研发“双喜（红尊五叶神）”“双喜（金尊五叶神）”“双喜（和谐五叶神）”等3个规格。探索跨省合作研发模式，纪念“双喜”创牌110周年，广东中烟与上海烟草集团、湖北中烟集中优势力量，成立工作小组，联合研发打造“双喜（百年红）”。

【原辅材料保障】 购进原料14.47万吨（289.38万担），其中国内烟叶12.49万吨（249.79万担），进口烤烟1.52万吨（30.35万担），薄片0.46万吨（9.24万担）。购进的国内烤烟区域结构、等级结构和部位结构基本合理，满足“双喜”品牌发展需要。烟叶工商交接等级合格率64.5%，高于全国平均水平1.7个百分点。

优化原料供应基地单元布局，国家局基地单元总数由2015年的36个优化至29个，涵盖广东中烟所有主料烟产区。深化与基地单元合作，加强科研项目合作，开展一系列提升烟叶品质的项目研究，主要有“湘西山地特色烟叶开发关键技术研究”“曲靖基地烟叶精益化生产研究与应用”“福建武平基地优质烟叶适用生产技术体系开发研究”“‘双喜’品牌造纸法再造烟叶储存条件研究”等。

减少烟梗回收，截至2016年底，烟梗库存总量为2.09万吨（41.88万担），同比减少0.76万吨（15.12万担），节省仓储成本665万元。完成基地单元控额项目，费用共计338万元，同比节省96万元。控制B2F等级烟叶采购，计划采购3.45万吨（69万担），实际采购3.24万吨（64.77万担），节约采购成本363.78万元。

2016年9月9日，广东中烟、上海烟草集团、湖北中烟在广东中烟广州卷烟厂举行“双喜（百年红）”合作签约仪式

广东中烟广州卷烟厂 李国华 摄

【技术创新】 **广东中烟工业有限责任公司技术中心概况**。成立于2005年，2008年被认定为国家级企业技术中心，下设4个处室和3个独立所。截至2016年底，员工140人，其中博士研究生学历8人，硕士研究生学历69人，高级职称31人、中级职称92人。

大力促进技术创新发展，在研科技项目114项，其中广东中烟项目95项，国家局项目19项，内容涉及烟草农业、卷烟材料、减害技术、产品信息技术、烟草薄片、增香保润等多个研究领域。

科研制度建设。完成《广东中烟“十三五”科技创新重点工作部署》，制定《广东中烟创新型企业建设方案》。强化过程预警机制的建设，以月度工艺质量巡检的方式，对各卷烟厂及合作生产点进行检查，强化闭环管理。加强产学研合作，联合共建实验室增至4所，主要针对植物资源、再造烟叶、分析科学、卷烟工艺等领域开展合作研究。

工艺平台建设。通过扩充卷接包、滤棒成型与复合、烟草薄片、生物技术处理等设备，建成全功能试验平台。加强分析测试平台建设，平台配置、测试方法、烟草化学、烟气化学基础、科研实验能力不断进步，7种代表性有害成分以及卷烟、烟用添加剂、烟用接装纸、卷烟包装有机挥发性成分等安全性指标检测能力达到100%。加强配香中心建设，香精香料配送至省内外11个生产点。推动功能转型，成立调香中心。完善配香中心二期工艺设计需求，持续强化自主配香以及香精香料核心模块输出功能。完成制丝实验线整体搬迁与改造。

技术研究。从新型滤棒、新型卷烟纸、滤棒成型工艺创新等三方面开展技术创新。开展加热不燃烧型再造烟叶和低温卷烟试验样品的研发工作。完成不同滤棒、卷烟纸及接装纸组合对卷烟品质影响的研究，以及不同沟槽形式滤棒对卷烟品质影响研究。开展高端原料精挑选工作，通过推广应用低温慢烤技术，布局原料近红外光谱分析信息网络系统，保障打叶复烤成品质量的均质化、规模化和个性化。开展“基于吸湿同步性的保润型填料研发及在再造烟叶中的应用”“基于低温卷烟的再造烟叶研发及应用技术研究”“罗布麻纤维功能性再造烟叶的研制及应用研究”等项目研究，提升再造烟叶综合品质。加强特色工艺研究，开展“烟梗过热蒸汽—微波协同膨胀技术在卷烟中的应用研究”。开展“提高上部烟在高端卷烟产品中使用价值的初步研究”，探索利用分组加工技术提升上部烟叶的应用价值。

【降本增效】 以精益管理为手段，将降本增效目标纳入目标监督管理体系，对费用管理、技术研发、生产保障、市场营销等四方面加强成本管控。降本增效工作累计完成1.37亿元，超额完成目标任务。广东中烟主营业务成本101.0亿元，同比下降2.65%。广东中烟广州卷烟厂通过对叶耗、能耗、材料消耗等降本增效关键点开展专题攻关，降低成本700余万元；通过扩大项修代替大修，节约费用1000万元。

【对外交流与合作】 **国际市场拓展**。威尼顿集团有限公司、金叶卷烟厂（澳门）有限公司、中烟英美烟草国际有限公司（广东中烟参股公司，投资占比为10%）等3家境外企业卷烟国际市场累计销售卷烟75.7亿支，同比增长1.6%，其中，销售“双喜”12亿支，“五叶神”4.1亿支。

推进新品上市，威尼顿集团有限公司在柬埔寨正式推出“吴哥（硬沉香）”上市。启动“五叶神”全球注册项目，在亚洲、欧洲、非洲等六大洲149个国家申请注册“五叶神”商标。

协同中国烟草国际有限责任公司召开广东中烟境外企业产品推介会，提高广东中烟境外企业新产品、新品牌的认知度，拓展境外免税市场。中国免税品（集团）有限公司、深圳市国有免税商品（集团）有限公司、日上免税行、珠海市免税企业集团有限公司等四大免税公司受邀参会。

服务保障。向威尼顿集团有限公司、金叶卷烟厂（澳门）有限公司两家境外企业销售供应各类原辅材料及烟机零配件1043.1吨，货值1.83亿元。加强外派人员统筹与人事管理，2016年，外派24人充实境外企业队伍。

【特事辑要】 6月14日，广东省副省长邓海光赴广东中烟调研，充分肯定多年来广东中烟在扶贫济困方面作出的积极贡献。

10月18日，广东省委常委、纪委书记黄先耀赴广东中烟调研，肯定广东中烟党建工作“三个同步”“两融入一延伸”具有启发性，“五位一体”监督体系完善，赞扬广东中烟广州卷烟厂党的组织健全、党员活动规范、廉政文化丰富，要求进一步坚持党的领导、加强党的建设、落实全面从严治党，为地方经济社会发展作出新的更大贡献。

11月20日，广东省副省长袁宝成赴广东中烟调研，肯定广东卷烟工业为地方经济社会发展所作的突出贡献，要求进一步做好品牌培育工作，当好改革开放的“排头兵”，同时保持税收利润合理增长。

12月10日，国家局党组书记、局长凌成兴赴广东烟草调研，肯定广东烟草取得的成绩，指出广东烟草实现“三个全国第一，一个位置前移”，即：商业销量全国第一、商业销售额全国第一、“双喜·红双喜”品牌继续保持全国第一，工商税利总额实现一个位置前移。要求广东烟草要保持好这个势头，力争实现“三个新作为”，即：力争稳中求进新作为、力争创新发展新作为、力争打假打私新作为。广东省委副书记、省长朱小丹会见凌成兴一行，副省长袁宝成参加会见。

12月28日，广东中烟召开党组专题民主生活会，国家局党组成员、副局长杨培森到会指导。

2016 年广东中烟工业有限责任公司所属生产厂情况统计

		广东中烟工业有限责任公司广州卷烟厂[1]	广东中烟工业有限责任公司韶关卷烟厂	广东中烟工业有限责任公司梅州卷烟厂	广东中烟工业有限责任公司湛江卷烟厂
法人资格		非独立法人	非独立法人	非独立法人	非独立法人
主要负责人（含党政领导）		党委书记、厂长：李斌	党委书记、厂长：张卓研（—2016 年 9 月）、何锦章（2016 年 9 月—）	党委书记、厂长：饶智华	党委书记、厂长：郑树平
成立时间		2012 年	1950 年	1939 年	1978 年
从业人员（人）		2109	762	804	621
卷烟生产能力（亿支）		1000	284	281	208
卷烟品牌	自有品牌	双喜、椰树	双喜	双喜	双喜、红玫、椰树、羊城
	合作生产品牌	—	—	—	—
卷烟总产量（亿支）		640.50	208.50	183.50	135.50

注：1. 广东中烟广州卷烟厂由原广州卷烟二厂生产一部、生产二部和南海生产部搬迁合并而成，2012 年正式运行。

◈ 撰稿：郑泽敏；编辑：谢争艳

广西中烟工业有限责任公司

【卷烟产销】 生产卷烟（含合作生产、出口烟）738.67 亿支（147.73 万箱），同比下降 5.80%，其中，生产一类烟 34.82 亿支（6.96 万箱），同比增长 14.96%；二类烟 149.73 亿支（29.95 万箱），同比下降 21.60%；三类烟 424.8 亿支（84.96 万箱），同比增长 0.36%；四类烟 78.10 亿支（15.62 万箱），同比下降 6.05%；五类烟 51.22 亿支（10.24 万箱），同比下降 9.25%。合作生产卷烟 367 亿支（73.4 万箱）。生产出口卷烟品牌“真龙”0.67 亿支，同比增长 8.10%。

实现卷烟销量（含合作生产、出口烟）756.07 亿支（151.21 万箱），同比下降 5.09%，其中，一类烟 35.24 亿支（7.05 万箱），同比增长 13.63%；二类烟 149.64 亿支（29.93 万箱），同比下降 21.55%；三类烟 424.78 亿支（84.96 万箱），同比下降 0.22%；四类烟 94.55 亿支（18.9 万箱），同比增长 1.66%；五类烟 51.86 亿支（10.37 万箱），同比下降 7.63%。出口烟实现销量 0.66 亿支，同比下降 4.35%。

实现卷烟销售收入 201.42 亿元，同比下降 9.65%。实现税利 139.76 亿元，同比下降 18.54%，其中利润 13.43 亿元，同比下降 45.95%。三项费用率 7.86%，同比增加 1.14 个百分点。

全年万元产值综合能耗 9.08 千克标煤，万支卷烟综合能耗 2.49 千克标煤。烟叶、滤棒、盘纸平均消耗分别为 6.87 千克/万支、2520 支/万支、595 米/万支。水、电平均消耗分别为 0.12 吨/万支、10.27 千瓦时/万支。

【主要产品与品牌建设】 **主要产品**。自主品牌有“真龙”“甲天下”2 个品牌 26 个规格。全年生产“真龙”系列卷烟 320.46 亿支（64.09 万箱），同比增长 4.15%；实现销量 337.21 亿支（67.44 万箱），同比增长 5.22%，其中，自治区内实现销量 287.22 亿支（57.44 万箱），自治区外实现销售 49.98 亿支（9.996 万箱）。“真龙”高价位卷烟生产量为 0.34 亿支（0.07 万箱），同比下降 46.69%；“真龙”高端卷烟生产量为 13.98 亿支（2.8 万箱），同比下降 6.27%；“真龙”细支卷烟生产量为 8.25 亿支（1.65 万箱），同比增长 108.45%。生产“甲天下”系列卷烟 50 亿支（10 万箱），实现销量 50.64 亿支（10.13 万箱），其中，自治区内实现销量 50.14 亿支（10.03 万箱），自治区外实现销量 0.50 亿支（0.10 万箱）。

市场结构提升。自治区市场“真龙”一类烟销量同比增长 18.7%，14 个地市均实现正增长，销量过万箱的地市升至 3 个；10 元/包以上“真龙”在自治区内同价位市场中占有率 38.4%，同比增长 3.7%。自治区外结构规模市场进一步扩张，“真龙”二类以上卷烟销量同比增长 23.26%，销量 1000 箱以上规模省级市场 7 个，同比增加 2 个；销量 500～1000 箱规模市场 9 个，同比增加 3 个。

卷烟合作生产。合作生产的卷烟品牌有“南京”“利群”“大红鹰”“雄狮”“双喜”等，合作生产江苏中烟“南京”35 亿支（7 万箱），浙江中烟“利群”93.53 亿支（18.71 万箱）、“大红鹰”32.5 亿支（6.5 万箱）、“雄狮”20.97 亿支（4.19 万箱），广东中烟“双喜”185 亿支（37 万箱）。开展品牌输出工作，与安徽中烟合作生产“真龙”25 亿支（5 万箱）。

卷烟营销。深化以“点燃消费者激情”为核心的营销策略，加快线上营销手段创新，加速网络营销落地执行。开展“消费者在哪里，我们就到哪里”主题营销活动，推进卷烟营销工作向“消费者营销”转变。

实施大数据营销。优化二维码会员平台架构层级，实现营销活动与扫码业务快速并行。通过微信在线人工客服、微社区实时互动，建立一站式品牌售后服务营销生态。强化消费者画像数据应用，开展多项平台体验互动，提高会员的黏性和活跃度。推动“互联网+”工商协同平台发展，推进“金字塔”链式新型活动平台建设，展开社群跨界合作，挖掘消费潜质，提升品牌影响力。

强调差异化营销。突出“一品一策”“一地一策”，针对产品特点与消费群体习惯，因地制宜开展专题评级、主题巡展等活动，提升主销规格在各市场的销量和品牌影响力。突出“一事一策”，结合节庆主题、体育赛事等消费热点事件和热销节点，策划主题营销活动，提高品牌消费关注度。

【原辅材料保障】 **原料保障**。实施“一分一主三早”采购策略，即根据烟叶市场情况，将烟叶供应产区分成核心、紧俏和普通三类，对烟叶核心和紧俏产区实施“主动出击、早衔接、早调拨、早加工”的采购策略，在烟叶收购质量较好的收购前期完成烟叶调拨，烟叶采购质量大幅提高。全年采购烟叶3.66万吨（73.25万担），其中上等烟叶1.93万吨（38.53万担）。满足广西中烟自主品牌发展需要，年度采购进口烟叶0.20万吨（4.04万担），同比增加0.058万吨（1.15万担），有效提升卷烟质量，推进降本增效。

加强对委托复烤企业的监督管理，规范烟叶分选和加工复烤作业流程，针对存在的问题召开复烤点评会。加大加工过程中重点环节巡检力度，通过“加工质量评价→生产工艺调整→加工质量跟踪→再评价→再调整”的PDCA模式，紧扣润叶、打叶、复烤3个关键工段，保障工艺标准的落地执行。在进行片选的基础上实行精片选，全年完成烟叶精片选0.72万吨（14.38万担），普选1.72万吨（34.36万担），普精选0.038万吨（0.76万担）。完成烟叶复烤加工2.37万吨（47.38万担）。

辅料采购。修订完成《烟用材料采购管理标准》，对烟用材料分类、采购、质量跟踪管理及其他采购控制等内容进行明确要求。根据生产计划及变动，提高材料供应柔性，做到材料组织供应与卷烟生产基本同步。开展网上交易，实现国家局网上交易与广西中烟ERP系统同步维护。完成各规格改版工作，自主品牌及合作生产品牌36个规格的商标108种材料改版工作顺利完成，库存旧版材料基本消化完毕。

全年完成烟用材料采购1.02万批次，采购金额28.34亿元，其中公开招标金额18.15亿元。完成零配件采购1682批次，采购金额7641.52万元，其中公开招标金额6546.07万元。

【技术改造】 投入技改资金3.13亿元。广西中烟南宁卷烟厂“十二五”技术改造项目完成卷包工房地坪施工、滤棒成型区改造及厂区工程等；新建二氧化碳膨胀烟丝工房完成勘察、设计、监理、施工、业主五方预验收，二氧化碳膨胀烟丝生产线完成整线验收。截至2016年底，完成技改项目全部建设内容，进入竣工验收阶段。广西中烟柳州卷烟厂“双喜”卷烟品牌专用生产线技术改造项目一期工程污水处理站、动力中心工程通过五方验收；片烟醇化库区全部试运行；综合管理楼具备交付使用条件；污水处理站完成项目结算工作。二期工程制丝工房完成基础施工，进入主体结构工程施

2016年国庆假期，广西中烟物资采购中心员工对精片选后的烟叶进行质量抽检

广西中烟　潘武宁　摄

工阶段；标准库房进入土建工程收尾阶段；香糖料库、香糖料调配站完成建设工程规划许可证核发、施工报建工作。三期工程卷包工房施工图通过会审。武鸣红岭南区新增37亩建设项目和物流中心库建设项目进入项目技术方案审查、规划报建和施工图设计阶段。

【技术创新】 *广西中烟工业有限责任公司技术中心概况*。该中心是国家局和广西壮族自治区认定的技术中心。主要承担企业产品研发、质量监督与控制、科技创新与管理、互联网研究等职责。内设“七所二科二中心”，包括产品研究一所、产品研究二所、材料研究所、工艺标准与监督所、原料研究所、应用基础研究所、新型卷烟研究所、综合管理科、科研项目管理科和检测中心、互联网研究中心。检测中心下设负责研发分析测试的实验室和负责产品监督检验的检测站，是中国合格评定国家认可委员会（CNAS）认可的国家级实验室。企业博士后科研工作站挂靠技术中心。技术中心与郑州烟草研究院共建“真龙品牌特色工艺研究联合实验室”，与复旦大学共建“复旦—真龙材料化学联合实验室”。2016年，检测中心通过国家实验室复评审与扩项评审，卷烟7项有害成分检测获中国合格评定国家认可委员会（CNAS）认可。截至2016年底，科技研发人员109人，其中博士研究生学历11人、硕士研究生学历38人，高级职称20人、中级职称47人。

卷烟产品研发。完成“真龙（祥云）”“真龙（龙天下）”“真龙（佳韵）”等6个产品的质量提升改进。对“真龙（海韵）”“真龙（鸿韵）”“真龙（珍品）”等重点规格实施分类配方维护。

电子烟产品研究。完成3款常规电子烟与2款特色电子烟的定型。常规电子烟关键部件均采用自主专利技术材料，外观材质采用纳米载银抗菌材料；储油棉采用改性介孔高分子材料，储油量和导油速度较普通电子烟提升1倍。改进细支电子烟的电池材料，有效减少存放过程电量损失。特色电子烟加装有害物质吸附材料，有效降低烟气中有害挥发性成分含量。

项目研究。与中国烟草总公司郑州烟草研究院、复旦大学、郑州轻工业学院、湖南大学等科研院（校）开展技术创新合作项目，与中国科学院开展卷烟减害及新型卷烟技术的合作项目研究。开展科技计划项目103项，其中对外合作项目76项。参与“烟草重要香料作用阈值研究”等行业重点项目5项，承担省部级及以上项目24项。“卷烟配方设计香味预测模型构建及应用技术研究”等21个项目通过省部级鉴定验收，其中“真龙品牌‘烘焙甜香’品类创新的关键技术研究”获得2016年度中国烟草总公司科学技术进步奖二等奖。主持或参与制定省部级及以上标准11项，其中牵头在研总公司标准2项，参与新版《卷烟工艺规范》标准修订，参与国家标准修订1项。

专利授权。获得专利授权45项，其中发明专利授权21项；获得计算机软件著作权登记10项。截至2016年底，累计拥有专利授权241项，其中发明专利授权79项。广西中烟专利技术创新能力位列广西企业第16位，专利申请总量位列南宁市企业第一位。

【特事辑要】 6月28日，五省（自治区）烟机设备修理职业技能交流比赛（广西赛区）在广西中烟柳州卷烟厂开赛。比赛由广西中烟、广东中烟、安徽中烟、福建中烟、河北中烟等5家省级中烟工业公司共同发起组织，广西赛区承担GDX2机型比赛。

12月1—2日，2016年全国卷烟营销网络建设现场会在南宁召开。

2016年12月30日，建设中的广西中烟柳州卷烟厂技改施工项目全景

广西中烟柳州卷烟厂 郑占高 摄

2016 年广西中烟工业有限责任公司所属生产厂情况统计

		广西中烟工业有限责任公司南宁卷烟厂	广西中烟工业有限责任公司柳州卷烟厂
法人资格		非独立法人	非独立法人
主要负责人（含党政领导）		党委书记、厂长：田兆福（2016 年 1 月—）	党委书记、厂长：郭志宏
成立时间		1975 年筹建，1978 年正式生产	1946 年
从业人员（人）		919	899
卷烟生产能力（亿支）		400	459
卷烟品牌	自有品牌	真龙	真龙、甲天下
	合作生产品牌	利群、大红鹰、雄狮	双喜、南京
卷烟总产量（亿支）		362.35	376.32

◇ 撰稿：周丽霞；编辑：谢争艳

重庆中烟工业有限责任公司

【卷烟产销】 生产卷烟（不含合作生产）330.12 亿支（66.02 万箱），其中，生产一类烟 67.55 亿支（13.51 万箱）、二类烟 37.99 亿支（7.6 万箱）、三类烟 169.22 亿支（33.84 万箱）、四类烟 42.98 亿支（8.6 万箱）、五类烟 12.39 亿支（2.48 万箱）。合作生产卷烟 110.28 亿支（22.06 万箱）。

实现卷烟销量（含合作生产）431.13 亿支（86.23 万箱），其中，一类烟 57.75 亿支（11.55 万箱）、二类烟 33.13 亿支（6.63 万箱）、三类烟 238.03 亿支（47.61 万箱）、四类烟 89.25 亿支（17.85 万箱）、五类烟 12.97 亿支（2.59 万箱）。

实现卷烟销售收入 120.25 亿元，同比下降 19.21%。实现税利① 77.8 亿元，同比下降 20.77%，其中利润 2.5 亿元，同比下降 77.59%。三项费用率 10.7%，同比增加 4.2 个百分点。全年实现降本增效 2.1 亿元，超额完成国家局下达的 1.05 亿元年度目标。

全年万元产值综合能耗 13.71 千克标煤，万支卷烟综合能耗 3.98 千克标煤。烟叶、滤棒、盘纸年平均消耗分别为 6.84 千克/万支、2521 支/万支、597 米/万支。水、电平均消耗分别为 0.12 吨/万支、11.17 千瓦时/万支。

【主要产品与品牌建设】 *主要产品。*生产的主要卷烟品牌有“天子”“龙凤呈祥”“宏声”。生产“天子”54.33 亿支（10.87 万箱），实现商业销量 44.9 亿支（8.98 万箱）。生产“龙凤呈祥”249.87 亿支（49.97 万箱），实现商业销量 274.5 亿支（54.9 万箱）。生产“宏声”25.92 亿支（5.18 万箱），实现商业销量 32.1 亿支（6.42 万箱）。

合作生产云南中烟“红塔山”43.8 亿支（8.76 万箱）、“云烟”20.2 亿支（4.04 万箱）、“红梅”46.26 亿支（9.25 万箱）。

坚持“紧贴消费、物超所值、求新求变、求特求异”的研发方向和“拓展功能、突出生态、聚焦减害、强调舒适”的产品研发理念，突出“天子”“龙凤呈祥”系列“轻松感、回甜感、舒适感、满足感”的产品风格，实行市场化、开放式的研发模式，基本形成“天子”“龙凤呈祥”品牌的产品线，覆盖主销价位、丰富品类体系。全年有“天子（重庆 20 年）”“天子（壹号）”“天子（千里江山）”“天子（五粮香）”“天子（金）”“龙凤呈祥（百年好合）”“龙凤呈祥（花开富贵）”等 15 款新产品上市销售，实现商业销量 75.8 亿支（15.16 万箱），实现商业销售收入 41.8 亿元。“天子”品牌总销量同比增长 93%，品牌基础和产品优势得到较大提升。

*市场开拓。*围绕“扎根重庆、力图四川、面向全国开拓重点市场”的工作思路，聚集重点市场和重点品牌规格，针对三大板块 19 个大区市场区位特征、区域特点，坚持统筹规划、因地制宜。截至 2016 年底，与全国所有省级市场建立销售关系，产品进入 293 家协议单位。在重庆市场稳中有进、四川市场止跌企稳的同时，川渝以外市场拓展提速推进，全年实现销量 33.85 亿支（6.77 万箱），同比增长 55%，其中 1 个核心市场突破 5 亿支（1 万箱），1 个骨干市场突破 2.5 亿支（0.5 万箱），5 个潜力市场突破 1.5 亿支（0.3 万箱）。

【原辅材料保障】 按照“保障供应、创造价值、精益高效、安全规范”的要求，切实加强原辅料保障工作。一是以品牌发展为导向，坚持工商共建，进一步优化烟叶种植区域

① 原川渝中烟工业有限责任公司重组时，相关费用未能在当年摊销。2016 年，经调整后，重庆中烟工业有限责任公司的 2015 年税利基数确定为 98.2 亿元，利润基数确定为 11.16 亿元，三项费用率为 10.3%。

结构和品种布局。烟叶购进计划重点向核心优质产区倾斜，突出云南、四川等清香型和广东南雄、湖南郴州等浓香型烟叶产地建设，重点在重庆烟区乌江流域布局4.01万亩“K326”种植带，同比增加1.41万亩，通过降低海拔高度、注重田间维护、严格采收把关、加强烘烤管理、提高上部烟成熟度等措施，实现特色品种种植规模扩大、质量稳定提升的良好开局。二是以运行保障为重点，健全卷烟辅料供应保障体系。在做好大宗产品、长线产品辅料供应的同时，针对重庆中烟组建初期密集开发新产品所需烟用辅料规格多、批量小、变更频繁等问题，坚持稍紧平衡，保持合理库存，既保证应急之需，又严控物资风险。三是以规范管理为根本，进一步完善制度建设，修订完善《烟叶原料供方管理规定》《原烟采购管理程序》等19个管理制度，认真执行《烟草企业“应招尽招”实施指南》《烟草企业“真招实招”实施指南》《烟草行业推进办事公开民主管理同业务工作深度融合指导意见》，建立健全采购运行监督、过程监控、库存预警、应急采购等保障机制，确保原辅材料决策、管理、执行、监督在制度化、规范化、标准化的轨道上运行。

重庆中烟科研人员在进行技术攻关

重庆中烟　供稿

拥有烟叶基地单元8个，其中国家局基地单元3个，省级基地单元5个。完成烟叶调拨（含工业调剂）3.7万吨（74万担），其中调拨云南烟叶1.035万吨（20.7万担）。上等烟比例50%，中等烟比例50%。中部烟66.7%。特色品种“K326”调拨量占比33.6%，“红花大金元”占比6.8%。

【技术创新】　开展原料应用研究，加快模块打叶推广步伐，重庆烟叶原料模块打叶取得积极进展。推进关键技术研究工作，“室内烟气主要有害物质的祛除关键技术研究及应用”通过省部级成果鉴定，“降低烟气中氨释放量的复烤、醇化及加工技术研究”获得2016年度中国烟草总公司科学技术进步奖三等奖，组织完成与中国科技大学合作的“基于氨基酸及蛋白质的感官味觉特征研究”“固态核磁共振波谱法在生物大分子结构分析中的研究”等6个项目验收。加强平台搭建工作，重庆中烟博士后工作站于2016年6月设立，开辟高层次技术人才引进渠道，构建无边界、外延型、开放式的科研平台。“烟叶资源利用重庆市重点实验室”于2016年12月获重庆市科学技术委员会认定，为烟叶资源综合利用研究提供平台支撑。

【特事辑要】　9月21—22日，国家局党组成员、副局长杨培森赴重庆烟草调研。

12月21—23日，国家局党组成员、直属机关党委书记高林赴重庆烟草调研。高林要求重庆烟草认真学习贯彻党的十八届六中全会精神，牢固树立“四个意识”；坚定不移推进全面从严治党，持之以恒抓好巡视整改；在“三重一大”、工程项目、物资采购等重点领域加强党的领导，形成制度，强化监督；认真贯彻落实中央经济工作会议精神，坚持稳中求进工作总基调，充分调动干部职工积极因素，努力完成全年目标任务。

2016年重庆中烟工业有限责任公司所属生产厂情况统计

	重庆中烟工业有限责任公司重庆卷烟厂	重庆中烟工业有限责任公司涪陵卷烟厂	重庆中烟工业有限责任公司黔江卷烟厂
法人资格	非独立法人	非独立法人	非独立法人
主要负责人（含党政领导）	厂长：刘大富 党委书记：张云义	厂长：陈　瑜 党委书记：李朝海	党委书记、厂长：李大学

续表

		重庆中烟工业有限责任公司重庆卷烟厂	重庆中烟工业有限责任公司涪陵卷烟厂	重庆中烟工业有限责任公司黔江卷烟厂
法人资格		非独立法人	非独立法人	非独立法人
成立时间		1938 年	1992 年	1975 年
从业人员（人）		924	729	780
卷烟生产能力（亿支）		265	200	200
卷烟品牌	自有品牌	天子、龙凤呈祥、宏声	天子、龙凤呈祥	天子、龙凤呈祥
	合作生产品牌	红塔山、云烟、红梅	—	—
卷烟总产量（亿支）[1]		165.95	134.45	140.00

注：1. 各生产厂卷烟总产量含合作生产卷烟产量。

◇ 撰稿：张　凡；编辑：王东旭

四川中烟工业有限责任公司

【卷烟产销】 生产卷烟 668.16 亿支（133.63 万箱）（含合作生产、出口烟），其中，生产一类烟 34.92 亿支（6.98 万箱）、二类烟 183.62 亿支（36.72 万箱）、三类烟 282.50 亿支（56.50 万箱）、四类烟 123.60 亿支（24.72 万箱）、五类烟 43.52 亿支（8.71 万箱）。合作生产卷烟 203.85 亿支（40.77 万箱）。

实现卷烟销量（不含合作生产、出口烟）471.67 亿支（94.33 万箱），其中，一类烟 31.92 亿支（6.38 万箱）、二类烟 60.57 亿支（12.11 万箱）、三类烟 250.66 亿支（50.13 万箱）、四类烟 107.13 亿支（21.43 万箱）、五类烟 21.39 亿支（4.28 万箱）。出口烟实现销量 1100 万支。

实现卷烟销售收入 182.42 亿元。实现卷烟税利 119.02 亿元，其中利润 0.1 亿元。

全年万元产值综合能耗 13.16 千克标煤，万支卷烟综合能耗 3.67 千克标煤。烟叶、滤棒、盘纸平均消耗分别为 6.76 千克/万支、2524 支/万支、594 米/万支。水、电平均消耗分别为 0.12 吨/万支、11.61 千瓦时/万支。

【主要产品与品牌培育】 **主要产品**。有“娇子”“天下秀”“五牛”“狮牌”“长城”等 5 个在产卷烟品牌。

“娇子”品牌全年实现商业销量 360 亿支（72 万箱），同比增长 3.45%，其中省内实现销量 194.3 亿支（38.86 万箱），同比增长 11.5%；省外实现销量 165.65 亿支（33.13 万箱），同比下降 4.6%。其中，一类烟 33.55 亿支（6.71 万箱），同比增长 8.8%；二类烟 72.95 亿支（14.59 万箱），同比增长 1.6%；三类烟 253.45 亿支（50.69 万箱），同比增长 3.3%。生产“天下秀”106.45 亿支（21.29 万箱），销售 119.75 亿支（23.98 万箱）。生产“五牛”13.2 亿支（2.64 万箱），销售 15.8 亿支（3.16 万箱）。

“娇子”品牌新产品实现商业销量 90.25 亿支（18.05 万箱），其中，娇子“宽窄”系列 3.75 亿支（0.75 万箱）、“娇子（祥云）”7.33 亿支（1.47 万箱）、“娇子（梦幻九寨）”0.72 亿支（0.14 万箱）、“长城（传奇）”7.79 亿支（1.56 万箱）、“娇子（黑）”8.59 亿支（1.72 万箱）、“娇子（格调细支）”9.32 万箱（1.86 万箱）、“娇子（红芙蓉）”16.76 亿支（3.35 万箱）、“娇子（蓝时代）”26.35 亿支（5.27 万箱）。

合作生产。合作生产浙江中烟的“利群”103.01 亿支（20.6 万箱）、“雄狮”36.99 亿支（7.4 万箱），湖北中烟的“黄鹤楼”14.15 亿支（2.83 万箱）、“红金龙”13.7 亿支（2.74 万箱），云南中烟的“云烟”17.5 亿支（3.5 万箱）、“红梅”6 亿支（1.2 万箱）、“红塔山”12.5 亿支（2.5 万箱）。

品牌培育创新。以“创新”贯穿产品开发、技术研发、文化引领、培育管控、品牌传播等方面工作，提升品牌培育成效，驱动企业发展。

产品开发创新方面，针对消费需求端的市场情况，基于“互联网+”开放式的平台型发展理念，采用全新的项目组方式开展新品研发和市场培育。文化引领创新方面，将“宽窄”哲学文化融入到卷烟产品价值体系中，并研发“宽窄”系列卷烟产品，从品牌定位、品系构建、品质支撑、品类风格四大层次构建“‘宽窄’品牌价值体系”。培育管控创新方面，确定“状态优先、量随价走”的培育理念，明确“中心统筹、区域自主”的新品引入和投放管理模式。品牌传播创新方面，在新《广告法》的框架内，通过《悦读宽窄》报纸、“宽窄之道”微刊和“骄子家园”“骄子公社”等微信公众号开展线上线下品牌文化传播。

【品牌文化建设与品类构建】 以“抓重点、调结构、树标杆、求突破”和“宽窄”文化为引领，通过塑造“百年川烟”新形象，持续传播“宽窄哲学”新文化，积极宣贯“回甜顺喉”新口味，强力推进老品维护、新品培育、工商协同、终端建设、消费拉动等工作，按照“中心统筹、区域自主、过程管控、结果导向”运行管理模式，紧盯目标任务，狠抓基础管理，严格奖惩措施，全面推进营销工作上水平。

“娇子”品牌注入新的文化理念。“宽窄”的理解：宽窄，中庸之道也。中庸，不是平庸。庸，就是用。中庸，是古语倒置，以示强调，就是用中，行中道。中，就是最恰当，最精准的。致中和，天地位焉，万物育焉。所谓宽窄之道，就是恰到好处，是把事情尽全力做到极致之道。

“宽窄”哲学是四川中烟与时俱进，顺势而为的企业发展哲学。宽是豁达，窄即精微，“正直豁达、智慧精微”是对“宽窄”哲学的理解，为四川中烟全员构建做人做事之价值观与方法论。“宽窄”的品牌内涵：正直、豁达、智慧、精微。

“娇子”的“宽窄”品牌价值体系。四川中烟基于四川本土优质的原料优势，以“润甜香”为根本，以“回甜顺喉”为风格，以“极致减害”为特色，融合“宽窄哲学”的产品开发理念，开创产品线新格局，将“宽窄”哲学文化和文化理念注入“娇子”品牌，构建“娇子”品牌的“宽窄”文化价值体系。

“润甜香”品类构建。以“宽窄哲学”引领产品研发，打造回甜顺喉的“润甜香”品类风格，以及“方寸之间·宽窄自如”的创新产品。“宽窄”专用制丝线，构建“精、柔、智、特”的工艺技术体系。精：烟叶精选，“丝丝纯净”，每片烟叶经过3次严格的“体检”；加工精细，“单盅小炒”，小流量专线；叶丝加料，饱满均匀，丝丝入扣。柔：柔性化加工，充分满足不同宽窄产品的定制需求。智：自动诊断、智能判断，形成集生产、品质、设备管控为一体的智能管控体系。特：料液调配采用专用纯净水源，贮丝采用橡木桶醇化，赋予烟丝自然香韵。

【质量管理】 2016年4月，在中国质量协会组织召开的2015年度全国质量技术奖励大会暨第十三届全国六西格玛大会上，四川中烟5个六西格玛成果被评为“2015年度中国质量协会质量技术奖六西格玛优秀项目”，分别为成都卷烟厂“提高提丝除尘风速的稳定性”、西昌卷烟厂“提高ZJ17－6#卷烟机圆周稳定性”、绵阳卷烟厂“降低卷烟单箱天然气使用量”“提高梗处理线过程制造能力”“提高烟支重量控制过程能力”项目。2个精益成果被评为“2015年度中国质量协会质量技术奖精益管理优秀项目”，分别为西昌卷烟厂“缩短卷包工序换牌号时间”“提高辅料高架库的运行效率”项目。

【原辅材料保障】 **烟叶采购调拨。**完成烟叶调拨总量6.19万吨（123.8万担），其中国内烟叶5.9万吨（118万担），进口烟叶0.29万吨（5.8万担）。截至2016年底，消化7年以上库存烟叶0.05万吨（1万担），占比54.8%。进一步完善打叶复烤质量评价指标体系，水分控制、均质化水平、叶片结构以及杂物控制方面均有明显改进，打叶复烤出片率65.35%，各卷烟厂成品入库批次验证合格率100%。

烟叶基地单元建设。根据品牌对烟叶原料的需求，与烟叶产区进一步加强合作，稳定18个烟叶基地单元面积和规模，其中国家局基地单元15个，省级基地单元3个。

烟用材料供应。烟用材料采购金额24.47亿元，其中备品备件采购金额1.12亿元。通过价格谈判和价量联动、公开招标等方式，降低烟用材料采购价格，累计降低采购成本3亿元。全年完成香精香料、商标纸、封签等14个项目的公开招标工作，公开招标比例93.8%。材料供货及时率100%。

2016年11月8日，四川中烟与四川省中医药科学院签订《战略合作框架协议》

四川中烟　供稿

【技术创新】 2016年是四川中烟成立正式运行的第一年，全年新立项开展公司层面的科技项目12项，在研各类科技项目43项，其中主持国家局重点项目1项，参与国家局项目1项，主持四川省科技厅项目2项。全年完成各类科技项目成果28项，获得发明专利授权62件，在国内外刊物发表和会议宣读论文33篇（其中国内核心期刊6篇）。四川中烟有2项科技成果获得2016年度中国烟草总公司技术发明奖三等奖。

【对外交流与合作】 国际业务工作立足一般贸易出口，坚持市场导向，深化客户合作，优化资源配置，积极探索新渠道，推进“娇子”“长城”品牌海外拓展。全年出口卷烟1100万支、雪茄烟184.27万支，出口市场为中国免税市场、东南亚、中东及阿根廷，出口实现60.78万美元。

提升国际商务服务和对外交流与合作，全年进口丝束3281吨，卷烟纸359.8吨，分选除杂机1台（套）。完成与美国阿塔迪斯公司、荷兰阿吉奥公司合作框架协议续约，持续推进手工雪茄合作产品和联合品牌研发及销售，机制雪茄合作产品研发、许可加工产品销售。

【特事辑要】 1月21日，四川中烟召开2016年工作会议。

1月23日，驻工业和信息化部纪检组组长金书波，国家局党员成员、直属机关党委书记高林一行赴四川中烟成都卷烟厂调研。

9月20日，国家局党组成员、副局长杨培森赴四川烟草调研指导工作。杨培森对四川烟草工商企业取得的成绩给予肯定，要求四川烟草坚定信心、共克时艰，发挥好科技创新、卷烟市场和领导班子开拓创新、勇于拼搏的优势；要处理好当年税利目标与长远持续发展、传统品牌维护与卷烟新品培育的关系；改革创新、挖潜增效，坚持走“科技+创意+特色”之路，宣传好雪茄烟文化、打造好雪茄烟品牌。

11月8日，四川中烟成立一周年暨迎接川烟一百年启动仪式在成都举行。

2016年四川中烟工业有限责任公司所属生产厂情况统计

		四川中烟工业有限责任公司成都卷烟厂	四川中烟工业有限责任公司什邡卷烟厂	四川中烟工业有限责任公司绵阳卷烟厂	四川中烟工业有限责任公司西昌卷烟厂
法人资格		非独立法人	非独立法人	非独立法人	非独立法人
主要负责人（含党政领导）		党委副书记、厂长：罗　诚（—2016年2月）、姜　鸥（2016年2月—）党委书记、副厂长：余　强	党委副书记、厂长：黄若强 党委书记、副厂长：张　楠（—2016年3月）、刘　柳（2016年3月—）	党委书记、厂长：秦富炳（—2016年2月）、刘　林（2016年2月—）	党委书记、厂长：周　冰（—2016年2月）、张　楠（2016年3月—）
成立时间		1952年	1918年	1952年	1985年
从业人员（人）		1487	1238	679	630
卷烟生产能力（亿支）		612	319	189	189
卷烟品牌	自有品牌	娇子、天下秀、天子[1]	娇子	娇子、天下秀、五牛	娇子、天下秀、五牛
	合作生产品牌	—	红塔山、利群、雄狮、红梅	—	云烟、黄鹤楼、红金龙
卷烟总产量（亿支）[2]		201.54	202.69	159.45	104.49

注：1．“天子”品牌为重庆中烟与四川中烟共享品牌；

2．成都卷烟厂的卷烟总产量含出口烟0.084亿支，什邡卷烟厂的卷烟总产量含出口烟0.01亿支。

◇撰稿：吴智攀；编辑：王东旭

贵州中烟工业有限责任公司

【卷烟产销】 生产卷烟（含合作生产、不含出口烟）1174.29亿支（234.86万箱），同比下降6.86%，其中，生产一类烟102.21亿支（20.44万箱）、二类烟164.02亿支（32.80万箱）、三类烟468.92亿支（93.79万箱）、四类烟332.41亿支（66.48万箱）、五类烟106.73亿支（21.35万箱）。生产出口烟0.69亿支。合作生产卷烟169.06亿支（33.81万箱）。

实现卷烟销量（不含出口烟）1176.91亿支（235.38万箱），同比下降9.22%，其中，一类烟104.92亿支（20.99万箱）、二类烟167.87亿支（33.57万箱）、三类烟464.71亿支（92.94万箱）、四类烟335.56亿支（67.11万箱）、五类烟103.85亿支（20.77万箱）。出口烟实现销量0.69亿支。

实现卷烟销售收入333.65亿元，同比下降8.82%。实现税利246.94亿元，同比下降12.44%，其中利润26.24亿元，同比下降28.06%。三项费用率7.72%，同比增加0.21个百分点。纳入管控的13个管理创新（精益管理）项目累计产生经济效益0.96亿元，全年实现降本增效1.22亿元。

全年万元产值综合能耗9.99千克标煤，万支卷烟综合能耗2.81千克标煤。烟叶、滤棒、盘纸平均消耗分别为6.75千克/万支、2511支/万支、593米/万支。水、电平均消耗分别为0.11吨/万支、8.61千瓦时/万支。

【主要产品与品牌建设】 生产的自有卷烟品牌有“贵烟”“黄果树”“遵义”，合作生产的卷烟品牌有“利群”“雄狮”“红塔山”。

在合作生产卷烟大幅减少的不利情况下，贵州中烟立足自身，苦练内功，自有卷烟市场拓展能力不断增强。“贵烟”品牌的“国酒香”“洞藏”新品类建设取得明显成效，全年商业销量分别为15.74亿支（3.15万箱）、9.91亿支（1.98万箱），同比分别增长31.37%、29.50%。“贵烟（国酒香·30）”在超高端市场名列前茅，“贵烟（跨越）”“贵烟（萃）”等细支卷烟新品在市场反响强烈，供不应求。加强新品开发，“贵烟（跨越）”“贵烟（萃）”“黄果树（万里长征）”等3个规格投放市场。

受大环境影响，全年“贵烟”销量有所下降。生产“贵烟”（不含出口烟）368.37亿支（73.67万箱），同比下降4.11%；“贵烟”实现销量（不含出口烟）381.31亿支（76.26万箱），同比下降1.46%，其中省外市场实现销量52.04亿支（10.41万箱）。“贵烟”品牌在贵州省“五张名片”中的贡献和地位日益突出。12月，贵州中烟被贵州省政府授予“贵州省品牌建设突出贡献奖”。

全力推动营销机制转型，大力推进终端建设，着力强化营销网络“200户工程”，即在全国2800个区、县，每个区、县按不超过200户的原则合理选择核心战略零售客户，以此为阵地开展品牌宣传，强化营销闭环管控，终端管理更加规范，快速响应市场变化的能力显著提升。精准掌握卷烟价格和社会库存变化信息，因地制宜，灵活实施“一地一策”“一品一策”的营销战术，实现价格稳定、库存合理、节奏均衡。构建新品市场传播平台，灵活运用品牌价值传播手段，强化核心零售客户利益共同体建设，最大限度地疏通“贵烟”品牌面向目标消费群体的沟通渠道，品牌影响力得到提升。

合作生产浙江中烟的卷烟品牌“利群”“雄狮”169.01亿支（33.80万箱），合作生产云南中烟的卷烟品牌“红塔山”0.05亿支（0.01万箱）。

【管理创新】 彰显“贵烟制造”特色，提升产品质量。以质量信誉建设为焦点，强化精益生产驱动，突出抓好管理标准、制造标准和作业标准的执行，完善质量管控体系建设，卷烟产品质量显著提升。产品在国家各级市场抽检中保持100%合格率，贵州中烟质量监督监测站获准“中国合格评定国家认可委员会（CNAS）”实验室认可。

精益管理与目标管理、规范管理、体系管理、对标创优工作有机结合，对标工作持续进步，1项指标成为行业标杆，8项指标排名行业前五，9项指标超过行业平均水平。

立足内部挖潜，狠抓降本增效。推进全过程、全业务环节397个降本增效目标的落实，全年实现降本增效1.22亿元，超额完成任务。完成货币资金利息增收目标，实现货币资金净收益0.46亿元，任务完成率230.6%。完成烟箱回收任务的140%，节约采购资金1400余万元。

落实依法治企，推进法治贵烟建设。法律风险防控体系建设稳步实施，“七五”普法工作全面启动。办事公开与民主管理深度融合，全年公开事项3922条。对工程项目、物资采购实施法律前置监督和全过程审计监督。全年公开招标金额比为98.66%，同比提高1.73个百分点，高于行业平均水平。

2016年3月，贵州中烟毕节卷烟厂开展第一届“国酒香杯”烟机设备维修技能竞赛
贵州中烟毕节卷烟厂 艾 斌 摄

2016年12月27日，贵州中烟遵义卷烟厂开展主要生产车间的设备改造工作

贵州中烟　张静元　摄

【技术改造】　稳步推进贵州中烟遵义、贵定、铜仁等3家卷烟厂的技改项目。截至2016年底，完成遵义项目联合工房基础承台工程，完成贵定、铜仁项目联合工房桩基工程。加强投资控制，遵义项目完成概算分解，工程费用比批复概算减少1.6亿元。

【原辅材料保障】　10月28日，原料供应中心正式成立，原料管理非法人实体化改革圆满完成，各项配套建设有序搭建实施。烟叶质量控制取得贵州中烟历史最好成绩，在国家局公布的年度烟叶工商交接等级质量监督检查情况通报中，贵州中烟采购烟叶抽检合格率达到67.5%，高于行业平均值4个百分点，位列行业工业企业第二位。深化采购烟叶的结构性调整，通过一区一策、责任落实、绩效考核等控制措施，上等烟采购比例为37.85%，高于年度目标9.2个百分点。对库存风险期烟叶开展质量摸底，制定分类处理方案，加速对库存风险期烟叶的使用，库存隐患逐步缓解。

【技术创新】　总结提炼“贵烟”品牌“国酒香”系列的成功经验。攻克细支卷烟均匀性等多个难点，可感知及增益功能特色明显。完成多种不同香型、多款不同类型卷烟研发储备。固件、导流管滤棒等多款新型材料，纳米、微胶囊包裹等多项新技术在研发储备卷烟中得到应用。开展特色薄片、特色梗丝、增香保润项目研究。建设特种滤棒研发基地、特色卷烟研发基地。完善爆珠技术，爆珠成品率同比增加35个百分点。推广应用烟叶特殊处理线、气流式烟丝品牌加工，SP32项目进入全密闭试生产阶段。烟叶原料与品牌生产需求的符合性全面提高，提升高端模块精细度与均质化加工水平，烟碱CV值控制在3.5%以下。完善技术创新评价体系，在国家局办公室公布关于工业企业技术中心评价情况的通报中，贵州中烟技术中心行业排名同比提升3个位次。新建对外科研合作平台4个，“数字化协同研发管理平台系统”完成验收。

获行业及省部级科技成果10项，组织申报国家局科技项目12项。申报专利102项，获得专利授权53项。专利授权数累计达到361项，其中发明专利授权累计达63项。

【对外交流与合作】　大力开拓国际市场。出口卷烟结构明显提升，“贵烟”品牌的“国酒香”系列销量占比达到84%；出口实现438.9万美元，同比增长68%。新增出口规格1个，新增新加坡、印度机场免税店2个出口市场。

按照“好产品要卖出好的价格”的总体思路，“国酒香”系列在免税市场投放实行稳价控量，继续扩大在全球免税市场的销售。3月，“国酒香”系列产品参展“2016海南国际贸易旅游博览会暨CDF国际免税品采购大会”，吸引大量订购业务。

【特事辑要】　3月24日，“2016海南国际贸易旅游博览会暨CDF国际免税品采购大会”在海南三亚召开，“贵烟”品牌的“国酒香”系列参展。

7月18日，国家局党组书记、局长凌成兴赴贵州烟草调研，先后考察毕节市百里杜鹃管委会大堰村烟草扶贫新村、国家局援建的米底河水源工程、贵州中烟毕节卷烟厂，并走访大堰村零售客户，了解扶贫新村建设、水源工程建设、卷烟生产营销、品牌市场状态等情况。贵州省副省长刘远坤一同调研。

8月17日，贵州中烟召开2016年上半年经济运行分析会议，贵州省副省长刘远坤出席会议并讲话，要求贵州中烟抓住市场“牛鼻子”，千方百计发展好“贵烟”品牌；打好自有品牌和合作生产“组合拳”，强化技术创新、品牌创新、营销创新和管理创新；紧紧依靠质量和特色“两条腿”，按照市场需求组织生产，专注供给侧文章，做质量、做特色。

8月26日，《贵阳晚报》公布2016年贵州“双百强”

企业名单，贵州中烟位居贵州企业100强第六位，纳税总额居首位。

11月14日，贵州中烟质量监督监测站获准“中国合格评定国家认可委员会（CNAS）”实验室认可。

2016年贵州中烟工业有限责任公司所属生产厂情况统计

		贵州中烟工业有限责任公司贵阳卷烟厂	贵州中烟工业有限责任公司遵义卷烟厂	贵州中烟工业有限责任公司毕节卷烟厂	贵州中烟工业有限责任公司贵定卷烟厂	贵州中烟工业有限责任公司铜仁卷烟厂
法人资格		非独立法人	非独立法人	非独立法人	非独立法人	非独立法人
主要负责人（含党政领导）		党委书记、厂长：王光举	党委书记、厂长：马　亚	党委书记、厂长：罗　军	党委书记、厂长：谭天兵［2016年9月—，之前任党委副书记、副厂长（主持工作）］	党委书记、厂长：李　柏
成立时间		1940年	1978年	1974年	1952年	1977年
从业人员（人）		2577	1460	1306	949	533
卷烟生产能力（亿支）		500	300	229	150	100
卷烟品牌	自有品牌	贵烟、黄果树	贵烟、黄果树、遵义	贵烟、黄果树、遵义	贵烟、黄果树、遵义	黄果树、遵义
	合作生产品牌	—	利群、红塔山	利群、雄狮	—	—
卷烟总产量（亿支）[1]		505.73	250.19	209.85	140.06	69.15

注：1. 贵阳卷烟厂的卷烟总产量含出口烟0.69亿支。

◎ 撰稿：高　雕；编辑：谢争艳

云南中烟工业有限责任公司

【卷烟产销】　经济运行总体降中趋稳，市场份额基本保持平稳，全年卷烟产销量同比减少，合作生产量、结构同比下降，一类烟增速回落，重点卷烟品牌发展有所放缓，完成调整后的年度税利、产值目标。

所属的卷烟生产企业有红塔烟草（集团）有限责任公司和红云红河烟草（集团）有限责任公司，其中，红塔集团下辖玉溪、楚雄、大理、昭通等4家省内卷烟生产厂，红云红河集团下辖昆明、红河、曲靖、会泽等4家省内卷烟生产厂及新疆、乌兰浩特2家省外全资卷烟生产厂。

全年生产卷烟［不含合作生产，含出口烟、省外全资卷烟生产厂（新疆卷烟厂、乌兰浩特卷烟厂）］4058.4亿支（811.68万箱），同比下降4.4%，其中，省内卷烟生产厂生产3736.9亿支（747.38万箱），同比下降4.27%；省外全资卷烟生产厂生产321.5亿支（64.30万箱），同比下降5.86%。生产出口烟51.9亿支，同比下降3.26%。

在云南省内卷烟生产厂的产量中，生产一类烟1081.7亿支（216.34万箱），同比下降10.57%；二类烟51.0亿支（10.20万箱），同比下降34.28%；三类烟2315.30亿支（463.06万箱），同比增长10.80%；四类烟155.30亿支（31.06万箱），同比下降58.62%；五类烟133.60亿支（26.72万箱），同比下降11.86%。生产“玉溪”“云烟”“红塔山”“红河”4个重点卷烟品牌3459.1亿支（691.82万箱），同比增长0.82%。

实现卷烟工业销量（不含出口烟）3951.40亿支（790.28万箱），同比下降7.49%，其中，省内卷烟生产厂实现销量3645.05亿支（729.01万箱），同比下降7.28%；省外卷烟生产厂实现销量306.35亿支（61.27万箱），同比下降9.94%。出口烟实现销量51.70亿支，同比下降4.79%。

在云南省内卷烟生产厂实现销量中，一类烟1064.95亿支（212.99万箱），同比下降13.39%；二类烟52.0亿支（10.40万箱），同比下降30.63%；三类烟2246.8亿支（449.36万箱），同比增长7.13%；四类烟154.45亿支（30.89万箱），同比下降59.68%；五类烟126.85亿支（25.37万箱），同比下降13.47%。

全年全口径实现税利1274.71亿元，同比下降12.10%。省内卷烟企业平均单箱销售收入1.76万元，同比下降1.14%。平均单箱税利1.47万元，同比下降3.7%。三项费用率7.69%。

全年万元产值综合能耗6.12千克标煤，万支卷烟综合能耗2.2千克标煤。烟叶、滤棒、盘纸平均消耗分别为

6.58 千克/万支、2501 支/万支、590 米/万支。水、电平均消耗分别为 0.06 立方米/万支、6.77 千瓦时/万支。

【主要产品与品牌建设】 **主要产品**。在产卷烟品牌（全资企业品牌）有 14 个，其中，红塔集团有“阿诗玛”“红梅”“红塔山”“新兴”“玉溪”“Marble”等 6 个品牌；红云红河集团有“茶花”“钓鱼台”“红河”“红山茶”“小熊猫”“雪莲”“云烟”“呼伦贝尔”等 8 个品牌。

云南品牌卷烟实现国内商业销量 4884.90 亿支（976.98 万箱），同比下降 8.21%。“玉溪”“云烟”“红塔山”“红河”4 个重点卷烟品牌实现商业销量 4355.65 亿支（871.13 万箱），同比下降 8.20%，其中，销售“云烟”1812.65 亿支（362.53 万箱），同比下降 5.95%；“玉溪”665.6 亿支（133.12 万箱），同比下降 17.24%；“红塔山”1366.15 亿支（273.23 万箱），同比下降 6.73%；“红河”511.3 亿支（102.26 万箱），同比下降 6.74%。

新品开发。针对消费市场变化和消费升级，细支卷烟、专销烟、特色品类烟等新兴品类取得突破。全年累计实现 20 个新品上市，包括 9 个全国性新品、10 个区域专销新品和 1 个特殊渠道推广新品。

品牌传播。立足于云南“好山好水好生态，茶香花香云烟香”的独特地域优势，提炼出“好山好水醉云香”云产烟整体形象，开展一系列整合传播活动，提高云产品牌知名度和美誉度。规划构建“云香”传播体系，包括“云香”的内涵与形式、“云香”体验活动、“云香”专属体验工具。聚焦一类烟重点规格，策划开展“香伴十五年·且行且珍溪”“经典重启·历久弥香”两大主题推广活动。整合传统媒体、网络媒体资源，加大宣传力度。制作《云香密码》专题书籍。开展“云香体验营销活动”，实现云南花香、果香、茶香、烟香多品类联合推广、多维度传播。

“地网”“天网”营销拓展。“地网”指零售终端；“天网”指互联网。加强零售终端营销工作，完成 21 万户零售终端的维护及应用工作，全国云产烟“地网”体系进一步稳固壮大，零售终端营销实现“四大提升，四大突破”。一是数量提升，规模突破。零售终端维护数量在 2015 年 11 万户的基础上，扩展到 21 万户。二是信息提升，视野突破。收集的零售终端信息与国家局数据匹配率达到 96%，信息分析应用从工业调拨、商业访销拓展至零售终端数据。三是管理提升，价值突破。通过加强零售终端营销关键环节的管理，优化配置营销资源，使购销金额排名当地前 20% 的优质终端数量占比达到 67%。四是应用提升，功能突破。围绕零售终端开展主题促销、样品烟终端激励推广等全国性活动，并与云南省烟草公司共同打造一批特色旅游终端，在挖掘价值、提升体验、促进销售等方面实现零售终端功能的突破。

推进“互联网 +”营销创新，创建“12311 天网营销体系”，即围绕客户增值服务“1 条主线”；针对消费者、零售客户“2 类客户”，开创“零消捆绑、上下打通”的价值链驱动营销模式；通过微信、新商盟、二维码防伪验真平台“3 个通道”，实现与客户的广泛联接；依托“1 套大数据分析应用体系”，牵引开展精准营销；建立“1 个云香会员俱乐部”，持续提升客户忠诚度。截至 2016 年底，省区微信营销平台在 30 个省、自治区、直辖市投入应用，“云香服务”微信公众号注册用户达到 25.6 万人，推送信息 20 万条；开展的二维码营销活动覆盖 15 个产品规格，扫码量超 1000 万次，参与活动 300 万人次，实名注册用户超 100 万人。“天网”体系初具规模，并与“地网”形成联动。

工商协同营销。配合云南省委省政府，在 10 多个云产烟重点销区进行高层会谈，争取有利于云产烟发展的政策条件，协助云南省政府与吉林省政府、内蒙古自治区政府、辽宁省政府签订烟草产业战略合作协议。云南中烟先后与黑龙江、四川省局（公司）签订战略合作框架协议，与云南、江苏省局（公司）召开品牌培育研讨会。探索构建工商共育品牌的新模式，在浙江、四川、云南、重庆、北京、西藏、宁夏、辽宁等省（自治区、直辖市）开展专销新品开发和培育工作。

卷烟合作生产。继续组织安排云南省内卷烟品牌互动生产，实现内部资源的有效利用。调整合作生产计划，适当收缩云产卷烟规模，保持有资产关系企业税利的基本稳定，调减无资产关系合作企业的产品产量，与 16 个合作方签订 2016 年合作生产合同。全年省外企业合作生产云南中烟品牌卷烟 1070.45 亿支（214.09 万箱）[含“云烟（芙蓉）”]，同比下降 16.41%，其中，有资产纽带关系的合作生产 738.05 亿支（147.61 万箱），同比减少 18.5 亿支（3.70 万箱）；无资产纽带关系的合作生产 332.4 亿支（66.48 万箱），同比减少 191.7 亿支（38.34 万箱）。

【管理创新】 积极推进改革深化，制定《关于进一步完善“两统一、两整合”改革措施的方案》。加大规范管理工作力度，工程投资、物资采购和宣传促销“三项工作”公开招标率金额占比达到 98.9%，同比提高 1.54 个百分点。落实“三去一降一补”任务，通过严控采购成本、精益生产、科技增效、管理增效等有效措施，实现降本增效 11.9 亿元，超额完成目标任务。加强法治建设，云南中烟被评为“2011—2015 年全国法治宣传教育先进单位”，先后被国家局、云南省政府授予"'六五'普法先进单位"称号。提升队伍素质，在第十四届全国烟草行业职业技能竞赛暨"合和杯"第五届烟机设备修理职业技能竞赛中，云南中烟获得3个第一名。

【原辅材料保障】 *原料保障*。国内烤烟计划40万吨（800万担），实际签订40万吨（800万担），其中，云南省内烟叶计划32.2万吨（644万担），同比下降3.5%；省外烟叶计划7.8万吨（156万担），同比下降30.5%。

转变原料管理观念，抓保障、重提升。完成年度压缩烟叶采购总量5万吨（100万担），减少特色品种烟叶采购1.85万吨（37万担），合计减少采购资金55亿元。实现原料"管控"向"经营"转变，完成库存烟叶销售0.775万吨（15.5万担），回笼资金8.45亿元，实现经营利润3.15亿元。

加强原料平衡使用，根据年度产品生产计划，对原料情况进行多维度统计分析，摸清库存原料的数量及价值，完成《云南中烟原料质量评价报告》《云南中烟库存原料质量评价分析报告》。开展提高库存烟叶可用性研究，通过优化配方、制丝回掺、片烟回烤等手段，消化库存烟叶，拓宽原料使用范围。

推进原料信息化建设，完成综管、质量、基地3个子系统的系统功能开发，制定红塔集团、红云红河集团（简称两红集团）ERP系统改造方案，完成两红集团产品配方系统接口开发。云南中烟主数据管理系统与两红集团配方管理系统、红云红河集团ERP系统实现对接，推进与红塔集团ERP系统、商业系统的对接。完成烟叶质量数据的维护、管理、分析及评价等业务操作，实现系统在工业分级、复烤加工、片烟入库、仓库存储等环节的原料质量管理、分析、评价等功能。

做好"2260"优质烟叶工程，即在云南省烟区选择20个县、市，每个县、市种植烤烟1万亩，每年生产3万吨（60万担）高端优质烟叶，支撑云产高端卷烟品牌发展。与云南省局共同制定《关于开展"2260"优质烟叶工程田间检查考核方案》，组织相关专家对烟叶工程的田间情况进行考评，完成项目烟叶取样工作并开展外观鉴定，烟叶工程补贴资金拨付到位。

辅料保障。云南中烟物资（集团）有限责任公司（简称物资集团）成立于2006年，由云南中烟物资配套公司改制而成，是云南中烟的全资子公司。主要从事全省烟草工业生产所需的卷烟材料、烟机零配件以及仓储运输的经营业务；履行全省卷烟材料、烟机设备和零配件以及非烟用物资行政管理职能。代管云南烟草机械有限责任公司，参股上海中臣烟草机械配件有限责任公司。

2016年，物资集团下设15个部室，有员工320人，其中在岗员工123人。截至2016年底，总资产38.32亿元，其中，固定资产0.88亿元、流动资产36.91亿元，资产负债率49.08%。

全年实现主营业务收入120.75亿元，其中，卷烟材料业务收入116.99亿元，烟机配件业务收入3.38亿元，仓储运输业务收入0.38亿元。实现利润1.8亿元。

【技术创新】 *云南中烟工业有限责任公司技术中心概况*。2014年3月18日成立，由原云南中烟工业有限责任公司科技开发部、云南中烟工业有限责任公司原料部、云南烟草科学研究院、红塔集团技术中心和红云红河集团技术中心合并组建而成。技术中心共有25个内设机构，拥有行业重点实验室2个，行业标准重点研究室2个，云南省重点实验室1个，院士工作站1个，归口统筹企业博士后科研工作站3个。截至2016年底，从业人员509人，其中，博士研究生59人，硕士研究生149人，高级职称85人。管理使用科研设备1666台套，净值1.39亿元。

2016年，技术中心全面实施创新驱动发展战略，加快建设步伐。推动业务模块化运作，组建研创、集成、质量、保障、服务等五大业务模块，实现相关业务职能模块化扁平运行。面向国内7个区域组建产品研发众创团队，做好在线产品的提质维护，研发面向区域市场的专销产品、特色产品。截至2016年底，各团队均完成储备新品的研发任务。以重大专项为依托，与中国科学院微生物所、华大基因、深圳碳云科技有限公司、西南大学蚕基因组学国家重点实验室、麻省理工大学白头研究所、国家烟草基因研究中心等开展学术互动交流。制定《技术中心科研仪器设备共享信息化平台管理办法》《技术中心分析检测开放实验室管理办法》，搭建分析检测开发实验室，实现各类科研仪器设备等实验室资源的开放、共享。

卷烟产品研发维护。推进研发与营销一体化体系建设。创新卷烟品类，采用区域专销、消费定制等方式，通过创新供给满足消费需求、创造消费热点。按照差异化新品研发思路，打造个性化新品，全年开发新品20个，包括"玉溪（创客）""雪莲（3000）""云烟（84mm细支雪域）""云烟（84mm细支神秘花园）""玉溪（细支阿诗玛）"等5个细支卷烟产品；"云烟（云端）""云烟（乌镇之恋）""云烟（国宾）"等15个常规产品，其中，"云烟（云端）""云烟（乌镇之恋）""玉溪（创客）"是与浙江省局（公司）共同研发的浙江专销产品，实现工商联动的模式探索与突破，并加速"研发—生产—销售"一体化进程的推进。针对电子竞技客户群体的规模化发展趋势，打造电竞烟品类，

2016 年 11 月 30 日，云南中烟技术中心装潢设计联合研创平台挂牌成立

云南中烟　供稿

研发储备新品 3 个，其中“红塔山（英雄）”准产上市。

系统开展在线产品的工艺优化维护，全年修订各类标准 117 余次，叶组配方维护 800 余次，完成全配方批量放样、工艺优化及维护 221 次。国际市场产品维护方面，涉及开发和维护产品累计 113 个。

新型烟草制品研究开发。推出“邂逅（二代）”“神秘花园（超细支）”等多款电子烟新品，以及“神秘花园”春夏秋冬系列等 50 余款烟油、嚼烟、袋装口含烟、碳加热新型卷烟、电加热新型卷烟烟具、适配性烟支、非加热型新型卷烟样品等。在美国市场实现 14 款电子烟和 6 款烟油试销。

项目研究。加强装潢设计技术、烟用材料、香精香料等方面的研究，取得多项成果，部分成果已得到应用。全面开启以市场为导向的产品研发、提质维护模式，对比研究云产烟主力规格在各区域、不同自然环境下的市场适应性以及市场消费变化趋势，为产品开发维护提供指导。

云南中烟获得省（部）级技术发明二等奖 1 项，科技进步二等奖 4 项、三等奖 7 项，牵头发布行业标准 13 项。获云南省科技厅项目立项 2 项，总公司计划项目 3 项，云南中烟项目立项 31 项。发表在 SCI/EI 刊源和中文核心期刊的论文 146 篇，申报发明专利 445 项，获授权专利 80 项。

产品质量安全。修订完善《卷烟产品质量检验管理规定》《烟用物料质量安全评估与许可准入规程》等 14 个质量管控系列标准。制定《产品质量专项监控管理办法》《卷烟产品感官质量监督办法》等制度，完善控制体系和评价机制。高度重视产品质量安全把控，持续加强试验样品物理指标的检测、样品评吸、卷烟产品真伪鉴别、样品重金属和农残样品检测等工作。在国家局和云南省局组织的卷烟和烟用材料抽检中，云南中烟产品全部合格；在国家局的抽检中，有 10 个规格的产品包装与卷制质量得分 100 分。卷烟平均加权焦油量 10.7 毫克/支。

【对外交流与合作】　**云南烟草国际有限公司概况**。云南烟草国际有限公司（简称国际公司）成立于 2006 年，是云南中烟的全资子公司。2014 年 7 月，云南中烟调整拓展国际市场管理体制，国际公司从“管理经营型”主导向“经营实体型”主体转变，按照“产销分离”原则，主要负责统一运作云南中烟国际市场营销；云南中烟卷烟品牌国际市场培育、开发、销售、分销渠道管理、参与国际市场产品和新型烟草制品的开发与维护；云南中烟的境外品牌运营、国际市场供应链管理、云南中烟的境外投资、国际市场兼并收购、国际合作等业务。截至 2016 年底，总资产 20.29 亿元。下辖天成（太平洋）有限公司、红塔瑞士有限责任公司 2 家全资子公司。国际公司本部有从业人员 94 人，其中驻境外工作人员 19 人。

境外实体化情况。云南中烟及其下属企业有 5 家境外营销公司，其中，天成（太平洋）有限公司、红塔瑞士有限责任公司、红塔瑞士罗马尼亚子公司为全资公司，云南烟草国际（缅甸）服务有限公司、老挝寮中红塔好运烟草有限公司为控股公司；3 家有资产关系的境外生产企业，其中，香港红塔国际烟草有限公司、老挝寮中红塔好运烟草有限公司为控股公司，中烟国际欧洲有限公司为参股公司；2 家参股的烟叶公司，分别为中烟国际阿根廷有限公司、中烟国际巴西有限公司；4 个境外许可生产项目，分别为云南缅甸环球项目、云南印尼 ROCK 项目、云南阿根廷项目、云南纳米比亚项目；6 个境外研发分支机构，分别设立在德国、阿联酋、韩国、中国香港、老挝、纳米比亚，就香精香料、装潢设计、烟用材料、产品研发、提取液、原料种植等方面进行技术研发。

境外销售情况。全年国际市场境外卷烟实现销量（含出口烟、境外生产销售）221.8 亿支，同比增长 3.2%，继续保持中国烟草国际市场销量第一的地位。实现进出口总值2.37亿美元。实现境外市场销售总收入4.6亿美元，其中，红塔瑞士罗马尼亚子公司0.6亿美元，天成（太平洋）有限公司2.46亿美元。

全年卷烟一般贸易出口51.7亿支，同比下降4.78%；境外生产销售卷烟163.9亿支，同比增长1.95%；合作项目3.1亿支，地平线国际合资有限公司销售3.1亿支。混合型卷烟销售125.18亿支，同比增长16.09%，占云南中烟国际市场总销量的56.4%；烤烟型卷烟销售96.62亿支，同比下降10%。

品牌建设。导入品牌运营理念，建立国际市场研发中心，缩短产品开发和维护周期。推进品牌体系建设工作，将“十二五”时期的15个境外销售品牌整合为8个。2016年，云南中烟境外销量超过30亿支的品牌有3个，销量超过20亿支的品牌有3个，销量超过10亿支的品牌有2个。引入ISO 10668品牌标准管理体系，维护卷烟品牌，树立企业品牌形象。

全球供应链管理。具备境外生产能力240亿支，可生产84mm软、硬包和100mm超细支3种产品规格；有境外卷烟生产企业3家，品牌许可合作项目4个，主要分布在东南亚、非洲、欧洲、南美洲。2016年，香港红塔国际烟草有限公司生产卷烟48.7亿支；老挝寮中红塔好运烟草有限公司作为中国烟草在东南亚的烟叶种植、烟丝加工和卷烟生产基地，是截至2016年底中国烟草唯一一家具有境外复烤能力的卷烟制造工厂，全年生产卷烟49.7亿支；缅甸环球卷烟厂生产卷烟29.2亿支，达到历史新高。通过全球采购原辅料，持续降低混合型卷烟生产成本，提升混合型卷烟的国际市场竞争力。

外部合作。积极参与中国烟草与跨国烟草公司的战略合作。11月，与帝国品牌公司合资的地平线国际合资有限公司正式在中国香港成立。云南中烟的“地平线”“翡翠”品牌顺利投放奥地利、法国、乌克兰和俄罗斯等市场，不断探索国际并购的操作模式。

【特事辑要】 1月20日，云南中烟在昆明召开2016年工作会议，提出“十三五”时期云南中烟的发展战略目标，安排布置2016年工作。

1月22日，意大利柯玛斯（Comas）总裁塞萨尔·马田到访红云红河集团交流合作事宜。

2月2日，云南省委书记、省人大常委会主任李纪恒与云南中烟驻保山市施甸县整族帮扶工作队视频连线，听取整乡推进整族帮扶项目及“挂包帮”“转走访”工作开展情况汇报，充分肯定帮扶工作取得的成效。

2月5日，云南省委、省政府在昆明召开全省烟草工作座谈会。云南省委书记、省人大常委会主任李纪恒，云南省委常委、常务副省长李江，副省长丁绍祥等出席会议。

3月21日，美国施伟策·摩迪国际集团全球副总裁米歇尔·费伟到访红云红河集团交流烟草薄片运用技术。

4月27日，云南省委副书记、省长陈豪主持召开烟草工作座谈会。陈豪强调，面对当前经济下行压力，云南烟草要坚定信心，稳定发展，保持在中国烟草行业的优势地位，充分发挥烟草产业作为云南经济发展“稳定器”、产业建设“火车头”作用，继续为全省实现全面脱贫、全面小康目标作出贡献。云南省副省长丁绍祥、董华出席会议。

5月4日，云南省副省长丁绍祥赴广东调研云产卷烟营销工作在广东省的开展情况。

5月5日，新疆维吾尔自治区党委副书记、自治区政府主席雪克来提·扎克尔赴红云红河集团新疆卷烟厂调研。

5月24日，全国人大常委会预算工作委员会副主任刘修文率调研组赴红云红河集团曲靖卷烟厂就工厂发展建设、两化融合等工作进行调研。

6月3日，德国虹霓公司总裁斯派克曼（Jürgen Spykman）到访红云红河集团。

6月28日至7月1日，云南省副省长丁绍祥对东北市场开展专题调研，与吉林省副省长姜有为签署《吉林、云南两省“十三五”期间深化烟草产业合作框架协议》。

7月12日，韩国烟草人参公社环球本部部长方景万到访红云红河集团交流合作事宜。

7月下旬，云南省委常委、省委宣传部部长赵金，省委常委、省委高校工委书记李培，省委常委、昆明市委书记、滇中新区党工委书记程连元，省人大常委会副主任王树芬、卯稳国，副省长丁绍祥、张祖林、张太原、董华，省政协副主席白成亮、喻顶成等11位省领导分批带队奔赴四川、安徽、广东、深圳、北京、江苏、广西、新疆、内蒙古、河南、重庆、湖南等12个省（自治区、直辖市）开展云产卷烟销区市场调研。

8月17日，国家局党组成员、副局长杨培森赴红云红河集团新疆卷烟厂调研。杨培森指出，要以易地技改为契机，以打造小而强的卷烟工厂为目标，全面推进精益管理、优质制造、降本增效。

8月19日，云南省副省长丁绍祥主持召开专题会议，研究烟草产业发展工作。

8月24—30日，第十四届全国烟草行业职业技能竞赛暨“合和杯”第五届烟机设备修理职业技能竞赛在玉溪和曲靖举办。

9月3日，内蒙古自治区党委书记李纪恒，党委副书记、主席布小林赴红云红河集团乌兰浩特卷烟厂调研。

9月9日，云南省与四川省在昆明签署《“十三五”期间深化烟草产业合作框架协议》。云南省委副书记钟勉，四川省委常委、农工委主任、省烟草发展工作领导小组组长曲木史哈，云南省副省长张祖林出席签署仪式并讲话。

9月14日，云南省委常委、常务副省长李江主持召开专题会议，听取云南中烟工作汇报。

9月21日，全国政协原副主席李金华到红塔集团调研。

2016年2月8日，云南红塔银行服务烟草行业座谈会在昆明召开

云南中烟　供稿

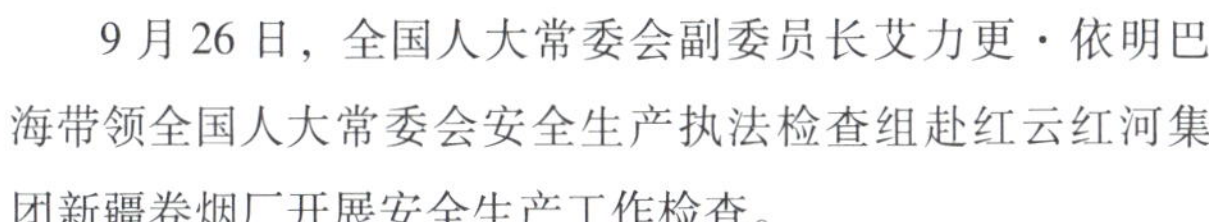

9月26日，全国人大常委会副委员长艾力更·依明巴海带领全国人大常委会安全生产执法检查组赴红云红河集团新疆卷烟厂开展安全生产工作检查。

9月28日，云南省委常委、常务副省长李江赴红云红河集团曲靖卷烟厂调研。

11月16日，云南省副省长董华赴红云红河集团昆明卷烟厂调研。

12月6日，云南省委书记、省长陈豪一行赴云南红塔银行股份有限公司调研。

12月7日，国家局党组成员、副局长徐瑩赴红云红河集团调研并参观昆明卷烟厂，详细了解制丝线、卷包线的设备运行、产能规模、质量管控等相关情况，对先进装备和精益生产管理水平表示肯定。

12月8日，云南红塔银行服务烟草行业座谈会在昆明召开。国家局党组成员、副局长徐瑩出席会议并讲话。

12月15日，国家局党组成员、副局长赵洪顺赴云南中烟技术中心调研。

12月27日，国家局党组成员、副局长杨培森赴云南中烟技术中心深圳研创平台调研。

所属企业

红塔烟草（集团）有限责任公司

【卷烟产销】　境内外卷烟总产量（含红塔集团省内四厂内销与出口、合作生产、境外生产）2666.13亿支（533.23万箱）。

红塔集团省内四厂生产卷烟（含内销卷烟、出口烟，不含合作生产）1856.02亿支（371.2万箱）。生产内销卷烟1817.85亿支（363.57万箱），同比下降4.35%，其中，生产一类烟646.38亿支（129.28万箱）、二类烟20.33亿支（4.07万箱）、三类烟944.69亿支（188.94万箱）、四类烟80.11亿支（16.02万箱）、五类烟126.34亿支（25.27万箱）。生产出口烟38.17亿支，同比增长6.68%。

实现卷烟工业销量（含集团省内四厂内销与出口、合作方销售、回购销售、境外加工生产销售）2679.38亿支（535.88万箱），同比下降9.15%。省内四厂内销实现卷烟工业销量1803.48亿支（360.7万箱），同比下降5.74%，其中，一类烟652.76亿支（130.55万箱）、二类烟19.54亿支（3.91万箱）、三类烟927.23亿支（185.45万箱）、四类烟83.50亿支（16.7万箱）、五类烟120.44亿支（24.09万箱）。出口烟实现销量37.97亿支，同比增长4.36%。

全年红塔集团（含省内四厂）实现销售收入607.34亿元，同比下降9.62%。实现税利516.35亿元，同比下降13.44%，其中利润66.99亿元。三项费用率6.31%，同比增加0.14个百分点。

全年万元产值综合能耗5.77千克标煤/万元，万支卷烟综合能耗2.18千克标煤。烟叶、滤棒、盘纸平均消耗分别为6.11千克/万支、1668支/万支、600米/万支。水、电平均消耗分别为0.07吨/万支、6.57千瓦时/万支。

2016年6月15日，红塔集团开展卷烟设备操作工技能竞赛，图为竞赛现场
红塔集团　供稿

【主要产品与品牌建设】　拥有“玉溪”“红塔山”“红梅”“阿诗玛”“新兴”“Marble”“BRASS”“ESTON”“GEM”“STRAND”等10个卷烟品牌（含参股企业品牌）。

全年境内外生产“玉溪”品牌卷烟682.53亿支（136.51万箱），同比下降20.63%，其中合作生产9.12亿支（1.82万箱）；“玉溪”实现工业销量705.02亿支（141.0万箱），同比下降17.85%。“玉溪”一类烟在全国卷烟商业销量中居一类烟第三位。

境内外生产“红塔山”品牌卷烟1345.04亿支（269.01万箱），同比下降11.57%，其中合作生产363.67亿支（72.73万箱）；“红塔山”实现工业销量1423.63亿支（284.73万箱），同比下降4.59%。“红塔山”在2016年卷烟累计交易量（三类以上）中销量居第四位。

【生产管理】　2016年，卷烟市场环境发生深刻变化，市场需求波动幅度增大，尤其是新品数量增多、小规格卷烟月度间需求变化较大、软硬包不平衡等因素，给红塔集团组织生产带来较大困难。围绕“销售订单需求”中心，将精益生产管理思想融入到实际生产安排过程中，红塔集团按质、按量、按时完成全年生产目标任务。

【对标管理】　落实行业16项卷烟工厂对标指标，红塔集团省内四厂卷烟工厂对标指标平均提升率93.75%。其中，玉溪卷烟厂有15项指标同比提升、16项指标达到行业平均值；楚雄卷烟厂有15项指标同比提升、13项指标达到行业平均值；大理卷烟厂有16项指标同比提升、13项指标达到行业平均值；昭通卷烟厂有14项指标同比提升、13项指标达到行业平均值。

【专卖物资管理】　继续加强优化专卖管理工作，通过管理流程信息化，实现专卖管理透明化，进一步加强专卖和废旧物资管理的源头控制。向肥料厂家处置涉烟废弃原料6203.83吨，向薄片厂家销售薄片原料2.14万吨，处置废纸类948.3吨，废滤棒、废丝束342.6吨，完成306台套烟草专用设备报废审批手续及销毁审批手续并开展销毁工作。

红云红河烟草（集团）有限责任公司

【卷烟产销】　生产卷烟［含控股企业山西昆明烟草有限责任公司（简称山昆公司）、内蒙古昆明卷烟有限责任公司（简称蒙昆公司）产量，不含出口烟］2539.15亿支（507.83万箱），其中，生产一类烟457.95亿支（91.59万箱）、二类烟115亿支（23.0万箱）、三类烟1740.4亿支（348.08万箱）、四类烟219.2亿支（43.84万箱）、五类烟6.6亿支（1.32万箱）。生产出口烟13.7亿支。

红云红河集团省内省外全资生产厂生产卷烟（含合作生产、出口烟）2202.35亿支（440.47万箱）。

实现卷烟销量（含控股企业山昆公司、蒙昆公司销量，不含出口烟）2461.55亿支（492.31万箱），其中，一类烟420.8亿支（84.16万箱）、二类烟110.9亿支（22.18万箱）、三类烟1704.75亿支（340.95万箱）、四类烟217.15亿支（43.43万箱）、五类烟8亿支（1.60万箱）。出口烟实现销量13.7亿支。

实现卷烟销售收入791.35亿元，同比下降6.88%。实现税利620.99亿元，同比下降8.71%，其中利润87.39亿元，同比下降18.23%。三项费用率5.68%。突出预算定额的源头控制，从严压缩可控费用，全年降本增效6亿元，超额完成预定目标。

全年万元产值综合能耗7.72千克标煤，万支卷烟综合能耗2.66千克标煤。烟叶、滤棒、盘纸平均消耗分别为6.58千克/万支、2515支/万支、577米/万支。水、电平均消耗分别为0.05吨/万支、8.08千瓦时/万支。

【主要产品与品牌建设】 生产的卷烟品牌（含参股企业品牌）有“云烟”“红河”“小熊猫”“红山茶”“茶花”“钓鱼台”“雪莲”“呼伦贝尔”“紫气东来”“冬虫夏草”“大青山”等11个品牌94个规格，互动生产“红塔山”品牌3个规格。

全年“云烟”实现商业销量1812.65亿支（362.53万箱），同比下降5.95%；商业销售额1103.26亿元，同比下降3.56%，商业销量和商业销售额分列全国重点卷烟品牌的第二位和第三位。“云烟（软大重九）”实现销量13.5亿支（2.7万箱），同比增长9.99%。“云烟（紫）”实现销量1136.45亿支（227.29万箱）。“红河”实现商业销量511.3亿支（102.26万箱），同比下降6.74%；商业销售额184.49亿元，同比下降5.34%。

生产的高端卷烟实现销量48.7亿支（9.74万箱），同比下降1.9%；细支卷烟实现销量20亿支（4万箱）。

合作生产（不含山昆、蒙昆公司）卷烟104.1亿支（20.82万箱），其中，与重庆中烟合作生产“云烟”20.2亿支（4.04万箱），与四川中烟合作生产“云烟”17.5亿支（3.5万箱），与红塔辽宁合作生产“云烟”20亿支（4万箱），与海南红塔合作生产“云烟”18.9亿支（3.78万箱），与安徽中烟合作生产“红河”20亿支（4万箱），与黑龙江烟草工业合作生产“红河”7.5亿支（1.5万箱）。

【原辅材料保障】 加快实施“2260”优质烟叶工程，优化特色品种生产布局，红云红河集团2个烟区在云南烟草联合检查考核中，分列全省千亩项目区第一名、万亩项目区第二名。盘活烟叶存量资源，优化库存结构，提升原料配置效率，2016年度国内烟叶采购19.73万吨（394.5万担），占年度计划的92.3%；采购进口烟叶1.17万吨（23.4万担），其中津巴布韦烟叶0.305万吨（6.1万担）。

优化物资采购招标方案，降低采购成本。全年卷烟材料采购资金55.22亿元，同比节约1.67亿元，公开招标金额占比99.67%。烟机零配件采购采取入库“零积压”“即买即用”措施，严把“购耗比小于1”，全年烟机零配件采购资金1.65亿元，公开招标金额占比99.5%。非烟用物资采购实现“一个龙头放水”的集中统筹采购模式，全年非烟用物资采购资金2.94亿元，扣除国家统一经营，公开招标金额占比99.27%。

【基础管理】 推进“对标”“创优”，在34项工业企业对标指标中，红云红河集团有7项指标进入行业前五位，优于行业平均水平的指标有20项，达标率58.82%；18项指标同比提升，提升率52.94%。动态修订“三标一体”体系文件，省内四厂及集团本部通过第三方监督审核。开展基于成本指标体系的精益课题研究、精益制造标杆班组、精益金点子活动，推广成效显著的课题成果，2项课题获行业“精益十佳”。加强绩效管理，将集团战略目标分解到生产厂、中心部室，分解到干部职工，突出目标导向，采取问题倒逼，量化关键指标，明晰重点任务，按月追踪通报，集团总部和部分生产厂将目标绩效考核纳入中级管理人员年度考评。

【生产管控】 完善市场驱动的订单组织生产模式，以柔性智能生产响应、满足市场。强化设备管理，红云红河集团硬包机组运行效率93.19%，同比提升3.87个百分点；软包机组运行效率93%，同比提升2.68个百分点；设备单箱维持费63.49元/箱。严格质量管控，细化质量内控标准，加强质量分析和跟踪评价，开展省内四厂互动生产工艺验证。在国家局全年3次抽检中，“云烟（软印象烟庄）”在上半年抽检中综合得分第一名。开展QC活动，1项成果获得行业QC成果一等奖，3个小组获得“全国优秀QC小组”称号，其中1个小组代表云南省参加全国交流。加强能源管理体系建设，云南省开展能源管理体系建设评价3年来，红云红河集团是全省唯一获评优秀的企业。落实卷烟包装箱循环利用及卷烟整托盘联运任务，全年循环利用烟箱111.83万只，托盘联运8.34万箱，实现生产保障“零投诉”、成品配送“零差错”。

【技术创新】 完善《科技创新奖励办法》。2项课题分别获得云南省政府科技进步二等奖、三等奖。推进知识产权管理工作，制定《国家知识产权优势企业建设工作方案》，全年申请并获受理专利112项，其中发明专利46项；获得授权专利50项，其中发明专利8项。

推进信息化、工业化“两化”融合，实施原料综合管理集团系统配套改造、中烟商务物流试点项目片烟物流跟踪系统推广，开展数据中心项目开发测试，加强ERP及周边系统运维。10月1日，红云红河集团企业门户系统上线运行。

【技改建设】 截至2016年底，红云红河集团所属的各卷烟厂加快推进技术改造，其中，昆明卷烟厂打叶复烤易地技改及烟叶仓储设施建设项目完成新址确认并向国家局申报，红河卷烟厂易地技改场地平整工程开工，曲靖卷烟厂打叶复烤易地技改及新建烟叶仓库项目工程建设稳步推进，会泽卷烟厂技改项目准备总体竣工验收，新疆卷烟厂技改项目进入工程结算审计，乌兰浩特卷烟厂填平补齐项目投入使用。

2016 年云南中烟工业有限责任公司所属企业/生产厂情况统计

		红塔烟草（集团）有限责任公司	所属生产厂			
			玉溪卷烟厂	楚雄卷烟厂	大理卷烟厂	昭通卷烟厂
法人资格		独立法人	非独立法人	非独立法人	非独立法人	非独立法人
主要负责人/法人代表（含党政领导）		党委书记、总裁：夏开元 董事长：王　勇	厂长：马云参 党委书记：朱雄伟	厂长：彭黎明 党委书记：范　斌	厂长：袁国旺 党委书记：吕　坚	厂长：张志勇 党委书记：谢成明（2016 年 8 月—，之前任党委副书记并主持工作）
成立时间		1956 年	1956 年	1974 年	1950 年	1970 年
从业人员（人）		9234	3051	1814	1288	2003
卷烟生产能力（亿支）		2200	1250	300	250	400
卷烟品牌	自有品牌	玉溪、红塔山、红梅、阿诗玛、Marble、新兴、GEM	玉溪、红塔山、红梅、阿诗玛、Marble、新兴、GEM	玉溪、红塔山、红梅	玉溪、红塔山、红梅	玉溪、红塔山、红梅
	合作生产品牌	—	—	—	—	—
	互动生产品牌	—	—	—	—	—
卷烟总产量（亿支）		1856.02	1021.78	309.40	221.90	302.95

		红云红河烟草（集团）有限责任公司	所属生产厂					
			昆明卷烟厂	红河卷烟厂	曲靖卷烟厂	会泽卷烟厂	新疆卷烟厂	乌兰浩特卷烟厂
法人资格		独立法人	非独立法人	非独立法人	非独立法人	非独立法人	非独立法人	非独立法人
主要负责人/法人代表（含党政领导）		党委书记、总裁：武　怡 董事长：谷　宏	厂长：刘　豪 党委书记：夏家全	厂长：许永明（2016 年 1—9 月同时负责党务工作） 党委副书记（主持工作）：张　涛（2016 年 10 月—）	厂长：张云飞（2016 年 12 月—，2016 年 1—12 月任副厂长并主持工作） 党委书记：马　珍	厂长：邓林昆 党委书记：罗　琼	厂长：程振西 党委书记：白九重	厂长：王力家 党委书记：吴　岗
成立时间		2008 年	1922 年	1985 年	1966 年	1973 年	1960 年	1981 年
从业人员（人）		10920	4115	1305	2645	738	763	900
卷烟生产能力（亿支）		3685	1240	750	815	250	350	280
卷烟品牌	自有品牌	云烟、红河、小熊猫、红山茶、茶花、雪莲、呼伦贝尔	云烟、茶花、雪莲	云烟、红河	云烟、红河、红山茶	云烟、红河、小熊猫	云烟、红河、雪莲	云烟、红河、红山茶、呼伦贝尔
	合作生产品牌	—	—	—	—	—	—	—
	互动生产品牌	红塔山	—	红塔山	—	—	—	—
卷烟总产量（亿支）		2202.35	715.05	506.15	522.35	137.30	187.00	134.50

◇ 撰稿：王宏先　曹晓军　朱　懿；编辑：谢争艳

陕西中烟工业有限责任公司

【卷烟产销】 生产卷烟（含合作生产）861.22亿支（172.24万箱），同比下降5.37%，其中，生产一类烟12.58亿支（2.52万箱）、二类烟88.03亿支（17.61万箱）、三类烟292.84亿支（58.57万箱）、四类烟434.92亿支（86.98万箱）、五类烟32.86亿支（6.57万箱）。生产高端卷烟1.65亿支（0.33万箱），其中高价位卷烟0.09亿支（0.018万箱）。生产细支卷烟16.76亿支（3.35万箱）。合作生产卷烟272亿支（54.4万箱）。

实现卷烟销量843.58亿支（168.72万箱），其中，一类烟11.44亿支（2.29万箱）、二类烟85.01亿支（17.0万箱）、三类烟302.15亿支（60.43万箱）、四类烟414.61亿支（82.92万箱）、五类烟30.36亿支（6.07万箱）。

实现卷烟销售收入188.39亿元，同比下降12.57%。实现税利124.68亿元，同比下降14.32%，其中利润8.5亿元，同比下降33.15%。三项费用率8.11%，同比下降减少0.16个百分点。可控费用同比下降18.04%，实现货币资金净收益2334万元。①

全年万支卷烟综合能耗2.81千克标煤。烟叶、滤棒、盘纸平均消耗分别为6.7千克/万支、2506支/万支、593米/万支。水、电平均消耗分别为0.08吨/万支、6.94千瓦时/万支。

【主要产品与品牌建设】 **主要产品**。生产的自有卷烟品牌有“好猫”“猴王”“延安”等3个品牌23个规格。全年生产“好猫”202.64亿支（40.53万箱），同比下降0.04%；“好猫”实现销量187.89亿支（37.58万箱），同比下降9.63%，其中省外实现销量22.04亿支（4.41万箱）。“好猫”实现销售收入61.23亿元，同比下降8.22%。生产“猴王”226.07亿支（45.21万箱），同比增长6.12%；“猴王”实现销量218.66亿支（43.73万箱），同比增长1.67%。生产“延安”160.50亿支（32.10万箱），同比增长85.85%；“延安”实现销量142.62亿支（25.52万箱），同比增长58.38%。

全年合作生产浙江中烟“利群”47亿支（9.4万箱）、“雄狮”13亿支（2.6万箱），湖南中烟“白沙”125亿支（25万箱），云南中烟“红塔山”2亿支（0.4万箱），广东中烟“双喜”75.95亿支（15.19万箱）、“红玫”5亿支（1万箱）、“椰树”4.05亿支（0.81万箱）。

品牌建设。制定“好猫”“延安”品牌营销方案，加强市场跟踪和趋势分析，有针对性地强化重点品牌宣传和重点区域推广。创新新品上市培育模式，先后组织召开“延安（硬）”“延安（红韵）”“延安（五星）”上市发布会。加大社会营销力度，充分利用中国文化艺术节、杨凌国际马拉松赛、第三届丝绸之路国际电影节、年货节等社会活动，加强对“好猫”“延安”新品的宣传和口碑传播。持续加强婚庆、会议等营销工作，全年组织婚庆活动1.61万场次，实现卷烟销量730万支（146箱）；召开品牌品鉴会、培训会1553场次，参会人数9.33万人次。创新开展品牌体验店建设，建成运行华山、兵马俑景区及西安高铁站等体验店。

精细实施“一品一策”，稳定提升新品市场状态，“延安（1935）”实现销量7560万支（1512箱），刷新省产高一类卷烟年销量纪录，保持800元/条的高溢价销售态势。“好猫（细支长乐）”全年实现销量突破15亿支（3万箱），同比增长160.08%。“延安（硬）”2016年上市后，全年销量突破5亿支（1万箱）。全年“好猫（细支天赋）”“延安（红韵）”“好猫（招财猫1600）”等8个新规格同步发展，合计实现销量29.4亿支（5.88万箱）。

2016年7月10日，陕西中烟联合陕西省烟草公司宝鸡市公司召开“延安（硬）”品鉴会

陕西中烟宝鸡卷烟厂　张亚伦　摄

【原辅材料保障】 **原料保障**。加强烟叶调拨复烤进度管理，以“好猫”“延安”品牌需求为导向，结合在产品牌的结构和烟叶库存情况，兼顾储运能力和周期，细化成品烟叶的分配方案，合理安排产区片烟调拨。调拨烟叶4.705万吨（94.09万担），合同履约率达到100%。加强烟叶基地单元建设，共有行业基地单元8个。基地单元烟叶调拨总量达到1.945万吨（38.9万担），平均收购等级合格率在83%以上，上等烟比例达到52.94%。

辅料供应。卷烟材料预算金额25.85亿元，采购入库金额25.13亿元，预算执行率97.23%，烟用材料公开招标采购比例95.59%，节约采购资金6105万元。完善供应商管理基础资料，评审发布111家烟用材料合格供应商名录。规范烟机零配件招标采购行为，烟机零配件采购金额8690万元，其中以招标方式采购合同涉及金额6517万元。

【技术创新】 **产品研发**。按照“精准定位、精准研发”的工作方针，采取差异化定位、集成化设计研发思路，应用卷烟密码锁保真、功能性“爆珠”等新技术，先后完成“延安（1935）”“好猫（细支天赋）”等8个新规格和4款储备产品的研发工作。

产品维护。遵循“均质向好，彰显风格，过程把控，注重细节，凡变必研，先研后变”的总体要求，建立以技术中心为主导、各卷烟厂为主力产品维护提升平台，推行产品维护责任制，形成从原料投料到成品入库全程跟踪、上下联动、快速响应的产品维护机制。

技术创新。重点开展香原料特征和香精香料调配技术、施加技术以及香精香料与叶组、材料等之间的适配性研究。通过生物技术对部分功能烟叶板块特殊处理，改善烟叶感官质量，开展微生物菌种固态或液态菌剂形式的研究。开展不同内含物的爆珠滤棒结构设计、接装纸激光打孔等储备技术研究，综合降焦减害能力持续提升。与郑州烟草研究院合作开展“卷烟产品精细加工技术和特色加工技术研究”，对松散回潮、加料、叶丝干燥等关键工序和关键工艺参数进行优化改进，产品感官质量和各项物理指标更趋稳定。

全年完成1043个库存烟叶样品的内在质量评价，开展生物发酵、复烤加料、配方打叶等综合技术应用研究，提高烟叶配伍性。修订完善12个专业分类、640项技术标准的技术标准体系。全年实施54个科技项目，获得45项专利授权。

【对外交流与合作】 推进自有品牌国际营销，依托国家“一带一路”战略，参加陕西省商务厅在哈萨克斯坦阿拉木图主办的“第十四届哈萨克斯坦—中国商品博览会”，向该地区市场出口卷烟470万支。根据南非市场要求调整包装，与当地客商开展境外加工市场供应的可行性调研。利用多种媒介和机会加强客户推介，宣传品牌特点和优势，先后与东南亚、非洲、中东客户建立业务联系，截至2016年底，向新加坡销售卷烟500万支，向中东市场销售卷烟1195万支。

实现出口总额486.31万美元，其中，向蒙古出口烟丝438.64吨，金额2282万元，出口卷烟纸和成型纸料金额386万元。向其他国家或地区出口膨胀烟梗167.32吨，实现28.11万美元；出口二氧化碳膨胀烟丝9.9吨，实现9.7万美元；出口卷烟2165万支，实现49.32万美元。

【特事辑要】 4月8日，陕西省副省长杜航伟赴陕西中烟延安卷烟厂调研。

6月1日，陕西省副省长姜锋赴陕西中烟宝鸡卷烟厂调研。

7月12日，陕西省省长胡和平赴陕西中烟旬阳卷烟厂调研。

9月15日，制定下发《陕西中烟工业有限责任公司“十三五”规划》，明确“221”总体发展目标，以及规模效益、品牌发展、市场拓展、技术创新、结构提升、合作生产、管理增效等子目标，提出陕西中烟“创新、持续、精益、绿色、共享”发展理念，形成相互支撑、互为补充的“十三五”规划体系。

11月24日，陕西省副省长张道宏赴陕西中烟宝鸡卷烟厂调研燃煤锅炉清洁能源改造项目及环保工作。

11月24日，陕西省副省长姜锋赴陕西中烟旬阳卷烟厂调研。

12月21日，陕西省省长胡和平赴陕西中烟澄城卷烟厂调研易地技术改造项目。

2016年陕西中烟工业有限责任公司所属生产厂情况统计

	陕西中烟工业有限责任公司宝鸡卷烟厂	陕西中烟工业有限责任公司延安卷烟厂	陕西中烟工业有限责任公司汉中卷烟厂	陕西中烟工业有限责任公司澄城卷烟厂	陕西中烟工业有限责任公司旬阳卷烟厂
法人资格	非独立法人	非独立法人	非独立法人	非独立法人	非独立法人
主要负责人（含党政领导）	厂长：蒋东凯 党委书记：秦 宏 （2016年1月—	厂长：丁 毅 党委书记：牛长有	厂长：付 斌 党委书记：马唯峰	厂长：白 丰 党委书记：舒 奇 （2016年1月—	厂长：仝智强 党委书记：陈新仕

续表

		陕西中烟工业有限责任公司宝鸡卷烟厂	陕西中烟工业有限责任公司延安卷烟厂	陕西中烟工业有限责任公司汉中卷烟厂	陕西中烟工业有限责任公司澄城卷烟厂	陕西中烟工业有限责任公司旬阳卷烟厂
成立时间		1949 年	1970 年	1975 年	1976 年	1976 年
从业人员（人）		2918	1362	1472	1005	975
卷烟生产能力（亿支）		400	250	250	60	100
卷烟品牌	自有品牌	好猫、猴王	好猫、延安	好猫、猴王、延安	延安	好猫、延安
	合作生产品牌	双喜、红玫、椰树	白沙、红塔山	利群、雄狮、白沙	—	—
卷烟总产量（亿支）		340.97	184.50	210.00	33.25	92.50

◇ 撰稿：张建华；编辑：王东旭

中国烟草实业发展中心

【卷烟产销】 所属企业生产卷烟（含合作生产，不含出口烟、样品烟）2264.25 亿支（452.85 万箱），同比下降 5.88 %，其中，生产一类烟 102.25 亿支（20.45 万箱），同比下降 27.85%；二类烟 425.60 亿支（85.12 万箱），同比增长 1.99%；三类烟 1140.60 亿支（228.12 万箱），同比下降 16.25%；四类烟 467.75 亿支（93.55 万箱），同比增长 45.10%；五类烟 128 亿支（25.60 万箱），同比下降 21.20%。生产样品烟 1.25 亿支（0.25 万箱），同比增长 3.02%。生产出口烟 4.60 亿支，同比增长 23.86%。

中烟实业所属企业实现卷烟工业销量（含合作生产、不含出口烟）2234.45 亿支（446.89 万箱），同比下降 8.78%，其中，一类烟 102.95 亿支（20.59 万箱），同比下降 27.97%；二类烟 413.55 亿支（82.71 万箱），同比下降 0.22%；三类烟 1137.55 亿支（227.51 万箱），同比下降 17.23%；四类烟 449.0 亿支（89.80 万箱），同比增长 27.67%；五类烟 131.40 亿支（26.28 万箱），同比下降 20.82%。出口烟实现销量 4.65 亿支，同比增长 24.76%。高端卷烟实现销量 14.60 亿支（2.92 万箱），同比下降 5.74%，其中高价位卷烟实现销量 2.25 亿支（0.45 万箱），同比下降 29.02%。细支卷烟实现工业销量 67.80 亿支（13.56 万箱），同比增长 112.56%。

实现卷烟销售收入 549.92 亿元。实现卷烟税利 412.35 亿元，同比下降 13.47%，其中利润 39.77 亿元，同比下降 32.50%。三项费用率 8.16%。中烟实业机关和所属企业 2016 年实现货币资金净收益 0.64 亿元。

中烟实业所属工业企业万元产值综合能耗 17.23 千克标煤，万支卷烟综合能耗 3.52 千克标煤。烟叶、滤棒、盘纸平均消耗分别为 6.85 千克/万支、2516 支/万支、595 米/万支。水、电平均消耗分别为 0.08 吨/万支、8.87 千瓦时/万支。

【主要产品与品牌建设】 ***主要产品***。中烟实业所属企业主要生产“兰州”“长白山”“人民大会堂”“冬虫夏草”“椰王”“哈尔滨”“紫气东来”等自有品牌，其中，“长白山”和“兰州”品牌被国家局列为重点卷烟品牌，“人民大会堂”品牌在辽宁省内视同行业鼓励培育品牌进行考核。合作生产的卷烟品牌主要有“红塔山”“玉溪”“云烟”“红河”“利群”“南京”“黄鹤楼”“红金龙”“双喜”等。

细支卷烟快速增长。细支卷烟继续保持快速增长势头。全年细支卷烟实现工业销量 67.80 亿支（13.56 万箱），同比增长 115.19%。细支卷烟单箱工业销售额达到 2.36 万元，高于中烟实业平均单箱工业销售额，拉动结构提升和效益增长。其中，“长白山（777）”品牌卷烟实现商业销量 40.75 亿支（8.15 万箱），在全国细支卷烟商业销量中居第五位，商业批发销售额达到 24.83 亿元。

重点卷烟品牌建设。“兰州”卷烟定位于“低焦绵香、低害润泽”的风格特色，坚持“润生活、润心田”品牌文化理念，发挥“减害降焦”和“保润增香”技术优势，确保产品供需稳定、市场价格基本到位、社会库存基本合理。全年“兰州”品牌共实现工业销量 402.6 亿支（80.52 万箱），同比下降 8.46%。

“长白山”卷烟坚持低焦低害发展方向，市场状态逐步恢复，趋稳向好。实现商业销量 330 亿支（66 万箱），同比下降 3.3%，低于行业平均降幅，在全国有 17 个省（自治区、直辖市）的销售增幅好于当地平均水平。

卷烟合作生产。中烟实业所属企业合作生产卷烟 1056.90 亿支（211.38 万箱），同比下降 5.34%。合作生产云南中烟的卷烟品牌“红塔山”249.85 亿支（49.97 万

箱)、"玉溪"5.20亿支(1.04万箱)、"云烟"199.05亿支(39.81万箱)、"红河"69.7亿支(13.94万箱)、"红梅"199.85亿支(39.97万箱),合作生产浙江中烟的卷烟品牌"利群"85.0亿支(17.0万箱),合作生产湖北中烟的卷烟品牌"黄鹤楼"4.75亿支(0.95万箱)、"红金龙"21.0亿支(4.20万箱),合作生产江苏中烟的卷烟品牌"南京"195.0亿支(39.0万箱),合作生产广东中烟的卷烟品牌"双喜"27.50亿支(5.50万箱)。

【原料保障】 中烟实业所属企业采购烟叶10.36万吨(207.11万担),其中,烟叶主产区采购烟叶7.98万吨(159.65万担)。加强自有品牌发展原料保障,进口烟叶0.62万吨(12.39万担)。

【技术改造】 黑龙江烟草工业有限责任公司哈尔滨卷烟厂易地技改项目二期、海南红塔卷烟有限责任公司易地技改项目竣工验收。加强在建项目建设,截至2016年底,山西昆明烟草有限责任公司易地技改项目各项施工有序推进,黑龙江烟草工业有限责任公司海林和穆棱卷烟厂联合易地技改项目完成项目总体规划初步设计工作。

【技术创新】 *降焦减害*。中烟实业所属企业自有品牌卷烟焦油量加权平均值8.92毫克/支,低于行业平均值。全年生产8毫克/支及以下低焦油卷烟743.25亿支(148.65万箱),6毫克/支及以下低焦油卷烟25.5亿支(5.1万箱)。在国家局2016年度国内卷烟主流烟气7种成分监测情况通报中,中烟实业所属企业卷烟危害性评价指数7.9,在全行业排名第一位。

项目研究。全年所属企业有4个项目申报国家局重点项目。吉林烟草工业有限责任公司、黑龙江烟草工业有限责任公司参与行业2016—2017年度重大专项研究。甘肃烟草工业有限责任公司获得"烟草行业'十二五'科技创新工作先进集体"称号。加强产品研发工作,新研发并投产10个品牌(规格),其中细支卷烟规格2个。

【降本增效】 推进全员、全过程、全方面精益管理,全年实现降本增效3.56亿元,超额完成目标任务。甘肃烟草工业有限责任公司课题"提高气流干燥线西格玛水平"被评为"精益十佳"课题。全年所属企业业务接待费、会议费、车辆运行费、涉外费同比分别下降54.95%、34.31%、24.02%和62.75%。所属企业全年循环利用烟箱生产卷烟648.05亿支(129.61万箱),超额完成目标任务,其中,海南红塔卷烟有限责任公司、黑龙江烟草工业有限责任公司任务完成率居行业前列。

【特事辑要】 1月19日,中烟实业在北京召开2016年工作会议,传达全国烟草工作会议精神,安排部署全年工作。

1月26日,国家局党组成员、副局长徐瑆赴吉林烟草工业有限责任公司调研。

4月6日,吉林省副省长姜有为赴吉林烟草调研。姜有为听取吉林烟草工商企业的工作汇报,强调要推动烟草产业发展稳中有升,不断提高产品研发和品牌培育水平,提高"长白山"品牌的市场占有率和销售结构,持续加大科技创新投入力度,保持吉林烟草系统持续健康发展。

4月24日,甘肃省委副书记、代省长林铎赴甘肃烟草工业有限责任公司天水卷烟厂调研。林铎对企业为地方经济发展作出的贡献表示充分肯定,希望企业注重品牌建设,提高市场竞争力,为地方经济发展作出新的贡献。

6月17日,全国政协副秘书长邓宗良率全国政协赴粤考察团一行赴深圳烟草工业有限责任公司调研。

6月21日,辽宁省委副书记、省长陈求发赴红塔辽宁烟草有限责任公司营口卷烟厂调研。陈求发要求辽宁烟草工业提高产品质量、增强品牌意识,努力提升"人民大会堂"的市场竞争力;坚定发展信心,以"滚石上山、爬坡过坎"的勇气和智慧,奋斗拼搏,在新一轮东北振兴战略实践中多作贡献。

6月28—30日,云南省副省长丁绍祥赴黑龙江、吉林、辽宁、大连烟草调研云产卷烟营销工作。丁绍祥听取黑龙江、吉林、辽宁烟草工商企业和大连市局(公司)关于企业经济运行、云产卷烟销售、品牌合作生产等情况的介绍,希望东北三省一市与云南省共同发挥区域、资源和产业优势,深化烟草产业间合作,努力实现共同发展,并签署《吉林、云南两省"十三五"期间深化烟草产业合作框架协议》。

7月18日,国家局党组成员、副局长赵洪顺赴内蒙古烟草调研"两学一做"学习教育工作开展情况。

7月18日,国家局党组成员、直属机关党委书记高林赴黑龙江烟草工业有限责任公司哈尔滨卷烟厂调研。

7月22日,海南省委副书记、省长刘赐贵赴海南红塔卷烟有限责任公司调研,强调要全力做好"宝岛(三沙)"品牌卷烟市场开拓工作。

8月12日,山西省委常委、副省长付建华赴山西昆明烟草有限责任公司易地技改项目调研。

8月15—19日,国家局党组成员、副局长杨培森赴新疆、青海、甘肃烟草调研。杨培森调研甘肃烟草工业有限责任公司兰州卷烟厂,要求甘肃烟草工业要坚定发展信心,重点发挥科技创新、核心技术、品牌特色和联合重组的优势,坚持以小搏大、以特搏强,走出一条符合实际的发展新路。

9月6—7日,国家局党组成员、副局长徐瑆赴内蒙古烟草调研,考察内蒙古昆明卷烟有限责任公司。

9月19—23日，国家局党组成员、副局长段铁力赴黑龙江烟草调研，了解黑龙江烟草工业有限责任公司哈尔滨卷烟厂“两学一做”学习教育开展情况，并考察黑龙江烟草工业有限责任公司绥化卷烟厂。

9月27日，“宝岛（三沙）”品牌发展座谈会在海南海口召开。国家局党组成员、副局长段铁力，海南省副省长李国梁出席会议并讲话。

11月1—4日，国家局党组成员、直属机关党委书记高林赴海南烟草调研，了解海南红塔卷烟有限责任公司“两学一做”学习教育开展情况，并听取海南烟草工商企业的工作汇报。

12月11—12日，国家局党组书记、局长凌成兴赴深圳烟草调研。凌成兴强调，深圳烟草要努力做到坚持烟草专卖制度、坚持科技创新、坚持稳中求进。

12月24日，国家局党组书记、局长凌成兴赴海南烟草调研，考察海南红塔卷烟有限责任公司生产车间，了解“宝岛（三沙）”品牌卷烟研发、生产情况，并听取海南烟草工商企业的工作汇报。凌成兴强调，海南烟草要在稳定合作生产、提升单箱结构的基础上，重点抓好“三项措施”：一要做强做大“宝岛（三沙）”品牌；二要做好做足旅游文章，努力把海南卷烟产品打造成为海南旅游精品；三要坚定海南烟草“十三五”期间跨越“两个大台阶”、实现“三个新目标”的信心。

12月26—27日，国家局党组成员、副局长杨培森赴深圳烟草调研，考察深圳烟草工业有限责任公司，并听取深圳烟草工商企业的工作汇报。杨培森要求，深圳烟草要深入贯彻落实全国科技创新大会精神，走出烟草特色创新发展之路。

所属企业

黑龙江烟草工业有限责任公司

【卷烟产销】 生产卷烟（含合作生产）404.50亿支（80.90万箱），同比下降5.05%，其中，生产一类烟1.79亿支（0.36万箱）、二类烟8.89亿支（1.78万箱）、三类烟174.74亿支（34.95万箱）、四类烟177.44亿支（35.49万箱）、五类烟41.64亿支（8.33万箱）。合作生产卷烟248.25亿支（49.65万箱）。

实现卷烟销量（含合作生产）393.79亿支（78.76万箱），同比下降10.01%，其中，一类烟1.88亿支（0.38万箱）、二类烟8.15亿支（1.63万箱）、三类烟174.39亿支（34.88万箱）、四类烟166.78亿支（33.36万箱）、五类烟42.60亿支（8.52万箱）。

实现卷烟销售收入77.41亿元，同比下降11.44%。实现税利44.71亿元，同比下降17.87%，其中利润2.4亿元，同比下降60.15%。三项费用率11.48%，同比增加1.17个百分点。

全年万元产值综合能耗26.1千克标煤，万支卷烟综合能耗5.1千克标煤。烟叶、滤棒、盘纸平均消耗分别为6.89千克/万支、2517支/万支、599米/万支。水、电平均消耗分别为0.11吨/万支、9.8千瓦时/万支。

【主要产品与品牌建设】 自有品牌有“哈尔滨”“龙烟”“林海灵芝”。加大自有品牌培育力度，与江苏中烟联合研发细支卷烟“龙烟（呈祥）”，与云南中烟、云南省局（公司）联合打造具有黑龙江地域特色的卷烟“红河（软甲）”。加强产品质量安全工作，在国家局2016年下半年卷烟产品质量监督市场抽检中，“哈尔滨（老巴夺）”“林海灵芝（8mg）”分别获得三、四类烟第一名。加强市场营销，全年自有品牌实现税利8.8亿元，同比增加1.28亿元，增长17.07%；单箱税利2978.97元，同比增加827.5元，初步实现由“保总量”向“提结构”的转型。

合作生产江苏中烟“南京”150亿支（30万箱），湖北中烟“黄鹤楼”4.75亿支（0.95万箱）、“红金龙”21亿支（4.2万箱），云南中烟“红塔山”10亿支（2万箱）、“红梅”55亿支（11万箱）、“红河”7.5亿支（1.5万箱）。

【降本增效】 以精益管理为抓手，推动降本增效。全年完成降本增效4439万元，超额完成中烟实业下达的目标任务，完成率104.45%。循环利用烟箱89.7万只，超出目标计划78%。

【技术改造】 7月7日，黑龙江烟草工业海林和穆棱卷烟厂联合易地技术改造项目获国家局批准。项目建设用地选址在黑龙江省牡丹江市经济技术开发区，购地面积306亩，项目规划年产卷烟30万箱，项目总投资控制在12.14亿元。截至2016年底，完成项目总体规划初步设计工作。

【技术创新】 加强专利申请工作，“一种具有除梗签功能的振盘风送管道装置”获得实用新型专利授权。将项目研究成果运用于品牌发展，“‘龙烟’系列卷烟自主调香及应用技术研究”“‘哈尔滨（老巴夺）’新产品开发”等项目成果有效应用。

红塔辽宁烟草有限责任公司

【卷烟产销】 生产卷烟（含合作生产、样品烟，不含出口烟）278.50亿支（55.70万箱），同比下降3.97%。合作生产卷烟217.65亿支（43.53万箱）。实现卷烟销量（含合作生产）275.8亿支（55.16万箱），同比下降7.77%。

实现卷烟销售收入68.29亿元，同比下降19.58%。实现税利41.74亿元，其中亏损0.99亿元。三项费用率11.93%，同比增加1.87个百分点。

全年万元产值综合能耗13.37千克标煤，万支卷烟综合能耗3.34千克标煤。烟叶、滤棒、盘纸平均消耗分别为6.99千克/万支、2527支/万支、595米/万支。水、电平均消耗分别0.08吨/万支、9.52千瓦时/万支。

【主要产品与品牌建设】 生产自有品牌“人民大会堂”。全年生产“人民大会堂”［含“玉溪（人民大会堂）”，不含出口］60.75亿支（12.15万箱），同比下降8.84%；实现销量56.8亿支（11.36万箱），同比下降12.6%。“人民大会堂”实现卷烟销售收入22.57亿元，同比下降14.65%。细支卷烟实现销量6.25亿支（1.25万箱），全部为“人民大会堂”卷烟品牌，其中“人民大会堂（硬红细支）”实现销量5.6亿支（1.12万箱）。

合作生产云南中烟“红塔山”144.2亿支（28.84万箱）、“玉溪”4.97亿支（0.99万箱）、“云烟”20亿支（4万箱）、“红梅”48.5亿支（9.7万箱）。

【技术创新】 制定红塔辽宁“十三五”科技研发规划。完成“人民大会堂”新品设计研发和完善维护工作。加强专利申请工作，“一种测定烟草中非挥发性有机酸的方法”获发明专利授权，完成“卷烟爆珠的香精及其应用1”“卷烟爆珠的香精及其应用2”发明专利申报。

【企业管理】 全年完成降本增效3786万元。制定、修订企业标准143项，发布外来标准51项。组织精益改善课题66项，开展QC成果和价值流图改进成果评比活动。完成营口卷烟厂MES系统项目实施和验收。

吉林烟草工业有限责任公司

【卷烟产销】 生产卷烟（含合作生产）451.50亿支（90.30万箱），同比下降8.5%，其中，生产一类烟5.15亿支（1.03万箱）、二类烟50.28亿支（10.06万箱）、三类烟312.84亿支（62.57万箱）、四类烟72.73亿支（14.55万箱）、五类烟10.50亿支（2.10万箱）。合作生产卷烟122.45亿支（24.49万箱）。生产细支卷烟46.40亿支（9.28万箱），同比增长78.74%。境外产销“长白山”52.80亿支（10.56万箱）。

实现卷烟销量（含合作生产）427.43亿支（85.49万箱），其中，一类烟5.41亿支（1.08万箱）、二类烟46.01亿支（9.20万箱）、三类烟303.83亿支（60.77万箱）、四类烟62.26亿支（12.45万箱）、五类烟9.93亿支（1.99万箱）。细支卷烟实现销量42.15亿支（8.43万箱），同比增长71.22%。

实现卷烟销售收入121.22亿元，同比下降15.35%。实现税利66.72亿元，同比下降17.69%，其中利润7.04亿元，同比下降43.81%。三项费用率12.27%，同比增加1.55个百分点。

全年万元产值综合能耗12.10千克标煤，万支卷烟综合能耗2.10千克标煤。烟叶、滤棒、盘纸平均消耗分别为6.90千克/万支、2091支/万支、592米/万支。水、电平均消耗分别为0.05吨/万支、8.34千瓦时/万支。

【主要产品与品牌建设】 生产自有卷烟品牌“长白山”，合作生产卷烟品牌“红塔山”“红梅”“南京”。

把加强“长白山”品牌培育作为重点任务，推进营销观念、营销体制机制、营销方式方法创新，“长白山”品牌市场状态逐步恢复，呈现“一个基本稳定、两个稳中有进、三个不断向好”的态势。卷烟销售总量保持基本稳定，全年“长白山”品牌实现商业销售330亿支（66万箱），在全国30个省级市场中17个省的销售增幅好于当地平均水平。省内、省外市场占有率稳中有升，其中，吉林省内市场“长白山”实现商业销量89.5亿支（17.9万箱），市场占有率达到20%，同比提高2.5个百分点；省外市场实现销量240.5亿支（48.1万箱），市场占有率同比持平。细支卷烟销售持续向好，“长白山（777）”细支卷烟实现商业销售40.75亿支（8.15万箱），同比增长79.6%；“长白山（迎春）”系列卷烟销售稳定向好，实现商业销售29亿支（5.8万箱）；新品销售趋势向好，“长白山（本色）”“长白山（心归）”入市两个月实现商业销售6.5亿支（1.3万箱）。

合作生产云南中烟“红塔山”8亿支（1.60万箱）、“红梅”61.95亿支（12.39万箱），江苏中烟“南京”52.50亿支（10.50万箱）。

【原辅材料保障】 调入烟叶2.33万吨（46.59万担），其中，调入片烟0.79万吨（15.85万担）。调入薄片2400.84吨。满足“长白山”品牌配方需要，签订进口烟叶合同，合同约定量0.28万吨（5.6万担）。全年累计建设烟叶生产基地单元7个，主要分布在贵州、云南、湖南、河南、福建等烟叶主产区。

【降本增效】 树立过“紧日子”的思想，将降本增效任务分解到技术、投资、采购、物流、生产、财务管理等各个环节，加强源头治理和过程管控，推进精益管理上水平。结合ISO9001质量管理体系和ISO14001环境管理体系新版标准，启动以精益流程为导向的综合管理体系换版一体化工作。通过优化存款组织、协调调整贷款利率等方式，增加货币资金净收益200余万元。全年实现降本增效1.25亿元，超额完成中烟实业下达的目标任务。

【技术改造】 推进打叶复烤易地技术改造及配套设施项目建设，截至2016年底，完成2栋原烟周转库、1栋片烟成品库的土建及室内装饰工程，具备烟叶仓储条件。吉林烟草工业长春卷烟厂新建烟叶仓库项目完成2栋库房施工并投入使用。

甘肃烟草工业有限责任公司

【卷烟产销】 生产卷烟（含合作生产）479.0亿支（95.80万箱），同比下降6.99%，其中，生产一类烟54.50亿支（10.90万箱）、二类烟164.85亿支（32.97万箱）、三类烟100.85亿支（20.17万箱）、四类烟128.15亿支（25.63万箱）、五类烟30.65亿支（6.13万箱）。合作生产卷烟85亿支（17万箱）。

实现卷烟销量（含合作生产）486.35亿支（97.27万箱），同比下降8.84%，其中，一类烟53.0亿支（10.60万箱）、二类烟169.20亿支（33.84万箱）、三类烟103.45亿支（20.69万箱）、四类烟129.90亿支（25.98万箱）、五类烟30.80亿支（6.16万箱）。

实现卷烟销售收入146.91亿元，同比下降8%。实现税利111.29亿元，同比下降12.74%，其中利润9.77亿元，同比下降26.3%。三项费用率4.38%，同比增加0.22个百分点。

全年万元产值综合能耗11.80千克标煤，万支卷烟综合能耗3.60千克标煤。烟叶、滤棒、盘纸、水平均消耗分别为6.74千克/万支、2518支/万支、597米/万支、0.1吨/万支。

【主要产品与品牌建设】 生产自有卷烟品牌“兰州”。合作生产的卷烟品牌为浙江中烟“利群”。

全年“兰州”实现工业销量402.6亿支（80.52万箱），同比下降8.46%。“兰州”8毫克/支及以下低焦油卷烟商业销量为399.05亿支（79.81万箱），居行业同类产品的第二位；“兰州”6毫克/支及以下低焦油卷烟商业销量为100.55亿支（20.11万箱），居行业同类产品的第一位。主销规格“兰州（硬盒珍品）”继续保持全行业同价位卷烟品牌规格中商业销量第一位。新品“兰州（细支珍品）”上市5个月，实现销量2.16亿支（0.43万箱）。“兰州”全国二级市场新增12个，累计338个。

【原料保障】 夯实原料保障基础，调拨国内烟叶4.16万吨（83.17万担），其中重点产区采购量为3.55万吨（71万担），优质原料占比逐步提升。

【技术创新】 国家局增香保润重大专项“‘兰州’品牌卷烟功能性天然香料显效组分靶向分离研究”通过验收，进一步彰显“兰州”品牌“绵香”风格特征。甘肃烟草工业技术研发中心检测分析室获得中国合格评定国家认可委员会颁发的检测实验室认可证书，申请认可的32项检测能力实现国际互认。精品“兰州”卷烟专用生产线技术改造项目实现全线联动带料调试。企业烟叶醇化库一期项目交付使用。获评“烟草行业‘十二五’科技创新工作先进集体”。

【降本增效】 推进精益管理，初步建立覆盖生产经营全过程的降本增效指标体系、责任体系、监控体系、评价体系和考核体系。注重源头管控，加强科技攻关，努力降低产品设计成本；严格预算管理，严控成本费用支出，全年实现降本增效5100.05万元，超额完成中烟实业下达的目标任务。抓住降本增效的关键环节及难点问题实施课题攻关，甘肃烟草工业兰州卷烟厂制丝车间“提高气流干燥线制丝过程西格玛水平”课题获得总公司“精益十佳”课题创新奖。

内蒙古昆明卷烟有限责任公司

【卷烟产销】 生产卷烟（含合作生产、样品烟，不含出口）195.0亿支（39.0万箱），同比下降7.14%。合作生产卷烟96.6亿支（19.32万箱）。

卷烟实现销量（含合作生产）208.45亿支（41.69万箱），同比下降5.29%，其中，一类烟10.60亿支（2.12万箱）、二类烟74.70亿支（14.94万箱）、三类烟87.75亿支（17.55万箱）、四类烟27.40亿支（5.48万箱）、五类烟8.0亿支（1.60万箱）。

实现卷烟销售收入65.34亿元，同比增长4.07%。实现税利49.34亿元，同比增长3.12%，其中利润4.66亿元，同比下降12.06%。三项费用率6.84%，同比增加0.83个百分点。

全年万元产值综合能耗10.66千克标煤，万支卷烟综合能耗3.50千克标煤。烟叶、滤棒、盘纸平均消耗分别为6.95千克/万支、2524支/万支、595米/万支。水、电平均消耗分别为0.08吨/万支、6.90千瓦时/万支。

【主要产品与品牌建设】 自有卷烟品牌有“冬虫夏草”“大青山”，合作生产的卷烟品牌有云南中烟“云烟”“红塔山”“红河”等。

抓好自有品牌的研发和储备。以市场和消费者需求为导向，深入挖掘蒙元文化内涵，推进以“奶甜香”风格为特色的品类构建，完成“冬虫夏草（庆典）”“大青山（昭君和亲）”“大青山（青城）”新产品的研发设计。加大品牌培育力度。按照“量随价走”的策略调整货源投放节奏，强化零售终端宣传，努力提高顾客忠诚度，扩大目标消费群体。全年生产自有品牌卷烟98.4亿支（19.68万箱），同比增长8.50%。自有品牌卷烟实现销量93.4亿支（18.68万箱），其中，细支卷烟"冬虫夏草（和润）"实现销量4.7亿支（0.94万箱），同比增长1983.03%；"云烟（苁蓉和悦）"实现销量3.5亿支（0.70万箱），同比增长562.38%。

合作生产云南中烟"云烟"46.36亿支（9.27万箱）、"红塔山"24.26亿支（4.85万箱）、"红河（软甲）"25.96亿支（5.19万箱）。

【原料保障】 采购自有品牌所需烟叶0.66万吨（13.22万担），完成合作品牌烟叶调拨入库0.53万吨（10.62万担）。采购进口烟叶59.4吨（1188担）。

【降本增效】 成立精益管理工作领导机构，制定《精益管理实施方案》《2016年"精益管理年"活动工作方案》，细分为精益研发、精益营销、精益成本等10项具体工作方案、198项精益目标。蒙昆公司获得质量管理体系（GB/T19001－2008）、环境管理体系（GB/T24001－2004）和职业健康安全管理体系（GB/T28001－2011）认证证书。增加货币资金收益，全年实现货币资金净收益3285万元。

【技术创新】 开展科技项目研究，完成"改性三乙酸甘油酯在低焦油卷烟中的应用研究""卷烟燃吸过程中燃烧锥掉落现象分析与改进研究"项目。开展质量管理活动，评选出QC成果16项，2016年，蒙昆公司获评"全国质量管理小组活动优秀企业"。

深圳烟草工业有限责任公司

【卷烟产销】 生产卷烟（含合作生产、样品烟，不含出口烟）182.0亿支（36.4万箱），同比下降2.10%，其中，生产一类烟15.7亿支（3.14万箱）、二类烟57.5亿支（11.5万箱）、三类烟108.8亿支（21.76万箱）。合作生产卷烟27.5亿支（5.5万箱）。生产出口烟4.1亿支。

实现卷烟销量（含合作生产、不含出口烟）182.6亿支（36.52万箱），同比下降4.1%，其中，一类烟16.8亿支（3.36万箱）、二类烟57.0亿支（11.4万箱）、三类烟108.8亿支（21.76万箱）。出口烟实现销量4.10亿支。

实现卷烟销售收入64.1亿元，同比下降1.7%。实现税利50.4亿元，同比下降3.4%，其中利润7.5亿元。三项费用率4.9%，同比减少0.4个百分点。

全年万元产值综合能耗6.11千克标煤，万支卷烟综合能耗2.08千克标煤。烟叶、滤棒、盘纸、水平均消耗分别为6.6千克/万支、2105支/万支、596米/万支、0.06吨/万支。

【主要产品与品牌建设】 在产自有卷烟品牌"双喜（好日子）"，出口品牌"好日子""特美思"。合作生产卷烟品牌"双喜"。

夯实市场基础，加强对市场信息的获取与分析，重视终端建设、渠道维护。加强工商协同，重心进一步下移到县级市场，做好产销协调与计划衔接，全年合同分解、卷烟出库、运输配送保持"三个零差错"，实现按订单滚动供货。稳定市场状态，以"去库存、稳价格"为重点，努力消化社会库存，抓好重点规格与新品的培育。推进一类烟"双喜（硬金樽好日子）"市场拓展，"双喜（软盛世好日子）""双喜（硬祥云好日子）""双喜（硬祥和好日子）"等新品市场表现良好。

抓好"双喜（好日子）"品牌培育，"双喜（好日子）"卷烟系列产品实现销量155亿支（31万箱），其中，一类烟17亿支（3.4万箱）、二类烟57亿支（11.4万箱）、三类烟81亿支（16.2万箱），整体结构与2015年基本持平。

【原料保障】 降低采购成本，节约原料采购资金800万元。全年采购进口烟叶0.09万吨（1.8万担）；采购国内烟叶1.57万吨（31.4万担），其中云南烟叶0.5万吨（10万担）。截至2016年底，深圳烟草工业库存烟叶可满足30个月左右的醇化时间，上等烟库存比例保持在70%以上，库存结构合理，为品牌发展奠定基础。抓好烟叶基地建设，2016年四川凉山、湖南永州2个新建基地单元获国家局批复，深圳烟草工业烟叶生产基地单元累计达到7个，基地烟叶调拨比例达到94%，基本实现烟叶全基地化目标。

【技术创新】 加大产品研发创新力度，聚焦"双喜（好日子）"品牌文化内涵与"清雅自然香"品类风格，初步确立"高端盛世""经典好字""都市时尚""传统喜俗""自在由心"的产品规格线。按照"求新、求异、求特色"的思路，确立"6＋1"新品研发计划，即研制储备三款新产品，价位分别为零售价20元/包、50元/包、100元/包；改造储备三款老产品；开发一款新型烟草制品。完成"双喜（硬盛世好日子）""双喜（软锦绣好日子）"两款老产品的升级改造。探索高端听装、短包装等异型产品的研发。完成多款新规格准产的申报。注重新型烟草制品研究，加强加热不燃烧卷烟结构原理、电子烟雾化技术及其材料等关键技术的研究。

【企业管理】 开展精益管理，提升降本增效水平，全年实现降本增效5930万元，超额完成中烟实业下达的目标任务。精益工作向精益设备、精益质量、精益班组、精益体系4个方面延伸，落实57项具体措施。开展创优、对标工作，13项行业创优指标中有10项达标，34项可比对标指标中达到行业先进水平的有 3 项，达到行业平均水平的有 17 项。全年修订完善管理标准 25 个。

山西昆明烟草有限责任公司

【卷烟产销】 生产卷烟（含合作生产、不含出口）155.50 亿支（31.10 万箱），同比下降 4.89%，其中，生产一类烟 4.43 亿支（0.89 万箱）、三类烟 130.31 亿支（26.06 万箱）、四类烟 20.75 亿支（4.15 万箱）。合作生产卷烟 155.1 亿支（31.02 万箱）。

实现卷烟销量（含合作生产）155.45 亿支（31.09 万箱），同比下降 7.43%，其中，一类烟 4.58 亿支（0.92 万箱）、二类烟 115 万支（23 箱）、三类烟 130.14 亿支（26.03 万箱）、四类烟 20.72 亿支（4.14 万箱）。

实现卷烟销售收入 42.07 亿元，同比下降 11.47%。实现税利 28.44 亿元，同比下降 16.10%，其中利润 5.22 亿元，同比下降 28.28%。三项费用率 6.45%，同比增加 0.63 个百分点。

全年万元产值综合能耗 13.70 千克标煤，万支卷烟综合能耗 3.72 千克标煤。烟叶、滤棒、盘纸平均消耗分别为 6.88 千克/万支、2506 支/万支、593 米/万支。水、电平均消耗分别为 0.08 吨/万支、7.10 千瓦时/万支。

【主要产品与品牌建设】 主要生产自有卷烟品牌“紫气东来”，合作生产卷烟品牌“云烟”“红河”“红塔山”。

围绕合作生产品牌和自有品牌两个方面抓好市场营销。巩固合作生产品牌地位，稳定销量和价格。加快自有品牌营销，按照“有产品陈列、有形象展示、有走访维护、有促销支持”的“四有标准”推进终端营销。

加强“紫气东来”品牌培育，新品“紫气东来（吉祥天下）”的包装通过采用地域邮票独特设计展示山西文化，工艺配方体现“清、甜、香、润”风格特征。研发细支卷烟“紫气东来（五台山）”“紫气东来（大光）”等规格作为储备，打造风格特色鲜明、价类布局合理、目标定位清晰的品牌体系。“紫气东来”在全国 14 个省市 94 个分公司销售，品牌状态良好。全年生产自有品牌“紫气东来”0.4 亿支（0.08 万箱），包括“紫气东来（1928）”“紫气东来（祥瑞）”“紫气东来（吉祥天下）”3 个规格。

合作生产云南中烟“云烟”113.75 亿支（22.75 万箱）、“红河”36.25 亿支（7.25 万箱）、“红塔山”5.05 亿支（1.01 万箱）。

【原料保障与生产管理】 调入烟叶 0.89 万吨（17.78 万担）。截至 2016 年底，烟叶库存 0.1 万吨（2.01 万担）。

加强卷烟包装箱循环利用工作，全年累计回收利用 81.7 万只合格烟箱，节约采购成本 250.16 万元，完成目标任务的 121.89%。开展托盘联运 21.17 亿支（4.23 万箱），完成目标任务的 105.6%。

【技术改造】 易地技改项目顺利推进。截至 2016 年底，综合楼、化学品库、废品库及垃圾站、污水处理站全部封顶，二次结构施工完成；联合工房、动力中心进入内外装饰装修阶段；燃气、电力管线敷设基本完成。制丝工艺设备安装、联合工房和动力中心机电安装及消防工程进度达到 80%。

2016 年 1 月 30 日，山昆公司技改工地网架合龙

山昆公司　供稿

【降本增效】 编制《精益改善管理办法》，设立原料、辅料、能源、采购及物流费用、设备维修费用5个降本增效课题组，加强课题攻关和过程监控。抓好贯标、对标工作，在行业34项对标指标中，山昆公司有8项同比提升；在行业15项卷烟工厂对标指标中，有9项指标同比提升。全年实现降本增效7068.4万元，其中实现货币资金净收益4546万元，超额完成年度目标任务。

2016年9月28日，“宝岛（三沙）”品牌发展座谈会在海南红塔召开

海南红塔 供稿

海南红塔卷烟有限责任公司

【卷烟产销】 生产卷烟（含合作生产、样品烟，不含出口）119.50亿支（23.90万箱），同比下降2.45%，其中，生产一类烟0.80亿支（0.16万箱）、二类烟7.12亿支（1.42万箱）、三类烟77.22亿支（15.44万箱）、四类烟14.31亿支（2.86万箱）、五类烟20.05亿支（4.01万箱）。合作生产卷烟111.80亿支（22.36万箱）。

实现卷烟工业销量（含合作生产）122.72亿支（24.54万箱），同比下降1.88%，其中，一类烟0.85亿支（0.17万箱）、二类烟7.19亿支（1.44万箱）、三类烟80.62亿支（16.12万箱）、四类烟14.01亿支（2.80万箱）、五类烟20.05亿支（4.01万箱）。

实现卷烟销售收入27.18亿元，同比下降8.55%。实现税利19.75亿元，同比下降5.28%，其中利润4.15亿元。三项费用率6.53%，同比增加0.18个百分点。

全年万元产值综合能耗16.22千克标煤，万支卷烟综合能耗3.59千克标煤。烟叶、滤棒、盘纸平均消耗分别为6.96千克/万支、2505支/万支、593米/万支。

【主要产品与品牌建设】 主要生产自有卷烟品牌“椰王”“宝岛”，合作生产卷烟品牌“玉溪”“红塔山”“红梅”“云烟”等。

做好“宝岛”品牌卷烟的研发和培育工作。着眼服务海南国际旅游岛建设需求，以“爱党爱国爱三沙”为主题，以“增香保润、香味补偿、降低危害性”为技术亮点，成功研发“宝岛（三沙）”品牌卷烟，并于2016年7月1日在海南省三沙市永兴岛举行上市首发仪式。“宝岛（三沙）”市场零售指导价20元/包，全年生产8720万支（1744箱），实现销量8523万支（1704.6箱），其中海南省实现销量6563万支（1312.6箱）。高价位卷烟“宝岛（一品沉香）”实现销量0.07亿支（0.014万箱）。

合作生产云南中烟“玉溪”0.24亿支（0.048万箱）、“红塔山”58.3亿支（11.66万箱）、“红梅”34.35亿支（6.87万箱）、“云烟（紫）”18.9亿支（3.78万箱）。

【降本增效】 围绕“目标引领、源头管控、过程控制、课题带动、责任落实”组织实施降本增效工作，制定印发《精益改善管理办法》，从财务、物流、采购、物耗4个方面推进。征集日常精益改善案例603项、精益改善课题33项、QC成果16项，完成16个工序的SOPS标准作业程序。开展精益改善达人、精益改善课题和QC成果评审活动。全年实现降本增效2004万元，超额完成目标任务。

【技术创新】 参与云南中烟技术中心科研项目研究，主导完成“一种用于热分析仪的内标物释放和逸出产物富集的联用装置”项目，该项目获得实用新型专利授权。协同云南中烟技术中心共同完成“一种用于实验室的夹层沉香再造烟叶的制备方法”项目，该项目获得发明专利授权。3月，海南红塔易地技改工程项目通过国家局总体竣工验收。

吉林烟草进出口有限责任公司

【生产经营】 出口烟丝3252.5吨，同比下降47.2%；出口滤棒5.67亿支，同比增长2.99%；出口盘纸319.6吨，同比下降23.77%，出口丝束199.6吨，同比下降64.76%。全年出口实现1916万美元，同比下降43.56%。

【降本增效】 控制重点费用，减少成本支出。调整公务接待费、差旅费、住宿费等费用标准，严格控制各项费用支出。接待费同比下降94.06%，会议费、涉外费同比下降100%，福利费同比下降19.68%。盘活资产，提高资产收益率，实现货币资金净收益87.54万元。

2016年中国烟草实业发展中心所属企业/生产厂情况统计

		黑龙江烟草工业有限责任公司	所属生产厂			
			哈尔滨卷烟厂	海林卷烟厂	穆棱卷烟厂	绥化卷烟厂
法人资格		独立法人	非独立法人	非独立法人	非独立法人	非独立法人
主要负责人/法人代表（含党政领导）		董事长：孔庆峰 党组书记、总经理：马保军	厂长：谢东升 党委书记：安　毅	党委书记、厂长：宋延彬	党委书记、厂长：曲　礼	党委书记、厂长：阮　见
成立时间		2007年	1902年	1970年	1977年	1970年
从业人员（人）		3814	1474	728	500	634
卷烟生产能力（亿支）		569	300	100	75	94
卷烟品牌	自有品牌	哈尔滨、林海灵芝、龙烟	哈尔滨、林海灵芝、龙烟	林海灵芝	哈尔滨、林海灵芝	哈尔滨
	合作生产品牌	南京、黄鹤楼、红金龙、红河、红梅、红塔山	黄鹤楼、红金龙、红梅、南京、红塔山	红金龙	—	红河
卷烟总产量（亿支）[1]		404.50	255.93	90.45	39.62	18.49

		红塔辽宁烟草有限责任公司	所属生产厂		吉林烟草工业有限责任公司	所属生产厂	
			沈阳卷烟厂	营口卷烟厂		延吉卷烟厂	长春卷烟厂
法人资格		独立法人	非独立法人	非独立法人	独立法人	非独立法人	非独立法人
主要负责人/法人代表（含党政领导）		董事长：赵　琦 党组书记、总经理：李德贤	厂长：李　军 党委书记：裴禄军	厂长：高延迪 党委书记：白龙潭	董事长：王殿贵 党组书记、总经理：吕子军	厂长：金光泽 党委书记：杨国栋	厂长：张玉良 党委书记：张利军
成立时间		2003年	1908年	1909年	2006年	1975年	1933年
从业人员（人）		1608	607	733	3307	1516	1110
卷烟生产能力（亿支）		582	280	302	140	80	60
卷烟品牌	自有品牌	人民大会堂	人民大会堂	人民大会堂	长白山	长白山	长白山
	合作生产品牌	玉溪、红塔山、红梅	玉溪、红塔山、红梅	红塔山	红塔山、红梅、南京	—	红塔山、红梅、南京
卷烟总产量（亿支）[1]		278.50	125.00	153.50	451.50	270.55	181.65

	甘肃烟草工业有限责任公司	所属生产厂		内蒙古昆明卷烟有限责任公司	深圳烟草工业有限责任公司	山西昆明烟草有限责任公司
		兰州卷烟厂	天水卷烟厂			
法人资格	独立法人	非独立法人	非独立法人	独立法人	独立法人	独立法人
主要负责人/法人代表（含党政领导）	董事长：赵　琦 党组书记、总经理：田　成	厂长：廖国太 党委书记：牟怀斌	厂长：王乐平 党委书记：岳彦虎[2]	董事长：刘　龙 党委书记、总经理：王旭东	董事长：王殿贵 党委书记、总经理：梁　强	董事长：刘　龙 总经理：陈景云 党委书记：刘根栓
成立时间	2007年	1936年	1970年	2003年	1988年	1930年
从业人员（人）	2432	1216	849	1426	646	1023
卷烟生产能力（亿支）	695	435	260	250	234	252

续表

		甘肃烟草工业有限责任公司	所属生产厂		内蒙古昆明卷烟有限责任公司	深圳烟草工业有限责任公司	山西昆明烟草有限责任公司
			兰州卷烟厂	天水卷烟厂			
卷烟品牌	自有品牌	兰州	兰州	兰州	冬虫夏草、云烟、大青山	双喜	紫气东来
	合作生产品牌	利群	利群	—	云烟、红塔山、红河	双喜	云烟、红河、红塔山
卷烟总产量（亿支）[1]		479.00	293.85	185.15	195.00	182.00	155.50

		海南红塔卷烟有限责任公司	吉林烟草进出口有限责任公司
法人资格		独立法人	独立法人
主要负责人/法人代表（含党政领导）		董事长：孔庆峰 党委书记、总经理：梁生龙	总经理：李建平
成立时间		1978 年	1999 年
从业人员（人）		591	16
卷烟生产能力（亿支）		150	—
卷烟品牌	自有品牌	椰王、宝岛	—
	合作生产品牌	玉溪、红塔山、红梅、云烟	—
卷烟总产量（亿支）[1]		119.50	—

注：1. 卷烟总产量除甘肃烟草工业、山昆公司外，其余各单位列表中卷烟总产量均含样品烟产量；
2. 据中烟实党〔2016〕53 号文件，岳彦虎任职时间自 2015 年 12 月 28 日算起。

◇ 撰稿：曹建平；编辑：谢争艳

境外卷烟生产

威尼顿集团有限公司

【概　况】　位于柬埔寨首都金边市，成立于 1993 年 7 月，由原广州卷烟一厂（现划归广东中烟工业有限责任公司）与柬埔寨的亚细安国际有限公司于 1993 年 7 月 15 日合资成立，其中，原广州卷烟一厂占 60% 股份，亚细安国际有限公司占 40% 股份。其间，经过多次的增资及股权转让，现有股权关系中，广东中烟工业有限责任公司占 80% 股份，亚细安国际有限公司占 20% 股份。截至 2016 年底，公司拥有总资产 7315 万美元，其中，流动资产 4274 万美元，固定资产 2475 万美元，资产负债率 24.92%。公司拥有员工 875 人，其中中方派员 50 人，柬方员工 825 人。占地面积约 25.3 万平方米。公司董事长：廖中浩（—2016 年 9 月）、区广安（2016 年 9 月—）；总经理：刘道新。

【生产经营】　生产卷烟 59.87 亿支，同比下降 0.61%。销售卷烟 59.2 亿支，同比增长 1.05%。实现主营业务收入 7100 万美元，同比增长 0.7%。实现税利 2037 万美元，同比增长 9.6%，其中利润 702 万美元，同比下降 16.78%。

【品牌战略与主要产品】　*主要产品*。生产和销售涵盖高、中、低档次的卷烟品牌 7 个：“吴哥”“幸福”“利是”“椰树”“双喜”“皇冠”“金宝”。“吴哥”被誉为柬埔寨王国的国烟，结合柬埔寨菩萨省特产沉香的优势，在 2016 年推出高端卷烟新产品——“吴哥（硬沉香）”。“幸福（硬）”为 2016 年推出的一款中高档卷烟新产品，以填补公司在中高档市场的空白。“利是”是畅销柬埔寨的知名卷烟品牌。“椰树”是由广东中烟授权公司在柬埔寨生产销售，逐渐发展成为另一个较为成熟的结构型支撑品牌。“双喜”是由中烟英美烟草国际有限公司（CTBAT）授权公司在柬埔寨生产销售的重点培育中端品牌。“金宝”“皇冠”是覆盖柬埔寨的规模型基础品牌。经过多年的努力，公司已逐渐构建战略统一、结构清晰、特点突出、布局合理、能满足不同消费者需求的产品体系。

易地改造后，新工厂在满足公司自身生产需求的同时，为福建中烟、广西中烟、金叶卷烟厂（澳门）有限公司等代加工“金桥”“真龙”“紫荆叶”“金丝叶”品牌的卷烟和“双喜”烟丝，提供优质高效的代加工服务。

发展策略。稳销量提结构，夯实市场基础。通过差异化的市场定位，对重点市场重点关注；卷烟销量稳定增长，结构持续提升，市场基础不断夯实，总体呈现出健康稳定的发展态势。

坚持市场导向，注重品牌培育。密切关注市场，开展市场调研，根据自身的品牌运行态势及竞争对手的市场动向，及时开展宣传推广活动，培育品牌，保障销量。

开拓国际业务，拓宽发展渠道。不断加大国际业务拓展力度，一方面积极探索通过加工出口、境外代理销售、渠道互换等方式，开展与国际公司的合作，努力拓展周边国际市场。另一方面在满足公司自身生产需求的同时，积极与更多的中烟企业开展合作，为其开拓海外市场提供有力支持。

金叶卷烟厂(澳门)有限公司

【概　况】　位于中国澳门特别行政区，成立于1992年，初始投资2476万港元，由原广州卷烟二厂（现划归广东中烟工业有限责任公司）、中国烟草总公司广东省公司、香港永发烟草有限公司、澳门南粤（集团）有限公司共同出资组建，分别占股份的27%、20%、28%、25%。1993年，香港永发烟草有限公司将14%的股份转让给金叶（香港）烟草国际有限公司，股东变为5家。2001年，香港永发烟草有限公司、澳门南粤（集团）有限公司收回投资，股权由金叶卷烟厂（澳门）有限公司收回。经过两次股东变更，公司股东为广东中烟工业有限责任公司、中国烟草总公司广东省公司、金叶（香港）烟草国际有限公司，投资8501万港元，分别占股份的55%、26%、19%。截至2016年底，公司拥有总资产4.19亿港元，其中，固定资产1628万港元，流动资产4.01亿港元，资产负债率18.11%。公司拥有4980平方米的厂房，员工67人，其中广东中烟派员26人。拥有2台PROTOS卷接机和2台GD包装机。年卷烟生产能力30亿支。公司董事长：廖中浩（—2016年6月）、区广安（2016年6月—）；总经理：朱业开。

【生产经营】　生产卷烟16.53亿支（含代加工“黄鹤楼”4.28亿支），同比下降1.19%。销售自产卷烟12.35亿支，同比下降5.44%。主要市场为中国国内免税店、中国香港、中国澳门和中东、非洲、太平洋岛屿地区，以及巴拿马、秘鲁、美国等。

全年实现销售收入3.23亿元，同比增长2.38%。实现净利润3028万元，同比增长9.12%。

【品牌战略与主要产品】　*主要产品*。中烟英美烟草国际有限公司授权公司生产经营“双喜”品牌6个规格：“双喜（软）”“双喜（硬）”“双喜（软经典）”“双喜（硬经典）”“双喜（硬逸品）”“双喜（罐装）”。广东中烟授权公司生产经营“五叶神”品牌6个规格：“五叶神（硬红）”“五叶神（硬金）”“五叶神（尚品）”“五叶神（精品）”“五叶神（誉品硬盒）”“五叶神（誉品罐装）”。公司自主品牌有“MU”2个规格和“福临（大日子）”1个规格。代加工“黄鹤楼”品牌1个规格。全年销售“双喜”7.9亿支、“五叶神”4.17亿支、“福临（大日子）”0.1亿支、“MU”0.16亿支。

品牌战略。公司继续把授权许可生产经营“双喜”品牌国际市场开拓作为首要的工作，以“稳销量、提结构、降成本、促宣传”为工作核心，在保证产品销量稳定的同时，配合研发中高档产品，丰富产品链，提高竞争力。加大“双喜”品牌的宣传促销力度，积极开展销售渠道建设，拟增设中国香港、中国澳门有税市场产品展售旗舰店，不断提高“双喜”品牌的知名度。强化“MU”系列市场开拓，扩大“MU”市场覆盖率和上架率。

新品研发。推进“MU”系列研发、上市工作。“MU（薄荷味）”“MU（水果味）”产品于2016年4月上市，其他系列产品正在研发中。“福临”系列的“福临（大日子）”产品完成投产前期所有准备工作，2016年4月上市。

中烟国际欧洲有限公司

【概　况】　英文名称S.C. CHINA TOBACCO INTERNATIONAL EUROPE COMPANY S.R.L.，简称CTIEC，企业注册地原位于罗马尼亚布泽乌县（BUZAU）巴尔斯果夫镇（PARSCOV），2013年5月30日，注册地改为罗马尼亚伊尔霍夫县（ILFOV）班德里蒙（PANDELIMON），经营范围主要为卷烟生产及销售。是中国烟草在欧洲的唯一生产基地，也是截至2016年底中国国有企业在罗马尼亚投资额最大的一个合资公司。

1997年4月，由陕西省烟草公司、原宝鸡卷烟厂（现划归陕西中烟工业有限责任公司）、原中国烟草进出口（集团）公司（现中国烟草国际有限公司）与西安丰佳科技实业发展有限公司（现为丰佳国际集团）共同出资注册成立罗马尼亚宝丰烟草实业有限责任公司。主要卷烟产品为“金丝猴（GOLDEN MONKEY）”“双马”（DOUBLE HORSE）。2003年，中国烟草进出口（集团）公司（现中国烟草国际有限公司）退出，丰佳国际通过收购其股权后股份提高到50%。

2005年，芜湖卷烟厂通过设备入股、现金收购的方式，取得罗马尼亚宝丰烟草实业有限责任公司73%的股权。2007年7月，红塔烟草（集团）有限责任公司收购罗马尼亚宝丰烟草实业有限责任公司25%的股权。2007年8月，宝丰烟草实业有限责任公司重组，正式成立中烟国际欧洲有限公司（CTIEC）（CHINA TOBACCO INTERNATIONAL EUROPE COMPANY S. R. L，简称CTIEC），其中安徽中烟占60.5%、红塔集团25%、陕西中烟12%、丰佳国际2.5%。

2015年6月，完成第三轮变更的全部商业登记程序，注册资本为3975万美元，股权结构组成中，中国烟草总股权比例达99.24%，其中安徽中烟工业有限责任公司61.58%、红塔烟草（集团）有限责任公司25.44%、陕西中烟工业有限责任公司12.21%、外方丰佳国际集团0.76%。

CTIEC下设"一厂七部"：工厂、国际市场拓展部、境内销售部、财务部、综合管理部（法务部）、行政管理部、产品研发部。截至2016年底，公司拥有总资产2603万美元，其中，固定资产1065万美元、流动资产1538万美元，资产负债率37.82%。员工174人，其中中方员工27人。工厂占地面积3.91万平方米，拥有3000千克/小时叶丝线1条，1000千克/小时梗丝线1条，1000千克/小时白肋烟处理线1条，800千克/小时香料烟处理线1条，高速卷包机组4台（套）。年卷烟生产能力50亿支。公司董事长：王志彬；监事会主席：赵西纯；总经理：赵冬清。

2016—2020年，公司将坚持"立足本土、拓展周边、辐射中东非洲"的生产经营思路，坚持"以我为主、深度培育、做实市场"的品牌发展战略，通过品牌转换、联合、整合，力争2019年实现"都宝"品牌系列产品年销售80亿支，将"都宝"品牌真正打造为中东欧、独联体以及中东北非国家具有较大影响力和较强竞争力、局部区域市场处于领导者地位的中国烟草国际化品牌。

【生产经营】 2016年，生产卷烟16亿支，其中自有品牌11.88亿支，包括"金丝猴（GOLDEN MONKEY）"0.9亿支、"都宝（DUBAO）"0.44亿支、"都宝（出口）"10.56亿支，委托加工"马宝（MARBLE）"2.62亿支、"BRASS"1.41亿支、"ASHIMA"0.09亿支。销售卷烟16.19亿支，其中自有品牌在罗马尼亚本土市场销售1.16亿支［"金丝猴（GOLDEN MONKEY）"0.87亿支、"都宝（DUBAO）"0.29亿支］。销售"都宝（出口）"11.46亿支。销售委托加工卷烟3.57亿支。

实现销售收入5697万美元，上缴税金4583万美元。全年亏损86万美元。

【品牌战略与主要产品】 生产的自主卷烟品牌包括"都宝"品牌系列和"MONKEY"品牌。其中，主导品牌"都宝"根据不同区域市场，在保持统一品牌标识的前提下，采取不同的品牌表现形式：在罗马尼亚本土及欧洲周边、中东非洲市场有"D&B""DUBAO""DUBLISS"子品牌，在中国台湾及东南亚市场有"D&B""Derby"子品牌。2016年，公司主导品牌"都宝"系列产品合计销售11.75亿支。

完成与红塔瑞士罗马尼亚子公司（简称HTS）在罗马尼亚本土市场的业务整合，由红塔瑞士罗马尼亚子公司在罗马尼亚独家经销CTIEC及HTS所有品牌产品。

2016—2020年的发展战略和思路是：通过目标集聚、错位经营，与红塔瑞士罗马尼亚子公司优势互补，协同营销，推进自主"DUBLISS"子品牌在罗马尼亚本土"根据地"市场的深耕细作，努力促使企业跻身本土市场寡头垄断竞争俱乐部；通过科学市场布局，与实力雄厚客户合作，开发适销对路产品，严格产品落地销售，全力发展周边中东欧、独联体市场，并向中东、非洲市场逐步推进，以分享中东、非洲这一全球卷烟消费总量扩张的最大红利市场；努力打造多支国际化营销团队，在不同市场不同区域打造本土化的国际营销团队，吸纳当地人才，利用当地社会资源，建立起海外营销根据地；通过充分利用制丝产能优势，开拓国际烟丝出口市场，推动与目标市场周边卷烟工厂合作，提升企业经营效益。在本土及周边市场实现快速发展的前提下，通过加强设备引进及整体技改，适时着手实施工厂扩建或易地搬迁，全面提升企业制造能力和质量保证水平；实现烟叶原材料全球采购和烟用辅材欧洲本土化采购，全面提升企业市场效应速度，降低运行成本，提高经营效益；以罗马尼亚本土市场稳步发展、中东欧及中东非洲市场快速拓展为基础，以相关股东方、合作方加工产品不断上量为保障，争取2019年实现年产销量80亿支、实现利润600万美元，将公司打造成中国烟草在欧洲及周边独联体国家、辐射中东非洲市场的生产销售基地。

【产品研发】 完成伊拉克、叙利亚市场4毫克/支和6毫克/支等细支卷烟规格的产品设计。与格鲁吉亚加工工厂细支卷烟生产商合作，"都宝（DUBAO）"产品在格鲁吉亚工厂生产并投放市场。完成匈牙利市场出口烟丝标准制定。

蒙古烟草有限责任公司

【概　况】 位于蒙古国首都乌兰巴托市，成立于2001年。是由陕西中烟工业有限责任公司控股并与蒙古阿哈木德音呼其公司、蒙古新大陆公司、中国烟草总公司陕西省公司合资组建的卷烟加工贸易企业，注册资本137.7万美元，中方投资占51%，蒙方投资占49%。截至2016年底，总资产1377万美元，其中，固定资产356万美元、流动资产1004万美元，资产负债率29.97%。公司占地面积8742平方米，员工110人，其中中方管理技术人员10人。卷接包设备5台（套）。年卷烟生产能力20亿支，占蒙古国38%卷烟市场份额，位居蒙古烟草行业第一位。公司董事长：李强；总经理：田虎明。

【生产经营】 生产卷烟10.86亿支，同比增长6.78%，其中，生产主导品牌“红鹰”5.28亿支、重点品牌“都宝（DUBLISS）”0.78亿支。销售卷烟11.43亿支，同比增长11.84%，其中销售“红鹰”7.03亿支、“都宝（DUBLISS）”0.91亿支、“金叶丛”1.23亿支、“蒙古包”0.44亿支、“金鹰”0.06亿支、“图腾”0.02亿支，出口烟1.19亿支。公司产销量占蒙古卷烟市场份额的38%。

实现销售收入3378万美元。实现税利2000万美元，其中利润160万美元。2016年由于蒙古货币持续贬值，折算销售额及利润额受到明显影响。

【品牌战略与主要产品】 卷烟品牌有“金叶丛”“蒙古包”“红鹰”“都宝（DUBLISS）”“金鹰”“图腾”“猴王”，其中，主导品牌“红鹰”市场销量连续多年居蒙古卷烟市场第一位。面对蒙古国市场颓势，公司以提质增效为目标，夯基础、提品牌、拓市场。扎实推进精益化管理，夯实各项工作基础。通过精益制造和对标创优提高生产效率，降低原材料消耗；通过精益设备管理，提高设备有效作业率；通过加强工艺质量管理有效提升产品质量水平。狠抓品牌建设和市场销售，全力推进营销。通过强化市场应对，开发新品，丰富产品线吸引消费群体；着力渠道建设和终端配送，稳定蒙古国内市场占有率。与投资主体强化合作，共同推进加工贸易出口，实现海外市场出口快速发展。

平壤白山烟草有限责任公司

【概　况】 位于朝鲜平壤市龙城区，成立于2008年4月23日，公司是由吉林烟草工业有限公司与朝鲜烟草进出口商社合资组建的卷烟生产企业，投资总额为400万欧元，其中，中方以设备折价出资，占51%股份；朝方以土地、厂房等配套设施折价出资，占49%股份。截至2016年底，总资产2422万美元，其中，固定资产659万美元、流动资产1763万美元，资产负债率70.58%。公司占地面积4940平方米，员工465人，其中中方人员29人。公司拥有8台MK9卷烟机组、5台MK9－5/PA8卷烟机组、7台ZB43A硬盒机组、5台SASIB软包机组、1台ZJ17卷接机组、1台ZB45硬盒机组、12台YL21/YL11滤棒成型机、3台90千克/小时薄片机组。年卷烟生产能力100亿支。公司董事长：朴光石；社长：朴永浩。

【生产经营】 生产卷烟23.61亿支，同比下降58.69%。销售卷烟28.09亿支，同比下降46.99%。实现销售收入2148万美元。实现利润15.5万美元。

【品牌战略与主要产品】 公司作为吉林烟草工业有限责任公司在朝鲜投资成立的主要卷烟生产企业，依托产品开发和原辅材料优势，积极培育中式卷烟，兼顾高、中、低档卷烟市场，快速扩大在朝鲜的市场份额。公司生产的主要卷烟品牌有高档烟“长白山（平壤）”，中档烟“长白山（普通江）”，低档烟“长白山（白山）”等。

大同江烟草有限公司

【概　况】 位于朝鲜平壤市乐浪区，成立于2000年。公司是由吉林烟草工业有限责任公司与朝鲜双林贸易会社合资组建的卷烟生产企业，投资总额120万美元，其中中方占51%，朝方占49%股份。截至2016年底，总资产687万美元，其中，固定资产116万美元、流动资产571万美元，资产负债率62.11%。公司占地面积5100平方米，员工138人，其中中方员工13人。公司拥有2台YJ14卷烟机组、3台MK9－5/PA8卷烟机组、2台ZB41硬盒机组、1台ZB43A硬盒机组、1台YB22软包机组。年卷烟生产能力27亿支。公司董事长：朴光石；社长：吴永哲。

【生产经营】 生产卷烟14.14亿支，同比下降30.56%。销售卷烟13.01亿支，同比下降39.07%。全年实现销售收入853万美元，实现利润18.33万美元。

【品牌战略与主要产品】 充分利用朝鲜合作方的政策优势，重点开拓中、低档卷烟市场，努力将公司培育为中朝经贸合作的典范企业。生产的主要卷烟品牌有“长白山（大同江）”“长白山（雪景）”“长白山（日出）”等。

罗先新兴烟草会社

【概　况】 位于朝鲜罗先特别市，成立于2001年，是吉林烟草工业有限责任公司在朝鲜独资设立的卷烟生产企业，注册资本305万美元。截至2016年底，总资产2874.96万元，其中，固定资产1472.57万元、流动资产1402.38万元，资产负债率1.45%。公司占地面积8400平方米，员工60人，其中中方员工20人。拥有1台PASSIM70卷烟机组、4台MK95卷烟机组、1台ZB43A硬盒包装机组、1台FK硬盒包装机组、3台SASIB软盒包装机组、2台YB22A软盒包装机组。年卷烟生产能力20亿支。公司董事长：朴光石；社长：金明孙。

【生产经营】 生产卷烟11.36亿支，同比下降9.45%。销售卷烟11.03亿支，同比下降32.36%。实现销售收入3959万元。实现利润257万元。

【品牌战略与主要产品】 作为吉林烟草工业有限责任公司卷烟出口加工基地，利用经济特区政策优势和独资企业的经营优势，在开拓朝鲜北部市场的同时，通过自主品牌出口、来牌加工等多种形式，积极开拓韩国、中东、东南亚等国际市场。生产的主要卷烟品牌有高档烟“长白山（出口）”，中档烟“长白山（罗津）”“长白山（丰收）”等。

老挝寮中红塔好运烟草有限公司

【概 况】 1992年，公司在老挝万象市成立。2008年7月28日，资产重组更名为老挝寮中红塔好运烟草有限公司，红塔集团控股61%，海南省烟草公司持股30%，老挝因得·沙伯服装厂占股份6%，老挝D.D建筑有限公司占股份3%。2012年12月在经过第十一届股东第九次会议、第十六届董事会第五次会议后，海南省烟草公司将所占30%股份转让给红塔集团，2016年红塔集团持股91%，沙湾万里进出口有限公司持股6%，老挝道沙湾投资建筑集团有限公司持股3%。截至2016年底，总资产8776万美元，其中，固定资产4129万美元、流动资产4647万美元，资产负债率49.87%。公司占地面积31万平方米，为云南中烟规模设施最齐全、面积最大的境外生产企业。员工544人，其中中方员工69人。生产制造部下设动力、复烤、制丝、卷接包、滤棒、烟叶提取物6个车间，拥有烟叶提取物设备1套、梗叶混合制丝生产线1条、4500千克/小时打叶复烤线1条、卷包机组6台套、滤棒成型机3台，年卷烟生产能力70亿支。

2016年，公司围绕董事会下达的28亿支有税市场卷烟销售目标，从原料落实、生产管理、技术研发、内部管理等多个方面进行配套保障工作。稳步推进烟叶种植，确保质量的同时，为卷烟生产提供原料保障。生产经营过程关注结构调整和新产品研发，稳步改变烟叶原料和卷烟产品结构不平衡、产品结构过多集中于低端的局面；完成名优卷烟落地制丝相关工作，对降低境外名优卷烟生产制造成本起到促进作用。公司连续五年荣获老挝沙湾拿吉省政府颁发的纳税大户奖，成为老挝工商纳税前十企业。公司董事长：王勇；总经理：周应奎（—2016年8月）、马旭（2016年8月—）。

【生产经营】 生产卷烟49.7亿支，同比下降2.16%。销售卷烟48.7亿支，同比下降0.94%。实现卷烟销售收入6784万美元，同比下降5.13%，其中，内销烟实现销售收入3590万美元，同比增长16.23%；出口烟实现销售收入3194万美元，同比下降21.37%。实现利润696万美元，同比增长56.21%。实现净利润556.81万美元，同比增长56.21%。

【品牌战略与主要产品】 主要生产品牌有：“玉溪”“红塔山”“阿诗玛”“红梅”等烤烟型卷烟，以及“GEM”系列混合型卷烟。“GEM”主要在老挝有税市场销售，少量在免税市场销售，结构定位为中低端产品，消费人群主要为老挝人，2016年市场占有率超过45%；“玉溪”“红塔山”“阿诗玛”品牌卷烟同时在老挝有税、免税市场以及海外市场销售，“红塔山”主要销售到越南、柬埔寨、新加坡、马来西亚市场，“阿诗玛”主要销售到新加坡和中东地区，“红梅”主要销售到新加坡、马来西亚、印尼、菲律宾市场。2016年，生产“玉溪”0.02亿支，销售0.06亿支；生产“红塔山”10.22亿支，销售10.56亿支；生产“阿诗玛”4.12亿支，销售4.1亿支；生产“红梅”2.97亿支，销售2.89亿支；生产“GEM”32.38亿支，销售31.11亿支。

香港红塔国际烟草有限公司

【概 况】 1992年，楚雄卷烟厂在中国香港创建控股企业雄伟（国际）烟草有限公司。1998年，国家烟草专卖局批准将楚雄卷烟厂的资产划转给红塔集团，同年12月9日，雄伟（国际）烟草有限公司更名为香港红塔国际烟草有限公司（简称香港红塔公司），红塔集团控股70%，新加坡仁恒国际投资有限公司持股30%。2007年，红塔集团将15%的股权转至云南中烟工业有限责任公司，公司注册资本增加至1.29亿港元。2011年，云南中烟将15%的股权转至云南烟草国际有限公司。公司的股权结构变为：红塔集团控股55%，新加坡仁恒国际投资有限公司持股30%，云南烟草国际有限公司持股15%。香港红塔公司是持有香港特别行政区香烟生产许可证的3家公司之一。截至2016年底，公司拥有总资产3.9亿港元，其中，固定资产9.06万港元、流动资产3.01亿港元。占地面积为7374平方米，有5条卷接包生产线，2台KDF2滤棒成型机，年卷烟生产能力57亿支，拥有员工 115 人。

香港红塔公司立足公司境外区位优势，以“严格规范”和“精益管理”为牵引，夯实基础管理，构建运营模式，规范风险控制，以打造境外一流精品卷烟加工基地为目标，搭建起基于公司创优及引导今后发展的经营管理模式，驱动公司持续健康发展。公司董事长：夏开元；总经理：张进武。

【生产经营】 生产卷烟 48.65 亿支，同比增长 14.03%。销售卷烟 48.1 亿支，同比增长 12.93%。实现卷烟销售收入 5.87 亿港元，同比增长 1.77%。实现利润 5581 万港元，同比下降 0.37%。实现净利润 4657 万港元，同比下降 0.13%。

【品牌战略与主要产品】 主要生产云南中烟品牌，包括红塔集团的“玉溪”“红塔山”“阿诗玛”“红梅”品牌，红云红河集团的“云烟（硬珍）”“云烟（软珍）”等传统烤烟型品牌。另外，生产混合型口味的“BRASS”“MARBLE”“SONBONG”“STRAND”“ESTON”等品牌，生产来牌加工品牌“御猫”“大唐”。产品主要销往东南亚、中东、东欧、南美等地区。

全年生产销售“玉溪”10.7 亿支；生产“红塔山”4.45 亿支，销售 4.42 亿支；生产“阿诗玛”8.86 亿支，销售 8.72 亿支；生产销售“BRASS”5 亿支；生产“MARBLE”11.75 亿支，销售 11.33 亿支；生产销售“ESTON”0.18 亿支；生产销售“GEM”2.32 亿支；生产销售“御猫”0.04 亿支；生产销售“红梅”0.9 亿支；生产“云烟”4.28 亿支，销售 4.34 亿支；生产“钓鱼台”0.08 亿支，销售 0.06 亿支；生产销售“大唐”0.11 亿支。

缅甸掸邦第一特区果敢卷烟厂

2016 年，缅甸掸邦第一特区果敢卷烟厂停止生产经营，后续工作以资产处置为核心。

环球烟草有限责任公司

【概　况】 成立于 2013 年 12 月 1 日，所在地为阿联酋富查伊拉自由区。前身为环球烟草企业，系 2012 年成立、由瓦达尼亚贸易有限责任公司全额控股、具有卷烟生产许可的自由区企业。2013 年，浙江中烟与瓦达尼亚共同对环球烟草企业进行增资，并将其改组为环球烟草有限责任公司，作为双方合资经营的企业，主要从事卷烟生产。公司总投资 500 万美元，其中，瓦达尼亚贸易有限责任公司持股 60%（厂房设备作价 300 万美元），浙江中烟持股 40%（两套设备作价 200 万美元）。公司占地面积 1 万平方米，年卷烟生产能力 60 亿支。截至 2016 年底，公司拥有总资产 1.61 亿元，其中，固定资产 8450 万元、流动资产 7619 万元，资产负债率 37.82%。从业人员总数 166 人。公司董事长：Badar Rashid Tahir Al Balooshi；总经理：Hristo Latchev。

2016 年，根据公司发展战略和思路，合作双方积极谋划环球烟草未来发展方向，计划设立产品开发部门，不断完善企业功能。

【生产经营】 生产卷烟 56 亿支，同比下降 1.42%，全部为“摩登（MODERN）”品牌。销售卷烟 61.94 亿支，同比增长 13.79%。实现卷烟销售收入 2.68 亿元，同比增长 13.54%。实现利润 3058 万元，同比增长 5.32%。

【品牌战略与主要产品】 公司的品牌战略和发展思路是巩固和拓展现有市场，积极开发新市场。主要产品方面，“摩登（MODERN）”品牌市场定位为中低端消费群体，主销市场为伊朗市场，主销规格为“摩登（中东 EU）”。2016 年，开发完成新产品“摩登（极细红）”。

【特事辑要】 7 月 12 日，环球烟草贸易有限责任公司第二届一次董事会在中国杭州召开，确定新一届董事会成员。

科伦印象有限责任公司

【概　况】 于 2016 年 6 月 29 日正式成立，位于印度尼西亚东爪哇省徐图利祖县。注册资本 7572.57 万元，其中浙江中烟持股 15%，印尼的塞班国际有限责任公司持股 50%、韦查耶和平有限责任公司持股 35%。公司占地面积 1.25 万平方米，年卷烟生产能力 20 亿支。拥有从业人员 50 余人。截至 2016 年底，公司拥有总资产 1.02 亿元，其中，固定资产 9120 万元、流动资产 1064 万元，资产负债率 34.42%。公司董事长：林乃轩；总经理：刘文敬。

公司的发展战略和思路是：以国家“一带一路”战略为契机，发挥印尼侨领与浙江中烟两大优势，瞄准三步发展目标，做大做强做优“摩登（MODERN）”品牌，努力把企业建设成为现代化的、国际一流的卷烟生产工厂。

【生产经营】 生产卷烟 1.13 亿支，销售卷烟 0.78 亿支，全部为普通规格、混合型“摩登（MODERN）”卷烟。实现卷烟销售收入 863.15 万元。

【品牌战略与主要产品】 立足印尼有税市场，辐射东南亚其他国家及地区市场。品牌市场定位为中低端消费，主销市场为印尼市场，主销规格为“摩登（印尼A）”“摩登（印尼S）”。2016年，完成“摩登（印尼A）”“摩登（印尼S）”“摩登（MODERN－H）”“摩登（MODERN）”“摩登（马来西亚S）”等新产品开发工作。

◇ 编辑：王东旭

雪茄烟生产

2016年全国雪茄烟产销概况

行业高度重视雪茄烟发展，把雪茄烟发展作为新常态下中国烟草新的潜在增长点的一个重要方面。

全国烟草行业中，安徽中烟、山东中烟、湖北中烟、四川中烟等4家省级卷烟工业企业具备雪茄烟生产能力。全年雪茄烟累计生产12.08亿支，同比增长20.65%，其中，安徽中烟生产1.28亿支，山东中烟生产2.38亿支，湖北中烟生产3.6亿支，四川中烟生产4.82亿支。

国产雪茄烟销量和销售额继续保持快速增长。全年国产雪茄烟商业批发销量10.84亿支，同比增长12.22%；销售额9.82亿元，同比增长6.05%；单支批发均价0.91元，同比下降5.50%。

探索雪茄烟特色营销模式，结合终端建设、品牌推广、高端定制、专业直供四个雪茄烟特色营销模式的探索成果，研究搭建雪茄烟全国统一订货平台，加快国产中高端雪茄烟的销售与流通。

积极培育国产雪茄烟重点品牌，全年“长城”“王冠”“茂大”“将军”等4个国产雪茄烟重点品牌合计商业批发销量4.83亿支，同比下降21.65%，销售额4.79亿元，同比下降22.20%。雪茄烟重点品牌在国产雪茄烟中的销量比重为63.8%，同比减少15.8个百分点，销售额比重为66.4%，同比减少16.7个百分点。“黄鹤楼”品牌发展态势良好，商业批发销量3.13亿支，销售额3.27亿元，销量与销售额增幅均超过45%，且销售额排名跃居国产雪茄烟品牌首位。“泰山”品牌增长迅猛，商业批发销量同比增长40倍，销售额增长13倍以上。

梳理品牌规划，雪茄烟品牌逐步向综合性卷烟品牌整合。湖北中烟“黄鹤楼”品牌逐步整合“茂大”“顺百利”“三峡”，山东中烟“泰山”品牌逐步整合“将军”。

安徽中烟工业有限责任公司

【概　况】 安徽中烟工业有限责任公司雪茄烟生产主要由安徽中烟蚌埠卷烟厂雪茄烟生产部承担，蚌埠卷烟厂、芜湖卷烟厂承担部分机制雪茄烟生产任务。安徽中烟蚌埠卷烟厂雪茄烟生产部前身为蒙城雪茄烟厂，位于安徽省蒙城县。2001年10月，经国家局批准在蒙城雪茄烟厂原厂址成立雪茄烟生产部，隶属于蚌埠卷烟厂管理，不具有法人资格，更名为蚌埠卷烟厂雪茄烟生产部。2005年4月，更名为安徽黄山卷烟总厂蚌埠卷烟厂雪茄烟生产部。2006年5月，更名为安徽中烟工业公司蚌埠卷烟厂雪茄烟生产部。2011年7月，更名为安徽中烟工业有限责任公司蚌埠卷烟厂雪茄烟生产部。

截至2016年底，雪茄烟生产部拥有1条1500千克/小时制茄芯生产线，进口卷制设备37台套，国产纱布茄衣制作机组20台及卷制、包装设备10台套。设备年生产能力2.4亿支。拥有总资产2.53亿元，其中，固定资产2.35亿元、流动资产1869.17万元。在岗员工81人。

【雪茄烟产销】 生产雪茄烟1.28亿支，同比下降11.3%。销售雪茄烟1.22亿支，同比下降7.27%，其中，销售全叶卷雪茄42.2万支，同比下降14.49%；半叶卷雪茄9431.86万支，同比下降23.34%；微型雪茄2711.30万支，同比增长244.34%。实现雪茄烟销售收入1.39亿元，同比下降10.08%。

【主要产品与品牌建设】 在产的雪茄烟有“王冠”1个品牌29个产品系列规格。推出的新品有“王冠（万象）”“王冠（万象细支）”，均为微型雪茄。

品牌发展。强化“双打造”品牌定位，即将“王冠”雪茄打造为“中式雪茄标志性文化品牌”“中式雪茄之王冠”。加强宣传力度，媒体传播以新品上市为重点，终端推广以高端雪茄为引领，同时在自媒体宣传上，设立“中式雪茄”微信公众号定期推送宣传。加强市场推广，以36个重点市场为龙头，做好“王冠”高端产品系列及主导规格的引入，通过形象终端店做好宣传展示，提升“王冠”的市场竞争力。

品牌培育。注重品牌基础建设，开展终端宣传展示和营销推广活动，包括雪茄网络营销、高端定制营销、媒介宣传、会议营销等。依托雪茄终端建设，开展“王冠”雪茄终端生动化、标准化陈列及“王冠”雪茄终端互动体验活动。注重标杆市场培育，持续推进“百千万元地级市场”建

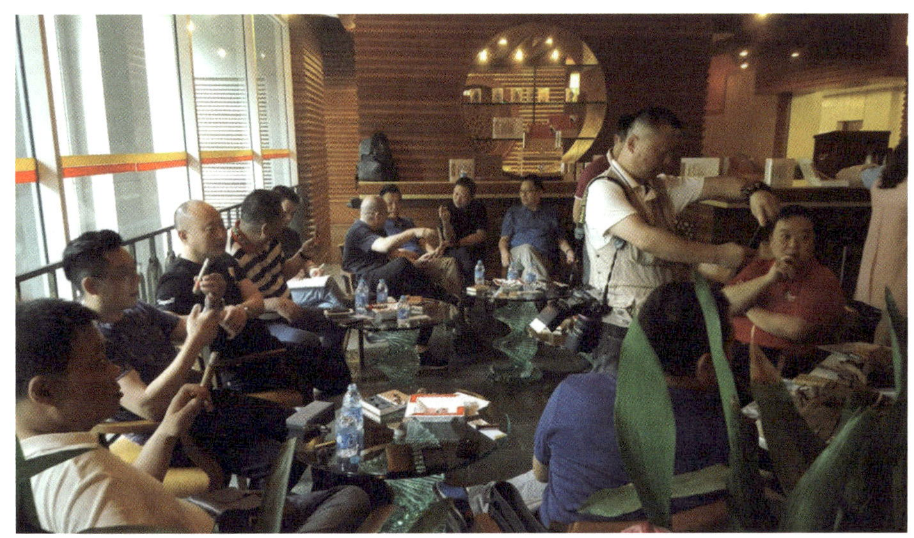

2016 年 6 月 19 日，安徽中烟与上海烟草博物馆合作，在上海开展高端雪茄烟品鉴活动

安徽中烟　供稿

设，强化市场标杆作用。注重大单品培育，推进“王冠（梅兰竹菊）”“王冠（原味 1 号）”等大单品培育工作，扩大高端雪茄产品的销售面，加大高端定制的推广力度，打造国产高端全叶卷雪茄大单品。

特色营销。由安徽中烟牵头，协同北京市局（公司）、安徽合肥市局（公司）、广东广州市局（公司）和深圳市局（公司）等 4 家单位，在行业内开启雪茄烟高端定制试点工作，推动雪茄高端突破。在国家局组织召开的“中式雪茄烟品牌推介会暨终端营销现场会”上，安徽中烟代表高端定制项目组，对项目的具体做法、成效、经验进行汇报。

【技术创新】 开展仿真叶纹茄衣的研制，进行试验优化，并将该技术应用于部分产品。申报“一种仿真烟叶纹理雪茄茄衣的制备工艺”“一种雪茄烟芯料的发酵工艺”发明专利，“雪茄烟包装盒（王冠）”获得外观专利授权。

开展雪茄竞品的分析研究工作，从支型结构、香、味、外观品相等进行研究，掌握进口雪茄的风格特色。与上海《雪茄客》杂志进行交流，就南美洲雪茄原料种植及发酵技术、世界雪茄发展趋势及雪茄文化等方面进行探讨。完成“桐乡雪茄用晒红烟叶品质提升技术研究”的结题工作，并通过项目验收。

【原辅材料保障】 加大中档茄衣的开发培育力度，对原料种植、采收、调制、分级、发酵等环节开展研究，形成技术方案，多次赴四川德阳烟叶公司跟踪、核查计划采购的雪茄芯料、包叶发酵加工与整选情况，对试种的中档茄衣进行标样制定工作，确定茄衣挑选的关键指标和控制要素。完成四川德阳“王冠”雪茄庄园茄衣原料的工业化应用测试，形成《“王冠”雪茄庄园茄衣原料工业化应用测试报告》。制定《雪茄烟叶手撕片加工工艺试验方案》，并进行批量生产试验。

提升白肋烟茄衣品质，制定完善《茄衣用白肋烟检验与接收标准》。多次赴湖北恩施、四川达州就茄衣用白肋烟预采购烟叶进行质量检验，从源头上保障产品质量。对多米尼加、巴西的进口雪茄原料需求进行修订，保障进口雪茄原料的采购和合理库存。参加由中烟国际、中国烟叶公司组织的印尼雪茄烟叶验货团，对订货原料进行质量检验。与环球公司、满力公司进行技术交流，就雪茄原料需求方向、品质要求进行沟通，为进口雪茄原料做好质量准备。

山东中烟工业有限责任公司

【概　况】 山东中烟工业有限责任公司雪茄烟生产主要由山东中烟雪茄烟制造中心承担。山东中烟雪茄烟制造中心前身为始建于 1999 年 12 月的将军烟草集团有限公司技术中心雪茄烟实验室。2004 年 5 月，国家局批准将军烟草集团有限公司济南卷烟厂生产雪茄烟，济南卷烟厂成立雪茄烟生产工段。2012 年 5 月 15 日，设立山东中烟工业有限责任公司雪茄烟制造中心，负责雪茄烟生产、产品研发、品牌建设、市场营销等工作。

截至 2016 年底，雪茄烟生产车间占地面积 8500 平方米。具备年产手工雪茄 40 万支、机制雪茄 2000 万支、雪茄型卷烟 6 亿支（1.2 万箱）的生产能力。员工 164 人。

【雪茄烟产销】 生产雪茄烟 2.38 亿支，同比增加 2.08 亿支。销售雪茄烟 1.5 亿支，同比增加 1.38 亿支，其中，销售“泰山”1.44 亿支，“将军”621.63 万支。

【主要产品与品牌建设】 在产的雪茄烟品牌为“将军”“泰山”2 个品牌，“巅峰”“战神”“阔佬”“3G”“雪豹”五大系列 18 个规格。

维护“泰山雪茄”微信服务号，结合社会热点和鲁产雪茄推广活动，开展线上品牌推广工作。推进雪茄品鉴会宣传，提高鲁产雪茄认知度，全年召开雪茄品鉴会48场，参会人员达到2600余人次。加大卷烟型雪茄烟上市宣传力度，根据不同市场制定针对性上市方案，对产品进行宣传推广，2016年卷烟型雪茄烟新投放市场92个。在青岛啤酒节、海南雪茄节等重大活动上，通过品鉴与宣传结合、品鉴与销售结合的方式，加大对鲁产雪茄的宣传，提升品牌影响力。探索适合雪茄烟的营销手段和方法，定期召开营销工作沙龙会。开拓新市场，全年鲁产雪茄在销市场159个，其中，新开拓市场45个。

【技术创新】 开展高端雪茄及卷烟型雪茄的开发工作。完成“泰山（巅峰2号）”“泰山（黑豹细支）”“将军（战神1号）”“将军（战神3号）”等4款产品的研发及报批工作，完成“泰山（巴哈马甜味）”的产品设计。对新老产品从叶组配方、发酵工艺、香精香料等方面进行产品维护，完成“泰山（巅峰5号）”“泰山（巅峰6号）”“将军（大力神）”“将军（战神）”等4款产品的提质改造。

开展产品定制，制定《雪茄产品定制方案》《山东雪茄产品定制手册》，内容涵盖包装、口味、卷制、醇化、服务五大类别，基本满足雪茄市场多元化的定制需求。

完成“泰山（巅峰2号）”“将军（战神1号）”“将军（战神3号）”“泰山（巴哈马甜味）”“泰山（黑豹细支）”商标设计。对在产15个产品商标、60个版面的警语标示进行设计调整，对所有商标的规范性设计进行梳理，对新采购的商标材料进行警语调整现场确认。

【原辅材料保障】 完成2016年多米尼加、巴西、印尼烟叶验货采购工作。每季度对库存雪茄烟原料进行分析，定期盘查库存材料。对多米尼加、印尼、巴西等国家40余个烟叶样品开展品吸评价工作，维护数据库，为产品研发提供数据支持。制定《2016年度国产雪茄烟原料采购计划》，逐步提高库存原料品质。

湖北中烟工业有限责任公司

【概　况】 湖北中烟工业有限责任公司雪茄烟生产主要由湖北中烟三峡卷烟厂承担。湖北中烟三峡卷烟厂前身为成立于1899年的茂大卷叶烟制造所，位于湖北省宜昌市。2004年，成为湖北中烟工业有限责任公司所属生产厂。

截至2016年底，卷烟厂拥有8套卷接包生产设备、40多台套雪茄烟专业生产设备。具备机制雪茄年生产能力150亿支（30万箱），手工雪茄年生产能力1.76亿支。在册员工755人。

【雪茄烟产销】 生产雪茄烟3.6亿支。实现商业销售雪茄烟3.48亿支，商业销售额3.63亿元，其中，“黄鹤楼”商业批发销量3.13亿支，商业销售额3.27亿元，销售额排名居国产雪茄烟品牌首位。

【主要产品与品牌建设】 在产的雪茄烟品牌主要为“黄鹤楼”“顺百利”“茂大”“三峡”等，产品行销全国22个省175个地级市，出口西班牙、捷克、迪拜、菲律宾、马来西亚等国家和地区。

加强营销创新，提升品牌实力。探索开展雪茄烟定制直销服务，2016年，“雪茄烟工业直销模式的探索与实践”获湖北省企业管理创新一等奖；与云南丽江市局（公司）合作推出行业首款区域定制雪茄；推出年份高端定制雪茄“黄鹤楼（十二兽首）”，全年限量投放300套。开展跨界营销，湖北中烟联合卷烟商业企业，与雪茄吧、酒吧、雪茄杂志、汽车红酒等品牌组织开展50余场雪茄烟品牌推介活动和雪茄烟文化培训。发展体验营销，鼓励社会力量投资雪茄吧、品牌旗舰店、形象店等雪茄烟专业终端，打造“黄鹤楼”文化传播、品牌体验、产品销售的阵地和窗口，全年建成110余个“1916雪茄坊”，初步形成遍及全国重点城市的雪茄烟专业终端网络。

【工艺创新】 坚持“中式雪茄”发展理念，加强各项工艺研究。创新手工雪茄“蜂蜜润叶”“堆垛发酵”等工艺。研制内胚卷制和烟支定型设备，提高生产效率。完成“茄衣茄套和茄芯整理分选研究”“海南雪茄烟叶的应用研究”“烤烟在中式雪茄中的应用研究”“雪茄烟边角料的再利用研究”“绿茶在雪茄配方中的应用研究”等5个技术创新项目。召开行业雪茄烟标准体系专题研讨会，对雪茄烟标准体系的架构和要素、感官评价分析方法、产品分类定义等方面进行探讨研究。

加快雪茄烟品牌的整合优化及新品研发工作。“黄鹤楼”品牌逐步整合“茂大”“顺百利”“三峡”。“黄鹤楼（雪之梦6）”“黄鹤楼（雪之梦7）”“黄鹤楼（雪之梦8）”“黄鹤楼（雪之梦9）”等4款高端手工雪茄上市。手工雪茄“黄鹤楼（雪之梦2号）”“黄鹤楼（雪之梦3号）”，机制雪茄“黄鹤楼（雪之景10号）”等3款新品获国家局准产销批复。9款新品具备申报条件。

【技术改造】 12月13日，国家局批复同意三峡卷烟厂实施易地搬迁技术改造项目建设。根据项目建设要求，将三峡卷烟厂建设成为兼顾烤烟型、混合型、雪茄型卷烟与机制、半机制、手工雪茄同时生产，具备满足个性化、多规格产品柔性化加工能力的现代化特色化工厂。项目建设用地面积约370亩，项目规划总投入12.40亿元。技改完成后，企业卷烟、雪茄烟产能规模159.1亿支，其中雪茄烟产能规模9.1亿支。

四川中烟工业有限责任公司

【概　况】　四川中烟工业有限责任公司雪茄烟生产主要由四川中烟长城雪茄烟厂承担。四川中烟长城雪茄烟厂成立于2007年9月。2009年，实施易地技术改造，项目总投资12亿元，占地450亩。2011年4月，建成投产。

截至2016年底，雪茄烟厂总资产12.4亿元。具备雪茄年生产能力21亿支、卷烟年生产能力41.7亿支。在册员工400人。

【雪茄烟产销】　生产雪茄烟4.82亿支，同比下降8.85%。销售雪茄烟4.68亿支，同比下降13.05%。雪茄烟实现销售收入2.36亿元，同比下降17.28%。实现税利0.89亿元，同比下降16.04%。

出口雪茄184.27万支，出口实现108.76万元。

【主要产品与品牌建设】　在产的雪茄烟品牌为“长城”“狮牌”“工字”等。

实施品牌整合，对企业雪茄烟各品牌、各品类的产品链进行梳理，制定《品牌整合实施方案》，对26个不符合品牌定位要求、不适应市场需求的产品，向国家局提报一次性退市计划。构建“甜润香”新品类，“长城（传奇）”“狮牌（原香）”2个代表产品经受住市场的第一轮检验，成为2016年工厂经济贡献的主要来源。高端手工雪茄中，“长城（胜利）”实现销量1.27万支，成为全国200元/支以上价位雪茄烟销量第一的高端产品。

【技术创新】　1月，成功构建“甜润香”新品类及其特色加工工艺技术，代表产品为“长城（传奇）”“狮牌（原香）”。3月，承担的总公司项目“优质雪茄烟烟叶生产技术研究”通过结题验收，该项目历时6年，完成9个课题研究，筛选出2个优质雪茄烟烟叶品种，形成优质雪茄烟叶生产技术体系和雪茄烟叶发酵技术规程，项目成果在国内多个雪茄烟叶种植区应用推广。3月，承担的四川中烟科技项目“乐山、德阳基地置换品种烟叶在雪茄烟中应用性研究”“雪茄烟叶养护醇化时间研究及质量评价”通过验收。5月，承担的总公司重点项目“长城雪茄烟工艺技术研究与应用”通过结题验收，该项目历时6年，通过项目研究，建立适合中国雪茄制品生产的特色工艺流程，编制完成《雪茄工艺规范》，研制开发出一系列雪茄专用设备、特色代表性机制雪茄和手工雪茄产品。

【原辅材料保障】　完成对光明仓库备料场、堆积发酵烟叶仓库、茄衣、茄套仓库的货位调整，促进仓库烟叶分区、分类管理。完成发酵烟叶的堆积发酵阶段工作，该次堆积发酵烟叶为国产晾晒烟，涉及3个品种7个等级，堆积发酵烟叶276.44吨。分两次完成向河南中烟调拨出库0.08万吨（1.58万担）晾晒烟叶，降低资金成本119.72万元。完成材料清产核资工作，对拟报废的原川渝版材料和四川中烟老警语版材料进行统计和上报。完成四川中烟项目“雪茄烟叶养护醇化水分研究及质量评价”阶段性工作，搭建该项目基础数据库，为后期项目分析提供数据支撑。

◇ 编辑：谢争艳

烟草机械工业

烟机工业概况

2016年，全国烟草机械工业企业以“强化市场主体意识，打造中国烟机品牌，履职尽责做好烟机，寻求发展走出烟机”为发展战略，多方配合、多措并举、多点发力，积极应对市场需求大幅下滑带来的不利局面，努力保持企业运行基本稳定。

做好传统烟机研制开发。加速推进“日产三班200箱、300箱”卷接包产品研制工作，完成ZJ119型（12000支/分）卷接机组样机功能性测试及ZB49型（600包/分）包装机组样机厂内调试。以ZJ116/ZB48为平台进行技术改进、完善和提升，研发推出ZJ116A/ZB48A并开展样机试用。松散回潮机、切片机、加香加料机等一批制丝设备的设计与制造能力达到国际先进水平。以烟机现有设备控制系统升级改造为契机，持续推进烟机统一电控平台建设。

提升烟机产品服务质量。制定实施稳定运行超高速工作方案。6月，基本完成“稳定超高速”第一阶段工作，对9家卷烟厂18条超高速整线设备实施现场整改，整线有效作业率提高到78.6%。制定《关于提升产品质量的指导意见》，形成“十三五”烟机产品质量管理框架体系和行动方案。完成浙江中烟宁波卷烟厂搬迁服务项目，密切跟进太原、武汉、常德、徐州、铜仁、蚌埠等卷烟厂搬迁项目，进一步打造“中烟机械”搬迁服务品牌。

探索智能烟机发展建设。打造烟草行业设备远程运行维

2016 年 3 月 18 日，上海烟机与新松机器人自动化股份有限公司签订战略合作协议
上海烟机　供稿

护跟踪服务平台，开展硬件配套施工和软件系统搭建运行，实现对部分卷烟工厂的 3D 可视化漫游、设备运行状态实时掌握等功能。开展 ZB48A 型国产超高速包装机组、ZJ119 型卷接设备的“互联网 +”智能管理平台开发，推动烟机制造迈向智能化。上海烟草机械有限责任公司搭载智能管理平台的 ZB415 型包装机组完成功能测试。

拓展市场释放产能。在“做好烟机”的基础上，释放产能，开拓新的经济增长点。中国烟草机械集团有限责任公司整合行业资源，研制推出异型烟、标准烟共线自动分拣及合单系统，以此为切入点进军行业商业物流市场领域，中标湖南长株潭烟草物流中心工商协同项目。上海烟草机械有限责任公司与中航商用航空发动机有限责任公司达成战略合作意向，启动图纸转化、技术培训、航空航天质量体系认证、样件试制等多项工作；与新松机器人自动化股份有限公司签订战略合作协议，承制新一代双臂七轴机器人关键零部件，小批量装配；与上海汽车集团股份有限公司开展合作，提供汽车变速器齿轮、轴类等高精度零配件加工服务。常德烟草机械有限责任公司在手帕纸包装机领域占据重要市场地位和市场份额。

截至 2016 年底，全国烟草专用机械持证生产企业共有 34 家。

中国烟草机械集团有限责任公司

【概　况】　组建于 1999 年，由中国烟草总公司、上海烟草集团和中国烟草总公司云南省公司、山东省公司、河南省公司共同出资组建，是烟草行业内第一家按现代企业制度框架组建的专业化集团公司。后经股权变更，集团公司由中国烟草总公司控股，上海烟草集团及云南中烟、山东中烟、河南中烟等 4 家工业公司参股。2008 年，经中国烟草总公司批准（中烟办〔2008〕305 号），集团公司新增湖南中烟、湖北中烟、江苏中烟、安徽中烟、广东中烟等 5 家股东。增资扩股后，中国烟草总公司股权比例占 67%，上海烟草集团占 5%，云南中烟、河南中烟、山东中烟、湖南中烟、湖北中烟、江苏中烟、安徽中烟、广东中烟分别占 3.5%。集团公司是中国烟机工业核心企业，对全国烟草专用机械的生产经营担负一定的行业管理职能。2011 年，中国烟草总公司对集团公司增加投资 10 亿元（中烟办〔2011〕178 号），总公司所占股权比例增至 74.69%，上海烟草集团股权比例为 3.87%，云南中烟、河南中烟、山东中烟、湖南中烟、湖北中烟、江苏中烟、安徽中烟、广东中烟分别占 2.68%。

集团公司下辖 7 家控股企业，包括上海烟草机械有限责任公司、常德烟草机械有限责任公司、许昌烟草机械有限责任公司、秦皇岛烟草机械有限责任公司等 4 家烟机生产企业，北京达特集成技术有限责任公司、中烟烟机零配件采购服务中心有限责任公司 2 家专业公司，以及设在上海专门从事烟机产品开发的中烟机械技术中心有限责任公司。同时，集团公司持有云南烟草机械有限责任公司 30% 的股份。集团公司本部下设 10 个事业部。

截至 2016 年底，集团公司拥有总资产 130.60 亿元，负债 39.09 亿元，所有者权益 91.51 亿元。

【领导机构】

董事会

董事长：王建法

副董事长：周永森

董　事：曲　伟、顾　波、刘青文、许廷选、李　立、聂广军、俞惠梅（—2016 年 6 月）、王轩庭（2016 年 6 月—）、杜　进、林孟昌、齐　琳（职工董事）

财务负责人：沈云龙

监事会

主　席：张书东

监　事：王玉麟、陈俊奎（职工监事）

班子成员

党组书记、总经理：王建法

党组成员、副总经理：沈云龙

党组成员、副总经理：曲　伟

纪检组长、党组成员：吴　伟

享受公司副职待遇：付　嘉、胡森炯、郭冬青

副巡视员：凌卫民

副巡视员：赵美燕

副巡视员：廖默然（—2016 年 10 月）

副巡视员：王　珩（—2016 年 4 月）

【生产经营】　实现营业收入 57.86 亿元，同比下降 11.70%。实现税利 10.73 亿元，同比下降 23.74%，其中利润 6.66 亿元，同比下降 26.33%。集团公司 4 家控股生产企业实现销售收入 38.29 亿元。

生产卷接包设备、滤棒成型及辅联设备 606 台（含 151 套成套设备和 198 台单机），销售 555 台（含 151 套成套设备和 157 台单机）；生产制丝、打叶复烤及二氧化碳膨胀烟丝生产线设备 1136 台（含 9 条成线和 154 台单机），销售 1207 台（含 11 条成线和 157 台单机）。

【主要产品】　7000 支/分钟、8000 支/分钟、10000 支/分钟、16000 支/分钟卷接机组，400 包/分钟软盒硬条包装机组，400 包/分钟硬盒硬条包装机组，550 包/分钟硬盒硬条包装机组，600 包/分钟软盒硬条包装机组，800 包/分钟硬盒硬条包装机组，5000 支/分钟细支烟卷接机组和 300 包/分钟细支烟包装机组，400 米/分钟、600 米/分钟和 1000 米/分钟纤维滤棒成型机组，卷烟储存输送系统，滤棒储存输送装置，制丝生产线，打叶复烤线、二氧化碳膨胀烟丝生产线等。

【技术创新】　自主研发的新成果“滚筒—气流式烘丝机”通过鉴定，标志着滚筒气流式烘丝机正式研发成功。该成果综合滚筒与气流两种烘丝技术优势，具有自主知识产权，整体水平达到国际领先。滚筒气流式烘丝机干燥时间、干燥温度等控制参数可调范围宽泛，可满足不同等级原料加工工艺质量需求。与传统滚筒式烘丝机相比，在卷烟感官质量有效提升的前提下，单箱烟丝耗量明显降低，极大地节约生产成本，是中国烟机从引进消化吸收向集成创新和自主创新转变过程中的典范。

加强制丝关键设备研发。经过近两年时间的努力，秦皇岛烟草机械有限责任公司生产的松散回潮机 TB、切片机 TSV、加料机 KAS、加香机 FLT、压梗机 IBF 等 5 种制丝关键工艺设备产品，在设计要求和制造质量上，均达到德国虹霓（Hauni）机械制造股份有限公司（简称虹霓公司）同质化水平。同时，气流式烘丝机 HDT、滚筒式烘丝机 KLD、膨胀单元 SIROX、加温加湿机 HT、冷却分离器 VAS 等 5 种产品质量获得进一步提升。

【企业管理】　**精益管理**。持续强化企业精益管理思想宣导工作，积极开展精益理论和实践培训。组织各企业精益管理工作主管领导、相关职能部门负责人和主要管理骨干，参加“精益之旅暨精益改善发布会”，与专业咨询机构进行交流研讨，系统学习精益管理的主要思想和方法。落实精益管理“目标引领、课题带动”要求，2016 年初，指导各企业确定 2016 年度精益管理改善课题，明确主要目标、主要措施和实施计划。探索建立精益管理工作交流平台，按季度发布《精益管理工作动态》，总结精益管理阶段性工作经验。

质量管理。重点关注主导产品质量问题，提高产品可靠性。努力实现稳定超高速阶段性工作目标，完成 18 个质量改进项目。开展烟机零件质量检测、新产品小批试制鉴定、产品可靠性考核和群众性质量改进活动。重塑烟机质量文化，树立烟机工匠精神，严格工艺纪律，加强人员技能培训，营造“注重细节、追求完美、精益求精、一丝不苟、耐心坚持、敬业专注”氛围。完成烟机工业年度 QC 成果初评和成果发布，秦皇岛烟机公司的“解决气流烘丝机十燥管道进料弯头处积料问题”成果获得烟草行业第 27 届 QC 活动成果三等奖。

安全管理。制定《中国烟草机械集团有限责任公司 2016 年度安全生产工作计划》，明确安全管理工作目标、内容和要求。强化企业安全标准化创建工作，上海、常德、秦皇岛烟机公司为国家安全标准化一级达标企业，许昌烟机公司通过现场评审。各控股企业落实行业安全管理信息化建设要求，加快推进企业安全管理信息化建设进程。集团公司各企业全年未发生生产事故、交通事故、火灾事故和环境污染事故。

所属企业

上海烟草机械有限责任公司

【概　况】　前身为始建于 1952 年的上海烟草公司机械厂。1959 年更名为上海轻工业机械制造厂；1970 年更名为上海烟草工业机械厂，是中国第一家烟草机械专业生产企业；1999 年成为中烟机械集团公司控股企业；2002 年改制更名为上海烟草机械有限责任公司。下辖上海烟草机械新场铸造有限责任公司、上海中臣烟草机械配件有限责任公司、上海中臣烟草数控技术有限公司、上海英国莫林斯烟草机械

零备件寄售站有限公司以及上海烟机综合生活服务部等 5 家企业。截至 2016 年底，总资产 33.13 亿元，其中，固定资产 10.09 亿元、流动资产 20.96 亿元，资产负债率 32.15%。从业人员 1091 人。上海烟机党委副书记、董事长、总经理：胡森炯；党委书记：郭宏斌。

坚持“强化市场主体意识，打造中国烟机品牌”工作主线，扎实实施“做好烟机尽职履责”“走出烟机寻求发展”两大战略任务，全面推进能力建设，积极应对行业宏观形势给烟机企业带来的严峻挑战，努力落实全年既定经营目标，实现“十三五”良好开局。

【生产经营】 实现销售收入 12.74 亿元，其中，主业收入 12.45 亿元，整机实现销售收入 4.94 亿元；大修理实现收入 5.99 亿元，同比增长 66.96%；零配件实现销售收入 1.78 亿元，同比增长 21.48%。全年实现税利 1.81 亿元。三项费用率 19.34%，同比增加 0.79 个百分点。万元产值综合能耗 13.7 千克标煤。

【主要产品】 上海烟机服务品牌为“中臣”。主要产品有 ZB45 型硬盒硬条包装机组、ZB25 型软盒硬条包装机组、ZB47 型硬盒硬条包装机组、ZB48 型硬盒硬条包装机组、ZB28 型软盒硬条包装机组、ZB415 型硬盒硬条包装机组、ZB49 型硬盒硬条包装机组、ZB48A 型硬盒硬条包装机组。

【技术创新】 以市场需求为导向，着力实施技术创新。ZB415 型硬盒硬条包装机组（日产三班 200 箱）开展用户调试工作；ZB49 型硬盒硬条包装机组样机（日产三班 300 箱）完成司内验收；ZB48A 型硬盒硬条包装机组完成出产并交付用户；推进 ZB416 型样机试制，年内进入联机调试阶段。400 包/分钟以上的高速、超高速产品线初步构建形成。

适应行业烟支规格、包装形式等创新趋势，研发 12 支、5 支、短支、中支双排、双铝包、罐装式、全开式、保润保香等新型包装设备。其中，双铝包机组以 ZB48 型硬盒硬条包装机组为研发平台，攻克大批量变位齿轮传动组、内框纸折叠推送、双铝包并包等技术难点，定制设计 250 余个部件，出图 1600 余张，集成创新、自主设计能力进一步提升。搭载智能管理平台的 ZB415 型硬盒硬条包装机组完成功能测试，智能控制、智能诊断、智能管理的功能架构搭建形成，具备推广使用条件。开展 ZB48A 型硬盒硬条包装机组的“互联网+”智能管理平台开发，与上海烟草集团达成在浦东科技园区先行先试的意向。建立行业烟机设备管控服务中心，完成硬件配套施工和软件系统搭建，实现对部分卷烟工厂的 3D 可视化漫游、设备运行状态实时掌握等。

获得发明专利授权 1 项，实用新型专利授权 7 项。

常德烟草机械有限责任公司

【概　况】 成立于 1969 年，1999 年完成公司制改造，是中国最早从事烟草机械产品研发和生产制造的企业之一，下辖常德烟机配件经销服务有限责任公司、常德金叶机械有限责任公司、常德旺达物业服务有限责任公司。截至 2016 年底，总资产 21.79 亿元，其中，固定资产 3.99 亿元、流动资产 15.89 亿元，资产负债率 14.92%。从业人员 1157 人。常德烟机董事长、总经理：周诗伟；党委书记：秦继玉。

以“自主研发上水平，精益管理提能力，非烟领域拓空间，规范管理强基础”为指导方针，以超高速卷接机组重大专项为突破口，扎实推进烟机制造引智创新国产化工作，将集成创新与自主创新相结合，重点攻关 ZJ119 型卷接机组（12000 支/分钟）研制、细支烟及新型烟草制品装备研制、卷接设备智能管理系统设计等项目。

【生产经营】 生产烟草机械整机 116 台（套）[含烟机整机 91 台（套），烟机大修 25 台（套）]，销售烟草机械整机 108 台（套）［含烟机整机 83 台（套），烟机大修 25 台（套）]。实现工业总产值 12.43 亿元（现价，不含税，下同），工业增加值 5.01 亿元。实现产品销售收入 14.13 亿元，

2016 年 6 月 14 日，常德烟机 ZJ118 型卷接机组通过集团公司小批试制鉴定

常德烟机　李一村　摄

出口实现销售收入 1598 万元。实现税利 3.03 亿元，其中利润 1.78 亿元。三项费用率为 18.79%，同比增加 1.04 个百分点。万元产值综合能耗为 14 千克标煤。

【品牌战略与主要产品】 进一步明确品牌战略发展思路。提升 ZJ118 型卷接机组市场竞争力，深入开发细支烟（特殊型号）市场，积极宣传和推广 ZJ116A、ZJ119 型卷接机组，为国产超高速设备的良好发展夯实市场基础。

主要产品：ZJ116 型卷接机组、ZJ118 型卷接机组、ZJ112 型卷接机组、ZJ17 型卷接机组、ZJ17D 型卷接机组、YF27B 型滤棒气力输送系统、YF27C 型滤棒气力输送系统、FY113 型废烟支处理机、YF13 型卷烟储存输送系统、YF14 型卷烟储存输送系统、YF171A 型滤棒储存输送装置、ZL26A 型纤维滤棒成型机组、YF26 型滤棒接收装置、YF26C 型滤棒接收装置、YF26D 型滤棒接收装置、YF26E 型滤棒接收装置、TJ91 型茄衣成型机。

【技术创新】 ZJ119 型卷接机组（12000 支/分钟）样机进入功能测试和带料调试阶段。4 月 26 日，ZJ116A 型卷接机组样机通过厂内验收。细支烟及新型烟草制品装备研制取得进展，ZJ116A 型、ZJ112A 型、ZJ118 型卷接机组分别处于样机生产、客户调试和完成交验的状态。YF27D 型高速细支滤棒气力输送样机、YF26F 型滤棒接收装置样机完成交验。TJ91A 型茄衣成型机样机通过集团公司技术验收。卷接设备智能管理系统设计项目的详细设计方案，通过集团公司技术分中心组织的专家评审，进入系统测试阶段。

申请专利 18 项，其中发明专利 7 项。获得授权专利 18 项，其中发明专利 8 项。

许昌烟草机械有限责任公司

【概　况】 位于河南省许昌市，于 1958 年经国家经济委员会批准创建，1965 年划归中国烟草工业公司管理，1969 年划归国家轻工业部管理，1987 年划归中国烟草总公司管理，1999 年划归中国烟草机械集团有限责任公司，2002 年改制更名为许昌烟草机械有限责任公司。下辖许昌富思特烟机配件有限公司 1 个全资子公司。截至 2016 年底，许昌烟机拥有总资产 14.99 亿元，其中，固定资产 4.75 亿元、流动资产 8.58 亿元，资产负债率 33.57%。从业人员 1164 人。许昌烟机董事长：沈云龙；党委书记、总经理：张维群。

牢记“做好烟机”的职责和使命，强化市场主体意识，以打造“世界一流的烟机制造基地”为努力方向，持续加强党的建设，继续加大规范管理的力度，致力于重塑许昌烟机产品和企业形象，进一步提升各项工作水平。

【生产经营】 生产烟机产品 217 台（套），销售烟机产品 189 台（套）。实现工业总产值 6.58 亿元，工业增加值 2.37 亿元。实现销售收入 6.11 亿元，出口实现销售收入 1874 万元。实现税利 6344 万元，其中利润 1964 万元。三项费用率 28.96%，同比增加 1.36 个百分点。万元产值综合能耗 20.97 千克标煤。

【主要产品】 主要产品有三大类。

滤棒成型类产品：ZL28 型纤维滤棒成型机、ZL29 型纤维滤棒成型机、ZL26C 型纤维滤棒成型机组、ZL27 型滤棒成型机、ZL22D 型滤棒成型机、YL43 型复合滤棒成型机组、ZL41 型复合滤棒成型机组。

辅联物流类产品：ZF12B 型卷烟储存输送系统、YF17 型卷烟储存输送装置、YF17A 型卷烟储存输送装置、ZF25 型滤棒自动发射与接收装置、YF71 型盘纸自动更换机、YF172/173 型包装机组物料站、YF611 型条盒储存输送系统、YF611A 型条盒输送系统、YF63 型盒包储存输送系统、YF172 型滤棒固化储存输送装置、FY114 型废烟处理机、FY36 型废烟处理机、FY115 型废烟支处理机、YP19 型装封箱机、YJ36 型滤棒装盒机。

卷接类产品：ZJ19B、ZJ15、ZJ114 型卷接机组。

【技术创新】 推出 ZF19 型有盘式超高速联接设备。完成 ZL26C 型细支滤棒成型机的用户交验，有效作业率 98.03%。YF17A 型细支卷烟储存输送装置具备验收条件。借助 ZL28 型纤维滤棒成型机、ZL29 型纤维滤棒成型机等平台，把设计优点应用到细支滤棒成型机设计中。完成 ZL26C 型纤维滤棒成型机组降噪及综合改进项目。ZL29 型纤维滤棒成型机通过集团公司组织的小批试制鉴定及质量检查工作。

申请专利 9 项，其中申请发明专利授权 1 项，实用新型专利 8 项；获得授权专利 9 项，其中发明专利 1 项，实用新型专利 8 项。

秦皇岛烟草机械有限责任公司

【概　况】 前身为中国轻工业机械总公司秦皇岛轻工业机械厂，1989 年 4 月划归中国烟草总公司管理，更名为中国烟草总公司秦皇岛烟草工业机械厂，2002 年 3 月组建秦皇岛烟草机械有限责任公司。下辖秦皇岛弘和机械有限责任公司、秦

2016 年 8 月 20 日，秦皇岛烟机举办第五届职业技能竞赛　　秦皇岛烟机　孙　熠　摄

皇岛金叶物流有限责任公司 2 家企业。截至 2016 年底，秦皇岛烟机拥有总资产 18.00 亿元，其中，固定资产 3.54 亿元、流动资产 13.38 亿元，资产负债率 43.43%。从业人员 1134 人。秦皇岛烟机党委书记、董事长：郭冬青；总经理：王小飞。

以党的十八届五中、六中全会精神为指导，全面落实国家局、集团公司各项工作部署，以追赶烟机制造“排头兵”为目标，以打造“秦烟机械”自主品牌为抓手，以改革创新为动力，以智能制造为方向，以系统集成为支撑，强化市场主体，加快转型升级，走出一条具有“秦烟机械”特色的发展之路。

【生产经营】　生产烟草机械整机 1136 台（套），销售烟草机械整机 1207 台（套）。实现工业总产值 7.13 亿元，工业增加值 2.65 亿元。实现产品销售收入 6.66 亿元，出口实现销售收入 2.4 万元。实现税利 1.20 亿元，其中利润 5702 万元。三项费用率 23.06%，同比增加 0.42 个百分点。万元产值综合能耗 24.76 千克标煤。

【品牌战略与主要产品】　深入推进“秦烟机械”自主品牌建设工作，立足自主创新、向市场开拓发力，立足深化管理、向降本增效发力，立足转型发展、向生产保障发力，突出市场化取向改革，树立市场主体意识，进一步整合营销资源，紧密结合“十三五”规划，坚持把“创新驱动、以质取胜、服务增值”作为发展的重要着力点，激活企业源动力，培育品牌影响力，增强核心竞争力。

主要产品有三大类。

制丝产品：WQ7231B 型隧道式回潮机、40QUG0000010 型滚筒薄板式烘丝机、40RGK0000009 型燃油（气）管道式烘丝机、40UED0000020 型压梗机、SH37 型滚筒管板式烘丝机、WQ3371B 型滚筒式叶片回潮机、SJ1241 型加料机、SJ2141 型加香机、WQ55A 型刮板式烟梗回潮机、WPL/WCL 喂料机、WFL 翻箱机、FT6312 型机械式垂直切片机、SX 转辊式加温加湿机（虹霓公司合作产品）、KLD－22Z 型滚筒薄板式烘丝机（虹霓公司合作产品）、FLT 加香机（虹霓公司合作产品）、TBK 烟梗回潮机（虹霓公司合作产品）、HDT－FX 管道式烘丝机（虹霓公司合作产品）及配套电气控制系统等。

打叶复烤产品：KG235C 型烟片复烤机、KG325 型烟梗复烤机、FW130 型提升喂料机、WG10 型刮板喂料机及配套电气控制系统等。

二氧化碳膨胀烟丝产品：SP66 型升华装置、SP26 型浸渍装置、WQ396 型滚筒式叶丝回潮机、SP27 型浸渍装置、SP67 型升华装置、WQ397 型滚筒式叶丝回潮机及配套电气控制系统等。

【技术创新】　推进智能烟机制造、细支卷烟研发。加强集成创新，实现浸渍器设计，具备技术制造工艺能力，突破二氧化碳膨胀烟丝生产线核心设备国产化瓶颈。完成与虹霓公司第一批五个产品验收，推进第二批的设计验证任务。推进与云南中烟联合研发的重点实验室项目、与云南中烟和红塔集团的合作项目。滚筒—气流式烘丝机等 4 个项目通过验收鉴定和结题。

获得 14 项专利授权，其中发明专利 2 项，实用新型专利 12 项。

中烟机械技术中心有限责任公司

【概　况】　成立于 1999 年，2012 年经中国烟草总公司批复同意进行股权改制，成为中国烟草机械集团有限责任公司的全资子公司，主要负责烟草机械研发与设计。截至 2016 年底，技术中心拥有总资产 2.94 亿元，其中，固定资产 0.73 亿元、流动资产 2.13 亿元，资产负债率 2.63%。在岗员工 78 人。技术中心执行董事、总经理（兼）：曲伟（2016 年 10 月—，之前任技术中心执行董事）；党总支书记：杜国锋（2016 年 10 月—，之前任总经理、党总支书记）。

【生产经营】　实现营业收入 4153.55 万元，其中技术使用费收入 555.47 万元，技术研发收入 3583.02 万元。实现税利63.45万元，亏损175.27万元。三项费用率27.66%，同比增加6.82个百分点。

【技术创新】 有科研项目23项，其中国家局科研项目2项、集团公司科研项目12项，申报集团公司项目4项，内部预研项目计划5项。“滚筒—气流式烘丝技术研究与设备研发”项目通过国家局鉴定，该项目是世界上首次将滚筒技术和气流技术集成应用于烘丝设备，有效地克服了气流干燥技术香气损失大和刺激性大的缺点，是中国烟草机械科学研究领域首次获得国际领先水平的重大创新技术。

全年申报专利与软件著作权9项，获得发明专利授权4项，实用新型专利授权1项，软件著作权登记授权1项。发表论文5篇，其中2篇论文获得中国烟草学会2016年度优秀论文一等奖。

北京达特集成技术有限责任公司

【概　况】 成立于1998年，原名北京达特膨胀烟丝成套设备工程有限责任公司。2002年，更名为北京达特烟草成套设备技术开发有限责任公司。2013年，更名为北京达特集成技术有限责任公司。达特公司由中国烟草机械集团有限责任公司、五洲工程设计有限公司、秦皇岛烟草机械有限责任公司共同投资组建，注册资本2000万元。达特公司集科、工、贸于一体，实施机、光、电、控一体化的成套设备工程，并承揽烟草物流设计（咨询）与集成业务、烟草农业机械集成业务。截至2016年底，达特公司拥有总资产5.39亿元，其中，固定资产300万元、流动资产5.36亿元，资产负债率80.18%。从业人员105人，全部为在岗员工。达特公司董事长：凌卫民；总经理：于忠泉（—2015年12月）、李建梅（2016年1月—，之前任常务副总经理兼财务负责人）；党支部书记、副总经理：尉培旭。

坚持走集成发展道路，在保证二氧化碳膨胀烟丝系统集成、自动化控制信息管理系统集成、物流系统集成项目平稳发展的基础上，推进农业烟草机械项目的发展与新产品研发。

【生产经营】 实现营业收入6.45亿元，同比增长3.36%。实现税利0.95亿元，同比下降17.38%，其中利润0.70亿元，同比下降14.62%。三项费用率6.41%，同比增加0.25个百分点。

【品牌战略与主要产品】 以技术创新为核心，以技术集成为纽带，致力于发展自有产品的系统集成。主要产品包括二氧化碳膨胀烟丝生产线系统集成、SP91型膨胀烟丝生产线热风装置、物流系统咨询与系统集成、制丝线设备控制与系统集成、烟草农业机械等。

【技术创新】 在研的科技开发项目总计28项，项目数量为历年之最，其中续研项目19项，新项目9项。年内完成的项目7项，撤消1项，其余20项为在研项目。

全年获实用新型专利授权5项，申报并受理的实用新型专利2项、发明专利3项，申报并登记软件著作权3项。

中烟烟机零配件采购服务中心有限责任公司

【概　况】 前身为成立于1995年的北京特思达机电技术开发有限责任公司，最初由中国烟草机械集团有限责任公司控股，上海、常德、许昌、秦皇岛烟机公司共同出资组建。2012年9月26日，北京特思达公司经转股、更名、增资、变更经营范围，由中国烟草机械集团有限责任公司独资组建并更名为中烟烟机零配件采购服务中心有限责任公司，担负行业烟机零配件集中采购管理与服务职责。零配件中心下设3个事业部。截至2016年底，零配件中心总资产3.33亿元，其中，固定资产262万元、流动资产3.27亿元，资产负债率26.88%。从业人员25人。零配件中心董事长：王建法（—2016年3月）、付嘉（2016年3月—）；总经理：付嘉。

以实现全行业烟机进口专用件库存下降为核心目标，推进寄售业务工作，并以此为基础搭建全行业沉淀库存的调剂平台。

【生产经营】 实现销售收入5.2亿元。实现税利0.46亿元，其中利润0.29亿元。三项费用率5.26%，同比增加0.57个百分点。

云南烟草机械有限责任公司

【概　况】 由云南中烟工业有限责任公司与中国烟草机械集团有限责任公司共同出资，在原云南烟草机械厂基础上改制组建，于2008年6月正式注册成立。云南烟机经营范围主要包括烟机修理、配套件加工、零配件销售及技术改造、烟用农业机械等。截至2016年底，云南烟机总资产3.91亿元，其中，固定资产3025万元、流动资产3.46亿元，资产负债率44.36%。有从业人员337人。云南烟机董事长：胡霈；党委委员、总经理：殷伟刚；党委书记、副总经理：杨建东。

【生产经营】 实现工业总产值4.61亿元，工业增加值1.21亿元。实现销售收入4.61亿元。实现税利5912万元，其中利润3011万元。三项费用率12.42%，同比减少1.88个百分点。全年万元产值综合能耗2.39千克标煤。

【主要产品】 主要产品有两大类。烟机大修理主要产品：GDX1/GDX2/B1/FOCKE350S。烤烟用具主要产品：烟夹类，如KC51/KC52/KC53/KC54；烟夹工作台类，如YJG－01/YJG－02－D。

【技术创新】 加强烟机技术创新。与红云红河集团昆明卷烟厂、红塔集团玉溪卷烟厂联合开展“高速超高速烟草包装设备零配件国产开发”项目，截至2016年底，项目通过云南中烟评审验收。申报的“一种软盒包装机封签纸供纸和传送机构”获得实用新型专利授权。中速机型烟支规格改造取得重大技术突破，完成行业首例FOCKE350S－φ7.16×84－767设备包装功能改造设计开发及卷烟厂交验工作；FOCKE350S－φ5.4×97－10/10设备改造进入实机装配验证阶段。

推进烟用农机技术研发，获得实用新型专利授权4项，发明专利授权2项。

烟草专用机械持证生产企业名单

序号	企业名称	企业住所
1	上海烟草机械有限责任公司	上海市浦东新区锦绣东路2555号
2	常德烟草机械有限责任公司	湖南省常德市长庚路99号
3	许昌烟草机械有限责任公司[1]	河南省许昌市永昌路6号
4	秦皇岛烟草机械有限责任公司	河北省秦皇岛市经济技术开发区龙海道67号
5	天津华一有限责任公司	天津市红桥区丁字沽三号路8号
6	昆明船舶设备集团有限公司	云南省昆明市人民东路3号
7	颐中（青岛）烟草机械有限公司	山东省青岛市崂山区株洲路88号
8	贵州平水机械有限责任公司	贵州省安顺市平坝县210信箱
9	北京长征高科技有限公司	北京市丰台区科兴路7号210室（园区）
10	张家口市通用机械有限责任公司	河北省张家口市桥西区新村南路14号
11	杭州萧山烟草机械设备有限公司	浙江省杭州市萧山区临浦镇通一村（后沈）
12	沈阳飞机工业（集团）有限公司	辽宁省沈阳市皇姑区陵北街1号
13	武汉船用机械有限责任公司	湖北省武汉市青山区武东街9号
14	昆明风动新技术集团发展有限公司	云南省昆明市高新区科泰路
15	中国船舶工业总公司七一五研究所宜昌分部	湖北省宜昌市绿萝路43号
16	巩义市建设机械制造有限公司	河南省巩义市城东石灰务工业区
17	云南烟草机械有限责任公司	云南省昆明市高新技术开发区科医路43号
18	昆明烟机集团二机有限公司	云南省昆明市东郊金马寺
19	昆明烟机集团三机有限公司	云南省昆明经济技术开发区信息产业基地拓翔路235/237号
20	宝应仁恒实业有限公司	江苏省扬州市宝应县苏中北路18号
21	江苏恒森烟草机械有限公司[2]	江苏省无锡市锡山区羊尖镇机械装备产业园胶阳路
22	宁波轻工机械制造有限公司	浙江省宁波市镇海区骆驼工业区南一西路78号
23	智思控股集团有限公司	江苏省武进市高新技术产业开发区凤鸣路18号
24	北京达特集成技术有限责任公司	北京市经济技术开发区地盛北街1号25号楼
25	东方机器制造（昆明）有限公司	云南省昆明市经济技术开发区昌宏路88号
26	南京大树智能科技股份有限公司	江苏省南京市江宁区经济技术开发区挹淮街8号
27	机科发展科技股份有限公司	北京市海淀区首体南路2号
28	扬州市天宝自动化工程有限公司	江苏省扬州市宝应县柳堡镇仁里工业园区
29	合肥安大电子检测技术有限公司	安徽省合肥市高新技术开发区天达路2号安大科技园电子楼
30	云南紫金科贸有限公司	云南省昆明市金星广场A幢3楼
31	上海兰宝坤大智能技术有限公司	上海市奉贤区金汇镇金碧路228号6幢1层

续表

序号	企业名称	企业住所
32	开封东方机械有限公司	河南省通许县北工业园区丽星路中段
33	深圳市格雷柏智能装备股份有限公司[3]	广东省深圳市福田区天安数码城创新科技广场 B1710
34	郑州竹林智研机械设备制造有限公司	河南省巩义市竹林镇镇北街

注：1. 2016 年，许昌烟草机械有限责任公司企业住所由河南省许昌市工农路南端迁至河南省许昌市永昌路 6 号；

2. 2016 年，江苏恒森烟草机械有限公司企业住所由江苏省徐州市经济开发区杨山路 99 号迁至江苏省无锡市锡山区羊尖镇机械装备产业园胶阳路；

3. 2016 年，深圳市格雷柏机械有限公司更名为深圳市格雷柏智能装备股份有限公司。

◇ 撰稿：马钰淏；编辑：谢争艳

卷烟辅助材料生产

南通醋酸纤维有限公司

【生产经营】 生产丝束 10.3 万吨；销售丝束 10.5 万吨，同比增长 2%。生产醋片 16.2 万吨，销售醋片 6.8 万吨。实现利润 25.93 亿元，同比增长 6.28%。

【辅料生产供应】 确保辅料生产供应，辅料主要为醋纤丝束油剂，用于醋纤丝束生产润滑、集束、防静电。醋纤丝束油剂以白油、乳化剂为主要原料，根据醋纤丝束的生产特点和要求配制。生产油剂 2139 吨，除自用外，还向昆明和珠海两家醋酸纤维有限公司销售油剂 923 吨。

【技术创新】 坚持“面向用户、面向生产、面向未来”的指导思想，持续自主创新。重点研发项目取得进展。“超高速纺丝重大专项”完成阶段目标，全年增产 1260 吨，实现经济效益 2268 万元；公司增资扩建（二期）4 号炉、5 号炉实现全面超低排放，11 号炉脱硝提效改造后氨逃逸下降 70% 以上，催化剂用量下降 50%；“多品种浆粕应用技术”研究取得战略性突破，巴西木浆提升比例至 50%，试验按计划完成。

12 月，南纤公司召开第七次技术创新大会，会议对 18 个技术创新成果、5 个管理创新成果、15 名创新型和技能型员工、10 个群众性创新活动、2 篇科技论文进行表彰。全年获得国内专利授权 12 项，获得国外专利授权 3 项，截至 2016 年底，累计获得国内、外有效专利授权 102 项。

【品牌营销】 围绕“打造一个品牌，提升两个品质”的总体部署，聚焦“市场和客户”，推进“区域化基地化”供应模式，实施“销售衔接精准化，销售流程精益化，销售服务精细化”，成功打造出行业的三大基地——全规格丝束生产基地、高端卷烟丝束专线生产基地、细支卷烟配套丝束生产基地。丝束用户覆盖所有 19 家工业公司和 2 家滤棒材料厂。全年走访用户 120 余次，接待上海、浙江、湖南、江苏、山东等省（自治区、直辖市）的 15 家用户来访，提供技术支持 27 项。同时，以战略用户为服务重点，合作完成 9 项产品开发和质量改进项目。

【企业管理】 坚持基于卓越管理的质量经营模式，通过转变方式、内部挖潜，不断推动企业降本增效工作。全力构建本质安全保障机制，实现一般及以上 EHS（环境、健康、安全）八大事故为零的安全管理目标。全年实施精益六西格玛项目 12 个，创造经济效益超过 2000 万元，“精益项目池”实现部门和生产维修班组的全覆盖。推进 75 个设备改善项目，关键设备故障率同比下降 59%，备品备件库存总额降低 5%，达到历史最好水平。2016 年，南纤公司获得“全国设备管理创新示范企业”称号。

【特事辑要】 1 月 6 日，国家局党组成员、副局长段铁力赴南纤公司调研。重点调研南纤公司 2015 年行业安全生产工作要点、行业安全生产电视电话会议精神贯彻落实情况及行业两次安全大检查整改落实情况。

3 月 10 日，南纤公司增资扩建六期工程项目通过专家组论证。

5 月 12 日，国产丝束供应模式研讨会在南纤公司召开。中国烟草投资管理公司、上海烟草集团、浙江中烟、江苏中烟、南通烟滤嘴有限责任公司及国内 6 家醋纤丝束生产企业的 18 名代表参加会议。

12 月 22 日，南纤公司与将军烟草集团有限公司签订“新型烟用过滤材料应用合作”技术协议，双方将在醋纤丝束、降焦减害、增香保润等方面深入合作。

◇ 撰稿：刘静静；编辑：周　佳

昆明醋酸纤维有限公司

【生产经营】 生产丝束3.48万吨，销售丝束3.48万吨。实现利润3.95亿元。

【产品品质】 制定56项分阶段的质量改进目标及工作计划，并逐一开始实施。针对生产工艺过程，建立综合质量变化指数，专注降低线与线之间的质量波动和差异；对关键设备尤其是卷曲机、计量泵、喷丝帽、浆液泵等推行精细化、零缺陷的全面维修质量管理；开展跨区域、跨部门、跨专业的旨在提高客户关注的使用指标的技术攻关，目的是为了提高产品的适配性。全年开展10余次与客户个性化需求相对接的产品适配性试验，提高了出棒率和吸阻稳定性，改进后的产品实现批量生产；与客户合作的“未卷曲能稳定性与嘴棒质量稳定性的关联探讨”项目，提高了丝束未卷曲能的稳定性，有助于对包顶吸阻波动的控制；“改进丝包角纸板破损”和“减少包底漏丝”项目，提高了丝包的外观效果，减少了客户使用的不便，降低了丝包出厂后被污染的几率。

【客户服务】 针对不同客户的特点，实施分级管理，制订突出重点客户、针对薄弱环节的走访计划，向客户提供一对一的个性化服务。总经理室成员全部参加客户走访，充分听取和收集意见，了解市场情况及发展趋势，明确对客户需求和期望的认识；客户和质量委员会牵头积极回应客户的重点诉求，促进跨部门的积极合作；实施的“客户信息数据库与分析管理系统”项目，有助于对客户需求、丝束使用现状和其他重要信息的收集与分析；“提高和拓展服务能力”项目，提高了客户服务人员对KDF4成机型性能知识的了解程度和与客户沟通的效果。

【企业管理】 面对严峻复杂的市场环境和不断增加的安全环保压力，昆纤公司坚持问题导向，主动作为。全年无人员伤害、无环境事件发生，无职业健康安全损失时间250万小时；无重大客户投诉，丝束产品产率、未卷曲能、吸阻稳定性、断头率等重要质量指标创历史最佳水平，客户服务得到广泛认可。生产无中断连续天数达到1695天。

【节能减排】 开展节能降耗工作，开展的“锅炉‘一大一小’运行模式”项目，实现日均节煤3%、节电1600千瓦时。全年完成“VLA风机永磁调速系统的设备改造”项目，实现远程控制，增强对取得节能效果的把控性；“冷冻水系统经济运行模式”项目，寻找出冷冻机在不同季节及气候条件下的最低能耗的运行模式，年节电约20万千瓦时；“外购中水应用”项目，减少自来水采购约1.5万吨；“电价与运行方式的调整”项目，提供有效减少综合运行成本的新实践模式；“改进丙酮与蒸汽消耗比”项目，以综合成本最优开展运行试验，实现年节约成本36万元；“公用介质生产和使用的适配性”项目，通过对标和最佳实践的分析与引领，提供进一步市场运营的潜在机会。全年昆纤公司单位产品标煤耗、水耗和电耗同比分别下降4.6%、3.3%和0.7%。

【特事辑要】 4月19日，历时9天的昆纤公司停车大检修取得圆满成功。此次大修实施256个检修项目，是近年来大检修任务比较繁重的一次。通过此次停车检修全面地解决了各设备、装置、系统存在的问题，完成电气安全检查整改的全部内容和压力容器、管道检查整改的大部分内容。

7—8月，中央环境保护第七督察组赴云南进行环保督察。在此期间，昆纤公司多次配合督察组和省、市、区环保局等单位进行现场调研和资料查询工作，展示昆纤公司建厂以来环保管理工作的成果，也反馈由于昆明城市发展、规划问题导致厂区被小区包围出现的环保工作困难。各级环保部门均认为，昆纤公司的环保管理工作持续有效，各项管理符合法规要求，未发生超标排放的情况。

◎ 撰稿：李如音；编辑：周 佳

珠海醋酸纤维有限公司

【生产经营】 主要生产：3.0/35000（A2）、3.0/35000（A4）、3.0/32000（C0）、3.0/32000（C1）、3.9/31000（G1）、3.9/31000（G0）、2.7/35000（D0）、3.0/28000（Z0）、5.8/28000（T0）等9种规格的醋纤丝束。2016年，生产丝束3.57万吨，销售丝束3.73万吨，同比增长6%，产品销往全国10个省（自治区、直辖市）。实现利润4.36亿元，同比增长11%。

【技术创新】 开展老旧电机升级换代工作，淘汰高能耗落后电机，全年节约用电1372千瓦时，节约生产成本88万元。全年珠纤公司评出30个优秀技术创新项目，3个QC小组获得“珠海市2016年度优秀小组”称号。

【品牌营销】 满足客户需求，不断优化丝束指标参数并开发新丝束品种，珠纤公司丝束规格较上年增加80%。全年与用户开展技术交流活动7次，市场服务人员走访用户116厂次。珠纤公司利用企业微信号建立微信客服渠道，让用户感受到沟通的及时性、便利性。公司顾客服务契合度为93.1分。

积极推动专线建设，与贵州中烟建立战略合作伙伴关系，于11月10日设立“贵烟烟用丝束专线”。截至2016年底，珠纤公司丝束覆盖“双喜”“黄鹤楼”“贵烟”“利群”“芙蓉王”“白沙”等14个重点卷烟品牌，重点品牌覆盖率45%。

【企业管理】 全面启动业务流程梳理优化工作，组织业务骨干接受培训并赴华为技术有限公司参观学习。全年完成流程现状诊断、流程价值点确定、总体流程框架设计及6个关键流程的优化建设与试运行。完成“员工职业通道与薪酬结构优化设计”项目，为加强人力资源管理，进一步做好吸引人才、培养人才工作奠定基础。珠纤公司被选为国家级信息化和工业化融合管理体系贯标试点企业。

【搬迁扩建】 6月，珠纤公司搬迁扩建项目设计工作基本结束，全厂设备安装工程正式发标，项目工作重心逐渐从土建转入安装阶段。11月，项目全面进入安装攻坚阶段，丝束生产、丙酮回收及公用工程各装置的主要设备安装完成。截至2016年底，土建施工完成93%，工艺设备安装完成71%，电仪安装完成26%，招投标和采购完成90%。

【特事辑要】 12月11日，国家烟草专卖局党组书记、局长凌成兴一行到珠纤公司考察调研。凌成兴高度评价珠纤公司搬迁扩建项目及生产经营情况，他指出：“珠纤有三个特点，工程进展快、施工环境好、生产经营好，珠纤的同志们抓得紧、抓得实、抓得好！”

◇ 撰稿：杨曼莉；编辑：周 佳

其他卷烟辅助材料生产企业

辅料生产企业名称	出资人（烟草企业）（全资、参股、控股）	总资产（万元）	总产值（万元）	总利润（万元）	主要经营项目
中烟摩迪（江门）纸业有限公司	中国烟草总公司参股	74364	38439	3211	主要经营卷烟纸、成型纸、其他用于烟草制造业的各种纸类制品的加工、生产和销售及其他特定用途纸，并提供与此相关的服务
张家口钻石工贸有限责任公司	张家口卷烟厂有限责任公司子公司	948	1255	140	主要经营纸箱、铝箔纸加工，卷烟零售、物业管理
石家庄钻石卷烟材料有限责任公司	河北白沙烟草有限责任公司子公司	2394	6532	828	主要生产水松纸、铝箔纸、薄片胶、纸箱，卷烟、日用百货零售
上海烟草包装印刷有限公司	上海烟草集团有限责任公司控股	183343	71252	7472	主要经营出版物印刷、包装印刷、其他印刷（凭许可证），从事货物与技术的进出口业务，各类广告的设计、制作，纸制品的加工等
上海白玉兰烟草材料有限公司	上海海烟投资管理有限公司子公司	12700	15932	1664	主要负责滤棒的研发制造和纸箱的制造（纸箱制造业务于2016年7月停止）
上海烟草集团太仓海烟烟草薄片有限公司	上海烟草集团有限责任公司控股	36434	13492	318	主要经营烟草薄片委托加工，烟叶购进、烟草薄片生产销售，烟草薄片生产相关的技术咨询服务，烟草薄片仓储和香料销售
上海牡丹香精香料有限公司	上海烟草集团有限责任公司控股	17601	21899	4933	主要负责烟用香精香料的研制、开发、生产、销售及其相关领域内的咨询服务
南通烟滤嘴有限责任公司	江苏中烟工业有限责任公司子公司	130154	114776	19844	主要负责烟滤嘴的加工、销售
蚌埠卷烟材料厂	隶属安徽中烟工业有限责任公司、集体企业	40745	38384	1222	主要经营滤棒、卷烟纸、BOPP薄膜、卷烟商标、水松纸、成型纸、香精香料、铝箔纸、乳胶、布带等卷烟辅料
芜湖卷烟材料厂	隶属安徽中烟工业有限责任公司、集体企业	28820	12278	-401	主要经营纸箱、铝箔纸、接装纸、卡纸、滤棒等卷烟辅材
合肥烟草工贸总公司	隶属安徽中烟工业有限责任公司、集体企业	12019	9052	3450	主要经营纸箱、铝箔纸、接装纸、卡纸、滤棒等卷烟辅材
阜阳卷烟材料厂	隶属安徽中烟工业有限责任公司、集体企业	9332	6536	378	主要经营纸箱、铝箔纸、接装纸、卡纸、滤棒等卷烟辅材

续表

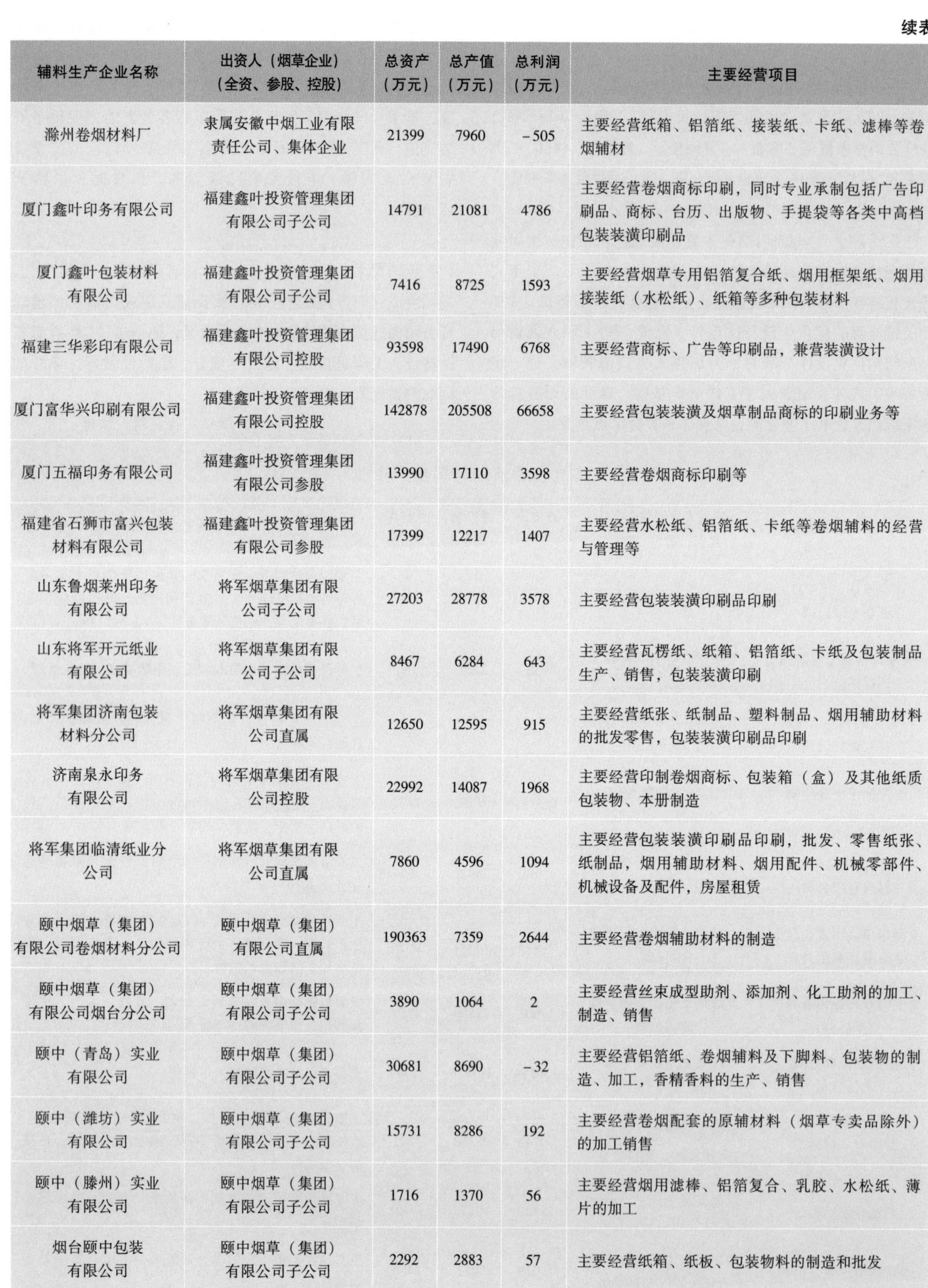

辅料生产企业名称	出资人（烟草企业）（全资、参股、控股）	总资产（万元）	总产值（万元）	总利润（万元）	主要经营项目
滁州卷烟材料厂	隶属安徽中烟工业有限责任公司、集体企业	21399	7960	－505	主要经营纸箱、铝箔纸、接装纸、卡纸、滤棒等卷烟辅材
厦门鑫叶印务有限公司	福建鑫叶投资管理集团有限公司子公司	14791	21081	4786	主要经营卷烟商标印刷，同时专业承制包括广告印刷品、商标、台历、出版物、手提袋等各类中高档包装装潢印刷品
厦门鑫叶包装材料有限公司	福建鑫叶投资管理集团有限公司子公司	7416	8725	1593	主要经营烟草专用铝箔复合纸、烟用框架纸、烟用接装纸（水松纸）、纸箱等多种包装材料
福建三华彩印有限公司	福建鑫叶投资管理集团有限公司控股	93598	17490	6768	主要经营商标、广告等印刷品，兼营装潢设计
厦门富华兴印刷有限公司	福建鑫叶投资管理集团有限公司控股	142878	205508	66658	主要经营包装装潢及烟草制品商标的印刷业务等
厦门五福印务有限公司	福建鑫叶投资管理集团有限公司参股	13990	17110	3598	主要经营卷烟商标印刷等
福建省石狮市富兴包装材料有限公司	福建鑫叶投资管理集团有限公司参股	17399	12217	1407	主要经营水松纸、铝箔纸、卡纸等卷烟辅料的经营与管理等
山东鲁烟莱州印务有限公司	将军烟草集团有限公司子公司	27203	28778	3578	主要经营包装装潢印刷品印刷
山东将军开元纸业有限公司	将军烟草集团有限公司子公司	8467	6284	643	主要经营瓦楞纸、纸箱、铝箔纸、卡纸及包装制品生产、销售，包装装潢印刷
将军集团济南包装材料分公司	将军烟草集团有限公司直属	12650	12595	915	主要经营纸张、纸制品、塑料制品、烟用辅助材料的批发零售，包装装潢印刷品印刷
济南泉永印务有限公司	将军烟草集团有限公司控股	22992	14087	1968	主要经营印制卷烟商标、包装箱（盒）及其他纸质包装物、本册制造
将军集团临清纸业分公司	将军烟草集团有限公司直属	7860	4596	1094	主要经营包装装潢印刷品印刷，批发、零售纸张、纸制品，烟用辅助材料、烟用配件、机械零部件、机械设备及配件，房屋租赁
颐中烟草（集团）有限公司卷烟材料分公司	颐中烟草（集团）有限公司直属	190363	7359	2644	主要经营卷烟辅助材料的制造
颐中烟草（集团）有限公司烟台分公司	颐中烟草（集团）有限公司子公司	3890	1064	2	主要经营丝束成型助剂、添加剂、化工助剂的加工、制造、销售
颐中（青岛）实业有限公司	颐中烟草（集团）有限公司子公司	30681	8690	－32	主要经营铝箔纸、卷烟辅料及下脚料、包装物的制造、加工，香精香料的生产、销售
颐中（潍坊）实业有限公司	颐中烟草（集团）有限公司子公司	15731	8286	192	主要经营卷烟配套的原辅材料（烟草专卖品除外）的加工销售
颐中（滕州）实业有限公司	颐中烟草（集团）有限公司子公司	1716	1370	56	主要经营烟用滤棒、铝箔复合、乳胶、水松纸、薄片的加工
烟台颐中包装有限公司	颐中烟草（集团）有限公司子公司	2292	2883	57	主要经营纸箱、纸板、包装物料的制造和批发
青州新华包装制品有限公司	颐中烟草（集团）有限公司子公司	9297	11843	558	主要经营卷烟商标、水松纸等卷烟辅料的生产和销售

续表

辅料生产企业名称	出资人（烟草企业）（全资、参股、控股）	总资产（万元）	总产值（万元）	总利润（万元）	主要经营项目
许昌永昌印务有限公司	河南中烟工业有限责任公司参股	20154	13042	－1675	主要经营烟标装潢的印制
驻马店发时达工贸有限公司	河南中烟工业有限责任公司控股	9239	9448	－771	主要经营滤棒加工、薄片加工、铝箔纸复合、水松纸印刷、纸箱、胶、BOPP、卡纸、主业物业服务等
河南金瑞香精香料有限公司	河南中烟工业有限责任公司子公司	15020	18026	934	主要经营烟用香精香料的生产、销售
河南金芒果印刷有限公司	河南中烟工业有限责任公司控股	14811	8841	24	主要经营烟标装潢的印制
河南省新郑金芒果实业总公司	隶属河南中烟工业有限责任公司、集体企业	12756	－68	－68	主要经营白卡纸、内衬纸、接装纸、黏合剂、纸箱的生产及烟用滤棒的加工
许昌帝豪实业公司	隶属河南中烟工业有限责任公司、集体企业	25656	19356	－608	主要经营铝箔纸复合，以及水松纸、BOPP 薄膜、内衬纸、黏合剂、纸箱等生产
郑州黄金叶实业总公司	隶属河南中烟工业有限责任公司、集体企业	40045	26908	－725	主要经营烟标装潢、其他印刷品的印刷及烟用滤棒的加工
安阳市红旗渠集团	隶属河南中烟工业有限责任公司、集体企业	18284	26960	104	主要经营烟标装潢、白卡纸、内衬纸、水松纸、接装纸的生产及烟用滤棒的加工
南阳双龙实业公司	隶属河南中烟工业有限责任公司、集体企业	19549	18163	364	主要经营卷烟商标印刷，BOPP 薄膜、白卡纸、内衬纸、接装纸、黏合剂、纸箱等生产
洛阳烟草服务中心	隶属河南中烟工业有限责任公司、集体企业	12949	10073	2	主要经营烟标装潢、白卡纸、内衬纸的生产及烟用滤棒的加工
漯河沙河实业有限公司	隶属河南中烟工业有限责任公司、集体企业	12349	15395	－123	主要经营卷烟商标印刷，BOPP 薄膜、白卡纸、内衬纸、接装纸、纸箱的生产
常德金鹏印务有限公司	湖南中烟投资管理有限公司参股	113674	128380	37600	主要负责全省系统卷烟商标生产经营
湖南九子龙印务有限公司	湖南中烟投资管理有限公司参股	5131	7628	409	主要负责全省系统卷烟商标生产经营
湖南永怡印刷包装有限公司	湖南中烟投资管理有限公司参股	5300	12823	302	主要负责全省系统卷烟商标生产经营
常德市金芙蓉实业发展总公司	湖南中烟投资管理有限公司参股	34391	40269	3195	主要负责全省系统水松纸、铝箔纸、框架纸、纸箱生产经营
常德芙蓉大亚化纤有限公司	湖南中烟投资管理有限公司控股	13648	12605	732	主要负责全省系统滤棒生产经营
四平芙蓉纸品有限责任公司	湖南中烟投资管理有限公司全资设立	3081	4905	482	主要负责全省系统水松纸、铝箔纸、框架纸、纸箱生产经营
湖南兴泰包装材料有限公司[1]	湖南中烟投资管理有限公司全资设立	4334	8067	590	主要负责全省系统水松纸、纸箱、框架纸生产经营
郴州永旺包装材料有限公司	湖南中烟投资管理有限公司控股	2668	4874	90	主要负责全省系统铝箔纸、纸箱生产经营
湖南和鑫包装材料有限公司[2]	湖南中烟投资管理有限公司控股	13144	1203	－293	主要负责全省系统卷烟纸、BOPP 薄膜、纸箱生产经营

续表

辅料生产企业名称	出资人（烟草企业）（全资、参股、控股）	总资产（万元）	总产值（万元）	总利润（万元）	主要经营项目
广西真龙实业有限责任公司	广西中烟工业有限责任公司子公司	36355	25292	3567	主要经营烟用铝箔纸复合、销售；烟用接装纸生产、销售；成型纸加工（分切）、销售；精细化工类胶水生产、销售；烟用金拉线生产、销售；纸箱加工、销售；烟用丝束定向购进（广西中烟工业有限责任公司）；滤棒生产、定向销售；国产卷烟纸品分割、销售；卷烟、雪茄烟（限分支机构经营）零售；自有房屋、土地及设备租赁；普通道路货物运输；物业管理；酒店管理
广西真龙彩印包装有限公司	广西中烟工业有限责任公司控股	83059	83560	21374	主要经营烟用接装纸的制版印刷（凭许可证有效期经营）
广西真龙天瑞彩印包装有限公司	广西中烟工业有限责任公司控股	26965	14637	2366	主要经营卷烟用条盒和小盒的生产、销售
四川三联卷烟材料有限公司	四川中烟工业有限责任公司子公司	45268	53967	2541	主要经营卷烟滤棒的生产、供应
陕西省卷烟材料厂	陕西中烟投资管理有限公司子公司	23390	13132	1695	主要经营烟用滤棒、烟箱、内衬纸等卷烟辅料的生产
宝鸡好猫实业（集团）有限公司	陕西中烟工业有限责任公司子公司	43995	24361	2271	主要经营烟用印刷品、烟用滤棒的生产
宁波大安化学工业有限公司	陕西中烟投资管理有限责任公司参股	165996	79000	12911	主要生产经营乙醋酐、二醋片等
西安惠大化学工业有限公司	陕西中烟投资管理有限责任公司参股	45259	72542	10747	主要生产经营烟用丝束等
陕西金叶科教集团股份有限公司	陕西中烟投资管理有限责任公司参股	179562	99384	7486	主要经营包装印刷品，大学教育、房地产等
宁夏弘德包装材料有限公司	湖南中烟工业有限责任公司、陕西中烟投资管理有限责任公司、中国双维投 资有限公司共同出资设立	45187	15466	1320	主要经营烟用包装印刷品生产销售等

注：1. 湖南兴泰包装材料有限公司于2016年9月新设立；
2. 2016年4月，原湖南永安包装材料有限公司更名为湖南和鑫包装材料有限公司。

◎ 编辑：周　佳

烟叶加工

打叶复烤

2016年，全国有32家打叶复烤企业（含工业企业复烤车间），62个生产点，75条打叶复烤生产线，分布在全国17个省（区、市），年设计加工能力195万吨（3900万担）。其中独立法人打叶复烤企业26家，66条生产线，年设计加工能力168万吨（3360万担），有原烟仓库299.48万平方米，成品仓库211.28万平方米，烟叶挑选车间30.69万平方米。卷烟工业企业打叶复烤车间6家，9条生产线，年设计加工能力27万吨（540万担）。

26家独立核算打叶复烤企业上缴税金总额21.58亿元，同比增加0.04亿元，同比增长0.19%；实现净利润14.87亿元，同比减少4.1亿元，同比降低21.61%。26家独立核算打叶复烤企业实现加工费收入（含价外费用）76.01亿元，同比减少2.74亿元，同比降低3.48%；平均吨烟加工费收入（含价外费用）为6073.28元。

丹东辽东烟草发展有限责任公司

【概　况】　位于辽宁省凤城市，成立于1996年7月9日。有中国烟草总公司辽宁省公司、辽宁省烟草公司丹东市公司、红塔烟草（集团）有限责任公司、红塔辽宁烟草有限责任公司、辽宁省烟草公司阜新市公司、辽宁省烟草公司铁岭市公司、辽宁省烟草公司朝阳市公司、中国烟草辽宁进出口公司等8家股东，隶属于中国烟草总公司辽宁省公司。公司拥有年储存烟叶1.5万吨（30万担）的物流中心1个，年打叶复烤能力3万吨（60万担）的现代化生产线1条。截至2016年底，公司拥有总资产3.98亿元，资产负债率3.12%。从业人员179人。公司党委书记：任勇；法人代表、总经理：张敬波。

【生产经营】　2016年，公司复烤加工烟叶2.06万吨（41.14万担），产出成品片烟1.35万吨（27.01万担）。实现加工收入7669万元。实现税利2679万元，其中利润1438万元。

【基础管理】　2016年，公司继续延续“三班生产运行模式”，合理安排加工计划，整个加工周期主要质量指标均达到行业相关标准和客户的要求，其中叶中含梗1.8%以下、梗中含叶1.0%以下、长梗率达到85%以上、包装完好率达到100%。全年生产能耗164千克标煤/吨，综合能耗219千克标煤/吨，设备运行率97%，客户满意度97.7%。

延边友利打叶复烤有限责任公司

【概　况】　位于吉林省延吉市，成立于2003年9月，隶属于吉林烟草工业有限责任公司。注册资本6054万元，拥有6000千克/小时整套打叶复烤设备，年复烤加工能力3万吨（60万担）。从业人员337人。公司党委书记：刘成学；法人代表、董事长：金胜龙；总经理：董秀吉。

【生产经营】　2016年，公司复烤加工烟叶1.08万吨（21.49万担），产出成品片烟0.69万吨（13.8万担）。实现加工收入4459万元。实现税利735.96万元，其中利润11.21万元。

黑龙江烟叶复烤有限公司

【概　况】　位于黑龙江省哈尔滨市，2012年6月经国家烟草专卖局、中国烟草总公司批准成立，2012年11月正式挂牌，是由中国烟草总公司黑龙江省公司、红塔烟草（集团）有限责任公司、湖南中烟工业有限责任公司、湖北中烟工业有限责任公司、广东中烟工业有限责任公司等5家烟草工商企业投资经营的打叶复烤企业，由中国烟草总公司黑龙江省公司控股管理，实行董事会领导下的总经理负责制，下设勃利、绥化、林口等3家打叶复烤厂。注册资本6.59亿元，拥有3条12000千克/小时打叶复烤生产线，年复烤加工能力13.5万吨（270万担）。截至2016年底，公司拥有总资产5.85亿元，其中，固定资产0.81亿元、流动资产4.81亿元，资产负债率为9.13%。有从业人员1952人。公司法人代表：王乃信（—2016年10月）、徐志敏（2016年10月—）；总经理：徐志敏。

【生产经营】　2016年，公司复烤加工烟叶4.45万吨（89万担），产出成品片烟2.91万吨（58.2万担）。实现销售收入1.73亿元。亏损4078万元。

华环国际烟草有限公司

【概　况】　成立于1994年5月，其前身是英美烟公司1917年投资建设的门台子烤烟厂。公司历经中外合资、行业内工商合资等多次变革，发展成为由中国烟草总公司安徽省公司、上海烟草集团有限责任公司和安徽中烟工业有限责任公司共同投资建设、共同经营的现代化打叶复烤企业，隶属于中国烟草总公司安徽省公司。公司下设华环生产加工中心、涡阳烟叶复烤厂和蚌埠储运分公司等3个分支机构。华环生产加工中心位于安徽省凤阳县经济技术开发区，拥有1条12000千克/小时打叶复烤生产线，年设计生产能力3万吨（60万担）。涡阳烟叶复烤厂位于安徽省涡阳县，占地面积19万平方米，拥有6000千克/小时打叶复烤生产线和年中转能力100万担烟叶的铁路专用线各1条。截至2016年底，公司拥有总资产15.93亿元，其中，固定资产7.6亿元、流动资产7.47亿元。从业人员483人。公司党委书记、法人代表、总经理：王新胜。

【生产经营】　2016年，公司复烤加工烟叶6.257万吨（125.14万担）。实现主营业务收入2.99亿元。实现税利5760.59万元，其中利润134.63万元。

【技术创新】　推进创新平台建设，初步建成江苏中烟联合实验室、安徽中烟均质化加工联合实验室。全年在研科技项目17项，结题科技项目6项，牵头承担行业标准项目1项，发表科技论文6篇。累计获得授权专利数量达到29件。

福建武夷烟叶有限公司

【概　况】　位于福建省邵武市，成立于2000年12月。股东有中国烟草总公司福建省公司、福建省烟草公司南平市公司、浙江中烟工业有限责任公司、上海烟草集团有限责任公司、江苏中烟工业有限责任公司、红塔烟草（集团）有限责任公司、安徽中烟工业有限责任公司、山东中烟工业有限责任公司、原川渝中烟工业有限责任公司等9家，隶属于中国烟草总公司福建省公司。截至2016年底，公司拥有总资产12.73亿元，其中，固定资产5.23亿元，流动资产6.96亿元，资产负债率3.73%。公司占地面积34.67万平方米，年复烤加工能力3万吨（60万担）。共有员工1209人。公司法人代表、总经理：白万明；常务副总经理：杨连意。

【生产经营】　2016年，公司复烤加工烟叶3.296万吨（65.92万担），产出成品片烟2.14万吨（42.8万担）。实现销售收入1.76亿元，其中加工收入1.66亿元。实现税利4686万元，其中利润1687万元。

福建省龙岩金叶复烤有限责任公司

【概　况】　位于福建省龙岩市永定区。2003年4月，由原龙岩卷烟厂打叶复烤分厂改制而来，隶属于福建中烟工业有限责任公司。公司股东有福建中烟工业有限责任公司、龙岩烟草工业有限责任公司、厦门烟草工业有限责任公司、福建省烟草公司龙岩市公司、上海烟草集团有限责任公司、湖北中烟工业有限责任公司、广东中烟工业有限责任公司等7家。截至2016年底，公司拥有总资产13.37亿元，其中，固定资产11.32亿元、流动资产2.05亿元。拥有2条12000千克/小时打叶复烤生产线。员工396人，其中大学学历以上222人，高级职称2人、中级职称42人。公司党委书记、法人代表、总经理：姜林忠。

【生产经营】　2016年，公司复烤加工烟叶3.829万吨（76.578万担），产出成品片烟2.59万吨（51.83万担）。实现销售收入1.84亿元，其中加工收入1.56亿元。实现税利1788万元，亏损1382万元。

【企业管理】　制定“范围标准、调节标准”两位一体的参数化质量控制技术标准，推行“光谱值均衡投料”配方均匀性控制模式，采用“动态组批投料”配方技术，优化工序质量参数和复烤自动化控制技术，强化杂物管控，稳定产品质量。2016年，成品水分变异系数1.92%，成品烟碱变异系数控制在3.07%以内，大中叶片合格率100%，实物得率93.77%。

福建省三明金叶复烤有限公司

【概　况】　位于福建省三明市，成立于1998年10月。股东有中国烟草总公司福建省公司、福建省烟草公司三明市公司、湖北中烟工业有限责任公司、上海烟草集团有限责任公司、江苏中烟工业有限责任公司、福建中烟工业有限责任公司、贵州中烟工业有限责任公司、红云红河烟草（集团）有限责任公司、湖南中烟工业有限责任公司、四川中烟工业有限责任公司、重庆中烟工业有限责任公司等11家，注册资本9.13亿元，隶属于中国烟草总公司福建省公司。公司占地面积7.5万平方米，年复烤加工能力4.5万吨（90万担）左右。员工632人。公司法人代表、总经理：张清明；常务副总经理：赖禄祥。

【生产经营】　2016年，公司复烤加工烟叶2.7万吨（54.02万担），产出成品片烟1.88万吨（37.6万担）。实现销售收入1.31亿元，其中加工收入1.07亿元。实现税利1507万元，其中利润1108万元。

【技术改造】　公司围绕“国内一流、国际先进”的技改目标，引入最先进设计理念，应用最前沿工艺技术，全力推进打叶复烤易地技改工作。项目于2016年8月底建成试投产。项目配置1条处理能力为12000千克/小时的国产打叶复烤生产线，配备库容3万担的原烟均质化配方高架库，采用“分类加工、均质化打叶、低温慢烤”等前沿的工艺理念，运用“超大片处理、二次精细风分、杂物控制、双侧进风”等领先技术，配备加香加料系统，智能化加工与远程监打系统，在仓储物流、专业服务、工艺技术方面优势明显，新线加工质量处于行业领先。

江西赣南烟叶复烤有限责任公司

【概　况】　位于江西省赣州市黄金开发区香港工业园，成立于2009年11月，是由中国烟草总公司江西省公司发起，赣州、抚州、吉安市烟草公司及江西中烟工业有限责任公司、红塔烟草（集团）有限责任公司、原川渝中烟工业有限责任公司、山东中烟工业有限责任公司、湖南中烟工业有限责任公司、浙江中烟工业有限责任公司、广东中烟工业有限责任公司和上海烟草集团有限责任公司等12家省内外烟草工商企业共同投资兴建的国有股份制企业，注册资本4.5亿元。截至2016年底，公司拥有总资产9.06亿元，其中，固定资产为2.93亿、流动资产4.8亿。公司年复烤加工能力3万吨(60万担)。从业人员142人。公司党委书记、法人代表、董事长：韩爱平（2016年3月—，之前任党委书记、法人代表、董事长、总经理）；总经理：廖为发（2016年3月—）。

【生产经营】 2016年，公司复烤加工烟叶2.95万吨(58.95万担)。实现加工收入9170.4万元。实现税利2080万元，其中利润412万元。

山东烟叶复烤有限公司

【概　况】 位于山东省济南市，成立于2011年1月，由中国烟草总公司山东省公司与上海烟草集团有限责任公司共同投资组建，隶属于中国烟草总公司山东省公司。公司下辖山东烟叶复烤有限公司诸城复烤厂、沂水复烤厂、潍坊复烤厂、临沂办事处和山东瑞博斯烟草有限公司1个全资子公司，拥有4条打叶复烤生产线和1条造纸法再造烟叶生产线，年设计复烤加工能力7.5万吨（150万担），年薄片生产能力6000吨。截至2016年底，公司拥有总资产9.88亿元，其中，固定资产4.59亿元、流动资产4.3亿元，资产负债率10.99%。从业人员1427人。公司法人代表、董事长：刘继学。

【生产经营】 2016年，公司复烤加工烟叶7.33万吨(146.6万担)，生产造纸法再造烟叶5037吨。实现营业收入4.93亿元。实现税利1.17亿元，其中利润4534万元。

【科技创新】 2016年，组织开展精益课题研究，立项市级精益课题30项，省级精益课题2项，累计创造经济效益和节约成本516万元。企业获得中国烟草总公司鉴定成果1项，立项省局（公司）以上科技计划项目1项。新申报专利9项，公司累计获得有效专利授权27项。获得山东省局（公司）专利奖10项。

天昌国际烟草有限公司

【概　况】 位于河南省许昌市。2011年9月，根据《国家烟草专卖局 中国烟草总公司关于河南省打叶复烤企业重组整合的批复》（国烟法〔2011〕48号），天昌国际烟草有限公司吸收合并三门峡金红烟草有限责任公司、宝丰金叶烟草有限责任公司、南阳金业烟草有限责任公司，重组整合为新的天昌国际烟草有限公司，隶属于中国烟草总公司河南省公司。公司投资总额18.5亿元，注册资本15.25亿元，股东有中国烟草总公司河南省公司、河南中烟工业有限责任公司、上海烟草集团有限责任公司、浙江中烟工业有限责任公司、湖北中烟工业有限责任公司、中国烟草河南进出口有限责任公司、江苏中烟工业有限责任公司、贵州中烟工业有限责任公司、红云红河烟草（集团）有限责任公司、安徽中烟工业有限责任公司、原川渝中烟工业有限责任公司、吉林烟草工业有限责任公司、红塔烟草（集团）有限责任公司、天利国际经贸有限公司、广东中烟工业有限责任公司等15家。公司下辖天昌复烤厂、三门峡复烤厂、宝丰复烤厂、南阳复烤厂等4家打叶复烤生产厂，拥有6条打叶复烤生产线，年设计复烤加工能力12万吨（240万担）。公司党委副书记（主持工作）：焦文明；法人代表：李俊成；总经理：李彰（—2016年1月）、邱国旺（2016年1—8月）、张利红（2016年8月—）。

【生产经营】 2016年，公司复烤加工烟叶11.45万吨(229万担)，产出成品片烟7.7万吨（154万担）。实现加工及经营收入5.38亿元。实现税利9656万元，其中利润1634万元。

【技术改造】 天昌复烤厂易地技改项目投资概算初步设计方案报国家局审批。宝丰复烤厂、南阳复烤厂技改项目设计方案获国家局批复。三门峡复烤厂技改项目用地请示报河南省局批复。“黄金叶”专线建设工艺改造项目投资7580万元获河南省局批复。

湖北烟草金叶复烤有限责任公司

【概　况】 位于湖北省恩施州经济开发区。2009年12月，根据《国家烟草专卖局 中国烟草总公司关于湖北省公司打叶复烤企业体制改革的批复》（国烟法〔2009〕512号），恩施金叶有限责任公司、襄樊金叶有限责任公司重组整合为湖北烟草金叶复烤有限责任公司；湖北烟草金叶复烤有限责任公司是中国烟草总公司湖北省公司控股管理的子公司，公司下设非独立法人的湖北烟草金叶复烤有限责任公司恩施复烤厂、湖北烟草金叶复烤有限责任公司襄樊复烤厂。2010年1月，公司正式挂牌成立。公司股东有中国烟草总公司湖北省公司、湖北中烟工业有限责任公司、湖南中烟工业有限责任公司、浙江中烟工业有限责任公司、红云红河烟草（集团）有限责任公司、红塔烟草（集团）有限责任公司、山东中烟工业有限责任公司、原川渝中烟工业有限责任公司、广西中烟工业有限责任公司、安徽中烟工业有限责任公司等10家，注册资本11.74亿元。公司下辖恩施复烤厂、襄阳复烤厂2个打叶复烤生产厂。截至2016年底，公司拥有总资产13.76亿元，资产负债率12.38%。拥有12000千克/小时打叶复烤生产线2条，6000千克/小时打叶复烤生产线1条，年复烤加工能力9万吨（180万担）。从业人员541人。公司董事长、法人代表：黄树立；党组书记、总经理：钟元兵。

【生产经营】 2016年，公司复烤加工烟叶5.753万吨（115.05万担），产出成品片烟3.78万吨（75.6万担）。实现加工收入2.48亿元。实现税利3439万元，其中利润821万元。

湖南烟叶复烤有限公司

【概 况】 位于湖南省郴州市，于2011年9月29日注册登记，同年10月正式运行。公司实行“一个法人，两点生产加工”的经营模式，辖郴州、永州两家复烤厂，有3条打叶复烤生产线，年设计加工能力9万吨（180万担）。公司有18家股东，注册资本22.88亿元，其中，中国烟草总公司湖南省公司持股51.98%，湖南中烟、广东中烟、上海烟草集团等17家卷烟工业企业股东持股48.02%。公司由中国烟草总公司湖南省公司控股管理。截至2016年底，公司拥有总资产27.98亿元，其中，固定资产12.41亿元、流动资产15.57亿元，资产负债率9.60%。年复烤加工能力9万吨（180万担）。从业人员616人。公司法人代表、总经理：周国生（—2016年12月）、曹健（2016年12月—）。

【生产经营】 2016年，公司复烤加工烟叶9.86万吨（197.11万担），产出成品片烟6.676万吨（133.51万担）。实现营业总收入3.57亿元。实现税利1.14亿元，其中利润7409万元。

【技术创新】 公司围绕工艺改进、设备管理、节能减排等重点、难点问题，开展科研项目4项，结题1项；开展QC攻关13项、精益改善课题20项；3篇科技论文获评中国烟草学会优秀论文三等奖。郴州、永州复烤厂的质量技术中心实验室均通过中国合格评定国家认可委员会（CNAS）的现场复审、评审；郴州复烤厂被国家局列为均质化加工试点单位。

常德芙蓉烟叶复烤有限责任公司

【概 况】 位于湖南省常德市鼎城区灌溪镇鼎城高新技术产业园，成立于2005年12月7日，隶属于湖南中烟工业有限责任公司。由湖南中烟，湖南省烟草公司常德、张家界市公司共同出资组建，注册资本3721万元。公司占地面积15.7万平方米，拥有12000千克/小时打叶分风线、1500千克/小时叶尖处理线、3000千克/小时叶基处理线、9600千克/小时复烤线、9600千克/小时打包线、16000千克/小时铺叶摆把线，年复烤加工能力3万吨（60万担）。截至2016年底，公司拥有总资产7.39亿元。在岗员工193人，其中大专以上学历172人。总经理、法人代表：侯军。

【生产经营】 2016年，公司复烤加工烟叶2.52万吨（70.4万担），产品出片率65.93%，实物产品得率93.93%。实现加工收入1.61亿元。实现税利2676万元，其中利润277万元。

湘西鹤盛原烟发展有限责任公司

【概 况】 位于湖南省吉首市，成立于1999年。由湖南中烟工业有限责任公司和湖南省烟草公司湘西土家族苗族自治州公司共同出资组建，注册资本9000万元，隶属于湖南中烟工业有限责任公司。公司占地面积11.2万平方米，拥有1条12000千克/小时打叶线、9600千克/小时烤片线、3600千克/小时烤梗线、12000千克/小时真空回潮机、12000千克/小时打包线，年复烤加工能力为3万吨（60万担）。在岗员工1753人。截至2016年底，公司拥有总资产4.28亿元。党支部书记、总经理、法人代表：张其龙。

【生产经营】 2016年，公司复烤加工烟叶3.75万吨（74.90万担），产出片烟3.54万吨（70.82万担）。实现销售收入1622万元。上缴税金3465万元，实现利润3770万元。

浏阳天福打叶复烤有限责任公司

【概 况】 位于湖南省浏阳市永安镇高新技术产业开发区，成立于2004年12月，由湖南中烟工业有限责任公司，湖南省烟草公司长沙、衡阳市公司共同出资组建，注册资本1.6亿元。公司占地面积10.67万平方米，拥有12000千克/小时分类加工打叶复烤生产线和6000千克/小时人机结合精选试验线各1条，年复烤加工能力3万吨（60万担）。在岗员工181人。截至2016年底，总资产4.82亿元。总经理：李昌平。

【生产经营】 2016年，公司复烤加工烟叶3.38万吨（67.59万担），产出片烟2.26万吨（45.21万担）。实现营业收入1.5亿元。实现税利0.53亿元，其中利润0.31亿元。

【技术改造】 2016年，公司投资98.88万元用于技术改造。其中，投资84万元对人机结合精选试验线选叶皮带机进行改造，通过改造提升选叶效率，“白沙”系列烟叶由人均4.25担/天提升至人均5.7担/天；投资14.88万元对真空回潮机水泵进行改造，改造后水泵故障发生率明显降低，烤季故障发生率为零。

广东韶关烟叶复烤有限公司

【概　况】 位于广东省韶关市，成立于1992年，2003年改制为有限公司，由中国烟草总公司广东省公司、广东中烟工业有限责任公司和深圳烟草工业有限责任公司共同出资组建。截至2016年底，公司拥有总资产5.07亿元。拥有1条12000千克/小时打叶复烤生产线，年复烤加工能力3万吨（60万担）。占地面积9万余平方米，从业人员164人。公司党委书记、法人代表、董事长、总经理：卢道明。

【生产经营】 2016年，公司复烤加工烟叶2.81万吨（56.2万担），产出成品片烟1.81万吨（36.12万担）。实现营业收入1.09亿元，实现加工收入9259万元。实现税利3259万元，其中利润1557万元。

【技术改造】 公司打叶复烤技术改造项目于2016年10月12日正式破土动工。截至2016年底，技改项目基建方面完成联合工房前段工程任务；设备购置方面，完成相关主机设备的选型和签订购置合同并正在进行高低压变配电的深化设计及各工段辅连、选优、配套电控等设备的招标工作。

广东梅州烟叶复烤有限公司

【概　况】 位于广东省梅州市，成立于1999年12月，隶属于中国烟草总公司广东省公司，由中国烟草总公司广东省公司、广东中烟工业有限责任公司和深圳烟草工业有限责任公司共同投资组建。截至2016年底，公司拥有总资产3.87亿元，资产负债率8.69%。占地面积5.71万平方米，拥有4万平方米的烟叶仓库，主要生产设备为6000千克/小时的打叶复烤生产线，年复烤加工能力1.5万吨（30万担）。从业人员176人。公司党委书记、法人代表、总经理：方文青。

【生产经营】 2016年，公司复烤加工烟叶2.56万吨（51.19万担），产出成品片烟1.72万吨（34.43万担）。实现营业总收入1.04亿元。实现税利1615.26万元，其中利润1146.35万元。

【技术改造】 公司技术改造项目的重点是实施打叶复烤生产线的改造，2016年1月21日动工实施，7月底完成生产线设备改造并投料试运行调试。8月2日，正式投料生产。

【技术创新】 2016年，公司与中国烟叶公司、广东中烟工业有限责任公司共同合作开展“‘双喜’品牌烟叶均质化复烤加工研究”科研项目。该项目成果首先作为广东中烟“双喜”品牌烟叶均质化复烤加工控制标准在广东梅州烟叶复烤有限公司展开应用，在中国烟叶公司和广东中烟的帮助和指导下，通过不断完善和优化逐步的行业内推广应用，对于与梅州复烤设备配置、基础条件相近的复烤企业具有较好的借鉴意义和推广价值。2016年开展QC课题12项，创新型课题2项。

广西伊灵烟叶复烤有限责任公司

【概　况】 位于广西南宁市武鸣区，是广西唯一的一家打叶复烤企业，隶属于中国烟草总公司广西壮族自治区烟草公司。公司前身为2000年筹建并于2002年6月正式投产的南宁伊灵打叶复烤厂。2003年6月，中国烟草总公司广西壮族自治区烟草公司、南宁卷烟厂、柳州卷烟厂、百色市烟草公司、贺州市烟草公司等5个股东单位共同出资改制成立广西伊灵烟叶复烤有限责任公司。2016年7月15日，正式新增广西壮族自治区烟草公司河池市公司为股东单位。公司注册资本为4.26亿元。截至2016年底，公司拥有总资产5.21亿元，占地面积25.07万平方米。公司经营业务范围包括烟叶打叶复烤加工和纸箱加工，拥有1条6000千克/小时打叶复烤生产线和1条纸箱生产线，年打叶复烤加工能力1.5万吨（30万担），年纸箱加工能力300万只。从业人员153人。公司党总支书记、总经理：覃伟；法人代表：张克勤（—2016年11月）、霍文义（2016年11月—）。

【生产经营】 2016年，公司复烤加工烟叶0.95万吨（18.92万担），产出成品片烟0.61万吨（12.15万担）。加工烟箱121.13万只，产品交付合格率均达100%。实现销售收入7058万元，其中打叶复烤收入6133万元、纸箱加工收入925万元。实现税利1635万元，其中利润422万元。

【技术改造】 公司对打叶复烤线生产设备进行局部改进，主要包括：对打叶线冷凝水回收系统进行改进，将回收的高温冷凝水与软水混合后再供给锅炉，提高锅炉的进水温度，日均可节省煤耗0.5吨，节省水耗13吨。对烟梗筛分及包装设备搬迁改造，对润叶机热风循坏系统进行改造。

四川烟叶复烤有限责任公司

【概　况】 成立于2011年12月，由原四川三益烟草有限责任公司、四川三友打叶复烤有限公司、宜宾三原烟叶复烤有限责任公司等3家公司整合而成。公司本部设在成都，实行"一个法人、多点加工"的组织模式和现代企业股份制管理模式，下辖会理、德昌、会东、泸州、宜宾等5家复烤厂，共有6条打叶复烤生产线，具有13.5万吨（270万担）的年设计生产能力、20万吨（400万担）的年实际加工能力。在岗员工604人，其中公司本部36人、5家复烤厂568人。

2016年，国家局对公司股权结构进行调整，新增注册资本4.41亿元，增资后总注册资本23.7亿元；将原川渝中烟工业有限责任公司持有的四川烟叶复烤有限责任公司的投资股权按照65%和35%的比例进行拆分，分别由四川中烟工业有限责任公司和重庆中烟工业有限责任公司承继；新增2家股东，新增投资3亿元，分别为：云南中烟工业有限责任公司增加2亿元、江苏中烟工业有限责任公司增加1亿元；原股东新增投资1.41亿元，分别为：湖北中烟工业有限责任公司新增2611.35万元、上海烟草集团有限责任公司新增3000万元、浙江中烟工业有限责任公司新增8450万元。增资后，四川烟叶复烤有限责任公司各股东的股权比例调整为：中国烟草总公司四川省公司占60.85%、云南中烟工业有限责任公司占8.44%、浙江中烟工业有限责任公司占5.28%、湖北中烟工业有限责任公司占4.22%、江苏中烟工业有限责任公司占4.22%、四川中烟工业有限责任公司占3.87%、上海烟草集团有限责任公司占3.60%、广东中烟工业有限责任公司占2.48%、重庆中烟工业有限责任公司占2.23%、湖南中烟工业有限责任公司占2.22%、安徽中烟工业有限责任公司占0.97%、山东中烟工业有限责任公司占0.79%、中国烟草实业发展中心占0.58%、中国烟草四川进出口有限责任公司占0.25%。截至2016年底，公司拥有总资产27.39亿元。公司党委书记：成本喜；法人代表、总经理：步克。

【生产经营】 2016年，公司复烤加工烟叶14.65万吨（293万担），产出成品片烟9.16万吨。实现加工收入4.62亿元。实现税利1.83亿元，其中利润9830万元。

贵州烟叶复烤有限责任公司

【概　况】 位于贵州省贵阳市，于2010年1月12日挂牌成立，由中国烟草总公司贵州省公司控股并管理。下设贵州烟叶复烤有限责任公司毕节、遵义、铜仁、黔南、湄潭、黔西南、贵阳等7家复烤厂。公司由中国烟草总公司贵州省公司、上海烟草集团有限责任公司、湖南中烟工业有限责任公司、江苏中烟工业有限责任公司、浙江中烟工业有限责任公司、广东中烟工业有限责任公司、贵州中烟工业有限责任公司、安徽中烟工业有限责任公司、湖北中烟工业有限责任公司、山东中烟工业有限责任公司、福建中烟工业有限责任公司、红塔烟草（集团）有限责任公司、红云红河烟草（集团）有限责任公司、河南中烟工业有限责任公司、广西中烟工业有限责任公司、陕西中烟工业有限责任公司、甘肃烟草工业有限责任公司、江西中烟工业有限责任公司、河北中烟工业有限责任公司等19家单位出资组建，注册资本44.88亿元。公司拥有12000千克/小时打叶复烤生产线8条，其中毕节复烤厂2条，其余6家复烤厂各1条，年复烤加工能力32万吨（640万担）。截至2016年底，公司拥有总资产55.20亿元。从业人员1120人。公司党委书记：孙俊如；法人代表、总经理：张健；董事长：沈宏。

【生产经营】 2016年，公司复烤加工烟叶22.76万吨（455.23万担），产出成品片烟20.24万吨（404.73万担）。实现营业收入9.51亿元。实现税利4.13亿元，其中利润2.45亿元。

【技术改造】 按照国家局打叶复烤技术改造的相关要求，公司对湄潭和铜仁复烤厂实施易地技术改造，对遵义复烤厂实施就地技术改造，上述3家复烤厂初步设计批复总投资概算为18.01亿元。除此之外，贵阳和黔南复烤厂易地技术改造项目获国家局立项批复，根据公司及项目实际情况，决定暂缓实施；毕节复烤厂仓储及辅助设施项目获国家局立项批复，公司拟分期实施，一期实施厂前区、一栋备料库以及其他相关辅助设施，二期将根据公司及项目实际情况，适时实施或暂缓实施。

重庆烟叶复烤有限公司

【概　况】 成立于2013年9月，是按照现代企业制度组建的股份制打叶复烤企业，注册资本9.81亿元，股东有中国烟草总公司重庆市公司（持股88.22%），重庆中烟工业有限责任公司（持股5.51%），湖南中烟工业有限责任公司（持股3.19%），江苏中烟工业有限责任公司（持股3.08%），隶属于中国烟草总公司重庆市公司。公司下辖重庆烟叶复烤有限公司万州复烤厂（原重庆万兴烟叶有限责任公司）、重庆烟叶复烤有限公司彭水复烤厂（原重庆金益烟草有限责任公司）。截至2016年底，公司拥有总资产10.29亿元，其中，固定资产1.04亿元、流动资产6.72亿元，资产负债率1.81%。在册员工310人。公司党组书记、副总经理：陶云辉；公司董事长：李江；公司法人代表、总经理：黄玉平。

【生产经营】 2016年，公司复烤加工烟叶5.11万吨（102.23万担）。实现加工收入1.97亿元。实现税利5398.49万元，其中利润1825.39万元。

云南省烟草烟叶公司

【概　况】 位于云南省昆明市，成立于1982年7月1日，是中国烟草总公司云南省公司的全资子公司。公司占地面积39.27万平方米，拥有1条12000千克/小时和2条6000千克/小时的打叶复烤生产线，年打叶复烤加工能力10万吨（200万担）。从业人员514人。截至2016年底，公司拥有总资产33.1亿元。公司法人代表、总经理：王跃武。

【生产经营】 2016年，公司复烤加工烟叶8.58万吨（171.53万担），销售烟叶4.92万吨（98.45万担）。实现税利7.65亿元，其中利润4.16亿元。

云南烟叶复烤有限责任公司

【概　况】 位于云南省昆明市，成立于2009年12月16日，由8家打叶复烤企业重组整合后组建，2010年1月1日正式运行，是全国第一家重组整合的股份制打叶复烤企业。公司实行董事会领导下的总经理负责制，18家股东单位，注册资本52.75亿元，中国烟草总公司云南省公司是最大的股东，股权比例50.74%。公司下属10家复烤厂分布在云南省7个州（市），10条打叶复烤生产线，年设计加工能力28.5万吨（570万担），年均加工烟叶55万吨（1100万担），为25家工商客户和13家州（市）烟草公司提供烟叶收储加工服务。员工1297人。公司党委书记、法人代表、总经理：王树荣。

【生产经营】 2016年，公司收储烟叶64.5万吨（1290万担），复烤加工烟叶44.96万吨（899.26万担），产出成品片烟29.5万吨（590.1万担），综合出片率65.62%，产品得率93.42%。实现税利11.2亿元，其中利润8.01亿元。

【客户服务】 公司在全国首次提出“烟叶定制化加工”的发展思路，与福建、河南、河北中烟启动烟叶定制化加工合作，共建品牌原料定制化加工基地，搭建烟叶加工创新发展平台；与江苏、福建、河北中烟共同成立“打叶复烤联合研究室”。

【技术创新】 与上海烟草集团开展“全等级烟叶分选试验”研究，与江苏中烟开展“叶片复烤关键工艺优化实验”研究，逐步缩小与卷烟工业在工艺指标上的差距；成功研发应用的“无损自动组箱机”实现成品烟箱的零夹抱、零污染；开拓创新烟叶分选思路，研发“环轨式物流烟叶分选”。“刷子摩擦式除尘布袋清洁机研制”课题获得云南省质量协会优秀QC成果评选项目一等奖、全国烟草行业第二十七届优秀质量管理小组成果三等奖。2016年，获得6项实用新型专利授权。

红河烟叶复烤有限公司

【概　况】 位于云南省红河州弥勒市，成立于2003年8月8日，由云南省烟草公司红河州公司和红云红河烟草（集团）有限责任公司共同出资，由云南省烟草公司红河州公司控股，注册资本2亿元。公司占地面积51.33万平方米，拥有2条12000千克/小时打叶复烤生产线，年复烤加工能力10万吨（200万担）。员工123人。截至2016年底，公司拥有总资产17.08亿元。公司法人代表：阙劲松；总经理：李云贵。

【生产经营】 2016年，公司复烤加工烟叶6.22万吨（124.49万担），产出成品片烟4.62万吨（92.35万担）。实现加工收入2.08亿元。实现税利1.8亿元。

【打叶复烤易地技改项目】 红河烟叶复烤有限公司打叶复烤易地技术改造项目2015年8月获《国家局关于红河烟叶复烤有限公司打叶复烤易地技术改造项目的批复》（国烟计〔2015〕225号）批复同意。项目建设用地选址在弥勒市城南的红河烟草产业园区，用地面积450亩。项目总投资控制在9.97亿元以内，所需建设资金由中国烟草总公司打叶复烤技改补助资金和企业自筹资金解决。按照年加工原烟90万担进行规划设计。截至2016年底，项目累计完成投资1.38亿元。完成项目建设用地购置和建设用地文物考古勘探、地质初勘、勘测定界、矿产资源压覆、地灾评估、地震安全性评价等前期工作，修改完善后的设计招标文件由云南省烟草专卖局转报至国家烟草专卖局。

曲靖天福烟叶复烤有限责任公司

【概　况】 位于云南省曲靖市，成立于2003年11月，由曲靖卷烟厂、曲靖市烟草专卖局（公司）共同出资组建。2008年，公司股权划转红云红河集团和云南中烟。公司注册资本2.46亿元，红云红河集团持有95%的股份，云南中烟持有5%的股份。截至2016年底，公司拥有总资产3.81亿元，其中，固定资产0.42亿元、流动资产3.33亿元，资产负债率13.63%。占地面积约8万平方米，拥有12000千克/小时打叶复烤生产线2条，年复烤加工能力6万吨（120万担）。在岗员工189人。公司董事长：李坤；总经理：高文。

【生产经营】 2016年，公司复烤加工烟叶4.016万吨（80.31万担），产出成品片烟2.73万吨（54.59万担）。实现主营业务收入1.79亿元。实现税利0.79亿元，其中利润0.52亿元。

咸阳烟叶复烤有限责任公司

【概　况】 位于陕西省咸阳市，始建于1978年。2003年划归陕西省烟草公司咸阳市公司管理。2006年12月18日，由咸阳市烟草公司、宝鸡市烟草公司、商洛市烟草公司、汉中市烟草公司、延安市烟草公司、安康市烟草公司、湖南中烟工业有限责任公司、原川渝中烟工业有限责任公司等8家工商企业联手，对原咸阳烤烟复烤厂进行改制，成立咸阳烟叶复烤有限责任公司，注册资本9000万元。2008年，公司增资扩股，新增中国烟草总公司陕西省公司和陕西中烟工业有限责任公司两个股东，湖南中烟工业有限责任公司、咸阳市烟草公司和原川渝中烟工业有限责任公司分别增资，新增股本7000万元，总注册资本达到1.6亿元。2009年投资1.28亿元的打叶复烤生产线技改项目顺利投产。2014年12月，中国烟草总公司陕西省公司增加投资1.14亿元，公司注册资本达到2.74亿元。公司占地面积14.85万平方米，拥有9000千克/小时打叶复烤生产线1条，年烟叶加工能力3万吨（60万担）。公司党总支书记、董事长：王云彪；副董事长、总经理、党总支副书记：张晓军。

【生产经营】 2016年，公司复烤加工烟叶3.35万吨（67万担），产出成品片烟2.25万吨（45万担）。实现加工收入1.14亿元。实现税利5402万元，其中利润3454万元。

薄片生产

上海烟草集团太仓海烟烟草薄片有限公司

【概　况】 上成立于2004年1月，2007年7月开始试生产。公司由原上海烟草（集团）公司、广东省金叶烟草薄片技术开发有限公司共同出资组建，注册资本3.9亿元。2015年12月，公司完成投资方变更和工商登记注册手续，成为上海烟草集团有限责任公司全资子公司。公司占地面积14.85万平方米，年生产能力为1万吨造纸法烟草薄片。在岗员工218人。公司党支部书记：宗宝祥；法人代表、总经理：郭亮。

【生产经营】 2016 年，公司生产薄片产品 3981.96 吨，全部为上海烟草集团有限责任公司生产，其中，纸质薄片产品 818.46 吨、纸质薄片 S 产品 849.78 吨、Z 薄片产品 1480.68 吨、纸质薄片 WG 产品 555.84 吨、纸质薄片 WGS 产品 277.20 吨。销售薄片 3981.96 吨。实现营业收入 1.75 亿元。实现税利 2011.12 万元，其中利润 318 万元。

江苏鑫源烟草薄片有限公司

【概　况】 位于江苏省淮安市清江浦区，成立于 2011 年 10 月，为江苏中烟工业有限责任公司全资子公司。公司拥有 2000 千克/小时造纸法再造烟叶生产线和 50 千克/小时造纸法再造烟叶试验线，年生产再造烟叶能力 1 万吨。截至 2016 年底，公司拥有总资产 8.41 亿元，其中，固定资产 4.9 亿元、流动资产 2.20 亿元，资产负债率 15.29%。从业人员 229 人。公司党委书记、总经理：金殿明；董事长：王轩庭。

【生产经营】 2016 年，公司生产造纸法再造烟叶 4810 吨，销售造纸法再造烟叶 4783 吨，其中省内销售 3502 吨、省外销售 1281 吨。实现销售收入 2.06 亿元。实现税利 5658 万元，其中利润 4872 万元。

【项目建设】 **造纸法再造烟叶项目**。按照“提升技能，发挥功能，达到效能，挖掘潜能”的思路，以围绕“三效”（效率、效果、效益）、提高“三率”（提取率、涂布率可调可控水平、产品得率）、降低“三耗”（能耗、水耗、损耗）为工作主线，从管理、技术、人员等多方面入手，积极开展生产线完善性改造、工艺技术研究、职工技术技能培训等活动，持续提升生产线运行的连续性、在线计量检测控制的准确性、产品质量的稳定性。生产线多项技术指标达到行业标志性生产线水准，生产线平均车速稳定提升至 130 米/分钟，产品平均得率达到 87.53%，各类消耗指标稳步下降，单吨产品综合能耗降至 1.05 吨标煤、水耗降至 46.96 吨。项目总体竣工验收于 11 月获总公司批复。

再造梗丝验证生产线配套工程项目。围绕总公司科技重点项目设计定位，进一步完善施工图纸。截至 2016 年底，项目施工图纸审查、用地批准书、规划许可证等相关手续办理完成，建设场地土方平衡工程、桩基工程等现场施工均已完成；各分项工程招标采购工作有序推进；确定项目土建工程施工单位，并于年底进场施工。

安徽中烟再造烟叶科技有限责任公司

【概　况】 位于安徽省蚌埠市高新技术开发区，于 2011 年 4 月 8 日正式注册成立，注册资本 1 亿元，是安徽中烟工业有限责任公司的全资子公司。公司遵循市场化运作，独立开展生产经营活动，实行自负盈亏，建立并实行独立的薪酬体系和标准。公司占地面积 13.33 万平方米，拥有瑞典 ANDRITZ 公司生产的 YANKEE 1 台，荷兰 Alfa Laval 公司生产的 Decanter Centrifuge 2 台以及上海高新纸机等众多先进生产设备，公司设计加工生产能力 10000 吨/年。公司一期投资 4.18 亿元，是全国规模较大、技术较为先进的造纸法烟草薄片生产基地之一。截至 2016 年底，公司拥有总资产 4.42 亿元，其中，固定资产 3.01 亿元、流动资产 1.08 亿元，资产负债率 7.22%。在岗员工 175 人。公司党委书记、总经理：张玲珑。

【生产经营】 2016 年，公司生产薄片 3924.9 吨，销售 3575 吨。实现销售收入 9145.74 万元。实现税利 1432.24 万元，其中利润 1140.46 万元。

福建金闽再造烟叶发展有限公司

【概　况】 位于福建省福州市罗源县，创建于 2003 年 3 月，注册资本 1.5 亿元，由福建中烟工业有限责任公司、厦门烟草工业有限责任公司、龙岩烟草工业有限责任公司共同投资，隶属于福建中烟工业有限责任公司管理。公司占地面积 6.52 万平方米。生产设计产能 5000 吨，主要设备有仿法国 ABK 公司技术制造的纸机、引进日本技术制造的双效浓缩蒸发器、独创滚筒式提取设备等。截至 2016 年底，公司拥有总资产 4.7 亿元。在岗员工 322 人。公司党委书记、法人代表、总经理：林书玉（—2016 年 8 月）；党委副书记、法人代表、副总经理（主持工作）：陈泉根（2016 年 8 月—）。

【生产经营】 2016 年，公司生产造纸法再造烟叶 5830 吨，销售造纸法再造烟叶 5143 吨。实现销售收入 1.73 亿元。实现税利 656 万元，亏损 436 万元。

【技术创新】 **二期技改**。“七匹狼”专用再造烟叶生产线技改项目联合工房开工建设，年底完成土建基础施工，开展进口纸机等主要设备招标采购，燃煤改燃气锅炉投入运行。配套仓储项目初步确定总体规划方案，完成实质性交地10.6万平方米和周界临时围墙建设。

产品研发。紧跟卷烟配方需求，按照“品类全、危害低”搭建产品品类框架，加大产品研发力度，全年研发储备产品12个，高端卷烟产品应用量增加5个。

科技成果。持续推进再造烟叶重大专项技术升级，实施梗叶并线解纤等工艺优化，开展设备改造升级50余项。开展关键核心技术课题研究，完成国家局项目1项、福建中烟项目2项，企业自主5项科技项目结项，发布QC成果15项。全年申请专利32项，获实用新型专利授权2项。

山东瑞博斯烟草有限公司

【概　况】　位于山东省临沂市沂水县经济开发区，成立于2002年6月，注册资本6378.5万元，是山东烟叶复烤有限公司的全资子公司。经营范围为烟草薄片委托加工、生产销售、生产技术服务、烟草专用机械购进、烟叶购进、仓储等。公司占地18.11万平方米，建有1条造纸法再造烟叶生产线，年生产加工能力6500吨，供热站、空压站、变电站、供水站、污水处理站等配套公用设施完善。截至2016年底，公司拥有总资产1.36亿元，其中，固定资产5141万元、流动资产7899万元，资产负债率25.34%，资产增值保值率104.99%。从业人员191人。公司党委书记、法人代表、总经理：赵长友。

【生产经营】　2016年，公司生产造纸法再造烟叶5037吨，销售造纸法再造烟叶5002吨。实现营业总收入1.02亿元。实现税利1703万元，其中利润740万元。

【技术改造】　5月，投资349.2万元对制浆工序、压榨工序进行技术改造。技改后，年生产能力提高到6500吨，同比提高8.3%。创建企业成立以来生产车速新纪录，生产效率得到提高，残次品率大幅降低，有效保证产品质量稳定性。

河南卷烟工业烟草薄片有限公司

【概　况】　位于河南省许昌市许昌县工业园区，成立于2006年7月，是河南中烟工业有限责任公司的全资子公司。截至2016年底，公司拥有总资产4.54亿元。有幅宽2640毫米烟草薄片长网纸机、卧式螺旋沉降式离心机、滚筒式薄片烘干机、高浓磨浆机、预压式打包机、流浆箱等主要设备，年生产能力1.5万吨。在岗员工280人。公司党委书记、法人代表、董事长：卿平。

【生产经营】　2016年，公司生产造纸法再造烟叶6407.25吨，销售造纸法再造烟叶6489.15吨，其中省外销售339吨。实现销售收入18524万元。实现税利3378万元。

【技术创新】　2016年，公司完成再造烟叶生产线技术改造项目，打造出一条极富特色的、基于卷烟需求一体化设计的再造烟叶生产线，使国家局“造纸法再造烟叶技术升级重大专项”收官，树立起再造烟叶生产的行业新标杆。新生产线实现五个创新“亮点”，产品质量明显提升，实现“原料预处理及清洁上料技术”“无缓冲罐的真正在线逆流连续浸取技术”的全面创新，首创在线自动喷淋系统和浆料净化技术，装备水平达到国内领先。

产品研发方面，开展浆液平衡、新型助剂、膜处理技术等关键技术研究。出版专著《再造烟叶质量稳定技术》，获得发明专利授权3项，发表核心期刊论文1篇，完成1项标准预研项目材料上报，参与2016年度标准项目5项，提报2017年度标准项目申报书2项。再造烟叶成丝项目攻克“切丝机跑片难题”，为卷烟分组加工提供新的加工模式，日产量可达6吨。

湖南金叶薄片有限公司

【概　况】　位于湖南省衡阳市祁东县洪桥街道办文化路，成立于2004年4月20日，隶属于湖南中烟工业有限责任公司，注册资本7250万元，其中，湖南中烟工业有限责任公司占90%股份，广东省金叶科技开发有限公司占10%股份。公司占地面积11.05万平方米，拥有1条年设计生产能力1万吨的再造烟叶生产线。截至2016年底，公司拥有总资产2.27亿元。在岗员工312人。法人代表、总经理：杜晖。

【生产经营】　2016年，公司生产薄片2562.4吨，实现销量2200吨。实现主营业务收入8513万元。实现税利2366万元，其中利润1365万元。

◇ 编辑：王东旭

科研和教育培训

- 科研院所
  - ·全国烟草行业国家级行业级技术中心
  - ·省级烟草农业科研机构
  - ·行业重点实验室
  - ·博士后科研工作站和院士工作站
- 教育培训
- 授权专利

科研院所①

2016年全国烟草行业主要科研机构（排名不分先后）：

中国烟草总公司郑州烟草研究院

上海新型烟草制品研究院（有限公司）

中国烟草总公司合肥设计院

中国烟草科技信息中心

中国烟草标准化研究中心

国家烟草基因研究中心

中国烟草育种研究（南方）中心（云南省烟草农业科学研究院）

中国烟草东北农业试验站（中国烟草进出口烟叶检测站、中国烟草总公司黑龙江省公司牡丹江烟草科学研究所）

中国烟草东南农业试验站（福建省烟草专卖局烟草农业科学研究所）

中国烟草白肋烟试验站（湖北省烟草科学研究院）

中国烟草西南农业试验站（贵州省烟草科学研究院）

中国烟草中南农业试验站（湖南省烟草科学研究所）

云南烟草科学研究院

中国农业科学院烟草研究所［中国烟草总公司青州烟草研究所、中国烟草遗传育种研究（北方）中心］

国家烟草栽培生理生化研究基地

广东省烟草南雄科学研究所

江西省烟叶科学研究所

河南省烟草科学研究所

河南省烟草公司烟草研究所（河南省农业科学院烟草研究所）

山东烟草研究院

重庆烟草科学研究所

陕西省烟草研究所

安徽省烟草公司烟草研究所（安徽省农业科学院烟草研究所）

海南雪茄研究所

中国烟草总公司郑州烟草研究院

【概　况】 位于河南省郑州市，始建于1958年，主要从事烟草栽培调制及贮保、烟草基因、卷烟加工工艺和卷烟配方、烟草化学、烟用香精香料、卷烟减害降焦、再造烟叶等方面的应用基础和共性技术研究，卷烟厂和烟叶复烤厂的工程设计、行业相关检测仪器的研制、开发等。学科范围覆盖从烟草基因到卷烟生产的全过程。郑州院是国际标准化组织烟草及烟草制品技术委员会（ISO/TC 126）国内技术归口单位。2016年，在职员工329人，其中各类专业技术人员290人，包括中国工程院院士1人，国家级有突出贡献专家1人，中国烟草总公司科技杰出贡献奖获得者1人，行业科技领军人才1人，享受国务院政府特殊津贴专家8人，行业学科带头人7人，研究员36人，硕士和博士研究生学历人员196人。

党委书记、副院长：宋亚强；院长、党组副书记：谢剑平

【科研项目与成果】 ***科技奖励***。11个项目获得省部级科技奖励。牵头承担的“烟草全基因组图谱构建与分析”项目获得度中国烟草总公司2016年科学技术进步奖特等奖。“纳米增效技术在烤烟优质高效生产中的应用”项目获得2016年度河南省科学技术进步奖二等奖，“原辅材料降低卷烟危害性指数规律研究”项目获得中国烟草总公司2016年科学技术奖二等奖。“基于造纸法再造烟叶特性的制丝工艺技术研究”获得中国烟草总公司2016年科学技术进步奖三等奖。作为第二承担单位联合行业企业承担的“基于配方原料特性的卷烟物理保润技术研究与应用”项目、“‘真龙’品牌‘烘焙甜香’品类创新的关键技术研究”项目获得中国烟草总公司2016年科学技术进步奖二等奖。同时，还有一项参与承担项目获得河南省科学技术进步奖二等奖；4项参与承担项目获得中国烟草总公司2016年科学技术进步奖三等奖。

知识产权与论文著作。被国家知识产权局授予“国家知识产权示范企业”称号，成为烟草行业唯一的国家级知识产权示范企业。全年申请职务专利231项，获得授权171项，其中发明专利112项，占比66%；全年登记软件著作权30项。出版著作10部；发表论文174篇，其中SCI、EI收录43篇。

【行业科技重大专项】 “烟草基因组计划”重大专项全面完成第一个“五年研究计划”，构建生物信息学、分子生物学和代谢组学研究平台。与行业内外多家单位合作，完成的“烟草全基因组图谱构建与分析”项目，是国内外动植物基因组研究领域中最系统、最完善的单体项目，填补了国内外烟草全基因组研究领域的空白，获得中国烟草总公司2016年科学技术进步特等奖。

作为技术依托单位承担的“卷烟减害技术”重大专项

---

① 科研院所中中国烟草育种研究（南方）中心（云南省烟草农业科学研究院）、中国烟草东北农业试验站（中国烟草进出口烟叶检测站、中国烟草总公司黑龙江省公司牡丹江烟草科学研究所）、中国烟草东南农业试验站（福建省烟草专卖局烟草农业科学研究所）、中国烟草白肋烟试验站（湖北省烟草科学研究院）、中国烟草西南农业试验站（贵州省烟草科学研究院）、中国农业科学院烟草研究所［中国烟草总公司青州烟草研究所、中国烟草遗传育种研究（北方）中心］、河南省烟草公司烟草研究所（河南省农业科学院烟草研究所）、安徽省烟草公司烟草研究所（安徽省农业科学院烟草研究所）等单位实行“两块牌子、一套机构”管理模式，其名称为中国烟草总公司和地方政府分别命名，括号内名称为省政府命名，领导成员职务按照当地省政府授予的名称规范。

在国家局启动的重大专项中率先通过验收，取得一批创新性成果，丰富了中式卷烟降焦减害理论内涵，掌控一批原创性减害技术，构建完整的中式卷烟减害技术体系，推动国产卷烟焦油量和危害性指数显著下降，促进低焦油低有害成分释放量卷烟快速发展，在应用基础研究、减害技术成果应用、低焦低害产品培育、人才培养和平台建设等方面均取得显著成绩。

协助实施“细支卷烟升级创新”重大专项。充分发挥技术依托单位作用，编制完成重大专项论证方案；协助确定产品基础研究、工艺研究等6个分项研究任务；主要在细支卷烟质量影响因素研究、关键制丝工艺技术研究、卷接质量控制研究等方面开展工作。

参与筹划启动“烟草科研大数据工程”重大专项，编制专项实施方案，明确专项的重点研究内容和大数据中心建设方案。深入参与“打叶复烤技术升级”重大专项论证工作，重点开展烟叶规模化配方、分组分类加工、工艺流程再造等方面技术研究，为专项启动做好技术准备。积极参与“烟田土壤保育”重大专项前期调研和准备工作，重点开展植烟土壤健康评价、土壤退化机制、土壤定向培育等技术研究，努力构建植烟土壤分类管理和定向培育技术体系。

【合作与交流】 **院企合作。**与河南中烟共建烟用材料联合实验室，双方科研联合体达到5个（烟草加工形态研究重点实验室、卷烟中试车间、卷烟增香保润联合实验室、新型烟草制品工程中心）。协助河南中烟研制“豫烟（功夫）”“红旗渠（雪茄型）”卷烟。与湖北中烟开展综合性全方位合作，签订“‘黄鹤楼’品牌专线生产制丝工艺关键技术研究及应用”等技术服务合同。与四川中烟建立战略合作伙伴关系，全力支持“娇子（宽窄）”发展。

参与福建中烟产品开发，推出“翠碧一号”系列新品——“翠碧嘉缘”。协助河北中烟优化“荷花”卷烟关键工艺参数，调整“荷花”产品配方结构，产品品质明显提高。协助陕西中烟研制“延安（红韵）”，顺利实现上市；集中力量打造陕西中烟高端卷烟“延安（1935）”，实现“延安”品牌高端规格的突破。

国内学术交流。联合国内土壤领域顶级专家，面向行业首次举办国家专业技术人才知识更新工程——“农田土壤生态重建理论与技术”高级研修班，在行业农业科技领域产生重要影响。参与中国科学技术协会“青年人才托举工程”，郑州院有3人入选“青年人才托举工程”2016—2018年培养计划。

国际交流合作。院长谢剑平代表中国烟草总公司，连续当选国际烟草科学研究合作中心（CORESTA）理事会理事，1人当选CORESTA科学委员会委员。中国成功获得2018年CORESTA大会举办权，为国内青年科技工作者参与国际烟草科研活动搭建平台。与菲莫国际、英美烟草、韩国烟草人参公社等的合作深入有序开展，在国际烟草科技领域的地位进一步提高。

【特事辑要】 12月30日，国家局党组书记、局长凌成兴赴郑州院调研考察，深入了解烟草科技创新工作。凌成兴参观新落成的朱尊权院士纪念园，向朱院士纪念塑像鞠躬致意；考察农业研究室、化学重点实验室、香精香料室、国家烟草基因研究中心等部门，详细了解科研工作开展情况，并与科研人员进行深入交流。

2016年4月12日，设在郑州烟草研究院的行业生态环境与烟叶质量重点实验室召开学术委员会会议
郑州院　张敬一　摄

上海新型烟草制品研究院（上海新型烟草制品研究院有限公司）

【概　况】 成立于2015年6月。作为行业级研究机构，承担加热不燃烧卷烟、口含烟、电子烟等新型烟草制品的基础性、关键性、前瞻性技术研究，着力突破专利制约和技术瓶颈，发挥技术成果应用转化的“孵化器”作用，是新型烟草制品的行业研发基地和设在上海的产销实体，为行业新型烟草制品高起点、超常规、跨越式发展提供有力支撑。5月6日，国家局、总公司下发《关于设立上海新型烟草制品研究院有限公司的批复》（国烟法〔2016〕107号），同意上海烟草集团有限责任公司投资设立上海新型烟草制品研究院有限公司，与上海新型烟草制品研究院合署办公。公司注册资本5000万元，经营范围为新型烟草制品及相关配套材料的研发、生产、销售，烟叶、烟丝、复烤烟叶、烟草专用机械的购进销售。

院长：施　超（2016年6月—）（兼）

【行业科技重大专项】 牵头开展9项行业科技重大专项项目，参与6项行业科技重大专项项目和4项行业标准研究工作；完成4项行业标准项目申报答辩工作；完成2项行业标准预研项目的结题验收工作。

【科研成果】 **产品研发**。电子烟方面，8月，自主研发生产的“FIRAVO”电子烟产品以品牌授权生产的方式在美国纽约及洛杉矶上市销售。口含烟方面，12月，“金鹿”冰蓝薄荷型和原味红茶型两款口含烟在菲律宾市场和中国“日上免税店”投放销售。加热不燃烧烟草制品方面，加速开发形成“内加热烟弹式”“外加热烟片式”2款电加热试验样机和1款采用罐式基棒的炭加热卷烟试制样品，加快向成熟产品和标准化产品的升级转化。

技术研究。口含烟方面，完成多款不同口味的口含烟配方设计，经过反复的调试，基本达到“配方稳定、工艺参数稳定、产品质量稳定”的三稳定目标。电子烟方面，对电子烟各类新型雾化结构进行验证和改进，申报国家专利20余项；在耐高温导液材料、多孔陶瓷复合成型、空气热传导效率等方面与多家科研机构进行合作交流。加热不燃烧烟草制品方面，开发改良含雾化剂的烟草颗粒、薄片基棒、纸质烟弹等专用烟料的成型工艺，全年申报国家专利20余项。

装备生产。口含烟方面，建成国内首条能满足产品工艺研发需求的中试生产线，合作搭建包装线，年产量100万盒。电子烟方面，开发具有自主知识产权的集研究和检测功能为一体的“全自动电子雾化烟专用吸烟机”，为研究制定电子烟及电加热不燃烧卷烟气溶胶分析的设备标准、气溶胶成分的分析测试系列标准等提供了手段和基础。加热不燃烧烟草制品方面，组织行业单位设计首台炭加热卷烟专用生产设备，并于年底前完成改造并投入使用；搭建了包括瞬态法热常数分析仪、高精度差热分析仪、精确控温管式炉等在内的成套材料热分析研究与测试产品体系。

标准制定。口含烟方面，为配合产品上市，制定国内首套涉及口含烟产品、生产工艺、原辅材料、质量检验的较为完整的口含烟产品的系列标准23项；研究并编制完成《口含烟添加剂手册》，收录八大类添加剂131种，香料类1262种，其中天然香料部分收录141种，合成香料部分收录1121种。电子烟方面，参考国内外电子产品、医疗器械等行业标准，从电子烟器具、烟液与释放物等三方面进行研究，编制电子烟产品企业标准初稿；建立对电子烟雾化温度、工作功率、短路保护、粒度分布、吸阻等关键指标检测方法；申报国家局标准项目《电子烟器具通用安全要求》，对电子烟器具研发到成品涉及的各方面安全通用要求进行规范。加热不燃烧烟草制品方面，申报国家局标准项目《电加热烟草制品产品标准》，针对电加热烟草制品烟具、烟料和逸出物的相关性能、安全性、可靠性、电磁兼容、标识、包装和贮存等方面的技术要求，制定和完善电加热烟草制品的产品标准，建立通用性的基础标准，填补该领域的研究空白。

【知识产权与法律工作】 **知识产权**。回溯检索历年国内外新型烟草制品专利，涉及发明和实用新型专利1.21万项，并作多层次功效标引，为建立行业新型烟草制品专利分析数据中心奠定重要基础；检索分析历年新型烟草制品专利并举办行业专利培训会，提高行业内各公司对新型烟草制品领域专利发展阶段和发展趋势的认知，提升专利保护意识；与行业单位形成跨部门、跨学科的合作机制，牵头组织云南、湖南、湖北、山东等4家中烟公司开展行业专利整合升级工作；接受湖南中烟委托，评估超声波雾化电子烟专利；与云南中烟在MEMS技术上形成研究方案。申请中国新型烟草制品专利53项，申请PCT专利1项，获得专利授权39项，其中发明专利5项，在加热不燃烧烟草制品的加热形式、烟草形态，电子烟的雾化方式方面，有较大创新。

法律工作。加强对美国、欧盟等不同国家地区法律法规和对不同类型新型烟草制品监管政策的研判，牵头撰写《电子烟安全性评估提纲》《美国FDA加强对电子烟等新型烟草制品监管情况》等技术报告，参加上海院举办的美国电子烟监管新规解读培训活动。

【合作与交流】 **产学研合作**。与山东中烟工业有限责任公司签署战略合作框架协议，与烟草行业新型烟草制品装备工程研究中心、中烟机械技术中心有限责任公司以及湖南、云南、山东等行业内企业新型烟草制品研发部门保持紧密联系，加强技术共享。在产品设计开发、原材料研究、市场调研、专利法规分析、信息咨询等领域与数十家科研机构通过战略合作、项目合作、技术服务、联合培养人才、联合共建实验室等多种形式开展合作。与复旦大学、上海交通大学、中国工业设计研究院、上海专利商标事务所在基础研究、特种材料开发、产品解决方案、专利服务方面筹划开展全方位战略合作。

国际交流。与美国雷诺、英美烟草、菲莫国际、韩国人参烟草公社、日烟国际等国际烟草公司保持良好的交流与合作。主动参与CORESTA、ISO等国际学术组织的合作与交流，努力掌控国际新型烟草制品发展话语权。

中国烟草总公司合肥设计院

【概　况】 成立于1990年6月，位于安徽省合肥市，是国家局、总公司直属管理的烟草行业唯一专业设计院，具有国家住房和城乡建设部批准的“轻纺行业（食品发酵烟草工程）专业甲级”、“建筑行业（建筑工程）乙级”及“轻型钢结构工程设计专项乙级”设计资质。2016年10月，国家局、总公司下发《关于印发中国烟草总公司合肥设计院主要职责内设机构和人员编制规定的通知》（国烟人〔2016〕289号），合肥设计院的主要职责是受国家局、总公司委托，负责组织烟草行业固定资产重大投资工程项目的技术审查（咨询），以及行业直属单位审批权限内的重大工程项目的技术咨询；参与行业打叶复烤厂和烟用仓库投资项目的前期工作及总体规划、设计的投标；参与烟草行业工程建设项目施工图第三方审查和项目的相关咨询工作，以及行业工程建设项目设计规范、技术标准的编制、修订工作和实施、监督工作等。下设6个职能部门，技术审查处、设计处、经营处、人事处、财务管理处及办公室。截至2016年底，在职员工59人，其中，高级职称15人、中级职称32人，国家一级注册建筑师3人，国家一级注册结构师6人，注册机械设备及公用工程师4人，注册造价师3人，注册咨询师8人。

党委书记、院长：卢安宁

【技术审查与项目设计工作】　完成技术审查项目16项，其中，卷烟厂技改类项目5项、物流项目5项、材料厂项目2项、其他类项目4项，审查投资额约73.77亿元，核减总投资约4.31亿元，审减率5.84%。完成广西区局（公司）委托技术审查项目1项，审查投资额4666万元。

在完成国家局及行业其他直属单位委托技术审查（咨询）工作的同时，全力抢抓设计市场，参加行业8个复烤厂设计项目公开招投标工作，并在云南大理、昭通、江川复烤厂及四川会东、会理、德昌复烤厂等6个设计项目上中标，合肥设计院生产经营平稳有序。

【技术创新】　按照“一年打基础、两年见成效、三年上台级”的总体目标，大力推广建筑信息模型（BIM）应用，提高设计院的核心竞争力，更加注重在新技术、新工艺、新材料、新型烟草制品方面的技术学习与跟进。深入开展技术规范管理，在标准图库建立、设计深度和校审制度规范上下工夫。

【科研成果】　加强行业工程投资建设“源头治理”，完成《卷烟厂建设控制指标》《卷烟物流配送中心建设控制指标》《打叶复烤厂建设控制指标》等3个控制指标的修订工作，较大幅度压缩建设投资和建筑面积，尤其是对卷烟厂和卷烟物流配送中心，压缩建设投资和建筑面积分别达到20%和10%，进一步完善烟草行业投资项目的规范化管理。

中国烟草科技信息中心

【概　况】　位于河南省郑州市，是国家局批准建立的行业信息机构，其前身为原国家轻工业部烟草工业科技情报站。1986年4月，经总公司批准更名为全国烟草科技情报站，1989年3月更名为全国烟草科技情报中心，1994年更名为中国烟草科技信息中心。业务上由国家局科技司领导和指导，部分业务与行政管理工作由郑州院管理。主要承担国内外烟草科技、经济等烟草类信息的搜集、研究、加工、报道、交流以及烟草行业信息资源建设工作；承担《烟草科技》期刊的编辑、出版工作；承担软科学研究、情报调研、科技评估评价、科技政策研究、烟草知识产权研究、科技查新和信息咨询服务与创新体系建设咨询服务等工作；承担中国烟草科教网的建设、维护与对外服务，承担国家局科技业务管理系统开发与维护。科技信息中心下设6个部门，郑州院信息化工作领导小组办公室设在科技信息中心。2016年，有在职员工23人，其中，高级职称14人（其中正高2人），中级职称7人，助理工程师1人，技师1人。

主任：郑新章

【编辑出版】　编辑出版发行中文版《烟草科技》12期，英文增刊1期，发表各类论文193篇，出版发行6万余册。《烟草科技》在国际上持续成为美国《化学文摘》，英国《科学文摘》，荷兰《文摘与引文数据库》等的收录期刊，在美国SCI-E中的施引文献数量提高到258篇；在国内继续保持中文核心期刊、中国科技核心期刊、中国科学引文数据库（CSCD）核心期刊，首次成为中国学术期刊文摘数据库收录期刊；在中国知网综合评价中，综合影响因子由0.772提高到0.918，复合影响因子由0.923提高到1.067，在25种轻工类期刊中分别排第一位和第二位，技术研究类期刊持续保持第一位；基金论文比由0.70提高到0.76；期刊编校质量大幅度提高，差错率降低到万分之二以下；数字化出版实现重大突破，实现论文的网络多途径全文共享，进一步提高期刊的影响力，加速烟草科技成果的快速传播。

【信息资源建设】　信息资源总量和服务水平大幅度提高。烟草科技文献类数据库群领域共加工发布各类文献5.2万篇（条），全文发布数量新增3.86万篇，再创历年新高；新建西文烟草科技文献全文数据库，全文发布数量达到4975篇；烟草文献类资源总量达到56万余篇（条），全文发布数量达到37万余篇；烟草技术类专利信息资源领域共检索中国专利10.99万件，加工入库专利7158件；采集加工国外烟草专利1.1万件；中国烟草数字图书馆全年完成烟草类专著103部和24本中文期刊的制作加工，烟草类图书总数达到1531部；通过中国烟草科教网、郑州院电子院务系统等平台，全年发布各类信息近8000篇。

【中国烟草科教网和信息化建设】　完成中国烟草科教网的新增栏目设计、日常运行维护等工作。完成“烟草科技成果共享服务平台”项目补充调研和方案完善工作，以及平台功能、流程、评估指标体系研究制定和建设方案的设计工作，项目系统开发工作进展顺利。修改完善行业科技奖励推荐系统和现场量化评价打分系统，增加“便携式文档格式”（pdf）文件生成和添加水印功能，修改完善国家局科技项目管理系统，完成2016年“研究与开发”（R&D）资源统计、科技项目、科技成果等的网上填报以及行业科技奖励的申报、汇总统计、网络评审等工作。

【科研项目、情报研究与科技评估评价】 **科技项目**。完成“新型烟草制品专利分析评估与策略研究”行业科技重大专项项目的相关研究工作，“新型烟草制品专利综合服务平台”开发工作基本完成；完成“烟草科研大数据工程重大专项”调研与实施方案（讨论稿）的制定工作，主要完成烟草科研大数据的调研工作，组织召开专题研讨会，研究分析重大专项的重点研究内容与大数据中心建设方案，确定研究方向、目标和技术指标，规划重大专项的组织实施模式，编制较为完善的《烟草科研大数据工程重大专项实施方案》；完成“新型烟草制品知识产权发展与保护策略研究”等2项院长基金项目，并通过验收。

烟草专利统计分析。完成“国内重点卷烟工业企业专利分析与布局研究”“企业技术成果的知识化管理研究与应用”等与企业合作的科研项目工作；完成2015年度中国烟草技术类专利统计分析工作，形成《2015年度中国烟草技术类专利统计分析报告》《2015年度新型烟草制品专利统计分析报告》。

情报分析研究。分析撰写多份科技创新能力评估评价的研究报告；协助国家局科技司完成行业技术中心、重点实验室和工程研究中心的年度评审、评估、认定评审等工作；参与总公司科学技术奖励评审的一系列准备工作；完成行业科技查新与专题检索服务工作，全年完成科技查新119项。

【科技咨询服务】 为《烟草科技》理事会和科教网用户提供综合服务工作，并通过会议、培训班、出差等形式对工商企业提供科技计划项目立项、科技管理、科技论文撰写、信息资源检索与有效利用等专题培训服务，促进相关单位科研能力的提升。

【技术成果】 出版《烟草科学技术成果》《造纸法再造烟叶专利技术》等专著。获得计算机软件著作权14项；获得专利授权4项，申请专利17项；发表论文10余篇。

中国烟草标准化研究中心

【概　况】 位于河南省郑州市，成立于1995年1月，是国家局批准建立的行业标准化、计量专业机构，隶属于郑州烟草研究院，业务上受国家局科技司和郑州院领导，国家质量监督检验检疫总局、国家标准化管理委员会参与指导。主要职责是负责全国烟草标准化技术委员会秘书处的日常工作，专门从事烟草标准化的研究及推广，为行业提供标准体系框架，引导行业科学地制（修）订标准、积极地采用国际标准；作为ISO/TC126烟草及烟草制品技术委员会国内技术对口单位和SC2烟叶分技术委员会的副主席和联合秘书处承担单位，负责国际标准的日常工作，配合国家局科技司组织行业参与国际标准化活动，承担国际标准投票工作，为行业及时提供国际标准最新信息；负责烟草行业专用计量器具的技术审核、计量标准（基准）建立和量值溯源以及标准物质的研制。标准化中心下设4个部门。在职员工23人，其中，研究员4人、高级工程师13人、工程师5人、助理工程师1人。

主任：范　黎

【标准清理整顿工作】 配合国家局科技司，按照国务院《强制性标准整合精简工作方案》（国办发〔2016〕3号）、国标委《推荐性标准集中复审工作方案》（国标委综合〔2016〕28号）的要求，完成11项烟草类强制性国家标准、9项强制性行业标准和79项推荐性国家标准、548项推荐性行业标准的评估工作，形成强制性标准整合精简结论、推荐性标准集中复审结论及强制性标准体系框架意见，并正式提交国标委。

【烟草专用仪器计量工作】 标准化中心所承担行业计量项目中的4项烟草专用标准器具校准项目获得中国合格评定国家认可委员会（CNAS）的校准实验室能力认可，成为中国烟草行业首家通过CNAS认可的校准实验室；“烟草纸张透气度测定仪检定装置”通过国家质检总局现场考核并获得其颁发的计量标准考核证书，国家局批准作为行业第八项最高计量标准使用；依托“卷烟和滤棒物理性能综合测试台检定装置”等行业最高计量标准，对5500余件相关计量器具开展计量检定或校准。

【国际标准化工作】 国家标准化管理委员会正式批准郑州研究院承担ISO/TC126/SC3国内技术对口单位，并以积极成员（P成员）身份参加相关的国际标准化活动；针对细支卷烟、雪茄烟、爆珠烟等，分别编制和发放4期行业内部交流期刊《国际标准化动态》；完成国际标准投票16项，全年投票完成率为100%；收到相关技术资料约166件，及时开展翻译和分发工作；组织行业专家积极参与国际标准化组织（ISO）的8个工作组（含特别工作组）的研究工作，以及13个国际标准项目的制（修）订工作；完成ISO/TC 126第33次大会及其分技术委员会以及工作组会议的参会任务，全年派员参会10次；完成“烟草行业国际标准化信息管理系统”的改版。

【产品质量安全工作】 截至2016年底，牵头的质量安全类标准项目“邻苯二甲酸酯混合溶液标准物质”进入不确定度评定环节；“烟用胶粘剂安全卫生要求”征求意见稿完成；“新型烟草制品质量安全控制标准体系构建与验证研究”标准预研项目中的电子烟和口含烟的质量安全控制要素体系和标准子体系基本完成。对《烟叶农药最大残留限量》（YQ 50—2014）、《烟用肥料 重金属限量》（YQ 23—2013）、《烟用农药 重金属限量》（YQ 24—2013）、《烟草育苗基质 重金属限量要求》（YQ 56－2015）等标准的宣传贯彻落实情况进行调研。

【商业/烟叶标准化推进工作】 大力开展行业商业标准化示范企业的示范推广，指导行业商业企业有效开展标准化建设，配合国家局科技司完成第三批商业标准化示范企业初评工作和现场考核工作；配合国家局科技司开展年度烟叶产区推进烟叶标准化生产实效综合评价工作，对地市级公司开展烟叶标准化生产工作情况进行全面细致的了解，并重点调研烟叶产品质量安全的相关情况。

【标准化委员会秘书处工作】 按照国标委《2016年全国专业标准化技术委员会考核评估方案》，完成全国烟草标准化技术委员会（TC144）考核工作；配合完成2016年度部分标准制（修）订项目中期评估会；审查31项标准项目合同（YC类14项、YQ类17项），初审113项标准项目（2017年）申报书；配合审定发布行业标准及计量检定规程31项、中国烟草总公司企业标准8项、烟叶基准样品148套［其中烤烟135套、白肋烟4套和香料烟9套，涉及22个省（自治区、直辖市）］、卷烟感官标准样品25个，结题行业标准预研项目22项；举办第三期“烟草商业企业标准化培训班”。

【科研成果】 获得郑州院青年科学技术进步奖三等奖1项；在《烟草科技》等期刊发表论文8篇；获得授权发明专利6项；发布行业标准（含行业计量检定规程）8项，结题行业标准预研项目2项，通过审定正在报批的标准项目3项。

国家烟草基因研究中心

【概　况】 成立于2010年12月，隶属郑州院，业务上接受国家局科技司的指导和管理。主要负责开展烟草基因组研究工作，整合利用行业内外科技资源，搭建具有公益性、基础性、战略性的烟草基因研究共享平台，在行业内长期发挥指导、推动、支撑和纽带作用，逐步建成国内一流、国际先进、行业共享的知识创新和人才培养基地。下设4个部门。截至2016年底，有在职员工26人，其中，65%具有博士学位，35%具有海外留学背景，31%具有高级职称，1人获中国科协“青年人才托举工程”支持。此外，聘请客座专家2人，接收博士后2人，在读研究生1人。

主任：林福呈

【科研项目及获奖情况】 承担各类科研项目32项。其中，作为第一完成单位完成的4项重大专项项目顺利通过国家局验收，1项国家自然基金项目、1项郑州院科技项目和3项院长基金项目顺利通过院学委会验收。

基因中心作为第一完成单位完成的“烟草全基因组图谱构建与分析”项目，获得中国烟草总公司2016年科学技术进步奖特等奖。专家一致认为，该项目是国内外动植物基因组研究领域中最系统、最完善的单体项目，用5年时间跨越其他主要作物基因组研究15～20年的进程。不但为培育烟草突破性品种、满足工业对优质原料的需求提供了有力的技术手段与数据支撑，而且在基因组学、比较基因组学、作物遗传和进化、生物信息学、大数据分析平台建设等方面取得一系列的原始创新成果，填补了国内外烟草全基因组研究领域的空白，达到国际领先水平。

【重大专项】 **烟草生物信息学。**一是整合多种组学数据构建烟草知识网络，分析烟碱合成、香气物质合成等重要生物学过程，挖掘出一批新的靶标基因，为下一步的基因功能研究提供参考信息；二是初步明确“K326”品种在香气成分、油分等重要品质性状和抗病性方面的组学基础；三是生物信息学平台对行业开展基因研究的支撑作用进一步凸显。2016年，中国烟草基因组数据库累计被访问9.58万次，月均访问8700余次，为行业16家科研单位的264位技术人员提供稳定的高质量服务。

烟草代谢组学。一是对近3年积累的代谢组学数据进行比较分析，进一步提高香型相关代谢物鉴定的可靠性，为香型特色育种和模型判别提供可靠数据和理论基础。二是开展代谢组、转录组数据整合分析，获取一批关键代谢物相关基因，为烟草香味品质的代谢调控提供候选靶标。三是烟草代谢产物标准质谱库取得阶段性进展，将非靶向液质分析的定性能力由80种提升至200余种代谢产物。

烟草分子生物学。一是基于烟草基因芯片平台，从基因组水平上解析烟草烟碱、苯丙烷类化合物生物合成中的转录因子基因表达调控机制，为探索烟草基因调控机理提供一条重要途径。二是持续推进烟草重要性状相关基因的生物学功能研究，利用基因编辑技术手段创制出烟草腋芽、色素类性状改变素材。三是对接行业需求，推广基因表达谱和基因分型芯片应用，在推动烟草功能基因组学研究和重要目标性状定向遗传改良中发挥重要作用。

【学术交流】 组织学术活动16次，邀请华中农业大学副校长、中国农科院作物所研究员等基因研究领域的专家、学者到郑州院作报告。同时，积极创造机会，鼓励青年科技人员走向全国性平台学习、交流，先后组织参加“第七届国际作物学大会”“第十五届全国农业生物化学与分子生物学学术研讨会”等重要会议。此外，进一步加大“走出去”力度，瞄准突破烟草代谢组学研究当前面临的“数据分析”“代谢物准确定性”两大技术瓶颈问题，经过广泛调研和充分的交流探讨，与美国田纳西大学汪旭升研究员实验室建立合作交流机制。约定每年从基因中心选派两位科研人员前往美国田纳西大学及 St. Jude 儿童研究医院开展为期1个月的技术培训与学术交流，并开展联合实验。通过建立选派交流的长效机制，在进一步拓宽科研人员国际视野的同时，为基因中心未来开展国际科研合作、吸纳高端人才起到促进作用。

【科研成果】 发表各类论文13篇，其中，SCI论文5篇；核心期刊论文4篇；EI论文4篇。获得专利授权9项，其中，发明专利6项，实用新型专利3项。获得计算机软件著作权授权5项。

中国烟草育种研究（南方）中心（云南省烟草农业科学研究院）

【概　况】 位于云南省昆明市，前身是成立于1955年的云南省烟草科学研究所，2009年3月更名为云南省烟草农业科学研究院，是云南省烟草专卖局（公司）的直属科研机构；中国烟草育种研究（南方）中心（简称南方中心）成立于1995年，与云南省烟草农业科学研究院实行合署办公。围绕“国内领先、国际一流”现代烟草农业科研院发展，实施“研究一粒种子、集成一项技术、解读一片烟叶”攻关，在烟草育种、栽培、植保、烘烤、烟叶质量分析等方面，开展基础研究、应用研究和成果转化推广，特别在生物技术、品种选育、功能基因研究、种子繁育技术、节本增效栽培技术、烟叶安全性领域处于行业引领地位。拥有博士后科研工作站、国家烟草基因工程研究中心、烟草行业烟草生物技术育种重点实验室、云南省烟草农业工程技术中心、中美烟草分子育种联合实验室、烟草种质资源库和世界烟草品种园等创新平台。重组生物技术育种、常规育种与种子技术、功能基因、基因规模化鉴定平台、栽培技术研究、植保技术、烘烤技术等8个研究团队。下设8个部门。2016年，有在职员工104人，其中，博士研究生学历33人、硕士研究生学历43人，烟草行业学科带头人2人，享受国务院政府特殊津贴1人。

党委书记、院长、主任：顾华国

【技术创新】 **生物技术育种。**以国家烟草基因工程研究中心建设为契机，在基因克隆、材料创制、落地应用和平台建设方面取得一批攻关突破，利用基因组学，定向改良抗黑胫病红花大金元品种通过国家局田间鉴评；利用分子生物学技术，选育出一个抗PVY的烤烟新品系“云烟121”，在2016年全国区试中表现良好，是我国第一个自育的抗PVY烤烟新品系；利用基因组编辑技术，获得马铃薯Y病毒抗性基因敲除材料，得到高抗马铃薯Y病毒单株，标志着基因组编辑技术在烟草上成功应用；功能基因克隆与育种材料创制成效显著，在成功克隆抗PVY（马铃薯Y病毒）基因、镉转运基因、开花调控基因等3个基因的基础上，烟碱合成调控基因、NNN（N－亚硝基降烟碱）相关调控基因、腋芽形成相关基因、抗TSWV（番茄斑萎病毒）基因、低温胁迫诱导花芽分化基因等5个基因的克隆验证取得明显进展，抗PVY品系、抗TMV（烟草普通花叶病）材料、低镉突变体、高烟碱突变体、低NNN突变体、抗旱突变体等6个育种材料的创制和利用有序推进。

新品种选育。“云烟116”品种通过全国品种审定，“云烟119”通过全国农业评审，推荐“云烟213”参加全国区试，与美国北卡罗来纳州立大学合作选育的“NC－YATAS8”烤烟品种参加全国外引品种比较试验。自育品种多年占全国烤烟种植面积的2/3，2016年全国十大主栽品种云系列占7个，形成主栽品种占主导、新品种成主流、后备品种有优势的良好局面。

绿色烟叶生产。大力攻关分类施肥技术、水肥一体化技术、云南“2260”高端特色烟叶开发，大力推进捕食螨繁育技术、烟草青枯病预测预报等病虫害诊断技术研究和服务，筛选出“K326”“红花大金元”烟叶密集烘烤变黄期的最佳烘烤工艺，绿色烟叶生产技术的自主创新能力持续提升。

烟叶安全性检测。完成覆盖全省的烟叶样品123种农药残留分析检测，分州、市编制烟叶农药残留告知单12份，分析各州市近5年烟叶农药残留变化，有针对性提出烟叶农药残留控制建议；在CORESTA农残检测水平全球共同实验中，南方中心平均过关率为88%，比全球26个参比实验室平均高5.3%，烟叶农药残留检测技术连续3年超过平均水平，达到国际先进水平。

【技术服务】 派出科技骨干指导全省烟叶生产和云南“2260”高端特色烟叶开发工作，组织品种、育苗、栽培、植保、烘烤等5个专家服务团，按农时、分地域、分环节开展巡回指导；推进手机彩信、在线答疑等“互联网+”生产服务，构建“专家、烟农、烟田”三位一体服务模式。全年派出110余人次科研骨干，深入重点烟区开展育苗、移栽、施肥、植保、采收、烘烤等烟叶生产科技指导，培训基层科技人员和烟农上万人次，微信、短信等“互联网+”技术解决烟农疑难问题近百例。同时，发布《烤烟病虫情报》《云南特色优质烟叶生产技术指导》共24期，印制高端特色烟叶生产实用技术手册6万本、挂图4.5万张，有效解决烟叶生产关键技术问题。

【科研成果】 获科技成果奖励12项，其中省部级科技成果奖励5项，参与完成的“烟草全基因组图谱构建与分析”项目获得中国烟草总公司2016年科学技术进步奖特等奖，牵头完成的“烟草基因组编辑技术的建立与应用”项目获得中国烟草总公司2016年科学技术进步奖二等奖，“云南黄金走廊生态特色烟叶开发”“优化烟叶等级结构的主要技术研究及应用”获得云南省政府科技进步三等奖；云南省局（公司）科学技术奖励7项。全年申请受理专利65项，获授权专利30项；在核心期刊发表论文23篇、SCI论文8篇，国际会议宣读论文2篇。

【国际合作与交流】 坚持“引进来、走出去”战略，开展中美烟草分子育种联合实验室学术会，2016年邀请美国北卡罗来纳州立大学、美国肯塔基大学和荷兰应用科技大学等的6名专家开展学术讲座10余场次，合作选育3个烤烟新品系；派遣7人赴美国、德国、意大利开展合作研究，2篇论文入选CORESTA学术会议并作交流。

中国烟草东北农业试验站（中国烟草进出口烟叶检测站、中国烟草总公司黑龙江省公司牡丹江烟草科学研究所）

【概　况】 位于黑龙江省哈尔滨市，始建于1985年。1995年，经国家局批准在黑龙江省烟草科学研究所的基础上成立中国烟草东北农业试验站，隶属于黑龙江省烟草专卖局（公司）。1998年，依托东北站成立中国烟草进出口烟叶检测站。2008年1月，黑龙江省烟草科学研究所变更为中国烟草总公司黑龙江省公司牡丹江烟草科学研究所。2016年，搬迁到哈尔滨市哈药路17号①。承担烤烟新品种选育、生物技术研究、烤烟栽培技术研究与推广、烤烟生产配套机械研究、植物营养与肥料、病虫害防治技术、烘烤技术研究及全国进出口烟叶及其制品的转基因检测和监测工作。东北站下设6个科研科室和2个行政后勤服务科室。2016年，有在职员工26人，其中，高级职称16人，中级职称4人，行业学科带头人1人，享受国务院政府特殊津贴专家1人。

党委书记：栾　双（—2016年2月）；党委书记、所长：刘永中（2016年2月—）；所长：郭兆奎（—2016年2月）

【技术创新】 牡丹江烟草科学研究所承担国家局、省局各类科研课题33项，其中主持省部级课题5项，主持省局课题17项，协作课题11项。

品种选育。新品系“LJ0520”参加北方区的全国烤烟品种区域试验。

栽培技术与烘烤。开展“提高龙江重点烟区烟叶工业可用性关键技术研究与开发”等项目研究工作，在宁安、汤原、宾县等重点产区示范推广“柔甜香低危害调味型”烟叶五五栽培模式、水肥一体化、降氮增密、绿色防控、土壤保育、精准烘烤等关键彰显技术，提高“C2L”烟叶产出水平。推广示范醇基燃料烤房89座，烤房使用效果良好。

病虫绿色防控。开展“应用噬菌体防治烟草细菌性病害研究”项目，获得抗烟草野火病噬菌体4株、抗烟草角斑病2株，得到国家局专家评估小组的高度评价。

生物技术。开展“烟草主要病毒病多联弱毒疫苗的研制与示范应用”项目，获得兼抗TMV、CMV与PVY的弱毒疫苗，建立并优化“弱毒疫苗的田间使用”技术，在山东、安徽、黑龙江省示范推广面积4500余亩，对烟草病毒病的防治效果达到74%以上，此项研究在烟草病毒病防治方面具有明显创新，5月通过国家局组织的鉴定，达到同类研究国际领先水平。

实用技术。开展“牡丹江调味型烟叶植烟土壤碳库修复关键技术研究与应用”项目，通过降低无机化学肥料的施用量、增施高碳基土壤修复肥，调节土壤碳氮比、有机质和pH值，改善植烟土壤物理、化学以及生物学性状，提高烟叶的成熟度和品质。确定“龙江”烟叶“柔甜香”的香型风格特色：感官评吸质量整体较好，烟气浓度中等，劲头适中，甜感突出，香气质较好，香气量较足，尚透发，烟气细腻，较柔和，微有刺激性，余味干净舒适，燃烧性强，具有柔甜醇香的风格特点，在配方中能起到协调烟气、调节吃味的作用。烤后烟叶经检测，化学成分较为适宜。

---

① 根据《中国烟草总公司黑龙江省公司关于牡丹江烟草科学研究所搬迁的批复》（中烟黑办〔2015〕36号），牡丹江烟草科学研究所于2016年10月26日搬迁至哈尔滨市道里区哈药路17号，并在宾县宾西开发区征地2万平方米，用于建设试验场办公楼及试验附属设施；在宾县永和乡大房屯租用试验用地350亩（租期12年），用于开展烟草农业项目的试验研究工作。

【品种供应】 完成黑龙江省内烟区及部分省外烟区种子生产和供应，供应省内烤烟良种“龙江911”“龙江925”“龙江981”等品种种子共107.55千克，供应省外“龙江911”等品种种子38千克。

【技术服务】 通过广泛调研，对黑龙江省9个烟叶主产区的生产情况进行分析，针对存在问题，提出解决措施，完善生产技术方案；开展技术培训，培训生产技术人员和烟农800余人次；协助黑龙江省局科技处开展《黑龙江省烟叶综合标准体系》宣贯培训，培训180人；发布7期病虫害简报，利用电话、QQ及微信进行病虫害远程诊断，接到咨询电话300余起，接到照片及病虫害实物标本100余件，并及时将诊断结果反馈给烟农；化验土壤样品3291份，烟叶样品2253个，根据化验结果提供配方施肥方案；强化减量增效的精准施肥技术、降氮增密的优化结构技术、以农业防治为基础的绿色防控技术、提高烟叶烘烤成熟度的智能烘烤技术的示范推广应用，解决烟叶的长度、油分、僵硬、青筋青痕等问题。

【转基因检测】 检测各类样品共计122个，检测结果及时反馈给送检单位，圆满完成检测任务。重新参加国际烟草研究合作组织发起的2016年全球烟草转基因检测实验室能力验证工作，在规定时间内完成对所提供3个未知烟草制品的转基因检测工作，准确率达到100%。

【科研成果】 “烟草角斑病、野火病流行因素及综合防治技术研究”获得中国烟草总公司2016年科学技术进步奖三等奖；“烟草主要病毒病多联弱毒疫苗的研制与示范应用”通过国家局组织的鉴定。全年发表论文13篇，授权发明专利2项，授权实用新型专利2项。

中国烟草东南农业试验站（福建省烟草专卖局烟草科学研究所）①

【概　况】 于1995年5月在福建三明成立，2002年初迁到福州，与福建省烟草专卖局烟草农业科学研究所实行“一套班子，两块牌子”管理，隶属福建省烟草专卖局（公司）。2004年，全面完成东南站的易地搬迁工作，站址位于福州市，在福州市晋安区宦溪镇设科研基地，在龙岩、南平、三明等3个主产烟区设立省烟科所分所（烟叶生产技术中心），形成以东南站为龙头，龙岩、三明、南平3个分所（烟叶生产技术中心）和9个产烟县烟叶生产技术实验推广站组成的“139”烟草农业科研体系。东南站下设6个研究室和福建省烟草病虫害预测预报及综合防治二级站。在职员工13人，其中行业学科带头人1人、研究员2人、高级农艺师5人、农艺师4人，博士研究生学历2人、硕士研究生学历8人。

所长：陈顺辉

【科研工作】 **烤烟特色品种选育研究。**采用杂交育种、EMS诱变技术分别育成2个优质抗病烤烟新品系“FJ109”“FJ1023”。参加全国品种区域试验，6个新品系参加福建省品种区域试验。参与完成烟草基因组计划重大专项“烟草突变体创制、筛选与鉴定”项目，并通过国家局验收。完成“福建特色烤烟新品种选育研究——分子标记辅助育种”“抗青枯病相关基因克隆与转基因育种”“福建特色烤烟新品种选育——EMS诱变育种”等3个福建省局育种项目的研究任务并结题。在福建烟区6个县开展全国和全省品种区域试验。完成“中国烟草资源平台建设——青枯病鉴定”试验任务。参与烟草基因组计划项目“烟草基因组编辑技术的规模化应用”，利用CRISPR/Cas9技术开展4个与烟草青枯病抗性相关基因的功能研究。与福建农林大学合作，开展“烟草镰刀菌根腐病和枯萎病抗性鉴定技术体系构建与应用”“烟草抗青枯病基因NtRRSs功能研究及抗病新材料创制”等课题研究，取得进展。与中国农业科学研究院烟草研究所合作申报烟草基因组计划项目“烟草青枯病抗性基因定位及翠碧一号新品系培育”获国家局立项。

清香型烟叶生态基础和生产技术研究。参加全国特色优质烟叶开发重大专项“清香型特色优质烟叶开发”项目研究，完成子项目“清香型特色优质烟叶科学保障大田生长时间配套技术研究”的研究任务，提交相关研究总结材料。完成“福建清香型烟叶适宜区的生态基础研究”“提高福建植烟土壤质量及测土配方施肥技术研究”等2个省局项目研究的技术和工作总结。继续在福建烟区8个县设点开展长期定位施肥对福建烤烟生产的影响。在福建烟区继续开展“大气干湿沉降”“福建气象条件对烤烟生产的影响”“移栽期与施氮量协同效应对烤烟生长发育和品质形成的影响”“烟秆等废弃物生物黑炭转化及其在烟田改良上的应用”等4个福建省局科研项目研究。

烟叶安全性和低危害烟叶开发研究。参加全国“低危害烟叶开发”重大专项和农业部公益性行业（农业）科研专项“烤烟增香减害关键技术集成与示范”研究。参加中国烟草总公司标准项目“主要植烟土壤中烟叶重金属富集系数的研究与确定”（合同号2013QB024）项目研究。完成“控释烟草专用肥产业化关键技术研究与示范推广”项目的

① 2016年11月，福建省烟草专卖局（公司）印发《中共福建省烟草专卖局党组关于省局（公司）相关人员职务、名称变更的通知》（闽烟党〔2016〕77号），福建省烟草专卖局烟草农业科学研究所更名为福建省烟草专卖局烟草科学研究所。

研究任务，通过福建省局验收。完成“福建植烟土壤重金属管理与控制技术的研究与应用研究”项目技术与工作总结。参与国家局重点科研项目“大气沉降对烟叶重金属的影响”项目研究工作。

烟叶病虫害综合治理技术体系研究。加强病虫测报技术的应用，针对主要病虫害，发布7期病虫情报，提升病虫害防治的准确性和效率。推广烟蚜茧蜂防治蚜虫技术，全省烤烟放蜂面积达到79.51万亩，占烟叶种植面积的91.25%，防治效率达到76.21%，减少农药用量22.22吨，降低成本达到79.41%，在大农业茶果蔬推广21.73万亩，取得显著的经济社会效益和生态效益。在烟区3个县开展总公司重点项目“应用噬菌体防治烟草细菌病害技术研究”。完成全国烟用农药试验网12种新型烟用农药田间对比试验。开展烟田除草剂残留降解技术研究与大田试验、烘烤期霉烂病防治技术试验示范。完成“有机烟草生产中病虫害生防菌资源开发利用”“福建省烟草冰核细菌分离鉴定及冻害成因和防治技术初探”“烟草根茎病害发生规律和无公害防治技术研究”等3个省局项目研究任务。参与国家局绿色防控重大专项技术方案的研讨和制定，谋划部署福建省绿色防控技术在“三病三虫”上的研究与应用，制定一套由省烟科所技术牵头、烟区分所分项研究的绿色生态防控技术研究方案并组织实施。

不同部位烟叶保香去杂密集烘烤技术研究。完成总公司科技重点项目“不同部位烟叶保香去杂密集烘烤技术研究”的田间现场鉴评和项目总结报告，项目研究明确各主栽品种不同部位烟叶的适宜采收成熟度，确定变黄期和定色期关键温/湿度停留时间和干筋期最高干筋温度，构建各品种不同部位烟叶保香去杂密集烘烤技术规范。5月，项目研究进展通过国家局的检查评估，6月通过专家组的现场鉴评。截至2016年底，该项目成果在福建省烟区全面示范推广。

此外，东南站与福建省局物流处和烟叶处、2家烟叶复烤企业、郑州院及4家卷烟工业企业联合开展“福建片烟醇化特性及醇化调控技术”项目研究。与福建三明市公司、江苏中烟、贵州中烟、郑州院共同开展“翠碧一号特色定位与深化应用研究”项目，与福建中烟、郑州院共同开展国家局重点项目“彰显翠碧一号质量风格特征的关键加工技术研究与应用”，与郑州院等单位共同开展总公司标准预研项目“部分重点品种烟叶初烤、复烤、醇化系统化加工工艺规范”的研究。

【技术服务】 作为技术依托单位，承担10家卷烟工业企业在福建烟区烟叶基地单元的技术服务工作。根据各卷烟工业企业对烟叶质量要求和质量反馈意见，协助产区制定生产技术方案和质量改进意见，为烟叶产区开展技术培训和技术指导工作。

【科研成果】 2016年，东南站获得发明专利授权3项，实用新型专利4项。发表学术论文6篇。

中国烟草白肋烟试验站（湖北省烟草科学研究院）

【概　况】 是全国唯一的白肋烟农业科研单位，其前身为成立于1986年的湖北省鄂西烟草科研所，1991年5月组建湖北省白肋烟研究所，1997年6月更名为湖北省烟草科研所；1997年7月，国家局决定在湖北省建立中国烟草白肋烟试验站（简称白肋烟站），并与湖北省烟草科研所合署办公，隶属湖北省烟草专卖局（公司）；2002年8月，白肋烟站由湖北省恩施市搬迁到武汉市；2013年7月更名为湖北省烟草科学研究院。承担全国白肋烟和全省烤烟及其他晾晒烟的农业技术等方面的科学研究，承担国家局、湖北省局（公司）下达的科研任务，承担全省烟叶和土壤样品的重点指标的化验检测任务，负责全国白肋烟和全省烟草良种繁殖、包衣加工、计划调拨与经营，负责湖北省烟叶生产新技术推广的咨询、培训等科技服务工作，指导湖北省烟区病虫害预测预报及综合防治和先进实用烟叶生产技术推广。白肋烟站下设4个研发中心、4个研发服务部门和2个综合管理部门。在职员工32人，其中，研究员3人、副研究员3人、高级农艺师10人、中级技术职称14人；博士研究生学历6人、硕士研究生学历16人。

院长：李进平

【科研创新】 白肋烟站主持或参与的科研项目23项，其中，引进的白肋烟品种“TN90LC”通过全国烟草品种审定委员会认定，自主选育的烤烟新品系“HB061”和白肋烟新品系“27015”通过全国烟草品种审定委员会农业评审。

土壤保育。进一步完善湖北植烟土壤保育和修复技术体系；进一步明确13种主要化感自毒物质，包括5种酸类、2种酚类、3种酯类、2种醛类和1种醇类物质，并筛选纯化培养获得18株能降解部分化感自毒物质菌株；研发的多功能土壤连作障碍微生物调理菌剂对土传病害的相对防治效果为48.7%，优于绿康调理剂16.1个百分点；土传病害发病初期施用30%琥胶肥酸铜（用量3 kg/hm^2）+80%乙蒜素（用量900 g/hm^2），兑水灌根，每株50毫升，可抑制青枯病的发生，防治效果在60%以上。

品种选育。配置一批杂交组合，得到一批抗青枯病、TMV的中间材料，进行抗性鉴定，筛选出一批优质、多抗，尤其抗TMV、青枯病的F1代杂交种。选育出的烤烟新品系“HB061”将参加全国烟草品种鉴定委员会审定，新品系“HB030”通过全国烤烟品种区域试验，将进行全国烟草品种审定委员会农业评审；新品系“HB202”通过田间鉴评，提升参加全国烤烟品种区域试验。育成的烤烟新品种“金神农1号”在省内外推广种植1.15万亩，“HB061”在襄阳推广种植0.60万亩。该项目在2016年国家局重点项目中期评估中被评为优秀。

绿色防控。开展病害防控技术研究，探索不同技术防控效果，初步明确万寿菊（隔行种植）对烟草青枯病的防治作用和黄豆（纵向种植）对烟草黑胫病的防治作用。对生防菌剂发酵工艺进行优化，获得最佳培养发酵条件。复合生防菌剂对烟草青枯病有较好的室内防治效果，相对防治效果为72.5%。

调制烘烤。在中部叶采收后喷施KCl和生长调节剂复配溶液后，能够改善上部叶化学成分的协调性，降低TSNAs的含量。烤前喷施SA能改善烤后烟叶外观质量，化学质量较好，并能降低烟叶TSNAs含量12%以上。筛选的降淀粉菌株发酵液，降淀粉幅度达到40.26%，同时又不影响化学成分协调性和感官品质。

【科研成果】 获得各类科技成果5项，其中，获得中国烟草总公司2016年科学技术进步奖三等奖2项，获得2016年度湖北省烟草公司科学技术进步奖二等奖2项、三等奖1项。全年共有5项发明专利、10项实用新型专利、1项计算机软件著作权获得授权；发表论文31篇，获中国烟草学会2016年优秀论文一等奖1项、三等奖1项。参与编写的《烤烟化学成分和适应性的遗传调控基础及品种评价》由四川科学技术出版社出版发行。

【良种繁育】 完成调拨烤烟、白肋烟和其他晾晒烟包衣种19.12万袋，其中烤烟16.3万袋，白肋烟2.05万袋，其他晾晒烟0.77万袋。完成湖北省公司调拨计划，满足产区生产需要。生产烤烟良种种子24千克，种子质量100%达到国家标准。

【成果转化与科技服务】 建设湖北烟区土壤保育示范区46.2万亩，绘制烟区土壤pH分布图以及土壤养分、中微量元素分布图，进一步明确轮作、冬耕深翻、绿肥还田、农家肥（有机肥）、生石灰等具体技术措施，为产区培训500余人次。保育示范区土壤容重下降0.02～0.09g/cm^3、土壤孔隙度增加0.43%～0.98%，部分示范区土壤pH略有上升，土壤CEC有所改善，烟叶根系活力提升10.63%以上，土壤保育效果初显；修复保育示范区土壤pH提升0.01～0.03个单位。示范区内烤烟长势良好，营养协调，根茎部病害较轻，分层落黄好，烤后烟叶平均黄烟率为96.5%，上等烟比例为63.5%。土壤修复技术推广应用1.09万亩，烟叶平均黄烟率为96.0%，平均单叶重为9.3克/片。

湖北省示范推广烟叶平衡施肥46.31万亩，以配方施肥+改良肥+“三水灌溉法”的技术集成示范实现烟叶产量提高13.33%、产值提高20.44%、上等烟比例提高4.33个百分点，上中等烟比例提高7.32个百分点。

指导完成十堰市烟蚜茧蜂繁育中心的升级改造工作，使其具备60平方米的温光控制室作为冬季保种室。有序开展技术培训工作，累计为产区培训技术人员300余人次；强化烟叶病虫害综合防控，开展技术培训，其中省级培训2次，分区培训16次，为恩施、宜昌、襄阳、十堰产区提供现场诊断30余次，信息咨询服务60余次。

中国烟草西南农业试验站（贵州省烟草科学研究院）

【概　况】 于1999年在贵阳成立，与贵州省烟草科学研究院合署办公，隶属贵州省烟草专卖局（公司）。西南站主要从事烟草农业科技知识创新，以应用研究为主，强化基础研究，引领贵州烟草农业发展。西南站总部在贵阳，在福泉、龙岗设有2个基地。西南站下设3个研究中心、3个科研业务部门和6个管理后勤部门。在职员工148人，其中科技人员88人，博士研究生学历25人、硕士研究生学历51人，高级职称60人、中级职称41人。

党委书记：王秀龙（—2016年4月）；党委副书记、院长：冯永刚（—2016年4月）；党委书记、院长：聂长春（2016年4月—）

【技术创新】 承担各级各类科技项目30项，其中，国家自然科学基金项目5项，省部级重大专项1项。获科技项目立项14项，其中，省部以上立项8项。通过项目验收18项，培育的“贵烟8号”通过全国烟草品种审定委员会农业评审；1份材料进入到全国烟草品种区域试验；晒烤杂交新种质“Y28”等材料在惠水摆金基地单元示范种植350亩，经贵州中烟评吸鉴定，示范烟叶符合其特殊原料需求。发现抗马铃薯Y病毒（PVY）的新基因—烟草翻译控制肿瘤蛋白（Translational Controlled Tumor Protein，TCTP），该基因能同时抗烟草脉带花叶病毒（TVBMV）。加大酒糟有机肥生产工艺研究和推广应用的指导，通过技术改进，将酒糟有机肥的生产成本控制在537.5～700元/吨之间。加大酒糟有机肥应用的技术指导，2016年推广应用100.16万亩，烟草普通花叶病快速检测试纸条示范应用。在贵州省毕节、遵义、铜仁等7个市、自治州进行示范应用，共示范应用试纸条4.65万条，贵州省示范覆盖烟田46.5万亩。

【科技服务】 为9家卷烟工业企业，43个重点烟叶基地单元提供技术服务，其中为18个特色烟叶基地单元提供技术依托。围绕烟叶品质提升，建立科技示范户平台加强示范带动，强化技术培训与交流，开展现场展示交流6次，集中理论培训9次，田间现场培训70余次，累计培训850余人次，发放技术资料9000余份。工业和产区2016年技术服务满意度测评结果全部为“满意”。种子加工新设备投入生产，显著提高种子加工质量和效率，保障贵州省烤烟生产用种。承担贵州省烟草转基因检测工作。

【科研成果】 获得省部级科学技术进步奖特等奖1项、二等奖1项、三等奖2项。发表论文48篇，其中SCI期刊10篇，总影响因子达到27，创历史最高水平。CORESTA、TSRC、TWC等国际烟草学术会议交流论文12篇。中国烟草学会优秀论文奖5篇，其中，一等奖2篇、二等奖2篇、三等奖1篇。获得授权专利30项，其中发明专利18项，实用新型专利12项。

【合作交流】 继续与浙江大学、西南大学、贵州大学等高等院校开展多分子生物学、栽培、植保等方面的合作研究，取得较明显的成效。派遣2人到美国开展学术交流，1人参加CORESTA会议并宣读论文。邀请加拿大圭尔夫大学教授、CORESTA烟草转基因检测分委会专家等到西南站访问和交流。邀请2位院士到西南站出席院士烟草科技论坛会。开展各类学术交流、现场观摩、专题培训等10余次。开展水溶肥、酒糟肥、套袋免打顶、复合覆盖等多项技术观摩会，提高产区技术人员对新技术认识和了解。邀请贵州中烟、上海烟草集团等卷烟工业公司，贵州省烟叶产区相关技术人员到科研基地对试验进行现场观摩和交流。

中国烟草中南农业试验站（湖南省烟草科学研究所）

【概　况】 位于湖南省长沙市，是国家局批准成立的5个烟草农业试验站之一，于1997年初开始筹建，2000年7月正式授牌成立。2007年，为优化整合烟草农业科技资源，构建湖南烟草农业科技创新平台，提高自主创新能力和烟叶原料有效供应水平，湖南省烟草专卖局（公司）、湖南中烟工业有限责任公司和湖南农业大学三方联合共建中南站。2013年12月，国家局批复湖南省烟草专卖局（公司）设立湖南省烟草科学研究所，代表湖南省局（公司）参与中南站的科研活动。湖南省烟草科学研究所与中南站合署办公。中南站下设长沙、永州、郴州、湘西、衡阳、湖南农大、湖南中烟技术中心农业所等7个试验基地，各试验基地设置烟草品种研究室、烟草农艺研究室、植保研究室综合实验室和技术推广部等部门。2016年，有专职人员71人，其中有高级职称42人、中级职称20人、初级职称7人，博士研究生学历24人，硕士研究生学历35人。

站长：周志成

【技术创新与服务】 **技术研发**。主持或主要参与国家局重大专项和重点项目6项、省公司重点项目7项。“湖南烟草病虫害绿色防控技术体系构建研究及应用”项目通过田间鉴评；“湘西山地特色优质烟叶研究与开发”项目通过省级成果鉴定，明确“馥甜香”风格特征定位，成功研发热动力烤房，形成“6+1”关键栽培技术体系。烤烟育种取得进展，建立包含近10万份变异株的K326 EMS突变体库；获得综合性状优良DH系30余个；利用分子标记辅助选育得到抗烟草黄瓜花叶病毒的K326株系；基因组研究获得30个耐冷相关基因。

标准制定。主持制定并发布湖南省地方标准《湖南烟草病虫害绿色防控技术规程》；参与制定并发布《晒黄烟生产技术规程》地方标准。

技术推广。在湖南省及周边省份推广“湘烟3号”“湘烟5号”等烤烟新品种近10万亩；推广“9+1”浓香型优质烟叶生产关键技术50余万亩，“6+1”山地特色优质烟叶生产关键技术40余万亩；推广烟蚜茧蜂防治烟蚜技术123万亩，实现全省烟区100%覆盖式放蜂，并辐射大农业50余万亩；推广XQ生防菌剂9.3万亩。

【科研成果】 主持研究的“典型浓香新品种‘湘烟3号’的选育及配套技术研制与应用”获得湖南省科学技术进步奖三等奖；“湘西山地特色优质烟叶研究与开发”项目获得中国烟草总公司2016年科学技术进步奖三等奖和省公司科学技术进步奖特等奖；“一种烟草耐冷性的苗期鉴定方法”获得省公司知识产权二等奖。主持选育的烤烟新品种“CZ43”通过全国审定；“一种背包式固定肥料施肥装置”“一种烟草装盘播种机压穴装置”“一种蚜茧蜂僵蚜苗田间释放保护装置”获得实用新型专利授权；发表论文24篇，其中SCI论文1篇。

【合作交流】 以项目合作为纽带，工、商、研共建三方不断整合优势资源，项目合作不断加强，共同开展工厂化育苗、绿色防控、土壤保育等方面研究；开展微生物发酵中试生产线的升级改造，提供烟草专用有机肥和生防菌剂的发酵菌种；加强与中国农业科学院烟草所、中国科学院南京土壤研究所、中南大学等高水平科研院所在分子标记辅助育种、有机质改善、拮抗菌群联合调控等方面的合作研究，形成高水平的科研协作团队。

云南烟草科学研究院

【概 况】 成立于1998年，位于云南省昆明市高新技术开发区，隶属于云南中烟工业有限责任公司，是专门从事基础性、前瞻性、共性技术研究的综合科研机构。2014年3月，在云南中烟“两统一、两整合”改革中，与云南中烟科技开发部、红塔集团技术中心和红云红河集团技术中心组建云南中烟技术中心，对外不再以云南院的名义承接项目。2016年，共有在册员工500人，其中高级技术职称87人，博士研究生学历58人，硕士研究生学历151人；拥有全国劳动模范1人，行业科技领军人才1人，行业学科带头人4人，行业高级调香师5人，享受“云南省有突出贡献优秀专业技术人才”“云南省政府特殊军帖”13人，云岭产业科技领军人才1人，云南省中青年学术技术带头人4人、云南省技术创新人才8人、云南省技术创新人才培养对象9人，昆明市中青年学术和技术带头人及后备人选8人。

中国农业科学院烟草研究所［中国烟草总公司青州烟草研究所、中国烟草遗传育种研究（北方）中心、山东省烟草研究所］

【概 况】 始建于1958年，1959年4月经山东省人民委员会批准，正式增名“山东省烟草研究所”。1987年经国家科委批准增挂“中国烟草总公司青州烟草研究所”（简称青州所）牌子，受中国农业科学院、中国烟草总公司和山东省政府领导，主要开展烟草农业科学研究和成果转化工作。中国烟草遗传育种研究（北方）中心成立于1999年，为非独立法人科研事业机构，挂靠青州所。青州所下设4个职能部门、8个研究室（中心）、1个青州科技服务中心、1个《中国烟草科学》编辑部；建有18个国内创新平台和2个国际合作平台；青岛中烟种子有限责任公司、上海烟草集团有限责任公司原料研究一室等科技成果转化平台也设在青州所。2016年，有在职员工200人，其中专业技术人员165人，45岁以下专业技术人员119人，占专业技术人员总数的70%；正高职称专家28人，副高职称专家54人，中级职称67人；具有博士研究生学历61人，硕士研究生学历65人；博士、硕士生导师57人。拥有农业部突出贡献专家3人，烟草行业学科带头人2人，国家公益性行业专项首席科学家1人，中国农业科学院科技创新工程首席科学家7人。在读博士研究生12人、硕士研究生94人，在站博士后15人。

所长、党委副书记：王元英；党委书记：许发辉

【科研立项】 青州所牵头实施总公司绿色防控重大专项，承担中国农业科学院科技创新工程专项和中央级公益性科研院所基本科研业务专项。新增纵向科研项目立项41项，包括国家自然科学基金项目6项（面上项目1项、青年基金5项），总公司基因组重大专项项目2项、总公司重点科技项目4项，烟草行业重点实验室项目1项，中国烟叶公司技改项目5项，山东省烟草公司重点科技项目4项，农业部部门预算标准项目4项，科技部平台运行项目1项，山东省自然科学基金项目4项，中国博士后基金项目4项，青岛市博士后基金项目6项。在研横向项目89项。

【领域拓展】 针对当前国内外口含烟原料质量的需求，青州所通过中国烟草总公司项目推动，联合上海新型烟草制品研究院，调研和分析国内现有的晾晒烟资源，初步筛选出适合“中式”口含烟的地方晾晒烟，共同证明国内地方晾晒烟作为口含烟主要烟叶原料的可行性；与颐中集团签订合作协议，在烟叶低沸点香气物质开发，独特香气植物资源利用及烟草保润剂研发等方面开展实质性的合作；与海南省烟草专卖局和热带农科院在雪茄烟生产、植物功能成分、农产品加工等方面的合作不断加强，拓展新型烟草原料和植物功能成分挖掘等研究方向。

【创新平台】 青州所依托自身优势，加强国内外学术交流与合作，提升协同创新能力。在前期平台搭建的基础上，中加烟草病虫害监测与综合治理联合实验室、中美植物衰老联合实验室进入平稳运行期。截至2016年底，青州所建成包含20个不同领域、不同层次的创新平台，为行业科技创新提供学科齐全、覆盖领域广泛的平台支撑体系。完成烟草行业“烟草基因资源利用”“烟草病虫害监测与综合治理”2个重点实验室的年度考核及评估工作。

【技术成果】 青州所获得各类科技成果奖励6项，其中，省部级以上5项，主持的项目获得青岛市科学技术进步奖三等奖1项，参与的“烟草全基因组图谱构建与分析”项目获得中国烟草总公司2016年科学技术进步奖特等奖、三等奖1项；育成“CF227”“CF228”和抗病毒病“K326（Y48）”等3个高抗优质烤烟新品系；获得授权发明专利20项，实用新型专利3项，软件著作权4项；发表学术论文105篇，其中SCI论文30篇、EI论文12篇、中文核心期刊论文63篇；出版著作6部。

【合作交流】 青州所邀请国际合作伙伴美国科学院院士、美国威斯康辛大学麦迪逊分校教授和美国康奈尔大学、美国弗吉尼亚大学教授等8批12人次来青州所，进行学术交流或洽谈合作。以出国培训、考察学习、合作研究、会议交流等多种形式，派出8批14人次出国学习、交流，与丹麦哥本哈根大学生命科学学院等院校初步达成合作意向。

国家烟草栽培生理生化研究基地

【概　况】 于1997年组建，为河南农业大学正处级单位，受国家局和河南农业大学双重领导，是从事烟草生产理论和技术创新研究，开展技术推广和服务，培养高层次人才的科学研究机构。在生理生化基地基础上，建设有烟草行业烟草栽培重点实验室。生理生化基地立足于整合全校与烟草专业相关人力和科研设备资源，做强烟草学科，拥有烟草栽培生理、烟草遗传育种、烟草调制加工、烟草化学、烟草品质生态、烟草工艺和烟草生物技术等7个学术团队。2016年，有从事烟草专业教学和科研工作的教师71人，享受国务院特殊津贴专家1人，国家局学科带头人2人，河南省管优秀专家1人，河南省学术技术带头人2人，国家局科技委委员2人，校级教学名师3人，教授15人，副教授（含高级实验师）28人，博士生导师10人，硕士生导师21人。具有博士学位（含在读博士）的教师53人，占职工总数的74.6%。此外，在国内外、行业内外聘请名誉教授、兼职教授、兼职硕士生导师20余人。

主任：刘国顺（—2016年4月）、赵铭钦（2016年4月—）

【科技创新】 5月，在河南郑州召开“浓香型特色优质烟叶开发”重大专项课题验收会，8个课题通过验收。在此基础上，对整个项目进行系统总结，于12月正式提交项目验收和成果鉴定申请。在总结特色烟叶开发重大专项成果的基础上，撰写《中国浓香型烟叶生产理论与技术》《浓香型特色优质烟叶形成的生态基础》2本专著，其中第二本于2016年8月由科学出版社出版。

与上海烟草集团北京卷烟厂联合主持承担的降低卷烟主流烟气NNK含量技术研究重大专项项目“降低白肋烟、马里兰烟NNK理论与技术研究”顺利结题，于2016年11月通过国家局组织的项目验收和成果鉴定，项目整体达到国际先进水平，部分研究达到国际领先水平。

生理生化基地承担的烟草基因组重大专项项目“烟草腺毛功能基因挖掘与分子调控研究”顺利结题，项目在烟草腺毛发育、基因表达及物质代谢规律解析及叶面化学分子调控等方面形成系统性的研究成果。

获河南省科学技术进步奖三等奖2项，出版专著、教材7部，在中国科技论文统计源期刊发表论文150余篇，其中，发表SCI论文17篇，影响因子5.0以上SCI论文首次获得突破，获得6项国家发明专利授权。

【成果转化】 研发的高碳基有机肥在多地试验示范中产生良好效果。研发利用秸秆、烟梗等废弃物采用气爆方法和微生物发酵生产有机肥，采用碳化方法生产生物炭，利用压块技术生产生物质燃料的方法和产品，取得多项相关专利，在粮食作物和烟叶生产上进行大面积推广应用。选育出的高香气特色品种“豫烟11号”得到卷烟工业企业的高度重视，与河南中烟、浙江中烟联合进行工业应用研究。选育出的“豫烟6号”“豫烟10号”烤烟新品种在浓香型特色优质烟叶开发重大专项研究中，被评为“浓香型特色比较突出品种”，在河南大面积推广种植。选育出的高抗根结线虫病的烤烟品种“豫烟12号”，在河南省一些病害严重的区域作为搭配品种种植，发挥很好的抗病优质作用。

【学科建设与人才培养】 组建烟草栽培生理生态、烟草育种与生物技术、烟草品质与化学等3个烟草学科团队，参与一级学科的建设和培育工作。分别在烟草学省级重点学科下设立烟草栽培生理生态、烟草遗传育种与生物技术、烟草化学与加工技术，在烟草科学与工程校级重点学科下设立烟草化学与调香工程、烟草信息工程、烟草加工工程与工艺等学科方向，明确各个学科方向的建设目标和具体任务，确定优先研究领域和研究重点。组建烟草栽培生理、烟草遗传育种、烟草调制加工、烟草品质生态、烟草化学与调香、烟草工程与工艺、烟草生物技术等7个学术团队，参与生理化基地学科建设、人才培养和科技创新工作。

【服务行业】 承担省市烟草商业、工业企业科研项目55项，其中2016年新增项目15项。围绕不同烟叶产区和不同卷烟工业生产与技术问题开展深入研究，完成年度研究计划和考核指标。与江西省公司，河南洛阳、三门峡等市公司战略合作扎实推进，为地方经济发展作出贡献。与烟草企业合作共同培养函授专科、本科和在职农业推广硕士研究生。派遣3名具有博士研究生学历的教师分别到江西省局、三门峡市局、河南中烟等3个战略合作单位挂职。

【学术交流与国际合作】 加强与美国弗吉尼亚理工大学、美国肯塔基大学、北卡莱罗纳州立大学、英国莱斯特大学、英国英美烟草公司等机构的联系。派遣1名博士研究生出国学习交流1年，选派4人到德国参加CORESTA学术会议并宣读论文。邀请加拿大、美国等多位专家到生理生化基地进行指导和学术交流，在特色烟重大专项总结和观摩期间，邀请郑州院、中国农业科学院烟草研究所、沈阳农业大学、中国科学院等科研院所的专家做学术报告。

广东省烟草南雄科学研究所

【概　况】 是广东省烟草商业系统唯一的农业科研机构，其前身是成立于1963年的广东南雄烟草试验站，1987年更名为广东省南雄烟草研究所，2002年更名为广东省烟草南雄科学研究所。2012 年 12 月，广东省烟草专卖局（公司）成立广东烟草粤北烟叶生产技术中心，与南雄烟科所合署办公。南雄烟科所下设 5 个部门。南雄烟科所的主要工作职责是：围绕烟叶生产发展需求，开展烟草品种选育、栽培、调制、植保、现代烟草农业建设等科技项目的研究和成果转化工作；结合烟叶生产实际，组织开展烟叶生产先进适用技术的引进、吸收、消化和推广应用工作；负责全省烟草良种繁育与病虫害预测预报工作；负责全省烟叶产区烟叶质量评价、烟叶产品安全性指标的内控标准制定和检验工作；开展烟叶生产技术服务和相关技术培训工作；承担国家局下属科研单位及省局（公司）安排布置的科研、试验示范项目，参与区域性科技项目研究，做好相关横向项目的协同攻关工作。有在职员工 29 人，其中博士研究生学历 2 人，硕士研究生学历 6 人；高级农艺师 6 人，中级农艺师 6 人。

所长（主任）：邱妙文

【技术创新】 独立或与有关单位合作承担国家局科技项目 2 项，广东省局（公司）科技项目 24 项，相关中烟工业公司科技项目 4 项。按照各科技项目 2016 年度实施方案的要求，全面部署落实各科技项目试验示范研究工作，各科技项目研究进展顺利。在浓香型特色优质烟叶开发、烤烟新品种选育、土壤保育、病虫害绿色防控、新型节能环保密集烤房等方面取得一定的成果。

【技术服务】 加强对广东省烟叶产区的技术培训；积极参与广东省现代烟草农业建设工作和广东省特色优质烟叶开发工作；在烟叶生产期间，派出专业技术人员到产区进行巡回技术指导，及时解决烟叶生产存在的技术问题；认真做好广东省烟草病虫害预测预报和烟叶生产安全性监测工作；协助做好广东省烟叶质量评价工作；做好广东省烤烟育苗配套物资服务工作，完成广东省烤烟良种繁育及包衣加工工作，完成广东省烤烟育苗基质、肥料配制工作。

【技术成果】 获得韶关市科学技术进步奖二等奖 1 项、三等奖 1 项。获得发明专利授权 1 项、实用新型专利授权 1 项。发表研究论文 7 篇。选育的烤烟新品种“粤烟 216”通过全国烟草品种审定委员会审定。

【成果转化】 收集、整理近年来取得的最新科技成果，筛选出切合广东省实际的烟叶生产实用新技术，协助产区大力普及推广烟叶生产新技术。主要开展“机械化作业”“土壤保育”“小苗膜下深栽”“烟蚜茧蜂防治烟蚜”“‘前膜后草’覆盖”“烟夹烘烤技术”等烟叶生产新技术示范推广工作。

【合作交流】 与华南农业大学、广东省农科院、广东省生态环境与土壤研究所等高等院校、科研院所建立良好的科研协作关系，同时联合广东省各烟叶产区公司、相关中烟工业公司，以科技项目为载体，共同开展技术攻关研究与开发，通过产学研合作开展烟草科技创新与技术推广工作。

江西省烟叶科学研究所

【概 况】 成立于 1994 年，是江西省烟草专卖局（公司）直属科研机构，位于江西省南昌市。建所之初，所址设在江西农业大学。2009 年，江西省局（公司）将江西烟科所单设。江西烟科所是江西省烟叶科学研究的龙头单位，负责烟草实用技术研发和相关基础研究，开展全省烟叶三级技术研发服务体系的组织、协调和指导工作，组织全省烟叶科技协作，主持全省烟草病虫害预测预报工作，开展烟叶生产技术指导。2016 年，有在职员工 18 人，其中高级农艺师 2 人、农艺师 6 人，博士研究生学历 2 人，按专业方向设品种、栽培、植保、烘烤、烟叶质量评价课题组和分析测试中心。

所长：何宽信

【科研工作】 围绕品种选育、栽培调控、采收烘烤、绿色植保、质量评价等专题开展科学研究工作，全年开展科技项目 7 项，布置田间试验 30 项，试验点 54 个。

品种专题。筛选出“F31－2”“NX0914”等 5 个适应性较好的新品种（系）。

栽培专题。通过试验表明，增施钼肥和喷施光合作用调节剂是改善烟叶外观质量和感官质量、协调烟叶化学成分的有效措施；早打顶少留叶、增加施氮量及预留部分氮肥推迟到打顶期施用等技术均能提高烟叶的烟碱和总氮含量。

烘烤专题。继续开展散叶烘烤项目，在继续采用倚靠式散叶装烟的基础上，通过优化烘烤变黄期温湿度条件和烘烤操作，烘烤过程闻香突出，烤后烟叶外观质量较好，结构疏松，中上部叶感官质量有所改善。

植保专题。针对地老虎、烟青虫和野火病等 3 种病虫害开展 19 种药剂的对比试验，筛选出 3 种防治率均在 70% 以上的药剂；在青枯病防治技术研究方面，施用微生物有机肥能够降低青枯病发病率和病情指数，配施适量生物炭能够提高防治效果；植烟土壤修复项目初步明确旱地紫色土烟株矮化的主要原因是土壤酚酸含量偏高，并筛选出能够有效降解酚酸类物质的降解菌。

【科技成果】 发表科技论文 7 篇，获得实用新型专利授权 2 项。“江西省烟草有害生物调查”“密集烤房烘烤节能降耗试验与推广”分别获得江西省烟草公司2016年科学技术进步奖一等奖和二等奖。

【成果转化】 在江西省主产烟区建立10万亩浓香型特色优质烟叶示范区；在瑞金建立“以成熟度为中心的瑞金特色优质烟叶生产技术研究与应用”项目示范区5000亩；加大新品种示范推广力度，“NC297”“粤烟98”“闽烟57”等新品种示范面积近5000亩；推广“同步预热低湿变黄烘烤工艺”30万亩、胶粉聚苯乙烯保温材料密集烤房3804座；示范推广黄板、杀虫灯、性诱捕器等生物防治措施，累计面积达到11.76万亩，均起到较好的示范引领作用。

【技术服务】 全力配合搞好江西省烟叶技术培训工作。先后在抚州、宜春、吉安等地开展栽培、植保技术培训，密集烤房建造及设备安装技术培训和烟叶采收烘烤技术培训。通过召开江西省烟叶科技协作会议和实地指导，加强市技术中心和重点试验站建设。加强与相关工业企业、相关市县公司的互动，深度介入基地单元技术服务，指导烟叶技术中心和试验站建设，并对基地内科技项目的开展和烟叶生产提供技术指导。

【交流合作】 加强江西省内烟叶三级技术研发服务体系建设。加强抚州、赣州、吉安市公司烟叶技术中心和宜黄、黎川、信丰、瑞金、峡江、安福等重点烟叶实验站建设。加强建设科研院所合作平台。继续加强与河南农业大学、青州烟草所、江西省农科院、江西农业大学的合作，以项目为抓手，利用其技术人才设备优势，确保各项合作项目的顺利实施。同时，借助“一站一中心”平台建设，有效推进与河南农业大学烟草学院深度合作。加强工商横向联合，以科技项目为纽带，江西烟科所加强与上海烟草集团、广东中烟、红塔集团和江西中烟等工业企业开展合作。有效促进“以成熟度为中心的瑞金特色优质烟叶生产体系研究与应用”“江西高碱低氮优质烟叶开发”“江西中烟省内烟叶基地生产关键技术研究与应用”等项目的顺利实施。

河南省烟草科学研究所

【概　况】 位于河南省郑州市，于2014年12月10日成立，为河南省烟草专卖局（公司）的专业部门。其主要职责是：承担国家局和省局（公司）下达的烟草农业科研任务；负责全省系统科技创新、管理创新等重点科研项目攻关，重点开展烟草新品种选育、栽培与耕作、植物保护、烘烤调制、资源环境等烟草农业科学技术研究；提供烟草农业新品种、新技术、新工艺、新方法技术示范、推广及培训服务；承担本系统技术中心的业务指导；完成省局（公司）领导交办的其他工作。内设烟草育种、烟草植保、烟草栽培、调制与分级、烟草管理创新5个研究室和1个综合办公室。人员编制12人。其中博士研究生以上学历3人，硕士研究生学历2人。

党支部书记：李柏杰（2016年1月—）；所长：王宏超（—2016年1月）；副所长：范艺宽（2016年1月—，主持工作）；

【科研工作】 推进河南省烟草商业系统创新体系建设，对许昌、漯河、平顶山、洛阳、三门峡、南阳、驻马店等7个烟叶产区地市级烟叶生产基地规模、县级技术推广站设立情况等进行专题调查，组织召开全省烟草商业系统“三级技术创新体系建设暨烟叶品种工作会议”，对全省系统三级技术创新体系建设工作进行回顾总结，并对体系建设下一步的总体思路、工作目标、重点工作进行安排部署。

开展品种对比筛选，针对河南烟区主栽品种单一、替代品种匮乏、品质特色退化、病虫害日趋严重等问题，引进“NC55”“NC71”“NC102”等烟叶新品种，分别在豫西、豫中、豫南等产区进行生态适应性研究，抽取54个样品开展外观质量、物理特性、常规化学成分、中性致香物质、感官质量评吸等检测评价。组织开展品种工作座谈会和“豫浓香”系列品种等新技术推广观摩会，拟订《关于进一步加强烟叶品种工作的意见》，制定“筛选几个品种、构建一个体系、搭建一个平台、打造一支队伍”的烟叶品种工作目标。

开展国家局重点项目“烟田提钾降氯关键技术研究与应用”和省公司重大专项“烟叶提钾降氯与烟田土壤保育关键技术研究与应用”，技术攻关试验与单项技术试验有序进行，针对豫中、豫南产区项目开展情况组织召开田间交流会，对烟叶田间长势和初烤烟叶质量进行评价。经河南中烟技术中心、原料部门反馈，豫西、豫南烟区烟叶钾氯比保持在较好水平，降低豫中烟区烟叶氯含量初见成效。

【技术创新】 与河南中烟技术中心、原料部沟通衔接，针对工业提出的烟叶风格特色弱化，高浓度、高香气特征彰显不突出、油分不足等问题，工商双方共同推动先进适用技术的集成和配套应用，以科研项目为纽带、以基地单元为平台，工业深度介入，技术与管理创新并重，以点带面，搞好集成创新，通过定产区、定品种、定标准，形成一套可复制的技术管理模式。

召开“基于PPP模式的合作社建设制度创新研究”项目启动会，细化研究方案，落实人员分工，明确阶段性研究任务，与河南农大合作，深入南阳烟区进行调研，完成对案例合作社的初步研究报告。

获得“一种适用于烤房烟叶装炕的升降架”“一种适用于烟叶烤房的回潮装置”“一种适用于豆浆灌根剂的生产系统”“一种适应于生产豆浆灌根剂的装置”等专利授权4项，分别在洛阳、三门峡进行初步应用，取得良好效果。

【科技服务】 在苗期和大田期对烟草病毒病进行取样检测并形成报告；对3个主产烟区根茎类病害进行取样鉴定。组织烟叶产区对密集烘烤新能源技术和节能减排技术使用情况进行详细调查。指导三门峡市公司开展“三门峡植烟土壤保育工程技术研究中心”建设，突出三门峡浓香型特色烟叶标准化生产和管理体系建设与推广，夯实三门峡烟区可持续发展的基础。

【科研成果】 出版专著《烟草工程化育苗理论与技术》，该书筛选现代化烟草育苗方面的新技术和新成果，力求理论与实践相结合，全面、系统地总结现代化育苗最新理论和技术，具有较强的实用性和可操作性，可为现代化烟草育苗的生产提供理论和技术指导。

论文“基于电化学沉积纳米金在聚二烯丙基二甲基氯化铵修饰的还原氧化石墨烯复合材料的电化学检测烟草制品和戒烟药物中尼古丁含量”发表在《RSC Advances》（被SCI—E收录）2016年卷6，31期。论文“河南烤烟全要素生产率实证分析——基于DEA－Malmquist指数法”发表在《中国烟草学报》（核心期刊）2016年第22卷第1期，并获得中国烟草学会2016年度优秀论文二等奖。

河南省烟草公司烟草研究所（河南省农业科学院烟草研究所）

【概　况】 位于河南省许昌市，是全国建立最早的烟草研究机构之一。1979年归并河南省农业科学院，更名为河南农业科学院烟草研究所，2006年更名为河南省农业科学院烟草研究中心，2013年4月更名为河南省农业科学院烟草研究所。2008年，增挂河南省烟草公司烟草研究所（简称河南烟草所）牌子，业务上归河南省农科院和河南省烟草专卖局（公司）管理。河南烟草所下设6个科研科室和3个职能管理部门，河南省烟草病虫害预测预报网及综合防治站和河南省农科院烟草学重点实验室均挂靠在该所，2016年3月“黄淮烟区烟草病虫害绿色防控重点实验室”被国家局认定为烟草行业重点实验室。2016年，有在职员工55人，其中科技人员31人、熟练试验技工24人，博士研究生学历8人、硕士研究生学历8人。

所长：陈庭贵（—2016年11月）、李淑君（2016年11月—）

【科研工作】 在研项目29项，承担国家农业部重大专项1项，总公司重点项目1项，河南省科技项目2项，河南省公司重点项目13项、农科院财政预算内项目8项，与中烟公司合作项目4项。2016年，结题项目8项；申请项目19项，获批项目10项，立项经费1091.35万元。

烤烟新品种“豫烟13号”通过全国品种委员会审定，“豫烟7号”“豫烟9号”进行新品种示范推广工作。烤烟新品系“Y056”通过全国大田农业评审，田间长势整齐，抗黑胫病、抗根结线虫病，成熟特性较好，易烘烤，产值性状较好，表现比较突出。

继续探索烟蚜茧蜂工厂化生产途径，全年烟田推广面积达到全省植烟面积的98%，约88万亩。在小麦、油菜、蔬菜、果树等大农业作物上放蜂累计约48万亩次，减少防治蚜虫化学农药施用量。

通过开展烟叶氯主要来源与控氯技术研究，明确了河南主要烟区土壤、灌溉水、烟叶氯含量分布特征以及烟叶氯含量与灌溉水、土壤氯含量的相关性，提出烤烟氯吸收积累和在根茎叶内的分配规律。研究发现，烟叶氯含量随着烟叶成熟度的增加，呈下降趋势；而旺长期灌溉量越大，烟叶氯含量越高；烟叶氯含量与烤烟生育期降雨有显著的相关性；品种间烟叶氯含量差异明显；套种红薯、收割绿肥等措施可降低烟叶氯含量，以上研究成果为烟区控氯提供技术支持。

在烘烤工艺方面，围绕烤烟新品种“豫烟7号”“豫烟9号”不易烘烤的现状，开展密集烘烤试验，探索新品种烘烤特性、确定烘烤工艺。研制试生产出1套烤烟烘烤特性测试设备，属国内首创。设备性能达到设计要求，其中温湿度控制范围为30℃～75℃，控制精度为干球温度±0.5℃，湿球温度±0.3℃。摄像和电子称重系统正常运行，符合测试要求；温湿度控制系统能够实现控制精度要求，数据处理软件系统能够实现数据处理分析。在此基础上，试生产出模型设备。

【技术服务】 继续发挥人才和技术优势，与上海烟草集团、吉林烟草工业有限责任公司、浙江中烟、红云红河集团等卷烟工业企业以及信阳、灵宝等烟草公司合作，在河南许昌、三门峡、南阳、信阳等10个县（乡）开展优质烟先进实用新技术的示范与推广工作。各基地技术服务围绕工业企业对原料的需求，合理制定年度生产技术方案，基地单元重点推广浓香型特色烤烟品种、集约化育苗、合理轮作倒茬、平衡施肥、病虫害综合防治、化学抑芽等新技术新成果的集成示范与推广，从而整体提高烟叶质量和特色化水平。同时，通过对烟农开展技术培训和技术指导，将近些年先进实用的生产技术及时推广出去，提高了新成果普及和转化率，以及当地烟叶的生产技术水平。全年召开大小培训会80场次，培训烟农7200余人，印发资料1.01万余份。

【技术成果】 获得授权新品种1个，获得授权发明专利2项，实用新型专利2项，在中文核心期刊发表论文17篇。

山东烟草研究院

【概　况】 始建于2011年2月，隶属于山东省烟草专卖局（公司），主要从事烟草农业、卷烟营销、电子商务与现代物流、经济运行、现代企业管理、信息技术、造纸法再造烟叶技术等方面的研究开发。下设4个职能部门和4个研究中心，拥有信息技术实验室、近红外光谱技术研究实验室、造纸法再造烟叶实验室、烟草农业实验室等4个专业实验室。2016年，有员工31人，其中，享受政府特殊津贴2人，烟草行业有突出贡献专家1人；高级职称5人；博士研究生学历3人，硕士研究生学历10人。

分党组书记、院长：邓志坚（兼）；常务副院长：王兴利

【技术创新】 开展山东烟叶特色定位应用研究，全面系统评价山东烟叶质量特色，描述山东烟叶质量风格特征及区域分布，开展山东烟叶基地单元一类卷烟品牌原料生产示范园建设，建立工商一体深度融合的原料开发平台；研制开发新型有机无机微生物一体肥，可减少化肥用量30%；研究开发兼抗PVY、TMV和CMV的多联弱毒疫苗，田间防治效果达到70%以上；集成烟草病虫害绿色防控技术，开展以蚜茧蜂、丽蚜小蜂、瓢虫等天敌生物为主的生物防治技术研究和以枯草芽孢杆菌、短短芽胞杆菌、多粘类芽孢杆菌为主的微生物技术研究；开展烟草专用氧化生物双降解地膜的试验研究工作。

探索研究烟草业务仿真数据脱敏技术，建立多维度的数据脱敏算法，实现全生命周期的敏感信息保护和管理，提升信息安全的管理能力和水平；推进移动互联在精益营销中的应用，固化客户经理工作流程，为推进客户经理职能转型提供有力的技术支撑；构建烟叶淀粉指标的近红外定量分析模型，扩大烟叶化学成分检测范围。

牵头开展山东卷烟市场容量研究，形成山东省“十三五”期间卷烟市场容量阶段性报告；探索山东细支烟目标市场精益开发，调研全省细支烟销售情况及品牌培育工作；从不同角度对影响卷烟产品增量的相关因素进行分析，并进行对策研究。

深度研究造纸法再造烟叶可用原料的应用，研发出利用低次烟叶生产造纸法再造烟叶的合理技术工艺，并实现该工艺的推广应用，为低次烟叶的高品质、规模化应用提供技术支持。

【技术服务】 开展山东省信息系统等级保护测评和机房环境监测服务，针对山东省等级保护定级二级以上的应用系统开展信息安全等级保护测评，对山东省局（公司）中心机房及青岛异地数据机房等供电系统、防雷系统等开展全方位检测服务，并完成济南数据中心和青岛备份中心机房基础环境情况调研和现场检测评估；利用近红外光谱技术开展全省烟叶品质快速检测与分析服务，编制印发《2016年度山东烟叶品质分析报告》，为及时、全面、科学地指导山东烟叶质量提升和生产技术改进提供参考依据。

开展全系统卷烟营销岗位员工职业能力测评工作，对山东烟草商业系统17个地市共计4400余人（次）营销岗位员工进行胜任力测评工作，形成个人、地市、全省范围测评分析报告。

为山东瑞博斯烟草有限公司生产线的工艺测试和优化提供技术支持，设计技术方案；指导技术人员开展实验研究，为实验仪器操作、实验方案设计、实验数据分析等科研工作开展培训和现场指导，推动再造烟叶生产企业技术提升。

【成果转化】 推广示范土著菌扩繁剂5万亩以上，高碳基土壤修复肥4000亩；烟蚜茧蜂防治烟蚜技术在烟草上全面推广，在大农业上推广4.13万亩，节约成本45.4万元；示范推广增香提质烘烤工艺技术0.39万亩，烟叶生产专业机械推广2416台（套）。

【技术成果】 承担和参与承担2016年度科研项目14项，在研项目达到48项。研究院承担的国家局重点项目“烟草打顶抑芽机和烟叶采收机的研究与开发”项目通过国家局验收。

获得山东省局（公司）科学技术进步奖一等奖1项、二等奖2项、专利奖1项。获得发明专利授权4项、计算机软件著作权4项，发表论文11篇。

【合作交流】 继续与山东大学、郑州院、中国农科院烟草研究所等大专院校、科研单位开展合作；“泰山”品牌再造烟叶联合实验室有效运行，承担多项合作研发工作。

重庆烟草科学研究所

【概　况】 成立于2011年6月，位于重庆市，由西南大学和重庆市局（公司）共同设立，属校企双方共建非法人单位，主要负责开展烟草科研、试验示范、烟叶生产技术培训与推广等工作，着力于提升全市烟叶科技水平和科研

能力。下设3个业务管理部门和6个科研部门。在巫山县设立渝东北区域技术中心，彭水县设立渝东南区域技术中心，同时作为科技试验工作站。2016年，有在职员工57人，其中，高级职称11人，副高职称16人，中级职称11人。2016年，重庆烟科所被重庆市科委认定为市级现代烟草农业协同创新中心。

名誉所长：李加纳；所长：陈中玉

【技术创新】 **品种研究。**研制的新品种“CF8704”参加全国烤烟新品种区域试验，在湖北等地表现良好，进入第二年全国区域试验。筛选出接近育种目标的高世代稳定株系9个。开展品种引进和筛选，小区试验对比结果中“云烟99”“CC27”“云烟110”3个品种在本地表现较好。通过染色体工程与常规育种相结合，获得抗黑胫病株系5个，综合性状较好且抗青枯病的株系1个。通过分离群体构建和高通量测序分析，获得7个CMV抗性关联和10个赤星病抗性关联SNP位点。

栽培技术。明确重庆“K326”品种的种植布局、适应的移栽时间，优化烘烤工艺，推行上部4~6片叶一次性采收技术。围绕品牌需求，初步筛选出能彰显重庆优质烟叶风格特色、满足卷烟工业需求的烤烟品种。通过全市农家肥堆沤技术规范研究，明确重庆市堆沤农家肥的理化指标范围。开展实用技术研究与探索，筛选出可行的抗逆调节剂和无草炭基质配方。

土壤改良。研制烟田土壤退化阻控与修复、健康烟田定向保育技术，集成并示范烟田分类治理和土壤质量提升技术。制定重庆新整理烟田快速培肥与生态恢复重建技术规范并进行示范推广。

绿色防控。结合重庆实际，根据保种、繁蜂、放蜂、效果评价以及工作分工的需要，制定烟蚜茧蜂防治烟蚜技术方案和烟蚜茧蜂的“4+1”技术标准，提高全市烟蚜茧蜂推广的针对性、有效性和规范性。

【技术服务】 牵头起草《2016年全市烟叶生产技术方案》。分别在彭水等四区县开展“云烟99”“贵烟2号”“中烟206”“云烟105”品种栽培示范。全年集中开展全市技术培训3次，参训210人次，培训内容涉及“K326”以上部叶为重点的烟叶烘烤、烟蚜茧为主的大农业绿色综合防控和烟草基因应用等年度重点推广技术。配合重庆市烟草公司烟叶分公司完成新整理烟田土地治理标准的审查和标准草案的完善工作。

【科研成果】 获得授权专利6项，其中发明专利3项。公开发表论文13篇，其中SCI收录3篇，被国内核心期刊接受科研论文2篇。承担的“茄青枯病菌与烟草互作分子机制及其调控技术研究”项目通过国家局成果鉴定，达到国内领先水平，并获得中国烟草总公司2016年科学技术进步奖二等奖。

陕西省烟草研究所

【概　况】 成立于1992年8月，位于陕西省西安市，隶属陕西省烟草专卖局（公司），实行事业单位企业化管理。主要从事烟草育（引）种、栽培、植保和烟草经济信息等方面的研究，还承担陕西省烤烟良种繁育、种子加工，烟叶技术服务和培训等工作。2016年，有在职员工6人，其中研究员1人、高级农艺师3人、高级经济师1人、农艺师1人。

所长：成巨龙

【技术创新】 承担国家局科技协作项目2项，省局级项目4项。

育种研究。选育的新品系“秦烟201（QY201）”通过全国烟草品种农业评审，新品系“9E07”进入全国烤烟品种区试华中区试验，选育的4个烤烟新品系进入陕西省品种区试。承担全国烤烟品种区域试验陕西点的工作，与西北农大合作新立“秦巴烟区烤烟新品种选育与区试”项目。

栽培研究。完成“陕西省特色优质烟叶开发”课题研究的课题验收鉴定，新立“秦巴烟田土壤保育及化肥减施增效技术集成与示范”课题。

植保研究。烟草蚜茧蜂防治烟蚜的本地化研究在陕西省全面推广，推广面积32.48万亩，占种烟面积的98.3%，建设繁蜂基地33处。与陕西省农业厅合作，将蚜茧蜂防治蚜虫技术作为全省农业主推生产技术之一。

烟草经济研究。新立“典型区域烟农合作社经营管理模式研究与推广”课题。针对卷烟经营严峻形势，对全国及陕西省卷烟市场及运行规律进行深入调研和分析，以《决策参考》形式呈报陕西省局（公司）党组，为陕西省局（公司）党组卷烟经营决策提供决策依据。针对规范调查研究和政策研究问题、烟草专卖制度有关理论问题进行思考，并形成专题论文。

【技术服务】 为全省种烟市局（公司）进行烤烟生产技术员培训1次，进行烟蚜茧蜂专项培训1次，参加培训人员330余人。完成“秦烟96”“秦烟98”良种繁育任务。为河南、山西、甘肃等烟区提供优质烤烟良种服务，供种面积23万亩。

【技术成果】 发表研究论文8篇，其中SCI源刊物2篇，出版专著1部；获得专利授权2项，获得中国烟草总公司2016年科学技术进步奖二等奖1项，陕西省烟草公司科学技术进步奖一等奖1项。

安徽省烟草公司烟草研究所（安徽省农业科学院烟草研究所）

【概　况】　成立于1947年，1962年划归安徽省农业科学院管理，1992年实行安徽省农业科学院、安徽省烟草公司双重领导，隶属安徽省农业科学院，增挂“安徽省烟草公司烟草研究所”牌子（简称安徽烟草所）。2005年12月，该所从凤阳县回迁至合肥设计院部，2008年安徽省农业科学院玉米研究中心挂靠安徽省农业科学院烟草研究所。该所是全国成立较早的3个省级烟草研究所之一，是安徽省从事烟草科学研究的专业科研单位，下设10个机构。拥有大、中型仪器设备40台（套），科研及办公用房2000余平方米。拥有省内凤阳、合肥、宣城及海南省乐东县（南繁基地）4个试验基地。2016年，有在职员工75人，其中专业技术人员41人，包括研究员8人，副研究员9人，助理研究员24人。拥有在站博士后1人，博士研究生学历11人，在读博士4人。

所长（兼书记）：李　成

【技术创新】　承担国家公益性科研专项（子项目），安徽省公司、安徽中烟、浙江中烟等单位科研项目18项，在基础材料创制、应用基础研究等方面取得较好进展。

基础材料创制与杂交育种。繁殖烟草种质资源86份，配制杂交组合80个，筛选出“F6”株系9个；完成新品系鉴定试验、比较试验、新品系的烟草黑胫病和青枯病的鉴定试验，筛选出“2014－513”“2014R3”2个烤烟新品系；育成1个新品系“6504”参加2016年全国烤烟品种区域试验；育成1个烤烟新品种“安烟3号”，并开展“安烟3号”的配套技术研究。同时，开展基于分子标记的烟草青枯病抗性基因鉴定体系构建的研究，试图通过生物信息学分析，找到与青枯病抗性相关的基因，构建相关鉴定体系。

烟草营养与栽培。主要开展“增钾提质关键栽培技术”研究、“烟—稻轮作烟区残存烟杆风险控制技术”研究和“皖南烟区烟株发育定向调控及结构优化技术”研究，结果发现皖南烟稻轮作区长期施用白云石粉改良土壤易造成土壤钙镁离子富集，对烟草吸收钾肥产生拮抗作用，对皖南烟区提出合理优化的钾肥配方组合，基本明确烟—稻轮作区烟杆还田对提升土壤肥力和增加水稻产量的作用，探明还田烟杆的腐解特征和养分释放规律。同时，通过硫素营养调控，改善烟叶质量和适时移栽个小壮苗培育研究工作取得一定的生产效果。

烟草病害防治。开展“蚜虫与烟草蚜传病毒病发生流行相关性及治虫防病”研究和“烟草根黑腐病流行规律及绿色防控技术”研究，发现烟草脉带花叶病毒病（TVBMV）上升为安徽烟草主要蚜传病毒，以复合侵染为主，首次在安徽烟区发现芸薹黄化病毒（BrYV）危害烟草，并得到该病毒的全序列。研究烟草叶背茸毛密度、烟草叶片pH、烟草叶片中可溶性蛋白质含量、叶绿素a和叶绿体色素含量与烟蚜对烟草品种选择性的相关性。烟蚜生物防控技术研究方面，初步筛选出对烟蚜有较高毒力的白僵菌Bbr84菌株和绿僵菌Mf82菌株。完成烟草根黑腐病病菌生物学特性的研究，进行烟草根黑腐病的室内有效药剂筛选，完成生防菌（枯草芽孢杆菌CK80－6）对烟草根黑腐病的抑制作用及其作用机理研究，以及不同烟草品种对烟草根黑腐病抗性评价预试验。

【技术服务】　作为技术依托单位参与安徽中烟、浙江中烟与贵州中烟烟叶基地单元建设，在皖南示范推广安徽烟草所育成的烤烟新品种“安烟2号”3000亩，推广“烟草病虫害绿色防控”技术2000亩。在烤烟生产关键环节，组织相关专家科技下乡20人次，就烤烟生产中的突出问题进行答疑解惑，并在洪涝灾害之后，深入田间地头，就烟叶生产受灾情况进行调查，提出对策，指导烟区开展生产自救。发布《烟草病虫信息》简报10期。

【科研成果】　选育出1个国审烤烟新品种“安烟3号”。1个烤烟杂交新组合通过全国烟草品种审定委员会农业评审。申请烟草类发明专利3项，获得授权1项；发表烟草相关学术论文14篇，其中SCI论文3篇。获得安徽省烟草公司科学技术进步奖二等奖1项、优秀奖2项。

【学术交流与对外合作】　青年科技人员参加相关学术会议累计40人次，国外学术交流培训2人次。邀请中国农科院烟草所研究员做题为《烟草农业科技“十三五”发展思考》学术报告，为安徽烟草所烟草学科的“十三五”发展规划提出重要的参考建议。为进一步加强与烟叶产区的合作，在烟叶产区积极开展调研工作，加强与中烟公司、烟叶公司的沟通，邀请安徽中烟技术中心负责人到安徽烟草所开展技术座谈，对未来的原料基地建设与科研项目合作进行深入探讨。所领导带队赴皖南烟区走访皖南烟叶公司和池州市烟草公司，就产区科技需求和如何更好服务产区进行深入交流，并达成合作共识。

海南雪茄研究所

【概　况】　位于海南省海口市。2015年7月，国家局、总公司下发《国家烟草专卖局　中国烟草总公司关于设立海南雪茄研究所的批复》（国烟人〔2015〕220号），同意设立海南雪茄研究所，为海南省烟草专卖局（公司）的专业部门，承担全省雪茄烟叶的科学技术研究及培训推广；

承担雪茄的产品开发和市场研究等工作。海南雪茄研究所人员编制 15 人，其中所长 1 人，副所长 2 人。截至 2016 年底，海南雪茄研究所仍处于筹建当中。

负责人：辛玉华

【科研项目与合作交流】 研究所设立以来，着手编制《海南雪茄研究所筹建工作方案》，明确研究所建设的指导思想、体制机制职能定位、组织架构与部门职责等，加大人才引进力度，加快雪茄所筹建工作。加强与青州所、东北站、河南农业大学烟草学院及中国热带农业科学院等院所的交流和合作，开展“2016 年度雪茄烟叶试种”“雪茄烟种质资源引进与品种比较试验研究”等项目研究，并取得阶段性成果。

◎撰稿：包自超；编辑：周 佳

全国烟草行业国家级行业级技术中心

名　称	成立时间	科研队伍状况	2016 年科研成果	备　注
上海烟草集团有限责任公司技术中心	1997 年	拥有硕士研究生以上学历 119 人；高级职称 24 人、中级职称 112 人	完成 9 项国家局科研项目，25 项集团科研项目，其中技术中心主持的“基于配方原料特性的卷烟物理保润技术研究与应用”“应用生物技术在打叶复烤和卷烟生产中降低 TSNAs 的研究”项目分别获得中国烟草总公司科学技术进步奖二等奖和三等奖	国家认定企业技术中心
江苏中烟工业有限责任公司技术研发中心	2007 年 10 月	拥有硕士研究生以上学历 50 人；高级职称 14 人、中级职称 38 人	完成 3 项国家局科研项目，36 项公司科研项目。参与承担“基于配方原料特性的卷烟物理保润技术研究与应用项目”获得中国烟草总公司科学技术进步奖二等奖。新增授权专利 114 项，其中发明专利 41 项。在核心期刊发表论文 4 篇，主持或参与制定行业或总公司标准 5 项	原淮阴、徐州卷烟厂技术中心为行业认定企业技术中心，整合后未重新认定
南通烟滤嘴有限责任公司技术中心	2001 年 9 月	拥有硕士研究生以上学历 19 人；高级技师 3 人、高级职称 3 人、中级职称 42 人	完成 1 项国家局科技项目，2 项省级重点技术创新项目，7 项公司科研项目。获得科技成果 10 项，新增授权专利 18 项，其中发明专利 6 项。在核心期刊发表论文 1 篇	行业认定企业技术中心
浙江中烟工业有限责任公司技术中心	2006 年 4 月	拥有硕士研究生以上学历 136 人；高级职称 32 人、中级职称 71 人	完成 1 项国家局科研项目，1 项省级科研项目，5 项公司科研项目。2 个项目分别获得中国烟草总公司科学技术进步奖二等奖和三等奖。发表科技论文 28 篇，其中核心期刊论文 20 篇，国际学术期刊论文 5 篇。获得授权专利 48 项，其中发明专利 29 项	行业认定企业技术中心
安徽中烟工业有限责任公司技术中心	2007 年	拥有硕士研究生以上学历 49 人；高级职称 19 人、中级职称 64 人	申报总公司科技项目 3 项，行业重点实验室项目 2 项。“滁菊显效组分的靶向分离及其在焦甜香品类中的应用研究”“通过加香加料提升膨胀烟丝使用价值”2 项成果获得省部级鉴定，并达到国际先进和国内领先水平。“功能性高分子材料降低‘都宝’卷烟烟气中氨和氰化氢释放量的研究”“利用仿生型信号分子降低白肋烟叶 TSNAs 关键技术研究”2 个项目完成项目合同规定的研究内容。公司验收成果 17 项	行业认定企业技术中心
福建中烟工业有限责任公司技术中心	2006 年	拥有科研人员 173 人，博士研究生学历 7 人、硕士研究生学历 39 人；高级职称 43 人、中级职称 96 人	12 个科技项目通过验收，推荐申报行业标准 2 项	国家认定企业技术中心
江西中烟工业有限责任公司技术研发中心	2007 年	拥有硕士研究生以上学历 34 人；高级职称 7 人、中级职称 41 人	完成“‘金圣’本草香原料优良品种筛选及标准化生产基地建设”等 13 个项目的结题工作及“Maillard 反应精细化产物在卷烟加香中的应用研究”等 10 个项目的开题工作，获得专利授权 8 项，发表论文 8 篇。“‘金圣’本草香品类香气特征分析及特征香原料的开发”获得中国烟草总公司科学技术进步奖三等奖	行业认定企业技术中心

续表

名　称	成立时间	科研队伍状况	2016 年科研成果	备　注
河南中烟工业有限责任公司技术中心	2007 年	拥有博士研究生学历（含在站博士后）9 人、硕士研究生学历 38 人；中、高级以上专业技术资格 83 人，其中高级职称 21 人	获得授权专利 361 项，其中发明专利 71 项。取得项目成果 50 项，新获批牵头承担国家局重大专项 2 项。获得省部级以上科技奖励 4 项。拥有省部级以上认定、认证的创新平台 8 个，拥有行业内外合作创新平台 9 个	行业认定企业技术中心
湖北中烟工业有限责任公司技术中心	2002 年	拥有硕士研究生以上学历人员 31 人；高级职称 38 人、中级职称 41 人	开展科研项目 154 项，其中国家局项目 6 项。完成科技项目 107 项，其中省部级鉴定 2 项，国家局验收 4 项。2 个项目获得中国烟草总公司科学技术进步奖三等奖	国家认定企业技术中心
湖南中烟工业有限责任公司技术研发中心	2006 年	拥有科研人员 197 人（含博士后 4 人），其中博士研究生学历 28 人、硕士研究生学历 54 人；高级职称 62 人，其中研究员 8 人、副研究员 4 人、教授 2 人、行业学科带头人 2 人	取得科技成果 45 项，其中省部级成果 9 项。申请专利 205 项，其中发明专利 71 项，PCT 国际专利 8 件。技术专利成果转化率为 86%	国家认定企业技术中心
广东中烟工业有限责任公司技术中心	2005 年	拥有硕士研究生以上学历人员 69 人；高级职称 31 人、中级职称 92 人	开展在研科技项目共计 114 项，其中公司科技项目 95 项、国家局科技项目 19 项。“基于吸湿同步性的保润型填料研发及在再造烟叶中的应用”获得中国烟草总公司技术发明奖三等奖	国家认定企业技术中心
广西中烟工业有限责任公司技术中心	2008 年	拥有科技研发人员 109 人，其中博士研究生学历 11 人、硕士研究生学历 38 人；高级职称 20 人、中级职称 47 人	开展科技项目 103 项，其中对外合作项目 76 项。参与承担行业重点项目 5 项，承担省部级以上项目 24 项，21 个项目通过省部级鉴定验收。1 项成果获得中国烟草总公司科学技术进步奖二等奖	行业认定企业技术中心
四川中烟工业有限责任公司技术中心	2015 年	拥有硕士研究生以上学历 35 人；高级职称 18 人、中级职称 57 人	完成公司科研项目 9 项，1 项成果获得中国烟草总公司技术发明奖三等奖	行业认定企业技术中心
贵州中烟工业有限责任公司技术中心	1997 年	拥有科研人员 160 人，其中博士研究生学历 6 人、硕士研究生学历 67 人；高级职称 9 人、中级职称 77 人	完成行业及省部级科技成果 10 个，完成公司科研项目 91 项。组织申报国家局科技项目 12 项，获批 7 项	原黄果树烟草集团公司技术中心为行业认定企业技术中心，整合后未重新认定
云南中烟工业有限责任公司技术中心	2014 年	拥有硕士研究生以上学历 202 人；高级职称 82 人、中级职称 266 人	完成 5 项国家局科研项目，14 项公司科研项目。3 个项目获得云南省科技进步奖二等奖	原红塔烟草集团、红云红河烟草集团技术中心为国家认定企业技术中心

省级烟草农业科研机构

名　称	成立时间	隶属单位	备　注
福建省烟草专卖局烟草科学研究所	1995 年	福建省烟草专卖局（公司）	同时挂牌：中国烟草东南农业试验站 2016 年 11 月，福建省烟草专卖局烟草农业科学研究所更名为福建省烟草专卖局烟草科学研究所
江西省烟叶科学研究所	1994 年	江西省烟草专卖局（公司）	2009 年恢复重建
河南省烟草科学研究所	2014 年	河南省烟草专卖局（公司）	
河南省烟草公司烟草研究所	1947 年	河南省烟草专卖局（公司）	同时挂牌：河南省烟草公司烟草研究所

续表

名　称	成立时间	隶属单位	备　注
湖北省烟草科学研究院	1986 年	湖北省烟草专卖局（公司）	同时挂牌：中国烟草白肋烟试验站
贵州省烟草科学研究院	1948 年	贵州省烟草专卖局（公司）	同时挂牌：中国烟草西南农业试验站
云南省烟草农业科学研究院	1955 年	云南省烟草专卖局（公司）	同时挂牌：中国烟草育种研究（南方）中心
陕西省烟草研究所	1992 年	陕西省烟草专卖局（公司）	下设陕西省烟草实验站，主要从事烟叶生产技术研究和种子加工

行业重点实验室

序号	名　称	隶属单位	认定/批准组建部门	2016 年主要科研成果
1	烟草行业烟草化学重点实验室	中国烟草总公司郑州烟草研究院	国家烟草专卖局	发表论文 45 篇。获得专利授权 53 项，其中发明专利 33 项、软件著作权 14 项
2	烟草行业烟草工艺重点实验室	中国烟草总公司郑州烟草研究院	国家烟草专卖局	发表论文 32 篇。获得专利授权 18 项，其中发明专利 9 项、软件著作权 2 项
3	烟草行业香料基础研究重点实验室	中国烟草总公司郑州烟草研究院	国家烟草专卖局	发表论文 26 篇，国际会议宣读论文 2 篇。获得专利授权 43 项，其中发明专利 36 项、软件著作权 4 项
4	烟草行业生态环境与烟叶质量重点实验室	中国烟草总公司郑州烟草研究院	国家烟草专卖局	发表论文 22 篇，国际会议宣读论文 3 篇，墙报展示 3 篇。获得实用新型专利授权 15 项
5	烟草行业卷烟烟气重点实验室	上海烟草集团有限责任公司	国家烟草专卖局	
6	浙江省新型吸附材料与应用技术重点实验室	浙江中烟工业有限责任公司、浙江大学	浙江省科技厅	开展“基于静电纺丝法制备烟用选择性吸附材料”项目研究
7	烟草化学安徽省重点实验室	安徽中烟工业有限责任公司	安徽省科技厅	开展“烟草萃取液的膜法深度净化处理技术研究及工程化”“卷烟滤嘴胶囊自主化生产”“新型温至显色材料研究”“热合成型功能料香开发”等项目研究
8	烟草行业燃烧热解重点实验室	安徽中烟工业有限责任公司	国家烟草专卖局	建立电子烟灵敏度与抽吸轻松度的测定和评价方法、烟草低温加热状态烟气气溶胶释放量实时跟踪监测方法、烟草燃烧和低温热解状态下 CO 释放量检测方法等
9	江西省本草烟用减害工程技术研究中心	江西中烟工业有限责任公司	江西省科技厅	
10	再造烟叶标准研究室	河南中烟工业有限责任公司	国家烟草专卖局	
11	烟草行业烟草加工形态研究重点实验室	河南中烟工业有限责任公司	国家烟草专卖局	
12	烟草行业卷烟功能材料重点实验室	湖南中烟工业有限责任公司	中国烟草总公司	
13	烟草行业烟用材料重点标准研究室	湖南中烟工业有限责任公司	国家烟草专卖局	
14	烟草行业烟草工艺重点标准研究室	湖南中烟工业有限责任公司	国家烟草专卖局	
15	烟草行业再造烟叶研究重点实验室	广东中烟工业有限责任公司	国家烟草专卖局	围绕再造烟叶基础工艺技术研究、降焦减害技术研究、再造烟叶产品技术标准研究、再造烟叶配方适用性研究、功能性植物原料开发与利用，开展“基于低温卷烟的再造烟叶研发及应用技术研究”“降低再造烟叶木质素气息技术及转化应用研究”项目研究
16	中国合格评定国家认可委员会认可实验室	广西中烟工业有限责任公司	中国合格评定国家认可委员会	

续表

序号	名　称	隶属单位	认定/批准组建部门	2016 年主要科研成果
17	烟草行业分子遗传重点实验室	贵州省烟草科学研究院	国家烟草专卖局	在研项目 3 项，公开发表论文 3 篇，获授权发明专利 9 项
18	烟草行业山地烤烟品质与生态重点实验室	贵州省烟草科学研究院	国家烟草专卖局	获授权发明专利 6 项
19	烟草行业烟草生物技术育种重点实验室	云南省烟草农业科学研究院	国家烟草专卖局	
20	卷烟调香技术重点实验室	云南中烟工业有限责任公司	国家烟草专卖局	发表论文 20 篇，获得专利授权 3 项
21	卷烟工艺与装备研究重点实验室	云南中烟工业有限责任公司	国家烟草专卖局	发表论文 18 篇，获得专利授权 34 项
22	烟用材料标准化重点实验室	云南中烟工业有限责任公司	国家烟草专卖局	发表论文 6 篇，获得专利授权 8 项
23	卷烟质量安全标准化重点实验室	云南中烟工业有限责任公司	国家烟草专卖局	发表论文 14 篇，获得专利授权 11 项
24	烟草行业烟用添加剂测试中心	云南中烟工业有限责任公司	国家烟草专卖局	发表论文 14 篇，获得专利授权 11 项
25	云南省烟草化学重点实验室	云南中烟工业有限责任公司	云南省科技厅	发表论文 52 篇，获得专利授权 39 项

博士后科研工作站和院士工作站

序 号	名　称	建站时间	2016 年建设成果
1	中国烟草总公司郑州烟草研究院博士后科研工作站	2015 年 10 月	有入站博士后 1 人，出站博士后 1 人，完成中期考核 4 人
2	上海烟草集团有限责任公司博士后科研工作站	2002 年	有出站博士后 2 人，累计有在站博士后 6 人。主要涉及烟草化学基础研究、卷烟降焦减害、新型材料等方面。有在研项目 6 项，其中省部级项目 6 项，发表论文 1 篇 合作流动站：复旦大学、同济大学博士后科研流动站
3	浙江中烟工业有限责任公司博士后科研工作站	2007 年 6 月	有在站博士后 4 人。主要涉及烟草香气分析、烟草品质提升、新型卷烟滤材、卷烟设备监测等方面的研究。全年在研项目 4 项，累计发表 SCI/EI 论文 8 篇（含学术交流会议论文 4 篇），中文核心期刊论文 4 篇，申请并受理发明专利 7 项
4	安徽中烟工业有限责任公司博士后科研工作站	2014 年	有出站博士后 1 人，引进 1 名生物质研究方向博士后进站工作，实现重点实验室与工作站的资源共享。承担“卷烟及电子烟化学成分在人体口腔残留研究”项目，完成项目评估考核。以“阴燃分析新技术及其标准化预研研究”“烟草低温加热状态下烟气释放规律、物化特性及影响因素研究”等 7 项科技项目为主体，开展燃烧热解诊断和调控技术专项研究
5	福建中烟工业有限责任公司博士后科研工作站	2013 年	首位博士后完成“干燥工艺对烟丝热解条件下气相挥发分的影响研究”课题研究，通过考核出站
6	江西中烟工业有限责任公司博士后科研工作站	2013 年 9 月	招收进站博士后 1 人，主要从事金圣本草香精油微/纳米胶囊的研究与应用。参与撰写研究论文 4 篇，其中 2 篇在 CSCD 核心期刊发表，2 篇被 CSCD 核心期刊录用 合作流动站：江南大学博士后科研流动站
7	河南中烟工业有限责任公司博士后科研工作站	2008 年 5 月	招收进站博士后 13 人，出站留用 1 人，累计有在站博士 7 人（含基地 3 人）。主要涉及烟草化学基础研究、卷烟降焦减害、新型材料等方面。有在研项目 4 项，其中省部级项目 2 项；申请本省二等资助 2 项、三等资助 1 项。发表论文 2 篇。连续 6 年被评为“河南省优秀博士后工作站” 合作流动站：郑州大学、河南大学博士后科研流动站

续表

序号	名　称	建站时间	2016 年建设成果
8	湖南中烟工业有限责任公司博士后科研工作站	2006 年	招收进站博士 2 人，累计有在站博士后 4 人，分别与中南大学、湖南大学博士后流动站建立合作。2016 年，博士后在研项目 4 项，主要涉及烟草化学、降焦减害及香精香料特征成分数据库建立等方向的研发工作。开展博士后中期评审会议 1 次，开题评审会议 3 次
9	广东中烟工业有限责任公司博士后科研工作站	2006 年 5 月	招收博士后 3 人。在站期间共参与科技项目 3 项，申请专利 15 项。发表 SCI 论文 3 篇、EI 论文 3 篇、中国科技核心期刊论文 8 篇 合作流动站：华南理工大学博士后科研流动站
10	广西中烟工业有限责任公司博士后科研工作站	2003 年 12 月	博士后科研工作站招收进站博士后 5 人，出站 5 人，留用 4 人，主要涉及烟草化学、卷烟减害、新型材料、互联网应用等基础研究。在研的对外合作项目 15 项，承担广西自治区科技厅、自治区工信委项目 8 项，1 项成果获得 2016 年中国烟草总公司科学技术进步奖二等奖，发表论文 10 篇，出版专著 1 部 合作流动站：清华大学、复旦大学、北京师范大学博士后科研流动站
11	四川中烟工业有限责任公司博士后科研工作站	2002 年 10 月	无招收进站博士和出站博士
12	贵州省烟草科学研究院烟草生理生化院士工作站	2011 年 9 月	通过与中国农业大学院士团队合作，主要开展种子工程、分析化学、烟草生态生理等方向的研究，在抗逆生理研究、富钾分子机制等方面取得显著进展，培养在职博士 11 人，在职硕士 13 人
13	浙江大学贵州省烟草科学研究院博士后研究基地	2013 年 5 月	有在站博士后 2 人，暂无出站人员，主要承担国家局基因组重大专项项目
14	贵州中烟工业有限责任公司博士后科研工作站	2013 年 10 月	工作站在新型卷烟（加热不燃烧卷烟）的开发、烟草制品的新型检测技术标准的研发等领域加强研究力量，新招聘引进博士后 2 人。工作站针对近红外光谱技术、芳香物质真菌筛选鉴定两个领域，完成首批 2 名博士后的开题报告和中期考核工作，2 名博士后顺利通过考核答辩
15	云南省烟草农业科学研究院博士后科研工作站	2013 年 8 月	出站博士后 1 人。主要从事烟草生物技术方向的研究 合作流动站：云南大学生物学博士后流动站
16	云南中烟工业有限责任公司博士后科研工作站	2014 年 10 月	招收进站博士后 2 人，出站留用 2 人，累计有在站博士后 6 人。主要涉及烟草化学基础研究、卷烟降焦减害、市场营销等方面。全年在研项目 7 项，其中省部级项目 2 项
17	云南省院士（专家）工作站孙汉董院士工作站	2014 年 1 月	招收进站博士后 1 人，累计有在站博士后 2 人。主要涉及烟草化学基础研究、卷烟降焦减害、新型材料等方面。全年在研项目 8 项，其中省部级项目 6 项，发表论文 36 篇。获授权发明专利 26 项。获得云南省科学技术进步奖三等奖 1 项

◇编辑：周　佳

教育培训

中国烟草总公司职工进修学院

【概　况】　前身是河南省烟草工业学校，成立于 1985 年 1 月。1992 年 11 月，更名为中国烟草总公司郑州中等专业学校，2001 年改制更名为中国烟草总公司职工技术培训中心，2009 年更名为中国烟草总公司职工进修学院。2011 年，国家烟草专卖局职业技能鉴定指导中心职能和办公地点调整到学院，与学院合署办公。2014 年，中国烟草学会教育培训专业委员会在学院设立办事机构。2015 年，中国烟草学会安全生产专业委员会在学院设立办事机构。2015 年，中国烟草总公司黄淮烟叶样品中心在学院成立，中国烟草网络学院在学院正式运行，呈现出“数块牌子、多项职责、一体联动”的崭新局面。学院承担行业高层次高技能人才教育培训、行业远程教育培训、黄淮烟叶样品研究与管理、行业职业技能鉴定以及行业职业技能竞赛管理、教育培训理论研究与资源开发建设等多项职责。

在编教职工 96 人，其中，具有本科以上学历 91 人，研究生以上学历 48 人（含博士研究生学历 9 人），高级专业技术资格 34 人，高级企业培训师资格 35 人；首席培训师6人、高级培训师6人，行业专家委员会委员10余人。进修学院设有博士后研发基地，有在站博士后2人。

党组副书记（主持党组日常工作）、副院长（行政工作临时负责人）：连　飞

【教育培训】　举办脱产培训班272期，培训2.23万人次，平均每天在院学员约600人。网络培训在线学员19万人，日均访问量逾1万人次。合作开展专业硕士研究生教育，在读511人。组织行业特有职业（岗位）鉴定376批次，鉴定总量4.25万人次，获证20420人，其中高技能人才鉴定15431人次，获证6938人。开展三级以上证书复核4956人次，合格4689人。组织举办国家级二类竞赛1届次和省级一、二类竞赛15届次。完成7家鉴定机构的体系复核验证。出版、印刷培训教材47种，为行业提供5.9万册。

【教研成果】　突出研发重点，着力开展高层次专业技术人才、技能人才和经管人才培训项目研发，全年研发培训项目211个，其中30个培训项目被纳入国家局培训计划。专业教师积极参与行业科学研究和技术攻关，发表学术论文25篇，编著教材7本，参与制定国家标准5项，获科学技术奖9项、发明专利授权4项。

◇撰稿：靳　柯；编辑：周　佳

各省级公司所属部分教育培训机构

名　称	成立时间	隶属单位	2016年主要工作
河北平山温泉烟草职工培训中心	1998年11月	河北省烟草专卖局（公司）	实行教学安排、课程设置、师资配备、纪律管理“四统一”模式，开设“两学一做”学习教育、党风廉政教育、规范经营教育、爱岗敬业教育“四大必修课”，举办各类培训班60期，培训学员5220人次，其中综合培训班8期，培训534人次
浙江烟草工业教育培训中心	2011年11月	浙江中烟工业有限责任公司	完成141个培训课程，培训学员3110人次，培训59928课时。2144人参加网络培训，占总人数63.13%
福建省烟草公司厦门职工教育培训中心	2001年7月	福建省烟草专卖局（公司）	承担并组织好福建省局及各直属单位的有关业务培训工作
江西省烟草培训中心	1991年10月	江西省烟草专卖局（公司）	举办江西省烟草商业系统内培训48期，培训3031人次，培训天数233天；完成计划外培训6期。对外承接6期培训（会议），培训494人次，培训天数14天
中国烟草井冈山传统教育基地	1996年10月	江西省烟草专卖局（公司）	举办培训班133期，培训学员5569人次，培训学时3.13万天
山东烟草职工培训中心	2001年10月	山东省烟草专卖局（公司）	举办培训班130期，培训学员1.1万余人次，培训学时合计724天。采取送培到企业的方式为红塔集团、陕西中烟、湖北中烟、江苏中烟、贵州中烟等举办了烟机设备操作工、修理工职业技能鉴定前的培训，培训1640人次
中国烟草总公司青州中等专业学校	1983年12月	山东省烟草专卖局（公司）	学校主要开设数控技术、计算机应用、烟叶种植、卷烟技术、市场营销、酒店管理与服务等6个专业。学校进一步突出专业建设，整合教学资源，优化设置烟叶生产技术教研组、烟草专卖教研组、烟机设备与工艺教研组、卷烟营销教研组、物流配送教研组、信息技术教研组、综合教研组等7个教研组。同时，继续与中国海洋大学合作开展MBA教育，与山东农业大学开展函授学历教育，招生226人
河南省烟草职工培训中心	2009年	河南省烟草专卖局（公司）	举办各类培训班136期，培训11961人次，其中，领导干部基本理论研修班3期、265人；基层党组织书记集中轮训班6期、761人次；全国烟站站长轮训班培训1期、106人次；全国烟叶感官评级技术研讨班1期、54人次；全国烟叶评级高级技师试点企业实训班1期、40人次
湖北省烟草专卖局教育培训中心	2009年	湖北省烟草专卖局（公司）	组织3期全省烟草商业系统基层党组织书记培训班，培训基层党组织书记413人；组织4期全省系统基层部所负责人培训班，培训基层卷烟市场部、专卖管理所负责人452人

续表

名　称	成立时间	隶属单位	2016 年主要工作
湖北中烟工业有限责任公司教育培训中心	2015 年 7 月	湖北中烟工业有限责任公司	举办培训班 513 期，培训学员 32572 人次，培训学时 4.3 万天
湖南省烟草职工培训中心（湘潭烟草中专学校、湖南省烟草职业技能鉴定站）	湘潭烟草中专学校创办于 1964 年，1988 年起承担省内外行业职工教育培训任务，1997 年 11 月经劳动部门批复成立技能鉴定站	湖南省烟草专卖局（公司）	举办培训班 83 批次、113 个，承办岗位技能竞赛 8 个，培训学员 8180 人次，培训学时合计 61440 人天；组织实施职业技能鉴定 9 批次，鉴定人数 1024 人，合格 848 人，通过率 82.81%
四川中烟工业培训中心	2016 年 8 月	四川中烟工业有限责任公司	举办培训班 380 期，培训学员 14987 人次，培训学时 8760 天
贵州烟草商业教育培训中心	2012 年	贵州省烟草专卖局（公司）	举办培训班 50 期，培训学员 2354 人、3243 人次，培训学时合计 196 天 主要负责贵州省烟草商业系统内教育培训工作的组织实施；教育培训师资的培训与管理，教材的开发；教育培训需求分析与调查，教育培训评估，教育培训师资库和教材库建设等工作
云南中烟工业有限责任公司培训中心	1983 年	云南中烟工业有限责任公司	举办各类培训班 100 期，培训 5658 人次，其中，承担国家局培训班 3 期，290 人次；云南中烟培训班 34 期，2230 人次；省内工业企业培训班 25 期，1319 人次；省内商业企业培训班 12 期，661 人次；自主开发培训班 21 期，994 人次；承办省外企业培训 5 期，164 人次

注：2016 年 5 月，云南烟草教育培训中心正式更名为云南中烟工业有限责任公司培训中心。

◇编辑：周　佳

授权专利

2016 年全国烟草行业发明专利授权一览表

序号	专利名称	专利权人	授权公告日
1	一种 LC－MS/MS 检测烟草及烟草制品中特有亚硝胺的样品前处理方法	中国烟草总公司郑州烟草研究院	2016－01－20
2	一种醋酸纤维素多孔微球的制备方法及其产品	中国烟草总公司郑州烟草研究院	2016－01－20
3	一种硅杂脱氢药草酮及其制备方法	中国烟草总公司郑州烟草研究院	2016－01－20
4	一种硅杂药草酮及其制备方法	中国烟草总公司郑州烟草研究院	2016－01－20
5	一种气相色谱－串联质谱同时检测卷烟主流烟气中苯酚、NNK 和苯并［a］芘的方法	中国烟草总公司郑州烟草研究院	2016－01－20
6	一种三乙酸甘油酯中乙酸含量的测定方法	中国烟草总公司郑州烟草研究院	2016－01－20
7	一种电子烟烟液中香兰素、乙基香兰素和香豆素的同时测定方法	中国烟草总公司郑州烟草研究院	2016－02－24
8	一种基于酯化类－糊化淀粉和非糊化类淀粉的新型淀粉质卷烟胶	中国烟草总公司郑州烟草研究院	2016－02－24
9	一种酶解－氧化淀粉质烟用保润剂的制备方法及其应用	中国烟草总公司郑州烟草研究院	2016－02－24
10	一种电子烟烟液中 16 种多环芳烃的测定方法	中国烟草总公司郑州烟草研究院、吉林烟草工业有限责任公司	2016－02－24
11	一种蜀葵种子提取物在卷烟中的应用	中国烟草总公司郑州烟草研究院、河南中烟工业有限责任公司	2016－02－24

续表

序号	专利名称	专利权人	授权公告日
12	基于热风循环系统控温的色牢度测试自动负重接触装置	中国烟草总公司郑州烟草研究院、郑州嘉德机电科技有限公司	2016-02-24
13	适用于烟草材料加热非燃烧状态下释放烟气的捕集装置及其捕集方法	中国烟草总公司郑州烟草研究院	2016-03-16
14	一种硅杂-β-王朝酮及其制备方法	中国烟草总公司郑州烟草研究院	2016-03-16
15	一种含有改性纤维素的新型淀粉质卷烟胶	中国烟草总公司郑州烟草研究院	2016-03-16
16	一种卷烟主流烟气中酸香成分的分离方法	中国烟草总公司郑州烟草研究院	2016-03-16
17	一种蜀葵根茎水提液的制备方法及其应用	中国烟草总公司郑州烟草研究院	2016-03-16
18	一种液相色谱-串联质谱法检测新鲜烟叶中脱落酸和茉莉酸的方法	中国烟草总公司郑州烟草研究院	2016-03-16
19	一种用于纸张透气度检测仪泄漏测试装置及其测试方法	中国烟草总公司郑州烟草研究院	2016-03-16
20	适用于在线分析的微波固定床热风联合干燥实验装置	中国烟草总公司郑州烟草研究院	2016-04-06
21	一种基于醚化类-糊化淀粉和非糊化类淀粉的新型淀粉质卷烟胶	中国烟草总公司郑州烟草研究院	2016-04-06
22	一种酶解-羧甲基化淀粉质烟用保润剂的制备方法及其应用	中国烟草总公司郑州烟草研究院	2016-04-06
23	一种人体尿液中8-羟基脱氧鸟苷、8-羟基鸟苷和8-异构前列腺素F2α的分析方法	中国烟草总公司郑州烟草研究院	2016-04-06
24	一种烟用接装纸耐唾液色牢度的测定方法	中国烟草总公司郑州烟草研究院	2016-04-06
25	低场核磁共振测量烟草含水率的方法	中国烟草总公司郑州烟草研究院、河南中烟工业有限责任公司	2016-04-06
26	一种预测烟草及烟草制品混合体系水活度和各组分含水率的方法	中国烟草总公司郑州烟草研究院、河南中烟工业有限责任公司	2016-04-06
27	一种用于纸质滤嘴的涂布液	中国烟草总公司郑州烟草研究院、红云红河烟草（集团）有限责任公司	2016-04-06
28	采用双核法检测卷烟主流烟气总粒相物遗传毒性的方法	中国烟草总公司郑州烟草研究院	2016-05-04
29	一种臭椿多糖制备方法及其在防治烟草病毒上的应用	中国烟草总公司郑州烟草研究院	2016-05-04
30	一种固相萃取净化-连续流动分析仪快速测定纸质包装材料中六价铬的方法	中国烟草总公司郑州烟草研究院	2016-05-04
31	一种基于降解类-糊化淀粉和醚化类-糊化淀粉的淀粉质卷烟胶	中国烟草总公司郑州烟草研究院	2016-05-04
32	一种具有斗烟风格特征的电子烟烟液	中国烟草总公司郑州烟草研究院	2016-05-04
33	一种烟丝热风变温干燥装置及其变温干燥试验方法	中国烟草总公司郑州烟草研究院	2016-05-04
34	适用于烟草材料加热非燃烧状态下烟气分析评价的加热装置	中国烟草总公司郑州烟草研究院	2016-05-25
35	烟草物料干燥滚筒液相加热循环系统	中国烟草总公司郑州烟草研究院	2016-05-25
36	一种电子烟烟液香味成分的分析方法	中国烟草总公司郑州烟草研究院	2016-05-25
37	一种改进的低焦油烤烟型卷烟	中国烟草总公司郑州烟草研究院	2016-05-25
38	一种含有合成聚合物的新型淀粉质卷烟胶	中国烟草总公司郑州烟草研究院	2016-05-25
39	一种基于降解类-糊化淀粉和酯化类-糊化淀粉的新型淀粉质卷烟胶	中国烟草总公司郑州烟草研究院	2016-05-25

续表

序号	专利名称	专利权人	授权公告日
40	一种蜀葵花提取物联产制备方法及其应用	中国烟草总公司郑州烟草研究院、河南中烟工业有限责任公司	2016-05-25
41	用于卷烟引燃倾向测试的自动点烟装置	中国烟草总公司郑州烟草研究院、中国科学院合肥物质科学研究院	2016-06-15
42	一种氧化-羧甲基化淀粉质烟用保润剂的制备方法及其应用	中国烟草总公司郑州烟草研究院	2016-06-29
43	低糖分电子烟烟液的制备方法	中国烟草总公司郑州烟草研究院	2016-07-06
44	烟草滚筒远红外复合干燥实验设备	中国烟草总公司郑州烟草研究院	2016-07-06
45	一种毛烟精油的制备方法及其应用	中国烟草总公司郑州烟草研究院	2016-07-20
46	一种热解-羧甲基化淀粉质烟用保润剂的制备方法及其应用	中国烟草总公司郑州烟草研究院	2016-08-03
47	一种酸解-羧甲基化淀粉质烟用保润剂的制备方法及其应用	中国烟草总公司郑州烟草研究院	2016-08-03
48	一种酸解-氧化淀粉质烟用保润剂的制备方法及其应用	中国烟草总公司郑州烟草研究院	2016-08-03
49	双层网带式直接复烤设备及其复烤方法	中国烟草总公司郑州烟草研究院	2016-08-17
50	烟草鲨烯合酶蛋白、烟草鲨烯合酶基因及其应用	中国烟草总公司郑州烟草研究院	2016-08-17
51	一种茶多酚烟草保润剂及其在卷烟中的应用	中国烟草总公司郑州烟草研究院	2016-08-17
52	一种改善梗丝品质的加工方法	中国烟草总公司郑州烟草研究院	2016-08-17
53	一种甘露咖啡力娇酒添加剂在雪茄烟中的应用	中国烟草总公司郑州烟草研究院	2016-08-17
54	一种检测卷烟主流烟气中晚期糖基化终末产物的方法	中国烟草总公司郑州烟草研究院	2016-08-17
55	一种可降低树苔提取物中铅含量的植物吸附材料及其应用	中国烟草总公司郑州烟草研究院	2016-08-17
56	一种利用共晶点，共熔点判断烟叶样品冷冻干燥预冷温度的方法	中国烟草总公司郑州烟草研究院	2016-08-17
57	一种适用于烟草种子的 RNA 提取方法	中国烟草总公司郑州烟草研究院	2016-08-17
58	一种烟草薄片的制备方法	中国烟草总公司郑州烟草研究院	2016-08-17
59	玉簪花水提液在卷烟中的应用	中国烟草总公司郑州烟草研究院、河南中烟工业有限责任公司	2016-08-17
60	一种适用于配制电子烟烟液的辣味组分的富集方法	河南农业大学、中国烟草总公司郑州烟草研究院、中国烟草总公司河南省公司	2016-08-17
61	一种改良的电子烟烟液制备方法	中国烟草总公司郑州烟草研究院	2016-08-24
62	一种带有铝箔层的复合卷烟纸及其应用方法	中国烟草总公司郑州烟草研究院	2016-08-31
63	一种带有铝箔的天然烟草纤维复合卷烟纸及其应用方法	中国烟草总公司郑州烟草研究院	2016-08-31
64	一种带有瓦楞层和铝箔层的新型卷烟纸	中国烟草总公司郑州烟草研究院	2016-08-31
65	一种电子烟烟气中烟碱、1，2-丙二醇和丙三醇的同时测定方法	中国烟草总公司郑州烟草研究院	2016-08-31
66	一种电子烟烟液中烟碱、丙二醇和丙三醇的同时测定方法	中国烟草总公司郑州烟草研究院	2016-08-31
67	一种片烟形状紧致度的测定方法	中国烟草总公司郑州烟草研究院	2016-08-31
68	一种用烟梗和烟叶制备电子烟烟液的方法	中国烟草总公司郑州烟草研究院	2016-08-31

续表

序号	专利名称	专利权人	授权公告日
69	一种用于测定烟用纸张中4种异噻唑啉酮类物质的方法	中国烟草总公司郑州烟草研究院、广西中烟工业有限责任公司	2016-08-31
70	具有烘烤香特征的电子烟烟液的制备方法	中国烟草总公司郑州烟草研究院	2016-11-30
71	一种基于磁性固相萃取的卷烟主流烟气中苯并[a]芘的测定方法	国家烟草质量监督检验中心	2016-01-13
72	滤棒测量台、滤棒中各分段料棒长度无损测量设备及方法	国家烟草质量监督检验中心、中国科学院安徽光学精密机械研究所	2016-02-24
73	一种烟叶样品厚度的准确测定方法	国家烟草质量监督检验中心	2016-03-09
74	一种水基胶中尿素含量的测定方法	国家烟草质量监督检验中心	2016-03-16
75	一种卷烟主流烟气中苯并[a]芘的测定方法	国家烟草质量监督检验中心	2016-03-23
76	电子烟烟液中防腐剂的测定方法	国家烟草质量监督检验中心	2016-04-06
77	一种尿液中铬、镍、砷、硒、镉、汞、铅含量的测定方法	国家烟草质量监督检验中心	2016-04-13
78	基于计算机视觉的烟丝中再造烟叶比例测定方法	国家烟草质量监督检验中心、中国科学院合肥物质科学研究院	2016-04-13
79	一种烟草中除草剂残留的合相色谱分析方法	国家烟草质量监督检验中心、许昌学院	2016-04-13
80	一种卷烟主流烟气中挥发性有机化合物的测定方法	国家烟草质量监督检验中心	2016-04-27
81	一种使用UPLC-IE法测定无烟气烟草制品中主要羰基化合物的方法	国家烟草质量监督检验中心	2016-05-25
82	一种用于测定电子烟烟液及气溶胶中茄尼醇含量的方法	国家烟草质量监督检验中心	2016-06-08
83	一种用于测定电子烟烟液及气溶胶中18种挥发及半挥发性有机物含量的方法	国家烟草质量监督检验中心	2016-06-15
84	一种电子烟烟液体外细胞毒性WST-1测试方法	国家烟草质量监督检验中心	2016-06-22
85	基于计算机视觉的烟丝中膨胀叶丝比例测定方法	国家烟草质量监督检验中心、中国科学院合肥物质科学研究院	2016-07-13
86	一种同时测定电子烟气溶胶中烟碱、1,2-丙二醇及丙三醇含量的方法	国家烟草质量监督检验中心	2016-08-24
87	一种烟草及烟草制品中有机氯农药残留量的测定方法	国家烟草质量监督检验中心	2016-08-24
88	用于测定电子烟抽吸气溶胶中主要酚类化合物含量的方法	国家烟草质量监督检验中心	2016-08-24
89	一种使用UPLC-IE法测定卷烟烟丝中主要羰基化合物的方法	国家烟草质量监督检验中心	2016-08-31
90	一种电子烟烟液中烟草特有N-亚硝胺的测定方法	国家烟草质量监督检验中心	2016-09-07
91	基于计算机视觉的烟丝中梗丝比例测定方法	国家烟草质量监督检验中心、中国科学院合肥物质科学研究院	2016-09-07
92	一种基于三维重建技术的卷烟空头检测方法	国家烟草质量监督检验中心	2016-09-14
93	一种卷烟主流烟气中羰基化合物的测定方法	国家烟草质量监督检验中心	2016-10-19
94	筛选卷烟的设备和方法	中国烟草总公司天津市公司物流中心	2016-12-28
95	一种离子色谱法测定卷烟侧流烟气中一甲胺、一乙胺含量的方法	河北中烟工业有限责任公司	2016-10-05

续表

序号	专利名称	专利权人	授权公告日
96	一种制丝工艺质量监控系统及方法	张家口卷烟厂有限责任公司	2016－01－20
97	普鲁兰多糖改性烟用聚丙烯纤维及其制备方法	张家口卷烟厂有限责任公司、天津工业大学	2016－05－25
98	香烟过滤嘴用 PNIPAAm/HPMC 共混凝胶制备方法	张家口卷烟厂有限责任公司、天津工业大学	2016－05－25
99	一种卷烟绿色销毁系统	东北大学、辽宁省烟草公司盘锦市公司	2016－01－20
100	膜下烤烟移栽机	辽宁省烟草公司朝阳市公司	2016－08－17
101	烟草施肥起垄刨堆一体机	辽宁省烟草公司朝阳市公司北票烟叶总站	2016－08－17
102	一种烟草烘烤房	中国烟草总公司黑龙江省公司牡丹江烟草科学研究所	2016－08－17
103	一种烟草角斑病菌的分子鉴定引物及鉴定方法	中国烟草总公司黑龙江省公司牡丹江烟草科学研究所	2016－04－13
104	烟丝断丝装置	上海烟草集团有限责任公司	2016－01－06
105	烟丝匀料解团装置	上海烟草集团有限责任公司	2016－01－06
106	一种烟片处理工艺	江苏中烟工业有限责任公司南京卷烟厂	2016－01－13
107	一种复合酶催化废弃烟末制备烟用香料的方法	上海烟草集团有限责任公司	2016－01－20
108	一种烟草及烟草制品中马来酰肼残留量的检测方法	上海烟草集团有限责任公司	2016－01－20
109	一种调控不同批次卷烟烟丝质量均匀性的方法及其应用	上海烟草集团有限责任公司	2016－02－24
110	一种烟草香味成分的提取方法及其应用	上海烟草集团有限责任公司	2016－02－24
111	卷烟机风力吸丝管连接结构	上海烟草集团有限责任公司、上海高扬国际烟草有限公司	2016－02－24
112	一种多功能测试设备	上海烟草集团有限责任公司	2016－03－02
113	一种快速评价烟用内衬纸阻隔性能的分析方法	上海烟草集团有限责任公司	2016－03－02
114	一种改进的混合型二氧化碳膨胀烟丝及其加工工艺	上海烟草集团有限责任公司、上海烟草集团北京卷烟厂	2016－03－02
115	槽型带式输送机输送带过渡机构	上海烟草集团有限责任公司	2016－03－16
116	多模式薄片烘烤设备的工作方法及其水分控制系统	上海烟草集团有限责任公司、上海烟草集团太仓海烟烟草薄片有限公司	2016－03－16
117	卷烟机胶水冷却系统	上海烟草集团有限责任公司	2016－03－23
118	一种智能电子烟	上海烟草集团有限责任公司	2016－03－23
119	滤棒成型机组的装盘机系统用稳定结构	上海烟草集团有限责任公司、上海白玉兰烟草材料有限公司	2016－03－23
120	一种晒黄烟晒制方法	上海烟草集团有限责任公司、中国农业科学院烟草研究所	2016－04－13
121	一种叶丝风选器以及风选控制方法	上海烟草集团有限责任公司、上海烟草集团北京卷烟厂	2016－04－20
122	无需燃烧使用的烟芯	上海烟草集团有限责任公司	2016－04－27
123	一种测定卷烟烟气成分在固体吸附材料表面的吸附形式的方法	上海烟草集团有限责任公司	2016－04－27
124	一种复合滤嘴	上海烟草集团有限责任公司	2016－04－27
125	一种利用雾气介质抽吸烟叶中香味物质的烟叶处理方法	上海烟草集团有限责任公司	2016－04－27
126	一种尿液中巯基尿酸类物质的分离富集及检测方法	上海烟草集团有限责任公司	2016－04－27

续表

序号	专利名称	专利权人	授权公告日
127	一种酸类涂布液及其在再造烟叶中的应用	上海烟草集团有限责任公司	2016-04-27
128	一种选择性降低卷烟主流烟气中气相氨的吸附剂	上海烟草集团有限责任公司	2016-04-27
129	一种用于卷烟减害的氨基修饰的多级孔吸附剂材料的制备方法	上海烟草集团有限责任公司	2016-04-27
130	均匀给料喷雾加湿水分控制系统	上海烟草集团有限责任公司、上海烟草集团太仓海烟烟草薄片有限公司	2016-04-27
131	一种造纸法再造烟叶中烟草片基对涂布液吸收性的测定方法	上海烟草集团有限责任公司、上海烟草集团太仓海烟烟草薄片有限公司	2016-04-27
132	一种为卷烟包装设备提供包装材料的电动液压提升机	上海烟草集团有限责任公司、上海烟草集团北京卷烟厂	2016-05-11
133	滤棒成型机多功能胶水喷嘴	上海烟草集团有限责任公司、上海白玉兰烟草材料有限公司	2016-05-25
134	一种制作低温卷烟原料的方法	中国农业科学院烟草研究所、上海烟草集团有限责任公司	2016-06-08
135	一种烟叶烟箱智能称重方法	上海烟草集团有限责任公司	2016-06-29
136	一种盐类涂布液及其在再造烟叶中的应用	上海烟草集团有限责任公司	2016-06-29
137	一种降低造纸法再造烟叶萃取液中蛋白质含量的方法	上海烟草集团有限责任公司、上海烟草集团太仓海烟烟草薄片有限公司	2016-06-29
138	一种提高造纸法再造烟叶产品性能的方法	上海烟草集团有限责任公司、上海烟草集团太仓海烟烟草薄片有限公司	2016-06-29
139	一种分切卷烟滤棒的方法	上海烟草集团有限责任公司、上海帕夫曼自动化仪器有限公司	2016-08-17
140	自动化烟气捕集装置及分析方法	上海烟草集团有限责任公司、上海帕夫曼自动化仪器有限公司	2016-08-17
141	烟包探测及调整夹取点的系统及其方法	上海烟草集团有限责任公司	2016-08-24
142	烟丝生产线自动拉停控制系统和控制方法	上海烟草集团有限责任公司	2016-08-24
143	蜘蛛爪骨架密封圈专用工装及安装方法	上海烟草集团有限责任公司	2016-08-24
144	一种口腔用贴片式无烟气烟草制品	上海烟草集团有限责任公司	2016-08-31
145	降低烫金机电化铝损耗的方法	上海烟草集团有限责任公司、上海烟草包装印刷有限公司	2016-08-31
146	一种降低再造烟叶中还原糖含量的方法	上海烟草集团有限责任公司、中国农业大学	2016-08-31
147	剪切式滚刀的刀片定位装置	上海烟草集团有限责任公司	2016-09-28
148	烟丝箱出入库输送系统	上海烟草集团有限责任公司	2016-09-28
149	一种烟叶烟箱智能称重装置	上海烟草集团有限责任公司	2016-09-28
150	链板机辅助维修装置	上海烟草集团有限责任公司、上海海烟物流发展有限公司	2016-09-28
151	香烟滤嘴用香精胶囊破坏强度分析方法	上海烟草集团有限责任公司、上海白玉兰烟草材料有限公司	2016-09-28
152	一种烤烟部位判定方法	中国农业科学院烟草研究所、上海烟草集团有限责任公司、安徽皖南烟叶有限责任公司、陕西省烟草公司汉中市公司、云南省烟草公司曲靖市公司、陕西省烟草公司安康市公司	2016-09-28
153	一种制作低温卷烟原料的方法	中国农业科学院烟草研究所、上海烟草集团有限责任公司	2016-11-02

续表

序号	专利名称	专利权人	授权公告日
154	一种滋阴降火型烟草口腔喷剂及其制备方法	江苏中烟工业有限责任公司	2016-01-20
155	一种高速包装机置零器商标纸异位处理方法及其检测装置	江苏中烟工业有限责任公司	2016-02-03
156	一种评价烟用滤嘴添加剂减害降焦效果的方法	江苏中烟工业有限责任公司	2016-02-03
157	一种全硅型无定形多孔材料的制备方法及其在卷烟滤嘴中的应用	江苏中烟工业有限责任公司	2016-02-03
158	一种新型槟榔型嚼烟制品	江苏中烟工业有限责任公司	2016-02-03
159	一种喷油枪自动清洗装置	江苏中烟工业有限责任公司徐州卷烟厂	2016-02-10
160	高效液相色谱-串联质谱测定卷烟主流烟气中甲基丁香酚含量的方法	江苏中烟工业有限责任公司	2016-02-24
161	一种提高辊压法薄片丝感官质量的料液制备方法	江苏中烟工业有限责任公司南京卷烟厂	2016-03-02
162	一种抗晕止吐型烟草口腔喷剂及其制备方法	江苏中烟工业有限责任公司	2016-03-16
163	一种清咽润喉型烟草口腔喷剂及其制备方法	江苏中烟工业有限责任公司	2016-03-23
164	一种消炎抗菌型烟草鼻腔喷剂组合物及其制备方法	江苏中烟工业有限责任公司	2016-03-23
165	一种消炎抗菌型烟草口腔喷剂及其制备方法	江苏中烟工业有限责任公司	2016-03-23
166	一种滋润保湿型烟草凝胶剂组合物及其制备方法	江苏中烟工业有限责任公司	2016-03-30
167	一种防龋健齿型烟草口腔喷剂及其制备方法	江苏中烟工业有限责任公司	2016-04-06
168	一种牛蒡根乙醇提取液及其在烟草中的应用	江苏中烟工业有限责任公司	2016-04-06
169	一种超临界萃取白木香在生产造纸法再造烟叶工艺中的应用	江苏中烟工业有限责任公司、江苏鑫源烟草薄片有限公司	2016-04-06
170	一种基于IPP图像分析技术测定梗丝厚度的方法	江苏中烟工业有限责任公司	2016-04-13
171	通窍提神型烟草鼻腔喷剂组合物及其制备方法	江苏中烟工业有限责任公司	2016-04-27
172	一种补气活血型烟草口腔喷剂及其制备方法	江苏中烟工业有限责任公司	2016-04-27
173	一种抗晕止吐型烟草凝胶剂及其制备方法	江苏中烟工业有限责任公司	2016-04-27
174	一种用于分离树苔浸膏中萜烯类组分的高速逆流色谱方法	江苏中烟工业有限责任公司	2016-04-27
175	一种用于测定卷烟燃烧速度的装置及其应用	江苏中烟工业有限责任公司	2016-05-04
176	一种树苔浸膏中主要致香成分的分离方法及其在卷烟加香中的应用	江苏中烟工业有限责任公司	2016-05-11
177	一种浸渍器密封圈气动安装工具	江苏中烟工业有限责任公司	2016-05-18
178	一种牛蒡粗多糖的提取方法及其在烟草中的应用	江苏中烟工业有限责任公司	2016-05-18
179	一种手动逐口溶剂捕集主流烟气中气相物的装置	江苏中烟工业有限责任公司	2016-05-25
180	一种卷烟滤棒在抽吸过程中发生物质迁移的评价方法	江苏中烟工业有限责任公司	2016-06-15
181	一种清新口气型烟草口腔喷剂及其制备方法	江苏中烟工业有限责任公司	2016-06-15
182	一种热敏性电子烟液及其制备	江苏中烟工业有限责任公司	2016-06-22
183	一种片烟醇化过程中烟叶风格特征变化趋势分析方法	江苏中烟工业有限责任公司	2016-07-06
184	一种烟丝储柜均匀出料控制方法	江苏中烟工业有限责任公司	2016-07-27
185	一种改善辊压法薄片丝色泽的方法	江苏中烟工业有限责任公司南京卷烟厂	2016-08-03

续表

序号	专利名称	专利权人	授权公告日
186	一种改善造纸法再造烟叶色泽的方法	江苏中烟工业有限责任公司	2016－08－10
187	一种分析烟叶切丝均匀性的方法	江苏中烟工业有限责任公司	2016－08－17
188	一种卷烟烟支保润性能的评价方法	江苏中烟工业有限责任公司	2016－08－17
189	一种烟用保润剂保润性能的评价方法	江苏中烟工业有限责任公司	2016－08－17
190	一种地面控制的高空清理小车	江苏中烟工业有限责任公司	2016－08－24
191	一种卷烟叶组混合度的检测方法	江苏中烟工业有限责任公司	2016－08－24
192	一种祛痰止咳型烟草口腔喷剂及其制备方法	江苏中烟工业有限责任公司	2016－08－31
193	一种烟用原料保润性能的评价方法	江苏中烟工业有限责任公司	2016－09－07
194	白肋烟酒精正己烷混合溶液提取物及其制备方法和应用	浙江中烟工业有限责任公司	2016－01－06
195	一种基于手持终端上跨区域身份认证方法	浙江中烟工业有限责任公司	2016－01－20
196	一种降低卷烟刺激性的烟叶组合物和应用	浙江中烟工业有限责任公司	2016－01－20
197	一种造纸法再造烟叶提取液的制备方法	浙江中烟工业有限责任公司	2016－01－20
198	RFID 电子标签写入装置	浙江中烟工业有限责任公司	2016－01－27
199	顶空气相色谱法测定烟用纸张中的薄荷醇含量的方法	浙江中烟工业有限责任公司	2016－01－27
200	外购卷烟滤棒入库信息写入系统	浙江中烟工业有限责任公司	2016－01－27
201	一种采用离子色谱测定电子烟烟液中氨含量的方法	浙江中烟工业有限责任公司	2016－01－27
202	一种采用气相色谱－质谱联用仪测定传送带中 18 种邻苯二甲酸酯迁移量的定法	浙江中烟工业有限责任公司	2016－01－27
203	一种采用液相色谱－串联质谱测定水基胶中 3 种异噻唑啉酮防腐剂的方法	浙江中烟工业有限责任公司	2016－01－27
204	一种超高速包装机数据采集系统	浙江中烟工业有限责任公司	2016－01－27
205	一种卷烟包装机烟库的自动装料装置及其控制方法	浙江中烟工业有限责任公司	2016－01－27
206	一种卷烟设备的推压板鼓装置	浙江中烟工业有限责任公司	2016－01－27
207	一种气垫排包机气道失效的检测报警方法	浙江中烟工业有限责任公司	2016－01－27
208	一种条烟输送设备自动换牌系统和检测方法	浙江中烟工业有限责任公司	2016－01－27
209	一种无死角回料清洗的移动罐加料系统的控制方法	浙江中烟工业有限责任公司	2016－01－27
210	一种烟丝的混料装置	浙江中烟工业有限责任公司	2016－01－27
211	一种自动清洁的 SIROX 蒸汽膨胀机	浙江中烟工业有限责任公司	2016－01－27
212	采用水提法和超临界 CO_2 萃取法提取的复合烟草致香物质	浙江中烟工业有限责任公司、杭州利群环保纸业有限公司	2016－01－27
213	一种水提法和超临界 CO_2 萃取法从烟草原料中定向复合提取烟草中致香物质的方法	浙江中烟工业有限责任公司、杭州利群环保纸业有限公司	2016－01－27
214	基于实时数据库的制丝电机设备诊断运维系统	浙江中烟工业有限责任公司	2016－03－30
215	一种储柜布料车的软定位方法	浙江中烟工业有限责任公司	2016－03－30
216	一种带有横纵转换一分二装置的条烟输送装置	浙江中烟工业有限责任公司	2016－03－30
217	一种基于电磁波加热的非燃烧吸烟装置	浙江中烟工业有限责任公司	2016－03－30
218	一种利用聚丙二醇的电子烟烟液溶剂及其配制的电子烟烟液和电子烟	浙江中烟工业有限责任公司	2016－03－30

续表

序号	专利名称	专利权人	授权公告日
219	一种利用聚丙三醇的电子烟烟液溶剂及其配制的电子烟烟液和电子烟	浙江中烟工业有限责任公司	2016-03-30
220	一种面向SAPPI应用集成平台的数据采集方法及系统	浙江中烟工业有限责任公司	2016-03-30
221	一种试管搅拌装置	浙江中烟工业有限责任公司	2016-03-30
222	一种数字化仓储地埋式RFID标签防误读方法	浙江中烟工业有限责任公司	2016-03-30
223	一种提高卷烟厂高架库温湿度均匀性的空调自控方法	浙江中烟工业有限责任公司	2016-03-30
224	一种在线实时检测的加香系统	浙江中烟工业有限责任公司	2016-03-30
225	一种人脸识别与唇形识别相配合的身份认证方法	浙江中烟工业有限责任公司	2016-04-27
226	基于氧化镍的选择性降低卷烟主流烟气中氰化氢释放量的催化剂及其制备方法	浙江中烟工业有限责任公司	2016-05-04
227	烟用杨梅浸膏及其制备方法和其作为烟草添加剂的用途	浙江中烟工业有限责任公司	2016-05-04
228	一种采用直接衍生/高效液相色谱测定电子烟烟液中羰基化合物含量的方法	浙江中烟工业有限责任公司	2016-05-04
229	一种RFID物流平托盘全生命周期跟踪系统及方法	浙江中烟工业有限责任公司	2016-05-11
230	一种用于不停机排放真空系统缓冲罐凝结水的装置	浙江中烟工业有限责任公司	2016-05-11
231	一种用于吸烟机的新型卷烟测试平台	浙江中烟工业有限责任公司	2016-05-11
232	一种带有分流装置的条烟输送装置	浙江中烟工业有限责任公司	2016-06-01
233	一种电子烟烟液及其制备方法	浙江中烟工业有限责任公司	2016-06-01
234	一种基于电子皮带称瞬时流量的制丝线段停机率计算系统	浙江中烟工业有限责任公司	2016-06-01
235	一种具有X型截面的降焦卷烟滤棒用混合单旦丝束及其制备方法和应用	浙江中烟工业有限责任公司	2016-06-01
236	一种卷烟调香方法	浙江中烟工业有限责任公司	2016-06-01
237	一种烟草干馏香料化学成分的测定方法	浙江中烟工业有限责任公司	2016-06-01
238	光纤通道交换机的性能指标监控方法	浙江中烟工业有限责任公司	2016-06-08
239	一种孔内轴承拆卸工具	浙江中烟工业有限责任公司	2016-07-06
240	一种滤棒实料盘的搬运装置	浙江中烟工业有限责任公司	2016-07-06
241	一种烟草精油及其提取方法和应用	浙江中烟工业有限责任公司	2016-07-06
242	用于卷烟厂滤棒发射机信号的采集系统及方法	浙江中烟工业有限责任公司	2016-07-06
243	一种网络状态分析方法	浙江中烟工业有限责任公司	2016-08-10
244	一种楼库货位数字化仓储管理系统和方法	浙江中烟工业有限责任公司	2016-08-17
245	一种测量切烟丝宽度的天然材料	浙江中烟工业有限责任公司	2016-08-31
246	一种低次烟叶经分子蒸馏处理烟叶美拉德反应浸膏制备的烟草加香剂及其方法和应用	浙江中烟工业有限责任公司	2016-08-31
247	一种卷烟包装机烟支料位检测装置	浙江中烟工业有限责任公司	2016-08-31
248	一种快速自动化测定卷烟烟丝中薄荷醇含量的方法	浙江中烟工业有限责任公司	2016-08-31
249	一种烟草提取物及其制备方法和应用	浙江中烟工业有限责任公司	2016-09-28
250	内生真菌菌株YCEF053及其用途	浙江中烟工业有限责任公司	2016-10-12

续表

序号	专利名称	专利权人	授权公告日
251	一种降焦卷烟滤棒用混合单旦丝束及其制备方法和应用	浙江中烟工业有限责任公司	2016－10－12
252	一种具有Y型截面的降焦卷烟滤棒用混合单旦丝束及其制备方法和应用	浙江中烟工业有限责任公司	2016－10－12
253	基于安全日志的网络状态分析系统	浙江中烟工业有限责任公司	2016－11－02
254	一种通过原料香型选择有效改善造纸法再造烟叶品质的方法	浙江中烟工业有限责任公司	2016－11－02
255	一种基于双平面缺陷结构的小型化宽阻带低通滤波器	浙江中烟工业有限责任公司	2016－11－23
256	一种烟叶培育采收方法	安徽皖南烟叶有限责任公司	2016－05－25
257	一种烟叶收购线及其控制方法	安徽皖南烟叶有限责任公司	2016－03－23
258	一种调控烟叶配方均匀性的方法	华环国际烟草有限公司、上海烟草集团有限责任公司	2016－08－24
259	一种富含植物黄酮的电子烟烟液	安徽中烟工业有限责任公司	2016－01－20
260	一种焦甜香型电子烟烟液	安徽中烟工业有限责任公司	2016－02－10
261	一种卷烟吸燃和静燃热释放的测量装置	安徽中烟工业有限责任公司	2016－02－10
262	一种利用电渗析法分离烟碱与TSNA的方法	安徽中烟工业有限责任公司	2016－02－10
263	一种利用电渗析法降低再造烟叶浓缩液中TSNA和硝酸盐含量的方法	安徽中烟工业有限责任公司	2016－02－10
264	一种不同水解度混合的降解淀粉烟草保润剂的制备方法	安徽中烟工业有限责任公司	2016－02－24
265	一种采用烟丝在线膨胀与干燥装置进行烟丝在线膨胀与干燥的方法	安徽中烟工业有限责任公司	2016－02－24
266	一种电子烟烟液中羰基化合物的测定方法	安徽中烟工业有限责任公司	2016－02－24
267	一种养心安神功能型电子烟烟液	安徽中烟工业有限责任公司	2016－03－02
268	一种雪茄用保湿液的制备方法	安徽中烟工业有限责任公司	2016－03－30
269	一种造纸法再造烟叶中烟梗提取液的纯化方法	安徽中烟工业有限责任公司	2016－03－30
270	切丝机链条传动张紧辅助装置	安徽中烟工业有限责任公司	2016－04－13
271	一种分子量梯度分布的烟草保润剂	安徽中烟工业有限责任公司	2016－04－13
272	一种雾化喷嘴定位支架	安徽中烟工业有限责任公司	2016－04－20
273	基于可控等值比法和氧消耗原理的烟草燃烧热测量方法	安徽中烟工业有限责任公司	2016－05－04
274	一种卷烟主流烟气气相化学成分口腔残留效率的测量装置	安徽中烟工业有限责任公司、中国科学技术大学	2016－06－01
275	一种跑条烟支气动剥离器	安徽中烟工业有限责任公司	2016－06－22
276	一种烤烟型电子烟液	安徽中烟工业有限责任公司	2016－06－29
277	一种利用电渗析法分离纯化烟碱的方法	安徽中烟工业有限责任公司	2016－06－29
278	基于可控等值比法的烟草燃烧CO释放量分析方法及分析装置	安徽中烟工业有限责任公司	2016－07－06
279	一种以废弃麻袋为纤维原料的再造烟叶制备方法	安徽中烟工业有限责任公司	2016－07－06
280	一种含有干馏香料的电子烟烟液	安徽中烟工业有限责任公司	2016－08－17

续表

序号	专利名称	专利权人	授权公告日
281	一种造纸法再造烟叶萃取液中 Cu 含量的选择性降低方法	安徽中烟工业有限责任公司	2016-08-31
282	振动筛板网眼自清理结构	安徽中烟工业有限责任公司	2016-09-21
283	一种造纸法再造烟叶原料萃取分离方法	安徽中烟再造烟叶科技有限责任公司	2016-03-02
284	再造烟叶抄造白水的回用方法	安徽中烟再造烟叶科技有限责任公司	2016-03-02
285	一种灵活可控的烟草浆制浆工艺	安徽中烟再造烟叶科技有限责任公司	2016-03-09
286	一种芦根制备烟草薄片的方法	安徽中烟再造烟叶科技有限责任公司	2016-03-23
287	再造烟叶废水处理制备沼气的工艺	安徽中烟再造烟叶科技有限责任公司	2016-03-23
288	再造烟叶热风干燥箱的烟草薄片传送机构	安徽中烟再造烟叶科技有限责任公司	2016-04-20
289	一种造纸法再造烟叶生产中添加剂的加入方法	安徽中烟再造烟叶科技有限责任公司	2016-05-18
290	橘草制备功能型再造烟叶的方法	安徽中烟再造烟叶科技有限责任公司	2016-08-24
291	一种茭白叶制备烟草薄片的方法	安徽中烟再造烟叶科技有限责任公司	2016-08-31
292	玉米包皮在嘴棒沟槽纸中的应用	蚌埠卷烟材料厂	2016-06-01
293	一种高品质抗破度好的水松纸原纸及其制备方法	滁州卷烟材料厂	2016-03-30
294	一种高效过滤的女士烟用接装纸及其制备方法	滁州卷烟材料厂	2016-03-30
295	一种抗菌抑菌烟用接装纸及其制备方法	滁州卷烟材料厂	2016-03-30
296	一种能够改善吸烟者口腔异味的水松纸原纸及其制备方法	滁州卷烟材料厂	2016-03-30
297	一种清除自由基的保健烟用接装纸及其制备方法	滁州卷烟材料厂	2016-03-30
298	一种吸附增强中药解毒的水松纸原纸及其制备方法	滁州卷烟材料厂	2016-03-30
299	一种新型多功能水松纸原纸及其制备方法	滁州卷烟材料厂	2016-03-30
300	一种增加过滤吸附烟气效果的新型水松纸及其制备方法	滁州卷烟材料厂	2016-03-30
301	一种具有化痰止咳功效的水松纸及其制备方法	滁州卷烟材料厂	2016-05-04
302	一种抗菌防潮高品质水松纸原纸及其制备方法	滁州卷烟材料厂	2016-05-04
303	一种清咽利喉功能型水松纸及其制备方法	滁州卷烟材料厂	2016-05-04
304	一种水果口味的女士烟用接装纸原纸及其制备方法	滁州卷烟材料厂	2016-05-04
305	一种强吸附降低烟气的水松纸及其制备方法	滁州卷烟材料厂	2016-05-11
306	一种具有清热解酒功能的水松纸原纸及其制备方法	滁州卷烟材料厂	2016-06-08
307	一种具有阻燃效果的高透气水松纸原纸及其制备方法	滁州卷烟材料厂	2016-06-08
308	一种耐水可降解的水松纸原纸及其制备方法	滁州卷烟材料厂	2016-06-08
309	一种烟苗漂浮育苗的改良方法	中国烟草总公司福建省公司	2016-03-23
310	一种变速换挡机构	福建农林大学、中国烟草总公司福建省公司	2016-05-18
311	一种膜下烟栽培的改良方法	中国烟草总公司福建省公司	2016-09-07
312	利用保温板快速构建可拆卸轻钢结构密集烤房的方法	福建省烟草公司南平市公司	2016-09-28
313	一种防治烟草青枯病的土壤调理剂及其应用	南平市烟草公司邵武分公司、郑州大学	2016-02-17

续表

序号	专利名称	专利权人	授权公告日
314	一种漂浮育苗母盘、漂浮育苗装置及培育烟苗的方法	南平市烟草公司邵武分公司	2016-05-04
315	一种烟草播种机	南平市烟草公司邵武分公司	2016-06-01
316	一种嫩绿烟叶的烘烤方法	南平市烟草公司武夷山分公司	2016-05-11
317	一种烤烟变黄期强制排湿的处理方法	南平市烟草公司武夷山分公司	2016-08-17
318	烟草烤房辅助挂烤装置	彭小冬、南平市烟草公司浦城分公司	2016-11-23
319	一种烟杆装烤装置	彭小冬、南平市烟草公司浦城分公司	2016-03-02
320	一种烟梗、碎片在线自动包装系统	福建武夷烟叶有限公司	2016-02-10
321	一种烟叶打叶复烤的一次润叶加湿装置	福建武夷烟叶有限公司	2016-02-10
322	一种打叶复烤加料加香工艺	福建武夷烟叶有限公司	2016-05-04
323	一种测定香精香料中抗氧化剂的方法	福建中烟工业有限责任公司	2016-01-06
324	一种控制物料含水率的烟叶制丝加工方法	福建中烟工业有限责任公司	2016-01-20
325	一种用于提高香料烟感官质量的处理工艺	福建中烟工业有限责任公司	2016-01-20
326	银耳水提浓缩液的提取方法及其在烟草中的应用	福建中烟工业有限责任公司	2016-01-20
327	茶树花香型的烟丝及烟草制品	福建中烟工业有限责任公司、中国烟草总公司郑州烟草研究院	2016-02-03
328	一种茶树花香精、其制备方法及其在卷烟中的应用	福建中烟工业有限责任公司、中国烟草总公司郑州烟草研究院	2016-02-03
329	一种新型烟草感官保润剂及其在烟草中的使用方法	福建中烟工业有限责任公司	2016-02-17
330	一种测定香精香料中邻氨基苯甲酸甲酯的方法	福建中烟工业有限责任公司	2016-03-23
331	一种防止烟支霉变的方法	福建中烟工业有限责任公司	2016-03-23
332	一种纳米香烟抗菌卡及其配制方法	福建中烟工业有限责任公司	2016-03-23
333	一种提高梗丝品质的方法	福建中烟工业有限责任公司	2016-03-23
334	一种烟草磷化氢残留测定的方法	福建中烟工业有限责任公司	2016-03-23
335	一种烟草施肥方法和种植方法	福建中烟工业有限责任公司	2016-03-23
336	一种茶树花分段提取物、其制备方法及其在卷烟中的应用	福建中烟工业有限责任公司、中国烟草总公司郑州烟草研究院	2016-03-23
337	一种茶树花精油、其制备方法及其在卷烟中的应用	福建中烟工业有限责任公司、中国烟草总公司郑州烟草研究院	2016-03-23
338	一种野茄子叶提取液的制备方法及其在卷烟中的应用	福建中烟工业有限责任公司	2016-03-30
339	烟草中恶霉灵农药残留的提取净化方法以及所用组合物	福建中烟工业有限责任公司	2016-04-13
340	一种测定卷烟滤棒中三乙酸甘油酯施加量均匀性的方法	福建中烟工业有限责任公司	2016-04-13
341	一种乌龙茶提取液涂布的内衬纸	福建中烟工业有限责任公司	2016-04-13
342	一种检测茶酊中没食子酸和蛇葡萄素的方法	福建中烟工业有限责任公司	2016-05-18
343	一种降低卷烟主流烟气中亚硝胺释放量的吸附剂	福建中烟工业有限责任公司	2016-05-18
344	一种茶树花多糖、其制备方法及其在卷烟中的应用	福建中烟工业有限责任公司、中国烟草总公司郑州烟草研究院	2016-05-18
345	一种烟用内衬纸中钴含量的测定方法	福建中烟工业有限责任公司	2016-06-01

续表

序号	专利名称	专利权人	授权公告日
346	一种提高 CO_2 膨胀烟丝品质的添加剂及其在卷烟中的应用	福建中烟工业有限责任公司、中国烟草总公司郑州烟草研究院	2016-06-08
347	液相色谱串联质谱法测定香精香料中香叶醇的方法	福建中烟工业有限责任公司	2016-06-15
348	一种含有配方烟丝的过滤嘴	福建中烟工业有限责任公司	2016-06-15
349	一种烟草中不同形态硒的提取净化方法	福建中烟工业有限责任公司	2016-06-15
350	甘油施加防错控制方法、装置和系统	福建中烟工业有限责任公司、龙岩烟草工业有限责任公司	2016-06-29
351	一种轮作方法以及一种烤烟种植方法	福建中烟工业有限责任公司	2016-07-06
352	一种表面修饰胺基的磁性纳米材料及其制备方法和应用	福建中烟工业有限责任公司	2016-08-03
353	一种用于稳定烟丝加香滚筒排潮的控制方法	福建中烟工业有限责任公司	2016-08-10
354	过滤嘴、香烟及过滤嘴的制备方法	福建中烟工业有限责任公司	2016-08-17
355	滤棒成型机热熔胶喷涂量的检测方法及装置	福建中烟工业有限责任公司	2016-08-17
356	一种用于烟叶制丝的滚筒干燥方法及干燥装置	福建中烟工业有限责任公司、厦门大学	2016-08-17
357	一种茶树花香型组合物及涂有该组合物的内衬纸	福建中烟工业有限责任公司、中国烟草总公司郑州烟草研究院	2016-08-17
358	一种提取样品中奎尼酸的方法、试剂盒及其用途	福建中烟工业有限责任公司	2016-08-24
359	一种用于烟叶制丝的滚筒干燥方法及干燥装置	福建中烟工业有限责任公司、厦门大学	2016-08-24
360	滤棒成型机热熔胶喷涂量的检测方法及装置	福建中烟工业有限责任公司	2016-09-07
361	一种含有茶树花提取物的烟草薄片及其制备方法	福建中烟工业有限责任公司、中国烟草总公司郑州烟草研究院	2016-09-07
362	一种测定恶霉灵农药残留含量的方法	福建中烟工业有限责任公司	2016-09-28
363	一种卷烟降焦增香的方法以及一种降焦增香卷烟	福建中烟工业有限责任公司	2016-11-09
364	一种中式混合型卷烟及其制备方法	福建中烟工业有限责任公司	2016-11-09
365	包装机注油检测方法和装置、以及齿轮注油系统	龙岩烟草工业有限责任公司	2016-01-20
366	封箱胶带拍紧装置	龙岩烟草工业有限责任公司	2016-01-20
367	负压吸风控制装置及控制方法	龙岩烟草工业有限责任公司	2016-01-20
368	烟包输送稳定机构、烟包成像检测装置及方法	龙岩烟草工业有限责任公司	2016-01-20
369	烟条输送通道挡块脱落检测方法和装置、及烟条输送系统	龙岩烟草工业有限责任公司	2016-01-20
370	一种成型机丝束包开松高度控制装置及方法	龙岩烟草工业有限责任公司	2016-01-20
371	滚筒烘丝机用尾气余热回收系统及方法	龙岩烟草工业有限责任公司	2016-02-10
372	立体烟丝密集储运系统及储运方法	龙岩烟草工业有限责任公司	2016-03-02
373	物料摇匀方法和装置	龙岩烟草工业有限责任公司	2016-03-09
374	一种卷烟机纸片刮除装置及卷烟机	龙岩烟草工业有限责任公司	2016-03-16
375	耗材卷盘直径实时检测方法、装置和系统	龙岩烟草工业有限责任公司	2016-03-23
376	接装机搓板清洁装置	龙岩烟草工业有限责任公司	2016-03-23
377	一种卷烟机卷筒类辅料自动搭接的控制装置及控制方法	龙岩烟草工业有限责任公司	2016-03-23
378	一种透明纸跑偏检测装置、系统及其方法	龙岩烟草工业有限责任公司	2016-03-23
379	一种烟叶贮柜的物料输送装置及烟叶贮柜	龙岩烟草工业有限责任公司	2016-03-23

续表

序号	专利名称	专利权人	授权公告日
380	物料松散限流装置、薄片烟叶掺配设备及薄片松散限流掺配方法	龙岩烟草工业有限责任公司	2016-04-13
381	一种皮带定量输送的控制方法及装置	龙岩烟草工业有限责任公司	2016-04-13
382	烟丝储柜用铺料车装置	龙岩烟草工业有限责任公司	2016-04-27
383	基于RFID的香精香料信息校验系统及方法	龙岩烟草工业有限责任公司	2016-05-25
384	滤棒成型机丝束飞花在线收集与称重装置及滤棒成型机	龙岩烟草工业有限责任公司	2016-05-25
385	形变烟包检测剔除装置、方法及烟包输送设备	龙岩烟草工业有限责任公司	2016-05-25
386	叶丝回潮系统	龙岩烟草工业有限责任公司	2016-08-17
387	一种水松纸自动定位装置及方法	龙岩烟草工业有限责任公司	2016-08-17
388	一种对包装机的连杆进行检测的装置、系统及方法	龙岩烟草工业有限责任公司	2016-08-24
389	一种对压辊同步检测装置、系统及其方法	龙岩烟草工业有限责任公司	2016-08-24
390	一种火灾报警探测器的装拆装置及方法	龙岩烟草工业有限责任公司	2016-08-24
391	滤棒成型机的滤棒传送装置和滤棒的传送方法	龙岩烟草工业有限责任公司	2016-08-31
392	一种用于滤棒成型机中滤棒条切割装置的冷却装置及方法	龙岩烟草工业有限责任公司	2016-11-30
393	仓储通道调度方法和装置	厦门烟草工业有限责任公司	2016-02-03
394	提高烟丝吸收热能和料液效率的烟丝加料处理装置及方法	厦门烟草工业有限责任公司	2016-01-06
395	烟草柜式喂料机出柜控制方法和装置	厦门烟草工业有限责任公司	2016-03-23
396	烟草物料干物质称量装置及工艺过程控制方法	厦门烟草工业有限责任公司	2016-03-30
397	一种卷烟机组的喂丝机的烟丝输送控制装置	厦门烟草工业有限责任公司	2016-05-11
398	一种提高烟草除杂机杂物剔除效率的装置	厦门烟草工业有限责任公司	2016-11-16
399	一种微压排潮的稳定控制装置及其控制方法	厦门烟草工业有限责任公司	2016-06-15
400	一种烟草加香加料设备及喷嘴设置方法	厦门烟草工业有限责任公司	2016-08-17
401	一种烟丝装箱系统的气动压实装置及烟丝装箱系统	厦门烟草工业有限责任公司	2016-05-25
402	一种烟用配香配料罐罐体内表面自动清洗烘干装置	厦门烟草工业有限责任公司	2016-05-18
403	一种烟支物理指标自动化检测分析装置	厦门烟草工业有限责任公司	2016-01-20
404	一种在线监控均值和标准差的系统	厦门烟草工业有限责任公司	2016-01-20
405	移动式水分重量检测装置	厦门烟草工业有限责任公司	2016-04-13
406	在线加料方法和装置、及膨胀烟丝生产系统	厦门烟草工业有限责任公司	2016-06-15
407	增温增湿设备工艺热风的控制方法和系统	厦门烟草工业有限责任公司	2016-06-15
408	一种烟梗的二次洗梗加工方法	厦门烟草工业有限责任公司、福建中烟工业有限责任公司	2016-06-15
409	烟用数字株距配色地膜的制备方法	南雄市金叶包装材料有限公司、中国烟草总公司江西省公司	2016-09-28
410	一种玛卡酶解提取物及其制备方法和在卷烟中的应用	江西中烟工业有限责任公司	2016-07-06
411	一种玛卡提取物及其制备方法和在卷烟中的应用	江西中烟工业有限责任公司	2016-03-02

续表

序号	专利名称	专利权人	授权公告日
412	一种晒红烟烟草提取物的制备方法	江西中烟工业有限责任公司	2016－12－28
413	用于降低卷烟烟气中氰化氢的添加剂及其制备方法与应用	江西中烟工业有限责任公司	2016－09－14
414	一种烟支滤嘴凹陷图案完整性检测方法	江西中烟工业有限责任公司南昌卷烟厂、中国电子科技集团公司第四十一研究所	2016－02－10
415	一种用于滤棒发射机组自动控制加速装置	江西中烟工业有限责任公司南昌卷烟厂	2016－06－01
416	一种土壤四分混样器	中国烟草总公司山东省公司、山东烟草研究院有限公司、山东临沂烟草有限公司	2016－02－03
417	一种应用红外光谱技术无损快速鉴别真伪卷烟的方法	中国烟草总公司山东省公司	2016－06－01
418	垄体土壤取样器	中国农业科学院烟草研究所、中国烟草总公司山东省公司	2016－12－28
419	滑轮输送装置	山东济南烟草有限公司	2016－09－28
420	旱田烤烟移栽方法	山东淄博烟草有限公司	2016－04－06
421	一种发电机组与电网供电切换装置的自动供油、熄火装置	山东潍坊烟草有限公司安丘分公司	2016－08－24
422	一种发电机组与电网供电自动切换程控装置	山东潍坊烟草有限公司安丘分公司	2016－08－31
423	营养土粉碎筛分一体机	山东潍坊烟草有限公司诸城分公司	2016－03－23
424	一种促进烟叶变黄的调制前处理方法	山东临沂烟草有限公司	2016－08－10
425	一种防止烟叶烘烤不当引起过度棕色化反应的方法	山东临沂烟草有限公司	2016－08－17
426	一种具有防尘板自动调节装置的烟草培土机	山东临沂烟草有限公司	2016－02－24
427	一种烟草漂浮育苗根系定向生长方法	山东临沂烟草有限公司	2016－01－20
428	一种烟草限根直播育苗盘的制备方法	山东临沂烟草有限公司	2016－09－28
429	一种烟草育苗盘育苗专用控释肥及其制备方法	山东临沂烟草有限公司	2016－04－27
430	一种烤烟免耕防蚜防病高效栽培方法	中国农业科学院烟草研究所、山东临沂烟草有限公司沂水分公司	2016－12－07
431	一种卷烟零售展示架	山东聊城烟草有限公司高唐营销部	2016－05－25
432	麻丝在线剔除机	山东烟叶复烤有限公司潍坊复烤厂	2016－05－18
433	一种缩短上部初烤烟叶发酵时间的方法	山东烟叶复烤有限公司诸城复烤厂	2016－07－06
434	烟草薄片生产线的远程监控系统及监控方法	山东瑞博斯烟草有限公司	2016－04－06
435	一种利用近红外光谱快速测量烟叶中无机元素的方法	山东烟草研究院有限公司	2016－08－17
436	摩擦式同步驱动装置	山东烟草研究院有限公司、山东五征集团有限公司	2016－06－29
437	气相色谱法检测电子烟雾中烟碱释放量的方法	山东中烟工业有限责任公司	2016－01－13
438	一种异味处理喷淋水箱水质过滤的方法	山东中烟工业有限责任公司	2016－01－20
439	吸烟机抽吸电子烟的方法	山东中烟工业有限责任公司	2016－01－27
440	一种烘丝机筒壁温度在线检测装置及方法	山东中烟工业有限责任公司	2016－01－27
441	一种用于烟斗吸食的沱烟及其制备方法	山东中烟工业有限责任公司	2016－03－02
442	带刻度的直线式吸烟机点火装置及其装配应用方法	山东中烟工业有限责任公司	2016－04－20

续表

序号	专利名称	专利权人	授权公告日
443	一种提高白肋烟烤机出口烟叶水分均匀性的方法及装置	山东中烟工业有限责任公司	2016-04-20
444	一种滚筒热风温度的控制方法	山东中烟工业有限责任公司	2016-05-11
445	香甜味烟用接装纸的制作方法	青岛嘉泽包装有限公司、山东中烟工业有限责任公司	2016-05-11
446	一种双密闭罐恒压线性加香系统及控制方法	山东中烟工业有限责任公司	2016-07-27
447	一种电子烟用中式混合香型风格烟液的提取方法	山东中烟工业有限责任公司	2016-08-24
448	一种电子烟用中式烤烟香型风格烟液的提取方法	山东中烟工业有限责任公司	2016-08-24
449	一种提高抽吸满足感的中式烤烟香型电子烟烟液	山东中烟工业有限责任公司	2016-10-05
450	烟丝箱清扫设备及方法	山东中烟工业有限责任公司青岛卷烟厂	2016-02-03
451	高精度的物料掺配设备及掺配方法	山东中烟工业有限责任公司青岛卷烟厂	2016-02-10
452	用于烟草修饰工序的异常诊断方法	山东中烟工业有限责任公司青岛卷烟厂	2016-02-10
453	用于烟箱布料的方法	山东中烟工业有限责任公司青岛卷烟厂	2016-02-10
454	导入器及摇臂胶棒导入装置	山东中烟工业有限责任公司青岛卷烟厂	2016-04-13
455	恒流型电子秤在头料阶段的流量调整方法	山东中烟工业有限责任公司青岛卷烟厂	2016-04-13
456	糖香料施加处理系统	山东中烟工业有限责任公司青岛卷烟厂	2016-04-13
457	烟叶松散回潮设备及其加水控制方法	山东中烟工业有限责任公司青岛卷烟厂	2016-04-13
458	叶丝松散机	山东中烟工业有限责任公司青岛卷烟厂	2016-04-13
459	一种用于稳定水松纸运行的导轨装置	山东中烟工业有限责任公司青岛卷烟厂	2016-04-20
460	外混式双介质雾化喷嘴	山东中烟工业有限责任公司青岛卷烟厂	2016-05-18
461	叶片加料系统料液流量调整和验证方法	山东中烟工业有限责任公司青岛卷烟厂	2016-06-01
462	一种侧开盒卷烟包装方法	山东中烟工业有限责任公司青岛卷烟厂	2016-08-10
463	用于包装箱密封的胶带贴紧装置	山东中烟工业有限责任公司青岛卷烟厂	2016-08-10
464	用于装卸套管的组合工具	山东中烟工业有限责任公司青岛卷烟厂	2016-08-10
465	用于 PASSIM 卷接机组的最后切割鼓轮	山东中烟工业有限责任公司青岛卷烟厂	2016-10-05
466	一种环保型高性能高速卷烟接嘴胶的制备方法	颐中（青岛）实业有限公司	2016-03-16
467	自聚低残单醋丙型水性包装胶及其制备方法	颐中（青岛）实业有限公司	2016-04-13
468	一种具有透气功能的卷烟接嘴胶的制备方法	颐中（青岛）实业有限公司	2016-05-25
469	一种高玻璃化温度低成膜温度改性苯丙乳液	颐中（青岛）实业有限公司	2016-09-14
470	一种新型转移胶的丙烯酸乳液及制备方法	颐中（青岛）实业有限公司	2016-09-14
471	一种条烟装封箱的方法	颐中（青岛）烟草机械有限公司	2016-08-17
472	一种条烟装封箱柔性化生产线	颐中（青岛）烟草机械有限公司	2016-07-20
473	装封箱机纸箱扩口装置	颐中（青岛）烟草机械有限公司	2016-04-06
474	一种单垄双行自动盖土覆膜机	平顶山市烟草公司汝州市分公司、肖建国	2016-10-12
475	一种烤房的控制系统及控制方法	河南省烟草公司许昌市公司、西安圣华农业科技股份有限公司	2016-08-31
476	一种气流上升式烤烟散叶插钎（扦）分层烘烤方法	河南农业大学、河南省烟草公司三门峡市公司、四川省烟草公司广元市公司	2016-04-27
477	一种含有中草药的作物用生态炭肥及其制备方法	河南益禾利科农业科技有限公司、蒋士君、河南省烟草公司驻马店市公司	2016-08-24
478	锅炉排污水热能利用系统	河南中烟工业有限责任公司	2016-01-20

续表

序号	专利名称	专利权人	授权公告日
479	卷烟包装机铝箔纸挡板	河南中烟工业有限责任公司	2016-01-20
480	烟草减害处理溶剂及降低卷烟主流烟气中氨的方法	河南中烟工业有限责任公司	2016-01-20
481	一种具有茶香的电子烟雾化剂及其制备方法	河南中烟工业有限责任公司	2016-01-20
482	一种烟草储柜用移动供电系统	河南中烟工业有限责任公司	2016-01-20
483	一种烟梗理顺和筛分分级设备	河南中烟工业有限责任公司	2016-01-20
484	一种烟丝结构调整设备	河南中烟工业有限责任公司	2016-01-20
485	一种组合式叶丝加料机	河南中烟工业有限责任公司	2016-01-20
486	切割刀的润滑冷却器及卷烟接装机的滤嘴切割装置	河南中烟工业有限责任公司	2016-03-02
487	一种甘薯水提取液、其制备方法以及在卷烟中的应用	河南中烟工业有限责任公司	2016-03-02
488	一种甘蔗汁美拉德反应产物、其制备方法以及在卷烟中的应用	河南中烟工业有限责任公司	2016-03-02
489	一种用于条烟收集机的推手	河南中烟工业有限责任公司	2016-03-02
490	一种真空回潮机余热回收系统	河南中烟工业有限责任公司	2016-03-02
491	一种由尼龙酸制备混合二元酸单L-薄荷酯的方法	河南中烟工业有限责任公司、河南省科学院化学研究所有限公司	2016-03-02
492	一种甘薯香精、其制备方法以及在卷烟中的应用	河南中烟工业有限责任公司	2016-03-30
493	新型烟用保润剂6-O-羟乙基-D-吡喃半乳糖及其制备方法	河南中烟工业有限责任公司、中国烟草总公司郑州烟草研究院	2016-03-30
494	一种新型烟用保润剂3-O-羟乙基-D-葡萄糖及其制备方法	河南中烟工业有限责任公司、中国烟草总公司郑州烟草研究院	2016-03-30
495	一种异地配送烟丝的加工工艺	河南中烟工业有限责任公司、中国烟草总公司郑州烟草研究院	2016-03-30
496	一种含枯草芽孢杆菌菌株xp的菌酶联合制剂及其在加速烟草薄片中淀粉降解方面的应用	河南中烟工业有限责任公司	2016-04-27
497	一种烤甜香精、其制备方法以及在卷烟中的应用	河南中烟工业有限责任公司	2016-04-27
498	一种以石油醚提取物含量为评价指标的浓香型烟叶的分切方法	河南中烟工业有限责任公司	2016-04-27
499	一种防止粘料和滴料的加料加香装置	河南中烟工业有限责任公司、云南昆船设计研究院	2016-04-27
500	一种降低烟气中氢氰酸释放量的吸附材料及其制备方法	河南中烟工业有限责任公司、郑州大学	2016-04-27
501	黄蜀葵花醇提物及其在卷烟中的应用	河南中烟工业有限责任公司、中国烟草总公司郑州烟草研究院	2016-04-27
502	一种烟用增香保润剂1-L-色氨酸-1-脱氧-D-果糖及其制备方法	河南中烟工业有限责任公司、中国烟草总公司郑州烟草研究院	2016-04-27
503	卷烟厂制丝车间蒸汽利用冷凝水回收系统	河南中烟工业有限责任公司	2016-06-01
504	适合造纸法再造烟叶生产厂的单独制丝工艺	河南中烟工业有限责任公司	2016-06-01
505	一种实验室用叶丝滚筒干燥机	河南中烟工业有限责任公司	2016-06-01
506	一种烟草多糖硫酸酯的制备方法及其用途	河南中烟工业有限责任公司	2016-06-01
507	一种烟草浸梗水回收利用方法	河南中烟工业有限责任公司	2016-06-01

续表

序号	专利名称	专利权人	授权公告日
508	一种烟草周转箱底部自清洁压缩空气自动对接装置	河南中烟工业有限责任公司	2016－06－01
509	用于曲柄摇杆式振动输送机的折叠式防尘罩装置	河南中烟工业有限责任公司	2016－06－01
510	再造烟丝切丝风选系统	河南中烟工业有限责任公司	2016－06－01
511	黄蜀葵花水提物及其在卷烟中的应用	河南中烟工业有限责任公司、中国烟草总公司郑州烟草研究院	2016－06－01
512	黄蜀葵种子提取物及其在卷烟中的应用	河南中烟工业有限责任公司、中国烟草总公司郑州烟草研究院	2016－06－01
513	烟用保润剂1－O－羟乙基－D－吡喃甘露糖及其制备方法	河南中烟工业有限责任公司、中国烟草总公司郑州烟草研究院	2016－06－01
514	灰树花多糖、提取纯化方法及其作为烟草保润剂的应用	河南中烟工业有限责任公司	2016－06－29
515	灵芝多糖、提取纯化方法及其作为烟草保润剂的应用	河南中烟工业有限责任公司	2016－06－29
516	切丝机铜排链清洗机	河南中烟工业有限责任公司	2016－06－29
517	筛分防堵输送装置	河南中烟工业有限责任公司	2016－06－29
518	一种报警机构及使用该报警机构的排链输送系统和切丝机	河南中烟工业有限责任公司	2016－06－29
519	一种加香瞬时精度的控制装置及方法	河南中烟工业有限责任公司	2016－06－29
520	一种切丝机刀辊定位调整工装	河南中烟工业有限责任公司	2016－06－29
521	一种烟草口味电子烟烟液	河南中烟工业有限责任公司	2016－06－29
522	一种烟草流动萃取装置	河南中烟工业有限责任公司	2016－06－29
523	大枣多糖、提取纯化方法及其作为烟草保润剂的应用	河南中烟工业有限责任公司	2016－07－06
524	短柄五加多糖作为烟草保润剂在卷烟中的应用	河南中烟工业有限责任公司	2016－07－06
525	鸡蛋花多糖、提取纯化方法及其作为烟草保润剂的应用	河南中烟工业有限责任公司	2016－07－06
526	一种移动式气动加香加料装置	河南中烟工业有限责任公司	2016－07－06
527	姬松茸多糖、提取纯化方法及其作为烟草保润剂的应用	河南中烟工业有限责任公司	2016－08－17
528	烟梗内麻丝清除分离装置	河南中烟工业有限责任公司	2016－08－24
529	烟用单体香料Mal－Leu、制备方法及其应用	河南中烟工业有限责任公司	2016－08－24
530	一种板栗香精、其制备方法以及在卷烟中的应用	河南中烟工业有限责任公司	2016－08－24
531	一种烤土豆香料、其制备方法以及在卷烟中的应用	河南中烟工业有限责任公司	2016－08－24
532	一种同时制出丝状梗丝和条状梗丝的加工工艺	河南中烟工业有限责任公司	2016－08－24
533	一种烟丝分类装置及工艺	河南中烟工业有限责任公司	2016－08－24
534	一种叶丝结构在线调控的工艺与设备	河南中烟工业有限责任公司	2016－08－24
535	益智仁多糖、提取纯化方法及其作为烟草保润剂的应用	河南中烟工业有限责任公司	2016－08－24
536	用于烟叶制丝的新型流化床式增温增湿机	河南中烟工业有限责任公司	2016－08－24
537	纸张松散分离装置及使用该装置的纸库和包装机	河南中烟工业有限责任公司	2016－08－24
538	一种封闭式作物叶片表面分泌物循环提取装置	河南中烟工业有限责任公司、河南农业大学	2016－08－24

续表

序号	专利名称	专利权人	授权公告日
539	一种解决蒸汽、水混合阀噪音及蒸汽气爆的方法	河南中烟工业有限责任公司	2016-08-31
540	巴戟天多糖、提取纯化方法及其作为烟草保润剂的应用	河南中烟工业有限责任公司	2016-10-05
541	成品烟支空筒的制取方法及其制取装置	河南中烟工业有限责任公司	2016-10-05
542	金钱草多糖、提取纯化方法及其作为烟草保润剂的应用	河南中烟工业有限责任公司	2016-10-05
543	麦冬多糖、提取纯化方法及其作为烟草保润剂的应用	河南中烟工业有限责任公司	2016-10-05
544	亲水型烟草增香保润剂 Mal-Hyp、制备方法及其应用	河南中烟工业有限责任公司	2016-10-05
545	一种包装机的铝箔纸内包提升板	河南中烟工业有限责任公司	2016-10-05
546	银杏多糖、提取纯化方法及其作为烟草保润剂的应用	河南中烟工业有限责任公司	2016-10-05
547	烟用增香保润剂1-L-亮氨酸-1-脱氧-D-果糖及其制备方法	河南中烟工业有限责任公司、中国烟草总公司郑州烟草研究院	2016-10-05
548	一种烟梗制浆工艺	河南卷烟工业烟草薄片有限公司	2016-02-24
549	掩盖白肋烟特征香气的再造烟叶生产工艺	河南卷烟工业烟草薄片有限公司	2016-04-06
550	烟草物料立式混合浸取罐	河南卷烟工业烟草薄片有限公司	2016-08-31
551	用于多孔道直线型吸烟机的卷烟和滤棒热塌陷检测装置	河南中烟工业有限责任公司安阳卷烟厂、中国科学院安徽光学精密机械研究所	2016-03-02
552	同时测定烟用香精香料中4种禁限用添加剂的高效液相色谱荧光检测法	中国烟草总公司湖北省公司	2016-01-13
553	烟用纸质材料中18种邻苯二甲酸酯类化合物的测定方法	中国烟草总公司湖北省公司	2016-01-06
554	一种名晒烟的栽培方法	湖北省烟草公司十堰市公司	2016-04-20
555	一种能够有效提高名晒烟品质的调制方法	湖北省烟草公司十堰市公司	2016-12-21
556	一种雪茄烟叶茄衣的针绳穿烟筋绑杆晾制方法	湖北省烟草公司恩施州公司	2016-06-08
557	晾晒烟晾晒棚及晾晒装置和烟叶夹	湖北省烟草公司宜昌市公司	2016-01-20
558	烤烟自动上炕装置	湖北省烟草公司宜昌市公司	2016-05-04
559	一种晾烟干筋方法	湖北省烟草公司宜昌市公司长阳营销部	2016-04-27
560	通过未受精胚珠培养雄性不育烟草单倍体的方法	湖北省烟草科学研究院	2016-03-02
561	一种烟草秸秆快速腐熟剂	湖北省烟草科学研究院、华中农业大学	2016-03-09
562	一种鉴定判别白肋烟品种特异性、一致性和稳定性的方法	湖北省烟草科学研究院	2016-08-24
563	一种巨型多叶烟草品种的繁种方法	湖北省烟草科学研究院	2016-11-02
564	一种促进黑爆烟成熟落黄的方法	湖北中烟工业有限责任公司	2016-01-06
565	烟丝在线熏蒸醇化工艺及其设备	湖北中烟工业有限责任公司	2016-01-20
566	混合型卷烟加工方法	湖北中烟工业有限责任公司	2016-02-03
567	提高烟梗提取率的方法	湖北中烟工业有限责任公司、武汉淡雅香科技发展股份有限公司	2016-02-03
568	一种烟叶有效成分的分离方法	湖北中烟工业有限责任公司、武汉黄鹤楼香精香料有限公司	2016-02-03

续表

序号	专利名称	专利权人	授权公告日
569	一种改进造纸法生产高品质重组烟叶的方法	湖北中烟工业有限责任公司、中国烟草总公司北京市公司	2016－02－03
570	造纸法再造烟叶烟草原料提取液中含渣率的检测方法	湖北中烟工业有限责任公司、武汉淡雅香科技发展股份有限公司	2016－02－24
571	一种温敏性低引燃倾向卷烟纸及其制备方法	湖北中烟工业有限责任公司	2016－03－09
572	黑胡椒乌梅复合提取物及其制备方法和作为烟草制品添加剂的用途	湖北中烟工业有限责任公司、武汉市黄鹤楼科技园有限公司	2016－03－09
573	利用天然植物提取残渣制备发酵类香原料的方法	湖北中烟工业有限责任公司、武汉市黄鹤楼科技园有限公司	2016－03－09
574	一种利用固相美拉德反应制备卷烟滤棒香料珠的方法	湖北中烟工业有限责任公司、武汉市黄鹤楼科技园有限公司	2016－03－09
575	交叉式管板散热器	湖北中烟工业有限责任公司	2016－03－30
576	一种混悬型气雾保健烟及其制备方法	湖北中烟工业有限责任公司	2016－04－27
577	一种蜂蜜卷烟添加剂及其制备方法	湖北中烟工业有限责任公司	2016－06－08
578	一种烟机刀盘倾斜角度调整装置	湖北中烟工业有限责任公司	2016－06－15
579	一种改善水松纸异味的方法	湖北中烟工业有限责任公司	2016－07－13
580	利用果胶酶发酵制备雪茄烟叶的方法	湖北中烟工业有限责任公司	2016－08－10
581	一种软绵口含烟及其制备方法	湖北中烟工业有限责任公司	2016－08－10
582	中草药提取物及酶制剂在雪茄烟发酵提质中的应用	湖北中烟工业有限责任公司	2016－08－10
583	一种用烟珠制备花香型卷烟的方法	湖北中烟工业有限责任公司、武汉市黄鹤楼科技园有限公司	2016－08－10
584	一种用烟珠制备卷烟的方法	湖北中烟工业有限责任公司、武汉市黄鹤楼科技园有限公司	2016－08－10
585	葡萄发酵提取物通过美拉德反应生产烟用香料的方法	湖北中烟工业有限责任公司	2016－08－17
586	一种新型晾晒烟及制备方法、以及应用	湖北中烟工业有限责任公司	2016－08－17
587	用于烟草物料输送的轮辐式铰链机	湖北中烟工业有限责任公司	2016－08－17
588	烟草细胞提取液的制备方法	湖北中烟工业有限责任公司、武汉市黄鹤楼科技园有限公司	2016－08－17
589	一种薄荷基甲酸香兰素酯的制备方法及其制备的香烟	湖北中烟工业有限责任公司、武汉市黄鹤楼科技园有限公司	2016－08－17
590	普通圆锥销拆卸专用工具	湖北中烟工业有限责任公司	2016－08－24
591	一种跳动口感硬质含烟及其制备方法	湖北中烟工业有限责任公司	2016－08－24
592	一种玫瑰茄烟用香料的制备方法及其在重组烟叶中的应用	湖北中烟工业有限责任公司	2016－08－31
593	盒盖拉开自动出烟式烟盒	湖北中烟工业有限责任公司、武汉市黄鹤楼科技园有限公司	2016－08－31
594	一种后部进气式导热吸烟装置	湖北中烟工业有限责任公司、武汉市黄鹤楼科技园有限公司	2016－08－31
595	提高白肋烟在淡雅香卷烟中可用性的预处理方法	湖北中烟工业有限责任公司	2016－09－07
596	一种雪茄烟外包皮烟叶的制备方法	湖北中烟工业有限责任公司	2016－09－07

续表

序号	专利名称	专利权人	授权公告日
597	一种烟用甜橙香料的制备方法	湖北中烟工业有限责任公司、武汉市黄鹤楼科技园有限公司	2016－09－07
598	白肋烟加工醇化调香的方法	湖北中烟工业有限责任公司	2016－09－14
599	利用复合氨基酸发酵制备雪茄烟叶的方法	湖北中烟工业有限责任公司	2016－09－21
600	铝箔纸输送终端定位装置	湖北中烟工业有限责任公司	2016－09－21
601	晒烟烟叶调制方法	湖北中烟工业有限责任公司	2016－09－21
602	一种带图案和香味的卷烟纸及其制备方法	湖北中烟工业有限责任公司	2016－09－21
603	一种可可黑粉烟用添加剂的制备方法及其在重组烟叶卷烟中的应用	湖北中烟工业有限责任公司	2016－09－21
604	一种外面包裹紫菜片的嚼烟	湖北中烟工业有限责任公司	2016－09－21
605	壳聚糖纤维烟用丝束的生产方法	湖北中烟工业有限责任公司、武汉黄鹤楼新材料科技开发有限公司	2016－09－21
606	一种超声辅助加速溶剂萃取香荚兰酊剂的方法	湖北中烟工业有限责任公司、武汉市黄鹤楼科技园有限公司	2016－09－21
607	一种高效装载薄荷香精的卷烟接嘴胶及其制备工艺	湖北中烟工业有限责任公司、武汉市黄鹤楼科技园有限公司	2016－09－21
608	三层烟用水胶囊及其制备方法	湖北中烟工业有限责任公司、武汉市黄鹤楼科技园有限公司	2016－09－21
609	四层烟用水胶囊及其制备方法	湖北中烟工业有限责任公司、武汉市黄鹤楼科技园有限公司	2016－09－21
610	卷烟软盒包装机封签胶缸供胶轮组件	湖北中烟工业有限责任公司	2016－09－28
611	利用纤维素酶发酵制备雪茄烟叶的方法	湖北中烟工业有限责任公司	2016－09－28
612	水松纸放纸装置	湖北中烟工业有限责任公司	2016－09－28
613	香料烟烟叶的加工方法	湖北中烟工业有限责任公司	2016－09－28
614	烟用双层固体香料球的制备方法及其应用	湖北中烟工业有限责任公司	2016－09－28
615	一种卷烟包装机预切式封签纸输送装置	湖北中烟工业有限责任公司	2016－09－28
616	一种用泛制法得到的烟珠制备卷烟的方法	湖北中烟工业有限责任公司、武汉市黄鹤楼科技园有限公司	2016－09－28
617	内置滚筒火焰式低温卷烟加热器	湖北中烟工业有限责任公司、武汉黄鹤楼新材料科技开发有限公司	2016－09－28
618	光能加热卷烟的吸烟系统	湖北中烟工业有限责任公司、武汉市黄鹤楼科技园有限公司	2016－09－28
619	针刺式低温卷烟加热器	湖北中烟工业有限责任公司、武汉黄鹤楼新材料科技开发有限公司	2016－11－02
620	一种雪雅香卷烟产品烟叶原料的加工方法	湖北中烟工业有限责任公司	2016－11－16
621	一种烟用葡萄干提取物的制备方法及其在卷烟中的应用	湖北中烟工业有限责任公司	2016－12－07
622	一种提高造纸法再造烟叶灰分的方法	武汉淡雅香科技发展股份有限公司	2016－01－06
623	一种烟包皱纹的印刷方法	武汉虹之彩包装印刷有限公司	2016－05－04
624	一种滴丸硬度检测仪	武汉黄鹤楼新材料科技开发有限公司、中国烟草总公司北京市公司	2016－08－17
625	一种悬臂式烤烟耕作设备	湖南省烟草公司长沙市公司浏阳市分公司	2016－01－13

续表

序号	专利名称	专利权人	授权公告日
626	一种基于密集烤房中层烟叶变化的密集烘烤方法	河南农业大学、湖南省烟草公司长沙市公司浏阳市分公司	2016-02-17
627	用于烤烟育苗大棚作物栽培的明水渗透灌溉方法	湖南省烟草公司长沙市公司浏阳市分公司	2016-10-05
628	一种晒黄烟调制大棚及其烟折竖置转向架	湖南省烟草公司长沙市公司宁乡县分公司	2016-07-06
629	推送机构	长沙金属狂潮农用机械科技有限公司、湖南省烟草公司长沙市公司宁乡县分公司	2016-10-05
630	一种有效降低烟叶中重金属镉含量的肥料配比方法	湖南省烟草公司株洲市公司	2016-09-28
631	一种植物原生质体中液泡内、外硝态氮含量的测定方法	湖南农业大学、湖南省烟草公司衡阳市公司	2016-07-06
632	育苗温室保温除湿机	湖南省烟草公司衡阳市公司	2016-11-02
633	一种减少K326上部叶挂灰的密集烘烤方法	河南农业大学、湖南省烟草公司郴州市公司	2016-11-30
634	烟草漂浮育苗专用固态肥	湖南省烟草公司永州市公司	2016-02-03
635	便携式精准追肥装置	湖南省烟草公司湘西自治州公司	2016-08-31
636	药肥施用装置	湖南省烟草公司湘西自治州公司	2016-08-31
637	移动式灌溉深施肥装置	湖南省烟草公司湘西自治州公司	2016-08-31
638	卷烟滤棒端面形状质量检测的方法及其装置	湖南中烟工业有限责任公司、常德芙蓉大亚化纤有限公司、佛山市辰创视觉科技有限公司	2016-01-06
639	菠萝皮多糖在卷烟中的应用	湖南中烟工业有限责任公司	2016-01-20
640	一种薄荷型卷烟凉味香精组合物	湖南中烟工业有限责任公司	2016-01-20
641	一种测试卷烟燃烧过程中卷烟纸孔结构与主流烟气中CO释放量关系的方法	湖南中烟工业有限责任公司	2016-01-20
642	茶氨酸在胶基咀嚼型无烟气烟草制品中的应用	湖南中烟工业有限责任公司	2016-02-10
643	具有咖啡或可可风味的滤棒复合添加剂及其制备方法和应用	湖南中烟工业有限责任公司	2016-02-10
644	聚葡萄糖和羧甲基纤维素钠复配添加剂的应用	湖南中烟工业有限责任公司	2016-02-10
645	橡树皮在卷烟滤棒中的应用	湖南中烟工业有限责任公司	2016-02-10
646	一种具有烘烤香气的电子烟液	湖南中烟工业有限责任公司	2016-02-10
647	一种梅子风味的口嚼烟	湖南中烟工业有限责任公司	2016-02-10
648	一种硫脲包覆氯化亚铜的制备方法	湖南中烟工业有限责任公司	2016-03-02
649	一种负载型聚酰胺-胺型树枝状高分子卷烟烟气重金属吸附剂及其制备方法和应用	湖南中烟工业有限责任公司	2016-03-16
650	一种基于PLS确定烘丝工艺参数影响因子的方法	湖南中烟工业有限责任公司	2016-03-16
651	一种具有可变扩散率与孔结构的卷烟纸及其应用	湖南中烟工业有限责任公司	2016-03-16
652	一种羟基酸在卷烟中的应用	湖南中烟工业有限责任公司	2016-03-16
653	一种调整卷烟烟支总通风率的方法	湖南中烟工业有限责任公司	2016-03-16
654	一种氧化石墨表面接枝Schiff碱化合物及其制备方法和应用	湖南中烟工业有限责任公司	2016-03-16
655	椰子原汁浓缩物的应用	湖南中烟工业有限责任公司	2016-03-23
656	一种聚酰胺-胺型树枝状高分子负载Schiff碱化合物及其制备方法和应用	湖南中烟工业有限责任公司	2016-03-23

续表

序号	专利名称	专利权人	授权公告日
657	一种离子液体功能化聚酰胺－胺型树枝状高分子负载 Schiff 碱化合物及其制备方法和应用	湖南中烟工业有限责任公司	2016－03－23
658	一种提高不适用上部烟叶原料品质的方法	湖南中烟工业有限责任公司	2016－03－23
659	一种基于 PFI 磨浆机制备烟梗丝的方法及烟梗丝的应用	湖南中烟工业有限责任公司	2016－04－06
660	一种用干法造纸法制造的再造烟叶基片的方法	湖南中烟工业有限责任公司、广东省金叶科技开发有限公司	2016－04－06
661	一种烟草提取物及电子烟液	湖南中烟工业有限责任公司	2016－04－20
662	一种检测滤嘴对烟气中酚类化合物截留效率的方法	湖南中烟工业有限责任公司	2016－05－18
663	一种选择用于测定卷烟烟气粒相物酸碱度的萃取体系的方法	湖南中烟工业有限责任公司	2016－05－18
664	丝束和滤纸机械折叠混合的卷烟滤棒成型装置	湖南中烟工业有限责任公司	2016－06－08
665	一种白肋烟提取物、电子烟液及烟草提取方法	湖南中烟工业有限责任公司	2016－06－08
666	一种电子烟液	湖南中烟工业有限责任公司	2016－06－08
667	一种改变传统烟气稀释过程的卷烟	湖南中烟工业有限责任公司	2016－06－08
668	一种改性烟梗纤维的制备方法及应用	湖南中烟工业有限责任公司	2016－06－08
669	一种具有咖啡或可可风味的滤棒颗粒添加剂及其制备方法和应用	湖南中烟工业有限责任公司	2016－06－08
670	一种香料烟提取物及电子烟液	湖南中烟工业有限责任公司	2016－06－08
671	一种用于口含型烟草制品的缓释碱性微胶囊及其制备方法和应用	湖南中烟工业有限责任公司	2016－06－08
672	石榴浓缩物的制备方法及应用	湖南中烟工业有限责任公司	2016－06－29
673	椰子浓缩物的制备方法及应用	湖南中烟工业有限责任公司	2016－06－29
674	吡啶锌配合物在烟草制品中的应用	湖南中烟工业有限责任公司	2016－07－13
675	一种具有烟熏香气的电子烟液	湖南中烟工业有限责任公司	2016－07－27
676	非燃烧型低温卷烟	湖南中烟工业有限责任公司	2016－08－17
677	可同时降低主流烟气中 CO 和焦油释放量的卷烟滤棒添加剂及制备方法和应用	湖南中烟工业有限责任公司	2016－08－17
678	一种表面负载离子液体及硫醇的硅胶及制备方法和应用	湖南中烟工业有限责任公司	2016－08－17
679	一种非燃烧型低温卷烟	湖南中烟工业有限责任公司	2016－08－17
680	一种卷烟滤棒高分子吸附剂及其制备方法和应用	湖南中烟工业有限责任公司	2016－08－17
681	一种可降低卷烟主流烟气中 CO 等有害物质释放量的致孔卷烟纸的制备方法	湖南中烟工业有限责任公司	2016－08－17
682	基于低次烟草原料制备再造烟草薄片丝的方法	湖南中烟工业有限责任公司	2016－08－24
683	水果中游离态和键合态香气物质在卷烟中的应用	湖南中烟工业有限责任公司	2016－08－24
684	一种含榴莲风味的无烟烟草及制备方法	湖南中烟工业有限责任公司	2016－08－24
685	一种卷烟复合滤棒及其制备方法	湖南中烟工业有限责任公司	2016－08－24
686	一种滤棒用功能化丝束的制备方法及其应用	湖南中烟工业有限责任公司	2016－08－24
687	一种受热不塌陷的低温卷烟	湖南中烟工业有限责任公司	2016－08－24

续表

序号	专利名称	专利权人	授权公告日
688	基于液相色谱－串联质谱联用同时测定烟草及烟草制品中四种黄曲霉毒素含量的方法	湖南中烟工业有限责任公司、湖南大学	2016－08－24
689	一种在线烟草制品烟气实时分析方法	湖南中烟工业有限责任公司、湖南师范大学	2016－08－24
690	磨制烟梗丝在降低卷烟烟气氢氰酸含量上的应用及其制备方法	湖南中烟工业有限责任公司	2016－09－07
691	磨制烟梗丝在降低卷烟烟气一氧化碳焦油比上的应用及其制备方法	湖南中烟工业有限责任公司	2016－09－07
692	一种烟梗纤维复合滤棒及其制备方法	湖南中烟工业有限责任公司	2016－09－07
693	一种烟包透明热收缩膜美容装置及其应用	湖南中烟工业有限责任公司、长沙市嘉沙实业有限公司	2016－09－07
694	异构流程待办集中处理方法及处理装置	湖南中烟工业有限责任公司	2016－09－28
695	一种卷烟包装机推烟机构	湖南中烟工业有限责任公司、长沙市嘉沙实业有限公司	2016－10－05
696	一种多段复合卷烟滤棒及其制备方法和膨胀植物颗粒的应用	湖南中烟工业有限责任公司	2016－12－28
697	一种切割植物材料的装置	中国烟草总公司广东省公司	2016－04－20
698	一种具有蛆料分离功能的烟草废料处理装置	中国烟草总公司广东省公司、中山大学	2016－04－20
699	一种蜜化烟碱杀虫液及其制备方法	中国烟草总公司广东省公司、中山大学、南雄市中大赛尔生物技术有限公司	2016－04－20
700	一种具有温度调节功能的自动化卸料烟草废料处理装置	中国烟草总公司广东省公司、中山大学	2016－08－17
701	一种耐烟碱丝光绿蝇品种的强化方法	中国烟草总公司广东省公司、中山大学	2016－08－24
702	一种全自动太阳能烤烟房	中国烟草总公司广东省公司、广东烟草梅州市有限公司、深圳市赛维沃科技有限公司、广东烟草梅州市有限公司梅县分公司	2016－08－24
703	一种耐烟碱金黄指突水虻品种的强化方法	中山大学、中国烟草总公司广东省公司	2016－08－24
704	利用耐烟碱家蝇幼虫生物处理不适用鲜烟叶同时获得有机肥和生物蛋白的方法	中山大学、中国烟草总公司广东省公司	2016－08－24
705	利用棕尾别麻蝇幼虫生物处理不适用鲜烟叶同时获得有机肥和生物蛋白的方法	中国烟草总公司广东省公司、中山大学	2016－08－24
706	一种自动烟草废料处理装置	中国烟草总公司广东省公司、中山大学	2016－08－24
707	一种多用途烟草废料处理装置	中国烟草总公司广东省公司、中山大学	2016－10－19
708	一种香薰烟及其制备方法	中国烟草总公司广东省公司	2016－11－09
709	一种烟叶分级中烟叶厚度的检测装置与方法	中国烟草总公司广东省公司	2016－11－16
710	利用猪粪生产烟草专用有机肥的方法及烟草专用有机肥	中山大学、中国烟草总公司广东省公司	2016－11－23
711	猪粪和饼肥为原料生产烟草专用有机肥的方法及烟草专用有机肥	中山大学、中国烟草总公司广东省公司	2016－11－23
712	一种气雾型口香烟	中国烟草总公司广东省公司	2016－11－23
713	一种耐烟碱黑色指突水虻品系的培育方法	中国烟草总公司广东省公司、中山大学	2016－11－23
714	一种烟草专用有机肥的生产方法及烟草专用有机肥	中国烟草总公司广东省公司、中山大学	2016－11－23
715	一种耐烟碱棕尾别麻蝇品系的培育方法	中国烟草总公司广东省公司、中山大学	2016－11－30
716	一种液化石油气烤烟房	中国烟草总公司广东省公司	2016－12－07

续表

序号	专利名称	专利权人	授权公告日
717	一种耐烟碱丝光绿蝇品系的培育方法	中国烟草总公司广东省公司、中山大学	2016-12-07
718	香烟位置的矫正装置	广东烟草东莞市有限公司	2016-03-23
719	一种电子烟	广东中烟工业有限责任公司	2016-01-20
720	一种新型烟草制品的制备方法	广东中烟工业有限责任公司	2016-01-20
721	一种烟梗加工的酶解方法	广东中烟工业有限责任公司	2016-01-20
722	一种改性烟末浆及其制备方法和应用	广东中烟工业有限责任公司、华南理工大学	2016-01-20
723	一种滤棒输送系统及其方法	广东中烟工业有限责任公司	2016-02-10
724	一种电子皮带秤的状态监测系统	广东中烟工业有限责任公司	2016-03-02
725	一种杆状烟料加热装置	广东中烟工业有限责任公司	2016-03-02
726	一种新型电子烟	广东中烟工业有限责任公司	2016-03-02
727	一种具有自动填烟功能的烟料加热装置	广东中烟工业有限责任公司	2016-03-16
728	一种烤房装烟方法	广东中烟工业有限责任公司	2016-03-16
729	一种具有吸食量提示功能的烟料加热装置	广东中烟工业有限责任公司	2016-03-23
730	一种烟料加热装置的可调加热机构	广东中烟工业有限责任公司	2016-03-23
731	利用顶空-气相质谱的三乙酸甘油酯中苯及苯系物的外标测定方法	广东中烟工业有限责任公司	2016-03-30
732	甜叶菊在制备再造烟叶方面的应用及再造烟叶	广东中烟工业有限责任公司	2016-03-30
733	一种鼻吸式电子烟	广东中烟工业有限责任公司	2016-03-30
734	一种不产生二手烟的香烟	广东中烟工业有限责任公司	2016-03-30
735	一种基于紫外光谱的烟叶发酵适宜度识别方法	广东中烟工业有限责任公司	2016-03-30
736	一种强化酶解法提取烟叶木质素的方法	广东中烟工业有限责任公司	2016-03-30
737	一种去蛋白烟草提取物的制备方法及应用	广东中烟工业有限责任公司	2016-03-30
738	一种新型烟草制品的生产方法	广东中烟工业有限责任公司	2016-03-30
739	一种烟草烘丝装置	广东中烟工业有限责任公司	2016-03-30
740	香料罐软管固定装置	广东中烟工业有限责任公司	2016-05-04
741	一种醋酸纤维丝束的检测方法及其应用	广东中烟工业有限责任公司	2016-05-04
742	一种盒状烟料加热装置	广东中烟工业有限责任公司	2016-05-04
743	一种可截取的可调节烟支长度的卷烟及其使用方法	广东中烟工业有限责任公司	2016-05-04
744	一种香料桶软管固定装置	广东中烟工业有限责任公司	2016-05-04
745	一种烟用接装纸中多种元素特定迁移量的测定方法	广东中烟工业有限责任公司	2016-05-04
746	一种商标纸翘曲度测定方法及其应用	广东中烟工业有限责任公司	2016-06-08
747	一种发声卷烟及其制备方法	广东中烟工业有限责任公司	2016-07-13
748	一种丰富口腔味觉的卷烟	广东中烟工业有限责任公司	2016-07-13
749	一种离心式梗签剔除物中烟丝回收装置	广东中烟工业有限责任公司	2016-07-13
750	一种蜜柚柚皮多糖的分级提取方法及其产物和产物的应用	广东中烟工业有限责任公司	2016-07-13
751	一种提高烟草原料在再造烟叶生产中使用效率的方法	广东中烟工业有限责任公司	2016-07-13
752	一种对烟草特有亚硝胺具有特异性吸附功能的分子印迹单分散微球及其制备和应用	广东中烟工业有限责任公司	2016-08-10

续表

序号	专利名称	专利权人	授权公告日
753	一种具有自动装烟功能的烟料加热装置	广东中烟工业有限责任公司	2016-08-10
754	一种基于海泡石为载体的非均相 Fenton 催化剂及其制备方法	广东中烟工业有限责任公司、华南理工大学	2016-08-10
755	一种多级分离式梗签剔除物中烟丝回收装置	广东中烟工业有限责任公司	2016-08-17
756	一种卷烟制品	广东中烟工业有限责任公司	2016-08-17
757	一种类姜黄素及其制备方法和应用	广东中烟工业有限责任公司	2016-08-17
758	一种烟草及其烟草制品含水率的测定方法	广东中烟工业有限责任公司	2016-08-17
759	烟用香精香料的液相色谱指纹图谱的构建方法	广东中烟工业有限责任公司	2016-08-24
760	一种丰富口腔甜香味觉的卷烟	广东中烟工业有限责任公司	2016-08-24
761	一种丰富口腔味觉的香烟	广东中烟工业有限责任公司	2016-08-24
762	一种卷盘材料横向拉伸强度的连续测定方法和应用	广东中烟工业有限责任公司	2016-08-24
763	一种卷烟纸试样的裁切装置	广东中烟工业有限责任公司	2016-08-24
764	一种可调式烟制品加热装置	广东中烟工业有限责任公司	2016-08-24
765	一种不燃烧卷烟	广东中烟工业有限责任公司	2016-09-07
766	一种香豆素衍生物及其制备方法和应用	广东中烟工业有限责任公司	2016-09-07
767	酯类化合物及其同系物和异构体的鉴定方法及应用	广东中烟工业有限责任公司	2016-09-07
768	一种切丝机磨刀装置	广东中烟工业有限责任公司	2016-09-28
769	同时测定水基胶中13种苯系物和邻苯二甲酸酯类化合物的方法和应用	广东中烟工业有限责任公司	2016-10-26
770	同时测定烟草中的糖、1，2-丙二醇和甘油的硅烷化 GC/MS 检测方法	广东中烟工业有限责任公司	2016-10-26
771	利用顶空-气相质谱的三乙酸甘油酯中苯及苯系物的内标测定方法	广东中烟工业有限责任公司	2016-11-23
772	一种基于 DFA 和 SQC 模型的烟用包装纸品质判别方法	广东中烟工业有限责任公司	2016-12-07
773	一种烟叶堆垛的密封方法以及帐幕	广东中烟工业有限责任公司	2016-12-21
774	屏幕解锁方法	广西中烟工业有限责任公司	2016-01-20
775	一种多层仓库除湿系统及控制方式	广西中烟工业有限责任公司	2016-01-20
776	一种卷烟侧流烟气中乙酸乙烯酯的检测方法	广西中烟工业有限责任公司	2016-01-20
777	一种检测香精香料中卤代烃含量的方法	广西中烟工业有限责任公司	2016-03-02
778	提高卷烟切丝质量的装置和方法	广西中烟工业有限责任公司	2016-04-13
779	一种烟草味电子烟油的制备方法	广西中烟工业有限责任公司	2016-04-13
780	一种匀供料装置及其匀供料方法	广西中烟工业有限责任公司	2016-04-13
781	角鲨烯与虾青素组合物多囊脂质体的制备及其降基减害	广西中烟工业有限责任公司、华南农业大学、中国烟草总公司广东省公司	2016-04-13
782	一种角鲨烯与β-胡萝卜素组合物液态前体脂质体的制备及其降基减害	广西中烟工业有限责任公司、中国烟草总公司广东省公司、华南农业大学	2016-04-13
783	一种真空冷冻干燥水果粒电子烟油的制备方法	广西中烟工业有限责任公司	2016-05-04
784	一种废次烟叶浸膏的美拉德反应产物制备方法及在卷烟中的应用	广西中烟工业有限责任公司	2016-05-18

续表

序号	专利名称	专利权人	授权公告日
785	一种检测水基胶中卤代烃含量的方法	广西中烟工业有限责任公司	2016-06-29
786	一种快速检测包装纸中金黄粉的方法	广西中烟工业有限责任公司	2016-06-29
787	包装机上胶器调整工装	广西中烟工业有限责任公司	2016-07-06
788	一种多孔淀粉颗粒生产线	广西中烟工业有限责任公司	2016-08-17
789	一种真空冷冻干燥花粒电子烟油的制备方法	广西中烟工业有限责任公司	2016-09-28
790	一种纸质食品包装材料中酸性嫩黄G的测定方法	广西中烟工业有限责任公司	2016-09-28
791	一种加载纳米壳聚糖的烟用滤棒及其制备方法	广西中烟工业有限责任公司	2016-10-05
792	一种食品添加剂中3-乙酰基-2，5-二甲基噻吩的测定方法	广西中烟工业有限责任公司	2016-10-05
793	一种镭射复合纸烟包的条形码印刷工艺	广西真龙彩印包装有限公司	2016-04-20
794	一种条烟打码姿态控制装置	中国烟草总公司重庆市公司万州分公司	2016-01-27
795	一体化分离无缝悬挂式散叶烘烤装置	中国烟草总公司重庆市公司丰都分公司	2016-05-04
796	一种烤烟地膜施肥方法	中国烟草总公司重庆市公司丰都分公司	2016-04-13
797	一种烟叶分离式穿针装烟悬挂装置	中国烟草总公司重庆市公司丰都分公司	2016-04-13
798	一种山地烤烟移栽打孔装置及其移栽方法	中国烟草总公司重庆市公司酉阳分公司	2016-05-18
799	一种移动式烤烟装置	中国烟草总公司重庆市公司彭水分公司	2016-06-01
800	一种烟草育苗基质的配方及其制备方法	中国烟草总公司重庆市公司烟草科学研究所	2016-02-24
801	一种烟草育苗调理剂的配方及其制备方法	中国烟草总公司重庆市公司烟草科学研究所	2016-03-16
802	新整理黄壤烟田的快速培肥方法	中国烟草总公司重庆市公司烟草科学研究所	2016-07-06
803	烟支缺陷模拟器	重庆烟草工业有限责任公司	2016-05-11
804	一种测定复合滤棒中茶末添加量的方法	重庆烟草工业有限责任公司	2016-08-17
805	一种检测烟梗润胀性能的方法	重庆烟草工业有限责任公司	2016-05-11
806	应用于烟丝掺配的变容式计量管	重庆烟草工业有限责任公司	2016-06-01
807	预切式内框纸输送装置	重庆烟草工业有限责任公司涪陵卷烟厂	2016-11-02
808	浓香型口含烟的制备方法	川渝中烟工业有限责任公司	2016-02-03
809	丸粒状小糖果铁盒装口含烟草制品及其制备方法	川渝中烟工业有限责任公司	2016-02-03
810	雪茄烟叶堆积发酵方法	川渝中烟工业有限责任公司	2016-02-03
811	烟丝添加剂及其制备方法以及用于生产卷烟的应用	川渝中烟工业有限责任公司	2016-02-03
812	一种含菇娘提取物的电子烟烟液	川渝中烟工业有限责任公司	2016-02-03
813	一种含糖苷的电子烟烟液	川渝中烟工业有限责任公司	2016-02-03
814	一种含烟草提取物的电子烟烟液及其制备方法	川渝中烟工业有限责任公司	2016-02-03
815	一种沙棘黄酮抗氧化电子烟烟液	川渝中烟工业有限责任公司	2016-02-03
816	一种雪茄烟叶发酵用可湿性粉剂	川渝中烟工业有限责任公司	2016-02-03
817	一种针式电加热卷烟系统	川渝中烟工业有限责任公司	2016-02-03
818	应用蒸汽爆破与干冰膨胀改善晒黄烟可用性的方法	川渝中烟工业有限责任公司	2016-02-03
819	应用蒸汽爆破与干冰膨胀改善雪茄芯烟可用性的方法	川渝中烟工业有限责任公司	2016-02-03
820	含烤烟烟花提取物的电子烟烟液	川渝中烟工业有限责任公司	2016-03-02
821	可降低烤烟中苯酚释放量的烘烤工艺方法	川渝中烟工业有限责任公司	2016-03-02

续表

序号	专利名称	专利权人	授权公告日
822	可降低烤烟中蛋白质含量的烘烤工艺方法	川渝中烟工业有限责任公司	2016－03－02
823	气流控制升降式烟片加热器	川渝中烟工业有限责任公司	2016－03－02
824	湿润型粉粒状袋装口含烟草制品配方及其制备方法	川渝中烟工业有限责任公司	2016－03－02
825	一种评价打叶复烤工序片烟感官品质稳定性的方法	川渝中烟工业有限责任公司	2016－03－02
826	再造烟叶中烟梗的预处理方法	川渝中烟工业有限责任公司	2016－03－02
827	梗末单独提取的造纸法再造烟叶原料配方设计方法	川渝中烟工业有限责任公司	2016－03－23
828	梗末混合提取的造纸法再造烟叶原料配方设计方法	川渝中烟工业有限责任公司	2016－03－23
829	用于 GDX2 包装机六号轮上的圆角包装模盒	川渝中烟工业有限责任公司	2016－03－23
830	富含生物活性多糖的超声雾化电子烟液及其制备方法	川渝中烟工业有限责任公司	2016－03－30
831	加热不燃烧烟支的滑盖式加热抽吸装置	川渝中烟工业有限责任公司	2016－03－30
832	降低卷烟烟气中氨含量的吸附剂、它们的制备方法和应用	川渝中烟工业有限责任公司	2016－03－30
833	气流控制热空气烟丝加热器	川渝中烟工业有限责任公司	2016－03－30
834	一种用于捕集加热不燃烧卷烟烟气的装置	川渝中烟工业有限责任公司	2016－03－30
835	用于卷烟纸上的香精	川渝中烟工业有限责任公司	2016－03－30
836	测定卷烟主流烟气总粒相物中烟碱含量的方法	川渝中烟工业有限责任公司	2016－04－06
837	霉变烟叶预处理的方法	川渝中烟工业有限责任公司	2016－04－06
838	制造特殊功能卷烟纸的方法及装置	川渝中烟工业有限责任公司	2016－04－13
839	一种梗丝与卷烟叶组配伍性的判定方法	川渝中烟工业有限责任公司	2016－04－20
840	胶基型烟草制品口腔溶出的模拟装置	川渝中烟工业有限责任公司	2016－05－04
841	清香型口含烟的制备方法	川渝中烟工业有限责任公司	2016－05－04
842	一种甜香草香味香料及其香烟	川渝中烟工业有限责任公司	2016－05－04
843	中间香型口含烟的制备方法	川渝中烟工业有限责任公司	2016－05－04
844	烟用香草香味搭口胶香精	川渝中烟工业有限责任公司	2016－05－18
845	从烟草烟杈中提取游离氨基酸的方法	川渝中烟工业有限责任公司	2016－05－25
846	一种含沙棘多糖的电子烟烟液	川渝中烟工业有限责任公司	2016－05－25
847	一种含天然复配物的电子烟烟液	川渝中烟工业有限责任公司	2016－05－25
848	一种设有烟雾收集罩的香烟烟雾净化装置	川渝中烟工业有限责任公司、深圳市申瑞实业有限公司	2016－06－01
849	降低烤烟中苯并芘释放量的烘烤工艺方法	川渝中烟工业有限责任公司	2016－06－08
850	一种富含超微绿茶粉和茶培素的电子烟烟液	川渝中烟工业有限责任公司	2016－06－08
851	一种基于图像识别技术的烟用香珠质量快速检测装置	川渝中烟工业有限责任公司	2016－07－06
852	含纳米化复方中草药的口含烟及其制备方法	川渝中烟工业有限责任公司	2016－08－17
853	可保持卷烟工艺评价取样一致性的取样装置及取样方法	川渝中烟工业有限责任公司	2016－08－17
854	气流控制升降式火焰加热器	川渝中烟工业有限责任公司	2016－08－17
855	食品箔卷制的卷烟烟支及其电加热抽吸装置	川渝中烟工业有限责任公司	2016－08－17

续表

序号	专利名称	专利权人	授权公告日
856	烟草纤维素的结晶度及晶态结构的测定方法	川渝中烟工业有限责任公司	2016－08－17
857	一种具有止咳润肺功能的电子烟烟液	川渝中烟工业有限责任公司	2016－08－17
858	用于加热不燃烧烟支的电加热抽吸装置系统	川渝中烟工业有限责任公司	2016－08－17
859	用于加热无烟烟草制品的自发热源型抽吸装置	川渝中烟工业有限责任公司	2016－08－17
860	造纸法再造烟叶原料和浆料的生物处理方法	川渝中烟工业有限责任公司、烟台中海钧台生物技术开发有限公司	2016－08－17
861	从烟草工业废弃烟末中提取游离氨基酸的方法	川渝中烟工业有限责任公司	2016－08－24
862	从烟草花蕾中提取游离氨基酸的方法	川渝中烟工业有限责任公司	2016－08－24
863	基于电磁加热的烟草抽吸装置	川渝中烟工业有限责任公司	2016－08－24
864	口含烟提取液及其制备方法和口含烟	川渝中烟工业有限责任公司	2016－08－24
865	气流控制式低温烟丝加热器	川渝中烟工业有限责任公司	2016－08－24
866	一种电子烟烟液	川渝中烟工业有限责任公司	2016－08－24
867	用于加热不燃烧卷烟的电磁加热型抽吸装置	川渝中烟工业有限责任公司	2016－08－24
868	一种烟用香珠粒径大小的快速检验方法	川渝中烟工业有限责任公司	2016－08－31
869	一种提高造纸法再造烟叶中碳酸钙留着率的方法	川渝中烟工业有限责任公司、烟台中海钧台生物技术开发有限公司	2016－08－31
870	降低卷烟烟气中苯并［a］芘释放量复烤和醇化的方法	川渝中烟工业有限责任公司	2016－09－14
871	烟草保润剂及其制备方法和应用	川渝中烟工业有限责任公司	2016－09－14
872	一种提高造纸法再造烟叶中碳酸钙留着率的方法	川渝中烟工业有限责任公司、山东瑞博斯烟草有限公司、烟台中海钧台生物技术开发有限公司	2016－09－14
873	一种提高造纸法再造烟叶浆料留着率的方法	川渝中烟工业有限责任公司、烟台中海钧台生物技术开发有限公司	2016－09－14
874	一种提高造纸法再造烟叶浆料留着率的方法	川渝中烟工业有限责任公司、烟台中海钧台生物技术开发有限公司	2016－09－14
875	一种提高造纸法再造烟叶中碳酸钙留着率的方法	川渝中烟工业有限责任公司、烟台中海钧台生物技术开发有限公司	2016－09－14
876	一种提高造纸法再造烟叶中碳酸钙留着率的方法	川渝中烟工业有限责任公司、烟台中海钧台生物技术开发有限公司	2016－09－14
877	一种提高造纸法再造烟叶中碳酸钙留着率的方法	川渝中烟工业有限责任公司、烟台中海钧台生物技术开发有限公司	2016－09－14
878	一种造纸法再造烟叶的加工方法	川渝中烟工业有限责任公司、烟台中海钧台生物技术开发有限公司	2016－09－14
879	从烟花中提取烟用香料应用于口含烟的方法	川渝中烟工业有限责任公司	2016－10－19
880	一种从大田废弃烟梗中提取烟草多糖的方法	川渝中烟工业有限责任公司	2016－10－19
881	一种从大田废弃鲜烟叶中提取烟草多糖的方法	川渝中烟工业有限责任公司	2016－11－09
882	具有补血功效的口含烟及其制备方法	川渝中烟工业有限责任公司	2016－11－16
883	雪茄茄衣烟叶整选工具	川渝中烟工业有限责任公司	2016－11－16
884	具有龙涎香香气的电子烟液及其制备方法	川渝中烟工业有限责任公司	2016－11－30
885	一种提高造纸法再造烟叶中碳酸钙留着率的方法	川渝中烟工业有限责任公司、山东瑞博斯烟草有限公司、烟台中海钧台生物技术开发有限公司	2016－11－30
886	一种提高造纸法再造烟叶中碳酸钙留着率的方法	川渝中烟工业有限责任公司、烟台中海钧台生物技术开发有限公司	2016－11－30
887	具有苦荞风味香气的电子烟液	川渝中烟工业有限责任公司	2016－12－28
888	一种胞质雄性不育系的快速创制方法	中国农业科学院烟草研究所、中国烟草总公司四川省公司	2016－01－13
889	一种土壤中全磷全钾的测定方法	中国烟草总公司四川省公司	2016－02－17

续表

序号	专利名称	专利权人	授权公告日
890	一种云烟97的提钾施肥技术	中国烟草总公司四川省公司、四川农业大学、四川省烟草公司宜宾市公司	2016-02-17
891	一种测定烟草中常用杀菌剂残留量的方法	中国烟草总公司四川省公司	2016-04-13
892	一种烟草抑芽剂施药器	中国农业科学院烟草研究所、中国烟草总公司四川省公司、山东烟草研究院有限公司	2016-05-11
893	一种烟草中氟节胺、仲丁灵和除芽通残留量的测定方法	中国烟草总公司四川省公司	2016-06-08
894	津巴布韦烤烟KRK26的专用复混肥及其施肥方法	中国烟草总公司四川省公司、四川农业大学、四川省烟草公司凉山州公司	2016-06-15
895	一种测定卷烟滤嘴中亚硝胺含量的方法	中国烟草总公司四川省公司	2016-06-29
896	一种土壤中阳离子交换量的测定方法	中国烟草总公司四川省公司	2016-08-24
897	一种作物缺素实验系统	四川省农业科学院土壤肥料研究所、中国烟草总公司四川省公司	2016-08-24
898	节能热风烘干装置	四川省烟草公司攀枝花市公司、米易县户源炉具有限公司	2016-09-14
899	一种基于叶温的散叶烘烤方法	四川省烟草公司泸州市公司、中国烟草总公司江西省公司、河南农业大学	2016-08-17
900	一种自动化装盘、播种、覆膜一体机及其使用方法	中国农业科学院烟草研究所、四川省烟草公司泸州市公司、四川省烟草公司广元市公司、北京绿源汇业科技有限公司、江油市俊林机械有限责任公司	2016-08-10
901	用于糊毛烟叶的打包装置	四川省烟草公司德阳市公司	2016-01-27
902	一种空气源热泵水循环加热及水循环冷凝除湿烘干装置	成都市东和兴科节能技术研究所、四川省烟草公司广元市公司	2016-05-18
903	一种微碱性植烟土壤烤烟专用肥料及其制备方法和应用	四川省农业科学院植物保护研究所、四川省烟草公司广元市公司	2016-07-06
904	多种热源供热多台烤房独立烘烤装置	成都市东和兴科节能技术研究所、四川省烟草公司广元市公司	2016-08-17
905	一种烟草育苗基质以及一种烟草育苗方法	凉山州烟草公司会理分公司、凉山州金叶现代农业科技发展有限公司、会理县南阁惠民烟农综合服务专业合作社	2016-03-02
906	选叶地台及利用选叶地台进行选叶的清洁挑选方法	四川烟叶复烤有限责任公司德昌复烤厂	2016-05-25
907	一种自动测试特种滤棒截面特征参数的装置及测量方法	四川三联卷烟材料有限公司、成都瑞拓科技实业有限责任公司	2016-03-23
908	一种降低切梗丝消耗的方法	四川烟草工业有限责任公司	2016-08-24
909	一种烟丝掺配系统控制方法	四川烟草工业有限责任公司	2016-03-30
910	组合条码识别和激光测距穿梭车定位故障诊断系统与方法	四川烟草工业有限责任公司	2016-03-23
911	烟叶丝干燥机控制系统及其方法	四川烟草工业有限责任公司、中国烟草总公司郑州烟草研究院	2016-03-23
912	一种假烟拆解销毁方法及装置	贵州省烟草公司贵阳市公司	2016-04-20
913	一种烤烟等级结构调整方法	贵州省烟草公司贵阳市公司	2016-09-14
914	一种密集烤房余热利用方法及其装置	贵阳市烟草公司开阳县分公司	2016-09-14
915	带行走路线矫正的塑料大棚棚顶清洗装置	贵州省烟草公司遵义市公司	2016-05-25

续表

序号	专利名称	专利权人	授权公告日
916	一种提高散烟烘烤烟叶质量的回潮工艺	贵州省烟草公司遵义市公司湄潭县分公司	2016-04-06
917	炉灶	贵州省烟草公司遵义市公司湄潭县分公司	2016-04-13
918	一种烟叶烘烤对比方法	贵州省烟草公司遵义市公司湄潭县分公司	2016-07-06
919	烘烤烟叶的方法	贵州省烟草公司遵义市公司湄潭县分公司	2016-11-23
920	一种烤烟抗春旱栽培方法	毕节市烟草公司威宁县分公司、中国农业大学	2016-05-11
921	一种提高烟草漂浮育苗种子发芽率和壮苗的方法	浙江大学、贵州省烟草公司毕节市公司	2016-06-22
922	烤烟房集约化育苗的方法	铜仁市烟草公司松桃苗族自治县分公司	2016-02-03
923	一种抗旱性种质的筛选方法	贵州省烟草科学研究院	2016-01-13
924	一种幼苗期鉴定烟草青枯病抗性的方法	贵州省烟草科学研究院	2016-01-20
925	密集烘烤固定方框插针装烟技术	贵州省烟草科学研究院	2016-02-10
926	一种“两长一短、低湿慢烤”的烤烟烘烤工艺	贵州省烟草科学研究院	2016-02-10
927	一种解淀粉芽孢杆菌及其用途	贵州省烟草科学研究院、贵州省植物保护研究所	2016-03-09
928	一种有机烤烟烟叶成熟度的快速无损检测方法	贵州省烟草科学研究院	2016-03-23
929	反向调节烟草 NtPSY 基因功能的载体组合物	贵州省烟草科学研究院	2016-03-30
930	树脂串联层析柱分离烟草多种类糖苷的方法	贵州省烟草科学研究院	2016-03-30
931	一种简易高通量的实验室植物水培装置	贵州省烟草科学研究院	2016-04-06
932	满足烟草中 ADF、ADL 分析准确度的同步测定方法	贵州省烟草科学研究院	2016-04-27
933	一种快速检测转基因烤后烟叶的四重 PCR 引物及方法	贵州省烟草科学研究院	2016-04-27
934	一种烤烟采收成熟度的快速无损检测方法	贵州省烟草科学研究院	2016-05-04
935	一种烟草小苗期快速鉴定黑胫病抗性的方法	贵州省烟草科学研究院	2016-06-29
936	一种烟草 NtGt1a 基因单碱基替换突变的检测方法	贵州省烟草科学研究院	2016-08-24
937	一种浅水、提前通风和炼苗的烤烟育苗方法	贵州省烟草科学研究院	2016-08-31
938	一种烟沫固体有机废弃物腐熟菌剂及其制备方法	贵州省烟草科学研究院	2016-09-14
939	一种酒糟有机肥及其生产方法	贵州省烟草科学研究院、贵州省烟草公司毕节市公司	2016-10-05
940	一种平准器的传动装置	贵州中烟工业有限责任公司	2016-01-06
941	一种烟叶处理方法	贵州中烟工业有限责任公司	2016-02-24
942	烟叶加料系统及方法	贵州中烟工业有限责任公司	2016-03-09
943	一种设定烘丝入口水分值的方法	贵州中烟工业有限责任公司	2016-03-23
944	烘丝机进出口密封结构	贵州中烟工业有限责任公司	2016-04-06
945	一种降低烟叶中铅含量的方法	贵州中烟工业有限责任公司	2016-04-06
946	回潮机回潮压力稳定方法	贵州中烟工业有限责任公司	2016-05-04
947	一种降低烟叶中铬含量的方法	贵州中烟工业有限责任公司	2016-05-04
948	一种烟叶处理方法	贵州中烟工业有限责任公司	2016-05-04
949	一种用于离子交换设备的布水装置	贵州中烟工业有限责任公司	2016-05-04
950	高整丝率的废烟烟丝回收装置及回收方法	贵州中烟工业有限责任公司	2016-06-29
951	铝箔纸打印装置	贵州中烟工业有限责任公司	2016-06-29
952	一种滤棒成型机组增塑剂自动通断系统	贵州中烟工业有限责任公司	2016-06-29
953	柱塞泵及其容积效率的测定方法和柱塞行程的调整方法	贵州中烟工业有限责任公司	2016-06-29
954	一种烟叶处理方法	贵州中烟工业有限责任公司	2016-08-10

续表

序号	专利名称	专利权人	授权公告日
955	卷烟包装机烟支模腔基准校正装置及方法	贵州中烟工业有限责任公司	2016-08-17
956	切丝机刀门烟饼退料器	贵州中烟工业有限责任公司	2016-09-14
957	吸丝振盘结构及维修方法	贵州中烟工业有限责任公司	2016-09-14
958	用于无人看守水塔的控制系统	贵州中烟工业有限责任公司	2016-09-14
959	干冰膨胀烟丝填充值检测方法	贵州中烟工业有限责任公司	2016-10-19
960	梗丝分离系统	贵州中烟工业有限责任公司	2016-11-23
961	链板装配装置	贵州中烟工业有限责任公司	2016-11-30
962	一种废烟烟丝的回用方法	贵州中烟工业有限责任公司	2016-11-30
963	梗丝生产工艺	贵州中烟工业有限责任公司	2016-12-07
964	一种群集式烟草害虫的田间防控方法	云南省烟草公司昆明市公司	2016-08-24
965	一种生物炭型育苗基质及其生产工艺	云南省烟草公司玉溪市公司	2016-05-25
966	烤房太阳能直接供热装置及太阳能辅助直接供热烤房	昆明七五零高新技术公司、云南省烟草公司红河州公司、中国船舶重工集团公司七五〇试验场	2016-01-20
967	一种漂浮烟苗繁殖烟蚜茧蜂的方法	云南省烟草公司红河州公司、西南林业大学、昆明润彩农业科技开发有限公司	2016-06-29
968	一种废次鲜烟叶生产烟碱型叶面肥的方法	云南省烟草公司红河州公司、云南千州生物有机肥有限公司、云南省农业科学院生物技术与种质资源研究所	2016-08-24
969	一种烟叶运储系统	云南省烟草公司大理州公司	2016-11-30
970	烤烟漂浮育苗基质及其制备方法	云南省烟草公司文山州公司	2016-02-10
971	一种烤烟漂浮育苗基质及其制备方法	云南省烟草公司文山州公司	2016-07-06
972	单端孢菌素在抗烟草病原真菌中的用途	云南省农业科学院农业环境资源研究所、云南省烟草公司保山市公司	2016-03-23
973	硬骨藤制剂在抗烟草黑胫病中的应用及制备方法	云南省烟草公司保山市公司、云南省农业科学院农业环境资源研究所	2016-03-30
974	一种诱导烟草产生对白粉病抗性的植物提取物及制备方法	云南省农业科学院农业环境资源研究所、云南省烟草公司保山市公司、中国烟草云南进出口有限公司	2016-05-04
975	一种香料烟大棚自动化调制系统	云南银河之星科技有限公司、云南烟草保山香料烟有限责任公司	2016-06-08
976	一种麻包自动卸货车	云南烟叶复烤有限责任公司麒麟复烤厂、昆明昆船物流信息产业有限公司	2016-08-17
977	一种原烟麻包自动码包机	云南烟叶复烤有限责任公司麒麟复烤厂、昆明昆船物流信息产业有限公司	2016-09-07
978	一种用葵菜养殖烟蚜茧蜂的方法	云南省烟草公司保山市公司	2016-08-24
979	一种便于烟叶原样缩容固型保存的样品成型装置	云南省烟草农业科学研究院	2016-01-06
980	烟叶烤房调制设备与烤烟育苗设施共用大棚综合系统	云南省烟草农业科学研究院	2016-01-20
981	一种检测烟草花叶病毒的胶体金免疫层析试纸及其制备方法	云南省烟草农业科学研究院、清华大学深圳研究生院	2016-01-20
982	一种检测烟草土传真菌病原物的 PCR 引物及应用与方法	云南省烟草农业科学研究院	2016-02-10
983	用于调控烟草尼古丁合成和转运的基因及其应用	浙江大学、云南省烟草农业科学研究院	2016-02-17
984	一种鉴定烟草 PVY 抗性的分子标记	云南省烟草农业科学研究院	2016-03-02
985	一种七阶段步进式烘烤烟叶的方法	云南省烟草农业科学研究院	2016-03-16
986	一种清香型产区烟叶大田生长时间的判断方法	云南省烟草农业科学研究院	2016-04-20

续表

序号	专利名称	专利权人	授权公告日
987	一种液相色谱－质谱联用对烟草中类黄酮物质进行分离鉴定的方法	云南省烟草农业科学研究院	2016－05－18
988	一种防治烟草黑胫病母土及其制备与使用方法	云南省烟草农业科学研究院	2016－05－25
989	一种香料烟的免穿调制方法	云南省烟草农业科学研究院、云南烟草保山香料烟有限责任公司	2016－08－17
990	一种减少 KRK26 上部烟叶挂灰的烘烤方法	云南省烟草农业科学研究院	2016－08－24
991	一种烟草镉转运基因 NtHMA2 及其克隆方法与应用	云南省烟草农业科学研究院	2016－08－24
992	一种查尔酮类化合物在制备抗烟草花叶病毒药物中的应用	云南省烟草农业科学研究院	2016－09－07
993	一种聚合双抗普通花叶病和黑胫病种质资源的选育方法	云南省烟草农业科学研究院	2016－09－07
994	一种烟草镉转运基因 NtHMA4 及其克隆方法与应用	云南省烟草农业科学研究院	2016－11－30
995	一种烟用丝束的溶剂鉴别方法	云南省烟草质量监督检测站	2016－03－16
996	气相色谱质谱联用法结合气相色谱法测定烟碱纯度的方法	云南省烟草质量监督检测站	2016－08－24
997	一种降低烟丝中苯并［a］芘前体化合物的方法和装置	云南中烟工业有限责任公司	2016－01－20
998	基于味觉活力值的烟气酸味指数评价模型建立方法	云南中烟工业有限责任公司	2016－02－03
999	一种醋酸铁交联蒙脱石滤嘴添加剂及其应用	云南中烟工业有限责任公司	2016－02－03
1000	一种恒温恒湿储梗装置	云南中烟工业有限责任公司	2016－02－03
1001	一种基于助燃剂的卷烟烟气中的氨释放量预测模型构建方法	云南中烟工业有限责任公司	2016－02－03
1002	一种检测烟支掉头的装置及其使用方法	云南中烟工业有限责任公司	2016－02－03
1003	一种两段式烟梗微波膨胀处理方法	云南中烟工业有限责任公司	2016－02－03
1004	一种热熔胶中甲醛的检测方法	云南中烟工业有限责任公司	2016－02－03
1005	降低卷烟烟气中巴豆醛释放量的吸附剂及其应用	云南中烟工业有限责任公司	2016－02－24
1006	一种带异己基侧链的联苯类化合物及其制备方法和应用	云南中烟工业有限责任公司	2016－02－24
1007	一种甘草发酵所得烟用香料及其应用	云南中烟工业有限责任公司	2016－02－24
1008	一种结合生物酶处理和微波膨胀技术改善烟梗品质的方法	云南中烟工业有限责任公司	2016－02－24
1009	一种骈六元环联苯类化合物及其制备方法和应用	云南中烟工业有限责任公司	2016－02－24
1010	一种烟草发酵所得烟用香料及其应用	云南中烟工业有限责任公司	2016－02－24
1011	一种用竹叶纤维部分替代木浆纤维制备再造烟叶的方法	云南中烟工业有限责任公司、云南瑞升烟草技术（集团）有限公司	2016－02－24
1012	一种番荔枝提取物的制备方法及在卷烟中的应用	云南中烟工业有限责任公司	2016－03－09
1013	一种无甜腻感电子烟烟液	云南中烟工业有限责任公司	2016－03－09
1014	一种异香豆素类化合物及其制备方法和用途	云南中烟工业有限责任公司	2016－03－09
1015	十六烷基三甲基溴化铵－铁交联蒙脱石滤嘴添加剂及应用	云南中烟工业有限责任公司	2016－03－23

续表

序号	专利名称	专利权人	授权公告日
1016	水做模拟物-吹扫捕集法测定纸和纸板中挥发和半挥发性物质的迁移量	云南中烟工业有限责任公司	2016-03-23
1017	一种分离测定热熔胶中多环芳烃的方法	云南中烟工业有限责任公司	2016-03-23
1018	一种食用香精香料中八种成分同时测定的方法	云南中烟工业有限责任公司	2016-03-23
1019	一种纸和纸板中低分子醛酮特定迁移量的测定方法	云南中烟工业有限责任公司	2016-03-23
1020	透明包装膜的粘合装置	云南中烟工业有限责任公司	2016-04-13
1021	一种热熔胶中乙酸乙烯酯的检测方法	云南中烟工业有限责任公司	2016-04-13
1022	一种提升烟草感官品质的烟叶成丝方法	云南中烟工业有限责任公司	2016-04-13
1023	一种云南特色晒黄烟品种烤制定色干筋期的调制方法	云南中烟工业有限责任公司	2016-04-13
1024	一种纸和纸板中多类防腐剂特定迁移量的同时测定方法	云南中烟工业有限责任公司	2016-04-13
1025	一种利用磁纳米载体酶提升再造烟叶品质的方法	云南中烟工业有限责任公司	2016-04-20
1026	一种烟草根茎中所含联苯酚类化合物及其制备方法和应用	云南中烟工业有限责任公司	2016-04-20
1027	一种降低造纸法再造烟叶平滑度的方法	云南中烟工业有限责任公司	2016-04-27
1028	一种卷烟滤嘴水浸提液体外微核试验阳性对照设置方法	云南中烟工业有限责任公司	2016-04-27
1029	一种提高微波膨胀烟梗膨胀效果的方法	云南中烟工业有限责任公司	2016-04-27
1030	一种含茶叶提取物的电子烟烟油及其制备方法	云南中烟工业有限责任公司	2016-05-04
1031	一种电子烟烟雾中 TSNAs 的测定方法	云南中烟工业有限责任公司	2016-05-25
1032	一种骈七元环联苯类化合物及其制备方法和应用	云南中烟工业有限责任公司	2016-05-25
1033	基于鲁棒回归建模预测烤片烟气烟气氨的方法	云南中烟工业有限责任公司	2016-06-01
1034	一种红醋栗提取物及其制备方法和在卷烟中的应用	云南中烟工业有限责任公司	2016-06-01
1035	一种检测口含烟制品对细胞微核率影响的方法	云南中烟工业有限责任公司	2016-06-01
1036	一种聚丙烯酸气凝胶的滤嘴高效吸附棒及其制备方法	云南中烟工业有限责任公司	2016-06-01
1037	一种卷烟滤嘴水浸提液细胞毒性试验阳性对照设置方法	云南中烟工业有限责任公司	2016-06-01
1038	一种抗烟草花叶病毒植物黄酮类化合物及其制备方法和应用	云南中烟工业有限责任公司	2016-06-01
1039	一种绿茶香型电子烟烟油	云南中烟工业有限责任公司	2016-06-01
1040	源于牛肝菌的复合香料的制备方法及其给烟草增香的用途	云南中烟工业有限责任公司	2016-06-01
1041	Tenax 作模拟物-GCMS 测定纸和纸板中芳香胺的迁移量的方法	云南中烟工业有限责任公司	2016-06-15
1042	一种卷烟滤嘴水浸提液 Ames 试验阳性对照设置方法	云南中烟工业有限责任公司	2016-06-15
1043	一种电子烟烟气中低分子醛酮的测定方法	云南中烟工业有限责任公司	2016-08-17
1044	一种复合水果香型电子烟烟油	云南中烟工业有限责任公司	2016-08-17
1045	一种石墨烯-聚合物复合气凝胶的滤嘴高效吸附棒及其制备方法	云南中烟工业有限责任公司	2016-08-17
1046	一种包含川贝雪梨膏药效成分的气雾剂前体及将其分散成纳米级雾滴的方法	云南中烟工业有限责任公司	2016-08-24
1047	一种全烟气捕集及在线分析装置和方法	云南中烟工业有限责任公司	2016-08-24

续表

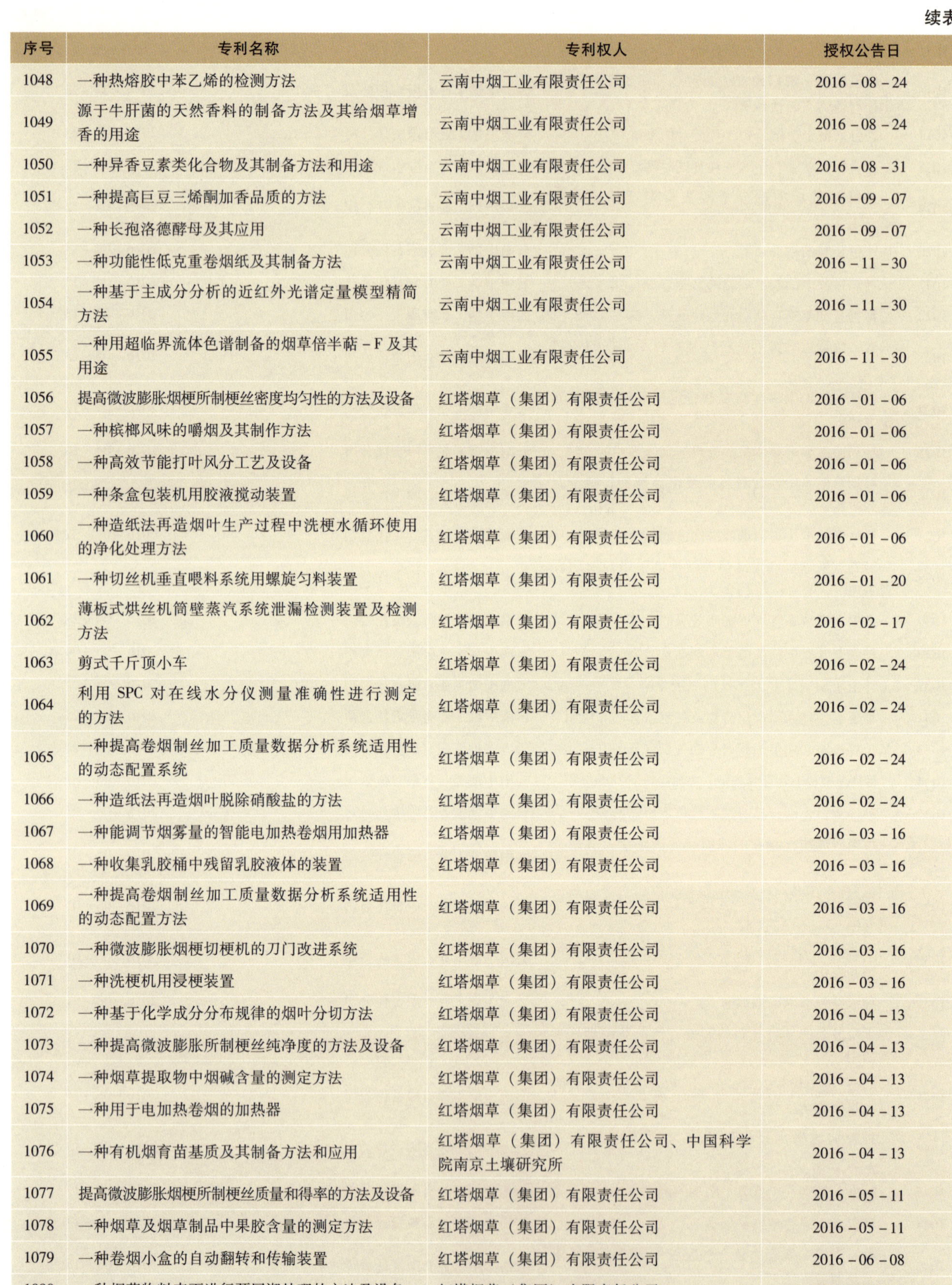

序号	专利名称	专利权人	授权公告日
1048	一种热熔胶中苯乙烯的检测方法	云南中烟工业有限责任公司	2016-08-24
1049	源于牛肝菌的天然香料的制备方法及其给烟草增香的用途	云南中烟工业有限责任公司	2016-08-24
1050	一种异香豆素类化合物及其制备方法和用途	云南中烟工业有限责任公司	2016-08-31
1051	一种提高巨豆三烯酮加香品质的方法	云南中烟工业有限责任公司	2016-09-07
1052	一种长孢洛德酵母及其应用	云南中烟工业有限责任公司	2016-09-07
1053	一种功能性低克重卷烟纸及其制备方法	云南中烟工业有限责任公司	2016-11-30
1054	一种基于主成分分析的近红外光谱定量模型精简方法	云南中烟工业有限责任公司	2016-11-30
1055	一种用超临界流体色谱制备的烟草倍半萜-F及其用途	云南中烟工业有限责任公司	2016-11-30
1056	提高微波膨胀烟梗所制梗丝密度均匀性的方法及设备	红塔烟草（集团）有限责任公司	2016-01-06
1057	一种槟榔风味的嚼烟及其制作方法	红塔烟草（集团）有限责任公司	2016-01-06
1058	一种高效节能打叶风分工艺及设备	红塔烟草（集团）有限责任公司	2016-01-06
1059	一种条盒包装机用胶液搅动装置	红塔烟草（集团）有限责任公司	2016-01-06
1060	一种造纸法再造烟叶生产过程中洗梗水循环使用的净化处理方法	红塔烟草（集团）有限责任公司	2016-01-06
1061	一种切丝机垂直喂料系统用螺旋匀料装置	红塔烟草（集团）有限责任公司	2016-01-20
1062	薄板式烘丝机筒壁蒸汽系统泄漏检测装置及检测方法	红塔烟草（集团）有限责任公司	2016-02-17
1063	剪式千斤顶小车	红塔烟草（集团）有限责任公司	2016-02-24
1064	利用 SPC 对在线水分仪测量准确性进行测定的方法	红塔烟草（集团）有限责任公司	2016-02-24
1065	一种提高卷烟制丝加工质量数据分析系统适用性的动态配置系统	红塔烟草（集团）有限责任公司	2016-02-24
1066	一种造纸法再造烟叶脱除硝酸盐的方法	红塔烟草（集团）有限责任公司	2016-02-24
1067	一种能调节烟雾量的智能电加热卷烟用加热器	红塔烟草（集团）有限责任公司	2016-03-16
1068	一种收集乳胶桶中残留乳胶液体的装置	红塔烟草（集团）有限责任公司	2016-03-16
1069	一种提高卷烟制丝加工质量数据分析系统适用性的动态配置方法	红塔烟草（集团）有限责任公司	2016-03-16
1070	一种微波膨胀烟梗切梗机的刀门改进系统	红塔烟草（集团）有限责任公司	2016-03-16
1071	一种洗梗机用浸梗装置	红塔烟草（集团）有限责任公司	2016-03-16
1072	一种基于化学成分分布规律的烟叶分切方法	红塔烟草（集团）有限责任公司	2016-04-13
1073	一种提高微波膨胀所制梗丝纯净度的方法及设备	红塔烟草（集团）有限责任公司	2016-04-13
1074	一种烟草提取物中烟碱含量的测定方法	红塔烟草（集团）有限责任公司	2016-04-13
1075	一种用于电加热卷烟的加热器	红塔烟草（集团）有限责任公司	2016-04-13
1076	一种有机烟育苗基质及其制备方法和应用	红塔烟草（集团）有限责任公司、中国科学院南京土壤研究所	2016-04-13
1077	提高微波膨胀烟梗所制梗丝质量和得率的方法及设备	红塔烟草（集团）有限责任公司	2016-05-11
1078	一种烟草及烟草制品中果胶含量的测定方法	红塔烟草（集团）有限责任公司	2016-05-11
1079	一种卷烟小盒的自动翻转和传输装置	红塔烟草（集团）有限责任公司	2016-06-08
1080	一种烟草物料表面进行预回潮处理的方法及设备	红塔烟草（集团）有限责任公司	2016-06-08
1081	一种对造纸法再造烟叶原料预处理的方法	红塔烟草（集团）有限责任公司	2016-06-29
1082	一种卷烟小盒的定量周转箱	红塔烟草（集团）有限责任公司	2016-06-29

续表

序号	专利名称	专利权人	授权公告日
1083	双链条输送机链条扣用维修装置	红塔烟草（集团）有限责任公司	2016－07－06
1084	一种烟杆分部位初烤方法	红塔烟草（集团）有限责任公司	2016－07－06
1085	一种分选回收烟丝中碎卷烟纸及烟末的装置	红塔烟草（集团）有限责任公司	2016－09－07
1086	一种热封包装设备	红塔烟草（集团）有限责任公司	2016－09－07
1087	一种锅炉模块化控制方法	红塔烟草（集团）有限责任公司	2016－11－02
1088	一种多级分离烟梗和烟片的风分器	红塔烟草（集团）有限责任公司、玉溪吉星德亿工贸有限公司	2016－01－20
1089	一种利用压缩空气系统提高物料分离率的设备及方法	红塔烟草（集团）有限责任公司、玉溪吉星德亿工贸有限公司	2016－02－24
1090	一种物料分离方法	红塔烟草（集团）有限责任公司、玉溪吉星德亿工贸有限公司	2016－04－13
1091	一种烤烟 K326 的精细施肥方法	红塔烟草（集团）有限责任公司、云南省农业科学院农业环境资源研究所	2016－04－20
1092	利用负压空气系统提高物料分离率的设备及方法	红塔烟草（集团）有限责任公司、玉溪吉星德亿工贸有限公司	2016－07－06
1093	一种风压式三仓风分器	红塔烟草（集团）有限责任公司、玉溪吉星德亿工贸有限公司	2016－07－06
1094	一种均匀增加物料含水率的设备及方法	红塔烟草（集团）有限责任公司、玉溪吉星德亿工贸有限公司	2016－08－24
1095	一种均衡、调节物料含水率的设备	红塔烟草（集团）有限责任公司、玉溪吉星德亿工贸有限公司	2016－09－07
1096	一种新型烟草物料加香设备	红塔烟草（集团）有限责任公司、玉溪吉星德亿工贸有限公司	2016－09－07
1097	一种螺旋式弹簧振动筛分设备	红塔烟草（集团）有限责任公司、玉溪吉星德亿工贸有限公司	2016－11－23
1098	异物剔除机高速皮带自动纠偏装置及其控制方法	红塔烟草（集团）有限责任公司大理卷烟厂	2016－07－06
1099	一种基于原料品质动态变化的烟叶分组方法	红云红河烟草（集团）有限责任公司	2016－03－16
1100	一种烟梗多孔颗粒及其在卷烟中的应用	红云红河烟草（集团）有限责任公司	2016－04－20
1101	一种加料后料渍烟叶的检测方法	红云红河烟草（集团）有限责任公司	2016－08－31
1102	一种预防烟株病毒及真菌病害的复合诱抗剂及其制备方法和应用	红云红河烟草（集团）有限责任公司、云南瑞升烟草技术（集团）有限公司	2016－09－07
1103	一种臭氧杀菌结合气调贮藏的烟叶防霉方法	红云红河烟草（集团）有限责任公司、云南大学	2016－11－30
1104	新型装箱机	东方机器制造（昆明）有限公司、红云红河烟草（集团）有限责任公司昆明卷烟厂	2016－08－24
1105	一种检测造纸法再造烟叶涂布量的方法	云南中烟昆船瑞升科技有限公司	2016－01－20
1106	一种在线控制再造烟叶涂布液密度的方法	云南中烟昆船瑞升科技有限公司	2016－04－20
1107	一种用于重组烟叶的改性粒子制备方法	云南瑞升烟草技术（集团）有限公司	2016－02－24
1108	一种造纸法再造烟叶浆料均匀度表征方法	云南瑞升烟草技术（集团）有限公司	2016－03－30
1109	一种卷烟及再造烟叶燃烧温度分布的测试表征方法	云南瑞升烟草技术（集团）有限公司	2016－04－27
1110	一种高松厚度造纸法再造烟叶的制备方法	云南瑞升烟草技术（集团）有限公司	2016－08－17
1111	一种采用特征指数表征烟叶风格特征的方法	云南瑞升烟草技术（集团）有限公司、红云红河烟草（集团）有限责任公司	2016－08－17

续表

序号	专利名称	专利权人	授权公告日
1112	一种防治烟草病害的可降解玉米淀粉药签及其制作方法	云南瑞升烟草技术（集团）有限公司	2016－08－31
1113	一种烟草内源性油性保润剂的制备方法	云南瑞升烟草技术（集团）有限公司	2016－10－05
1114	一种微波膨胀设备的输送装置	云南昆船第一机械有限公司、昆明理工大学、云南昆船瑞升烟草加工新技术有限责任公司	2016－03－02
1115	一种低温不燃烧卷烟用抽吸材料及其制备方法	云南中烟新材料科技有限公司	2016－03－16
1116	多涂层烟用加香无铝复合内衬纸及其制备方法和装置	云南中烟新材料科技有限公司	2016－05－18
1117	快速测定造纸法再造烟叶生产中热水可溶物含量的方法	云南中烟再造烟叶有限责任公司	2016－03－16
1118	一种提高非生物逆境胁迫下烟草自花传粉能力的方法	玉溪中烟种子有限责任公司、云南省烟草农业科学研究院	2016－08－31
1119	一种初烤烟叶主流烟气中氢氰酸释放量的预测方法	云南烟草科学研究院	2016－02－03
1120	一种卷烟抽吸过程中滤嘴通风量测量的装置及方法	云南烟草科学研究院、红塔烟草（集团）有限责任公司	2016－02－03
1121	含烟草超微粉末的口崩片型无烟烟草制品及其制备方法	云南烟草科学研究院	2016－03－02
1122	一种含纳米亚铁离子的改性蒙脱石滤嘴添加剂及应用	云南烟草科学研究院	2016－03－23
1123	一种降低烟气中有害成分的工艺	云南烟草科学研究院	2016－06－01
1124	一种新型压片型无烟烟草制品及其制备方法	云南烟草科学研究院	2016－08－17
1125	可连续输送并提升的件烟循环提升托盘	陕西省烟草公司延安市公司	2016－02－10
1126	降低主流烟气中CO含量的造纸法再造烟叶的制备方法	陕西中烟工业有限责任公司	2016－05－18
1127	一种电热烘焙型雾化器及具有该雾化器的电子烟	陕西中烟工业有限责任公司	2016－08－24
1128	一种烟用香精香料中薄荷醇的测定方法	陕西中烟工业有限责任公司	2016－11－16
1129	一种评价纤维素浆粕反应性能的方法及装置	南通醋酸纤维有限公司	2016－03－23
1130	一种低浓度有机溶剂水溶液回收热泵精馏装置及工艺	南通醋酸纤维有限公司	2016－03－30
1131	侧式搅拌器	南通醋酸纤维有限公司	2016－04－13
1132	高速干法纺丝的喷丝帽	南通醋酸纤维有限公司	2016－04－13
1133	溶于丙酮的纤维素酯的直接合成方法及其产品	南通醋酸纤维有限公司	2016－08－10
1134	一种多效蒸发结合搅拌蒸发的固液分离工艺	南通醋酸纤维有限公司	2016－08－17
1135	物料自动夹持提升移位设备	南通醋酸纤维有限公司	2016－01－27
1136	多孔发泡体烟用滤嘴材料及其制备方法	南通烟滤嘴有限责任公司	2016－04－13
1137	沟槽滤棒特征参数的测定方法	南通烟滤嘴有限责任公司	2016－04－13
1138	滤棒生产过程能力及企业生产过程能力的测评方法	南通烟滤嘴有限责任公司	2016－05－18
1139	全自动滤棒装盒机的上料机构	南通烟滤嘴有限责任公司	2016－05－25
1140	细支沟槽滤棒及细支沟槽复合滤棒	南通烟滤嘴有限责任公司	2016－08－24
1141	一种基于机器视觉技术的烟支空头检测方法	中国电子科技集团公司第四十一研究所、上海烟草机械有限责任公司	2016－01－20
1142	包装机的纸带拼接装置	上海烟草机械有限责任公司	2016－10－05
1143	一种用于卷烟纸边高度位置自动纠偏的方法及其装置	常德烟草机械有限责任公司	2016－01－06

续表

序号	专利名称	专利权人	授权公告日
1144	一种手帕纸自动生产线的连接装置和连接方法	常德烟草机械有限责任公司	2016－01－20
1145	一种处理烟草条状物多种状态信息的方法及其装置	常德烟草机械有限责任公司	2016－01－27
1146	一种烟支信号实时跟踪处理及剔除方法及其装置	常德烟草机械有限责任公司	2016－04－13
1147	搓板堵塞自动清洁装置及其清洁方法	常德烟草机械有限责任公司	2016－05－25
1148	一种卷接机组的降噪方法及其装置	常德烟草机械有限责任公司	2016－06－29
1149	一种卷接机组中的压吸丝带装置	常德烟草机械有限责任公司	2016－07－27
1150	一种检测装置通道空腔内壁的清理机构	常德烟草机械有限责任公司	2016－08－31
1151	棒状物料装盒机空纸盒输送装置及其输送方法	许昌烟草机械有限责任公司	2016－04－06
1152	一种高效散烟叶切断设备	秦皇岛烟草机械有限责任公司	2016－08－24
1153	一种立式滚刀切丝机	秦皇岛烟草机械有限责任公司	2016－09－28
1154	翻盖式硬盒烟包内框纸切割及输送装置及其方法	中烟机械技术中心有限责任公司	2016－02－10
1155	由平面凸轮构成的空间凸轮机构	中烟机械技术中心有限责任公司	2016－04－06
1156	用于切割连续运动杆状物品的装置及方法	中烟机械技术中心有限责任公司	2016－05－18
1157	烟叶的浸泡装置及浸泡方法	中烟机械技术中心有限责任公司、贵州中烟工业有限责任公司、秦皇岛烟草机械有限责任公司	2016－08－24
1158	一种电动钢绳滑轮升降设备	云南烟草机械有限责任公司	2016－04－06
1159	一种四柱油压方管冲孔设备	云南烟草机械有限责任公司	2016－05－11
1160	一种测定烟草中非挥发性有机酸的方法	红塔辽宁烟草有限责任公司	2016－12－28
1161	一种利用微生物节杆菌Z3处理白肋烟向烤烟香型转化的方法	黑龙江烟草工业有限责任公司	2016－03－30
1162	一种贮柜拨料辊的安全控制方法、系统及贮柜	吉林烟草工业有限责任公司	2016－03－30
1163	一种烟用梗丝的制备方法及其制备的烟用梗丝	吉林烟草工业有限责任公司	2016－04－27
1164	一种检测主流烟气总粒相物中烟草特有N－亚硝胺的方法	吉林烟草工业有限责任公司	2016－05－04
1165	一种制丝工艺报警方法、装置及系统	吉林烟草工业有限责任公司	2016－06－22
1166	一种食用香精香料中萜烯醇酯类化合物的检测方法	吉林烟草工业有限责任公司	2016－08－24
1167	卷烟包装纸表面耐热性能的测试方法	甘肃烟草工业有限责任公司	2016－01－20
1168	蕨麻多糖在卷烟中的应用及其烟用料液的制备方法	甘肃烟草工业有限责任公司	2016－04－06
1169	一种带斗篷的抽屉式加香喷嘴机构	深圳烟草工业有限责任公司	2016－01－27
1170	一种能明显增加卷烟烟气厚实感和成团性的增浓增厚功能聚类物制剂	深圳烟草工业有限责任公司	2016－03－02
1171	一种烤烟有机酸提取物及其制备方法	深圳烟草工业有限责任公司	2016－05－18
1172	烟箱条码压紧装置	深圳烟草工业有限责任公司	2016－06－15
1173	卷烟机负压风管控制装置	深圳烟草工业有限责任公司	2016－12－21
1174	一种涂布白卡纸翘曲的调整方法	珠海经济特区红塔仁恒纸业有限公司	2016－04－06
1175	一种涂布白卡纸及其生产工艺	珠海经济特区红塔仁恒纸业有限公司、红云红河烟草（集团）有限责任公司技术中心	2016－05－04

注：1. 2016年全国烟草行业发明专利信息来源于国家知识产权局专利局网站，所有与专利有关的专利号、发明/设计人均可在国家知识产权局的中国及多国专利审查信息查询系统内搜索到；

2. 2015年10月，川渝中烟工业有限责任公司撤销，重组更名为重庆中烟工业有限责任公司、四川中烟工业有限责任公司。“授权专利”分目中，仍按川渝中烟工业有限责任公司续存期间获得专利授权进行统计。

2016 年全国烟草行业外观设计专利授权情况表

单位名称	数量	单位名称	数量
中国烟草总公司郑州烟草研究院	4	湖北中烟工业有限责任公司	12
中国烟草总公司北京市公司	2	湖南中烟工业有限责任公司	3
上海烟草集团有限责任公司	18	中国烟草总公司江苏省公司	3
安徽中烟工业有限责任公司	4	江苏中烟工业有限责任公司	6
中国烟草总公司福建省公司	2	中国烟草总公司江西省公司	5
福建中烟工业有限责任公司	1	中国烟草总公司山东省公司	5
广东中烟工业有限责任公司	9	山东中烟工业有限责任公司	7
中国烟草总公司广西壮族自治区公司	1	陕西中烟工业有限责任公司	16
中国烟草总公司贵州省公司	1	川渝中烟工业有限责任公司	1
贵州中烟工业有限责任公司	2	四川中烟工业有限责任公司	2
中国烟草总公司河北省公司	1	云南中烟工业有限责任公司	46
河北中烟工业有限责任公司	3	浙江中烟工业有限责任公司	7
中国烟草总公司河南省公司	4	中国烟草实业发展中心	3
中国烟草总公司湖北省公司	1		
总　计			178

注：因存在共同申请情况，表中总计数量略大于实际数量。

2016 年全国烟草行业实用新型专利授权情况表

单位名称	数量	单位名称	数量
中国烟草总公司郑州烟草研究院	53	江苏中烟工业有限责任公司	74
中国烟草总公司天津市公司	2	中国烟草总公司江西省公司	11
上海烟草集团有限责任公司	50	江西中烟工业有限责任公司	90
中国烟草总公司安徽省公司	20	中国烟草总公司辽宁省公司	2
安徽中烟工业有限责任公司	52	中国烟草总公司内蒙古自治区公司	5
中国烟草总公司福建省公司	41	中国烟草总公司山东省公司	179
福建中烟工业有限责任公司	76	山东中烟工业有限责任公司	54
中国烟草总公司广东省公司	143	中国烟草总公司陕西省公司	5
广东中烟工业有限责任公司	35	陕西中烟工业有限责任公司	26
中国烟草总公司广西壮族自治区公司	6	中国烟草总公司四川省公司	24
广西中烟工业有限责任公司	26	四川中烟工业有限责任公司	24
中国烟草总公司贵州省公司	128	川渝中烟工业有限责任公司	54
贵州中烟工业有限责任公司	18	中国烟草总公司重庆市公司	29
中国烟草总公司河北省公司	5	重庆中烟工业有限责任公司	7
河北中烟工业有限责任公司	33	中国烟草总公司云南省公司	72
中国烟草总公司河南省公司	34	云南中烟工业有限责任公司	259
河南中烟工业有限责任公司	274	中国烟草总公司浙江省公司	9
中国烟草总公司黑龙江省公司	4	浙江中烟工业有限责任公司	75
中国烟草总公司湖北省公司	17	中国烟草实业发展中心	18
湖北中烟工业有限责任公司	100	中国烟草机械集团有限责任公司	37
中国烟草总公司湖南省公司	21	南通醋酸纤维有限公司	2
湖南中烟工业有限责任公司	88	中烟摩迪（江门）纸业有限公司	1
中国烟草总公司江苏省公司	19	中国烟草总公司职工进修学院	1
总　计			2303

注：因存在共同申请情况，表中总计数量略大于实际数量。

新闻舆论和文化建设

- □ 行业新闻舆论管理
- □ 主要报刊
- □ 网络媒体
- □ 志书编纂
- □ 博物馆、展馆建设

……

行业新闻舆论管理

【新闻舆论指导方针政策】 2016 年，行业新闻舆论工作坚持党性原则、坚持正确政治方向、坚持正确舆论导向，推动实际工作扎实开展。继续重点抓好“一个学习贯彻、两个认真执行、三个理直气壮”，扎实做好各项工作。进一步完善新闻发布制度，加强政策解读和舆情管理能力建设，努力提高新闻宣传工作水平。

加强新闻发布制度建设，建立“4·2·1+N”① 新闻发布模式，完善新闻发言人制度，实行新闻舆论工作责任制，进一步规范对外新闻发布机制，初步构建起良好新闻发布环境。全年先后举办 4 次专题新闻发布会。印发《新闻舆论工作管理办法》《舆情管理应急预案》《建立健全信息发布机制实施方案》等一系列文件，形成新闻发布、政策解读和舆情回应衔接配套的统一机制。

2016 年 5 月 18 日，《国家烟草专卖局新闻舆论工作管理办法》正式印发

【对外新闻宣传报道】 适应新形势新任务，加强媒体联系、宣传策划和释疑解惑，唱响主旋律、传播正能量。2016 年，国家局主要负责人继续带头主动发声，接受中央电视台、《学习时报》等媒体采访，并发表署名文章，介绍行业创新发展、坚决落实中央巡视整改任务等情况，回应社会关切。在国家局办公室举办的 4 次专题新闻发布会上，邀请《人民日报》、新华社等中央媒体参加，主动向社会发布行业的生产经营和经济运行、精准帮扶老少边穷地区经济社会发展、卷烟打假打私专项整治“百日行动”等新闻信息。组织中央和地方媒体赴全国多个地区基层一线开展采访报道工作，如赴云南地区开展烟草整乡推进整族帮扶工作专题采访、赴贵州烟区开展现代烟草农业发展专题采访等。《人民日报》、新华社等多家主流媒体全年累计报道近 100 篇，中国政府网转载烟草新闻 50 条。每季度制定宣传报道重点，指导行业各主流媒体围绕行业中心工作精心制定专题策划文案，聚焦亮点、难点、重点工作，全年审查修改重要稿件 242 件，推出 30 余期特刊和多个专栏。

【舆情监测】 高度重视舆情监测和引导处置工作，加强政务舆情回应。协调有关部门和媒体，及时妥善处理舆情事件。针对网络上出现的不实或不准确报道，尤其是关于国际国内控烟“片面化、绝对化、扩大化”过激言论，及时澄清事实，正确引导舆论。2016 年，妥善处理行业舆情 60 起，其中重大舆情 14 起。中央巡视组巡视期间，通过收集整理每日舆情快报、周报，做好巡视组要求的与巡视工作有关的舆情监控工作，完成对社会发布巡视工作新闻信息工作。A 继续夯实舆情管理基础，完善全行业舆情联动机制，通过线上、线下多种形式，不断加强对行业舆情管理工作的指导，加强对新闻舆论从业人员的培训，提高行业舆情管理工作水平。加强网络评论员队伍建设，行业骨干网络评论员超过 2000 人。

【新媒体建设】 加强各类信息资源整合，加快传统媒体与新媒体融合发展步伐，推动行业媒体在创新内容载体、拓展传播渠道、增强传播效果等方面改革创新。充分利用行业主要媒体微信公众号作为国家局新闻发布的新媒体新闻信息发布平台，通过微信（公众平台）发布新闻信息，积极利用音视频、图表、数据、实例等进行政策解读，2 个主要公众号粉丝数超过 7.5 万人。行业媒体自主创作的《五分钟了解中国烟草》视频网络播放量超过 40 万次，获得首届中国报业短视频大赛“十佳优秀短视频”奖。

---

① “4·2·1+N”新闻发布模式中，“4”是指每季度至少举行 1 次新闻发布会，每年 4 次；“2”是指部门（单位）的负责人，每半年至少出席新闻发布会 1 次，每年 2 次；“1”是指部门（单位）的主要负责人，每年至少出席新闻发布会 1 次。“N”是指以此为基础，根据实际情况适当增加发布频率。

【行业各媒体新闻宣传报道重点】 2016 年是“十三五”开局之年，也是行业进一步深化改革、开创发展新局面的关键一年。行业新闻媒体抓住发展关键问题，聚焦行业中心工作，进一步加大策划深度和报道力度，营造良好舆论氛围。

第一季度新闻宣传报道重点：继续深入宣传行业全面贯彻落实党的十八届五中全会精神和中央经济工作会议精神的情况；2016 年全国烟草工作会议的报道；宣传全国“两会”精神，努力做好烟草行业全国人大代表的采访报道；总结回顾“十二五”工作成效，展望“十三五”发展蓝图和路径；加强对元旦、春节等节日期间市场营销和专卖管理工作的宣传报道；做好烟区春季烟叶生产的宣传报道。

第二季度新闻宣传报道重点：学习宣传贯彻习近平总书记在党的新闻舆论工作座谈会上的重要讲话精神；继续宣传贯彻全国烟草工作会议精神，做好全行业贯彻落实会议精神的宣传报道；围绕“三个没有改变”“一个有所作为”，组织有深度有亮点有影响力的宣传报道；开展好行业“两学一做”学习教育的宣传报道，促进学习教育扎实深入开展；聚焦烟叶“三年调控”工作，注重宣传烟区“严控规模、坚守红线”的具体做法和成效；关注行业各单位保持良好市场状态和经济运行状态的举措及成效，抓好典型报道。

第三季度新闻宣传报道重点：深入开展好宣传好“两学一做”学习教育；聚焦行业党建工作，贯彻落实全面从严治党要求；总结回顾上半年行业工作亮点，对下半年工作加强重点关注、跟踪报道；关注行业卷烟营销工作，促进卷烟营销上水平；围绕推进烟叶生产绿色发展，精心组织专题报道；加大对行业严格规范生产经营管理的报道力度。

第四季度新闻宣传报道重点：继续扎实深入做好行业“两学一做”学习教育宣传报道工作；聚焦创新驱动发展战略，全面建设创新型行业；关注行业各单位品牌培育工作，保持良好市场状态；向强化专卖要销量，保持卷烟打假打私高压态势；聚焦精益管理，加大对降本增效的宣传报道力度；加强宣传，为行业现代物流建设营造良好舆论氛围；进一步加大对行业“走出去”发展战略的宣传报道。

主要报刊

【《中国烟草》杂志】 *概况*。《中国烟草》杂志的前身为《中国烟草工作》，创刊于 1985 年。1997 年 1 月起更名为《中国烟草》。1999 年起由月刊改为半月刊，2001 年分为综合版和经济版。2003 年按照中央宣传部门的决定，《中国烟草》杂志实行“管办分离”的管理体制。刊物由国家烟草专卖局主管，《中国烟草》杂志社有限公司主办。刊物以“坚持正确导向、服务烟草行业、探索改革思路、贴近职工生活”为办刊宗旨，坚持正确舆论导向，围绕中心，服务大局，坚持“三贴近”原则，全面、准确、及时、深入地宣传阐释国家局党组的方针任务和工作部署，组织采写专题报道和重要文章，充分发挥“喉舌、窗口、园地”作用，为行业改革发展营造良好舆论氛围。2016 年，《中国烟草》杂志征订量 6.3 万份，同比增长 3%，连续 17 年保持稳定增长。

把握正确舆论导向，提高舆论引导水平。2016 年，《中国烟草》杂志坚持正确舆论导向，围绕国家局党组的重大决策、重大部署、重大活动开展新闻宣传。认真宣传行业贯彻中央经济工作会议精神的好做法，在 2016 年第 1 期《中国烟草》杂志推出《聚焦 2016 年中央经济工作会议》《中央经济工作会议关键词解读》等多篇文章，取得良好的宣传效果。抓好重点选题，加大策划力度，全力抓好全国烟草工作会议精神的宣传报道。2016 年第 3 期《中国烟草》杂志从权威视角、专家角度、全局高度解读全国烟草工作会议精神，进一步提振行业各单位深化改革、谋划发展的信心。对此，凌成兴局长作出批示：“我认真研读了本期《中国烟草》，对行业工作会议的重要精神报道很好、解读很好、提炼很好。特别是本刊评论员文章概括的三句话：信

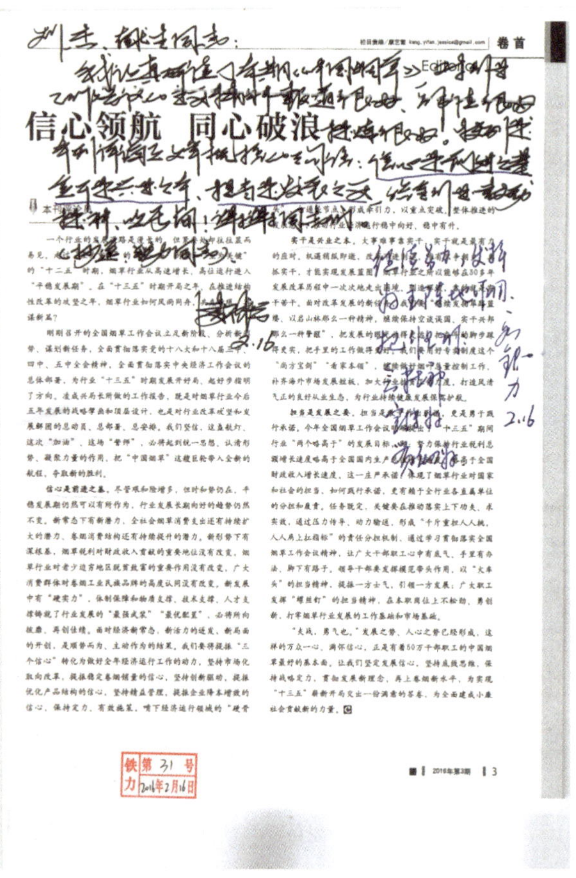
卷首

信心领航　同心破浪

2016年第3期 | 3

2016 年第 3 期《中国烟草》对全国烟草工作会进行深度报道。2 月 16 日，国家局党组书记、局长凌成兴，党组成员、副局长段铁力对此作出批示

心是前进之基、实干是兴业之本、担当是发展之要，给全行业鼓劲提神、吹号角！谢谢同志们。”

开展行业“两学一做”学习教育的宣传报道，紧跟国家局党组节奏，开设专栏对国家局党组成员、机关各部门负责人“两学一做”学习教育交流发言进行刊登，展现国家局党组中心组的学习成果，同时刊发行业各直属单位“一把手”、地市级党员领导干部的学习理论文章，全面展示行业“两学一做”学习教育的成果和广大党员干部的良好精神风貌。

坚持正面宣传为主，围绕中心，服务大局。围绕国家局党组对行业“三个没有改变、一个有所作为”的基本判断及各项决策部署要求，继续聚焦提振“三个信心”、强化“五项举措”，抓好重点选题，深入基层一线，精心组织报道。2016年第7期《中国烟草》杂志策划专题《析形势 辨走势 看优势——聚焦“三个没有改变、一个有所作为”》，并连续在第12期、15期和17期《中国烟草》杂志上推出一系列宣传报道。

大力宣传行业党建工作。2016年是中国共产党成立95周年、红军长征胜利80周年，为深入贯彻习近平总书记系列重要讲话精神，紧密结合“七一”建党95周年和“两学一做”学习教育的全面开展，组织策划《不忘初心 继续前进》《葆初心 强堡垒 做先锋》等系列文章。

围绕“三个理直气壮”，抓好行业新闻舆论重点内容。2016年3月，在全国“两会”召开期间，杂志社组织编辑记者对来自烟草行业的“两会”代表进行采访报道。7月，行业组织开展“中国梦·劳动美”劳动模范优秀共产党员先进事迹巡回报告宣讲活动。杂志社派出摄像报道团队，先后赴宁夏银川、陕西西安等六地跟踪拍摄记录报告会全过程，制作专题视频纪录片，并在《中国烟草》杂志刊登宣传劳动模范和优秀共产党员的先进事迹，提供舆论支持。

打造主流媒体舆论矩阵，汇聚行业改革发展正能量。作为烟草行业的主流媒体，杂志社根据行业改革发展新形势新任务对行业新闻舆论工作的新要求，创新机制，拓展平台，逐渐形成以《中国烟草》杂志为主、多刊综合，集刊物、网站、微信、客户端、二维码、影音视频等多媒体形式于一体的现代化全媒体矩阵，为开展行业新闻舆论工作提供良好的平台，汇聚强大的正能量。

2016年，杂志社通过宣传策划、专刊、征文、调研报告、摄影比赛、视频等多种形式，加强企业和品牌的年度宣传工作。先后制作“真龙”“宽窄”“黄金叶”等品牌专刊，协助中国烟叶公司制作《烟叶产业扶贫调研报告》，完成上海烟草集团《传奇传世·解密国烟中华》书籍的编写，协助科技司进行《烟草基因组重大专项专刊》编写和《走进基因时代》专题片拍摄，组织“中华·提振三个信心”“中华美”手机摄影征集，以及“田园风光”摄影征集、“百味人生”专栏等系列活动，得到广大工商企业的肯定。

【《东方烟草报》】 **概况。**《东方烟草报》创刊于1992年，是由山东省烟草专卖局主管，中国烟草总公司山东省公司主办，《东方烟草报》社有限公司出版发行，面向全国公开发行的烟草主流媒体。该报为周七报，包括正报、“金周刊”“山东视窗”“中国烟机”“中烟物流”“烟草人家”“现代卷烟营销”等专刊。2016年，《东方烟草报》发行23万份，覆盖全国县级以上党政机关；“金周刊”发行量142万份。报社在岗员工135人。

围绕行业发展提升舆论引导能力。报社按照“喉舌、窗口、园地”的办报定位，紧跟国家局及国家、行业发展形势，全力做好行业重点工作及“两学一做”专题教育宣贯工作，扎实开展“走、转、改”活动，持续推进媒体融合发展，不断提升舆论引导能力，各项工作保持良好发展势头。

成立专题报道组，重点策划执行的效率和效果得到有效提升，报纸舆论引导能力显著增强。在正刊推出《不同

2016年11月10日，在“2016中国传媒融合发展年会暨第三届中国报业新媒体大会”上，《东方烟草报》社自主创作的短视频作品《五分钟了解中国烟草》获得“十佳优秀短视频”奖

寻常的收官之年》《抚州市局卷烟营销市场化取向改革》《朱红根事迹》等一系列报道，赢得良好反响；围绕贯彻2016年全国烟草工作会精神，开设“三个没有改变，一个有所作为”“两学一做”专栏，报道各地工作情况和先进典型，努力讲好行业故事，传递正能量、树立好形象；各专刊围绕办刊定位，进行针对性改版，推出烟草物流降本增效等优秀专刊，突出报道专业性，指导性进一步增强；“金周刊”将零售经营与行业政策、品牌宣传需求相融合，创办《渝烟视窗》《苏烟视窗》，引导舆论能力、品牌宣传能力进一步增强，获得凌成兴局长10次批示表扬。

新媒体建设加速推进。报社新媒体建设加速推进，形成以报纸、网站、数字报、新闻客户端、微信矩阵、东烟视频为核心的立体化融媒体传播体系，初步实现传统媒体和新媒体的有效联动。开展“精益达人”“十佳微视频评选”等多种活动。加大视频报道力度，提升读者体验、编读互动效果、新闻传播时效，《5分钟了解中国烟草》获中国报业首届短视频、微电影大赛“十佳优秀短视频”奖。新闻报道多样化，对2016年全国烟草工作会进行网络现场图文直播，同时报纸、网站、微信、新闻客户端联动报道，新媒体全方位传播体系初步成型。针对有关烟草行业的社会舆情和不实言论，注重加强网络舆情监控收集和上报工作，发挥微信矩阵优势，积极引导社会舆论，为行业正言。

【《中国烟草学报》】 **概况**。《中国烟草学报》（简称《学报》）由中国烟草学会主办，创刊于1992年，主要刊登国内烟草工业、农业、经济等方面的学术论文、研究报告、研究简报，以及反映国内外烟草科研进展、学术动态的综述文章，面向国内外公开发行。2016年，《学报》发挥在学术交流、成果展示、人才培养等方面的作用，为行业科技进步和管理创新服务刊登学术论文和创新成果，促进烟草行业科技成果转化。

办刊质量和影响力逐年提升。《学报》瞄准行业前沿，紧跟行业重大专项、重点课题，积极为行业科技进步和管理创新服务，刊发原创学术论文115篇，办刊质量稳步提高，影响因子较上年有所提升，为1.182，论文被引频次1865，基金论文比仍保持在70%～80%的水平，继续在TS3/TS9轻工业学科期刊排名第一，处于核心期刊地位。《学报》编辑部整合资源，搭建期刊数字化服务平台，推进网络化办刊与新媒体融合力度，在烟草学术期刊微信平台上对优质稿件优先网络出版，缩短出版间隔，实现同类期刊的信息整合和集成服务，吸引关注烟草行业科技发展和研究的读者，实现行业科技期刊资源共享。“烟草学术期刊”微信公众号自2016年运行以来，阅读量超过5000人次。根据国际检索机构的要求和读者需求，对《学报》中英文网站进行完善，细化条目，增加内容，提高作者投稿、查稿、改稿的便利性。增加英文检索，参考文献采用双语模式。

《学报》完成编委会换届调整，编委会力量进一步充实，编委学科构成更加完备。

【《烟草科技》】 **概况**。《烟草科技》是国家烟草专卖局主管、中国烟草总公司郑州烟草研究院主办、中国烟草科技信息中心编辑出版的综合性烟草科学研究和技术开发类学术刊物，创刊于1957年。主要刊登烟草工业、农业及科技管理等方面的学术论文、研究报告、研究简报，以及反映国内外烟草科研进展、学术动态的综述等，国内外公开发行，是国家局指定的国际学术交流刊物。主编为中国工程院院士谢剑平。

学术质量和规范化水平明显提高。坚持正确的舆论导向，严格执行国家出台的有关办刊规定和要求，围绕行业科技重大专项等重点领域组稿，学术质量和规范化水平明显提高。全年出版发行中文版12期和英文版增刊1期，发表各类学术论文193篇，出版发行6万余册。

在国际上，持续成为美国《化学文摘》、英国《科学文摘》、荷兰《文摘与引文数据库》等的收录期刊，在美国SCI－E中的施引文献数量提高到258篇。在国内继续保持中文核心期刊、中国科技核心期刊、CSCD核心期刊，首次成为中国学术期刊文摘数据库收录期刊。在中国知网综合评价中，综合影响因子由0.772提高到0.918，复合影响因子由0.923提高到1.067，在25种轻工类期刊中，综合影响因子排第一位，复合影响因子排第二位，技术研究类期刊持续保持第一位。基金论文占比由70%提高到76%。期刊编校质量大幅度提高，差错率降低到万分之二以下。数字化出版实现重大突破，实现刊发论文的网络多途径全文共享，加速了烟草科技成果的传播。

加强对行业工商企业的服务力度，主动提供针对性更强的信息和技术咨询服务，举办科技论文写作专题培训5次。

【《新烟草》杂志】 《新烟草》创刊于1986年，由中国烟草总公司主管，黑龙江省烟草公司、《中国烟草》杂志社有限公司主办。2013年7月由半月刊变更为旬刊，其中包括《新烟草》（零售户版）2期，《新烟草》（烟农版）1期。2016年，《新烟草》（零售户版）杂志征订量20.6万份，突破20万份大关，同比增长15%；《新烟草》（烟农版）杂志征订量3.1万份，同比增长11%。

《新烟草》（零售户版）在封面设计、版式调整和内容安排等方面进行探索，重点在传达国家局精神、提振市场信心、营造销售氛围、传播经营正能量方面加强策划报道，为零售客户提升销量、消化库存、降低成本等提供指导。聚焦行业当前卷烟营销工作进行采访，陆续推出《市在人为 心强致胜》《客户经理走访记》《盈在哪里 利在何方》等专题报道，在读者中引起较大反响。“老板侃台”栏目全程聚焦零售客户经营，聚焦行业营销工作，用贴近零售客户实际的多个话题，为客户答疑解惑，提振信心。同时，主动加强与重点工业企业沟通，加大对重点品牌系列报道、专题报道的力度。

《新烟草》（烟农版）杂志立足于讲好“三农”在行业的好故事，传播好声音，弘扬正能量，陆续推出《增收多元化 致富渠道多》《助农脱贫 责无旁贷》等系列报道。7月，在全国烟农增收工作交流视频会后，推出《促农增收再发力 思路一变天地宽》特别报道，大篇幅介绍贵州、四川等地转变思路、拓宽致富渠道、促进烟农增收的好经验，受到烟叶产区相关部门的好评。第12期《新烟草》（烟农版）杂志把凌成兴局长提出的“节约一个工、增收一百元”作为动员令和着力点，推出特别报道，重点介绍烟叶主产区减工促增收的先进经验。刊物出版后，凌成兴局长批示：“这期专刊好，能否做到烟技员、烟农户人手一册。”刊物在烟叶产区影响力日益彰显，成为指导产区烟叶生产的必备刊物和服务烟农生产生活的“精神食粮”。

【《烟草企业文化》】 《烟草企业文化》由中国烟草职工思想政治工作研究会、《中国烟草》杂志社有限公司编印，面向烟草行业各直属单位发送，是中国烟草思想政治工作研究会的会刊。《烟草企业文化》杂志充分发挥政工类专业媒体的特色和作用，在总结好行业“三严三实”专题教育的基础上，重点围绕行业开展“两学一做”学习教育组织宣传，先后推出《把全面从严治党主体责任扛在肩上》《目的明 尽好责 抓到位 见实效》等报道。向行业权威专家约稿，用图表等多种形式解读，配合“案例实务”“金叶论坛”等栏目形成系列报道，起到良好宣传效果。

网络媒体

【国家局行业网站】 2016年，行业网站坚持为行业改革发展的大局服务，为推动行业年度目标的实现营造良好舆论氛围，工作取得明显成效。全年国家局内网访问量300万余人次，外网访问量165万余人次；内网发布各类信息1.6万余条，外网发布各类信息1.7万余条，50条政务信息被中央政府门户网站采用。

坚持正确政治方向，加强信息内容保障。“一个学习贯彻”掀起热潮。2016年，党的新闻舆论工作座谈会对新形势下的新闻舆论工作提出新要求，凌成兴局长对行业“一报一刊一网站”的要求从原来的“两个认真执行、三个理直气壮”基础上，增加“一个学习贯彻”的要求，即号召全行业要认真学习、深刻领会、贯彻落实习近平总书记重要讲话精神，全力做好行业新闻舆论工作。全行业网站工作者坚持正确政治方向，拓展服务渠道，加强舆论引导。国家局网站宣传报道32家单位学习贯彻的情况，掀起专题学习习近平总书记在新闻舆论工作座谈会上的重要讲话精神的热潮。在党的十八届六中全会召开后，行业各单位制定学习贯彻措施，形成学习方案，国家局网站宣传报道152条传达学习会议精神的新闻稿件。

提升政务服务水平。国家局网站完善相关栏目和专题建设，加强内容保障，及时更新信息，提升信息发布的质量和效果。行业各部门、各单位及时在网站更新机构设置等基础信息，公布相关政策文件、统计数据、重大工作部署等重要信息。河南省局（公司）建成行政许可政务平台，对省、市、县三级局依法实施的六类8项行政审批项目实现网上办理。陕西省局（公司）外网完善信息公开、网上服务、政民互动三大功能。重庆市局（公司）在外网“网上政务大厅”平台开设“大要案件”“售假案件”专栏，主动公开假烟案件和大要案处罚信息。

信息公开工作整改。国家局印发《国家局政府信息公开工作整改方案》，组织召开机关各部门、各单位整改工作协调会议，明确整改要求。在外网新增“国务院文件”“委员提案”等栏目，增加“我为政府网站找错”功能，通过对栏目作加减清理法，提高栏目内容的可读性、时效性。在内网，将国家局办公自动化系统局发文、局办发文附注状态改为“主动公开、依申请公开、不公开”，同时增加“依申请公开”网上办文流程，使国家局政府信息公开实现流程化、痕迹化、规范化管理。截至2016年底，国家局外网发布招投标信息1996条，政府信息公开申请13件，全部在规定时间内完成。行业各单位加大整改力度，提高政务透明度。江西省局（公司）印发《政务公开工作要点》，搭建外部网站政务公开栏目，以召开信息公开领导小组会议的形式抓好贯彻落实。山东省局（公司）突出社会服务，增加邮件定制栏目信息功能，为社会公众提供信息服务。

舆情监测成为常态。国家局高度重视涉烟网络舆情，在“两会”、巡视整改期间推行责任轮岗制，建立舆情监控机制，连续两个月实行7×24小时不间断监测，撰写每日、每周舆情报告并上报国家局领导审阅，会同办公室第一时间发现处置相关舆情。行业各单位探索创新工作方法，确保舆情收集、预警的时效性。辽宁省局（公司）与新华社辽宁分社建立合作机制，借助新华社主流媒体力量，密切关注网络舆情走向，做好舆情研判、引导工作。广西区局（公司）把日常监测舆情信息与信访维稳工作相结合，坚持“线上监测、线下处理”，通过舆情监测提前发现线索，主动干预，有效化解两起网络舆情。河南中烟依托自建的QQ群、微信群等快速协同方式，对舆情实行24小时监控和引导，并通过热点提醒、难点分析、重点沟通等交流方式，加强对相关QQ群的指导与管理。

坚持常态化监测，推进网站建设上水平。强化日常监管。国务院办公厅对政府网站实行普查常态化机制，发布3次全国政府网站抽查情况的通报。配合国办检查，国家局信息中心对全行业各直属单位网站开展3期日常监测，并将监测结果在行业网站QQ工作群中予以通报。行业各单位在收到监测报告后，及时整改落实。深圳市局（公司）强化对外部网站的日常监管，指定专人负责，整改落实政府网站抽查中发现的问题。

关停并转推进网站群建设。通过关停并转等方式，推进行业各级网站群建设。截至2016年底，33家地市级和县级单位的网站关停，有的将系统迁移到省级单位进行统一安全防护。开展外部网站群建设，15家单位对网站进行升级改版和栏目调整，有7家单位建成以省为单位的外部网站群。安徽省局（公司）以省级局为中心、18家直属单位为基点，构建覆盖全省烟草系统的综合性门户网站体系平台，实现省、市两级网站平台、域名、栏目规划、标识、权限“五个统一”。云南省局（公司）采用“主站+子站”形式建设外部网站群，省级局网站为站群主站，州（市）公司、直属单位统一在主站开设子站，实行统一管理、分级负责。

管防并重确保网站安全。2016年，G20峰会召开期间，国家局积极做好行业网站及系统的安全防范工作，确保重要时期网站的安全稳定运行。浙江省局（公司）以迎接杭州G20峰会为契机，对全省系统外部网站进行多轮深度检测和整改，对新开设的微信、公众号、微博等实行备案登记制，提高全省系统安全管理能力。海南省局（公司）组织开展外部网站安全应急演练工作，完善网站应急预案，提高维护人员处理问题的熟练程度。郑州烟草研究院成立院G20峰会网络安全保障工作小组，制定网络安全信息通报机制，建立院网络安全信息通报微信群，保障峰会期间的网站安全。湖南省局（公司）按照互联网涉烟广告清理要求，对全省系统内外网站涉烟广告进行全面清理。

完善规章制度，强化网站管理。贯彻落实《烟草行业网站管理办法》。2016年，国家局重点开展管理办法宣传贯彻工作，完成行业各省级单位内外网站备案工作。截至2016年底，全行业56家省级单位中，仅2家未建设内部网站、8家未建设外部网站，共有18家单位修订完善网站管理制度。天津市局（公司）重新修订《网站管理办法》，整理出市局各处室需要维护的责任栏目，并将责任栏目维护情况列为工作考核内容之一。四川省局（公司）制定《新闻宣传管理办法》《网站管理办法》，确保网站工作严格按制度、按流程开展。云南中烟出台《对外宣传管理办法》，对稿件规范提出明确要求。

创新网站管理模式。国家局坚持每季度发布新闻宣传报道要点，坚持每季度监测抽查行业各单位网站更新情况，坚持每季度通报国家局内网、外网的内容保障和工作情况并提出工作要求。行业各单位结合实际情况创新管理模式。山西省局（公司）加大通报频率和范围，由季度通报强化为月度通报，由只通报各市局强化为省局机关和各市局分别通报。河北省局（公司）健全完善网站督查考评机制，实行季度通报和全年综合考核通报。陕西中烟建立季度网站工作通报机制，对各单位、各部门季度投稿情况进行排名。

提升通讯员队伍素质。行业各单位以多种方式，提升通讯员队伍素质。江西中烟加强新媒体工具应用，组建通讯员微信群，及时在群里传达布置各阶段行业、公司宣传工作要点。贵州中烟网站深入基层，为各卷烟厂的通讯员、信息员开展“点餐式”业务培训，有效促进稿件质量的提高。

【中国烟草资讯网】 *发挥全媒体矩阵优势，创新新闻宣传方式*。2016年，中国烟草资讯网结合移动客户端、“中国烟草资讯”微信订阅号等网络媒体的不同特点，开展多种形式宣传。对2016年全国烟草工作会进行网络新闻报道；制作“两学一做”学习教育网络宣传专栏，累计发布各地学习动态近千条；围绕纪念中国共产党成立95周年、行业提质增效制作网络专题；开展“公益榜样”网上评选活动、“党旗红　金叶灿”网络征文活动，提高行业新闻宣传的广度和时效性。

及时将《中国烟草》杂志优秀作品推送至资讯网、微信号、移动端。在凌成兴局长分别为《中国烟草》《新烟草》做出批示后，第一时间将批示消息、相关文章发布至资讯网、微信号、移动端。在资讯网、微信号、移动端发布系列视频，2016年发布《中国烟草》杂志社有限公司摄制的《2016年全国烟草工作会议》《全国烟草行业党组织书记落实全面从严治党主体责任培训班》《劳模报告会劳模报告团巡回报告》等视频新闻，以及《铁血烟霞红满天》系列专题片，并推送到国家局内网及腾讯视频网站。

截至2016年底，中国烟草资讯网全年发布各类信息近1.7万余条，页面总浏览量9300余万次，点击总量1.7亿次，日均点击量50多万次，日均访问人数1.5万人。“中国烟草资讯”微信公众号订阅人数1.2万余人。

加强网络信息安全管理。定期进行应用系统、服务器安全检查，及时修复漏洞，严格把关上网信息，加强网络信息安全保障工作。对11个类别55个指标的网络安全开展专项检查；全国“两会”、G20峰会、党的十八届六中全会期间，资讯网和相关信息系统实行安全运行值班制度；开展“中国烟草资讯网”及微信客户端保密自查工作；开展计算机安全保密检查等。

舆情系统结合大数据技术对新闻、论坛、博客、微博、微信等进行全面监测，提升杂志社新闻舆论工作的及时性和准确性，同时为国家局领导和相关企业提供决策参考。

2016年3月，《中国烟草年鉴（2016）》组稿工作会议在大连召开，并邀请专家进行授课

《中国烟草》杂志社　李　昂　摄

完善信息化系统。进行投稿系统服务器置换、数据迁移、界面改版更新工作。截至2016年底，投稿平台注册9500余位通讯员，全年收到投稿3万余篇，累计收稿19万篇。将中国烟草资讯网与移动客户端发布平台进行对接，进行手机客户端新闻页面升级。制作2012—2015年期间《中国烟草》《新烟草》杂志和专刊光盘。进行服务器存储及负载均衡设备的采购安装调试，办理信息中心机房入库手续。进行全媒体资源库、网站广告管理系统、期刊审稿系统移动监控平台、合同管理系统需求调研、开发测试及安装调试。开发舆情监控系统即时短信功能。

严格落实相关法律法规。贯彻落实新《广告法》《互联网广告管理暂行办法》等相关法律法规，调整中国烟草资讯网有关内容。清理资讯网中卷烟品牌及企业相关涉嫌广告的文章4次近300篇。

志书编纂

行业志书编纂

【《中国烟草年鉴》】 ***概况***。《中国烟草年鉴》是由国家烟草专卖局组织编纂，全面反映中国烟草行业改革和发展情况，以及所属各企业发展概貌的专业性、权威性行业综合年鉴。自1996年创刊以来，已编纂出版1991—1995年、1981—1990年、1996—1997年、1998—1999年、2000年、2001年、2002年、2003年、2004年、2005年、2006年、2007年、2008年、2009年、2010年、2011—2012年、2013年、2014年、2015年、2016年卷等20期。从2004年卷起，由国家局《中国烟草》杂志社有限公司《中国烟草年鉴》编辑部具体负责编辑工作。

2016年，《中国烟草年鉴（2015）》发行至行业各单位，赠送至各大图书馆、高校、科研院所等相关部门和单位。全书200余万字，出版发行4000册。3月，《中国烟草年鉴（2016）》组稿工作会议在大连召开，集中布置2016年年鉴的组稿事宜，研读2016卷年鉴组稿大纲，并邀请行业内专家授课，对撰稿人进行培训。9月，《中国烟草年鉴（2016）》审稿工作会议在北京召开，对涉及行业各直属单位的稿件进行集中审核，邀请年鉴界专家授课，坚持以会代训。

《中国烟草年鉴（2016）》正文部分包括14个栏目，依次为：特载，行业概览，国家烟草专卖局、中国烟草总公司组织结构，“三严三实”专题教育，专卖管理与“两烟”经营，烟草工业，科研和教育培训，经济统计，新闻宣传，公益活动，控烟履约，大事记，政策法规与重要文件，附录。其中，《特载》栏目在全面反映2015年行业发展全貌的基础上，新增《行业“十二五”总结回顾》，采用文字、图表结合的方式，以权威、翔实的资料，对行业“十二五”时期的发展成就进行归纳。新设《“三严三实”专题教育》栏目，突出反映行业各单位努力把“三严三实”要求贯穿于行业改革发展各项工作之中，为行业实现年度目标任务提供坚强的政治保证。截至2016年底，完成200余万字的编辑。除正文部分外，《中国烟草年鉴（2016）》彩插从来稿、2016年《中国烟草》杂志、《东方烟草报》、行业网站等行业媒体中所有刊登过的图片中精选出260幅图片，分为17个类别，内容涵盖行业发展的各个方面。

主要栏目简介。特载：主要收录2015年国务院领导、主管部委领导有关烟草行业的讲话，以及国家局领导在全国烟草工作会议上的讲话，增设行业“十二五”总结回顾相关内容。

行业概览：展示2015年行业亮点工作，以核心词汇概括2015年行业的重点、要点工作，并配简要文字进行阐释，同时，以综述形式，反映2015年中国烟草行业的整体发展情况。

国家烟草专卖局、中国烟草总公司组织结构：下设国家局、总公司机关各部门、各单位，直属事业单位，省级烟草专卖局（公司），省级工业公司，其他直属单位等5个子栏目，简要概述单位发展历史、领导成员等情况。

“三严三实”专题教育：以综述的形式，总结2015年行业开展“三严三实”专题教育情况，并对各省级公司开展“三严三实”专题教育情况进行简要介绍。

专卖管理与“两烟”经营：全面反映2015年全国各省级烟草专卖局（公司）的烟草专卖、经济效益、卷烟经营、烟叶产销、对外交流与合作、特事辑要等方面工作情况，并以图表形式，多角度展示地市级烟草专卖局（公司）各方面情况。

烟草工业：全面反映2015年全国卷烟工业企业生产经营情况，下设境内卷烟和雪茄烟生产、境外卷烟生产、烟草机械工业、卷烟辅助材料生产、烟叶加工等5个子栏目。

科研和教育培训：下设科研院所、授权专利、教育培训等3个子栏目。详细介绍2015年行业各科研机构、教育培训机构的工作情况，并以表格的形式详尽收录2015年行业获得的授权专利。

经济统计：收录2015年行业经济数据、财务数据及烟草专业数据。

新闻宣传：下设行业新闻宣传管理，主要报刊，网络媒体，志书编撰，博物馆、展馆建设，2015年烟草行业部分报刊名录，2015年度烟草新书目等7个子栏目，全面反映2015年行业新闻宣传各方面工作情况。

公益活动：介绍2015年行业各单位或个人开展的公益活动。

控烟履约：介绍2015年中国制定的关于控烟履约相关法律、法规，并对2015年行业控烟履约工作开展情况进行全面介绍。

大事记：主要收录2015年中国烟草行业的重大事件，同时包括国内外与烟草相关的重大事件。

政策法规与重要文件：下设政策法规与重要文件选登、2015年烟草行业部分政策法规与重要文件名录2个子栏目，收录2015年与烟草行业有关的法律、法规，以及对烟草行业有重大影响的政策、文件。

附录：下设香港烟草、澳门烟草、台湾烟草、国际烟草、先进人物名单、先进集体名单、2015年行业获评高级专业技术资格人员名单等7个子栏目。

正文之后，特别编制了索引，以行业关键词为主的综合性词语索引，便于读者快速查阅所需信息。

省级公司志书编纂

【《黑龙江省志·烟草志（1986—2005）》】 该志书是《黑龙江省志》的组成部分之一。自2003年立项编纂以来，历经资料搜集准备、初稿编纂与初审评议、志书终审稿完成与送审3个阶段。2016年，《黑龙江省志·烟草志（1986—2005）》正式出版发行。

【《上海市志·工业分志·烟草业卷》】 该志书由《上海市志·工业分志·烟草业卷（1978—2010）》编纂委员会组织编写，2011年7月开始编纂。全书记录1978年以来上海烟草行业的改革发展变化情况，突出上海烟草行业这一时期的时代特点、发展特色和行业特征，既是《上海市志·工业分志（1978—2010）》重要分卷，也是一部独立、完整的专业志书。主要由机构与组织、原辅材料采购供应与储运、产品制造、市场贸易、管理、科技、职工、人物8篇23章组成。2016年12月完成意见征求稿。

【《安徽省志·烟草志（1996—2010）》】 该志书是《安徽省志》的组成部分之一，由安徽省烟草专卖局（公司）和安徽中烟工业有限责任公司合编。全书分为6篇23章，约50万字。截至2016年底，根据安徽省地方志办公室的统一安排，《安徽省志·烟草志（1996—2010）》交由出版社排版并形成样稿。

【《安徽省烟草专卖局（公司）年鉴》】 由安徽省烟草专卖局（公司）组织编纂，按年度编写。2016年，组织人员集中编纂安徽省局（公司）2015年相关资料，全书60万字。截至2016年底，稿件进入出版流程。

【江西省志·烟草志（1991—2010）】 《江西省志·烟草志（1991—2010）》于2012年4月启动编纂工作。该志书以反映江西烟草事业改革与发展历史、现状为主线，详记起始、变化和现状。按照“事以类聚，类为一志”“横分门类、纵述史实”的编写原则，主体以章、节、目及小目的结构撰写，全书9章55节，80万字，采用照片140幅、图表226张。

2016年，江西省方志办会同《江西省志·烟草志（1991—2010）》编委会，于1月开展初审工作，8月开展复审工作。根据专家评委提出的修改意见和建议，编委会对稿件进行调整修改和补充完善。

【《云南中烟年鉴》】 是由云南中烟工业有限责任公司组织编纂，全面反映云南中烟改革发展情况以及所属单位发展概貌的专业性、权威性年鉴，旨在为行业内部人士及社会各界全面了解、研究云南烟草工业提供基础材料和基本线索。云南中烟从2012年开始启动年鉴编纂工作，编印2011年、2012年、2013年、2014年、2015年5卷。2016年，完成2015年卷的编印工作。

博物馆、展馆建设

中国烟草博物馆

【概　况】 中国烟草博物馆（简称博物馆）位于上海市长阳路，于2004年7月15日开馆，总投资1.8亿元。博物馆总建筑面积9617平方米，其中占地面积5511平方米，展示面积约3500平方米。是一家反映中国烟草发展历史、传承中国烟草文化的专业博物馆，是上海首个国家级行业博物馆，也是当前世界上规模最大的烟草博物馆。博物馆开馆后的日常运行委托上海烟草集团有限责任公司进行管理。

中国烟草博物馆设有烟草历程、烟草农业、烟草工业、烟草经贸、烟草管理、烟草文化、吸烟与控烟等展馆，参观者可以通过大量珍贵的文物、文献、模型、场景、真人蜡像及照片、多媒体等形式，全面了解中国烟草的起源及各发展阶段的概况和特征，了解吸烟与控烟的发展历史及中国烟草行业在控烟与减害降焦等方面所做的工作。

【参观交流】 按照“让更多的人了解中国烟草”的办馆理念，以及“服务大众、奉献社会”的服务理念，博物馆不断提高服务观众的水平。全面修改讲解词，根据参观时间长短以及讲解人员的走位方式，形成多种讲解版本，使讲解内容更清晰，讲解方式更规范，讲解风格更灵活。同时，讲解员针对不同观众做到“因人施讲”，及时调整讲解侧重点和层次感，展现灵活的接待形式。通过开展经常性的讲解内容培训和讲解技巧练兵，提升博物馆的讲解服务水平。2016年，博物馆累计接待观众9608人次，观众满意率96.61%。

【展馆调整与主题临展】 在展馆调整方面，2016年，博物馆调整中华展厅序厅的品牌之冠与大事记的展示形式，采用内发光字幕与多媒体影像联动的设计，提升序厅展示内容的直观性与艺术视觉效果。调整文化馆内画鼻烟壶艺术展区，通过静物展陈与动态视频结合的方式，增设内画壶与内画技法工艺展示区，让观众更多地了解鼻烟壶内画工艺这一非遗物质文化与烟草文化的渊源。

在主题临展方面，2016年是卷烟品牌“大前门”诞生100年，博物馆联合上海烟草集团有限责任公司，共同举办“大前门”百年品牌文化回顾展。展览主要内容由“大前门”品牌诞生、发展、重生、轶事、烟标墙等5个部分组成，采用实物仿复制烟标、烟画，并结合MV视频、沙画视频等多媒体播放形式，展现“大前门”卷烟在各历史时期的不同风貌与文化特征。此次主题展览不仅在博物馆展出，同时在上海烟草集团部分下属单位进行巡展。

【文物普查与征集保管】 2016年，博物馆组织第二次行业文物普查培训工作，邀请全国17个省级烟草专卖局

2016年，中国烟草博物馆联合上海烟草集团共同举办“大前门”百年品牌文化回顾展
中国烟草博物馆　供稿

（公司）和中烟工业公司24人来上海学习交流。4—10月，博物馆组织普查小组实地调研广西、江西、山西、辽宁、云南、甘肃等地卷烟工商企业收藏的老档案、老物件，并考察各企业展示馆，对符合行业文物标准的实物信息及时采集。普查小组现场登记数据392条，鉴选出103件重要文献和71件珍贵文物，并向实地调查的6个省（自治区）反馈文物普查报告。

【对外合作与文化研究】 2016年，博物馆与安徽中烟合作，通过烟草博物馆的文化平台和社会资源，联合开展"王冠"雪茄文化研讨、雪茄制造工艺展示的系列推广活动。活动邀请上海知名的雪茄客、雪茄销售商、雪茄文化收藏家，甚至部分医学界专家，通过赏鉴、品吸、历史研讨、主题文化宣讲等方式，对行业培育中国自主雪茄品牌进行交流。研究"大前门"百年品牌的发展历程，编辑印制《百年知己大前门——烟标广告精选集》。

省级公司展馆建设

【中华品牌文化展示厅】 2011年，上海烟草集团有限责任公司在上海卷烟厂具有80多年历史的老厂房中建立中华品牌文化展示厅。该展示厅由集团公司相关部门数次到上海档案馆、上海图书馆，查阅整理几千份与中华品牌发展的相关史料，五易其稿，编制陈列布展大纲，最终收集大量图片和实物。同年11月26日，中华品牌文化展示厅正式对外开放。展示厅面积1400平方米，设有"中华问世""中华传奇""中华智造""中华腾飞"4个主题展区，分别讲述毛泽东主席批示，华东工业部委托上海中华烟草公司试制国产高档卷烟的历史；"中华"卷烟作为政治烟、外交烟的传奇故事，以及从内部特供走向市场经济的历史；"中华"卷烟精选用料、精细加工、精湛配方、精确控制、精致包装、精准营销的生产制造过程；"中华"卷烟进入新世纪以来高速发展的历史。展示厅展出实物172件、图片328张、视频15个、场景9个，采用声、光、电等控制手段，通过实物、场景、蜡像、雕塑、油画、多媒体及灯箱图片等表现形式，展现了中国民族工业不断发展壮大的难忘历程与丰富的文化内涵。

【福建省烟草专卖局（公司）"两个文明"建设展厅和党员活动室】 2016年7—9月，福建省局（公司）在原党员活动室和企业荣誉室的基础上进行修缮和改造，建成"两个文明"建设展厅和党员活动室，其中，"两个文明"建设展厅全面展示福建烟草商业系统发展历程，以及在生产经营管理、精神文明建设等方面取得的成绩、荣誉；党员活动室成为省局（公司）机关各党支部党员开展党内政治生活及其他形式学习教育活动的阵地。

◇编辑：谢争艳

烟草行业部分报刊名录

报刊名	报刊号/准印证号	创刊时间	刊　期	联系电话	主办单位
《中国烟草》	ISSN1008－9063 CN11－3831/D	1985年	半月刊	010－63605464	《中国烟草》杂志社有限公司
《新烟草》	ISSN1008－5181 CN23－1526/TS	1986年	旬　刊	010－68535662	黑龙江省烟草公司、《中国烟草》杂志社有限公司
《中国烟草学报》	ISSN1004－5708 CN11－2985/TS	1992年	双月刊	010－63605768	中国烟草学会
《烟草科技》	ISSN1002－0861 CN41－1137/TS	1957年	月　刊	0371－67672637	中国烟草总公司郑州烟草研究院
《东方烟草报》	CN37－0082	1992年	周七报	0531－88562706	《东方烟草报》社有限公司
《烟机通讯》	豫内资〔许昌〕0005号	1995年	半月报	0374－3266661	中国烟草机械集团有限责任公司
《北京烟草》	京内资准字1999－L0006	1993年	季　刊	010－67009775	北京市局（公司）、北京烟草学会
《京烟》	京内资准字99－L0501	1993年	月　报	010－59028303	上海烟草集团北京卷烟厂
《天津烟草》	准印证字第160086号	2000年6月	双月刊	022－23292109	天津市局（公司）、天津市烟草学会
《津烟》	内部资料准印证号： 津11011	1994年10月	半月报	022－84786089	上海烟草集团有限责任公司天津卷烟厂
《河北烟草》	冀L1100113	1984年5月	双月刊	0311－88607991	河北省局（公司）、河北中烟主管，河北省烟草学会主办
《河北烟草》	JL01－0312	2003年8月	半月报	0311－66006562	河北中烟、河北省局（公司）
《山西烟草》	山西省连续性内部资料 准印证〔99〕第K224号	1987年3月	季　刊	0351－6563102	山西省局（公司）

续表

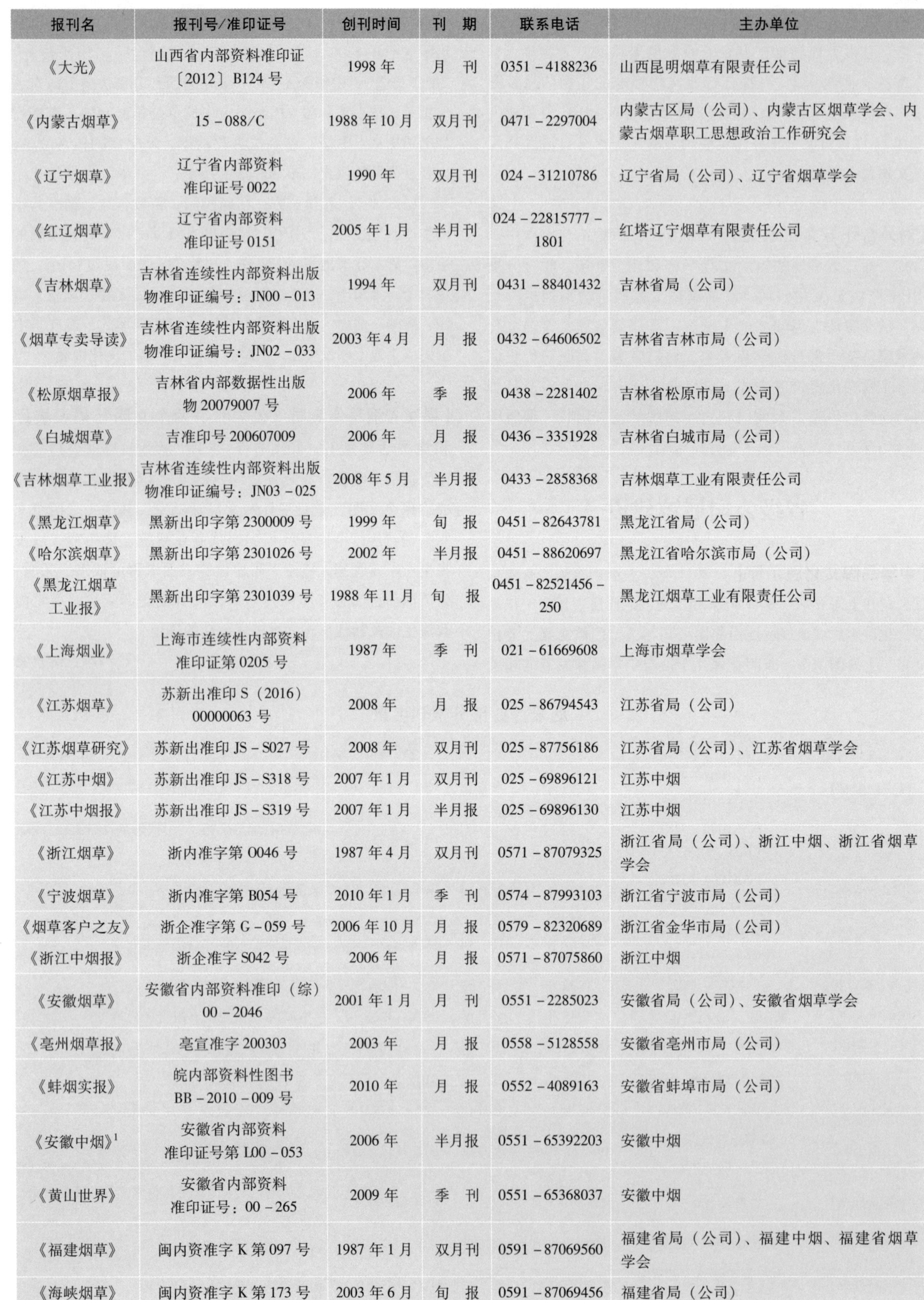

报刊名	报刊号/准印证号	创刊时间	刊　期	联系电话	主办单位
《大光》	山西省内部资料准印证〔2012〕B124 号	1998 年	月　刊	0351－4188236	山西昆明烟草有限责任公司
《内蒙古烟草》	15－088/C	1988 年 10 月	双月刊	0471－2297004	内蒙古区局（公司）、内蒙古区烟草学会、内蒙古烟草职工思想政治工作研究会
《辽宁烟草》	辽宁省内部资料准印证号 0022	1990 年	双月刊	024－31210786	辽宁省局（公司）、辽宁省烟草学会
《红辽烟草》	辽宁省内部资料准印证号 0151	2005 年 1 月	半月刊	024－22815777－1801	红塔辽宁烟草有限责任公司
《吉林烟草》	吉林省连续性内部资料出版物准印证编号：JN00－013	1994 年	双月刊	0431－88401432	吉林省局（公司）
《烟草专卖导读》	吉林省连续性内部资料出版物准印证编号：JN02－033	2003 年 4 月	月　报	0432－64606502	吉林省吉林市局（公司）
《松原烟草报》	吉林省内部数据性出版物 20079007 号	2006 年	季　报	0438－2281402	吉林省松原市局（公司）
《白城烟草》	吉准印号 200607009	2006 年	月　报	0436－3351928	吉林省白城市局（公司）
《吉林烟草工业报》	吉林省连续性内部资料出版物准印证编号：JN03－025	2008 年 5 月	半月报	0433－2858368	吉林烟草工业有限责任公司
《黑龙江烟草》	黑新出印字第 2300009 号	1999 年	旬　报	0451－82643781	黑龙江省局（公司）
《哈尔滨烟草》	黑新出印字第 2301026 号	2002 年	半月报	0451－88620697	黑龙江省哈尔滨市局（公司）
《黑龙江烟草工业报》	黑新出印字第 2301039 号	1988 年 11 月	旬　报	0451－82521456－250	黑龙江烟草工业有限责任公司
《上海烟业》	上海市连续性内部资料准印证第 0205 号	1987 年	季　刊	021－61669608	上海市烟草学会
《江苏烟草》	苏新出准印 S（2016）00000063 号	2008 年	月　报	025－86794543	江苏省局（公司）
《江苏烟草研究》	苏新出准印 JS－S027 号	2008 年	双月刊	025－87756186	江苏省局（公司）、江苏省烟草学会
《江苏中烟》	苏新出准印 JS－S318 号	2007 年 1 月	双月刊	025－69896121	江苏中烟
《江苏中烟报》	苏新出准印 JS－S319 号	2007 年 1 月	半月报	025－69896130	江苏中烟
《浙江烟草》	浙内准字第 0046 号	1987 年 4 月	双月刊	0571－87079325	浙江省局（公司）、浙江中烟、浙江省烟草学会
《宁波烟草》	浙内准字第 B054 号	2010 年 1 月	季　刊	0574－87993103	浙江省宁波市局（公司）
《烟草客户之友》	浙企准字第 G－059 号	2006 年 10 月	月　报	0579－82320689	浙江省金华市局（公司）
《浙江中烟报》	浙企准字 S042 号	2006 年	月　报	0571－87075860	浙江中烟
《安徽烟草》	安徽省内部资料准印（综）00－2046	2001 年 1 月	月　刊	0551－2285023	安徽省局（公司）、安徽省烟草学会
《亳州烟草报》	亳宣准字 200303	2003 年	月　报	0558－5128558	安徽省亳州市局（公司）
《蚌烟实报》	皖内部资料性图书 BB－2010－009 号	2010 年	月　报	0552－4089163	安徽省蚌埠市局（公司）
《安徽中烟》[1]	安徽省内部资料准印证号第 L00－053	2006 年	半月报	0551－65392203	安徽中烟
《黄山世界》	安徽省内部资料准印证号：00－265	2009 年	季　刊	0551－65368037	安徽中烟
《福建烟草》	闽内资准字 K 第 097 号	1987 年 1 月	双月刊	0591－87069560	福建省局（公司）、福建中烟、福建省烟草学会
《海峡烟草》	闽内资准字 K 第 173 号	2003 年 6 月	旬　报	0591－87069456	福建省局（公司）

续表

报刊名	报刊号/准印证号	创刊时间	刊　期	联系电话	主办单位
《海峡烟草》（烟叶版）	闽内资准字 K 第 173 号	2005 年 5 月	月　报	0591－87069456	福建省局（公司）
《三明烟草》	闽内资准字 G 第 003 号	1992 年 1 月	双月刊	0598－8566512	福建省三明市局（公司）、三明市烟草学会
《龙岩烟草》	（岩）新出内书第 2016006 号	2007 年 10 月	月　报	0597－2999816	福建省龙岩市局（公司）
《延烟资讯》	（南）新出〔2008〕内书第 04 号	2008 年 1 月	月　报	0599－8876005	福建省南平市延平区局（分公司）
《福建中烟》	闽内部资料性出版许可证第 02028 号	2011 年 5 月	半月刊	0592－5836962	福建中烟
《龙烟人》	闽内部资料性出版许可证第 07014 号	1991 年	旬　报	0597－2776888	龙岩烟草工业有限责任公司
《厦门烟草》	厦新出〔99〕内资第 16 号	1993 年	月　报	0592－6536171	厦门烟草工业有限责任公司
《江西烟草》	赣内资字第 122 号	1991 年 1 月	双月刊	0791－86535120	江西省局（公司）、江西中烟、江西省烟草学会
《星辰》	赣内资字第 G023 号	2009 年 6 月	月　报	0792－8503389	江西省九江市局（公司）
《上饶烟草》	赣内资字第 E021 号	2013 年 6 月	月　报	0793－8318694	江西省上饶市局（公司）
《景德镇日报·烟草专刊》	CN36－0012	2007 年 8 月	半月报	0798－6799000	江西省景德镇市局（公司）、景德镇日报社
《金圣报》	赣内资字第 076 号	2004 年 6 月	月　报	0791－88358596	江西中烟
《典藏》	赣内资字第 326 号	2009 年 9 月	不定期	0791－88358596	江西中烟
《广烟之窗》	赣内资字第 E004 号	1996 年 10 月	月　报	0793－6078818	江西中烟广丰卷烟厂
《山东烟草》	鲁连内资第 01095 号	2007 年	双月刊	0531－88931654	山东省局（公司）
《淄博烟草》	淄博市内部资料准印证〔2011〕270 号	2012 年 1 月	半月报	0533－2181599	山东省淄博市局（公司）
《滨州烟草》	滨州市内部资料准印证〔2006〕第 44 号	2006 年	半月报	0543－3157382	山东省滨州市局（公司）
《山东中烟报》	鲁连内资第 00027 号	2007 年 11 月	半月报	0531－58709711	山东中烟
《新晨报·泰山周刊》	CN37－0092	2008 年	周　刊	0531－58709710	山东中烟
《济烟视窗》	济南市内部资料准印证第 004 号	1990 年 7 月	月　刊	0531－66776887	山东中烟济南卷烟厂
《星光》	山东省连续性内部资料出版物准印证第 0085 号	1997 年 10 月	月　报	0536－3239468	山东中烟青州卷烟厂
《青岛卷烟》	鲁连内资〔2013〕第 B0005 号	1991 年 9 月	季　报	0532－81921263	山东中烟青岛卷烟厂
《滕烟采风》	鲁 D：连内资〔2016〕第 031 号	1996 年 2 月	月　刊	0632－5636956	山东中烟滕州卷烟厂
《将军视窗》	鲁连内资第 A0012 号	2015 年 2 月	月　报	0532－88777166	将军烟草集团有限公司
《中国烟草科学》	ISSN1007－5119 CN37－1277/S	1979 年	季　刊	0532－88703708	中国农业科学院烟草研究所、中国烟草总公司青州烟草研究所
《河南烟草》	河南省连续性内部资料〔审省直连〕00102 号	1996 年	双月刊	0371－65583198	河南省局（公司）、河南中烟、河南省烟草学会
《中原烟草》	河南省连续性内部资料〔审省直连〕00142 号	2015 年 1 月	半月刊	0371－65583016	河南省局（公司）
《南阳烟草通讯》	河南省连续性内资〔南阳〕049 号	2009 年	月　报	0377－63160072	河南省南阳市局（公司）

续表

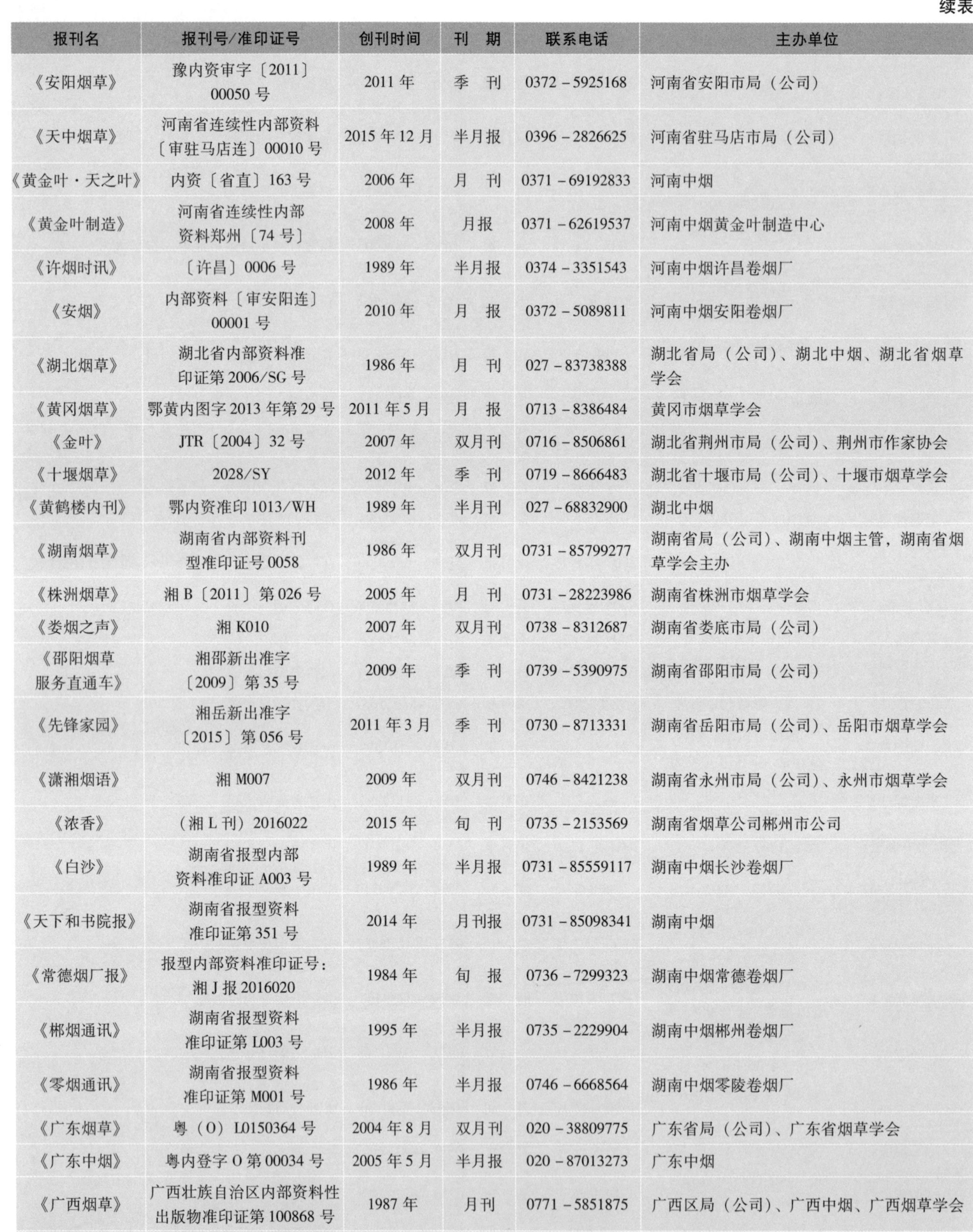

报刊名	报刊号/准印证号	创刊时间	刊　期	联系电话	主办单位
《安阳烟草》	豫内资审字〔2011〕00050号	2011年	季　刊	0372－5925168	河南省安阳市局（公司）
《天中烟草》	河南省连续性内部资料〔审驻马店连〕00010号	2015年12月	半月报	0396－2826625	河南省驻马店市局（公司）
《黄金叶·天之叶》	内资〔省直〕163号	2006年	月　刊	0371－69192833	河南中烟
《黄金叶制造》	河南省连续性内部资料郑州〔74号〕	2008年	月报	0371－62619537	河南中烟黄金叶制造中心
《许烟时讯》	〔许昌〕0006号	1989年	半月报	0374－3351543	河南中烟许昌卷烟厂
《安烟》	内部资料〔审安阳连〕00001号	2010年	月　报	0372－5089811	河南中烟安阳卷烟厂
《湖北烟草》	湖北省内部资料准印证第2006/SG号	1986年	月　刊	027－83738388	湖北省局（公司）、湖北中烟、湖北省烟草学会
《黄冈烟草》	鄂黄内图字2013年第29号	2011年5月	月　报	0713－8386484	黄冈市烟草学会
《金叶》	JTR〔2004〕32号	2007年	双月刊	0716－8506861	湖北省荆州市局（公司）、荆州市作家协会
《十堰烟草》	2028/SY	2012年	季　刊	0719－8666483	湖北省十堰市局（公司）、十堰市烟草学会
《黄鹤楼内刊》	鄂内资准印1013/WH	1989年	半月刊	027－68832900	湖北中烟
《湖南烟草》	湖南省内部资料刊型准印证号0058	1986年	双月刊	0731－85799277	湖南省局（公司）、湖南中烟主管，湖南省烟草学会主办
《株洲烟草》	湘B〔2011〕第026号	2005年	月　刊	0731－28223986	湖南省株洲市烟草学会
《娄烟之声》	湘K010	2007年	双月刊	0738－8312687	湖南省娄底市局（公司）
《邵阳烟草服务直通车》	湘邵新出准字〔2009〕第35号	2009年	季　刊	0739－5390975	湖南省邵阳市局（公司）
《先锋家园》	湘岳新出准字〔2015〕第056号	2011年3月	季　刊	0730－8713331	湖南省岳阳市局（公司）、岳阳市烟草学会
《潇湘烟语》	湘M007	2009年	双月刊	0746－8421238	湖南省永州市局（公司）、永州市烟草学会
《浓香》	（湘L刊）2016022	2015年	旬　刊	0735－2153569	湖南省烟草公司郴州市公司
《白沙》	湖南省报型内部资料准印证A003号	1989年	半月报	0731－85559117	湖南中烟长沙卷烟厂
《天下和书院报》	湖南省报型资料准印证第351号	2014年	月刊报	0731－85098341	湖南中烟
《常德烟厂报》	报型内部资料准印证号：湘J报2016020	1984年	旬　报	0736－7299323	湖南中烟常德卷烟厂
《郴烟通讯》	湖南省报型资料准印证第L003号	1995年	半月报	0735－2229904	湖南中烟郴州卷烟厂
《零烟通讯》	湖南省报型资料准印证第M001号	1986年	半月报	0746－6668564	湖南中烟零陵卷烟厂
《广东烟草》	粤（O）L0150364号	2004年8月	双月刊	020－38809775	广东省局（公司）、广东省烟草学会
《广东中烟》	粤内登字O第00034号	2005年5月	半月报	020－87013273	广东中烟
《广西烟草》	广西壮族自治区内部资料性出版物准印证第100868号	1987年	月刊	0771－5851875	广西区局（公司）、广西中烟、广西烟草学会
《桂烟之友》	广西壮族自治区内部资料性出版物准印证第100841号	2010年	半月刊	0771－5851875	广西烟草学会
《南宁烟草》	广西壮族自治区内部资料性出版物准印证第2184053号	2014年	月刊	0771－210868	广西区南宁市局（公司）
《柳州烟草》	广西壮族自治区内部资料性出版物准印证第0002622号	2007年	月刊	0772－5331262	广西区柳州市局（公司）

续表

报刊名	报刊号/准印证号	创刊时间	刊　期	联系电话	主办单位
《河池烟草》	广西壮族自治区内部资料性出版物准印证第 0029689 号	2003 年	月刊	0778 – 2284430	广西区河池市局（公司）
《百色烟草》	广西壮族自治区内部资料性出版物准印证第 0004415 号	2008 年	月刊	0776 – 2939400	广西区百色市局（公司）
《贵港烟草》	广西壮族自治区内部资料性出版物准印证第 0006050 号	2013 年	月刊	0775 – 2929776	广西区贵港市局（公司）
《梧州烟草》	广西壮族自治区内部资料性出版物准印证第 2006301 号	2009 年	月刊	0774 – 3815167	广西区梧州市局（公司）、梧州市烟草学会
《贺州烟草》	广西壮族自治区内部资料性出版物准印证第 100241 号	2013 年	双月报	0774 – 5291573	广西区贺州市局（公司）
《来宾烟草》	广西壮族自治区内部资料性出版物准印证第 0006645 号	2006 年	双月报	0772 – 4228861	广西区来宾市局（公司）
《崇左烟草》	广西壮族自治区内部资料性出版物准印证第 0001781 号	2014 年	月　报	0771 – 7826710	广西区崇左市局（公司）
《广西中烟报》	广西内部资料性出版物准印证第 0018007 号	2011 年	旬　报	0771 – 8098091	广西中烟
《海南烟草》	琼内准印字第 B005 号	2000 年 10 月	月　刊	0898 – 65806069	海南省局（公司）
《天之子》	渝内字第 040 号	1992 年	旬　报	023 – 62940675	重庆烟草工业有限责任公司
《重庆烟草》	渝内字第 349 号	1989 年	月　刊	023 – 67982703	重庆市局（公司）
《凉山烟草》	凉新出图 2008 第 54 号	2007 年	月　刊	0834 – 6120045	四川省凉山州局（公司）
《贵州烟草科学》	黔新出 2015 年连续性内资准字 Z381 号	1972 年	双月刊	0851 – 84117138	贵州省烟草科学研究所、贵州省烟草学会、贵州中烟工业技术中心
《贵阳烟草》	贵阳市 GYL2015 第 016 号	2005 年	季　刊	0851 – 85814816	贵州省贵阳市局（公司）
《遵义烟草》	贵州省〔报刊〕连续性内资字第 ZYSK13 号	2002 年	双月刊	0852 – 28662861	贵州省遵义市局（公司）
《遵烟时讯》	贵州省（报刊）连续性内资字第 ZYSB6 号	2004 年	月　刊	0852 – 28662861	贵州省遵义市局（公司）
《毕节烟草》	黔新出〔2016〕内资准字 Z405 号	1989 年 8 月	旬　报	0857 – 8278562	贵州省毕节市局（公司）
《贵州烟草》	贵州省〔报刊〕连续性内资第 SB20 号	2005 年	周　报	0851 – 6831628	贵州中烟、贵州省局（公司）
《贵烟之窗》	贵州省连续性内资第 SB62 号	2005 年	月　刊	0851 – 8981053	贵州中烟贵阳卷烟厂
《遵烟一览》	（黔）字第 Z701 号	2007 年	月　刊	0852 – 8620941	贵州中烟遵义卷烟厂
《云南烟草》	（53）Y000015	1987 年	双月刊	0871 – 63537652	云南省局（公司）、云南中烟主管，云南省烟草学会主办
《云南烟草·七彩云》	云新出〔2015〕准印连字第 Y00209 号	2014 年	双月刊	0871 – 63537619	云南省烟草学会
《大成》	云新出〔2015〕准印连字第 Y00143 号	2010 年 2 月	双月刊	0871 – 63536905	云南省局（公司）
《云南中烟》	云新出〔2014〕准印连字第 00391 号	2011 年 1 月	双月刊	0871 – 65013597	云南中烟
《红云红河烟草》	（53）Y000133 号	2009 年 1 月	半月报	0871 – 65869212	红云红河烟草集团
《今日红云红河》	（53）Y000132 号	2009 年 1 月	月　刊	0871 – 65869216	红云红河烟草集团
《和谐昆烟》	（53）Y000393 号	1990 年 1 月	双月刊	0871 – 65868868	红云红河烟草集团昆明卷烟厂
《红烟人》	勒新出〔2017〕准印第 003 号	2015 年 1 月	月　刊	0873 – 6196737	红云红河烟草集团红河卷烟厂

续表

报刊名	报刊号/准印证号	创刊时间	刊期	联系电话	主办单位
《走进新烟》	新疆内部资料（报刊型）0345号	2016年3月	双月刊	0991－6323372	红云红河烟草集团新疆卷烟厂
《红塔时报》	（53）Y000264号	1987年5月	半月报	0877－2968922	红塔烟草集团
《价值》	玉图（报、刊）字2016198号	2008年9月	季刊	0877－2968731	红塔烟草集团玉溪卷烟厂
《红塔楚雄时讯》	（53）Y000162号	1983年	半月报	0878－3253328	红塔烟草集团楚雄卷烟厂
《红塔大理时讯》	（53）Y000284号	1984年	半月报	0872－2360191	红塔烟草集团大理卷烟厂
《红塔昭通时讯》	（53）Y000345号	1988年2月	半月报	0870－2130195	红塔烟草集团昭通卷烟厂
《烟草工业科技》	云新出准印连字第Y00259号	2011年12月	半年刊	0871－68319228	云南烟草科学研究院
《烟草农业科学》	云新出〔2015〕准印连字第Y00581号	2005年	季刊	0871－65107543	云南省烟草农业科学研究院、中国烟草育种研究（南方）中心
《陕西烟草》	陕新出内印字第93082号	1990年	双月刊	029－85466252	中国烟草总公司陕西省公司主管，陕西省烟草学会主办
《泾渭情》	陕新出连内印字第0324号	2006年	半月刊	029－33369992	陕西省咸阳市局（公司）、咸阳烟草学会
《同心安康》	陕新出连内印字第0620号	2007年	双月刊	0915－3286490	陕西省安康市局（公司）
《陕西中烟报》	陕新出内印字第92089号	2003年	半月报	029－63368602	陕西中烟
《甘肃烟草》	甘新出连续性内部资料准印（刊型）LK－000049	1992年12月	双月刊	0931－7826909	甘肃省局（公司）、甘肃省烟草学会
《烟　语》	甘出准036字总341号2009－022号	2009年10月	季刊	0939－8212481	甘肃省陇南市局（公司）
《河州烟语》	（甘）LK130002	2016年1月	季刊	0930－6666012	甘肃省临夏回族自治州局（公司）
《青海烟草》	青（6300053）	1992年12月	双月刊	0971－6102916	青海省局（公司）、青海省烟草学会
《宁夏烟草》	宁新出管字〔2016〕第0606号	1991年	季刊	0951－5044368	宁夏区局（公司）、宁夏区烟草学会
《银川烟草》[2]	宁新出（金）〔2016〕第021号	2005年2月	双月刊	0951－5077015	宁夏区银川市局（公司）
《银烟市场》	宁新出（金）〔2016〕第038号	2003年1月	月报	0951－5077021	宁夏区银川市局（公司）
《石嘴山烟草》	石文新出管字〔2016〕第2124号	2007年10月	月报	0952－2013123	宁夏区石嘴山市局（公司）
《吴忠烟草》	宁新出管字〔2016〕第31116号	2007年12月	月报	0953－2038703	宁夏区吴忠市局（公司）
《固原烟草》	固新出管字〔2010〕第4014号	2007年10月	月报	0954－2034379	宁夏区固原市局（公司）
《中卫烟草》	宁新出管卫字〔2016〕第59号	2006年3月	月报	0955－7022907	宁夏区中卫市局（公司）
《新疆烟草》	新疆内部资料〔报刊型〕准印证0113号	1988年	双月刊	0991－4810977	新疆维吾尔自治区烟草学会
《深圳烟草》	粤内登字B第11180号	1986年	双月刊	0755－82029719	深圳市局（公司）、深圳市烟草学会
《深烟风采》	〔2005〕粤印准字第0334号	2002年6月	季刊	0755－81788330	深圳烟草工业有限责任公司

注：1. 2016年6月，《安徽中烟报》更名为《安徽中烟》；

2. 2016年3月，《银川烟草》停刊。

2016年度烟草新书目

1. 安徽省烟草专卖局（公司）年鉴（2012）/董建江主编. —合肥：合肥工业大学出版社，2016

2. 安徽省烟草专卖局（公司）年鉴（2013）/董建江主编. —合肥：合肥工业大学出版社，2016

3. 安徽省烟草专卖局（公司）年鉴（2014）/董建江主编. —合肥：合肥工业大学出版社，2016

4. 百色生态特色优质烟叶生产理论研究与实践/林北森，霍文义主编；广西壮族自治区烟草公司百色市公司，广西烟草学会编. —南宁：广西人民出版社，2016

5. 鼻烟壶（Snuff Bottle）/陈一诚编著. —合肥：黄山书社，2016

6. 毕节市烟草商业安全基础知识培训教材/罗方启编著. —成都：电子科技大学出版社，2016

7. “不戒”而戒：消除你的心理烟瘾/王海峰著. —哈尔滨：哈尔滨地图出版社，2016

8. 郴州特色优质烟叶生产与开发/曹健，邓小华主编. —长沙：湖南科学技术出版社，2016

9. 褚时健：从“烟王”到“橙王”/臧广州著. —北京：新世界出版社，2016

10. 电子烟中国专利技术精选/洪群业主编. —郑州：河南人民出版社，2016

11. 2015年山东省烟草会计价格学会论文选（Shandong Tobacco Accounting & Price Institute Selection of Papers）/王丽英主编. —济南：山东人民出版社，2016

12. 2015年中国成人烟草调查报告/梁晓峰主编. —北京：人民卫生出版社，2016

13. 二氧化钛纳米材料在烟草减害中的应用/谢卫主编. —武汉：华中科技大学出版社，2016

14. 广西特色优质烤烟生产技术问答/韦建玉，温国泉，王全主编. —南宁：广西科学技术出版社，2016

15. 黑龙江省志·烟草志（1986—2005）/黑龙江省地方志编纂委员会编. —哈尔滨：黑龙江人民出版社，2016

16. 红花大金元品种烟叶密集烤房配套烘烤技术烟农手册/大理州烟草专卖局（公司）主编. —昆明：云南科技出版社，2016

17. 环肥燕瘦乾隆扁儿——鼻烟壶鉴赏笔记/宋建文著. —长沙：湖南美术出版社，2016

18. 江西省抚州烟草志/熊尚彬主编. —南昌：江西高校出版社，2016

19. 卷烟工艺质量统计技术应用基础/程华良主编；《卷烟工艺质量统计技术应用基础》编写组编. —郑州：河南科学技术出版社，2016

20. 卷烟零售市场检查“APCD”工作法/张林峰主编. —北京：台海出版社，2016

21. 卷烟市场监管案例解析/张林峰主编. —北京：台海出版社，2016

22. 卷烟市场监管体系实用指南/张林峰主编. —北京：台海出版社，2016

23. 卷烟直营终端管理/李健主编；《卷烟直营终端管理》编写组编. —郑州：河南科学技术出版社，2016

24. 烤烟氮素养分管理（Nitrogen Nutrition Management of Flue-cured Tobacco）/李志宏，张云贵，刘青丽等著. —北京：科学出版社，2016

25. 烤烟化学成分和适应性的遗传调控基础及品种评价/赵杰宏，吴春主编. —成都：四川科学技术出版社，2016

26. 烤烟良种配套栽培技术/石拴成主编. —北京：金盾出版社，2016

27. 烤烟生产现代化探索与实践——湖南省株洲市浓香型烟叶生产关键技术集成/张红兵等编著. —长沙：湖南科学技术出版社，2016

28. 烤烟新品种育养技术/杨志新主编. —昆明：云南科技出版社，2016

29. 烤烟栽培与调制研究/聂荣邦，韦建玉主编. —北京：中国农业出版社，2016

30. 钼素营养及其在烤烟上的应用/宋泽民，李章海，武丽主编. —合肥：中国科学技术大学出版社，2016

31. 浓香型特色优质烟叶形成的生态基础/史宏志，刘国顺等著. —北京：科学出版社，2016

32. 破茧——烟草行业精益管理指南/印德春著. —天津：天津科学技术出版社，2016

33. 黔东南烟草科技创新与应用/付继刚，杨天沛，张继主编. —贵阳：贵州科技出版社，2016

34. 秦巴特色优质烟叶开发理论与实践/张立新，韦成才编著. —西安：陕西科学技术出版社，2016

35. 清香型烟叶物质代谢基础/胡虹等编著. —昆明：云南科技出版社，2016

36. “山地金”生态优质烟叶生产技术体系构建/任杰，蒲秀平，程森，柯美福主编. —北京：中国农业出版社，2016

37. 提高重庆烟叶原料保障能力研究/刘建利等主编. —北京：中国农业出版社，2016

38. 通用知识/王娜主编；《通用知识》编写组编. —郑州：河南科学技术出版社，2016

39. 现代烟草农业建设实践与探索/中国烟叶公司编著. —北京：中国农业出版社，2016

40. 现代烟草农业与烟叶产业化（Modern Tobacco Agriculture and Tobacco Industrialization）/马聪，苏新宏，韩非，赵翠萍编著．—北京：中国农业出版社，2016

41. 现代仪器分析技术在烟草中的应用/谢卫著．—武汉：华中科技大学出版社，2016

42. 新常态 新发展 新作为：广西烟草2015年优秀学术论文集/赵同军，张雨夏主编；广西烟草学会编．—南宁：广西人民出版社，2016

43. 新型卷烟与无烟气烟草制品中国专利技术精选/郑路主编．—郑州：河南人民出版社，2016

44. 烟草工程化育苗理论与技术/韦凤杰，苏新宏，王宏超主编．—北京：中国农业出版社，2016

45. 烟草检验工（物理）基础知识/雷樟泉主编；《烟草检验工（物理）基础知识》编写组编．—郑州：河南科学技术出版社，2016

46. 烟草检验工（物理三至四级）专业知识/闫新甫主编；《烟草检验工（物理）专业知识》编写组编．—郑州：河南科学技术出版社，2016

47. 烟草近红外光谱分析技术/张忠锋，付秋娟编著．—北京：中国农业科学技术出版社，2016

48. 烟草突变体（Mutants of Tobacco）/刘贯山，孙玉合主编．—上海：上海科学技术出版社，2016

49. 烟草仪器分析/景延秋主编．—郑州：河南人民出版社，2016

50. 烟草专卖行政处罚实务手册/广东省烟草专卖局编．—北京：中国财政经济出版社，2016

51. 烟机设备操作工基础知识/边永生主编；《烟机设备操作工基础知识》编写组编．—郑州：河南科学技术出版社，2016

52. 烟区二氯喹啉酸残留与治理研究（Study on Residue and Control of Quinclorac in Tobacco – growing Area）/中国烟草总公司广东省公司，华南农业大学著．—广州：华南理工大学出版社，2016

53. 烟叶仓管员（三至五级）专业知识/白建保主编；《烟叶仓管员（三至五级）专业知识》编写组编．—郑州：河南科学技术出版社，2016

54. 烟叶仓管员基础知识/白建保主编；《烟叶仓管员基础知识》编写组编．—郑州：河南科学技术出版社，2016

55. 烟叶醇化与调控技术/奚家勤，韦建玉，王全主编．—南宁：广西科学技术出版社，2016

56. 烟叶家庭农场管理/王小清等主编．—北京：中国农业出版社，2016

57. 烟叶原料仓储精益管理/河南中烟工业有限责任公司原料仓储精益化管理体系构建课题组编．—郑州：河南人民出版社，2016

58. 烟叶指纹图谱/陈泽鹏，王树清，韦建玉主编．—南宁：广西科学技术出版社，2016

59. 烟用三乙酸甘油酯质量分析与检验技术/唐纲岭，边照阳主编．—北京：中国轻工业出版社，2016

60. 烟用香料控制释放技术及其应用/王明锋，朱保昆，廖头根主编．—成都：西南交通大学出版社，2016

61. “135”工作法/刘震主编；《“135”工作法》编写组编．—郑州：河南科学技术出版社，2016

62. 英汉烟草农业词汇（English – Chinese Dictionary of Tobacco Agriculture）/叶协锋主编．—郑州：黄河水利出版社，2016

63. 优质烤烟栽培与烘烤新技术/罗鹏涛，李永忠，杨志新编著．—昆明：云南科技出版社，2016

64. 云南晾晒烟栽培与调制技术/杨志新编著．—昆明：云南科技出版社，2016

65. 云南烟草年鉴（2015）/云南省烟草专卖局，中国烟草总公司云南省公司编．—昆明：云南民族出版社，2016

66. 云南中烟年鉴（2016）/云南中烟工业有限责任公司编．—昆明：云南民族出版社，2016

67. 云烟奠基人：徐天骝/徐声汉，徐声瑛，徐演著；中共云南省委宣传部编．—昆明：云南人民出版社，2016

68. 再造烟叶质量稳定技术（Stable Quality of Reconstituted Tobacco Technology）/王文领，李华雨主编．—北京：化学工业出版社，2016

69. 中国经营之神褚时健/先燕云，张赋宇著．—台北：大是文化有限公司，2016

70. 中国烟草年鉴（2016）/国家烟草专卖局编．—北京．中国经济出版社，2016

71. 中国烟叶有机生产探索/张纪兵，戴勋，李刚等编著．—北京：科学出版社，2016

72. 专卖视野下中国烟草产业发展研究/胡安源著．—济南：山东人民出版社，2016

73. 卓越管理/云南省烟草公司曲靖市公司著．—北京：人民日报出版社，2016

74. 卓越团队/云南省烟草公司曲靖市公司著．—北京：人民日报出版社，2016

75. 卓越之路/云南省烟草公司曲靖市公司著．—北京：人民日报出版社，2016

76. 咨询说明：全球烟碱降低策略（Advisory Note：Global Nicotine Reduction Strategy）/WHO烟草制品管制研究小组著；胡清源，侯宏卫等译．—北京：科学出版社，2016

77. 走向卓越/云南省烟草公司曲靖市公司著．—北京：人民日报出版社，2016

◇ 编辑：王东旭

2016年，全国烟草行业各级单位捐款捐物，积极开展社会公益活动。在救济贫困，资助教育、科学、文化事业，资助环境保护、社会公共设施建设，以及促进社会发展等诸多方面作出了积极的贡献。

1

2

3

1 2016年6月21日，国家局、总公司援建的“金叶·育才图书工作室”工程向安徽宣州区40所中小学捐赠各类图书

国家局办公室　供稿

2 2016年，国家局、总公司向西藏贫困地区捐赠一批太阳能电池板

国家局办公室　供稿

3 2016年，国家局、总公司援建的陕西延川县文安驿镇梁家河村党员培训中心

陕西省局　供稿

1 2016年，国家局、总公司援建的陕西延川县文安驿镇梁家河村“知青井”

陕西省局 供稿

2 2016年8月31日，上海烟草集团有限责任公司联合上海汽车集团股份有限公司向上海崇明县中小学、幼儿园捐赠10辆“爱心校车”

上海烟草集团 供稿

3 2016年6月7日，河北省钻石公益基金会开展“关爱空巢 爱心资助”活动

河北中烟 王 嵩 摄

4 2016年12月17日，在“爱我中华”慈善教育专项基金捐助仪式暨“知识改变命运”大型慈善报告会上，上海烟草集团向上海市慈善基金会捐款1000万元

上海烟草集团 供稿

5 2016年6月13日，江苏无锡市局（公司）开展“关爱弱势零售客户健康 呵护进家门”活动

江苏无锡市局 供稿

6 2016年7月20日，江苏省局（公司）向盐城市“6•23”龙卷风、冰雹受灾地区捐款100万元

江苏省局 陈志岗 摄

4

5

6

公益活动

棋牌 茗茶 请上二楼
江东社区手拉手爱心团队启动仪式
江东社区手拉手爱心团队
徽映
马鞍山烟草志愿服务队
1

无情，芜烟有爱
2

3

1 2016年5月16日，安徽马鞍山市局（公司）“徽映”志愿服务队与江东社区开展手拉手爱心团队活动

安徽省局　供稿

2 2016年7月7日，安徽中烟芜湖卷烟厂赴漳河大桥段抗洪一线开展慰问活动

安徽中烟　供稿

3 2016年3月15日，福建省局（公司）组织志愿者参加义务植树活动

福建省局　林麦梓　摄

4 2016年9月15日，福建中烟组织员工抗击台风“莫兰蒂”

福建中烟　逄媛媛　摄

5 2016年1—2月，河南新乡市局（公司）开展“送文化进百家”爱心摄影活动，为贫困村群众免费拍摄新年全家福、长寿照

河南新乡市局　周　涛　摄

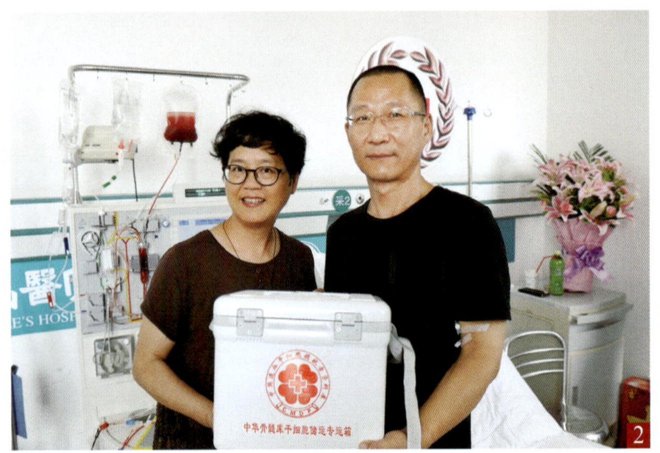

1 2016年5月4日，广东中烟梅州卷烟厂组织团员青年参加无偿献血

广东中烟 许金龙 摄

2 2016年8月3日，河南中烟黄金叶生产制造中心员工韩晋超（右）向浙江一名白血病患者捐献造血干细胞

河南中烟黄金叶生产制造中心 郭大玺 摄

3 2016年10月15日，“微助八桂”互联网+精准扶贫公益项目启动仪式在广西电视台举行，广西中烟为项目捐款90万元

广西中烟 蒋军辉 摄

4 2016年9月1日，云南省局（公司）捐资援建的会泽县春晖小学举行揭牌仪式

云南省局　供稿

5 2016年8月17日，云南中烟与施甸县木老元乡签订布朗族精准帮扶资金捐赠协议

云南中烟　供稿

6 2016年3月28日，甘肃泾川县局响应“建设绿色生态县城”号召，开展义务植树活动

甘肃平凉市局　刘　勇　摄

7 2016年12月23日，云南大学、红云红河集团召开2016年度奖教助学会议

红云红河集团　陈　帆　摄

1 2016年10月27日，宁夏区局（公司）组织机关党员到儿童福利院开展慰问活动

宁夏区局 周春声 摄

2 2016年11月3日，新疆阿勒泰地区局、水文勘测局与哈巴河县齐巴尔镇克孜勒喀英村少数民族贫困户结对认亲

新疆阿勒泰地区局 安晓波 摄

3 2016年3月4日，深圳市大鹏新区局（公司）组织团员青年开展“天天向善齐点赞•传递青春正能量”敬老院献爱心活动

深圳市局 叶展辉 摄

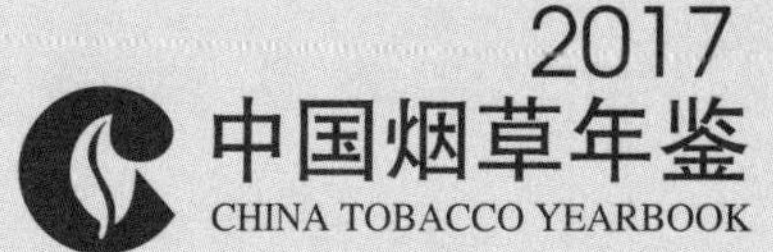

公益活动

□ 2016年全国烟草行业公益活动概况

· 国家烟草专卖局、中国烟草总公司

· 中国烟草实业发展中心

· 北京市烟草专卖局（公司）

……

2016 年全国烟草行业公益活动概况

国家烟草专卖局、中国烟草总公司

2016 年，国家局、总公司积极开展各项社会公益活动。

定点扶贫和对口支援。2016 年对定点扶贫的宁夏回族自治区吴忠市红寺堡区，湖北省十堰市的竹山、竹溪两县投入扶贫资金 4000 万元，用于该地区的社会发展和新农村建设。开展对口支援工作，行业安排 1 亿元支持江西省兴国县新农村建设及烟田基础设施建设、灌区改造、扶贫产业基地建设和整村推进项目。2016 年 8 月，烟草行业召开第五次援藏工作座谈会，国家局与西藏自治区人民政府签订扶贫协议书，拟在“十三五”期间，烟草行业出资 5 亿元帮助西藏山南市扎囊县、贡嘎县，那曲地区班戈县和日喀则市仲巴县吉玛乡“三县一乡”贫困地区精准脱贫，2016 年，国家局、总公司机关向“三县一乡”拨付对口支援资金 2200 万元，派 5 名干部到兴国县、竹溪县、竹山县和红寺堡区挂职开展对口支援工作。

扶贫济困。向中国妇女发展基金会设立的“金叶基金”捐款 1000 万元，用于实施“母亲水窖 · 校园安全饮水”“母亲健康快车”项目，以帮助解决江西、四川等贫困地区学校学生饮水困难和保护母亲健康；向中国法律援助基金会捐款 300 万元，用于捐助“1 + 1”中国法律志愿者行动，为服务在西藏和青海的“1 + 1”中国法律志愿者提供支持；向中国西部人才开发基金会捐款 200 万元；在湖北省竹溪、竹山县，江西省兴国、宁都县开展“学相守、爱相守、玩相守”的“相守计划”，关爱农村留守儿童。

资助教育事业。向中国扶贫基金会捐款 192 万元，用于资助湖北省竹溪、竹山县 400 名特困大学生，并在这 2 个县的高中各开办 3 个“金叶自强班”；向援助西藏发展基金会捐款 500 万元，为那曲地区双湖县 7 所小学、巴青县 6 所小学安装小型太阳能发电系统（小型光伏电站），并帮助那曲地区尼玛县、班嘎县、索县等 4 所具备通电条件的中学配备 5 间电脑教室，改善孩子们的学习环境；向中华文学基金会捐款 1000 万元，在江西、西藏、贵州、宁夏、安徽等 5 个省（自治区）建立“金叶 · 育才图书室”。

资助环保事业。向中国绿化基金会捐款 500 万元，在天津、湖南、河北等省（直辖市）植树造林，扶持当地生态建设、促进城市降低 PM2. 5，改善生态环境。

中国烟草实业发展中心

2016 年，中国烟草实业发展中心各所属企业积极开展社会公益活动。

红塔辽宁烟草有限责任公司：扶贫济困，向营口市大石桥市望厂口村扶贫捐赠价值 0. 7 万元的物资。资助教育事业，向盖州市万福镇卧龙泉金厂小学捐赠书本等学习用品，向盖州市红塔杨运小学捐款 7 万元，向法库县三面船镇小学捐款 4 万元。

吉林烟草工业有限责任公司：扶贫济困，捐款 5000 万元，主要用于支持延边少数民族地区地方经济建设（边疆重点民生工程）及老区建设等。

甘肃烟草工业有限责任公司：扶贫济困，向甘肃省精准扶贫、精准脱贫项目捐款 720 万元。资助教育事业，向天水市桥南联中捐款 10 万元。

内蒙古昆明卷烟有限责任公司：扶贫济困，向呼和浩特市玉泉区捐款 450 万元；参加“博爱一日捐”活动，捐款 10 万元，员工个人捐款 2. 11 万元；参加无偿献血活动，献血 2. 65 万毫升。资助教育事业，向呼和浩特市赛罕区捐款 750 万元，向呼和浩特市玉泉区捐款 262 万元。

山西昆明烟草有限责任公司：扶贫济困，参加“慈善一日捐”活动，捐款 2 万元。资助教育事业，开展“紫气东来、幸福起航”捐资助学助教活动，捐款 290 万元。

海南红塔卷烟有限责任公司：资助文化事业，向海南省琼中女子足球队捐款 10 万元，用于改善球队的训练条件。

北京市烟草专卖局（公司）

2016 年，北京市烟草商业系统积极开展各项社会公益活动。

北京市烟草专卖局（公司）机关：扶贫济困，开展“共产党员献爱心”活动，捐款 3. 4 万元；开展“温暖衣冬”活动，捐赠冬衣 339 件；开展“京烟首善，心手相连”活动，捐款 15 万元。捐赠援藏资金 400 万元。

东城区烟草专卖局（公司）：扶贫济困，开展“共产党员献爱心”“博爱在京城”等活动，捐款 0. 44 万元；开展捐衣活动，捐赠衣物 83 件。

西城区烟草专卖局（公司）：扶贫济困，开展“春节”“中秋节”等节日慰问活动，向辖区特困零售客户捐款 8540 元及生活用品。

朝阳区烟草专卖局（公司）：扶贫济困，开展“共产党员献爱心”活动，捐款 0. 56 万元；慰问辖区内特困零售客户和退休老职工，并捐赠米、面、油等慰问品。

海淀区烟草专卖局（公司）：扶贫济困，开展“共产党员献爱心”“送温暖、献爱心”活动，捐款0.26万元；慰问困难零售客户，并捐赠生活必需品。

丰台区烟草专卖局（公司）：开展“温暖衣冬”活动，向困难群众捐赠衣物51件。

石景山区烟草专卖局（公司）：扶贫济困，向困难学生捐赠0.5万元助学金；与门头沟区龙泉镇龙泉务村委会签订《2016年度“城乡统筹 文明先行”帮扶结对协议书》。

通州区烟草专卖局（公司）：扶贫济困，开展“共产党员献爱心”活动，捐款0.43万元；慰问辖区内残疾人、困难户等，并向每人捐款1000元并赠送慰问品。

顺义区烟草专卖局（公司）：扶贫济困，向扶贫单位捐款5万元；开展“春风送暖”“温暖衣冬”“共产党员献爱心”等活动，捐款1.44万元。

延庆区烟草专卖局（公司）：扶贫济困，开展“共产党员献爱心”“送温暖、献爱心”等活动，捐款0.32万元。

怀柔区烟草专卖局（公司）：扶贫济困，开展3次向困难户慰问活动，并捐赠米、面、油等慰问品；对辖区内一遭受火灾的零售客户进行慰问，并捐款0.2万元。

大兴区烟草专卖局（公司）：扶贫济困，开展“温暖衣冬”捐赠活动，捐赠过冬棉衣棉被149件。

昌平区烟草专卖局（公司）：扶贫济困，开展“共产党员献爱心”“博爱在京城”等活动，捐款0.48万元。

密云区烟草专卖局（公司）：扶贫济困，向西沙地村困难户捐款0.23万元，并捐赠米、面、油等慰问品；开展“共产党员献爱心”活动，捐款0.33万元；开展“京烟首善，心手相连”工作，3次为密云辖区的6位困难零售客户及子女提供帮扶，捐款1.53万元；开展“温暖衣冬”活动，捐赠衣物23件。

门头沟区烟草专卖局（公司）：扶贫济困，开展“博爱在京城”“共产党员献爱心”“温暖衣冬”活动，捐款0.26万元。

房山区烟草专卖局（公司）：扶贫济困，开展“共产党员献爱心”活动，捐款0.23万元。

平谷区烟草专卖局（公司）：扶贫济困，开展“共产党员献爱心”活动，捐款0.36万元；慰问残疾人，捐款0.2万元，并捐赠米、面、油等慰问品。

天津市烟草专卖局（公司）

2016年，天津市烟草商业系统捐款9.72万元，用于各项社会公益活动。

天津市区第一烟草专卖局（分公司）：扶贫济困，开展“爱心助老”“爱心助学”活动，员工个人捐款1.02万元。

天津市津南区烟草专卖局（分公司）：资助教育事业，员工个人向中国儿童少年基金会等捐款0.64万元。

武清区烟草专卖局（有限公司）：扶贫济困，员工个人捐助0.12万元，用于救助单亲困难母亲及困难家庭的妇女和儿童。

天津市宝坻区烟草专卖局（有限公司）：扶贫济困，参加“润心工程”等活动，捐款1.18万元，其中员工个人捐款1万元。

天津市静海区烟草专卖局（有限公司）：资助乡村建设，向陈官屯镇曹村捐款3万元。

天津市蓟州区烟草专卖局、天津渔阳烟草有限公司：扶贫济困，员工个人向“博爱一日捐”等活动捐款1.76万元。资助乡村建设，捐款2万元，用于开展新农村建设。

河北省烟草专卖局（公司）

2016年，河北省烟草商业系统捐款827.45万元，用于各项社会公益活动。

河北省烟草专卖局（公司）机关：扶贫济困，向遭受洪涝灾害的零售客户捐款74.61万元，其中员工个人捐款4.61万元。资助乡村建设，选派2名干部到贫困村挂职任第一书记；成立2个驻村工作组，投入帮扶资金193.51万元。

石家庄市烟草专卖局（公司）：资助教育事业，向友谊大街小学捐款3.99万元。资助乡村建设，向遭受洪涝灾害农村捐款52.68万元。

邯郸市烟草专卖局（公司）：扶贫济困，捐款20万元；向“7·19”灾后重建工作捐款捐物，共计10.65万元，其中员工个人捐款10.38万元。资助教育事业，向魏县贫困学生捐款1.4万元。资助乡村建设，向永年县等捐款43.25万元，用于“阳光善行”帮扶工作和美丽乡村建设。

保定市烟草专卖局（公司）：扶贫济困，开展“职工互助一日捐”等活动，员工捐款2.68万元，并向定点帮扶村捐赠衣物等6700余件及电脑10台。资助乡村建设，捐款72万元，用于开展农村面貌改造提升工作。

张家口市烟草专卖局（公司）：扶贫济困，开展“博爱一日捐”等活动，捐款4.15万元，其中员工个人捐款3.55万元；向受灾地区捐款3.56万元，其中员工捐款1.56万元。资助乡村建设，捐款47.75万元，并选派41名干部职工成立驻村工作队，开展精准扶贫工作。

承德市烟草专卖局（公司）：扶贫济困，向承德市特困家庭、困难零售客户捐款6.24万元，并捐赠价值2.8万元的慰问品。资助乡村建设，捐款40万元，并成立工作队帮扶新农村建设。

唐山市烟草专卖局（公司）：扶贫济困，向困难零售客户等捐款3.68万元；青年志愿者到市截瘫疗养院慰问。资助乡村建设，捐款50.59万元，用于文明生态村镇建设。

廊坊市烟草专卖局（公司）：扶贫济困，向困难零售客户等捐款8.07万元；参加无偿献血活动，献血5000毫升。资助乡村建设，捐款15万元，并成立工作队开展美丽乡村建设。

沧州市烟草专卖局（公司）：扶贫济困，开展“阳光·善行”等活动，捐款4.68万元，其中员工个人捐款0.94万元。资助乡村建设，捐款42.08万元，并成立工作队开展驻村帮扶工作。

衡水市烟草专卖局（公司）：资助乡村建设，捐款36万元，并成立驻村工作队开展新农村建设。

邢台市烟草专卖局（公司）：扶贫济困，开展“阳光善行”等活动，员工个人捐款2.16万元，并捐赠价值11.23万元的慰问品；向“7·19”灾后重建工作捐款9.26万元，并捐赠衣物400余件。资助乡村建设，捐款46.6万元，并成立工作队开展基础设施建设。

秦皇岛市烟草专卖局（公司）：扶贫济困，员工个人向困难零售客户等捐款1.18万元并赠送价值2.71万元的慰问品。资助乡村建设，向青龙县肖杖子村捐款15万元，用于开展新农村基层组织建设。

河北中烟工业有限责任公司

2016年，河北中烟工业有限责任公司捐款927.81万元，用于各项社会公益活动。

河北中烟工业有限责任公司本部：扶贫济困，向河北省灵寿县捐款37.81万元，向河北省钻石公益基金会捐款500万元。救助灾害，向湖南省蓝山县捐款30万元。捐赠援藏资金200万元。

张家口卷烟厂有限责任公司：扶贫济困，向张家口市蔚县捐款40万元；开展“博爱一日捐”活动，捐款12.03万元。救助灾害，员工个人向河北省洪涝灾区捐款4.72万元。

河北白沙烟草有限责任公司：资助教育事业，向石家庄市井陉县捐款50万元，用于辛庄乡辛庄小学灾后重建。资助乡村建设，捐款70万元。

山西省烟草专卖局（公司）

2016年，山西省烟草商业系统捐款579.97万元，用于各项社会公益活动。

山西省烟草专卖局（公司）机关：扶贫济困，投入帮扶资金41.32万元。捐赠援藏资金400万元。

太原市烟草专卖局（公司）：扶贫济困，向太原杜交曲村捐款20万元，用于定点扶贫；参加“希望工程圆梦行动”，捐款2万元；向患病大学生等捐款1.8万元；开展“社区环保宣传”“无偿献血”等其他公益活动。

大同市烟草专卖局（公司）：扶贫济困，向定点扶贫工作捐款11.77万元，其中，机关党员个人捐款0.81万元。

阳泉市烟草专卖局（公司）：资助教育事业，向盂县西潘乡东头村小学捐款0.3万元。资助乡村建设，向盂县西烟镇白家庄村捐款2.5万元，用于新农村基层组织建设。

长治市烟草专卖局（公司）：扶贫济困，向定点扶贫工作捐款5万元；参加“博爱一日捐”等活动，捐款1.87万元。

晋城市烟草专卖局（公司）：扶贫济困，开展“慈善一日捐”等活动，捐款1.9万元。资助乡村建设，向樊家村捐款14万元；捐赠办公椅24把、电脑5台，用于乡村建设和改善办公环境。

朔州市烟草专卖局（公司）：扶贫济困，捐款1.37万元，用于各项社会公益活动，建立志愿者服务长效机制，组织开展“世界水日宣传”“无偿献血”、义务植树、“学雷锋”等公益活动。

忻州市烟草专卖局（公司）：扶贫济困，参加“博爱一日捐”活动，捐款2万元；其他捐款10.4万元。资助乡村建设，捐款4万元。

吕梁市烟草专卖局（公司）：扶贫济困，开展“博爱一日捐”等活动，捐款1.97万元；开展精准扶贫工作，捐款14.6万元，并捐赠电脑48台、电视机60台。

晋中市烟草专卖局（公司）：扶贫济困，捐赠扶贫款5.5万元。资助乡村建设，向昔阳县西寨乡三烈村捐款9.5万元。

临汾市烟草专卖局（公司）：扶贫济困，向特困户和贫困户捐款6.64万元；向永和龙石腰村等捐款8.3万元，用于实施精准扶贫。

运城市烟草专卖局（公司）：扶贫济困，捐款14万元，用于开展农村精准帮扶活动。

内蒙古自治区烟草专卖局（公司）

2016年，内蒙古自治区烟草商业系统捐款250.97万元，用于各项社会公益活动。

内蒙古自治区烟草专卖局（公司）机关：扶贫济困，向乌兰浩特市高根营子嘎查捐款72万元。

呼和浩特市烟草专卖局（公司）：扶贫济困，向困难户捐款1万元。资助乡村建设，向武川得胜沟乡捐款9.5万元，用于贫困户购买中药材黄芪种苗。

满洲里市烟草专卖局（公司）：扶贫济困，员工个人向贫困户捐款0.2万元，并捐赠米、面、油等生活必需品。

呼伦贝尔市烟草专卖局（公司）：扶贫济困，捐款3.12万元。资助教育事业，捐款0.25万元。

兴安盟烟草专卖局（公司）：扶贫济困，向帮扶的4个村屯捐款16.87万元；向“十个全覆盖”工程捐款4.4万元；参加“博爱一日捐”等活动，员工个人捐款1.7万元。资助社区建设，参加“三地联动 五城同创”活动，捐款1.6万元。资助教育文化等活动，捐款0.75万元。

通辽市烟草专卖局（公司）：扶贫济困，向贫困户捐款捐物共计24.51万元。资助教育事业，捐款捐物共计1.82万元。

赤峰市烟草专卖局（公司）：扶贫济困，捐款7.76万元，其中，员工个人捐款3.68万元。资助科教文卫事业，捐款5.85万元。资助乡村建设，捐款11.6万元。

锡林郭勒盟烟草专卖局（公司）：扶贫济困，捐款22.33万元。其他捐款0.24万元。

二连浩特市烟草专卖局（公司）：扶贫济困，参加“博爱一日捐”等活动，捐款0.32万元。

乌兰察布市烟草专卖局（公司）：捐款13.82万元用于各项社会公益活动。

包头市烟草专卖局（公司）：扶贫济困，捐款22.79万元。

鄂尔多斯市烟草专卖局（公司）：扶贫济困，捐款25.9万元。

巴彦淖尔市烟草专卖局（公司）：扶贫济困，参加“爱心中国行我为孩子捐本书”活动，员工个人捐款1.1万元。资助社区、乡村建设，捐款10.5万元，用于帮扶社区、村庄开展公共设施建设和实施富民工程。

乌海市烟草专卖局（公司）：扶贫济困，捐款0.9万元，用于困难群众开展结对帮扶。

阿拉善盟烟草专卖局（公司）：扶贫济困，捐款11.37万元。资助社区、乡村建设，捐款1.55万元。

辽宁省烟草专卖局（公司）

2016年，辽宁省烟草商业系统积极开展各项社会公益活动。

辽宁省烟草专卖局（公司）机关：扶贫济困，彰武县向前福兴地镇福延绿色生态种植养殖基地捐款170.60万元，用于基础设施建设；向建昌县捐款10万元，用于洪涝灾害后重建工作。资助乡村建设，向彰武县满堂红镇捐款40万元，用于村级道路改善。捐赠援藏资金400万元。

沈阳市烟草专卖局（公司）：扶贫济困，走访慰问困难户并捐款4.45万元，用于购买米、面、油等生活用品。

鞍山市烟草专卖局（公司）：扶贫济困，向富家镇荒地村捐款捐物共计10万元。

本溪市烟草专卖局（公司）：扶贫济困，向鸡冠砬子村等贫困户捐款捐物共计3.6万元，其中员工个人捐款0.6万元；参加无偿献血活动，献血1200毫升。资助乡村建设，向鸡冠砬子村捐款19万元，用于基础设施建设。

丹东市烟草专卖局（公司）：扶贫济困，向凤城市爱民社区等捐款2.8万元。资助乡村建设，向宽甸县胜利村等捐款12万元，用于配套施设建设。

营口市烟草专卖局（公司）：扶贫济困，慰问困难零售客户并捐款4.5万元。资助乡村建设，捐款5.85万元，用于修建村办公用房、村路等。

阜新市烟草专卖局（公司）：扶贫济困，向蘑菇沟村捐款6.8万元，并捐赠价值10万元的米、面、油等生活必需品。

辽阳市烟草专卖局（公司）：扶贫济困，向河栏镇算盘村（尤家村）捐款6万元；资助社会公共事业，开展创建文明城相关活动。

铁岭市烟草专卖局（公司）：扶贫济困，向困难户、社会福利院等捐款2.8万元，并捐赠米、面、油等生活必需品；参加无偿献血活动，献血1万毫升。资助乡村建设，向陈家村捐款22.7万元，用于修建公路等。

朝阳市烟草专卖局（公司）：扶贫济困，走访慰问贫困户，捐款2.95万元。资助教育事业，向前道村小学捐款1万元，用于购买科普图书，并捐赠旧电脑及电脑桌25套。资助乡村建设，向昌隆永村捐款3万元。

盘锦市烟草专卖局（公司）：扶贫济困，向困难群众捐款、捐物共计4.74万元；参加无偿献血活动，献血2800毫升。

葫芦岛市烟草专卖局（公司）：扶贫济困，参加无偿献血活动，献血1.2万毫升。资助乡村建设，向范家村等捐款30万元，用于基础设施建设和公共教育活动。

吉林省烟草专卖局（公司）

2016年，吉林省烟草商业系统积极开展各项社会公益活动。

吉林省烟草专卖局（公司）机关：扶贫济困，向延边州和龙市南坪镇高岭村、车厂村精准扶贫捐款300万元。

长春市烟草专卖局（公司）：扶贫济困，向帮扶对象捐款4.8万元。

吉林市烟草专卖局（公司）：扶贫济困，向地方政府捐款35万元，用于开展新农村建设。

四平市烟草专卖局（公司）：资助教育事业，向“金秋助学”活动捐款15万元。资助乡村建设，向定点帮扶村屯捐款20万元，用于新农村建设。

辽源烟草专卖局（公司）：扶贫济困，向困难党员、商户等捐赠价值3万余元的生活必需品。资助乡村建设，向东保安村捐款4.37万元，用于建设光伏发电项目。

通化市烟草专卖局（公司）：扶贫济困，投入精准扶贫资金29万元，分别用于对包保的贫困户开展养殖、种植扶持等活动，并捐赠衣物500余件；向青山村困难户、儿童福利院捐款0.6万元，并捐赠价值0.16万元的生活、学习用品；开展“冬日暖阳”活动，捐赠过冬衣物30余件。

白城市烟草专卖局（公司）：扶贫济困，向洮南市立营农机专业合作社捐款77万元；向帮扶困难户捐款5万元。资助教育事业，员工个人向“撑起贫困孩子美好明天”助学等活动捐款1.15万元。资助乡村建设，向洮北区三合乡宝山村等捐款30万元，用于乡村建设。

白山市烟草专卖局（公司）：扶贫济困，向邱家店村派驻第一书记，并投资30万元建立分布式光伏发电项目；开展“山区中国梦、扶贫在行动”活动，员工个人向包东山村困难群众捐款0.66万元，并捐赠价值3万余元的生活必需品；参加无偿献血活动，献血8600毫升。资助其他社会公共福利事业，开展“城市绿化”等志愿服务工作。

松原市烟草专卖局（公司）：资助乡村建设，向西上村捐赠价值4.28万元光伏发电设备；向玉字村捐款22.45万元，并捐赠电脑4台。资助社会公共福利事业，向松原市公安民警优抚基金会捐款20万元。

延边朝鲜族自治州烟草专卖局（公司）：扶贫济困，开展“百千万”走访慰问送温暖活动，捐款6.35万元；员工个人向抗洪救灾捐款8.6万元；组织员工代表走进儿童福利院为孤残儿童送温暖。资助其他社会公共事业，向汪清县抗日基地捐款2万元。

黑龙江省烟草专卖局（公司）

2016年，黑龙江省烟草商业系统捐款439.86万元，用于各项社会公益活动。扶贫济困，捐款412.78万元，其中员工个人捐款9.55万元。资助乡村建设，捐款25.37万元。资助教育事业，员工个人捐款1.71万元。

黑龙江省烟草专卖局（公司）机关：扶贫济困，向柳树社区困难户捐款0.1万元。资助乡村建设，向民权村捐款1万元。捐赠援藏资金400万元。

哈尔滨市烟草专卖局（公司）：资助乡村建设，向德安村、新华村等捐款20万元；同时，选派干部驻村帮扶党建工作。参加社会公共事业，组织员工参加义务植树活动。

齐齐哈尔市烟草专卖局（公司）：扶贫济困，参加“慈善一日捐”活动，捐款1.84万元；开展关爱残疾人公益活动，捐款0.77万元。

牡丹江市烟草专卖局（公司）：扶贫济困，向庆达社区困难群众捐款0.5万元。

佳木斯市烟草专卖局（公司）：扶贫济困，参加“慈善一日捐”“百部联百村”等活动，捐款0.95万元；向困难零售客户、困难党员等捐款0.75万元。参加社会公共事业，组织员工参加义务植树活动。

绥化市烟草专卖局（公司）：扶贫济困，参加“慈善一日捐”活动，捐款1.29万元。

鸡西市烟草专卖局（公司）：扶贫济困，向新建村困难党员捐款0.34万元。

双鸭山市烟草专卖局（公司）：扶贫济困，参加“慈善一日捐”活动，捐款0.84万元；向困难零售客户等捐款1.54万元。资助教育事业，向双鸭山市爱心助学工程等捐款1.71万元。资助乡村建设，向宏泉村、四排村捐款3万元。

伊春市烟草专卖局（公司）：扶贫济困，参加“慈善一日捐”活动，捐款1.58万元。资助乡村建设，向嘉荫县乌云镇生态村捐款0.42万元。

鹤岗市烟草专卖局（公司）：资助乡村建设，向绥滨县绥滨镇吉礼村捐款1.95万元。

绥芬河市烟草专卖局（公司）：扶贫济困，向困难学生捐款0.26万元。

黑龙江烟叶复烤有限公司：扶贫济困，向勃利县大四站镇、抢肯乡困难群众捐款1.02万元。

上海烟草集团有限责任公司

2016年，上海烟草集团有限责任公司捐款6043.18万元，用于各项社会公益活动。扶贫济困，向西藏、新疆、云南等省（自治区）精准扶贫工程捐款600万元；向上海市慈善基金会捐款1000万元。资助教育事业，向浙江、安徽、新疆、西藏等省（自治区）的老少边穷地区捐赠价值763万元的“爱心校车”31辆。资助卫生事业，向上海市部分医院捐款1690万元。资助社会福利事业，向上海市老年基金会捐款600万元；向中国残疾人联合会捐款300万元。

黄浦区烟草专卖局（一公司）：扶贫济困，参加无偿献血活动，献血2400毫升。

静安区烟草专卖局（一公司）：扶贫济困，参加无偿献血活动，献血2600毫升。

静安区烟草专卖局（二公司）：扶贫济困，向上海市慈善基金会静安区分会捐款10万元；向家庭困难学生捐款0.16万元。

长宁区烟草专卖局（有限公司）：扶贫济困，参加“冬日爱心一日捐”活动，捐款1.03万元；参加无偿献血活动，献血1600毫升。

宝山区烟草专卖局（有限公司）：扶贫济困，参加“蓝天下的至爱”活动，捐款1.48万元；参加无偿献血活动，献血1000毫升。

浦东新区烟草专卖局（有限公司）：扶贫济困，向上海市慈善基金会浦东新区分会捐款10万元。

嘉定区烟草专卖局（有限公司）：扶贫济困，参加“蓝天下的至爱”活动，捐款2万元。资助教育事业，向汶川地震困难学生、西大社区困难学生提供学习用品和生活费用共计3.2万元。

奉贤区烟草专卖局（有限公司）：扶贫济困，参加“蓝天下的至爱”活动，向上海市慈善基金会捐款1.78万元；参加无偿献血活动，献血5400毫升。

金山区烟草专卖局（有限公司）：扶贫济困，参加“慈善一日捐”活动，员工个人捐款2.07万元；向金山区红十字会捐款5万元。

闵行区烟草专卖局（有限公司）：扶贫济困，向闵行区大众养老院捐赠床上用品；参加无偿献血活动，献血400毫升。资助教育事业，向君莲学校学生捐赠150余册图书。

崇明县烟草专卖局（有限公司）：扶贫济困，参加无偿献血活动，献血3000毫升。资助乡村建设，向建设镇三星村捐款3万元。

上海烟草集团有限责任公司上海卷烟厂：参加社会公共事业，对四平路街道、江浦街道等社区的养老院、阳光之家开展爱心服务活动；到延吉养老院看望独居老人等；与上海市盲童学校学生开展植树活动；向杨浦区随手公益组织捐赠衣物80余袋。

上海烟草集团北京卷烟厂：资助教育事业，通过“中南海爱心基金”向“中南海”爱心学校捐款153.1万元；组织老师参加第四届“中南海”爱心学校教师培训。

上海烟草集团有限责任公司天津卷烟厂：资助教育事业，通过天津市联合助学基金会捐款23万元，其中27台电脑折合金额1.38万元，用于天津市蓟县、静海区，河北省遵化县等贫困农村中学慈善助学项目。

上海烟草包装印刷有限公司、上海金鼎印务有限公司：扶贫济困，参加高行镇“慈善公益联合捐”活动，捐款6万元。资助教育事业，捐款1万元。

江苏省烟草专卖局（公司）

2016年，江苏省烟草商业系统捐款1738万元，用于各项社会公益活动。

江苏省烟草专卖局（公司）机关：扶贫济困，向困难群众等捐款8万元；向徐州市丰县扶贫点捐款75万元；向江苏省美德基金会捐款50万元；向援藏项目捐款400万元。

南京市烟草专卖局（公司）：扶贫济困，开展“慈善一日捐”活动，捐款19.68万元，其中员工个人捐款10.68万元；向辖区儿童福利院等捐款14.84万元；参加无偿献血活动，献血7200毫升。资助教育事业，向特殊教育学校等捐款12.63万元，用于购置学习、体育等用品。资助社区建设，向南京市内部分街道、社区捐款70.5万元。救助灾害，向受灾地区等捐款5.93万元。

苏州市烟草专卖局（公司）：扶贫济困，参加“慈善一日捐”等活动，捐款16.95万元；向昆山市慈善总会等捐款19万元；参加无偿献血活动，献血1.16万毫升。资助教育事业，开展公益助学活动，捐款19.98万元。资助乡村、社区建设，捐款58.9万元。

无锡市烟草专卖局（公司）：扶贫济困，参加“慈善一日捐”等活动，捐款42.75万元，其中员工个人捐款5.25万元；向受灾地区捐款1.29万元。资助教育事业，向宜兴市南漕小学捐款1万元。资助乡村、社区建设，捐款17.35万元，职工个人捐款1万元。其他捐款23万元。

常州市烟草专卖局（公司）：资助教育事业，向困难学生捐款9.8万元；参加“慈善一日捐”活动并向常州市美德基金等捐款158万元。资助乡村建设，向洙汤村捐款20万元，用于基础设施建设。资助教育事业，设立“同心”助学专项基金，并开展“金秋助学”活动，捐款6.65万元。救助灾害，捐款5.6万元。

镇江市烟草专卖局（公司）：扶贫济困，参加“慈善一日捐”活动，捐款8.03万元；参加无偿献血活动，献血8200毫升。资助乡村建设，捐款60.85万元。资助社会公共和福利事业，参与“全国文明城市”创建活动，组织志愿者600余人次上路服务。救助灾害，向阜宁县等受灾地区捐款1.94万元。

南通市烟草专卖局（公司）：扶贫济困，参加“慈善一日捐”等活动，捐款19.3万元；参加无偿献血活动，献血1.58万毫升；员工徐雪峰捐献造血干细胞130毫升。资助乡村建设，捐款30万元。

扬州市烟草专卖局（公司）：扶贫济困，向困难群众捐款5万元；参加“慈善一日捐”等活动，捐款11万元；参加无偿献血活动，献血1.45万毫升。资助乡村建设，捐款

35 万元。

泰州市烟草专卖局（公司）：扶贫济困，向受灾地区捐款 2 万余元；参加无偿献血活动，献血 3.26 万毫升。资助农村建设，向挂钩帮扶社区、乡镇捐款 43.91 万元。

盐城市烟草专卖局（公司）：扶贫济困，员工向受灾地区捐款 15.8 万元；向特困家庭等捐款 69.72 万元，员工个人捐款 3.13 万元；参加无偿献血活动，献血 6.64 万毫升。资助教育事业，设立“金叶春蕾班”并捐赠“爱心包裹”，向特困学生等赠送价值 10.48 万元学习用品，员工个人捐款 3.76 万元。资助社会公共设施建设，捐款 33.46 万元。

淮安市烟草专卖局（公司）：扶贫济困，参加“情系阜宁灾区”等捐款活动，员工个人捐款 15.5 万元；向淮安市慈善总会捐款 8.5 万元；向留守儿童等捐款 2.5 万元；参加无偿献血活动，献血 4.5 万毫升。资助教育事业，向特殊教育学校、未成年成长指导中心等捐款 4 万元。资助乡村、社区建设，向吕良等贫困乡镇、城东社区捐款 50 万元。

宿迁市烟草专卖局（公司）：扶贫济困，向宿迁市慈善总会捐款 0.77 万元；向困难群众捐款捐物，共计 14.65 万元；参加无偿献血活动，献血 7500 毫升。资助教育事业，开展“金秋助学”活动，捐款 3.95 万元。资助乡村建设，向仰化镇等捐款 57.61 万元。其他捐款 7.99 万元。

徐州市烟草专卖局（公司）：扶贫济困，参加“慈善一日捐”等活动，捐款 5.35 万元；向困难大学生等捐款 3.3 万元；参加无偿献血活动，献血 1.98 万毫升。资助教育事业，向郑庄村柳元小学捐款 2.6 万元。资助城市、乡村建设，向扶贫村等捐款 53 万元。

连云港市烟草专卖局（公司）：扶贫济困，参加“慈善一日捐”活动，捐款 1.9 万元；向困难户捐款捐物，共计 7.9 万元；向受灾地区捐款 5.29 万元；参加无偿献血活动，献血 2.95 万毫升。资助乡村建设，向贫困村捐款 52 万元。资助社会公共和福利事业，组织开展志愿服务活动 70 余次，参与志愿者 680 余人次，义务植树 2800 余棵。其他捐款 3 万元。

江苏中烟工业有限责任公司

2016 年，江苏烟草工业有限责任公司捐款 750.68 万元，用于各项社会公益活动。其中，扶贫济困 140 万元，资助乡村建设 136 万元，资助教育文化事业 274.68 万元。捐赠援藏资金 200 万元。

江苏中烟工业有限责任公司本部：资助教育事业，向“春蕾圆梦工程”捐款 39 万元，向“安全知识进校园”活动捐款 4.68 万元。资助乡村建设，向宿迁市泗阳县捐款 50 万元。捐赠援藏资金 200 万元。

江苏中烟工业有限责任公司南京卷烟厂：资助教育事业，向南京溧水区永阳镇东庐小学捐款 5 万元用于购买图书室用品。资助乡村建设，向南京高淳区龙潭村捐款 10 万元，向高淳区漆桥镇和平村捐款 60 万元。资助社会事业，向南京关爱好人基金会捐款 10 万元。

江苏中烟工业有限责任公司徐州卷烟厂：资助乡村建设，向挂钩定点村捐款 16 万元。资助教育事业，向徐州一中捐款 40 万元，向徐州市总工会“爱心助学”活动捐款 40 万元。资助社会事业，向徐州市妇联捐款 8 万元，向徐州市金盾阳光优抚基金会捐款 20 万元。

江苏中烟工业有限责任公司淮阴卷烟厂：扶贫济困，向淮安市盱眙县、涟水县等捐款 90 万元，向淮安市洪泽县三河镇联堡村捐款 30 万元，向淮安区复兴镇田桥村捐款 20 万元。资助教育事业，向淮阴中学捐款 32 万元，向清江中学捐款 24 万元，向淮安市实验小学捐款 24 万元，向淮洲中学捐款 10 万元。资助社会事业，向见义勇为基金捐款 18 万元。

浙江省烟草专卖局（公司）

2016 年，浙江省烟草商业系统捐款 2.68 亿元，用于各项社会公益活动。

浙江省烟草专卖局（公司）机关：扶贫济困，捐款 3416 万元。资助教育事业，向浙江“精实”助学项目捐款 500 万元。资助社会公共事业，向浙江省见义勇为基金会捐款 50 万元；向“二十国集团领导人杭州峰会”（G20）捐款 2 亿元。

杭州市烟草专卖局（公司）：扶贫济困，开展“春风行动”“助老助孤助残”等活动，捐款 368.76 万元；向癌症患者捐款 2 万元。资助教育事业，捐款 32 万元。资助乡村建设，捐款 234.8 万元。资助社会公共事业，向“五水共治”工程捐款 20 万元；向公益救援队捐款 10 万元；向见义勇为基金会捐款 2 万元。

宁波市烟草专卖局（公司）：扶贫济困，向各级慈善总会、抗癌协会等机构捐款 287 万元；向困难学生捐款 3 万元。资助乡村建设，向南岚村等对口帮扶乡村捐款 83 万元。

温州市烟草专卖局（公司）：扶贫济困，向慈善总会等捐款 98.92 万元；向“慈善一日捐”活动捐款 8 万元；向困难群众捐款 87.38 万元。资助教育事业，捐款 59 万元。资助乡村、社区建设，捐款 86.7 万元。资助社会公共事业，向“五水共治”工程捐款 5 万元。

嘉兴市烟草专卖局（公司）：扶贫济困，向慈善总会捐款 25.35 万元；向困难群众捐款捐物共计 47.6 万元。资助教育事业，向教育基金、慈善助学基金等捐款 88 万元。资助乡村、社区建设，捐款22万元。资助社会公共事业，向“五水共治”工程捐款9.9万元。

湖州市烟草专卖局（公司）：扶贫济困，向慈善总会、红十字会等捐款198万元；开展“慈善一日捐”活动，员工个人捐款4.33万元。资助教育事业，向困难学校捐赠1700余册图书。资助乡村、社区建设，捐款59.76万元。

绍兴市烟草专卖局（公司）：扶贫济困，向慈善总会等捐款11.5万元；开展“慈善一日捐”活动，捐款30.84万元；向困难户捐款4.56万元。资助教育事业，向绍兴市希望小学捐赠价值2万余元的图书。资助乡村建设，向结对乡村捐款42.5万元。

金华市烟草专卖局（公司）：扶贫济困，参加“慈善一日捐”活动，捐款12.5万元；参加无偿献血活动，献血1.04万毫升。资助教育事业，捐款15万元。资助乡村建设，向结对帮扶村等捐款164.5万元。

衢州市烟草专卖局（公司）：扶贫济困，向慈善总会等捐款130.52万元；参加无偿献血活动，献血7100毫升。资助教育事业，参加“阳光助学”活动，捐款10.95万元。资助乡村建设，捐款8.49万元。

丽水市烟草专卖局（公司）：扶贫济困，向困难零售客户、学生等捐款38.74万元。资助乡村建设，向结对帮扶村提供帮扶基金，并委派农村指导员常驻两村指导。救助灾害，向发生山体滑坡灾害的苏村捐款10万元。

台州市烟草专卖局（公司）：扶贫济困，向困难零售客户等捐款41.49万元；向社会福利机构捐款7.1万元。资助教育事业，向困难学校捐赠价值14.13万元的教学物资。资助乡村、社会建设，捐款71.5万元。

舟山市烟草专卖局（公司）：扶贫济困，向慈善总会等机构捐款90万元。

浙江中烟工业有限责任公司

2016年，浙江中烟工业有限责任公司捐款3.6亿元，用于各项社会公益活动。

扶贫济困。向杭州市慈善总会捐款1000万元，向杭州市西湖区慈善总会捐款100万元，向浙江省奉化市、桐庐县等慈善机构捐款273万元，向杭州市淳安县、温州市文成县各捐款70万元，向衢州江山市捐款95万元，向云南省等捐款2830万元。捐赠援藏资金200万元。

资助教育事业。向浙江大学教育基金会捐款8200万元；向浙江大学教育基金会“利群阳光”基金捐款1500万元；向杭州市慈善总会捐款910万元，用于“利群阳光”助学金；向宁波市人民教育基金会捐款100万元。

资助社会公共事业。向浙江消防公益基金会捐款500万元，向宁波市红十字会捐款66万元。其他捐款2.01亿元。

安徽省烟草专卖局（公司）

2016年，安徽省烟草商业系统捐款718.3万元，用于各项社会公益活动。

安徽省烟草专卖局（公司）机关：资助乡村建设，向蚌埠市怀远县张坝村捐款28万元，向对口帮扶点合肥市长丰县下塘镇捐赠60台电脑、100套办公桌椅。资助教育事业，向六安市金寨县金叶希望小学捐款15万元。

合肥市烟草专卖局（公司）：扶贫济困，向肥西县柿树乡，巢湖市沿河村、团结村等贫困户捐款4万元，向困难群众捐款6.5万元。资助教育事业，向科学岛实验中学、巢湖市中埠滨湖中学捐款10万元。资助乡村建设，向大庙燕窝村水库改造工程捐款3万元。资助社会发展事业，承办合肥市庆“七一”第六批“圆梦微心愿”爱心志愿服务行动认领对接仪式，参与活动党支部17个，党员志愿者440人，采购微心愿物品75件，党员个人捐款4万元。

淮北市烟草专卖局（公司）：扶贫济困，向困难零售客户捐款3.7万元。资助教育事业，向乡村学校捐款2万余元，并捐赠电脑20台。

亳州市烟草专卖局（公司）：扶贫济困，向困难群众捐款2.96万元，并捐赠米、面、油等生活必需品。资助文化事业，向亳州市老年体育协会捐款1.5万元。

宿州市烟草专卖局（公司）：扶贫济困，为灵璧县七里村困难群众陆某配备生活必需品，安排专人每月送去米、面、油等生活用品，并帮助小孩上学，年救济额约5万元；参加“送温暖、献爱心”活动，捐款1万元。资助乡村建设，向灵璧县村镇捐款25.88万元。资助社会发展事业，向安徽省道德建设基金会捐款1万元。

蚌埠市烟草专卖局（公司）：扶贫济困，帮扶扶贫包保的3个帮扶村和1个帮扶民族村。资助教育事业，开展“金秋助学”活动，捐款6万余元。资助社会发展事业，组织党员和青年团员开展进社区、“我爱我家·行走蚌埠”等志愿服务活动。

阜阳市烟草专卖局（公司）：扶贫济困，参加“送温暖、献爱心”活动，捐款3.5万元；开展定点精准扶贫，向颍上县、临泉县等捐款83.4万元，用于建设光伏发电、农业种植等集体经济项目，并捐赠生产和生活必需品。资助教育事业，向临泉县柳树沟小学捐赠电脑10台。

淮南市烟草专卖局（公司）：扶贫济困，向寿县安丰镇观音村建设村级光伏电站工程捐款40万元。

滁州市烟草专卖局（公司）：扶贫济困，向困难党员、群众等捐款16.88万元，并捐赠生活必需品。资助教育事业，向全椒县西王小学捐款1万元。资助乡村建设，向全椒县复兴村等捐款13.7万元。资助社会公共事业，组织15名“徽映”志愿者参加“学雷锋”活动；开展“守望邻里”进社区志愿服务活动，建设首批8个爱心驿站。

六安市烟草专卖局（公司）：扶贫济困，向金寨县油坊店乡西莲村捐款4万元。资助乡村建设，向裕安区新安镇西桥村、金安区张店镇金冲村等捐款26万元，参加“慈善一日捐”并捐款1.16万元，员工个人“一对一”结对帮扶捐款1.1万元。

马鞍山市烟草专卖局（公司）：扶贫助困，参加“慈善一日捐”活动，员工个人捐款5.4万元，向社区（村）、福利院等捐款6万元，向石桥镇石桥村捐款2万元。救助灾害，捐款5.4万元。

芜湖市烟草专卖局（公司）：扶贫济困，向困难群众捐款17.13万元。资助教育事业，开展“金秋助学”等活动，捐款4.85万元。资助环保事业，捐款4万元。救助灾害，捐款53万余元。

宣城市烟草专卖局（公司）：扶贫济困，向困难零售客户等捐款13.3万元。资助教育事业，捐款7.35万元。资助乡村建设，向安吴村等联点共建村捐款17.4万元。

铜陵市烟草专卖局（公司）：扶贫济困，向枞阳县云龙村、查岭村困难群众捐款6万元，并捐赠生活必需品。救助灾害，捐款2.55万元。

池州市烟草专卖局（公司）：扶贫济困，向东湖路社区，东至县木塔乡、永济村困难群众捐款5.6万元，并捐赠米、面、油等一批生活必需品；参加“送温暖、献爱心”活动，捐款3.3万元。资助乡村建设，向永济村捐款4.5万元。

安庆市烟草专卖局（公司）：扶贫济困，向扶贫村捐款42.87万元，向困难群众捐款17.3万元，向沐阳之家残疾儿童活动中心捐款3万元，由员工个人捐款设立的“徽映”基金资助49名困难零售客户共计6.84万元。资助乡村建设，捐款10万元。救助灾害，捐款10.71万元。资助社会发展事业，向道德模范、见义勇为基金会捐款4万元。

黄山市烟草专卖局（公司）：扶贫济困，开展“万名党员帮万户”活动，向歙县新溪口村捐款13.8万元；参加无偿献血活动，献血1.72万毫升。资助教育事业，参加“亲情帮扶”“徽映助学”活动，捐款5万元。资助社会发展事业，捐款62.92万元。

华环国际烟草有限公司：扶贫济困，组织青年志愿者服务队到蚌埠市社会福利院进行志愿活动，并捐款生活、学习用品。

安徽皖南烟叶有限责任公司：扶贫济困，参加“六一”圆梦行动，向杨柳镇50名留守儿童和宣城市特教中心捐款3.8万元。资助医疗、卫生事业，向郎溪县、广德县敬老院等捐款7万元。资助体育事业，捐款4.8万元。资助乡村建设，向宣州区狸桥镇、杨柳镇等新农村建设项目捐款22万元。

安徽中烟工业有限责任公司

2016年，安徽中烟工业有限责任公司捐款510.3万元，用于各项社会公益活动。其中，扶贫济困285.8万元，资助教育事业54.5万元，资助乡村、社区建设30万元，救助灾害130万元。

安徽中烟工业有限责任公司本部：扶贫济困，向宿州市灵璧县捐款20万元并捐赠10台电脑，参加无偿献血活动，献血1.01万毫升。救助灾害，向郴州市、宣城市捐款130万元。捐赠援藏资金200万元。

安徽中烟工业有限责任公司蚌埠卷烟厂：扶贫济困，向蚌埠市怀远县捐款14万元，向蚌埠市总工会捐款10万元，向蚌埠市慈善总会捐款6万元，向亳州市蒙城县总工会捐款10万元。参加无偿献血活动，献血1.39万毫升。

安徽中烟工业有限责任公司芜湖卷烟厂：资助教育事业，向安徽大学教育基金会捐款15万元，向安徽师范大学教育基金会、芜湖市爱心助学基金会、芜湖市牵手基金会各捐款5万元。参加无偿献血活动，献血1.22万毫升。

安徽中烟工业有限责任公司合肥卷烟厂：资助乡村建设，向合肥市长丰县杜集乡庙后村捐款30万元。

安徽中烟工业有限责任公司阜阳卷烟厂：扶贫济困，向阜阳市颍东区插花镇捐款15万元；员工个人向留守儿童捐款1.7万元；参加无偿献血活动，献血1.86万毫升。资助教育事业，向安徽省青少年发展基金会捐款15万元，用于资助阜阳市特困大学生。

安徽中烟工业有限责任公司滁州卷烟厂：扶贫济困，向滁州市来安县定点联系帮扶村捐款20.5万元；开展向困难群众“送温暖、献爱心”活动，员工个人捐款5.38万元。资助教育事业，捐款9.5万元。

福建省烟草专卖局（公司）

2016年，福建省烟草商业系统捐款8533万元，用于各项社会公益活动。

福建省烟草专卖局（公司）机关：扶贫济困，参加“爱心年夜饭”“爱心年货赠送”等活动，捐款225万元。资助教育事业，建立“金叶助学金”，捐款100万元。资助卫生事业，捐款100万元。资助乡村建设，捐款375万元。资助社会公共事业，捐款6588万元。捐赠援藏资金400万元。

福州市烟草专卖局（公司）：扶贫济困，向困难群众、大学生等捐款7.72万元；参加无偿献血活动，献血8800毫升。资助教育事业，捐款2.15万元。资助社区建设，捐款10.33万元。资助社会发展事业，捐款7.7万元。

厦门市烟草专卖局（公司）：扶贫济困，捐款12.6万元，参加无偿献血活动，献血1.15万毫升。资助教育事业，捐款14.66万元。资助乡村建设，捐款23.65万元。资助社会公共事业，捐款18.95万元。

宁德市烟草专卖局（公司）：扶贫济困，向困难群众、困难零售客户捐款14.9万元。资助教育事业，参加“阳光助学”行动，捐款3.5万元；关爱留守儿童，捐款1.2万元。资助文化、卫生事业，捐款17.26万元。资助社会公共设施建设，捐款39.4万元。

莆田市烟草专卖局（公司）：扶贫济困，捐款7.4万元。资助教育事业，捐款13万元，并连续第六年资助100名贫困大学生20万元。资助社会发展事业，向莆田市社会福利中心捐款5万元。资助乡村建设，捐款37万元。

泉州市烟草专卖局（公司）：扶贫济困，捐款34.12万元。资助教育文化事业，捐款55.71万元。资助乡村建设，捐款53.63万元。资助社会公共事业，捐款100万元。

漳州市烟草专卖局（公司）：扶贫济困，捐款8.5万元。资助教育事业，捐款10.96万元，向云霄教育专项发展资金捐款60万元。资助文化事业，捐款19.3万元。资助乡村建设，捐款36.9万元。

龙岩市烟草专卖局（公司）：扶贫济困，向困难零售客户等捐款25万元。资助乡村建设，捐款15万元。资助教育、文化事业，捐款15万元。其他捐款31万元。

三明市烟草专卖局（公司）：扶贫济困，捐款36.86万元。资助教育事业，捐款14.45万元。资助社会发展事业，捐款60.43万元。资助乡村建设，捐款69.3万元。救助灾害，捐款19.28万元。

南平市烟草专卖局（公司）：扶贫济困，向困难群众捐款56.34万元。资助教育事业，开展“金秋助学”“春蕾助学”“情暖延平、文明关爱”“慈善一日捐”等活动，捐款8.45万元。资助乡村建设，捐款31.05万元。资助社会发展事业，捐款2.39万元。

中国烟草福建进出口有限责任公司：扶贫济困，捐款2.53万元。

福建烟草海晟投资管理有限公司：扶贫济困，捐款3.9万元。

福建省三明金叶复烤有限公司：资助社区建设，捐款2.8万元。

福建武夷烟叶有限公司：资助乡村及社区建设，捐款5.85万元。

福建中烟工业有限责任公司

2016年，福建中烟工业有限责任公司捐款9692万元，用于各项社会公益活动。其中，扶贫济困1265万元，资助教育事业517万元，资助文化事业7510万元，救助灾害400万元。

福建中烟工业有限责任公司本部：扶贫济困，向宁德市慈善总会等捐款600万元。资助教育事业，向厦门市教育基金捐款170万元，向思明区教育基金会捐款200万元，向集美大学教育基金会捐款100万元。资助卫生事业，向厦门市红十字基金会捐款400万元。救助灾害，捐款400万元。

龙岩烟草工业有限责任公司：扶贫济困，向龙岩市慈善总会捐款3602万元。

厦门烟草工业有限责任公司：扶贫济困，向厦门市老年基金会捐款45万元，向厦门市残疾人福利基金会捐款2700万元，向厦门市海沧区红十字会捐款800万元。资助教育事业，向厦门市教育基金会捐款20万元。

江西省烟草专卖局（公司）

2016年，江西省烟草商业系统捐款1.66亿元，用于各项社会公益活动。其中，扶贫济困155.6万元，资助教育事业16万元，资助乡村、社区建设1.07亿元，救助灾害5788万元。

江西省烟草专卖局（公司）机关：扶贫济困，向困难群众捐款10.47万元；向定点帮扶村[illegible]村捐款4.95万元；参加“情系儿童润童心，爱心传递正能量”青年志愿者活动、“慈善一日捐”活动，捐款2.34万元。资助乡村建设，向原中央苏区捐款1亿元。救助灾害，向江西省慈善总会捐款3000万元。捐赠援藏资金400万元。

南昌市烟草专卖局（公司）：扶贫济困，参加关爱留守儿童公益活动，捐款5万元；参加无偿献血活动，献血6600毫升。资助乡村、社区建设，捐款23万元。救助灾害，捐款3.6万元。其他捐款7.4万元。

九江市烟草专卖局（公司）：扶贫济困，捐款3.46万元。资助新农村建设，捐款41.7万元。资助社区建设，捐款10.3万元。救助灾害，捐款24万元。

上饶市烟草专卖局（公司）：扶贫济困，捐款18.6万元；参加“慈善一日捐”“金秋助学”活动，捐款4.39万元；参加无偿献血活动，献血1600毫升；向红字会捐款4.62万元。资助农村、社区建设，捐款17.8万元。救助灾害，捐款101.49万元。

抚州市烟草专卖局（公司）：扶贫济困，捐款9.6万元。资助乡村建设，捐款3.79万元。救助灾害，捐款1082.1万元。

宜春市烟草专卖局（公司）：扶贫济困，参加“慈心一日捐”“温暖过冬”活动，捐款1.45万元。资助乡村、社区建设，捐款26万元。

吉安市烟草专卖局（公司）：扶贫济困，捐款33万元；参加无偿献血活动，献血2600毫升。救助灾害，捐款569.79万元。

赣州市烟草专卖局（公司）：扶贫济困，参加“送政策、送温暖、送服务”活动，捐款12.18万元。资助教育事业，参加“1+1扶贫助学”活动，捐款10.8万元。资助乡村建设，捐款35.48万元。救助灾害，捐款1006.56万元。

景德镇市烟草专卖局（公司）：扶贫济困，向困难群众捐款3万元；参加无偿献血活动，献血2100毫升。资助农村建设，捐款54.4万元。资助教育事业，向宝石村小学捐款0.1万元。

萍乡市烟草专卖局（公司）：扶贫济困，参加“助残一日捐”“春蕾计划”等活动，捐款27.43万元。资助乡村、社区建设，捐款4万元。

新余市烟草专卖局（公司）：扶贫济困，捐款10.62万元。资助乡村建设，捐款19万元。资助社区建设，捐款4万元。救助灾害，捐款1万元。

鹰潭市烟草专卖局（公司）：扶贫济困，捐款12.32万元；参加无偿献血活动，献血1.6万毫升。资助教育事业，参加“春蕾计划”活动，捐款0.82万元。资助乡村建设，捐款8.2万元。

江西中烟工业有限责任公司

2016年，江西中烟工业有限责任公司捐款1.07亿元，用于各项社会公益活动。其中，扶贫济困201.1万元，资助教育事业25万元，资助乡村建设312万元，资助社会残疾人事业150万元，资助赣南地区振兴发展建设1亿元。

江西中烟工业有限责任公司本部：扶贫济困，向江西省残疾人福利基金会捐款150万元。资助教育事业，向50名“金圣学子”捐款25万元。捐赠援藏资金200万元。

江西中烟工业有限责任公司南昌卷烟厂：扶贫济困，组织对定点帮扶村抚州市乐安县罗陂乡开展扶贫调研及扶贫项目筹建工作，并向困难群众捐款1.1万元。资助环保事业，组织党员30人赴南昌市梅岭开展公益环保宣传活动。

江西中烟工业有限责任公司赣州卷烟厂：资助乡村建设，向赣州市南康区谭口镇坳上村捐款15万元。

江西中烟工业有限责任公司广丰卷烟厂：资助乡村建设，向上饶市广丰区永丰街道横路社区、沙田镇卫生院等捐款12万元，用于桥梁建设、饮水工程建设和医疗卫生项目建设。救助灾害，向上饶市广丰区“1·20”燃爆事故受害者捐款10万元。

江西中烟工业有限责任公司井冈山卷烟厂：资助乡村建设，向井冈山市拿山乡、吉安县油田镇路西村、吉安县敦厚镇南街村等捐款285万元，用于空心村改造、村庄整治、油茶基地建设、病危水库加固等项目建设。

山东省烟草专卖局（公司）

2016年，山东省烟草商业系统捐赠1528万元，用于各项社会公益活动。

山东省烟草专卖局（公司）机关：扶贫济困，向帮扶村捐款307.5万元。资助教育事业，开展“关爱留守儿童、情系老区未来”活动，捐款3.42万元。捐赠援藏资金400万元。

济南市烟草专卖局（公司）：扶贫济困，开展“慈心一日捐”等活动，员工个人捐款10.05万元；开展精准扶贫工作，向贫困村捐款30.2万元。资助教育事业，开展“真情助学”活动，向困难学生捐款4.25万元。

青岛市烟草专卖局（公司）：扶贫济困，参加“慈心一日捐”活动，员工个人捐款10万元，向“人口关爱”基金捐款1.2万元。资助教育事业，向青岛市儿童福利院捐赠价值4.96万元的学习生活用品。

淄博市烟草专卖局（公司）：扶贫济困，参加“慈心一日捐”活动，捐款21.73万元，向高青县黑李寨镇演马村捐款50万元。

枣庄市烟草专卖局（公司）：扶贫济困，向结对帮扶村捐款101.92万元，其中员工个人捐款10.92万元；向困难群众捐款5.6万元。

东营市烟草专卖局（公司）：扶贫济困，参加“慈心一日捐”活动，捐款6.22万元；参加无偿献血活动，献血3900毫升。资助乡村建设，捐款82.5万元，并协调资金44万元，帮助5个村实施7个帮扶项目。参加东营创建全国文明城市活动，组织志愿者130名，开展志愿活动40次。

烟台市烟草专卖局（公司）：扶贫济困，开展“双联双促”新农村帮扶工作，捐款79.21万元；向困难零售客户捐款27.55万元；参加“慈心一日捐”活动，捐款67.34万元，其中员工个人捐款19.34万元。资助教育事业，开展“助力寒门学子”活动，向困难大学生捐款40万元。资助社会发展事业，向见义勇为基金捐款50万元。

潍坊市烟草专卖局（公司）：扶贫济困，向困难零售客户和烟农捐款7.7万元；参加“慈心一日捐”等活动，员工个人捐款14.4万元；参加“温暖过冬”等活动，向困难群众捐款0.8万元。资助教育事业，向辖区学校、困难学生捐款3.9万元。资助乡村建设，开展“包村联户”工作，捐款63万元，用于改善村容村貌。资助社会福利事业，向潍坊市儿童福利院、寿光市聋哑学校等机构捐款1万元。救助灾害，开展“心连心共抗旱”等活动，捐款7.3万元。

济宁市烟草专卖局（公司）：扶贫济困，向鱼台县滨湖街道张庙村、鱼台县谷亭街道办事处等捐款34.44万元。

泰安市烟草专卖局（公司）：扶贫济困，开展“慈心一日捐”活动，捐款5.6万元。资助教育事业，组织青年志愿者向岱岳区乡沙沟小学捐赠学习生活用品。资助社会公共事业，组织义务植树；开展“文明出行”志愿活动，169名员工在路口执勤服务。

威海市烟草专卖局（公司）：扶贫济困，参加“慈心一日捐”活动，捐款5.34万元。资助乡村建设，向帮扶村捐款93.5万元用于改造基础设施和实施富民项目。

日照市烟草专卖局（公司）：扶贫济困，开展“慈心一日捐”活动，捐款5.45万元；向莒县、五莲县村镇捐款12.96万元；向困难党员捐赠价值0.3万元的生活必需品。资助教育事业，参加“春蕾计划”“关爱留守儿童”等活动，捐款5.5万元。资助环保事业，参加“森林五莲建设”活动，捐款0.75万元。其他捐款2.54万元。

莱芜市烟草专卖局（公司）：扶贫济困，向贫困零售客户捐款0.42万元。资助教育事业，参加“金叶助学”活动，捐款6万元。资助乡村建设，捐款1.1万元。

临沂市烟草专卖局（公司）：扶贫济困，参加“慈心一日捐”活动，捐款10万元。资助乡村建设，向帮扶村捐款90万元。

德州市烟草专卖局（公司）：扶贫济困，参加“慈心一日捐”活动，捐款1.3万元；向陵城区东王架村、陆家庙村等捐款10万元。

聊城市烟草专卖局（公司）：扶贫济困，参加“真情·莲心”关爱贫困家庭儿童志愿活动、“资助瓜农”系列活动，捐款0.5万元。

滨州市烟草专卖局（公司）：扶贫济困，参加“慈心一日捐”“手拉手、心连心”等活动，捐款11.1万元；参加无偿献血活动，献血1.1万毫升。资助乡村建设，捐款9万元用于生态村实施富民项目。

菏泽市烟草专卖局（公司）：扶贫济困，开展“慈心一日捐”活动，向菏泽市慈善总会捐款33万元；向扶贫村捐款45万元。资助乡村建设，捐款105万元。

山东中烟工业有限责任公司

2016年，山东中烟工业有限责任公司积极开展各项社会公益活动。

山东中烟工业有限责任公司本部：扶贫济困，向山东省慈善总会捐款400万元。捐赠援藏资金200万元。

山东中烟工业有限责任公司济南卷烟厂：扶贫济困，开展“心手相牵快乐成长”关爱留守儿童活动，向济南市历城区留守家庭捐赠价值0.3万元的文具；参加济南市“青年志愿服务岗位”泉城广场志愿活动；参与济南市文明办组织的“我爱泉城文明出行”交通志愿服务活动，组建“泰山·有为”志愿服务团队，建立健全网络文明宣传志愿者队伍，152人注册成为青年网络文明志愿者。

山东中烟工业有限责任公司青岛卷烟厂：扶贫济困，参加“慈善一日捐”活动，员工个人捐款21.5万元。

山东中烟工业有限责任公司青州卷烟厂：扶贫济困，参加“慈善一日捐”活动，员工个人捐款5.06万元；组织“学雷锋服务月”活动，开展卫生清扫志愿服务活动和“我为零售户做实事”“传承雷锋精神，岗位服务承诺”“我为企业发展谏一言”等公益活动；组织团员青年参加青州市志愿者协会举办的“爱心手牵手—百名残疾人圆梦古城游”活动。

山东中烟工业有限责任公司滕州卷烟厂：扶贫济困，参加“慈善一日捐”活动，员工个人捐款11.69万元。

颐中烟草（集团）有限公司：扶贫济困，参加“情系泰山”无偿献血活动，献血近6万毫升。

河南省烟草专卖局（公司）

2016年，河南省烟草商业系统共捐款628.7万元，用于各项社会公益活动。扶贫济困，捐款302万元。资助教育事业，捐款44.1万元。资助乡村建设，捐款251.2万元。救助灾害，捐款31.4万元。

河南省烟草专卖局（公司）机关：扶贫济困，向对口帮扶村南阳市内乡县曹营村捐款50万元，用于困难家庭发展特色农业；向困难群众捐款10万元。资助乡村建设，向南阳市内乡县曹营村捐款54.3万元。

郑州市烟草专卖局（公司）：扶贫济困，向郑州市慈善总会、新郑市慈善总会捐款6万元。

开封市烟草专卖局（公司）：扶贫济困，向祥符区仇楼镇韩一村捐款3.8万元，向杞县官庄乡西岗村捐款1万元，向尉氏县大营后郑村捐款1.5万元。

洛阳市烟草专卖局（公司）：扶贫济困，向嵩县九店乡马沟村捐款23万元，用于发展皂角产业和基础设施建设，并向村小学捐赠电脑10台。

平顶山市烟草专卖局（公司）：扶贫济困，开展“学雷锋”“送温暖”“助扶贫”等活动，建立金叶公益服务中心、公益图书馆；参加无偿献血活动，献血7.6万毫升。资助教育事业，向33名困难大学生捐款19万元。

安阳市烟草专卖局（公司）：扶贫济困，向安阳市慈善总会捐款15万元，向贫困家庭捐款0.5万元。资助教育事业，参加“金秋助学”活动，捐款0.6万元。救助灾害，向安阳县都里镇许家滩村、林州市河顺镇路家脑村等捐款31.4万元。

鹤壁市烟草专卖局（公司）：资助乡村建设，向淇县鱼泉村、善堂镇西大河村等捐款26.4万元，用于基础设施建设。

新乡市烟草专卖局（公司）：扶贫济困，向新乡市封丘县村镇捐款33.5万元，并捐赠价值19万元的慰问品和医疗器械，一对一帮扶308户困难户。资助教育事业，参加“圆梦微心愿，助乐儿童节”“金秋送暖，爱心助学”等活动，并向辉县市胡桥乡中心学校少年宫建设项目捐款1万元。

焦作市烟草专卖局（公司）：扶贫济困，参加“爱心一日捐”活动，捐款1.3万元；向修武县裴庄村困难群众捐款2.4万元。

漯河市烟草专卖局（公司）：扶贫济困，开展“爱心助困”“爱心助学”“扶危济困”等活动，捐款10万余元。

许昌市烟草专卖局（公司）：扶贫济困，向鄢陵县只乐镇捐款15万元，向襄县颍桥回族镇西街村捐款10万元。资助乡村建设，向禹州市范坡镇黄岗村捐款10万元，向王洛镇何庄村捐款27万元。

三门峡市烟草专卖局（公司）：扶贫济困，参加“关爱儿童·情暖元宵”“感恩心、烟草情”等关爱贫困儿童活动，捐款1.2万元。资助乡村建设，向卢氏县杜关镇显众村、灵宝市函谷镇西留村捐款68万元。

南阳市烟草专卖局（公司）：扶贫济困，向困难群众捐赠米、面、油等生活必需品。资助教育事业，向10名困难大学生捐款3万元，向留守儿童捐赠100余套图书和学习用品。资助其他社会公共事业，为南阳市龙王沟水库义务植树100余棵。

商丘市烟草专卖局（公司）：资助教育事业，参加“春蕾计划”助学行动，为睢阳区安楼小学建立爱心书屋，向13名贫困学生捐款0.5万元。

信阳市烟草专卖局（公司）：扶贫济困，向对口扶贫村信阳市平桥区邢集镇周楼村捐款64.5万元，其中员工个人捐款1.5万元。

周口市烟草专卖局（公司）：扶贫济困，向淮阳县大连乡齐庄村、郸城县石槽乡宋狄楼村等捐款31.5万元。资助教育事业，向希望工程圆梦行动捐款5万元，并捐赠价值1万元的电脑，向小火柴自愿者联合会捐款4万元。资助乡村建设，向西华县艾岗乡潘南村、潘北村等捐款13万元。

驻马店市烟草专卖局（公司）：扶贫济困，向困难群众捐赠价值0.6万元的生活必需品。资助教育事业，向驻马店市儿童福利院捐赠价值6.4万元的生活物品，向驻马店市特种学校捐赠价值3.6万元的学习用品。资助乡村建设，向对口扶贫村捐款50万元用于新农村基层基础设施建设。

济源市烟草专卖局（公司）：扶贫济困，参加“慈善一日捐”“感恩烟草·情暖北吴”等活动，捐款2.2万元。资助乡村建设，向下冶镇北吴村捐款2.5万元。

河南中烟工业有限责任公司

2016年，河南中烟工业有限责任公司积极开展各项社会公益活动。

河南中烟工业有限责任公司本部：扶贫济困，向信阳市新县毛铺村捐款50余万元，设立帮扶救助基金，员工个人向基金账户捐款5万余元。

河南中烟工业有限责任公司许昌卷烟厂：扶贫济困，向许昌市长葛市坡胡镇侯庄村捐款10万元。

河南中烟工业有限责任公司安阳卷烟厂：扶贫济困，开展“一帮一”送温暖活动，向安阳市豫纺公司捐款2.88万元。救助灾害，向安阳市“7·19”洪水受灾群众捐款15.9万元。

河南中烟工业有限责任公司南阳卷烟厂：扶贫济困，向南阳市淅川县厚坡镇王河村捐款35万元，向平顶山市郏县李口镇周沟村捐款30万元。

河南中烟工业有限责任公司驻马店卷烟厂：资助教育事业，向驻马店市正阳县袁寨乡孙楼村捐款33万元，用于新建幼儿园。

河南中烟工业有限责任公司洛阳卷烟厂：扶贫济困，向洛阳市宜阳县高村乡丰涧村捐款33万元，张凤涛、李大红两名员工资助洛阳市洛宁县底张乡大杨村困难家庭小学生价值0.6万元的学习用具、生活物资等。

河南卷烟工业烟草薄片有限公司：资助教育事业，参加“金秋助学”公益活动，捐款5万元。资助乡村建设，捐款10万元。

湖北省烟草专卖局（公司）

2016年，湖北省烟草商业系统捐款9394万元，用于各项社会公益活动。

湖北省烟草专卖局（公司）机关：扶贫济困，向三峡工程移民点捐款80.2万元，向“万名干部进万村惠万民”活动（简称“三万”活动）驻点村、省直新农村建设对口郧县扶贫点捐款35万元，向十堰市郧阳区白桑关村捐款

400万元。救助灾害，向遭受洪涝灾害较重的宜都市捐款600万元。捐赠援藏资金400万元。

武汉市烟草专卖局（公司）：扶贫济困，向“三万”活动驻点村捐款29.04万元，向新洲区潘塘街汉楼村捐款73.72万元，向武汉市慈善总会捐款286万元。资助社会公共事业，向见义勇为基金会捐款44.23万元。救助灾害，向遭受严重洪涝灾害的新洲、蔡甸区慈善会分别捐款100万元。

黄冈市烟草专卖局（公司）：扶贫济困，向蕲春县漕河镇铁山村捐款25万元；参加无偿献血活动，献血3500毫升。资助乡村建设，捐款1191.7万元。救助灾害，向武穴市、蕲春县、红安县等受灾地区捐款333.3万元。

襄阳市烟草专卖局（公司）：扶贫济困，向对口扶贫村捐款79.1万元，向襄阳市老促会、“三万”活动驻点村捐款268.2万元，向襄阳市慈善总会捐款5万元。资助乡村建设，向南漳县、保康县下辖的4个村捐款16.5万元，用于道路建设。资助社会公共事业，向老河口市社会福利院等捐款1.2万元。救助灾害，向南漳县九集镇捐款60万元。

荆州市烟草专卖局（公司）：扶贫济困，捐款230万元，用于产业扶贫和帮扶困难群众。资助教育事业，向荆州中学、沙市中学等学校的困难学生捐款38万元。资助环保事业，向沙市区银海社区捐款1万元，用于“创卫”工作。救助灾害，向松滋市八宝镇捐款10万元。

十堰市烟草专卖局（公司）：扶贫济困，向十堰市慈善总会捐款316万元。资助教育事业，参加“朝阳助学”活动，向十堰市郧西县河夹镇中心小学捐赠价值30万元的电脑设备。资助乡村建设，帮扶16个生态村实施富民项目，捐款390万元。

孝感市烟草专卖局（公司）：扶贫济困，向对口扶贫点捐款141.7万元，向困难群众捐款4.2万元。资助社区建设，捐款1.18万元。救助灾害，向受灾地区捐款212.51万元。

恩施土家族苗族自治州烟草专卖局（公司）：扶贫济困，向“三万”活动驻点村捐款21万元，向农村特困居民医疗救助项目捐款651.3万元。资助社会公共事业，捐款1.3万元。

宜昌市烟草专卖局（公司）：扶贫济困，向宜昌市三峡扶贫基金会和“三万”活动驻点村捐款514.5万元；参加“扶贫日”“慈善一日捐”等活动，员工个人捐款12.81万元；参加无偿献血活动，献血2.6万毫升。资助教育事业，向五峰土家族自治县谢家坪小学捐款6万元。资助乡村建设，捐款508.5万元，用于道路等基础设施建设。

咸宁市烟草专卖局（公司）：扶贫济困，向困难群众捐款6.7万元，向精准扶贫、“三万”活动驻点村捐款557.35万元。资助教育事业，开展“金叶金秋助金榜”“金秋助学”活动，捐款23万元。资助社区建设，捐款15万元。救助灾害，捐款321.8万元。

随州市烟草专卖局（公司）：扶贫济困，向共建村和共建社区捐款137万元，参加“慈善一日捐”并向随州市慈善总会捐款5万元。资助教育事业，向随州市学生资助管理中心捐款18万元。救助灾害，向遭受洪涝灾害的地区捐款35万元，向受灾零售客户捐款12万元。

黄石市烟草专卖局（公司）：扶贫济困，捐款125万元，并向困难群众捐赠价值1万余元的物资。资助环保事业，向卫王社区捐款5万元，向方琪老年公寓捐款0.8万元用于环境改造。

荆门市烟草专卖局（公司）：扶贫济困，向扶贫项目、扶贫点捐款169万元，向沙洋县、掇刀区等区县的贫困村捐款13万元。资助教育事业，捐款30万元用于建设马南村小学教学楼。资助社会福利事业，向沙洋毛李镇农村福利院捐款5万元，向关爱妇女儿童项目捐款3万元。救助灾害，向沙洋县受灾地区捐款130万元，其中员工个人捐款42.28万元。

鄂州市烟草专卖局（公司）：扶贫济困，向梁子湖区沼山镇夏咀村捐款60万元；开展“送温暖、献爱心”活动，向夏咀村、东塔社区困难群众捐款9万元。资助乡村建设，向梁子湖区沼山镇建新村、杨岭村等捐款45万元。

仙桃市烟草专卖局（公司）：扶贫济困，向精准扶贫对口扶贫点捐款44万元，向“三万”活动驻点村捐款21万元。资助乡村建设，捐款41万元。救助灾害，捐款41万元。

天门市烟草专卖局（公司）：扶贫济困，捐款216万元。

潜江市烟草专卖局（公司）：扶贫济困，向帮扶村捐款46万元，向社会福利院、盲人协会等捐款11万元；参加“送温暖、献爱心”活动，员工个人捐款0.93万元；参加无偿献血活动，献血4000毫升。资助教育事业，捐款4万元。资助乡村、社区建设，捐款26万元。

神农架林区烟草专卖局（公司）：扶贫济困，向木鱼镇青天村捐款12万元。

湖北烟草金叶复烤有限责任公司：扶贫济困，向恩施州恩施市新塘乡捐款5万元。

湖北中烟工业有限责任公司

2016年，湖北中烟工业有限责任公司积极开展各项社会公益活动。

扶贫济困，向湖北省扶贫基金会捐款1500万元；向三峡移民巴东县对口支援受援工作委员会捐款160万元，向利川市南坪乡黄田村捐款145万元。其他捐款351.23万元。

湖南省烟草专卖局（公司）

2016年，湖南省烟草商业系统捐款9011万元，用于各项社会公益活动。

湖南省烟草专卖局（公司）机关：扶贫济困，向“金叶慈善医疗卡”救助项目捐款40万元，向困难群众捐款34.1万元，向“双联”对口帮扶企业等捐款45万元，向定点扶贫村湘西自治州永顺县石堤镇落叶洞村捐款220万元。资助社区建设，向长沙市新开铺街道办事处、金汇社区捐款15万元。捐赠援藏资金400万元。其他捐款45.9万元。

长沙市烟草专卖局（公司）：扶贫济困，向“金叶慈善医疗卡”救助项目捐款65万元。资助教育事业，捐款87万元。资助乡村建设，向宁乡县灰汤镇金农村、浏阳市金刚镇石霜村等捐款243.5万元。救助灾害，向受灾烟农捐款550万元。其他捐款59万元。

株洲市烟草专卖局（公司）：扶贫济困，捐款183万元。资助乡村建设，捐款40万余元。

湘潭市烟草专卖局（公司）：扶贫济困，向“金叶慈善医疗卡”救助项目捐款65万元；向湘乡市金石镇龙潭村捐款12万元，其中员工个人捐款1.54万元。资助教育事业，参加“全国助残日”“爱心助学”等活动，捐款14.92万元。资助社区建设，向东坪街道、三角坪社区、熙春路社区等捐款32.5万元。资助乡村建设，向湘乡市翻江镇、湘潭县乌石镇、韶山市花桥村等捐款64万元。

衡阳市烟草专卖局（公司）：扶贫济困，参加“慈善一日捐”活动并捐款9.79万元；向“金叶慈善医疗卡”救助项目捐款65万元；向困难企业捐款2万元。资助教育事业，参加“爱心助学”活动，捐款10万元。资助乡村建设，向衡南县鸡笼镇日光村、界牌镇将军村捐款115.18万元。资助社会公共事业，捐款10万元。

邵阳市烟草专卖局（公司）：扶贫济困，参加“春风行动”“慈善一日捐”活动并捐款6.8万元，向“金叶慈善医疗卡”救助项目捐款65万元。资助教育事业，向困难学生捐款3.8万元。资助乡村、社区建设，向全市70余个乡村捐款170.59万元，向邵阳市大祥区百春园社区、双清区肖家排社区捐款23万元。

岳阳市烟草专卖局（公司）：扶贫济困，向“金叶慈善医疗卡”救助项目捐款85万元。资助教育事业，向岳阳县步仙中学等捐款20万元。资助乡村建设，向岳阳县柏祥镇、华容县团州乡等捐款315.6万元用于基础设施建设。资助社区建设，向岳阳市车站社区、德胜社区等捐款49.1万元。救助灾害，向临湘市江南花谷村、平江县向家镇新石村等受灾地区捐款28.1万元。

常德市烟草专卖局（公司）：扶贫济困，参加“慈善一日捐”活动，向常德市慈善总会捐款3万元；发放“金叶慈善医疗卡”365张；参加无偿献血活动，献血8400毫升。资助教育事业，参加“金秋助学”等活动，捐款4万元。资助乡村建设，为贫困村捐款118.5万元。

张家界市烟草专卖局（公司）：扶贫济困，参加“慈心一日捐”“温暖过冬”活动，向张家界市慈善总会捐款1.2万元；参加无偿献血活动，献血9600毫升。资助教育事业，参加“一加一助学”活动，捐款18.16万元。资助乡村建设，捐款57万元用于富民项目。

益阳市烟草专卖局（公司）：扶贫济困，发放“金叶慈善医疗卡”，价值18万元，组织“636”志愿者为受灾群众捐赠纯净水2000件。

郴州市烟草专卖局（公司）：扶贫济困，向“金叶慈善医疗卡”救助项目捐款65万元，向困难群众和受灾群众等捐款84.25万元。资助教育事业，捐款10万元。资助乡村建设，捐款85万元。资助社区建设，向北湖区燕北、同新等社区捐款17.5万元。资助社会公共事业，向湖南省志愿者服务基金会捐款10万元。

永州市烟草专卖局（公司）：扶贫济困，向“金叶慈善医疗卡”救助项目捐款65万元；向“大病救助”项目捐款28万元；向困难零售客户捐赠价值13.99万元的物资；向困难群众捐款62.45万元；参加无偿献血活动，献血5.46万毫升。资助教育事业，向困难学生捐款1.98万元。资助乡村建设，捐款28.1万元用于基础设施建设。资助社会公共事业，捐款65.45万元。救助灾害，向受灾烟农捐款100.8万元。

怀化市烟草专卖局（公司）：扶贫济困，向“金叶慈善医疗卡”救助项目捐款85万元。资助乡村建设，捐款227万元用于基础设施建设、发展山区经济作物种植等。

娄底市烟草专卖局（公司）：2016年公益性捐赠227万元，其中，扶贫及社区建设131万元、金叶慈善捐款65万元、妇联工会等其他捐款31万元。

湘西土家族苗族自治州烟草专卖局（公司）：扶贫济困，开展特困群众救助、“双维”贫困党员帮扶、困难服务对象救助以及“慈善一日捐”等活动，捐款123.58万元。资助教育事业，参加“金叶留香”助学计划、“六一”留守儿童走访慰问等活动，捐款35.95万元。资助乡村建设，向永顺县石堤镇落叶洞村、龙山县里耶镇自生桥村等捐款265.34万元。资助社会公共事业，捐款24.5万元。

湖南中烟工业有限责任公司

2016 年，湖南中烟工业有限责任公司捐款 1.63 亿元，用于各项社会公益活动。

湖南中烟工业有限责任公司本部：扶贫济困，捐款 500 万元。资助教育事业，捐款 3580 万元。救助灾害，捐款 410 万元。其他捐款 1200 万元。

湖南中烟工业有限责任公司长沙卷烟厂：资助教育事业，捐款 4020 万元。

湖南中烟工业有限责任公司常德卷烟厂：资助教育事业，捐款 4000 万元。

湖南中烟工业有限责任公司郴州卷烟厂：救助灾害，捐款 1250 万元。

湖南中烟工业有限责任公司零陵卷烟厂：扶贫济困，捐款 15 万元。资助教育事业，捐款 10 万元。救助灾害，捐款 1250 万元。

湖南中烟工业有限责任公司四平卷烟厂：扶贫济困，捐款 80 万元。

广东省烟草专卖局（公司）

2016 年，广东省烟草商业系统积极开展各项社会公益活动。广东省局（公司）对湛江市溯溪县河头镇上坡村实行定点帮扶，全年捐款 320 万元。

广州市烟草专卖局（有限公司）：扶贫济困，向从化区江埔街凤二村贫困群众捐款 5.6 万元。

中山市烟草专卖局（有限责任公司）：资助文化事业，向中山市“慈善万人行”活动捐款 6 万元，其中员工个人捐款 2.61 万元。资助乡村建设，向肇庆市封开县五一村和中山市港口镇中南村捐款 55 万元。

珠海市烟草专卖局（有限公司）：帮扶珠海市斗门区鳘鱼沙村，继续跟进开展家禽养殖项目，促进贫困户增收；实施道路硬化工程，改善群众出行交通；实行文化帮扶，为村民购买文体服装和报纸杂志，推动该村创建幸福村居工作的开展。

东莞市烟草专卖局（有限公司）：扶贫济困，参加“广东扶贫日暨东莞慈善日”活动，捐款 3.7 万元。

佛山市烟草专卖局（有限责任公司）：扶贫济困，参加“广东扶贫日暨东莞慈善日”活动，捐款 2 万元；向清远市英德市五角村捐款 1.38 万元，向云浮市郁南县历洞镇历洞村捐款 8.93 万元。

肇庆市烟草专卖局（有限责任公司）：捐赠 113 万元，其中用于“规划到户 责任到人”扶贫帮扶 101 万元，公益性捐款 10 万元，其他捐款 2 万元。

江门市烟草专卖局（有限公司）：扶贫济困，捐款 14.29 万元。资助文化事业，捐款 7.45 万元。资助社会福利事业，捐款 5.7 万元。

惠州市烟草专卖局（有限责任公司）：捐款 125.87 万元。

茂名市烟草专卖局（有限责任公司）：扶贫济困，向“第一书记”挂职点、精准扶贫帮扶点捐款 77.94 万元；参加“广东扶贫日暨东莞慈善日”活动，捐款 3 万元。资助环保事业，捐款 1 万元。其他捐款 1.2 万元。

阳江市烟草专卖局（有限责任公司）：扶贫济困，向扶贫挂点村捐款 84 万元；参加“广东扶贫日暨东莞慈善日”活动，捐款 34 万元。资助环保事业，捐款 45 万元。

湛江市烟草专卖局（有限公司）：扶贫济困，向吴川市振文镇郭屋村及徐闻县西连镇英邱村捐款 91.16 万元，员工个人捐款 1.56 万元；向困难群众捐赠价值 3.67 万元的生活必需品；参加无偿献血活动，献血 4400 毫升。资助社会福利事业，捐款 5.25 万元。

汕头市烟草专卖局（有限责任公司）：扶贫济困，向潮南区陇田镇南浦村捐款 35 万元。

潮州市烟草专卖局（有限责任公司）：扶贫济困，捐款 108.19 万元；参加无偿献血活动，献血 1400 毫升；资助乡村建设，向饶平县黄冈镇等捐款 30 万元。

汕尾市烟草专卖局（有限公司）：扶贫济困，向对口帮扶的 9 个定点扶贫村捐款 35.72 万元。

揭阳市烟草专卖局（有限公司）：扶贫济困，向结对帮扶的 5 个乡村捐款 156.17 万元。

韶关市烟草专卖局（公司）：扶贫济困，参加“广东扶贫日暨东莞慈善日”活动，捐款 60 万元，员工个人捐款 6.02 万元；向困难党员、群众捐款 5.75 万元，并捐赠价值 1.65 万元的生活必需品；向曲江区大塘镇红新村、南雄市邓坊镇马战村等捐款 166 万元。资助乡村建设，向遥田镇竹岭村、曲江区白土镇等捐款 5.32 万元。资助教育事业，参加“金秋助学”“阳光助学”活动，向 51 名学生每人捐赠一套文具用品，并向贫困学生捐款 0.71 万元；向南雄中学、黎灿学校、永康路小学等捐款 8.1 万元并捐赠学习、生活用品。资助社会福利事业，捐款 3 万元。

梅州市烟草专卖局（公司）：扶贫济困，捐款 198 万元；参加“广东扶贫日暨东莞慈善日”活动，捐款 10.97 万元。

河源市烟草专卖局（公司）：扶贫济困，参加“广东扶贫日暨东莞慈善日”活动，捐款 14 万元；向东源县蓝口镇礤头村和紫金县九和镇黄砂村捐款 204 万元；参加无偿献血活动，献血 3000 毫升。救助灾害，捐款 1.23 万元。

广东中烟工业有限责任公司

2016年，广东中烟工业有限责任公司捐款4060万元，用于各项社会公益活动。

广东中烟工业有限责任公司本部：扶贫济困，参加“扶贫济困日”活动，捐款1000万元。资助教育事业，捐款160万元。资助新农村建设，向梅州市慈善会捐款1000万元，用于梅州烟区新农村建设专项项目。救助灾害，支援粤东、粤西、湖南、云南、广西、江西等地抗旱救灾，捐款1057万元。其他捐款298万元。

广东中烟工业有限责任公司广州卷烟厂：扶贫济困，参加“扶贫济困日”“救助贫困母亲”“圆梦微心愿、一齐来帮拖”等活动，员工个人捐款13.91万元；向广州市荔湾东沙慈善会捐款45万元；参加无偿献血活动，献血2.67万毫升。

广东中烟工业有限责任公司韶关卷烟厂：扶贫济困，捐款3.93万元，用于韶关地区扶贫。完成南雄市古市镇小坑村的扶贫工作，42户贫困户全部脱贫，贫困户家庭年人均纯收入1.03万元，总收入10.46万元；全村13千米村道实现全面硬化，11个自然村小组均安装新路灯，安全饮水引到村前户前。

广东中烟工业有限责任公司梅州卷烟厂：扶贫济困，向梅州市慈善总会捐款393万元；参加“扶贫济困日”“爱心父母大联盟”等活动，员工个人捐款15.67万元；参与无偿献血活动，献血1.2万毫升。

广东中烟工业有限责任公司湛江卷烟厂：资助教育事业，向雷州市贫困学生捐款2.15万元。资助乡村建设，捐款90万元，用于湛江市遂溪县港门镇货湖村开展产业养殖、危房改造等。

广西壮族自治区烟草专卖局（公司）

2016年，广西壮族自治区烟草商业系统捐款748.3万元，用于各项社会公益活动。

广西壮族自治区烟草专卖局（公司）机关：扶贫济困，向靖西市扶贫联系点捐款77万元，用于5个贫困村的帮扶项目。资助乡村建设，向崇左市江州区板备村捐款15万元，用于村民文化活动场地建设等项目。捐赠援藏资金400万元。

南宁市烟草专卖局（公司）：扶贫济困，向西乡塘区衡阳街道办沈阳路社区和定点帮扶村捐款13.63万元。资助教育事业，参加“圆梦行动”活动，向困难大学生捐款6万元。

柳州市烟草专卖局（公司）：资助教育事业，向融安县大坡乡岗伟小学捐款0.49万元。资助乡村建设，向三江侗族自治县、融安县村镇捐赠水泥42.5吨、鸭苗3200只，并捐款8.38万元。

桂林市烟草专卖局（公司）：扶贫济困，参加无偿献血活动，献血8400毫升。资助乡村建设，向灌阳县下泡村、荔浦县青山镇松林村等捐款23.94万元。

梧州市烟草专卖局（公司）：扶贫济困，向藤县夏垌村、甘塘村等捐款13.79万元；参加无偿献血活动，献血1900毫升。资助乡村建设，向藤县宁康乡都帮村、汉豪乡汉豪村等生态村及新农村民生建设项目捐款6.5万元。

北海市烟草专卖局（公司）：扶贫济困，向合浦县山口镇山东村、山南村等捐款14.64万元。

防城港市烟草专卖局（公司）：扶贫济困，向防城港市防城区水营街道办、沙万社区和东兴市江平镇贵明村捐款33.15万元。

钦州市烟草专卖局（公司）：扶贫济困，选派20名科级干部对浦北县福旺镇六合村开展“一对一”帮扶，并捐款11.78万元；参加无偿献血活动，献血5600毫升；开展到社区“双服务、双报到”活动，员工个人捐款0.65万元。

贵港市烟草专卖局（公司）：扶贫济困，向桂平市金田镇金田村、江口镇万江村等捐款3.75万元，向困难党员群众、困难零售客户捐款3.49万元。资助教育事业，向贵港市港北区贵城西江小学、石羊塘小学等捐款8万元，用于学校基础设施建设。

玉林市烟草专卖局（公司）：扶贫济困，向容县杨村镇横山村、陆川县沙湖镇官山村等捐款3.3万元。资助教育事业，向兴业县北市镇长华村困难学生捐款1.04万元。

百色市烟草专卖局（公司）：扶贫济困，向靖西市地州镇古文村、新甲乡多甲村等捐款28.99万元，向困难群众、困难零售客户捐款1.61万元。资助教育事业，向凌云县沙里乡初级中学、中心校等捐款3.68万元，向靖西市、隆林县、德保县等烟区的困难群众子女捐款8万元。

贺州市烟草专卖局（公司）：资助教育事业，向钟山县公安镇大桥村完全小学捐赠价值0.84万元的学习、体育用品。资助乡村建设，向富川瑶族自治县石家乡黄竹村、昭平县凤凰乡美村村捐款5.5万元，用于乡村基础设施建设；向钟山县珊瑚镇新民村捐赠农机资金0.9万元。

河池市烟草专卖局（公司）：扶贫济困，向扶贫联系点捐款26.98万元。资助教育事业，捐款11.4万元。

来宾市烟草专卖局（公司）：扶贫济困，向忻城县北更乡加猛村、武宣县桐岭镇仁汉村、象州县象州镇城南社区捐款8.16万元。

崇左市烟草专卖局（公司）：扶贫济困，向扶绥县柳桥镇平坡村、天等县上映乡上美村捐款6.41万元。

广西中烟工业有限责任公司

2016 年，广西中烟工业有限责任公司捐款 1394.21 万元，用于各项社会公益活动。

扶贫济困。向广西壮族自治区扶贫基金会捐款 90 万元；向河池市东兰县扶贫开发办公室捐款 50 万元；向南宁市横县红十字会捐款 7.2 万元；向广西残疾人福利基金会捐款 1 万元；开展关爱留守儿童、困难党员、困难群众等活动，捐款 4.03 万元；参加无偿献血活动，献血 1 万毫升。捐赠援藏资金 200 万元。

资助教育事业。向广西青少年发展基金会捐款 340.5 万元，向广西协力扶助基金会捐款 150 万元，向中国光华科技基金会捐款 100 万元，向广西壮族自治区总工会捐款 50 万元，向贺州市富川瑶族自治县慈善总会捐款 40 万元，向玉林市调马小学、南宁市衡阳路小学等捐款 82.17 万元。

资助乡村建设。向百色市田林县捐款 120 万元，用于乡村道路硬化工程；向贺州市富川瑶族自治县慈善总会捐款 60 万元，并选派 3 名第一书记驻村，开展精准扶贫工作；向贺州市昭平县民政局捐款 50 万元；向河池市天峨县扶贫开发办公室捐款 30 万元；向广西壮族自治区扶贫基金会捐款 10 万元；向柳州市融安县捐款 9.31 万元，并选派“美丽广西”乡村建设（扶贫）工作队，帮扶柳州市融安县浮石镇木瓜村开展新农村建设工作。

海南省烟草专卖局（公司）

2016 年，海南省烟草商业系统捐款 1.02 亿元，用于各项社会公益活动。扶贫济困，捐款 1.02 亿元，其中员工个人捐款 0.37 万元。资助教育及文体事业，捐款 26.59 万元。资助乡村、社区建设，捐款 12.45 万元。救助灾害，员工个人捐款 0.54 万元。

海南省烟草专卖局（公司）机关：扶贫济困，向海南省民政厅捐赠扶贫专项资金 1 亿元用于全省扶贫攻坚，向第一书记驻点村捐款 106.6 万元。资助体育事业，向海南省青少年足球发展基金捐款 10 万元。

海口市烟草专卖局（公司）：扶贫济困，向海口市遵谭镇、文昌市翁田镇明月村等捐款 25.04 万元，向定安县雷鸣镇北斗村捐赠价值 1.5 万元物资，向困难群众捐款 0.87 万元，参加无偿献血活动并献血 1.69 万毫升。资助教育事业，向困难大学生捐款 10.9 万元。其他捐款 0.45 万元。

三亚市烟草专卖局（公司）：扶贫济困，向乐东县文且村、保亭县保城镇城南社区等捐款 9.54 万元，向陵水县慈善会捐款 5 万元并捐赠价值 0.64 万元的物资。资助文化事业，捐款 0.57 万元。资助乡村建设，向三亚市妙林村捐款 5 万元。

琼海市烟草专卖局（公司）：扶贫济困，向困难群众捐款 1.4 万元并捐赠价值 0.91 万元的物资，向琼海市龙江镇深造村、南正村等捐款 9.08 万元。资助教育事业，捐款 4.67 万元。资助乡村建设，向万宁市大茂镇袁水村等捐款 6.15 万元。资助社区建设，向嘉积镇红星居委会社区捐款 0.5 万元。其他捐款 0.8 万元。

儋州市烟草专卖局（公司）：扶贫济困，向东方市江边乡布温村捐款 5.24 万元，其中员工个人捐款 0.26 万元；向困难群众捐款 0.75 万元；参加“爱心包裹”活动，员工个人捐款 0.11 万元。救助灾害，员工个人向受灾群众捐款 0.54 万元。

重庆市烟草专卖局（公司）

2016 年，重庆市烟草商业系统积极开展各项社会公益活动。

万州区烟草专卖局（分公司）：扶贫济困，向困难零售客户捐赠价值 1.35 万元的慰问品；参加无偿献血活动，献血 8600 毫升。资助乡村建设，成立工作队帮扶万州区草堂村开展新农村基层组织建设，捐款 14.49 万元。

涪陵区烟草专卖局（分公司）：扶贫济困，向困难烟农和零售客户捐款 0.7 万元。资助教育事业，向涪陵实验中学捐款 5 万元，向困难大学生捐款 1 万元。资助乡村建设，向珍溪镇百汇村等捐款 7.1 万元。

黔江区烟草专卖局（分公司）：扶贫济困，向困难烟农和零售客户、困难党员等捐款 5 万元，向帮扶村水市乡杨柳村困难群众捐款 4.04 万元并捐赠价值 0.76 万元的慰问品，向伤残家庭捐款 0.4 万元。资助教育事业，参加助学圆梦行动，捐款 2 万元。资助乡村建设，向阿蓬江镇麒麟村捐款 20 万元。

渝中区烟草专卖局（分公司）：扶贫济困，向困难零售客户捐赠价值 5 万元的慰问品。资助教育事业，向南川区 3 所学校的困难学生捐款 4.5 万元，向优秀教师捐款 2.5 万元。

大渡口区烟草专卖局（分公司）：扶贫济困，向困难零售客户捐赠价值 3.6 万元的慰问品，向困难群众捐赠价值 0.5 万元的慰问品。资助教育事业，向 94 中学的困难学生捐款 2 万元。

江北区烟草专卖局（分公司）：扶贫济困，向困难零售客户捐赠价值 13 万元的慰问品。

沙坪坝区烟草专卖局（分公司）：扶贫济困，向困难零售客户捐赠价值0.75万元的慰问品，向新体村、管家桥村困难群众捐赠价值0.95万元的慰问品。资助教育事业，开展爱心助学，联合有关单位建立“三诚助学金”，向困难学生捐款12.6万元。资助社会公共事业，向石碾盘社区捐款0.5万元。

九龙坡区烟草专卖局（分公司）：扶贫济困，向对口帮扶的梓桐村困难群众捐款0.6万元；参加无偿献血活动，献血1900毫升。

南岸区烟草专卖局（分公司）：扶贫济困，向重庆市残疾人福利基金会捐款0.5万元，向困难党员及群众捐款0.9万元。

北碚区烟草专卖局（分公司）：扶贫济困，向北碚区慈善会捐款3万元，参加无偿献血活动，献血400毫升。

万盛经济技术开发区烟草专卖局（分公司）：扶贫济困，向困难零售客户捐款1.1万元，参加无偿献血活动，献血4000毫升。资助教育事业，向金桥中学、小学贫困学生捐款1万元。救助灾害，向丛林镇新建村遭受洪涝灾害的困难群众捐款1.5万元。

渝北区烟草专卖局（分公司）：扶贫济困，参加无偿献血活动，献血2000毫升。资助教育事业，参加“点亮微心愿”活动，向困难学生捐款1.5万元。资助乡村建设，向渝北区兴隆镇永清村、天宝寨村等捐款5.4万元。

巴南区烟草专卖局（分公司）：扶贫济困，向困难群众捐款0.6万元，向对口扶贫的圣灯山镇捐款5万元。资助教育事业，向石滩中学捐款3万元；参加“春蕾助学”活动，向困难女学生捐款0.5万元。

长寿区烟草专卖局（分公司）：扶贫济困，向长寿区慈善会捐款1.6万元；参加“慈善双日捐”活动，捐款0.34万元；向龙河镇困难群众捐款0.9万元。资助乡村建设，向龙河镇保合村捐款0.5万元。

江津区烟草专卖局（分公司）：扶贫济困，向困难零售客户捐赠价值1万元的慰问品；参加“慈善双日捐”活动，捐款5.44万元。资助教育事业，向聚奎中学困难学生捐款5.5万元。资助乡村建设，向蔡家镇福德村捐款4万元。

合川区烟草专卖局（分公司）：扶贫济困，向困难群众捐款6万元，参加无偿献血活动，献血2600毫升。资助教育事业，向合川中学等捐款3万元。资助乡村建设，向肖家镇新学村、凉泉村等捐款4万元。

永川区烟草专卖局（分公司）：扶贫济困，向困难群众捐款2万元，向卫星湖小竹溪村困难党员捐款0.45万元。资助教育事业，捐款1万元。

南川区烟草专卖局（分公司）：扶贫济困，向困难零售客户捐赠价值1.8万元的慰问品。资助教育事业，向特殊教育学校捐款6.5万元；参加爱心帮扶活动，向困难学生捐款1.8万元。资助社区建设，捐款0.7万元。资助乡村建设，向头渡镇玉台村捐款5.84万元。

綦江区烟草专卖局（分公司）：扶贫济困，向中峰镇中峰村困难群众、党员捐款6.2万元；参加无偿献血活动，献血3600毫升。资助社区建设，向杨家湾社区捐款1万元。资助乡村建设，向中峰村、龙山村分别捐款3万元、2万元。

大足区烟草专卖局（分公司）：扶贫济困，向困难群众捐款0.73万元。资助教育事业，开展“冬日阳光温暖你我”活动，向通桥小学捐款0.4万元。资助社区建设，向博雅家园捐款0.29万元。资助社会公共事业，捐款0.3万元。

璧山区烟草专卖局（分公司）：扶贫济困，向健龙镇玉林村等乡村的困难群众捐款2.43万元，参加无偿献血活动，献血1200毫升。资助乡村建设，向七塘镇盐店村等捐款3.5万元。资助教育事业，向三合镇三合小学捐款2万元。资助社会公共事业，捐款2万元。

铜梁区烟草专卖局（分公司）：扶贫济困，捐款捐物共计1.88万元。资助教育事业，向特殊教育学校捐款1.2万元，向困难学生捐款2.13万元。

潼南县烟草专卖局（分公司）：扶贫济困，向卧佛镇冷坝村、月坝村、文曲村困难群众捐款4万元。

荣昌区烟草专卖局（分公司）：资助教育事业，向荣昌中学的困难学生捐款5万元，向河包镇大兴完全小学校等捐赠价值2.3万元的图书。

梁平县烟草专卖局（分公司）：扶贫济困，向困难零售客户等捐款7.18万元，参加无偿献血活动，献血1100毫升。资助教育事业，向困难中学生捐款0.38万元。

城口县烟草专卖局（分公司）：扶贫济困，向困难零售客户、学生等捐款3.3万元，并捐赠价值5万元的慰问品。资助乡村建设，向高观镇渭溪村捐款15万元。资助社会公共事业，捐款0.5万元。

丰都县烟草专卖局（分公司）：扶贫济困，向困难群众捐赠价值0.39万元的慰问品。资助教育事业，向丰都县南天湖镇三抚小学校捐款3万元。资助文化、体育事业，捐款3.1万元。救助灾害，向受灾烟农捐款5万元。

垫江县烟草专卖局（分公司）：扶贫济困，向困难家庭捐款0.12万元。资助社会公共事业，捐款0.48万元。

武隆区烟草专卖局（分公司）：扶贫济困，向火炉镇徐家村困难群众捐赠价值3.36万元的米、面、油等生活必需品，向困难零售客户等捐款8.5万元。资助乡村建设，向和顺镇捐款20万元。其他捐款10万元。

忠县烟草专卖局（分公司）：扶贫济困，向困难零售客户捐赠价值0.5万元的慰问品。资助社区建设，捐款1.6万元。资助乡村建设，成立工作队帮扶石子乡芋溪村62户贫困户，捐款10万元。

开州区烟草专卖局（分公司）：扶贫济困，向困难零售客户捐赠价值3万元的慰问品，参加无偿献血活动，献血400毫升。

云阳县烟草专卖局（分公司）：扶贫济困，向困难群众捐款2.83万元；参加无偿献血活动，献血1400毫升。资助社区建设，向青龙街道、柏杨湾街道办事处等捐款2.5万元。

奉节县烟草专卖局（分公司）：扶贫济困，向困难群众捐款30万元，向困难烟农捐款25.55万元，参加无偿献血活动，献血2400毫升。资助社区建设，向新竹社区捐款2万元。资助乡村建设，向龙桥乡捐款10万元。

巫山县烟草专卖局（分公司）：扶贫济困，成立驻村工作队帮扶腰栈村，并捐款6.5万元。资助教育事业，向困难学生捐款3.5万元。

巫溪县烟草专卖局（分公司）：扶贫济困，参加“爱心进农家”文明单位志愿扶贫行动市级示范活动，捐款10万元；开展帮乡扶贫行动及残联捐赠活动，捐款5万元。

石柱土家族自治县烟草专卖局（分公司）：扶贫济困，向困难零售客户和烟农捐款6.35万元，向对口帮扶的龙潭乡困难群众捐款0.15万元。资助社会公共事业，捐款2万元。

秀山土家族苗族自治县烟草专卖局（分公司）：扶贫济困，向龙池镇小坝村捐款10万元，并派16名党员干部对该村20户建卡困难户实施点对点帮扶。资助教育事业，向困难学生捐款4.9万元。

酉阳土家族自治县烟草专卖局（分公司）：扶贫济困，向黑水镇苏家村等困难群众捐款捐物1.68万元；开展“点亮微心愿”公益活动，捐款1万元。救助灾害，员工个人向“6·28”特大洪涝受灾烟农捐款1.55万元。

彭水苗族土家族自治县烟草专卖局（分公司）：扶贫济困，向困难烟农捐款3万元，向“大爱孝女”罗春梅家庭捐款3万元。

重庆中烟工业有限责任公司

2016年，重庆中烟工业有限责任公司捐款1592万元，用于各项社会公益活动。

扶贫济困。向重庆市慈善总会捐款50万元，用于帮扶环卫工人；参加“春蕾圆梦”活动，向重庆市妇女儿童基金会捐款50万元；开展“爱心助残”活动，向重庆市残疾人基金会捐款50万元；向四川省凉山州普格县捐款250万元；向重庆市黔江区蓬东乡、鹅池镇、白土乡等捐款32万元；向重庆市巫溪县捐款10万元。捐赠援藏资金200万元。

资助教育事业。向重庆市石柱县教育基金会捐款50万元，向重庆市及南岸区、涪陵区、黔江区、巫山县等捐款200万元，参加“金秋助学”活动并捐款30万元。

救助灾害。向云南临沧云县、曲靖罗平，重庆巫山、万州等地捐款670万元，用于烟叶生产抗灾救灾。

四川省烟草专卖局（公司）

2016年，四川省烟草商业系统捐款3039万元，用于各项社会公益活动。

四川省烟草专卖局（公司）机关：资助乡村建设，向普威镇捐款156万元，用于烟叶新村建设；向特补乃乌村捐款132万元，用于对省局定点帮扶的贫困户危房重建。资助教育事业，向贫困大学生捐款160万元，参加助困入学关爱活动。资助社会公共事业，向四川省公安厅英烈基金定向捐款100万元，用于开展全省公安英烈家属优抚慰问；向社会福利机构儿童捐款60万元，用于四川慈善“诚至诚·乐天使”音乐夏令营关爱活动；向四川省残疾人基金会捐款30万元；向省慈善总会捐赠20万元，用于为成都市第三人民医院“天线宝宝”病患者及其家属提供社工服务。

四川中烟工业有限责任公司

2016年，四川中烟工业有限责任公司捐款2162.8万元，用于各项社会公益活动。

扶贫济困。向泸州市叙永县水尾镇西溪村捐款350万元；向凉山州越西县捐款80万元；向绵阳市游仙区东宣乡捐款170万元。捐赠援藏资金200万元。

资助教育事业。向泸州市叙永县捐款314万元，用于水潦乡中心学校扩建；向凉山州关心下一代基金会捐款300万元，用于美姑希望小学建设；向凉山州关心下一代基金会捐款18.8万元。

资助乡村、社区建设。向广元市苍溪县五龙镇捐款100万元，用于广元苍溪县五龙镇三会村民居房改造；向甘孜州泸定县得妥乡捐款600万元，用于村容村貌建设。向什邡市回澜镇捐款30万元。

贵州省烟草专卖局（公司）

2016 年，贵州省烟草商业系统捐款 1.29 亿元，用于各项社会公益活动。其中，扶贫济困 1537 万元，资助教育事业 9053 万元，资助乡村、社区建设 2322 万元，资助卫生事业 6.91 万元，救助灾害 7.61 万元。

贵州省烟草专卖局（公司）机关：扶贫济困，参加“关爱女性暖心工程”系列公益活动，捐款 100 万元。资助乡村建设，向同步小康驻村帮扶村捐款 786.9 万元。资助教育事业，向贵州大学烟草学院捐款 9000 万元。捐赠援藏资金 400 万元。

贵阳市烟草专卖局（公司）：扶贫济困，开展“四帮四促”、帮助困难群众、慰问留守儿童等活动，捐款 16.29 万元；参加无偿献血活动，献血 1800 毫升。资助教育事业，向贫困大学生等捐款 2.55 万元。资助乡村、社区建设，捐款 24.03 万元。

遵义市烟草专卖局（公司）：扶贫济困，向困难群众、烟农捐款 48.93 万元，其中员工个人捐款 7.68 万元。资助教育、文化、卫生事业，捐款 2.68 万元。资助乡村建设，捐款 61.27 万元。

六盘水市烟草专卖局（公司）：扶贫济困，参加“邀您一起：为贫困家庭学龄前儿童奉献爱心”公益募捐活动，员工个人捐款 8.03 万元；员工个人向困难群众捐款 1.75 万元。资助教育事业，向扶贫点小学捐款 4 万元。资助乡村建设，向水城县铜厂村等捐款 43 万元。

安顺市烟草专卖局（公司）：扶贫济困，向困难群众捐款 10.7 万元，其中员工个人捐款 6.84 万元；向“第一书记”帮扶村捐款 46.85 万元；参加无偿献血活动，献血 4500 毫升。资助教育事业，参加“关爱留守儿童”主题活动，捐款 2.91 万元并捐赠图书 510 册。资助乡村建设，捐款 5 万元。资助卫生事业，向慈善总会、环卫公益基金等捐款 6.91 万元。资助环保事业，向山体公园绿化项目捐款 2 万元。

毕节市烟草专卖局（公司）：扶贫济困，向帮扶村、扶贫点捐款 2016 万元，员工个人向困难群众、受灾群众捐款 14.52 万元。资助乡村建设，捐款 82.36 万元。资助教育事业，参加“金秋助学”等活动，捐款 12.6 万元。

铜仁市烟草专卖局（公司）：扶贫济困，员工个人向困难群众捐款 13.94 万元，参加无偿献血活动，献血 1.5 万毫升。资助教育事业，向石阡县聚凤乡宝龙小学等学校捐款 7 万元。资助乡村建设，向帮扶村富民项目捐款 38.38 万元，其中员工个人捐款 0.98 万元。救助灾害，捐款 5.41 万元。

黔东南苗族侗族自治州烟草专卖局（公司）：扶贫济困，向困难群众捐款 24.05 万元。资助教育事业，捐款 1.63 万元。资助乡村建设，向施秉县、剑河县、镇远县等地的贫困村捐款 14.12 万元。救助灾害，捐款 2.2 万元。

黔南布依族苗族自治州烟草专卖局（公司）：扶贫济困，向困难群众捐款 21.15 万元，其中员工个人捐款 16.85 万元。资助教育事业，参加“关爱留守儿童、情系老区未来”等活动，捐款 7.27 万元。资助乡村建设，向荔波县、都匀市、平塘县、惠水县等地的贫困村捐款 4.16 万元。

黔西南布依族苗族自治州烟草专卖局（公司）：扶贫济困，向困难群众捐款 17.98 万元，其中员工个人捐款 0.3 万元。资助教育事业，参加“关爱留守儿童、情系贫困山学子”主题活动，向留守儿童捐款 11.35 万元。资助乡村建设，捐款 29.05 万元。

贵州烟叶复烤有限责任公司：扶贫济困，向思南县、湄潭县等地区贫困村捐款 18.4 万元，其中员工个人捐款 6.8 万元；向铜仁市高新区扶贫办捐款 8 万元，其中员工个人捐款 3 万元。资助教育事业，向江山小学、后槽小学捐款 1.13 万元，其中员工个人捐款 0.23 万元。资助乡村建设，向七星关区对坡镇杉寨村捐款 3 万元。

贵州中烟工业有限责任公司

2016 年，贵州中烟工业有限责任公司捐款 7689 万元，用于各项社会公益活动。

扶贫济困。捐款 5000 万元，用于实施 100 个烟草扶贫新村建设项目建设，全面完成 3 批 57 个县 300 个村点的贵州烟草扶贫新村建设项目，惠及全省 8.3 万户烟农，超过 34 万人。向黔西南州晴隆县捐款 1800 万元，用于整县脱贫事业，其中 600 万元用于莲城镇文丰村精品水果种植、茶叶改良和农村文化活动场所建设、农户庭院硬化及绿化，650 万元用于建设 3 个碧痕镇草地畜牧业园区、花贡镇河塘移民生态畜牧业示范园区标准化养殖场，550 万元用于建设 7.1 千米碧痕镇通组公路及标准化畜牧园区道路。捐赠援藏资金 200 万元。

资助乡村建设。向毕节市赫章县捐款 200 万元，用于示范小城镇建设。向黔南州长顺县捐款 150 万元，用于长顺县白云山镇至广顺镇思岗组机耕道建设、敦操乡学校基础设施建设等。向遵义市绥阳县对枧坝镇捐款 100 万元，用于农村公共基础设施建设。

所属卷烟厂捐款 339 万元，用于实施驻村帮扶，包括落实各单位所在地党委政府扶贫帮扶部署，修建村民活动场所、蓄水工程及乡村公路等。

云南省烟草专卖局（公司）

2016年，云南省烟草商业系统捐款2.6亿元，用于各项社会公益活动。其中，扶贫济困，捐款3826万元。资助教育事业，捐款1111万元。资助乡村建设，向德宏州阿昌族整乡推进整族帮扶项目捐款2亿元。资助卫生事业，捐款230万元。救助灾害，捐款410万元。捐赠援藏资金400万元。

云南省烟草专卖局（公司）机关：扶贫济困，对口帮扶德宏州阿昌族整乡推进整族帮扶，捐款2亿元；其他扶贫济困捐款424.5万元；捐赠援藏资金400万元。资助卫生事业，捐款200万元；开展“百岁老人”关爱行动活动，捐款30万元。资助教育事业，捐款600万元。资助乡村建设，捐款50万元。救助灾害，捐款150万元。

昆明市烟草专卖局（公司）：扶贫济困，向帮扶村、扶贫点捐款493.2万元。

玉溪市烟草专卖局（公司）：扶贫济困，捐款290万元。资助教育事业，捐款10万元。

曲靖市烟草专卖局（公司）：扶贫济困，开展“挂包帮转走访”挂钩扶贫工作，捐款446.1万元；向困难大学生捐款19.7万元。资助教育事业，向乡村小学捐款15万元，用于危房改造。资助乡村、社区建设，捐款219.13万元。

楚雄彝族自治州烟草专卖局（公司）：扶贫济困，开展“挂包帮转走访”挂钩扶贫工作，捐款224.2万元。资助教育、文化事业，捐款85万元。

邵通市烟草专卖局（公司）：扶贫济困，向挂钩贫困村、困难群众捐款237.84万元。资助社会公共事业，捐款25万元。救助灾害，捐款15万元。

红河哈尼族彝族自治州烟草专卖局（公司）：扶贫济困，向帮扶村、帮扶点捐款303万元，向合作社捐款31万元。资助教育事业，捐款27万元。资助乡村建设，捐款40.79万元。

大理白族自治州烟草专卖局（公司）：扶贫济困，向帮扶村、帮扶点捐款195.05万元。资助教育事业，捐款22.4万元。资助乡村建设，捐款72.4万元。资助环保事业，参与洱海流域保护治理工作，捐款10万元。

文山壮族苗族自治州烟草专卖局（公司）：扶贫济困，捐款227万元。资助教育事业，捐款52.95万元。

保山市烟草专卖局（公司）：扶贫济困，捐款80万元。资助教育事业，捐款7万元。资助乡村建设，向贫困烟区脱贫攻坚及新农村建设捐款213万元。

德宏傣族景颇族自治州烟草专卖局（公司）：扶贫济困，向帮扶点、扶贫点捐款45万元。资助教育事业，捐款18.39万元。

丽江市烟草专卖局（公司）：扶贫济困，向帮扶点、扶贫点捐款636.24万元。资助教育、卫生事业，捐款16.5万元。

临沧市烟草专卖局（公司）：扶贫济困，捐款239万元。资助教育事业，捐款21万元。

普洱市烟草专卖局（公司）：扶贫济困，向帮扶点、扶贫点捐款271.13万元。资助教育事业，捐款45万元。

西双版纳傣族自治州烟草专卖局（公司）：扶贫济困，开展“挂包帮转走访”挂钩扶贫工作，捐款55万元。

怒江傈僳族自治州烟草专卖局（公司）：资助教育事业，捐款2.4万元。资助乡村建设，捐款77.91万元。

迪庆藏族自治州烟草专卖局（公司）：扶贫济困，向帮扶村、扶贫点捐款100万元。

云南香料烟有限责任公司：扶贫济困，向帮扶村、扶贫点捐款155万元。

云南烟叶复烤有限责任公司：扶贫济困，向帮扶村、扶贫点捐款41万元。资助教育事业，捐款53万元。资助环保事业，捐款6万元。

云南中烟工业有限责任公司

云南中烟工业有限责任公司本部：2016年，云南中烟本部累计捐赠社会公益资金1.04亿元，共计28个项目，涉及昆明、玉溪、楚雄、曲靖、红河、文山、昭通、大理、保山、德宏、普洱、临沧、西双版纳等13个州市。其中，单笔100万元以上的项目有14项，分别为：捐赠施甸县布朗族“挂包帮 转走访”精准帮扶资金300万元；景洪市兴边富民工程资金200万元；国家局2016年度援藏资金200万元；省市联动“绿化昆明 共建春城”2016年度义务植树资金150万元；昭通市教育扶贫专项资金1000万元；禄劝县则黑乡扶贫资金800万元；楚雄州3个县灾后重建教育扶贫项目资金1350万元；大理州教育扶贫项目资金1200万元；昭通市教育扶贫项目资金1500万元；曲靖市会泽县脱贫攻坚资金1200万元；玉溪市峨山县节水灌溉扶贫资金1000万元；红河州弥勒市扶贫攻坚资金300万元；德宏州梁河县扶贫攻坚资金200万元；西双版纳州勐海县扶贫补助资金300万元。在对口施甸县布朗族聚居区整乡推进整族帮扶项目中，云南中烟投入2亿元用于整族帮扶。通过搭建一个平台（扶贫工作平台）、发挥一个效应（资金带动效应）、突出一个重点（发展产业脱贫），聚焦精准施策、精准推进、精准落地，帮扶项目区内安居工程、产业发展、基础设施、社会事业、素质提高、生态环境保护和基层党组织凝聚力战斗力提升“七大工程”齐头并进，带动布朗族山乡发生翻天覆地的变化。此外，云南中烟把“整族帮扶”与“挂包帮 转走访”有机结合起来，与施甸县木老元、摆榔2个乡签订2016年度精准帮扶协议，捐赠300万元帮助公司挂联的74户布朗族贫困户实施“一户一策”精准扶贫，并支持乡、村两级集体经济项目发展，带动当地布朗族贫困群众生活方式转变、人的观念转变、精神面貌转变的“三大转变”。

红塔烟草（集团）有限责任公司：红塔烟草（集团）有限责任公司捐款5900余万元，用于扶贫、防灾、教育、医疗等各项社会公益活动。扶贫济困，向澜沧拉祜族自治县谦哲村捐款337.33万元，向楚雄州东华镇捐款56.66万元。资助教育事业，向玉溪市山区民族教育促进会“百名贫困学子大学圆梦”活动捐款60万元，向玉溪师范学院捐款76万元设立“红塔奖助学金”，向玉溪一中图书馆捐款78万元，向玉溪师院附中德钦班捐款75万元，向玉溪市峨山彝族自治县塔甸镇大西民族希望小学捐款70万元，向玉溪市特殊教育学校捐款68万元。资助社会医疗事业，向玉溪市红十字会大肠癌医疗项目捐款65万元。

红塔烟草（集团）有限责任公司玉溪卷烟厂：扶贫济困，向玉溪市峨山彝族自治县富良棚乡捐款287万元。资助教育事业，向玉溪市捐款355万元，向玉溪市残疾人联合会捐款5万元用于资助残疾学生，向玉溪市义工联合会捐款5万元。

红塔烟草（集团）有限责任公司楚雄卷烟厂：扶贫济困，向楚雄州儿童保护中心捐款15万元，向楚雄州中山镇捐款30万元，向楚雄州禄丰县妥安乡妥安村捐款15万元。资助教育事业，向楚雄州捐款363万元，向楚雄州东华镇路上村捐款23.5万元，向南华县龙川镇捐款15万元用于儿童活动中心建设。资助乡村建设，向楚雄州姚安县前场镇新街社区捐款45万元，向楚雄州大过口乡和西舍路镇捐款20万元，向楚雄州元谋县江边乡捐款40万元，向楚雄州东华镇路上村捐款48万元。

红塔烟草（集团）有限责任公司大理卷烟厂：扶贫济困，向大理州云龙县苗尾傈僳族乡早阳村捐款70万元，向大理州大理市湾桥镇捐款50万元。资助教育事业，捐款70万元设立“红塔学子”助学金，向鹤庆县第一中学捐款70万元，向大理州民族中学“宏志班”捐款20万元，向洱源县右所镇松曲小学捐款50万元。资助乡村建设，向宾川县宾居镇龙泉村捐款50万元，向弥渡县红岩镇捐款50万元，向鹤庆县金墩乡河底村捐款50万元，向云龙县苗尾乡枣阳村捐款79万元。

红塔烟草（集团）有限责任公司昭通卷烟厂：扶贫济困，向昭通市盐津县普洱镇箭坝村捐款50万元，发展特色养殖项目。资助教育事业，向昭通市昭阳区苏家院镇顺山小学捐款72万元，向绥江县会仪小学捐款50万元，向镇雄县旧府街道办事处高山村幼儿园捐款50万元。资助乡村建设，向永善县大兴镇骆丘村、核桃村捐款30万元用于公路维修，向巧家县金塘镇捐款50万元用于道路维护，向彝良县龙安镇三乐村、龙街乡长炉村捐款50万元用于公路维修。救助灾害，向盐津县普洱镇桐梓村“7·5”受灾群众捐款50万元。

红云红河烟草（集团）有限责任公司：捐款6599.93万元，用于各项社会公益活动。扶贫济困，开展“挂包帮”“转走访”等活动，向会泽县马路乡、田坝乡，寻甸县金源乡等捐款3260.35万元；对口帮扶富宁、镇康、曲靖、弥勒、会泽等，捐款700万元。资助教育事业，向“红云园丁奖”“红河助学金”捐款800万元，向五华区教育事业捐款240万元。资助社会发展事业，向云南省老龄事业发展基金会（助老工程）捐款40万元。

红云红河烟草（集团）有限责任公司昆明卷烟厂：扶贫济困，向昆明市五华区扶残助残协会捐款15万元。资助教育事业，向“昆烟园丁奖”“红云园丁奖”“红河助学金”等捐款190万元，向红云街道办事处捐赠助学款15万元。其他捐赠40万元。

红云红河烟草（集团）有限责任公司红河卷烟厂：扶贫济困，向红河州残疾人联合会捐款2.36万元，向弥勒市扶贫乡镇捐款5.44万元。资助教育事业，向“红云园丁奖”“红河助学金”“红烟桃李奖”等捐款114.2万元，参加“爱心圆梦大学”活动并捐款12万元，向困难大学生捐款1万元。资助乡村建设，向蒙自市文澜镇碧云村、红河县乐育镇大新寨村等捐款63万元。资助社会发展事业，向红河州老龄事业发展促进会捐款12万元。其他捐款100万元。

红云红河烟草（集团）有限责任公司曲靖卷烟厂：扶贫济困，向曲靖市第一人民医院捐款20万元。资助教育事业，向“红云园丁奖”“红河助学金”捐款60万元，向曲靖市特殊教育学校等11所学校捐款135万元，向曲靖市麒麟区太和街道社区捐赠教育经费15万元。其他捐赠30万元。

红云红河烟草（集团）有限责任公司会泽卷烟厂：扶贫济困，向会泽县新街哈卡村等捐款93万元，向会泽县敬老院捐款14.4万元。资助教育事业，向会泽县大桥乡八家村小学、会泽县春晖小学等捐款20.6万元，向困难大学生捐款20万元。救助灾害，捐款2万元。

红云红河烟草（集团）有限责任公司新疆卷烟厂：扶

贫济困，向裕民县捐款100万元，向奎屯市福利院捐款5万元。资助教育事业，向“雪莲”奖学金捐款20万元，向巴里坤县教育基金捐款10万元。其他捐款44.78万元。

红云红河烟草（集团）有限责任公司乌兰浩特卷烟厂：扶贫济困，参加“博爱一日捐”活动、援助单身贫困母亲行动等，捐款25万元，并捐赠价值20万元的物资。资助教育事业，向乌兰浩特市教育信息化建设、优秀教师奖励基金等捐款300万元。资助文化事业，向内蒙古蒙元文化研究会等捐款34.8万元。其他捐款20万元。

西藏自治区烟草专卖局（公司）

2016年，西藏自治区烟草商业系统积极开展各项社会公益活动。

西藏自治区烟草专卖局（公司）：扶贫济困，开展结对帮扶活动，捐款5万元。资助教育事业，向朗卡子县白定乡小学捐款6.28万元。资助乡村建设，向多白乡叶村、昌都市卡若村捐款56.4万元。

山南市烟草专卖局（公司）：扶贫济困，协助山南市委、市政府为扎囊县、贡嘎县争取落实国家局产业扶贫资金3.5亿元；开展结对帮扶活动，捐款0.25万元。

林芝市烟草专卖局（公司）：扶贫济困，向困难群众捐款3万元；开展结对帮扶活动，捐款2.04万元。资助教育事业，捐款1万元。

阿里地区烟草专卖局（公司）：扶贫济困，捐款8.5万元；开展结对帮扶活动，捐款1.3万元。

昌都市烟草专卖局（公司）：扶贫济困，开展结对帮扶活动，捐款2.7万元。

陕西省烟草专卖局（公司）

2016年，陕西省烟草商业系统捐款1764.43万元，用于各项社会公益活动。扶贫济困，捐款930.71万元。资助教育事业，捐款102.38万元。资助乡村建设，捐款731.34万元。

陕西省烟草专卖局（公司）机关：扶贫济困，向渭南市捐款500万元。资助乡村建设，向旬阳县棕溪镇华峡村等捐款200万元。资助社会公共事业，开展“我是斑马小卫士、护你安全马路行”交通安全语音提示桩爱心捐赠活动，捐赠8套安全语音提示桩价值3.84万元。捐赠援藏资金400万元。

西安市烟草专卖局（公司）：资助乡村建设，向蓝田县孟村镇西坡村捐款45万元。

咸阳市烟草专卖局（公司）：资助教育事业，向农民工子女学校、寄宿学校、贫困大学新生等捐款、捐赠学习用品，价值超过20万元，其中向困难大学生捐款6.37万元。

宝鸡市烟草专卖局（公司）：扶贫济困，参加“慈心一日捐”“温暖过冬”活动，捐款2.7万元；向宝鸡市慈善总会捐款5万元。资助教育事业，参加“朝阳助学”活动，捐款1.14万元。资助乡村建设，捐款49.83万元。

渭南市烟草专卖局（公司）：扶贫济困，向困难大学生捐款4万元。资助乡村建设，向富平县瓦李村、寺角营村等捐款44万元。

铜川市烟草专卖局（公司）：扶贫济困，向困难群众、大学生等捐款9.25万元。资助乡村建设，向印台区何家坊村、耀州区代子村捐款11万元。资助社会公共事业，捐款3万元。

商洛市烟草专卖局（公司）：资助乡村建设，向山阳县石佛寺镇板庙村等捐款54.9万元。

汉中市烟草专卖局（公司）：资助乡村建设，向“两联一包”13个扶贫点、联系点、救助点捐款47万元。

安康市烟草专卖局（公司）：扶贫济困，向困难群众、大学生捐款7.5万元；员工个人向血病患者捐款11.7万元。资助乡村建设，向旬阳县唐坡村捐款41万元；向安康富硒茶园项目捐款5万元。

延安市烟草专卖局（公司）：资助乡村建设，向宝塔区九沟村、麻洞川村等捐款24.11万元。资助教育事业，向宝塔区河庄坪镇中心小学、安塞县谭家营中心小学捐款5万元。

榆林市烟草专卖局（公司）：扶贫济困，向困难群众、大学生捐款2.95万元。资助乡村建设，向叶家园沟村等捐款68万元。

杨凌示范区烟草专卖局（公司）：扶贫济困，捐款10万元。

陕西中烟工业有限责任公司

2016年，陕西中烟工业有限责任公司捐款470万元，用于各项社会公益活动。

陕西中烟工业有限责任公司本部：扶贫济困，向西安市户县余下镇五庄村捐款7万元，向咸阳市永寿县常宁镇灰家村捐款33万元，用于养猪场建设及产业发展。捐赠援藏资金200万元。

陕西中烟工业有限责任公司宝鸡卷烟厂：扶贫济困，向宝鸡市残疾人福利基金会捐款20万元。资助乡村建设，向宝鸡市金台区硖石镇司家窑村、千阳县崔家头镇赵家塬村和水沟镇英明村等捐款60万元。

陕西中烟工业有限责任公司延安卷烟厂：扶贫济困，向延安市延川县延川镇杨家塬村捐款20万元；参加“美丽乡村建设”活动，向宝塔区任家沟村捐款10万元。资助教育事业，向姚店镇中心小学、延安励博双语特色小学捐款10万元。

陕西中烟工业有限责任公司汉中卷烟厂：扶贫济困，向汉中市佛坪县长角坝镇龙草坪村捐款15万元，向佛坪县大河坝镇联合村捐款10万元，向南郑县大河坎镇捐款5万元，向南郑县牟家坝镇捐款10万元，向城固县双溪镇捐款10万元用于基础设施建设及产业发展。

陕西中烟工业有限责任公司澄城卷烟厂：资助乡村建设，向渭南市澄城县安里镇义井庄村捐款35万元，向渭南市澄城县赵庄镇西北庄村捐款5万元。

陕西中烟工业有限责任公司旬阳卷烟厂：扶贫济困，向安康市旬阳县乡村贫困户、贫困学生捐款3.55万元。资助乡村建设，向安康市旬阳县关口镇泥沟村捐款40万元。

甘肃省烟草专卖局（公司）

2016年，甘肃省烟草商业系统捐款2251.56万元，用于各项社会公益活动。

甘肃省烟草专卖局（公司）机关：扶贫济困，向平凉市祁岔村、魏湾村等捐款1455.79万元。资助社会公共事业，捐款40万元。

兰州市烟草专卖局（公司）：扶贫济困，向兰州市慈善总会捐款20万元；向兰州市儿童福利院捐款1.24万元。资助乡村建设，向西固区孟家山村、红古区洞子村、皋兰县头沟村等捐款23万元。

天水市烟草专卖局（公司）：扶贫济困，向七里墩街道办事处所属辖社区困难群众捐赠生活必需品。资助乡村建设，向天水市王沟村等捐款49万元。

定西市烟草专卖局（公司）：扶贫济困，向困难零售客户捐款16万元；参加无偿献血活动，献血2200毫升。资助教育事业，参加“希望工程”资助贫苦学生活动，员工个人捐款5500元。资助乡村建设，捐款100万元。

酒泉市烟草专卖局（公司）：扶贫济困，向困难零售客户捐款7.5万元。资助乡村建设，向瓜州县双塔乡等捐款16.45万元。资助教育事业，捐款2万元。

武威市烟草专卖局（公司）：扶贫济困，向困难零售客户捐款7.7万元。资助乡村建设，向古浪县一座磨村、天祝县东大寺村等捐款82.8万元。

张掖市烟草专卖局（公司）：扶贫济困，向困难零售客户捐款9.5万元。资助乡村建设，向甘州区金王庄村、高台县明水村等捐款30万元。

庆阳市烟草专卖局（公司）：扶贫济困，捐款2.6万元。资助教育事业，捐款10.61万元。资助乡村建设，捐款152.64万元。

平凉市烟草专卖局（公司）：扶贫济困，捐款3.58万元。资助乡村建设，捐款57.7万元，用于农村基础设施建设和富民产业发展等。

陇南市烟草专卖局（公司）：资助乡村建设，向西和县晒经村、两当县李山村等捐款49.92万元，用于农村基础设施建设和富民产业发展等。

白银市烟草专卖局（公司）：扶贫济困，向困难零售客户、孤寡老人等捐款17.7万元。资助乡村建设，向会宁县孙去村、靖远县四岘村等捐款13万元。

金昌市烟草专卖局（公司）：扶贫济困，向金昌市慈善协会捐款4.4万元；参加“送温暖献爱心”活动，向困难群众捐赠价值0.69万元的生活必需品；向困难农户捐赠价值0.33万元的化肥。资助教育事业，参加“童书捐赠”活动，员工个人为留守儿童捐赠图书50册。资助乡村建设，向金川区三角城村捐款4.8万元。

嘉峪关市烟草专卖局（公司）：扶贫济困，向困难群众、零售客户捐款2.1万元。

临夏回族自治州烟草专卖局（公司）：扶贫济困，向“双联”帮扶村捐款61万元；向困难零售客户捐款捐物共计7.93万元；参加无偿献血活动，献血5600毫升。

甘南藏族自治州烟草专卖局（公司）：扶贫济困，捐款12.9万元。资助乡村建设，捐款28.1万元。

青海省烟草专卖局（公司）

2016年，青海省烟草商业系统捐款615.85万元，用于各项社会公益活动。其中，扶贫济困22.26万元，资助教育事业5.52万元，资助乡村建设187.97万元，捐赠援藏资金400万元。

青海省烟草专卖局（公司）机关：扶贫济困，向困难群众捐款2.19万元，向对口帮扶村海东市平安区李家村捐款152.9万元。捐赠援藏资金400万元。

西宁市烟草专卖局（公司）：资助乡村建设，向4个生态村帮扶实施富民项目捐款8万元。

海东市烟草专卖局（公司）：扶贫济困，参加“爱心助残”“博爱一日捐”活动，捐款1.22万元。资助乡村建设，向互助县台子乡出路沟村捐款7万元。

海西蒙古族藏族自治州烟草专卖局（公司）：扶贫济困，参加“博爱一日捐”等活动，捐款0.53万元。

格尔木市烟草专卖局（公司）：扶贫济困，向格尔木市郭勒木德镇富源村捐赠扶贫款4.5万元，参加格尔木博爱巷社区“点亮微心愿，争做圆梦人”爱心倡议活动，动员干部职工捐赠物品；资助教育事业，向格尔木市特殊教育学校捐款1.89万元，其中员工个人捐款0.89万元。

海北藏族自治州烟草专卖局（公司）：扶贫济困，捐款9.08万元，其中员工个人捐款1.08万元。

海南藏族自治州烟草专卖局（公司）：扶贫济困，员工个人向贫困群众捐款0.38万元。资助教育事业，向幼儿园捐赠价值1万元的图书、书包等学习用品。资助乡村建设，捐款1万元。

黄南藏族自治州烟草专卖局（公司）：扶贫济困，参加“博爱一日捐”活动，员工个人捐款0.2万元。资助教育事业，向帮扶小学捐赠价值2.63万元的学习用品。资助乡村建设，捐款19.07万元。

玉树藏族自治州烟草专卖局（公司）：扶贫济困，员工个人捐款3.8万元。

果洛藏族自治州烟草专卖局（公司）：扶贫济困，员工个人捐款0.36万元。

宁夏回族自治区烟草专卖局（公司）

2016年，宁夏回族自治区烟草商业系统捐款486.42万元，用于各项社会公益活动。

宁夏回族自治区烟草专卖局（公司）机关：扶贫济困，向困难群众捐款2万元；参加无偿献血活动，献血8000毫升。资助乡村建设，向吴忠市盐池县王乐井乡双圪垯村捐款20万元。捐赠援藏资金400万元。

银川市烟草专卖局（公司）：扶贫济困，向困难群众捐款4.55万元。资助教育事业，向银川市西夏区兴泾镇回民一小、兴庆区五小捐赠价值1.1万元的教学用品。资助乡村建设，向永宁县闽宁镇玉海村、西夏区兴泾镇西干村的富民工程项目捐款8万元。资助社会公共事业，捐款2.3万元。

石嘴山市烟草专卖局（公司）：扶贫济困，向困难群众捐款1.15万元。资助教育事业，向石嘴山市平罗县高庄中心小学捐款1.9万元，用于校园基础设施建设、资助困难学生。资助乡村建设，捐款1.5万元。

吴忠市烟草专卖局（公司）：扶贫济困，向困难群众捐款3.6万元。资助教育事业，捐款1.4万元。资助乡村建设，开展驻村扶贫工作，捐款6.5万元。资助社会公共事业，捐款2.9万元。

固原市烟草专卖局（公司）：资助教育事业，向希望工程捐款3万元。资助乡村建设，开展驻村扶贫工作，捐款12万元；为固原市原州区头营镇坪乐村建设羊圈59栋，开展危房改造20户，建立农业合作社2个，培训养殖种植技能人才120人，培养致富带头人8名。

中卫市烟草专卖局（公司）：扶贫济困，向困难群众捐款2.75万元。资助教育事业，向希望工程捐款5万元。资助社会公共事业，捐款6.77万元。

新疆维吾尔自治区烟草专卖局（公司）

2016年，新疆维吾尔自治区烟草商业系统捐款8281.26万元，用于各项社会公益活动。

新疆维吾尔自治区烟草专卖局（公司）机关：扶贫济困，向吉木乃县喀尔交乡等捐款7098万元，向“访惠聚”工作队驻村工作点捐款138.89万元。资助社会发展事业，捐款301.56万元。捐赠援藏资金400万元。

乌鲁木齐市烟草专卖局（公司）：扶贫济困，向爱里福老年公寓捐赠价值0.1万元的慰问品。资助教育事业，响应乌鲁木齐市关心下一代工作委员会办公室号召，捐赠价值0.2万元的图书。

昌吉回族自治州烟草专卖局（公司）：资助教育事业，向木垒县大南沟乌孜别克乡阿克喀巴克村大学生捐款10万元。资助乡村建设，向吉木萨尔县、奇台县等乡（镇）、村捐款21.6万元。

新疆维吾尔自治区烟草专卖局石河子市局、新疆烟草兵团石河子有限公司：扶贫济困，向“访惠聚”工作队驻村工作点捐款0.68万元。资助教育事业，开展为优秀贫困生捐资助学活动，捐款8.62万元，其中员工个人捐款1.5万元。

博尔塔拉蒙古自治州烟草专卖局（公司）：扶贫济困，向困难群众捐款0.24万元。资助教育事业，向博尔塔拉蒙古自治州特殊教育学校和蒙古中学捐款0.9万元。资助乡村建设，向温泉县、精河县村镇捐款12.61万元。资助社区建设，捐款0.8万元。

伊犁哈萨克自治州烟草专卖局（公司）：扶贫济困，捐款11.36万元。资助乡村建设，向伊宁县、察布查尔县等捐款69.84万元。

克拉玛依市烟草专卖局（公司）：资助教育事业，向“北斗新月”社区贫困家庭儿童、云南省巧家县包谷垴乡何家湾爱心小屋、贫困学生捐款捐物合计1.4万元。

塔城地区烟草专卖局（公司）：扶贫济困，开展“我是党员，我是旗帜，扶贫帮困”“微心愿”活动，向“访惠聚”工作队驻村工作点捐款25.51万元。资助教育事业，向牧场寄宿制学校捐赠电脑28台，向贫困中小学生捐赠图书200余册。

阿勒泰地区烟草专卖局（公司）：扶贫济困，向吉木乃县喀尔交乡布尔哈斯太村、福海县阿尔达乡干河子三村等贫困地区及贫困户捐款捐物合计9.47万元。

吐鲁番市烟草专卖局（公司）：扶贫济困，捐款8.13万元。

哈密地区烟草专卖局（公司）：扶贫帮困，向哈密地区哈密市沁城乡岌岌台村等捐款28万元，向哈密市区和伊吾县的困难群众捐赠价值0.9万元的米、面、油等生活用品。

巴音郭楞蒙古自治州烟草专卖局（公司）：扶贫济困，向“访惠聚”工作队驻村工作点捐款35.65万元，向困难群众捐款1.08万元。

阿克苏地区烟草专卖局（公司）：扶贫济困，开展“访惠聚”驻村活动和“爱心图书进校园，我为孩子捐套书”活动，捐款捐物合计11.98万元。

喀什地区烟草专卖局（公司）：资助乡村建设，向尤日巴格托克拉克村、托万巴格艾日克村等捐款62.37万元。资助文化事业，向群众捐赠《明辨是非 远离极端》（维文版）教育读本350册。

和田地区烟草专卖局（公司）：扶贫济困，向藏桂乡亚曼亚农场村困难群众等捐款4.86万元；向困难大学生、儿童捐赠价值1.56万元的学习用品。资助乡村建设，向苏盖特力克村捐款13.5万元。

大连市烟草专卖局（公司）

2016年，大连市烟草商业系统捐款212万元，用于各项社会公益活动。

扶贫济困，向大连市慈善总会捐款100万元，向西岗区慈善总会捐款51万元，向旅顺口区慈善总会捐款2万元，向金州区慈善总会捐款5.2万元，与瓦房店市慈善总会联合建立“爱心慈善基金”并捐款8万元。资助教育事业，向大连市青少年基金会捐款3万元，向大连市青少年发展基金会捐款5万元。资助乡村建设，向庄河市栗子房镇栗子房村、庄河市塔岭镇吴山嘴村等捐款37.8万元。

深圳市烟草专卖局（公司）

2016年，深圳市烟草商业系统捐款202万元，用于各项社会公益活动。其中，扶贫济困，捐款2万元；资助教育事业，捐款200万元。

深圳市烟草专卖局（公司）机关：资助教育事业，捐款200万元。

福田区烟草专卖局（公司）：扶贫济困，参加无偿献血活动，献血4400毫升。

罗湖区烟草专卖局（公司）：扶贫济困，开展“一点爱心·温暖他人”捐赠衣服活动，募集衣物200余件，捐赠至深圳市社会捐助接收管理服务中心。

盐田区烟草专卖局（公司）：扶贫济困，开展“为保洁人员献爱心”活动，向困难保洁员捐款2万元。

中国烟草总公司郑州烟草研究院

2016年，中国烟草总公司郑州烟草研究院积极开展各项社会公益活动。扶贫济困，向许昌市襄城县范湖乡凹郭村捐款6.58万元，并多方筹措帮扶资金370余万元。

中国烟草总公司职工进修学院

2016年，中国烟草总公司职工进修学院积极开展各项社会公益活动。扶贫济困，向帮扶村郑州市金水区新庄村捐赠“两学一做”学习教育教材80册及专用学习记录本，向新庄村小学捐赠笔记本、黑水笔750套。

南通醋酸纤维有限公司

2016年，南通醋酸纤维有限公司积极开展各项社会公益活动。参加“暖冬行动”微公益活动，公司微公益组织将活动筹集的上衣、裤子、书包等物品送到蓝丝带志愿者南通之家。公司还捐赠各类学习用品。

珠海醋酸纤维有限公司

2016年，珠海醋酸纤维有限公司捐款33.65万元，用于各项社会公益活动。其中，扶贫济困10.5万元，资助教育事业18.85万元，资助社区建设等4.3万元。

扶贫济困。向珠海市高栏港区南水镇中小学贫困学生捐款9.5万元。向珠海市红十字会捐款1万元。

资助教育事业。向珠海市高栏港区南水镇金洲小学捐赠700套价值17.85万元的课桌椅；向茂名化州市新安镇曲径小学捐款1万元，用于修建爱心厨房。

资助社区建设。向珠海市造贝社区及翠云花园捐款3.5万元，用于公共基础设施建设；向珠海市慈善总会捐款0.8万元。

◇编辑：周　佳　王东旭

控烟履约

2016 年控烟履约概况

2016 年，中国的控烟履约工作在法治的轨道上有序推进，国家控烟履约的政策导向更加明晰，各级政府部门对控烟工作更加重视，各项控烟履约政策措施的整体效应逐步显现。全国烟草行业开展控烟履约重点工作，坚持“烟草控制做减法”，在按计划实施产业调控、严厉打击烟草制品非法贸易、严格卷烟包装标识规范管理、做好烟草制品成分管制相关工作、防止未成年人接触烟草、深化控烟履约相关研究工作等方面取得成效。与此同时，全球控烟履约工作继续深入推进，控烟运动持续高涨。推进《烟草控制框架公约》相关条款的履约进展，各项条款进一步落实，控烟履约工作向纵深发展，控烟理念、监管措施向更多领域延伸。

2016 年国家制订的控烟履约相关文件及部分地方性法规

【国家层面的相关战略和政策导向】 3 月，《中华人民共和国国民经济和社会发展第十三个五年规划纲要》（简称《“十三五”规划纲要》）发布，提出“大力推进公共场所禁烟”，明确传递国家对于控烟履约工作一以贯之和坚定不移的政策信号。

5 月，为加大控烟宣传和健康教育工作力度，推进控烟履约进程，国家卫生计生委印发《关于开展第 29 个世界无烟日宣传活动的通知》（国卫宣传健便函〔2016〕138 号），请各地于 5 月 31 日前后集中开展第 29 个世界无烟日宣传活动。

10 月，中共中央、国务院印发《“健康中国 2030”规划纲要》，倡导全社会要增强责任感、使命感，全力推进健康中国建设，提出“以提高人民健康水平为核心，把健康融入所有政策”的指导思想。其中，第五章第二节“开展控烟限酒”中提出明确的控烟方略：“全面推进控烟履约，加大控烟力度，运用价格、税收、法律等手段提高控烟成效。深入开展控烟宣传教育。积极推进无烟环境建设，强化公共场所控烟监督执法。推进公共场所禁烟工作，逐步实现室内公共场所全面禁烟。领导干部要带头在公共场所禁烟，把党政机关建成无烟机关。强化戒烟服务。到 2030 年，15 岁以上人群吸烟率降低到 20%。”

根据《“十三五”规划纲要》《“健康中国 2030”规划纲要》，12 月 27 日，国务院印发《“十三五”卫生与健康规划》，在“深入开展全民健康教育和健康促进活动”部分提出：“全面推进控烟履约工作，加快控烟立法，大力开展无烟环境建设，全面推进公共场所禁烟，强化戒烟服务，预防和控制被动吸烟。健全健康素养和烟草流行监测体系，15 岁以上人群烟草流行率控制在 25% 以下。”

【国家出台与控烟履约相关的法律法规及政策措施】 2016 年 9 月 1 日，《慈善法》正式施行。其中，第四十条第二款涉及烟草捐赠赞助的内容为：“任何组织和个人不得利用慈善捐赠违反法律规定宣传烟草制品，不得利用慈善捐赠以任何方式宣传法律禁止宣传的产品和事项。”

9 月 1 日，《互联网广告管理暂行办法》正式施行。其中，第五条规定：“法律、行政法规规定禁止生产、销售的商品或者提供的服务，以及禁止发布广告的商品或者服务，任何单位或者个人不得在互联网上设计、制作、代理、发布广告。禁止利用互联网发布处方药和烟草的广告。”第二十一条规定：“违反本办法第五条第一款规定，利用互联网广告推销禁止生产、销售的产品或者提供的服务，或者禁止发布广告的商品或者服务的，依照广告法第五十七条第五项的规定予以处罚；违反第二款的规定，利用互联网发布处方药、烟草广告的，依照广告法第五十七条第二项、第四项的规定予以处罚。”

10 月 1 日，《中华人民共和国境内卷烟包装标识的规定》正式施行。与之前 2007 年的版本相比，该规定在警语数量、警示力度、警语面积、对比度等方面均进一步强化。其中，要求健康警语内容增加为 3 组，且所占面积由过去主要可见部分不少于 30% 调整为“不应小于其所在面的 35%”，加大警语字体、增强警语区内文字与警语区背景色差值。同时，还要求卷烟包装体上及内附说明中禁止使用误导性语言，以及“低危害”“淡味”“柔和”“低焦油”等描述用语。

11 月 16 日，国家卫生计生委联合九部委发布《关于加强健康促进与教育的指导意见》。其中，第十二部分“倡导健康生活方式”中提出：“全面推进控烟履约，加大控烟力度，运用价格、税收、法律等手段提高控烟成效。深入开展控烟宣传教育，全面推进公共场所禁烟工作，积极推进无烟环境建设，强化公共场所控烟监督执法。到2020年，15岁及以上人群烟草使用流行率比2015年下降3个百分点。强化戒烟服务。”

【地方政府严格推进控烟立法】 截至2016年底，全国共有18个城市制定实施控烟相关法规，对室内公共场所禁止吸烟做出规定，分别为：银川、上海、哈尔滨、天津、杭州、广州、鞍山、克拉玛依、青岛、绍兴、兰州、深圳、长春、唐山、南宁、西宁、北京、福州。虽然控烟立法的城市数量较2015年并没有增加，但在室内公共场所禁止吸烟方面的要求却更加严格。

北京市在控烟执法方面坚持政府管理、单位负责、个人守法、社会监督的原则，实现政府与社会共同治理、管理与自律相互结合。据北京市卫生监督所通报，自2015年6月《北京市控制吸烟条例》开始实施至2016年11月底，北京出动控烟卫生监督人员超25万人次，处罚失责单位663户，罚款183.6万元；处罚2719人，罚款14.25万元。仅12320热线收到的控烟投诉举报就达2.52万件，餐厅、写字楼、医院、车站、出租车等公共场所，吸烟违法行为的发现率6.7%，不合格单位比例8.9%。控烟执法专项财政经费713.71万元。

上海市人大常委会于2016年11月11日通过《上海市公共场所控制吸烟条例》（简称《条例》）修正案，《条例》于2017年3月1日起施行。根据《条例》，上海市控烟工作实行“限定场所、分类管理、单位负责、公众参与、综合治理”的原则，由卫生计生行政部门作为公共场所控烟工作的主管部门。修正案在原《条例》限定室内公共场所禁烟的基础上，扩大室内公共场所禁烟范围，明确“室内公共场所、室内工作场所、公共交通工具内禁止吸烟”，同时扩大了室外公共场所禁烟范围，明确诸如以未成年人为主要活动人群的公共场所、人群聚集的公共交通工具等候区域等公共场所的室外区域禁止吸烟。

银川市人民政府于2016年6月6日下发《银川市公共场所控烟工作实施意见》，坚持“限定场所、单位负责、全民参与、加强引导、严格管理”的原则，重点通过全面开展公共场所和工作场所控烟、禁烟工作，实现公共场所和工作场所全面禁烟的工作目标。该《意见》明确指出，在机关、团体和企事业单位的办公室、会议室和通道、电梯、卫生间等内部公共场所；医疗机构的候诊区、诊疗区、病房区及走廊；幼儿园、托儿所、小学和其他未成年人集中活动的场所等10类公共场所全面禁烟。同时，进一步明确市卫计委、市文明办、市爱卫办、市教育局、市烟草专卖局等各部门的职责分工，加大执法监督。

在深圳，根据2014年3月1日正式实施的《深圳经济特区控制吸烟条例》，原有两类室内公共场所（酒吧、歌舞厅等歌舞娱乐场所和茶艺馆、按摩、洗浴等休闲服务场所）作为限制吸烟场所，至2016年12月31日在近两年的过渡期限届满后禁止吸烟。即从2017年1月1日起，深圳限制吸烟场所实施全面禁烟。

此外，云南省于2016年将《云南省公共场所禁止吸烟的条例》列入省政府的立法计划。

2016年烟草行业控烟履约重点工作

【按计划实施产业调控】 烟草行业认真贯彻落实党中央、国务院关于供给侧结构性改革的重大决策部署，7月27日，国家局印发《烟草行业落实“三去一降一补”重点任务行动方案（2016—2018年）》（简称《方案》），从总体要求、主要目标、重点任务、保障措施等4个方面进行详细阐述。《方案》明确规定国内卷烟工业产能实现零增长；烟叶生产规模控制在205万吨（4100万担）/年以下。

国内销售卷烟23505亿支（4701万箱），同比下降5.6%。认真执行国家税收和价格政策，通过结构提升、降本增效等，完成876亿元专项税后利润上缴任务，全年上缴财政总额10006亿元，实现上缴财政总额超过1万亿的目标。在烟叶种植面积同比减少28.6万亩、烟叶收购量同比减少8.25万吨（165万担）的情况下，实现烟农总收入660亿元，烟农户均收入达到4.92万元，同比增加0.43万元，有力支持烟区发展，促进精准扶贫、精准脱贫落地。

【严厉打击烟草制品非法贸易】 打击烟草制品非法贸易是履行《烟草控制框架公约》的重要组成部分，也是执行《烟草专卖法》及其实施条例的重要举措。烟草行业坚持把打击烟草制品非法贸易摆在突出位置，完善打假打私体系建设，加大源头治理力度，加大案件侦破力度，加大打击走私力度，烟草制品非法贸易得到进一步遏制。

全国查处案值5万元以上假烟案件3884起，破获国标网络案件987起，收缴制假烟机346台，查获烟丝烟叶1.37

万吨、假烟 17.87 万件、走私烟 11.28 万件，依法拘留 8299 人、追究刑事责任 4323 人。卷烟市场净化率继续保持在 96% 以上，处于全球领先水平。

2016 年 11 月，世界卫生组织《烟草控制框架公约》第七届缔约方大会在印度德里举行

国家局办公室　姜泓海　摄

【严格卷烟包装标识规范管理】 10 月 1 日，《中华人民共和国境内卷烟包装标识的规定》（简称《规定》）正式施行，在警语数量、警示力度、警语面积、对比度等方面进一步强化。烟草行业严格执行《规定》要求，精心组织、稳步推进，对 919 个国产内销卷烟规格（含雪茄烟 109 个）进行集中审核，做好政策宣贯、解读和实施工作，确保新老包装顺利过渡和《规定》的实施落地。

【做好烟草制品成分管制相关工作】 加大科技创新工作力度，开展致瘾性、降低烟草危害等方面的科学研究，不断降低烟草制品焦油和其他有害成分的含量。加强专业机构建设和科研合作交流，烟草制品成分和燃烧释放物的检测项目不断增加、范围不断拓展、方法不断改进，各省级烟草质检机构实验室体系建设进一步完善，各卷烟工业企业检测能力、管理水平和科研水平进一步提升。

组织对 65 个品牌 401 个规格卷烟、37 家滤棒供应企业的 87 个产品、10 家国内外卷烟纸生产企业的 128 个产品，以及 1074 个批次烟叶等级进行监督检查，产品质量安全体系建设得到进一步加强。

【防止未成年人接触烟草】 坚决落实《公约》及国内法律相关规定，加强监督检查，严禁向未成年人销售和由未成年人销售烟草制品，禁止在境内设立自动售烟机，禁止通过互联网非法销售烟草制品，明确将中小学校周围列入不予发放烟草专卖零售许可证范围，明确要求卷烟零售客户在柜台的醒目位置摆放“禁止中小学生吸烟，不向未成年人售烟”警示牌。

【深化控烟履约相关研究工作】 结合中国控烟履约实际，行业配合立法部门做好相关法律法规制定工作，包括《慈善法》《互联网广告管理暂行办法》、烟叶税法立法工作等。积极开展《消除烟草制品非法贸易议定书》（简称《议定书》）研究，包括各国批准情况、烟草制品跟踪与追溯机制等。积极开展电子烟发展情况及监管模式研究等。掌握《公约》全球发展趋势和世界各国控烟动态，深入了解和借鉴各缔约方控烟履约工作的思路、措施和经验。

【参加《公约》第七届缔约方大会】 11 月 7—12 日，世卫组织《烟草控制框架公约》第七届缔约方大会在印度德里举行。行业组织专家对相关议题进行深入细致的研究，及时提供专业参谋和智慧支持，配合完成与会任务，维护国家利益。

2016 年世界控烟履约进展

【《公约》缔结情况】 《公约》于 2003 年 5 月在日内瓦召开的第 56 届世界卫生大会上获得通过，2005 年 2 月正式生效。它是由世卫组织主持达成的第一个具有法律约束力的国际公共卫生条约。截至 2016 年底，世卫组织 194 个成员中，

180 个已经签署《公约》，覆盖全球 90% 以上的人口，成为联合国有史以来得到最大支持和最快响应的国际公约之一。2016 年在印度德里召开的第七届缔约方大会中，180 个缔约方中 129 个派代表出席了会议。

2016 年，没有新的国家批准加入《公约》，缔约方总数仍为 180 个。截至 2016 年底，美国、瑞士、阿根廷、古巴、摩洛哥、莫桑比克、海地等 7 个国家已经签署但尚未正式批准《公约》。印度尼西亚、马拉维、摩纳哥、索马里、南苏丹、安道尔、多米尼加共和国、厄立特里亚等 8 个世卫组织成员国既未签署也未加入《公约》。

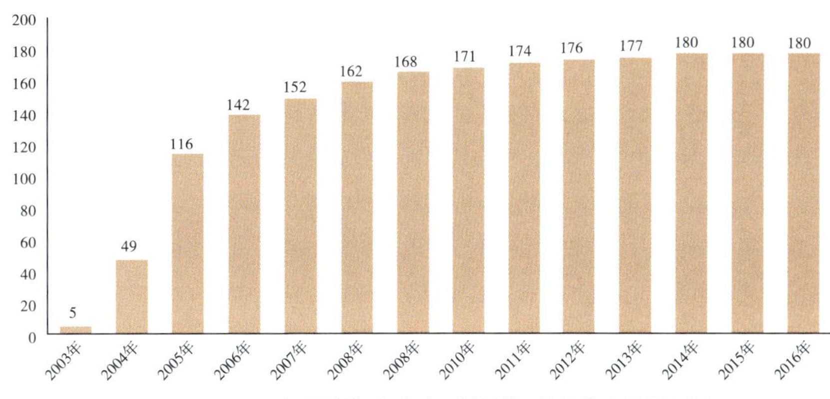

图 1　2003—2016 年累计批准/加入《公约》的缔约方数量(个)

表 1　2003—2016 年批准/加入《公约》的缔约方数量

年份	当年批准/加入《公约》的缔约方数量（单位：个）
2003	5
2004	44
2005	67
2006	26
2007	10
2008	10
2009	6
2010	3
2011	3
2012	2
2013	1
2014	3
2015	0
2016	0

【《议定书》签署和批准情况】　《议定书》是继《公约》之后烟草控制领域的第二份国际法律文书，旨在落实《公约》第 15 条关于消除烟草制品非法贸易的规定。《议定书》于 2012 年 11 月在第五届缔约方会议通过，2013 年 1 月 10 日开放供签署。中国、法国、加蓬、利比亚、缅甸、尼加拉瓜、巴拿马、韩国、南非、叙利亚、土耳其和乌拉圭 12 个国家于 2013 年 1 月 10 日当天签署。

截至 2016 年，全球有 54 个国家或国际组织签署《议定书》，包括欧盟、英国、德国、法国、韩国、爱尔兰和挪威等。2013 年 12 月 20 日，尼加拉瓜第一个批准《议定书》。2014 年，乌拉圭、加蓬、蒙古、奥地利和西班牙 5 个国家批准《议定书》。2015 年，刚果、厄瓜多尔、法国、伊拉克、葡萄牙、沙特阿拉伯和土库曼斯坦 7 个国家批准《议定书》。2016 年，欧盟、布基纳法索、科摩罗、科特迪瓦、冈比亚、拉脱维亚、立陶宛、马里、巴拿马、塞内加尔、斯里兰卡和斯威士兰 12 个国家或国际组织批准《议定书》。至此，批准《议定书》的国家总数增加至 25 个。《议定书》将在第 40 个缔约方批准后的第 90 天生效。

【《公约》第七届缔约方大会】　于 2016 年 11 月 7 日至 12 日在印度德里举行，180 个缔约方中的 129 个派代表出席会议。美国、瑞士、莫桑比克 3 个非缔约方，联合国开发计划署、世卫组织、世界海关组织、世界银行等国际机构和政府间组织，框架公约联盟等 13 个非政府组织，以及大众媒体代表也参加了会议。参会人数超过 800 人。大会审议近 40 项议题，按照协商一致的原则，通过 30 项决定。

【《公约》第五条“一般义务”条款履约进展】　**烟草控制战略、计划或规划。**据世卫组织 2016 年数据①显示，97 个缔约方报告已制定并提交国家多部门综合烟草控制战略、计划或规划。大多数缔约方报告自上个报告周期以来，都已制定和实施新的战略或规划。其中，澳大利亚、阿塞拜疆、孟加拉国、白俄罗斯、布基纳法索、加拿大、库克群岛、科特迪瓦、哥斯达黎加、克罗地亚、塞浦路斯、厄

① 2016 年缔约方提交履约报告的周期是从 1 月 1 日至 4 月 30 日。截至 2016 年 4 月 30 日，133 个缔约方向《公约》秘书处提交履约报告。另有 12 个缔约方延迟至 2016 年 10 月 31 日前提交履约报告。本文的统计基数是准时提交报告的 133 个缔约方。

瓜多尔、格鲁吉亚、牙买加、马来西亚、尼泊尔、挪威、帕劳、葡萄牙、摩尔多瓦共和国、大不列颠及北爱尔兰联合王国（苏格兰）、泰国、土耳其、土库曼斯坦和越南等25个缔约方报告制定全新的国家烟草控制规划或策略。贝宁、保加利亚、哥伦比亚、刚果、密克罗尼西亚联邦、冈比亚、圣多美和普林西比、西班牙、塔吉克斯坦、多哥和乌兹别克斯坦等13个缔约方报告已将烟草控制项目整合成非传染性或心血管疾病预防规划。加蓬、瑞典2个缔约方报告已将烟草控制项目整合成烟草成瘾、酒精和其他药物预防规划。

组织机构建设。截至2016年，116个缔约方报告已在本国指定一个国家烟草控制联络点。87个缔约方已建立烟草控制机构。大部分联络点隶属卫生部或卫生部下设的公共卫生机构。102个缔约方报告烟草控制的国家协调机制已到位。巴西成立国家癌症研究所，隶属卫生部，主要负责实施国家烟草控制政策及与26个州和联邦地区联络点的联系工作。韩国成立卫生促进部，隶属卫生福利部下属的卫生政策局，主要负责国家烟草控制政策的制定和实施。斯里兰卡制定多部门烟草控制规划，要求每个部门依据其职责实施烟草控制计划。密克罗尼西亚联邦成立烟草控制顾问委员会，作为全国烟草控制协调机构，其职责与权限由总统批准。

烟草控制法律制修订情况。虽然一些缔约方报告在制定新的烟草控制战略和法律及建立协调机制方面取得进展，但仍然有36个缔约方尚未通过或加强烟草控制法律。安提瓜和巴布达、巴哈马、布隆迪、冈比亚、格鲁吉亚、圭亚那、毛里塔尼亚、巴布亚新几内亚以及圣卢西亚等9个缔约方报告通过烟草控制法案有延迟，有的延迟甚至超过5年。欧盟2014年新修订的《烟草产品指令》于2016年5月20日起在28个成员国全面实施。瑞典修订烟草控制法规，规定市民有权监督检查零售网点是否遵守烟草和非处方医疗尼古丁制品销售的规定。南非宣布采用“素包装”、任何商场和售货亭不能将卷烟摆放在顾客看得见的地方等一系列严格的禁烟措施。塞浦路斯通过新的烟草控制法案，提议禁止在公共场所、医院和学校（包括这些地方的露天场所）吸烟。俄罗斯宣布卫生部正在制定2016—2020年降低烟草消费的新对策，包括提高烟草消费税、禁止烟草使用各种添加剂、采用“素包装”、在城市中严格限制吸烟区及严格控制电子烟等。

【《公约》第六条“减少烟草需求的价格和税收措施”条款履约进展】 世卫组织认为，提高烟草税收与价格，是一种高效的烟草控制措施。如果各缔约方充分、系统地实施《公约》第六条要求，将有助于实现多项可持续发展目标。

税收制度基础数据。截至2016年底，超过100个缔约方制定有助于促进减少烟草消费的烟草制品税收政策以及适用的价格政策。117个缔约方对卷烟征收某种形式的消费税。81个缔约方提供税率（税收占最畅销卷烟品牌零售价格的百分比），平均值为58.6%。其中，最低值为5%——伊朗，最高值为100%——伊拉克、科威特、缅甸、巴布亚新几内亚。仅征收从量税的缔约方有34个，仅征收从价税的有19个，既征收从量税又征收从价税的有66个。在适用上述税收征收种类的基础上，25个缔约方还设定其他更为复杂的税收制度。

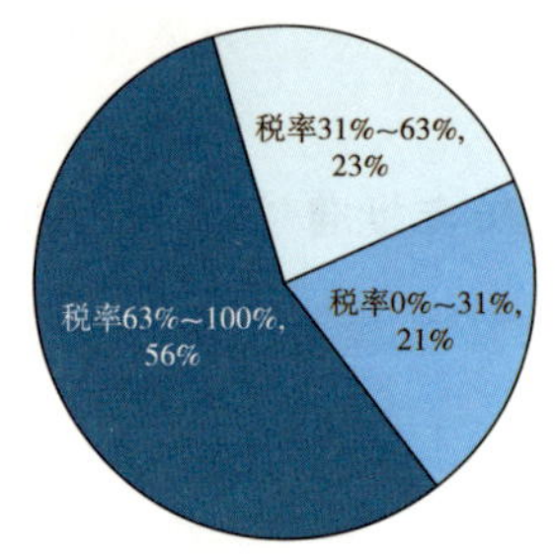

图2　缔约方卷烟平均税率区间所占比例

税收和价格。自2014年以来，超过54个缔约方提高烟草制品的税率。其中，欧洲、西太平洋地区和美洲地区的缔约方在此方面较为积极。非洲、东地中海、东南亚地区的缔约方举措相对薄弱，两年来没有政策变动的比例相对较大。一些正在加入欧盟的缔约方将税率进行调整，以与欧盟税收政策和税率保持一致。部分缔约方还对其税收制度进行调整，包括增减税收种类、禁止或限制向国际旅行者销售、进口免除国内税和关税的烟草制品以及税收资助烟草控制工作等。

2016年，乌拉圭提高每包卷烟的税收至52.22比索，每包烟叶的税收增至23.26比索。新西兰继续执行4年提税系列措施，于2016年1月再次将卷烟消费税提升10%。菲律宾对烟草消费税率进行调整，2016年，每盒净零售价格在11.50比索以下卷烟的消费税提升至每盒25比索，净零售价格超过11.50比索卷烟的消费税提升至每盒29比索。巴林的卷烟关税由100%提高至200%。阿根廷政府将烟草产品生产商的税率从60%提高到75%。科特迪瓦根据其烟草控制法，将5%的烟草税用于资助体育活动。

【《公约》第八条“防止接触烟草烟雾”条款履约进展】

《公约》要求在室内工作场所、公共交通工具和室内公共场所防止接触烟草烟雾，并建议在“适当时”将禁烟范围扩大到其他公共场所。一些缔约方在原有无烟环境的基础上，开始研究建立更为广泛的无烟环境，如儿童户外游乐场、私家车内以及无烟烟草制品在传统禁烟场所的限制问题。

无烟政策。截至2016年底，123个缔约方制定并实施具有不同法律效力的公共场所禁烟规定。99个缔约方建立相应的执法机制。绝大多数缔约方实现在飞机、医疗场所和地面公共交通工具内完全禁烟。超过50个缔约方要求在私人工作场所、餐厅、酒馆、酒吧或夜总会完全禁烟。17个缔约方要求在私人车辆里完全禁烟。比利时、巴西、布基纳法索、洪都拉斯、哥伦比亚、肯尼亚、沙特阿拉伯、乌干达等8个缔约方实现室内工作场所、公共交通工具和室内公共场完全禁烟。匈牙利、拉脱维亚和西班牙等3个缔约方在有禁烟令的所有地点限制使用电子烟。安提瓜和巴布达、多米尼加、日本、毛里塔尼亚、波兰、圣卢西亚、塞拉利昂、圣基茨和尼维斯、瑞典等9个缔约方没有无烟政策或只有部分公共场所禁烟。

防止接触烟草烟雾。2016年，加拿大魁北克省通过新法令，要求在露台、汽车内、16岁以下的人群、住宅公共区域（2至5套房子的小区）、操场、野营地、体育场所、托儿所附近、幼儿园、小学和中学等教育场所附近全面禁烟，同时餐厅和酒吧等的户外区域全面禁烟。韩国首尔市从5月1日起，将禁烟区范围扩大至所有地铁站出入口半径10米内区域。新加坡公共场所禁烟范围进一步扩大，从6月1日起，公众将不能在全岛17个蓄水池和超过400个公园吸烟。柬埔寨禁止在封闭的公共场所吸烟和使用烟草。罗马尼亚封闭公共场所禁止吸烟法从3月17日开始生效，禁止吸烟区域包括：公共场所、劳动场所、卫生、教育、文化艺术机构、体育运动娱乐、儿童保护和援助单位、公共交通工具以及封闭的阳台等，但监狱和国际机场的专门吸烟场所不适用该法。

场所	完全禁烟	部分禁烟
餐厅	65	43
夜总会	53	36
酒吧	56	42
文化设施	87	26
私人车辆	17	26
出租车	94	21
地面公共交通工具	101	12
火车	77	14
飞机	109	6
私人工作场所	62	44
大学	85	25
教育设施	104	11
卫生保健设施	99	16
政府建筑	91	23

图3　缔约方禁烟场所覆盖数量

【《公约》第十一条“烟草制品的包装和标签”条款履约进展】

包装与标签。更多缔约方聚焦提升卷烟包装警示作用，进一步增大警语面积，开始使用图形警语。截至2016年底，卷烟包装使用图形警语的缔约方数量已达到92个。其中，尼泊尔的图形警语面积为全球之首，占包装正反两面面积的90%。印度和泰国烟草包装图形警语面积为85%，仅次于尼泊尔。

2016年5月，瓦努阿图立法要求警语覆盖烟草包装正面和背面主要面积的90%（30%正文和60%图形）。这是太平洋岛国中图形健康警语面积最大的。英国通过严格监管烟草包装、尺寸和电子烟的新规定，要求卷烟产品最小包装为20支，自制卷烟最小重量为30g，图形健康警语覆盖包装正反面的65%，自2016年11月开始要求电子烟有健康警语。韩国从2016年12月23日开始要求在国内销售的卷烟包装上印制图形健康警语。缅甸要求卷烟包装上要展示图形和文本健康警语，且面积要达到75%。这项法令自9月1日开始生效，生产商将有6个月的过渡期。

烟草素包装政策。澳大利亚《2011年烟草素包装法》于2012年12月1日起生效，引发众多争议。随后，乌克兰、洪都拉斯、多米尼加、古巴和印尼等五国先后在世界贸易组织（WTO）争端解决机构起诉澳大利亚的烟草平装政策。WTO指定成立专家组密集审理该案。截至2016年底，专家组报告依旧没有出台。

在澳大利亚素包装法案遭受质疑的同时，越来越多的缔约方开始认同或尝试实施这一政策。截至2016年底，法国、匈牙利、爱尔兰和英国通过素包装立法。比利时、加拿大、芬兰、新西兰、挪威、新加坡、斯洛文尼亚、南非、瑞典和欧洲联盟开始加速推进素包装立法进程。2016年8月20日，匈牙利有关卷烟产品包装规定的新条例正式生效。

【《公约》第十二条“教育、交流、培训和公众意识”条款履约进展】 《公约》第十二条要求各缔约方通过各种传媒工具和教育、培训项目来加强公众的控烟意识，减少烟草使用，降低二手烟暴露和增加戒烟尝试。截至2016年底，116个缔约方制定教育和公共意识规划，其中67个缔约方在制定规划时进行预先检验、监督和评估，并以研究成果作为制定、管理和实施规划的依据。仍有少数缔约方由于缺乏资源导致活动在一定程度上有所削减。

在规划内容方面，大多数缔约方注重以儿童和青少年、女性为对象人群；以烟草消费、接触烟草烟雾对健康的危害和戒烟、无烟草生活方式的益处为主要宣传内容。在规划制定和实施方面，社会公共机构、与烟草业无关的非政府组织的参与度不断提高。规划宣传培训的主要对象依旧聚焦卫生工作者和教育工作者，其次是社区工作者和决策者。

2016年，朝鲜大力开展禁烟宣传活动，在各道首府和主要城市设禁烟普及基地，朝鲜媒体也相继刊登多篇文章，宣传禁烟的好处。俄罗斯在莫斯科地铁中播放烟草控制相关语音消息，并给旅行者发送相关短信。英国在社交媒体上开展教育和公众意识活动。

【《公约》第十三条“烟草广告、促销和赞助”条款履约进展】 《公约》第十三条要求广泛禁止烟草广告、促销和赞助。2016年数据显示，96个缔约方对烟草广告、促销和赞助实现广泛禁止。各缔约方禁止性规定最常见的涵盖领域为烟草赞助、植入式广告和媒体中的烟草使用描述。35个缔约方没有实施全面禁止烟草广告，促销和赞助。

2016年12月，阿塞拜疆立法要求全面禁止烟草推广活动。乌兹别克斯坦《限制酒精和烟草产品传播和使用法》禁止烟酒产品做广告，也禁止对这些产品的消费进行宣传。沙特阿拉伯新控烟条例于2016年6月7日起执行，规定限制烟草广告宣传和促销活动、限制卷烟的展示和销售方式。阿曼通过新法律，所有电台、电视台、报纸和网络出版社均禁止刊登任何形式烟草产品广告。新加坡国会通过烟草《广告与销售控制》（修正）法案，将于2017年正式生效。

【《公约》第十四条“与烟草依赖和戒烟有关的降低烟草需求的措施”条款履约进展】 《公约》第十四条要求为降低烟草依赖和戒烟提供支持服务。2016年数据显示，92个缔约方已经将对烟草依赖的诊断和治疗以及戒烟咨询服务纳入国家烟草控制战略、卫生战略以及保健系统中。约占统计数据60%的缔约方制定综合性配套戒烟指南。

2016年，巴拿马在由《公约》秘书处供资的南南合作和三角合作项目下主办了一次会议，分享其在执行《公约》第14条方面的经验。巴林、土耳其、韩国、沙特阿拉伯、土库曼斯坦和利比亚在各自国家建立新的戒烟诊所。英国于11月批准一种电子烟产品作为戒烟药物。西班牙卫生专业人员对戒烟方法的培训已被确定为国家健康促进和卫生服务战略的关键要素之一。爱尔兰建立新的戒烟服务协调架构和国家标准，以及培训干预方法的年度目标。

【《公约》第十五条“烟草制品非法贸易”条款履约进展】 近年来，随着越来越多的国家签署、批准《议定书》，更多缔约方不断加大力度打击烟草制品非法贸易。2016年数据显示，96个缔约方已制定打击烟草制品非法贸易的法律。除建立许可证制度，促进协作和要求清晰可见的标记外，根据本条实施的所有措施与2014年相比均有明显进展，其中研究、推进烟草制品跟踪和追溯制系统的缔约方数量大幅增加。

马来西亚为打击走私烟猖獗行为，以维护国家税收利益，从2016年10月1日起，所有本地烟草厂商需改用新的

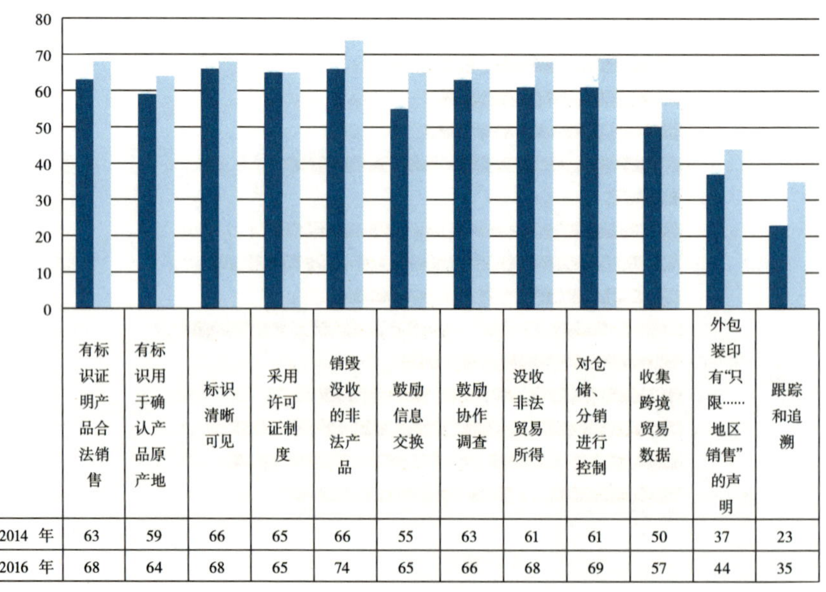

	有标识证明产品合法销售	有标识用于确认产品原产地	标识清晰可见	采用许可证制度	销毁没收的非法产品	鼓励信息交换	鼓励协作调查	没收非法贸易所得	对仓储、分销进行控制	收集跨境贸易数据	外包装印有“只限……地区销售”的声明	跟踪和追溯
2014 年	63	59	66	65	66	55	63	61	61	50	37	23
2016 年	68	64	68	65	74	65	66	68	69	57	44	35

图4 实施《公约》第十五条各项措施的缔约方比例

印花税，违例者将依1976年国产税第74条被控。欧盟和白俄罗斯达成一项协议，拟召开检测和打击烟草走私渠道工作会议，并加大合作共同打击烟草制品走私。俄罗斯为遏制境内卷烟非法贸易，建立起烟草制品追踪系统，要求每个卷烟包装盒上都附有无线射频识别标签。瑞典各地政府要求修改烟草法，推行烟草销售许可证来阻止贩卖走私烟草。法国加强措施将控制非法贸易纳入其“2014—2019年国家烟草控制计划”。英国将就如何实施烟草制造设备许可证制度以及是否在烟草供应链上实行许可证制度等问题进行公众咨询。

【《公约》第十六条“向未成年人销售和由未成年人销售”条款履约进展】 2016年，各缔约方在禁止向未成年人销售和由未成年人销售烟草制品方面，在积极执行限制年龄要求、禁止销售小包装卷烟和自动卷烟售货机等方面取得进展。2016年数据显示，115个缔约方明确禁止向未成年人销售烟草制品。95个缔约方明确禁止由未成年人销售烟草制品以及分支或小包装销售卷烟。80个缔约方禁止生产和销售对未成年人具有吸引力的烟草制品形状的糖果、点心、玩具等物品。90个缔约方规定烟草制品销售者在不确定情况下，可以要求购买者提供适当证据证明已达到法定年龄。各缔约方允许购买烟草制品的最低法定年龄也各有不同，一般从14岁至22岁不等，平均年龄为19岁。

2016年，澳大利亚塔斯马尼亚政府在其五年战略计划草案中将最低合法吸烟年龄从18岁提高到21岁。泰国将最低吸烟年龄从18岁提高到20岁。肯尼亚于9月开始实施禁令，禁止销售单根香烟。菲律宾开始制定执行青少年准入限制的准则，并颁布政策，以解决学校内包括校舍、食堂向未成年人销售烟草的问题。匈牙利、捷克对电子香烟实行年龄限制。

【《公约》第十七条“对经济上切实可行的替代活动提供支持”、第十八条“保护环境和人员健康”条款履约进展】 2016年数据显示，64个缔约方境内存在烟草种植，其在烟草种植、生产和推广可行的替代措施方面采取一定的措施，水平高于2014年。54个缔约方提供了烟草种植者的具体数量。虽然第17条的整体实施率水平较低，但有些缔约方还是认识到向烟草种植者提供替代活动的重要性，如由其他作物替代烟草、为替代计划提供激励措施（如补助），以及为烟草种植者创造其他就业机会。西班牙报告利用国家预算（援助多样化和经济振兴烟草种植地区）和欧洲财政资助的农业农村发展基金，支持烟草作物的多样化。突尼斯一个由非政府组织运营的基金正在促进烟草种植替代项目，即将烟草种植切换到土豆和其他蔬菜种植。一些缔约方，如阿富汗和巴拿马，则报告对此缺乏兴趣或反对替代生计项目。

2016年保护烟草业人员健康和保护环境的水平与2014年基本持平。有些缔约方表示，已计划改进安全立法、法规和政策来保护环境和人员健康。此外，缔约方的报告提到采用不使用化肥的烟草种植和生产，采用植物保护产品，并减少用水量等做法。澳大利亚政府宣称全国不允许开展烟草农业和烟草制造业，但事实上一些联邦、州和领地仍然有烟草种植存在，地方政府还制定环境和职业健康安全法律和监管政策来保护环境和人员健康。印度卫生和家庭福利部支持公益组织在国家绿色法庭提起公益诉讼，控告卷烟和比迪烟对环境的不良影响、烟草养护造成森林砍伐和烟草种植产生不良环境影响。阿富汗财政部坚持出口烟叶并表示没有意愿采取措施保护环境和人员健康。

【《公约》第十九条“责任”条款履约进展】 就刑事责任而言，76个缔约方在其控烟立法中制定刑事责任。42个缔约方报告在控烟立法以外作了类似规定。就民事责任而言，58个缔约方报告其现有法律中有适用于烟草控制措施一般民事责任，明确对烟草不利健康的影响和/或报销的医疗、社会或其他相关成本提供补偿。43个缔约方报告其制定专门针对烟草控制措施的民事责任。32个缔约方报告其在民事或刑事责任条款制定赔偿义务。

2016年4月22日，韩国国民健康保险公司就国家和国民因吸烟问题而遭受损失向菲莫国际、英美烟草和韩国KT&G等3家烟草公司提起寻求537亿韩元（约合人民币3亿元）的赔偿诉讼。韩国此前出现过4起有关吸烟的诉讼，都是吸烟受害者及其家人要求对方赔偿损失的。除了1例高等法院未作出判决外，3例均以原告（烟民）败诉告终。虽然一直以来，医学界都不停地发布着有关吸烟过多会诱发癌症的研究结果和数据，但是，法院仍然要求原告方必须提出明确证据来证明吸烟与患各种不同癌症几率的具体数值资料。

【《公约》第二十条“研究、监测和信息交换”条款履约进展】 2016年，多数缔约方报告建立监测烟草消费模式的国家系统，在监测青少年吸烟流行性可比数据上也取得良好进展。一些缔约方表示在生成新的烟草使用数据，监管新型烟草制品的数据收集上也取得进展。一些缔约方强调为烟草监督建立新的监测系统或改进现有系统，例如更频繁地收集数据或纳入新型烟草制品（如电子烟）。

【《公约》第二十一条“报告和信息交换”条款履约进展】 截至 2016 年 10 月 31 日，共有 145 个缔约方提交实施报告，占缔约方总数的 81%。自《公约》生效 12 年以来，多米尼克、萨尔瓦多、几内亚、尼加拉瓜和津巴布韦等 5 个缔约方于 2016 年首次报告。从未提交过实施报告的缔约方逐年下降，降至 2016 年的 7 个。

【《公约》第二十六条“财政资源”条款履约进展】

财政资源在实现《公约》目标方面发挥着重要作用。2016 年数据显示，27 个缔约方鼓励本国所参与的有关区域和国际政府间组织以及金融和发展机构为发展中国家缔约方和经济转轨国家缔约方提供财政援助以支持其履行公约义务。俄罗斯联邦报告其与欧亚经济联盟（亚美尼亚、白俄罗斯、哈萨克斯坦、吉尔吉斯斯坦）卫生部合作提供援助。在欧盟的赞助下，芬兰与塞尔维亚共和国共同实施双边烟草控制项目。

除各国政府、世卫组织和公约秘书处为许多发展中缔约方和经济转轨缔约方的履约工作提供资金外，近年来，一些非政府组织也提供大量的经费在世界各国开展控烟工作。

【“新型烟草制品”调查与监管】 全球大部分缔约方国内市场都存在无烟烟草制品、水烟与电子尼古丁传送系统（电子烟）和电子非尼古丁传送系统。2016 年许多缔约方加强对新型烟草制品的调查和监管政策研究。

无烟烟草制品。各缔约方针对无烟烟草制品（包括嚼烟和鼻烟等）的监管政策不尽相同。欧盟大部分国家、澳大利亚、巴林、伊朗和新西兰禁止生产和销售无烟烟草制品。

水烟。一些缔约方特别指出，水烟虽然在其国家是非法产品，但是市场上仍然存在从黑市购买或私人携带的水烟。东地中海地区的水烟市场正快速扩张，有水果水烟和电子水烟等。挪威和毛里求斯禁止水烟。

电子尼古丁传送系统和电子非尼古丁传送系统。针对电子尼古丁传送系统（电子烟）/电子非尼古丁传送系统产品的多样性以及不断进化的产品种类，各缔约方采取不同措施进行监管，如对其进行全面禁止，或如同食品、药品或烟草制品进行监管。巴林、埃及、伊朗、伊拉克、约旦、科威特、阿曼、巴基斯坦、阿拉伯联合酋长国、阿根廷、巴西、智利、墨西哥、巴拿马、挪威、俄罗斯联邦、土耳其、毛里求斯、乌拉圭、新西兰、新加坡、卡塔尔 22 个缔约方禁止进口和/或出售电子烟。

68 个国家制定规范电子烟的有关法律，包括购买的最低年龄、广告促销、赞助、包装（儿童安全包装、健康警告标签和商标），产品监管（尼古丁含量/浓度、安全/卫生、成分/口味），报告/通知、税收和分类等。欧盟从 2016 年 5 月 20 日起全面实施新修订的《烟草产品指令》，严格限制电子烟的广告宣传。英国药品及保健品管理署（MHRA）负责监管英国的电子烟，卫生部自 11 月开始要求电子烟有健康警语。芬兰政府计划征收新的烟草税，并将征税范围扩大至电子烟来限制电子烟的使用。新加坡在禁止销售和进口电子烟之后，从 2016 年 8 月 1 日起，进一步禁止进口鼻烟及其他新型烟草制品。在中国香港地区，含尼古丁的电子烟是被完全禁止的。丹麦凭处方才能购买含尼古丁的电子烟。在印度，马哈拉施特拉邦将销售含有尼古丁的电子烟的行为列入非法范围，旁遮普邦宣布电子烟为未经批准的药品，加香有味嚼烟也同样被禁止。

在《公约》非缔约方中，美国食品药品管理局（FDA）于 2016 年 5 月首次将电子烟和雪茄纳入传统烟草制品的监管范畴。8 月 8 日起实行新规，对所有烟草制品实施监管，具体包括电子烟、烟油、烟斗、水烟、雪茄及其他新型烟草制品。

◇ 据张小乐、陈辰《2016 年中国控烟履约进展报告》，姜泓海、林铮铃、鲁菲《2016 年世界控烟履约进展报告》等资料摘编；编辑：谢争艳

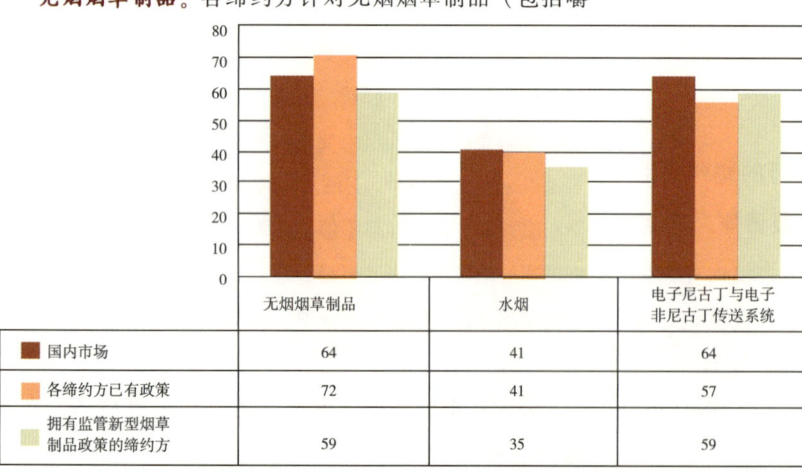

	无烟烟草制品	水烟	电子尼古丁与电子非尼古丁传送系统
国内市场	64	41	64
各缔约方已有政策	72	41	57
拥有监管新型烟草制品政策的缔约方	59	35	59

图 5　2016 年无烟烟草制品、水烟与电子尼古丁传送系统和电子非尼古丁传送系统的市场份额及相应法律法规的比例

大事记

2016 年中国烟草大事记[①]

1月

1 日，国家烟草专卖局党组书记、局长、中国烟草总公司总经理凌成兴发布新年贺词，要求全行业全面贯彻落实党的十八大和十八届三中、四中、五中全会精神，以“五位一体”总体布局和“四个全面”战略布局为统领，以“五大发展理念”为引领，以坚持烟草专卖制度为手段，认识适应引领经济发展新常态，围绕“一个发展目标”“五个基本定位”和相关指标体系，努力实现中国烟草品牌建设、烟叶生产、税利贡献再上新水平。

7 日，国家烟草专卖局党组书记、局长凌成兴，党组成员、副局长赵洪顺在北京会见塞拉尼斯特种材料公司总裁萨韦博（Scott Sutton）一行。

15—16 日，全国烟草工作会议在北京召开。工业和信息化部部长苗圩出席会议并讲话。国家烟草专卖局党组书记、局长凌成兴作题为《贯彻发展新理念 再上卷烟新水平 努力实现烟草行业“十三五”良好开局》的工作报告。国家局党组成员、副局长杨培森作总结讲话，党组成员、副局长赵洪顺，党组成员、直属机关党委书记高林，党组成员、副局长徐䃟、段铁力出席会议。

22 日，烟草行业安全生产委员会会议在北京召开。段铁力出席会议。

26 日，烟草行业安全生产工作电视电话会议在北京召开。段铁力出席会议并讲话。

29 日，国家局、总公司机关离退休干部座谈会议在北京召开。凌成兴出席会议并讲话。

29 日，国家局、总公司机关青年干部座谈会在北京召开。凌成兴主持会议并讲话。

2月

1 日，中国烟草总公司与新华通讯社在北京签署合作备忘录。凌成兴、赵洪顺出席签字仪式。

18 日，全国烟草行业落实全面从严治党主体责任工作会议在北京召开。凌成兴出席会议并讲话，高林作工作报告，赵洪顺、段铁力出席会议。

23 日，国家烟草专卖局与国家外国专家局举行信息化建设工作座谈会。凌成兴主持会议并讲话，段铁力出席。

24 日，国家局在北京召开重点产区烟叶生产形势汇报会，听取重点烟叶产区关于当前烟叶生产形势的情况汇报，安排部署当前行业烟叶生产工作。杨培森出席会议并讲话。

24—25 日，全国烟草行业规范管理工作会议在北京召开。赵洪顺出席会议并讲话。

25 日，凌成兴、赵洪顺在北京会见塞拉尼斯公司董事会主席兼首席执行官罗慕科（Mark Rohr）一行。

29 日，中央第二巡视组专项巡视国家烟草专卖局党组工作动员会召开。中央巡视工作领导小组成员、办公室主任黎晓宏向国家烟草专卖局党组书记、局长凌成兴传达习近平总书记关于巡视工作的重要指示。会上，中央第二巡视组组长张立军就即将开展的专项巡视工作作了讲话，中央巡视工作领导小组办公室有关负责同志就配合做好巡视工作提出要求，凌成兴主持会议并作了表态发言。国家烟草专卖局党组成员出席会议。

3月

1 日，全国烟草专卖管理工作会议在北京召开。赵洪顺出席会议并讲话。

3 日，全国烟草行业人事工作会议在北京召开。杨培森出席会议并讲话。

4 日，全国烟草行业财务审计工作会议在北京召开。徐䃟出席会议并讲话。

16 日，国家局党校举行 2016 年春季学期开学典礼。高林出席典礼并作动员讲话。

22 日，全国烟草行业信息化工作会议在北京召开。段铁力出席会议并讲话。

① 《大事记》栏目中涉及国家烟草专卖局简称“国家局，中国烟草总公司”简称总公司。

25 日，全国烟草科技工作会议在北京召开。杨培森出席会议并讲话。

4 月

7 日，全国烟草行业离退休干部工作会议在北京召开。杨培森出席会议并讲话。

8 日，国家局党组印发《关于在行业全体党员中开展“学党章党规、学系列讲话，做合格党员”学习教育实施方案》（国烟党〔2016〕74 号）。

12 日，烟草行业提质增效工作电视电话会议在北京召开。凌成兴出席会议并讲话，杨培森、赵洪顺、高林、徐瑾出席会议，段铁力主持会议并讲话。

19 日，中国共产党国家烟草专卖局直属机关第三次代表大会在北京召开，高林作工作报告。凌成兴出席会议并讲话，杨培森、赵洪顺、徐瑾、段铁力出席会议。

22 日，国家局职业技能鉴定指导中心主任联席会议在北京召开。杨培森出席会议并讲话。

22 日，全国烟草法规体改工作会议在北京召开。赵洪顺出席会议并讲话。

25 日，国家局党组印发《中共国家烟草专卖局党组关于调整巡视工作领导小组成员的通知》（国烟党〔2016〕87 号）。

27 日，国家局召开部分烟叶产区促进烟农增收汇报会。杨培森出席会议并讲话。

28 日，全国烟草行业多元化投资管理工作会议在北京召开。赵洪顺出席会议并讲话。

5 月

5 日，烟草行业“两学一做”学习教育电视电话会议在北京召开。凌成兴出席会议并讲话，杨培森、赵洪顺、高林、徐瑾、段铁力出席会议。

13 日，凌成兴、徐瑾会见荷兰联一国际公司总裁兼首席执行官彼得·斯科（Pieter Sikkel）一行。

16 日，凌成兴、杨培森会见坦桑尼亚外交部常务秘书姆利马（Aziz Ponary Mlima）、坦桑尼亚驻华大使欣博（Abdulrahaman Amiri Shimbo）一行。

17 日，中国烟草学会 2016 年工作会暨七届四次理事会议在北京召开。赵洪顺出席会议并讲话。

19 日，全国卷烟销售工作会议在北京召开。徐瑾出席会议并讲话。

20 日，国家烟草专卖局与中国财贸轻纺烟草工会在北京举行第十二次联席会议。杨培森出席会议并讲话。

24 日，烟草行业异型卷烟自动化分拣工作现场会在陕西西安召开。徐瑾出席会议并讲话。

6 月

2 日，凌成兴、杨培森会见德国虹霓机械制造股份公司执行董事会主席斯派克曼（Jürgen Spykman）一行。

3 日，中央第二巡视组向国家烟草专卖局党组反馈专项巡视情况。凌成兴主持会议并作表态发言，杨培森、赵洪顺、高林、徐瑾、段铁力出席会议。

12 日，国家局党组召开接受中央专项巡视专题民主生活会。凌成兴主持并讲话，杨培森、赵洪顺、高林、徐瑾、段铁力同志出席。

13 日，国家局印发《国家烟草专卖局关于印发烟草行业“十三五”规划的通知》（国烟计〔2016〕148 号）。

14 日，凌成兴、赵洪顺会见意大利 G. D 公司总经理保罗·克雷莫尼尼（Paolo Cremonini）一行。

15—16 日，全国烟草行业党组织书记落实全面从严治党主体责任培训班在北京举行。凌成兴出席培训班并讲话，杨培森、赵洪顺、高林、徐瑾、段铁力出席培训班。

22 日，中国烟草学会召开七届五次理事（扩大）会议。赵洪顺出席会议并讲话。

24 日，公安部、国家烟草专卖局在湖南长沙联合召开湖南邵阳“11·28”特大制售假烟网络案件表彰会，对参与案件侦破的 80 名有功人员进行表彰。赵洪顺出席会议并讲话。

7 月

16—18 日，凌成兴在云南昆明主持召开西南片区专项巡视开门整改和经济运行工作调研座谈会。

18—19 日，杨培森在湖北武汉主持召开中南片区专项巡视开门整改和经济运行工作调研座谈会。

18—20 日，赵洪顺在内蒙古呼和浩特主持召开华北片区专项巡视开门整改和经济运行工作调研座谈会。

18—20 日，高林在黑龙江哈尔滨主持召开东北片区专项巡视开门整改和经济运行工作调研座谈会。

20—22 日，徐瑾在江苏南京主持召开华东片区专项巡视开门整改和经济运行工作调研座谈会。

20—21 日，段铁力在甘肃兰州主持召开西北片区专项巡视开门整改和经济运行工作调研座谈会。

22 日，全国烟农增收工作交流视频会在北京召开。杨培森出席会议并讲话。

26 日，国家局组织召开落实《中华人民共和国境内卷烟包装标识的规定》电视电话会议。杨培森出席会议并讲话。

28 日，国家局就上半年行业经济运行工作在北京召开新闻发布会。新华社、中央人民广播电台、《经济日报》等新闻媒体参加发布会。

8月

1 日，凌成兴、杨培森在北京会见马拉维农业部部长沙蓬达（Hon. George Chaponda）、马拉维驻华大使纳蒙德维（Charles E. Namondwe）一行。

5 日，公安部、国家烟草专卖局在四川成都组织召开打击非法经营烟叶原料专项行动推进工作集中调研座谈会。赵洪顺出席座谈会并讲话。

8 日，凌成兴、徐瑾会见日本烟草产业株式会社原社长木村宏（Hiroshi Kimura）一行。

19 日，国家局安全生产委员会在北京召开会议。段铁力出席会议并讲话。

30 日，全国烟草行业第五次援藏工作座谈会在北京召开。凌成兴出席并讲话，赵洪顺主持会议。

30 日，共青团国家烟草专卖局直属机关团员大会在北京召开。徐瑾出席会议并讲话。

9月

5 日，中国烟草总公司与日本烟草产业株式会社在北京举行《合作意向书》签字仪式。凌成兴、徐瑾出席签字仪式。

6 日，《中国烟草》杂志社有限公司 2016 年工作座谈会在北京召开。凌成兴作出重要批示，要求杂志社要牢牢把握政治方向，牢固树立“四个意识”，举好“领军旗”，守好“主阵地”。段铁力出席会议并讲话。

27 日，“三沙”品牌发展座谈会在海南海口召开。段铁力出席会议并讲话。

29 日，国家局、总公司机关在北京丰台体育中心举办第十三届职工运动会。杨培森、赵洪顺、高林出席开幕式并观看比赛。

10月

12—13 日，全国出口烟叶工作座谈会暨烟叶客户洽谈会在北京召开。

16 日，国家烟草专卖局与中国科学技术协会在北京举行“青年人才托举工程”（2016—2018 年度）项目启动仪式。凌成兴、赵洪顺、杨培森出席启动仪式。

18 日，《东方烟草报》理事会代表会议在山东济南召开。凌成兴为会议作重要批示，赵洪顺出席会议并讲话。

11月

16—18 日，2016 年全国烟草行业企业管理现场会在福建厦门召开。段铁力出席会议并讲话。

24 日，中国烟草学会在北京举行 2016 年学术年会。赵洪顺出席会议并讲话。

29 日，全国烟草科技创新大会在北京召开。凌成兴、杨培森出席会议并讲话，赵洪顺、高林、徐瑾、段铁力出席会议。

29—30 日，全国烟叶工作电视电话会议在北京召开。凌成兴、杨培森出席会议并讲话。

12月

1—2 日，全国卷烟营销网络建设现场会在广西南宁召开。徐瑾出席会议并讲话。

2 日，行业思想政治工作会暨中烟政研会秘书长会议在北京召开。杨培森出席会议并讲话。

2 日，国家局办公室召开《中国烟草》杂志社、东方烟草报社、国家局网站 3 家行业主流新闻媒体座谈会。

8 日，云南红塔银行股份有限公司服务烟草行业座谈会在云南昆明召开。徐瑾出席会议并讲话。

13 日，凌成兴、徐瑾会见荷兰联一国际公司总裁兼首席执行官彼得·斯科（Pieter Sikkel）一行。

19 日，凌成兴、赵洪顺会见伊士曼化工公司首席国际项目执行官钟汉杰一行。

◇供稿：国家局办公室；编辑：周　佳

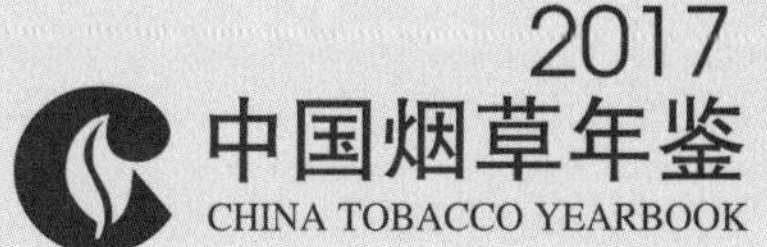

重要政策法规与文件选登

- 综合
- 发展计划
- 专卖管理
- 烟草科技
- 法治建设
- 整顿规范

综　合

国务院关于第二批清理规范 192 项国务院部门行政审批中介服务事项的决定

（国发〔2016〕11 号）

国务院各部委、各直属机构：

经研究论证，国务院决定第二批清理规范 192 项国务院部门行政审批中介服务事项，不再作为行政审批的受理条件。

各有关部门要认真做好清理规范行政审批中介服务事项的落实工作，加快推进配套改革和相关制度建设，切实加强事中事后监管。对于涉及公共安全的行政审批事项，中介服务清理规范后，要进一步强化相关监管措施，确保安全责任落实到位。

国务院

2016 年 2 月 3 日

附件：

国务院决定第二批清理规范的国务院部门行政审批中介服务事项目录（共计 192 项）

序号	中介服务事项名称	涉及的审批事项项目名称	审批部门	中介服务设定依据	中介服务实施机构	处理决定
137	外商投资设立烟草专卖生产企业非货币资产价值评估	外商投资设立烟草专卖生产企业审批	国家烟草局	注：审批工作中要求申请人委托有关机构编制非货币资产价值评估报告	会计师事务所	不再要求申请人提供非货币资产价值评估报告
138	烟草制品生产企业为扩大生产能力进行基本建设或者技术改造项目申请报告编制	烟草制品生产企业为扩大生产能力进行基本建设或者技术改造审批	国家烟草局	《政府核准投资项目管理办法》（国家发展改革委令 2014 年第 11 号）	具有甲级资质的咨询单位	申请人可按要求自行编制项目申请报告，也可委托有关机构编制，审批部门不得以任何形式要求申请人必须委托特定中介机构提供服务；保留审批部门现有的项目申请报告技术评估、评审
139	卷烟、烟用二醋酸纤维素及丝束项目申请报告编制	卷烟、烟用二醋酸纤维素及丝束项目核准	国家烟草局	《中华人民共和国企业国有资产法》 《企业国有资产评估管理暂行办法》（国务院国资委令第 12 号） 《烟草行业国有资产监督管理办法》（财建〔2012〕635 号） 《中国烟草总公司国有资产管理办法》（中烟办〔2012〕276 号）	具有甲级资质的咨询单位	申请人可按要求自行编制项目申请报告，也可委托有关机构编制，审批部门不得以任何形式要求申请人必须委托特定中介机构提供服务；保留审批部门现有的项目申请报告技术评估、评审

注：该文件只选取与烟草相关部分，其余内容从略。

中华人民共和国国务院令

（第 666 号）

《国务院关于修改部分行政法规的决定》已经2016年1月13日国务院第119次常务会议通过，现予公布，自公布之日起施行。

总理　李克强

2016年2月6日

国务院关于修改部分行政法规的决定

为了依法推进简政放权、放管结合、优化服务改革，国务院对取消和调整行政审批项目、价格改革和实施普遍性降费措施涉及的行政法规进行清理。经过清理，国务院决定：对66部行政法规的部分条款予以修改。

十六、删去《中华人民共和国烟草专卖法实施条例》第六条第二款第四项、第十条、第十五条。

第十八条改为第十六条，将其中的“省级烟草专卖行政主管部门”修改为“设区的市级烟草专卖行政主管部门”。

第三十八条改为第三十六条，删去第一款中的“特种烟草专卖经营企业许可证”。

第四十二条改为第四十条，修改为：“进口烟草专卖品的计划应当报国务院烟草专卖行政主管部门审查批准。”

第五十条改为第四十八条，删去第一款中的“参与外国烟草制品拍卖的竞买人，应当持有特种烟草专卖经营企业许可证”。

第五十三条改为第五十一条，第一项修改为：“（一）擅自收购烟叶的，可以处非法收购烟叶价值20%以上50%以下的罚款，并按照查获地省级烟草专卖行政主管部门出具的上年度烟叶平均收购价格的70%收购违法收购的烟叶”。

第五十四条改为第五十二条，第一项修改为：“（一）无准运证或者超过准运证规定的数量托运或者自运烟草专卖品的，处以违法运输的烟草专卖品价值20%以上50%以下的罚款，可以按照查获地省级烟草专卖行政主管部门出具的上年度烟叶平均收购价格的70%收购违法运输的烟叶，以及按照市场批发价格的70%收购违法运输的除烟叶外的其他烟草专卖品。”

删去第五十七条。

第六十四条改为第六十一条，将其中的“第三十八条”修改为“第三十六条”，删去其中的“特种烟草专卖经营企业许可证”。

删去第六十八条。

注：该文件只选取与烟草相关部分，其余内容从略。

中华人民共和国烟草专卖法实施条例

1997年7月3日中华人民共和国国务院令第223号发布；根据2013年7月18日《国务院关于废止和修改部分行政法规的决定》（国务院令第638号）第一次修订①；根据2016年2月6日《国务院关于修改部分行政法规的决定》（国务院令第666号）第二次修订。

第一章　总　则

第一条　根据《中华人民共和国烟草专卖法》（以下简称《烟草专卖法》），制定本条例。

第二条　烟草专卖是指国家对烟草专卖品的生产、销售和进出口业务实行垄断经营、统一管理的制度。

第三条　烟草专卖品中的烟丝是指用烟叶、复烤烟叶、烟草薄片为原料加工制成的丝、末、粒状商品。

第四条　国务院和省、自治区、直辖市的烟草专卖行政主管部门职责及领导体制，依照《烟草专卖法》第四条的规定执行。设有烟草专卖行政主管部门的市、县，由市、县烟草专卖行政主管部门主管本行政区内的烟草专卖工作，受上一级烟草专卖行政主管部门和本级人民政府的双重领导，以上一级烟草专卖行政主管部门的领导为主。

第五条　国家对卷烟、雪茄烟焦油含量和用于卷烟、雪茄烟的主要添加剂实行控制。烟草制品生产企业不得违

① 根据2013年7月18日下发的国务院令第638号文件，将《中华人民共和国烟草专卖法实施条例》第二十四条修改为：“卷烟、雪茄烟和有包装的烟丝，应当使用注册商标。”删去第四十七条。

反国家有关规定使用有害的添加剂和色素。

第二章　烟草专卖许可证

第六条　从事烟草专卖品的生产、批发、零售业务，以及经营烟草专卖品进出口业务和经营外国烟草制品购销业务的，必须依照《烟草专卖法》和本条例的规定，申请领取烟草专卖许可证。

烟草专卖许可证分为：

（一）烟草专卖生产企业许可证；

（二）烟草专卖批发企业许可证；

（三）烟草专卖零售许可证。

第七条　取得烟草专卖生产企业许可证，应当具备下列条件：

（一）有与生产烟草专卖品相适应的资金；

（二）有生产烟草专卖品所需要的技术、设备条件；

（三）符合国家烟草行业的产业政策要求；

（四）国务院烟草专卖行政主管部门规定的其他条件。

第八条　取得烟草专卖批发企业许可证，应当具备下列条件：

（一）有与经营烟草制品批发业务相适应的资金；

（二）有固定的经营场所和必要的专业人员；

（三）符合烟草专卖批发企业合理布局的要求；

（四）国务院烟草专卖行政主管部门规定的其他条件。

第九条　取得烟草专卖零售许可证，应当具备下列条件：

（一）有与经营烟草制品零售业务相适应的资金；

（二）有固定的经营场所；

（三）符合烟草制品零售点合理布局的要求；

（四）国务院烟草专卖行政主管部门规定的其他条件。

第十条　烟草专卖行政主管部门依照《烟草专卖法》及本条例的规定，发放烟草专卖许可证和烟草专卖品准运证并实施管理。

第十一条　申请领取烟草专卖生产企业许可证的，应当向省、自治区、直辖市（以下简称省级）烟草专卖行政主管部门提出申请，由省级烟草专卖行政主管部门审查签署意见，报国务院烟草专卖行政主管部门审批发证。

第十二条　申请领取烟草专卖批发企业许可证，进行跨省、自治区、直辖市经营的，应当向省级烟草专卖行政主管部门提出申请，由省级烟草专卖行政主管部门审查签署意见，报国务院烟草专卖行政主管部门审批发证。

申请领取烟草专卖批发企业许可证，在省、自治区、直辖市范围内经营的，应当向企业所在地烟草专卖行政主管部门提出申请，由企业所在地烟草专卖行政主管部门审查签署意见，报省级烟草专卖行政主管部门审批发证。

第十三条　申请领取烟草专卖零售许可证，依照《烟草专卖法》的规定办理。

第十四条　烟草专卖许可证的发证机关可以定期或者不定期地对取得烟草专卖许可证的企业、个人进行检查。经检查不符合《烟草专卖法》和本条例规定条件的，烟草专卖许可证的发证机关可以责令暂停烟草专卖业务、进行整顿，直至取消其从事烟草专卖业务的资格。

烟草专卖许可证的具体管理办法，由国务院烟草专卖行政主管部门根据本条例的规定制定。

第三章　烟叶的种植、收购和调拨

第十五条　国务院烟草专卖行政主管部门按照合理布局的要求，会同有关省、自治区、直辖市人民政府依据国家计划，根据良种化、区域化、规范化的原则制定烟叶种植规划。

第十六条　烟叶由烟草公司或其委托单位依法统一收购。烟草公司或其委托单位根据需要，可以在国家下达烟叶收购计划的地区设立烟叶收购站（点）收购烟叶。设立烟叶收购站（点），应当经设区的市级烟草专卖行政主管部门批准。未经批准，任何单位和个人不得收购烟叶。

第十七条　地方烟草专卖行政主管部门组织同级有关部门和烟叶生产者的代表组成烟叶评级小组，协调烟叶收购等级评定工作。

第十八条　国家储备、出口烟叶的计划和烟叶调拨计划，由国务院计划部门下达。

第四章　烟草制品的生产

第十九条　设立烟草制品生产企业，应当由省级烟草专卖行政主管部门报经国务院烟草专卖行政主管部门批准，取得烟草专卖生产企业许可证，并经工商行政管理部门核准登记。

第二十条　烟草制品生产企业必须严格执行国家下达的生产计划。

第二十一条　禁止使用霉烂烟叶生产卷烟、雪茄烟和烟丝。

第二十二条　卷烟、雪茄烟和有包装的烟丝，应当使用注册商标。

第五章　烟草制品的销售

第二十三条　取得烟草专卖批发企业许可证的企业，应当在许可证规定的经营范围和地域范围内，从事烟草制品的批发业务。

取得烟草专卖零售许可证的企业或者个人，应当在当地的烟草专卖批发企业进货，并接受烟草专卖许可证发证机关的监督管理。

第二十四条　无烟草专卖批发企业许可证的单位或者个人，一次销售卷烟、雪茄烟 50 条以上的，视为无烟草专卖批发企业许可证从事烟草制品批发业务。

第二十五条 任何单位或者个人不得销售非法生产的烟草制品。

第二十六条 烟草专卖生产企业和烟草专卖批发企业，不得向无烟草专卖零售许可证的单位或者个人提供烟草制品。

第二十七条 在中国境内销售的卷烟、雪茄烟，应当在小包、条包上标注焦油含量级和“吸烟有害健康”的中文字样。

第二十八条 国务院烟草专卖行政主管部门在必要时，可以根据市场供需情况下达省、自治区、直辖市之间的卷烟、雪茄烟调拨任务。

第二十九条 严禁销售霉坏、变质的烟草制品。霉坏、变质的烟草制品，由烟草专卖行政主管部门或者有关行政管理部门监督销毁。

第三十条 有关部门依法查获的假冒商标烟草制品，应当交由烟草专卖行政主管部门按照国家有关规定公开销毁，禁止以任何方式销售。

第三十一条 假冒商标烟草制品的鉴别检测工作，由国务院产品质量监督管理部门和省、自治区、直辖市人民政府产品质量监督管理部门指定的烟草质量检测站进行。

第六章 烟草专卖品的运输

第三十二条 烟草专卖品准运证由省级以上烟草专卖行政主管部门或其授权的机构审批、发放。烟草专卖品准运证的管理办法由国务院烟草专卖行政主管部门制定。

第三十三条 跨省、自治区、直辖市运输进口的烟草专卖品、国产烟草专用机械和烟用丝束、滤嘴棒以及分切的进口卷烟纸，应当凭国务院烟草专卖行政主管部门或其授权的机构签发的烟草专卖品准运证办理托运或者自运。

跨省、自治区、直辖市运输除国产烟草专用机械、烟用丝束、滤嘴棒以及分切的进口卷烟纸以外的其他国产烟草专卖品，应当凭国务院烟草专卖行政主管部门或者省级烟草专卖行政主管部门签发的烟草专卖品准运证办理托运或者自运。

在省、自治区、直辖市内跨市、县运输烟草专卖品，应当凭省级烟草专卖行政主管部门或其授权的机构签发的烟草专卖品准运证办理托运或者自运。

运输依法没收的走私烟草专卖品，应当凭国务院烟草专卖行政主管部门签发的烟草专卖品准运证办理托运或者自运。

第三十四条 有下列情形之一的，为无烟草专卖品准运证运输烟草专卖品：

（一）超过烟草专卖品准运证规定的数量和范围运输烟草专卖品的；

（二）使用过期、涂改、复印的烟草专卖品准运证的；

（三）无烟草专卖品准运证又无法提供在当地购买烟草专卖品的有效证明的；

（四）无烟草专卖品准运证运输烟草专卖品的其他行为。

第三十五条 海关监管的烟草制品的转关运输，按照国家有关海关转关运输的规定办理运输手续。

第七章 卷烟纸、滤嘴棒、烟用丝束、烟草专用机械的生产和销售

第三十六条 烟草专卖批发企业和烟草制品生产企业只能从取得烟草专卖生产企业许可证的企业购买卷烟纸、滤嘴棒、烟用丝束和烟草专用机械。

卷烟纸、滤嘴棒、烟用丝束、烟草专用机械的生产企业不得将其产品销售给无烟草专卖生产企业许可证的单位或者个人。

第三十七条 烟草专用机械的购进、出售、转让，必须经国务院烟草专卖行政主管部门批准。

烟草专用机械的名录由国务院烟草专卖行政主管部门规定。

第三十八条 任何单位或者个人不得销售非法生产的烟草专用机械、卷烟纸、滤嘴棒及烟用丝束。

淘汰报废、非法拼装的烟草专用机械，残次的卷烟纸、滤嘴棒、烟用丝束及下脚料，由当地烟草专卖行政主管部门监督处理，不得以任何方式销售。

第八章 进出口贸易和对外经济技术合作

第三十九条 设立外商投资的烟草专卖生产企业，应当报经国务院烟草专卖行政主管部门审查同意后，方可按照国家有关规定批准立项。

第四十条 进口烟草专卖品的计划应当报国务院烟草专卖行政主管部门审查批准。

第四十一条 免税进口的烟草制品应当存放在海关指定的保税仓库内，并由国务院烟草专卖行政主管部门指定的地方烟草专卖行政主管部门与海关共同加锁管理。海关凭国务院烟草专卖行政主管部门批准的免税进口计划分批核销免税进口外国烟草制品的数量。

第四十二条 在海关监管区内经营免税的卷烟、雪茄烟的，只能零售，并应当在卷烟、雪茄烟的小包、条包上标注国务院烟草专卖行政主管部门规定的专门标志。

第四十三条 专供出口的卷烟、雪茄烟，应当在小包、条包上标注“专供出口”中文字样。

第九章 监督检查

第四十四条 烟草专卖行政主管部门依法对执行《烟草专卖法》及本条例的情况进行监督、检查，查处违反《烟草专卖法》及本条例的案件，并会同国家有关部门查处烟草专卖品的走私贩私、假冒伪劣行为。

第四十五条 国务院烟草专卖行政主管部门在必要时，可以根据烟草专卖工作的实际情况，在重点地区设立派出机构；省级烟草专卖行政主管部门在必要时，可以向烟草专卖品生产、经营企业派驻人员。派出机构和派驻人员在派出部门的授权范围内监督、检查烟草专卖品的生产、经营活动。

第四十六条 烟草专卖行政主管部门查处违反《烟草专卖法》和本条例的案件时，可以行使下列职权：

（一）询问违法案件的当事人、嫌疑人和证人；

（二）检查违法案件当事人的经营场所，依法对违法生产或者经营的烟草专卖品进行处理；

（三）查阅、复制与违法活动有关的合同、发票、账册、单据、记录、文件、业务函电和其他资料。

第四十七条 烟草专卖行政主管部门或者烟草专卖行政主管部门会同有关部门，可以依法对非法运输烟草专卖品的活动进行检查、处理。

第四十八条 人民法院和行政机关依法没收的烟草专卖品以及充抵罚金、罚款和税款的烟草专卖品，按照国家有关规定进行拍卖的，竞买人应当持有烟草专卖批发企业许可证。

依法设立的拍卖企业拍卖烟草专卖品，应当对竞买人进行资格验证。拍卖企业拍卖烟草专卖品，应当接受烟草专卖行政主管部门的监督。

第四十九条 烟草专卖行政主管部门的专卖管理检查人员执行公务时，应当佩戴国务院烟草专卖行政主管部门制发的徽章，出示省级以上烟草专卖行政主管部门签发的检查证件。

第五十条 对检举烟草专卖违法案件的有功单位和个人，给予奖励。

第十章 法律责任

第五十一条 依照《烟草专卖法》第三十条规定处罚的，按照下列规定执行：

（一）擅自收购烟叶的，可以处非法收购烟叶价值20%以上50%以下的罚款，并按照查获地省级烟草专卖行政主管部门出具的上年度烟叶平均收购价格的70%收购违法收购的烟叶；

（二）擅自收购烟叶1000公斤以上的，依法没收其违法收购的烟叶和违法所得。

第五十二条 依照《烟草专卖法》第三十一条规定处罚的，按照下列规定执行：

（一）无准运证或者超过准运证规定的数量托运或者自运烟草专卖品的，处以违法运输的烟草专卖品价值20%以上50%以下的罚款，可以按照查获地省级烟草专卖行政主管部门出具的上年度烟叶平均收购价格的70%收购违法运输的烟叶，以及按照市场批发价格的70%收购违法运输的除烟叶外的其他烟草专卖品。

（二）有下列情形之一的，没收违法运输的烟草专卖品和违法所得：

1. 非法运输的烟草专卖品价值超过5万元或者运输卷烟数量超过100件（每1万支为1件）的；

2. 被烟草专卖行政主管部门处罚两次以上的；

3. 抗拒烟草专卖行政主管部门的监督检查人员依法实施检查的；

4. 非法运输走私烟草专卖品的；

5. 运输无烟草专卖生产企业许可证的企业生产的烟草专卖品的；

6. 利用伪装非法运输烟草专卖品的；

7. 利用特种车辆运输烟草专卖品逃避检查的；

8. 其他非法运输行为，情节严重的。

（三）承运人明知是烟草专卖品而为无准运证的单位、个人运输的，没收违法所得，可以并处违法运输的烟草专卖品价值10%以上20%以下的罚款。

（四）邮寄、异地携带烟叶、烟草制品超过国务院有关部门规定的限量1倍以上的，依照本条第（一）项的规定处罚。

第五十三条 依照《烟草专卖法》第三十二条规定处罚的，按照下列规定执行：

（一）无烟草专卖生产企业许可证生产烟草制品的，由烟草专卖行政主管部门责令关闭，没收违法所得，处以所生产烟草制品价值1倍以上2倍以下的罚款，并将其违法生产的烟草制品公开销毁；

（二）无烟草专卖生产企业许可证生产卷烟纸、滤嘴棒、烟用丝束或者烟草专用机械的，由烟草专卖行政主管部门责令停止生产，没收违法所得，处以违法生产的烟草专卖品价值1倍以上2倍以下的罚款，并将其违法生产的烟草专卖品公开销毁。

第五十四条 依照《烟草专卖法》第三十三条规定，无烟草专卖批发企业许可证经营烟草制品批发业务的，由烟草专卖行政主管部门责令关闭或者停止经营烟草制品批发业务，没收违法所得，处以违法批发的烟草制品价值50%以上1倍以下的罚款。

第五十五条 取得烟草专卖批发企业许可证的单位违反本条例第二十三条第一款的规定，超越经营范围和地域范围，从事烟草制品批发业务的，由烟草专卖行政主管部门责令暂停经营批发业务，没收违法所得，处以违法经营的烟草制品价值10%以上20%以下的罚款。

第五十六条 取得烟草专卖零售许可证的企业或者个人违反本条例第二十三条第二款的规定，未在当地烟草专卖批发企业进货的，由烟草专卖行政主管部门没收违法所得，可处以进货总额5%以上10%以下的罚款。

第五十七条 无烟草专卖零售许可证经营烟草制品零售业务的，由工商行政管理部门或者由工商行政管理部门根据烟草专卖行政主管部门的意见，责令停止经营烟草制品零售业务，没收违法所得，处以违法经营总额20%以上50%以下的罚款。

第五十八条 违反本条例第二十五条、第三十八条第一款规定销售非法生产的烟草专卖品的，由烟草专卖行政主管部门责令停止销售，没收违法所得，处以违法销售总额20%以上50%以下的罚款，并将非法销售的烟草专卖品公开销毁。

第五十九条 违反本条例规定，未取得国务院烟草专卖行政主管部门颁发的烟草专卖批发企业许可证，擅自跨省、自治区、直辖市从事烟草制品批发业务的，由烟草专卖行政主管部门处以批发总额10%以上20%以下的罚款。

第六十条 违反本条例第二十六条、第三十六条第二款规定，为无烟草专卖许可证的单位或者个人提供烟草专卖品的，由烟草专卖行政主管部门没收违法所得，并处以销售总额20%以上50%以下的罚款。

第六十一条 违反本条例第三十六条第一款规定，烟草专卖批发企业和烟草制品生产企业从无烟草专卖生产企业许可证、特种烟草专卖经营企业许可证的企业购买卷烟纸、滤嘴棒、烟用丝束、烟草专用机械的，由烟草专卖行政主管部门处以所购烟草专卖品价值50%以上1倍以下的罚款。

第六十二条 违反本条例第四十一条规定，免税进口的烟草制品不按规定存放在烟草制品保税仓库内的，可以处烟草制品价值50%以下的罚款。

第六十三条 违反本条例第四十二条规定，在海关监管区内经营免税的卷烟、雪茄烟没有在小包、条包上标注国务院烟草专卖行政主管部门规定的专门标志的，可以处非法经营总额50%以下的罚款。

第六十四条 违反本条例第四十八条的规定，拍卖企业未对竞买人进行资格验证，或者不接受烟草专卖行政主管部门的监督，擅自拍卖烟草专卖品的，由烟草专卖行政主管部门处以拍卖的烟草专卖品价值20%以上50%以下的罚款，并依法取消其拍卖烟草专卖品的资格。

第十一章 附 则

第六十五条 本条例自发布之日起施行。

国务院关于取消一批职业资格许可和认定事项的决定

（国发〔2016〕35号）

各省、自治区、直辖市人民政府，国务院各部委、各直属机构：

经研究论证，国务院决定取消47项职业资格许可和认定事项，现予公布。

取消不必要的职业资格许可和认定事项，是降低制度性交易成本、推进供给侧结构性改革的重要举措，也是为大中专毕业生就业创业和去产能中人员转岗创造便利条件。各地区、各部门要从大局出发，进一步提高认识，主动开展自我清查，人力资源社会保障部要对照职业分类大典对现有准入类和水平评价类职业资格许可和认定事项进行全面清理，持续降低就业创业门槛。只要不涉及国家安全、公共安全、公民人身财产安全的职业，原则上要放宽市场准入。水平评价类职业资格要真正市场化，不能影响就业创业。今后没有法律法规依据的准入类职业资格一律不得新设。人力资源社会保障部要会同有关部门在继续取消职业资格许可和认定事项的同时，抓紧公布实施国家职业资格目录清单，接受社会监督，清单之外一律不得许可和认定职业资格，清单之内除准入类职业资格外一律不得与就业创业挂钩。要依法依规加强对职业资格设置和实施的监管，逐步构建国家职业资格框架体系，推动职业资格科学设置、规范运行、依法监管。在推进职业教育结构调整时，要更加突出以用为本，提升学生实践能力，让实际工作对职业技能的需求真正成为职业教育和选人用人的导向。

国务院

2016年6月8日

附件：

国务院决定取消的职业资格许可和认定事项目录（共计47项）

一、取消的专业技术人员职业资格许可和认定事项（共计9项，其中准入类8项，水平评价类1项）（略）

二、取消的技能人员职业资格许可和认定事项（共计38项，均为水平评价类）

序号	项目名称		实施部门（单位）	资格类别	设定依据	处理决定
27	原烟复烤人员	打叶复烤工、烟叶回潮工	国家烟草局	水平评价类	《中华人民共和国职业分类大典》（1999）	取消
28	卷烟生产人员	烟叶制丝工、膨胀烟丝工、烟草薄片工、卷烟卷接工	国家烟草局	水平评价类	《中华人民共和国职业分类大典》（1999）	取消
29	烟用醋酸纤维丝束滤棒制作人员	滤棒工	国家烟草局	水平评价类	《中华人民共和国职业分类大典》（1999）	取消

注：该文件只选取与烟草相关部分，其余内容从略。

“健康中国 2030”规划纲要

（国务院公报 2016 年第 32 号）

第五章 塑造自主自律的健康行为

第二节 开展控烟限酒

全面推进控烟履约，加大控烟力度，运用价格、税收、法律等手段提高控烟成效。深入开展控烟宣传教育。积极推进无烟环境建设，强化公共场所控烟监督执法。推进公共场所禁烟工作，逐步实现室内公共场所全面禁烟。领导干部要带头在公共场所禁烟，把党政机关建成无烟机关。强化戒烟服务。到 2030 年，15 岁以上人群吸烟率降低到 20%。加强限酒健康教育，控制酒精过度使用，减少酗酒。加强有害使用酒精监测。

注：该文件只选取与烟草相关部分，其余内容从略。

中华人民共和国工业和信息化部令

（第 36 号）

《烟草专卖品准运证管理办法》已经 2016 年 5 月 17 日工业和信息化部第 23 次部务会议审议通过，现予公布，自 2016 年 7 月 20 日起施行。原国家经济贸易委员会 2002 年 6 月 4 日公布的《烟草专卖品准运证管理办法》（原国家经济贸易委员会令第 31 号）同时废止。

部长 苗 圩

2016 年 5 月 26 日

烟草专卖品准运证管理办法

第一章 总 则

第一条 为加强烟草专卖品准运证的管理，规范烟草专卖品流通秩序，根据《中华人民共和国烟草专卖法》及其实施条例，制定本办法。

第二条 运输卷烟、雪茄烟、烟丝、复烤烟叶、烟叶（包括再造烟叶和烟梗）、卷烟纸、滤嘴棒、烟用丝束、烟草专用机械等烟草专卖品，应当持有烟草专卖品准运证。

无烟草专卖品准运证，不得运输烟草专卖品。

第三条 本办法适用于中华人民共和国境内烟草专卖品准运证的管理。

第四条 各级烟草专卖局应当对办理烟草专卖品准运证的部门及其工作人员、烟草专卖品准运证使用和管理情况进行监督检查。

第五条 签发烟草专卖品准运证，应当使用国家烟草专卖局统一管理的烟草专卖品准运证计算机网络管理系统。

第二章 烟草专卖品准运证的签发

第六条 烟草专卖品准运证应当由省级以上（含省级，下同）烟草专卖局签发。地（市）级烟草专卖局可以按照省级烟草专卖局的委托，代签烟草专卖品准运证。

第七条　国家烟草专卖局有权签发所有烟草专卖品准运证，并可以授权或者委托省级烟草专卖局签发烟草专卖品准运证。

下列烟草专卖品的运输，应当由国家烟草专卖局签发烟草专卖品准运证：

（一）需由国家烟草专卖局有关业务主管部门调剂的烟草专卖品；

（二）中国烟草总公司直属专业公司进口的卷烟纸、滤嘴棒和烟用丝束；

（三）出口退货的烟草专卖品；

（四）依法没收的走私烟草专卖品。

第八条　下列烟草专卖品的运输，由国家烟草专卖局授权或者委托省级烟草专卖局签发烟草专卖品准运证：

（一）进口本办法第七条第二款第二项以外的烟草专卖品；

（二）滤嘴棒、烟用丝束和烟草专用机械。

第九条　卷烟、雪茄烟、烟丝、烟叶、复烤烟叶和卷烟纸的运输，由省级烟草专卖局签发烟草专卖品准运证。

第十条　省级烟草专卖局经国家烟草专卖局批准，可以委托地（市）级烟草专卖局代签国产的卷烟、雪茄烟、烟丝、烟叶、复烤烟叶、卷烟纸、滤嘴棒和烟用丝束的烟草专卖品准运证。

第十一条　烟草专卖品准运证由烟草专卖品所在地有权签发准运证的烟草专卖局负责办理。

第十二条　上级烟草专卖局授权或者委托下级烟草专卖局签发烟草专卖品准运证，应当符合下列条件：

（一）根据实际情况确实需要授权或者委托；

（二）符合烟草专卖管理的分级管理、属地管辖原则；

（三）被授权或者受委托人应当是省级或地（市）级烟草专卖局；

（四）被授权或者受委托人应当具备签发烟草专卖品准运证所需的计算机设备和网络通讯以及专门人员等。

第三章　烟草专卖品准运证申请条件和办理程序

第十三条　申请办理烟草专卖品准运证应当具备下列条件：

（一）调出方和调入方是合法的烟草专卖品生产企业或者批发企业；

（二）申请运输的是符合法律规定的烟草专卖品；

（三）申办人应当持有申请人的委托书和本人身份证等合法证明；

（四）具有合法有效的购销合同或者调拨单以及其他应当具备的证明材料原件。

第十四条　烟草专卖局应当按照下列程序签发烟草专卖品准运证：

（一）对申请人提交的相关材料进行审核；

（二）符合办理烟草专卖品准运证条件的，经主管领导批准后，由专人负责办理；

（三）不符合办理烟草专卖品准运证条件的，不予签发，应当通知申请人，并说明理由。

第十五条　签发烟草专卖品准运证，应当以国家烟草专卖局统一管理的烟草专卖品准运证计算机网络管理系统中储存的购销合同或者调拨单信息等为基本依据。

第十六条　对符合办理烟草专卖品准运证条件的，烟草专卖局应当在收到全部申请材料之日起1个工作日内办理，并将烟草专卖品准运证交付申请人。

如遇计算机故障、不可抗力等特殊情况，经主管办理烟草专卖品准运证的负责人批准后，可以自收到办理申请之日起3个工作日内办理完毕，并将烟草专卖品准运证交付申请人。

第十七条　烟草专卖品准运证的签发机关应当根据申请人申请运输烟草专卖品的运输距离、运输方式等情况，合理确定准运证的有效期限。烟草专卖品准运证的有效期限，公路运输最长不得超过20天，其他运输方式最长不得超过30天。

烟草专卖品准运证的有效期限，从签发之日开始计算。

第十八条　烟草专卖局应当将签发烟草专卖品准运证的有关材料及烟草专卖品准运证存根存档备查。保存期为3年。

第十九条　因打印错误、计算机故障等原因造成烟草专卖品准运证作废的，应当及时更正错误，排除计算机故障，并在更正和排除故障当日内完成作废手续。

第四章　监督管理

第二十条　签发烟草专卖品准运证的机关，应当依据本办法建立健全有关烟草专卖品准运证的管理制度，接受上级烟草专卖局的监督检查。

签发烟草专卖品准运证的权限、条件、程序以及工作人员的职责，应当公开、透明。

第二十一条　烟草专卖品准运证是运输烟草专卖品必备的合法证件，应随货同行，证货相符，并只能在有效期限内使用1次。

在运输烟叶、复烤烟叶、卷烟过程中，鉴章的购销合同（出口合同除外）原件应与烟草专卖品准运证一起随货同行。运输货物的规格、等级、数量、发货地和到货地以准运证的数据和标注为准。

第二十二条　因不可抗力或者意外事件致使在烟草专

卖品准运证有效期内不能完成运输的，申请人应当提供相关证明材料，并向原发证机关申请办理更换手续。

第二十三条 使用烟草专卖品准运证运输烟草专卖品，货物抵达目的地时，调入方验货无误后，应及时在准运证上加盖“货已收讫”印章，并上网确认。

第二十四条 烟草专卖局应当将因办理差错而作废的烟草专卖品准运证及时收回，并存档备查。

第二十五条 下列行为属于《中华人民共和国烟草专卖法》第二十九条规定的无烟草专卖品准运证运输：

（一）未办理烟草专卖品准运证运输烟草专卖品的；

（二）烟草专卖品准运证没有随货同行的；

（三）重复使用烟草专卖品准运证的；

（四）证货不符，超出或者少于烟草专卖品准运证规定数量、品种或者规格的部分；

（五）使用过期、涂改、复印、传真、伪造、变造的烟草专卖品准运证的；

（六）利用隐瞒、欺骗等手段取得烟草专卖品准运证运输烟草专卖品的；

（七）无烟草专卖品准运证又无法提供在当地购买烟草专卖品的有效证明的；

（八）无烟草专卖品准运证运输烟草专卖品的其他行为。

持有烟草专卖品准运证但实际改变到货地点的，或者运输烟叶、复烤烟叶、卷烟过程中鉴章的购销合同原件（出口合同除外）没有随货同行的，均视为无烟草专卖品准运证运输。

第二十六条 各级烟草专卖局按照《中华人民共和国烟草专卖法实施条例》第四十七条的规定，在对非法运输烟草专卖品活动进行检查和处理过程中，可以采取下列措施：

（一）烟草专卖行政主管部门或者烟草专卖行政主管部门会同有关部门依法对涉嫌从事非法运输烟草专卖品活动和场所进行检查，依法对违法行为进行处理；

（二）对涉嫌非法运输的烟草专卖品及其运输工具进行暂存检查，但应当在7个工作日内进行处理；

（三）对涉嫌非法运输烟草专卖品的有关合同、发票、帐册、单据、记录、文件、业务函电和其他资料等进行查阅、复制；

（四）对涉嫌非法运输烟草专卖品的当事人、嫌疑人、证人进行调查和询问。

第五章 罚 则

第二十七条 对违反本办法行为的行政处罚，按照《中华人民共和国烟草专卖法》及其实施条例的规定执行。

第二十八条 违反本办法签发烟草专卖品准运证的机关，由上级烟草专卖局视其情节轻重分别给予以下处理：

（一）通报批评，责令限期整改；

（二）取消被授权或者受委托签发烟草专卖品准运证的资格；

（三）情节严重涉嫌犯罪的，依法移交司法部门处理。

第二十九条 经办人或者批准人未按照本办法签发烟草专卖品准运证的，视其情节轻重分别给予以下处理：

（一）通报批评，责令限期改正；

（二）取消经办人或者批准人办理或批准签发烟草专卖品准运证的资格；

（三）行政处分；

（四）情节严重涉嫌犯罪的，依法移交司法部门处理。

第三十条 调入方没有及时加盖“货已收讫”印章并上网确认的，应当对有关单位进行通报批评，并视情节轻重对直接责任人员和有关责任人依法给予行政处分。

第三十一条 申请人通过隐瞒或者欺骗等手段非法取得烟草专卖品准运证，应当由原发证机关收回或者撤销其烟草专卖品准运证，并依法追究有关单位和个人的行政责任。情节严重涉嫌犯罪的，依法移交司法部门处理。

第三十二条 烟草专卖执法部门及其工作人员，不得以任何理由对合法运输烟草专卖品进行非法扣留。因烟草专卖执法人员滥用职权、非法扣留造成当事人经济损失的，应当依法赔偿，并追究直接责任人和有关负责人的行政责任。情节严重涉嫌犯罪的，依法移交司法部门处理。

第六章 附 则

第三十三条 上一级烟草专卖局依法授权下一级烟草专卖局签发烟草专卖品准运证，被授权的烟草专卖局以自身名义签发烟草专卖品准运证，并承担相应的责任。

第三十四条 上一级烟草专卖局依法委托下一级烟草专卖局签发烟草专卖品准运证的，受委托的烟草专卖局以委托人的名义签发烟草专卖品准运证，委托人承担由此产生的责任。

第三十五条 烟草专卖品准运证的规格和式样以及准运证的专用章的印模式样，由国家烟草专卖局统一制定。

第三十六条 签发烟草专卖品准运证的机关不得以任何形式收费或者变相收费。

第三十七条 本办法由国家烟草专卖局负责解释。

第三十八条 本办法自2016年7月20日起施行。原国家经济贸易委员会2002年6月4日公布的《烟草专卖品准运证管理办法》（原国家经济贸易委员会令第31号）同时废止。

中华人民共和国工业和信息化部令

（第 37 号）

《烟草专卖许可证管理办法》已经 2016 年 5 月 17 日工业和信息化部第 23 次部务会议审议通过，现予公布，自 2016 年 7 月 20 日起施行。

部长　苗　圩

2016 年 5 月 26 日

烟草专卖许可证管理办法

第一章　总　则

第一条　为了规范烟草专卖许可证管理，保护公民、法人和其他组织的合法权益，根据《中华人民共和国烟草专卖法》《中华人民共和国行政许可法》《中华人民共和国烟草专卖法实施条例》及相关法律、行政法规的规定，制定本办法。

第二条　本办法适用于中华人民共和国境内烟草专卖许可证的管理。

第三条　烟草专卖局应当依照法定的权限、范围、条件和程序审批、发放烟草专卖许可证，并进行有效的监督管理。

第四条　公民、法人或者其他组织对烟草专卖局发放的烟草专卖许可证，享有陈述权、申辩权；有权依法申请行政复议或者提起行政诉讼。其合法权益因烟草专卖局违法发放烟草专卖许可证受到损害的，有权依法要求赔偿。

第五条　公民、法人或者其他组织依法取得的烟草专卖许可证受法律保护。

烟草专卖许可证所依据的法律、法规、规章修改、废止，或者办理烟草专卖许可证所依据的客观情况发生重大变化的，为了公共利益的需要，烟草专卖局可以依法变更或者撤回已经生效的烟草专卖许可证。

第六条　本办法所称的烟草专卖许可证，包括烟草专卖生产企业许可证、烟草专卖批发企业许可证、烟草专卖零售许可证三类。

第七条　烟草专卖局依法审批发放和管理烟草专卖许可证。

第二章　申请与受理

第八条　公民、法人或者其他组织从事烟草专卖品的生产、批发、零售、进出口等业务的，应当依法向烟草专卖局申请领取烟草专卖许可证。

法人所属的不具备法人资格的单位单独领取烟草专卖生产企业许可证或者烟草专卖批发企业许可证的，其所属法人单位应当向相关的烟草专卖局提出申请，并提交有关申请材料。

第九条　申请人一般以书面方式提出申请，也可以通过信函、电报、传真、电子数据交换和电子邮件等方式提出申请，并按烟草专卖局要求填报格式文本。

申请人可以委托代理人提出申请。委托代理人提出申请的，应当提供委托人的授权委托书及代理人的身份证明。

第十条　烟草专卖局应当根据申请人申请的不同事项确定申请类型，并要求提供相应的申请材料。

烟草专卖许可证申请类型包括新办申请、延续申请、变更申请、停业申请、恢复营业申请、歇业申请等。

第十一条　申请烟草专卖生产企业许可证，应当具备下列条件：

（一）有与生产烟草专卖品相适应的资金；

（二）有生产烟草专卖品所需要的技术、设备条件；

（三）符合国家烟草行业的产业政策要求及企业组织结构调整的需要；

（四）国家烟草专卖局规定的其他条件。

第十二条　申请烟草专卖批发企业许可证，应当具备下列条件：

（一）有与经营烟草制品批发业务相适应的资金；

（二）有固定的经营场所和必要的专业人员；

（三）符合烟草专卖批发企业合理布局的要求；

（四）国家烟草专卖局规定的其他条件。

第十三条　申请烟草专卖零售许可证，应当具备下列条件：

（一）有与经营烟草制品零售业务相适应的资金；

（二）有与住所相独立的固定经营场所；

（三）符合当地烟草制品零售点合理布局的要求；

（四）国家烟草专卖局规定的其他条件。

第十四条　本办法第十一条、第十二条、第十三条所规定的国家烟草专卖局规定的其他条件，在实施前应当公布。

第十五条 制订烟草制品零售点合理布局规划时，应当根据辖区内的人口数量、交通状况、经济发展水平、消费能力等因素，在举行听证后确定零售点的合理布局。

烟草制品零售点合理布局规划、经营资金要求和经营场所条件，由县级以上烟草专卖局制定，并报上一级烟草专卖局备案。

第十六条 连锁经营企业在申请烟草专卖零售许可证时，应当由各个分店分别向所在地烟草专卖局提出申请。

第十七条 外商投资的商业企业或者个体工商户不得从事烟草专卖品批发或者零售业务，不得以特许、吸纳加盟店及其他再投资等形式变相从事烟草专卖品经营业务。

第十八条 烟草专卖局应当将办理烟草专卖许可证的条件、要求、程序、时限等需公示的内容通过公示栏、电子查询系统或者互联网等方式予以公示。

第十九条 办理烟草专卖许可证的场所应当公示下列内容：

（一）烟草专卖许可证名称；

（二）办理烟草专卖许可证所依据的法律、法规、规章；

（三）各类烟草专卖许可证的审批机关；

（四）申请烟草专卖许可证的条件；

（五）申请人需要提交的全部材料目录；

（六）烟草专卖许可证申请的方式、途径；

（七）烟草专卖许可证审批程序、时限；

（八）办理烟草专卖许可证的办公场所准确地址、联系方式；

（九）其他需要公示的内容。

第二十条 申请人要求烟草专卖局对公示内容予以说明、解释的，烟草专卖局应当予以说明、解释，提供准确、可靠的信息。

第二十一条 烟草专卖局对申请人提出的申请，应当根据下列情况分别作出处理：

（一）申请事项依法不需要取得烟草专卖许可证的，应当即时告知申请人不受理；

（二）申请事项不属于本烟草专卖局法定职权范围的，应当即时作出不予受理的决定，并告知申请人向有关行政机关申请；

（三）申请材料存在可以当场更正的错误的，应当允许申请人当场更正；

（四）申请材料不齐全或者不符合法定形式的，应当当场或者在五日内以书面形式一次告知申请人需要补正的全部内容，逾期不告知的，自收到申请材料之日起即为受理；

（五）申请事项属于本烟草专卖局法定职权范围，申请材料齐全、符合法定形式，或者申请人按照烟草专卖局的要求提交全部补正申请材料的，烟草专卖局应当受理烟草专卖许可证申请。

第二十二条 烟草专卖局受理或者不予受理烟草专卖许可证申请，应当向申请人出具加盖专用印章和注明日期的书面凭证。

第三章 审批与发放

第二十三条 经审查，申请人的申请符合法定条件的，烟草专卖局应当自受理申请之日起二十日内作出许可书面决定。二十日内不能作出决定的，经本单位负责人批准，可以延长十日，并应当将延长期限理由告知申请人。但法律、法规另有规定的，依照其规定。

烟草专卖局应当自作出予以发放烟草专卖许可证决定之日起十日内向申请人送达烟草专卖许可证。

第二十四条 依法作出不予发放烟草专卖许可证的书面决定的，应当向申请人说明理由，并告知申请人享有依法申请行政复议或者提起行政诉讼的权利。

第二十五条 有下列情形之一的，不予发放烟草专卖零售许可证：

（一）经营场所基于安全因素不适宜经营卷烟的；

（二）中、小学校周围；

（三）取消从事烟草专卖业务资格不满三年的；

（四）因申请人隐瞒有关情况或者提供虚假材料，烟草专卖局作出不予受理或者不予发证决定后，申请人一年内再次提出申请的；

（五）因申请人以欺骗、贿赂等不正当手段取得的烟草专卖许可证被撤销后，申请人三年内再次提出申请的；

（六）未领取烟草专卖零售许可证经营烟草专卖品业务，并且一年内被执法机关处罚两次以上，在三年内申请领取烟草专卖零售许可证的；

（七）国家烟草专卖局规定的其他不予发证的情形。

第二十六条 烟草专卖局依法作出发放烟草专卖许可证的情况应当公开，允许和方便公众查阅。

第二十七条 烟草专卖许可证的有效期限最长为五年，自发证之日起计算。

第四章 烟草专卖许可证的使用

第二十八条 取得烟草专卖许可证的，应当按照烟草专卖许可证的许可范围和有效期限依法生产和经营烟草专卖品。

第二十九条 取得烟草专卖零售许可证的公民、法人或者其他组织，可以依法从事国产或者外国卷烟的零售业务，并在烟草专卖零售许可证标明的当地烟草批发企业进货。

第三十条　烟草专卖许可证的持证人应当将取得的烟草专卖许可证正本摆放在经营场所的显著位置。

第三十一条　烟草专卖许可证的持证人改变经营地址（因道路规划、城市建设等客观原因除外）或者具有国家烟草专卖局规定的其他情形的，应当重新申领烟草专卖许可证；所持有的烟草专卖许可证其他登记事项发生改变的，应当及时变更烟草专卖许可证。

第三十二条　烟草专卖许可证有效期届满需要继续生产经营的，应当在该烟草专卖许可证有效期届满三十日前向原发证机关提出延续申请。

第三十三条　烟草专卖许可证有效期届满需要继续生产经营的，因生产经营能力、条件发生重大变化导致不符合法定条件的或者有严重违法行为的，不予延续。

第五章　监督管理

第三十四条　烟草专卖许可证发证机关有权对辖区内取得烟草专卖许可证的公民、法人或者其他组织的生产经营活动进行监督检查，也可以授权或者委托下级烟草专卖局进行监督检查。

第三十五条　上级烟草专卖局应当加强对下级烟草专卖局办理烟草专卖许可证的监督检查，及时纠正违法行为，并建立完善烟草专卖行政执法责任追究制度和考评机制。

第三十六条　监督检查可以采取书面检查、现场检查或者书面检查与现场检查相结合的方式。

烟草专卖局可以依法对持证人生产经营的烟草专卖品进行抽样检查、检验、检测，对其生产经营场所（包括仓储场所）进行实地检查。检查时，可以查阅或者要求持证人提供有关情况和报送有关材料，持证人应当如实提供有关情况和材料。

第三十七条　监督检查的主要内容有：

（一）遵守烟草专卖法律、法规、规章的情况；

（二）名称或者字号、法定代表人（负责人）、经营地址、经营方式、经营范围、经营期限等重要事项，是否与烟草专卖许可证登记事项相符合；

（三）烟草专卖许可证变更、注销、延续等手续的执行和办理情况；

（四）国家烟草专卖局规定需要检查的其他事项。

第三十八条　烟草专卖局依法对烟草专卖许可证持证人的生产经营活动进行监督检查时，应当有两名以上烟草专卖执法人员进行，并将监督检查的情况和处理结果予以记录，由监督检查人员签字后归档。公众可以查阅烟草专卖局的监督检查记录。

第三十九条　取得烟草专卖许可证的公民、法人或者其他组织，应当按照有关法律、法规、规章及本办法的规定接受烟草专卖局的监督检查。

第四十条　公民、法人或者其他组织不得利用自动售货机销售烟草制品。

除了取得烟草专卖生产企业许可证或者烟草专卖批发企业许可证的企业依法销售烟草专卖品外，任何公民、法人或者其他组织不得通过信息网络销售烟草专卖品。

第四十一条　任何企业或者个人不得涂改、伪造、变造烟草专卖许可证。不得买卖、出租、出借或者以其他形式非法转让烟草专卖许可证。

第四十二条　登记事项发生改变，取得烟草专卖许可证的公民、法人或者其他组织不依法进行变更登记的，烟草专卖局应当责令其依法进行变更登记。

第四十三条　公民、法人或者其他组织未领取烟草专卖许可证擅自从事烟草专卖品生产经营活动的，烟草专卖局应当依法查处。构成犯罪的，依法移送司法机关追究刑事责任。

第四十四条　有下列情形之一的，发证机关可以责令持证人暂停烟草专卖业务、进行整顿，直至依法取消其从事烟草专卖业务的资格：

（一）经检查不符合烟草专卖法、烟草专卖法实施条例及本办法规定条件的；

（二）买卖、出租、出借或者以其他形式非法转让烟草专卖许可证的；

（三）因违法生产经营烟草专卖品一年内被烟草专卖局或者其他执法机关处罚两次以上的；

（四）被烟草专卖局或者其他执法机关一次性查获假烟、走私烟50条以上的；

（五）因非法生产经营烟草专卖品被追究刑事责任的；

（六）不执行烟草专卖局行政处罚决定的；

（七）被工商行政管理部门吊销营业执照的；

（八）持有烟草专卖批发企业许可证的企业，擅自将烟叶、卷烟纸、滤嘴棒、烟用丝束、烟草专用机械出售给无烟草专卖生产企业许可证、烟草专卖批发企业许可证企业的；

（九）登记事项发生改变，拒绝变更登记的；

（十）法律、法规、规章规定的其他情形。

第四十五条　烟草专卖许可证的发证机关或者其上级烟草专卖局发现有下列情形之一的，可以根据利害关系人的请求或者依职权撤销烟草专卖许可证，收回烟草专卖许可证：

（一）滥用职权、玩忽职守审批发放烟草专卖许可证的；

（二）超越职权审批发放烟草专卖许可证的；

（三）违反法定程序审批发放烟草专卖许可证的；

（四）对不具备申请资格或者不符合烟草专卖许可证申领条件的申请人审批发证的；

（五）依法可以撤销烟草专卖许可证的其他情形。

第四十六条 公民、法人或者其他组织以欺骗、贿赂等不正当手段取得烟草专卖许可证的，烟草专卖局应当予以撤销并收回烟草专卖许可证。

第四十七条 烟草专卖品生产经营企业法人资格发生变更，需要收回烟草专卖许可证的，发证机关应当及时收回。

第四十八条 有下列情形之一的，发证机关应当依法注销烟草专卖许可证：

（一）烟草专卖许可证有效期限届满未延续的；

（二）烟草专卖许可证核定的经营主体为自然人，自然人死亡或者丧失民事行为能力的；

（三）烟草专卖许可证核定的经营主体为法人或者其他组织依法终止的；

（四）因不可抗力导致经营主体无法继续从事烟草专卖品生产经营业务的；

（五）法律、法规规定的应当注销烟草专卖许可证的其他情形。

第四十九条 取得烟草专卖许可证的公民、法人或者其他组织需要停业的，应当在停业前七日内向发证机关提出停业申请，停业期限最长不得超过一年。停业期满或者提前恢复营业的，持证人应当向发证机关提出恢复营业的申请。

第五十条 取得烟草专卖许可证的公民、法人或者其他组织停止经营业务六个月以上不办理停业手续的，经发证机关公告一个月后仍未办理手续的，由发证机关收回烟草专卖许可证。

第五十一条 取得烟草专卖许可证的公民、法人或者其他组织在领取烟草专卖许可证后满六个月尚未开展生产经营活动的，视同歇业。烟草专卖局应当收回其烟草专卖许可证。

第五十二条 取得烟草专卖生产企业许可证的企业，不得为无烟草专卖许可证的企业或者个人提供烟草专卖品加工服务。

第五十三条 取得烟草专卖许可证的企业，不得向无烟草专卖许可证的企业或者个人提供残次烟叶或者废弃的烟叶、烟末。不能回收利用的残次烟叶或者废弃的烟叶、烟末，应当予以销毁。

第六章 法律责任

第五十四条 因申请人隐瞒有关情况或者提供虚假材料的，应当不予受理或者不予发证，给予警告；申请人在一年内不得再次申请烟草专卖许可证。

第五十五条 因申请人以欺骗、贿赂等不正当手段取得的烟草专卖许可证被撤销的，申请人三年内不得再次提出申请。

第五十六条 使用涂改、伪造、变造的烟草专卖许可证的，由烟草专卖局处以1000元以下的罚款。

第五十七条 违反本办法规定，不及时办理烟草专卖许可证变更、注销手续的，由烟草专卖局责令改正，拒不改正的，处以1000元以下的罚款。

第五十八条 烟草专卖局及其工作人员违反本办法的规定，有下列情形之一的，由其上级烟草专卖局责令改正；情节严重的，对直接负责的主管人员和其他直接责任人员依法给予行政处分：

（一）对符合法定条件的申请不予受理的；

（二）不在办公场所公示依法应当公示的材料的；

（三）在受理、审查、发放烟草专卖许可证过程中，未向申请人、利害关系人履行法定告知义务的；

（四）申请人提交的申请材料不齐全、不符合法定形式，不一次告知申请人必须补正全部内容的；

（五）未依法说明不受理申请或者不发证理由的。

第五十九条 烟草专卖局工作人员办理烟草专卖许可证或者依法进行监督检查时，索取、收受他人财物或者谋取其他利益的，依法给予行政处分；构成犯罪的，依法追究刑事责任。

第六十条 烟草专卖局发放烟草专卖许可证，有下列情形之一的，由其上级烟草专卖局责令改正，对直接负责的主管人员和其他直接责任人员依法给予行政处分；构成犯罪的，依法追究刑事责任：

（一）对不符合法定条件的申请人发放烟草专卖许可证或者超越法定职权发放烟草专卖许可证的；

（二）对符合法定条件的申请人不予发放烟草专卖许可证或者不在法定期限内发放烟草专卖许可证的。

第七章 附 则

第六十一条 烟草专卖许可证的证件式样，由国家烟草专卖局统一规定。

第六十二条 本办法所称外商投资商业企业，包括中外合资企业、中外合作企业、外商独资企业、港澳台地区投资企业等。

第六十三条 持有烟草专卖零售许可证的国有企业，按照国家关于发展混合所有制经济的要求，经国家有关部门批准为国有控股的混合所有制企业的，可以重新申领烟草专卖零售许可证。

第六十四条 本办法规定的期限以工作日计算，遇到法定节假日的，工作日顺延。

第六十五条 本办法由国家烟草专卖局负责解释。

第六十六条 本办法自2016年7月20日起施行。本办法施行前颁布的有关规定与本办法不一致的，按照本办法执行。

国家工商行政管理总局令

（第87号）

《互联网广告管理暂行办法》已经国家工商行政管理总局局务会议审议通过，现予公布，自2016年9月1日起施行。

局长 张 茅

2016年7月4日

互联网广告管理暂行办法

第五条 法律、行政法规规定禁止生产、销售的商品或者提供的服务，以及禁止发布广告的商品或者服务，任何单位或者个人不得在互联网上设计、制作、代理、发布广告。

禁止利用互联网发布处方药和烟草的广告。

注：该文件只选取与烟草相关部分，其余内容从略。

发展计划

国家烟草专卖局关于“十三五”时期定点扶贫工作的指导意见

（2016年12月13日 国烟计〔2016〕331号）

行业各直属单位：

“十二五”期间，烟草行业全面贯彻落实党中央、国务院决策部署，坚持“一个依托、四个带动”的扶贫工作方针，始终把“动真情、真扶贫、扶真贫”作为定点扶贫工作的出发点和落脚点，聚焦烟草产业发展，着力保障和改善民生，积极打造定点扶贫精品工程，全心全意做好定点扶贫工作，为贫困地区的经济发展和贫困人口脱贫致富作出了积极贡献。

为贯彻落实中央扶贫开发工作会议和《中共中央、国务院关于打赢脱贫攻坚战的决定》（中发〔2015〕34号）精神，进一步深化细化定点扶贫工作，充分发挥定点扶贫在打赢脱贫攻坚战中的示范引领作用，现就做好烟草行业“十三五”时期定点扶贫工作提出指导意见。国家烟草专卖局主导或参与的其他扶贫任务可参照本意见开展工作。

一、指导思想

全面贯彻落实《中共国家烟草专卖局党组关于全面落实中央扶贫开发工作会议精神的意见》（国烟党〔2016〕12号）精神，切实增强责任感、使命感和紧迫感，切实增强思想自觉和行动自觉，把定点扶贫工作作为重大政治任务来抓。按照“六个精准”“五个一批”总体要求，牢固树立创新、协调、绿色、开放、共享五大发展理念，充分发挥烟草产业优势，紧紧依靠和密切配合地方各级人民政府，充分利用定点扶贫地区资源禀赋，进一步完善机制，勇于创新，大胆实践，细化举措，不断增强定点扶贫地区自我发展的内生动力，为定点扶贫地区在2020年底前打赢脱贫攻坚战作出应有的贡献。

二、基本原则

（一）产业带动

继续坚持烟草行业“一个依托、四个带动”扶贫工作方针，以产业扶贫为依托，带动易地扶贫搬迁、新农村建设、小城镇建设和教育等公共事业发展。充分发挥烟草产业优势，重点支持定点扶贫地区“两烟”发展及配套基础设施建设，坚持创新驱动，坚持绿色发展，以产业发展为依托带动脱贫攻坚。

（二）因地制宜

充分尊重定点扶贫地区经济和社会发展实际情况，实事求是分析贫困人口数量、致贫原因和资源优势，按照扶贫对象精准、项目安排精准、资金使用精准、措施到户精准、因村派人精准、脱贫成效精准原则，因地制宜确定当地急需、有脱贫致富前景、地方人民政府有相应管理能力的扶贫项目。

（三）聚焦脱贫

要坚持精准扶贫精准脱贫基本方略，瞄准建档立卡贫困村和贫困户，确保资金和帮扶措施落实到建档立卡贫困户，做到帮扶重心下移，因村、因户、因人施策，切实提高定点扶贫工作的精准性和有效性。定点扶贫地区烟草系统的干部以及各级扶贫挂职干部的主要精力要放到帮扶建档立卡贫困户上来。

（四）严格规范

加强定点扶贫项目制度建设，提高项目和资金的管理水平，发挥扶贫资金的联动效益。重点规范扶贫项目计划管理，严格执行招投标程序，引入监督保障机制，对项目安排、招标结果、资金使用情况等一律实行公开公示，提高扶贫项目安排和资金使用的透明度和规范性。

三、主要目标

“十三五”期间，国家烟草专卖局将进一步加大对定点扶贫工作的支持力度，规划投入 2 亿元用于定点扶贫项目建设，从产业发展、基础设施、科技教育、医疗卫生、基层组织建设、新农村建设、贫困人口增收等方面进行统筹安排，打造一批扶贫精品项目，配合当地人民政府实现“乡有主导产业，村有集体收入，户有致富项目，人有脱贫技能”的目标，确保定点帮扶的竹山、竹溪两县和红寺堡区按照国家和地方人民政府的脱贫规划实现整体脱贫摘帽。行业各级单位亦应按照各地的统筹部署加强组织建设，加大投入力度，确保对口帮扶地区实现精准脱贫。

四、主要任务

（一）夯实精准脱贫基础

根据建档立卡贫困人口数量、贫困程度、主要致贫原因等信息调整扶贫对象和工作重点，不搞锦上添花，不搞平衡照顾，认真把好项目立项关；集思广益制定扶贫措施，做到对症下药、帮其所需。在精准扶贫上，坚持从实际出发，因地制宜、因村施策、因户施法，真正扶到点上、帮到根上。在精准脱贫上，按照扶贫开发整体规划的要求，进行长计划、短安排，仔细算清楚目标账、任务账、项目账、时间账、资金账和工作账，将各项扶贫任务细化、具体化，做到时间倒逼、任务分解、责任到人、措施到位，精准管理、精准考核，确保每年定点扶贫任务如期完成。

（二）发挥产业引领优势

不断探索创新产业扶贫新模式，完善“地方人民政府引导、烟草行业扶持、基层企业推动、各级干部帮扶、主体责任明确”的产业化扶贫工作格局。要充分利用烟草产业优势，走烟草产业做优做强、涉烟贫困人口增收致富之路。采取多种措施打牢贫困烟农和贫困卷烟零售户持续增收致富的基础。要加快改善烟区生产条件，重点围绕基础设施配套、基本烟田治理、基础设施综合利用、烤房设施改造升级、专业化服务、专业合作社建设、职业烟农培育等工作，促进烟农减工、降本、增效。进一步提高烟用基础设施的综合利用效率，拓展贫困烟农增收渠道，进一步加强卷烟营销网络和物流体系建设，努力改善贫困乡村商品流通条件，提高对贫困卷烟零售户的服务水平。

充分发掘、合理利用非烟叶种植乡镇的资源优势，建立利益联结和利益共享机制，因地制宜确定非烟产业扶贫的重点领域、资金规模及监管方式。发挥地区产业优势，将特色产业作为扶持重点，投入建设种养基地，打通上下游产业链，完善种养业标准化、社会化、市场化机制和产业链条，实现经济发展与绿色生态和谐共赢。充分利用“互联网 +”实现农民多途径脱贫，探索设立产业发展基金，搭建公益平台，进一步撬动民间资本，为孵化、培植、规范和壮大本地产业提供资金支持。

（三）助推新农村和小城镇建设

积极协助地方人民政府做好易地扶贫搬迁工作，加快解决贫困群众安居问题。扶持建设移民搬迁配套的水、电、路、网等基础设施和教育、卫生、医疗等公共服务，统筹规划考虑并妥善解决好贫困群众移民搬迁后续致富产业问题，做到“挪穷窝”与“换穷业”并举、安居与乐业并重、搬迁与脱贫同步。对移民扶贫搬迁集中建设区域内的绿化、圈厕、道路、环境卫生等进行同步配套，结合美丽乡村建设，打造一批精品示范工程。

以乡村规划为龙头，以村镇建设和示范带提升为重点，以提升农民生活品质为核心，开展小城镇建设和美丽乡村建设。按照新型城镇化要求，配合生态移民、工程拆迁、扶贫搬迁、村庄整治等政策，支持新城镇开发和旧城镇改造项目。配套完善小城镇的社区、学校、卫生室、文化站等公共设施建设，打造基础设施配套、公共服务均等的新农村。支持以生态文明为主题的美丽乡村建设项目，支持农村危房改造、卫生厕所建设、生活垃圾清运、生活污水集中处理、通村通组道路硬化、自来水入户等工程，推进乡村环境综合整治，改善乡村生态环境。

（四）帮助提升公共服务和社会保障水平

大力支持智力扶贫工作，发挥好科技文化对脱贫攻坚的引领作用。加大专业化技能培训，针对有能力的贫困户，免费在烟叶种植、蔬菜种植、畜牧养殖等方面开展多种形式的培训活动，增加田间地头、工厂车间的实习锻炼机会，使有劳动能力的贫困人口至少掌握一门实用技术。通过不断提高贫困地区农民素质，提高贫困人口脱贫致富的内生能力，实现由被动救济向主动脱贫转换。继续支持学校图书馆、村民阅览室、乡村文化活动中心建设，配备相应的计算机和网络服务，给贫困人口提供学习充电、交流提高的场所和平台。继续捐资帮助贫困学生，不让一个学生因贫困失学辍学。

支持卫生、养老等关系社会民生的公益事业发展，提高受助群体的生活质量。继续援建改建希望学校、村委会办公场所、乡镇医疗卫生所和养老院、通村公路、农村公路危桥建设，解决群众贫困地区上学难、就医难、行路难、饮水难等问题。配备符合村民、学生、孤儿、养老院、福利院老弱病残群体身心特点和迫切需要的文体、益智、康复、护理等类别的设施或器材。

五、组织保障

（一）落实领导责任

行业各级单位主要领导要把定点扶贫作为一项主要政治任务，摆上主要议事日程亲自抓。要明确具体工作机制和责任人，切实做到对定点扶贫地区在资金上提供支持，人才上提供支撑，工作上进行指导。

（二）健全管理制度

要健全定点扶贫管理制度，明确定点扶贫组织机构和职责，加强项目立项、审批、实施和验收，资金拨付，监督检查等各个环节的制度建设工作，加强监管，明确责任，确保扶贫项目程序和扶贫资金使用合法合规，项目建设取得实际成效。

（三）强化联系机制

要建立联系点制度，行业各级单位扶贫工作主管领导、部门负责人及相关人员定期深入联系点和乡镇农村进行实地考察和调研，掌握县域经济社会发展和扶贫工作的第一手资料。进一步拓展调研的深度和广度，关注群众最关心、最直接、最现实的利益问题，做到发现问题切中要害，解决问题迅速有效，为扶贫工作提供扎实可靠的决策依据。

（四）规范干部选派

行业各级单位要选派政治素质好、工作能力强，有吃苦和奉献精神，对贫困地区和贫困群众有感情的干部到定点扶贫地区工作。要把培养锻炼干部与定点扶贫有机结合起来，在脱贫攻坚主战场发现、培养、选拔干部。要加强对挂职干部和第一书记书记的管理、考核、服务和监督。对于政治素质高、作风过硬、贡献突出的干部，同等条件下可以优先使用。

（五）加强宣传引导

创新定点扶贫工作宣传形式，拓宽宣传渠道，扩大宣传空间，加强舆论引导，在行业内外相关报刊等媒体积极宣传烟草行业扶贫典型和成功经验，大力弘扬中华民族扶贫济困传统美德，引导和鼓励行业各级单位和职工关注、参与、支持定点扶贫工作，激发定点扶贫地区广大干部群众脱贫致富的信心和活力。

专卖管理

国家烟草专卖局关于印发免税卷烟和雪茄烟经营监管办法的通知

（2016 年 3 月 30 日　国烟专〔2016〕81 号）

各省级局、工业公司，中国烟草实业发展中心：

现将《免税卷烟和雪茄烟经营监管办法》印发给你们，请认真执行。1998 年 5 月 1 日印发的《国家烟草专卖局关于加强免税烟草制品专卖的规定》（国烟专〔1998〕93 号）、2013 年 8 月 19 日印发的《国家烟草专卖局关于印发免税卷烟和雪茄烟专门标志管理办法（试行）的通知》（国烟专〔2013〕325 号）同时废止。

免税卷烟和雪茄烟经营监管办法

第一条　为加强免税卷烟、雪茄烟（简称免税烟）经营监管，规范有关企业经营行为，依据《中华人民共和国烟草专卖法》及《中华人民共和国烟草专卖法实施条例》（国务院令第 223 号）等法律法规，制定本办法。

第二条　本办法所称免税烟是指中国境内的免税经营企业通过海关核准，免税运进海关监管区内向规定对象销售的卷烟、雪茄烟。免税烟应加贴免税烟标志。免税烟标志是指由国家烟草专卖局设计、发布和监制，加贴于免税烟小包、条包的专门标志（免税烟标志的规格和式样见附件1）。

第三条 国家烟草专卖局对免税烟经营实行计划管理。免税烟经营企业应当于每年12月31日前将下一年度的购进计划报国家烟草专卖局核定并报备本年度销售及库存情况，填写备案表（见附件2）。免税烟经营企业取消或新增免税烟零售店，应及时向属地烟草专卖局提供相关情况。

第四条 国家烟草专卖局根据免税烟经营企业的购进计划组织印制免税烟标志，按照免税烟经营企业计划的实际执行情况（不得超过年度购进计划）安排发放。

第五条 免税烟标志区分各免税烟经营企业身份。各免税烟经营企业、免税烟零售店应当确保其经营的全部品牌免税烟小包、条包在零售前已加贴免税烟标志。

第六条 免税烟生产企业要配合免税烟经营企业落实贴标工作，在生产环节加贴免税烟标志。

第七条 各地烟草专卖局要加强对辖区内免税烟经营企业和免税烟零售店的监管，与海关等部门建立合作机制，有效开展对免税烟零售店的检查，核查贴标情况，涉嫌走私等违法犯罪情况的，要及时向有关部门通报并移交线索和案件。

第八条 免税烟经营企业、免税烟零售店不按规定使用免税烟标志，依据《中华人民共和国烟草专卖法实施条例》第六十三条予以处罚。

第九条 免税烟零售店出现未加贴免税烟标志销售情况的，应核减为其供货的免税烟经营企业次年度国产品牌免税烟购进计划。一年内累计出现三次（含）以内此种情况的，按查获数量的三倍核减；一年内出现三次以上此种情况的，按查获数量的十倍核减。

第十条 在国内有税市场查获免税烟，按查获数量的十倍核减相关免税烟经营企业次年度国产品牌免税烟购进计划。

第十一条 本办法由国家烟草专卖局负责解释。

第十二条 本办法自印发之日起施行。

附件1：

免税烟标志的规格和式样

一、图案

由国家烟草专卖局（State Tobacco Monopoly Administration，STMA）英文名称、正方形“免税专卖”中文印章文字、中国烟草标志、“中华人民共和国国家烟草专卖局监制”字样等上下组合而成。在票样基础上添加码位，依序为年号、免税企业名称字母缩写、生产批次序号。

二、尺寸

（一）包标外形为长方形，外形尺寸22×48mm，图案尺寸19×45mm；

（二）条标外形为长方形，外形尺寸25×50mm，图案尺寸22×47mm。

三、标样

附件2：

免税卷烟、雪茄烟经营单位、零售店备案表

填报单位　　　　　　　　　　　　　　日期

序号	名称	所在地	年供货量（万支）	详细地址	联系电话	备注

国家烟草专卖局关于印发专卖监管随机抽查事项清单和工作细则的通知

（2016 年 11 月 23 日　国烟专〔2016〕319 号）

各省级局：

为全面推进“双随机、一公开”监管改革，确保专卖监管的公正、透明，根据《国务院办公厅关于推广随机抽查规范事中事后监管的通知》（国办发〔2015〕58 号）的要求，国家局制订了《专卖监管随机抽查事项清单》和《专卖监管随机抽查工作细则》，现印发给你们，并提出以下要求：

一、全面落实改革要求。各单位必须坚决贯彻党中央、国务院关于全面推行“双随机、一公开”监管的决策部署，尽快研究制订具体实施方案，2017 年起专卖监管检查必须100% 采用随机抽查方法，努力打造公平公正的市场环境和营商环境，更好服务企业和群众创业兴业。

二、加快信息系统改造。各单位要按照国家局推进专卖管理信息系统建设的相关要求，结合随机抽查推广工作，积极应用信息系统，建立健全检查对象名录库和执法检查人员名录库，确保实现随机抽查流程化、痕迹化和信息化。

三、做好检查信息公开。各单位要研究制订随机抽查结果信息公开的规定，确定检查信息公开的要素，明年起要做到检查结果全面公示，同时，要积极促进信息共享，配合建设社会信用记录。

专卖监管随机抽查事项清单

序号	事项名称	抽查依据	抽查主体	检查人员	抽查对象	抽查内容	抽查比例	抽查频次
1	卷烟、雪茄烟生产经营企业检查	《烟草专卖法》 《烟草专卖法实施条例》 《烟草专卖许可证管理办法》 《烟草专卖品准运证管理办法》	各级烟草专卖行政主管部门	各级烟草专卖行政主管部门取得烟草专卖执法检查证的人员	持有烟草专卖许可证的卷烟、雪茄烟生产经营企业	1. 专卖管理法律法规规定执行情况 2. 规范生产经营情况	不低于 10% 的比例抽取	每年按计划开展
2	卷烟、雪茄烟批发经营企业检查	《烟草专卖法》 《烟草专卖法实施条例》 《烟草专卖许可证管理办法》 《烟草专卖品准运证管理办法》	各级烟草专卖行政主管部门	各级烟草专卖行政主管部门取得烟草专卖执法检查证的人员	持有烟草专卖许可证的卷烟、雪茄烟批发经营企业	1. 专卖管理法律法规规定执行情况 2. 规范生产经营情况	不低于 10% 的比例抽取	每年按计划开展
3	烟叶原料生产经营企业检查	《烟草专卖法》 《烟草专卖法实施条例》 《烟草专卖许可证管理办法》 《烟草专卖品准运证管理办法》	各级烟草专卖行政主管部门	各级烟草专卖行政主管部门取得烟草专卖执法检查证的人员	持有烟草专卖许可证的烟叶、复烤烟叶、烟草薄片生产经营企业	1. 专卖管理法律法规规定执行情况 2. 规范生产经营情况	不低于 10% 的比例抽取	每年按计划开展
4	烟用辅料生产经营企业检查	《烟草专卖法》 《烟草专卖法实施条例》 《烟草专卖许可证管理办法》 《烟草专卖品准运证管理办法》	各级烟草专卖行政主管部门	各级烟草专卖行政主管部门取得烟草专卖执法检查证的人员	持有烟草专卖许可证的卷烟纸、滤嘴棒、烟用丝束生产经营企业	1. 专卖管理法律法规规定执行情况 2. 规范生产经营情况	不低于 10% 的比例抽取	每年按计划开展
5	烟机生产经营企业检查	《烟草专卖法》 《烟草专卖法实施条例》 《烟草专卖许可证管理办法》 《烟草专卖品准运证管理办法》	各级烟草专卖行政主管部门	各级烟草专卖行政主管部门取得烟草专卖执法检查证的人员	持有烟草专卖许可证的烟机生产经营企业	1. 专卖管理法律法规规定执行情况 2. 规范生产经营情况	不低于 10% 的比例抽取	每年按计划开展
6	零售市场秩序日常检查	《烟草专卖法》 《烟草专卖法实施条例》 《烟草专卖许可证管理办法》	各级烟草专卖行政主管部门	各级烟草专卖行政主管部门取得烟草专卖执法检查证的人员	持有烟草专卖零售许可证的企业和个人	1. 专卖管理法律法规规定执行情况 2. 规范经营情况	不低于 10% 的比例抽取（不包含响应举报、投诉和主动发现问题后开展的问题核查）	每月按计划开展

专卖监管随机抽查工作细则

第一章　总　则

第一条　为创新执法监管方式，全面推行“双随机、一公开”工作，根据《国务院办公厅关于推广随机抽查规范事中事后监管的通知》（国办发〔2015〕58号）等有关文件要求，制订本细则。

第二条　本细则所称“双随机、一公开”工作，是指烟草专卖行政主管部门依据烟草专卖法律法规规定实施专卖监管检查时，随机抽取检查对象、随机选派执法检查人员并及时向社会公开抽查情况和查处结果。

第三条　各级烟草专卖行政主管部门依法对取得烟草专卖许可证的企业、个人涉及规范生产经营、规范市场秩序等的监管事项实施检查时，适用本细则。

第二章　随机抽查事项清单

第四条　国家局依据《中华人民共和国烟草专卖法》《中华人民共和国烟草专卖法实施条例》（国务院令第223号）等法律法规规定，制订专卖监管随机抽查事项清单。

第五条　随机抽查事项清单应明确抽查依据、抽查主体、抽查对象、抽查内容、抽查比例和抽查频次等内容。

第六条　根据专卖监管工作需要，参照法律法规规定的变化，国家局可对随机抽查事项清单进行动态调整。

第三章　随机抽查的实施

第七条　各级烟草专卖行政主管部门负责属地持证企业和个人的专卖监管随机抽查工作。

第八条　各级烟草专卖行政主管部门应建立专卖监管检查对象名录库和执法检查人员名录库，负责组织信息录入并动态更新信息。

第九条　各级烟草专卖行政主管部门应采用随机抽查方式开展专卖监管检查，随机抽选确定检查对象，随机选派检查人员，减少对持证企业和个人正常生产经营的干扰。随机抽取过程应存档记录，实现责任可追溯。

第十条　各级烟草专卖行政主管部门应严格履行监管职责，及时响应群众举报投诉，既不越位，也不缺位。零售市场秩序日常检查要坚持落实APCD工作法，加强信息综合研判，对未发现异常问题的零售户进行随机抽查，对异常的零售户进行有针对性的问题核查。

第十一条　专卖监管随机抽查应合理确定抽查比例和频次，对历史检查中发现问题的检查对象可增加抽查比例或频次，对一定时期内已被抽查过且无问题的检查对象，应避免重复抽查。

第十二条　随机选派检查人员时，如果存在应当回避或因故不能执行检查情形时，应重新选派检查人员。

第四章　随机抽查结果的公开

第十三条　专卖监管随机抽查事项清单及调整情况应及时向社会公开。

第十四条　各级烟草专卖行政主管部门对检查中发现的违法违规问题，依法做出处理、处罚或移送其他部门处理，相关信息应及时向社会公开。

第十五条　各级烟草专卖行政主管部门应配合有关部门将检查结果纳入市场主体的社会信用记录，促进部门间信息共享。

第五章　附　则

第十六条　各级烟草专卖行政主管部门应根据本细则，结合当地实际，制订具体实施方案。

第十七条　国家局负责解释本细则。

第十八条　本细则自发布之日起实施。

烟草科技

国家烟草专卖局关于认定烟草行业重点实验室的通知

（2016年1月13日　国烟科〔2016〕18号）

河南、贵州省烟草专卖局（公司），安徽、河南、广东中烟工业有限责任公司，中国烟草总公司郑州烟草研究院，南通醋酸纤维有限公司：

根据《烟草行业重点实验室管理办法》（国烟科〔2013〕314号），经审定，认定安徽中烟工业有限责任公司燃烧热解研究实验室等7家实验室为烟草行业重点实验室（名单详见附件）。

附件：

国家烟草专卖局认定烟草行业重点实验室名单

序号	实验室名称	依托单位
1	烟草行业燃烧热解研究重点实验室	安徽中烟工业有限责任公司
2	烟草行业纤维过滤材料重点实验室	南通醋酸纤维有限公司
3	烟草行业再造烟叶技术研究重点实验室	广东中烟工业有限责任公司 广东省金叶科技开发有限公司
4	烟草行业烟草加工形态研究重点实验室	河南中烟工业有限责任公司 中国烟草总公司郑州烟草研究院
5	烟草行业生态环境与烟叶质量重点实验室	中国烟草总公司郑州烟草研究院 中国农业科学院农业资源与农业区划研究所
6	烟草行业黄淮烟区烟草病虫害绿色防控重点实验室	河南省农业科学院烟草研究所 河南省农业科学院植物保护研究所
7	烟草行业山地烤烟品质与生态重点实验室	贵州省烟草科学研究院

国家烟草专卖局关于批准发布烟用三乙酸甘油酯水分的测定气相色谱法等10项烟草行业标准的通知

（2016年1月23日　国烟科〔2016〕29号）

行业各直属单位：

国家烟草专卖局批准《烟用三乙酸甘油酯　水分的测定　气相色谱法》等10项烟草行业标准，现予以发布。

《烟用三乙酸甘油酯 水分的测定 气相色谱法》等10项烟草行业标准编号及名称

序号	标准编号	标准名称	代替标准号	实施日期
1	YC/T 539—2016	烟用三乙酸甘油酯水分的测定气相色谱法		2016-02-15
2	YC/T 540—2016	卷烟主流烟气中环氧乙烷和环氧丙烷的测定气相色谱-质谱联用法		2016-02-15
3	YC/T 541—2016	卷烟主流烟气中焦油和一氧化碳检测数据修正		2016-02-15
4	YC/T 542—2016	卷烟企业生产过程质量追溯通用原则和基本要求		2016-02-15
5	YC/T 543—2016	卷烟企业生产过程质量追溯信息分类与要求		2016-02-15
6	YC/T 544—2016	卷烟和滤棒硬度检测设备通用技术条件		2016-02-15
7	YC/T 545—2016	卷烟和滤棒长度、圆周检测设备通用技术条件		2016-02-15
8	YC/T 546—2016	卷烟通风率检测设备通用技术条件		2016-02-15
9	YC/T 547.1—2016	烟草行业专用计量器具技术审核规范第1部分：基本要求和工作程序		2016-02-15
10	YC/T 241—2016	烟草行业计量技术标准体系	YC/T 241—2008	2016-02-15

注：读者可登录国家烟草专卖局内网“行业标准”专栏查阅各项标准相关资料。

国家烟草专卖局关于批准发布打叶复烤企业清洁生产评价准则等13项烟草行业标准及计量检定规程的通知

（2016年8月17日　国烟科〔2016〕237号）

行业各直属单位：

国家烟草专卖局批准《打叶复烤企业清洁生产评价准则》等13项烟草行业标准及计量检定规程，现予以发布。

标准及计量检定规程编号和名称

序号	标准编号	标准名称	代替标准号	实施日期
1	YC/T 548—2016	打叶复烤企业清洁生产评价准则		2016－09－01
2	YC/T 549.1—2016	烟草机械　烟草专用机械鉴别检验规程 第1部分：总则		2016－09－01
3	YC/T 549.2—2016	烟草机械　烟草专用机械鉴别检验规程 第2部分：烟用加温加湿机械		2016－09－01
4	YC/T 549.3—2016	烟草机械　烟草专用机械鉴别检验规程 第3部分：烟用除杂、筛分机械		2016－09－01
5	YC/T 549.4—2016	烟草机械　烟草专用机械鉴别检验规程 第4部分：烟用叶梗分离机械		2016－09－01
6	YC/T 549.5—2016	烟草机械　烟草专用机械鉴别检验规程 第5部分：烟用切丝机械		2016－09－01
7	YC/T 549.6—2016	烟草机械　烟草专用机械鉴别检验规程 第6部分：烟用烘丝机械		2016－09－01
8	YC/T 549.7—2016	烟草机械　烟草专用机械鉴别检验规程 第7部分：烟用卷接机械		2016－09－01
9	YC/T 549.8—2016	烟草机械　烟草专用机械鉴别检验规程 第8部分：烟用包装机械		2016－09－01
10	YC/T 549.9—2016	烟草机械　烟草专用机械鉴别检验规程 第9部分：烟用滤棒成型机械		2016－09－01
11	YC/Z 550—2016	卷烟制造过程质量风险评估指南		—
12	YC/T 299—2016	烟草加工过程害虫防治技术规范	YC/T 299—2009	2016－09－01
13	JJG（烟草）30—2016	卷烟端部落丝测定仪检定规程　振动法		2016－09－01

注：读者可登录国家烟草专卖局内网“行业标准”专栏查阅各项标准相关资料。

国家烟草专卖局关于批准发布卷烟包装标识警语的测定图像法等8项烟草行业标准的通知

（2016年11月1日　国烟科〔2016〕292号）

行业各直属单位：

国家烟草专卖局批准《卷烟包装标识 警语的测定 图像法》等8项烟草行业标准，现予以发布。

《卷烟包装标识 警语的测定 图像法》等8项烟草行业标准编号和名称

序号	标准编号	标准名称	代替标准号	实施日期
1	YC/T 551—2016	卷烟包装标识 警语的测定 图像法		2016－11－15
2	YC/T 552—2016	烟草商业领域 卷烟营销标准体系		2016－11－15
3	YC/T 553—2016	烟草工业企业 机械设备零配件 分类与编码		2016－11－15
4	YC/T 547. 2—2016	烟草行业专用计量器具技术审核规范 第2部分：卷烟吸阻和滤棒压降检测设备		2016－11－15
5	YC/T 547. 3—2016	烟草行业专用计量器具技术审核规范 第3部分：卷烟和滤棒长度检测设备		2016－11－15
6	YC/T 91. 1—2016	烟草机械　制丝线、打叶复烤线 第1部分：设计导则	YC/T 91. 1—1996	2016－11－15
7	YC/T 91. 2—2016	烟草机械　制丝线、打叶复烤线 第2部分：安装和试运行导则	YC/T 91. 2—1996	2016－11－15
8	YC/T 91. 3—2016	烟草机械　制丝线、打叶复烤线 第3部分：验收导则	YC/T 91. 3—1996	2016－11－15

注：读者可登录国家烟草专卖局内网“行业标准”专栏查阅各项标准相关资料。

法治建设

国家烟草专卖局关于印发烟草行业法治宣传教育第七个五年规划（2016—2020年）的通知

（2016年7月5日　国烟法〔2016〕178号）

行业各直属单位，中国烟草实业发展中心：

根据《中共中央国务院转发〈中央宣传部、司法部关于在公民中开展法治宣传教育的第七个五年规划（2016—2020年）〉的通知》（中发〔2016〕11号）要求，现将《烟草行业法治宣传教育第七个五年规划（2016—2020年）》印发给你们，请遵照执行。

烟草行业法治宣传教育第七个五年规划（2016—2020年）

在党中央、国务院的正确领导和全国普法办的指导下，全国烟草行业第六个五年法制宣传教育规划已经顺利完成，行业法治建设取得显著成效。党的十八大以来，以习近平同志为总书记的党中央对全面依法治国作出了重要部署，对法治宣传教育提出了新的更高要求。2016年3月25日，中共中央国务院转发《中央宣传部、司法部关于在公民中开展法治宣传教育的第七个五年规划（2016—2020年）》的通知（中发〔2016〕11号），要求在公民中继续深入开展法治宣传教育。烟草行业继续开展法治宣传教育，对于深入推进法治烟草建设，全面增强中国烟草整体竞争实力具有十分重要的意义。为了做好烟草行业第七个五年法治宣传教育工作，制订本规划。

一、指导思想、主要目标和工作原则

（一）指导思想

全面贯彻党的十八大和十八届三中、四中、五中全会精神，深入贯彻习近平总书记系列讲话精神，坚持“四个全面”战略布局，坚持创新、协调、绿色、开放、共享的发展理念，弘扬社会主义法治精神，发挥法治宣传教育在全面推进法治烟草建设中的基础性作用，为烟草行业深化改革和持续健康发展营造良好的法治环境。

（二）主要目标

法治宣传教育机制进一步健全，各项法治宣传教育工作扎实推进，广大干部职工法治观念和全体党员党章党规意识明显增强，运用法治思维和法治方式解决问题、化解矛盾的能力显著提升，形成全行业尊法学法守法用法的法治氛围。

（三）工作原则

——尊崇宪法法律，服务大局。牢固树立宪法法律意识，自觉维护宪法法律权威；正确认识、积极宣传烟草专卖法律法规，更好地服务于实践“三大课题”和提升“五个形象”各项工作，为实现“卷烟上水平”基本方针和战略任务营造良好的法治环境。

——坚持分类指导，狠抓重点。针对行业不同地区、不同部门、不同岗位干部职工和行业外群众的工作特点和实际需求，分类开展普法工作。突出抓好领导干部的法治宣传教育工作，带动和促进全员普法。

——坚持创新驱动，服务群众。不断创新法治宣传教育的工作理念、工作机制、工作载体和方式方法，切实提升普法实效。以广大干部职工喜闻乐见、易于接受的方式开展普法宣传，让党员群众掌握好、遵守好、运用好国家法律和党内法规。

——坚持学用结合，普治并举。把普法工作有机融入依法行政、依法管理、依法生产经营等各方面工作，引导干部职工在法治实践中自觉学习、运用国家法律和党内法规，提升法治素养。

——坚持统筹兼顾，协调发展。以法治精神贯穿和运用于各项工作中，统筹烟草专卖法律法规与其他法律法规、党内法规的宣传教育，统筹行业内不同地区、不同单位及境外企业的宣传教育，统筹行业广大干部职工和行业外群众的宣传教育，推动普法宣传教育和行政管理、生产经营各项工作协调发展。

二、主要任务

（一）深入学习宣传习近平总书记关于全面依法治国的重要论述。要深入学习宣传习近平总书记关于全面依法治国重要论述中的新思想、新观点、新论断、新要求，深入学习宣传党中央关于全面依法治国的重要部署，使全行业了解和掌握全面依法治国的重大意义和总体要求。

（二）突出学习宣传宪法。深入宣传宪法确立的国家根本制度、根本任务，宣传公民的基本权利和义务等宪法基本内容，弘扬宪法精神，树立宪法权威。认真组织好“12·4”国家宪法日集中宣传活动，提高行业干部职工特别是各级领导干部的宪法意识。

（三）深入学习宣传党内法规。突出宣传党章，大力宣传《中国共产党廉洁自律准则》《中国共产党纪律处分条例》等各项党内法规，教育引导广大党员坚决做党章党规党纪和国家法律的自觉尊崇者、模范遵守者、坚定捍卫者。

（四）深入学习宣传烟草专卖法律体系。坚持做好烟草专卖法律法规和部门规章的宣传教育工作。坚持学习烟草专卖法律法规的基本思想、基本制度、基本内容，重点宣贯烟草专卖法律法规规章修订内容，深刻领会烟草专卖制度本质。增强行业广大干部职工坚持、巩固烟草专卖制度的信心和决心，增强行业广大干部职工贯彻落实依法行政、依法管理、依法生产经营的自觉性。

（五）深入学习宣传与烟草行业行政执法、生产经营管理密切相关的法律法规。大力宣传行政执法领域的法律法规，推动行业树立“法定职责必须为、法无授权不可为”的意识，促进依法行政建设。大力学习宣传市场经济领域的法律法规，推动行业树立产权保护、公平竞争、诚实信用等意识，引导烟草企业干部职工规范工程投资、物资采购和宣传促销等生产经营活动。大力学习宣传与企业管理相关的法律法规，以及行业深化改革、办事公开、民主管理有关的法律法规，增强行业干部职工接受监督、规范自律意识。大力学习宣传与“走出去”战略实施相关的法律法规，强化“走出去”法律风险防范及境外企业依据目的国法律法规依法经营的意识和能力。

（六）深入推进法治烟草建设。认真总结“六五”普法期间烟草行业法治建设的经验和做法，根据依法治国和法治烟草建设的统一部署，推动法治宣传教育与法律管理工作的有机融合，深入推进法治烟草建设，把依法行政、依法管理、依法组织生产经营落实到各领域、各环节，充分发挥法治对于行业改革发展的引领、规范和保障作用。积极开展法治文化建设，树立宪法法律至上、法律面前人人平等、权由法定、权依法使等基本法治理念，积极培育守法诚信意识和契约精神，纠正“自以为是”“习以为常”和“不以为然”的错误观念，让依法行政、依法管理和依法生产经营深入人心。

三、对象和要求

烟草行业法治宣传教育的对象是行业广大干部职工，以及与烟草专卖行政管理和烟草生产经营紧密关联的公民、法人和其他组织。重点是行业各级领导干部、专卖执法人员及生产经营管理人员。领导干部是重中之重。

（一）坚持领导干部带头学法守法用法。坚持把领导干部带头学法、模范守法作为树立法治意识的关键，按照《中组部、中宣部、司法部、人力资源和社会保障部关于印发〈关于完善国家工作人员学法用法制度的意见〉的通知》（司发〔2016〕4 号）要求，完善领导干部学法用法制度，把宪法法律和党内法规列入党委（党组）中心组学习内容，列入领导干部理论学习规划，列入行业党校和培训中心教育课程，保证法治培训课时和质量，切实提高领导干部运用法治思维和法治方式深化改革、推动发展、化解矛盾、维护稳定的能力，切实增强领导干部自觉守法、依法办事的意识和能力，敬畏法律，不触碰法律底线。加强党章和党内法规学习，在廉洁自律上追求高标准，自觉远离违纪红线。进一步健全日常学法制度，创新学法形式，拓宽学法渠道。健全完善重大决策合法性审查机制，积极推行法律顾问制度。

（二）加强专卖执法人员学法守法用法。严格执行专卖执法人员上岗前法律知识培训考试制度。进一步完善专卖执法人员定期法律培训考试制度。坚持职权法定，牢固树立规则意识和程序意识，严格按照法律规定和法定程序履行职责，把学到的法律知识转化为依法办事的能力。严格执行重大执法决定法制审核制度。落实执法案卷评查工作和公开专卖执法信息，努力提高执法质量和执法水平，自觉接受社会监督。

（三）加强行业生产经营管理人员学法用法守法。结合烟草行业当前改革发展实际情况和贯彻落实行业“十三五”规划具体要求开展烟草行业生产经营管理人员的法治宣传教育。加强与生产经营密切相关的实用性法律知识的学习宣传，把生产经营管理人员的法治宣传教育与加强领导干部学法用法相结合，与行业“诚信守法示范企业”创建活动相结合，与解决生产经营中存在的问题相结合，切实提高企业诚信守法、依法经营、依法管理和化解生产经营风险的水平和能力。把对生产经营管理人员的法律培训纳入到行业培训规划之中，进一步完善烟草行业生产经营管理人员统一培训考试制度。

（四）深化面向公众开展烟草专卖法律法规宣传教育。面向烟农、零售户及消费者宣传国家烟草专卖法律法规规章，宣传与执法和经营相关的法律法规，宣传烟草行业相关政策规定、典型执法案例等，切实增强烟农、零售户及消费者的守法意识和维权能力。面向公众理直气壮地宣传烟草专卖制度，开辟沟通渠道主动发声，引导社会公众对国家烟草专卖制度形成理性的认识和理解。

四、工作措施

烟草行业法治宣传教育第七个五年规划从 2016 年开始实施，至 2020 年结束。行业各直属单位及其所属单位根据本规划，认真制订本单位五年规划和年度工作计划，深入宣传发动，全面组织实施，确保法治宣传教育第七个五年规划各项目标任务落到实处。

（一）健全普法宣传教育机制。健全完善行业法治宣传教育领导体制及制度规范。行业各级单位要切实加强对法治宣传教育工作的领导。完善组织领导体系，进一步健全完善法治宣传教育领导和办事机构，明确工作职责，建立领导小组定期会议、年度工作总结汇报等制度。各级法规、专卖、人事、财务、党建等法治宣传教育领导小组成员单位要分工协作、密切配合、形成合力，确保“七五”各项工作任务顺利完成。强化法治宣传教育骨干的培训，鼓励各单位培育普法志愿者团队，有条件的单位建立普法讲师团。

落实党委（党组）中心组学法制度。坚持领导干部带头尊法学法，把宪法法律和党内法规列入各级党委（党组）中心组年度学习计划，组织开展集体学法。党委（党组）书记认真履行第一责任人职责，带头讲法治课，做学法表率。坚持重大决策前专题学法。领导班子和领导干部在年度考核述职中要围绕法治学习情况、重大事项依法决策情况、依法履职情况等进行述法。逐步建立和完善领导干部学法考勤、学法档案、学法情况通报等制度，把领导干部学法各项要求落到实处。

健全完善烟草专卖执法人员、生产经营管理人员日常学法制度。加强行业境外企业派驻人员外派前的法律培训。

加强岗前培训，坚持学法考试考核制度。定期组织法律培训，利用国家宪法日、法律颁布实施纪念日等开展学法活动，推动经常性学法不断深入。

健全完善考核评价体系。行业各级单位要将法治宣传教育纳入本单位目标管理，明确职权，落实责任。要切实做到有计划、有部署、有检查，对规划实施情况进行年度考核、阶段性检查和专项督察。健全激励机制，认真开展“七五”普法中期检查和总结验收。要及时对检查和督导过程中发现的先进典型和先进经验进行总结，表彰并推广。

（二）健全普法责任制。各级烟草专卖行政执法部门要实行“谁执法谁普法”的普法责任制，建立普法责任清单制度。在烟草专卖执法实践中广泛开展以案释法和警示教育，对典型的案例进行及时权威的法律解读，让行政执法的过程成为向社会公众弘扬法治精神，宣传烟草专卖法律法规的过程。加强烟草专卖行政执法案例整理编辑工作，推动面向社会公众建立烟草行政执法典型案例发布制度，树立行业公正文明执法形象。行业企业要落实“谁主管、谁负责”的普法责任，各单位要结合自身特点和对法律的需求，开展法治宣传教育，把普法网络编织到每一个基层单位，每一个工作岗位。行业各级党组织要坚持全面从严治党、依规治党，切实履行学习宣传党内法规的职责，把党内法规作为学习型党组织建设的重要内容，充分发挥正面典型倡导和反面案例警示作用，为党内法规的贯彻实施营造良好氛围。

（三）搭建普法宣传教育平台，推进法治宣传教育工作创新。行业“七五”普法要创新工作理念，坚持服务行业工作大局、服务生产经营、服务专卖行政执法，着力培育行业广大干部职工的法治信仰，增强法治宣传教育工作实效。

要在“六五”普法的基础上，继续开展法律进班子、法律进机关、法律进企业、法律进院所、法律进烟站、法律进网点等主题活动，紧密联系烟草行业中心工作，整合行业法治宣传教育资源，利用烟草行业各类工作平台，针对不同的普法对象提供满足其需要的法治普传教育产品，努力实现法治宣传教育在烟草行业各个领域的全覆盖，开创覆盖面更广、渗透力更强，影响力更大的烟草法治宣传教育新格局。

要将“六五”普法期间建立的“法治烟草”讲堂、“法治烟草”专版专栏打造成日常法治宣传教育的精品产品；持续开展“依法行政示范单位”和“诚信守法示范企业”创建活动，充分发挥其示范引领效应，鼓励行业广大干部职工积极参加法治实践，带动行业外的利益相关方共同形成诚信守法的价值准则，为社会诚信建设作出积极贡献。要将“六五”普法期间编写的《烟草行业专卖执法案例选编》和《烟草行业涉诉仲裁案例选编》作为行业法治宣传教育的重点教材，将行业专卖执法和涉烟诉讼实践中获得的宝贵经验，转化为行业的知识宝库，举一反三，防范发生类似法律风险。

此外，要创新载体阵地，充分运用互联网传播平台，加强新媒体新技术在普法中的运用。充分运用行业、企业的网站、报刊、微信公众号等媒体开展普法活动。行业党校、培训中心等培训机构要把宪法法律列为培训必修课，进一步加强法治课程体系建设，不断提高法治教育的系统性和实效性。要结合生产经营管理的重要业务活动进行法治宣传教育，扩大法治宣传教育的深度和广度。

五、组织领导

（一）切实加强组织领导。行业各级单位要把普法工作纳入年度目标责任制，充分发挥法治宣传教育工作领导小组的组织、指导、协调、监督、检查职能作用。要特别重视县级局（分公司）和工业企业生产点的基层法治宣传教育队伍建设，切实解决人员配备、基本待遇、工作条件等方面的实际问题。

（二）加强普法业务指导。各单位法治宣传教育领导小组每年要向党委（党组）报告法治宣传教育工作情况并报行业上级单位法治宣传教育工作领导小组。要加强调查研究，认真总结推广开展法治宣传教育的好经验、好做法，充分发挥先进典型的示范和带动作用。

（三）加强普法检查考核。国家局编制《烟草行业“七五”法治宣传教育工作目标指引表》（附件1）和《烟草行业“七五”法治宣传教育法律法规推荐目录》（附件2），细化“七五”普法工作目标。行业各直属单位及其下属单位根据规划确定的目标、任务和要求，结合本单位实际，研究制订本单位“七五”普法的具体实施方案和年度工作计划，年末组织检查和总结。各级法治宣传教育领导小组要定期听取本单位普法工作汇报，研究部署本单位的普法工作，不定期组织检查督导。各单位要将法治宣传教育作为年度工作目标考核的内容加强检查考核。国家局将组织行业“七五”普法工作中期督导和总结验收。

（四）加强工作经费保障。行业各级单位要把法治宣传教育专项经费列入本单位预算，实行预算管理，做到专款专用，切实保障“七五”普法工作有序推进，顺利开展。

附件1：烟草行业“七五”法治宣传教育工作目标指引表（略）

附件2：烟草行业“七五”法治宣传教育法律法规推荐目录

附件2：

烟草行业“七五”法治宣传教育法律法规推荐目录

习近平总书记关于依法治国的重要论述

中华人民共和国宪法

中华人民共和国立法法

中华人民共和国烟草专卖法

中华人民共和国烟草专卖法实施条例

烟草专卖许可证管理办法

烟草专卖品准运证管理办法

烟草专卖行政处罚程序规定

最高人民法院、最高人民检察院关于办理非法生产、销售烟草专卖品等刑事案件具体应用法律若干问题的解释

中华人民共和国行政处罚法

中华人民共和国行政许可法

中华人民共和国行政强制法

中华人民共和国行政复议法及其实施条例

中华人民共和国行政诉讼法

中华人民共和国合同法

中华人民共和国招标投标法及其实施条例

中华人民共和国政府采购法及其实施条例

中华人民共和国公司法

中华人民共和国反垄断法

中华人民共和国反不正当竞争法

中华人民共和国广告法

中华人民共和国商标法及其实施条例

中华人民共和国著作权法

中华人民共和国专利法及其实施细则

中华人民共和国劳动法

中华人民共和国劳动合同法及其实施条例

中华人民共和国安全生产法

中华人民共和国产品质量法

中华人民共和国企业国有资产管理法

中华人民共和国消费者权益保护法

中华人民共和国物权法

中华人民共和国担保法

境外投资管理办法

境外投资项目核准和备案管理办法

中华人民共和国刑法

信访条例

政府信息公开条例

法治烟草建设相关文件

整顿规范

国家烟草专卖局关于全面推行“双随机、一公开”监管工作的意见

（2016年11月22日　国烟法〔2016〕317号）

各省级局，国家局、总公司机关各部门、各单位：

为贯彻落实国务院关于全面推行“双随机、一公开”监管工作要求，深化简政放权改革，完善事中事后监管，优化烟草行业营商环境，现提出如下意见。

一、工作目标

在专卖市场监管工作领域全面推行“双随机、一公开”

监管改革，实现随机抽取检查对象，随机选派执法检查人员，抽取情况及查处结果及时向社会公开。2016 年年内，随机抽查事项要达到专卖市场监管执法事项的 70%，2017 年起要实现 100% 全覆盖。

二、基本原则

——依法行政。严格按照法律法规和政策规定，完善相关制度，夯实工作基础，积极稳妥推进“双随机、一公开”监管改革，维护专卖市场良好秩序，保护市场主体合法权益。

——放管结合。以科学有效的“管”促进更大力度的“放”，处理好政府和市场关系，坚持推进简政放权改革，不断推动政府职能转变，努力建设服务型政府，为市场主体提供良好的营商环境。

——公平公正。随机抽查工作对专卖市场主体一视同仁，做到抽查全程可追溯、抽查结果全公开，有效规范执法检查行为，促进社会公平正义实现。

——高效便民。全面提高专卖市场监管工作效率，减轻企业负担，杜绝权力寻租，避免检查任性、执法扰民，促进社会经济持续健康发展。

三、完善工作制度，夯实改革基础

各单位要完善相关工作制度，按照国家局专卖管理部门的工作要求，抓紧出台本单位的“一单、两库、一细则”。“一单”是指随机抽查事项清单。各单位要制定并公布随机抽查事项清单，同时按照本级人民政府的要求向政府相关部门报送。“两库”是指检查对象名录库和执法检查人员名录库。检查对象名录库由接受检查的市场主体组成，执法检查人员名录库由具有专卖执法资格的人员组成。“一细则”是指随机抽查工作细则。在制定随机抽查工作细则过程中，要紧扣专卖市场监管工作实际，在适用主体、抽取基数、检查方式、操作流程、结果处置和信息公开等方面都要制定具体操作规程和检查标准，突出可操作性和实效性。各单位建立完善“一单、两库、一细则”的工作进展情况要及时报国家局专卖管理部门。

四、开展协同联动，做好配套衔接

“双随机、一公开”监管改革的有效实施，需要信息共享、信用约束、联合惩戒、举报监督等配套措施。各单位在开展工作时要注重与相关制度协同联动。一是要在贯彻“随机抽查”理念的基础上，对于生产经营存在异常、人民群众频繁举报的市场主体重点关注，精准发力，加大抽查力度。二是要与信用监管联动。探索将随机抽查的比例、频次与抽查对象的信用等级挂钩，并将随机抽查结果纳入市场主体的社会信用记录，及时向政府相关部门报送，对政府相关部门认定的失信市场主体、司法机关认定的失信被执行人要加大抽查力度。三是要与智能监管联动。积极运用大数据，打破“信息孤岛”，加快各部门、各层级之间信息资源的互联互通、开放共享，以信息化、智能化提升随机抽查的效率和效果。四是与综合监管联动。按照本级人民政府的要求，探索跨区域、跨部门联合随机抽查的具体模式和工作机制，合理配置、统筹使用执法资源，切实解决多头执法、重复检查、标准不一的问题。

五、依法依规推进，灵活处理问题

改革要依法进行，不能超出法律法规的框架。“双随机、一公开”监管改革是监管方式的变化，没有改变法定的检查职责。对于法律、法规、规章没有规定的事项，各单位不得擅自开展检查，对于法律、法规、规章规定的专卖市场监管事项，要大力推广随机抽查。同时，在推进方式、实现形式方面可以根据专卖市场监管的实际情况在一定范围内灵活处理，鼓励结合本单位工作实际，勇于创新，探索行之有效的工作方法。对于涉及商业秘密、个人隐私的抽查结果，应当合理调整抽查结果公示的方式和范围。

六、强化组织保障，落实工作目标

2016 年年内随机抽查事项达到专卖市场监管执法事项的 70%，2017 年起实现 100% 全覆盖，对于这一工作目标，各单位必须真抓实干，务求实效，按期完成。一是要加强组织领导，各单位要把“双随机、一公开”监管改革工作摆在更加突出的位置，把工作任务和责任分解到具体单位和个人，全力以赴抓好落实。二是要与现行专卖市场监管工作模式做好衔接，在贯彻“随机抽查”理念的基础上，推进 APCD 工作法与“双随机、一公开”监管方式的有机结合。三是做好宣传培训。要加大正面宣传力度，营造良好外部环境。各单位要适时组织开展“双随机、一公开”专题培训，特别是要促进广大专卖执法人员转变执法理念，提升自身素质和执法能力。

经济统计

总表部分

全国烟草系统主要指标总表（2016 年）

指　标	计量单位	2016 年	2015 年	2016 年比 2015 年（%）
工业总产值（现价）	亿元	8638.16	9540.42	-9.46
卷烟产值	亿元	8254.81	9134.67	-9.63
工业增加值（现价）	亿元	7187.38	8151.17	-11.82
复烤烟叶产量	万吨	146.81	153.74	-4.51
打叶复烤	万吨	16.58	18.27	-9.25
卷烟产量	万箱	4765.14	5177.12	-7.96
一类卷烟［100 元（含）以上］	万箱	1000.21	1137.02	-12.03
二类卷烟［70（含）~100 元］	万箱	596.37	608.30	-1.96
三类卷烟［30（含）~70 元］	万箱	2065.38	2245.59	-8.02
四类卷烟［16.5（含）~30 元］	万箱	819.21	873.06	-6.17
五类卷烟［16.5 元以下］	万箱	283.97	313.14	-9.32
9mg/支（含）以上	万箱	4108.38	4453.78	-7.76
6~8mg/支（含）	万箱	558.92	625.36	-10.62
6mg/支（含）以下	万箱	97.83	97.99	-0.16
烤烟型	万箱	4643.39	5065.93	-8.34
混合型	万箱	74.46	81.26	-8.37
出口和供应出口	万箱	54.08	52.55	2.92
来牌来料加工	万箱	0.27	0.27	0.57
雪茄烟产量	亿支	12.08	10.01	20.65
二醋酸纤维丝束产量	吨	173531.50	170681.44	1.67
技术经济指标				
卷烟质量抽检合格率	%	99.96	99.97	-0.01
卷烟成品合格率	%	99.64	99.66	-0.01
每万支卷烟耗用烟叶	千克	6.77	6.80	-0.32
每万支卷烟耗用盘纸	米	590.60	592.01	-0.24
每万支滤嘴烟耗用滤棒	支	2524.74	2517.48	0.29
卷烟销售量	万箱	4753.81	5029.73	-5.49
出口	万箱	49.49	45.54	8.67
卷烟期末库存量	万箱	687.64	669.75	2.67
工业	万箱	295.08	348.68	-15.37
商业	万箱	392.56	321.07	22.27
能源消耗总量	万吨	141.71	152.34	-6.97
万元产值耗能源（现价）	千克	16.41	15.97	2.74

资料来源：国家烟草专卖局烟草经济信息中心。

工业部分

全国烟草系统工业企业主要指标汇总表（2016 年）

指　标	计量单位	总　计		卷烟工业		复烤企业	
		2016 年	2015 年	2016 年	2015 年	2016 年	2015 年
卷烟产量	万箱	4765.14	5177.12	4765.14	5177.12		
软盒嘴烟	万箱	1402.53	1479.55	1402.53	1479.55		
硬盒嘴烟	万箱	3358.40	3692.07	3358.40	3692.07		
一类卷烟［100 元（含）以上］	万箱	1000.21	1137.02	1000.21	1137.02		
二类卷烟［70 元（含）~100 元］	万箱	596.37	608.30	596.37	608.30		
三类卷烟［30 元（含）~70 元］	万箱	2065.38	2245.59	2065.38	2245.59		
四类卷烟［16.5 元（含）~30 元］	万箱	819.21	873.06	819.21	873.06		
五类卷烟［16.5 元以下］	万箱	283.97	313.14	283.97	313.14		
9mg/支（含）以上	万箱	4108.38	4453.78	4108.38	4453.78		
6~8mg/支（含）	万箱	558.92	625.36	558.92	625.36		
6mg/支（含）以下	万箱	97.83	97.99	97.83	97.99		
烤烟型卷烟产量	万箱	4643.39	5065.93	4643.39	5065.93		
混合型卷烟产量	万箱	74.46	81.26	74.46	81.26		
其他型卷烟产量	万箱	47.29	29.92	47.29	29.92		
供应出口和出口卷烟产量	万箱	54.08	52.55	54.08	52.55		
来牌或来料加工卷烟产量	万箱	0.27	0.27	0.27	0.27		
雪茄烟产量	亿支	12.08	10.01	12.08	10.01		
合作生产卷烟产量	万箱	621.66	762.94	621.66	762.94		
从生产者购进（指合作生产回购）	万箱	551.94	666.71	551.94	666.71		
工业企业卷烟销售量	万箱	5370.38	5797.23	5370.38	5797.23		
卷烟期末库存	万箱	295.08	348.68	295.08	348.68		
一类卷烟［100 元（含）以上］	万箱	81.00	94.97	81.00	94.97		
二类卷烟［70 元（含）~100 元］	万箱	47.21	56.66	47.21	56.66		
三类卷烟［30 元（含）~70 元］	万箱	103.78	147.21	103.78	147.21		
四类卷烟［16.5 元（含）~30 元］	万箱	52.73	38.95	52.73	38.95		
五类卷烟［16.5 元以下］	万箱	10.36	10.89	10.36	10.89		
其中：供应出口和出口	万箱	5.94	5.45	5.94	5.45		
其中：合作生产	万箱	59.05	100.42	59.05	100.42		
复烤烟叶产量	吨	1468125.93	1537456.33	165847.15	182748.23	1302278.78	1354708.10
打叶复烤	吨	1468125.93	1537456.33	165847.15	182748.23	1302278.78	1354708.10
期末烟叶库存	吨	5028891.15	5023464.41	4767736.44	4758067.63	261154.71	265396.78
二醋酸纤维丝束产量	吨	173531.50	170681.44			173531.50	170681.44

续表

指　标	计量单位	总　计		卷烟工业		复烤企业	
		2016 年	2015 年	2016 年	2015 年	2016 年	2015 年
丝束期末库存	吨	53348.62	70128.53	42279.48	55448.14	11069.14	14680.39
二醋酸纤维丝束	吨	52987.43	68098.48	41918.29	53418.09	11069.14	14680.39
卷烟质量抽检合格率	%	99.96	99.97	99.96	99.97		
卷烟成品合格率	%	99.64	99.66	99.64	99.66		
每万支卷烟耗用烟叶	千克	6.77	6.80	6.77	6.80		
每万支卷烟耗用盘纸	米	590.60	592.01	590.60	592.01		
每万支卷烟耗用滤棒	支	2524.74	2517.48	2524.74	2517.48		
万元产值耗能源（按现价计算）	千克	16.41	15.97	8.21	8.07	270.20	271.30
万元产值生产耗能源（按现价计算）	千克	15.51	15.14	7.46	7.37	264.80	266.49

资料来源：国家烟草专卖局烟草经济信息中心。

总表及工业部分指标说明

【工业总产值（现价）】 指以货币表现的工业企业在报告期内生产的工业产品总量。它包括生产成品价值、对外加工费收入和自制半成品、在产品期末期初差额价值。它是计算增加值和劳动生产率及其他经济指标的依据。

工业总产值不包括：

（1）非本企业生产的工业产品价值；

（2）本企业非工业活动单位的非工业产品价值和收入；

（3）本企业工业生产过程中产生的废料（如锯末、切屑、矸石等）的出售价值。

【工业增加值（现价）】 指工业企业在报告期内以货币表现的工业生产活动的最终成果。该指标要通过计算求得，计算方法有两种，一种是生产法，一种是分配法。烟草系统工业企业一律采用生产法计算。计算公式为：

工业增加值（现价）＝工业总产值（现价）－工业中间投入＋本期应交增值税

【卷烟产量】 指产品质量符合《国颁标准》，经检验合格，并已包装入库的卷烟（包括雪茄型卷烟）成品。凡不符合《国颁标准》的卷烟，不论是否包装入库，均列入不合格品，不做产量统计。

【软盒嘴烟】 指小包软包玻璃纸、金拉线，硬条盒玻璃纸包装的滤嘴卷烟。

【硬盒嘴烟】 指小包硬盒翻盖玻璃纸、金拉线，硬条盒玻璃纸包装的滤嘴卷烟。

【调拨价格分类统计】 调拨价格：指卷烟生产企业通过卷烟交易市场与购货方签定的卷烟交易价格。

一类卷烟：每标准条（200 支）不含增值税调拨价格 100 元（含）以上；

二类卷烟：每标准条（200 支）不含增值税调拨价格 70 元（含）～100 元；

三类卷烟：每标准条（200 支）不含增值税调拨价格 30 元（含）～70 元；

四类卷烟：每标准条（200 支）不含增值税调拨价格 16.5 元（含）～30 元；

五类卷烟：每标准条（200 支）不含增值税调拨价格 16.5 元以下。

出口卷烟划分等级不含税价计算按国内同牌号卷烟或参照同等级卷烟计算。

【卷烟产量按盒标焦油量分组】 9 毫克/支以上，6 毫克/支～8 毫克/支，6 毫克/支以下，共划分为 3 档。

【卷烟产量按卷烟类型分类统计】 卷烟按烤烟型、混合型、其他型分别统计。

【供应出口和出口卷烟产量】 指工业企业生产用作供应出口和直接出口的卷烟产量。

【来牌或来料加工卷烟产量】 来牌加工卷烟：指国外（境外）卷烟牌号，其主要原料使用国内的，并在国内进行加工又销往国外的卷烟，其产量应统计在该指标内。来料加工卷烟：指凡从国外（境外）来料加工，且在境外销售的卷烟，其产量应统计在该指标内。

【雪茄烟产量】 指产品质量符合《部颁标准》，经检验合格入库的雪茄烟成品。凡不符合《部颁标准》的雪茄烟，不论是否包装入库，均列入不合格产品，不做产量统计。

【合作生产卷烟产量】 合作生产卷烟：指省内（外）工业企业之间的委托加工，委托方提供卷烟牌号和部分或全部原材料，且占用加工企业生产计划的卷烟，其产量一律由加工企业统计。

【从生产者购进（指合作生产回购）】 指报告期内工业企业直接从本省内（外）烟草系统工业企业购进的，且由系统内工业企业生产的符合产品质量要求或订货合同规定的技术要求的合作生产卷烟数量。

【工业企业卷烟销售量（额）】 指报告期内工业企业实际销售的由本企业生产（包括上期和本期生产）的符合质量要求或订货合同规定的技术条件的卷烟数量额，但不包括用订货者来料加工生产的卷烟数量（不包括次品烟数量<额>）。即对省内（外）烟草系统销售、供应出口与出口及其他项之和。

【卷烟期末库存、一、二、三、四、五类卷烟库存、滤嘴烟库存、供应出口库存、出口库存】 卷烟期末库存指报告期初或期末某一时点上，尚存在工业企业产成品仓库中，而暂未售出的产品实物数量（不包括次品烟数量）。包括订货者来料加工的产品，尚未拨出的实物量。其中：一、二、三、四、五类卷烟库存是指按不含增值税调拨价分类统计的卷烟库存数量；滤嘴烟库存是指库存总量中滤嘴烟的数量；供应出口库存是指暂未售给烟草进出口公司，尚存在工业企业产成品仓库中的实物数量；出口库存是指工业企业准备直接向国外出口的商品。

【复烤烟叶产量】 指烟叶经过复烤，产品质量符合《国颁标准》，经检验合格，并已包装入库的烟叶成品量。凡不符合《国颁标准》的复烤烟叶，不论是否包装入库均列入不合格品，不做产量统计。订货单位退回的本年内生产的不合格品量，应从产量中扣除。

【烟叶期末库存】 指工业企业报告期末烟叶库存总量，包括烤烟、晾烟、晒烟、进口烟叶。

【二醋酸纤维丝束产量】 指已包装入库的二醋酸纤维丝束成品。

【丝束期末库存】 指尚存在工业企业仓库中，而暂未售出的丝束数量。包括二醋酸纤维丝束和丙纤丝束。

【技术经济指标】

$$\text{卷烟质量抽检合格率(\%)}=\frac{\text{报告期抽检合格品次数(次)}}{\text{报告期抽检总次数（次）}}\times100\%$$

$$\text{每万支滤嘴卷烟耗用嘴棒量（支）}=\frac{\text{报告期耗用嘴棒总量}\pm\text{期末期初在制品差异量（支）}}{\text{报告期卷烟产品产量（万支）}}$$

$$\text{每万支滤嘴卷烟耗用盘纸量（米）}=\frac{\text{报告期耗用盘纸总量}\pm\text{期末期初在制品差异量（米）}}{\text{报告期卷烟产品产量（万支）}}$$

$$\text{每万支滤嘴卷烟耗用烟叶（千克）}=\frac{\text{报告期车间实收烟叶投料量}\pm\text{期末期初在制品差异量（千克）}}{\text{报告期卷烟产品产量（万支）}}$$

$$\text{万元产值综合耗能源（千克）}=\frac{\text{报告期生产消耗能源总量（折标准煤）（千克）}}{\text{报告期工业总产值（当年价）（万元）}}$$

$$\text{卷烟成品合格率（\%）}=\frac{\text{报告期卷烟产品产量（万支）}}{\text{报告期卷烟产品产量（万支）}+\text{不合格品数量（万支）}}\times100\%$$

【年末生产能力】 指在报告年末企业生产某种产品的全部设备的综合平衡能力，即企业生产某种产品的全部设备（包括主要生产设备、辅助生产设备、起重运输设备、动力设备及有关厂房和生产建筑等），在原材料、燃料、动力供应充分，劳动力配备合理，设备正常运转的条件下，可能达到的年生产能力。

其他

2016 年全国卷烟交易成交量汇总表

序号	销方地区	交易量（万箱）	交易量占全国（%）	交易金额（亿元）	交易金额占全国（%）
1	云南省	911.99	19.16	1480.50	17.73
2	湖南省	465.07	9.77	965.19	11.56
3	浙江省	333.94	7.02	729.52	8.74
4	广东省	303.61	6.38	415.92	4.98
5	河南省	283.13	5.95	377.20	4.52
6	江苏省	271.21	5.70	615.44	7.37
7	湖北省	269.95	5.67	619.39	7.42
8	上海市	258.26	5.43	1005.75	12.04
9	山东省	231.67	4.87	239.04	2.86
10	贵州省	201.19	4.23	276.74	3.31
11	安徽省	186.33	3.91	273.59	3.28
12	福建省	169.60	3.56	239.19	2.86
13	陕西省	111.43	2.34	117.13	1.40
14	河北省	95.43	2.01	95.77	1.15
15	四川省	94.31	1.98	119.34	1.43
16	江西省	82.00	1.72	97.86	1.17
17	甘肃省	80.00	1.68	108.14	1.30
18	广西壮族自治区	76.69	1.61	101.69	1.22
19	重庆市	67.73	1.42	103.10	1.23
20	吉林省	61.23	1.29	79.96	0.96
21	内蒙古自治区	35.18	0.74	58.23	0.70
22	北京市	33.36	0.70	47.73	0.57
23	黑龙江省	31.66	0.67	20.36	0.24
24	深圳市	30.85	0.65	57.04	0.68
25	山西省	29.07	0.61	41.20	0.49
26	辽宁省	23.26	0.49	36.58	0.44
27	海南省	17.71	0.37	22.59	0.27
28	总公司	4.01	0.08	5.79	0.07
合计		4759.62	100.00	8349.96	100.00

资料来源：中烟商务物流有限责任公司。

2016 年卷烟累计交易量（三类以上）成交情况表（全国）

序　号	品　牌	协议总量（万箱）	交易量（万箱）	交易量同比增减（万箱）	交易量同比变动（±%）
1	双喜·红双喜	388.59	388.40	-33.20	-7.87
2	云　烟	374.93	374.10	-17.71	-4.52
3	利　群	284.97	284.92	9.12	3.31
4	红塔山	281.36	280.94	-17.06	-5.72
5	南　京	207.77	207.66	14.94	7.75
6	芙蓉王	193.45	192.91	-10.85	-5.33
7	黄金叶	181.34	180.57	-24.04	-11.75
8	黄鹤楼	182.66	178.88	-11.67	-6.13
9	白　沙	148.90	148.46	-22.73	-13.28
10	中　华	142.54	142.54	-13.23	-8.49
11	泰　山	139.80	139.80	-6.77	-4.62
12	玉　溪	134.66	133.75	-32.91	-19.75
13	七匹狼	130.21	130.01	-12.43	-8.73
14	黄　山	111.99	111.22	-13.01	-10.47
15	贵　烟	76.24	76.22	-1.13	-1.46

资料来源：中烟商务物流有限责任公司。

2016 年卷烟累计交易金额前 15 名品牌成交情况表（全国）

序　号	品　牌	协议总量（万箱）	交易金额（亿元）	金额同比增减（亿元）	金额同比变动（±%）
1	中　华	142.54	882.66	-84.80	-8.76
2	利　群	284.97	700.00	15.68	2.29
3	云　烟	374.93	686.73	-33.37	-4.63
4	芙蓉王	193.45	638.15	-42.09	-6.19
5	双喜·红双喜	388.59	549.06	-64.22	-10.47
6	黄鹤楼	182.66	529.95	-32.23	-5.73
7	南　京	209.76	424.59	40.22	10.46
8	玉　溪	134.66	408.87	-101.83	-19.94
9	白　沙	264.72	325.75	-43.47	-11.77
10	红塔山	281.36	320.31	-21.92	-6.40
11	黄金叶	181.34	310.61	-24.81	-7.40
12	黄　山	171.25	266.60	-38.79	-12.70
13	七匹狼	155.63	230.92	-26.99	-10.47
14	苏　烟	53.98	186.63	-45.39	-19.56
15	泰　山	139.80	182.98	-13.39	-6.82

资料来源：中烟商务物流有限责任公司。

2016 年鼓励培育品牌成交情况表（全国）

序 号	品 牌	协议总量（万箱）	交易量（万箱）	交易量同比增减（万箱）	交易量同比变动（±%）	占总量比重（%）	占省际交易比重（%）	交易金额（亿元）
1	红 河	103.73	103.67	-9.62	-8.49	2.18	64.11	114.09
2	红金龙	92.85	91.02	-8.01	-8.09	1.91	35.30	89.41
3	钻 石	86.71	86.49	3.22	3.86	1.82	15.08	90.60
4	兰 州	80.01	80.00	-8.22	-9.32	1.68	35.69	108.14
5	贵 烟	76.24	76.22	-1.13	-1.46	1.60	13.65	182.75
6	真 龙	67.03	67.02	4.86	7.82	1.41	14.66	97.74
7	长白山	61.23	61.23	-7.54	-10.97	1.29	76.68	79.96
8	龙凤呈祥	53.58	47.76	42.03	733.69	1.00	20.09	63.62
9	金 圣	43.29	42.86	0.26	0.61	0.90	20.01	75.26
10	好 猫	37.77	37.77	-3.59	-8.68	0.79	11.59	62.35
11	延 安	28.94	28.93	10.93	60.68	0.61	49.18	21.65
12	中南海	27.71	27.71	-2.19	-7.32	0.58	68.24	39.87
13	都 宝	10.02	10.02	-2.82	-21.96	0.21	99.64	4.23
14	金 桥	2.82	2.80	-0.92	-24.76	0.06	87.98	2.81

2016 年细支卷烟交易情况表（全国）

序 号	品 牌	交易量（万箱）	交易量同比变动（±%）	交易金额（亿元）	交易金额同比变动（±%）	单箱均价（元/箱）
1	南 京	56.31	70.18	155.88	66.34	27681.90
2	黄鹤楼	19.83	59.52	46.86	64.90	23629.30
3	红金龙	16.14	210.87	19.46	216.32	12054.08
4	黄金叶	9.21	83.49	25.38	114.32	27558.95
5	长白山	8.67	75.81	16.52	76.79	19062.33
6	泰 山	5.33	20.69	13.37	21.67	25073.56
7	娇 子	3.17	215.61	7.61	167.36	23973.73
8	好 猫	3.05	169.48	6.71	173.48	22041.57
9	利 群	2.51	127.97	9.57	126.40	38073.31
10	云 烟	2.27	154.98	7.72	132.31	33978.01
11	红塔山	1.72	801.88	3.46	801.81	20068.87
12	真 龙	1.70	124.15	3.72	123.24	21878.11
13	钻 石	1.70	190.08	5.89	249.29	34714.55
14	白 沙	1.40	781.57	4.41	431.18	31471.27
15	黄 山	1.35	232.78	3.18	314.17	23553.01

续表

序号	品牌	交易量（万箱）	交易量同比变动（±%）	交易金额（亿元）	交易金额同比变动（±%）	单箱均价（元/箱）
16	人民大会堂	1.26	121.59	2.92	125.24	23253.97
17	兰　州	1.17	151.49	3.07	141.73	26239.81
18	冬虫夏草	0.93	1958.81	5.51	1958.99	58979.40
19	七匹狼	0.83	1028.80	2.04	1027.66	24525.27
20	金　圣	0.83	436.79	2.37	339.01	28649.14
21	玉　溪	0.71	17117.07	2.41	8172.68	34082.13
22	贵　烟	0.70	1613.66	2.07	1334.28	29431.65
23	龙　烟	0.64	21240.00	1.28	21242.00	20070.28
24	呼伦贝尔	0.63	31.76	1.73	31.75	27297.86
25	双　喜	0.59	7.50	1.31	9.58	22110.33
26	凤　凰	0.31	0.00	1.31	0.00	41724.35
27	雪　莲	0.28	0.00	0.69	0.00	24523.50
28	苏　烟	0.21	6.03	2.06	6.03	100275.90
29	龙凤呈祥	0.20	0.00	0.40	0.00	20068.40
30	天　子	0.14	0.00	0.53	0.00	36579.05
31	大青山	0.13	0.00	0.27	0.00	20068.40
32	芙蓉王	0.07	0.00	0.29	0.00	39773.42
33	紫气东来	0.07	52.30	0.27	52.34	38344.36
34	钓鱼台	0.03	0.00	0.17	0.00	58974.35
35	宝　岛	0.01	717.65	0.13	718.82	94494.71
36	都　宝	0.004	-92.06	0.01	-92.07	21717.95

资料来源：中烟商务物流有限责任公司。

2016年卷烟品牌成交量统计表（全国）

序号	品牌	成交量（万箱）	占总量比重（%）
1	双喜·红双喜	388.400	8.160
2	云　烟	374.101	7.860
3	利　群	284.920	5.986
4	红塔山	280.940	5.903
5	白　沙	263.233	5.531
6	南　京	209.649	4.405
7	芙蓉王	192.909	4.053
8	黄金叶	180.574	3.794

续表

序 号	品 牌	成交量（万箱）	占总量比重（%）
9	黄鹤楼	178. 880	3. 758
10	黄 山	169. 564	3. 563
11	七匹狼	155. 264	3. 262
12	中 华	142. 537	2. 995
13	泰 山	139. 797	2. 937
14	玉 溪	133. 749	2. 810
15	黄果树	119. 298	2. 506
16	红 河	103. 674	2. 178
17	红旗渠	92. 239	1. 938
18	哈德门	91. 862	1. 930
19	红金龙	91. 016	1. 912
20	红 梅	88. 343	1. 856
21	钻 石	86. 486	1. 817
22	兰 州	80. 005	1. 681
23	贵 烟	76. 217	1. 601
24	娇 子	70. 868	1. 489
25	真 龙	67. 023	1. 408
26	长白山	61. 234	1. 287
27	苏 烟	53. 953	1. 134
28	龙凤呈祥	47. 756	1. 003
29	猴 王	44. 727	0. 940
30	金 圣	42. 861	0. 901
31	雄 狮	42. 743	0. 898
32	好 猫	37. 768	0. 794
33	庐 山	36. 806	0. 773
34	延 安	28. 934	0. 608
35	中南海	27. 709	0. 582
36	大前门	27. 652	0. 581
37	林海灵芝	23. 989	0. 504
38	天下秀	22. 035	0. 463
39	牡 丹	17. 128	0. 360
40	石 狮	14. 090	0. 296
41	人民大会堂	10. 747	0. 226

续表

序 号	品 牌	成交量（万箱）	占总量比重（%）
42	散 花	10. 183	0. 214
43	都 宝	10. 015	0. 210
44	雪 莲	9. 990	0. 210
45	甲天下	9. 668	0. 203
46	天 子	9. 638	0. 202
47	红 玫	9. 582	0. 201
48	红山茶	9. 509	0. 200
49	椰 树	9. 210	0. 193
50	芙 蓉	7. 503	0. 158
51	大红鹰	6. 281	0. 132
52	宏 声	6. 083	0. 128
53	红三环	6. 070	0. 128
54	新石家庄	5. 751	0. 121
55	遵 义	5. 672	0. 119
56	哈尔滨	5. 664	0. 119
57	一品梅	4. 182	0. 088
58	相思鸟	4. 078	0. 086
59	红杉树	3. 267	0. 069
60	羊 城	2. 966	0. 062
61	五 牛	2. 824	0. 059
62	金 桥	2. 800	0. 059
63	大青山	1. 846	0. 039
64	长 城	1. 823	0. 038
65	赣	1. 805	0. 038
66	茶 花	1. 787	0. 038
67	冬虫夏草	1. 315	0. 028
68	椰 王	1. 305	0. 027
69	万宝路	1. 289	0. 027
70	狮 牌	1. 000	0. 021
71	呼伦贝尔	0. 732	0. 015
72	盛 唐	0. 676	0. 014
73	龙 烟	0. 640	0. 013
74	月 兔	0. 529	0. 011
75	北戴河	0. 495	0. 010

续表

序　号	品　牌	成交量（万箱）	占总量比重（%）
76	凤　凰	0.314	0.007
77	恒　大	0.283	0.006
78	宝　岛	0.271	0.006
79	熊　猫	0.246	0.005
80	古　田	0.152	0.003
81	钓鱼台	0.129	0.003
82	大丰收	0.092	0.002
83	紫气东来	0.090	0.002
84	华西村	0.063	0.001
85	黄金龙	0.055	0.001
86	孟菲斯	0.037	0.001
87	土　楼	0.016	0.000
88	江　山	0.011	0.000
89	将　军	0.009	0.000
90	威　斯	0.005	0.000

资料来源：中烟商务物流有限责任公司。

2016 年全国烟草行业卷烟出口情况统计表

排　名	公　司	数量（万支/件）	出口总量占比（%）	同比增幅（%）
1	中国烟草上海进出口有限责任公司	609078.00	21.79	-10.51
2	云南烟草国际有限公司	515794.00	18.45	-4.98
3	中国烟草山东进出口有限责任公司	452235.00	16.18	57.82
4	浙江中烟工业有限责任公司	450890.00	16.13	-5.62
5	湖南中烟工业有限责任公司	375110.00	13.42	27.31
6	河南中烟工业有限责任公司	187014.00	6.69	15.55
7	江苏中烟工业有限责任公司	50600.00	1.81	532.50
8	湖北中烟工业有限责任公司	50281.00	1.80	-35.06
9	深圳烟草进出口有限责任公司	34680.00	1.24	-32.84
10	安徽中烟工业有限责任公司	33527.00	1.20	—
11	福建中烟工业有限责任公司	21671.00	0.78	-5.30
12	贵州中烟工业有限责任公司	6920.00	0.25	-0.43
13	中国烟草辽宁进出口公司	4230.00	0.15	-39.48
14	陕西中烟工业有限责任公司	2165.00	0.08	87.61
15	四川中烟工业有限责任公司	1124.00	0.04	-59.41

资料来源：中国烟草国际有限公司。

附　录

- □ 香港烟草
- □ 澳门烟草
- □ 台湾烟草
- □ 国际烟草
- □ 先进人物名单
- □ 先进人物简介
- □ 先进集体名单
- □ 品牌名录

香港烟草

2016年中国香港特区烟草发展综述①

【概　况】　中华人民共和国香港特别行政区（简称中国香港特区）位于中国内地东南沿海，地处珠江三角洲的西岸，面积1104.4平方千米，包括香港岛、九龙和新界及离岛。截至2016年底，中国香港特区共有人口737.71万人，其中男性338.98万人、女性398.73万人。

2016年，中国香港特区共有吸烟者63.5万人，其中男性占比87%，女性占比13%。特区政府对法定吸烟年龄没有限制，但向18岁以下的青少年售烟是被禁止的。根据有关法案，违反规定者将接受最高25000港元的罚款。

在中国香港特区，男性烟民普遍认为吸烟能够缓解压力和精神焦虑，其数量呈现缓慢增长；对于女性烟民，吸烟趋势则开始下降。尽管中国香港特区的吸烟率在一段时间内仍将处于下降态势，但总人口的增长使实际吸烟人数以较低的速度增长。此外，特区日均卷烟消费量每年下降2%，这对卷烟销量增长产生影响。

表1　2011—2016年中国香港特区成年人群吸烟比例　（单位:%）

项　目	2011年	2012年	2013年	2014年	2015年	2016年
成年男性吸烟比例	19.5	19.4	19.4	19.4	19.4	19.3
成年女性吸烟比例	2.8	2.6	2.5	2.5	2.5	2.4
成年人吸烟比例	10.5	10.3	10.2	10.1	10.1	10.0

表2　2011—2016年中国香港特区成年人群吸烟人数　（单位：万人）

项　目	2011年	2012年	2013年	2014年	2015年	2016年
成年男性吸烟人数	53.6	54.0	54.3	54.6	55.0	55.2
成年女性吸烟人数	9.1	8.6	8.6	8.5	8.4	8.4
成年人吸烟人数	62.7	62.6	62.9	63.1	63.4	63.5

【卷烟销售】　**概况**。2016年，中国香港特区实现卷烟销量31.76亿支，同比增幅小于1%。由于特区政府有关部门组织开展戒烟运动，并希望将吸烟率降至个位数，这对卷烟销量的增长产生负面影响。受到薄荷味爆珠烟需求增长的带动，香味爆珠烟销量同比增长51%，市场份额为2%。低焦油卷烟销量同比增长3%，高档烟销量占总销量比重达到92%。

全年实现卷烟销售额90.72亿港元。按现价计算，每包卷烟价格同比增长近4%；而据有关部门的预测，作为控烟政策的一部分，提税会成为卷烟价格上涨的主要动力。

主要烟草公司。中国香港特区卷烟市场竞争激烈，2016年，主要有3家国际烟草公司：菲利普莫里斯亚洲集团有限公司（Philip Morris Asia Limited）（简称菲莫亚洲）、英美烟草（香港）有限公司［British American Tobacco Company (HONG KONG) Limited］［（简称英美烟草（香港）］、日本烟草（香港）有限公司［Japan Tobacco (HONG KONG) Limited］［简称日本烟草（香港）］，其市场份额合计达到92%。中国香港特区唯一一家本土卷烟制造商为南洋兄弟烟草股份有限公司（Nanyang Brothers Tobacco Company Limited）。

2016年，中国香港特区卷烟产量270亿支，同比增长4%。卷烟进口量接近210亿支，同比下降4%；出口量370亿支，同比下降1%。

菲莫亚洲在特区拥有1处工厂，但中国香港特区的烟草公司不生产烟草原料。2016年，菲莫亚洲的市场份额增长最快，达到55%，其在新产品开发方面投入不断加大，能够获得稳定的市场份额。菲莫亚洲推出双重薄荷口感的"万宝路（双黑）"［Marlboro (Double Black)］，迎合从薄荷味卷烟中获得强烈口感的消费者。其他烟草公司也将创新作为绝对优先考虑的因素，借此不断提升市场份额。英美烟草（香港）于2016年6月推出更多醇感的"健牌(Boost No1)""健牌（Boost No8)"。

表3　2012—2016年各烟草公司占中国香港特区卷烟市场份额情况　（单位:%）

公　司	2012年	2013年	2014年	2015年	2016年
菲莫亚洲	53.4	54.9	54.8	54.9	55.0
英美烟草(中国香港)	23.6	23.1	23.0	22.9	22.8
日本烟草(中国香港)	14.7	14.4	14.4	14.3	14.2
利是美国际中国有限公司	2.1	2.1	2.0	2.0	2.0
南洋兄弟烟草股份有限公司	0.8	0.8	0.7	0.7	0.7
其他公司	5.4	4.7	5.0	5.2	5.4
合计	100.0	100.0	100.0	100.0	100.0

① 因四舍五入，表中各项之和与合计数会略有差异。

表4 2011—2016年中国香港特区卷烟市场销量占比情况（按焦油量）

（单位：%）

项目	2011年	2012年	2013年	2014年	2015年	2016年
高焦油量	9.5	9.3	9.2	9.1	9.0	8.8
中焦油量	53.0	52.8	53.0	53.0	52.2	51.8
低焦油量	31.7	32.0	31.9	31.9	32.7	33.2
超低焦油量	5.8	5.9	6.0	6.0	6.1	6.2
合计	100.0	100.0	100.0	100.0	100.0	100.0

表5 2011—2016年中国香港特区卷烟市场销量占比情况（按品类）

（单位：%）

项目	2011年	2012年	2013年	2014年	2015年	2016年
标准型	71.5	71.0	70.5	70.0	69.6	69.5
香型爆珠（全部香型）	0.0	0.2	0.4	0.7	1.0	1.5
薄荷型（非爆珠）	28.5	28.8	29.1	29.3	29.4	29.0
合计	100.0	100.0	100.0	100.0	100.0	100.0

表6 2011—2016年中国香港特区卷烟市场销量占比情况（按细支类型）

（单位：%）

项目	2011年	2012年	2013年	2014年	2015年	2016年
常规	95.3	95.3	95.2	95.2	95.2	95.2
细支	3.2	3.2	3.2	3.2	3.2	3.3
超细支	1.5	1.5	1.5	1.5	1.5	1.6
微细支	—	—	—	—	—	—
合计	100.0	100.0	100.0	100.0	100.0	100.0

表7 2011—2016年中国香港特区卷烟生产与进出口情况

（单位：亿支）

项目	2011年	2012年	2013年	2014年	2015年	2016年
卷烟产量	205.23	217.40	225.09	248.59	261.02	271.46
卷烟进口量	187.93	191.08	201.39	203.83	216.93	207.93
卷烟出口量	317.62	417.62	342.7	370.98	373.93	369.66

表8 2013—2016年中国香港特区销量前10名的卷烟品牌市场份额情况

（单位：%）

排名	品牌	公司	2013年	2014年	2015年	2016年
1	万宝路（Marlboro）	菲莫亚洲	27.1	27.2	27.3	27.4
2	万宝路（Marlboro Menthol）	菲莫亚洲	9.6	9.6	9.6	9.6
3	万宝路（Marlboro Medium）	菲莫亚洲	9.4	9.4	9.4	9.5
4	沙龙（Salem Menthol Silver）	日本烟草（中国香港）	5.6	5.6	5.5	5.5
5	万宝路（Marlboro Ice Mint）	菲莫亚洲	4.8	4.8	4.8	4.8
6	健牌（Kent Silver Neo）	英美烟草（中国香港）	4.6	4.6	4.7	4.7
7	波迈（Pall Mall Blue）	英美烟草（中国香港）	3.6	3.6	3.5	3.5
8	登喜路（Dunhill Ultra Gold）	英美烟草（中国香港）	3.3	3.3	3.3	3.2
9	健牌（Kent）	英美烟草（中国香港）	2.9	2.9	2.9	2.9
10	沙龙（Salem Menthol Green）	日本烟草（中国香港）	2.1	2.1	2.0	2.0

【卷烟价格】　中国香港特区卷烟市场的品牌结构主要有三类：低档烟、中档烟、高档烟。低档烟是指每包零售价在51.99港元以下的卷烟，主要有“温拿（Winner）”。中档烟是指每包零售价在52~56.99港元之间的卷烟，主要有“波迈（Pall Mall）”。高档烟是指每包零售价在57港元及以上的卷烟，主要有“万宝路（Marlboro）”“健牌（Kent）”“登喜路（Dunhill）”。

2016年，特区卷烟市场高档烟的份额超过92%，包括“万宝路（Marlboro）”“健牌（Kent）”“沙龙（Salem）”在内的知名品牌拥有深厚的消费者基础。高收入人群对于中档烟和高档烟之间细微价格差的接受程度变大，越来越倾向于选择高档烟，在此基础上的卷烟增税，这些因素共同作用，使得高档烟份额在2016年持续上升。

总的来看，高档烟和中档烟、低档烟之间的份额此消彼长。几家主要卷烟生产商的产品涵盖所有价位，为了实现利润最大化，其未来将继续把重点放在提升卷烟结构上。新产品的开发尤其是爆珠烟将会成为推动高档烟份额的关键因素。

表9 2011—2016年中国香港特区卷烟市场份额情况（按卷烟价位）

（单位：%）

项目	2011年	2012年	2013年	2014年	2015年	2016年
高档烟	87.7	88.7	89.9	91.6	92.1	92.2

续表

项　目	2011年	2012年	2013年	2014年	2015年	2016年
中档烟	9.3	8.5	7.9	6.9	6.5	6.5
低档烟	3.0	2.8	2.2	1.5	1.4	1.3
合计	100.0	100.0	100.0	100.0	100.0	100

【主要卷烟生产企业】 **南洋兄弟烟草股份有限公司**。(简称南洋兄弟)，前身是由华侨简照南和简玉阶于1905年在中国香港成立的南洋兄弟烟草有限公司，是中国建立最早、历史最长的民族烟草企业。1909年，公司推出“红双喜”牌卷烟，业务得到发展；1916年，南洋兄弟在上海设立生产厂，随后在黄河、长江流域和华南沿海13个大中城市及新加坡等地相继设立分支机构；1918至1919年间，南洋兄弟进行一系列的改革，将公司总部迁至上海，并向社会招股，改组后业务发展很快，由中国香港、上海再发展到广州、武汉、重庆等地；1951年，南洋兄弟在中国大陆的工厂实行公私合营，其香港分公司继续在中国香港经营，由在上海的总管理处控制和管理；1987年，上海市政府把南洋兄弟的股权转让给上海实业有限公司［上海实业（集团）有限公司］前身；1995年1月1日，南洋兄弟烟草股份有限公司在中国香港重新进行注册，南洋兄弟香港分公司的烟草业务让与“南洋烟草”。“南洋烟草”经过企业重组，1996年5月，并入上海实业控股有限公司在香港联交所挂牌上市。1998年底，搬迁到屯门，新厂面积达到44万平方米。

2016年，南洋兄弟积极巩固原有市场的份额，高档烟和中、低档烟的销售比率保持稳定。在中国香港特区和中国澳门特区市场，以品牌和质量为纽带，保持对高端消费群的销售。免税市场突破欧洲市场销售盲点，以机场免税店上架为主，品牌价值得到提升，此外还新增南美市场、日本及美国机场免税零售点。海外市场包括南美、北美、中东及非洲市场，“红双喜”都有可喜增长。公司结合“一带一路”的国家战略，开发中亚新市场，进一步拓宽“红双喜”旅游产品系列，“红双喜（中亚纪念版）”成为中国与哈萨克斯坦的边境合作中心内的一大亮点产品。

2016年，南洋兄弟烟草股份有限公司营业收入32.03亿港元，同比增长2.8%，净利润9.71亿港元，同比增长4.4%。卷烟总销量同比增长0.5%。南洋兄弟烟草股份有限公司经历外部环境多变的考验，坚定不移地贯彻完成年初既定的目标和措施：稳定销量、调优结构、技术创新、平稳发展，公司经营效益持续保持销售总量、销售收入、净利润增长。

香港红塔国际烟草有限公司。1992年，红塔集团楚雄卷烟厂在香港创建控股企业雄伟（国际）烟草有限公司。1998年12月9日，雄伟（国际）烟草有限公司更名为香港红塔国际烟草有限公司（简称香港红塔公司），红塔集团控股55%，仁恒国际投资有限公司持股30%，云南烟草国际有限公司持股15%。

香港红塔公司立足公司境外区位优势，以“严格规范”和“精益管理”为牵引，夯实基础管理，构建运营模式，规范风险控制，以打造境外一流精品卷烟加工基地为目标，搭建起基于公司创优及引导今后发展的经营管理模式，驱动公司持续健康发展。

2016年，生产卷烟48.65亿支，同比增长14.07%。销售卷烟48.1亿支，同比增长12.91%。实现卷烟销售收入5.87亿港元，同比增长1.77%。实现利润5581万港元，同比下降0.37%。实现净利润4657万港元，同比下降0.13%。

【雪茄销售】 **概况**。2016年，香港特区市场雪茄（cigars）和小雪茄①（cigarillos）实现销量1186.41万支，同比增长2%，其中雪茄实现销量434.16万支，小雪茄实现销量752.25万支。由于雪茄在香港特区被视为能起到提高地位的作用，高收入人群和高水平人群对雪茄和小雪茄销售持续利好，另外，还有部分吸食卷烟的烟民开始选择雪茄或者小雪茄，这也进一步刺激雪茄或者小雪茄的销售。2016年，过滤嘴的小雪茄销量占总销量比重最高，非过滤嘴和非香型的小雪茄尽管销量不大，但销量增长幅度却创出新高。

按照现价计算，雪茄和小雪茄实现销售额7.7亿港元，同比增长4%，其中雪茄销售额6.46亿港元，小雪茄销售额1.24亿港元。

太平洋雪茄有限公司（Pacific Cigar Co）是亚太地区唯一一家负责古巴雪茄的经销商，管理哈瓦那雪茄批发销售。1992年6月，公司的经销权由古巴唯一一家经授权可出口哈瓦那雪茄的公司——哈瓦那股份有限公司［Habanos Sociedad Anonima（Habanos S. A.）］授权。此外，太平洋雪茄有限公司也是亚太地区领先的雪茄零售商。在中国香港特区，公司经营13家店铺。

2016年，哈瓦那股份有限公司在中国香港特区雪茄市场的份额微跌，但仍然维持在44%，主要销售其品牌“高斯巴（Cohiba）”“庞趣（Punch）”，这是香港特区最受欢迎的两个雪茄品牌，在特区有着稳定的目标客户群体。

表10　2012—2016年雪茄和小雪茄生产商在中国香港特区市场份额情况（单位：%）

生产商	2012年	2013年	2014年	2015年	2016年
哈瓦那股份有限公司（Habanos S. A.）	43.9	44.3	44.0	43.7	43.6

① 《附录》栏目中的小雪茄（cigarillos）指雪茄型卷烟。

续表

生产商	2012 年	2013 年	2014 年	2015 年	2016 年
瑞士博格集团（The Burger Group）	4.6	4.6	4.6	4.6	4.5
日内瓦大卫杜夫公司（Davidoff & Cie, Geneva）	3.5	3.5	3.5	3.5	3.6
其他公司	48.0	47.6	48.0	48.2	48.3
合计	100.0	100.0	100.0	100.0	100.0

表 11 2012—2016 年雪茄生产商在中国香港特区市场份额情况 （单位：%）

生产商	2012 年	2013 年	2014 年	2015 年	2016 年
哈瓦那股份有限公司（Habanos S. A.）	34.8	35.1	34.7	34.7	34.7
日内瓦大卫杜夫公司（Davidoff & Cie, Geneva）	9.6	9.6	9.5	9.6	9.8
其他公司	55.7	55.4	55.8	55.7	55.5
合计	100.0	100.0	100.0	100.0	100.0

表 12 2012—2016 年小雪茄生产商在中国香港特区市场份额情况 （单位：%）

生产商	2012 年	2013 年	2014 年	2015 年	2016 年
哈瓦那股份有限公司（Habanos S. A.）	49.2	49.6	49.3	48.9	48.8
瑞士博格集团（The Burger Group）	7.2	7.3	7.3	72	7.1
其他公司	43.6	43.1	43.4	43.9	44.4
合计	100.0	100.0	100.0	100.0	100.0

表 13 2013—2016 年雪茄和小雪茄品牌在中国香港特区市场份额情况 （单位：%）

品 牌	所属公司	2013 年	2014 年	2015 年	2016 年
高斯巴（Cohiba）	哈瓦那股份有限公司（Habanos S. A.）	24.4	24.2	24.1	24.1
罗密欧与朱丽叶（Romeo y Julieta）	哈瓦那股份有限公司（Habanos S. A.）	12.9	12.8	12.6	12.5
丹纳曼所罗门（Dannemann）	瑞士博格集团（The Burger Group）	4.6	4.6	4.6	4.5
大卫杜夫（Davidoff）	日内瓦大卫杜夫公司（Davidoff & Cie, Geneva）	3.5	3.5	3.5	3.6

续表

品 牌	所属公司	2013 年	2014 年	2015 年	2016 年
蒙特克里斯托（Montecristo）	哈瓦那股份有限公司（Habanos S. A.）	1.5	1.5	1.5	1.5
庞趣（Punch）	哈瓦那股份有限公司（Habanos S. A.）	0.9	0.9	0.9	0.8
其他品牌	—	52.3	52.6	52.9	52.9
合计	—	100.0	100.0	100.0	100.0

表 14 2013—2016 年雪茄品牌在中国香港特区市场份额情况 （单位：%）

品 牌	所属公司	2013 年	2014 年	2015 年	2016 年
大卫杜夫（Davidoff）	日内瓦大卫杜夫公司（Davidoff & Cie, Geneva）	9.6	9.5	9.6	9.8
高斯巴（Cohiba）	哈瓦那股份有限公司（Habanos S. A.）	8.6	8.5	8.4	8.4
罗密欧与朱丽叶（Romeo y Julieta）	哈瓦那股份有限公司（Habanos S. A.）	7.3	7.2	7.3	7.3
蒙特克里斯托（Montecristo）	哈瓦那股份有限公司（Habanos S. A.）	4.0	4.0	4.0	4.0
庞趣（Punch）	哈瓦那股份有限公司（Habanos S. A.）	2.4	2.4	2.3	2.3
其他品牌	—	68.1	68.4	68.3	68.3
合计	—	100.0	100.0	100.0	100.0

表 15 2013—2016 年小雪茄品牌在中国香港特区市场份额情况 （单位：%）

品 牌	所属公司	2013 年	2014 年	2015 年	2016 年
高斯巴（Cohiba）	哈瓦那股份有限公司（Habanos S. A.）	33.5	33.3	33.2	33.2
罗密欧与朱丽叶（Romeo y Julieta）	哈瓦那股份有限公司（Habanos S. A.）	16.1	16.0	15.7	15.5
丹纳曼所罗门（Dannemann）	瑞士博格集团（The Burger Group）	7.3	7.3	7.2	7.1
其他品牌	—	43.1	43.4	43.9	44.4
合计	—	100.0	100.0	100.0	100.0

表 16　2011—2016 年中国香港特区雪茄市场实现销量情况（按类别）　（单位：百万支）

项　目		2011 年	2012 年	2013 年	2014 年	2015 年	2016 年
总计		10.7	10.93	11.16	11.38	11.64	11.86
雪茄（Cigars）		3.94	4.02	4.10	4.18	4.26	4.34
小雪茄（Cigarillos）	价格优势型	2.35	2.38	2.41	2.44	2.48	2.51
	过滤嘴型	2.27	2.33	2.40	2.46	2.55	2.61
	香型	1.46	1.50	1.53	1.57	1.60	1.63
	非过滤嘴和非香型	0.68	0.70	0.72	0.73	0.75	0.77
	合计	6.76	6.91	7.06	7.20	7.38	7.52

表 17　2011—2016 年中国香港特区雪茄市场实现销售额情况（按类别）（单位：百万港元）

项　目		2011 年	2012 年	2013 年	2014 年	2015 年	2016 年
总计		582.8	620.2	662.7	702.1	737.6	769.6
雪茄（Cigars）		489.0	520.4	556.4	589.6	619.3	646.0
小雪茄（Cigarillos）	价格优势型	27.0	28.5	29.5	30.2	31.8	33.0
	过滤嘴型	35.8	38.5	42.1	43.3	45.2	47.4
	香型	19.5	20.8	22.2	26.0	27.8	29.0
	非过滤嘴和非香型	11.5	12.0	12.5	13.0	13.5	14.2
	合计	93.8	99.8	106.3	112.5	118.3	123.6

表 18　2011—2016 年中国香港特区雪茄销量情况（按尺寸）　（单位：%）

项　目	2011 年	2012 年	2013 年	2014 年	2015 年	2016 年
大雪茄（Large Cigars）	27.4	27.1	27.0	26.9	26.8	26.7
标准雪茄（Standard Cigars）	72.6	72.9	73.0	73.1	73.2	73.3
合计	100.0	100.0	100.0	100.0	100.0	100.0

【销售网络】　中国香港特区的卷烟零售业态分为连锁便利店、报刊亭、杂货店、加油站、餐厅酒吧等。2016 年，连锁便利店仍然是最大的销售渠道，7 天×24 小时的营业模式使消费者可随时购买卷烟，连锁便利店销售卷烟占总销量的 64.5%。报刊亭销售的卷烟占总销量的 29.4%。特区政府禁止在自动售卖机和互联网上销售卷烟。

雪茄方面，烟草专卖店是中国香港特区雪茄和小雪茄的最大分销渠道，销量占总量的 65%，SOGO 等百货商店销售的雪茄和小雪茄占总销量的 21%，酒店、餐馆和酒吧等场所的销量占比为 12%，只有 2% 是通过便利店销售。

【税收政策】　中国香港特区政府对进口卷烟征收高额税收。自 1990 年以来，卷烟税率由 2 港元/包升至 2014 年的 38.12 港元/包，2012—2014 年烟草税收累计提高近 110%。进口雪茄的税率为 2455 港元/千克。

2014 年，中国香港特区政府进一步提高卷烟税收，每包卷烟的税收提高 4 港元，各大烟草公司也相应对卷烟价格进行调整。2016 年，卷烟价格持续影响卷烟消费结构和卷烟总销量。

【卷烟非法贸易】　2016 年，中国香港特区卷烟非法贸易量在整个亚太地区 16 个国家或者地区中，位列第四，非法贸易量近 11 亿支。非法贸易量高企的主要原因是香港特区的卷烟价格，尤其是在税改以后，相对于周边国家要高。

【电子烟管制政策】　在中国香港特区，含有尼古丁的电子烟被归类为医药制品，而非烟草制品。因此，电子烟的管理依据是《药剂业与毒药条例》（Pharmacy and Poisons Ordinance），其必须在销售前进行注册。对于持有或者销售未经注册的药品或者毒品将被罚款 10 万港元并处以 2 年的监禁。

经注册后的含尼古丁电子烟由于受到严格的管制，在市场几乎很少有售卖。而对于不含尼古丁的电子烟，没有对应的管制政策也不被划分为烟草制品，可以在少数的杂货店购买。电子烟的消费群体主要是青少年，一般在电子游戏机店和漫画书店购买。

澳门烟草

2016年中国澳门特区烟草发展综述

【概　况】 中华人民共和国澳门特别行政区（简称中国澳门特区）位于中国内地东南沿海，地处珠江三角洲的西岸，东临香港特区，面积为32.8平方千米。根据澳门统计暨普查局公布的数据，截至2016年底，澳门总人口64.49万人。

【卷烟生产】 中国澳门特区产量最大的卷烟工业企业是金叶卷烟厂（澳门）有限公司（简称金叶澳门公司）。成立于1992年，初始投资2476万港元，由原广州卷烟二厂（现划归广东中烟工业有限责任公司）、中国烟草总公司广东省公司、香港永发烟草有限公司、澳门南粤（集团）有限公司共同出资组建，分别占股份的27%、20%、28%、25%。1993年，香港永发烟草有限公司将14%的股份转让给金叶（香港）烟草国际有限公司，股东变为5家。2001年，香港永发烟草有限公司、澳门南粤（集团）有限公司收回投资，股权由金叶卷烟厂（澳门）有限公司收回。经过两次股东变更，公司股东为广东中烟工业有限责任公司、中国烟草总公司广东省公司、金叶（香港）烟草国际有限公司，总投资额8501万港元，分别占股份的55%、26%、19%。

2016年，公司生产卷烟59.87亿支，同比下降0.61%。销售卷烟59.2亿支，同比增长1.05%。实现主营业务收入7100万美元，同比增长0.7%。实现税利2037万美元，同比增长9.6%，其中利润702万美元，同比下降16.78%。

【卷烟税收政策】 中国澳门特区加大控烟力度，不断提高烟草产品税率。2009年，每支卷烟的消费税由0.05澳门元上调至0.2澳门元，含烟叶的雪茄和小雪茄的消费税为280澳门元/千克，其他精加工的烟叶和烟叶代用制品的消费税为80澳门元/千克。

2012年，中国澳门特区政府再次审议通过增加烟草产品的消费税，每支卷烟的消费税由0.2澳门元上调至0.5澳门元，烟丝的消费税由80澳门元/千克调升至200澳门元/千克；而雪茄的消费税由280澳门元/千克调升至1442澳门元/千克。

中国澳门特区对进口卷烟征收从量税。每包卷烟进口关税为10澳门元。2012年起每包卷烟增税约4澳门元。

2015年7月13日，中国澳门特区政府颁布相关规定，决定调整烟草消费税，每支烟的消费税由原来的0.5澳门元大幅增加至1.5澳门元，烟丝的消费税调至600澳门元/千克，雪茄的消费税调至4326澳门元/千克。加税后，烟草消费税占卷烟零售价的70%以上。

台湾烟草

2016年中国台湾地区烟草发展综述

【概　况】 中国台湾地区位于中国大陆东南沿海的大陆架上，面积3.62万平方千米。截至2016年底，台湾地区总人口2354.33万人。自2009年引入严厉的控烟措施后，台湾地区成年人吸烟率一直呈下降趋势。2015年以来，由于年轻烟民数量不断增长，成年人吸烟率开始回升。

台湾地区规定最低吸烟年龄为18岁，违规向18岁以下未成年人出售卷烟将会被处以1万~5万新台币的罚款。据统计，台湾地区初级中学的吸烟率3.5%，其中男性4.9%，女性2%；高级中学的吸烟率15.6%，其中男性15.6%、女性4.7%。受到控烟、健康意识等因素的影响，台湾地区青少年吸烟率呈逐年下降的态势。

表1　2011—2016年中国台湾地区成年人群吸烟比例

（单位:%）

项　目	2011年	2012年	2013年	2014年	2015年	2016年
成年男性吸烟比例	33.5	32.7	32.5	29.2	29.9	30.2
成年女性吸烟比例	4.3	4.3	3.3	3.5	4.2	4.3
成年人吸烟比例	18.9	18.4	17.8	17.8	16.9	17.1

表2　2011—2016年中国台湾地区成年人群吸烟人数

（单位：万人）

项　目	2011年	2012年	2013年	2014年	2015年	2016年
成年男性吸烟人数	309.5	304.6	305.2	276.4	285.1	290.1
成年女性吸烟人数	40.6	41.6	31.5	33.8	40.9	41.8
成年人吸烟人数	350.1	345.2	336.7	310.2	326.1	331.9

一、卷烟市场管理体制

【专卖专营阶段】 中国台湾地区专卖事业起源于日本占领时期，1901年1月，台湾“总督府”合并原台湾制药厂、台湾“盐务局”及台湾“樟脑局”，成立“台湾总督专卖局”，专卖品包括烟、酒和食盐、樟脑、鸦片、火柴、汽油、酒精、度量衡等9种。1945年，“台湾行政长官公署”

决定继续实施专卖制度，将“台湾总督专卖局”改为“台湾专卖局”，专卖品只限烟、酒、樟脑、火柴等4种。1946年“台湾行政长官公署”颁布新的《台湾烟草专卖规则》《施行细则》，规定“专卖局”统一管理烟叶生产、收购，卷烟生产和销售，卷烟经营实行许可证制度。1947年，“台湾行政长官公署”将“台湾专卖局”改组为“台湾烟酒公卖局”，并直接隶属于台湾当局。1951年，通过修改组织章程，“公卖局”改为隶属“台湾当局财政厅”。1968年，樟脑取消专卖，改为民营，专卖品仅限于烟、酒两种。“台湾烟酒公卖局”统一管理全岛的烟叶生产、收购，卷烟生产和销售。

“公卖局”为政企合一的机构，下设4个事业群，即：烟事业群、啤酒事业群、酒类（除啤酒外）事业群和流通事业群。“公卖局”及所属企事业机构从业人员近万人，其中酒类占大多数。“公卖局”每年向台湾地区财政管理机构上缴约500亿新台币的公卖利益，其中烟业部分150亿~200亿新台币，占财政预算的1%。所谓公卖利益，是指公卖事业是政府垄断经营行业，对其产品的生产经营不再征税。“公卖局”对其所属企业的生产经营实行统一核算，统收统支。购买原材料款、生产经营中一切费用，从业人员工资等均列入成本。销售收入扣除成本，即公卖利益，全部上交财政。台湾卷烟厂不进行独立核算，没有法人资格，只是一个生产单位，没有原辅材料采购权和产品销售权，生产所需原辅材料由“公卖局”统一采购，再分配给工厂使用，其产品也由“公卖局”统一调拨，交由流通事业群销售，并送货到各零售商店。卷烟厂如进行技术改造或需较大的项目投资，则由“公卖局”提出专项申请报台湾地区立法管理机构通过后，交台湾地区财政管理机构列专项开支。

【市场开放阶段】 1987年，台湾当局颁布《台湾烟酒公卖局办理外国卷烟、葡萄酒、啤酒进口申请作业一般规定》。《规定》指出，进口卷烟由外国烟草公司在台湾地区的代理商经营，但岛产卷烟仍由“公卖局”负责和管理；进口卷烟须缴纳公卖利益，公卖利益按照每包16.6新台币的标准从量征收，由“公卖局”负责收取。台湾地区由此形成两大进口卷烟的经销商，即经营英美烟草公司卷烟的弘通公司和经营日本烟草公司卷烟的杰太公司。此外，还有其他公司的代理商。

【取消专卖制度】 在贸易自由化的背景下，台湾当局开始考虑开放烟酒产业，废除烟酒专卖。2000年，当局颁布“台湾烟酒管理法”“烟酒税法”，并于2002年1月1日起实行，标志着在台湾地区实行近百年的专卖制度废止，台湾烟酒公卖制度取消，公卖利益回归税制。

二、2016年卷烟市场概况

【卷烟销售】 *概述*。2016年，台湾地区实现卷烟销量312.27亿支，同比下降3%，受到吸烟率上升等因素的影响，全年销量下降幅度收窄。实现销售额1346亿新台币，同比增长5%，增长的动力来自年轻人更加青睐高价位卷烟并对其保持较高的忠诚度。全年卷烟销量和销售额变动幅度出现分化，受到2017年增税预期的影响，这一趋势还会进一步强化。

台湾地区销售的卷烟平均焦油量为7毫克/支。部分长期烟民和年长的烟民偏爱焦油量较大的卷烟，低焦油和超低焦油的受众群体主要是重视健康问题的消费者，尤其是低焦油卷近年来一直在增长。超低焦油卷烟份额仅次于中焦油市场份额。尽管如此，年轻消费者在吸烟时，更加倾向于选择中焦油的卷烟。

近年来，细支卷烟和爆珠烟在台湾地区日渐风靡。女性烟民青睐薄荷味卷烟，其消费量占到薄荷味卷烟总销量的2/3，而男性烟民则是固定消费某一个品牌。

台湾地区也是一个重要的卷烟生产地，但缺乏生产所需的原辅材料。总体来看，岛内生产的卷烟基本上都是供岛内居民消费，只有小部分在中国香港特区、日本、越南等地销售。

新品方面，2016年1月和10月，台湾烟酒先后推出“马尔斯（Mars）”“维斯塔（Vesta）”新规格。“马尔斯（Mars）”分别包括焦油量为7~8毫克/支的卷烟，“维斯塔（Vesta）”则是瞄准日本卷烟的高档烟品牌“Caster”。英美烟草也推出“好彩（Lucky Strike）”薄荷香型的新规格卷烟。

主要卷烟经营企业概况。2016年，日烟国际台湾股份有限公司（Japan Tobacco International Taiwan Corporation.，简称日烟台湾）、台湾烟酒股份有限公司（Taiwan Tobacco & Liquor Corporation，简称台湾烟酒）、帝国品牌公司（Imperial Brands P. L. C.，简称帝国品牌）、英美烟草服务股份有限公司台湾分公司（British American Tobacco Services Limited Taiwan Branch，简称英美台湾分公司）、菲利普莫里斯（台湾）股份有限公司（Philip Morris Taiwan S. A.，简称菲莫台湾）等五大烟草公司占据台湾93%的市场份额，市场竞争非常激烈，消费者对卷烟外观尤其敏感。2016年底，“登喜路（Dunhill）”对其某款卷烟外观设计变更后，尽管口味没有变化，销量却出现下跌。包装的变化会改变消费者对卷烟的认知进而对销量产生负面影响。此外，许多年长的烟民对长期吸食卷烟有着强烈的依附，这造成市场上对某一类型卷烟的需求。同时，消费者不会对某一品牌的推陈出新产生强烈兴趣。

2016年，日烟台湾继续保持市场领导者的地位，其在台湾地区的卷烟销量占岛内销量的比重约为40%。公司旗下的“七星（Mevius）”是台湾地区最畅销的卷烟品牌。公司经营的成功之道在于拥有优良的品牌组合，对消费者产生足够强的吸引力。

帝国品牌则在市场份额上实现有史以来的最大突破。公司旗下的“大卫杜夫（Davidoff）”在台湾市场也是举足轻重，其高焦油量的产品特性针对部分老烟民，依靠这些忠实牢固的消费者群体，“大卫杜夫（Davidoff）”的市场表现强劲而且富有活力。

台湾烟酒是唯一一家本土烟草商，其专注于中低档烟市场，这导致台湾烟酒市场份额的进一步下滑。除了卷烟吸味，消费者开始更多关注卷烟的外观，台湾烟酒近年来也推出一系列针对年轻消费群体的产品。

表3 2012—2016年各烟草公司在中国台湾地区卷烟市场份额情况 （单位：%）

公 司	2012年	2013年	2014年	2015年	2016年
日烟台湾	37.7	37.7	40.2	40.1	39.8
台湾烟酒	30.0	29.9	28.2	27.8	27.3
帝国品牌	11.3	11.1	11.1	11.4	12.5
英美台湾分公司	8.7	8.8	9.2	9.9	10.1
菲莫台湾	6.5	6.5	6.5	6.5	6.5
其他	5.8	6.1	4.7	4.3	3.8
合计	100.0	100.0	100.0	100.0	100.0

注：因统计方法有所调整，对部分往年数据做了相应修正。

台湾烟酒股份有限公司。2002年1月1日，随着“台湾烟酒管理法”“烟酒税法”的实施，烟酒专卖制度在台湾地区被废止，烟酒回归税制。同年4月25日，台湾地区立法机构批准通过“台湾烟酒股份有限公司条例”，并于5月15日对外公布；7月1日，“台湾烟酒公卖局”正式更名改制为台湾烟酒股份有限公司。2003年1月11日，台湾烟酒股份有限公司的股票开始在台湾股票交易所交易。

台湾烟酒设有流通事业部、酒事业部、啤酒事业部、烟事业部、生技事业部、国际业务处、企划处、财务处、资讯处、法务处、行政处、安全卫生处、会计处、人力资源处、政风处、资产经营管理处、市场调查研究处等，其中烟事业部下辖台北烟厂、内埔烟厂、丰原卷烟研发制造工厂和桃源印刷厂。

发展战略。台湾烟酒的短期规划是因健康捐上涨、“烟害防治法”再修订以及相关规定变动调整经营策略和方向；因市场环境与竞争，逐步推动高、中、低等价格的品牌整合力度与产品力提升等计划，既有主力品牌通过包装改版，维持品牌创新形象并维持市场竞争力。公司的长期规划是整合利用营销资源，按照低、中、高价格链的个别品牌属性、目标群体、所发展的渠道等，通过多元化营销手法建立品牌认同度。

卷烟生产经营。2016年，台湾烟酒的卷烟品牌主要有“长寿（Long Life）”“尊爵（Gentle）”“新乐园（New Paradise）”“宝岛”“王牌”“马尔斯（Mars）”“维斯塔（Vista）”和“LaRose”等8个，其中“尊爵（Gentle）”市场份额为13.66%，“长寿（Long Life）”为6.99%，“新乐园（New Paradise）”“马尔斯（Mars）”等其他品牌为6.9%。

2016年，台湾烟酒生产卷烟165.66亿支（33.13万箱），销售卷烟163.22亿支（32.64万箱），其中岛内销售154.63亿支（30.93万箱），实现销售收入395.81亿新台币；岛外销售8.59亿支（1.72万箱），实现销售收入5.44亿新台币。

技术创新。2015年，为掌握市场需求和动向，台湾烟酒建立岛产和进口烟叶分析资料库。研究选用具有特色的原料烟叶、香料，以发展差异化并符合消费者需求的新产品。全年新开发符合日本消费者口味的“Vesta（7mg）”“Vesta（5mg）”，以及中低档价位的“马尔斯（7mg）”“马尔斯（5mg）”“La Rose”细支出口卷烟。

原辅料供应。2016年，岛产烟叶、自制膨胀烟丝等分别由丰源卷烟研发制造工厂和内埔烟厂生产供应。铜版卡纸、BOPP膜、醋酸纤维丝束以及卷烟纸、滤棒由公司负责统一采购。桃源印刷厂负责生产烟盒、烟标等包装材料供各厂生产使用。

台北烟厂。前身为成立于1912年5月的“台湾总督府专卖局”台北烟草工场，最初专门生产烟丝；1921年，改为生产卷烟和雪茄；次年，更名为台北烟草工厂；1947年，随着“台湾烟草烟酒公卖局”的成立，更名为台北烟厂；1961年，卷烟厂开始迁往新店市现址，1967年完成搬迁；1988年7月，台北烟厂与松山烟厂合并，产能大幅增加，年卷烟生产能力超过450亿支（90万箱）；2000年7月1日，更改为台湾烟酒股份有限公司台北烟厂。台北烟厂主要业务为卷烟、滤棒生产，1987年全面自动化控制后，产能大量提升。2016年，台北烟厂继续为菲莫国际公司代加工“万宝路（Marlboro）”“乐迈”“先锋”等品牌香烟。6月20日，台北烟厂因违反空气污染防治法案，被处以20万新台币的罚款，台北烟厂已提起上诉。12月，完成硬盒包装机淘汰项目，总投资14.59万新台币。

内埔烟厂。成立于1986年，位于屏东内浦工业区，占地19万平方米，包括理切、卷包工场、桶烟仓库、桶材仓库、福利大楼等，其中主要厂房面积9.7万平方米。卷烟厂主要业务有卷烟生产、原料加工、膨胀烟丝，以及辅导烟农种烟和核发许可证等。2016年，内埔烟厂继续为杰太日烟国际股份有限公司加工“乐迪（L&D）”“云摩尔”等品牌卷烟。

丰原卷烟研发制造工厂。前身为成立于1950年12月的丰原烟工场，1964年12月成为直属“公卖局”的丰原烟厂。1966年，丰原烟厂迁址于丰原市中山路一号现址，1968年新厂全部迁入，并陆续增添新设备、更新机器，扩建厂房仓库，正式成为一座较具规模的现代化工厂。2016年，丰原卷烟研发制造工厂继续为英商台湾物流股份有限公司台湾分公司加工“宝马”系列卷烟。12月，工厂完成包装机淘汰项目，总投资14万新台币。

表4　2011—2016年中国台湾卷烟地区市场销量占比情况（按焦油量）（单位：%）

项　目	2011年	2012年	2013年	2014年	2015年	2016年
高焦油	—	—	—	—	—	—
中焦油	64.7	64.7	64.6	64.9	64.9	64.8
低焦油	13.6	14.6	14.8	14.8	14.9	14.7
超低焦油	21.7	20.7	20.6	20.3	20.2	20.5
合计	100.0	100.0	100.0	100.0	100.0	100.0

表5　2011—2016年中国台湾地区卷烟市场销量占比情况（按细支类别）

（单位：%）

项　目	2011年	2012年	2013年	2014年	2015年	2016年
细支	3.9	3.9	4.0	4.0	4.0	4.0
超细支	1.6	1.6	1.7	1.7	1.8	1.9
微细支	—	—	—	—	—	—
常规	94.5	94.4	94.4	94.3	94.2	94.1
合计	100.0	100.0	100.0	100.0	100.0	100

表6　2011—2016年中国台湾地区卷烟市场销量占比情况（按长度）

（单位：%）

项　目	2011年	2012年	2013年	2014年	2015年	2016年
长支型	6.3	6.5	6.5	6.6	6.7	6.7
常规型	93.7	93.5	93.4	93.4	93.3	93.3
短支型	—	—	—	—	—	—
合计	100.0	100.0	100.0	100.0	100.0	100.0

表7　2011—2016年中国台湾地区卷烟生产和进出口情况（单位：亿支）

项　目	2011年	2012年	2013年	2014年	2015年	2016年
卷烟产量	207.1	219.7	220.4	215.7	208.8	210.9
卷烟进口量	166.2	153.5	164.2	178.1	149.3	144.8
卷烟出口量	19.2	18.7	17.3	26.7	29.4	32.4

表8　2013—2016年中国台湾地区销量前10名的卷烟品牌市场份额情况（单位：%）

排　名	品　牌	公　司	2013年	2014年	2015年	2016年
1	七星（Mevius Original Blue）	日烟台湾	18.9	20.2	20.2	20.1
2	七星（Mevius Sky Blue）	日烟台湾	6.7	7.1	7.0	7.0
3	七星（Mevius Wind Blue）	日烟台湾	5.3	5.6	5.6	5.6
4	长寿（Long Life White Mild）	台湾烟酒	5.1	4.8	4.8	4.6
5	长寿（Long Life Yellow Mild）	台湾烟酒	5.0	4.7	4.7	4.6
6	尊爵（7mm）	台湾烟酒	4.3	4.0	3.9	3.9
7	大卫杜夫（Davidoff Lights）	帝国品牌				3.7
8	大卫杜夫（Davidoff Classic）	帝国品牌				2.8
9	尊爵（6mm）	台湾烟酒	2.9	2.7	2.7	2.6
10	尊爵（1mm）	台湾烟酒	2.7	2.5	2.4	2.3

【卷烟价格】　2016年，台湾地区市场的品牌结构主要有三类：低档烟、中档烟、高档烟。低档烟是指每包零售价在70新台币以下的卷烟，主要品牌有“威斯（West）”“新乐园（New Paradise）”“波迈（Pall Mall）”“长寿（Long Life）”等。中档烟是指每包零售价在70～90新台币的卷烟，主要品牌有“好彩（Lucky Strike）”“云丝顿（Winston）”“蓝星（L&M）”。高档烟是指每包零售价在90新台币以上的卷烟，主要品牌有“万宝路（Marlboro）”“七星（Mevius）”“登喜路（Dunhill）”“大卫杜夫（Davidoff）”“百乐门（Parliament）”等。

2016年，高档烟销量占卷烟总销量的比例为51%，实现稳步增长。相比之下，低档烟占比为33.7%，中档烟占比为15.5%，中、低档烟销量双双下降。消费者更倾向于时尚和潮流等元素，对日本品牌的卷烟有很高认可度，很喜欢其产品的口味和外观。受此影响，消费者对价格因素变得不再高度敏感，而是更多地受到产品外观的影响。

表9　2011—2016年中国台湾地区卷烟市场份额情况（按卷烟价位）（单位：%）

项　目	2011年	2012年	2013年	2014年	2015年	2016年
低档烟	36.5	36.3	36.2	34.4	34.4	33.7
中档烟	16.3	16.1	16.5	15.5	15.3	15.5
高档烟	47.2	47.6	47.3	50.0	50.4	50.8
合计	100.0	100.0	100.0	100.0	100.0	100.0

【雪茄销售】 概况。2016年，台湾地区市场对雪茄和小雪茄的需求强劲，全年实现销量1900万支，同比增长14%，创历史最高增速。按照现价计算，雪茄和小雪茄的销售额为20亿新台币，同比增长9%。

相对于雪茄销量而言，小雪茄销量占比要大得多，而且销量和销售额一直持续增长。2016年，台湾当局宣布一项新的税收调整措施，即最早将于2017年6月将每20支卷烟的健康福利捐税额提升40新台币。提税带来价格上涨的预期，导致一部分烟民开始转向雪茄和小雪茄的消费，这是造成销量上涨的一个因素。这种消费转移一部分是暂时的，另一部分将是长时间持续的。但是从销售额来看，雪茄的销售额则超过小雪茄的销售额。

就消费习性而言，在台湾地区，雪茄消费者有着极高的忠诚度；小雪茄的消费者则是倾向于在不同类型和品牌的产品间选择和尝试，一旦发展出自己爱好的产品就会建立其消费偏好。雪茄的典型消费人群有专业人士、商人和年长的男性，同时不可忽视的还有女性消费群体。

表10 2011—2016年中国台湾地区雪茄市场实现销量情况（按类别） （单位：万支）

项目		2011年	2012年	2013年	2014年	2015年	2016年
总计		1640	1740	1900	2100	2330	2650
雪茄（Cigars）		710	740	760	780	810	810
小雪茄（Cigarillos）	价格优势型	—	—	—	—	—	—
	过滤嘴型	—	—	—	—	—	—
	香型	—	—	—	—	—	—
	非过滤嘴和非香型	930	1000	1140	1310	1520	1820

表11 2011—2016年中国台湾地区雪茄市场实现销售额情况（按类别） （单位：亿新台币）

项目		2011年	2012年	2013年	2014年	2015年	2016年
总计		14.30	15.16	16.18	17.40	18.45	20.06
雪茄（Cigars）		11.18	11.80	12.30	12.91	13.26	13.79
小雪茄（Cigarillos）	价格优势型	—	—	—	—	—	—
	过滤嘴型	—	—	—	—	—	—
	香型	—	—	—	—	—	—
	非过滤嘴和非香型	3.12	3.36	3.88	4.50	5.18	6.27

表12 2013—2016年雪茄和小雪茄品牌在中国台湾地区市场份额情况 （单位：%）

品牌	所属公司	2013年	2014年	2015年	2016年
Villger	威林格苏尼公司（Villger Sohne AG）	4.0	3.8	4.1	4.5
Nat Sherman	纳特谢尔曼公司（Nat Sherman Inc.）	3.4	3.1	2.8	2.8
Candlelight	Johann Wihelm Von Eicken GmbH	2.6	2.4	2.1	1.9
Livarde	丹尼曼雪茄公司（Dannemann Cigarrenfabrik GmbH）	2.4	2.2	2.4	2.5
Davidoff	利是美烟草公司（Reemstsma Cigarettenfabriken GmbH）	1.6	1.5	1.5	1.4
Puros	三商行（Mercuries & Associates Ltd.）	1.6	1.5	1.4	1.3
Hav - A - Tampa	帝国品牌公司（Imperial Brands P. L. C.）	0.8	0.7	0.6	0.6
Cohiba	哈瓦那股份有限公司（Corporacion Habanos S. A.）	0.7	0.7	0.6	0.5
Macanudo	通用雪茄控股公司（General Cigar Holdings Inc.）	0.6	0.6	0.5	0.5
Don Tomas	通用雪茄控股公司（General Cigar Holdings Inc.）	0.6	0.5	0.5	0.4
其他品牌	—	81.8	83.1	83.6	83.6
合计	—	100.0	100.0	100.0	100.0

注：2016年2月，帝国烟草集团（Imperial Tobacco Group P. L. C.）更名为帝国品牌公司（Imperial Brands P. L. C.），此处使用新的名称，下同。

表 13　2013—2016 年雪茄品牌在中国台湾地区市场份额情况　（单位:%）

品　牌	所属公司	2013 年	2014 年	2015 年	2016 年
Candlelight	Johann Wihelm Von Eicken GmbH	6.4	6.3	6.2	6.1
Puros	三商行（Mercuries & Associates Ltd.）	4.0	4.0	4.1	4.2
Hav - A - Tampa Jewel Berry	帝国品牌公司（Imperial Brands P. L. C.）	2.0	1.9	1.8	2.0
Cohiba	哈瓦那股份有限公司（Corporacion Habanos S. A.）	1.8	1.8	1.7	1.7
Macanudo	通用雪茄控股公司（General Cigar Holdings Inc.）	1.5	1.5	1.5	1.5
Don Tomas	通用雪茄控股公司（General Cigar Holdings Inc.）	1.4	1.4	1.4	1.4
其他品牌	—	82.9	83.2	83.3	83.2
合　计	—	100.0	100.0	100.0	100.0

表 14　2013—2016 年小雪茄品牌在中国台湾地区市场份额情况　（单位:%）

品　牌	所属公司	2013 年	2014 年	2015 年	2016 年
Villger	威林格苏尼公司（Villger Sohne AG）	6.7	6.1	6.2	6.5
Nat Sherman	纳特谢尔曼公司（Nat Sherman Inc）	5.7	4.9	4.3	4.0
Livarde	丹尼曼雪茄公司（Dannemann Cigarrenfabrik GmbH）	4.0	3.5	3.6	3.7
Davidoff Mini	利是美烟草公司（Reemstsma Cigarettenfabriken GmbH）	2.6	2.4	2.2	2.0
其他品牌	—	81.0	83.0	83.7	83.8
合　计	—	100.0	100.0	100.0	100.0

表 15　2011—2016 年中国台湾地区雪茄实现销量情况（按雪茄类型）　（单位:%）

类　型	2011 年	2012 年	2013 年	2014 年	2015 年	2016 年
标准雪茄（Standard Cigars）	27.5	27.4	27.3	27.2	27.1	27.0
小型雪茄（Small Cigars）	72.5	72.6	72.7	72.8	72.9	73.0
合　计	100.0	100.0	100.0	100.0	100.0	100.0

【主要雪茄经销商】　台湾地区雪茄和小雪茄市场比较分散。2016 年，威林格苏尼公司（Villiger Sohne AG）继续领先雪茄和小雪茄市场，拥有丰富的产品组合和广泛的营销渠道，通过独特的包装吸引部分烟民。Johann Wihelm Von Eicken GmbH 则排名第四，旗下的品牌"Candlelight"属于经济型、入门级产品，而且价格低廉，在台湾地区所有的便利店均有销售。

表 16　2012—2016 年雪茄和小雪茄生产商在中国台湾地区市场份额情况　（单位:%）

生产商	2012 年	2013 年	2014 年	2015 年	2016 年
威林格苏尼公司（Villger Sohne AG）	4.2	4.0	3.8	4.1	4.5
纳特谢尔曼公司（Nat Sherman Inc.）	3.6	3.4	3.1	2.8	2.8
丹尼曼雪茄公司（Dannemann Cigarrenfabrik GmbH）	2.5	2.4	2.2	2.4	2.5
Von Eicken GmbH，Johann Wihelm	2.7	2.6	2.4	2.1	1.9
利是美烟草公司（Reemstsma Cigarrenfabriken GmbH）	2.2	1.6	1.5	1.5	1.4
三商行（Mercuries&Associates Ltd.）	1.7	1.6	1.5	1.4	1.3
通用雪茄控股公司（General Cigar Holdings Inc.）	1.2	1.2	1.1	1.0	0.9
帝国品牌公司（Imperial Brands P. L. C.）	0.9	0.8	0.7	0.6	0.6
哈瓦那股份有限公司（Corporacion Habanos S. A.）	0.7	0.7	0.7	0.6	0.5
其他品牌	80.2	81.8	83.1	83.6	83.6
合　计	100.0	100.0	100.0	100.0	100.0

表 17　2012—2016 年雪茄生产商在中国台湾地区市场份额情况　（单位：%）

生产商	2012 年	2013 年	2014 年	2015 年	2016 年
Von Eicken GmbH，Johann Wihelm	6.5	6.4	6.3	6.2	6.1
三商行（Mercuries & Associates Ltd.）	3.9	4.0	4.0	4.1	4.2
通用雪茄控股公司（General Cigar Holdings Inc.）	2.9	2.9	2.9	2.8	2.8
帝国品牌公司（Imperial Brands P. L. C.）	2.0	2.0	1.9	1.8	2.0
哈瓦那股份有限公司（Corporacion Habanos S. A.）	1.7	1.8	1.8	1.7	1.7
其他公司	82.9	82.9	83.2	83.3	83.3
合　计	100.0	100.0	100.0	100.0	100.0

表 18　2011—2015 年小雪茄生产商在中国台湾地区市场份额情况　（单位：%）

生产商	2012 年	2013 年	2014 年	2015 年	2016 年
威林格苏尼公司（Villger Sohne AG）	7.3	6.7	6.1	6.2	6.5
纳特谢尔曼公司（Nat Sherman Inc）	6.3	5.7	4.9	4.3	4.0
丹尼曼雪茄公司（Dannemann Cigarrenfabrik GmbH）	4.4	4.0	3.5	3.6	3.7
利是美烟草公司（Reemstsma Cigarettenfabriken GmbH）	3.8	2.6	2.4	2.2	2.0
其他公司	78.2	81.0	83.0	83.7	83.8
合　计	100.0	100.0	100.0	100.0	100.0

【流通渠道】　2016 年，便利店仍然是台湾地区最重要的卷烟销售渠道，销量占卷烟总销量的 54.4%，并呈现逐年上升的趋势。连锁超市大力拓展门店，超市渠道销售的卷烟占比有显著提升。在台湾地区，通过互联网、自动售卖机等销售卷烟的行为是被禁止的。

对于雪茄和小雪茄而言，最主要的销售渠道是专卖店，其次是在餐厅、酒店的销售点。前者可提供各种丰富的产品供消费者选择，并且有产品专柜。另外，私人俱乐部则是高端雪茄消费的重要场所。

【税收政策】　台湾地区对卷烟制品征收高额税收。各种税费征收情况：一是对源于 WTO 成员国的卷烟进口关税按到岸价的 27% 征收，非 WTO 成员国则是按照到岸价的 50% 征收。二是烟草税按每件（万支）5900 新台币征收（含本地产卷烟）。三是销售税按完税价格的 4.8% 征收（含本地产卷烟）。四是控烟履约中有“健康捐”，按每件（万支）10000 新台币征收（含本地产卷烟）。五是对于进口雪茄等其他烟草制品，进口关税按照 20% 的税率征收；烟草税方面，雪茄及其他烟草制品按照每千支 590 新台币征收。

2016 年，台湾当局宣布一项新的税收调整措施，即最早将于 2017 年 6 月将每 20 支卷烟的健康福利捐税额提升 40 新台币，调整后，每 20 支卷烟健康福利捐为 60 新台币，此举无疑将抬高卷烟价格，并对吸烟率产生影响。

表 19　2011—2016 年中国台湾地区卷烟市场卷烟税收情况

项　目	2011	2012	2013	2014	2015	2016
从价消费税（%）	0.0	0.0	0.0	0.0	0.0	0.0
增值税/销售税（%）	4.8	4.8	4.8Z	4.8	4.8	4.8
烟草税（新台币/千支）	590.0	590.0	590.0	590.0	590.0	590.0
健康福利捐（新台币/千支）	1000.0	1000.0	1000.0	1000.0	1000.0	1000.0
进口关税（WTO 成员）（%）	27.0	27.0	27.0	27.0	27.0	27.0
进口关税（非 WTO 成员）（%）	50.0	50.0	50.0	50.0	50.0	50.0

【非法卷烟贸易】　2016 年，台湾地区的非法卷烟贸易量占全部总销量的 15%，将于 2017 年推行的税收改革计划会导致非法卷烟贸易扩大，较高的价格将迫使一部分烟民选择可以负担得起的品牌进行消费。

据统计，台湾地区90%的非法卷烟源于菲律宾等国家，销售途径主要是小型食杂店、书报亭以及街头小卖店等，购买者主要是低收入人群。

资料来源：

1. 欧睿信息咨询有限公司（Euromonitor International）调研报告

2. 香港特别行政区政府统计处网站（www. censtatd. gov. hk）

3. 澳门特别行政区政府统计暨普查局网站（www. dsec. gov. mo）

4. 台湾烟酒股份有限公司网站（www. ttl. com. tw）

5. 上海实业（集团）有限公司网站（www. siic. com）

◇ 编辑：王东旭

国际烟草

2016年世界烟草发展报告

2016年，世界烟草控制持续推进，世界卫生组织《烟草控制框架公约》第七届缔约方大会召开，卷烟平装影响日益加深，传统烟草制品销量下降，新型减害制品动力强劲，烟叶市场供过于求状况明显改善，跨国烟草公司战略重点转向新型减害制品，经营业绩出现分化，世界烟草业格局正在酝酿新的变化。

一、烟草控制概况

烟草制品平装成为推广力度较大的烟草控制措施。税收和价格政策持续发力。电子烟管制、口味添加剂限制等措施不断加强。针对加热不燃烧烟草制品等新型减害制品的管制政策尚不明确。

【《烟草控制框架公约》第七届缔约方大会】 2016年11月，在印度德里召开。参会人员主要来自129个缔约方，美国、瑞士、莫桑比克等3个非缔约方，以及联合国开发计划署、世界卫生组织、世界海关组织、世界银行等国际机构和政府间组织以及13个非政府组织等，参会人数超过800人。大会审议近40个议题，创历届会议之最，最终通过近30项决议，主要涵盖推进《消除烟草制品非法贸易议定书》实施、减少烟草业干预、责任和赔偿、烟草制品成分管制和披露、电子烟等新型烟草制品监管、涉及《烟草控制框架公约》的法律争端问题、实施《烟草控制框架公约》有关的贸易投资问题、加强履约报告审议、烟草种植替代等，并确定《烟草控制框架公约》第八届缔约方大会于2018年在瑞士日内瓦举行。

【卷烟平装影响日益显现】 近年来，烟草制品平装成为烟草控制的热点。2016年世界无烟日的主题是“为平装做好准备”（Get Ready for Plain Packaging）。烟草制品平装的主要目的是为了减少烟草制品吸引力、消除包装的广告促销功能、防止包装传递减害印象、增强健康警语的可见性及警示作用。

截至2016年底，除澳大利亚外，爱尔兰、英国、法国等3个国家已实施卷烟平装，而匈牙利、挪威、新加坡、新西兰、南非、土耳其等国家或已开启立法程序、或已公开征求意见。与卷烟平装有关的法律纠纷频发，但已有裁决均未支持烟草业诉求，以澳大利亚为被告的世界贸易组织争端尚在进行当中。

【其他管制措施】 **电子烟管制**。美国食品与药品监督管理局（FDA）对烟草制品的管制权限扩大到所有烟草制品，包括电子烟、雪茄等，并出台包括产品注册和上市许可、禁止向未成年人销售电子烟等在内的具体政策。这将大大提高制售电子烟成本，部分中小电子烟企业的处境艰难，除新产品上市业绩不佳外，政策带来的负面预期是重要原因。

口味添加剂限制。口味多样化面临着严峻的政策风险，越来越多的国家和地区开始限制香味添加。在欧盟《烟草制品管制指令》（《Tobacco Products Directive》）的要求下，欧盟各国已经开始禁止包括薄荷烟在内的风味卷烟，有的国家还计划将口味禁令扩大到电子烟。此外，加拿大也开始计划禁止薄荷烟，主要是为了减少卷烟对年轻人的吸引力。据调查，加拿大薄荷烟销量增长的主要动力为20～30岁年轻消费者。

税收和价格政策。卷烟提税继续成为卷烟销量下降的主要原因。由于政府提高卷烟消费税，菲律宾卷烟市场总量下降12%。阿根廷提升消费税后导致价格提高50%，其卷烟市场总量下降11.6%。提税加价导致销量大幅下降之后往往出现恢复性增长，但税收和价格政策的制定多存在连续性，因而卷烟销量常表现出较大幅度的上下波动。

二、传统烟草制品市场概况

全球吸烟率呈普遍下降趋势，个别国家有小幅提高，传统烟草制品市场延续销量逐步减少势头，但仍是烟草业主要利润来源，努力培育成长型市场、开拓细分市场是寻求增长的主要手段。

【吸烟人口和吸烟率】 **吸烟人口变化情况**。2015年，除中国以外①，吸烟人口数量排名前10位的国家依次为印度尼西亚、印度、俄罗斯、美国、巴基斯坦、日本、巴西、菲律宾、埃及、墨西哥。2011—2015年，持续增长的国家有印度尼西亚、印度、巴基斯坦、菲律宾、埃及、墨西哥、巴西，除巴西外增幅均为10%左右。吸烟人口数量不断下降的国家有俄罗斯、美国、日本，2010—2015年分别累计下降15%、11.2%、20%。

其他国家和地区中，2011—2015年，吸烟人口数量出现较大幅度增长的国家：沙特阿拉伯增长18%，喀麦隆增长16%，伊朗增长14%，阿塞拜疆增长13%，尼日利亚增长12%，马来西亚增长12%，玻利维亚增长12%，阿尔及利亚增长11%，摩洛哥增长11%，肯尼亚增长11%，南非增长10%。吸烟人口数量出现较大幅度下降的国家：挪威下降25%，韩国下降24%，芬兰下降20%，乌拉圭下降20%，加拿大下降20%、哈萨克斯坦下降19%，希腊下降15%，立陶宛下降15%。

吸烟率变化情况。2015年，男性吸烟率在45%以上的国家有印度尼西亚、俄罗斯、埃及、突尼斯、格鲁吉亚、白俄罗斯、希腊、菲律宾、波黑、斯洛文尼亚。2011—2015年仍在增长的国家为印度尼西亚，其间累计上升3个百分点。出现大幅下降的国家有俄罗斯、希腊，其他均有小幅下降。

其他国家和地区中，2011—2015年，男性吸烟率提高的有：伊朗提高4%，爱沙尼亚提高3%，喀麦隆提高1%，马来西亚提高1%。女性吸烟率在25%以上的国家有希腊、波黑、马其顿、智利、塞尔维亚、罗马尼亚、奥地利、保加利亚、匈牙利，2011—2015年均呈小幅下降趋势。其他大部分国家和地区的女性吸烟率均呈下降趋势，女性吸烟率在10%以上仍有较大幅度提高的国家：阿塞拜疆提高21%，爱沙尼亚提高11%，沙特阿拉伯提高6%。

【卷烟与烟丝消费】 卷烟与烟丝是当前烟草业最主要的产品类型。尽管近年来新型烟草制品层出不穷，但卷烟的主体地位和支撑作用在未来相当长的时间内应当不会动摇。

2016年，全球卷烟销量6000万箱，同比下降2%，延续缓慢下降的势头。欧盟经济逐步复苏，烟丝销量减少，非法卷烟销量大幅下降，移民数量增加，卷烟销量降幅收窄。2016年，欧盟的烟丝销量换算为卷烟约283万箱，同比下降2.4%。毕马威会计事务所发布的报告显示，2015年，欧盟的非法卷烟消费量为103万箱，占总销量的10%，税收损失113亿欧元。非法流通卷烟占非法贸易的1/3。源自欧盟内部的非法贸易量同比下降20%。90%的非法卷烟自欧盟以外地区流入，白俄罗斯是最大的生产地。2016年，欧盟开始搭建新的跟踪与追溯系统以打击卷烟非法贸易，预计于2019年投入使用。

俄罗斯、巴西、阿根廷等国销量下降，主要受到卷烟加税提价的影响。印度政府要求包装警示面积扩大到85%以上从而引发烟草生产商抗议，卷烟销量出现下滑。韩国继2015年销量大幅下滑后出现恢复性增长。日本卷烟销量降幅扩大，主要受到新型减害制品的冲击。

表1 2016年分地域卷烟销量情况

地 域	销量（万箱）	同比（%）	地 域	销量（万箱）	同比（%）
欧盟	1002.0	-1.6	韩国	147.2	9.4
俄罗斯	561.4	-4.6	乌克兰	145.4	2.9
美国	516.0	-2.4	意大利	144.2	-2.4
印度尼西亚	631.2	0.5	越南	137.4	-6.9
日本	347.6	-4.6	巴西	116.8	-8.6
土耳其	211.0	2.2	巴基斯坦	116.5	-2.5
菲律宾	158.6	-12.2	伊朗	109.6	1.9
印度	165.5	-6.0	泰国	100.7	1.5
埃及	164.6	4.2	阿根廷	72.2	-11.6

注：美国销量来自雷诺美国公司2016年快报；印度、埃及、越南、巴西、巴基斯坦、伊朗、泰国销量来自欧睿信息咨询有限公司（Euromonitor International）；其他销量数据来自菲莫国际公司2016年快报。

烤烟型和混合型卷烟。混合型卷烟市场比烤烟型卷烟市场广阔，烤烟型卷烟主要在英美烟草公司（British American Tobacco P. L. C.，简称英美烟草）占有率较高的市场。2015年，在中国以外的国际卷烟市场上，混合型卷烟销量约占总销量的75%，烤烟型卷烟销量占总销量的15%。2015年烤烟型卷烟销量占比超过50%的国家主要有印度、加拿大、肯尼亚、英国、爱尔兰、巴基斯坦、新西兰、澳大利亚、南非、喀麦隆、马来西亚、越南、保加利亚；占比超过20%的国家主要有阿尔及利亚、沙特阿拉伯、巴西、丹麦。混合型占有率总体呈不断提高态势，烤烟型占有率在部分市场明显提高。

混合型卷烟占有率的提高，是伴随在有的国家和地区烤烟型卷烟的降低，但在更多国家和地区则是其他类型卷烟的降低。尽管混合型卷烟销量占比在不断提高，但烤烟型卷烟销量在其占有率较高的地区基本保持稳定，同时有的国家和地区烤烟型卷烟销量占比明显提高。2001—2015年，智利的混合型卷烟销量占比由93%下降至82%，烤烟型卷烟销量占比由7%增长至18%；韩国的混合型卷烟销量占比由93%下降至79%，烤烟型卷烟销量占比由4%增长至17%；保加利亚的混合型卷烟销量占比由50%下降至39%，烤烟型卷烟销量占比由41%增长至60%；马来西亚

① 除特别说明外，本文中的有关表述和数据均不包含中国。

的烤烟型卷烟销量占比由54%增长至61%。

低焦油卷烟。低焦油卷烟是世界烟草业在烟草制品减害方面做出的较早尝试，但一直不为监管部门所认可。在卷烟年销量超过2万箱的国家和地区中，半数以上设定单支卷烟焦油上限，一般是不超过10毫克/支，并且大多数国家和地区同时禁止使用“低焦油”“柔和”等带有“减害”导向的用语。

从销量来看，2016年，焦油量低于6毫克/支的卷烟销量1200万箱，主要集中在日本、韩国、俄罗斯、中东、美国等。其销量波动主要受到本国卷烟销量波动的影响，2011—2015年，多数国家和地区呈下降趋势，少数国家和地区有所增长。超低焦油卷烟（低于4毫克/支）主要消费国依次为日本、韩国、俄罗斯、乌克兰等，其销量的爆发式增长约始于10年前，近年来增速逐步放缓甚至出现负增长。

从销量占比来看，据欧睿信息咨询有限公司统计，低焦油卷烟销量占比超过20%的国家和地区共有33个，占统计国家和地区总数的40%；超低焦油卷烟销量占比超过10%的国家和地区共有18个，占统计国家和地区总数的20%。从低焦油及超低焦油卷烟加总来看，韩国销量占比高达90%以上，日本则接近70%。

销售焦油量超过10毫克/支卷烟的大多为发展中国家，受到总销量下降的影响，高焦油卷烟销量呈现下降趋势，除菲律宾、越南等国销量波动较大外，销量仍有增长的国家有泰国、印度尼西亚、伊朗、乌拉圭等，但增速都在下降，仅埃及、摩洛哥等个别国家仍呈现加速增长。在销售高焦油卷烟的国家中，半数以上国家的高焦油卷烟销量占比在50%以上，占比超过90%的国家依次为印度尼西亚、印度、越南、菲律宾、喀麦隆、乌拉圭、埃及。高焦油卷烟占比较高的国家，其占比基本保持稳定，而占比较低的国家则大多出现了进一步的下降，这与消费者习惯、焦油上限政策、跨国烟草公司进入有密切关系。高焦油卷烟占比提高的国家主要有泰国、巴基斯坦、美国、喀麦隆、菲律宾等，增量多来自低焦油占比的下降，中焦油占比相对稳定。超过60%的国家以6~10毫克/支中焦油卷烟为主体。各国的中焦油卷烟占比基本保持稳定，占比显著提高则多是由于焦油设限导致的高焦油向中焦油转移。焦油上限政策可能使中焦油占比不断提高，但在不设焦油限制的国家也出现中焦油向高、低焦油分化的情况。主要烟草消费国卷烟焦油量情况见下表。

表2　主要烟草消费国分焦油量卷烟销量占比情况　（单位:%）

国　家	高焦油		中焦油		低焦油		超低焦油	
	2010年	2016年	2010年	2016年	2010年	2016年	2010年	2016年
俄罗斯	15.6	—	53.3	66.2	26.1	28.1	5.0	5.7
美国	68.3	69.4	19.8	19.8	11.4	10.4	0.5	0.4
印度尼西亚	97.2	97.3	2.5	2.5	—	—	0.3	0.3
日本	15.8	15.3	25.1	23.2	37.0	39.2	22.1	22.3
土耳其	—	—	96.8	92.7	2.7	5.0	0.5	2.2
菲律宾	90.2	91.4	9.8	8.6	—	—	—	—
印度	98.0	96.3	1.7	3.2	0.3	0.5	—	—
埃及	89.9	90.3	8.0	7.7	1.9	1.9	0.2	0.1
韩国	—	—	8.3	6.6	44.3	43.8	47.4	49.7
乌克兰	21.4	16.7	41.8	40.8	28.1	31.6	8.8	11.0
意大利	—	—	65.8	68.9	22.5	19.6	11.7	11.4
越南	98.1	95.6	1.6	2.3	0.2	2.0	—	—
巴西	—	—	64.3	64.0	31.8	32.0	3.8	4.0

注：1. 数据来自欧睿信息咨询有限公司（Euromonitor International）；

2. 高焦油卷烟是指焦油量超过10毫克/支，中焦油卷烟是指焦油量为6~10毫克/支，低焦油卷烟是指焦油量低于6毫克/支，超低焦油卷烟是指焦油量低于4毫克/支。

细支卷烟。据欧睿信息咨询有限公司对全球80个主要卷烟消费国的调查，2015年细支卷烟销量（不含中国）280万箱，占全球卷烟总销量的5%，销量较2009年增加50万箱，年均增速4%，占有率较2009年提高1.5个百分点。

分地区来看，细支卷烟占有率较高的地区：独联体地区15.5%，中东地区7%，欧洲地区4.5%，亚洲地区4.5%，北美地区0.2%，销量分别为110万箱、14.5万箱、65万箱、86万箱、1万箱。

从重点国家来看，细支卷烟市场占有率较高的国家依次为韩国、俄罗斯、日本。2014 年，韩国细支卷烟占有率为35%，较2009 年提高 6.4 个百分点，但 2015 年大幅提税后下降到30%左右。2015 年，俄罗斯细支卷烟占有率15%，较2009 年提高5 个百分点。日本细支卷烟占有率5%，较2009 年基本持平。

跨国烟草公司都生产细支卷烟，部分以独立的细支卷烟品牌出现，部分是作为品牌下属的细支规格。国际上销量最大的细支卷烟品牌是韩国烟草公司的“爱喜（ESSE）”。该品牌于1996 年上市，2015 年总销量为 51.3 万箱，其中在韩国销售 35.2 万箱，市场占有率为 25.3%；在伊朗销售 9 万箱，市场占有率为8.5%；在俄罗斯销售4 万箱，市场占有率为0.7%。此外，菲莫国际公司（Philip Morris International Inc.，简称菲莫国际）和奥驰亚集团（Altria Group，Inc.）拥有细支卷烟品牌“Virginia Slims”，日本烟草公司（Japan Tobacco Inc.，简称日本烟草）拥有细支卷烟品牌“Glamour”，英美烟草的“登喜路（Dunhill）”“波迈（Pall Mall）”和帝国品牌公司（Imperial Brands P. L. C.，简称帝国品牌）的“大卫杜夫（Davidoff）”等品牌均推出细支规格。

爆珠卷烟。尽管爆珠烟面临越来越大的口味禁令风险，但该品类在消费者的青睐下仍快速发展。2015 年，全球爆珠卷烟销量为126 万箱，是 2011 年的 4 倍，市场占有率为2.1%，按照卷烟均价估算销售额 85 亿美元，而考虑到爆珠卷烟均价较高则销售额可能在 150 亿美元以上。爆珠卷烟的主要消费地区包括日本、韩国、英国以及南美洲的部分烟草大国，而在俄罗斯、印度尼西亚等传统烟草大国占比不高。2016 年，阿根廷卷烟价格提高导致总量大幅减少，而爆珠卷烟占比提高 1 个百分点至 17.4%，在价格方面也表现出较强的抗压能力。

【雪茄】 2016 年，全球雪茄销量（含中国）220 亿支，其中在美国销售 120 亿支左右，占全球销量的 55%，其次是西班牙、德国、法国、荷兰、意大利、英国、比利时、俄罗斯等，分别占全球销量的 10.5%、8.7%、5.9%、3.0%、2.1%、1.7%、1.6%、1.0%。雪茄销量增长最快的国家依次为喀麦隆、罗马尼亚、波黑、土耳其、格鲁吉亚、印度、尼日利亚、印度尼西亚、哥斯达黎加、马来西亚等，增速依次为 22.9%、13.6%、13.5%、8.2%、7.6%、5.9%、5.6%、5.5%、5.3%、4.1%。

2016 年，全球雪茄销售额（含中国）240 亿美元（由于汇率波动，数据可能有较大变化），其中在美国的销售额 77.5 亿美元，占全球销售额的 32.3%，其次是德国、西班牙、法国、加拿大、哈萨克斯坦等，分别占全球销售额的 3.8%、2.6%、2.6%、2.1%、1.9%。雪茄销售额增长超过 10%的国家依次为乌拉圭、喀麦隆、乌克兰、阿根廷、伊朗、哈萨克斯坦、沙特阿拉伯、土耳其、波黑、埃及、格鲁吉亚、尼日利亚、巴基斯坦、印度尼西亚、印度、马其顿、哥斯达黎加、阿联酋、俄罗斯等，增长率最高的达到 36.6%。

全球规模超过 10 亿支的雪茄供应商主要有帝国品牌、斯威舍国际集团（Swisher International，Inc.，简称斯威舍集团）、奥驰亚集团、斯堪的纳维亚烟草集团（Scandinavian Tobacco Group）、瑞典火柴公司（Swedish Match AB）、博格集团（The Burger Group），其中帝国品牌业务范围较广，斯威舍集团和奥驰亚集团的业务重点在美国，其他主要集中在西欧。2015 年，斯威舍集团、帝国品牌、奥驰亚集团、瑞典火柴公司、斯堪的纳维亚烟草集团在美国分别占有 31.7%、24.2%、10.6%、9.0%、6.3%市场份额。各大公司纷纷开拓发展中市场，在几个增速较高的地区拥有较高的市场占有率。2015 年，斯威舍集团、斯堪的纳维亚烟草集团在乌拉圭分别占有 32.5%、31.6%市场份额，斯堪的纳维亚烟草集团在乌克兰占有 39.8%，斯威舍集团、帝国品牌在伊朗分别占有 20.5%、15.1%的市场份额。

【无烟气烟草制品】 2016 年，全球无烟气烟草制品销量 13 万吨，其中在美国销售 6.2 万吨，占全球总销量的 51.7%；在印度销售 5 万吨，占全球总销量的 38.5%，其他销量超过 1 万吨的国家依次为阿尔及利亚、瑞典、委内瑞拉、挪威。无烟气烟草制品在大多数地区出现销量下降，有增长的地区增速为1% ~3%。

无烟气烟草制品全球销售额为 120 亿美元（由于汇率波动，可能有较大变化），其中美国销售额 87 亿美元，占全球销售额的 72.5%；瑞典销售额 12 亿美元，占全球销售额的 10%。销售额增速较高的国家中，尼日利亚增速达到 10%以上，挪威、阿尔及利亚、美国、墨西哥等均在 5%以上。

各大烟草公司普遍经营无烟气烟草制品。2015 年，奥驰亚集团、雷诺美国公司（Reynolds American Inc.，简称雷诺美国）、瑞典火柴公司在美国的市场占有率分别为 45.7%、32.7%、11.3%。印度市场主要由当地企业的产品供应，欧洲地区市场主要由瑞典火柴公司、帝国品牌生产的产品供应。随着烟草控制的日益严格，无烟气烟草制品这一品类呈现逐步萎缩趋势，但盛行于挪威、瑞典等地的新型口含烟以减害为口号，人口使用率高，可能有一定的发展空间。

三、新型减害制品发展概况

尽管监管部门对烟草制品减害的科学性持不同态度，但减害已经成为世界烟草业确立的发展方向。2016 年，新型减害制品发展势头强劲，其中电子烟持续增长但增速放缓，加热不燃烧烟草制品市场表现远超预期，提振烟草业可持续发展的信心。

【电子烟】 从消费市场来看。2015年，全球电子烟销售额超过80亿美元，2016年销售额123亿美元。电子烟市场主要集中在美国、英国、意大利、法国、德国等，销量占全球总销量70%以上。

电子烟销售额增速于2013年达到高点（70%以上）后逐步回落，但目前仍保持两位数以上增速。全球主要市场相继出台电子烟监管措施，对市场产生强烈的负面影响，如美国食品与药品监督管理局于2016年出台电子烟监管政策后，电子烟销量出现下降，但销售额仍保持增长；欧盟新《烟草制品管制指令》出台后，法国、波兰等多个电子烟主要消费国的使用率都有所下降。消费者对电子烟的态度也出现变化。英国多家机构的调查显示，认为电子烟有害的消费者比例在上升。其中一项调查显示，2016年有15%的消费者认为电子烟较卷烟健康危害小，显著低于2013年的21%；有25%的消费者认为电子烟危害性不低于卷烟，显著高于2013年的7%。同时烟草公司仍力图证明电子烟的减害性能，如英国某学术期刊发表的研究声称英美烟草的电子烟品牌"Vype"较普通卷烟的有害物质减少95%以上。总体来看，电子烟仍具备广阔的发展前景，除了自身具有多样化等优势之外，卷烟价格的不断提高、健康意识以及戒烟意图的增强、卷烟控制的日益严格都为电子烟的发展创造条件。

从产品供给来看，美国市场上占有率较大的品牌依次为雷诺美国的"Vuse"、帝国品牌的"Blu"、奥驰亚集团的"Markten"、日本烟草的"Logic"。在欧洲地区，英美烟草的电子烟产品拥有近40%的市场份额，其中，波兰50%、英国35%、德国7%、法国4%、意大利2%，主要产品是"Vype"和收购品牌"Ten Motives"。菲莫国际除与奥驰亚集团共同经营的电子烟品牌外，还通过收购英国的电子烟公司Nicocigs Limited拓展英国电子烟业务，在各细分品类电子烟均有较高的占有率。帝国品牌通过收购雷诺美国剥离资产而获得的电子烟品牌"Blu"，在英国占有率排在前两位，同时以法国、意大利为重点市场。日本烟草的"Logic"品牌，2016年在英国的市场占有率为12.3%。此外，欧洲地区电子烟专业公司相对较多，也分享一部分市场。电子烟产品更新换代速度较快，封闭式是生产商更为青睐的产品类型。总体来看，品牌可持续发展一般依赖于产品性能的稳定以及口味。

表3　2015年主要国家电子烟销售额

（单位：亿美元）

国　家	销售额	国　家	销售额
美国	34.5	德国	3.4
英国	10.2	俄罗斯	2.4
意大利	5.5	波兰	2.2
马来西亚	5.0	韩国	1.1
法国	3.7	荷兰	1.0

数据来源：欧睿信息咨询有限公司（Euromonitor International）。

表4　2015年电子烟销售额增速前10名国家

（单位：%）

国　家	销售额增速	国　家	销售额增速
波黑	165.0	哥斯达黎加	88.9
拉脱维亚	102.6	乌克兰	78.6
英国	93.4	瑞士	77.6
马来西亚	90.0	埃及	65.4
德国	89.3	美国	57.0

数据来源：欧睿信息咨询有限公司（Euromonitor International）。

【加热不燃烧烟草制品】 加热不燃烧烟草制品产品的种类较少，市场刚刚起步，但发展势头强劲，已被广泛视为烟草业可持续发展的希望和方向。大量证据表明，烟草有害物质主要来自燃烧。以不燃烧烟草并实现吸烟满足感为目标，各跨国烟草公司沿着不同的思路，纷纷研制推出加热不燃烧烟草制品，菲莫国际、日本烟草、英美烟草都已经建立产品组合，明确将发展重心向新型减害制品转移。

菲莫国际旗下的"IQOS"是销售范围最广的加热不燃烧烟草制品。通过直接加热经过特殊处理的烟叶，使之不需要燃烧就可以释放气雾以供吸入。菲莫国际的研究显示，"IQOS"气雾较烟气减害90%以上，却能够提供基本等同于卷烟的尼古丁水平，且使用"IQOS"一段时间后的几项重要生理指标接近于戒烟，罹患吸烟有关疾病的概率大大降低。菲莫国际于2016年底向美国食品与药品监督管理局递交"IQOS"减害产品申报，如被认可作为减害产品在美国上市，将对整个世界烟草业产生重大影响。市场调查显示，经过几周的适应期之后，"IQOS"的口味容易被消费者接受，在日本、欧洲等在售地区都实现较高的接受率。2016年9月，菲莫国际在意大利的"IQOS"生产厂启动运行，这是首个大规模生产工厂，年产能60万箱，投资5亿欧元，员工总数600人。截至2016年底，"IQOS"的表现远超预期，多地现缺货状态，导致市场推广速度一再放缓。2016年，菲莫国际的减害产品总销量为14.8万箱，较2015年的0.8万箱大幅增加。实现含税销售收入7.39亿美元，其中消费税0.06亿美元，其中90%来自日本市场。

日本烟草的"Ploom Tech"也是较早推出的加热不燃烧产品之一。"Ploom"于2011年被日本烟草收购，产品经改良后成为"Ploom Tech"，通过加热含尼古丁的液体产生气雾，气雾经过含烟草的胶囊以供吸入。“Ploom Tech”于2016年3月在日本上市。

英美烟草的“iFuse”与“Ploom Tech”较为相似，也是通过加热尼古丁液体产生蒸气，经过烟草后供吸入，于2015年罗马尼亚上市。英美烟草最新推出的加热不燃烧烟草制品“Glo”于2016年12月在日本仙台上市，零售连锁店销量占有率在10周内提高到5.4%。

提高满足感是新型减害制品的立足之本。加热不燃烧烟草制品起步晚于电子烟，但发展前景优于电子烟，主要原因在于其满足感显著高于电子烟，但相对卷烟而言，口味仍然柔和清淡，初期坚持使用对成功转换有重要影响。因此，售后服务、保证供货是产品推广的关键，这就对销售渠道提出较高的要求，也是目前市场扩张的制约因素之一。大多数新产品上市首选日本、意大利等地，这些地区消费者健康意识强、接触新产品早，具备良好的市场基础。同时，日本、意大利等地的低焦油、超低焦油卷烟占比高，欧盟地区已经长期实行焦油量上限管理，消费者对清淡口味适应能力较强，也为口味转换创造良好的条件。此外，便携性也是新型减害制品的改进方向。

四、烟叶市场概况

2016年，全球烟叶市场供过于求的状况有较明显改善，南美洲和非洲烟叶产量均大幅下降10%以上，价格下跌态势缓解，尤其是巴西烟叶价格出现明显上扬。但随之而来的就是种烟积极性的提高，种植面积扩大，预计2017年烟叶产量将有显著增加。

表5　2013—2017年全球烟叶产量　（单位：百万千克）

烤　烟	2013年	2014年	2015年	2016年	2017年*
中北美洲及加勒比地区（含美国）	227	271	226	218	212
南美（含巴西）	701	713	665	540	706
欧洲及独联体	126	135	130	130	127
非洲及中东	366	461	416	360	354
亚洲及太平洋地区（不含中国）	607	648	586	511	515
总计	2027	2228	2023	1759	1914
白肋烟	**2013年**	**2014年**	**2015年**	**2016年**	**2017年***
中北美洲及加勒比地区（含美国）	109	122	89	79	92
南美（含巴西）	142	156	125	94	119
欧洲及独联体	45	46	38	34	34
非洲及中东	244	273	272	284	220
亚洲及太平洋地区（不含中国）	107	132	112	87	89
总计	647	728	636	578	553

注：环球公司2017年2月4日发布；由于各地烟叶种植季节不同，*表示预测值。

世界烟叶种植分布广泛，主要的烟叶种植国有巴西、津巴布韦、美国等。大部分烟叶由烟草公司和烟叶公司直接采购，其他烟叶通过拍卖场交易。

据津巴布韦烟草业营销委员会（The Tobacco Industry and Marketing Board）的统计数据，2016年烟叶拍卖季销售烟叶19.65万吨，同比增长3.5%；成交总额5.79亿美元，同比增长4.1%；烟叶拍卖成交均价2.94美元/千克，同比增加0.01美元。

美国原烟产量同比预计下降10%左右，收购价格较2015年整体保持稳定。巴西烟叶受气候条件影响有较大幅度减产，惜售情绪浓厚，价格上扬明显，烟叶把内纯度、包内纯度下降，混级、混部位、包内夹杂的现象较为普遍，总体收购质量下滑明显。据巴西烟草农业协会预测，2016年、2017年烟叶季巴西南部烟叶种植面积同比增长10%，达到28.37万公顷，如果气候条件正常，下一烟季烟叶总产量将达到71.6万吨（包括烤烟、白肋烟及高棚晾烟）。

跨国烟叶公司经营压力加大。联一国际公司（英文简称AOL）销量有所恢复，销售均价、销售收入持续下降。自2014年销量大幅下滑10.9%之后，2015年、2016年销量有所回升，但销售均价持续下滑。2015年销量同比增长1.1%，销售收入同比减少7.9%。2016年财政年度，销售烟叶3.82亿千克，同比增长1.1%；销售均价4.78美元/千克，同比下降7.2%，降幅扩大3.6个百分点。实现销售收入18.28亿美元，同比下降6.2%，主要受到产品种类结构变化、美元走强、气候导致的作物变化等因素影响。

环球烟叶公司销售收入下降趋势有所扭转。2016年财政年度，实现销售收入21.2亿美元，同比下降6.6%。利润总额1.73亿美元，同比增长8.9%。

五、烟草公司概况

2016 年，各大跨国烟草公司几乎无一例外地将战略重点转移到新型减害制品领域，在传统烟草制品领域的经营业绩有所分化，卷烟价格竞争日益激烈、结构提升压力加大，并购重组、品牌整合、降本增效仍是重点策略。

（一）战略重点转移

菲莫国际宣称向新型无烟减害制品转型。2016 年，菲莫国际对网站进行全新改版，置顶标题为“设计一个无烟未来（Designing a Smoke - Free Future）”，对战略目标和核心做出全新的阐释：将经营目标确定为规划设计一个无烟的未来，战略重点包括研发、制售、推广无烟替代品，将公司资源由卷烟向无烟产品转移，推动监管政策支持无烟替代品，推动全价值链可持续发展，吸引全球顶尖人才，加强交流和透明度，提高投资回报率。2008 年以来，菲莫国际累计投资超过 30 亿美元用于新型烟草制品研发，建立一支由 400 余名科学家、工程师和技术人员组成的高水平研发团队。2016 年，4 个系列的新型制品正在同步研发，其中“IQOS”率先上市并取得超预期的经营业绩，直接推动了菲莫国际的战略转移。

英美烟草确立“下一代产品（Next Generation Products）”战略。2012—2016 年，英美烟草累计投入超过 10 亿美元，全面打造新型产品品牌组合，主要包括：加热不燃烧烟草产品“Glo”，为最接近卷烟的新型烟草制品，较卷烟减害 90% 以上，2016 年在日本上市；混合型烟草产品“iFuse”，为烟草和烟油的混合制品，通过加热含尼古丁的烟油产生蒸气后经过烟草供使用者吸入，2015 年在罗马尼亚上市；封闭式电子烟“Vype”为英美烟草电子烟主打品牌，2016 年成为美国市场以外占有率最高的品牌；开放式电子烟系列，即可添加烟油重复使用的电子烟产品。此外，尼古丁产品“Voke”是第一个由烟草公司获批作为药品销售的新型产品。

日本烟草为新型烟草制品和传统烟草制品分别确立发展战略。在新型烟草制品领域，加快国内外投资，并新建国际化的电子烟生产基地。在传统烟草制品领域，加快“种子市场”培育，通过并购重组抢占市场，实行品牌整合。公司对烟草业务组织架构进行调整，增设“全球战略委员会”，专门研究中长期战略，更加突出战略规划的地位。

雷诺美国转型战略的三大核心之一为烟草制品减害，通过创新产品大幅降低使用烟草的健康危害。2016 年，公司成立产品创新分公司，专注于下一代蒸气和尼古丁产品，近 5 年来新型烟草制品研发投入超过 4 亿美元，2016 年研发投入占不含税销售收入的 1%。雷诺美国是几大烟草公司中最早且数次推出加热不燃烧烟草制品的，一直坚持新型烟草制品研发，其主打电子烟品牌“Vuse”上市仅 2 年就成为美国市场上占有率最高的品牌。

（二）市场格局变动

2016 年，英美烟草经营业绩尤为突出，具体表现为：卷烟销量增长 0.2% 达到 1330 万箱；电子烟发展迅速，在美国以外市场规模最大；与雷诺美国达成全面收购协议，在持有雷诺美国公司 42.2% 股份的基础上，拟以现金加股权方式收购雷诺美国公司剩余 57.8% 的股份；销售收入增长 12.6%，其中结构提升对收入的贡献在 6% 以上，其他得益于汇率波动。卷烟销量于 2016 年一季度开始强劲增长，而后逐步回落至全年增长 0.2%。公司卷烟销量增长的主要国家有孟加拉国（61.8/ +2.6）①、乌克兰（25.8/ +4.3）、俄罗斯（22.5/ + 1.4）、越南（30.5/ - 0.1）、土耳其（21.7/ + 1.0）、墨西哥（36.4/ + 0.2）、波兰（28.3/ + 1.2）、印尼（6.9/ +0.2），销量增长主要源自市场占有率的提高。销量下降的主要国家有巴基斯坦（70.6/ +1.8）、巴西（76.2/ -1.8）、委内瑞拉、马来西亚（57.1/ +3.8），销量下降主要因为市场规模收缩。创新型卷烟（如细支烟、爆珠烟等）销量增长 12%，占总销量的 29%。

日本烟草卷烟销量逆势增长 0.4% 达到 1009.8 万箱。主要因其在欧洲卷烟销量同比增长 2.8%，市场占有率提高 0.9 个百分点，重点品牌销量同比增长 6.9%，市场占有率提高 1.2 个百分点，在瑞士、意大利、法国、西班牙等市场总量进一步收缩的国家分别实现 10.3%、7.6%、2.4%、2.2% 的销量正增长。在哈萨克斯坦、加拿大、罗马尼亚、中国台湾、土耳其的销量分别增长 8.2%、3.0%、2.7%、1.3%、1.1%。

菲莫国际卷烟销量同比下降 4.1% 达到 1625.8 万箱。销量下降地区主要有意大利（-2.8/ -2.4）②、德国（-2.8/ -2.4）、俄罗斯（-5.7/ -4.6）、印尼（-3.9/ -1.4）、菲律宾（-14.5/ -12.0）、阿根廷（-13.8/ -11.6）、北非（-10.7/0.4）、希腊、泰国、巴基斯坦等，销量增长地区主要有波兰（4.3/0.5）、西班牙（6.0/ - 0.1）、乌克兰（14.7/2.9）、韩国（9.1/9.4）、墨西哥（7.9/6.7）等。在几个体量较大的市场，菲莫国际卷烟销量下降幅度大于市场规模收缩幅度。从品牌来看，重点品牌销量基本稳定，总销量下降的几乎全部为非重点品牌，主要是在巴基斯坦、俄罗斯、菲律宾、乌克兰的地方性低档烟品牌。

帝国品牌的业绩主要依靠美国市场支撑。卷烟销量同比下降 3%，而美国市场卷烟销量同比增长 4.2%，销售收入同比增长 14.7%，美国市场贡献率为 9.7%，其他基本得益于汇率波动。

韩国烟草公司进一步拓展国际市场。2016 年，实现卷烟销量 186.8 万箱，其中韩国境外卷烟销量 98.8 万箱，同比增长 7.9%；韩国国内卷烟销量 88 万箱，同比增长 11.4%。不含税销售收入 23.5 亿美元，同比增长 10.3%。利润 11.5 亿美元，同比增长 5.5%。

---

① 市场占有率（%）/同比增减百分点（%）；

② 卷烟销量同比降幅（%）/市场规模同比降幅（%）。

表 6　2016 年主要烟草公司的区域市场占有率情况

（单位：%）

地域 \ 公司	菲莫国际	英美烟草	日本烟草	帝国品牌	区域烟草公司
世界	27	20	16	8	—
俄罗斯	27.2（+1.2）	21.3（+0.3）	32.8（-1.0）	7.8（+0.8）	—
土耳其	44.3（+0.5）	21.5（+2.0）	29.4（-0.9）	2.5（-1.5）	—
印度尼西亚	33.4（-0.9）	9.3（+1.5）	—	—	印尼盐仓集团：28.8 嘉润公司：12.4
日本	24.9（-0.4）	10.0（-）	61.1（+1.2）	—	—
韩国	21.0（+0.2）	14.1（+2.7）	7.0（+0.7）	0.3（-）	韩国烟草公司：59
菲律宾	71.3（-2.1）	1.2（+0.5）	3.1（-）	—	麦蒂：20
印度	3.3（+0.3）	0.3（-）	2.0（+0.3）	—	印度烟草公司：77
美国	—	—	0.4（-）	9.2（-）	雷诺美国：34.4 奥驰亚集团：51.4
埃及	19.4（+1.0）	10.7（-1.3）	—	3.3（-）	埃及东方烟草公司：56.2
德国	38.3（+0.2）	19.7（-）	5.9（-）	26.9（+0.5）	—

注：数据来源于各公司报告和欧睿信息咨询有限公司（Euromonitor International）。括号内为较上年变化百分点。

（三）卷烟价格竞争激烈

在卷烟销量逐年下滑的情况下，各大跨国烟草公司的业绩增长主要依靠结构提升，而全球经济低迷、最低零售价逐步提高，价格提升的压力增大、速度放缓，高端卷烟价格下压，中低端产品竞争激烈，整体价差日益收窄。从各国市场零售价格区间情况来看，2014—2015 年，俄罗斯卷烟最高零售价与最低零售价之比由 3.64 缩小到 2.20，美国由 1.98 缩小到 1.47，印度尼西亚由 1.83 缩小到 1.80，韩国由 1.85 缩小到 1.25，埃及由 2.75 缩小到 2.53，法国由 1.12 缩小到 1.09，还有国家最低零售价降低从而导致价格区间变大，如德国。

从各档位卷烟销量占比来看，2016 年，俄罗斯中高档卷烟市场占有率继续下降，只有经济型卷烟市场占有率提高 1.8 个百分点，达到 37.7%。美国市场上，高档卷烟销量占比为 72.6%，较 2015 年提高 0.6 个百分点。美国市场于 2008、2009 年出现结构下降之后，2010—2015 年，高档卷烟占比由 70% 缓慢回升至 72%。

表 7　2008 年、2015 年四大跨国烟草企业在东欧四国的品牌组合变化情况

公 司	档 位	2008 年品牌组合	2015 年品牌组合
菲莫国际	高端	Marlboro	-
	中端	L&M/Sparta/Bond street/Next	L&M
	主流	RGD/Philip Morris	RGD/Philip Morris/Chesterfield
英美烟草	高端	Vogue/Lucky Strike	Lucky Strike
	中端	Viceroy	Viceroy
	主流	Pall Mall/Rothman/Nevada	Pall Mall/Rothman
日本烟草	高端	Camel	-
	中端	Winston	Camel
	主流	L&D/Benson&Hedge	Winston/L&D/Benson&Hedge
帝国品牌	高端	Davidoff	Davidoff
	中端	Golden Gate/West/P&S	-
	主流	Route 66/Moon/Paramount	West/P&S

资料来源：中国烟草国际有限公司。

各大跨国烟草公司实施价格竞争的主要策略是调整品牌布局，扩大中端供给，东欧四国的品牌布局在 2008—2015 年间的变动较为明显地反映这一趋势（见表 7）。菲莫国际的品牌发展思路清晰，已形成“1+1+3”的格局，即 1 款高档“万宝路（Marlboro）”+1 款中档“蓝星（L&M）”+3 款低档品牌，中、低端品牌更为集中，低端

品牌相对增加。英美烟草的高端、低端品牌均更为集中，中端品牌比较稳定。日本烟草则表现出更为明显的结构下移，为“1+3”的格局，即1款中档“骆驼（Camel）”+3款低档品牌。帝国品牌的高档品牌比较稳定，但中档品牌下移到低档品牌，也表现出明显的结构下移。

（四）品牌及资源整合

【持续推进品牌整合】 在严峻的控烟环境下，为了取得增长，品牌的关键性作用越来越凸显出来。烟草巨头在形成较为稳固的寡头垄断势力之后，不断进行品牌整合，这一方面扩大核心品牌的影响力，另一方面也可以不断整合那些通过并购获得的地方性品牌，同时也越来越多地体现节约资源和成本的需要。近年来，世界烟草市场的品牌集中度不断提高。

2010—2015年，卷烟品牌销量前10名市场占有率从32.4%提高到35.3%，前20名市场占有率从43.3%提高到47.3%，其中除日本烟草公司的“七星（Mevius）”略有下降外，其他品牌均保持着上升趋势。帝国烟草公司在实施5年的品牌整合策略后，直接将名称改为帝国品牌公司。品牌整合策略的具体表现为卷烟市场上品牌数量减少，但同一品牌下的规格越来越多，覆盖的价格区间越来越广，对公司效益增长的拉动作用越来越明显。

2016年，英美烟草销量的显著增长，主要依靠重点品牌带动。2016年，英美烟草总销量1330万箱，同比增长0.2%，其中全球重点品牌销量652万箱，同比增长7.5%，占总销量比重49%，在主要市场的综合占有率提高100个基点。不过，品牌整合也是“危险动作”，菲莫国际2016年在欧盟地区销量下降，除了当地市场总量收缩外，地方性品牌向国际大品牌整合也是主要原因。英美烟草卷烟品牌“乐富门（Rothmans）”2016年销量大幅增长13.6%，主要得益于品牌“Vogue”的整合加入，但“Vogue”本身则出现大幅下降。

【优化资源配置以实现降本增效】 2016年，各大烟草公司继续收缩产能、调整布局。帝国品牌已经连续多年实施成本优化策略：2016年，公司正式关闭诺丁汉工厂，原产能72万箱，实际产量34万箱，并计划进一步关闭法国工程和研发中心，以应对欧盟新管制指令的影响；关闭俄罗斯两家工厂中的一家；关闭西班牙工厂。在系列成本优化测量后，预计自2018年9月起将每年节约成本3亿英镑。

英美烟草关闭马来西亚工厂，计划于2017年完成，主要原因是马来西亚过去5年来税率提高110%，非法贸易大量增加。英美烟草关闭巴西的一家卷烟厂，由于卷烟税收不断增加、价格持续上涨、走私愈演愈烈，走私卷烟已经占市场总量的35%～40%，致使英美烟草在巴西的卷烟销售持续下滑，出于降低成本的需要而不得不关闭2家工厂中的1家。

由于韩国烟草公司新津滩工厂投产带来较大的竞争压力，日本烟草公司关闭韩国工厂，改为由其菲律宾工厂进口供应，尽管进口需缴纳40%关税，但仍能够实现成本节约。日本烟草公司计划于2017年关闭俄罗斯、英国工厂，改为在中国台湾设厂。

奥驰亚集团宣布整合现有产能，预计于2018年底完成，届时每年将节约成本5000万美元。

（五）并购重组

【美国市场接连出现大规模并购】 继2015年雷诺美国公司成功并购罗瑞拉德后，英美烟草提出全面收购雷诺美国公司。2016年10月20日，英美烟草首次致函雷诺美国公司董事会提出全面收购。英美烟草在已持有雷诺美国公司42.2%的股份的基础上，拟以现金加股权方式收购雷诺美国公司剩余57.8%的股份，收购金额470亿美元，较基准价格溢价20%，对雷诺美国公司的估值达930亿美元，该方案遭到雷诺拒绝。美国市场连续发生大规模并购，表明国际烟草公司仍看好美国市场。尽管卷烟销量持续下滑、FDA管制日益严格，同时征收巨额补偿，但美国市场仍然总量大、利润高。

2015年，帝国品牌收购雷诺美国公司的子公司——R. J. 雷诺烟草公司剥离资产之后业绩实现大幅增长，新品牌2016年贡献卷烟销量24.2万箱，拉动整体销量增加4.2个百分点，贡献销售收入72亿英镑，拉动整体销售收入增加9.7个百分点。此并购起到重要的示范作用，为投资者实施大规模并购、获得监管部门批准提振信心。此外，英美烟草非常重视雷诺美国公司在新型烟草制品领域的产品和研发能力，并购完成后将大大加强公司在新型烟草制品领域的竞争力。该并购预计于2017年三季度完成，仍需通过美国和日本的反垄断调查，并在美国和英国证券市场完成相关手续。

【新兴市场争夺激烈】 2016年，英美烟草购进波斯尼亚国有烟草公司39.9%股份，金额约2440万美元；与马里国有企业签约，进军西非市场；占有肯尼亚70%市场，加强在非洲的市场影响力；在越南投资设厂。

日本烟草在与菲莫国际、英美烟草竞争收购埃塞俄比亚国有烟草公司中取得胜利，成功收购埃塞俄比亚烟草公司40%股份，成为相对控股公司，收购金额5.1亿美元，日本烟草借此在埃塞俄比亚市场实现从无到有的转变。埃塞俄比亚烟草公司是当地唯一合法生产、经营烟草制品的公司，被收购之前政府占71%股份、也门投资集团占29%股份，埃塞俄比亚的经济目前正以两位数增速发展。日本烟草收购一家巴西卷烟经销商，巴西市场以英美烟草为主，日本烟草的产品主要通过进口进入巴西市场。日本烟草还收购了多米尼加雪茄公司 50% 股权，并在赞比亚投资建厂。此外，日本烟草和菲莫国际试图进一步深入印度市场，尽管政府新出台外国直接投资的限制政策，以及征收高额的卷烟税收，其市场规模仍具有相当的吸引力。

附： 主要区域烟草公司经营业绩

印度尼西亚盐仓集团（PT. Gudang Garam Tbk.）。成立于 1958 年的家族企业，印度尼西亚最大的本地烟草制造商，正逐步由手卷烟向机制烟转型。2016 年，国内烟草制品销量 145.98 万箱，同比下降 2.28%。出口烟草制品 8.17 万箱，同比下降 3.44%。2016 年，实现销售收入（不含税）76.27 万亿印度尼西亚盾，同比增长 8.39%；净利润（不含所得税）6.59 万亿印度尼西亚盾，同比增长 2.33%。

印度烟草公司（I. T. C. Limited）。印度第一大烟草公司，经营三类烟草产品——卷烟、电子烟、尼古丁口香糖，但烟草业务收入占比仅约 60%，且有不断下滑趋势，其他业务包括快速消费品、酒店、造纸印刷、信息技术、农业等。2016 年财政年度，卷烟业务销售收入 3234.8 亿卢比，同比增长 6.26%，缴纳消费税总额 1510.7 亿卢比，同比增长 8.83%。

埃及东方烟草公司（Eastern Company S. A. E）。埃及以及中东地区最大的烟草制造商，是埃及国内唯一合法生产经营烟草业务的企业，与菲莫国际、英美烟草有合作加工关系。由于法律禁止种植烟叶，原材料全部依靠进口。2015 财政年度，销售收入 76.13 亿埃及镑，同比增长 8.38%。实现利润 20.74 亿埃及镑，同比增长 8.67%。

瑞典火柴公司（Swedish Match AB）。成立于 1915 年，总部位于瑞典斯德哥尔摩，主要经营瑞典口含烟、湿润鼻烟、雪茄、嚼烟等烟草制品以及火柴等打火产品，拥有世界最大的雪茄和斗烟制造商斯堪的纳维亚烟草集团 49% 的股份。2016 年，瑞典口含烟在斯堪的纳维亚地区销量 2.41 亿听，同比增长 2.11%，市场占有率 67.4%，同比下降 1.6 个百分点；瑞典口含烟和湿润鼻烟在美国销量 1.31 亿听，同比下降 0.53%。2016 年，雪茄在美国实现销量 14.7 亿支，同比增长 17%。2016 年，实现销售收入 155.51 亿瑞典克朗，同比增长 7.35%。利润总额 39.9 亿瑞典克朗，同比增长 8.21%。

斯堪的纳维亚烟草集团（Scandinavian Tobacco Group）。全球领先的雪茄和斗烟企业，总部位于丹麦哥本哈根，2016 年刚刚上市。2016 年财政年度，手卷雪茄实现销售额 20.67 亿丹麦克朗，同比增长 6.82%，销量增长 7.4%；机制雪茄实现销售额 25.93 亿丹麦克朗，同比下降 4.03%，销量同比下降 6.0%；斗烟实现销售额 5.69 亿丹麦克朗，同比下降 9.53%，其中销量同比下降 10.6%；烟丝实现销售额 6.52 亿丹麦克朗，同比增长 11.83%，其中销量同比增长 7.1%。手卷雪茄的主要市场在美国，美国以外市场保持两位数增长，但规模仍较小。集团是机制雪茄领域的领导者，主要销往欧洲和北美，重点市场包括法国、英国、比利时、荷兰、西班牙、加拿大、美国等，受到欧盟新烟草制品管制指令的影响，欧洲几个重点市场的销量都出现较大幅度下降。斗烟的主要市场为欧洲大部分国家和美国。集团烟丝产品在美国、以色列、丹麦市场处于领导地位，在挪威和瑞士市场份额较高。

表 8 2016 年主要烟草公司烟草业务经营情况

经营范围	公 司	卷烟销量	含税销售额	不含税销售额	纳税额	利润总额
跨国烟草公司	菲莫国际	1625.8 （-4.1%）	749.5 （+1.4%）	266.9 （-0.4%）	482.6 （+2.4%）	108.2 （+1.8%）
	英美烟草	1330.0 （+0.2%）	635.3 （+14.4%）	199.9 （+12.6%）	435.4 （+15.2%）	63.1 （+2.2%）
	日本烟草	1009.8 （+0.4%）	625.3 （-5.0%）	173.1 （-5.5%）	452.2 （-5.0%）	50.2 （-8.4%）
	帝国品牌	553.0* （-3.0%）	374.4 （+9.3%）	191.0 （+11.0%）	183.4 （+7.6%）	30.2 （+12.1%）
区域烟草公司	雷诺美国	169.8 （+11.5%）	197.7 （+15.0%）	125.0 （+17.1%）	43.4 （+3.4%）	58.7 （+32.4%）
	奥驰亚集团	245.9 （-2.5%）	257.4 （+1.2%）	144.2 （+2.3%）	64.1 （-2.6%）	87.6 （4.8%）

注：1. 单位：万箱、亿美元，括号中数字为同比上年变化率；
2. 数据来自各公司报告，美国公司含税销售额还包含大和解协议费用以及 FDA 费用；
3. * 指帝国品牌的烟草制品总销量，等量换算为卷烟；
4. 韩国烟草公司现名称为韩国明日国际公司。

表 9　2016 年各卷烟品牌销量情况

公　司	品　牌	销量（万箱）	同比（%）	公　司	品　牌	销量（万箱）	同比（%）
菲莫国际	万宝路（Marlboro）	563.4	-1.4	英美烟草	波迈（Pall Mall）	184.0	+0.1
	蓝星（L&M）	193.5	-1.1		乐富门（Rothmans）	146.0	+36.9
	百乐门（Parliament）	91.3	+1.8		健牌（Kent）	132.0	+1.0
	邦德街（Bond Street）	89.1	+2.2		登喜路（Dunhill）	114.0	-3.3
	切斯特菲尔德（Chesterfield）	92.6	11.8		好彩（Lucky Strike）	72.0	+13.5
	菲莫（Philip Morris）	71.8	+0.3	日本烟草	云斯顿（Winston）	278.6	+5.5
	云雀（Lark）	55.1	-4.4		骆驼（Camel）	104.4	+2.6
奥驰亚集团	万宝路（Marlboro）	210.6	-2.6		乐迪（L&D）	95.2	-3.8
雷诺美国	新港（New Port）	68.8	—	帝国品牌	大卫杜夫（Davidoff）	45.5	-2.1
	骆驼（Camel）	40.6	-2.2				
	波迈（Pall Mall）	37.8	-5.2				

注：数据来自各公司 2016 年年报。

◇ 执笔：骆晨；编辑：王东旭

2016 年跨国烟草公司经营情况

烟草业为许多国家的经济和社会发展作出了巨大贡献，直接或间接为全球几千万人提供了生计。全球烟草制品的销售总额约为 7700 亿美元。2016 年，卷烟依旧是世界烟草市场的主导产品，全球卷烟年消费量约 5.6 万亿支，销售额 7000 亿美元。菲莫国际、英美烟草、日本烟草和帝国品牌这四大跨国烟草公司继续垄断了全球除中国以外 70% 左右的卷烟市场。未来几年，伴随着全球经济的复苏缓慢、烟草税价的逐步提高、各国控烟政策的日趋严厉，预计传统卷烟市场将进一步萎缩，卷烟销量将继续缓慢下降，跨国烟草公司之间的竞争也会日益激烈。

菲莫国际公司
（Philip Morris International Inc.）

【概　况】　2008 年，菲莫国际从奥驰亚集团独立出来，经营奥驰亚集团在美国以外的全部烟草业务。总部位于美国纽约，运营中心位于瑞士洛桑，为全球第一大跨国烟草公司。截至 2016 年底，员工总数 7.95 万人，比 2015 年减少约 700 人。菲莫国际在全球拥有 48 个工厂，产品销往 180 余个国家和地区，并在很多国家和地区占有第一或第二的市场份额。

【卷烟经营】　2016 年，菲莫国际卷烟销量 1625.8 万箱，同比下降 4.1%。销量下降地区主要有：意大利同比下降 2.8%，德国同比下降 2.8%，俄罗斯同比下降 5.7%，印度尼西亚同比下降 3.9%，菲律宾同比下降 14.5%，阿根廷同比下降 13.8%，北非地区同比下降 10.7%，希腊、泰国、巴基斯坦等国家也出现下降的趋势。销量增长地区主要有：波兰同比增长 4.3%，西班牙同比增长 6.0%，乌克兰同比增长 14.7%，韩国同比增长 9.1%，墨西哥同比增长 7.9%。在几个较大的市场，菲莫国际卷烟销量下降幅度大于市场规模收缩。从品牌来看，重点品牌销量基本稳定，总销量下降的几乎全部为非重点品牌，主要是在巴基斯坦、俄罗斯、菲律宾、乌克兰销售的地方性低档烟品牌。

“万宝路（Marlboro）”是全球销量第一的卷烟品牌，占菲莫国际 2016 年总销量的 35%，占有除中国和美国以外 9.6% 的国际市场，与 2015 年基本持平。“万宝路（Marlboro）”全年总销量超过 563.44 万箱（不含美国市场），同比下降 1.4%。菲莫国际的第二大品牌“蓝星（L&M）”2016 年全球销售 193.54 万箱，同比下降 1.1%。菲莫国际的其他畅销品牌包括“百乐门（Parliament）”“邦德街（Bond Street）”“切斯特菲尔德（Chesterfield）”“菲莫（Philip Morris）”“云雀（Lark）”等。2016 年，菲莫国际投入研发经费 4.29 亿美元，比 2015 年增加 600 万美元。截至 2016 年底，菲莫国际拥有 5900 项专利，另有 6400 项申请等待批准。

英美烟草公司

(British American Tobacco P. L. C.)

【概　况】　英美烟草成立于1902年，总部位于英国伦敦，为全球第二大跨国烟草公司。截至2016年底，英美烟草拥有总资产121.17亿英镑。员工总数4.98万人，同比减少约4900人。在全球42个国家拥有44家工厂和200余个品牌，销往全球200余个国家和地区，并在55个国家中市场份额排名第一。按市值计算，英美烟草是伦敦股票交易所五家市值最大的上市公司之一。

【卷烟经营】　2016年，英美烟草销售卷烟1330万箱，同比增长0.2%。公司旗下5个"全球驱动品牌"包括"登喜路（Dunhill）""健牌（Kent）""好彩（Lucky Strike）""波迈（Pall Mall）""乐富门（Rothmans）"继续保持销量和市场份额的稳定增长，总销量648万箱，同比增长7.5%，占总销量的比重48.72%。其中销售"登喜路（Dunhill）"114万箱、"健牌（Kent）"132万箱、"好彩（Lucky Strike）"72万箱、"波迈（Pall Mall）"184万箱、"乐富门（Rothmans）"146万箱。公司的创新卷烟（细支卷烟、爆珠烟等）销量同比增长12%，占总销量比重的29%。

分地区而言，英美烟草在美洲地区卷烟销量226万箱，同比下降8.8%；在西欧地区卷烟销量为240万箱，同比增长6.7%；在东欧、中东、非洲地区卷烟销量472万箱，同比增长3.0%；在亚太地区卷烟销量392万箱，同比下降0.9%。公司卷烟销量实现同比增长的主要国家有孟加拉国、乌克兰、俄罗斯、越南、土耳其、墨西哥、波兰、印度尼西亚，销量下降的主要国家有巴基斯坦、巴西、委内瑞拉、马来西亚。

日本烟草公司

(Japan Tobacco Inc.)

【概　况】　日本烟草于1985年实行私有化改制，总部位于日本东京，为全球第三大跨国烟草公司，烟草业务遍及120余个国家和地区，国际市场占有率约17%，主要多元化业务包括食品、饮料、制药。截至2016年底，日本烟草拥有总资产4.74万亿日元。员工总数4.47万人。日本烟草拥有35家制造厂（含29家卷烟厂），其中5家在日本境内（4家卷烟厂和1家原料厂）。

【卷烟经营】　日本烟草拥有138个卷烟产品，其中2016年发布15个新产品。产品销往120多个国家和地区，旗舰品牌有"云斯顿（Winston）""七星（Mevius）""骆驼（Camel）""乐迪（L&D）"等。2016年，日本烟草的旗舰品牌实现销量567.4万箱，同比增长3.7%。按销量计算，"云斯顿（Winston）"是除中国市场以外的全球第二大品牌，"七星（Mevius）"是全球第六大品牌。日本烟草占有日本本国60%的市场，其中"七星（Mevius）"占有30%以上的市场份额。

2016年，日本烟草在国际市场（不含中国市场）销售卷烟797.4万箱，同比增长1.2%，占其总销量的79.0%；在日本国内销售卷烟212.4万箱，同比下降2.7%，占其总销量的21.0%。国际市场为日本烟草贡献60%的利润，其余40%的利润来自于日本国内。在国际市场，欧洲卷烟销量同比增长2.8%，市场占有率提高0.9个百分点，重点品牌销量同比增长6.9%，市场占有率提高1.2个百分点，在瑞士、意大利、法国、西班牙等市场总量进一步收缩的国家分别实现10.3%、7.6%、2.4%、2.2%的销量正增长。在哈萨克斯坦、加拿大、罗马尼亚、中国台湾、土耳其的销量分别增长8.2%、3.0%、2.7%、1.3%、1.1%。

2016年，日本烟草总利润同比增长2.4%。公司于2016年2月收购多米尼加La Tabacalera烟草公司50%的股份，完成对加勒比海地区的战略布局。7月，收购埃塞俄比亚国家烟草公司40%的股份，从而进一步拓展东非市场。此外，日本烟草还收购玻利维亚第二大烟草分销商，加速其在拉丁美洲的扩张。除烟草主业外，日本烟草的多元化业务还包括医药、食品等产业。2016年，日本烟草公司投入研发经费4.81亿美元。

帝国品牌公司

(Imperial Brands P. L. C)

【概　况】　帝国品牌业务主要分4个部分，Imperial Tobacco主要负责全球卷烟业务，ITG Brands负责美国卷烟市场，Tabacalera负责雪茄业务，Fontem Ventures负责非烟草产品。截至2016年底，员工总数3.39万人，比2015年减少2500人。

【卷烟经营】　帝国品牌在29个国家拥有46家制造厂，产品销往160余个国家和地区，拥有"大卫杜夫（Davidoff）""金高卢（Gauloises Blondes）""L&B""新闻（News）""吉普斯（JPS）"和"威斯（West）"等十大"成长性品牌"。2016年，"成长性品牌"实现销量302万箱，同比增长4.3%，占帝国品牌总销量的54.7%，为其贡献45.6%的纯收入。2016年，帝国品牌卷烟销量同比下降3%，而美国市场卷烟销量增长4.2%，销售收入同比增长14.7%，美国市场贡献9.7%，其他基本得益于汇率波动。

表 1 2016 年四大跨国烟草公司销售收入、利润及税利总额情况

公 司	销售收入（亿美元）	税收总额（亿美元）	利润总额（亿美元）	税利总额（亿美元）
菲莫国际	749.5	482.7	108.2	590.8
英美烟草	635.3	435.4	63.1	498.5
日本烟草	583.2	406.2	49.0	455.2
帝国品牌	374.4	183.4	30.2	213.6

表 2 2016 年四大跨国烟草公司销售税收率、销售利润率及销售成本率情况

公 司	销售税收率（%）	销售利润率（%）	销售成本费用率（%）
菲莫国际	64.4	14.4	21.2
英美烟草	68.5	9.9	21.5
日本烟草	69.7	8.4	21.9
帝国品牌	49.0	8.1	43.0
加权平均	64.4	10.7	24.9

表 3 2016 年四大跨国烟草公司资产贡献及负债率情况

公 司	资产总额（亿美元）	总资产贡献率（%）	总资产负债率（%）
菲莫国际	368.5	162.7	78.9
英美烟草	538.9	94.1	42.2
日本烟草	391.8	116.7	46.7
帝国品牌	443.5	48.7	51.5
加权平均	435.7	102.1	53.3

表 4 2016 年四大跨国烟草公司劳动效率情况

公 司	全员劳动生产率（箱/人）	人均销售收入（万美元）	人均缴纳税收（万美元）	人均利润（万美元）
菲莫国际	204.5	94.3	60.7	13.6
英美烟草	267.0	127.5	87.4	12.7
日本烟草	226.1	130.6	90.9	11.0
帝国品牌	163.1	110.5	54.1	8.9
加权平均	217.4	112.7	72.5	12.0

表 5 2016 年四大跨国烟草公司单箱卷烟主要指标对比情况

公 司	单箱销售收入（美元/箱）	单箱税收（美元/箱）	单箱利润（美元/箱）	单箱税利（美元/箱）
菲莫国际	4610.0	2968.7	665.2	3633.9
英美烟草	4776.8	3274.0	474.3	3748.3
日本烟草	5775.6	4023.0	485.2	4508.1
帝国品牌	6771.1	3316.4	546.2	3862.6
加权平均	5184.1	3336.7	554.2	3890.9

◎执笔：姜泓海；编辑：王东旭

先进人物名单

【烟草行业获评 2016 年全国五一劳动奖章名单】（中华全国总工会关于表彰 2016 年全国五一劳动奖的决定）（总工发〔2016〕5 号）（2016 年 4 月 29 日公布）

张　俊　河南中烟工业有限责任公司南阳卷烟厂工人

庞志敏　湖南中烟有限责任公司常德卷烟厂一车间卷包技术办包装维修组组长

唐　健　广东中烟工业有限责任公司党组书记、总经理

杨洪林　四川中烟工业有限责任公司西昌卷烟厂维修工

阮家强　贵州中烟工业有限责任公司贵阳卷烟厂生产管理科科长

李庚源　红云红河烟草（集团）有限责任公司曲靖卷烟厂修理班班长

【烟草行业获评第十三届全国技术能手名单】（人力资源社会保障部关于表彰第十三届中华技能大奖和全国技术能手的决定）（人社部函〔2016〕285 号）（2016 年 11 月 29 日公布）

卜建立　河北白沙烟草有限责任公司烟机设备修理工、高级技师

李正付　湖南省烟草公司衡阳市公司衡南县分公司烟叶分级工、技师

【烟草行业获评 2011—2015 年全国法治宣传教育先进个人名单】（中央宣传部、司法部、全国普法办公室关于表彰 2011—2015 年全国法治宣传教育先进集体和先进个

人的决定）（司发通〔2016〕49号）

张　超　河南中烟工业有限责任公司法律与改革部部长

范　涛　重庆市烟草专卖局（公司）政策法规与体制改革处处长

陈湘龙　湖南中烟工业有限责任公司法律与改革部副主任科员

熊　文　江西省永修县烟草专卖局副局长

熊建华　河南省驻马店市烟草专卖局法规科科长

徐丽敏　海南省烟草专卖局政策法规与体制改革处处长

白启荣　宁夏回族自治区烟草专卖局法规处主任科员

【烟草行业获评2011—2015年全国法治宣传教育先进工作者名单】　（中央宣传部、司法部、全国普法办公室关于表彰2011—2015年全国法治宣传教育先进集体和先进个人的决定）（司发通〔2016〕49号）

王玉立　河北白沙烟草有限责任公司党委书记

沈　吉　福建中烟工业有限责任公司法律与改革部副主任科员

【全国烟草行业优秀共产党员名单】　〔（中共国家烟草专卖局党组关于追授胡红霞和罗琴同志“全国烟草行业优秀共产党员”称号的决定）（国烟党〔2016〕107号）（2016年6月1日公布）；（中共国家烟草专卖局党组关于追授张俊岗同志“全国烟草行业优秀共产党员”称号的决定）（国烟党〔2016〕133号）（2016年7月8日公布）；中共国家烟草专卖局党组关于追授张健同志“全国烟草行业优秀共产党员”称号的决定）（国烟党〔2016〕155号）（2016年8月4日公布）；（中共国家烟草专卖局党组关于追授朱红根同志全国烟草行业优秀共产党员称号的决定）（国烟党〔2016〕224号）（2016年11月23日公布）〕

胡红霞　罗　琴　张俊岗　张　健　朱红根

【全国烟草行业“十二五”信息化工作先进个人名单】　（中国烟草总公司关于表彰全国烟草行业“十二五”信息化工作先进单位和先进个人的决定）（中烟办〔2016〕52号）（2016年2月25日公布）

何　翔　北京市烟草专卖局（公司）信息中心主任

王瑞剑　天津市烟草专卖局（公司）物流中心科长

刘建才　河北省烟草专卖局（公司）信息中心主任科员

刘东伟　河北中烟工业有限责任公司信息中心副主任

陈　俊　山西省烟草专卖局（公司）信息中心副主任

卢献利　内蒙古自治区烟草专卖局（公司）主任科员

于　勇　辽宁省辽阳市烟草专卖局（公司）信息中心主任

李　冰　吉林省烟草专卖局（公司）高级经济师

杨新辉　黑龙江省烟草专卖局（公司）主任科员

蔺　雁　大连市烟草专卖局（公司）信息中心副主任

陈　品　上海烟草集团公司信息中心副主任

郑　捷　中国烟草总公司信息系统上海容灾中心副科长

于占昆　江苏省南京市烟草专卖局（公司）信息中心主任

于明荣　江苏中烟工业有限责任公司副处长

陈　楠　浙江省烟草专卖局（公司）高级工程师

陆海良　浙江中烟工业有限责任公司副科长

王　莉　安徽省烟草专卖局（公司）信息中心主任

刘　洋　安徽中烟工业有限责任公司主任科员

刘信彬　福建省烟草专卖局（公司）主任科员

林志忠　福建中烟工业有限责任公司信息中心副主任

袁　泉　江西省烟草专卖局（公司）主任科员

陈　烜　江西中烟工业有限责任公司科长

仇道霞　山东省烟草专卖局（公司）高级工程师

韩春庆　山东滨州市烟草专卖局（公司）副主任科员

周　健　山东中烟工业有限责任公司副总经理

王　栋　河南省烟草专卖局（公司）科长

吕　飞　河南中烟工业有限责任公司漯河卷烟厂厂长

王冬岚　湖北省烟草专卖局（公司）处长

潘　伟　湖北中烟工业有限责任公司工程师

颜　玫　湖南省烟草专卖局（公司）信息中心主任

李益文　湖南邵阳市烟草专卖局（公司）信息中心主任

叶献忠　湖南中烟工业有限责任公司信息工程部部长

丁向北　广东省烟草专卖局（公司）信息中心副主任

欧阳威　广东中烟工业有限责任公司信息中心副主任

李志强　广西壮族自治区烟草专卖局（公司）主任科员

郭晓惠　广西中烟工业有限责任公司高级工程师

陈　皓　海南省烟草专卖局（公司）高级工程师

陈东文　深圳市烟草专卖局（公司）信息中心主任

刘　涛　重庆市烟草专卖局（公司）信息中心主任

姚宇红　四川省烟草专卖局（公司）信息中心主任

周　涛　四川中烟工业有限责任公司（原川渝中烟）工程师

陈厚铭　贵州省烟草专卖局（公司）信息中心主任

余忠勤　贵州省遵义市烟草专卖局（公司）工程师

段　飚　贵州中烟工业有限责任公司处长

张　露　云南省烟草专卖局（公司）主任科员

尤　辉　云南省西双版纳州烟草专卖局（公司）局长

曾建新　云南中烟工业有限责任公司副处级

储瑜霞　云南中烟红云红河烟草（集团）公司工程师

李宏伟　云南中烟红塔烟草（集团）公司工程师

旦真扎西　西藏自治区烟草专卖局（公司）信息中心主任

赵　军　陕西省烟草专卖局（公司）信息中心副主任

崔　勇　陕西中烟工业有限责任公司工程师

冯　云　甘肃省烟草专卖局（公司）工程师

秦　刚　青海省烟草专卖局（公司）副总经理

隋玉鑫　宁夏回族自治区烟草专卖局（公司）信息中

心副主任

杨继春　新疆维吾尔自治区烟草专卖局（公司）信息中心科长

顾仁保　南通醋酸纤维有限公司高级工程师

李　琼　昆明醋酸纤维有限公司高级工程师

王晓华　中国烟草烟草总公司郑州烟草研究院主任科员

杨劲虎　中国烟草总公司职工进修学院信息中心主任

【全国烟草行业 2015—2016 年度优秀审计工作者名单】　（中国烟草总公司关于表彰 2015—2016 年度优秀审计工作者的通报）（中烟办〔2016〕269 号）（2016 年 12 月 19 日公布）

李　彬　湖南省烟草专卖局（公司）审计处

雷晓雄　湖南中烟工业有限责任公司审计部

赵志峰　内蒙古自治区烟草专卖局（公司）审计处

吕佃涛　山东中烟工业有限责任公司青岛卷烟厂

许文全　甘肃省烟草专卖局（公司）审计处

郎学东　重庆市烟草专卖局（公司）审计处

【全国烟草行业“精益十佳”个人名单】　（国家烟草专卖局办公室关于表彰 2016 年度全国烟草行业“精益十佳”课题和个人的通报）（国烟办综〔2016〕532 号）（2016 年 11 月 15 日公布）

工业企业“精益十佳”个人名单

李维娜　河北中烟工业有限责任公司技术中心

施隽明　上海烟草集团有限责任公司上海卷烟厂

洪　强　上海烟草集团有限责任公司天津卷烟厂

石　中　江苏中烟工业有限责任公司淮阴卷烟厂

李　坤　江苏中烟工业有限责任公司徐州卷烟厂

詹益民　浙江中烟工业有限责任公司

陆海华　浙江中烟工业有限责任公司宁波卷烟厂

沙建华　安徽中烟工业有限责任公司合肥卷烟厂

蒋景强　福建中烟工业有限责任公司龙岩烟草工业有限责任公司

林朝辉　福建中烟工业有限责任公司厦门烟草工业有限责任公司

商业企业“精益十佳”个人名单

申　晖　北京市烟草公司

胡　馨　北京市昌平烟草公司

冯　喆　天津市烟草公司东丽分公司

贾　杰　河北省烟草公司张家口市公司

陈　锋　河北省烟草公司衡水市公司

朱　明　山西省烟草公司临汾市公司

王悦东　内蒙古自治区公司呼和浩特市公司

孟令波　辽宁省烟草公司沈阳市公司

迟潇雨　吉林省烟草公司四平市公司

廉　赫　黑龙江省烟草公司

潘　博　大连市烟草公司

孙一俊男　上海烟草集团杨浦烟草糖酒有限公司

王宗亮　江苏省烟草公司无锡市公司

赵　莹　江苏省烟草公司南通市公司

郑　真　浙江省烟草公司杭州市公司

俞悠源　浙江省烟草公司嘉兴市公司

胡家木　安徽省烟草公司芜湖市公司

童学根　安徽省烟草公司蚌埠市公司

黄端启　福建省烟草公司厦门市公司

詹小强　福建省烟草公司泉州市公司

赵　涛　江西省烟草公司抚州市公司

高　萍　山东济南烟草有限公司

刘介光　山东日照烟草有限公司

李　菁　河南省烟草公司郑州市公司

龚春竹　湖北省烟草公司襄阳市公司

陈　若　湖北省烟草公司十堰市公司

黄　卓　湖南省烟草公司长沙市公司

崔　霞　湖南省烟草公司常德市公司

刘志斌　广东烟草惠州市有限责任公司

李成喜　广西壮族自治区烟草公司桂林市公司

赵振峰　广西壮族自治区烟草公司百色市公司

王一涵　海南省烟草公司海口公司

阳成勇　深圳市烟草盐田公司

赵东方　重庆市烟草公司酉阳分公司

田兆举　四川省烟草公司泸州市公司

贺方云　贵州省烟草公司遵义市公司

汪学良　贵州省烟草公司毕节市公司

杨永平　云南省烟草公司昆明市公司

邵小东　云南省烟草公司红河州公司

张　兴　陕西省烟草公司宝鸡市公司

李　钊　甘肃省烟草公司定西市公司

古亚东　青海省烟草公司黄南州公司

张小萍　宁夏回族自治区烟草公司银川市公司

阿巴白克·巴拉提　新疆维吾尔自治区烟草公司和田地区公司

【2016 年全国烟草技术能手名单】　（国家烟草专卖局关于授予 2016 年度烟草行业职业技能竞赛优秀选手烟草行业技术能手荣誉称号的决定）（国烟人〔2017〕56 号）（2017 年 2 月 3 日公布）

一、2016 年中国技能大赛——第十四届全国烟草行业职业技能竞赛暨“合和杯”第五届烟机设备修理职业技能竞赛（共 19 人）

刘明春　山东中烟工业有限责任公司

顾晓卿　上海烟草集团有限责任公司

吕 忠 云南中烟工业有限责任公司
王云祥 云南中烟工业有限责任公司
伍 勇 湖北中烟工业有限责任公司
王 志 上海烟草集团有限责任公司
杨存龙 云南中烟工业有限责任公司
俞 亮 上海烟草集团有限责任公司
覃 航 湖南中烟工业有限责任公司
谭二保 江西中烟工业有限责任公司
张福华 广东中烟工业有限责任公司
宋金砖 湖北中烟工业有限责任公司
刘松刚 山东中烟工业有限责任公司
吴英强 广东中烟工业有限责任公司
田 润 云南中烟工业有限责任公司
邱仕强 云南中烟工业有限责任公司
张 鹏 山东中烟工业有限责任公司
孙 凛 云南中烟工业有限责任公司
顾 鼎 上海烟草集团有限责任公司

二、行业省级职业（岗位）技能竞赛获奖选手名单（共53人）

（一）第三届北京市烟草专卖局（公司）烟草制品购销职业技能竞赛

陈 萌 北京市海淀区烟草专卖局（公司）
张 潇 北京市海淀区烟草专卖局（公司）
武 丹 北京市海淀区烟草专卖局（公司）
董雪磊 北京市海淀区烟草专卖局（公司）
张天慧 北京市西城区烟草专卖局（公司）

（二）第二届天津市烟草专卖局（公司）烟草专卖管理岗位技能竞赛

赵飞飞 天津市静海区烟草专卖局（有限公司）
尚福来 天津市武清区烟草专卖局（有限公司）
李志毅 天津市滨海新区烟草专卖局汉沽分局（分公司）

（三）第三届上海烟草集团有限责任公司烟草制品购销职业技能竞赛

陈 荣 上海烟草集团有限责任公司市场营销中心
蒋佳亮 上海海烟物流发展有限公司
汪 洋 上海烟草集团长宁烟草糖酒有限公司
柴 进 上海烟草集团有限责任公司市场营销中心
李舒扬 上海烟草集团有限责任公司市场营销中心

（四）第四届浙江省烟草专卖局（公司）烟草制品购销职业技能竞赛

洪璐瑶 台州市烟草专卖局（公司）
叶 彬 温州市烟草专卖局（公司）
叶飘飘 金华市烟草专卖局（公司）
廖 辛 温州市烟草专卖局（公司）
方远峰 衢州市烟草专卖局（公司）

（五）“中国梦劳动美”福建省烟草专卖局（公司）烟草制品购销职业技能竞赛

刘佳灵 三明市烟草专卖局（公司）
骆思颖 泉州市烟草专卖局（公司）
周伟清 泉州市烟草专卖局（公司）
王 鹏 福州市烟草专卖局（公司）
林子隽 三明市烟草专卖局（公司）

（六）第四届四川省烟草商业系统烟叶调制职业技能

范洪树 攀枝花市烟草专卖局（公司）
杨懿德 宜宾市烟草专卖局（公司）
李 斌 凉山州烟草专卖局（公司）

（七）第三届贵州省烟草专卖局（公司）卷烟商品营销职业技能竞赛

李翔宇 黔西南州烟草专卖局（公司）
李美洋 安顺市烟草专卖局（公司）
宋普阳 贵阳市烟草专卖局（公司）

（八）第三届贵州省烟草专卖局（公司）烟草专卖管理岗位技能竞赛

胡洪波 遵义市烟草专卖局（公司）
邬小荷 黔南州烟草专卖局（公司）
谢廷篪 贵阳市烟草专卖局（公司）
袁小娟 贵阳市烟草专卖局（公司）

（九）第三届云南省烟草专卖局（公司）卷烟商品营销职业技能竞赛

侯丽婷 文山州烟草专卖局（公司）
曾传玉珊 红河州烟草专卖局（公司）
钟家菊 昭通市烟草专卖局（公司）
李凌波 文山州烟草专卖局（公司）
时晓淼 昆明市烟草专卖局（公司）

（十）第四届云南省烟草专卖局（公司）烟草专卖管理岗位技能竞赛

魏 欣 昆明市烟草专卖局（公司）
甘 甜 昆明市烟草专卖局（公司）
徐红艳 曲靖市烟草专卖局（公司）
张秋月 昆明市烟草专卖局（公司）
何 燕 昆明市烟草专卖局（公司）

（十一）第七届陕西省烟草专卖局（公司）职业技能竞赛暨第二届烟草制品购销职业技能竞赛

鹿海祥 西安市烟草专卖局（公司）
常文馨 西安市烟草专卖局（公司）
王肖玥 西安市烟草专卖局（公司）

（十二）第四届山东中烟工业有限责任公司烟机设备修理职业技能竞赛

段志勇 山东中烟工业有限责任公司济南卷烟厂
孙 刚 山东中烟工业有限责任公司青岛卷烟厂

（十三）“黄金叶杯”河南中烟工业有限责任公司第三届烟机设备修理职业技能竞赛

霍学民　河南中烟工业有限责任公司许昌卷烟厂

张红军　河南中烟工业有限责任公司许昌卷烟厂

（十四）“黄鹤楼·思行杯”第二届湖北中烟工业有限责任公司烟机设备修理职业技能竞赛

熊智强　湖北中烟工业有限责任公司襄阳卷烟厂

（十五）“国酒香杯”贵州省首届烟草工业职工职业技能竞赛暨第四届贵州中烟工业有限责任公司烟机设备修理职业技能竞赛

王　华　贵州中烟工业有限责任公司贵阳卷烟厂

卯　杰　贵州中烟工业有限责任公司毕节卷烟厂

【烟草行业2016年度拓展国际市场先进个人名单】（中国烟草总公司关于表彰2016年度拓展国际市场先进个人的决定）（中烟办〔2017〕52号）（2017年3月8日公布）

国内拓展国际市场先进个人

蒋晓平　浙江中烟工业有限责任公司国际业务部副经理

史治国　山东中烟工业有限责任公司国际运营中心业务经理

张晓丽　安徽中烟工业有限责任公司进出口部业务经理

左　路　广东中烟工业有限责任公司国际业务部主任科员

彭晓磊　湖北中烟工业有限责任公司国际部市场经理

杨雪梅　云南烟草国际有限公司总经理

罗文强　中国烟草上海进出口有限责任公司总经理

范　琦　中国烟草辽宁进出口公司烟叶业务部经理

刘　蕾　中国烟草山东进出口有限责任公司烟叶部副主任科员

马　宁　中国烟草河南进出口有限责任公司储运外销部经理

韦　艺　中国烟草贵州进出口有限责任公司业务部副经理

秦怡峰　中国烟草云南进出口有限公司副总经理

黄　巍　中国烟草四川进出口有限责任公司烟叶业务部经理

国外拓展国际市场先进个人

张　平　浙江中烟工业有限责任公司国际业务部境外区域经理

吴崇康　浙江中烟工业有限责任公司环球烟草公司生产技术总监

徐元文　浙江中烟工业有限责任公司环球烟草公司财务总监

许善生　安徽中烟工业有限责任公司中烟国际欧洲有限公司副总经理兼工厂厂长

魏文忠　广东中烟工业有限责任公司金叶卷烟厂（澳门）有限公司营销部经理

伍仕钧　广东中烟工业有限责任公司威尼顿集团有限公司财务管理部经理

欧运秀　湖南中烟工业有限责任公司驻巴拿马项目助理

田虎明　陕西中烟工业有限责任公司蒙古烟草有限责任公司总经理

朱海松　云南烟草国际有限公司天成（太平洋）有限公司总经理

张进武　红塔烟草（集团）有限责任公司香港红塔国际烟草有限公司总经理

傅灵华　红塔烟草（集团）有限责任公司老挝寮中红塔好运烟草有限公司财审部长

董　靖　红云红河烟草（集团）有限责任公司纳米比亚卷烟厂监制负责人、派驻企业副厂长

李豪俊　吉林烟草工业有限责任公司平壤白山烟草有限责任公司中方代表（副社长）

吴成焕　吉林烟草工业有限责任公司大同江烟草有限公司中方代表（副社长）

刘尊民　山东烟草（中东）贸易公司总经理

韩树岩　天利国际经贸有限公司人事公关部经理

叶　海　天泽烟草有限责任公司总经理

姚　钦　中烟国际巴西有限公司公共事务部经理

何　洁　中烟国际（北美）股份有限公司副总裁

金　鑫　中烟国际阿根廷有限公司公共事务部经理

万　晨　中烟菲莫国际有限公司市场部品牌经理

谢　力　中烟英美烟草国际有限公司财务总监

罗　婕　迪拜瑞世达贸易有限责任公司财务部经理

【烟草行业先进离退休干部工作者名单】（中国烟草总公司关于表彰烟草行业离退休干部工作先进集体和先进工作者的决定）（中烟办〔2017〕45号）（2017年2月28日公布）

许耀明　北京市烟草公司

周俊江　天津市烟草公司

葛建全　河北省烟草公司

兰利华　河北中烟工业有限责任公司张家口卷烟厂

牛忠丽　山西省烟草公司

冯建伟　山西省烟草公司大同市公司

麻小平　内蒙古自治区烟草公司

赵红霞　内蒙古自治区烟草公司包头市公司

郑　倩　辽宁省烟草公司

石　琨　吉林省烟草公司

才　晶　黑龙江省烟草公司

陈云聪　黑龙江省烟草公司哈尔滨市公司

吉临香　上海烟草集团有限责任公司

徐明兴　江苏省烟草公司无锡市公司

陈　俊　江苏省烟草公司泰州市公司

王亚明　江苏中烟工业有限责任公司淮阴卷烟厂
姜　斌　江苏中烟工业有限责任公司南京卷烟厂
高循理　浙江省烟草公司宁波市公司
张东初　浙江中烟工业有限责任公司
刘正伟　浙江中烟工业有限责任公司宁波卷烟厂
夏伯峰　安徽省烟草公司蚌埠市公司固镇营销部
韩　兵　安徽省烟草公司华环国际烟草有限公司
周占红　安徽中烟工业有限责任公司蚌埠卷烟厂
杨宇降　福建省烟草公司
刘建春　福建省烟草公司三明金叶复烤有限公司
黄爱炜　福建中烟工业有限责任公司龙岩工业公司
李　林　江西省烟草公司
赵南凤　江西省烟草公司抚州市公司
李青峰　江西中烟工业有限责任公司南昌卷烟厂
于彦平　山东省烟草公司
刘崇和　山东省烟草公司济南市公司
索建国　山东中烟工业有限责任公司
孙建志　山东中烟工业有限责任公司青岛卷烟厂
毋中华　河南省烟草公司郑州市公司
尚　岩　河南省烟草公司焦作市公司
郭跃来　河南中烟工业有限责任公司漯河卷烟厂
王　灵　河南中烟工业有限责任公司南阳卷烟厂
周小玲　湖北省烟草公司宜昌市公司
邹华荣　湖北中烟工业有限责任公司三峡卷烟厂
田　芳　湖南省烟草公司龙山县分公司
蒋育良　湖南省烟草公司永州市公司
曾庆华　湖南中烟工业有限责任公司郴州卷烟厂
刘　霞　湖南中烟工业有限责任公司长沙卷烟厂
陈丽霞　广东省烟草公司
何　锋　广东省烟草公司广州市公司
叶妙琼　广东中烟工业有限责任公司
曾宪思　广东中烟工业有限责任公司梅州卷烟厂
唐学军　广西壮族自治区烟草公司百色市公司
陈海权　广西壮族自治区烟草公司柳州市公司
陈燮强　广西中烟工业有限责任公司柳州卷烟厂
蔡焕萍　广西中烟工业有限责任公司南宁卷烟厂
高　波　海南省烟草公司
何建国　四川省烟草公司
祝年丽　四川省烟草公司
周立夫　四川中烟工业有限责任公司成都卷烟厂
焦　屹　贵州省烟草公司毕节市公司
龚　梅　贵州中烟工业有限责任公司贵阳卷烟厂
高　山　贵州中烟工业有限责任公司贵定卷烟厂
李小燕　云南省烟草公司
龙　刚　云南省烟草公司烟叶公司
范　平　云南中烟工业有限责任公司红云红河集团公司
任光辉　云南中烟工业有限责任公司红塔集团昭通卷烟厂
李西平　陕西省烟草公司西安市公司
王智慧　陕西省烟草公司安康市公司
张荣军　陕西中烟工业有限责任公司宝鸡卷烟厂
张　强　陕西中烟工业有限责任公司汉中卷烟厂
张　宁　甘肃省烟草公司兰州市公司
赵丽英　青海省烟草公司
马飞龙　宁夏回族自治区烟草公司
邵　颖　新疆维吾尔自治区烟草公司哈密地区烟草公司
白玛德　西藏自治区烟草公司
冯立荣　重庆市烟草公司黔江区公司
代光国　重庆中烟工业有限责任公司
朱允智　大连市烟草公司
林伟盛　深圳市烟草公司
许书平　中国烟草总公司郑州烟草研究院
倪金笼　中国烟草总公司职工进修学院
纪东华　中国烟草机械集团有限责任公司
谢世敏　中国烟草机械集团有限责任公司常德烟机公司
孙海英　中国烟草实业发展中心吉林烟草工业有限责任公司

◇ 编辑：周　佳

先进人物简介①

【全国“五一”劳动奖章获得者】

张　俊　河南中烟工业有限责任公司南阳卷烟厂电气维修高级技师

① “先进人物简介”分目收录了全国五一劳动奖章获得者、全国绿化先进工作者、全国技术能手和享受国务院政府特殊津贴专家等先进人物的个人事迹。

张俊，男，1974年10月生，中共党员，河南中烟南阳卷烟厂卷包部电修组长、值班长。2016年，被中华全国总工会授予“全国五一劳动奖章”。

张俊于2015年被河南省总工会授予“河南省五一劳动奖章”，被河南中烟评为“优秀共产党员”。

张俊热衷于技术钻研，他研制的烟支切割磨刀砂轮自动定量进给装置，获得国家专利，每年为企业增加产值100余万元，并在企业相同机型卷烟设备上推广。张俊研制了残烟剥离二次分离装置、自动打石蜡装置，开展了“解决条烟输送带挤破烟条”技术课题攻关项目等，累计为企业年节约产值300余万元。他带领电修组的成员们开展小改小革、技术攻关共200余项，其中“PASSIM卷烟机劈刀过载保护装置”项目获得河南省百项职工优秀技术创新成果，“智能棉纱加湿机研究与应用”“数控香菇接种机研究与应用”项目获得河南省科技厅鉴定。2013年以来，张俊累计获得实用新型专利7项，所撰写的论文多次在国家核心期刊上发表。同时，张俊提出“青蓝传承”人才培养计划，他所带的徒弟均成长为车间的维修技术骨干。

庞志敏　湖南中烟工业有限责任公司常德卷烟厂一车间卷包技术办包装维修组组长

庞志敏，男，1970年2月生，河北省大名县人，高级技师，湖南中烟工业有限责任公司常德卷烟厂一车间卷包技术办包装维修组组长，GDX2主修工，包装维修序列五级专家。2016年，被中华全国总工会授予“全国五一劳动奖章”。

庞志敏于1986年进入常德卷烟厂工作，上世纪90年代开始负责包装设备维修工作。2003年被评为“常德卷烟厂十佳科技工作者”；2007年获得“湖南中烟常德卷烟厂劳动模范”称号；2008年获得“湖南省技术能手”称号；2010年由他主持的QC项目成果“软包硬化商标纸新型涂胶系统的研制”获得“全国烟草行业第二十一届优秀QC小组成果发布一等奖”；2012年获得“常德市十大金牌工人”；2013年获得“常德市劳动模范”称号；2015年被评为“行业包装维修高级技师”；同时，他还拥有“一种烟包自动补包装置”“一种铝纸剔除机构驱动装置”等7项国家专利。

庞志敏几十年如一日奋斗在生产维修第一线，主动承担起包装机的“同质化”改造任务，带领修理工总计完成13台套GDX2包装机芙蓉王同质化改造的任务；配合有关单位完成11台套对小包透明四面美容器的改造任务和11台套小包透明纸吸风下纸部件的改造。同时，为了有效解决环保铝纸在GD包装机上的应用，庞志敏共完成10台套GDX2包装机芙蓉王环保铝纸改造及调试，并形成技术论文在2011年6期《烟草科技》杂志发表。作为兼职教师，庞志敏把多年的维修技术和心得体会撰写成培训教材，毫不保留地传授给其他人，所带徒弟均成为车间主力维修工。

唐　健　广东中烟工业有限责任公司党组书记、总经理

唐健，男，1960年1月生，江苏省建湖县人，中共党员，广东中烟工业有限责任公司党组书记、总经理。2016年，被中华全国总工会授予“全国五一劳动奖章”。

唐健于2014年2月到广东中烟工业有限责任公司任职，任职期间，他认真贯彻落实广东省委、省政府关于建设“广东卷烟工业强省”的工作要求，稳步推进“稳产销、提结构、降库存、增税利”的工作任务，做大做强“双喜”品牌，实现品牌规模、产品结构、市场拓展、税利增长、企业管理、党建工作等多项工作的新突破，企业总体经济运行呈现稳步增长的发展态势。

在唐健的带领下，2014—2016年间，广东中烟在“双喜”品牌发展、市场营销、产品研发等方面取得新的突破。2014年，企业实现税利251.3亿元，同比增长7.2%；2015年，实现税利266.8亿元，同比增长6.2%，获得全国烟草行业2015年工业企业税利增长特殊贡献奖；2016年，实现税利244.57亿元，获得2016年国家局、总公司颁发的省级工业公司税利增长任务特别奖第二名。在党建方面积极探索出具有广东中烟特色的“两融入一延伸”的做法，得到广东省委的肯定。此外，广东中烟的国际市场拓展工作取得显著成效，积极贯彻落实国家局提出的“全力打造行业最大的卷烟出口企业”，境外企业柬埔寨威尼顿公司产品销量占当地市场份额40%以上，被国务院领导赞誉为“中国烟草走出去的一面旗帜”，得到广东省委、省政府领导和国家局领导的高度评价。

杨洪林　四川中烟工业有限责任公司西昌卷烟厂维修工

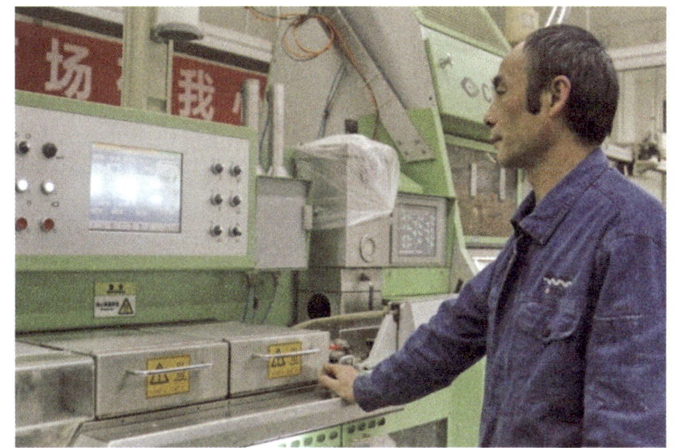

杨洪林，男，1970年8月生，四川省遂宁市人，四川中烟工业有限责任公司西昌卷烟厂卷制设备维修工。2016年，被中华全国总工会授予“全国五一劳动奖章”。

1990年，杨洪林退伍后进入西昌卷烟厂，担任卷接机操作工，经过长期不懈的学习和锻炼，练就了过硬的业务技能，从一名普通操作工成长为设备维修骨干。在工作中，他始终保持着一种敢打硬仗、敢啃“硬骨头”的优良作风。2006年，他主动向车间提出到当时设备有效作业率远落后于其他同型机组的长城2号机任挡车工。为了能尽快攻克难关，改变该机组多项指标落后的现状，杨洪林潜心钻研、认真分析设备指标落后的原因，积极寻求解决办法，短短2个月，他和团队将长城2号机的原有设备有效作业率提高了近25%，使机组的各项指标排名一跃成为车间同型机组的前列。

同时，他积极参与编制《规范化操作》培训课件达20余套，针对影响产品质量的设备问题短板进行QC、六西格玛项目课题攻关10余项。参与编写维修案例40余份，其中，他参与的“提高ZJ17－6#卷烟机圆周稳定性”课题攻关，有效解决了烟支圆周标偏过大的问题，并被中国质量协会授予“2015年六西格玛优秀项目”；参与编写《ZJ17卷烟机规范化维修手册》《卷包设备故障维修典籍》等，为提高工厂规范化操作、规范化维修水平起到了积极作用。

阮家强　贵州中烟工业有限责任公司贵阳卷烟厂生产管理科科长

阮家强，男，1966年生，贵州省贵阳市人，中共党员，贵阳卷烟厂生产管理科科长。2016年，被中华全国总工会授予“全国五一劳动奖章”。

1987年，阮家强进入贵阳卷烟厂工作，安心扎根车间一线。先后担任过卷包车间设备技术员、车间跟班书记、车间设备主任、车间主任、生产管理科科长，在不同的岗位上，他都做出优秀的业绩。在担任车间主任期间，阮家强结合卷包一线生产工作特点，狠抓车间基础管理、基层建设，通过制定持续增强基层管控能力、建标杆树典型等多项举措，使各项生产指标得到持续提高。卷包设备有效作业率、商标纸单耗、滤棒单耗等行业重点经济指标得分均在当时位于全国93家卷烟厂中上水平。车间先后被评为“全国安康杯优胜班组”、被授予贵州省“五一劳动奖状”。

李庚源　云南中烟工业有限责任公司红云红河集团曲靖卷烟厂制造三部值班长

李庚源，男，1957年10月生，云南省曲靖市人，助理技师，红云红河集团曲靖卷烟厂制造三部值班长。2011年，被云南省政府授予“云南省劳动模范”称号；2016年，被中华全国总工会授予“全国五一劳动奖章”。

李庚源从事设备修理工作30余年来，以强烈的工作热情和高度的责任心，带领维修人员出色完成各项工作任务。他是成型设备维修的核心骨干，也是车间班组管理的带头人，经他修理过的设备部件，从无返工现象，是“新时期技术创新的领头人”。他在“师带徒”中带过的徒弟，有2人获得“红云红河集团劳动模范”称号，有3人参加集团技术技能竞赛，囊括一、二、三名。

李庚源在1990年以来的4次车间搬迁工作中均担任现场总指挥。2000年，因“KDF－2滤嘴转移鼓轮的改造”项目经济效益显著，获得“云南省烟草系统科技进步三等奖”“全国烟草行业第十一届优秀QC成果一等奖”“全国烟草技术攻关成果第一名”。参与项目多次获奖，其中“滤棒发射机双料发射功能的开发应用”获得2012年度曲靖市科技进步二等奖，“甘油雾化系统活门监控功能改进”获得2014年度曲靖市技术革新二等奖，“一种卷烟滤棒、烟支四方向激光测径仪”2015年获得实用新型专利授权。

【全国绿化先进工作者】

肖东华　国家烟草专卖局机关服务局综合处处长

肖东华，男，1958年7月生，北京市人，中共党员，国家烟草专卖局机关服务局综合处处长。2016年，被全国绿化委员会、人力资源社会保障部、国家林业局评为“全国绿化先进工作者”。

肖东华多次获得“中国国家机关绿化先进个人”“北京市绿化先进个人”，2012年被全国绿化委员会授予“全国绿化奖章”。

肖东华长期负责国家烟草专卖局绿化美化和爱国卫生工作，始终做好单位的绿化工作。他平时积极学习绿化知识，并向有经验的老同志学习、请教，打牢理论基础；用好知识，在实践中开展绿化工作，根据检查情况，及时提出增加或更换防火设备的建议，同时注重建章立制、严格规范和平时演练的结合。他每年对植树节以及共和国部长义务植树等活动都能做到精心组织、提前规划，认真实施；做好金叶园会议中心的绿化工作，并定期到金叶园会议中心基地检查林区防火和灭虫减害工作；开展对国家局机关办公楼的绿化美化工作，根据花卉品种的季节性特点，安排花卉的定期更换，并对技术人员现场指导，确保办公楼环境优美。

作为中央国家机关绿化协作组组长单位代表，肖东华积极组织各单位开展绿化交流工作，开展检查评比活动，促进工作良好开展。在单位领导的支持和他的积极努力下，国家局连续7年被评为“中央国家机关绿色先进单位”，金叶园会议中心绿化基地多次获评“北京市及全国绿化先进单位”。

【全国技术能手】

李正付　湖南省衡阳市烟草公司衡南县分公司烟叶分级技师

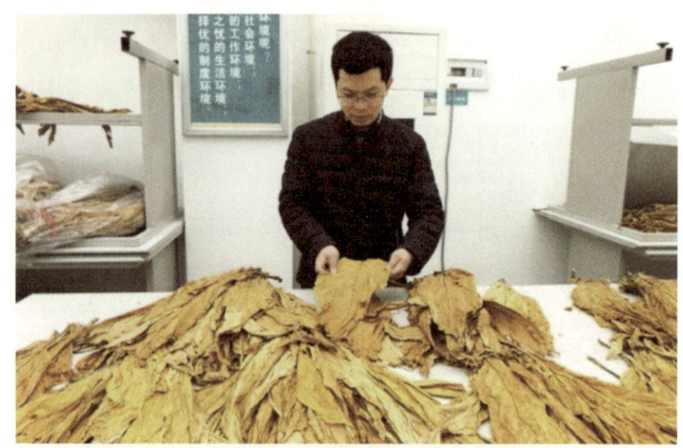

李正付，男，1980年7月生，湖南省衡南县人，中共预备党员，衡阳市烟草公司衡南县分公司冠市烟站技师，主要从事烟叶生产和收购工作，为全国烟叶质量检验专家库成员、湖南省烟叶外观质量评价专家库成员、湖南省局“双百”人才库成员、衡阳市烟叶分级学科带头人。2016年，被人力资源社会保障部授予“全国技术能手”称号。

李正付于2008年6月、2010年12月参加湖南省烟叶分级职业技能竞赛，以第8名、第2名的成绩获得“省级烟叶技术能手”“全国烟草技术能手”称号；2012年5月、2015年5月，参加全国第五、第六届烟叶分级职业技能竞赛，以第14名、第4名的成绩获得“全国烟草技术能手”称号；2016年，李正付作为湖南省烟草商业系统“身边的榜样”人物参加专题巡回宣讲。

自参加工作以来，李正付一直扎根于基层烟站，为提高烟区的烟叶生产技术水平和烟叶质量作了大量的工作，以第一作者发表论文1篇，培训烟农和技术员90余次近5000人。参与多项烟叶技术推广和科研项目，为烟区创造了较大的经济效益。

卜建立　河北中烟工业有限责任公司河北白沙烟草有限责任公司包装维修高级技师

卜建立，男，1970 年 10 月生，中共党员，河北白沙烟草有限责任公司卷接包车间包装设备维修工、技术主管、公司首位受聘高级技师，为全国烟草行业高级考评员、国家裁判员、烟草行业高技能人才库和专家组成员。2016 年，被人力资源社会保障部授予“全国技术能手”称号。

2007 年、2010 年、2011 年被获国家局授予“全国烟草技术能手”称号，被河北省总工会评为“河北省十大金牌工人”，被中华全国总工会授予“全国五一劳动奖章”。

自 1991 年 7 月参加工作以来，累计主持完成 60 余项设备自主大修、技术创新、小改小革和 QC 项目，多个项目实现设备无维修设计，降低操作、维修人员的劳动强度，使产品质量稳步提升，为企业创效 1000 余万元，提高设备台效 12%。取得个人实用新型专利 4 项，参与专利及软件著作权 7 项，其中“烟草包装机快换式模盒”专利在全国烟草行业多家烟草企业推广应用，填补国内空白，并荣获石家庄市最佳创意成果奖。2014—2017 年连续 4 年作为主要成员参与的“穿梭车监控系统的研制”课题小组被中国质量协会评为“全国优秀质量管理小组”。

作为企业包装设备技术领头人，卜建立对 GD 包装机设备的维修技术精湛独到，对常见及疑难故障能快速准确查明原因并解决，总结推广解决白卡纸下沉等多项维修经验库，独创一套“听音辨故障维修法”。主编河北中烟工业系统《ZB25 包装机组操作工岗位培训教材》，参与全国烟草行业包装设备操作工 2 ~5 级教材、题库的开发与审定工作，还参与烟机设备维修二级技师的教材审定工作。

2015 年，以卜建立命名的创新工作室被评为“河北省省级创新工作室”，卜建立作为创新工作室带头人，累计主持完成技术创新课题 94 项，完成 QC 课题 47 项，创经济效益 1674.42 万余元，取得实用新型专利 27 项，软件注册权 20 项。工作室先后获得“河北省十佳职工创新团队”“河北省工人先锋号”“全国工人先锋号”等称号，其在全国烟草行业包装技术领域具有突出地位。

【享受国务院政府特殊津贴专家】

武　怡　红云红河烟草（集团）有限责任公司党委书记、总裁

武怡，男，1962 年 5 月生，云南省昆明市人，中共党员，红云红河烟草（集团）有限责任公司党委书记、总裁，云南中烟技术中心首席设计师。为烟草行业科技领军人才、卷烟调香方向学科带头人、卷烟高级调香师，担任全国评烟委员会副主任委员、中国烟草总公司科学技术委员会委员、全国卷烟调香技术委员会常委、全国烟草标准化技术委员会委员等专业技术职务。2016 年 12 月，被国务院批准享受政府特殊津贴。

始终致力于烟草科技创新，尤其在卷烟调香方面具有较高造诣。2011—2016 年，获得省部级科技进步一等奖 2 项、二等奖 1 项，其中，“中式卷烟风格感官评价方法研究”等成果填补了行业技术空白，为行业相关技术工作提供了新的思路和方法，并在生产转化应用中取得良好效果。

重视高层次人才培养和技术平台建设，2011—2016 年，培养卷烟高级调香师 5 人、调香方向工程硕士 5 人，研究员、高级工程师、副研究员共 11 人，带头组建行业卷烟调香技术重点实验室。积极吸纳前沿生产技术，主持完成具有自主知识产权的“云烟”品牌专用制丝生产线建设。大力推进“云烟”品牌“清甜香”品类构建，带领团队研发“云烟（软大重九）”等系列低焦油高端云产卷烟，有力推动品牌创新升级和企业转型发展，取得显著的经济效益和社会效益。

谢复炜　中国烟草总公司郑州烟草研究院烟草制品风险评估研究课题组组长

谢复炜，男，1973 年 4 月生，河南省郑州市人，中国烟草总公司郑州烟草研究院烟草制品风险评估研究课题组组长，兼任 CORESTA（烟草合作研究中心）特种分析物工作组中国烟草总公司代表，中国环境诱变剂学会风险评估专业委员会委员。2016 年 12 月，被国务院批准享受政府特殊津贴。

谢复炜承担多项国家自然科学基金、科技部、国家局、国家质检总局等科研项目，在烟草和烟气成分分析技术、烟草制品风险评估和卷烟减害技术等研究领域做出突出贡献，获国家科技进步二等奖 2 项，省部级科技进步特等奖 1 项、一等奖 2 项、三等奖 8 项等；制定国家标准 6 项，行业标准8项，企业标准5项；发表专著1部；发表论文90余，其中，SCI论文20篇、EI论文23篇，授权发明28项、实用新型10项、计算机软件著作权9项。

谢复炜实现了色谱分析技术的新突破，制定卷烟烟气7种有害成分系列分析方法标准，建立卷烟烟气复杂基质的危害识别体系，为卷烟危害性评价提供了科学客观的技术保障；结合卷烟烟气有害成分分析和烟气毒理学研究，确定卷烟危害性控制成分，构建卷烟危害性控制方法体系，解决卷烟危害性评价及控制的难题；探索卷烟烟气中氨、氢氰酸和苯酚的形成机理，明确其主要来源、形成影响因素和形成过程，为卷烟企业控制和降低卷烟氨、氢氰酸和苯酚释放量提出了理论依据；开发多项具有自主知识产权的降低卷烟烟气有害成分的实用技术，为低危害卷烟的研发提供了可靠的技术手段。研究成果有力推动了烟草行业产品危害性的稳步降低，提升了中式卷烟核心竞争力和比较优势，取得显著的经济效益和社会效益。

◈ 编辑：周　佳

先进集体名单

【烟草行业获评全国五一劳动奖状单位名单】 （中华全国总工会关于表彰2016年全国五一劳动奖的决定）（总工发〔2016〕5号）（2016年4月29日公布）

河南卷烟工业烟草薄片有限公司

甘肃烟草工业有限责任公司天水卷烟厂

【烟草行业获评全国工人先锋号单位名单】 （中华全国总工会关于表彰2016年全国五一劳动奖的决定）（总工发〔2016〕5号）（2016年4月29日公布）

呼和浩特市烟草公司物流中心储配部

上海烟草机械有限责任公司制造一部数控二组

南京市烟草公司卷烟物流配送中心

江苏省烟草公司宿迁市公司卷烟物流配送中心

蚌埠卷烟材料厂嘴棒车间

河南中烟工业有限责任公司黄金叶生产制造中心制丝车间维修班

河南中烟工业有限责任公司安阳卷烟厂卷包车间维修组

河南中烟工业有限责任公司市场营销中心南阳分中心

湖南省烟草公司益阳市公司物流配送中心

湖南省蓝山县烟草专卖局土市烟草工作站

中烟摩迪（江门）纸业有限公司卷烟纸生产线

【烟草行业获评中央国家机关先进基层党组织名单】 （中央国家机关工委召开“两优一先”表彰大会——中国烟叶公司获得中央国家机关先进基层党组织称号）（机党简报〔2016〕7号）（6月24日公布）

中国烟叶公司

【烟草行业获评工业和信息化部直属机关先进基层党组织名单】 （关于表彰工业和信息化部直属机关优秀共产党员、优秀党务工作者和先进基层党组织的决定）（国工发〔2016〕8号）（2016年6月29日公布）

国家局专卖监督管理司

国家局财务管理与监督司（审计司）

国家局党组党风廉政建设领导小组办公室

【烟草行业获评2011—2015年全国法治宣传教育先进单位】 （中央宣传部、司法部、全国普法办公室关于表彰2011—2015年全国法治宣传教育先进集体和先进个人的决定）（司发通〔2016〕49号）

国家烟草专卖局、中国烟草总公司

天津市烟草专卖局（公司）

山西省吕梁市烟草专卖局（公司）

浙江中烟工业有限责任公司

浙江省杭州市烟草专卖局（公司）

江苏省盐城市烟草专卖局（公司）

安徽省宣城市烟草专卖局（公司）

福建省南平市烟草专卖局（公司）

湖南省烟草专卖局（公司）

湖南省张家界市烟草专卖局（公司）

云南省丽江市烟草专卖局（公司）

云南中烟工业有限责任公司

宁夏区银川市烟草专卖局（公司）

【2015年10月至2016年6月烟草行业部督打假打私重大案件表彰名单】 （国家烟草专卖局关于2015年10月至2016年6月烟草打假打私重大案件和专项行动的表彰通报）（国烟专〔2016〕279号）（2016年10月24日公布）

天津市“9·23”销售假烟网络案件

河北省秦皇岛市“9·21”利用互联网非法经营卷烟网络案件

冀京“10·20”跨省运销假烟网络案件

河北省沧州市“10·8”利用网络销售假烟案件

河北省衡水市“12·5”互联网销售烟机网络案件

辽宁省丹东市“12·23”非法经营烟草原辅料网络案件

辽宁省丹东市“4·19”非法经营卷烟网络案件

辽宁省丹东市“4·25”非法经营卷烟网络案件

辽宁省辽阳市闻少玉等人非法经营烟丝网络案件

辽宁省葫芦岛市“11·19”自媒体贩卖假烟走私烟案件

吉林省辽源市“3·18”销售假私烟网络案件

吉林省白山市“11·17”销售走私卷烟网络案件

黑龙江省双鸭山市“4·6”销售假烟网络案件

上海市长宁“6·24”运销假私烟网络案

江苏省宿迁市宿豫区局2014年“2·15”销售假烟网络案件

浙江省杭州市“8·28”特大销售走私卷烟网络案件

浙江省杭州市“7·30”制售假烟网络案件

浙江省杭州市“3·3”销售假烟网络案件

浙江省宁波市“5·12”非法拼装销售烟机网络案件

浙江省金华市“1·16”销售假私烟网络案件

安徽省安庆市岳西“8·15”互联网非法经营卷烟案

安徽省宣城市广德陈晓敏销售假烟案

安徽省马鞍山市“9·26”假烟网络案

安徽省铜陵市“3·5”王建耀生产、销售假烟网络案

福建省厦门市“2·2”生产、销售假冒伪劣卷烟案件

福建省莆田市城厢“3·24”张乔飞等人涉嫌销售假冒注册商标的商品

福建省三明永安“1·8”郑书琳等人销售伪劣产品案

福建省泉州安溪县“3·21”刘本发等人生产销售伪劣产品案

福建省泉州鲤城区“9·25”柯景斌等人生产销售伪劣产品案

福建省漳州平和“1·6”生产销售伪劣产品案

江西省南昌市“4·1”销售假冒注册商标网络案

江西省赣州市“7·22”非法生产、销售烟丝案件

山东枣庄市滕州市“12·8”销售假冒卷烟网络案件

山东潍坊市高密市“1·9”非法经营假烟网络案件

山东威海市“3·22”销售假冒注册商标的商品案

河南南阳市“12·27”制售假烟网络案件

湖北荆州“1·5”非法制售注册商标标识案

湖北十堰“12·12”特大制售假烟案

湖北仙桃“8·24”特大贩售假烟案

湖南邵阳2014年“11·28”销售假烟网络案

广东湛江市“7·16”特大走私烟系列网络案

广东中山市“4·10”跨境非法经营走私雪茄烟网络案

广西南宁“5·10”非法经营走私卷烟网络案

广西梧州“7·9”非法经营卷烟网络案

广西百色“4·8”非法经营烟叶网络案

广西北海“8·1”非法经营卷烟网络案

广西防城港“2·26”非法经营卷烟网络案

四川达州“12·14”生产、销售伪劣烟草制品案

贵州毕节“4·7”非法经营烟叶网络案

【2015年10月至2016年6月烟草打假打私专项行动表彰名单】 （国家烟草专卖局关于2015年10月至2016年6月烟草打假打私重大案件和专项行动的表彰通报）（国烟专〔2016〕279号）（2016年10月24日公布）

北京“蓝盾一号”市场净化行动

天津“冬季”卷烟市场清理整顿专项行动

河北“金叶使命——2016”市场整治专项行动

山西清理整顿卷烟市场专项行动

内蒙古2016年元旦、春节期间清理整顿卷烟市场专项行动

辽宁省烟草专卖局、省公安厅联合卷烟打假打私专项行动

黑龙江“双节市场百日整肃”专项行动

上海2016年元春期间“猎鹰一号”专项行动

江苏“冬季会战”市场集中整治行动

安徽“决胜2015”烟草市场整治专项行动

福建卷烟打假“闽剑”专项行动

山东淄博市卷烟打假打私利剑行动

河南“雷霆六号”卷烟打假专项行动

湖北省物流运输领域涉烟违法活动专项整治“百日行动”

湖南“潇湘金剑3号”市场清理整顿专项行动

广东2015—2016年卷烟打假打私“百日专项行动”

广西“雷霆”专项行动

海南“百日风暴”卷烟市场清理整顿专项行动

四川省烟草市场整治“天府金叶2016”专项行动

重庆“天网1号”专项行动

贵州“黔风四号”打击非法经营烟叶违法犯罪专项行动

云南保山市“破案会战”专项行动

西藏“雪域利剑”卷烟市场专项整治行动

陕西“突出加强专卖 守好省内市场”专项行动

甘肃“两打两保”清理整顿卷烟市场专项行动

宁夏“卷烟市场保卫战2016－1”专项行动

青海2016年元旦春节期间卷烟市场清理整顿专项行动

新疆“春雷”卷烟市场清理整顿专项行动

大连烟草百日市场清理整顿行动

【全国烟草行业“十二五”信息化工作先进单位名单】 （中国烟草总公司关于表彰全国烟草行业“十二五”信息化工作先进单位和先进个人的决定）（中烟办〔2016〕52号）（2016年2月25日公布）

湖南省烟草专卖局（公司）

四川省烟草专卖局（公司）

浙江中烟工业有限责任公司

浙江省烟草专卖局（公司）

上海烟草集团有限责任公司

安徽省烟草专卖局（公司）

云南中烟工业有限责任公司

重庆市烟草专卖局（公司）

湖南中烟工业有限责任公司

广东中烟工业有限责任公司

江苏省烟草专卖局（公司）

甘肃省烟草专卖局（公司）

北京市烟草专卖局（公司）

河南中烟工业有限责任公司

湖北省烟草专卖局（公司）

云南省烟草专卖局（公司）

【全国烟草行业“精益十佳”课题名单】 （国家烟草专卖局办公室关于表彰2016年度全国烟草行业“精益十佳”课题和个人的通报）（国烟办综〔2016〕532号）（2016年11月15日公布）

工业企业“精益十佳”课题名单

序号	课题名称	申报单位
1	降低制丝过程物料损耗	河北中烟工业有限责任公司张家口卷烟厂
2	卷烟产品设计成本控制方法的研究	上海烟草集团有限责任公司技术研发中心
3	运用精益工具提升梗丝加工水平	上海烟草集团北京卷烟厂
4	基于能源价值流分析，持续推进精益管理，提高企业能源管控绩效	江苏中烟工业有限责任公司南京卷烟厂
5	基于防差错的精益质量预控体系建设	江苏中烟工业有限责任公司淮阴卷烟厂
6	基于价值流分析的超高速生产线精益效率改善	浙江中烟工业有限责任公司杭州卷烟厂
7	构建“周进货面”精益驱动体系	浙江中烟工业有限责任公司市场营销部
8	提升制丝线生产组织效率	安徽中烟工业有限责任公司芜湖卷烟厂
9	精益生产绩效指标模型设计及应用	福建中烟工业有限责任公司龙岩烟草工业有限责任公司
10	生产物耗类成本改善	福建中烟工业有限责任公司厦门烟草工业有限责任公司
11	以融合式精益管理体系提高企业控本降耗成效	江西中烟工业有限责任公司南昌卷烟厂
12	构建基于大数据技术的制丝精益“智造”模式	山东中烟工业有限责任公司青岛卷烟厂
13	提高国产高速机组的设备综合效率	山东中烟工业有限责任公司济南卷烟厂
14	基于提质增效的烟叶原料仓储精益管理模式构建	河南中烟工业有限责任公司物流中心、原料采购中心、技术中心
15	卷包快速换牌（SMED）模式研究	河南中烟工业有限责任公司许昌卷烟厂
16	精益联动挖潜 降低烟叶单箱消耗	湖北中烟工业有限责任公司恩施卷烟厂
17	碎烟丝回收技术在PROTOS70设备的研发与应用	湖南中烟工业有限责任公司长沙卷烟厂
18	实践两化融合，构建辅料精益管理新模式	广东中烟工业有限责任公司广州卷烟厂
19	异型烟卷接包精益生产单元建设	广西中烟工业有限责任公司生产管理部、南宁卷烟厂
20	聚焦单箱可控生产成本，打造玉烟精益制造流	云南中烟工业有限责任公司红塔烟草（集团）有限责任公司玉溪卷烟厂
21	基于拉动式生产的制丝生产运营模式的构建与运用	云南中烟工业有限责任公司红云红河烟草（集团）有限责任公司昆明卷烟厂
22	创新“人·机”结合管理模式，全面提升制丝制造力	云南中烟工业有限责任公司红云红河烟草（集团）有限责任公司红河卷烟厂
23	精益管理在制丝工艺优化升级改造工程中的实施与运用	贵州中烟工业有限责任公司毕节卷烟厂
24	以“故障管理”为切入点，有效推进设备精益化管理	陕西中烟工业有限责任公司宝鸡卷烟厂
25	提高气流干燥线西格玛水平	甘肃烟草工业有限责任公司兰州卷烟厂

商业企业“精益十佳”课题名单

序号	课题名称	申报单位
1	提高库存周转次数	北京市烟草公司
2	推动精益工具创新，提升卷烟辅库分拣效率	上海海烟物流发展有限公司
3	卷烟消费调研及在营销决策中的应用	江苏省烟草公司苏州市公司
4	车辆运行费用定额标准体系建设研究	江苏省烟草公司泰州市公司
5	电商采购精益模式设计与实践运用	浙江省烟草公司台州市公司
6	基于精益思想的企业可控费用管理	安徽省烟草公司合肥市公司

续表

序号	课题名称	申报单位
7	面向消费者的 RCBC 卷烟价位营销模式开发与应用	安徽省烟草公司芜湖市公司
8	基于数据挖掘技术的市场状态改善课题	福建省烟草公司厦门市公司
9	降低卷烟分拣差错的精益实践	福建省烟草公司泉州市公司
10	基于系统融合的预算流程中心平台研究与应用	江西省烟草公司南昌市公司
11	创建“双向验证”的市场状态判断精益模式	山东青岛烟草有限公司
12	实物资产配置研究与管理实践	山东潍坊烟草有限公司
13	提升卷烟分拣全效率（OEE）	河南省烟草公司安阳市公司
14	长株潭物流基于价值链分析的战略成本控制	湖南省烟草公司长沙市公司
15	优化核心流程，践行精益采购模式	湖南省烟草公司常德市公司
16	提高卷烟送货出车前工作效率	广东烟草广州市有限公司
17	基于移动商务的客户经理工作模式研究	广西壮族自治区烟草公司百色市公司
18	导入精益理念，构建地市级公司“分层式”精益绩效考核模式	海南省烟草公司琼海公司
19	突出市场导向，发力零售终端，以“拉动式”营销保障大鹏烟草行稳致远	深圳市烟草大鹏新区公司
20	重庆烟叶生产提质增效研究与应用	重庆市烟草公司烟叶分公司
21	构建卷烟物流关键设备状态管理体系	四川省烟草公司成都市公司
22	安顺农村卷烟市场空间 CES 挖潜模式	贵州省烟草公司安顺市公司
23	农村卷烟市场空间拓展营销策略研究与应用	贵州省烟草公司毕节市公司
24	生物质能源烘烤技术的研发与推广	云南省烟草公司昆明市公司
25	烟包智能点件统计器的研制	云南省烟草公司红河州公司
26	基于价值流分析的卷烟服务营销转型研究	甘肃省烟草公司兰州市公司
27	基于统计技术的过程控制方法及其应用	宁夏回族自治区烟草公司银川市公司

【全国烟草行业第二十七届优秀质量管理小组成果发布会获奖名单】 （中国烟草总公司关于表彰全国烟草行业第二十七届优秀质量管理小组成果的通报）（中烟办〔2016〕170 号）（2016 年 7 月 28 日公布）

商业企业

一等奖

序号	单位名称	课题名称	小组名称
1	江苏连云港市公司	精益物流数据自动生成分析工具的研制	梦创 QC 小组
2	山东临沂烟草有限公司	新型散叶装烟筐烘烤技术的研发	金叶芳华 QC 小组
3	广西百色市公司	烟田旋耕起垄器的研制	德保营销部天香 QC 小组
4	广东东莞市有限公司	降低非烟条码统计分析时间	暴风 QC 小组
5	福建漳州市公司	创新精准货源投放分析模式	工匠 QC 小组
6	安徽合肥市公司	卷烟送货装车一体化装置的研制	大力士 QC 小组

二等奖

序号	单位名称	课题名称	小组名称
1	湖南常德市公司	精益物流综合管理 APP 的研发	探索者 QC 小组
2	浙江台州市公司玉环分公司	三员协同移动办公平台研发	面包房 QC 小组
3	山东青岛烟草有限公司	异型烟半自动分拣线双出口分流装置的研制	迅捷 QC 小组
4	山西太原市公司	卷烟包装箱折叠装置的研制	精细严 QC 小组
5	浙江杭州市公司淳安分公司	提高互联网涉烟案件线索排查成功率	亮剑 QC 小组

续表

序号	单位名称	课题名称	小组名称
6	广西河池市公司	卷烟零售客户移动服务终端的研发	营销中心利刃 QC 小组
7	山东潍坊烟草有限公司	漂浮育苗盘清洗消毒一体机的研制	龙腾 QC 小组
8	湖南长沙市公司宁乡分公司	密集烤房助燃风机保护器的研发	金叶飘香 QC 小组
9	江西吉安市公司	鲜烟叶分类烘烤工艺的研发	星星之火 QC 小组
10	重庆市公司涪陵分公司	研制微耕机开沟压膜装置	思考者 QC 小组
11	安徽蚌埠市公司	提高蚌埠本级区域细支卷烟销售比重	正能量 QC 小组
12	湖南郴州市公司	新型烤烟育苗营养肥的研制	营养 QC 小组
13	四川泸州市公司	漂浮育苗自动晾盘装置的研制	烟叶医生 QC 小组
14	江苏徐州市公司丰县分公司	缩短零售户新申报信用卡首次结算时间	奔跑的骆驼 QC 小组
15	北京市公司物流中心	卷烟配送周转箱自动识别系统的研发	银狐 QC 小组
		三等奖	
1	广西南宁市公司	卷烟现代终端整店打造模式开发	同舟 QC 小组
2	四川成都市公司	降低卷烟高架库货位闲置率	超能 QC 小组
3	广东梅州市公司	降低条烟补货小车故障频次	精益 QC 小组
4	福建泉州市公司	缩短纸滑托盘单托盘卸货节拍	超越 QC 小组
5	山西临汾市公司	降低月末商业库存资金占用量	营销中心“702”QC 小组
6	云南省烟草质量监督检测站	烟用醋酸纤维滤棒定性鉴别方法的研发	创智 QC 小组
7	江西萍乡市公司	基于卷烟货源调控的精准市场状态评估模型设计	精准速算 QC 小组
8	四川攀枝花市公司	烟叶烤房高效节能燃烧炉的研发	智创先锋 QC 小组
9	安徽马鞍山市公司	件烟输送防碰撞预警保护装置研发	风暴 QC 小组
10	云南烟叶复烤有限责任公司	刷子摩擦式除尘布袋清洁机研制	拓荒者 QC 小组
11	江苏泰州市公司	提升全员精益小改善年人均成果数	岗位出彩 QC 小组
12	贵州贵阳市公司	无线卷烟库存采集器的研发	蒲公英小组
12	大连市公司瓦房店分公司	提高对接点物流人员有效工作时间占比	飞龙 QC 小组
14	辽宁盘锦市公司	废弃烟丝无害化处理方法的研发	智慧树 QC 小组
15	深圳市公司	创建现场目视化精益安全管理模式	平安 QC 小组

工业企业

一等奖

序号	单位名称	课题名称	小组名称
1	江西中烟南昌卷烟厂	在线叶丝限长装置的研制	五星 QC 小组
2	江苏中烟徐州卷烟厂	叶丝暂存工序工艺流程的精益设计	前沿 QC 小组
3	广西中烟南宁卷烟厂	备件“互联网+”模式仓储管理辅助系统的研制	智思 QC 小组
4	厦门烟草工业有限责任公司	GDX2 包装机回收胶水搅拌装置的研制	凝聚力 QC 小组
5	广东中烟梅州卷烟厂	PROTOS70 卷烟机空气屏障导流装置的研制	雷鸣 QC 小组
6	云南中烟红云红河集团昆明卷烟厂	环形穿梭车快速维护系统的研发	阿尔法 QC 小组
7	山东中烟青岛卷烟厂	研制 ZJ112 卷接机组蜘蛛手油封拆装工具	开创号 QC 小组
8	陕西中烟汉中卷烟厂	研发 SQ3X 系列导丝条新型清洁工具	创新 QC 小组
9	张家口卷烟厂	ZJ17 梗丝再分离装置的研制	我当家 QC 小组
10	河南中烟黄金叶制造中心	研制装封箱机单机不合格烟箱在线自动剔除装置	奇胜 QC 小组

续表

序号	单位名称	课题名称	小组名称
二等奖			
1	云南中烟红塔集团玉溪卷烟厂	梗丝含水率调控装置的研制	天工开物 QC 小组
2	江苏中烟南京卷烟厂	降低 GDX2 细支包装机烟库少烟停机次数	开拓 QC 小组
3	安徽中烟蚌埠卷烟厂	降低制冷系统单位冷量耗电	点石成金 QC 小组
4	云南中烟红塔集团物流中心	片烟仓储外力支撑堆垛装置的研制	传奇 QC 小组
5	广西中烟柳州卷烟厂	降低 GDX1 软盒包装设备单箱废支量	游天 QC 小组
6	重庆中烟重庆卷烟厂	在线水分仪监测系统的研制	探索 QC 小组
7	广东中烟广州卷烟厂	研制 ZB42 包装机组缺包检测装置	无中生有 QC 小组
8	河北白沙烟草有限责任公司	成品高架库堆垛机监控程序的研发	创新 QC 小组
9	山东中烟济南卷烟厂	除尘器来料工艺测试便捷采集装置的研制	发展 QC 小组
10	龙岩烟草工业有限责任公司	降低“七匹狼雅典”卷烟烟支单耗	炫狼 QC 小组
11	浙江中烟杭州卷烟厂	降低 FOCKE 封箱机回用纸箱的故障停机次数	卷包车间辅助维修 QC 小组
12	贵州中烟毕节卷烟厂	研制片印毛刷自动进给装置	精卫 QC 小组
13	湖南中烟长沙卷烟厂	研制以“密度为主导”的烟梗分选装置	劳模创新工作室 QC 小组
三等奖			
1	深圳烟草工业有限责任公司	新型 GDX1 主机出口圆盘新型传动轴的研制	奥盛 QC 小组
2	江西中烟赣州卷烟厂	缩短卷包机组换牌时间	精益管理 QC 小组
3	陕西中烟宝鸡卷烟厂	研制 ZJ112 型卷烟机新型蜘蛛手负压循环装置	龙舟一号 QC 小组
4	安徽中烟芜湖卷烟厂	降低烟丝库入库端设备生产异常率	精益先锋 QC 小组
5	上海烟草集团有限责任公司上海卷烟厂	降低软中华卷烟端部落丝量	精益求精 QC 小组
6	浙江中烟宁波卷烟厂	降低机械手故障维修耗时	利群 QC 小组
7	湖北中烟襄阳卷烟厂	降低细支烟空头率	超越 QC 小组
8	湖南中烟零陵卷烟厂	制丝线防晃电系统的研发	制丝芙蓉王 QC 小组
9	贵州中烟贵阳卷烟厂	单向带式输送机被动辊新型轴颈的研制	丙大班 QC 小组
10	红塔辽宁烟草有限公司营口卷烟厂	输送带清洗装置的研发	雷电 QC 小组
11	秦皇岛烟草机械有限责任公司	解决气流烘丝机干燥管道进料弯头处积料问题	气流烘丝 QC 小组
12	四川中烟绵阳卷烟厂	研制 AGV 智能小车检修平台成果	超越 QC 小组
13	南通醋酸纤维有限公司	提高大袋二氧化钛过滤量	制浆丙酮生产部 QC 小组

【烟草行业优秀 QC 小组成果引进应用奖获奖名单】 （中国烟草总公司关于表彰全国烟草行业第二十七届优秀质量管理小组成果的通报）（中烟办〔2016〕170 号）（2016 年 7 月 28 日公布）

序号	单位名称	小组名称	引用成果名称	效果（全年）
1	贵州中烟贵阳卷烟厂	志达 QC 小组	降低中央空调加湿器制冷能耗	节约成本约 230 万元
2	云南中烟红塔集团玉溪卷烟厂	制丝二机械修理 QC 小组	研制带式输送机密封皮专用更换工具	提高工作效率 1.3 倍；降低成本 4.8 万元
3	贵州中烟毕节卷烟厂	二车间工蜂 QC 小组	降低封箱机使用回收烟箱的停机频次	节约成本约 70 万元
4	浙江中烟宁波卷烟厂	现场管理改进 QC 小组	实现香料配送中心调配系统防差错功能	节约成本约 46 万元
5	安徽中烟阜阳卷烟厂	金刚 QC 小组	通用型双排滚子链条快速维修工具的研制	提高工作效率 5 倍；降低成本约 4 万元

续表

序号	单位名称	小组名称	引用成果名称	效果（全年）
6	陕西中烟汉中卷烟厂	制丝创新 QC 小组	通用型双排滚子链条快速维修工具的研制	提高工作效率 5 倍；降低成本 1.3 万元
7	山东潍坊烟草有限公司安丘分公司	小石头 QC 小组	螺旋式高效轻便井窖打孔器的研制	节约成本约 13.5 万元
8	山西太原市公司	精细严 QC 小组	提高实时分拣模式下的补货成功率	提高分拣准备工作效率 30% 以上
9	山西忻州市公司	忻州物流 QC 小组	提高生产烟箱回收合格率	节约成本约 8 万元
10	湖南长沙市公司浏阳分公司	紫荆进取 QC 小组	手持式卷烟标签打印系统的研发	节约成本约 10 万元

【中国烟草总公司 2016 年度科学技术进步奖获奖名单】 （中国烟草总公司关于 2016 年度科学技术奖励的决定）（中烟办〔2017〕27 号）（2017 年 1 月 22 日公布）

序号	项目中文名称	项目类别	获奖等级	主要完成人	主要完成单位	推荐单位
1	烟草全基因组图谱构建与分析	应用基础研究与应用技术研究类	特等奖	曹培健 肖炳光 龚达平 夏庆友 许亚龙 谢　贺 张吉顺 林福呈 张忠锋 任学良 孙玉合 童治军 乔　婵 卢　鹏 杨爱国 赵山岑 尹　烨 李泽锋 晁江涛 程廷才 张　玉 王根洪 陈学军 杨　军 金静静 林世锋 余世洲 焦芳婵 高　强 段　军	国家烟草基因研究中心 云南省烟草农业科学研究院 中国农业科学院烟草研究所 贵州省烟草科学研究院	中国烟草总公司郑州烟草研究院
2	原辅材料降低卷烟危害性指数规律研究	应用基础研究与应用技术研究类	二等奖	刘惠民 马宇平 金　勇 舒俊生 张天栋 缪明明 童亿刚 聂　聪 张晓兵 杨　松 孙学辉 孙培健 郭吉兆 周　浩 王诗太	中国烟草总公司郑州烟草研究院 河南中烟工业有限责任公司 湖南中烟工业有限责任公司 安徽中烟工业有限责任公司 红云红河烟草（集团）有限责任公司 云南烟草科学研究院 上海烟草集团有限责任公司	中国烟草总公司郑州烟草研究院
3	烟草基因组编辑技术的建立与应用	应用基础研究与应用技术研究类	二等奖	杨大海 夏庆友 王根洪 谢　贺 高军平 姚　恒 白　戈 肖炳光 陈学军 李永平 蔡长春 张谊寒	云南省烟草农业科学研究院 西南大学	云南省烟草专卖局（公司）
4	茄青枯病菌与烟草互作分子机制及其调控技术研究	应用基础研究与应用技术研究类	二等奖	丁　伟 刘建利 许安定 李石力 单卫星 黄俊丽 徐　宸 赵廷昌 杨　超 刘晓姣 李常军 汪代斌 陈益银 代先强 朱晓伟	中国烟草总公司重庆市公司 西南大学 重庆烟草科学研究所 中国农业科学院植物保护研究所 西北农林科技大学 重庆大学	重庆市烟草专卖局（公司）
5	贵州植烟土壤微生物修复关键技术研究及产业化应用	应用基础研究与应用技术研究类	二等奖	陈卫东 石俊雄 李　想 张　恒 刘艳霞 贺方云 汪　平 蔡刘体 孟　琳 李熙全 刁朝强 陆　宁 陈永安 郭亚利 刘杨舟	贵州省烟草科学研究院 南京农业大学 贵州省烟草公司遵义市公司 贵州省烟草公司毕节市公司 贵州省烟草公司贵阳市公司 贵州省烟草公司安顺市公司	贵州省烟草专卖局（公司）
6	无外源添加卷烟配方技术体系开发与应用	应用基础研究与应用技术研究类	二等奖	吴继忠 刘建设 徐清泉 储国海 夏　琛 程昌合 吴　键 廖　付 李永生 项波卡 张立立 张勇刚 慕继瑞 何文苗 苏　燕	浙江中烟工业有限责任公司	浙江中烟工业有限责任公司

续表

序号	项目中文名称	项目类别	获奖等级	主要完成人	主要完成单位	推荐单位
7	生物学检测新方法在烟草中的应用研究	应用基础研究与应用技术研究类	二等奖	李雪梅 夭建华 缪明明 高 茜 管 莹 朱洲海 米其利 黄海涛 曾婉俐 徐济仓 秦云华 余振华 廖头根 王明锋 詹建波	云南中烟工业有限责任公司	云南中烟工业有限责任公司
8	基于配方原料特性的卷烟物理保润技术研究与应用	应用基础研究与应用技术研究类	二等奖	吴 达 沙云菲 刘百战 张 映 胡 军 楼佳颖 王明锋 徐志强 张 乾 于 静 孙凯健 马 骥 沈晓晨 鹿洪亮 姜福东	上海烟草集团有限责任公司 中国烟草总公司郑州烟草研究院 江苏中烟工业有限责任公司 山东中烟工业有限责任公司 福建中烟工业有限责任公司 红云红河烟草（集团）有限责任公司 安徽中烟工业有限责任公司	上海烟草集团有限责任公司
9	真龙品牌“烘焙甜香”品类创新的关键技术研究	应用基础研究与应用技术研究类	二等奖	刘 鸿 冯守爱 李小兰 刘惠民 田兆福 李志华 周 俊 吴 彦 范 忠 韦建玉 徐石磊 胡亚杰 邹 琳 王艳伟 颜权平	广西中烟工业有限责任公司 中国烟草总公司郑州烟草研究院	广西中烟工业有限责任公司
10	应用生物技术在打叶复烤和卷烟生产中降低TSNAs的研究	应用基础研究与应用技术研究类	三等奖	周 骏 雷丽萍 杨春雷 白若石 马雁军 刘兴余 毕继华 曹伏军 朱景溯 严莉红	上海烟草集团有限责任公司 云南省烟草农业科学研究院 山东烟叶复烤有限公司诸城复烤厂	上海烟草集团有限责任公司
11	基于造纸法再造烟叶特性的制丝工艺技术研究	应用基础研究与应用技术研究类	三等奖	姚光明 刘朝贤 王 兵 徐大勇 肖春菊 张云莲 彭桂新 王文领 席年生 王青海	中国烟草总公司郑州烟草研究院 山东中烟工业有限责任公司 浙江中烟工业有限责任公司 河南中烟工业有限责任公司 湖北中烟工业有限责任公司	中国烟草总公司郑州烟草研究院
12	淡雅香风格大然提取物的针对性开发及关键技术研究	应用基础研究与应用技术研究类	三等奖	熊国玺 王 娜 庞登红 李 丹 王 萍 戚新平 熊 斌 毛 耀 王 珊 尹团章	湖北中烟工业有限责任公司 中国烟草总公司郑州烟草研究院	湖北中烟工业有限责任公司
13	烟草青枯病病原菌生物学特性及综合防控技术研究与示范	应用基础研究与应用技术研究类	三等奖	黎妍妍 谭 军 李锡宏 黄俊斌 许汝冰 彭五星 王 瑞 冯 吉 向必坤 孙玉晓	湖北省烟草科学研究院 湖北省烟草公司恩施州公司 华中农业大学	湖北省烟草专卖局（公司）
14	烟草角斑病、野火病流行因素及综合防治技术研究	应用基础研究与应用技术研究类	三等奖	孙剑萍 文景芝 孙宏伟 刘永忠 陈荣平 王春艳 李丽杰 王春军 崔宏伟 万秀清	中国烟草总公司黑龙江省公司牡丹江烟草科学研究所	黑龙江省烟草专卖局（公司）
15	湘西山地特色优质烟叶研究与开发	应用基础研究与应用技术研究类	三等奖	赵松义 易建华 邓小华 彭曙光 杨虹琦 陆中山 周东波 王振华 朱三荣 阳 蓉	中国烟草中南农业试验站 湖南中烟工业有限责任公司 湖南省烟草公司湘西州公司 湖南省烟草公司张家界市公司 湖南省烟草公司常德市公司	湖南省烟草专卖局（公司）
16	优质丰产多抗白肋烟新品种选育与推广应用	应用基础研究与应用技术研究类	三等奖	陈志华 杨兴有 向 杰 靳冬梅 周开绪 郭仕平 杜卫民 陈 鹏 赵 宇 邓学武	四川省烟草公司达州市公司 中国烟草总公司四川省公司	四川省烟草专卖局（公司）
17	降低烟气中氨释放量的复烤、醇化及加工技术研究	应用基础研究与应用技术研究类	三等奖	戴 亚 汪长国 陈昆燕 李 宁 周学政 赵 敏 许寒春 陶文生 周 胜 朱立军	重庆中烟工业有限责任公司	重庆中烟工业有限责任公司

续表

序号	项目中文名称	项目类别	获奖等级	主要完成人	主要完成单位	推荐单位
18	滁菊显效组分的靶向分离及其在焦甜香品类中的应用研究	应用基础研究与应用技术研究类	三等奖	舒俊生 徐志强 陈开波 宁 敏 胡永华 邹 鹏 张晓宇 方 鼎 田振峰 余世科	安徽中烟工业有限责任公司 中国烟草总公司郑州烟草研究院 滁州市滁菊研究所 安徽坤大生物工程技术有限公司	安徽中烟工业有限责任公司
19	功能性沟槽滤棒成型纸降低"芙蓉王"卷烟烟气中苯酚和巴豆醛释放量的研究	应用基础研究与应用技术研究类	三等奖	钟科军 金 勇 谢兰英 刘 琦 喻赛波 罗 嘉 王诗太 聂 聪 孙学辉 王 勇	湖南中烟工业有限责任公司 中国烟草总公司郑州烟草研究院	湖南中烟工业有限责任公司
20	提升再造烟叶功能性和适配性的技术研究与应用	应用基础研究与应用技术研究类	三等奖	缪明明 牟定荣 曾晓鹰 王保兴 李庆华 邹 泉 刘志华 高 锐 王昆淼 陈 冉	云南中烟工业有限责任公司 云南中烟再造烟叶有限责任公司 云南瑞升烟草技术（集团）有限公司 中国科学院大连化学物理研究所	云南中烟工业有限责任公司
21	薄层物料双面喷射式加料机研发及应用研究	应用基础研究与应用技术研究类	三等奖	彭桂新 马宇平 姚光明 丁美宙 孔 臻 黄光富 孙 觅 朱国成 徐源宏 李书芳	河南中烟工业有限责任公司 中国烟草总公司郑州烟草研究院 昆明船舶设备集团有限公司	河南中烟工业有限责任公司
22	"金圣"本草香品类香气特征分析及特征香原料的开发	应用基础研究与应用技术研究类	三等奖	王迪汗 周会舜 蔡继宝 苏加坤 罗海涛 何 力 刘思奎 占小林 王建兵 谭明杰	江西中烟工业有限责任公司 华宝香精股份有限公司	江西中烟工业有限责任公司
23	"清江源"生态富硒特色烟叶生产关键技术研究与应用	应用基础研究与应用技术研究类	三等奖	谭志平 张忠锋 王 瑞 李进平 高 林 吴文昊 张继光 佀国涵 邓建强 夏鹏亮	湖北省烟草公司恩施州公司 中国农业科学院烟草研究所 湖北省烟草科学研究院	湖北省烟草专卖局（公司）

【中国烟草总公司2016年度技术发明奖获奖名单】 （中国烟草总公司关于2016年度科学技术奖励的决定）（中烟办〔2017〕27号）（2017年1月22日公布）

序号	项目中文名称	获奖等级	主要完成人	推荐单位
1	香料线滤棒及衍生产品的研制	三等奖	费 翔 邓 永 何书杰 杨本刚 陈耀宁 郑 杰	四川中烟工业有限责任公司
2	基于吸湿同步性的保润型填料研发及在再造烟叶中的应用	三等奖	饶国华 邵干辉 赵瑞峰 张子恒 傅源锋 曾 健	广东中烟工业有限责任公司

【烟草行业先进离退休干部工作者名单】 （中国烟草总公司关于表彰烟草行业离退休干部工作先进集体和先进工作者的决定）（中烟办〔2017〕45号）（2017年2月28日公布）

北京市烟草公司离退休人员管理办公室

天津市烟草公司人事处

河北省烟草公司沧州市公司吴桥营销部

河北中烟工业有限责任公司白沙烟草有限责任公司服务中心

山西省烟草公司离退休人员管理办公室

内蒙古自治区烟草公司呼和浩特市公司人劳科

辽宁省烟草公司离退休人员管理办公室

吉林省烟草公司离退休人员管理办公室

吉林省烟草公司吉林市公司

黑龙江省烟草公司离退休人员管理办公室

上海烟草集团有限责任公司人事处

上海烟草集团有限责任公司烟草包装印刷有限公司

江苏省烟草公司淮安市公司

江苏省烟草公司连云港市公司

江苏中烟工业有限责任公司离退休办公室

浙江省烟草公司舟山市公司
浙江省烟草公司温州市公司
浙江中烟工业有限责任公司离退休人员管理办公室
安徽省烟草公司离退休人员管理办公室
安徽中烟工业有限责任公司芜湖卷烟厂
福建省烟草公司离退休人员管理办公室
福建省烟草公司漳州市公司
福建中烟工业有限责任公司厦门工业公司
福建中烟工业有限责任公司龙岩工业公司
江西省烟草公司离退休管理办公室
江西中烟工业有限责任公司赣州卷烟厂
山东省烟草公司离退休人员管理办公室
山东省烟草公司临沂市公司
山东中烟工业有限责任公司济南卷烟厂
山东中烟工业有限责任公司滕州卷烟厂
河南省烟草公司离退休人员管理办公室
河南省烟草公司商丘市公司
河南中烟工业有限责任公司许昌卷烟厂
河南中烟工业有限责任公司黄金叶生产制造中心新郑离退休管理办公室
湖北省烟草公司恩施州公司
湖北省烟草公司荆门市公司
湖北中烟工业有限责任公司襄阳卷烟厂
湖南省烟草公司离退休人员管理办公室
湖南省烟草公司郴州市公司
湖南中烟工业有限责任公司零陵卷烟厂
湖南中烟工业有限责任公司常德卷烟厂
广东省烟草公司离退休人员管理办公室
广东中烟工业有限责任公司韶关卷烟厂
广西壮族自治区烟草公司离退休人员管理办公室
广西壮族自治区烟草公司桂林市公司
广西中烟工业有限责任公司柳州卷烟厂
四川省烟草公司离退休人员管理办公室
四川省烟草公司泸州市公司
四川中烟工业有限责任公司什邡卷烟厂
四川中烟工业有限责任公司西昌卷烟厂
贵州省烟草公司黔东南州公司
贵州省烟草公司遵义市播州区烟草分公司
贵州中烟工业有限责任公司遵义卷烟厂
云南省烟草公司离退休人员管理办公室
云南省烟草公司曲靖市公司
云南中烟工业有限责任公司红塔集团玉溪卷烟厂
云南中烟工业有限责任公司红云红河集团昆明卷烟厂
陕西省烟草公司人事处（老干办）
陕西省烟草公司宝鸡市公司
陕西中烟工业有限责任公司延安卷烟厂
甘肃省烟草公司离退休人员管理办公室
重庆市烟草公司万州区公司
重庆中烟工业有限责任公司涪陵卷烟厂
大连市烟草公司离退休人员管理办公室
深圳市烟草公司离退休人员管理办公室
中国烟草机械集团有限责任公司秦皇岛烟机公司
中国烟草机械集团有限责任公司许昌烟机公司
中国烟草实业发展中心内蒙古昆明卷烟有限责任公司
中国烟草实业发展中心甘肃工业公司天水卷烟厂

【烟草行业入选“2016 年度中国企业 500 强”名单】（中国企业联合会、中国企业家协会 2016 年 8 月 27 日公布）

排名	企业名称
115	上海烟草集团有限责任公司
139	红塔烟草（集团）有限责任公司
158	红云红河烟草（集团）有限责任公司
178	浙江中烟工业有限责任公司
211	湖北中烟工业有限责任公司
353	贵州中烟工业有限责任公司
442	福建中烟工业有限责任公司

【烟草行业入选“2016 年度中国制造业企业 500 强”名单】（中国企业联合会、中国企业家协会 2016 年 8 月 27 日公布）

排名	企业名称
42	上海烟草集团有限责任公司
54	红塔烟草（集团）有限责任公司
67	红云红河烟草（集团）有限责任公司
79	浙江中烟工业有限责任公司
100	湖北中烟工业有限责任公司
172	贵州中烟工业有限责任公司
221	福建中烟工业有限责任公司
275	广西中烟工业有限责任公司
311	江西中烟工业有限责任公司
435	河北白沙烟草有限责任公司
450	黑龙江烟草工业有限责任公司
474	张家口卷烟厂有限责任公司

◇ 编辑：周 佳

品牌名录

2016 年在产卷烟品牌（规格）名录[①]

河北中烟工业有限责任公司

品 牌	规 格	焦油量	备 注	规 格	焦油量	备 注
钻石△	钻石（软景泰）	8mg/支	一类烟、高价位卷烟	钻石（细支尚风）	8mg/支	二类烟、细支卷烟
	钻石（一品荷花）	10mg/支	一类烟、高价位卷烟	钻石（经典浓情）	11mg/支	三类烟
	钻石（硬蓝 10 支 120mm）	8mg/支	一类烟	钻石（绿石 2 代）	11mg/支	三类烟
	钻石（大好河山）	10mg/支	一类烟	钻石（硬玫瑰紫）	11mg/支	三类烟
	钻石（软珍品）	11mg/支	一类烟	钻石（经典纯和）	11mg/支	三类烟
	钻石（硬红 120）	8mg/支	一类烟	钻石（软红如意）	11mg/支	三类烟
	钻石（细支荷花）	6mg/支	一类烟、细支卷烟	钻石（大福元）	10mg/支	三类烟
	钻石（时尚景泰）	6mg/支	一类烟、细支卷烟	钻石（硬红）	11mg/支	三类烟
	钻石（荷花）	10mg/支	一类烟	钻石（硬迎宾）	11mg/支	三类烟、2016 年新产品
	钻石（玉兰 120 白）	10mg/支	一类烟	钻石（银玉兰）	11mg/支	三类烟
	钻石（硬珍品）	11mg/支	一类烟	钻石（硬蓝新一代）	8mg/支	三类烟
	钻石（烟波致爽）	10mg/支	一类烟	钻石（红石 2 代）	11mg/支	三类烟
	钻石（扁蓝时尚）	6mg/支	一类烟、细支卷烟	钻石（平安）	11mg/支	三类烟、2016 年新产品
	钻石（金石）	11mg/支	二类烟	钻石（鸿运）	10mg/支	四类烟、2016 年新产品
	钻石（时尚）	6mg/支	二类烟、细支卷烟	钻石（软红）	11mg/支	四类烟
	钻石（金玉兰）	11mg/支	二类烟	钻石（硬蓝）	11mg/支	四类烟
	钻石（细支心世界）	8mg/支	二类烟、细支卷烟	钻石（硬特醇）	11mg/支	四类烟
	钻石（软绿）	10mg/支	二类烟			
新石家庄	新石家庄（软）	11mg/支	五类烟			
北戴河	北戴河（软）	11mg/支	五类烟			

注：根据国烟办综〔2017〕51 号文件，2016 年全国烟草行业共有 31 个重点卷烟品牌，其中，标☆的为三类以上卷烟销量排名前 15 位品牌，标★的为销售收入（含税）排名前 15 位品牌，标△的为鼓励培育品牌。“双喜·红双喜”在本名录中分别按“双喜”和“红双喜”单列。

上海烟草集团有限责任公司

品 牌	规 格	焦油量	备 注	规 格	焦油量	备 注
熊猫	熊猫（硬经典）	10mg/支	一类烟、高价位卷烟	熊猫（硬 5 盒时代版出口）	11mg/支	出口烟、高价位卷烟
	熊猫（硬时代版）	11mg/支	一类烟、高价位卷烟	熊猫（5 盒礼盒出口）	12mg/支	出口烟、高价位卷烟
	熊猫（听 50 支出口）	10mg/支	出口烟、高价位卷烟、2016 年新产品			

① 除特别说明外，收录品牌均为境内企业生产的企业自有品牌。备注中未说明的卷烟品牌（规格）均为烤烟型。

续表

品 牌	规 格	焦油量	备 注	规 格	焦油量	备 注
中华☆★	中华（5000）	10mg/支	一类烟	中华（金中支）	10mg/支	一类烟、2016年新产品
	中华（软）	11mg/支	一类烟	中华（硬10mg出口）	10mg/支	出口烟
	中华（全开式）	11mg/支	一类烟	中华（硬出口）	11mg/支	出口烟
	中华（硬）	11mg/支	一类烟	中华（软出口）	11mg/支	出口烟
	中华（硬10mg12支）	10mg/支	一类烟	中华（5000出口）	10mg/支	出口烟
	中华（硬10mg）	10mg/支	一类烟	中华（听50支出口）	11mg/支	出口烟、2016年新产品
	中华（硬10mg5支）	10mg/支	一类烟			
江山	江山（硬一统）	10mg/支	一类烟			
恒大	恒大（全开式烟魁）	10mg/支	一类烟、高价位卷烟	恒大（记忆1949）	10mg/支	一类烟、2016年新产品
	恒大（烟魁1919）	10mg/支	一类烟			
红双喜☆★	红双喜（硬铂派）	3mg/支	一类烟	红双喜（硬百顺）	11mg/支	三类烟
	红双喜（硬晶派）	11mg/支	一类烟	红双喜（硬江山精品）	11mg/支	三类烟
	红双喜（硬江山珍品）	11mg/支	二类烟	红双喜（硬上海）	11mg/支	三类烟
	红双喜（硬精品）	10mg/支	二类烟	红双喜（硬特）	10mg/支	三类烟
	红双喜（硬尚派）	5mg/支	二类烟	红双喜（硬晶派出口）	11mg/支	出口烟
	红双喜（硬星派）	5mg/支	二类烟	红双喜（硬晶派10mg出口）	10mg/支	出口烟
	红双喜（硬荷派）	5mg/支	二类烟	红双喜（硬10mg出口）	10mg/支	出口烟
	红双喜（硬晶喜）	11mg/支	二类烟	红双喜（硬出口）	11mg/支	出口烟
	红双喜（硬津门恒大）	8mg/支	二类烟	红双喜（硬8mg出口）	8mg/支	出口烟
	红双喜（硬）	11mg/支	三类烟	红双喜（硬上海出口）	11mg/支	出口烟
	红双喜（硬8mg）	8mg/支	三类烟			
中南海△	中南海（3mg）	3mg/支	一类烟、混合型	中南海（10mg）	10mg/支	三类烟、混合型
	中南海（领越）	6mg/支	一类烟、混合型	中南海（3mg出口）	3mg/支	出口烟、混合型
中南海△	中南海（软精品）	10mg/支	一类烟	中南海（8mg出口）	8mg/支	出口烟、混合型
	中南海（硬1mg）	1mg/支	一类烟、混合型、高价位卷烟	中南海（薄荷8mg出口）	8mg/支	出口烟、混合型
	中南海（硬94mm浪漫风情）	5mg/支	一类烟、混合型	中南海（Premium 5mg出口）	5mg/支	出口烟、混合型
	中南海（硬酷爽风尚）	8mg/支	一类烟、混合型	特制红中南海（出口）	11mg/支	出口烟
	中南海（Z咖）	8mg/支	一类烟、混合型、2016年新产品	中南海（1mg出口）	1mg/支	出口烟、混合型

续表

品牌	规格	焦油量	备注	规格	焦油量	备注
中南海△	中南海（蓝色风尚）	5mg/支	二类烟、混合型	中南海（5mg出口）	5mg/支	出口烟、混合型
	中南海（特高）	11mg/支	二类烟	中南海（薄荷1mg出口）	1mg/支	出口烟、混合型
	中南海（5mg）	5mg/支	三类烟、混合型	中南海（Premium 1mg出口）	1mg/支	出口烟、混合型
	中南海（软蓝色时光）	6mg/支	三类烟、混合型	中南海（Premium 8mg出口）	8mg/支	出口烟、混合型
	中南海（5mg细支）	5mg/支	三类烟、细支卷烟、混合型	中南海（3mg京韵）	3mg/支	出口烟、混合型、2016年新产品
	中南海（金8mg）	8mg/支	三类烟、混合型	中南海（5mg京韵）	5mg/支	出口烟、混合型、2016年新产品
	中南海（8mg）	8mg/支	三类烟、混合型			
孟菲斯	孟菲斯（硬红）	11mg/支	三类烟	孟菲斯（硬蓝）	9mg/支	三类烟
凤凰	凤凰（细支）	8mg/支	一类烟、细支卷烟、2016年新产品	凤凰（细支出口）	8mg/支	出口烟、细支卷烟、2016年新产品
牡丹	牡丹（软蓝）	10mg/支	一类烟	牡丹（真国色出口）	10mg/支	出口烟、2016年新产品
	牡丹（软）	10mg/支	三类烟			
大前门	大前门（短支）	10mg/支	二类烟、2016年新产品	大前门（软）	11mg/支	五类烟
	大前门（硬）	9mg/支	五类烟			

江苏中烟工业有限责任公司

品牌	规格	焦油量	备注	规格	焦油量	备注
南京☆★	南京（九五）	11mg/支	一类烟、高价位卷烟	南京（硬金星）	11mg/支	二类烟
	南京（软九五）	11mg/支	一类烟、高价位卷烟	南京（炫赫门）	8mg/支	二类烟、细支卷烟
	南京（细支九五）	5mg/支	一类烟、高价位卷烟、细支卷烟	南京（金砂）	10mg/支	二类烟
	南京（雨花石）	5mg/支	一类烟、细支卷烟	南京（佳品）	11mg/支	二类烟
	南京（硬珍品）	11mg/支	一类烟	南京（红华西）	10mg/支	二类烟
	南京（大观园）	6mg/支	一类烟、细支卷烟	南京（硬林）	11mg/支	二类烟
	南京(84mm金陵十二钗)	8mg/支	一类烟	南京（新版）	10mg/支	二类烟、2016年新产品
	南京（喜庆）	11mg/支	一类烟	南京（绿梦都）	6mg/支	三类烟、细支卷烟
	南京（臻品）	10mg/支	一类烟	南京（红一品）	8mg/支	三类烟

续表

品牌	规格	焦油量	备注	规格	焦油量	备注
南京☆★	南京（十二钗烤烟）	6mg/支	一类烟、细支卷烟	南京（红）	11mg/支	三类烟
	南京（十二钗薄荷）	6mg/支	一类烟、细支卷烟	南京（紫树）	10mg/支	三类烟
	南京（精品）	11mg/支	一类烟	南京（紫晶）	8mg/支	三类烟
	南京（十二钗中式混合型）	5mg/支	一类烟、细支卷烟、混合型	南京（绿）	8mg/支	四类烟
	南京（梦都）	6mg/支	一类烟、细支卷烟			
苏烟★	苏烟（天星）	11mg/支	一类烟、高价位卷烟	苏烟（软金砂）	11mg/支	一类烟
	苏烟（沉香）	6mg/支	一类烟、高价位卷烟、细支卷烟	苏烟（五星红杉树）	11mg/支	一类烟
	苏烟（金砂2）	11mg/支	一类烟、高价位卷烟	苏烟（东渡顺）	11mg/支	一类烟、2016年新产品
	苏烟（一品梅）	11mg/支	一类烟、高价位卷烟	苏烟（金砂C）	11mg/支	出口烟
	苏烟（瑞星）	10mg/支	一类烟	苏烟（红杉树C）	11mg/支	出口烟
	苏烟（七星）	11mg/支	一类烟			
一品梅	一品梅（淡黄）	8mg/支	四类烟			
红杉树	红杉树（木）	9mg/支	四类烟	红杉树（软红）	8mg/支	五类烟
	红杉树（硬新）	8mg/支	四类烟			
华西村	华西村（经典）	11mg/支	一类烟			
大丰收	大丰收（软）	8mg/支	五类烟、国家局共有品牌			
罗曼蒂克	罗曼蒂克（FLB）	7mg/支	出口烟、混合型	罗曼蒂克（BNM）	9mg/支	出口烟、混合型
	罗曼蒂克（5mg台湾）	5mg/支	出口烟、混合型	罗曼蒂克（7mg台湾）	7mg/支	出口烟、混合型
	罗曼蒂克（ZDXZ5mg）	5mg/支	出口烟、混合型	罗曼蒂克（BJST）	7mg/支	出口烟、混合型

浙江中烟工业有限责任公司

品牌	规格	焦油量	备注	规格	焦油量	备注
利群☆★	利群（休闲）	11mg/支	一类烟、高价位卷烟	利群（长嘴香港）	11mg/支	出口烟
	利群（阳光）	8mg/支	一类烟	利群（长嘴XZ）	12mg/支	出口烟
	利群（软长嘴）	11mg/支	一类烟	利群（长嘴印尼）	11mg/支	出口烟
	利群（硬）	10mg/支	一类烟	利群（长嘴英文）	11mg/支	出口烟
	利群（长嘴）	11mg/支	一类烟	利群（长嘴智利）	11mg/支	出口烟
	利群（软红长嘴）	11mg/支	一类烟	利群（英文）	11mg/支	出口烟
	利群（软红长嘴硬化）	11mg/支	一类烟	利群（英文阿联酋）	6mg/支	出口烟
	利群（软金色阳光）	8mg/支	一类烟	利群（英文GM）	11mg/支	出口烟

续表

品牌	规格	焦油量	备注	规格	焦油量	备注
利群☆★	利群（神州）	8mg/支	一类烟	利群（长嘴韩国）	12mg/支	出口烟
	利群（西子阳光）	5mg/支	一类烟、细支卷烟	利群（长嘴吉布提）	11mg/支	出口烟
	利群（逍遥）	6mg/支	一类烟、高价位卷烟	利群（阳光英文）	8mg/支	出口烟
	利群（薄荷）	9mg/支	一类烟、外香型	利群（软长嘴国际版）	11mg/支	出口烟
	利群（休闲云端）	7mg/支	一类烟、高价位卷烟、细支卷烟、2016年新产品	利群（软长嘴 GM）	11mg/支	出口烟
	利群（钱塘）	10mg/支	一类烟、2016年新产品	利群（软长嘴英文）	11mg/支	出口烟
	利群（西湖恋）	8mg/支	一类烟、细支卷烟、2016年新产品	利群（阳光菲律宾）	—	出口烟
	利群（江南忆）	10mg/支	一类烟、2016年新产品	利群（阳光国际版）	8mg/支	出口烟
	利群（蓝天）	11mg/支	二类烟	利群（阳光 GM）	8mg/支	出口烟
	利群（老版）	11mg/支	二类烟	利群（阳光 HK）	8mg/支	出口烟
	利群（新版）	11mg/支	二类烟	利群（阳光马来西亚）	8mg/支	出口烟
	利群（软老版）	6mg/支	二类烟	利群（阳光澳门）	8mg/支	出口烟
	利群（8mg 新版）	8mg/支	二类烟	利群（阳光澳门免税）	8mg/支	出口烟
	利群（软蓝）	11mg/支	二类烟	利群（阳光土耳其）	8mg/支	出口烟
	利群（长嘴 AZ）	12mg/支	出口烟	利群（阳光台湾）	8mg/支	出口烟
	利群（长嘴菲律宾）	11mg/支	出口烟	利群（阳光新加坡）	8mg/支	出口烟
	利群（长嘴 GM）	11mg/支	出口烟	利群（英文澳门）	11mg/支	出口烟
	利群（长嘴 HK）	11mg/支	出口烟	利群（英文台湾）	8mg/支	出口烟
	利群（长嘴秘鲁）	11mg/支	出口烟	利群（阳光韩国）	8mg/支	出口烟
	利群（长嘴马来西亚）	11mg/支	出口烟	利群（长嘴格鲁吉亚）	11mg/支	出口烟
	利群（长嘴澳门）	11mg/支	出口烟	利群（英文尼日利亚）	8mg/支	出口烟
	利群（长嘴澳门免税）	11mg/支	出口烟	利群（阳光印尼）	8mg/支	出口烟
	利群（长嘴泰国）	11mg/支	出口烟			
大红鹰	大红鹰（软蓝）	8mg/支	三类烟			
雄狮	雄狮（红）	8mg/支	五类烟	雄狮（薄荷）	8mg/支	五类烟、外香型
	雄狮（硬）	8mg/支	四类烟	雄狮（红老版）	8mg/支	四类烟
摩登	摩登（秘鲁）	9mg/支	出口烟、混合型	摩登（南美 H）	10mg/支	出口烟、混合型
	摩登（秘鲁 BH）	10mg/支	出口烟、外香型	摩登（南美 S）	9mg/支	出口烟、混合型
	摩登（国际版）	9mg/支	出口烟、混合型	摩登（南美 BH）	10mg/支	出口烟、外香型
	摩登（菲律宾 C）	—	出口烟、混合型	摩登（多米尼加）	9mg/支	出口烟、混合型
	摩登（菲律宾 HC）	—	出口烟、混合型	摩登（多米尼加 H）	10mg/支	出口烟、混合型

安徽中烟工业有限责任公司

品 牌	规 格	焦油量	备 注	规 格	焦油量	备 注
黄山☆★	黄山（天都）	8mg/支	一类烟	黄山（最美高铁）	10 mg/支	二类烟、2016年新产品
	黄山（徽商新视界）	10 mg/支	一类烟、2016年新产品	黄山（大黄山）	10mg/支	二类烟
	黄山（新视界）	10mg/支	一类烟	黄山（记忆）	10 mg/支	二类烟
	黄山（硬天都）	10mg/支	一类烟、2016年新产品	黄山（中国画细支）	8mg/支	二类烟、细支卷烟
	黄山（经典皖烟）	11mg/支	一类烟	黄山（新制皖烟）	11mg/支	二类烟
	黄山（喜庆红方印）	10mg/支	一类烟	黄山（中国松）	11mg/支	三类烟
	黄山（徽商新概念）	10mg/支	一类烟、2016年新产品	黄山（大壹品）	8mg/支	三类烟
	黄山（七星皖烟）	10mg/支	一类烟、2016年新产品	黄山（贵宾迎客松）	8mg/支	三类烟
	黄山（喜庆红方印细支）	10mg/支	一类烟、细支卷烟	黄山（硬）	11mg/支	三类烟
	黄山（万象细支）	8mg/支	一类烟、细支卷烟	黄山（硬记忆）	8mg/支	三类烟、2016年新产品
	黄山（大红方印）	10mg/支	一类烟	黄山（硬记忆）老	10mg/支	三类烟
	黄山（新概念）	10mg/支	一类烟	黄山（中国风）	11mg/支	三类烟
	黄山（金皖烟）	11mg/支	一类烟	黄山（软大壹品）	10mg/支	三类烟、2016年新产品
	黄山（中国印）	10mg/支	一类烟、2016年新产品	黄山（金纯和）	11mg/支	三类烟
	黄山（大黄山细支）	10mg/支	一类烟、细支卷烟	黄山（硬中国风）	8mg/支	三类烟
	黄山（国宾迎客松）	11mg/支	一类烟	黄山（金光明）	10mg/支	三类烟
	黄山（万象）	10mg/支	一类烟	黄山（嘉宾迎客松）	8mg/支	三类烟
	黄山（小红方印）	10mg/支	一类烟、2016年新产品	黄山（软一品）	10mg/支	三类烟
	黄山（红方印细支）	9mg/支	一类烟、细支卷烟、2016年新产品	黄山（硬一品）	10mg/支	四类烟
	黄山（软喜庆红方印）	10mg/支	一类烟	黄山（红光明）	10mg/支	四类烟
	黄山（小红方印）老	10mg/支	一类烟	黄山（新一品）	10mg/支	四类烟、2016年新产品
	黄山（红皖烟）	11mg/支	二类烟	黄山（细支红方印出口）	9mg/支	出口烟、细支卷烟、2016年新产品
	黄山（新红皖）	11mg/支	二类烟、2016年新产品	黄山（大红方印出口）	10mg/支	出口烟、2016年新产品

续表

品　牌	规　格	焦油量	备　注	规　格	焦油量	备　注
都宝△	都宝（蓝莓细支）	6mg/支	二类烟、细支卷烟、混合型	都宝（台湾 3mg）	3mg/支	出口烟、混合型
	都宝（荣耀黄金）	8mg/支	二类烟、混合型、2016 年新产品	都宝（台湾 4 号）	4mg/支	出口烟、混合型
	都宝（纯正 9 号）	8mg/支	四类烟、混合型	都宝（台湾 6 号）	6mg/支	出口烟、混合型
	都宝（硬红新）	8mg/支	四类烟、混合型	都宝（台湾 8mg）	8mg/支	出口烟、混合型、2016 年新产品
	都宝（新）	8mg/支	五类烟、混合型	都宝（台湾 9 号）	9mg/支	出口烟、混合型
	都宝（3mg 台湾）	3mg/支	出口烟、混合型	都宝（新台湾 5 号）	5mg/支	出口烟、混合型、2016 年新产品
	都宝（4 号台湾）	4mg/支	出口烟、混合型	都宝（新台湾 8 号）	8mg/支	出口烟、混合型、2016 年新产品
	都宝（5mg 台湾）	5mg/支	出口烟、混合型	都宝（银时尚台湾）	7mg/支	出口烟、混合型
	都宝（6 号台湾）	6mg/支	出口烟、混合型			
红三环	红三环（红）	10mg/支	四类烟	红三环（软黄）	9mg/支	五类烟
	红三环（幸福篇）	10mg/支	四类烟	红三环（渡江）	9mg/支	五类烟
盛唐	盛唐（金）	10mg/支	四类烟			

福建中烟工业有限责任公司

品　牌	规　格	焦油量	备　注	规　格	焦油量	备　注
七匹狼☆★	七匹狼（大通仙）	10mg/支	一类烟、高价位卷烟	七匹狼（纯尚）	8mg/支	一类烟、2016 年新产品
	七匹狼（通仙）	10mg/支	一类烟	七匹狼（纯雅）	6mg/支	二类烟
	七匹狼（通仙 3mg）	3mg/支	一类烟	七匹狼（纯境）	6mg/支	二类烟
	七匹狼（通仙境）	10mg/支	一类烟	七匹狼（大富贵）	10mg/支	二类烟
	七匹狼（小通仙）	10mg/支	一类烟	七匹狼（锋芒）	7mg/支	二类烟、细支卷烟
	七匹狼（厦门）	11mg/支	一类烟	七匹狼（软红）	10mg/支	二类烟
	七匹狼（通福）	11mg/支	一类烟	七匹狼（纯翠）	6mg/支	二类烟
	七匹狼（软灰）	11mg/支	一类烟	七匹狼（红）	11mg/支	二类烟
	七匹狼（行天下）	10mg/支	一类烟	七匹狼（豪迈）	8mg/支	三类烟

续表

品 牌	规 格	焦油量	备 注	规 格	焦油量	备 注
七匹狼☆★	七匹狼（新圣典）	11mg/支	一类烟	七匹狼（鸿福）	10mg/支	三类烟
	七匹狼（16支通仙）	10mg/支	一类烟	七匹狼（金）	11mg/支	三类烟
	七匹狼（通仙纯）	9mg/支	一类烟	七匹狼（蓝）	8mg/支	三类烟
	七匹狼（16支纯香）	5mg/支	一类烟	七匹狼（豪运）	10mg/支	三类烟
	七匹狼（尚品）	11mg/支	一类烟	七匹狼（白）	10mg/支	三类烟
	七匹狼（16支通泰）	11mg/支	一类烟	七匹狼（君如意）	10mg/支	三类烟
	七匹狼（纯典）	5mg/支	一类烟	七匹狼（金砂）	10mg/支	三类烟、2016年新产品
	七匹狼（通运）	10mg/支	一类烟	七匹狼（古田）	10mg/支	四类烟
	七匹狼（翠碧嘉缘）	10mg/支	一类烟、2016年新产品	七匹狼（豪情）	10mg/支	四类烟
	七匹狼（硬锋芒）	10mg/支	一类烟、2016年新产品			
万宝路	万宝路（软金）	8mg/支	一类烟、混合型	万宝路（软红）	11mg/支	二类烟、混合型
	万宝路（软红2.0）	10mg/支	二类烟、混合型、2016年新产品	万宝路（硬红2.0）	10mg/支	二类烟、混合型、2016年新产品
金桥△	金桥（冰爆）	8mg/支	一类烟、混合型、2016年新产品	金桥（尚品）	10mg/支	出口烟
	金桥（英伦奶香）	6mg/支	三类烟、混合型	金桥（350，巴新）	10mg/支	出口烟、2016年新产品
	金桥（硬）	8mg/支	三类烟、混合型	金桥（350，秘鲁）	10mg/支	出口烟、2016年新产品
	金桥（软混）	10mg/支	三类烟、混合型	金桥（180）	10mg/支	出口烟、2016年新产品
	金桥（台湾97）	5mg/支	出口烟、混合型	金桥（台湾94）	5mg/支	出口烟、混合型
	金桥（台湾84）	7mg/支	出口烟、混合型	金桥（Avolon94）	7mg/支	出口烟、混合型
	金桥（台湾84，5mg）	5mg/支	出口烟、混合型、2016年新产品	金桥（巴新蓝）	15mg/支	出口烟、混合型、2016年新产品
石狮	石狮（平安）	11mg/支	四类烟	石狮（软富健）	10mg/支	五类烟
古田	古田（软1929）	10mg/支	一类烟	古田（红军灰）	8mg/支	一类烟
土楼	土楼（神韵）	10mg/支	一类烟			
妙香	妙香	12mg/支	出口烟			

江西中烟工业有限责任公司

品 牌	规 格	焦油量	备 注	规 格	焦油量	备 注
金圣△	金圣（智圣出山16支装）	8mg/支	一类烟、高价位卷烟、2016年新产品	金圣（典藏瑞香）	10mg/支	一类烟、2016年新产品
	金圣（智圣出山）	10mg/支	一类烟、高价位卷烟	金圣（赣）	11mg/支	二类烟
	金圣（滕王阁·金叶天香）	10mg/支	一类烟、高价位卷烟、2016年新产品	金圣（滕王阁·渔舟唱晚）	11mg/支	二类烟、2016年新产品
	金圣（硬红瑞香）	10mg/支	一类烟、2016年新产品	金圣（滕王阁·紫光）	8mg/支	二类烟、细支卷烟、2016年新产品
	金圣（滕王阁·香两岸）	10mg/支	一类烟、2016年新产品	金圣（庐山·有滋有味）	10mg/支	三类烟、2016年新产品
	金圣（软瑞香）	10mg/支	一类烟	金圣（硬红）	8mg/支	三类烟
	金圣（软滕王阁）	10mg/支	一类烟	金圣（硬时代祥和）	11mg/支	三类烟
	金圣（典藏花开富贵）	10mg/支	一类烟	金圣（软红）	10mg/支	三类烟
	金圣（本草瑞香）	8mg/支	一类烟、细支卷烟	金圣（庐山）	8mg/支	三类烟
	金圣（红瑞香）	10mg/支	一类烟、2016年新产品	金圣（硬滕王阁）	10mg/支	三类烟
	金圣（吉品）	10mg/支	一类烟	金圣（硬红·十二生肖）	10 mg/支	三类烟、2016年新产品
	金圣（盛世典藏）	11mg/支	一类烟	金圣（软）	10mg/支	三类烟
	金圣（硬典藏）	11mg/支	一类烟	金圣（硬黑老虎）	10mg/支	三类烟
	金圣（原生工坊）	10mg/支	一类烟	金圣（硬）	10mg/支	三类烟
	金圣（软天成）	6mg/支	一类烟	金圣（瓷）	10mg/支	出口烟
	金圣（滕王阁细支）	8mg/支	一类烟、细支卷烟			
庐山	庐山（银）	11mg/支	四类烟	庐山（硬）	10mg/支	五类烟
	庐山（精品）	11mg/支	四类烟	庐山（软）	11mg/支	五类烟
	庐山（黄精品）	11mg/支	四类烟	庐山（新）	10mg/支	五类烟
	庐山（大红运）	10mg/支	四类烟			
赣	赣（佳品）	11mg/支	四类烟	赣（蓝）	10mg/支	四类烟
月兔	月兔（硬）	10mg/支	五类烟			

山东中烟工业有限责任公司

品 牌	规 格	焦油量	备 注	规 格	焦油量	备 注
泰山☆★	泰山（拂光）	11mg/支	一类烟	泰山（宏图）	11mg/支	三类烟
	泰山（好客）	10mg/支	一类烟	泰山（平安）	6mg/支	三类烟
	泰山（儒风）	11mg/支	一类烟	泰山（华贵）	11mg/支	三类烟
	泰山（大宏图）	10mg/支	二类烟	泰山（白将军）	11mg/支	三类烟
	泰山（拂光细支）	6mg/支	一类烟、细支卷烟	泰山（红将）	11mg/支	三类烟
	泰山（领秀）	10mg/支	一类烟	泰山（哈德门）	10mg/支	三类烟

续表

品 牌	规 格	焦油量	备 注	规 格	焦油量	备 注
泰山☆★	泰山（乐章）	5mg/支	一类烟	泰山（红将军）	11mg/支	三类烟
	泰山（新品）	11mg/支	一类烟	泰山（硬红八喜）	8mg/支	三类烟
	泰山（将军）	11mg/支	一类烟	泰山（战神）	10mg/支	三类烟、2016 年新产品
	泰山（八喜）	8mg/支	一类烟	泰山（AL）（阿语）	8mg/支	出口烟、混合型
	泰山（硬神秀）	11mg/支	一类烟	泰山（Taishan1）	8mg/支	出口烟
	泰山（皇家礼炮 21 响）	11mg/支	一类烟、2016 年新产品	泰山（Taishan3）	10mg/支	出口烟
	泰山（好客细支）	6mg/支	一类烟、细支卷烟	泰山(Taishan5)（英）	8mg/支	出口烟、混合型
	泰山（红锡包）	11mg/支	一类烟	泰山(Taishan6)（英）	6mg/支	出口烟、混合型
	泰山（望岳）	8mg/支	一类烟	泰山（Taishan8）	6mg/支	出口烟
	泰山（颜悦）	6mg/支	一类烟	泰山（Taishan9）	6mg/支	出口烟
	泰山（儒风细支）	6mg/支	一类烟、细支卷烟、2016 年新产品	泰山（Taishan10）	6mg/支	出口烟
	泰山（硬功勋）	11mg/支	二类烟	泰山（Taishan11）	6mg/支	出口烟
	泰山（心悦）	6mg/支	二类烟	泰山（Taishan12）	6mg/支	出口烟
	泰山（大鸡）	10mg/支	二类烟	泰山（Taishan13）	6mg/支	出口烟
	泰山（青秀）	8mg/支	二类烟	泰山（TS）	8mg/支	出口烟、混合型
	泰山（绿孔府）	8mg/支	二类烟	泰山（TS5）	12 mg/支	出口烟、混合型
	泰山（沂蒙）	11mg/支	三类烟	泰山（Hatamen1）	11mg/支	出口烟
	泰山（东方）	11mg/支	三类烟			
将军	将军（潘萨）	11mg/支	三类烟、雪茄型			
哈德门	哈德门（纯香）	11mg/支	四类烟	哈德门（软）	11mg/支	五类烟
	哈德门（精品）	11mg/支	四类烟			

河南中烟工业有限责任公司

品 牌	规 格	焦油量	备 注	规 格	焦油量	备 注
黄金叶☆★	黄金叶（天叶）	11mg/支	一类烟、高价位卷烟	黄金叶（金丝路）	10mg/支	二类烟
	黄金叶（天叶细支）	8mg/支	一类烟、高价位卷烟、细支卷烟	黄金叶（豫烟 2 号）	10mg/支	二类烟、2016 年新产品
	黄金叶（小天叶）	10mg/支	一类烟、高价位卷烟	黄金叶（爱尚）	6mg/支	二类烟、细支卷烟
	黄金叶（软黄金）	10mg/支	一类烟	黄金叶（硬福满堂）	10mg/支	二类烟
	黄金叶（上河图）	10mg/支	一类烟	黄金叶（红南阳）	10mg/支	二类烟

续表

品　牌	规　格	焦油量	备　注	规　格	焦油量	备　注
黄金叶☆★	黄金叶（天香细支）	6mg/支	一类烟、细支卷烟	黄金叶（黄金眼）	10mg/支	二类烟
	黄金叶（豫烟5号）	10mg/支	一类烟、2016年新产品	黄金叶（金尚酷）	10mg/支	二类烟
	黄金叶（茗仕之风）	11mg/支	一类烟	黄金叶（尚酷）	8mg/支	二类烟
	黄金叶（硬黄金）	10mg/支	一类烟	黄金叶（乐途）	10mg/支	二类烟、2016年新产品
	黄金叶（天韵）	8mg/支	一类烟	黄金叶（香之源）	10mg/支	二类烟、2016年新产品
	黄金叶(百年浓香·典藏)	10mg/支	一类烟	黄金叶（硬红旗渠）	10mg/支	三类烟
	黄金叶（百年浓香）	8mg/支	一类烟	黄金叶（硬帝豪）	11mg/支	三类烟
	黄金叶（红旗渠）	10mg/支	一类烟	黄金叶（金满堂）	10mg/支	三类烟
	黄金叶（浓香细支）	6mg/支	一类烟、细支卷烟	黄金叶（喜满堂）	10mg/支	三类烟
	黄金叶（小黄金）	10mg/支	一类烟	黄金叶（鸿运）	10mg/支	三类烟
	黄金叶（软大金圆）	11mg/支	一类烟	黄金叶（吉祥如意出口）	10mg/支	出口烟
	黄金叶（软盛世金典）	11mg/支	一类烟	黄金叶（大金圆出口）	10mg/支	出口烟、混合型
	黄金叶(硬大金圆双十支)	11mg/支	一类烟	黄金叶（硬黄出口）	10mg/支	出口烟
	黄金叶（软红大金圆）	10mg/支	一类烟	黄金叶（硬红出口）	10mg/支	出口烟
	黄金叶（炫尚）	6mg/支	一类烟、细支卷烟	黄金叶（帝豪出口）	10mg/支	出口烟
	黄金叶（商鼎）	10mg/支	一类烟、中细支卷烟、2016年新产品	黄金叶（天润细支）	6mg/支	出口烟
	黄金叶（天尊）	11mg/支	出口烟	黄金叶（红旗渠）	10mg/支	出口烟
	黄金叶（硬白）	11mg/支	出口烟	黄金叶（硬蓝）	8mg/支	出口烟
	黄金叶（细支出口）	6mg/支	出口烟、细支卷烟	黄金叶（薄荷）	8mg/支	出口烟
	黄金叶（混合型细支出口）	5mg/支	出口烟、混合型、细支卷烟			
红旗渠	红旗渠（新开元）	11mg/支	三类烟	红旗渠（雪茄）	10mg/支	四类烟、雪茄型
	红旗渠（天行健）	11mg/支	三类烟	红旗渠（薄荷）	10mg/支	四类烟
	红旗渠（银河之光）	10mg/支	四类烟	红旗渠（软红）	11mg/支	五类烟
散花	散花（软蓝）	11mg/支	五类烟			
发时达	发时达（硬金出口）	11mg/支	出口烟、混合型	发时达（软金出口）	8mg/支	出口烟、混合型
	发时达（硬蓝出口）	8mg/支	出口烟、混合型	发时达（黄金叶）	10mg/支	出口烟

湖北中烟工业有限责任公司

品牌	规格	焦油量	备注	规格	焦油量	备注
黄鹤楼☆★	黄鹤楼（软1916）	10mg/支	一类烟、高价位卷烟	黄鹤楼（硬好运）	11mg/支	一类烟
	黄鹤楼（硬1916）	10mg/支	一类烟、高价位卷烟	黄鹤楼（硬大彩）	6mg/支	一类烟
	黄鹤楼（硬感恩）	8mg/支	一类烟、高价位卷烟	黄鹤楼（硬奇景）	10mg/支	一类烟
	黄鹤楼（硬为了谁）	6mg/支	一类烟、高价位卷烟	黄鹤楼（软红）	8mg/支	一类烟
	黄鹤楼（硬红景天）	6mg/支	一类烟、高价位卷烟	黄鹤楼（软雅韵）	7mg/支	一类烟
	黄鹤楼（硬15）	10mg/支	一类烟、高价位卷烟	黄鹤楼（硬雅韵）	8mg/支	一类烟
	黄鹤楼（硬平安）	8mg/支	一类烟、高价位卷烟、细支卷烟	黄鹤楼（硬天下胜景）	8mg/支	一类烟、细支卷烟
	黄鹤楼（硬漫天游）	10mg/支	一类烟、高价位卷烟	黄鹤楼（硬雅香）	11mg/支	一类烟
	黄鹤楼（硬问道）	6mg/支	一类烟、高价位卷烟	黄鹤楼（硬红）	8mg/支	一类烟
	黄鹤楼（硬攀登）	6mg/支	一类烟、高价位卷烟、2016年新产品	黄鹤楼（软天香）	6mg/支	一类烟
	黄鹤楼（硬天骄圣地）	10mg/支	一类烟、高价位卷烟	黄鹤楼（硬鸿运）	10mg/支	一类烟
	黄鹤楼（软珍品）	8mg/支	一类烟	黄鹤楼（硬蓝）	11mg/支	一类烟
	黄鹤楼（软论道）	8mg/支	一类烟	黄鹤楼（硬祝福）	10mg/支	一类烟
	黄鹤楼（硬同心）	10mg/支	一类烟	黄鹤楼（硬嘉禧缘）	9mg/支	一类烟、细支卷烟
	黄鹤楼（硬知音）	11mg/支	一类烟	黄鹤楼（软蓝）	11mg/支	一类烟
	黄鹤楼（硬雪之韵）	11mg/支	一类烟、雪茄型	黄鹤楼（软鸿运）	11mg/支	二类烟
	黄鹤楼（硬珍品）	8mg/支	一类烟	黄鹤楼（硬金砂）	8mg/支	二类烟
	黄鹤楼（硬金带）	10mg/支	一类烟	黄鹤楼（软金砂）	6mg/支	二类烟
	黄鹤楼（硬生态）	8mg/支	一类烟、细支卷烟	黄鹤楼（天下名楼）	8mg/支	二类烟、细支卷烟
	黄鹤楼（硬论道）	8mg/支	一类烟	黄鹤楼（硬万年红）	10mg/支	二类烟
	黄鹤楼（软红珍品）	10mg/支	一类烟	黄鹤楼（硬雪之景）	11mg/支	二类烟、雪茄型
	黄鹤楼（硬峡谷柔情）	10mg/支	一类烟	黄鹤楼（软雪之景）	11mg/支	二类烟、雪茄型
	黄鹤楼（地势坤）	10mg/支	出口烟	黄鹤楼（8度双爆珠）	8mg/支	出口烟、混合型
	黄鹤楼（漫天游）	10mg/支	出口烟	黄鹤楼（四季）	8mg/支	出口烟
	黄鹤楼（1916）	10mg/支	出口烟	黄鹤楼（四美）	8mg/支	出口烟
	黄鹤楼（德道）	10mg/支	出口烟	黄鹤楼（源）	10mg/支	出口烟

续表

品牌	规格	焦油量	备注	规格	焦油量	备注
	黄鹤楼（游泳）	10mg/支	出口烟	黄鹤楼（绿 8）	10mg/支	出口烟、混合型
	黄鹤楼（硬棕）	10mg/支	出口烟	黄鹤楼（黑金）	10mg/支	出口烟
	黄鹤楼（大彩）	6mg/支	出口烟	黄鹤楼（写意）	10mg/支	出口烟
	黄鹤楼（论道）	8mg/支	出口烟			
红金龙△	红金龙（晓楼）	10mg/支	二类烟	红金龙（软红九州腾龙）	10mg/支	四类烟
	红金龙（硬晓楼金）	10mg/支	二类烟	红金龙（硬九州腾龙）	10mg/支	四类烟
	红金龙（硬爱你阔版）	10mg/支	三类烟	红金龙（硬红龙）	11mg/支	四类烟、雪茄型
	红金龙（硬火之舞）	10mg/支	三类烟	红金龙（硬红）	10mg/支	四类烟
	红金龙（软精品）	11mg/支	三类烟	红金龙（软九州腾龙）	10mg/支	四类烟
	红金龙（硬红火之舞）	11mg/支	三类烟	红金龙（软蓝九州腾龙）	10mg/支	四类烟
	红金龙（晓信天游）	10mg/支	三类烟	红金龙（软双龙）	10mg/支	四类烟
	红金龙（硬福满多）	11mg/支	三类烟	红金龙（硬大桥）	10mg/支	四类烟
	红金龙（硬爱你）	10mg/支	三类烟	红金龙（小楚风）	10mg/支	四类烟
	红金龙（硬蓝爱你）	8mg/支	三类烟、细支卷烟	红金龙（硬虹之彩）	10mg/支	四类烟
	红金龙（硬晓楼银）	8mg/支	三类烟、细支卷烟	红金龙（硬喜）	9mg/支	五类烟
	红金龙（硬神州腾龙）	10mg/支	三类烟	黄金龙（硬）	9mg/支	五类烟
	红金龙（硬佳品）	10mg/支	三类烟	红金龙（软虹之彩）	9mg/支	五类烟
	红金龙（硬黄佳品）	10mg/支	三类烟			
RGD	RGD		出口烟、混合型	RGD（96 蓝）		出口烟
	RGD（96 金）		出口烟	RGD（96 紫）		出口烟

注：2016 年，湖北中烟在产卷烟品牌（规格）中，“黄鹤楼（软蓝）”“黄鹤楼（硬蓝）”“黄鹤楼（天下名楼）”同时供出口。

湖南中烟工业有限责任公司

品牌	规格	焦油量	备注	规格	焦油量	备注
芙蓉王	芙蓉王（钻石）	10mg/支	一类烟	芙蓉王（硬君信）	10mg/支	一类烟
	芙蓉王（软蓝）	10mg/支	一类烟	芙蓉王（蓝）	10mg/支	一类烟
	芙蓉王（硬天源）	6mg/支	一类烟	芙蓉王（硬）	11mg/支	一类烟
	芙蓉王（蔚蓝星空）	8mg/支	一类烟	芙蓉王（硬闪带 75mm）	8mg/支	一类烟、2016 年新产品
	芙蓉王（软天源）	10mg/支	一类烟	芙蓉王（软黄）	8mg/支	一类烟
	芙蓉王（硬蓝闪）	9mg/支	一类烟、2016 年新产品	芙蓉王（硬红带细支）	8mg/支	一类烟、2016 年新产品
	芙蓉王（硬闪带细支）	8mg/支	一类烟、2016 年新产品	芙蓉王（硬红带）	10mg/支	一类烟、2016 年新产品
白沙	白沙（和天下）	11mg/支	一类烟	白沙（8mg 精品）	8mg/支	三类烟
	白沙（软和天下）	10mg/支	一类烟	白沙（精品二代）	10mg/支	三类烟
	白沙（硬细支和天下）	6mg/支	一类烟	白沙（精品三代）	10mg/支	二类烟、2016 年新产品

续表

品 牌	规 格	焦油量	备 注	规 格	焦油量	备 注
	白沙（硬和气生财）	11mg/支	一类烟	白沙（硬天天向上细支）	8mg/支	二类烟、2016年新产品
	白沙（硬细支和气生财）	8mg/支	一类烟	白沙（硬红精品）	10mg/支	三类烟、2016年新产品
	白沙（珍品）	10mg/支	一类烟	白沙（精品）	8mg/支	三类烟
	白沙（硬白细支）	6mg/支	一类烟	白沙（硬）	10mg/支	四类烟
	白沙（硬蓝尚品）	10mg/支	二类烟	白沙（软）	10mg/支	四类烟
	白沙（红和）	6mg/支	三类烟			
芙蓉	芙蓉（软红）	11mg/支	五类烟			
相思鸟	相思鸟（软）	11mg/支	五类烟			

广东中烟工业有限责任公司[1]

品 牌	规 格	焦油量	备 注	规 格	焦油量	备 注
双喜☆★	双喜（大国喜）	10mg/支	一类烟、2016年新产品	双喜（和喜）	10mg/支	二类烟、2016年新产品
	双喜（喜庆）	10mg/支	一类烟、2016年新产品	双喜（软经典1906）	10mg/支	二类烟、2016年新产品
	双喜（硬紫红玫王）	10mg/支	一类烟、2016年新产品	双喜（花悦）	8mg/支	二类烟、细支卷烟
	双喜（国喜细支）	10mg/支	一类烟、细支卷烟、2016年新产品	双喜（硬经典1906）	10mg/支	二类烟
	双喜（百年红）[2]	10mg/支	一类烟、2016年新产品	双喜（硬蓝红玫王）	8mg/支	二类烟
	双喜（百年经典）	10mg/支	一类烟	双喜（传奇）	8mg/支	二类烟
	双喜（喜百年）	10mg/支	一类烟	双喜（硬经典）	11mg/支	三类烟
	双喜（珍藏）	8mg/支	一类烟	双喜（硬金五叶神）	11mg/支	三类烟
	双喜（典藏逸品）	8mg/支	一类烟	双喜（软蓝红玫王）	8mg/支	三类烟
	双喜（硬逸品）	8mg/支	一类烟	双喜（软经典）	11mg/支	三类烟
	双喜（邮喜）	10mg/支	一类烟	双喜（硬01）	11mg/支	三类烟
	双喜（软红五叶神）	11mg/支	一类烟	双喜（硬）	11mg/支	三类烟
	双喜（硬世纪经典）	10mg/支	一类烟	双喜（硬红玫王）	8mg/支	三类烟
	双喜（经典工坊）	10mg/支	一类烟	双喜（软01）	11mg/支	三类烟
	双喜（硬红五叶神）	11mg/支	一类烟	双喜（软国际）	11mg/支	三类烟
	双喜（盛世）	6mg/支	一类烟	双喜（软）	11mg/支	三类烟
	双喜（金01）	10mg/支	二类烟、2016年新产品			
红玫	红玫（硬金）	11mg/支	四类烟	红玫（软）	11mg/支	五类烟
椰树	椰树（硬）	11mg/支	四类烟	椰树（软）	11mg/支	五类烟
羊城	羊城（软红）	11mg/支	五类烟、混合型	羊城（软白）	11mg/支	五类烟、混合型

注：1. 广东中烟生产的出口烟均由其所属的境外卷烟生产企业生产，详见《烟草工业》栏目“境外卷烟生产”分目；
2. “双喜（百年红）”由广东中烟、上海烟草集团、湖北中烟联合研发。

广西中烟工业有限责任公司

品　牌	规　格	焦油量	备　注	规　格	焦油量	备　注
真龙△	真龙（巴马天成）	6mg/支	一类烟、高价位卷烟	真龙（轩云）	11mg/支	一类烟
	真龙（金韵）	10mg/支	一类烟、高价位卷烟	真龙（清云）	6mg/支	二类烟
	真龙（海韵细支）	8mg/支	一类烟、细支卷烟	真龙（前程似锦）	10mg/支	二类烟
	真龙（神韵）	10mg/支	一类烟	真龙（馨云）	8mg/支	二类烟
	真龙（海韵）	11mg/支	一类烟	真龙（致青春）	8mg/支	二类烟
	真龙（真男儿）	10mg/支	一类烟	真龙（凌云）	8mg/支	二类烟
	真龙（中国龙）	8mg/支	一类烟	真龙（祥云）	11mg/支	二类烟
	真龙（龙天下）	10mg/支	一类烟	真龙（珍品）	11mg/支	三类烟
	真龙（佳韵）	11mg/支	一类烟	真龙（天翔）	11mg/支	三类烟
	真龙（起源）	11mg/支	一类烟	真龙（甲天下）	8mg/支	三类烟
	真龙（燃情时光）	8mg/支	一类烟	真龙（软娇子）	10mg/支	三类烟
	真龙（鸿韵）	11mg/支	一类烟	真龙（娇子）	10mg/支	四类烟
	真龙（美人香草）	6mg/支	一类烟			
甲天下	甲天下（山水）	8mg/支	五类烟			

注：2016年，广西中烟在产卷烟品牌（规格）中，“真龙（巴马天成）”“真龙（金韵）”“真龙（海韵细支）”“真龙（海韵）”“真龙（中国龙）”“真龙（龙天下）”“真龙（佳韵）”“真龙（燃情时光）”“真龙（鸿韵）”“真龙（美人香草）”同时供出口。

重庆中烟工业有限责任公司

品　牌	规　格	焦油量	备　注	规　格	焦油量	备　注
天子△	天子（传奇）	10mg/支	一类烟、高价位卷烟	天子（千里江山）	10mg/支	一类烟
	天子（软传奇）	8mg/支	一类烟、高价位卷烟	天子（千里江山细支）	8mg/支	一类烟、细支卷烟、2016年新产品
	天子（重庆20年）	11mg/支	一类烟、高价位卷烟	天子（软千里江山）	10mg/支	一类烟、2016年新产品
	天子（硬黄）	9mg/支	一类烟、高价位卷烟	天子（厚德载物）	10mg/支	一类烟、2016年新产品
	天子（壹号）	11mg/支	一类烟、高价位卷烟	天子（五粮香30年）	11mg/支	一类烟、2016年新产品
	天子（红传奇）	10mg/支	一类烟	天子（小天子）	11mg/支	一类烟
	天子（1997）	10mg/支	一类烟、2016年新产品	天子（重庆红）	10mg/支	一类烟
	天子（软黄）	11mg/支	一类烟	天子（五粮香20年）	11mg/支	一类烟、2016年新产品
	天子（硬）	11mg/支	一类烟	天子（金）	10mg/支	一类烟

续表

品 牌	规 格	焦油量	备 注	规 格	焦油量	备 注
龙凤呈祥△	龙凤呈祥（硬珍品）	11mg/支	一类烟	龙凤呈祥（软魅力朝天门）	11mg/支	三类烟
	龙凤呈祥（硬道理）	10mg/支	一类烟、2016年新产品	龙凤呈祥（花开富贵）	11mg/支	三类烟
	龙凤呈祥（国色天香）	10mg/支	一类烟、2016年新产品	龙凤呈祥（硬喜庆新）	10mg/支	三类烟
	龙凤呈祥（三峡情）	10mg/支	二类烟	龙凤呈祥（吉祥如意）	10mg/支	三类烟、2016年新产品
	龙凤呈祥（百年好合）	10mg/支	二类烟	龙凤呈祥(硬世纪朝天门)	10mg/支	三类烟
	龙凤呈祥（遇见）	8mg/支	二类烟、2016年新产品	龙凤呈祥（佳品）	10mg/支	四类烟
	龙凤呈祥（朝天门）	10mg/支	二类烟、2016年新产品	龙凤呈祥（畅行天下）	10mg/支	四类烟、2016年新产品
	龙凤呈祥（硬）	11mg/支	二类烟	龙凤呈祥（鸿运朝天门）	11mg/支	四类烟
宏声	宏声（精品）	10mg/支	四类烟	宏声（硬）	10mg/支	五类烟
	宏声（硬特）	10mg/支	四类烟	宏声（软蓝）	10mg/支	五类烟
	宏声（软特）	10mg/支	四类烟			

注："天子（软传奇）""天子（软黄）""天子（小天子）"为重庆中烟、四川中烟共享规格。

四川中烟工业有限责任公司

品 牌	规 格	焦油量	备 注	规 格	焦油量	备 注
娇子☆	娇子（宽窄）	8mg/支	一类烟、高价位卷烟	娇子（格调）	8mg/支	一类烟
	娇子（宽窄自在）	—	一类烟、高价位卷烟	娇子（青海湖纯净）	8mg/支	二类烟、细支卷烟、2016年新产品
	娇子（龙涎香）	8mg/支	一类烟、高价位卷烟	娇子（赛江南）	8mg/支	二类烟、2016年新产品
	娇子（故里情）	11mg/支	一类烟、高价位卷烟、2016年新产品	娇子（红）	11mg/支	二类烟
	娇子（红韵）	11mg/支	一类烟、高价位卷烟、2016年新产品	娇子（X星座）	6mg/支	二类烟、细支卷烟
	娇子（清甜香）	10mg/支	一类烟、高价位卷烟	娇子（红新概念）	10mg/支	二类烟
	娇子（天之娇子）	8mg/支	一类烟、高价位卷烟	娇子（软红）	10mg/支	二类烟
	娇子（清甜香黄）	10mg/支	一类烟	娇子（格调细支）	8mg/支	二类烟、细支卷烟
	娇子（软龙涎香）	10mg/支	一类烟	娇子（X2013）	6mg/支	二类烟、细支卷烟
	娇子（青海湖侧旋）	11mg/支	一类烟、2016年新产品	娇子（黑）	11mg/支	二类烟
	娇子（龙涎香细支）	5mg/支	一类烟、细支卷烟	娇子（风尚）	11mg/支	二类烟
	娇子（精品）	10mg/支	一类烟	娇子（太阳神鸟蓝）	10mg/支	二类烟、2016年新产品

续表

品　牌	规　格	焦油量	备　注	规　格	焦油量	备　注
娇子☆	娇子（九寨沟）	10mg/支	一类烟	娇子（蓝）	11mg/支	二类烟
	娇子（宽窄如意）	10mg/支	一类烟	娇子（精品出口）	10mg/支	出口烟
	娇子（软金天娇）	10mg/支	一类烟	娇子(龙涎香细支出口)	5mg/支	出口烟、细支卷烟
	娇子（胜利）	10mg/支	一类烟	娇子（红芙蓉）	11mg/支	三类烟
	娇子（宽窄好运）	10mg/支	一类烟、2016年新产品	娇子（软阳光）	11mg/支	三类烟
	娇子（梦幻九寨）	10mg/支	一类烟	娇子（凉烟）	11mg/支	三类烟、2016年新产品
	娇子（软祥云）	10mg/支	一类烟、2016年新产品	娇子（馨感觉）	11mg/支	三类烟、2016年新产品
	娇子（悦）	10mg/支	一类烟	娇子（X）	6mg/支	三类烟
	娇子（X龙韵）	6mg/支	一类烟、细支卷烟	娇子（新概念）	8mg/支	三类烟
	娇子（红天之娇子）	10mg/支	一类烟	娇子（绿时代阳光）	9mg/支	三类烟
	娇子（茶韵）	11mg/支	一类烟、2016年新产品	娇子（时代阳光）	11mg/支	三类烟
	娇子（X玫瑰）	6mg/支	一类烟	娇子（蓝时代）	8mg/支	三类烟
	娇子（龙韵天娇）	10mg/支	一类烟	娇子（祥云出口）	10mg/支	出口烟
	娇子（X生肖）	6mg/支	一类烟、细支卷烟	娇子(黄天之娇子出口)	10mg/支	出口烟
	娇子（祥云）	10mg/支	一类烟	娇子（天娇出口）	8mg/支	出口烟
天下秀	天下秀（红天地）	10mg/支	三类烟、雪茄型	天下秀（金）	11mg/支	四类烟
	天下秀（红名品）	9mg/支	四类烟	天下秀（佳品）	11mg/支	四类烟
	天下秀（佳品）	11mg/支	四类烟、2016年新产品	天下秀（红）	10mg/支	五类烟
五牛	五牛（硬金）	11mg/支	五类烟	五牛（硬绿新）	11mg/支	五类烟
长城	长城（传奇）	10mg/支	一类烟、雪茄型、2016年新产品	长城（132雪茄）	10mg/支	一类烟、雪茄型
狮牌	狮牌（原味）	10mg/支	三类烟、雪茄型	狮牌（草莓）	10mg/支	三类烟、雪茄型
	狮牌（原香）	11mg/支	三类烟、雪茄型、2016年新产品	狮牌（特香）	10mg/支	四类烟、雪茄型
	狮牌（微型）	10mg/支	三类烟、雪茄型			

注：“娇子（宽窄自在）”为10+15支装，其中：10支旋转香烟，焦油量9mg/支；15支爆珠细支卷烟，焦油量8mg/支。

贵州中烟工业有限责任公司

品牌	规格	焦油量	备注	规格	焦油量	备注
贵烟☆	贵烟（国酒香30）	10mg/支	一类烟、高价位卷烟	贵烟（蓝色的爱）	11mg/支	一类烟
	贵烟（盛世）	10mg/支	一类烟、高价位卷烟	贵烟（5mg喜格）	5mg/支	一类烟
	贵烟（扁盒印第安火种）	11mg/支	一类烟、高价位卷烟	贵烟（思味）	5mg/支	一类烟、细支卷烟
	贵烟（小国酒香）	10mg/支	一类烟	贵烟（萃）	8mg/支	一类烟、细支卷烟、2016年新产品
	贵烟（福天下）	10mg/支	一类烟	贵烟（甜香洞藏）	10mg/支	二类烟
	贵烟（福）	11mg/支	一类烟	贵烟（喜）	11mg/支	二类烟
	贵烟（硬小国酒香）	10mg/支	一类烟	贵烟（好彩）	11mg/支	二类烟
	贵烟（软高遵）	10mg/支	一类烟	贵烟（硬黄精品）	11mg/支	三类烟
	贵烟（玉液2号）	11mg/支	一类烟	贵烟（新贵）	11mg/支	三类烟
	贵烟（硬高遵）	11mg/支	一类烟	贵烟（多彩）	10mg/支	三类烟
	贵烟（跨越）	7mg/支	一类烟、细支卷烟、2016年新产品			
黄果树	黄果树（佳遵）	11mg/支	三类烟	黄果树（万里长征）	10mg/支	三类烟、2016年新产品
	黄果树（长征红星照耀）	11mg/支	三类烟	黄果树（长征）	11mg/支	四类烟
	黄果树（长征1935）	11mg/支	三类烟	黄果树（佳品）	10mg/支	四类烟
	黄果树（蓝佳品）	10mg/支	三类烟	黄果树（软）	10mg/支	五类烟
遵义	遵义（软）	10mg/支	五类烟			

注：2016年，贵州中烟在产卷烟品牌（规格）中，“贵烟（国酒香30）”“贵烟（小国酒香）”“贵烟（玉液2号）”“贵烟（硬黄精品）”“黄果树（长征）”同时供出口。

云南中烟工业有限责任公司

品牌	规格	焦油量	备注	规格	焦油量	备注
玉溪☆★	玉溪（软境界）	10mg/支	一类烟、高价位卷烟	玉溪（硬HK）	10mg/支	出口烟
	玉溪（椰王）	8mg/支	一类烟、高价位卷烟	玉溪（硬HKDNP）	10mg/支	出口烟、2016年新产品
	玉溪（软小庄园）	8mg/支	一类烟	玉溪（硬出口）	10mg/支	出口烟
	玉溪（华叶）	10mg/支	一类烟、2016年新产品	玉溪（硬金HK）	11mg/支	出口烟
	玉溪（田园）	10mg/支	一类烟	玉溪（硬金出口）	11mg/支	出口烟
	玉溪（透明）	10mg/支	一类烟	玉溪（硬AU1）	10mg/支	出口烟
	玉溪（清香世家）	10mg/支	一类烟	玉溪（硬MO）	10mg/支	出口烟
	玉溪（细支清香世家）	8mg/支	一类烟、细支卷烟	玉溪（硬扁TH）	10mg/支	出口烟
	玉溪（软）	11mg/支	一类烟	玉溪（硬扁和谐MO）	11mg/支	出口烟
	玉溪（创客）	8mg/支	一类烟、2016年新产品	玉溪（硬扁出口）	10mg/支	出口烟

续表

品 牌	规 格	焦油量	备 注	规 格	焦油量	备 注
玉溪☆★	玉溪（合和）	8mg/支	一类烟、高价位卷烟	玉溪（软小庄园出口 MO）	8mg/支	出口烟
	玉溪（硬庄园 16 支）	8mg/支	一类烟、高价位卷烟	玉溪（软小庄园出口 TWDF）	8mg/支	出口烟
	玉溪（细支庄园）	8mg/支	一类烟、细支卷烟	玉溪（硬 DF）	10mg/支	出口烟
	玉溪（硬和谐）	10mg/支	一类烟	玉溪（硬 TH）	12mg/支	出口烟
	玉溪（软和谐）	8mg/支	一类烟	玉溪（硬金 DF）	12mg/支	出口烟
	玉溪（软红人民大会堂）	11mg/支	一类烟	玉溪（硬金 US）	11mg/支	出口烟
	玉溪（软尚善）	10mg/支	一类烟	玉溪（硬扁出口 TWDF）	10mg/支	出口烟、2016 年新产品
	玉溪（硬）	10mg/支	一类烟	玉溪（硬扁境界 MO）	10mg/支	出口烟
	玉溪（人民大会堂本香）	8mg/支	一类烟	玉溪（硬 PE）	10mg/支	出口烟
	玉溪（软阿诗玛）	10mg/支	一类烟、2016 年新产品	玉溪（硬扁 MO）	10mg/支	出口烟
	玉溪（硬 LA）	10mg/支	出口烟			
云烟☆★	云烟（细支大重九）	8mg/支	一类烟、高价位卷烟、细支卷烟	云烟（小熊猫）	10mg/支	一类烟
	云烟（软大重九）	8mg/支	一类烟、高价位卷烟	云烟（绿呼伦贝尔）	11mg/支	一类烟
	云烟（软礼印象）	10mg/支	一类烟、高价位卷烟	云烟（云龙）	10mg/支	二类烟
	云烟（94mm 印象）	10mg/支	一类烟	云烟（84mm 细支云龙）	7mg/支	二类烟、细支卷烟
	云烟（百味人生）	10mg/支	一类烟	云烟（硬苁蓉）	11mg/支	二类烟
	云烟（雪域）	10mg/支	一类烟、2016 年新产品	云烟（软如意）	8mg/支	三类烟
	云烟（乌镇之恋）	10mg/支	一类烟、2016 年新产品	云烟（紫）	11mg/支	三类烟
	云烟（神秘花园）	8mg/支	一类烟、细支卷烟	云烟（红）	10mg/支	三类烟
	云烟（祥瑞）	10mg/支	一类烟	云烟（硬大重九出口 MO）	8mg/支	出口烟、2016 年新产品
	云烟（苁蓉和悦）	6mg/支	一类烟、细支卷烟、2016 年新产品	云烟（软珍品 ZA）	11mg/支	出口烟、2016 年新产品
	云烟（软小熊猫）	10mg/支	一类烟	云烟（软珍品 HK）	11mg/支	出口烟
	云烟（软珍品）	11mg/支	一类烟	云烟（软珍品 TW）	10mg/支	出口烟
	云烟（WIN）	6mg/支	一类烟	云烟（印象出口）	10mg/支	出口烟
	云烟（84mm 细支雪域）	7mg/支	一类烟、细支卷烟、2016 年新产品	云烟（印象出口 TW）	10mg/支	出口烟
	云烟（国宾）	10mg/支	二类烟、2016 年新产品	云烟（软珍品出口）	11mg/支	出口烟

续表

品牌	规格	焦油量	备注	规格	焦油量	备注
	云烟（软苁蓉）	8mg/支	二类烟	云烟（朱砂红出口）	11mg/支	出口烟
	云烟（大紫）	8mg/支	二类烟	云烟（紫 JY）	11mg/支	出口烟
	云烟（福）	10mg/支	三类烟	云烟（硬珍品出口）	12mg/支	出口烟
	云烟（软紫）	8mg/支	三类烟	云烟（红 JY）	10mg/支	出口烟
	云烟（双龙）	10mg/支	三类烟	云烟（8mg 软如意出口）	8mg/支	出口烟
	云烟（云端）	10mg/支	一类烟、高价位卷烟、2016 年新产品	云烟（软珍品 GE）	11mg/支	出口烟、2016 年新产品
	云烟（9+1 大重九）	8mg/支	一类烟、高价位卷烟	云烟（软珍品 DF）	11mg/支	出口烟、2016 年新产品
	云烟（印象）	10mg/支	一类烟	云烟（软珍品 PE）	11mg/支	出口烟
	云烟（软金雪莲）	10mg/支	一类烟	云烟（印象出口 MAC）	10mg/支	出口烟
	云烟（印象烟庄）	8mg/支	一类烟	云烟（印象出口 HK）	10mg/支	出口烟
	云烟（软印象烟庄）	8mg/支	一类烟	云烟（软珍品 MO）	11mg/支	出口烟
	云烟（清甜香）	8mg/支	一类烟	云烟（软珍品 JY）	11mg/支	出口烟
	云烟（软珍品 ZJ）	11mg/支	一类烟	云烟（紫 JY 秘鲁版）	11mg/支	出口烟
	云烟（塞上好江南）	10mg/支	一类烟、2016 年新产品	云烟（软如意 ZA）	8mg/支	出口烟
	云烟（时光码头）	10mg/支	一类烟、2016 年新产品	云烟（紫 JY 印尼有税版）	11mg/支	出口烟
	云烟（84mm 细支祥瑞）	7mg/支	一类烟、细支卷烟	云烟（软如意 JY）	8mg/支	出口烟
	云烟（蓝神秘花园）	10mg/支	一类烟、2016 年新产品	云烟（紫出口）	11mg/支	出口烟
红塔山☆★	红塔山（大师）	8mg/支	一类烟	红塔山（软经典）	10mg/支	三类烟
	红塔山（传奇）	10mg/支	二类烟	红塔山（硬 DF）	11mg/支	出口烟
	红塔山（细支传奇）	8mg/支	二类烟、细支卷烟	红塔山（硬铂金 KH）	10mg/支	出口烟
	红塔山（硬恭贺新禧）	10mg/支	二类烟	红塔山（硬经典 MM）	11mg/支	出口烟、2016 年新产品
	红塔山（英雄）	8mg/支	二类烟、2016 年新产品	红塔山（硬 MO）	11mg/支	出口烟
	红塔山（硬新势力）	10mg/支	三类烟	红塔山（硬新势力 MM）	11mg/支	出口烟
	红塔山（软新）	8mg/支	三类烟	红塔山（硬金出口）	12mg/支	出口烟
	红塔山（硬欣经典）	10mg/支	三类烟	红塔山（硬出口）	11mg/支	出口烟
	红塔山（硬世纪）	8mg/支	三类烟	红塔山（硬 LA）	11mg/支	出口烟
	红塔山（硬经典 100）	10mg/支	三类烟	红塔山（硬扁经典 100 出口）	11mg/支	出口烟
	红塔山（硬经典）	10mg/支	三类烟			

续表

品牌	规格	焦油量	备注	规格	焦油量	备注
红河△	红河（道）	10mg/支	一类烟、高价位卷烟	红河（硬甲 LA）	11mg/支	出口烟
	红河（硬 V8）	10mg/支	一类烟	红河（硬 88JY）	11mg/支	出口烟
	红河（软 99）	8mg/支	二类烟	红河（RIVER 红）	12mg/支	出口烟、混合型
	红河（硬 99）	8mg/支	二类烟	红河（软红 WIN）	12mg/支	出口烟、混合型
	红河（小熊猫清和风）	10mg/支	三类烟	红河（WIN 中南美洲红）	9mg/支	出口烟、混合型
	红河（硬）	11mg/支	三类烟	红河（WINBODY）	11mg/支	出口烟、混合型
	红河（硬 88）	10mg/支	三类烟	红河（硬甲 JY）	12mg/支	出口烟
	红河（小熊猫世纪风）	10mg/支	三类烟	红河（硬 88MM）	11mg/支	出口烟
	红河（软 88）	10mg/支	三类烟	红河（WIN 缅甸）	12mg/支	出口烟、混合型
	红河（硬 66）	10mg/支	三类烟	红河（WIN 中南美洲）	12mg/支	出口烟、混合型
	红河（硬乙）	10mg/支	四类烟	红河（WIN 印尼蓝）	12mg/支	出口烟、混合型
	红河（软甲）	10mg/支	四类烟	红河（硬红 WINZA）	12mg/支	出口烟、混合型、2016 年新产品
	红河（硬金 99）	12mg/支	出口烟、混合型、2016 年新产品			
红梅	红梅（硬春）	11mg/支	四类烟	红梅（软黄）	10mg/支	四类烟
	红梅（硬黄）	10mg/支	四类烟	红梅（软顺）	10mg/支	五类烟
雪莲	雪莲（岁月）	8mg/支	一类烟、高价位卷烟	雪莲（3000）	8mg/支	二类烟、2016 年新产品
	雪莲（软蓝）	10mg/支	一类烟	雪莲（尚禧）	10mg/支	二类烟
	雪莲（红精品）	11mg/支	一类烟	雪莲（蓝精品）	11mg/支	三类烟
钓鱼台	钓鱼台（硬景泰蓝 94mm）	6mg/支	一类烟、高价位卷烟	钓鱼台（硬 SS 蓝景泰蓝）	8mg/支	出口烟、2016 年新产品
	钓鱼台（84mm 细支）	7mg/支	一类烟、细支卷烟	钓鱼台（硬 SS 蓝景泰蓝 CNDF）	8mg/支	出口烟、2016 年新产品
	钓鱼台（黄景泰蓝出口 VNDF）	8mg/支	出口烟	钓鱼台（黄景泰蓝出口 SG）	8mg/支	出口烟
	钓鱼台（黄景泰蓝出口）	8mg/支	出口烟	钓鱼台（黄景泰蓝出口 MAC）	8mg/支	出口烟
	钓鱼台（黄景泰蓝出口 HK）	8mg/支	出口烟	钓鱼台（黄景泰蓝出口 TW）	8mg/支	出口烟
茶花	茶花（94mm）	8mg/支	三类烟			
红山茶	红山茶（软）	10mg/支	四类烟			
威斯	威斯（软珍享）	8mg/支	二类烟	威斯（小熊猫）	10mg/支	三类烟、2016 年新产品
	威斯（硬经典）	11mg/支	二类烟			

续表

品牌	规格	焦油量	备注	规格	焦油量	备注
呼伦贝尔	呼伦贝尔（天堂草原）	8mg/支	一类烟	呼伦贝尔（金戈铁马）	8mg/支	一类烟
	呼伦贝尔（金帐汗）	8mg/支	一类烟、2016年新产品			
小熊猫	小熊猫（精品出口）	10mg/支	出口烟	小熊猫（新精品出口AU）	10mg/支	出口烟
	小熊猫（精品出口HK）	10mg/支	出口烟	小熊猫（精品出口HK免税版）	10mg/支	出口烟
	小熊猫（精品出口MAC）	10mg/支	出口烟	小熊猫（软珍品出口）	10mg/支	出口烟
	小熊猫(精品出口TWDF)	10mg/支	出口烟、2016年新产品			
阿诗玛	阿诗玛（硬DF4）	7mg/支	出口烟、细支卷烟、2016年新产品	阿诗玛（软LA）	13mg/支	出口烟
	阿诗玛（硬94mmCH）	9mg/支	出口烟、混合型	阿诗玛（硬PK）	15mg/支	出口烟
	阿诗玛（硬94mm出口IR）	9mg/支	出口烟、混合型、2016年新产品	阿诗玛（硬94mm出口I1）	6mg/支	出口烟、混合型、2016年新产品
	阿诗玛（硬扁出口DF）	9mg/支	出口烟、2016年新产品	阿诗玛（硬扁出口MEADF）	9mg/支	出口烟、2016年新产品
新兴	新兴（软94mm）	15mg/支	出口烟、混合型			
马宝	马宝（硬MM）	13mg/支	出口烟、混合型			

陕西中烟工业有限责任公司

品牌	规格	焦油量	备注	规格	焦油量	备注
好猫△	好猫（天赋）	8mg/支	一类烟	好猫（炫蓝）	11mg/支	二类烟
	好猫（细支天赋）	7mg/支	一类烟、细支卷烟	好猫（金延安）	11mg/支	二类烟
	好猫（盛世）	10mg/支	一类烟	好猫（长乐）	10mg/支	二类烟
	好猫（如意）	8mg/支	一类烟	好猫（细支长乐）	7mg/支	二类烟、细支卷烟
	好猫（吉祥）	11mg/支	一类烟	好猫（猴王磨砂）	11mg/支	三类烟
	好猫（招财猫1600）	10mg/支	二类烟、2016年新产品	好猫（招财进宝）	10mg/支	三类烟
延安△	延安（1935）	10mg/支	一类烟	延安（软）	10mg/支	四类烟
	延安（红韵）	10mg/支	一类烟	延安（硬红）	10mg/支	五类烟
	延安（五星）	10mg/支	二类烟			
猴王	猴王（金）	10mg/支	四类烟			

注：2016年，陕西中烟在产卷烟品牌（规格）中，“好猫（吉祥）”“好猫（细支长乐）”同时供出口。

中国烟草实业发展中心

黑龙江烟草工业有限责任公司

品 牌	规 格	焦油量	备 注	规 格	焦油量	备 注
哈尔滨	哈尔滨（龙烟祥和）	8mg/支	一类烟、高价位卷烟	哈尔滨（太阳岛）	8mg/支	三类烟
	哈尔滨（龙烟万福）	10mg/支	一类烟	哈尔滨（风尚）	10mg/支	三类烟
	哈尔滨（龙烟金安）	10mg/支	一类烟	哈尔滨（锦绣）	8mg/支	四类烟
	哈尔滨（硬禧龙）	8mg/支	二类烟	哈尔滨（软黄）	10mg/支	五类烟
	哈尔滨（老巴夺）	10mg/支	三类烟、2016年新产品			
龙烟	龙烟（呈祥）	8mg/支	二类烟、细支卷烟、2016年新产品			
林海灵芝	林海灵芝（8mg）	8mg/支	四类烟、混合型	林海灵芝（蓝色经典）	8mg/支	四类烟、混合型
	林海灵芝（如意）	9mg/支	四类烟	林海灵芝（软白）	8mg/支	五类烟、混合型

红塔辽宁烟草有限责任公司

品 牌	规 格	焦油量	备 注	规 格	焦油量	备 注
玉溪☆★	玉溪（软红人民大会堂）	11mg/支	一类烟	玉溪（人民大会堂本香）	8mg/支	一类烟
人民大会堂	人民大会堂（御廷蘭香）	6mg/支	一类烟	人民大会堂（古瓷细支）	6mg/支	二类烟、细支卷烟、2016年新产品
	人民大会堂（缘香）	10mg/支	一类烟	人民大会堂（古瓷8mg出口）	11mg/支	出口烟、2016年新产品
	人民大会堂（太和）	10mg/支	一类烟、2016年新产品	人民大会堂（硬红出口中免）	11mg/支	出口烟
	人民大会堂（蘭香细支）	6mg/支	一类烟、细支卷烟	人民大会堂（硬红出口）	11mg/支	出口烟
	人民大会堂（硬红细支）	6mg/支	二类烟、细支卷烟	人民大会堂（软红出口）	11mg/支	出口烟
	人民大会堂（古瓷8mg）	8mg/支	二类烟	人民大会堂（软红出口中免）	11 mg/支	出口烟
	人民大会堂（硬红）	11mg/支	二类烟			

吉林烟草工业有限责任公司

品 牌	规 格	焦油量	备 注	规 格	焦油量	备 注
长白山△	长白山（高山流水）	1mg/支	一类烟	长白山（心归）	10mg/支	二类烟、2016年新产品
	长白山（德容天下）	3mg/支	一类烟	长白山（人参）	8mg/支	二类烟
	长白山（原味）	8mg/支	一类烟	长白山（记忆1999）	10mg/支	三类烟、2016年新产品
	长白山（5mg）	5mg/支	一类烟	长白山（红人参）	10mg/支	三类烟
	长白山（本色）	10mg/支	一类烟、2016年新产品	长白山（天蓝）	10mg/支	三类烟
	长白山（沉香）	8mg/支	一类烟、细支卷烟	长白山（软红）	8mg/支	三类烟
	长白山（硬神韵）	5mg/支	一类烟	长白山（银）	8mg/支	三类烟

续表

品 牌	规 格	焦油量	备 注	规 格	焦油量	备 注
长白山△	长白山（神韵）	5mg/支	一类烟	长白山（海蓝）	10mg/支	三类烟
	长白山（揽胜）	8mg/支	一类烟	长白山（红）	8mg/支	三类烟
	长白山（蓝尚）	8mg/支	二类烟、细支卷烟	长白山（桂花）	10mg/支	四类烟、2016 年新产品
	长白山（777）	7mg/支	二类烟、细支卷烟	长白山（硬罗津）	12mg/支	出口烟、混合型
	长白山（平壤金黄）	12mg/支	出口烟	长白山（软罗津）	12mg/支	出口烟、混合型
	长白山（普通江）	12mg/支	出口烟	长白山（出口高山流水）	1mg/支	出口烟
	长白山（硬白山）	12mg/支	出口烟	长白山（出口软神韵）	5mg/支	出口烟
	长白山（软白山）	12mg/支	出口烟、混合型	长白山（出口德容天下）	3mg/支	出口烟
	长白山（硬大同江）	7mg/支	出口烟	长白山（出口香魁）	6mg/支	出口烟
	长白山（软大同江）	12mg/支	出口烟、混合型			

注：吉林烟草工业生产的出口烟均由其所属的境外卷烟生产企业生产，详见《烟草工业》栏目“境外卷烟生产”分目。

甘肃烟草工业有限责任公司

品 牌	规 格	焦油量	备 注	规 格	焦油量	备 注
兰州△	兰州（硬经典）	8mg/支	一类烟	兰州（细支珍品）	8mg/支	二类烟、细支卷烟、2016 年新产品
	兰州（硬吉祥）	8mg/支	一类烟	兰州（智在）	8mg/支	二类烟、2016 年新产品
	兰州（16 支吉祥）	8mg/支	一类烟	兰州（硬珍品）	8mg/支	二类烟
	兰州（硬飞天）	8mg/支	一类烟	兰州（硬如意）	7mg/支	三类烟
	兰州（软飞天）	6mg/支	一类烟	兰州（硬精品）	6mg/支	三类烟
	兰州（软珍品）	8mg/支	一类烟	兰州（硬蓝）	8mg/支	四类烟
	兰州（丝绸之路）	8mg/支	一类烟	兰州（硬黄）	8mg/支	四类烟
	兰州（桥）	6mg/支	一类烟	兰州（软黄）	8mg/支	四类烟
	兰州（飞天梦）	8mg/支	一类烟、高价位卷烟	兰州（硬红）	8mg/支	五类烟

内蒙古昆明卷烟有限责任公司

品 牌	规 格	焦油量	备 注	规 格	焦油量	备 注
冬虫夏草	冬虫夏草	11mg/支	一类烟、高价位卷烟	冬虫夏草（和润）	5mg/支	一类烟、高端卷烟、细支卷烟
	冬虫夏草（庆典）	6mg/支	一类烟、高价位卷烟、2016 年新产品			
云烟☆★	云烟（苁蓉和悦）	6mg/支	一类烟、细支卷烟	云烟（紫）	11mg/支	三类烟
	云烟（硬苁蓉）	11mg/支	二类烟	云烟（红）	10mg/支	三类烟
	云烟（软苁蓉）	8mg/支	二类烟			

续表

品牌	规格	焦油量	备注	规格	焦油量	备注
大青山	大青山（软）	10mg/支	五类烟	大青山（青城）	10mg/支	三类烟、2016年新产品
大青山	大青山（昭君和亲）	7mg/支	二类烟、细支卷烟、2016年新产品			
红河△	红河（软甲）	11mg/支	四类烟			
红塔山☆★	红塔山（软经典）	11mg/支	三类烟	红塔山（硬经典）	11mg/支	三类烟
红塔山☆★	红塔山（硬经典100）	10mg/支	三类烟			

深圳烟草工业有限责任公司

品牌	规格	焦油量	备注	规格	焦油量	备注
双喜☆★	双喜（硬盛世好日子）	10mg/支	一类烟	双喜（软珍品好日子）	10mg/支	二类烟
双喜☆★	双喜（软盛世好日子）	10mg/支	一类烟	双喜（硬精品好日子）	10mg/支	三类烟
双喜☆★	双喜（软卓越好日子）	8mg/支	一类烟	双喜（硬阳光好日子）	8mg/支	三类烟
双喜☆★	双喜（硬金樽好日子）	10mg/支	一类烟	双喜（硬祥和好日子）	8mg/支	三类烟
双喜☆★	双喜（软锦绣好日子）	8mg/支	一类烟	双喜（硬吉祥好日子）	10mg/支	三类烟
双喜☆★	双喜（硬祥云好日子）	8mg/支	一类烟	双喜（软如意好日子）	10mg/支	三类烟
双喜☆★	双喜（硬珍品好日子）	10mg/支	一类烟	好日子（软珍品出口）	11mg/支	出口烟
双喜☆★	好日子（硬精品出口）	10mg/支	出口烟	好日子（硬吉祥出口）	11mg/支	出口烟
双喜☆★	好日子（硬出口英文）	10mg/支	出口烟	好日子（软如意出口）	10mg/支	出口烟
特美思	特美思（硬精品出口英文）	10mg/支	出口烟			

山西昆明烟草有限责任公司

品牌	规格	焦油量	备注	规格	焦油量	备注
云烟☆★	云烟（软珍）	11mg/支	一类烟	云烟（福）	10mg/支	三类烟
云烟☆★	云烟（紫）	11mg/支	三类烟			
红河△	红河（硬）	11mg/支	三类烟	红河（软甲）	11mg/支	四类烟
红河△	红河（硬66）	10mg/支	三类烟			
红塔山☆★	红塔山（硬经典）	11mg/支	三类烟			
紫气东来	紫气东来（1928）	8mg/支	一类烟、高价位卷烟	紫气东来（吉祥天下）	10mg/支	一类烟、2016年新产品
紫气东来	紫气东来（祥瑞）	8mg/支	一类烟、细支卷烟			

海南红塔卷烟有限责任公司

品牌	规格	焦油量	备注	规格	焦油量	备注
云烟☆★	云烟（紫）	11mg/支	三类烟			
玉溪☆★	玉溪（椰王）	8mg/支	一类烟	玉溪（硬）	10mg/支	一类烟
红塔山☆★	红塔山（软经典）	11mg/支	三类烟	红塔山（硬经典100）	11mg/支	三类烟
红塔山☆★	红塔山（硬经典）	11mg/支	三类烟			
红梅	红梅（软黄）	10mg/支	四类烟	红梅（软顺）	10mg/支	五类烟
椰王	椰王（硬金）	10mg/支	一类烟	椰王	11mg/支	二类烟
宝岛	宝岛（硬）	10mg/支	一类烟	宝岛（三沙）	10mg/支	二类烟、2016年新产品
宝岛	宝岛（一品沉香）	8mg/支	一类烟、高价位卷烟			

2016年在产雪茄品牌（规格）名录[①]

安徽中烟工业有限责任公司

品牌	品名	风格特征	尺寸规格	包装规格	类别
王冠	王冠（20支）	中度浓味	88mm×9.2mm	20支装硬盒	手工雪茄
	王冠（塑10支）	中度浓味	130mm×15.3mm	10支装塑盒	手工雪茄
	王冠（原味1号）	中度浓味	130mm×14.8mm	10支装硬盒	手工雪茄
	王冠（原味塑十支）	中度浓味	130mm×14.8mm	10支装塑盒	手工雪茄
	王冠（原味9号）	中度浓味	88mm×9.2mm	10支装硬盒	手工雪茄
	王冠（原味9号塑嘴）	中度浓味	110mm×9.2mm	5支装硬盒	手工雪茄
	王冠（原味9号塑嘴十支）	中度浓味	110mm×9.2mm	10支装硬盒	手工雪茄
	王冠（原味3号）	中度浓味	110mm×9.2mm	5支装硬盒	手工雪茄
	王冠（原味9号迷你塑嘴）	中度浓味	90mm×9.2mm	10支装硬盒	手工雪茄
	王冠（原味3号铁盒）	中度浓味	110mm×9.2mm	10支装铁盒	手工雪茄
	王冠（奶香5支）	香味雪茄	80mm×7.8mm	5支装硬盒	手工雪茄
	王冠（奶香10支）	香味雪茄	80mm×7.8mm	10支装铁盒	手工雪茄
	王冠（经典8号）	中度浓味	136mm×14mm	10支装硬盒	机制雪茄
	王冠（塑2支全叶卷）	中度浓味	120mm×13mm	2支装硬盒	手工雪茄
	王冠（10支全叶卷）	中度浓味	150mm×17.8mm	10支装木盒	手工雪茄
	王冠（国粹）	中度浓味	140mm×20mm	10支装木盒	手工雪茄
	王冠（经典铝2支全叶卷）	中度浓味	150mm×17.8mm	2支装硬盒	手工雪茄
	王冠（智者010十支）	中度浓味	150mm×20.0mm	10支装木盒	手工雪茄
	王冠（智者010五支）	中度浓味	158mm×20.0mm	5支装木盒	手工雪茄
	王冠（梅兰竹菊）	中度浓味	150mm×22.0mm	8支装硬盒	手工雪茄
	王冠（古建三绝）	中度浓味	136mm×14.5mm	10支装硬盒	手工雪茄
	王冠（黄山松）	中度浓味	84mm×7.8mm	10支装硬盒	机制雪茄
	王冠（小国粹）	中度浓味	90mm×16.2mm	5支装铁盒	手工雪茄
	王冠（茶香之茶马古道）	中度浓味	90mm×16.2mm	10支装硬盒	手工雪茄
	王冠（古建三绝25支）	中度浓味	136mm×14.5mm	25支装硬盒	手工雪茄
	王冠（万象）	中度浓味	84mm×7.8mm	20支装硬盒	机制雪茄
	王冠（万象细支）	中度浓味	94mm×6.2mm	18支装硬盒	机制雪茄
	王冠（国粹名角）	中度浓味	84mm×7.8mm	10支装硬盒	机制雪茄
	王冠（经典5号）	中度浓味	150mm×17.8mm	5支装硬盒	手工雪茄

山东中烟工业有限责任公司

品牌	品名	风格特征	尺寸规格	包装规格	类别
将军	将军（雪茄2号）	中式	150mm×56mm	礼品木盒12支装	手工雪茄
	将军（雪茄5号）	中式	120mm×56mm	纸盒3支装	手工雪茄
	将军（雪茄6号）	中式	120mm×40mm	纸盒5支装	手工雪茄
	将军（大力神）	中式	150mm×56mm	纸盒礼品装5支装	手工雪茄

① 安徽中烟、湖北中烟雪茄尺寸规格为“长度×直径”；山东中烟、四川中烟雪茄尺寸规格为“长度×周长”。

续表

品牌	品名	风格特征	尺寸规格	包装规格	类别
	将军（战神）	中式	120mm×56mm	纸盒礼品装5支装	手工雪茄
	将军（战神1号）	中式	140mm×56mm	礼品木盒10支装	手工雪茄
	将军（战神3号）	中式	130mm×56mm	礼品木盒10支装	手工雪茄
	将军（3G）	中式	100mm×28mm	铁盒10支装	机制雪茄
	将军（黑3G）	中式	71mm×27mm	铁盒20支装	机制雪茄
	将军（巴哈马）	中式	90mm×25.5mm	纸盒10支装	机制雪茄
泰山	泰山（巅峰2号）	中式	152mm×62mm	礼品木盒10支装	手工雪茄
	泰山（巅峰5号）	中式	152mm×65mm	礼品木盒10支装	手工雪茄
	泰山（巅峰6号）	中式	127mm×62mm	礼品纸盒5支装	手工雪茄
	泰山（阔佬2号）	中式	123mm×44mm	纸盒5支装	机制雪茄
	泰山（阔佬4号）	中式	106mm×40mm	纸盒5支装	机制雪茄
	泰山（3G·咖啡）	中式	98mm×28mm	纸盒10支装	机制雪茄
	泰山（巴哈马）	中式	88mm×25mm	纸盒10支装	机制雪茄
	泰山（3G·水蜜桃）	中式	70mm×26mm	纸盒16支装	机制雪茄
	泰山（3G原味）	中式	100mm×28mm	铁盒10支装	机制雪茄
	泰山（雪豹）	中式	100mm×24.4mm	纸盒20支装	机制雪茄
	泰山（黑豹）	中式	94mm×24.4mm	纸盒双十支	机制雪茄
	泰山（雪豹双十支）	中式	94mm×24.4mm	纸盒双十支	机制雪茄
	泰山（雪豹细支）	中式	97mm×17mm	纸盒20支装	机制雪茄
	泰山（黑豹细支）	中式	84mm×17mm	纸盒20支装	机制雪茄

湖北中烟工业有限责任公司

品牌	品名	风格特征	尺寸规格	包装规格	类别
黄鹤楼	黄鹤楼（公爵）	中式	150mm×21mm	10支航空铝木盒礼品装	手工雪茄
	黄鹤楼（雪之梦6号）	中式	155mm×20mm	10支纸板硬盒装	手工雪茄
	黄鹤楼（雪之梦7号）	中式	140mm×18mm	25支纸板硬盒装	手工雪茄
	黄鹤楼（雪之梦8号）	中式	145mm×20mm	5支纸板硬盒装	手工雪茄
	黄鹤楼（雪之梦9号）	中式	110mm×18mm	25支纸板硬盒装	手工雪茄
	黄鹤楼（南洋伍号）	中式	88mm×8.8mm	10支纸盒装	手工雪茄
	黄鹤楼（雪之景2号）	中式	84mm×5.25mm	10支纸盒装	手工雪茄
	黄鹤楼（雪之景3号）	中式	88mm×7.16mm	10支纸盒装	手工雪茄
	黄鹤楼（雪之景5号）	中式	84mm×7.7mm	10支纸盒装	手工雪茄
茂大	茂大（25支LP）	中式	132mm×16.2mm	25支木盒装	手工雪茄
	茂大（25支XLP）	中式	132mm×13.8mm	25支木盒装	手工雪茄
	茂大（5支XY）	中式	105mm×12.5mm	5支塑料盒装	手工雪茄
	茂大（5支LP）	中式	132mm×16.2mm	5支木盒装	手工雪茄
	茂大（1号）	中式	132mm×16.2mm	5支塑料盒装	手工雪茄
	茂大（2号）	中式	132mm×13.8mm	5支塑料盒装	手工雪茄
茂大	茂大（盛世）	中式	84mm×7.8mm	10支铁盒装	手工雪茄
	茂大（世家）	中式	84mm×7.7mm	10支纸盒装	手工雪茄
顺百利	顺百利（10支LP）	中式	132mm×16.2mm	10支木盒装	手工雪茄

续表

品 牌	品 名	风格特征	尺寸规格	包装规格	类 别
	顺百利（3 支 X）	中式	132mm×13.8mm	3 支纸盒装	手工雪茄
	顺百利（5 支 XY）	中式	105mm×12.5mm	5 支纸盒装	手工雪茄
	顺百利（2 支）	中式	132mm×16.2mm	2 支纸盒装	手工雪茄
三峡	三峡（MX10）	中式	84mm×7.8mm	10 支铁盒装	手工雪茄
	三峡（MY10）	中式	84mm×7.8mm	10 支铁盒装	手工雪茄

四川中烟工业有限责任公司

品 牌	品 名	风格特征	尺寸规格	包装规格	类 别
长城	长城（胜利）	中式	152mm×66mm	10 支装	手工雪茄、2016 年新产品
	长城（传奇 3 号）	中式	178mm×58.7mm	5 支装	手工雪茄
	长城（生肖版）	中式	135mm×66mm	10 支装	手工雪茄
	长城（揽胜 2 号精选）	中式	130mm×53.4mm	10 支装	手工雪茄
	长城（5 支传奇 1 号）	中式	105mm×72mm	5 支装	手工雪茄
	长城（3 支传奇 1 号）	中式	105mm×72mm	3 支装	手工雪茄
	长城（导师 2 号）	中式	130mm×53.4mm	25 支装	手工雪茄
	长城（2 号）	中式	130mm×53.4mm	5 支装	手工雪茄
	长城（经典 2 号）	中式	130mm×53.4mm	5 支装	手工雪茄
	长城（导师 3 号）	中式	142mm×52.4mm	10 支装	手工雪茄
	长城（3 号）	中式	150mm×50mm	5 支装	手工雪茄
	长城（经典 3 号）	中式	150mm×50mm	5 支装	手工雪茄
	长城（红色 132）	中式	90mm×53.4mm	5 支装	手工雪茄
	长城（大号铝管 5 支）	中式	160mm×55mm	10 支装	手工雪茄
	长城（盛世 3 号）	中式	140mm×58mm	10 支装	手工雪茄
	长城（盛世 5 号）	中式	150mm×56mm	10 支装	手工雪茄
	长城（盛世 6 号）	中式	110mm×45mm	5 支装	手工雪茄
	长城（佰茄乐）	中式	160mm×55mm	10 支装	手工雪茄
	长城（传奇 1918）	中式	160mm×69.8mm	20 支装	手工雪茄
	长城（汇通天下 2 号）	中式	152mm×60mm	5 支装	手工雪茄
	长城（1 号）	中式	124mm×62.3mm	5 支装	手工雪茄
	长城（20 支 132 秘制）	中式	110mm×47mm	20 支装	手工雪茄
	长城（10 支汉邦 1 号）	中式	178mm×60mm	10 支装	手工雪茄
	长城（揽胜 2 号经典）	中式	130mm×53.4mm	10 支装	手工雪茄
	长城（汉邦 4 号）	中式	160mm×67.3mm	10 支装	手工雪茄
	长城（20 支汉邦 2 号）	中式	80mm×60.3mm	20 支装	手工雪茄
	长城（汉邦 3 号）	中式	124mm×62.3mm	10 支装	手工雪茄
	长城（骑士国际原味 1 号）	中式	100mm×35mm	5 支装	机制雪茄
	长城（骑士国际香草 1 号）	中式	100mm×35mm	5 支装	机制雪茄
	长城（骑士 3 号）	中式	100mm×35mm	10 支装	机制雪茄
	长城（行者）	中式	96mm×27mm	20 支装	机制雪茄
	长城（骑士 1 号原味）	中式	99mm×28.6mm	10 支装	机制雪茄
	长城（风雅）	中式	84mm×24.3mm	20 支装	机制雪茄

续表

品牌	品名	风格特征	尺寸规格	包装规格	类别
	长城（迷你国际原味1号）	中式	75mm×26mm	10支装	机制雪茄
	长城（迷你国际香草1号）	中式	75mm×26mm	10支装	机制雪茄
	长城（迷你甜橙）	中式	75mm×25.5mm	10支装	机制雪茄
	长城（风华）	中式	66mm×22.6mm	20支装	机制雪茄
	长城（骑士国际香草2号）	中式	100mm×35mm	10支装	机制雪茄
	长城（骑士国际原味2号）	中式	100mm×35mm	10支装	机制雪茄
	长城（骑士2号）	中式	100mm×35mm	10支装	机制雪茄
	长城（骑士4号原味）	中式	95mm×31.4mm	10支装	机制雪茄
	长城（迷你极光）	中式	66mm×22.6mm	16支装	机制雪茄
	长城（50支迷你樱桃）	中式	75mm×25.5mm	50支装	机制雪茄
	长城（5支小号）	中式	100mm×38.5mm	5支装	机制雪茄
	长城（天龙）	中式	97mm×17mm	20支装	机制雪茄
	长城（金南极）	中式	120mm×34mm	5支装	机制雪茄
	长城（金南极苹果）	中式	120mm×34mm	5支装	机制雪茄
	长城（金南极葡萄）	中式	120mm×34mm	5支装	机制雪茄
	长城（132醇味）	中式	70mm×24.3mm	20支装	机制雪茄
	长城（132原味）	中式	84mm×24.4mm	20支装	机制雪茄
	长城（伯乐）	中式	84mm×24.8mm	20支装	机制雪茄
	长城（丝路）	中式	97mm×17mm	20支装	机制雪茄
	长城（醇雅COCO）	中式	94mm×19.5mm	18支装	机制雪茄
	长城（子龙）	中式	97mm×17mm	20支装	机制雪茄
	长城（风尚）	中式	84mm×24.8mm	20支装	机制雪茄
	长城（醇雅薄荷）	中式	94mm×19.5mm	18支装	机制雪茄
	长城（醇雅奶香）	中式	94mm×19.5mm	18支装	机制雪茄
	长城（10支132秘制）	中式	110mm×47mm	10支装	手工雪茄、出口烟
	长城（迷你原味）	中式	95mm×26mm	10支装	机制雪茄、出口烟
	长城（迷你樱桃）	中式	75mm×25.5mm	10支装	机制雪茄、出口烟
	长城（迷你香草）	中式	75mm×26mm	10支装	机制雪茄、出口烟
	长城（迷你甜干邑）	中式	75mm×25.5mm	10支装	机制雪茄、出口烟
	长城（迷你咖啡）	中式	75mm×26mm	10支装	机制雪茄、出口烟
	长城（毛氏雪茄2号）	中式	84mm×24.6mm	20支装	机制雪茄、出口烟
	长城（壹叁贰13号）	中式	84mm×24.6mm	20支装	机制雪茄、出口烟
	狮牌（10支完美时光）	中式	84mm×24.3mm	10支装	机制雪茄
	狮牌（5支小号）	中式	112mm×31mm	5支装	机制雪茄
	狮牌（典雅）	中式	130mm×48mm	10支装	机制雪茄
	狮牌（10支完美时光）	中式	84mm×24.3mm	10支装	机制雪茄
	狮牌（完美时光）	中式	84mm×24.3mm	20支装	机制雪茄
	狮牌（大S）	中式	84mm×24.2mm	20支装	机制雪茄
	狮牌（鸿运当头）	中式	84mm×24.4mm	20支装	机制雪茄
工字	工字（红）	中式	84mm×34mm	10支装	机制雪茄
	工字（1号）	中式	84mm×34mm	10支装	机制雪茄

◎ 编辑：谢争艳

索引使用说明

一、本索引采用关键词索引法编制。年鉴中有实质检索意义的内容均予以标引，以供检索使用。

二、本索引基本上是按汉语拼音音序排列。具体排列规律如下：以数字开头的标目，排在最前面；以英文字母打头的标目，列于其次；汉字标目则按首字的音序、音调依次排列；首字相同时，则以第二个字排序，并依次类推。

三、索引标目后的数字，表示检索内容所在的年鉴正文页码，如果一个关键词在同一页中出现多次，页码只标一次。

索 引

图书在版编目（CIP）数据

中国烟草年鉴．2017／国家烟草专卖局编．
—北京：中国经济出版社，2018.10
ISBN 978-7-5136-5423-4
Ⅰ．①中…　Ⅱ．①国…　Ⅲ．①烟草工业—中国—2017—年鉴　Ⅳ．①F426.89-54
中国版本图书馆 CIP 数据核字（2018）第 242373 号

责任编辑　李祥柱　郑　潇
责任印制　马小宾

出版发行　中国经济出版社
印 刷 者　北京富泰印刷有限责任公司
经 销 者　各地新华书店
开　　本　889mm×1194mm　1/16
印　　张　41.25
字　　数　2100 千字
版　　次　2017 年 12 月第 1 版
印　　次　2017 年 12 月第 1 次
定　　价　350.00 元

广告经营许可证　京西工商广字第 8179 号

中国经济出版社　**网址** www.economyph.com　**社址** 北京市西城区百万庄北街 3 号　**邮编** 100037
本版图书如存在印装质量问题，请与本社发行中心联系调换（联系电话：010-68319116）